『2025 그림으로 풀어낸 양도소득세 실무해설』 위용 지음

『2025 그림으로 풀어낸 양도소득세 실무해설』 위용 지음

※ 도서의 주요 내용에 대한 경중지를 도서의 해당 쪽 우측에 붙여서 활용하시기 바랍니다.

내용	내용(복사)	쪽
주택수 제외	주택수 제외	35쪽
중과 대상 판정	중과 대상 판정	37쪽
중과 배제 주택	중과 배제 주택	44쪽
판정 방법, 사례	판정 방법, 사례	100쪽
제6편 장기 보유 공제	장기 보유 공제	2쪽
적용 대상	적용 대상	9쪽
공제율	공제율	11쪽
표2 적용 요건	표2 적용 요건	35쪽
직전 거주 주택 보유주택	직전 거주 주택 보유주택	
제7편 2년 이상 거주 한도	2년 이상 거주 한도	
종부세 지원 배제	종부세 지원 배제	5쪽
소득 금액 차감	소득 금액 차감	9쪽
하위 계약서 일부 배제	하위 계약서 일부 배제	12쪽
감면 한도	감면 한도	17쪽
이월 과세	이월 과세	22쪽
제8편 조특법 감면	조특법 감면	15쪽
조합원 입주권 주택(98의6)	조합원 입주권 주택(98의6)	25쪽
미분양 주택(98의7)	미분양 주택(98의7)	29쪽
수도권밖 미분양 주택(98의9)	수도권밖 미분양 주택(98의9)	56쪽
장기 일반 민간 임대	장기 일반 민간 임대	59쪽
공공 매입 임대 토지	공공 매입 임대 토지	68쪽
인구 감소 지역 주택	인구 감소 지역 주택	72쪽
양도 대금 연금 제화	양도 대금 연금 제화	74쪽
제9편 농지 등 감면	농지 등 감면	75쪽
(8년) 자경 농지 감면	(8년) 자경 농지 감면	78쪽
농지 대토 감면	농지 대토 감면	80쪽
종사 용지 감면	종사 용지 감면	81쪽
어업용 토지 감면	어업용 토지 감면	82쪽
자경산지 토지 감면	자경산지 토지 감면	83쪽
신축 주택 (99,)(99의3)	신축 주택 (99,)(99의3)	84쪽
신축 주택 (99의2)	신축 주택 (99의2)	96쪽
		106쪽
		107쪽

2025

그림으로 풀어낸

양도소득세 실무해설

위용 저 안수남 감수

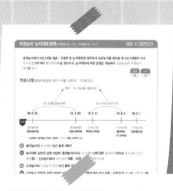

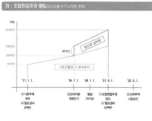

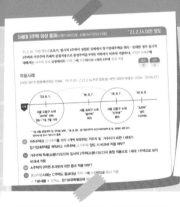

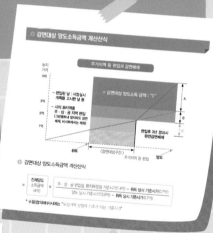

SAMIL | 삼일인포마인

그림으로 풀어낸
양도소득세 실무해설 3판을 내면서.

수많은 시간과 노력들로 초판이 출판된 지 벌써 2년이 지나 3판을 출판하게 되었습니다.
제가 현직에서 퇴직한 지도 2년이 다 되어가고 시간은 정말 화살처럼 흘러가는 것 같습니다.
그 동안 국세공무원과 세무사 등을 대상으로 8년 넘게 강의를 해왔는데도 여전히 배울 것이 너
무 많은 것 같습니다.
퇴직 후에 직접 실무를 접하면서 또 다른 각도에서 보게 되는 것 같고,
사무실 바로 앞에 국내 최대 아파트 단지인 올림픽파크포레온이 작년 11월에 준공되면서
재건축 양도차익에 대해서 특히 공부를 많이 하게 된 것 같습니다.
이번 3판에서는 이러한 경험들을 도서 곳곳에 반영하고자 하였습니다.

먼저 현 정부가 들어서면서 삭제된 비과세 관련한 보유기간 재기산에 관한 내용은 과감히 삭제
하였고 재건축과 관련된 내용을 많이 추가하였습니다. 보유기간 재기산은 1판이나 2판을 참고
하도록 안내하였으며 추후 전국적으로 재건축 단지가 크게 늘어날 것에 맞춰서 내용들을 정리
하였습니다.

두 번째로 1세대 1주택 비과세 특례, 특히 중첩적용과 관련하여 최근에 기획재정부 유권해석에서 일시적 2주택과 성격이 동일하다는 논리로 일부는 중첩적용이 되지 않는다는 내용을 상세히 설명하였고 그 동안 너무 많이 수록된 중첩적용 내용에 대해서는 분량을 다소 축소하였습니다.

세 번째로 올해 6월 4일부터 도입될 임대의무기간 6년의 단기임대주택에 대하여 민간매입임대주택과 민간건설임대주택으로 구분하여 알기 쉽게 정리하였습니다. 단기임대주택에 등록하면 해당 주택은 다주택자 중과 대상에서 배제(조정대상지역 소재 매입임대주택 제외)되고 거주주택 비과세 특례 적용 시 장기임대주택에 해당하며 종합부동산세 합산배제 임대주택에도 해당됩니다.

마지막으로 올해부터 새롭게 도입된 수도권 밖 준공후미분양주택(조특법§98의9) 취득자에 대한 과세특례, 인구감소지역주택 취득자에 대한 과세특례(조특법§71의2) 및 연금계좌 납입에 대한 양도세 과세특례(조특법§99의14)를 비롯하여 개정된 세법 내용을 빠짐없이 수록하였습니다.

어떻게 하면 독자들께서 보다 쉽게 이해할 수 있을까를 항상 고민하고 있습니다.
앞으로는 독자들과 좀 더 만남의 기회를 많이 하고자 합니다.
2023년에 저의 도서 처음부터 끝까지 내용을 녹화하여 제공하였었는데 반응이 상당히 좋았습니다.
아쉽게도 작년에는 개인적으로 너무 바빠서 강의 제공을 못하여 저의 강의를 기다리셨던 분들에게 너무 죄송하게 생각합니다.
올해에는 젊은 세무사님들의 요청으로 다음 달인 4월에 저의 사무실에서 실강을 하게 되었는데, 이 실강 내용을 모두 녹화하여 5월 경에 온라인(yongwie.liveklass.com)으로 제공할 예정이고, 다른 장소에서도 만남을 갖도록 할 예정이니 많은 관심 부탁드립니다.
아울러 저의 블로그(blog.naver.com/yongwe27)를 통하여 궁금하신 점들을 올려주시면 성심성의껏 답변을 드리도록 하겠습니다.

현직에 있을 때부터 지속적으로 응원해 주시고 항상 열정적이신 세무법인 다솔의 안수남 대표님과 김영곤 세무사님께 진심으로 감사드리고, 세법 쟁점이나 이슈들에 대하여 의견과 자문을 주신 국세공무원 교육원의 한정수 교수님, 임재주 교수님 및 이병길 세무사님께도 감사드립니다.

그리고 도서의 완성도를 위해서 함께 노력해 주신 김정남 과장님, 김우영 반장님, 59기 양원준 세무사님과 장형년 세무사님 등 여러분들에게도 진심으로 감사드립니다.

마지막으로 출판과정에서 저의 요구사항을 빠짐없이 반영해 주신 이희태 대표이사님, 김동원 이사님, 임연혁 차장님, 이슬기 대리님을 비롯한 삼일피더블유씨솔루션 관계자 분들에게도 진심으로 감사드립니다.

2025년 3월에

위 용

그림으로 풀어낸
양도소득세 실무해설을 내면서

전혀 생각지도 못했던 국세공무원 교육원에 양도소득세 전임교수 발령을 받은 때가 엊그제 같은데 벌써 6년이란 시간이 훌쩍 지나가 버렸다. 급작스럽게 부임해서 처음 6개월 동안은 적응하느라고 정신이 없었던 것 같다. 교수로서 부끄럽지 않기 위해서 자정을 넘어 퇴근하는 것이 일상이 되어가면서 시나브로 양도소득세 지식이 차곡차곡 쌓이는 것이 즐거움이 되었고, 석 달 전의 나의 모습과 두 달 전의 나의 모습 그리고 한 달 전의 나의 달라진 모습들에 강한 성취감과 더불어 자신감도 조금씩 생기게 되었던 것 같다.

그러면서 어떻게 하면 우리 국세공무원들에게 보다 쉽게 내용을 전달할 수 있을까 고민하다가 '다주택자 중과' 파트에서 "양지"와 "음지" 개념을 지도로 표현해서 전달했더니 기대 이상의 반응에 더욱 자신감을 갖게 되었고, '비사업용 토지' 파트에서도 법령을 구조화하여 "무조건 비사업용 토지로 보지 않는 토지"를 스페셜한 "금수저"로 명명하면서 정말 좋은 반응을 이끌어 낼 수 있었던 것 같다.

본격적으로 파워포인트(PPT)를 직접 제작하여 강의를 시작하게 되었고 PPT 슬라이드 하나하나에 학생들의 눈높이에 맞춰 심혈을 기울여서 만들어 나갔고 강의내용이 더욱 충실해

졌었던 것 같다.

우리 국세공무원들에게 인지도가 높아지면서 실무를 하다가 어려운 부분들에 대한 질문을
많이 받게 되었고, 그런 질문들에 대한 답변이 내 업무의 상당부분을 차지했었던 것 같다.
국세공무원 교육원에서 근무한 4년 6개월 동안 약 500여 개에 달하는 질문들에 대해 관련
법령과 조문들은 물론 질문의 질을 평가하여 정리한 것이 나의 공부에 커다란 도움이 되었다.
이 책에 게재된 사례들의 상당수는 그 질문을 토대로 정리한 것인데 질문에 답을 한다는 것이,
그리고 교육생 앞에서 강의를 한다는 것이 오히려 내 자신의 공부가 많이 된다는 것을 새삼
느끼게 되었다.
물론 어려움도 없지 않았으나 답변을 제공하면서 고마워하는 직원들의 마음에 커다란 보람을
느끼면서 더욱 열심히 연구에 임하게 되었다.

그리고 교육원 생활이 한해 한해 지나면서 우리 직원들이 어려워하는 부분들을 누구보다도
잘 알 수 있게 되었고, 중요한 내용들은 즉시 PPT로 제작하여 교육자료로 활용하면서
직원들로부터의 강의 만족도가 한층 높아지는 선순환을 경험하게 되었다.
그러던 중에 양도소득세를 보다 쉽게 전달할 수 있는 방법들을 고민한 끝에 그림으로 풀어서
시각화하여 설명하는 것이 좋겠다고 생각하게 되었고, 몇 년 동안의 강의와 일선 세무서
직원들의 생생한 질문들을 PPT에 담기 시작하면서 오늘에 이르게 된 것 같다.
물론 시중에 훌륭한 양도소득세 해설서가 많이 있지만 양도소득세 내용이 워낙 많고
최근 몇 년 동안 지속적으로 발표되는 부동산 시장 안정대책의 영향으로 이른 바 "양포세무사
(양도세를 포기한 세무사)"들이 양산되는 상황을 접하면서 기존과 전혀 다른 새로운 접근 방법의
필요성을 절감하게 되었다.
저자는 이런 현실을 바탕으로 양도소득세를 좀 더 쉽게 다가가고 이해할 수 있도록
"그림으로 풀어낸 양도소득세 실무해설"을 출판하게 되었다.
텍스트가 아닌 100% PPT로 작성하다 보니 생각했었던 시간보다 훨씬 많은 시간들이 소요되
어서 당초 2022년에 출판하고자 했는데 어느 새 1년이 훌쩍 지나서야 출판하게 되었다.
일부 직원들의 독촉 등에도 불구하고 내용을 보다 충실히 하는 것이 더욱 중요하다고 생각한다.

이 책의 특징은,

첫째, 기존의 텍스트가 아닌 100% PPT로 작성하여 각 편마다 이론 정리를 한 후
약 700여 개의 사례를 질문과 답변 형식으로 한눈에 쉽게 이해할 수 있도록 색깔을 활용하여
그림으로 실었다.

둘째, 각 사례마다 중요도와 난이도를 상·중·하로 구분함은 물론 사례의 핵심내용을 상단에
3줄 이내로 요약하였고 요약된 내용을 그대로 목차로 구성하여 목차만 보아도 어떤 내용인지
쉽게 이해할 수 있도록 하였으며,

셋째, 책의 거의 대부분에 걸쳐서 관련 법령들을 괄호 안에 기재하여 독자들이 쉽게 법령을
찾아 볼 수 있도록 하였고,

넷째, 책의 순서를 실무에서 가장 많이 접하는 비과세 부분을 시작으로 재개발·재건축에
따른 양도차익 산정, 장기보유특별공제, 조세특례제한법상 감면 파트를 앞쪽으로 편성하여
접근성을 용이하게 하였고,

다섯째, 새로운 정부가 들어서면서 지난 해 5월 10일 이후 양도하는 분부터 적용되는 부동산
시장 정상화 방안, 조세특례제한법제97조의9 과세특례 신설내용, 올해 개정된 소득세법
시행령은 물론 최근까지 생산된 양도소득세 해석 및 해석 정비 내용들을 상세하게
반영하였다. 특히 조정대상지역으로 인하여 부득이 거주를 할 수 없는 세대에게도 비과세가
적용될 수 있는, 상생임대주택 관련 개정내용은 최근까지 생산된 해석들을 빠짐없이 상세하게
반영하였다.

양도소득세 분야에서 처음으로 컬러(4도)로 인쇄하여 제작한 이번 교재가 커다란 실험일 수도
있으나, 몇 년 동안 국세공무원들이 실무를 하면서 어려워 했었던 부분이나 중요한 부분들을
가장 가까운 곳에서 접하고 소통할 수 있었던 저자가 국세공무원들에게는 어느 정도 검증을

받았다고 생각한다.

아무쪼록 이 책이 우리 국세공무원은 물론 양도소득세를 주업으로 하는 세무사님, 공인회계사님 등 많은 분들에게 도움이 되었으면 하는 간절한 마음이며, 과거 국세공무원 교육원의 토론식 강의에서 다뤘던 주제들과 쟁점사항 등에 대해서는 더욱 더 쉽게 정리해서 다음 출판할 때에 반영하도록 하겠다.

마지막으로 이 책이 나오기까지 많은 분들의 도움이 있었는데, 먼저 엄청 바쁘신 와중에도 감수를 흔쾌히 수락해 주신 다솔의 안수남 대표님, 국세공무원 교육원 시절부터 지도 편달해 주셨던 양해운세무사님, 김영곤 세무사님, 최태규 팀장님. 그리고 국세공무원 교육원에서 함께 근무했었던 이종준, 임재주 교수님, 국세청 법규과에서 쟁점질의에 기꺼이 답해주신 한정수 사무관님, 책이 완성되기까지 함께 노력해 준 차양호, 박명열, 최지영, 정현정 조사관님, 법률부분에서 도움을 준 이경호 변호사님, 무엇보다 이렇게 책이 완성되기 까지 많은 질문을 해 주신 우리 국세공무원 직원분들과 외부 세무사님들께 두 손 모아 진심으로 감사 드리고, 마지막으로 출판과정에서 저의 요구사항을 모두 반영해서 정교하게 편집해 주신 이희태 대표이사님, 김동원 이사님, 임연혁 차장님, 이슬기 대리님을 비롯한 삼일인포마인 관계자 분들께도 감사드리고, 아울러 가장 가까운 곳에서 묵묵히 뒷바라지를 해 준 아내 김미광과 책 작업 때문에 함께 하지 못했던 석현과 석영에게도 미안함과 고마움을 전한다.

2023년 3월에

위 용

| 일러두기 및 유의사항 |

◆ **교재에 나오는 법령 등을 아래와 같이 약칭으로 사용함**

- 약어(略語) 표시
  - ☞ : 저자의 견해
  - 법령에서 사용되는 기호 예시 : §1(제1조), ①(제1항), 1호(제1호), 가(가목)
  - 서면00팀 : 서면인터넷방문상담00팀
  - 소법 : 소득세법, 소령 : 소득세법 시행령, 소칙 : 소득세법 시행규칙
  - 조특법 : 조세특례제한법, 조특령 : 조세특례제한법 시행령
  - 조특칙 : 조세특례제한법 시행규칙
  - 국기법 : 국세기본법, 국기령 : 국세기본법 시행령
  - 민간임대주택법 : 민간임대주택에 관한 특별법
  - 민간임대주택령 : 민간임대주택에 관한 특별법 시행령
  - 상증법 : 상속세및증여세법, 상증령 : 상속세및증여세법 시행령
  - 종부세법 : 종합부동산세법, 종부령 : 종합부동산세법 시행령
  - 부가법 : 부가가치세법, 부가령 : 부가가치세법 시행령
  - 법법 : 법인세법, 법령 : 법인세법 시행령
  - 지방세법 : 지방세법, 지방세령 : 지방세법 시행령, 지방세칙 : 지방세법 시행규칙
  - 토지보상법 : 공익사업을 위한 토지 등의 취득 및 보상에 관한 법률
  - 토지보상령 : 공익사업을 위한 토지 등의 취득 및 보상에 관한 법률 시행령
  - 도시정비법 : 도시 및 주거환경정비법, 도시정비령 : 도시 및 주거환경정비법 시행령
  - 소규모주택정비법 : 빈집 및 소규모주택 정비에 관한 특례법
  - 농특세법 : 농어촌특별세법, 농특세령 : 농어촌특별세법 시행령
  - 농지령 : 농지법시행령, 농지칙 : 농지법시행규칙

- 최근 양도소득세가 수시로 해석이 변경되는 등 매우 복잡해지고 있는 상황에서 실제 적용할 때에는 본서의 내용을 토대로 해석 변경 등을 꼼꼼이 살펴보거나 전문가와 상의하실 것을 권고함

| 대목차 |

제4편 재개발·재건축에 따른 양도차익 산정

제5편 다주택자에 대한 중과세

제6편 장기보유특별공제

제7편 감면일반 및 감면한도

제8편 조세특례제한법상 주택 감면

제9편 농지 등에 대한 감면

제10편 공익사업용 토지 등에 대한 감면 등

제11편 비사업용 토지에 대한 총론

제12편 유형별 비사업용 토지에 대한 중과세

제13편 부당행위계산 및 배우자 등 이월과세

제14편 양도소득세 총론

| 중목차 |

부록 1. 개정세법 등

부록 2. 세율, 장기보유특별공제, 고가주택

부록 3. 주택시장 안정화 대책, 조정대상지역 등

부록 4. 취득세

제1편 1세대 1주택 비과세

파산선고 비과세(소법§89①1호)

지적재조사법에 따라 조정금납부기간 기산일

1세대 1주택 판정시기(소령 §154①)

(매매계약일 현재) 비과세되는 1세대 1주택의 판정은 원칙적으로 양도일이 기준이나 매매계약의 특약사항으로 주택의 매매대금을 청산하기 전에 매수자가 주택 외의 용도로 사용할 것을 약정한 경우에는 매매계약일 현재를 기준으로 판정할 수 있음 ⋯ **17**

(양도일 현재) 주택에 대한 매매계약을 체결하고 그 매매특약에 따라 잔금청산 전에 주택을 상가로 용도변경 시, '22.10.21. 이후 매매계약 체결분부터 양도일(잔금청산일) 현재 현황에 따라 양도물건을 판정함 ⋯ **18**

(양도일 현재) 매매계약의 특약에 의해 매수자가 변경되는 경우 매매계약 체결일은 최초 매매계약 체결일로 보는 것임 ⋯ **19**

(양도일 현재) 주택에 대한 매매계약을 체결하고 그 매매특약에 따라 잔금청산 전에 주택을 멸실한 경우, '22.12.20. 이후 매매계약을 체결한분부터 양도물건의 판정기준일은 양도일(잔금청산일)임 ⋯ **20**

보유기간 기산일(구.소령 §154⑤단서)

1세대 1주택 비과세 보유기간(소법§95④) ⋯ **21**

1세대 2주택 이상 보유자의 비과세 보유기간 기산일(소령§154⑤) ⋯ **22**

법령요약 – 1세대 1주택의 범위(구.소령§154) ⋯ **23**

심화정리 – 비거주자에 대한 1세대 1주택 비과세 적용 여부, 법인 아닌 단체의 비과세 여부 ⋯ **24**

동일세대

가장이혼한 배우자의 동일 세대 여부 ⋯ **25**

가. 세대의 개념 – 배우자가 있을 것 ⋯ **26**

법령요약 – 정의(소법§88) – 1세대, 주택 ⋯ **27**

"세대"의 범위 – 처제는 갑과 같은 주소에서 생계를 같이하는 배우자의 형제자매이므로 동일세대에 해당 ⋯ **28**

(조카) 조카 입장에서는 삼촌이 직계존비속이 아니므로 동일세대가 아니어서 1세대 1주택으로 비과세 적용됨 ⋯ **29**

(계부) 신청인과 계부가 같은 주소지에서 생계를 같이하는 경우, 계부는 직계존속(생모)의 배우자에 해당하므로 같은 1세대에 해당함 ⋯ **30**

가. 세대의 개념 – 배우자가 없어도 세대를 인정하는 경우 ⋯ **31**

법령요약 – 1세대의 범위(소령§152의3) ⋯ **32**

주택의 해당 여부

겸용주택의 비과세 판단

고급[고가]주택 판정

조특법상 감면주택의 보유기간 기산일

비과세 판정 시 주택 수

거주요건

보유 및 거주요건(소령§154①단서, 소령§154①3호)

거주요건(소령§154①단서, 소령§154①4호(삭제), 5호)

제2편 1세대 1주택 비과세 특례

공동상속주택 비과세 특례(소령 §155③)

동거봉양 합가 비과세 특례(소령§155④)

혼인에 따른 비과세 특례(소령§155⑤)

농어촌주택 비과세 특례(소령 § 155⑦)

농어촌주택등 취득자에 대한 과세특례(조특법§99의4)

부득이한 사유의 비과세 특례(소령§155⑧)

공공기관 이전에 따른 비과세 특례(소령§155⑯))

거주주택 비과세 특례 (소령 § 155⑳)

거주주택 비과세 특례(소령§155⑳)

(거주주택+일시적 2주택 중첩적용) 거주주택 특례와 일시적 2주택 특례의 중첩적용으로 9억원 이하까지 비과세하고, 거주주택이 10년 이상 보유한 주택으로 '20.6.30.까지 양도하면 한시적으로 중과 배제되어 2년 이상 거주한 1주택으로 보는 주택에 해당하므로 장기보유특별공제율을 표2 적용 … 259

[거주주택+일시적 2주택(신규주택→조합원입주권)의 중첩적용] '21.2.16. 이전 양도분으로서, 거주주택과 장기임대주택을 각각 1개씩 보유하는 1세대가 신규주택을 취득하고 해당 신규주택이 조합원입주권으로 전환된 경우로서 조정지역 내 거주주택 양도 시 중첩적용으로 비과세 적용 … 260

(거주주택+일시적 2주택 1주택과 1조합원입주권의 중첩적용) "거주주택 특례(소령§155①)" 와 "일시적 1주택과 1조합원입주권(소령§156의2③)"의 중첩적용으로 9억원 이하까지 비과세 … 261

(장기임대주택을 신규주택 간주) 거주주택 1채와 장기임대주택 2채를 보유한 상태에서 거주주택을 비과세 받은 후, 장기임대주택 중 나중에 취득한 주택을 임대의무기간을 충족하지 못한 상태에서 양도했어도 이를 신규주택으로 보아 일시적 2주택 요건이 충족되면 이미 비과세 받은 세액을 추징하지 않음 … 262

(중첩적용, 장기보유특별공제) 거주주택 특례와 일시적 2주택의 중첩 적용으로 1세대 1주택으로 보아 비과세 적용 및 직전거주주택 보유주택에 해당한 경우에는 직전거주주택 양도일 이후 기간분에 대해서만 비과세 적용 … 263

(거주주택+일시적 2주택 중첩적용) 거주주택과 장기임대주택, 대체주택을 보유하는 1세대가 거주주택을 양도하는 경우로서, 거주주택을 배우자로부터 증여받아 2년 이상 거주하지 아니하고 양도 시 중첩적용으로 비과세 적용 … 264

장기가정어린이집 비과세 특례소령§155⑳)

(양도일 현재) 가정어린이집으로 사용하지 않은 기간이 6개월을 경과하지 않은 경우, 양도일 현재 소법§168에 따라 사업자등록을 하고 장기가정어린이집을 운영하고 있지 않으면 비과세 적용 불가 … 265

(주택의 의미) 일시적으로 주거외 용도로 사용되더라도 주택으로 보기 때문에 일시적 2주택 비과세 적용 … 266

(가정어린이집으로 임대) 소령§167의3①2호에 해당하는 장기임대주택을 의무임대기간 동안 주거용이 아닌 가정어린이집으로 사용하는 자에게 임대한 경우에는 소령§155⑳이 적용되지 않는 것임 … 267

제3편 주택과 조합원입주권[분양권]을 소유한 경우 1세대 1주택 비과세 특례

주택과 조합원입주권을 소유한 경우 1세대 1주택 특례(소령§156의2⑨)

일시적 2주택 비과세 특례(소령§155①)

주택과 분양권을 소유한 경우 1세대 1주택 특례(소령§156의2⑨)

허위계약서 작성

제4편 재개발·재건축에 따른 양도차익 산정

청산금에 대한 납세의무자

1+1조합원입주권 양도

제5편 다주택자에 대한 중과세

다주택자 중과(소법§104⑦)

분양권 중과(소법§104①1호, 2호)

다주택자 중과(소법§104⑦)

1세대 3주택 이상 중과(소법 § 104⑦3호, 소령 § 167의3)

다가구주택(소법 § 167의3②1호)

1세대 2주택 중과(소법§104⑦1호, 소령§167의10)

제6편 장기보유특별공제

제7편 감면일반 및 감면한도

조특법상 이월과세

영농조합법인(농업회사법인)에 대한 양도소득세 이월과세

법인전환에 대한 양도소득세 이월과세

제8편 조세특례제한법상 주택 감면

장기임대주택에 대한 양도세 감면(조특법§97)

신축임대주택에 대한 양도세 감면(조특법§97의2)

장기일반민간임대주택등에 대한 특례(조특법§97의3)

장기임대주택에 대한 양도세 과세특례(조특법§97의4)

장기일반민간임대주택등에 대한 특례(조특법§97의5)

공공매입임대주택 건설 목적으로 양도한 토지 특례(조특법§97의9)

제9편 농지 등에 대한 감면

(거주요건, 컨테이너) 쟁점컨테이너 상에 가전제품 등 제반 생활시설과 화장실 등이 있고 '04년부터 겨울철 농한기를 제외한 시기에 계속적으로 전기사용내역이 나타나는 점, 농업용 트랙터 등 농기계 보유에 따른 면세유류구입내역과 영농자재 구입 내역 등으로 보아 재촌 사실이 인정됨 … 21

(거주요건, 구체적인 입증) '02년~'08년까지 발생된 근로소득이 5년 동안 지급받은 급여액으로 볼 때 정당한 근로 대가를 제공하고 받은 급여를 받았다고 보여지고 약 820평에 달하는 농지에 어떤 작물을 경작하였는지 모종구입 내역, 경작에 따른 농기계 사용 내역 등을 입증하지 못하고 있어 감면 배제 잘못 없음 … 22

(거주요건, 전기료 등) 쟁점주택에 거주하였다고 주장하면서 제출한 임대차계약서는 작성일자도 기재되지 않는 등 객관적인 신빙성이 보이지 않고, 거주하였음을 입증할 만한 쟁점주택의 전기료, 통신료 등을 납부한 사실도 확인되지 않으므로 청구인이 쟁점농지 양도 당시 쟁점주택에 거주하였다고 볼 수 없음 … 23

③ 직접경작 요건 … 24

(직접경작, 농작업의 1/2) 원고가 8년 이상 농지 소재지에 거주하면서 농업에 상시 종사하거나 농작업의 ½ 이상에 자신의 노동력을 투입하였다고 인정하기에 부족하고, 달리 이를 인정할 증거가 없음 … 25

(직접경작, 지방공무원) 지방공무원으로 근무한 상태에서 양도한 농지 이외에도 20,000m² 이상의 농지를 소유하고 있는 등 농작물의 경작에 상시 종사하거나 자기의 노동력으로 농작업의 ½ 이상 수행하였다고 보기 어려움 … 26

심화정리 – 직접 경작에 대한 입증책임, 양도한 농지의 자경사실에 대한 입증책임, 간헐적 농경에 종사 … 27

심화정리 – 8년 이상 자경농지 여부, 자기 책임과 계산 하에 다른 사람 고용하여 경작, 대토농지를 자경하지 아니한 것 … 28

④ 자경기간 요건 – 8년 이상 재촌·자경, 교환·분합 및 대토한 경우, 상속인이 1년 이상 계속 재촌·자경 시 통산 등 … 29

심화정리 – 경영이양보조금(농산물의 생산자를 위한 직접지불제도 시행규정) … 30

심화정리 – 쌀 소득보전 직접지불사업(쌀 변동 직불금) … 31

(협의매수·수용) 종전농지에서 5년 5개월 재촌·자경한 후 농지대토한 경우로서 신규농지를 취득한 후 2년 5개월이 지나 토지보상법에 따라 협의매수가 된 경우로서, 농지대토에 의한 감면은 가능하나 신규농지의 자경농지 감면은 불가 … 32

(8년 이상 경작기간) 임야에서 전으로 지목변경된 지 8년 미만으로 보아 자경농지 감면을 배제 … 33

(주거지역 편입 후 경작기간) 감면을 적용하는 경우, 주거·상업·공업지역 편입일과 상관없이 농지 소재지에 거주하면서 취득 시부터 양도 시까지 경작한 기간을 포함하므로 취득일부터 주거지역 편입일까지 발생한 소득에 대해서 감면 가능 … 34

조세특례제한법 집행기준 69-66-13 – 피상속인이 경작한 토지를 상속받은 경우 자경기간 계산 … 35

(상속, 1년 이상 계속 경작) 조특령§66⑪에서 규정한 "상속인이 상속받은 농지를 1년 이상 계속"의 의미는 상속개시일부터 경작하지 않은 경우도 포함하여 상속인이 상속받은 농지를 1년 이상 계속하여 경작하는 경우에는 피상속인이 취득하여 경작한 기간은 상속인이 이를 경작한 기간으로 본다는 것임 … 36

제10편 공익사업용 토지 등에 대한 양도세의 감면 등

제11편 비사업용 토지에 대한 총론

비사업용 토지의 개요

비사업용 토지의 판정

비사업용 토지(무조건 비사토 아닌 경우, 소령 § 168의14③)

비사업용 토지(부득이한 사유가 있어 비사토로 보지 않는 기간, 소령 § 168의14②)

제12편 유형별 비사업용 토지에 대한 중과세

비사업용 토지의 중과(농지)

비사업용 토지의 중과(임야)

비사업용 토지의 중과(목장용지)

비사업용 토지의 중과(주택부속토지)

비사업용 토지의 중과(별장 부속토지)

비사업용 토지의 중과(그 밖의 토지)

제13편 부당행위계산 및 배우자 등 이월과세

특수관계인의 범위(국기법 § 2 20호)

부당행위계산(소법 § 101)

부담부 증여(소법 § 88 1호, 소령 § 159)

우회양도에 따른 부당행위계산(소법 § 101②)

배우자등 이월과세(소법 §97의2)

배우자등에게 양도한 재산의 증여추정(상증법 §44)

제14편 양도소득세 총론

납세의무자(소법 §2)

부과제척기간(소법 §110④)

필요 경비(소법 §97, 소령 §163)

(과세관청이 결정·통지가액) 세무서장이 과세처분의 선행적 절차로서 행하는 상속재산가액 결정은 그 자체로 납세의무자의 권리의무에 직접 영향을 미치는 행위가 아니므로 구속력·공정력·확정력을 가진 행정행위에 해당한다고 볼 수 없음 ··· **138**

심화정리 – 소령부칙 제30395호, '20.2.11. – 소령§163⑨ 개정 관련 부연 설명 ··· **139**

양도차익 산정방법(소법 §100)

24. 양도차익 산정방법 가. 납세자가 신고하는 경우 나. 과세관청이 결정 또는 경정하는 경우 ··· **140**

24. 양도차익 산정방법 다. 양도차익의 산정원칙 ··· **141**

심화정리 – 장부가액을 취득가액으로 인정한 경우 ··· **142**

법령요약 – 토지와 건물 등을 함께 공급하는 경우 건물 등의 공급가액 계산 ··· **143**

(일괄양도 시 가액구분 불분명) 토지와 건물을 일괄양도하는경우로서 토지와 건물을 구분기장한 가액과 감정평가가액에비례하여 안분계산한 가액이 토지의 경우 30/100 이상 차이가 발생하지 않으나 건물의 경우 30/100 이상 차이가 발생하는 경우 소법§100③에 따른 가액 구분이 불분명한 때에 해당함 ··· **144**

(일괄양도 시 가액구분 불분명) 신고한 구분 양도가액과 기준시가에 따른 양도가액 간 A대지는 48.5%, B대지는 35.0%, D대지는 30.7% 이상의 차이가 각각 나타나는 점에서 "토지와 건물 등의 가액 구분이 불분명한 때"로 보이므로 처분청의 감정가액에 따라 각 필지별로 안분계산하여 과세한 처분은 잘못이 없음 ··· **145**

심화정리 – 토지 및 건물을 일괄 양도 시 가액 구분이 불분명한 경우 ··· **146**

(매도자 양도세의 매수자 부담) 매도자 부담 양도세 전액을 매수자가 부담하기로 약정한 부동산 매매계약서를 체결한 경우에는 동 양도세 상당액을 포함한 가액을 양도가액으로 봄 ··· **147**

(매도자 양도세의 매수자 부담) 매수자가 해당 매매거래에서 발생하는 양도세를 전액 부담하기로 약정한 경우로서 매수자가 부담하는 양도세는 전부양도가액에 합산함 ··· **148**

심화정리 – 양도가액에 포함되는 양도세의 범위 ··· **149**

심화정리 – 양도가액 관련 판례 등 ··· **150**

심화정리 – 다운거래 시의 불이익 ··· **151**

24. 양도차익 산정방법 라. 필요경비 개산공제 ··· **152**

(취득가액 추계방법) 매매계약서 및 승계 취득 시 받은 분양계약서 등을 소실로 취득가액을 확인할 수 없는 경우 취득가액은 신축된 주택을 양도한 것이므로 주택이 신축된 시점 기준으로 소법§114⑦ 및 소령§176의2③에 따라 매매사례가액, 감정평균가액, 환산취득가액을 순차로 적용하여 산정함 ··· **153**

신고기한(소법 § 105, § 110)

양도세 신고·납부

개정세법 등

Ⅰ. 소득세법(양도소득)

1. 토지·건물 일괄 취득·양도 시 안분계산 예외 신설(소득법 §100③, 소득령 §166⑦)

현 행	개 정 안

▶ 토지 · 건물의 일괄 취득 · 양도 시 기준시가 등에 비례하여 가액을 안분계산
 	
• 양도 · 취득가액을 실지거래가액에 따라 산정시 토지 · 건물의 가액 구분이 불분명한 경우
• 납세자가 구분한 토지 · 건물의 가액이 기준시가 등에 따라 안분계산한 가액과 30% 이상 차이 나는 경우
 	
〈단서 신설〉
	▶ 안분계산 예외 신설
	
	• (좌 동)
	
	– 다만, 납세자가 구분한 토지 · 건물의 가액을 인정할만한 사유*가 있으면 안분계산 제외
	
	  * ❶다른 법령에서 토지 · 건물의 양도 가액을 정한 경우
	    ❷건물이 있는 토지 취득 후 건물 철거하고 토지만 사용하는 경우

〈개정이유〉 과세기준 합리화

〈적용시기〉 '25.1.1. 이후 양도하는 분부터 적용

2. 주택으로 용도변경 시 장기보유특별공제액 계산방법 변경 (소법§95)

현 행	개 정 안
▶ 주택으로 용도변경(또는 주거용 사용) 시 1세대 1주택 비과세 보유기간 및 장기보유 특별공제액	▶ 계산방법 합리화
① 1세대 1주택 비과세 보유기간: 자산 취득일~양도일	① 용도변경일(또는주거용사용일)로 기산일 변경
② 1세대 1주택 장기보유특별공제액: 보유기간을 '취득일~양도일'로 보아 공제액 산출	② (좌 동)
〈단서 신설〉	• 각 용도기간별 보유 · 거주기간별 공제율을 합산하여 계산 (ⓐ + ⓑ) ⓐ (보유기간 공제율*) 비주택 보유기간에 대한 일반공제율 + 주택 보유기간에 대한 1세대 1주택 공제율 * 최대 40% 적용 ⓑ (거주기간 공제율) 주택 거주기간에 대한 1세대 1주택 공제율

〈수정이유〉 국회 심의결과 반영

〈적용시기〉 '25.1.1. 이후 양도 분부터 적용

Ⅱ. 소득세법 시행령(양도소득)

1. 주택에서 주택 외 용도로 변경 후 양도한 건물의 양도소득세 과세기준 합리화(소득령 §154① · §159의4)

현 행	개 정 안
▶ 1세대 1주택 비과세 및 장기보유특별공제(최대 80%) 적용시 1주택 여부 판정 기준 시점 • 주택 양도일 〈신 설〉	▶ 예외규정 신설 • (좌 동) – 매매계약에 따라 주택에서 **상가 등 주택 외 용도로 변경한 경우 매매계약일**

〈개정이유〉 과세기준 합리화

〈적용시기〉 영 시행일('25.2.28.) 이후 매매계약을 체결하여 양도하는 분부터 적용

2. 주택임대사업자의 거주주택 양도소득세 비과세 합리화(소득령 §155⑳)

① 장기임대주택 보유자의 거주주택 양도소득세 비과세 횟수제한 완화

현 행	개 정 안
▶ 장기임대주택 보유 거주자는 본인 거주주택 양도시 양도소득세 비과세	▶ 비과세 횟수 제한 완화
• (거주요건) 거주주택 보유기간 중 2년 이상 거주	• (좌 동)

• (대상) 장기임대주택 외 거주주택
   − 최초 거주주택에 대해서만 비과세
    (생애 1회로 제한)
   ※ 장기어린이집은 횟수 제한 없음
	• (좌 동)
	   − 횟수 제한 없이 거주주택에 비과세 적용

• (임대주택 범위) 양도세 중과 배제 임대주택*
  * 사업자등록, 임대료 증가율 5% 이하 준수 필요
   − 장기임대주택(신규 등록은 10년형만 가능)
	• (좌 동)

〈추 가〉	− 단기민간임대주택* * 「민간임대주택법」에 따라 아파트 제외

〈개정이유〉 임대주택 공급 지원

〈적용시기〉 영 시행일('25.2.28.) 이후 양도하는 분부터 적용

② 장기임대주택을 거주주택으로 전환시 양도소득세 비과세 합리화

현 행	개 정 안
◎ **장기임대주택을 거주주택으로 전환**한 주택(직전거주주택보유주택*) 양도소득세 비과세	◎ 비과세 제도 합리화
* 기존 거주주택(직전거주주택)을 비과세 적용받아 양도한 후 임대주택이었던 주택으로 이사하여 거주한 주택	
• 직전거주주택보유주택이 **1세대 1주택**인 경우: 2년 이상 거주 시 **직전거주주택 양도 이후 양도차익분은 비과세**	• (좌 동)
• **그 외의 경우**: 모든 양도차익 과세	• 2년 이상 거주시 **직전거주주택 양도 이후 양도차익분 비과세**

〈개정이유〉 임대주택 공급 지원

〈적용시기〉 영 시행일 이후 양도하는 분부터 적용

3. 토지·건물 일괄 취득·양도 시 안분계산 예외 규정 (소득령 §166⑦)

```
─────────── 〈 법 개정내용(소득법 §100③) 〉 ───────────

◐ 토지 · 건물 일괄 취득 · 양도시 안분계산*을 적용하지 않고 구분된 토지 · 건물의 가액을
   인정하는 사유를 시행령에 위임

  * ①토지 · 건물 등 가액 구분이 불분명한 경우, ②매매계약서상 구분된 토지 · 건물등 실지거래가액이
    기준시가 등에 따라 안분계산한 금액과 30% 이상 차이가 있는 경우 기준시가 등을 활용하여
    토지 · 건물등 가액을 안분
```

현 행	개 정 안
〈신 설〉	◐ 토지 · 건물 실지거래가액에 대한 안분계산법 적용 예외사유 · 다른 법령에서 정하는 바에 따라 토지와 건물 등의 가액을 구분한 경우 · 토지와 건물 등을 함께 취득한 후 건물 등을 철거하고 토지만 사용하는 경우

〈개정이유〉 과세기준 합리화

〈적용시기〉 '25.1.1. 이후 양도하는 분부터 적용

4. 다주택자 양도소득세 중과 한시적 배제 1년 연장 및 단기민간임대주택 양도소득세 중과 제외(소득령 §167의3 · §167의4 · §167의10 · §167의11)

현 행	개 정 안
⊙ **다주택자가 조정대상지역 내 주택 양도 시 양도세 중과 제외 대상**	⊙ **한시배제 1년 연장 및 중과배제 주택 추가**
• 지방저가주택*, 장기어린이집, 혼인 · 취학 등으로 인한 일시적 2주택 등 　* 주택수에서도 제외	• (좌 동)
• 보유기간 2년 이상으로서 '22.5.10.부터 '25.5.9.까지 양도하는 주택	• '25.5.9.까지 → '26.5.9.까지
• 장기민간임대주택 　('20.7.11. 이후 매입형은 아파트 제외) 　– **건설형**: 임대개시일 당시 **공시가격 6억원 이하** 　– 매입형: 임대개시일 당시 공시가격 6억원(비수도권 3억원) 이하	• 건설형 장기민간임대 주택 공시가격기준 상향 　– **6억원 → 9억원 이하** 　– (좌 동)
〈추 가〉	• 단기민간임대주택*

구분	적용 요건	
	건설형	매입형
사업자등록	사업자등록 필요	
임대기간	최소 6년	
공시가격 상한	6억원	수도권: 4억원 비수도권: 2억원
면적 기준	대지:298m²이하 주택 연면적 149m² 이하	–
최소 공급	2호	–
임대료증가율	5% 이하	
소재지	–	조정대상지역제외

〈개정이유〉 주택공급 활성화 지원

〈적용시기〉 (장기민간임대주택) 영 시행일('25.2.28.) 이후 등록분부터 적용

　　　　　　 (단기민간임대주택) '25.6.4. 이후 등록분부터 적용

Ⅲ. 조세특례제한법(양도소득)

1. 대토보상 과세특례 적용요건 보완(조특법 §77의2②, 조특령 §73②)

현 행	개 정 안
◉ 대토보상에 대한 양도소득세 과세특례* 적용 요건 * 40% 세액감면 또는 과세이연 • 아래 요건을 모두 충족할 것 ❶ 사업인정고시일 현재 토지 등을 2년 이상 보유 ❷ 토지 등을 공익사업 시행자에게 양도 ❸ 양도대금을 공익사업 시행으로 조성한 토지로 보상 • 공익사업시행자가 대토보상 명세를 다음 달 말일까지 국세청에 "통보하는 경우에만" 특례 적용 〈추 가〉	◉ 과세특례 적용요건 합리화 (좌 동) • 공익사업시행자는 대토보상 명세를 보상계약체결일이 속하는 다음 달 말일까지 "통보하여야 함" * 제출기한 내에 통보하지 않는 경우에도 납세자에 대한 과세특례 적용

〈개정이유〉 납세자 권익 보호

〈적용시기〉 '25.1.1 이후 결정 또는 경정하는 분부터 적용

2. 장기일반민간임대주택에 대한 장기보유특별공제 특례 적용기한 연장

(조특법 §97의3①)

현 행	개 정 안
▶ **장기일반민간임대주택** 등*에 대한 양도소득세 **과세특례** * 「민간임대주택에 관한 특별법」상 민간건설임대주택인 공공지원민간임대주택 또는 장기일반민간임대주택 • **(적용요건)** 아래 요건을 모두 충족 ❶ **(전용면적)** 85㎡ 이하 ❷ **(임대기간)** 10년 이상 ❸ **(인상률 상한)** 전년 대비 5% ❹ **(기준시가)** 수도권 6억원 이하, 비수도권 3억원 이하 • **(지원내용)** 임대기간 중 발생한 양도차익에 **장기보유특별공제율 70% 적용** • **(적용기한)** '24.12.31.	▶ **적용기한 연장** (좌 동) • '27.12.31.

〈**개정이유**〉 임대주택 공급 지원

3. 부동산 양도금액 연금계좌 납입시 양도소득세 과세특례 신설 (조특법 §99의14 신설)

현 행	개 정 안
〈신 설〉	▶ **부동산**(주택, 토지, 건물) **양도금액 연금계좌** 납입시 **양도소득세 과세특례** 신설 • **(적용대상)** 기초연금 수급자 • **(적용요건)** 아래 요건을 모두 충족 　❶ 부동산 양도 당시 1주택 또는 무주택 세대 　❷ 양도 부동산을 10년 이상 보유 　❸ 부동산 양도금액을 **연금계좌에 납입** • **(과세특례)** 해당 부동산 양도소득세액에서 **연금계좌납입액**(1억원 한도)의 10%를 세액공제 • **(사후관리)** 연금 수령 외의 방식으로 전부 또는 일부 인출시 **세액공제액 추징** • **(적용기한)** '27.12.31.

〈개정이유〉 부동산 연금화를 통해 노후생활 안정 지원

〈적용시기〉 '25.1.1. 이후 양도하는 분부터 적용

Ⅳ. 조세특례제한법 시행령(양도소득)

1. 인구감소지역 주택 취득자에 대한 과세특례 세부요건 규정 (조특령 §68의2)

〈 법 개정내용(조특법 §71의2) 〉

▶ 1주택자가 '24.1.4.~'26.12.31. 인구감소지역 내 주택 취득시 1세대 1주택 특례*
  적용

  * (양도소득세) 비과세 및 장기보유특별공제 최대 80% 적용
    (종합부동산세) 기본공제 12억원 및 고령자 · 장기보유 세액공제 최대 80% 적용

  • 구체적인 **주택소재지, 주택가액** 요건 등은 시행령에 위임

현 행	개 정 안

〈신 설〉	▶ **과세특례가 적용되는 주택요건(❶&❷)**
	
	❶ (주택소재지) 인구감소지역 소재
	    – 수도권 · 광역시는 제외하되, 수도권 내 접경지역 및 광역시 내 군지역은 포함
	    – 기존 1주택과 동일한 시 · 군 · 구 소재 신규 주택 취득은 제외
	❷ (주택가액 상한) 공시가격 4억원*
	     * 양도소득세는 취득시점, 종합부동산세는 과세시점 기준

〈개정이유〉 인구감소지역 경제 활성화 지원

〈적용시기〉 '25.1.1. 이후 결정 또는 경정하는 분부터 적용

2. 비수도권 준공 후 미분양주택 취득자에 대한 과세특례 세부요건 규정

(조특령 §98의8)

> **〈 법 개정내용(조특법 §98의8) 〉**
>
> ◈ 1주택자가 '24.1.10.~'25.12.31. 수도권 밖의 준공 후 미분양주택 취득시 1세대 1주택* 특례 적용
>
> * (양도소득세) 비과세 및 장기보유특별공제 최대 80% 적용
> (종합부동산세) 기본공제 12억원 및 고령자·장기보유 세액공제 최대 80% 적용
>
> • 주택요건, 미분양주택 확인 절차 등은 시행령에 위임

① 과세특례가 적용되는 준공 후 미분양주택 세부요건 규정

현 행	개 정 안
〈신 설〉	◈ 과세특례가 적용되는 주택요건(❶&❷) • (주택면적) 전용면적 85m² 이하 • (주택가액) 취득가액 6억원 이하 • (양도자) 「주택법」에 따른 **사업주체**, 「건축물의 분양에 관한 법률」에 따른 **분양사업자** 및 사업주체·분양사업자에게 해당 **주택을 대물변제 받은 시공자** • (양수자) 해당 주택에 대한 **최초 매매계약 체결자** • (미분양 요건) 「주택법」상 사용검사 확인증을 받은 날 또는 「건축법」상 사용승인서를 받은 날까지 **분양계약이 체결되지 않아 선착순으로** 공급하는 주택 • (미분양 확인) 주택 관할 시장·군수·구청장이 매매계약서에 **준공 후 미분양된 사실 확인 날인**

〈개정이유〉 주택공급 활성화 지원

〈적용시기〉 '25.1.1. 이후 결정 또는 경정하는 분부터 적용

② 준공 후 미분양주택 확인 절차

현 행	개 정 안
〈신 설〉	◉ **준공 후 미분양주택 확인 절차** ❶ 양도자가 주택 관할 시장·군수·구청장에게 양도 주택의 준공 후 미분양 사실 확인을 요청 ❷ 시장·군수·구청장은 매매계약서에 준공 후 미분양 확인 날인 후 양도자에게 교부하고, 양도자는 해당 내역 및 매매계약서 사본을 납세지 관할 세무서장에게 제출 ❸ 양도자는 ❷에 따라 날인받은 매매계약서를 양수자에게 교부 ❹ 양수자는 종부세 특례 신청기간(9.16.~9.30.) 또는 양도세 신고시 매매계약서 사본을 제출 ❺ 납세지 관할 세무서장은 ❷·❹에 따라 제출받은 매매계약서 사본 등을 검토하여 해당 주택이 준공 후 미분양주택인지 여부를 판정

〈개정이유〉 주택공급 활성화 지원

〈적용시기〉 '25.1.1. 이후 결정 또는 경정하는 분부터 적용

3. 부동산 양도금액 연금계좌 납입시 양도소득세 과세특례 세부사항 규정

(조특령 §99의13)

─────── 〈 법 개정내용(조특법 §99의14) 〉 ───────

▶ 1주택 이하의 **기초연금수급자가** 장기 보유한 부동산의 양도대금을 **연금계좌에 납입시**
납입액의 10%를 양도소득 산출세액에서 공제

• 부동산 범위, 신청절차 및 사후관리 등은 시행령에 위임

현 행	개 정 안
〈신 설〉	▶ **부동산 양도금액 연금계좌 납입시 양도소득세 과세특례 세부사항 규정** • **(적용대상)** 10년 이상 보유한 국내 토지 · 건물 • **(신청절차)** 양도소득세 예정신고 또는 확정신고시 세액공제신고서 및 **연금계좌 납입확인서*** 제출 　* 소득령 제40조의2제2항라목에 따라 장기보유 부동산 양도금액을 연금계좌에 납입하였음을 확인 • **(사후관리)** 연금계좌 납입일부터 5년내에 **연금외수령*시 공제액 전액 추징** 　* 가입자가 55세 이후 연금수령하고, 연금계좌 가입일부터 5년 경과된 후 연금수령 한도 내 인출하는 경우 외의 인출 　– 연금계좌 인출순서는 「소득령」제40조의3을 준용하되, **부동산 연금 납입액이 먼저 인출**되는 것으로 간주

〈개정이유〉 부동산 연금화를 통해 노후생활 안정 지원

〈적용시기〉 '25.1.1. 이후 양도하는 분부터 적용

▶ 상장주식 양도세 과세대상 기준 50억원 이상으로 상향 조정

🌀 기획재정부	**보 도 자 료**	*다시 대한민국!* *새로운 국민의 나라*

보도시점	2023. 12. 21.(목) 10:30	배포 일시	2023. 12. 21.(목) 9:50

상장주식 양도세 과세대상 기준을 50억원 이상으로 조정
– 12.26.(화) 국무회의를 거쳐 연내 소득세법 시행령 개정 완료

기획재정부는 상장주식 양도세 과세대상 기준 중 종목당 보유금액 10억원 이상을 50억원 이상으로 조정할 계획이다.

〈 상장주식 양도세 과세대상 기준 개정(안) 〉

구 분(종목당)	코스피	코스닥	코넥스
지분율	1%	2%	4%
보유금액	(현행) 10 억원 → (개정) 50 억원		

현재 상장주식은 직전 사업연도 종료일 현재 종목당 일정 지분율 또는 종목당 10억원 이상을 보유한 자에 대해 과세표준 3억원 이하분은 20%, 3억원 초과분은 25%의 세율로 양도소득세를 과세 중이다.

이번 조치는 고금리 환경 지속, 대내외 불확실성 증대 등 자본시장 상황을 고려하고, 과세대상 기준회피를 위한 연말 주식매도에 따른 시장 변동성을 완화하기 위한 조치이다.

기획재정부는 이러한 내용을 담은 「소득세법 시행령」 개정안을 입법예고, 관계부처 협의(12.21.~22.) 및 국무회의(12.26. 예정) 등을 거쳐 연내 개정을 완료할 계획이며, 조정되는 기준은 24.1.1일 이후 양도분부터 적용될 예정이다.

담당 부서	세제실 금융세제과	책임자	과 장	배병관 (044-215-4230)
		담당자	사무관	김만기 (kmkey8431@korea.kr)

🏠 심화정리

▶ 상장주식 양도세 과세대상 기준 50억원 이상으로 상향 조정

🏛 기획재정부	보 도 자 료	*다시 대한민국!* *새로운 국민의 나라*

보도시점	배포시	배포 일시	2023. 12. 21.(목)

주식 양도세를 부과하는 대주주 기준 상향
(종목당 10억원→50억원)은 올해부터 적용

상장주식에 대한 양도소득세는 직전연도 말 대주주에 해당하는 주식보유자의 주식 양도차익에 대해 부과되고 있습니다.

금일 발표한 소득세법 시행령이 개정될 경우 대주주 기준은 종목당 50억원 이상 보유자로 금년에 변경됩니다. 이에 따라 <u>금년 말 기준 종목당 주식보유액이 50억원 미만인 경우에는 내년도 주식 양도차익에 대해 과세되지 않습니다.</u>

따라서, 금년 말 기준 종목당 50억원 미만 주식보유자의 경우 내년 상장주식 양도세 부담을 피하기 위하여 금년에 보유주식을 매도할 필요가 없음을 알려드립니다.

담당 부서	세제실 금융세제과	책임자	과 장	배병관 (044-215-4230)
		담당자	사무관	김만기 (kmkey8431@korea.kr)

◉ 상장주식 양도소득 과세 대상 대주주 판정 시 가족 등 기타주주 합산과세 합리화(기획재정부
　보도 참고자료, '22.12.26.)

- 기존 기타주주 합산과세 개요
    - 대주주 판정 : 본인이 보유한 주식 + 기타주주가 보유한 주식
    - 기타주주 범위
        ① 본인이 최대주주*인 경우 : 친족(6촌 혈족, 4촌 인척, 배우자 등), 경영지배관계 있는 법인 보유주식 합산
        ② 본인이 최대주주*가 아닌 경우 : 직계존비속, 배우자, 경영지배관계 있는 법인 보유주식 합산
        * 본인, 친족 및 경영지배관계에 있는 법인 등 특수관계인 보유주식 합계가 최대인 자

- 합산대상 기타주주 범위

구 분	기 존	개정('23.1.1. 이후)
본인이 최대주주	친족 – 6촌 혈족 – 4촌 인척 – 배우자(사실혼 포함) – 친생자로서 친양자 입양된 자 및 그 배우자와 　직계비속 〈추가〉 경영지배관계 있는 법인	친족 – 4촌 혈족 – 3촌 인척 – 좌동 – 좌동 – 혼인 외 출생자 생부·모 – 좌동
본인이 非최대주주	직계존비속 배우자(사실혼 포함) 경영지배관계 있는 법인	〈삭제〉 * 주주1인 본인 지분만

* 개정된 대주주 기준은 '23.1.1. 이후 양도분부터 적용되며, 대주주에 해당되는 지 판단하는 시점은 '22.12.29.
　보유기준임('22.12.30. 휴장일)
** 비상장주식인 경우에는 본인이 최대주주인 경우에는 상장주식과 동일하나, 본인이 최대주주가 아닌 경우에는 기존과
　변동없는 점에 유의

🏠 심화정리

● 기타주주 합산 과세사례[左('22.12.31. 이전 양도) VS. 右('23.1.1. 이후 양도)]

- 非 최대주주(비상장주식은 해당 안됨)

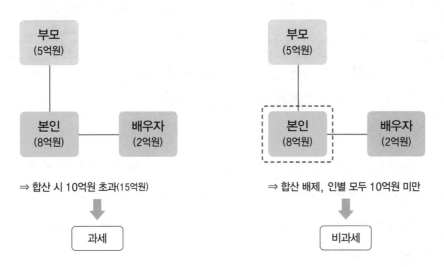

⇒ 합산 시 10억원 초과(15억원)   ⇒ 합산 배제, 인별 모두 10억원 미만

      과세   비과세

- 최대주주

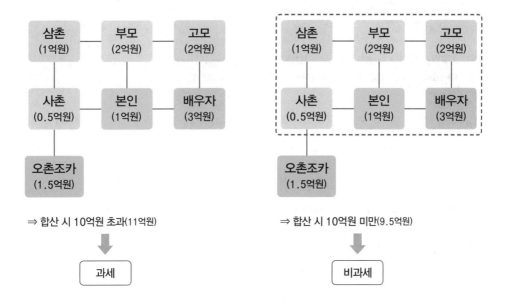

⇒ 합산 시 10억원 초과(11억원)   ⇒ 합산 시 10억원 미만(9.5억원)

      과세   비과세

보도자료

보도 일시	2022. 5. 9.(월) 17:00	배포 일시	2022. 5. 9.(월) 14:00

담당 부서	기획재정부	책임자	과 장 이재면 (044-215-4310)
	재산세제과	담당자	사무관 정호진 (re2pect@korea.kr)

다주택자 양도소득세 중과 한시 배제 등
「소득세법 시행령」 개정

1 (개정 배경) 부동산 시장 관리를 위해 과도하게 활용된 부동산 세제를 조세원칙에 맞게 정상화하고, 국민들의 과도한 세부담을 적정 수준으로 조정하는 한편, 부동산 시장 안정화

- 이를 위해 시행령 개정을 통해 조속히 추진할 필요가 있는 과제들*에 대해 개정 추진

 * 그간 기재부·국세청 등에 제기된 양도세 관련 민원 중 가장 큰 비중을 차지

2 (개정 사항) ❶다주택자에 대한 양도세 중과를 1년간 한시 배제*하고, ❷1세대 1주택 양도세 비과세 보유·거주기간 재기산 제도를 폐지**하며, ❸이사 등으로 인한 일시적 1세대 2주택 비과세 요건을 완화**

 * ❶ : 3.31일, 인수위는 새 정부 출범 직후 시행할 계획임을 旣 발표
 ** ❷·❸ : 추경호 부총리후보자는 5.2일 인사청문회에서 조속히 개선할 계획을 밝힘

3 (적용 시기) 위 개정사항(❶~❸) 모두 납세자에게 유리한 개정임을 고려하여 시행령 개정일 이전인 '22.5.10일(양도분)부터 소급 적용

- (기대 효과) 과도한 세부담과 규제를 완화하고, 매물 출회를 유도하여 부동산 시장을 안정화하는 한편, 거주이전 관련 국민불편 해소

- (향후 일정[잠정]) (입법예고)5.10~17일 → (국무회의)5.24일 → (공포)5월말

'21.5.9 기재부 보도자료 「소득세법 시행령」 개정 요강

❶ 다주택자에 대한 양도소득세 중과 1년간 한시 배제

(§167의3①12의2, §167의4③6의2, §167의10①12의2, §167의11①12)

현 행	개 정 안
▶ 다주택자가 조정대상지역 내 주택 양도 시 양도세 중과 제외 대상	▶ 보유기간 2년 이상인 주택 양도를 중과 제외 대상에 추가
• 수도권 · 광역시 · 특별자치시 외 지역의 3억 이하 주택 · 조합원입주권	
• 장기임대주택 등 (§167의3①2가~바)	
• 조특법상 감면대상 주택	• (좌 동)
• 장기사원용 주택, 장기어린이집	
• 상속주택, 문화재주택 등	
• 동거봉양, 혼인, 취학, 근무, 질병 등 사유로 인한 일시적 2주택 등	
• 보유기간 10년 이상인 주택 ('19.12.17~'20.6.30 양도분)	
〈추 가〉	• 보유기간 2년 이상인 주택 ('22.5.10~'23.5.9 양도분)

〈개정이유〉 과도한 세부담 합리화 및 매물출회 유도를 통한 부동산 시장 안정화

〈적용시기〉 '22.5.10.부터 '23.5.9.까지 양도하는 분에 적용

☞ '22.5.9. 기획재정부가 보도자료를 통하여 다주택자에 대한 양도소득세 중과(2년 이상 보유한 주택)를 '22.5.10.~'23.5.9.까지 양도하는 분에 대해서 한시적으로 배제한다고 발표하였고, '22.5.31. 소령§167의3①12의2, §167의4③6의2, §167의10①12의2, §167의11①12의 소령을 개정하였으며, '23.2.28.과 '24.2.29. 및 '25.2.28. 에 중과 배제를 추가 연장('26.5.9.까지)한다고 매년 소령을 개정함

❷ 1세대 1주택 양도소득세 비과세 보유·거주기간 재기산 제도 폐지(§154⑤)

현 행	개 정 안
⊙ 1세대 1주택 양도세 비과세	⊙ 보유 · 거주기간 재기산 제도 폐지
• (대상) 1세대가 양도일 현재 국내에 보유하고 있는 1주택	
• (요건) 2년 이상 보유	• (좌 동)
– 조정대상지역 내 주택('17.8.3일 이후 취득)의 경우 보유기간 중 2년 이상 거주	
• (보유 · 거주기간 계산) 해당 주택의 취득 · 전입일부터 기산	
– 단, 1세대가 2주택 이상을 보유*한 경우 다른 주택들을 모두 처분하고 최종적으로 1주택만 보유하게 된 날부터 재기산	〈단서 삭제〉
* 이사 · 상속 · 동거봉양 등 부득이한 사유로 인한 일시적 2주택은 제외	

〈개정이유〉 매물출회 유도를 통한 부동산 시장 안정화 및 부동산 세제 정상화

〈적용시기〉 '22.5.10. 이후 양도하는 분부터 적용

❸ 이사 등으로 인한 일시적 1세대 2주택 비과세 요건 완화(§155①)

현 행	개 정 안

◗ 조정대상지역 내* 일시적 1세대 2주택 비과세 요건
 	
  * 종전주택과 신규주택 모두 조정대상지역 내인 경우
 	
① 신규주택 취득
 	
  – 종전주택 취득일부터 1년 이상 경과 후
 	
② 종전주택 양도
 	
  – 신규주택 취득일부터 1년 이내
 	
③ 세대원 전원 이사 및 전입신고
 	
  – (원칙) 신규주택 취득일부터 1년 이내
 	
  – (예외) 신규주택 취득일 현재 임차인이 거주 중이고 임대차계약 종료일이 신규주택 취득일 1년 이후인 경우 임대차계약 종료일부터 1년 이내(최대 2년)
	◗ 종전주택 양도기한 완화 및 세대원 전입요건 폐지
	
	① (좌 동)
	
	② 종전주택 양도
	
	  – 신규주택 취득일부터 2년 이내
	
	〈삭제〉

〈개정이유〉 납세자 불편 해소 및 부동산 세제 정상화

〈적용시기〉 '22.5.10. 이후 양도하는 분부터 적용

☞ '23.1.12. 기획재정부 보도자료(일시적 2주택자의 종전주택 처분기한 연장) 발표로 '23.1.12. 이후 종전주택 양도분부터 양도세 · 취득세 · 종부세 모두 중복보유허용기간이 3년으로 연장되어 '18.9.13. 이전에 종전주택을 양도한 경우와 동일하게 됨

⊙ 소령부칙(제32654호, '22.5.31.)

제1조(시행일)

이 영은 공포한 날부터 시행한다.

제2조(주택 보유기간 계산에 관한 적용례 등)

① 제154조제5항의 개정규정은 '22.5.10. 이후 주택을 양도하는 경우부터 적용한다.

② '22.5.10. 전에 주택을 양도한 경우의 보유기간 계산에 관하여는 제154조제5항의 개정규정에도 불구하고 종전의 규정에 따른다.

제3조(조정대상지역의 일시적 2주택 비과세 요건에 관한 적용례 등)

① 제155조제1항제2호의 개정규정은 '22.5.10. 이후 종전의 주택을 양도하는 경우부터 적용한다.

② '22.5.10. 전에 종전의 주택을 양도한 경우의 비과세 요건에 관하여는 제155조제1항제2호의 개정규정에도 불구하고 종전의 규정에 따른다.

제4조(조정대상지역의 다주택자 양도소득세 중과 적용 배제에 관한 적용례)

제167조의3제1항제12호의2, 제167조의4제3항제6호의2, 제167조의10제1항제12호의2 및 제167조의11제1항제12호의 개정규정은 '22.5.10. 이후 주택을 양도하는 경우부터 적용한다.

⊙ 소령부칙 (제33267호, '23.2.28.)

제10조(양도소득세가 중과세되는 주택의 범위에 관한 적용례) §167의10①15호 및 §167의11①13호의 개정규정은 이 영 시행일 이후 주택을 양도하는 경우부터 적용한다.

세율, 장기보유
특별공제, 고가주택

주택 양도 시 검토 순서

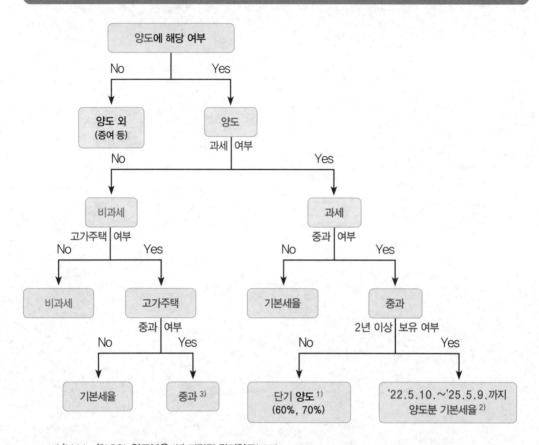

1) '14.1.1.~'21.5.31. 양도분은 1년 미만만 단기양도(40%)

2) '22.5.10.~'26.5.9. 이외 양도분은 중과 세율 적용
   - '18.4.1.~'21.5.31. 양도분은 기본세율 + 10%p, 20%p
   - '21.6.1. 이후 양도분은 기본세율+ 20%p, 30%p

3) 2년 이상 보유한 경우 '22.5.10.~'26.5.9.까지 양도분은 기본세율 적용하지만 그외 기간 양도분은 2)의
   양도시기에 따라 세율 적용

※ 중과에 해당하지 않으면 장기보유특별공제 적용 대상이며, 1주택이나 간주 1주택은
"표2 공제율('20.1.1. 이후 양도분부터 2년 이상 거주 주택 한정)"을 적용

기본세율(소법§55①)

'18.1.1. 이후			'21.1.1. 이후			'23.1.1. 이후		
과세 표준	세율	누 진 공제액	과세 표준	세율	누 진 공제액	과세 표준	세율	누 진 공제액
1,200만원 이하	6%	–	1,200만원 이하	6%	–	1,400만원 이하	6%	–
4,600만원 이하	15%	108 만원	4,600만원 이하	15%	108만원	5,000만원 이하	15%	126 만원
8,800만원 이하	24%	522 만원	8,800만원 이하	24%	522만원	8,800만원 이하	24%	576 만원
1억5천만원 이하	35%	1,490 만원	1억5천만원 이하	35%	1,490 만원	1억5천만원 이하	35%	1,544 만원
3억원 이하	38%	1,940 만원	3억원 이하	38%	1,940 만원	3억원 이하	38%	1,994 만원
5억원 이하	40%	2,540 만원	5억원 이하	40%	2,540 만원	5억원 이하	40%	2,594 만원
5억원 초과	42%	3,540 만원	10억원 이하	42%	3,540 만원	10억원 이하	42%	3,594 만원
			10억원 초과	45%	6,540 만원	10억원 초과	45%	6,594 만원

참고 소법§15 1호 : 소법§14에 따라 계산한 각 과세표준에 소법§55①에 따른 세율(이하 "기본세율"이라 한다)을 적용하여
종합소득 산출세액과 퇴직소득 산출세액을 각각 계산한다.

토지·건물, 부동산에 관한 권리(소법§104①, ④3호, ⑤, ⑦)

구 분		'09.3.16.~ '13.12.31.	'14.1.1.~ '17.12.31.	'18.1.1.~ '18.3.31.	'18.4.1.~ '21.5.31.	'21.6.1.~
보유 기간	1년 미만	50%	50%[1] 40%[2]			50%[1] 70%[2]
	2년 미만	40%	40%[1] 기본세율[2]			40%[1] 60%[2]
	2년 이상	기본세율				
분양권		기본세율		기본세율 (조정대상지역 내 50%)		60% (1년 이상 보유) 70% (1년 미만 보유)
1세대 2주택[3]인 경우의 주택		기본세율 (2년 미만 단기 양도 시 해당 단기 양도세율 적용)			보유기간별 세율 (조정대상지역: 기본세율 + 10%p)	보유기간별 세율 (조정대상지역: 기본세율 + 20%p)
1세대 3주택 이상[4]인 경우 주택		보유기간별 세율 [지정(투기)지역 : 기본세율 + 10%p]			보유기간별 세율 (조정대상지역: 기본세율 + 20%p)	보유기간별 세율 (조정대상지역: 기본세율 + 30%p)
비사업용 토지		다음 쪽의 "비사업용 토지 세율" 참고				
미등기 양도자산		70%				

[1] 2이상의 세율에 해당하는 때에는 각각의 산출세액 중 큰 것
   ex) 단기 양도세율과 중과세율 경합 시 큰 세액

[2] 주택(이에 딸린 토지 포함) 및 조합원입주권을 양도하는 경우

[3] 주택과 조합원입주권 또는 분양권을 각각 1개씩 보유한 경우 포함

[4] 주택과 조합원입주권 또는 분양권을 보유한 경우로서 그 수의 합이 3 이상인 경우 포함

※ 기타자산은 보유기간에 관계없이 기본세율 적용하고, 보유기간이 2년 이상인
   조정대상지역 내의 주택을 '22.5.10.~'26.5.9.까지 양도 시 한시적으로 기본세율 적용

비사업용 토지 세율(소법§104①8호, '18.1.1. 이후)

'18.1.1. 이후			'21.1.1. 이후			'23.1.1. 이후		
과세 표준	세율	누 진 공제액	과세 표준	세율	누 진 공제액	과세 표준	세율	누 진 공제액
1,200만원 이하	16%	–	1,200만원 이하	16%	–	1,400만원 이하	16%	–
4,600만원 이하	25%	108 만원	4,600만원 이하	25%	108만원	5,000만원 이하	25%	126 만원
8,800만원 이하	34%	522 만원	8,800만원 이하	34%	522만원	8,800만원 이하	34%	576 만원
1억5천만원 이하	45%	1,490 만원	1억5천만원 이하	45%	1,490 만원	1억5천만원 이하	45%	1,544 만원
3억원 이하	48%	1,940 만원	3억원 이하	48%	1,940 만원	3억원 이하	48%	1,994 만원
5억원 이하	50%	2,540 만원	5억원 이하	50%	2,540 만원	5억원 이하	50%	2,594 만원
5억원 초과	52%	3,540 만원	10억원 이하	52%	3,540 만원	10억원 이하	52%	3,594 만원
			10억원 초과	55%	6,540 만원	10억원 초과	55%	6,594 만원

참고 비사업용 토지가 지정(투기)지역에 소재하면 비사업용 토지의 세율에 10%p를 추가로 가산하지만 현행 비사업용 토지와 관련하여 지정(투기)지역 고시된 곳이 없음

중과세율 1((다주택자 중과, 비사업용토지 : '23.1.1. 이후)

과세 표준	기본 세율	다주택자 중과[1]		비사업용토지[2]	
		2주택	3주택 이 상	일반 지역	지정 지역
1,400만원 이하	6%	26%	36%	16%	26%
5,000만원 이하	15%	35%	45%	25%	35%
8,800만원 이하	24%	44%	54%	34%	44%
1억5천만원 이하	35%	55%	65%	45%	55%
3억원 이하	38%	58%	68%	48%	58%
5억원 이하	40%	60%	70%	50%	60%
10억원 이하	42%	62%	72%	52%	62%
10억원 초과	45%	65%	75%	55%	65%

[1] 다주택자 중과세율은 '21.6.1. 이후 양도하는 분부터 적용세율이나, 보유기간이 2년 이상인 주택을 '22.5.10.～'26.5.9.까지 양도하는 경우 한시적으로 기본세율 적용

[2] 비사업용 토지가 지정(투기)지역에 소재하면 비사업용 토지의 세율에 10%p를 추가로 가산하지만 '24.3.20. 현재 비사업용 토지와 관련하여 지정(투기)지역 고시된 곳이 없음

중과세율 2(소법§104①, ④, ⑦) ('18.4.1.~'21.5.31.)

구 분			보유기간	세 율	비 고
주택 · 조합원 입주권	2주택	조정대상지역	1년 미만	40%	산출세액 중 큰 것
				기본세율 + 10%p	
		일반지역	1년 미만	40%	
			2년 미만	기본세율	
	3주택	조정대상지역	1년 미만	40%	산출세액 중 큰 것
				기본세율 + 20%p	
		지정(투기)지역 ('17.8.3.~'18.3.31.)	1년 미만	40%	산출세액 중 큰 것
				기본세율 + 10%p	
			2년 미만	기본세율 + 10%p	
		일반지역	1년 미만	40%	
			2년 미만	기본세율	
비사업용 토 지		지정(투기)지역 ('18.1.1. 이후)	1년 미만	50%	산출세액 중 큰 것
				비사토 세율 + 10%p	
			2년 미만	40%	산출세액 중 큰 것
				비사토 세율 + 10%p	
		일반지역	1년 미만	50%	
			2년 미만	40%	

참고 비사업용 토지가 지정(투기)지역에 소재하면 비사업용 토지의 세율에 10%p를 추가로 가산하지만 '25.3.11. 현재 비사업용 토지와 관련하여 지정(투기)지역 고시된 곳이 없음

중과세율 3(소법§104①, ④, ⑦) ('21.6.1. 이후)

구 분			보유기간	세 율	비 고
주택 · 조합원 입주권 · 분양권	2주택	조정대상지역	1년 미만	70%	산출세액 중 큰 것
				기본세율 + 20%p	
			2년 미만	60%	산출세액 중 큰 것
				기본세율 + 20%p	
		일반지역	1년 미만	70%	
			2년 미만	60%	
	3주택	조정대상지역	1년 미만	70%	산출세액 중 큰 것
				기본세율 + 30%p	
			2년 미만	60%	산출세액 중 큰 것
				기본세율 + 30%p	
		일반지역	1년 미만	70%	
			2년 미만	60%	
비사업용 토 지		지정(투기)지역 ('18.1.1. 이후)	1년 미만	50%	산출세액 중 큰 것
				비사토 세율 + 10%p	
			2년 미만	40%	산출세액 중 큰 것
				비사토 세율 + 10%p	
		일반지역	1년 미만	50%	
			2년 미만	40%	

참고 다주택자 중과세율 : 보유기간이 2년 이상인 주택을 '22.5.10.~'26.5.9.까지 양도 시 한시적으로 기본세율 적용

주식, 출자지분, 신주인수권 등(소법§104①11호)

구 분			'16.1.1.~ '17.12.31.	'18.1.1.~ '19.12.31.	'20.1.1. 이후
국 내 주 식	대 주 주	중소 기업	상장주식, 비상장주식	20%	
		중소 기업 外	상장주식, 비상장주식	20%	
		1년 미만 보유	30%		
	대 주 주 외	중소 기업	상장주식 장외거래, 비상장주식	10%	
		중소 기업 外	상장주식 장외거래, 비상장주식	20%	
국외 주식[1]	중소기업		10%		
	중소기업 外		20%		

'18.1.1.~'19.12.31. (중소기업 外, 상장주식·비상장주식)

과표	세율	누진 공제액
3억 이하	20%	–
3억 초과	25%	1,500 만원

'20.1.1. 이후

과표	세율	누진 공제액
3억 이하	20%	–
3억 초과	25%	1,500 만원

[1] 중소기업 내국법인이 국외에 상장한 주식 이외에 외국법인이 발행한 주식은 중소기업에 해당하지 않음

※ 주권등(주권 또는 지분)의 양도에 대해서 증권거래세 부과하나, 주권등의 증여에 대해서는 비 부과

참고 비상장주식의 증권거래세는 단일세율로 '22.12.31.까지는 43/10,000(0.43%)이고 '23.1.1.부터 35/10,000(0.35%)이나, 증권시장에서 거래되는 주권에 한정해선 탄력세율을 적용하고 있음

장기보유특별공제 공제율(소법§95②)

보유기간	'12.1.1.~'18.12.31.		'19.1.1.~'20.12.31.		'21.1.1. 이후		
적용대상	토지 건물	(간주) 1주택	토지 건물	(간주) 1주택	토지 건물	(간주)1주택	
						보유기간	거주기간
3년 이상	10%	24%	6%	24%	6%	12%	12%
4년 이상	12%	32%	8%	32%	8%	16%	16%
5년 이상	15%	40%	10%	40%	10%	20%	20%
6년 이상	18%	48%	12%	48%	12%	24%	24%
7년 이상	21%	56%	14%	56%	14%	28%	28%
8년 이상	24%	64%	16%	64%	16%	32%	32%
9년 이상	27%	72%	18%	72%	18%	36%	36%
10년 이상	30%	80%	20%	80%	20%	40%	40%
11년 이상			22%		22%		
12년 이상			24%		24%		
13년 이상	* '12.1.1.~'18.3.31.까지 다주택자 중과 대상 주택도 장기보유특별 공제 적용		26%	* '20.1.1.부터 2년 이상 거주한 주택에 한정	26%		* 2년 이상 3년 미만 : 8% (보유기간 3년 이상에 한정)
14년 이상			28%		28%		
15년 이상			30%		30%		

참고 (간주)1주택 : 1세대가 양도일 현재 1주택 또는 소령§155 · 소령§155의2 · 소령§156의2 · 소령§156의3 및 그 밖의 규정에 따라 1세대 1주택으로 보는 주택을 보유하고, 보유기간 중 거주기간이 2년 이상인 것

고가(고급)주택의 개정 연혁(소령§156①)

▶ '03.1.1. 이후 양도분부터 고가주택으로 명칭을 변경하고, 기존 고급주택의 판정요소
  중 면적, 시설기준에 관계없이 주택 및 그 부수토지 전체(5배 초과분만 아님에 유의)의
  실지거래가액의 합계액만을 기준으로 판정함

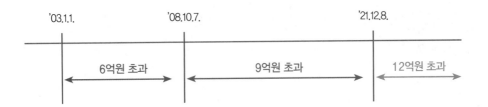

▶ 고급주택(아래 ①, ②, ③ 중 어느 하나에 해당하는 주택과 부수되는 토지)의 개정 연혁

구분	'99.9.17. 이전	'99.9.18.~'00.12.31.	'01.1.1.~'02.9.30.	'02.10.1.~'02.12.31.
① 공동 주택	전용면적 165m² 이상이고 양도가액 5억원 초과(기준시가)	전용면적 165m² 이상이고 양도가액 6억원 초과(실지거래가액)	전용면적 165m²이상이고 양도가액 6억원 초과(실지거래가액)	전용면적 149m²이상이고 양도가액 6억원 초과 (실지거래가액)

②
단독
주택
	시가표준 2천만원
	이상이면서
	양도가액 5억원
	초과(기준시가)
	
	* 연면적
	 – 주택 264m² 이상
	  또는
	 – 부수토지 495m² 이상
		시가표준 2천만원
		이상이면서
		양도가액 6억원
		초과(실지거래가액)
		
		* 연면적
		 – 주택 264m² 이상
		  또는
		 – 부수토지 495m² 이상
			기준시가 4천만원
			이상이면서
			양도가액 6억원
			초과(실지거래가액)
			
			* 연면적
			 – 주택 264m² 이상
			  또는
			 – 부수토지 495m² 이상
				기준시가 4천만원
				이상이면서
				양도가액 6억원 초과
				(실지거래가액)
				
				* 연면적
				 – 주택 264m² 이상
				  또는
				 – 부수토지 495m² 이상

  ③ 시설기준: 엘리베이터, 에스컬레이터, 수영장(67m²이상) 중 1개 이상 시설이 설치된 주택

* 주택의 연면적에는 구.소령§154③본문 규정(주택으로 보는 복합주택)에 의해 주택으로 보는 부분과 주거전용으로 사용되는
  지하실 부분 면적을 포함(구.소령§156①1호가목)

* 소령 부칙〈제17825호, '02.12.30.〉

  제20조(고가주택의 범위에 관한 경과조치)
  제159조의2 각 호의 규정에 해당하는 고가주택으로서 이 영 시행 전('02.12.31.)에 매매계약을 체결하고 이 영 시행 후
  2월이 되는 날('03.2.28.)까지 당해 주택을 양도하는 경우에는 제156조의 개정규정에 불구하고 종전의 규정에 의한다.

주택시장 안정화 대책, 조정대상지역 등

주택시장 안정화 대책

❯ 실수요 보호와 단기 투기수요 억제를 통한 주택시장 안정화 방안('17.8.2.)

- 다주택자에 대한 중과세('18.4.1. 이후 양도한 조정대상지역 소재 주택)

- 주택분양권에 대한 중과세('18.1.1. 이후 양도한 조정대상지역 주택분양권)

> **참고** 조합원입주권은 제외

- 1세대 1주택자에 대한 비과세 요건 강화(취득시 조정대상지역 거주요건 신설)

❯ 주택시장 안정대책('18.9.13.)

- 조정대상지역 내 일시적 2주택 중복 보유 허용기간 단축(3년 ⇒ 2년)

- 고가 1주택자 장기보유특별공제 거주요건 신설('20.1.1. 이후 양도분~)

- 1세대 2주택 이상자 중과주택 범위 조정('18.9.14. 이후 취득분~)

❯ 주택시장 안정화 방안('19.12.16.)

- 조정대상지역 일시적 2주택 비과세 요건 강화(2년 ⇒ 1년, 대체주택)

- 조정대상지역 임대주택 1주택 특례 거주요건 적용('19.12.17. 이후 임대등록분~)

- 조정대상지역 내 다주택자 양도세 한시적 중과 배제(10년 이상 보유 주택,
  '19.12.17.~'20.6.30. 양도)

주택시장 안정화 대책

◉ 주택시장 안정을 위한 관리방안('20.6.17.)

- 과열지역에 투기수요 유입 차단

  - 경기, 인천, 대전, 청주에 대해 조정대상지역과 투기과열지구 추가 지정('20.6.19.)

  * 수도권 일부 자연보전권역 · 접경지역 및 청주 일부 읍 · 면 지역 제외

  - 서울 송파 · 강남구 등 주요 과열지역에 토지거래허가구역 지정

> **참고** 수도권 과열지구 재건축에서 조합원 분양신청시까지 2년 이상 거주한 경우에 한해 분양 신청 허용

- 법인 등을 활용한 투기수요 근절

  - 법인 보유 주택에 대한 종부세율 인상

  * 개인에 대한 세율 중 최고세율을 단일세율(3%, 4%→6%)로 적용('21년 종부세 부과분~)

  - 법인 보유 주택에 대한 종부세 공제(6억원) 폐지('21년 종부세 부과분~)

  - 법인이 '20.6.18. 이후 조정대상지역에 등록 · 신청한 장기일반민간임대주택에 대한 종부세 과세

  - 법인 보유 주택 양도 시 추가세율 인상(10→20%)하고 '20.6.18. 이후 8년 장기임대등록 주택도 추가세율 적용('21.1.1. 이후 양도분~)

주택시장 안정화 대책

◆ 주택시장 안정 보완대책('20.7.10.)

- 다주택자 · 단기 거래에 대한 부동산 세제 강화

  - 다주택자 대상 종부세 중과세율 인상*('21.1.1. 이후 시행)

  - 단기(2년 미만) 양도 주택 중과세율 인상('21.6.1. 이후 양도분)

  - 다주택자 중과세율 인상('21.6.1. 이후 양도분)

  - 1세대 1주택 비과세 및 다주택자 중과 판정 시 분양권도 주택 수 포함('21.1.1. 이후 취득분)

  - 다주택자, 법인 등에 대한 취득세율 인상('20.8.12. 이후 취득분)

> **참고** (개인) 3주택 이상 및 조정대상지역 2주택 : 1.2~6.0% (법인) 개인 최고세율을 단일세율로 적용

- 등록임대사업제 제도 보완

  - 임대등록제도 개편 : 단기 임대(4년) 및 아파트 장기일반 매입임대(8년) 폐지

  * '20.8.18. 이후 단기 임대의 신규 등록 및 장기임대로의 유형 전환 불가
    ('20.7.11.~'20.8.17.까지 등록분 세제 혜택 미제공)

  - '20.8.18. 이후 장기일반민간임대주택과 공공지원민간임대주택 임대의무기간 10년 상향

  - 폐지되는 단기 및 아파트 장기일반 매입임대로 등록한 기존 주택은 임대의무기간 경과 시 즉시 자동 등록 말소

  * 임대의무기간 종료 전에도 자진 말소 희망시 공적의무 준수한 적법사업자는 임차인 동의를 받은 경우에 한하여 자발적인 등록 말소 허용(과태료 면제), 기 등록주택은 등록 말소 시점까지 세제 혜택 유지

주택시장 안정('20.6.17.) 및 보완대책('20.7.10.)

⊗ 취득세 중과 규정 강화

- 조정대상지역 다주택자 중과 : 2주택(8%), 3주택 이상(12%)

- 법인은 주택 수 관계없이 12%

- '20.7.10. 이전 계약 체결분 예외('20.7.10. 이전 분양계약 체결한 분양권도 예외)

⊗ 종부세 과세 강화

- 3주택 이상 소유하거나 조정대상지역 內 2주택 보유자 세율 인상

- 다주택 보유 법인은 2주택 이하 3%, 조정대상지역 內 2주택 및 3주택 이상 6%

⊗ 단기 양도 및 다주택자 중과 세율 인상

- 주택, 조합원입주권, 분양권 : 1년 이내 70%, 2년 이내 60%

- 조정지역 內 2주택 : 기본세율 + 20%p, 조정지역 內 3주택 이상 : 기본세율 + 30%p

- '21.6.1. 이후 양도분부터 적용

◉ 민간임대주택법§6⑤ : 법률 시행일('20.8.18.) 이후 임대의무기간 만료 ⇒ 만료일

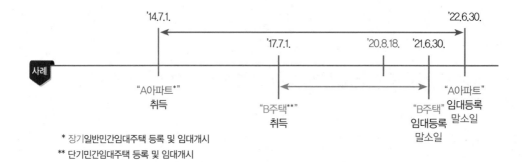

    * 장기일반민간임대주택 등록 및 임대개시
    ** 단기민간임대주택 등록 및 임대개시

◉ 민간임대주택법 부칙§7(법률 제17482호, '20.8.18.) : 법률 시행일('20.8.18.) 前 임대의무
                                     기간 만료
                                     ⇒ 법률 시행일('20.8.18.)

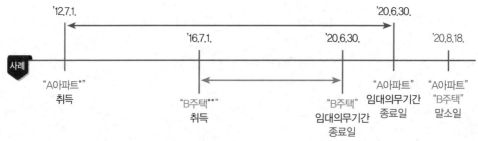

    * 장기일반민간임대주택 등록 및 임대개시
    ** 단기민간임대주택 등록 및 임대개시

법령요약

⊙ '21.1.1. 이후 취득한 분양권 주택 수 포함 **소법**부칙
   (제17477호, '20.8.18.)

제2조(일반적 적용례)
이 법 중 양도소득세에 관한 개정규정은 이 법 시행 이후 양도하는 분부터 적용한다.

제3조(양도소득세의 세율에 관한 적용례)
제104조제1항 제1호부터 제4호까지 및 같은 조 제7항 각 호 외의 부분의 개정규정은 '21.6.1. 이후 양도하는 분부터 적용한다.

제4조(주택과 조합원입주권 또는 분양권을 보유한 자의 1세대 1주택 양도소득세 비과세 및 조정대상지역 내 주택에 대한 양도소득세의 세율에 관한 적용례)
제89조제2항 본문, 제104조제7항 제2호 및 제4호의 개정규정은 '21.1.1. 이후 공급계약, 매매 또는 증여 등의 방법으로 취득한 분양권부터 적용한다.

주택(부수토지 포함) 지정지역* 지정현황(기재부장관)

공고일 시·도	2017.8.3.(12곳)	2018.8.28.(16곳)	2023.1.5.(4곳)
서울특별시	용산구 · 성동구 · 노원구 · 마포구 · 양천구 · 강서구 · 영등포구 · 강남구 · 서초구 · 송파구 · 강동구	용산구 · 성동구 · 노원구 · 마포구 · 양천구 · 강서구 · 영등포구 · 강남구 · 서초구 · 송파구 · 강동구 · 종로구 · 중구 · 동대문구 · 동작구	용산구 · 서초구 · 강남구 · 송파구
세종 특별자치시	세종특별자치시 (행정중심복합도시 건설 예정지역)	세종특별자치시 (행정중심복합도시 건설 예정지역)	* 세종특별자치시는 지정지역에서 '22.9.26. 해제

참
고 소법§104의2에서는 "지정지역"으로 열거되어 있으나, 국토부 등에서는 "투기지역"이라고 호칭

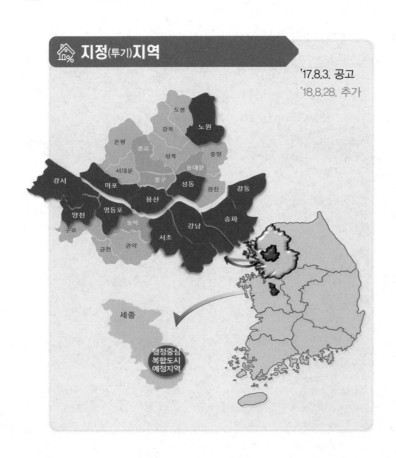

조정대상지역 지정현황(국토부장관)

공고일	2017.8.3.(40개)	2018.8.28.(43개)	2018.12.31.(42개)	2019.11.8.(39개)
서울	서울 25개구 모든 지역			
경기	광명, 고양, 남양주, 하남, 성남, 과천, 동탄2택지개발지구	광명, 고양, 남양주, 하남, 성남, 과천, 동탄2택지개발지구, 구리, 안양 동안구, 광교택지개발지구	광명, 고양, 남양주, 하남, 성남, 과천, 동탄2택지개발지구, 구리, 안양, 동안구, 광교택지개발지구, 수원 팔달구, 용인 수지·기흥구	광명, 고양, 남양주, 하남, 성남, 과천, 동탄2택지개발지구, 구리, 안양 동안구, 광교택지개발지구, 수원 팔달구, 용인 수지·기흥구
부산	해운대구·동래구· 남구·부산진구· 연제구·수영구· 기장군	해운대구·동래구· 남구·부산진구· 연제구·수영구· 기장군(일광면)	해운대구·동래구· 수영구	(부산 모두 해제)
세종	세종특별자치시(행정중심복합도시 건설 예정지역)			

참고
고양시 조정대상지역 : 삼송택지개발지구, 원흥·지축·향동 공동주택지구,
  덕은·킨텍스(고양국제전시장) 1단계·고양관광문화단지(한류월드) 도시개발지역
남양주 조정대상지역 : 다산동·별내동

▶ 행정중심복합도시 건설 예정지역[고시 제2017-16호('17.7.4.)]

세종 특별자치시	반곡동, 소담동, 보람동, 대평동, 가람동, 한솔동, 나성동, 새롬동, 다정동, 어진동, 종촌종, 도담동, 고운동, 아름동(고운·아름동: '17.10.10. 추가 지정)	
	연기면	산울리, 한별리, 해밀리, 누리리, 세종리
	연동면	용호리, 다솜리, 합강리
	금남면	집현리

참고
동탄2신도시 : 화성시 반송동·석우동, 동탄면 금곡리·목리·방교리·산척리·송리·신리·영천리·오산리· 장지리·중리·청계리 일원에 지정된 택지개발지구에 한함(소령§154②)

참고
광교택지개발지구 : 수원시 영통구 이의동·원천동·하동·매탄동, 팔달구 우만동, 장안구 연무동, 용인시 수지구 상현동, 기흥구 영덕동 일원에 지정된 광교택지개발지구에 한함

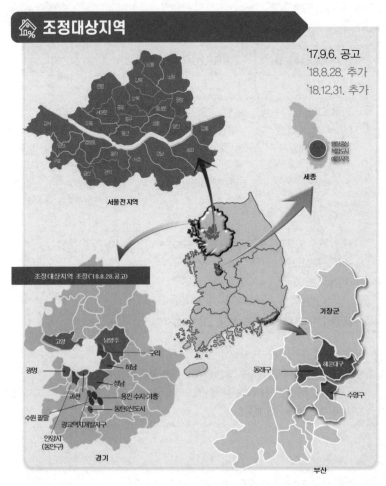

조정대상지역

'17.9.6. 공고
'18.8.28. 추가
'18.12.31. 추가

세종

행정중심
복합도시
예정지역

서울전지역

조정대상지역 조정('18.8.28.공고)

고양
남양주
구리
하남
성남
광명
과천
용인 수지·기흥
동탄2신도시
수원 팔달
광교택지개발지구
안양시
(동안구)

경기

기장군

동래구
해운대구
수영구

부산

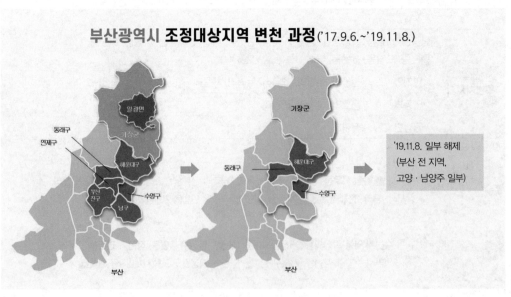

부산광역시 **조정대상지역 변천 과정**('17.9.6.~'19.11.8.)

일광면
기장군
동래구
연제구
해운대구
부산
진구
수영구
남구

부산

기장군
동래구
해운대구
수영구

부산

'19.11.8. 일부 해제
(부산 전 지역,
고양·남양주 일부)

조정대상지역 · 투기과열지구 지정 현황표('20.6.19. 기준)

	투기과열지구(48개)	조정대상지역(69개)
서울	전 지역 ('17.8.3)	전 지역 ('16.11.3)
경기	과천('17.8.3), 성남분당('17.9.6), 광명, 하남('18.8.28), 수원, 성남수정, 안양, 안산단원, 구리, 군포, 의왕, 용인수지 · 기흥, 동탄2('20.6.19)	과천, 성남, 하남, 동탄2('16.11.3), 광명('17.6.19), 구리, 안양동안, 광교지구('18.8.28), 수원팔달, 용인수지 · 기흥('18.12.31), 수원영통 · 권선 · 장안, 안양만안, 의왕('20.2.21), 고양, 남양주주1), 화성, 군포, 안성주2), 부천, 안산, 시흥, 용인처인주3), 오산, 평택, 광주주4), 양주, 의정부('20.6.19)
인천	연수, 남동, 서('20.6.19)	중, 동, 미추홀, 연수, 남동, 부평, 계양, 서('20.6.19)
대전	동, 중, 서, 유성('20.6.19)	동, 중, 서, 유성, 대덕('20.6.19)
대구	대구수성('17.9.6)	–
세종	세종(행정중심복합도시 건설예정지역 '17.8.3)	세종(행정중심복합도시 건설예정지역 '16.11.3)
충북	–	청주주5)('20.6.19)

주1) 화도읍, 수동면 및 조안면 제외

주2) 일죽면, 죽산면 죽산리 · 용설리 · 장계리 · 매산리 · 장릉리 · 장원리 · 두현리 및 삼죽면 · 용월리 · 덕산리 · 율곡리 ·
　　 내장리 · 배태리 제외

주3) 포곡읍, 모현면, 백암면, 양지면 및 원삼면 가재월리 · 사암리 · 미평리 · 좌항리 · 맹리 · 두창리 제외

주4) 초월읍, 곤지암읍, 도척면, 퇴촌면, 남종면 및 남한산성면 제외

주5) 낭성면, 미원면, 가덕면, 남일면, 문의면, 남이면, 현도면, 강내면, 옥산면, 내수읍 및 북이면 제외

조정대상지역(경기도)('20.6.19. 반영)

* 남양주 : 화도읍, 수동면 및 조안면 제외

* 안성 : 일죽면, 죽산면 죽산리 · 용설리 · 장계리 · 매산리 · 장릉리 · 장원리 · 두현리 및 삼죽면 · 용월리 · 덕산리 · 율곡리 · 내장리 · 배태리 제외

* 용인 처인 : 포곡읍, 모현면, 백암면, 양지면 및 원삼면 가재월리 · 사암리 · 미평리 · 좌항리 · 맹리 · 두창리 제외

* 광주 : 초월읍, 곤지암읍, 도척면, 퇴촌면, 남종면 및 남한산성면 제외

조정대상지역(인천광역시)('20.6.19. 반영)

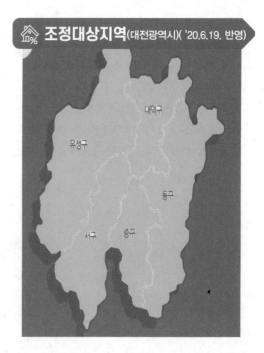

조정대상지역(대전광역시)('20.6.19. 반영)

조정대상지역(충청북도)('20.6.19. 반영)

* **청주** : 낭성면, 미원면, 가덕면, 남일면, 문의면, 남이면, 현도면, 강내면, 옥산면, 내수읍 및 북이면 제외

조정대상지역 · 투기과열지구 지정 현황('20.11.20. 기준)

	투기과열지구(48개)	조정대상지역(75개)
서울	전 지역 ('17.8.3)	전 지역 ('16.11.3)
경기	과천('17.8.3), 성남분당('17.9.6), 광명, 하남('18.8.28), 수원, 성남수정, 안양, 안산단원, 구리, 군포, 의왕, 용인수지 · 기흥, 동탄2('20.6.19)	과천, 성남, 하남, 동탄2('16.11.3), 광명('17.6.19), 구리, 안양동안, 광교지구('18.8.28), 수원팔달, 용인수지 · 기흥('18.12.31), 수원영통 · 권선 · 장안, 안양만안, 의왕('20.2.21) 고양, 남양주주1), 화성, 군포, 안성주2), 부천, 안산, 시흥, 용인처인주3), 오산, 평택, 광주주4), 양주, 의정부('20.6.19) 김포주5)('20.11.20)
인천	연수, 남동, 서('20.6.19)	중, 동, 미추홀, 연수, 남동, 부평, 계양, 서('20.6.19)
대전	동, 중, 서, 유성('20.6.19)	동, 중, 서, 유성, 대덕('20.6.19)
부산	–	해운대, 수영, 동래, 남, 연제('20.11.20)
대구	수성('17.9.6)	수성('20.11.20)
세종	세종('17.8.3)	세종주6)('16.11.3)
충북	–	청주주7)('20.6.19)

주1) 화도읍, 수동면 및 조안면 제외

주2) 일죽면, 죽산면 죽산리 · 용설리 · 장계리 · 매산리 · 장릉리 · 장원리 · 두현리 및
삼죽면 용월리 · 덕산리 · 율곡리 · 내장리 · 배태리 제외

주3) 포곡읍, 모현읍, 백암면, 양지면 및 원삼면 가재월리 · 사암리 · 미평리 · 좌항리 · 맹리 · 두창리 제외

주4) 초월읍, 곤지암읍, 도척면, 퇴촌면, 남종면 및 남한산성면 제외

주5) 통진읍, 대곶면, 월곶면, 하성면 제외

주6) 「신행정수도 후속대책을 위한 연기 · 공주지역 행정중심복합도시 건설을 위한 특별법」 제2조제2호에 따른
예정지역에 한함

주7) 낭성면, 미원면, 가덕면, 남일면, 문의면, 남이면, 현도면, 강내면, 옥산면, 내수읍 및 북이면 제외

조정대상지역·투기과열지구 지정 현황('20.12.18. 기준)

	투기과열지구(49개)	조정대상지역(111개)
서울	전 지역 ('17.8.3)	전 지역 ('16.11.3)
경기	과천('17.8.3), 성남분당('17.9.6), 광명, 하남('18.8.28), 수원, 성남수정, 안양, 안산단원, 구리, 군포, 의왕, 용인수지·기흥, 동탄2주1)('20.6.19)	과천, 성남, 하남, 동탄2('16.11.3), 광명('17.6.19), 구리, 안양동안, 광교지구('18.8.28), 수원팔달, 용인수지·기흥('18.12.31), 수원영통·권선·장안, 안양만안, 의왕('20.2.21) 고양, 남양주주2), 화성, 군포, 부천, 안산, 시흥, 용인처인주3), 오산, 안성주4), 평택, 광주주5), 양주주6), 의정부('20.6.19) 김포주7)('20.11.20) 파주주8)('20.12.18)
인천	연수, 남동, 서('20.6.19)	중주9), 동, 미추홀, 연수, 남동, 부평, 계양, 서('20.6.19)
부산	–	해운대, 수영, 동래, 남, 연제('20.11.20) 서구, 동구, 영도구, 부산진구, 금정구, 북구, 강서구, 사상구, 사하구('20.12.18)
대구	수성('17.9.6)	수성('20.11.20) 중구, 동구, 서구, 남구, 북구, 달서구, 달성군주10)('20.12.18)
광주	–	동구, 서구, 남구, 북구, 광산구('20.12.18)
대전	동, 중, 서, 유성('20.6.19)	동, 중, 서, 유성, 대덕('20.6.19)
울산	–	중구, 남구('20.12.18)
세종	세종('17.8.3)	세종주11)('16.11.3)
충북	–	청주주12)('20.6.19)
충남	–	천안동남주13)·서북주14), 논산주15), 공주주16)('20.12.18)
전북	–	전주완산·덕진('20.12.18)
전남	–	여수주17), 순천주18), 광양주19)('20.12.18)
경북	–	포항남주20), 경산주21)('20.12.18)
경남	창원의창주22)('20.12.18)	창원성산('20.12.18)

주1) 화성시 반송동 · 석우동, 동탄면 금곡리 · 목리 · 방교리 · 산척리 · 송리 · 신리 · 영천리 · 오산리 · 장지리 · 중리 · 청계리 일원에 지정된 동탄2택지개발지구에 한함

주2) 화도읍, 수동면 및 조안면 제외

주3) 포곡읍, 모현읍, 백암면, 양지면 및 원삼면 가재월리 · 사암리 · 미평리 · 좌항리 · 맹리 · 두창리 제외

주4) 일죽면, 죽산면, 삼죽면, 미양면, 대덕면, 양성면, 고삼면, 보개면, 서운면 및 금광면 제외

주5) 초월읍, 곤지암읍, 도척면, 퇴촌면, 남종면 및 남한산성면 제외

주6) 백석읍, 남면, 광적면 및 은현면 제외

주7) 통진읍, 대곶면, 월곶면 및 하성면 제외

주8) 문산읍, 파주읍, 법원읍, 조리읍, 월롱면, 탄현면, 광탄면, 파평면, 적성면, 군내면, 장단면, 진동면 및 진서면 제외

주9) 을왕동, 남북동, 덕교동 및 무의동 제외

주10) 가창면, 구지면, 하빈면, 논공읍, 옥포읍, 유가읍 및 현풍읍 제외

주11) 건설교통부고시 제2006-418호에 따라 지정된 행정중심복합도시 건설 예정지역으로, 「신행정수도 후속대책을 위한 연기 · 공주지역 행정중심복합도시 건설을 위한 특별법」제15조제1호에 따라 해제된 지역을 포함

주12) 낭성면, 미원면, 가덕면, 남일면, 문의면, 남이면, 현도면, 강내면, 옥산면, 내수읍 및 북이면 제외

주13) 목천읍, 풍세면, 광덕면, 북면, 성남면, 수신면, 병천면 및 동면 제외

주14) 성환읍, 성거읍, 직산읍 및 입장면 제외

주15) 강경읍, 연무읍, 성동면, 광석면, 노성면, 상월면, 부적면, 연산면, 벌곡면, 양촌면, 가야곡면, 은진면 및 채운면 제외

주16) 유구읍, 이인면, 탄천면, 계룡면, 반포면, 의당면, 정안면, 우성면, 사곡면 및 신풍면 제외

주17) 돌산읍, 율촌면, 화양면, 남면, 화정면 및 삼산면 제외

주18) 승주읍, 황전면, 월등면, 주암면, 송광면, 외서면, 낙안면, 별량면 및 상사면 제외

주19) 봉강면, 옥룡면, 옥곡면, 진상면, 진월면 및 다압면 제외

주20) 구룡포읍, 연일읍, 오천읍, 대송면, 동해면, 장기면 및 호미곶면 제외

주21) 하양읍, 진량읍, 압량읍, 와촌면, 자인면, 용성면, 남산면 및 남천면 제외

주22) 대산면 제외

'21.8.30. 현재 조정대상지역

🔘 **국토교통부공고 제2021-1309호**

「주택법」제63조의2 제4항의 규정에 따라 다음과 같이 조정대상지역 지정을 공고합니다.

2021년 08월 30일

국토교통부장관

시·도	현 행	조 정('21.8.30.)
서울	서울 25개구	좌동
경기	과천시, 광명시, 성남시, 고양시, 남양주시[주1], 하남시, 화성시, 구리시, 안양시, 수원시, 용인시[주2], 의왕시, 군포시, 안성시[주3], 부천시, 안산시, 시흥시, 오산시, 평택시, 광주시[주4], 양주시[주5], 의정부시, 김포시[주6], 파주시[주7]	좌동
	〈신규 지정〉	동두천시[주8]
인천	중구[주9], 동구, 미추홀구, 연수구, 남동구, 부평구, 계양구, 서구	좌동
부산	해운대구, 수영구, 동래구, 연제구, 남구, 서구, 동구, 영도구, 부산진구, 금정구, 북구, 강서구, 사상구, 사하구	좌동
대구	수성구, 중구, 동구, 서구, 남구, 북구, 달서구, 달성군[주10]	좌동
광주	동구, 서구, 남구, 북구, 광산구	좌동
대전	동구, 중구, 서구, 유성구, 대덕구	좌동
울산	중구, 남구	좌동
세종	세종특별자치시[주11]	좌동
충북	청주시[주12]	좌동
충남	천안시 동남구[주13], 서북구[주14], 논산시[주15], 공주시[주16]	좌동
전북	전주시 완산구, 덕진구	좌동
전남	여수시[주17], 순천시[주18], 광양시[주19]	좌동
경북	포항시 남구[주20], 경산시[주21]	좌동
경남	창원시 성산구	좌동

[주8] 광암동, 걸산동, 안흥동, 상봉암동, 하봉암동, 탑동동 제외

'22.7.5. 현재 조정대상지역 일부 해제

1. 지정해제 지역 : 경기도 안산시 일부(단원구 대부동동·대부남동·대부북동·선감동·풍도동), 경기도 화성시 일부(서신면), 대구광역시 동구·서구·남구·북구·중구·달서구·달성군, 경상북도 경산시, 전라남도 여수시·순천시·광양시

※ 조정대상지역 지정 현황

시·도	현 행	조 정('22.7.5.)
서울	서울특별시 전역(25개區)	좌동
경기	과천시, 성남시, 하남시, 동탄2택지개발지구[주1], 광명시, 구리시, 안양시(동안구, 만안구), 광교택지개발지구[주2], 수원시(팔달구, 영통구, 권선구, 장안구), 의왕시, 고양시, 남양주시[주3], 화성시, 군포시, 부천시, 안산시, 시흥시, 용인시(수지구, 기흥구, 처인구)[주4], 오산시, 안성시[주5], 평택시, 광주시[주6], 양주시[주7], 의정부시, 김포시[주8], 파주시[주9], 동두천시[주10]	과천시, 성남시, 하남시, 동탄2택지개발지구[주1], 광명시, 구리시, 안양시(동안구, 만안구), 광교택지개발지구[주2], 수원시(팔달구, 영통구, 권선구, 장안구), 의왕시, 고양시, 남양주시[주3], 화성시[주24], 군포시, 부천시, 안산시[주25], 시흥시, 용인시(수지구, 기흥구, 처인구)[주4], 오산시, 안성시[주5], 평택시, 광주시[주6], 양주시[주7], 의정부시, 김포시[주8], 파주시[주9], 동두천시[주10]
인천	중구[주11], 동구, 미추홀구, 연수구, 남동구, 부평구, 계양구, 서구	좌동
부산	해운대구, 수영구, 동래구, 연제구, 남구, 서구, 동구, 영도구, 부산진구, 금정구, 북구, 강서구, 사상구, 사하구	좌동
대구	수성구, 중구, 동구, 서구, 남구, 북구, 달서구, 달성군[주12]	수성구
광주	동구, 서구, 남구, 북구, 광산구	좌동
대전	동구, 중구, 서구, 유성구, 대덕구	좌동
울산	중구, 남구	좌동
세종	세종특별자치시[주13]	좌동
충북	청주시[주14]	좌동
충남	천안시 동남구[주15], 서북구[주16], 논산시[주17], 공주시[주18]	좌동
전북	전주시 완산구, 덕진구	좌동
전남	여수시[주19], 순천시[주20], 광양시[주21]	–
경북	포항시 남구[주22], 경산시[주23]	포항시 남구[주22]
경남	창원시 성산구	좌동

주1) 화성시 반송동 · 석우동, 동탄면 금곡리 · 목리 · 방교리 · 산척리 · 송리 · 신리 · 영천리 · 오산리 · 장지리 · 중리 · 청계리 일원에 지정된 동탄2택지개발지구에 한함

주2) 수원시 영통구 이의동 · 원천동 · 하동 · 매탄동, 팔달구 우만동, 장안구 연무동, 용인시 수지구 상현동, 기흥구 영덕동 일원에 지정된 광교택지개발지구에 한함

주3) 화도읍, 수동면, 조안면 제외

주4) 처인구 포곡읍, 모현읍, 백암면, 양지면 및 원삼면 가재월리 · 사암리 · 미평리 · 좌항리 · 맹리 · 두창리 제외

주5) 일죽면, 죽산면, 삼죽면, 미양면, 대덕면, 양성면, 고삼면, 보개면, 서운면, 금광면 제외

주6) 초월읍, 곤지암읍, 도척면, 퇴촌면, 남종면, 남한산성면 제외

주7) 백석읍, 남면, 광적면, 은현면 제외

주8) 통진읍, 대곶면, 월곶면, 하성면 제외

주9) 문산읍, 파주읍, 법원읍, 조리읍, 월롱면, 탄현면, 광탄면, 파평면, 적성면, 군내면, 장단면, 진동면, 진서면 제외

주10) 광암동, 걸산동, 안흥동, 상봉암동, 하봉암동, 탑동동 제외

주11) 을왕동, 남북동, 덕교동, 무의동 제외

주12) 가창면, 구지면, 하빈면, 논공읍, 옥포읍, 유가읍, 현풍읍 제외

주13) 건설교통부고시 제2006−418호(2006.10.13.)에 따라 지정된 행정중심복합도시 건설 예정지역으로, 「신행정수도 후속대책을 위한 연기 · 공주지역 행정중심복합도시 건설을 위한 특별법」 제15조제1호에 따라 해제된 지역을 포함

주14) 낭성면, 미원면, 가덕면, 남일면, 문의면, 남이면, 현도면, 강내면, 옥산면, 내수읍, 북이면 제외

주15) 목천읍, 풍세면, 광덕면, 북면, 성남면, 수신면, 병천면, 동면 제외

주16) 성환읍, 성거읍, 직산읍, 입장면 제외

주17) 강경읍, 연무읍, 성동면, 광석면, 노성면, 상월면, 부적면, 연산면, 벌곡면, 양촌면, 가야곡면, 은진면, 채운면 제외

주18) 유구읍, 이인면, 탄천면, 계룡면, 반포면, 의당면, 정안면, 우성면, 사곡면, 신풍면 제외

주19) 돌산읍, 율촌면, 화양면, 남면, 화정면, 삼산면 제외

주20) 승주읍, 황전면, 월등면, 주암면, 송광면, 외서면, 낙안면, 별량면, 상사면 제외

주21) 봉강면, 옥룡면, 옥곡면, 진상면, 진월면, 다압면 제외

주22) 구룡포읍, 연일읍, 오천읍, 대송면, 동해면, 장기면, 호미곶면 제외

주23) 하양읍, 진량읍, 압량읍, 와촌면, 자인면, 용성면, 남산면, 남천면 제외

주24) 서신면 제외

주25) 단원구 대부동동 · 대부남동 · 대부북동 · 선감동 · 풍도동 제외

규제지역 현황('22.9.26. 기준)

	투기지역(주택: 16→15곳)	투기과열지구(43→39곳)	조정대상지역(101→60곳)
서울	용산 · 성동 · 노원 · 마포 · 양천 · 강서 · 영등포 · 서초 · 강남 · 송파 · 강동('17.8.3) 종로 · 중 · 동대문 · 동작('18.8.28)	전 지역('17.8.3)	전 지역('16.11.3)
경기	–	과천('17.8.3), 성남분당('17.9.6), 광명 · 하남('18.8.28), 수원 · 성남수정 · 안양 · 안산단원주1) · 구리 · 군포 · 의왕 · 용인수지 · 기흥 · 동탄2주2)('20.6.19)	과천 · 성남 · 하남 · 동탄2주2)('16.11.3), 광명('17.6.19), 구리 · 안양동안 · 광교지구주3)('18.8.28), 수원팔달 · 용인수지 · 기흥('18.12.31), 수원영통 · 권선 · 장안 · 안양만안 · 의왕('20.2.21) 고양 · 남양주주4) · 화성주5) · 군포 · 부천 · 안산주6) · 시흥 · 용인처인주7) · 오산 · 안성주8) · 평택 · 광주주9) · 양주주10) · 의정부('20.6.19) 김포주11)('20.11.20) 파주주12)('20.12.18) 동두천시('21.8.30)주13)
인천	–	연수 · 남동 · 서('20.6.19)	중주14) · 동 · 미추홀 · 연수 · 남동 · 부평 · 계양 · 서('20.6.19)
부산	–	–	해운대 · 수영 · 동래 · 남 · 연제('20.11.20) 서 · 동 · 영도 · 부산진 · 금정 · 북 · 강서 · 사상 · 사하('20.12.18)
대구	–	–	수성('20.11.20)
광주	–	–	동 · 서 · 남 · 북 · 광산('20.12.18)
대전	–	–	동 · 중 · 서 · 유성 · 대덕('20.6.19)
울산	–	–	중 · 남('20.12.18)
세종	세종주15)('17.8.3)	세종주15)('17.8.3)	세종주15)('16.11.3)
충북	–	–	청주주16)('20.6.19)
충남	–	–	천안동남주17) · 서북주18) · 논산주19) · 공주주20)('20.12.18)
전북	–	–	전주완산 · 덕진('20.12.18)
전남	–	–	–
경북	–	–	포항남주21)('20.12.18)
경남	–	–	창원성산('20.12.18)

주1) 대부동동, 대부남동, 대부북동, 선감동, 풍도동 제외

주2) 화성시 반송동 · 석우동, 동탄면 금곡리 · 목리 · 방교리 · 산척리 · 송리 · 신리 · 영천리 · 오산리 · 장지리 · 중리 · 청계리 일원에 지정된 동탄2택지개발지구에 한함

주3) 수원시 영통구 이의동 · 원천동 · 하동 · 매탄동, 팔달구 우만동, 장안구 연무동, 용인시 수지구상현동, 기흥구 영덕동 일원에 지정된 광교택지개발지구에 한함

주4) 화도읍, 수동면, 조안면 제외

주5) 서신면 제외

주6) 안산시 단원구 대부동동, 대부남동, 대부북동, 선감동, 풍도동 제외

주7) 포곡읍, 모현읍, 백암면, 양지면 및 원삼면 가재월리 · 사암리 · 미평리 · 좌항리 · 맹리 · 두창리 제외

주8) 일죽면, 죽산면, 삼죽면, 미양면, 대덕면, 양성면, 고삼면, 보개면, 서운면 , 금광면 제외

주9) 초월읍, 곤지암읍, 도척면, 퇴촌면, 남종면, 남한산성면 제외

주10) 백석읍, 남면, 광적면, 은현면 제외

주11) 통진읍, 대곶면, 월곶면, 하성면 제외

주12) 문산읍, 파주읍, 법원읍, 조리읍, 월롱면, 탄현면, 광탄면, 파평면, 적성면, 군내면, 장단면, 진동면, 진서면 제외

주13) 광암동, 걸산동, 안흥동, 상봉암동, 하봉암동, 탑동동 제외

주14) 을왕동, 남북동, 덕교동, 무의동 제외

주15) 건설교통부고시 제2006-418호(2006.10.13.)에 따라 지정된 행정중심복합도시 건설 예정지역으로, 「신행정수도 후속대책을 위한 연기 · 공주지역 행정중심복합도시 건설을 위한 특별법」 제15조제1호에 따라 해제된 지역을 포함

주16) 낭성면, 미원면, 가덕면, 남일면, 문의면, 남이면, 현도면, 강내면, 옥산면, 내수읍, 북이면 제외

주17) 목천읍, 풍세면, 광덕면, 북면, 성남면, 수신면, 병천면, 동면 제외

주18) 성환읍, 성거읍, 직산읍, 입장면 제외

주19) 강경읍, 연무읍, 성동면, 광석면, 노성면, 상월면, 부적면, 연산면, 벌곡면, 양촌면, 가야곡면, 은진면, 채운면 제외

주20) 유구읍, 이인면, 탄천면, 계룡면, 반포면, 의당면, 정안면, 우성면, 사곡면, 신풍면 제외

주21) 구룡포읍, 연일읍, 오천읍, 대송면, 동해면, 장기면, 호미곶면 제외

● 국토교통부공고 제2022-1408호

「주택법」제63조의2 제7항에 따라 다음과 같이 조정대상지역 지정의 해제를 공고합니다.

2022년 11월 14일

국토교통부장관

조정대상지역 지정 해제

1. 지정해제 지역 : 경기도 성남시 일부(중원구), 동탄2택지개발지구, 구리시, 안양시, 동안구 · 만안구, 광교택지개발지구, 수원시 팔달구 · 영통구 · 권선구 · 장안구, 용인시 수지구 · 기흥구 · 처인구, 의왕시, 고양시, 남양주시, 화성시, 군포시, 부천시, 안산시, 시흥시, 오산시, 광주시, 의정부시, 김포시, 인천광역시 · 중구 · 동구 · 미추홀구 · 연수구 · 남동구 · 부평구 · 계양구 · 서구, 세종특별자치시

※ 조정대상지역 지정 현황

시 · 도	현 행	조 정('22.11.14.)
서울	서울특별시 전역(25개區)	좌동
경기	과천시, 성남시, 하남시, 동탄2택지개발지구[주1)], 광명시, 구리시, 안양시(동안구, 만안구), 광교택지개발지구[주2)], 수원시(팔달구, 영통구, 권선구, 장안구), 의왕시, 고양시, 남양주시[주3)], 화성시[주4)], 군포시, 부천시, 안산시[주5)], 시흥시, 용인시(수지구, 기흥구, 처인구)[주6)], 오산시, 광주시[주7)], 의정부시, 김포시[주8)]	과천시, 성남시[주11)], 하남시, 광명시
인천	중구[주9)], 동구, 미추홀구, 연수구, 남동구, 부평구, 계양구, 서구	전역 해제
세종	세종특별자치시[주10)]	해제

주1) 화성시 반송동 · 석우동, 동탄면 금곡리 · 목리 · 방교리 · 산척리 · 송리 · 신리 · 영천리 · 오산리 · 장지리 · 중리 · 청계리 일원에 지정된 동탄2택지개발지구에 한함

주2) 수원시 영통구 이의동 · 원천동 · 하동 · 매탄동, 팔달구 우만동, 장안구 연무동, 용인시 수지구 상현동, 기흥구 영덕동 일원에 지정된 광교택지개발지구에 한함

주3) 화도읍, 수동면, 조안면 제외

주4) 서신면 제외

주5) 단원구 대부동동 · 대부남동 · 대부북동 · 선감동 · 풍도동 제외

주6) 처인구 포곡읍, 모현읍, 백암면, 양지면 및 원삼면 가재월리 · 사암리 · 미평리 · 좌항리 · 맹리 · 두창리 제외

주7) 초월읍, 곤지암읍, 도척면, 퇴촌면, 남종면, 남한산성면 제외

주8) 통진읍, 대곶면, 월곶면, 하성면 제외

주9) 을왕동, 남북동, 덕교동, 무의동 제외

주10) 건설교통부고시 제2006−418호(2006.10.13.)에 따라 지정된 행정중심복합도시 건설 예정지역으로, 「신행정수도 후속대책을 위한 연기 · 공주지역 행정중심복합도시 건설을 위한 특별법」제15조제1호에 따라 해제된 지역을 포함

주11) 중원구 제외

● 국토교통부공고 제2023-2호

「주택법」제63조의2 제7항에 따라 다음과 같이 조정대상지역 지정의 해제를 공고합니다.

2023년 01월 05일

국토교통부장관

조정대상지역 지정 해제

1. 지정해제지역 : 서울시 종로구 · 중구 · 성동구 · 광진구 · 동대문구 · 중랑구 · 성북구 · 강북구 ·
   도봉구 · 은평구 · 서대문구 · 마포구 · 양천구 · 강서구 · 구로구 · 금천구 · 영등포구 ·
   동작구 · 관악구, 과천시, 성남시 수정구 · 분당구, 하남시, 광명시

※ 조정대상지역 지정 현황

시 · 도	현 행	조 정('23.1.5.)
서울	서울특별시 전역(25개區)	서초구 · 강남구 · 송파구 · 용산구
경기	과천시, 성남시[주1], 하남시, 광명시,	–

[주1] 중원구 제외

주택분 종합부동산세 과세 강화('21.1.1. 이후 시행)

참고 3주택 등 : 3주택 이상 소유하거나 조정대상지역 內 2주택을 소유

과세표준	2주택 이하(조정대상지역 2주택 제외)			3주택 등*		
	직전	12 · 16	현행	직전	12 · 16	현행
3억원 이하	0.5%	0.6%	左同	0.6%	0.8%	1.2%
3억원 초과 6억원 이하	0.7%	0.8%		0.9%	1.2%	1.6%
6억원 초과 12억원 이하	1.0%	1.2%		1.3%	1.6%	2.2%
12억원 초과 50억원 이하	1.4%	1.6%		1.8%	2.0%	3.6%
50억원 초과 94억원 이하	2.0%	2.2%		2.5%	3.0%	5.0%
94억원 초과	2.7%	3.0%		3.2%	4.0%	6.0%

참고 다주택 보유 법인 : 개인 최고세율인 3%, 6% 적용

단기 보유주택 및 분양권에 대한 세율 인상(소법§104①)

보유기간	직 전			12 · 16대책	현 행	
	주택외 부동산	주택 · 입주권*	분양권	주택 · 입주권	주택 · 입주권	분양권
1년 미만	50%	40%	조정지역: 50% 기타 : 기본세율	50%	70%	70%
2년 미만	40%	기본세율		40%	60%	60%
2년 이상	기본세율	기본세율		기본세율	기본세율	

참고 입주권 : 조합원입주권

참고 적용시기 : '21.6.1. 이후 양도하는 분부터 적용

조정대상지역 다주택자 중과세율 인상(소법§104⑦)

직 전		현 행('21.6.1. 이후)	
2주택자	3주택자 이상	2주택자	3주택자 이상
기본세율 + 10%p	기본세율 + 20%p	기본세율 + 20%p	기본세율 + 30%p

 '21.6.1. 이후 양도하는 분부터 적용하나, 보유기간이 2년 이상인 주택을 '22.5.10.~'26.5.9.까지 양도하는 경우 한시적으로 중과 배제

다주택자 및 법인 주택 취득세 중과 규정 강화(지방세법§13의2①)

직 전			현 행(7·10 대책)			
					비조정	조정
개인 (1세대)	1주택	1~3% (취득 당시 가액에 따라)	개인 (1세대)	1주택	1~3%	1~3%
	2주택			2주택		8%
	3주택			3주택	8%	12%
	4주택 이상	4%		4주택 이상	12%	
법 인		1~3%	법 인		12%	

 행정안전부에서 일시적 1세대 2주택 등 투기수요가 아닌 실수요 목적의 취득 시 2주택에 해당하는 취득이더라도 취득세 중과하지 않는 것으로 법령 보완

개정·강화된 취득세율(지방세법§11 8호, §13의2①)   7·10 대책

7 · 10 대책 이후 주택을 취득할 때 취득세율의 대폭 강화

적용사례

 사례   7 · 10 대책 이후 다음 사례와 같이 주택을 취득할 때 취득세율은?

Q1 1주택 보유자가 비조정대상지역에 소재한 주택을 추가 취득 시 세율은?

A1 1~3%

Q2 1주택 보유자가 조정대상지역에 소재한 주택을 추가 취득 시 세율은?

A2 8%(대통령령으로 정하는 일시적 2주택에 해당 시 1~3%)

Q3 2주택 보유자가 비조정대상지역에 소재한 주택을 추가 취득 시 세율은?

A3 8%

Q4 2주택 보유자가 조정대상지역에 소재한 주택을 추가 취득 시 세율은?

A4 12%

📝 관련 판례 · 해석 등 참고사항

주택 외 취득세 표준세율(지방세법§11①)

> **참고** 표준세율 : 지자체가 지방세 부과세 통상 적용하여야 할 세율, 특별사유 있으면 따르지 아니할 수 있는 세율.
> 지방세법 범위(50~100%) 內 조례 정하는 바에 의해 가감 가능

무상승계	① 상속	28/1,000 (농지 : 23/1,000)
	② 증여 등* (①외 무상취득)	35/1,000 (비영리사업자 : 28/1,000)
원 시 취 득		28/1,000
공유물 분할		23/1,000
그 밖의 원인으로 취득		40/1,000 (농지 : 30/1,000)

> **참고** 조정대상지역에 있는 시가표준액이 3억원 이상인 주택을 무상취득(증여) : 12%
> 다만, 1세대 1주택자가 소유한 주택을 배우자 또는 직계존비속이 무상취득(증여) : 3.5%

주택 임대사업자 등록 제도 변경 내용

주택 구분		신규 등록 가능 여부	
		매입임대	건설임대
단기임대	단기(4년)	폐지*	폐지*
장기임대	장기일반(8→10년*)	허용(다만, 아파트 불가)	허용
	공공지원(8→10년*)	허용	허용

참고 적용시기 : 민간임대주택법 개정('20.8.18.) 즉시 시행

참고 7·10 대책에서는 '20.7.11. 이후 폐지한다고 하였으나, 민간임대주택법이 '20.8.18.에 개정되어 '20.7.11. 이후 '20.8.17.까지 신규등록 또는 단기에서 장기로 전환은 가능했으나 세제 혜택은 적용할 수 없고, '20.8.18. 이후에는 단기에서 장기로 유형 전환도 불가능함

◉ 신규 등록임대주택 최소 임대의무기간 연장

- 장기일반·공공지원형의 임대의무기간 연장(8년 ⇒ 10년 이상)

참고 적용시기 : 민간임대주택법 개정('20.8.18.) 즉시 시행

◉ 최소 임대의무기간 종료시 자동 등록 말소

- 향후 폐지되는 단기(4년), 아파트 장기일반매입임대(8년) 유형은 최소 임대의무기간 경과 시 자동 등록 말소

참고 기 등록주택은 등록말소 시점까지 세제혜택 유지

- 향후 폐지되는 유형에 한해 적법사업자*는 희망시 자진말소 허용(임대의무기간 미준수 과태료 면제)

  * 임대차계약 신고, 임대료 증액 제한규정 등 공적의무 준수한 사업자

참고 적용시기 : 민간임대주택법 개정('20.8.18.) 즉시 시행

취득세

취득의 의미(지방세법§6)

⊃ 매매, 교환, 상속, 증여, 기부, 법인에 대한 현물출자, 건축, 개수(改修), 공유수면의 매립, 간척에 의한 토지의 조성 등과 그 밖에 이와 유사한 취득으로서 원시취득(수용재결로 취득한 경우 등 과세대상이 이미 존재하는 상태에서 취득하는 경우는 제외), 승계취득 또는 유상 · 무상의 모든 취득을 말함

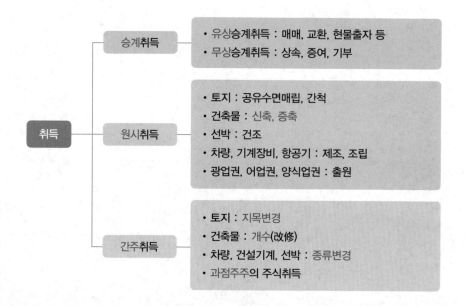

```
            승계취득 ─── • 유상승계취득 : 매매, 교환, 현물출자 등
                         • 무상승계취득 : 상속, 증여, 기부

                         • 토지 : 공유수면매립, 간척
                         • 건축물 : 신축, 증축
  취득 ─── 원시취득 ───  • 선박 : 건조
                         • 차량, 기계장비, 항공기 : 제조, 조립
                         • 광업권, 어업권, 양식업권 : 출원

                         • 토지 : 지목변경
                         • 건축물 : 개수(改修)
            간주취득 ─── • 차량, 건설기계, 선박 : 종류변경
                         • 과점주주의 주식취득
```

※ 정의(지방세법§6)

2호. 부동산 : 토지 및 건축물

3호. 토지 : 공간정보관리법에 따라 지적공부의 등록대상이 되는 토지와 그 밖에 사용되고 있는 사실상의 토지

4호. 건축물 : 건축법§2①2호에 따른 건축물(이와 유사한 형태의 건축물 포함)과 토지에 정착하거나 지하 또는 다른 구조물에 설치하는 레저시설, 저장시설, 도크(dock)시설, 접안시설, 도관시설, 급수 · 배수시설, 에너지 공급시설 및 그 밖에 이와 유사한 시설(이에 딸린 시설을 포함)로서 대통령령으로 정하는 것

6호. 개수(改修) : 다음 각 목의 어느 하나에 해당하는 것을 말함

    가. 건축법§2①9호에 따른 대수선

    나. 건축물 중 레저시설, 저장시설, 도크(dock)시설, 접안시설, 도관시설, 급수 · 배수시설, 에너지 공급시설 및 그 밖에 이와 유사한 시설(이에 딸린 시설을 포함)로서 대통령령으로 정하는 것을 수선하는 것

    다. 건축물에 딸린 시설물 중 대통령령으로 정하는 시설물을 한 종류 이상 설치하거나 수선하는 것

납세의무자(지방세법§7)

◉ **부동산등***을 취득한 자

> * 부동산(토지 및 건축물), 차량, 기계장비, 항공기, 선박, 입목, 광업권, 어업권, 양식업권, 골프회원권, 승마회원권, 콘도미니엄 회원권, 종합체육시설 이용회원권, 요트회원권

납세지(지방세법§8)

◉ 취득세의 납세지는 아래와 같으며 납세지가 분명하지 아니한 경우에는 해당 취득물건의 소재지를 그 납세지로 함

◉ 같은 취득물건이 둘 이상의 지방자치단체에 걸쳐 있는 경우에는 취득물건의 소재지별 시가표준액 비율에 따라 안분함

구 분	납 세 지
1. 부동산	부동산 소재지
2. 차량	자동차관리법에 따른 등록지. 다만, 등록지가 사용본거지와 다른 경우에는 사용본거지를 납세지로 하고, 철도차량의 경우에는 해당 철도차량의 청소, 유치, 조성, 검사, 수선 등을 주로 수행하는 철도 차량기지의 소재지
3. 기계장치	건설기계관리법에 따른 등록지
4. 항공기	항공기의 정치장(定置場) 소재지
5. 선박	선적항 소재지. 다만, 수상레저기구의 등록 및 검사에 관한 법률§3 각 호에 해당하는 동력수상레저기구의 경우에는 같은 법§6① 에 따른 등록지로 하고, 그 밖에 선적항이 없는 선박의 경우에는 정계장 소재지 (정계장이 일정하지 아니한 경우에는 선박 소유자의 주소지)
6. 입목	입목 소재지
7. 광업권	광구 소재지
8. 어업권 · 양식업권	어장 소재지
9. 골프회원권, 승마회원권, 콘도미니엄 회원권, 종합체육시설 이용회원권 또는 요트회원권	골프장 · 승마장 · 콘도미니엄 · 종합체육시설 및 요트 보관소의 소재지

▶ 취득당시의 가액. 다만, 연부(年賦)*로 취득하는 경우 과세표준은 연부금액**으로 함

* 매매계약서상 연부계약 형식을 갖추고 일시에 완납할 수 없는 대금을 2년 이상에 걸쳐 일정액씩 분할하여 지급하는 것
** 매회 사실상 지급되는 금액을 말하며, 취득금액에 포함되는 계약보증금을 포함

- 부동산, 차량, 기계장비 또는 항공기는 특별한 규정이 있는 경우를 제외하고는 해당 물건을 취득하였을 때 사실상의 현황에 따라 부과. 다만, 취득하였을 때에 사실상의 현황이 분명하지 아니한 경우에는 공부상의 등재현황에 따라 부과(지방세령§13)

▶ 무상취득의 경우(지방세법§10의2)

- 취득당시의 가액은 취득시기 현재 불특정 다수인 사이에 자유롭게 거래가 이루어지는 경우 통상적으로 성립된다고 인정되는 가액(시가인정액*)으로 함(지방세법§10의2)

* 매매사례가액, 감정가액, 공매가액 등 대통령령으로 정하는 바에 따라 시가로 인정되는 가액

※ 시가인정액
- 취득일 전 6개월부터 취득일 후 3개월 이내의 기간(평가기간)에 취득 대상이 된 부동산등에 대하여 매매, 감정, 민사집행법상 경매 또는 공매한 사실이 있는 경우의 가액으로서 아래 구분에 따라 각각 정하는 가액을 말함(지방세령§14)

① 취득한 부동산등의 매매사실이 있는 경우
 : 그 거래가액. 다만, 소법§101① 또는 법법에 따른 특수관계인과의 거래 등으로 그 거래가액이 객관적으로 부당하다고 인정되는 경우는 제외

② 취득한 부동산등에 둘 이상의 공신력 있는 감정기관이 평가한 감정가액이 있는 경우
 : 그 감정가액의 평균액. 다만, 아래에 해당하는 가액은 제외
- 일정한조건이 충족될 것을 전제로 해당 부동산등을 평가하는 등 취득세 납부목적에 적합하지 않은 감정가액
- 취득일 현재 해당 부동산등의 원형대로 감정하지 않은 경우 그 감정가액

③ 취득한 부동산등의 경매 또는 공매 사실이 있는 경우
 : 그 경매가액 또는 공매가액

▶ **과세표준**(지방세법§10~§10의6)

▶ 무상취득의 경우(지방세법§10의2)

- 시가인정액에 대한 예외(아래에서 정하는 가액을 취득당시의 가액으로 함)

  ① 상속에 따른 무상취득의 경우 : 지방세법§4에 따른 시가표준액

  ② 취득물건에 대한 시가표준액이 1억원 이하의 부동산등을 무상취득하는 경우

    : 시가인정액과 지방세법§4에 따른 시가표준액 중에서 납세자가 정하는 가액

  ③ 위의 ① 및 ②에 해당하지 아니하는 경우 : 시가인정액으로 하되, 시가인정액을

    산정하기 어려운 경우에는 지방세법§4에 따른 시가표준액

- 납세자가 과세표준으로 감정가액으로 과세표준을 신고하려는 경우에는 둘 이상의

  감정기관에 감정을 의뢰하고 그 결과를 첨부하여야 함

  * 시가표준액이 10억원 이하인 **부동산등**이나 법인 합병 · 분할 및 조직 변경을 원인으로 **취득하는 부동산등은**

    하나의 감정기관으로 **가능**

- 부담부증여의 경우 유상으로 취득한 것으로 보는 채무액에 상당하는 부분(채무부담액)에

  대해서는 유상승계취득에서의 과세표준을 적용하고, 취득물건의 시가인정액에서

  채무부담액을 뺀 잔액에 대해서는 무상취득에서의 과세표준을 적용

▶ 원시취득의 경우(지방세법§10의4)

- 취득당시가액은 사실상 취득가격으로 함
- 법인이 아닌 자가 건축물을 건축하여 취득하는 경우로서 사실상 취득가격을 확인할 수

  없는 경우의 취득당시가액은 지방세법§4에 따른 시가표준액으로 함

▶ 취득으로 보는 경우(지방세법§10의6)

- 아래의 경우 취득 당시가액은 그 변경으로 증가한 가액에 해당하는 사실상

  취득가격으로 함

  - 토지의 지목을 사실상 변경한 경우
  - 선박, 차량 또는 기계장비의 용도 등 선박의선질 · 용도 · 기관 · 정원 · 최대적재량이나

    차량 또는 기계장비의 원동기 · 승차정원 · 최대적재량 · 차체를 변경한 경우

⟩ 유상승계취득의 경우(지방세법§10의3)

- 부동산등을 유상거래(매매 또는 교환 등 취득에 대한 대가를 지급하는 거래)로 승계취득하는
  경우 취득당시가액은 취득시기 이전에 해당 물건을 취득하기 위하여 거래 상대방이나
  제3자에게 지급하였거나 지급하여야 할 일체의 비용으로서 사실상 취득가액

※ 사실상 취득가액(지방세령§18)

- 해당 물건을 취득하기 위하여 거래 상대방 또는 제3자에게 지급했거나 지급해야 할 직접비용 + 아래의
  어느하나에 해당하는 간접비용

  ① 건설자금에 충당한 차입금의 이자 또는 이와 유사한 금융비용

  ② 할부 또는 연부 계약에 따른 이자 상당액 및 연체료

  ③ 농지법에 따른 농지보전부담금, 문화예술진흥법§9③에 따른 미술작품의 설치 또는 문화예술진흥기금에
     출연하는 금액, 산지관리법에 따른 대체산림자원 조성비 등 관계 법령에 따라 의무적으로 부담하는 비용

  ④ 취득에 필요한 용역을 제공받은 대가로 지급하는 용역비·수수료
     (건축 및 토지조성공사로 수탁자가 취득하는 경우 위탁자가 수탁자에게 지급하는 신탁수수료를 포함한다)

  ⑤ 취득대금 외에 당사자의 약정에 따른 취득자 조건 부담액과 채무인수액

  ⑥ 부동산을 취득하는 경우 주택도시기금법§8에 따라 매입한 국민주택채권을 해당 부동산의 취득 이전에
     양도함으로써 발생하는 매각차손.
     이 경우 행정안전부령으로 정하는 금융회사 등 외의 자에게 양도한 경우에는 동일한 날에 금융회사등에
     양도하였을 경우 발생하는 매각차손을 한도로 함

  ⑦ 공인중개사법에 따른 공인중개사에게 지급한 중개보수

  ⑧ 붙박이 가구·가전제품 등 건축물에 부착되거나 일체를 이루면서 건축물의 효용을 유지 또는 증대시키기
     위한 설비·시설 등의 설치비용

  ⑨ 정원 또는 부속시설물 등을 조성·설치하는 비용

  ⑩ 위의 ①부터 ⑨까지의 비용에 준하는 비용

▶ 취득의 시기 등(지방세법§10의7, 지방세령§20)

◉ 무상취득(지방세령§20①)

- 그 계약일(상속 또는 유증으로 인한 취득 : 상속 또는 유증 개시일)에 취득한 것으로 봄

- 해당 취득물건을 등기·등록하지 않고 다음 각 호의 어느 하나에 해당하는 서류로
  계약이 해제된 사실이 입증된 경우에는 취득한 것으로 보지 않음

  - 화해조서·인낙조서*(해당 조서에서 취득일부터 60일 이내에 계약이 해제된 사실이 입증되는
    경우만 해당)

    * 민사소송법에서, 피고가 원고의 청구 내용인 권리나 주장을 전면적으로 긍정하는 진술을 적은 문서

  - 공정증서(공증인이 인증한 사서증서를 포함하되, 취득일부터 60일 이내에 제출된 것만 해당)

  - 계약해제신고서(취득일부터 60일 이내에 제출된 것만 해당)

◉ 유상승계취득(지방세령§20②)

- 사실상의 잔금 지급일

- 사실상의 잔금 지급일을 확인할 수 없는 경우 : 그 계약상의 지급일(계약상 잔금 지급일이
  명시되지 않은 경우에는 그 계약일부터 60일이 경과한 날)

- 해당 취득물건을 등기·등록하지 않고 다음 각 호의 어느 하나에 해당하는 서류로
  계약이 해제된 사실이 입증된 경우에는 취득한 것으로 보지 않음

  - 화해조서·인낙조서(해당 조서에서 취득일부터 60일 이내에 계약이 해제된 사실이 입증되는
    경우만 해당)

  - 공정증서(공증인이 인증한 사서증서를 포함하되, 취득일부터 60일 이내에 제출된 것만 해당)

  - 계약해제신고서(취득일부터 60일 이내에 제출된 것만 해당)

  - 부동산 거래신고 관련 법령에 따른 부동산거래계약 해제등 신고서(취득일부터 60일
    이내에 등록관청에 제출한 경우만 해당)

> 유상승계**취득**(지방세령§20③~⑦)

- 차량등(차량 · 기계장비 · 항공기 및 선박) : 아래 따른 날을 최초 취득일로 봄

    - 주문을 받거나 판매하기 위하여 차량등을 제조 · 조립 · 건조하는 경우

        : 실수요자가 차량등을 인도받는 날과 계약서 상의 잔금지급일 중 빠른 날

    - 차량등을 제조 · 조립 · 건조하는 자가 그 차량등을 직접 사용하는 경우

        : 차량등의 등기 또는 등록일과 사실상의 사용일 중 빠른 날

- 수입에 따른 취득 : 해당 물건을 우리나라에 반입하는 날

    (보세구역을 경유하는 것은 수입신고필증 교부일)

- 연부로 취득(취득가액의 총액이 지방세법§17의 적용을 받는 것 제외)

    : 그 사실상의 연부금 지급일

- 건축물을 건축 또는 개수하여 취득

    : 사용승인서* 내주는 날**과 사실상의 사용일 중 빠른 날

    * 도시개발법§51①에 따른 준공검사 증명서, 도시정비령§74에 따른 준공인가증 및 그 밖에 건축 관계 법령에 따른
      사용승인서에 준하는 서류 포함
    ** 사용승인서를 내주기 전에 임시사용승인을 받은 경우에는 그 임시사용승인일, 사용승인서 또는
       임시사용승인서를 받을 수 없는 건축물의 경우에는 사실상 사용이 가능한 날

- 주택법§11에 따른 주택조합이 주택건설사업을 하면서 조합원으로부터 취득하는 토지 중
  조합원에게 귀속되지 아니하는 토지를 취득하는 경우
  : 사용검사를 받은 날에 그 토지를 취득한 것으로 봄

- 도시정비법§35③에 따른 재건축조합이 재건축사업을 하거나 소규모주택법§23②에 따른
  소규모재건축조합이 소규모재건축사업을 하면서 조합원으로부터 취득하는 토지 중
  조합원에게 귀속되지 아니하는 토지를 취득하는 경우
  : 소유권이전고시일의 다음날에 그 토지를 취득한 것으로 봄

취득의 시기 등(지방세법§10의7, 지방세령§20)

유상승계취득(지방세령§20⑧~⑬)

- 관계 법령에 따라 매립 · 간척 등으로 토지를 원시취득하는 경우

  : 공사준공인가일 다만, 공사준공인가일 전에 사용승낙 · 허가를 받거나 사실상
    사용하는 경우에는 사용 승낙일 · 허가일 또는 사실상 사용일 중 빠른 날

- 차량 · 기계장비 또는 선박의 종류변경에 따른 취득

  : 사실상 변경한 날과 공부상 변경한 날 중 빠른 날

- 토지의 지목 변경에 따른 취득

  : 토지의 지목이 사실상 변경된 날과 공부상 변경된 날 중 빠른 날. 다만, 토지의
    지목변경일 이전에 사실상 사용하는 부분에 대해서는 그 사실상의 사용일

- 민법§245 및 §247에 따른 점유로 인한 취득

  : 취득물건의 등기일 또는 등록일

- 민법§839의2 및 §843에 따른 재산분할로 인한 취득

  : 취득물건의 등기일 또는 등록일

- ①, ② 및 ⑤에 따른 취득일 전에 등기 또는 등록을 한 경우

  : 그 등기일 또는 등록일

❯ 취득의 세율

❯ 부동산 취득 재산별 표준세율*(지방세법§11)

> * 지방자치단체가 지방세 부과 시 통상 적용하여야 할 세율로서 재정상 기타 특별한 사유가 있는 경우에는 이를
> 따르지 아니할 수 있는 세율. 지방자치단체장은 조례로 정하는 바에 따라 취득세 세율을 §11와 §12에 따른 세율을
> 50/100 범위 안에서 가감할 수 있음(지방세법§14)

구 분		세 율
부동산 (토지 · 건축물) 취득	1. 상속으로 인한취득	가. 농지 : 23/1,000 나. 농지 외의 것 : 28/1,000
	2. 상속 외의 무상취득	35/1,000 다만, 비영리사업자의 취득 : 28/1,000
	3. 원시취득	28/1,000
	4. 공유물 · 합유물 및 총유물 분할로 인한 취득	23/1,000
	5. 그 밖의 원인으로 인한 취득	가. 농지 : 30/1,000 나. 농지 외의 것 : 40/1,000
	6. 주택의 유상취득	가. 취득당시 가액이 6억원 이하 : 10/1,000 나. 취득당시 가액이 6억원 초과 9억원 이하 (해당 주택의 취득당시가액× 2/3억원 − 3) × 1/100 다. 취득당시가액이 9억원 초과 : 30/1,000
	7. 건축(신축, 재축 제외) 또는 개수로 건축물 면적이 증가 시 증가된 부분(원시취득으로 간주)	28/1,000
	8. 법인의 합병 · 분할에 따른 취득	가. 농지 : 30/1,000 나. 농지 외의 것 : 40/1,000

※ 정의(지방세법§6)

19호. 중과기준세율 : §11 및 §12에 따른 세율에 가감하거나 §15②에 따른 세율의 특례
　　　　적용기준이 되는 세율로서 1천분의 20을 말한다.

❯ 취득의 세율

❯ 부동산 외 취득 재산별 표준세율*(지방세법§12)

* 지방자치단체가 지방세 부과 시 통상 적용하여야 할 세율로서 재정상 기타 특별한 사유가 있는 경우에는 이를 따르지 아니할 수 있는 세율. 지방자치단체장은 조례로 정하는 바에 따라 취득세 세율을 §11와 §12에 따른 세율을 50/100 범위 안에서 가감할 수 있음(지방세법§14)

구 분			세 율
1. 선박	가. 등기 · 등록 대상 선박(소형선박 제외)	1) 상속으로 인한 취득	25/1,000
		2) 상속 외의 무상취득	30/1,000
		3) 원시취득	20.2/1,000
		4) 수입에 의한 취득 및 건조에 의한 취득	20.2/1,000
		5) 그 밖의 원인으로 인한 취득	30/1,000
	나. 소형선박 및 동력수상레저기구		20.2/1,000
	다. 위의 가 및 나 외의 선박		20/1,000
2. 차량	가. 비영업용 승용차		70/1,000. 다만, 경자동차의 경우에는 40/1,000
	나. 총 배기량 125cc 이하이거나 최고정격출력 12kw 이하인 이륜자동차		20/1,000
	다. 위의 가 및 나 외의 자동차	1) 비영업용	50/1,000. 다만, 경자동차의 경우 40/1,000
		2) 영업용	40/1,000
	라. 위의 가~다까지 자동차 외 차량		20/1,000
3. 기계 장비	등록대상 기계장비		30/1,000
	등록대상 아닌 기계장비		20/1,000
4. 항공기	항공안정법§7 단서에 따른 항공기		20/1,000
	그 밖의 항공기		20.2/1,000 다만, 최대이륙중량이 5,700kg 이상 항공기 20.1/1,000
입목, 광업권 · 어업권 또는 양식업권, 골프 회원권, 승마회원권, 콘도미니엄 회원권, 종합체육시설 이용회원권 또는 요트회원권			20/1,000

◉ 중과세율(지방세법§13, §13의2, §15, §16)

구 분	세 율
1. 과밀억제권역에서 본점이나 주사무소의 사업용으로서 신축하거나 증축하는 건축물(신탁법에 따른 수탁자가 취득한 신탁재산 중 위탁자가 신탁기간 중 또는 신탁종료 후 위탁자의 본점이나 주사무소의 사업용으로 사용하기 위하여 신축하거나 증축하는 건축물 포함)과 그 부속토지를 취득하는 경우와 과밀억제권역에서 공장을 신설하거나 증설하기 위하여 사업용 과세물건을 취득하는 경우	지방세법§11 및 §12의 세율 + 20/1,000(중과기준세율) × 200/100
2. 대도시에서의 부동산 취득(신탁법에 따른 수탁자가 취득한 신탁재산 포함) ① 대도시에서 법인을 설립하거나 지점 또는 분사무소를 설치하는 경우 및 법인의 본점·주사무소·지점 또는 분사무소를 대도시 밖에서 대도시로 전입(수도권의 경우 서울시 외의 지역에서 서울시로의 전입도 대도시로의 전입으로 봄)함에 따라 대도시의 부동산을 취득하는 경우 ② 대도시에서 공장을 신설하거나 증설함에 따라 부동산을 취득하는 경우	지방세법§11①의 표준세율 × 300/100 − [20/1,000(중과기준세율) × 200/100] * 주택 취득 시 : 표준세율(40/1,000) + [20/1,000(중과기준세율) × 400/100]
3. 사치성 재산(골프장, 고급주택, 고급오락장, 고급선박)의 취득하는 경우	지방세법§11 및 §12의 세율 + 20/1,000(중과기준세율) × 400/100
4. 위의 1과 2가 동시 적용되는 과세물건을 취득하는 경우	지방세법§11①의 표준세율 × 300/100
5. 위의 2와 3이 동시 적용되는 과세물건을 취득하는 경우	지방세법§11①의 표준세율 × 300/100 + 20/1,000(중과기준세율) × 200/100 * 주택 취득 시 : 표준세율 + 20/1,000(중과기준세율) × 600/100
6. 법인 및 다주택자의 주택 유상취득 ① 법인(법인으로 보는 단체, 부동산등기법에 따른 법인아닌 사단·재단 등 개인이 아닌 자 포함)이 주택을 취득하는 경우	표준세율(4%) + 20/1,000(중과기준세율) × 400/100
② 1세대 2주택(일시적 2주택 제외)에 해당하는 주택으로서 조정대상지역에 있는 주택을 취득 또는 1세대 3주택에 해당하는 주택으로서 조정대상지역 외의 지역에 있는 주택을 취득하는 경우	표준세율(4%) + 20/1,000(중과기준세율) × 200/100
③ 1세대 3주택 이상에 해당하는 주택으로서 조정대상지역에 있는 주택을 취득 또는 1세대 4주택 이상에 해당하는 주택으로서 조정대상지역 외의 지역에 있는 주택을 취득하는 경우	표준세율(4%) + 20/1,000(중과기준세율) × 400/100
7. 조정대상지역에 있는 시가표준액 3억원 이상의 주택을 무상취득하는 경우(다만, 1세대1주택자가 소유하는 주택을 배우자 또는 직계존비속이무상취득하는 경우 제외)	표준세율(4%) + 20/1,000(중과기준세율) × 400/100

❯ 주택 **취득세의 중과**(지방세법§13의2, 지방세령§28의2)

❯ 중과 취지

- 주택 실수요자를 보호하고 투기수요를 근절하기 위하여 1세대가 2주택 이상을 취득하거나 법인이 주택을 취득하는 경우 등은 주택 취득에 따른 취득세율 상향

❯ 다주택자 · 법인의 주택 취득세 강화

- 다주택자

  - 조정대상지역 내 2주택, 조정대상지역 외 3주택 취득 시 8%, 조정대상지역 내 3주택, 조정대상지역 외 4주택 이상 취득 시 12%

  - 조정대상지역 내 2주택의 경우 이사 등의 사유로 일시적 2주택이 되는 경우에는 1주택으로 과세(중복보유허용기간 내 종전주택 미 처분 시 차액 추징)

- 법인*

  * 국기법§13에 따른 법인으로 보는 단체, 부동산등기법§49①3호에 따른 법인 아닌 사단 · 재단 등 개인이 아닌 자 포함

  - 개인을 제외한 단체는 법인으로 보아 개인의 최고세율 적용

〈 개인 보유 주택에 대한 적용 세율 〉

지역	1주택	2주택	3주택	법인 · 4주택 이상
조정대상지역	1~3%	8%[1]	12%	12%
非조정대상지역		1~3%	8%	12%

1) 일시적 2주택 제외

※ 행정안전부가 '22.12.21. 자 보도자료[정부, 취득세 중과 완화한다!]에서 아래와 같이 취득세 중과를 완화하고 '22.12.21.부터 소급 적용할 계획이라고 하였으나 세율은 법률 개정 사항으로 현재까지 개정되지 않아서 기존의 세율이 적용됨

지역	1주택	2주택	3주택	법인 · 4주택 이상
조정대상지역	1~3%	8% → 1~3%	12% → 6%	12% → 6%
非조정대상지역		1~3%	8% → 4%	12% → 6%

- 조정대상지역의 시가표준액이 3억원 이상 주택 증여에 대한 증여취득세 중과세율도 기존 12%에서 6%로 인하할 계획이라고 하였으나 역시 개정되지 않아 기존 세율 적용

주택 취득세의 중과(지방세법§13의2, 지방세령§28의2)

무상취득(지방세법§13의2)

- 조정대상지역에 있는 주택으로서 취득당시 시가표준액(지분이나 부속토지만 취득한 경우 전체 주택의 시가표준액)이 3억원 이상인 주택을 상속 외의 무상취득하는 경우에는 4%를 표준세율로 하여 중과기준세율(2%)의 400/100을 합한 세율(12%) 적용

1세대의 범위(지방세령§28의3)

* 취득세에서 "1세대의 범위"는 주택 취득 등 중과를 적용할 때에 사용되는 개념임

- 1세대란 주택 취득일 현재 주택을 취득하는 사람과 주민등록법§7에 따른 세대별 주민등록표 또는 출입국관리법§34①에 따른 등록외국인기록표 및 외국인등록표(등록외국인기록표등)에 함께 기재되어 있는 가족(동거인 제외)으로 구성된 세대

  – 주택을 취득하는 사람의 배우자[1], 취득일 현재 미혼인 30세 미만의 자녀 또는 부모[2]는 주택을 취득하는 사람과 같은 세대별 주민등록표 또는 등록외국인 기록표등에 기재되어 있지 않더라도 1세대에 속한 것으로 봄

    1) 사실혼은 제외하며, 법률상 이혼은 했으나 생계를 같이 하는 등 사실상 이혼한 것으로 보기 어려운 관계에 있는 사람 포함

    2) 주택을 취득한 사람이 미혼이고 30세 미만인 경우로 한정

- 아래의 어느 하나에 해당하는 경우에는 각각 별도의 세대로 봄

  ① 부모와 같은 세대별 주민등록표에 기재되어 있지 않은 30세 미만의 자녀로서 주택 취득일이 속하는 달의 직전 12개월 동안 발생한 소득으로서 행정안전부장관이 정하는 소득이 「국민기초생활 보장법」에 따른 기준 중위소득을 12개월로 환산한 금액의 40/100 이상이고, 소유하고 있는 주택을 관리·유지하면서 독립된 생계를 유지할 수 있는 경우. 다만, 미성년자인 경우는 제외

  ② 취득일 현재 65세 이상의 직계존속(배우자의 직계존속을 포함하며, 직계존속 중 어느 한 사람이 65세 미만인 경우를 포함)을 동거봉양(同居奉養)하기 위하여 30세 이상의 직계비속, 혼인한 직계비속 또는 위의 ①에 따른 소득요건을 충족하는 성년인 직계비속이 합가(合家)한 경우

  ③ 부모와 취학 또는 근무상의 형편 등으로 세대전원이 90일 이상 출국하는 경우로서 주민등록법§10의3① 본문에 따라 해당 세대가 출국 후에 속할 거주지를 다른 가족의 주소로 신고한 경우

  ④ 별도의 세대를 구성할 수 있는 사람이 주택을 취득한 날부터 60일 이내에 세대를 분리하기 위하여 그 취득한 주택으로 주소지를 이전하는 경우

❯ 주택 취득세의 중과(지방세법§13의2, 지방세령§28의2)

❯ 주택 수의 산정 대상(지방세법§13의3, 지방세령§28의4)

* 취득세에서 "1세대의 주택 수"는 주택 취득 중과를 적용할 때에 사용되는 개념임

- 세율 적용의 기준이 되는 1세대의 주택 수

    - 주택 취득일 현재 취득하는 주택을 포함하여 1세대가 국내에 소유한 주택, 조합원입주권, 주택분양권, 주택으로 과세하는 오피스텔의 수를 말함

      ① 신탁법에 따라 신탁된 주택은 위탁자의 주택 수에 가산

      ② 조합원입주권 : 도시정비법에 따른 관리처분계획인가 및 소규모주택정비법에 따른 사업시행계획인가로 인하여 취득한 입주자로 선정된 지위[1]는 해당 주거용 건축물이 멸실된 경우[2] 라도 해당 조합원입주권 소유자의 주택 수에 가산

        1) 도시정비법에 따른 재건축사업 또는 재개발사업, 소규모주택정비법에 따른 소규모재건축 사업을 시행하는 정비사업조합의 조합원으로서 취득한 것(승계 조합원입주권 포함)으로 한정하며, 이에 딸린 토지를 포함
        2) 해당 주택이 멸실되기 전까지는 주택으로 간주

      ③ 주택분양권 : 부동산거래신고법에 따른 "부동산에 대한 공급계약"을 통하여 주택을 공급받는 자로 선정된 지위는 해당 주택분양권을 소유한 자의 주택 수에 가산

      ④ 오피스텔 : 주택으로 과세*된 오피스텔은 해당 오피스텔을 소유한 자의 주택 수에 가산

        * 주택 취득일 현재 오피스텔에 대해 일정 절차(납세자 신고, 과세관청 확인 등)에 따라 주거용으로 보아 주택분 재산세가 과세된 경우

주택 취득세의 중과(지방세법§13의2, 지방세령§28의2)

⟩ 중과 제외 주택(지방세령§28의2)

- 시가표준액(지분이나 부속토지만 취득한 경우 전체 주택의 시가표준액)이 1억원 이하인 주택

  * 도시정비법에 따른 정비구역으로 지정·고시된 지역 또는 소규모주택정비법에 따른 사업시행구역에 소재하는 주택은 제외

- 공공주택사업자가 공급하는 공공매입임대주택

- 토지등소유자가 공공주택사업자로부터 현물보상으로 공급받아 취득하는 주택

- 노인복지법§32①3호에 따른 노인복지주택으로 운영하기 위하여 취득한 주택

- 문화유산의 보존 및 활용에 관한 법률 등에 따른 국가유산주택

- 민간임대주택법§2 7호에 따른 임대사업자가 같은 조 4호에 따른 공공지원민간임대주택으로 공급하기 위하여 취득하는 주택

- 영유아보호법§10 5호에 따른 가정어린이집으로 운영하기 위하여 취득하는 주택

- 주택의 시공자가 건축법§11에 따른 허가를 받은 자나 주택법§15에 따른 사업계획승인을 받은 자로부터 해당 주택의 공사대금으로 취득한 미분양 주택

- 공공기관 또는 지방공기업이 공익사업을 위하여 취득하는 주택이나 도시정비법에 따른 사업시행자 등이 주택건설사업을 위하여 취득하는 주택으로서 멸실시킬 목적으로 취득하는 주택

- 지방세령§28의2 11호 요건을 갖춘 농어촌주택

- 사원에 대한 임대용으로 직접 사용할 목적으로 취득하는 주택으로서 1구의 건축물 연면적(전용면적)이 60m² 이하인 공동주택

- 주택법에 따른 리모델링주택조합이 같은 법§22②에 따라 취득하는 주택

- 한국토지주택공사 또는 지방공사가 취득하는 아래의 주택

  – 주택법에 따른 토지임대부 분양주택을 공급하기 위하여 취득하는 주택

  – 주택법에 따른 토지임대부 분양주택을 분양받은 자로부터 환매하여 취득하는 주택

    ※ 노인복지주택, 공공지원민간임대주택, 가정어린이집, 사원임대주택은 주택 수 산정일 현재 해당 용도로 직접 사용하고 있어야 함

주택 **취득세의 중과**(지방세법§13의2, 지방세령§28의2)

주택 수 산정 시 소유주택에서 제외(지방세령§28의4⑥)

- 주택 수 산정일 현재 해당 주택의 시가표준액이 1억원 이하 주택

- 노인복지주택, 공공지원민간임대주택, 가정어린이집, 사원임대주택에 해당하는 주택으로서 주택 수 산정일 현재 해당 용도로 직접 사용하고 있는 주택

- 문화유산의 보존 및 활용에 관한 법률 등에 따른 국가유산주택

- 공공기관 또는 지방공기업이 공익사업을 위하여 취득하는 주택이나 도시정비법에 따른 사업시행자 등이 주택건설사업을 위하여 취득하는 주택으로서 멸실시킬 목적으로 취득하는 주택

- 지방세령§28의2 11호 요건을 갖춘 농어촌주택으로서 주택 수 산정일 현재 지방세령 §28②2호의 요건을 충족하는 주택

- 주거용 건물 건설업을 영위하는 자가 신축하여 보유하고 있는 주택(재고자산). 다만, 자기 또는 임대계약 등 권원 불문하고 타인이 거주한 기간이 1년 이상인 주택 제외

- 상속을 원인으로 취득한 주택, 조합원입주권, 주택분양권 또는 오피스텔로서 상속개시일부터 5년이 지나지 않은 주택, 조합원입주권, 주택분양권 또는 오피스텔

  * 지방세령 제30939호, '20.8.12. 부칙§3에 의거 영 시행('20.8.12.) 전에 상속을 원인으로 취득한 주택, 조합원입주권, 주택분양권 또는 오피스텔에 대해서는 지방세령§28의4⑤3호의 개정 규정에도 불구하고 이 영 시행 이후 5년 동안 주택 수 산정 시 소유주택 수에서 제외함

- 주택 수 산정일 현재 시가표준액(지분이나 부속토지만 취득한 경우 전체 건축물과 그 부속토지의 시가표준액)이 1억원 이하인 오피스텔

- 주택 수 산정일 현재 시가표준액이 1억원 이하인 부속토지만을 소유한 경우 해당 부속토지

- 혼인한 사람이 혼인 전 소유한 주택분양권으로 주택을 취득하는 경우 다른 배우자가 혼인 전부터 소유하고 있는 주택

- '24.1.10.~'27.12.31.까지 사용승인 받은 신축 오피스텔로서 전용면적 60m² 이하이고 취득당시가액이 3억원(수도권 소재 시 6억원) 이하인 오피스텔

- '24.1.10.~'27.12.31.까지 취득한 구축 오피스텔로서 전용면적 60m² 이하이고 취득 당시가액이 3억원(수도권 소재 시 6억원) 이하이고, 임대사업자가 취득일부터 60일 이내 임대주택으로 등록하거나 임대사업자가 아닌 자가 취득일부터 60일 이내 임대사업자로 등록하고 그 오피스텔을 임대주택으로 등록한 오피스텔

주택 수 산정 방법 등(지방세령§28의4)

- (산정방법) 다주택자 세율 적용의 기준이 되는 1세대의 주택 수는 "주택 취득일" 현재
  취득하는 주택을 포함하여 1세대가 국내에 소유하는 주택, 조합원입주권, 주택분양권 및
  오피스텔의 수를 산정

  - 조합원입주권 또는 주택분양권에 의하여 취득하는 주택의 경우에는 조합원입주권
    또는 주택분양권의 취득일[1]을 기준으로 해당 주택 취득 시의 세대별 주택 수를 산정

    1) 분양사업자로부터 주택분양권을 취득하는 경우에는 분양계약일
    * 지방세령 제30939호, '20.8.12. 부칙§2에 의거 조합원입주권 또는 주택분양권에 의하여 취득하는 주택의
      경우 이 영 시행('20.8.12.) 이후에 조합원입주권 또는 주택분양권을 취득하는 경우부터 적용

- (동시취득) 위의 산정방법을 적용할 때 주택, 조합원입주권, 주택분양권 또는 오피스텔을
  동시에 2개 이상 취득하는 경우에는 납세의무자가 정하는 바에 따라 순차적으로
  취득하는 것으로 봄

- (공동소유) 위의 산정방법을 적용할 때 1세대 내에서 1개의 주택, 조합원입주권,
  주택분양권 또는 오피스텔을 세대원이 공동으로 소유하는 경우에는 1개의 주택,
  조합원입주권, 주택분양권 또는 오피스텔을 소유한 것으로 봄

- (상속취득) 위의 산정방법을 적용할 때 상속으로 여러 사람이 공동으로 1개의 주택,
  조합원입주권, 주택분양권 또는 오피스텔을 소유하는 경우 지분이 가장 큰 상속인을
  그 주택, 조합원입주권, 주택분양권 또는 오피스텔의 소유자로 보고,

  - 지분이 가장 큰 상속인이 두 명 이상인 경우에는 그 중 다음 각 호의 순서에 따라
    그 주택, 조합원입주권, 주택분양권 또는 오피스텔의 소유자를 판정함. 이 경우,
    미등기 상속 주택 또는 오피스텔의 소유지분이 종전의 소유지분과 변경되어 등기되는
    경우에는 등기상 소유지분을 상속개시일에 취득한 것으로 본다.

    ① 그 주택 또는 오피스텔에 거주하는 사람
    ② 나이가 가장 많은 사람

취득세의 징수방법(지방세법§18)

> 취득세의 징수는 신고납부의 방법으로 함

취득세의 신고 및 납부(지방세법§20, 지방세령§33)

> 취득세 과세물건을 취득한 자는 그 취득한 날[1]부터 60일 이내[2]에 그 과세표준에 세율을 적용하여 산출한 세액을 신고하고 납부하여야 함

1) 「부동산 거래신고 등에 관한 법률」§10①에 따른 토지거래계약에 관한 허가구역에 있는 토지를 취득하는 경우로서 같은 법§11에 따른 토지거래계약에 관한 허가를 받기 전에 거래대금을 완납한 경우에는 그 허가일이나 허가구역의 지정 해제일 또는 축소일을 말함

2) 무상취득(상속은 제외) 또는 증여자의 채무를 인수하는 부담부 증여로 인한 취득의 경우는 취득일이 속하는 달의 말일부터 3개월, 상속으로 인한 경우는 상속개시일이 속하는 달의 말일부터, 실종으로 인한 경우는 실종선고일이 속하는 달의 말일부터 각각 6개월(외국에 주소를 둔 상속인이 있는 경우에는 각각 9개월)

◉ 취득세 및 부가세(surtax)의 세율

- 주택 유상취득(매매)

구 분				취득세	농특세	지 방 교육세	합 계
개인	비조정 대상 지역	2주택 이하	6억원 이하 / 85m² 이하	1%	–	0.1%	1.1%
			6억원 이하 / 85m² 초과	1%	0.2%	0.1%	1.3%
			6억원 초과 9억원 이하 / 85m² 이하	1~3%	–	0.1~0.3%	1.1~3.3%
			6억원 초과 9억원 이하 / 85m² 초과	1~3%	0.2%	0.1~0.3%	1.3~3.5%
			9억원 초과 / 85m² 이하	3%	–	0.3%	3.3%
			9억원 초과 / 85m² 초과	3%	0.2%	0.3%	3.5%
		3주택	85m² 이하	8.0%	–	0.4%	8.4%
			85m² 초과	8.0%	0.6%	0.4%	9.0%
		4주택 이상	85m² 이하	12.0%		0.4%	12.4%
			85m² 초과	12.0%	1.0%	0.4%	13.4%
	조정 대상	1주택 (일시적 2주택 포함)	6억원 이하 / 85m² 이하	1%	–	0.1%	1.1%
			6억원 이하 / 85m² 초과	1%	0.2%	0.1%	1.3%
			6억원 초과 9억원 이하 / 85m² 이하	1~3%	–	0.1~0.3%	1.1~3.3%
			6억원 초과 9억원 이하 / 85m² 초과	1~3%	0.2%	0.1~0.3%	1.3~3.5%
			9억원 초과 / 85m² 이하	3%	–	0.3%	3.3%
			9억원 초과 / 85m² 초과	3%	0.2%	0.3%	3.5%
		2주택	85m² 이하	8.0%	–	0.4%	8.4%
			85m² 초과	8.0%	0.6%	0.4%	9.0%
		3주택 이상	85m² 이하	12.0%	–	0.4%	12.4%
			85m² 초과	12.0%	1.0%	0.4%	13.4%
법인	지역 · 주택 수 · 금액 관계없음		85m² 이하	12.0%	–	0.4%	12.4%
			85m² 초과	12.0%	1.0%	0.4%	13.4%

* 농어촌특별세는 유상 · 무상취득과 관계없이 주택법§2 6호에 따른 국민주택규모(「건축법 시행령」 별표 1 제1호다목에 따른 다가구주택의 경우에는 가구당 전용면적을 기준으로 한다) 이하의 주거용 건물과 이에 부수되는 토지는 비과세(농특세법§4, 농특세법시행령§4⑤)

◉ 취득세 및 부가세(surtax)의 세율

• 주택 유상취득 외의 취득

구 분				취득세	농특세	지방교육세	합 계
농지 유상취득[1]				3%	0.2%	0.2%	3.4%
농지 외 유상취득[1]				4%	0.2%	0.4%	4.6%
상속 외 무상취득	주택	기본 세율	85m² 이하	3.5%	–	0.3%	3.8%
			85m² 초과	3.5%	0.2%	0.3%	4.0%
		중과 세율	85m² 이하	12%	–	0.4%	12.4%
			85m² 초과	12%	1.0%	0.4%	13.4%
	주택 외	일반		3.5%	0.2%	0.3%	4.0%
		비영리사업자		2.8%	0.2%	0.16%	3.16%
상속	농지			2.3%	0.2%	0.06%	2.56%
	농지 외(토지 · 건물 · 상가 등)			2.8%	0.2%	0.16%	3.16%
	상속받아 1가구1주택	85m² 이하		0.8%	–	0.16%	0.96%
		85m² 초과		0.8%	0.2%	0.16%	1.16%
	상속받아 1가구다주택	85m² 이하		2.8%	–	0.16%	2.96%
		85m² 초과		2.8%	0.2%	0.16%	3.16%
원시취득[2](신축 등), 상가[3] 재건축 원조합원(승계조합원 포함)				2.8%	0.2%	0.16%	3.16%
주택 재건축 원조합원 (승계조합원 포함)	85m² 이하			2.8%	–	0.16%	2.96%
	85m² 초과			2.8%	0.2%	0.16%	3.16%

1) '23.3.14. 이후 법인이 합병 또는 분할에 따라 부동산을 취득하는 경우부터 위의 1)과 같은 세율 적용

2) 총 건축비를 전체 건축물 면적으로 나눠서 각 분양 평수에 대한 건축비에 취득세율 적용함

3) 농어촌특별세 비과세는 주택에 한정하여 국민주택규모 이하만 해당하므로 상가 재건축의 경우에는 주택의 규모와 관계없이 농어촌특별세가 부가됨

1세대 1주택
비과세

1세대 1주택 비과세 요건 등(소법§89①3호, 소령§154①)

- 1세대(소법§88, 거주자 및 그 배우자가 ~)

- 1주택(소법§89①3호)
    - 주택 수

- 그 부수토지(소법§89①3호)
    - 주택 정착면적에 지역별 배율을 곱하여 산정한 면적 이내 토지

- 보유기간(소령§154①)
    - 거주기간

- 배제사유에 해당하지 않을 것
    - 미등기 양도자산*
    - 허위계약서 작성하여 실가와 다르게 기재*
    - 고가주택(소법§89①3호, 소령§156)

▶ 1세대 1주택(소령§154)

▶ 1세대 1주택 특례(소령§155)

▶ 조합원입주권(분양권) 관련 비과세

- 조합원입주권 자체(소법§89①4호)
- 주택과 조합원입주권 보유 시 주택 비과세(소령§156의2)
- 주택과 분양권 보유 시 주택 비과세(소령§156의3)

▶ 상생임대주택 특례(소령§155의3)

- '21.12.20.~'24.12.31. 기간 중 임대차 계약을 체결하고, 계약금을 지급받은 경우(직전 임대차계약 대비 임대료 5% 제한)
    - 민간임대주택법, 소법에 따른 임대주택 등록 요건 없음

* 소법§91 및 조특법§129에서 미등기 양도자산과 허위계약서 작성 시 비과세 또는 감면 (일부)배제

01

양도소득세
비과세 개요

가 | 입법취지(대법원 94누125, '94.9.13.)

▶ "1세대 1주택"의 양도로 인하여 발생하는 소득에 대하여 소득세를 부과하지 아니하는
취지는, 주택은 국민의 주거생활의 기초가 되는 것이므로, 1세대가 국내에 소유하는 1개의
주택을 양도하는 것이 양도소득을 얻거나 투기를 할 목적으로 일시적으로 거주하거나
소유하다가 양도하는 것이 아니라고 볼 수 있는 일정한 경우에는 그 양도소득에 대하여
소득세를 부과하지 아니함으로써 국민의 주거생활 안정과 거주이전의 자유를 보장하여
주려는 데 있음

참고 양도세 부담 시 동일한 가격의 주택을 취득할 수 없게 됨

나 | 비과세 연혁

시 기	내 용
'03.10.1.	• 서울 · 과천 5대 신도시 주택 3년 이상 보유 및 1년 이상 거주로 강화
'04.1.1.	• 서울 · 과천 5대 신도시 주택 3년 이상 보유 및 2년 이상 거주로 강화
'06.1.1.	• 1세대1주택 비과세 요건 강화 – 조합원입주권 보유 시 1세대1주택 비과세 배제
'11.6.3.	• 서울 · 과천 5대 신도시 주택 3년 이상 보유로 완화(거주요건 폐지)
'12.6.29.	• 1세대1주택 비과세요건(보유기간 3년 이상 → 2년 이상) 완화
'17.9.19.	• 조정대상지역 소재 주택 거주요건 2년 추가
'19.1.1.	• 지적재조사 조정금 비과세 범위 포함('12.3.17. 이후 발생분)
'21.1.1.	• 분양권 보유 시 주택 수 포함

소법§89

① 1. 파산선고에 의한 처분으로 발생하는 소득

2. 농지의 교환 또는 분합으로 발생하는 소득

3. 가. 1세대가 1주택을 보유하는 경우로서 대통령령 정하는 요건 충족 주택*

　　나. 1세대가 1주택을 양도하기 前에 다른 주택을 대체취득 등으로 2주택 이상

　　　　보유하는 경우로서 대통령령 정하는 주택*

4. (무주택자, 일시적 1조합원입주권) 조합원입주권 양도하여 발생하는 소득

5. 지적재조사법에 따른 지적공부상 면적 감소에 따라 지급받는 조정금**

② 1세대가 주택과 조합원입주권 또는 분양권을 보유하다가 그 주택을 양도하는

　경우에는 ①에도 불구하고 같은 항 3호를 적용하지 아니한다. 다만, (이하 생략)

조특법§14①4호 : 벤처기업에 출자함으로써 취득한 주식 또는 출자지분

소법§94①3호나목 : KOTC(장외주식시장) 거래 주식으로서 중소 · 중견기업의 소액주주

　　　　　　　　　양도분

조특법§99의4 : 농어촌주택등 취득자에 대한 양도세 과세특례

* 주택부수토지 포함하고 고가주택은 제외

** 지적재조사법에 따른 조정금은 '18.12.31. 소법이 개정되었으나, '12.3.17. 이후 양도분부터 소급 적용

소법§89(비과세 양도소득)

① 다음 각 호의 소득에 대해서는 양도소득세를 과세하지 아니한다.

　3. 다음 각 목의 어느 하나에 해당하는 주택(양도 당시 실지거래가액의 합계액이 12억원을 초과하는
　　고가주택은 제외)과 이에 딸린 토지로서 건물이 정착된 면적에 지역별로 대통령령으로
　　정하는 배율을 곱하여 산정한 면적 이내의 토지(주택부수토지)의 양도로 발생하는 소득

　　가. 1세대가 1주택을 보유하는 경우로서 대통령령 정하는 요건 충족 주택

　　나. 1세대가 1주택을 양도하기 前에 다른 주택을 대체취득 등으로 2주택 이상 보유하는
　　　경우로서 대통령령 정하는 주택

　4. 조합원입주권을 1개 보유한 1세대[도시정비법§74에 따른 관리처분계획의 인가일
　　및 소규모주택 정비법§29에 따른 사업시행계획인가일(인가일 전에 기존주택이 철거되는 때에는
　　기존주택의 철거일) 현재 제3호가목에 해당하는 기존주택을 소유하는 세대]가 다음 각 목의
　　어느 하나의 요건을 충족하여 양도하는 경우 해당 조합원 입주권을 양도하여 발생하는
　　소득. 다만, 해당 조합원입주권의 양도 당시 실지거래가액이 12억원을 초과하는 경우에는
　　양도소득세를 과세한다.

　　가. 양도일 현재 다른 주택을 보유하지 아니할 것

　　나. 양도일 현재 1조합원입주권 외에 1주택을 보유한 경우(분양권을 보유하지 아니하는 경우로
　　　한정)로서 해당 1주택을 취득한 날부터 3년 이내에 해당 조합원입주권을 양도할 것(3년
　　　이내에 양도하지 못하는 경우로서 대통령령으로 정하는 사유에 해당하는 경우를 포함)

② 1세대가 주택과 조합원입주권 또는 분양권을 보유하다가 그 주택을 양도하는 경우에는
　①에도 불구하고 같은 항 3호를 적용하지 아니한다. 다만, (이하 생략)

▶ 소령§154 (1세대1주택의 범위) ① 1세대가 양도일 현재 국내 1주택 보유
　소령§154의2 (공동소유주택의 주택수 계산) 1주택을 공동 소유 시 각자 소유한 것으로 봄
▶ 소령§155 (1세대1주택의 특례) ① ~ ㉕
　소령§155의2 (장기저당담보주택에 대한 1세대1주택의 특례) ① ~ ④
　소령§156 (고가주택의 범위) ① ~ ③
▶ 소령§156의2 (주택과 조합원입주권을 소유한 경우 1세대1주택의 특례) ① ~ ⑮
▶ 소령§156의3 (주택과 분양권을 소유한 경우 1세대1주택의 특례) ① ~ ⑫
　소령§159의4 (장기보유특별공제)
　소령§160 (고가주택에 대한 양도차익등의 계산) ① ~ ②
　소령§161 (직전거주주택보유주택 등에 대한 양도소득금액 등의 계산) ① ~ ④

● 민간임대주택법과 세법상 임대주택 비교('20.8.18. 前)

구 분		단기민간임대 (민간임대주택법§2 6호)	장기일반민간임대 (민간임대주택법§2 5호)	장기임대 (소령§167의3①②)	장기일반민간임대 (조특법§97의3,5)
요 건	가액	해당없음		임대개시일 당시 기준시가 6억원(수도권 밖 3억원) 이하	左 同 ('18.9.14. 이후 취득분부터)
	면적	해당없음		해당없음 (건설·미분양임대 제한 有)	국민주택 규모 이하
임대료 상 한		5%(§44)		5%(임대보증금 포함) ('19.2.12. 이후 갱신 또는 신규 체결분부터)	5% (임대보증금 포함)
임 대 의무기간		4년 이상 (통산)	8년 이상 (통산)	5년(8년) 이상 (통산)	8년(10년) 이상 (§97의5는 계속)
요 건 위반시		과태료 3천만원 이하(§67) – 임대료 상한 위반 – 임대의무기간 위반		특례 적용 배제 – 장기임대도 '19.2.12. 이후 임대차계약 갱신 또는 신규 체결 분부터 위반시 특례 적용 배제	

● 민간임대주택법과 세법상 임대주택 비교('20.8.18. 以後)

구 분		단기민간임대 (민간임대주택법§2 6호)	장기일반민간임대 (민간임대주택법§2 5호)	장기임대 (소령§167의3①②)	장기일반민간임대 (조법§97의3,5)
요 건	가액	폐 지	해당없음	임대개시일 당시 기준시가 6억원(수도권 밖 3억원) 이하	左 同 ('18.9.14. 이후 취득분부터)
	면적		해당없음	해당없음 (건설·미분양임대 제한 有)	국민주택 규모이하
임대료 상 한			5%(§44)	5%(임대보증금 포함) ('19.2.12. 이후 갱신 또는 신규 체결분부터)	5% (임대보증금 포함)
임 대 의무기간			10년 이상 (통산)	5년(10년) 이상 (통산)	8년(10년) 이상 (§97의5는 계속)
요 건 위반시		과태료 3천만원 이하(§67) – 임대료 상한 위반 – 임대의무기간 위반		특례 적용 배제 – 장기임대도 '19.2.12. 이후 임대차계약 갱신 또는 신규 체결 분부터 위반시 특례 적용 배제	

"7·10 주택시장 안정화대책" 후속 시행령 개정 내용 ('20.10.7.)

장기 의무 임대기간 10년 이상 상향	• 소령§167의3①2호 마목, 바목의 장기임대주택의 임대의무기간 10년 이상으로 상향
임대주택 자동 말소 특례요건 신설	• 민간임대주택법§6⑤에 따라 자동말소한 경우 – 임대의무기간 종료한 날 임대기간 요건 갖춘 것으로 봄
임대주택 자진 말소 특례요건 신설 (소령§167의3①2호사목)	• 민간임대주택법§6①11호에 따라 자진말소한 경우 – 임대주택법의 임대의무기간의 ½ 이상 임대하고 – 등록 말소 이후 1년 이내 양도 시 ⇒ 임대기간요건 외 다른 요건을 갖춘 경우 중과제외되는 장기임대주택으로 봄
장기일반민간임대주택 사후특례 신설 (소령§167의3⑥2호라목)	• 민간임대주택법§6①11호에 따라 자진말소한 경우 – 임대주택법의 임대의무기간의 ½ 이상 임대 시 ⇒ 등록이 말소된 때 임대기간요건을 갖춘 것으로 봄

참고 단기임대주택, 아파트장기임대유형 폐지 및 장기임대의무기간 10년 이상으로 상향

⌂↓02
파산선고에
의한 처분

파산선고에 의한 처분으로 발생하는 소득은 비과세

(반드시) 파산선고를 받은 경우로서
(반드시) 파산절차에 따라 처분되어야 함

사실상 파산상태라도 파산선고 없는 경우 적용 불가

파산선고를 받더라도,
담보권 실행 임의경매 시 적용 불가

🏠 심화정리

▶ 파산신청 後 임의경매된 부동산

- 파산선고에 의한 부동산의 처분으로 발생하는 양도소득은 소법§89①1호 규정에 의하여 양도세가 비과세되는 것이나,(서면4팀-3443, '07.11.30.)
- 일반적인 경매의 방법과 동일한 방법으로 매각 처분된 경우는 소법§89에서 규정하는 파산선고에 의한 처분에 해당하지 아니하면 양도세 비과세 규정을 적용 받을 수 없고, 은행이 별제권을 행사하여 법원 경매에 의해 양도된 경우 양도세 비과세 규정을 적용 받을 수 없음

(부동산거래관리과-107, '12.02.15.)

파산신청 ▶ 임의경매 ▶ 파산선고

> **참고** 별제권 : 파산자의 특정 재산에 대해 우선권 있는 채권자가 다른 채권자와 관계 없이 우선변제를 받을 수 있는 권리

▶ 파산선고 이후 임의경매된 경우 비과세 여부

- 법원의 파산선고가 있었지만 파산선고일 前에 근저당권자의 임의경매 개시 신청에 따라 경매 처분된 경우, 파산선고에 의한 처분으로 보기는 어려워 양도소득 비과세에 해당하지 않음

(조심2012서3177, '12.09.24. 국승)

> **참고** 파산자의 부동산 등은 대부분 근저당권 등이 설정되어 있으므로 파산선고에 따른 비과세 적용을 받기는 매우 어려움

근저당권의 경매신청에 의한 것은 담보권자의 별제권 행사로 볼 수 있는데,
채무자회생법§412에 따르면 별제권은 파산절차에 의하지 않고 행사할 수 있어 파산절차에서
이루어지는 재산의 처분으로 보기 어려워 비과세 불가

적용사례

'06.1.1.	'15.3.1.	'15.5.1.	'15.9.13.	'15.11.1.	'16.3.1.
"A아파트" 취득	파산 및 면책 신청	채권자 경매접수(신청)	매각결정*	"A아파트" 소유권 이전	파산선고

* '15.9.20. 최고가 매각결정

Q1 A아파트의 비과세 적용 여부?

A1 • "파산선고에 의한 처분으로 발생하는 소득"은 파산선고 결정에 의하여 진행되는 파산절차에서
이루어지는 재산처분을 의미하고

　• 근저당권의 경매신청에 의한 것은 담보권자의 별제권 행사로 볼 수 있는데, 채무자회생법§412에
따르면 별제권은 파산절차에 의하지 않고 행사할 수 있어 파산절차에서 이루어지는 재산의 처분으로
보기 어려워 비과세 불가

참고 별제권 : 파산자의 특정 재산에 대해 우선권 있는 채권자가 다른 채권자와 관계 없이 우선변제를 받을 수
있는 권리

📑 관련 판례 · 해석 등 참고사항

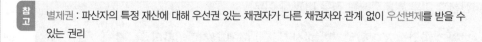

▶ **채무자 회생 및 파산에 관한 법률§412[별제권의 행사]**

　– 별제권은 파산절차에 의하지 아니하고 행사한다.

▶ **채무자 회생 및 파산에 관한 법률§413[별제권자의 파산채권행사]**

　– 별제권자는 그 별제권의 행사에 의하여 변제를 받을 수 없는 채권액에 관하여만 파산채권자로서 그
권리를 행사할 수 있다. 다만, 별제권을 포기한 채권액에 관하여 파산채권자로서 그 권리를 행사하는
것에 영향을 미치지 아니한다.

03
농지의
교환·분합

경작상 필요 등으로 농지를 교환 · 분합하는 경우 비과세함

▶ 비과세 대상 농지

☞ 교환 · 분합하는 쌍방 토지가액 차액이 가액 큰 편의 ¼ 이하일 것

- 국가 · 지자체가 시행하는 사업으로 인한 교환 또는 분합하는 농지

- 국가 · 지자체가 소유하는 토지와 교환 또는 분합하는 농지

- 농어촌정비법 · 농지법 등에 의하여 교환 또는 분합하는 농지

- 경작상 필요에 의하여 교환하는 농지

  – 교환에 의한 신규 농지를 3년 재촌 · 자경하는 경우에 한정

▶ "경작상 필요"의 의미

- 경작상 필요에 의해 교환하는 농지는 "자기가 직접 경작하던 농지"를 교환하는 것을
  말하며, 재촌 · 자경 여부는 "교환일 현재"를 기준으로 함
  (부동산거래관리과−869, ˊ11.10.13)

참고 재촌 · 자경 : 농지소재지에서 거주하면서 상시 경작 또는 자기노동력 ½로 경작하는 것
☞ 자경농지 감면 규정과 동일

◎ 지적재조사에 관한 특별법

- 지적재조사사업은 기존 지적공부의 등록사항이 토지의 실제 현황과 일치하지 않아 이를
  바로 잡기 위한 사업으로, 토지의 실제 이용현황을 기준으로 지적공부를 정비하고 그
  결과에 따른 토지 면적 증감부분은 조정금 지급 및 징수로 정산함

- 소득세법상 조정금은 경계가 확정된 시점을 기준으로 감정평가법에 따른
  감정평가업자가 평가한 감정평가액으로 산정하는데,
  - 감소된 면적은 다른 토지 소유자에게 증가된 면적이 되어 다른 소유자는 조정금을
    납부하게 되는데
  - 사실상 감소되는 면적의 소유자와 증가되는 면적의 소유자 사이에 증감되는 면적을
    매매하는 거래로 볼 수 있음

➡ 다음 쪽에 소법 "부칙" 참고

⊙ 지적재조사에 관한 특별법

제20조(조정금의 산정)

① 지적소관청은 §18에 따른 경계 확정으로 지적공부상의 면적이 증감된 경우에는 필지별 면적 증감내역을 기준으로 조정금을 산정하여 징수하거나 지급한다. 이 경우 1인의 토지소유자가 다수 필지의 토지를 소유한 경우에는 해당 토지소유자가 소유한 토지의 필지별 조정금 증감내역을 합산하여 징수하거나 지급한다. 〈개정 '24.3.19.〉

제21조(조정금의 지급 · 징수 또는 공탁)

① 조정금은 현금으로 지급하거나 납부하여야 한다.

③ 지적소관청은 ②에 따라 조정금액을 통지한 날부터 10일 이내 토지소유자에게 조정금액의 수령통지 또는 납부고지를 하여야 한다.

④ 지적소관청은 ③에 따라 수령통지를 한 날부터 6개월 이내 조정금을 지급하여야 한다.

⑤ ③에 따라 납부고지를 받은 자는 그 부과일부터 6개월 이내에 조정금을 납부하여야 한다. 다만 지적소관청은 1년 범위에서 대통령령으로 정하는 바에 따라 조정금을 분할납부하게 할 수 있다.

제25조(등기촉탁)

① 지적소관청은 §24에 따라 새로이 지적공부를 작성하였을 때에는 지체없이 관할 등기소에 그 등기를 촉탁하여야 한다. 이 경우 그 등기촉탁은 국가가 자기를 위하여 하는 등기로 본다.

⊙ 소법 부칙(제16104호, '18.12.31.)

제1조(시행일) 이 법은 '19.1.1.부터 시행한다.

제9조(지적공부상의 면적이 감소하여 조정금을 지급받은 경우에 관한 적용례)
 ① §89①5호의 개정규정은 '12.3.17. 이후 발생하는 분부터 적용한다.

제11조(지적공부상의 면적이 증가하여 징수한 조정금을 취득가액에서 제외하는 것에 관한 적용례)
 소법§97①1호의 개정규정은 이 법 시행('19.1.1.) 이후 양도하는 분부터 적용한다.

※ 지적재조사 사업 관련 적용시기 및 적용례
• (비과세 양도소득 대상 자산) '12.3.17. 이후 발생한 분부터 적용
• (취득가액 제외대상) '19.1.1. 이후 양도하는 분부터 적용

지적재조사법에 따라 조정금 납부(지적재조사법§21)   필요경비

증가된 면적에 해당하는 토지를 '18.12.31. 이전에 양도한 경우에 한정하여 양도소득 계산 시
취득가액에 포함하는 것이며, 같은 토지에 대한 장기보유특별공제액 계산에 따른 보유기간은
지적재조사법에 따른 등기촉탁의 등기접수일과 조정금의 납부 완료일 중
빠른 날부터 기산

중요 중   난이 중

적용사례(서면-2018-법령해석재산-3652, '19.08.21.)

'01.1.1.   '16.1.1.   '18.1.1.

사례

甲.
"A토지"
취득

甲.
"A토지"
조정금* 납부

"A토지"
양도
(협의매수)

* 甲이 '01.1.1. A토지를 구입함과 동시에 토지경계로 펜스를 치고 펜스 안쪽의 땅을 점유 · 사용 · 수익해 왔는데,
알고보니 펜스 안쪽 토지 중 일부가 국가 땅이었고 그 토지 소유권을 갑이 취득하는 대신 그 만큼의 조정금을 납부함

Q1 지적재조사 사업으로 공부상 면적이 증가되어 조정금을 납부한 경우, 해당 조정금의 양도세 필요경비로
인정 여부 및 증가된 토지면적에 대한 장기보유특별공제 적용에 따른 보유기간 계산 방법은?

A1 증가된 면적에 해당하는 토지를 '18.12.31. 이전에 양도한 경우에 한정하여 양도소득 계산 시
취득가액에 포함하는 것이며, 같은 토지에 대한 장기보유특별공제액 계산에 따른 보유기간은
지적재조사법§25에 따른 등기촉탁의 등기접수일과 같은 법§20에 따른 조정금의 납부 완료일 중 빠른
날부터 기산함

📜 관련 판례 · 해석 등 참고사항

04

1세대 1주택
비과세 규정 체계

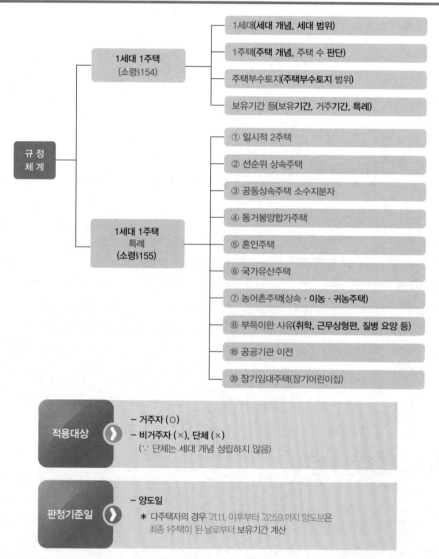

규 정 체 계	1세대 1주택 (소령§154)	1세대(세대 개념, 세대 범위)
		1주택(주택 개념, 주택 수 판단)
		주택부수토지(주택부수토지 범위)
		보유기간 등(보유기간, 거주기간, 특례)
	1세대 1주택 특례 (소령§155)	① 일시적 2주택
		② 선순위 상속주택
		③ 공동상속주택 소수지분자
		④ 동거봉양합가주택
		⑤ 혼인주택
		⑥ 국가유산주택
		⑦ 농어촌주택(상속·이농·귀농주택)
		⑧ 부득이한 사유(취학, 근무상형편, 질병 요양 등)
		⑯ 공공기관 이전
		⑳ 장기임대주택(장기어린이집)

적용대상 ❯
- 거주자 (○)
- 비거주자 (×), 단체 (×)
  (∵ 단체는 세대 개념 성립하지 않음)

판정기준일 ❯
- 양도일
  * 다주택자의 경우 '21.1.1. 이후부터 '22.5.9.까지 양도분은 최종 1주택이 된 날로부터 보유기간 계산

참고 매매특약으로 매매계약 후 양도일 前에 주택을 멸실하거나 용도변경한 경우, 매매계약일을 기준으로 비과세 요건을 판단하였으나, 최근 해석이 양도일 기준으로 변경('22.12.10, '22.10.21)되었음.
주택에서 상가 등으로 용도변경 후 양도한 건물에 대한 1주택 여부 판정은 '25.2.28. 이후 매매계약을 체결하는 경우부터 양도시점에서 매매계약시점으로 조정됨(소령§154①, §159의4)

1세대 1주택 판정시기(소령§154①)   매매계약일 현재

비과세되는 1세대 1주택의 판정은 원칙적으로 양도일이 기준이나 매매계약의 특약사항으로
주택의 매매대금을 청산하기 전에 매수자가 주택 외의 용도로 사용할 것을 약정한 경우에는
매매계약일 현재를 기준으로 판정할 수 있음

중요 중 난이 중

제 1 편

적용사례(서일46014-10582. '01.12.07.)

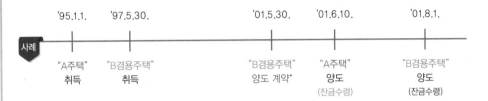

| '95.1.1. | '97.5.30. | | '01.5.30. | '01.6.10. | '01.8.1. |

사례

"A주택"
취득

"B겸용주택"
취득

"B겸용주택"
양도 계약*

"A주택"
양도
(잔금수령)

"B겸용주택"
양도
(잔금수령)

 * 잔금청산 전에 매수자가 겸용주택의 주택부분에 대하여 전부 상업용으로 용도변경하기로 계약하고 실제 용도변경함

Q1 거주자가 겸용주택에 대하여 양도계약을 체결한 후 잔금청산 전에 A주택을 양도하여 매매 중인
겸용주택 1채만 보유하고 있는 상태에서, 이 겸용주택의 매매계약 후 잔금청산 전에 매수자가
겸용주택의 주택부분에 대하여 전부 상업용으로 용도변경하는 경우 양도일(잔금 청산일) 현재 주택에
해당하지 아니하여 과세가 되는지 또는 계약당시를 기준으로 비과세되는 지 여부?

A1 비과세되는 1세대 1주택의 판정은 원칙적으로 양도일이 기준이나 매매계약의 특약사항으로 주택의
매매대금을 청산하기 전에 매수자가 주택 외의 용도로 사용할 것을 약정한 경우에는 매매계약일 현재를
기준으로 판정할 수 있음

참고 매매계약일 기준을 적용하는 것은 어디까지나 1세대 1주택 비과세 판정 시 양도자를 배려해 주기 위해
예외적으로 적용하는 것임

📑 관련 판례 · 해석 등 참고사항

▶ **소득세법 통칙 89-154…12**[매매특약이 있는 **주택의 1세대 1주택 비과세 판정**]

　- 소령§154①의 규정에 따른 1세대1주택 비과세의 판정은 양도일 현재를 기준으로 한다.
　　다만, 매매계약 후 양도일 이전에 매매특약에 의하여 1세대1주택에 해당되는 주택을 멸실한 경우에는
　　매매계약일 현재를 기준으로 한다.

▶ **양도소득세 집행기준 89-154-3**[주택의 판정 기준일]

　- 주택에 해당하는지 여부는 양도일 현재를 기준으로 판단하며, 매매특약에 의하여 매매계약일 이후
　　주택을 멸실한 경우에는 매매계약일 현재를 기준으로 판단한다.

1세대 1주택 판정시기(소령§154①)   양도일 현재

주택에 대한 매매계약을 체결하고 그 매매특약에 따라 잔금청산 전에 주택을 상가로
용도변경 시, '22.10.21. 이후 매매계약 체결분부터 양도일(잔금청산일) 현재 현황에 따라
양도물건을 판정함

중요 상 / 난이 중

적용사례(기획재정부 재산세제과-1322, '22.10.21.)

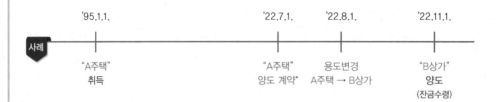

사례

| '95.1.1. | | '22.7.1. | '22.8.1. | '22.11.1. |

"A주택"
취득

"A주택"
양도 계약*

용도변경
A주택 → B상가

"B상가"
양도
(잔금수령)

* 잔금청산 전에 매매특약에 따라 주택을 상가로 용도변경함

Q1 주택에 대한 매매계약을 체결하고 그 매매특약에 따라 잔금청산 전에 주택을 상가로 용도변경한 경우,
1세대 1주택 비과세, 장기보유특별공제(표1, 표2) 및 다주택자 중과세율 적용 여부 등 판정 시
양도물건의 판정기준일은?

A1 매매계약 체결일이 아닌 양도일(잔금청산일) 현재 현황에 따라 판정함

Q2 양도물건의 판정기준일이 양도일인 경우 새로운 해석 적용 시기는?

A2 회신일('22.10.21.) 이후 매매계약 체결분부터 적용함

📑 관련 판례 · 해석 등 참고사항

▶ **소법§154① 및 소령§159의4에서의 "양도일"**〈'25.2.28.〉

－ 1세대가 양도일(주택의 매매계약을 체결한 후 해당 계약에 따라 주택을 주택 외의 용도로 용도변경하여
  양도하는 경우에는 해당 주택의 매매계약일을 말한다. 이하 이 항에서 같다) 현재 국내에 1주택을
  보유하고 (이하 생략)

☞ 주택에서 상가 등으로 용도변경 후 양도한 건물에 대한 1주택 여부 판정은 '25.2.28. 이후 매매계약을
  체결하는 경우부터 양도시점에서 매매계약시점으로 조정됨

1세대 1주택 판정시기(소령§154①)   양도일 현재(용도변경)

매매계약의 특약에 의해 매수자가 변경되는 경우 매매계약 체결일은 최초 매매계약 체결일로
보는 것임

중요 상   난이 중

적용사례(기획재정부 조세정책과-2030, '23.10.11.)

'22.7.6.	'22.10.14.	'22.10.21.	'22.12.29.	'23.3.13.	'23.3.30.
"A주택" 매매계약 체결	"A주택" 중도금 기일 변경	예규 변경일*	매수인 변경	용도변경 A주택 → B상가	"B상가" 양도

* (기획재정부 재산세과-1322, '22.10.21.) 잔금청산 전에 주택을 상가로 용도변경한 경우 양도일(잔금청산일)
현재 현황에 따라 물건을 판정

Q1 1주택을 보유한 1세대가 '22.10.21.전에 주택에 대한 매매계약을 체결하고, 그 매매특약에 따라
잔금청산 전에 주택을 상가로 용도변경한 후 양도하는 경우로서 '22.10.21. 이후 매매계약의 특약에
따른 매수인 변경으로 매매계약이 변경 체결된 후 양도하는 경우 매매계약 체결일은?

A1 매수인 변경으로 인한 변경 체결일이 아닌 최초 매매계약 체결일로 보는 것임

🖎 관련 판례 · 해석 등 참고사항

▶ **소법§154① 및 소령§159의4에서의 "양도일"**(〈'25.2.28.〉)

- 1세대가 양도일(주택의 매매계약을 체결한 후 해당 계약에 따라 주택을 주택 외의 용도로 용도변경하여
양도하는 경우에는 해당 주택의 매매계약일을 말한다. 이하 이 항에서 같다) 현재 국내에 1주택을 보유하고
(이하 생략)
- ☞ 주택에서 상가 등으로 용도변경 후 양도한 건물에 대한 1주택 여부 판정은 '25.2.28. 이후 매매계약을
체결하는 경우부터 양도시점에서 매매계약시점으로 조정됨

1세대 1주택 판정시기(소령§154①)   양도일 현재

주택에 대한 매매계약을 체결하고 그 매매특약에 따라 잔금청산 전에 주택을 멸실한 경우,
'22.12.20. 이후 매매계약을 체결한 분부터 양도물건의 판정기준일은
양도일(잔금청산일)임

적용사례(기획재정부 재산세제과-1543, '22.12.20.)

* 매수인은 매매특약에 따라 중도금 정산 후 잔금 전에 건물 멸실(근린생활시설 신축 예정)

* 매수인은 매매특약에 따라 잔금 받기 전에 건물 멸실

Q1 주택에 대한 매매계약을 체결하고 그 매매특약에 따라 잔금청산 전에 주택을 멸실한 경우, 1세대 1주택
비과세, 장기보유특별공제(표1, 표2) 및 다주택자 중과세율 적용 여부 등 판정 시 양도물건의
판정기준일은?

A1 매매특약에 따라 잔금청산 전에 주택을 멸실한 경우 양도물건의 판정기준일은 양도일(잔금청산일)이며,
'22.12.20. 이후 매매계약을 체결한 분부터 적용

관련 판례 · 해석 등 참고사항

☞ 소득세법 통칙 89-154…12(매매특약이 있는 주택의 1세대 1주택 비과세 판정)과 양도소득세 집행기준
89-154-3(주택의 판정 기준일)이 비록 주택의 법원의 판결 등을 반영해서 만들어졌는데 법령이 아닌
해석으로 변경하여 과세유지가 될 수 있을 지 의문이 듬

⊙ 1세대 1주택 비과세 **보유기간**_(소법§95④)

▶ 자산의 취득일부터 양도일까지로 함

▶ 거주자가 양도일부터 소급하여 10년 이내에 그 배우자 또는 직계존비속으로부터 증여받은 경우에는 증여한 배우자 또는 직계존비속이 해당 자산을 취득한 날부터 기산

- 배우자는 양도 당시 혼인관계가 소멸된 경우를 포함하되, 사망으로 혼인관계가 소멸된 경우는 제외

▶ 가업상속공제가 적용된 경우에는 피상속인이 해당 자산을 취득한 날부터 기산

- 「상속세 및 증여세법」§18의2에 따른 공제가 적용된 자산이 대상

⊙ 1세대 2주택 이상 보유자의 비과세 보유기간 기산일

(구. 소령§154⑤, '21.1.1.~'22.5.9.까지 양도한 경우)

▶ 2주택 이상 보유한 1세대가 1주택 외 주택을 모두 처분한 경우에는 처분 후 마지막 남은
1주택을 보유하게 된 날부터 보유기간 기산

- 2주택 상태에서 먼저 처분하는 주택이 소령§155, §155의2, §156의2, §156의3에 따라
  일시적으로 2주택이 아닌 경우에 적용

- 처분에는 양도, 증여 및 용도변경한 경우만 해당하므로 상속이나 멸실한 경우에는
  적용하지 않음

  * 양도 : '21.1.1. 이후 양도분부터 적용, 증여 · 용도변경 : '21.2.17. 이후 양도분부터 적용

▶ 2주택 상태에서 먼저 처분하는 주택이 일시적으로 2주택에 해당하는 경우에 해당 2주택은
당초 취득일부터 기산

- 일시적으로 2주택이란 소령§155, §155의2, §156의2, §156의3에 따라 일시적으로
  2주택에 해당하는 경우로,

- 먼저 양도하는 주택이 비과세가 적용되어야 하나 예외적으로 소령§155 등에 따라
  1주택을 양도하는 것으로 보아 소령§154①을 적용한 경우(ex. 단기양도 등)도 포함

▶ 2주택 이상 보유한 1세대가 1주택 외 주택을 모두 처분한 후 신규주택을 취득하여
일시적으로 2주택이 되는 경우에는 처분 후 마지막 남은 1주택을 보유하게 된 날부터
보유기간 기산

- 2주택 상태에서 먼저 처분하는 주택이 소령§155, §155의2, §156의2, §156의3에 따라
  일시적으로 2주택이 아닌 경우에 적용

  * 최근 주택가격이 급등하는 과정에서 문재인 정부정책의 방향이 실 수요 목적인 1주택을 제외하고 처분하라는
    것인데, 신규 취득은 이에 반하므로 혜택 미 적용
  * 다만, 일시적 2주택이 계속하여 반복적으로 이루어진 경우에는 투기수요와 관계가 없으므로 당초 취득일부터
    보유기간 기산

⊙ 법령요약

⊙ 1세대 1주택의 범위(구.소령 § 154[제32420호, '22.2.15]

> * ——— 괄호 밖, ——— 괄호 전단부, ——— 괄호 후단부

⑤ ①에 따른 보유기간의 계산은 법 §95④에 따른다. 다만, 2주택 이상(§155, §155의2 및 §156의2 및 §156의3에 따라 일시적으로 2주택에 해당하는 경우 해당 2주택은 제외하되, 2주택 이상을 보유한 1세대가 1주택 외의 주택을 모두 처분[양도, 증여 및 용도변경(「건축법」§19에 따른 용도변경을 말하며, 주거용으로 사용하던 오피스텔을 업무용 건물로 사실상 용도변경하는 경우를 포함)하는 경우를 말함. 이하 이 항에서 같다]한 후 신규주택을 취득하여 일시적 2주택이 된 경우는 제외하지 않는다)을 보유한 1세대가 1주택 외의 주택을 모두 처분한 경우에는 처분 후 1주택을 보유하게 된 날부터 보유기간을 기산한다. 〈개정 2019.2.12., 2021.2.17.〉

⑤ ①에 따른 보유기간의 계산은 법 §95④에 따른다. 〈'22.5.31.〉

☞ '22.5.9. 기획재정부가 보도자료를 통하여 소령§154⑤단서내용을 삭제한다고 발표하였고 '22.5.31. 소령§154⑤단서내용이 개정되었음. 따라서 '22.5.10. 이후 양도분부터는 보유기간 및 거주기간을 재 기산할 필요없이 당초 취득일부터 기산함

① 소법§89①3호가목에서 "대통령령으로 정하는 요건"이란 1세대가 양도일 현재 국내에 1주택을 보유하고 있는 경우로서 해당 주택의 보유기간이 2년(⑧2호에 해당하는 거주자의 주택인 경우는 3년) 이상인 것[취득 당시에 「주택법§63의2①1호에 따른 조정대상지역(이하 "조정대상지역"이라 함)에 있는 주택의 경우에는 해당 주택의 보유기간이 2년(⑧2호에 해당하는 거주자의 주택인 경우에는 3년) 이상이고 그 보유기간 중 거주기간이 2년 이상인 것을 말한다. 다만, (이하 생략)

📑 관련 판례 · 해석 등 참고사항

☞ 구. 소령§155⑤에 따라 주택을 '21.1.1.~'22.5.9.까지 양도한 경우에는 저자의 '24년 도서 제1편 21~53쪽 또는 '23년 도서 제1편 21~58쪽에서 상세하게 설명하고 있으니 참고하시기 바람

🏠 심화정리

⊙ 비거주자에 대한 1세대 1주택 비과세 적용 여부

- 주택의 소유자가 국내에 주소가 없거나 1년 이상 거소를 두지 않아 소법§1의2①2호의 비거주자에 해당하는 경우 1세대 1주택 비과세를 적용받을 수 없는 것임

(부동산거래관리과−26, '10.02.08.)

> **참고** 거주자가 해외이주로 세대 전원이 출국함으로서 비거주자가 되는 경우 출국일로부터 2년 이내 양도 시 비과세 적용

⊙ 법인 아닌 단체의 1세대 1주택 비과세 적용 여부

- 법인으로 보는 단체에 해당하지 아니하는 사단으로 소득세법상 거주자에 해당하는 단체(교회)는 1세대 1주택 양도에 대한 양도세 비과세 규정을 적용하지 아니함

  * 1세대 1주택 비과세는 "자연인"에 한하여 적용됨(∵국기법§13④ 소정의 법인으로 보는 단체에 해당하지 아니하는 사단·재산 기타 단체는 소득세법상 거주자에는 해당하나 "1세대"를 구성하지 못하므로 양도세 비과세 규정을 적용하기 어려움)

(조심2010전0930, '10.06.09.)

쟁점 가장이혼한 배우자의 동일 세대 여부

양도소득세 비과세요건인 1세대 1주택에서 1세대를 구성하는 배우자는 법률상
배우자만을 의미하며 양도소득세 회피할 목적으로 이혼하였다거나 이혼 후에도
사실상 혼인관계를 유지하였다는 사정만으로 그 이혼을 무효로 볼 수 없음

(대법원2016두35083. '17.09.07. 국패)

가장이혼도 이혼이야!!!
(조세법률주의)

그건 이혼 아냐!!!
(실질과세)

(대법원)   (국세청, 서울고등법원)

☞ 가장이혼의 경우 국세청은 동일 세대로 보고 있으나 대법원은 위 판결과 같이 달리
판단하여, '18.12.31. 소득세법 개정하여 보완함

"세대"란 거주자 및 그 배우자가 그들과 같은 주소 · 거소에서 생계를 같이 하는 가족과 함께 구성하는 단위

● 배우자가 있을 것

- 법률상 배우자를 의미
- 중혼(重婚)적 사실혼 ☞ 법률상 배우자의 세대에 속함
- 가장(假裝)이혼 ☞ 종전에는 견해 대립
  - 국세청 : 세대 인정, 대법원 : 세대 부정 ☞ '18.12.31. 소법 개정으로 명문화
- 일반 사실혼
  - (과거) 생계를 같이하는 경우에도 포함 ⇒ 해석 변경으로 포함되지 않음

📜 관련 판례 · 해석 등 참고사항

▶ **기획재정부 재산세제과-529, '21.05.31.**

- 소법§88 제6호에 따른 1세대의 범위에서 '배우자'란 법률상 배우자와 가장이혼 관계에 있는 사람을 의미하는 것임
- ☞ 과거 법적으로는 미혼인 자들끼리 사실혼 관계로서 자녀까지 출생하여 함께 생활하는 경우에 동일세대로 인정했던 재일46014-854, '95.04.06. 해석 삭제

⊙ 정의(소법 § 88)

이장에서 사용하는 용어의 정의는 다음과 같다.
〈개정 '23.12.31.〉

6. "1세대"란 거주자 및 그 배우자(법률상 이혼을 하였으나 생계를 같이 하는 등 사실상 이혼한 것으로 보기 어려운 관계에 있는 사람을 포함한다. 이하 이 호에서 같다)가 그들과 같은 주소 또는 거소에서 생계를 같이 하는 자[거주자 및 그 배우자의 직계존비속(그 배우자를 포함한다) 및 형제자매를 말하며, 취학, 질병의 요양, 근무상 또는 사업상의 형편으로 본래의 주소 또는 거소에서 일시 퇴거한 사람을 포함한다]와 함께 구성하는 가족단위를 말한다.
다만, 대통령령으로 정하는 경우에는 배우자가 없어도 1세대로 본다.

7. "주택"이란 허가 여부나 공부(公簿)상의 용도구분에 관계없이 세대의 구성원이 독립된 주거생활을 할 수 있는 구조로서 대통령령으로 정하는 구조를 갖추어 사실상 주거용으로 사용하는 건물을 말한다. 이 경우 그 용도가 분명하지 아니하면 공부상의 용도에 따른다.

> **참고** 생계를 같이하는 동거가족 : 반드시 주민등록상 세대를 같이함을 요하지는 않으나, 일상생활에서 유무상통(有無相通)하여 동일한 생활자금으로 생활하는 것(대법원 1989.5.23.선고 88누3826)

"세대"의 범위

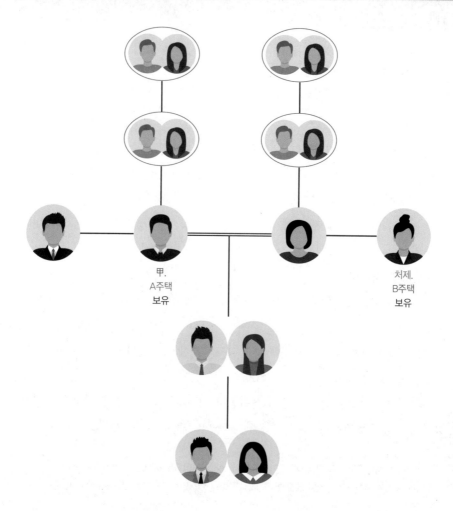

甲.
A주택
보유

처제.
B주택
보유

Q1 거주자 甲이 A주택 양도 시 비과세 적용 여부?

A1 처제는 甲과 같은 주소에서 생계를 같이하는 배우자의 형제자매(동일세대)이므로 1세대 2주택으로
비과세 적용 불가

Q2 처제가 B주택 양도 시 비과세 적용 여부?

A2 처제 입장에서는 형부(甲)가 형제자매의 배우자이므로 동일세대가 아니므로 1세대 1주택으로 비과세
적용 가능

조카 입장에서는 삼촌(甲)이 직계존비속이 아니므로 동일세대가 아니어서 1세대 1주택으로 비과세 적용됨

중요 상 난이 중

적용사례(사전-2020-법령해석재산-0641, '20.12.17.)

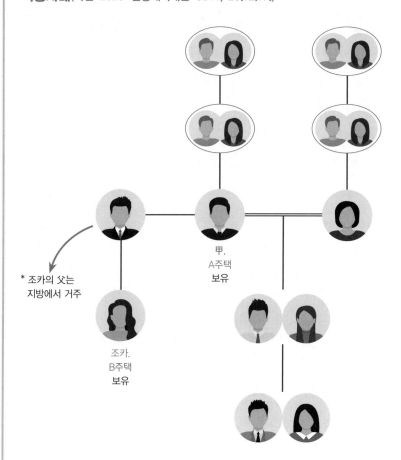

* 조카의 父는 지방에서 거주

甲.
A주택
보유

조카.
B주택
보유

Q1 거주자 甲이 A주택 양도 시 비과세 적용 여부?

A1 조카는 甲과 같은 주소에서 생계를 같이하고 있으나 거주자 및 배우자의 직계존비속이 아니므로 동일세대가 아니어서 1세대 1주택으로 비과세 적용됨

Q2 조카가 B주택 양도 시 비과세 적용 여부?

A2 조카 입장에서는 삼촌(甲)이 직계존비속이 아니므로 동일세대가 아니어서 1세대 1주택으로 비과세 적용됨

신청인과 계부가 같은 주소지에서 생계를 같이하는 경우, 계부는 직계존속(생모)의 배우자에
해당하므로 같은 1세대에 해당함

중요
중

난이
중

적용사례(사전-2019-법령해석재산-0689, '19.12.30.)

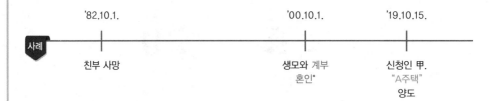

'82.10.1.	'00.10.1.	'19.10.15.
친부 사망	생모와 계부 혼인*	신청인 甲. "A주택" 양도

* 신청인에 대한 양자 또는 친양자의 신고·청구는 없으나, 계부는 별도의 1주택 보유 중

Q1 신청인과 계부가 같은 주소지에서 생계를 같이하는 경우 본인과 계부가 소법§88 제6호에 따른 1세대에
해당하는지 여부?

A1 계부는 직계존속(생모)의 배우자에 해당하므로 같은 1세대에 해당함
　☞ "1세대"란 같은 주소에서 생계를 같이 하는 거주자[거주자 및 그 배우자의 **직계존비속**(그 배우자 포함)
　　및 **형제자매**임]

📖 **관련 판례·해석 등 참고사항**

▸ **소법§88[정의]**

　6. "1세대"란 거주자 및 그 배우자(법률상 이혼을 하였으나 생계를 같이 하는 등 사실상 이혼한 것으로 보기 어려운
　　관계에 있는 사람을 포함한다. 이하 이 호에서 같다)가 그들과 같은 주소 또는 거소에서 생계를 같이 하는
　　자[거주자 및 그 배우자의 직계존비속(그 배우자를 포함한다) 및 형제자매를 말하며, 취학, 질병의 요양,
　　근무상 또는 사업상의 형편으로 본래의 주소 또는 거소에서 일시 퇴거한 사람을 포함한다]와 함께
　　구성하는 가족단위를 말한다. 다만, 대통령령으로 정하는 경우에는 배우자가 없어도 1세대로 본다.

가 | 세대의 개념

"세대"란 거주자 및 그 배우자가 그들과 같은 주소 · 거소에서 생계를 같이 하는 가족과 함께 구성하는 단위

▶ 배우자가 없어도 **세대를 인정하는 경우** "or"

- 30세 이상인 경우
- 배우자가 사망하거나 이혼한 경우
- 12개월간 경상적 · 반복적 소득[1]이 기준 중위소득을 12개월로 환산한 금액의 40/100 이상 소득자로서 소유하고 있는 주택 등을 관리 · 유지하면서 독립된 생계를 유지할 수 있는 경우

  1) 사업소득, 근로소득, 기타소득(저작권 수입, 강연료 등 인적용역의 대가만 포함) 등

  ☞ 원칙 : 미성년자는 제외

  　예외 : 세대 구성이 불가피한 경우

> **참고** 배우자가 없어도 세대 인정된다는 의미는 독자적으로 세대를 구성할 경우 적용되고, 가족과 생계를 함께 하는 경우 그 가족의 세대에 속함

▶ 생계를 같이하는 가족의 범위

- 거주자 및 그 배우자의 직계존비속(그 배우자 포함)
- 거주자 및 그 배우자의 형제자매

▶ 생계를 같이한다는 것은 반드시 주민등록상 세대를 같이함을 필요로 하지는 않음

▶ 가족은 민법상 가족의 범위와 다르며, 배우자와 달리 "생계를 같이해야"하므로 양자(養子)의 경우 생부모와 양부모 중 생계를 함께 하는 부모의 세대에 속함

> **참고** 편면적 가족관계 : 어느 일방의 입장에서만 가족에 해당되는 관계
> 　☞ 배우자의 형제자매(세대O), 형제자매의 배우자(세대X)

법령요약

⊙ 1세대의 범위(소령 § 152의3)

법§88 제6호 단서에서 "대통령령으로 정하는 경우"란 다음 각 호의 어느 하나에 해당하는 경우를 말한다. 〈개정 '24.2.29.〉

1. 해당 거주자의 나이가 30세 이상인 경우
2. 배우자가 사망하거나 이혼한 경우
3. 법§4에 따른 소득 중 기획재정부령으로 정하는 소득이 「국민기초생활 보장법」 §2 제11호에 따른 기준 중위소득*을 12개월로 환산한 금액의 100분의 40 수준 이상으로서 소유하고 있는 주택 또는 토지를 관리·유지하면서 독립된 생계를 유지할 수 있는 경우. 다만, 미성년자의 경우를 제외하되, 미성년자의 결혼, 가족의 사망 그 밖에 기획재정부령이 정하는 사유로 1세대의 구성이 불가피한 경우에는 그러하지 아니하다.

> **참고** 기준 중위소득 : 보건복지부장관이 급여 기준 등에 활용하기 위해 중앙생활보장위원회 심의·의결을 거쳐 고시하는 국민 가구소득의 중위값

> **참고** 중위소득 : 전 국민을 100이라고 가정할 때, 소득규모가 50번째에 해당하는 사람의 소득
> ⇒ '24년 기준) 1인 : 2,228,445원, 2인 : 3,682,609원
> * 40% 수준) 1인 891,378원, 2인 1,473,043원

동일세대(소법§88 6호)   별거상태 부(父)

사실상 이혼 상태로 **10년 전부터** 별거 생활을 하고 있는 배우자 및 그 배우자의 자녀는
동일한 주소 또는 거소에서 생계를 같이하는 자가 아니므로 동일세대가 아님

중요 | 난이
중 | 상

적용사례(집행기준 89-154-9)

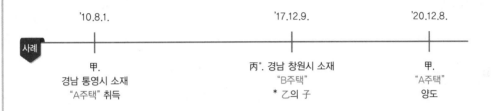

'10.8.1.   '17.12.9.   '20.12.8.

사례

甲.   丙*. 경남 창원시 소재   甲.
경남 통영시 소재   "B주택"   "A주택"
"A주택" 취득   * 乙의 子   양도

* 甲과 乙은 사실상 이혼 상태로 10년 전부터 별거 생활 상태

Q1 A주택 비과세 적용 여부?

A1 甲입장에서 丙은 동일세대원이 아니므로 1주택 보유자로 비과세 적용 가능

📝 관련 판례 · 해석 등 참고사항

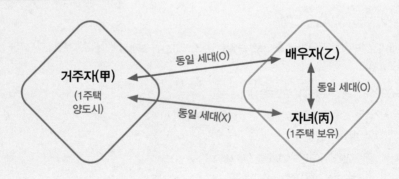

거주자(甲)
(1주택
양도시)

─ 동일 세대(O) → 배우자(乙)

─ 동일 세대(X) → 자녀(丙)
(1주택 보유)

배우자(乙) ↕ 동일 세대(O) 자녀(丙)

☞ 동일세대원 여부는 양도자 기준으로 동일한 주소 또는 거소에서 생계를 같이 하는 자에 해당 여부로 판단

동일세대(소법§88 6호)	비생계 장모

동일세대원 여부는 양도자 기준으로 동일한 주소 또는 거소에서 생계를 같이 하는 지 여부로 판정하는 바, 동일한 주소 또는 거소에서 생계를 같이하고 있지 않는 장모는 동일세대원이 아님

중요 상 | 난이 상

적용사례

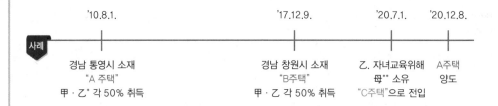

'10.8.1.
경남 통영시 소재
"A 주택"
甲 · 乙* 각 50% 취득

'17.12.9.
경남 창원시 소재
"B주택"
甲 · 乙 각 50% 취득

'20.7.1.
乙. 자녀교육위해
母** 소유
"C주택"으로 전입

'20.12.8.
A주택
양도

* 甲 · 乙 : 부부관계

** 母 : 60세 미만으로 다른 세대원 없고 C주택만 보유

Q1 A주택을 양도 시 비과세 적용 여부?

A1 甲입장에서 장모는 동일세대원이 아니므로 일시적 2주택 비과세 적용 가능하나, 乙입장에서는 甲과 母 모두 동일세대원이므로 1세대 3주택으로 비과세 적용 불가

📑 관련 판례 · 해석 등 참고사항

☞ **동일세대원 여부는 양도자 기준으로 동일한 주소 또는 거소에서 생계를 같이 하는 자에 해당 여부로 판단**

▶ 서면-2021-부동산-2534, '22.08.30.

　– 딸과 동거하는 경우로서 별거 중인 사위와 동일세대인지 여부는 생계를 같이하고 있는지 여부에 따라 사실판단할 사항임

▶ 창원지방법원-2022-구단-10406, '22.06.15.

　– 거주자의 연령이 30세 이상이거나 일정 소득이 있는 경우에는 독자적으로 생계를 유지할 수 있다고 보아 그들이 별도로 독립세대를 이룬 때에 한하여 배우자가 없는 때에도 1세대로 인정함

심화정리

주민등록상 배우자의 세대를 분리한 경우

- 1세대 1주택 비과세 규정을 적용하는 경우 부부가 주민등록상 각각 세대를 달리 구성하는 경우에도 동일한 세대로 봄

(소득세법 기본통칙 88-0...4②)

실제 생계를 같이하는 가족이 주민등록상은 별도 세대인 경우

- 주민등록상 동일 세대원으로 등재되어 있지 아니한 경우에도 사실상 생계를 같이하는 가족에 해당하는 경우에는 동일 세대원으로 보는 것으로 이에 해당 여부는 사실 판단할 사항임

(서면4팀-1998, '06.06.27.)

나 | 주택의 개념 및 1주택 판단

구 분	내 용
주택의 개 념	▶ 세대 구성원이 장기간 독립된 주거생활을 할 수 있는 구조¹⁾로 된 건물 전부 또는 일부와 부속토지 1) 출입구, 취사시설, 욕실이 각 세대별 별도 설치 ☞ 상시 주거용으로 사용하는 건물

주택의
판 단
	▶ 공부상 기재된 용도에 관계없이 사실상 용도에 따르되, 용도가 불분명한 경우에는 공부상
	용도에 따름
	
	▶ 단독주택 · 연립주택 · 다세대주택 · 다가구주택 · 아파트 등 형태와 관계 없이 주거용 건물
	모두를 포함
	
	▶ 주택 여부의 판단 사례
	  • 오피스텔 : 주거용으로 사용된 오피스텔은 주택으로 판단
	  • 공가(폐가) : 건축법상 건축물로 볼 수 없는 경우 주택 제외
	    ☞ 언제든지 수리만 한다면 주택으로 사용 가능 시 주택 포함
	  • 무허가주택 : 주택에 포함
	    ☞ 양성화대상인 경우, 등기하지 않고 양도 시 미등기 양도(비과세 배제)
	  • 기숙사 : 공장 등에 부수된 기숙사는 주택에서 제외
	    ☞ 아파트 등을 종업원 숙소로 이용시 주택에 포함
	  • 별장 : 상시 주거용으로 사용시에는 주택에 포함하지만, 상시 주거용으로 사용하지 않을
	      경우 주택에서 제외
	  • 어린이집 : 별도의 사업용 건물은 주택에서 제외하나, 아파트 등을 어린이집으로 사용시
	        주택 포함
	  • 관리처분계획 등 인가일 이후 "거주"하는 미 철거 주택
	    – 주택으로 보아 보유기간 등 합산(1세대 1주택인 경우)
	  • 농막 등 : 상시 주거용이 아닌 농막 등 관리사는 주택에 해당하지 않으나, 상시 주거용으로
	    이용하는 경우 주택 해당

판 정 기준일	▶ "양도일 현재"를 기준으로 판단

판례 등 불복사례

쟁점 **주택의 의미**

- '주택'에 해당하는지 여부는 일시적으로 주거가 아닌 다른 용도로 사용되고 있다고 하더라도 본래 주거용으로서 그 구조·기능이나 시설 등은 침실, 주방 및 식당, 화장실 겸 욕실 등으로 이루어져 독립된 주거에 적합한 상태에 있고
- 주거기능이 그대로 유지·관리되고 있어 언제든지 본인이나 제3자가 용도나 구조 변경없이 주택으로 사용할 수 있는지에 따라 판단해야 함

  * 가정보육시설인 놀이방으로 사용되고 있는 아파트

  (대법원2004두14960, '05.04.28. 국승)

참고 주택으로 보기 위한 최소한의 독립 요건
  ① 침실 ② 주방 ③ 화장실
  ⇒ 언제든지 누구든지 주택으로 사용 가능

🖹 관련 판례·해석 등 참고사항

▶ **정의(소법§88)** 이 장에서 사용하는 용어의 뜻은 다음과 같다.

  7. "주택"이란 허가 여부나 공부상의 용도구분과 관계없이 세대의 구성원이 독립된 주거생활을 할 수 있는 구조로서 대통령령으로 정하는 구조를 갖추어 사실상 주거용으로 사용하는 건물을 말한다. 이 경우 그 용도가 분명하지 아니하면 공부상의 용도에 따른다.

▶ **주택의 범위(소령§154의4)**

  − 법 §88 7호 전단에서 "대통령령으로 정하는 구조"란 세대별로 구분된 각각의 공간마다 별도의 출입문, 화장실, 취사시설이 설치되어 있는 구조를 말한다.

주택의 해당 여부(소법§88 7호)　　　　　사무실 사용, 재산세 건축물

쟁점 오피스텔의 임차인이 사무실로 임차하여 사용하고 있다고 진술하고 도시가스 사용 내역도 없으며 재산세도 주택이 아닌 건축물로 과세되고 있는 점 등에 비추어 주택으로 보기 어려움

중요	난이
중	상

적용사례(조심-2016-중-1313, '16.07.18.,국패)

'01.1.1.　　　　　　　　　　　'13.6.5.　　　　　　　'15.6.2.

사례

甲.
"A주택"
취득

甲. "B오피스텔,
C오피스텔"
취득

甲.
"A주택*"
양도

* 9억원 이하 비과세 신고

Q1 "A주택"의 비과세 적용 여부?(B · C오피스텔의 주택 해당 여부)

A1 · B오피스텔에 대한 임대내역이 없고, 甲은 A주택에 주소를 두고 있어 B오피스텔을 의류 등을 보관하거나 사무실로 사용한 것으로 보이고,

· C오피스텔의 임차인이 사무실로 임차하여 사용하고 있다고 답변하였고, 도시가스 사용내역이 없어 진술에 신빙성이 있다고 볼 수 있는 점, C오피스텔은 업무시설이고 재산세도 주택이 아닌 건축물로 과세되고 있는 점 등에 비추어 주택으로 보기 어려워 양도세를 과세한 처분이 잘못이 있음

참고 청구인은 C오피스텔 하나가 주택이라고 하더라도 일시적 2주택 비과세 특례에 해당한다고 주장

🖋 관련 판례 · 해석 등 참고사항

▶ **부동산거래관리과-1494, '10.12.21.**
  - 1세대 1주택 비과세 여부를 판정함에 있어 주택과 그 부수토지를 동일세대원이 아닌 자가 각각 소유하고 있는 경우 해당 주택의 소유자는 건물소유자를 기준으로 판단하는 것으로서, 그 부수토지의 소유자는 주택을 소유한 것으로 보지 아니하는 것임

▶ **서면5팀-918, '07.03.21.**
  - 1세대 1주택을 판정함에 있어 주택과 그 부수토지를 동일세대원이 아닌 자가 각각 소유하고 있는 경우 그 부수토지의 소유자는 주택을 소유한 것으로 보지 아니하는 것임

주택이란 실제 용도가 사실상 주거에 제공되는 지 여부로 판단하여야 하고, 일시적으로 다른 용도로 사용하고 있다고 하더라도 그 구조 · 기능이나 시설 등이 본래 주거용이고 주거용에 적합한 상태에 있으며 주거기능이 그대로 유지관리되고 있어 언제든지 주택으로 사용할 수 있는 건물임

중요
중   난이
상

적용사례(조심–2015–서–3528, ″16.05.02., 대법원–2018–두–41051, '18.07.12. 국승)

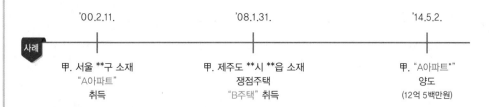

'00.2.11.

甲. 서울 **구 소재
"A아파트"
취득

'08.1.31.

甲. 제주도 **시 **읍 소재
쟁점주택
"B주택" 취득

'14.5.2.

甲. "A아파트*"
양도
(12억 5백만원)

* 9억원 이하 비과세 신고

Q1 "A아파트"의 비과세 적용 여부?(B주택의 주택 해당 여부)

A1 • 소법상 주택이란 실제 용도가 사실상 주거에 제공되는 건물인가에 의해 판단하여야 하고, 일시적으로 주거가 아닌 다른 용도로 사용하고 있다고 하더라도 그 구조 · 기능이나 시설 등이 본래 주거용이고 주거용에 적합한 상태에 있으며 주거기능이 그대로 유지관리되고 있어 언제든지 본인이나 제3자가 주택으로 사용할 수 있는 건물은 주택으로 보아야 할 것이고

• 1세대 1주택 비과세 취지는 국민의 주거생활의 안정과 거주이전의 자유를 보장하여 주려는데 있고, 소법§104의3①6호에서 주거용 건축물로서 상시주거용으로 사용하지 않고 휴양, 피서, 위락 등의 용도로 사용하는 건축물을 별장으로 규정하고 있으므로 별장에 해당한다는 사유만으로 비과세 판단 시 주택에 해당하지 않는다고 할 수는 없는 점 등으로 보아 주택으로 보아 과세한 처분 잘못 없음

📑 관련 판례 · 해석 등 참고사항

재산세가 주택으로 부과되고 공장 등에 부속되어 직원 다수가 이용하는 전형적인 기숙사가
아니라 법인에서 임차하여 직원 1인이 주거용으로 사용한 것으로 보아 주택에 해당되어
1세대 2주택으로 보아 비과세가 적용되지 않음

중요 중 · 난이 중

적용사례

'15.7.1.   '17.3.1.   '21.3.1.

사례

甲. 서울 성동구 소재   甲. 경기 안양 소재   甲.
"A아파트"   "B겸용주택*"   "B겸용주택*"
취득   취득   양도

* 공부상 근린생활시설로 되어 있고 1~3층까지는 근린생활시설, 4층은 주택분 재산세를 납부하고 A법인 직원 1인이
기숙사로 이용하고 있는 상태임

Q1 B겸용주택의 양도 시 비과세 적용 여부?(B겸용주택의 주택 해당 여부)

A1 재산세가 주택으로 부과되고 공장 등에 부속되어 직원 다수가 이용하는 전형적인 기숙사가 아니라
법인에서 임차하여 직원 1인이 주거용으로 사용한 것으로 보아 주택에 해당되어 1세대 2주택으로 보아
비과세가 적용되지 않음

📑 관련 판례 · 해석 등 참고사항

판례 등 불복사례

쟁점 **별장**이 주택에 해당하는지 여부

① 쟁점주택은 주거용 건축물의 전형적인 형태 중 하나인 연립주택의 1세대로서 원래 상시 주거용으로 건축되어 언제든지 상시 주거용으로 사용될 수 있는 상태이고, 실제 이웃 세대들 다수가 상시 주거용으로 사용하고 있는 점,

② 원고와 김**이 쟁점주택을 상시 주거용이 아닌 휴양 등 용도로 사용함에 있어 별다른 개조를 한 바 없고 휴양 등을 위한 특별한 시설을 설치한 바도 없으며, 위와 같이 쟁점주택을 타에 임대함에 있어서도 달리 어떠한 개조를 할 필요가 없었던 것으로 보이는 점,

③ 쟁점주택이 별장으로 취급되어 재산세 등이 과세된 바도 없는 점 등을 종합하면, 주택에 해당하지 않는 것으로 보는 비과세 관행이 존재한다고 할 수 없다.

(서울고등법원2017누86271, '18.03.27. 국승)

참고 소법§104의3①6호에서 주거용 건축물로서 상시주거용으로 사용하지 않고 휴양, 피서, 위락 등의 용도로 사용하는 건축물을 별장으로 규정하고 있으므로 별장에 해당한다는 사유만으로 비과세 판단 시 주택에 해당하지 않는다고 할 수는 없음

🏠 심화정리

● 1세대 1주택 판정함에 있어 별장의 주택 수 포함 여부

- 1세대 1주택 비과세 규정을 적용함에 있어 상시 주거용으로 사용하지 아니하는 별장은 주택에 포함하지 않는 것으로서, 해당 건물이 별장에 해당하는지는 건물의 이용상황 등을 확인하여 판단할 사항임

(부동산거래관리과-1335, '10.11.09.)

● 1세대 1주택 관련 별장으로 볼 것인지 주택으로 볼 것인지

- 본인 소유 아파트를 양도 시 1세대 1주택인지를 판단하면서 보유하던 건물이 주택으로 볼 수도 있고 별장으로 볼 수도 있는 상황이라면 상시 주거용인지 여부를 중심으로 판단해야 함

(대법원2008두4459, '08.05.29.)

● 1세대 1주택 판정 시 별장을 주택으로 보는 지 여부

- 소령§154의 규정에 의한 1세대 1주택을 적용함에 있어서 상시 주거용으로 사용하지 아니하는 별장은 주택에 포함하지 아니하는 것임

(서면4팀-29, '06.01.06.)

● 별장이 1세대 1주택 비과세 규정이 적용되는 주택의 범위에 포함되는 지 여부

- 소법§89①3호에 의한 1세대 1주택 비과세 규정을 적용함에 있어 주택에는 상시주거용이 아닌 별장은 포함되지 않는 것임

(재일46014-1101, '00.09.08.)

🏠 심화정리

◎ 주택의 의미

- 주택에 해당하는지 여부는 일시적으로 주거가 아닌 다른 용도로 사용되고 있다고
  하더라도 그 구조·기능이나 시설 등이 본래 주거용으로 주거용에 적합한 상태에 있고
  주거기능이 그대로 유지·관리되고 있어 언제든지 본인이나 제3자가 주택으로 사용할
  수 있는지에 따라 판단해야 함

  (대법원2004두14960, '05.04.28.)

◎ 별장의 판단

- 상시 주거용으로 사용하지 않고 휴양, 피서, 위락 등 용도로 사용하였다는 점만으로
  주택에 해당하지 않는다고 단정적으로 판정한 것이 아니라, 당초 건축 목적, 건축물의
  위치와 구조, 주말 휴양 등의 별장 용도에 특유한 시설 등의 존재 여부, 취득세나 재산세
  등이 별장으로 중과되었는지 여부 등을 종합하여 선별적으로 판단해야 함

  (서울고등법원2017누86271, '18.03.27.)

> **참고**
>
> 판단 시 참고사항
> 1. 사업자등록(생활형 숙박시설) 여부
> 2. 단기·장기 임대 여부
> 3. 재산세(주택 등) 부과 현황
> 4. 개별주택가격 등 공시현황
> 5. 가족 상황, 전입 신고 여부 등

'주택'이라 함은 사실상 주거용으로 사용하는 건물을 말하며, 그 구조ㆍ기능이나 시설 등이 본래 주거용으로서 주거용에 적합한 상태에 있고 주거기능이 그대로 유지ㆍ관리되고 있어 언제든지 본인이나 제3자가 주택으로 사용할 수 있는 건물의 경우에는 이를 주택으로 보는 것임

중요 중   난이 상

적용사례(재산세과-1481, '09.07.20.)

* 당해 비거주자는 미국 시민권자로 국내에 아파트 두 채(신반포아파트, 로얄팰리스스위트) 보유 중으로, 쟁점부동산인 로얄팰리스스위트는 공부상 아파트이며 서비스드 레지던스로 썸머스팰리스에서 수탁하여 운영하고 있으며, 썸머팰리스에서는 쟁점부동산을 호텔 형식으로 주로 외국인의 숙식을 위해 제공하고 매월 일정수익을 위탁자에 지급함

Q1 서비스드 레지던스용 건물을 분양받아 위탁임대하는 경우 A아파트 양도 시 양도자의 주택 수를 계산할 때 B아파트의 포함 여부?

A1 '주택'이라 함은 공부상 용도 구분에 관계없이 사실상 주거용으로 사용하는 건물을 말하며, 그 구조ㆍ기능이나 시설 등이 본래 주거용으로서 주거용에 적합한 상태에 있고 주거기능이 그대로 유지ㆍ관리되고 있어 언제든지 본인이나 제3자가 주택으로 사용할 수 있는 건물의 경우에는 이를 주택으로 보는 것임

➡ 다음 쪽에서 "보충" 설명

📜 관련 판례ㆍ해석 등 참고사항

🏠 심화정리

▶ Serviced Residence용(생활형 숙박시설) 건물의 "주택" 해당 여부

- 공부상 주택이라고 하나 수탁관리회사가 장ㆍ단기 투숙객을 유치하여 룸서비스,
  모닝콜서비스 등의 호텔식 서비스를 제공하는 서비스드 레지던스업으로 운영하고 있는
  점 등을 감안할 때, 일반적인 개념의 주택으로 보기 보다는 숙박업(서비스드 레지던스)
  관련 영업시설로 보여짐

  (국심2007서3770, '08.01.28.)

  ☞ 개별적인 사안으로 보는 것이 타당해 보임

※ 위 국심에서 영업시설로 결정한 근거 중 하나로 아래와 같이 열거함
  – 서비스드 레지던스업이 숙박업에 해당하는지 주택임대업에 해당하는지에 관한
    명확한 기준이 없어 감사원이 과세기준을 명확하게 정하여 처리하도록
    통보('07.4.23.)함에 따라 2007년 제5차 국세청 법령해석심의위원회에서 서비스드
    레지던스업을 숙박업으로 보아 부가세법을 적용하되, 지금까지 면세로 신고한
    사업자에 대하여는 소급적용하지 아니한다고 결정함에 따라 서비스드 레지던스업에
    대한 부가세 과세기준을 마련하여 시달

> **참고**
> 서비스드 레지던스(Serviced Residence) : 호텔식 서비스가 제공되는 오피스텔 개념의 주거용 시설. 객실 안에
> 거실과 세탁실, 주방 등의 편의시설을 갖추고 이용객들로 하여금 '호텔 같은 집'처럼 쉴 수 있는 환경을 제공. 호텔식
> 수준의 서비스에 각종 편의시설과 사우나ㆍ피트니스센터ㆍ수영장 등의 부대시설을 제공하면서도 객실 이용료는
> 호텔에 비해 저렴한 수준

  ☞ 위와 같이 국세청 법령해석심의위원회에서 숙박업으로 보아 부가세 과세로
    결정하였다고 하더라도 아파트 1층의 가정어린이집으로 사용한 공동주택을 주택으로
    보는 것과 동일한 관점으로 본다면, 언제든지 본인이나 제3자가 용도나 구조 변경 없이
    주택으로 사용할 수 있으므로 주택으로 판정한 것이 타당할 것으로 보임

🏠 심화정리

▶ 미등기 건물의 1세대 1주택 비과세 여부(소득세법 기본통칙 91-0…1)

• 소령§154①의 1세대 1주택 비과세 요건을 충족하였을 경우에도 미등기 상태로 양도한
경우에는 양도소득에 대한 소득세가 과세되며, 이 경우 소령§168에 규정하는 미등기
양도제외자산에 해당하는 무허가건물 등은 1세대 1주택으로 봄

▶ 무허가 주택

• 건축물을 건축하거나 대수선하려는 자는 시장 · 군수 · 구청장 등의 허가를 받은 후
착공하고 준공 후에 해당 건축물의 사용에 대한 승인을 받고 건축물대장과 소유권
보존등기를 함

• 그러나 대지의 소유권 없이 국 · 공유지나 사유지를 무단 점유하여 주택을 짓고
사는 경우에는 건축물대장이 없어 소유권 보존등기도 할 수 없는 주택을 무허가
주택이라고 함

◉ 건축허가(건축법 § 11)

① 건축물을 건축하거나 대수선하려는 자는 특별자치시장·특별자치도지사 또는 시장·군수·구청장의 허가를 받아야 한다. 다만, 21층 이상의 건축물 등 대통령령으로 정하는 용도 및 규모의 건축물을 특별시나 광역시에 건축하려면 특별시장이나 광역시장의 허가를 받아야 한다. 〈개정 2014. 1. 14.〉

② 시장·군수는 제1항에 따라 다음 각 호의 어느 하나에 해당하는 건축물의 건축을 허가하려면 미리 건축계획서와 국토교통부령으로 정하는 건축물의 용도, 규모 및 형태가 표시된 기본설계도서를 첨부하여 도지사의 승인을 받아야 한다.

  1. 제1항 단서에 해당하는 건축물. 다만, 도시환경, 광역교통 등을 고려하여 해당 도의 조례로 정하는 건축물은 제외한다.

  2. 자연환경이나 수질을 보호하기 위하여 도지사가 지정·공고한 구역에 건축하는 3층 이상 또는 연면적의 합계가 1천제곱미터 이상인 건축물로서 위락시설과 숙박 시설 등 대통령령으로 정하는 용도에 해당하는 건축물

  3. 주거환경이나 교육환경 등 주변 환경을 보호하기 위하여 필요하다고 인정하여 도지사가 지정·공고한 구역에 건축하는 위락시설 및 숙박시설에 해당하는 건축물

❯ 건축물대장(건축법§38)

① 특별자치시장·특별자치도지사 또는 시장·군수·구청장은 건축물의 소유·이용 및 유지·관리 상태를 확인하거나 건축정책의 기초 자료로 활용하기 위하여 다음 각 호의 어느 하나에 해당하면 건축물대장에 건축물과 그 대지의 현황 및 국토교통부령으로 정하는 건축물의 구조내력(構造耐力)에 관한 정보를 적어서 보관하고 이를 지속적으로 정비하여야 한다. 〈개정 2012. 1. 17., 2014. 1. 14., 2015. 1. 6., 2017. 10. 24.〉

  1. 제22조제2항에 따라 사용승인서를 내 준 경우

  2. 제11조에 따른 건축허가 대상 건축물(제14조에 따른 신고 대상 건축물을 포함한다) 외의 건축물의 공사를 끝낸 후 기재를 요청한 경우

  3. 삭제 〈2019. 4. 30.〉

  4. 그 밖에 대통령령으로 정하는 경우

  ② ~ ③ (이하 생략)

⊙ **특정건축물 정리에 관한 특별조치법**

- 제정이유(법률 제11930호)

  - 급격한 산업화 · 도시화 과정에서 발생한 특정건축물(위법건축물)은 합법적인
    증축 · 개축 · 대수선 등이 불가하여 천막 · 판넬 등으로 임시 보수한 경우가
    많아 구조안전성이 열악하고 화재 등의 재난에 취약하며 도시 미관을 저해할
    뿐만 아니라 세금 부과대상에서 누락될 수 있으며, 대부분 저소득층인
    거주민의 재산권 행사에도 제약이 따르는 등의 문제가 있는바,

  - 일정한 기준을 만족하는 특정건축물을 합법적으로 사용승인 받을 수 있는
    기회를 한시적으로 부여하여 주민의 안전을 보장하고 재난을 방지하며
    도시미관을 개선하고 국민의 재산권을 보호하려는 것임.

- ☞ 건축행정의 관리범위 밖에 있던 위법 건축물에 대하여 사용승인 및 건축물
    대장 등재 등의 절차를 통해 양성화 함으로써 제도적으로 관리할 수 있게
    하려는 취지

  (특정건축물 정리에 관한 특별조치법안 심사보고서, 2013. 6. 국토교통위원회)

> **참고** 특정건축물 : 큰 틀에서 위법건축물로 이해하면 됨

법령요약

⊙ 정의(특정건축물 정리에 관한 특별조치법 § 2)

① 이 법에서 사용하는 용어의 뜻은 다음과 같다.

  1. "특정건축물"이란 다음 각 목의 어느 하나에 해당하는 건축물을 말한다.

    가.「건축법」제11조 또는 제14조에 따라 건축허가를 받거나 건축신고를 하여야 하는 건축물을 건축허가를 받지 아니하거나 건축신고를 하지 아니하고 건축하거나 대수선한 건축물

    나.「건축법」제11조 또는 제14조에 따라 건축허가를 받거나 건축신고를 하고 건축하거나 대수선한 건축물로서 같은 법 제22조에 따른 사용승인을 받지 못한 건축물

  2. "주거용 특정건축물"이란 특정건축물 중 해당 건축물의 연면적의 100분의 50 이상이 주거용인 건축물을 말한다.

⊙ 적용범위(특정건축물 정리에 관한 특별조치법 § 3)

① 이 법은 2012.12.31. 당시 사실상 완공된 주거용 특정건축물로서 다음 각 호의 어느 하나에 해당하는 건축물(이하 "대상건축물"이라 한다)에 적용한다.

  1. 세대당 전용면적 85m²(증축 · 대수선한 부분으로서 사용승인을 받지 못한 부분을 포함한다) 이하인 다세대주택

  2. 다음 각 목의 규모(증축 · 대수선한 부분으로서 사용승인을 받지 못한 부분을 포함한다) 이하인 단독주택

    가. 연면적 165m² 이하(다가구주택은 제외한다)

    나. 연면적 330m² 이하(다가구주택에 한정한다)

② 제1항에도 불구하고 다음 각 호의 어느 하나에 해당하는 구역 · 부지 또는 보전산지의 대상건축물에 대하여는 이 법을 적용하지 아니한다. 〈개정 2014. 1. 14., 2014. 5. 21.〉

  1.「국토의 계획 및 이용에 관한 법률」제2조제7호에 따른 도시 · 군계획시설의 부지

  2.「국토의 계획 및 이용에 관한 법률」제38조에 따른 개발제한구역. 다만, 해당 개발제한구역의 지정 전에 건축하거나 대수선한 대상건축물의 경우에는 그러하지 아니하다.

  3. ~ 8. (이하 생략)

제 1 편

⊙ 사용승인(특정건축물 정리에 관한 특별조치법 §5)

특별자치시장 · 특별자치도지사 또는 시장 · 군수 · 구청장은 제4조제1항에 따라 신고
받은 대상건축물이 다음 각 호의 기준에 적합한 경우에는 「건축법」 및 관계 법률에도
불구하고 신고받은 날부터 30일 내에 「건축법」 제4조에 따라 해당 지방자치단체에
두는 건축위원회의 심의를 거쳐 해당 대상건축물의 건축주 또는 소유자에게
사용승인서를 내주어야 한다. 〈개정 2014. 5. 21.〉

1. 자기 소유의 대지(사용 승낙을 받은 타인 소유의 대지를 포함한다) 또는
   국유지 · 공유지(관계 법률에 따라 그 처분 등이 제한되어 있지 아니한 경우에 한정한다)에
   건축한 건축물일 것

2. ~ 3. (이하 생략)

⊙ 미등기양도제외 자산의 범위 등(소령 § 168)

① 법§104③ 단서에서 "대통령령으로 정하는 자산"이란 다음 각호의 것을 말한다.

1. 장기할부조건으로 취득한 자산으로서 그 계약조건에 의하여 양도 당시 그 자산의 취득에 관한 등기가 불가능한 자산

2. 법률의 규정 또는 법원의 결정에 의하여 양도 당시 그 자산의 취득에 관한 등기가 불가능한 자산

3. 법§89①제2호, 「조특법」§69① 및 §70①에 규정하는 토지

4. 법§89①제3호 각 목의 어느 하나에 해당하는 주택으로서 「건축법」에 따른 건축허가를 받지 아니하여 등기가 불가능한 자산

6. 「도시개발법」에 따른 도시개발사업이 종료되지 아니하여 토지 취득등기를 하지 아니하고 양도하는 토지

7. 건설업사자가 「도시개발법」에 따라 공사용역 대가로 취득한 체비지를 토지구획환지처분공고 전에 양도하는 토지

> **참고** 조특법§69 : 자경농지 감면, 조특법§70 : 농지대토 감면

미등기양도 제외 자산(소령§168)   특정건축물정리법

무허가 주택이 특정건축물 양성화 조치에 따라 등기가 가능한 주택에 해당되는 경우에도
미등기 상태로 양도하는 때에는 1세대 1주택 비과세가 적용되지 아니함
⇒ '20.12.18.자로 해석 정비 삭제

중요 중 / 난이 상

적용사례(서면4팀-1995, '07.06.27. '20.12.18.자로 해석정비되어 삭제됨)

'95.1.1.	'02.1.1.	'07.5.1.
사례		
甲(乙의 배우자). 서울 성북구 소재 "A주택" 취득*	甲 사망 甲 → 乙 "A주택" 상속받음	乙. "A주택" 양도

* 건축물대장 및 무허가주택 대장이 없으나. 구청 전산상 주택으로 남아 있어 '95년 이후 주택분 재산세를 납부하고 있으며.
乙은 A주택 이외에 다른 주택은 소유하고 있지 않으며 당해 주택에서 2년 이상 거주하였음

Q1 상속받은 무허가 주택(A)을 양도 시 1세대 1주택 비과세 적용 여부?

A1 무허가 주택이 특정건축물 양성화 조치에 따라 등기가 가능한 주택에 해당되는 경우에도 미등기 상태로
양도하는 때에는 소령§154①의 규정에 의한 1세대 1주택 비과세가 적용되지 아니함

📝 **관련 판례 · 해석 등 참고사항**

☞ 상기 답변과 반대 해석하면, 무허가 주택이 특정건축물 양성화 조치 대상이 아니면 모두 미등기
양도제외자산에 해당된다는 입장에서 기획재정부 재산세제과-457, '17.07.21.과 같이 특정건축물
양성화 조치의 대상 자체가 되지 않아 양성화하지 못한 경우에도 미등기양도 제외 자산에서 배제한 것으로
해석 정비함

미등기양도 제외 자산(소령§168)   특정건축물정리법

특정건축물 양성화 대상 건물에 해당하지 아니하여 부동산 등기가 불가능한 경우에는
미등기양도 제외자산에 해당 ⇒ '20.12.18.자로 해석 정비 삭제

중요 중   난이 상

적용사례

(사전-2016-법령해석재산-0266, '16.07.10. '20.12.18.자로 해석정비되어 삭제됨)

'06.12.29.   '15.11.18.

사례

甲.
"A건물"만
취득*

甲.
"A건물"만
양도

* '78.4.28.~현재까지 서울시가 소유하고 있는 토지 위에 무허가건물(기타 제1종근생)만 거래하여 취득

Q1 서울시 소유 토지 위에 무허가건물을 양도하는 경우 소령§168①에 따른 미등기양도제외 자산에
해당하는 지 여부?

A1 건축물 관리대장이 작성되지 않아 소유권보전등기를 못한 경우 및「특정건축물 정리에 관한
특별조치법」에 따른 특정건축물 양성화 대상건물에 해당하지 아니하여 부동산 등기가 불가능한
경우에는 소령§168①에 따른 미등기양도제외 자산에 해당하는 것임

📑 **관련 판례 · 해석 등 참고사항**

'20.12.18.자로 기존 해석을 정비하고 유지된 해석으로, 특정건축물정리법에 열거한 대상이 아니어서 동법에 따라 사용승인을 받을 수 없는 주택도 미등기 양도제외자산에 해당하지 않는 것으로 해석 정비함

중요 중 / 난이 상

적용사례(사전-2016-법령해석재산-0176, '17.07.26.)

* 국유지에 목조기와 주택를 건축하여 정착하였는데, '83년 국유지 중 일부를 공유자 3인이 ★★시로부터 매입함
** 종전주택(A)에 대한 권리를 포기할 수 없어 종전주택에서 거주하면서 신규주택(B)은 타인에게 임대함
*** '97.10.2. 건축법 위반으로 약식명령으로 벌금 500만원 납부하고 현재까지 무단 점유상태로 거주하고 있음
**** '16.2.23. 사업시행인가된 00재래시장 공영주차장 조성공사와 관련하여 ★★시는 甲과 A'무허가주택에 대한 손실보상 협의계약 체결
※ '14.1.17.~'15.1.16.까지 「특정건축물 정리에 관한 특별조치법」이 시행됨에 따라 甲은 A'무허가주택의 양성화를 시도하였으나 건축물이 양성화 범위를 초과한다는 이유로 양성화 하지 못함(건축사 확인서 작성)

Q1 등기된 1주택(B)과 「건축법」에 따른 건축허가를 받지 아니하여 미등기한 1주택(A')을 보유하는 자가 미등기한 1주택을 양도 시 미등기 양도제외자산(소령§168①2호 또는 4호)에 해당 여부?

A1 소령§89①3호 각 목에 해당하지 않는 주택을 양도하는 경우로서 해당 주택이 지방자치단체 소유 대지 지상에 건축되어 건축법 등 관련 법률의 규정에 의하여 양도 당시 그 자산의 취득에 관한 등기가 불가능한 경우 소령§168①2호에 따른 미등기 양도제외 자산에 해당하는 것임

Q2 「건축법」에 따른 건축허가를 받지 아니한 주택이 「특정건축물 정리에 관한 특별조치법」에 따라 사용승인을 받지 못하는 경우 소령§168①2호에 따른 미등기 양도제외자산에 해당 여부?

A2 「건축법」에 따른 건축허가를 받지 않는 주택으로서 「특정건축물 정리에 관한 특별조치법」에 따른 사용승인 대상 주거용 특정건축물의 범위에 해당하지 않아 사용승인을 받을 수 없는 주택은 소령§168①2호에 따른 미등기 양도제외자산에 해당하는 것이 아님

참고 특정건축물정리법의 취지는 특정건축물을 선별하여 사용을 승인함으로써 국민의 재산권 보호를 하기 위한 것으로, 등기를 제한하는 것이 아닌 양성화하기 위한 **법률**이므로 그 적용을 받지 못하더라도 해당 법률을 원인으로 등기를 할 수 없는 경우로 볼 수 없음

🏠 심화정리

● 미등기양도제외자산 검토 순서

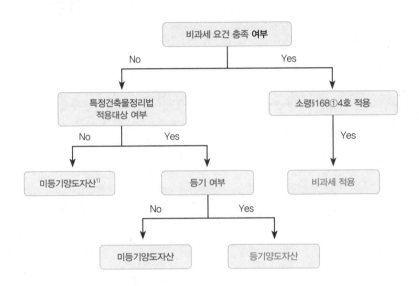

1) 특정건축물정리법은 소령§168①2호에서 열거한 법률의 범위에 해당하지 않아 **법률의 규정에 의하여 양도 당시 등기가 불가능한 경우**가 아니므로 미등기양도제외자산에 해당하지 아니함('20.12.18. 해석 정비 내용)

☞ 미등기양도제외자산에 해당하는지 여부를 판정함에 있어,

　① 1세대 1주택 비과세 요건을 충족한 자산(소령§168①4호 전단부)인지 여부에 따라 충족한 자산이고 소령§168①4호 후단부에 해당하면 비과세를 적용하고

　② 1세대 1주택 비과세 대상 자산이 아니면 소령§168①2호에서 열거한 법률의 범위 또는 법원 결정에 의하여 양도 당시 등기가 불가능한 경우에 해당하지 않으면 미등기양도제외 자산에 해당하지 않아 중과(70%)하고 장기보유특별공제 제외함

현행 소법§89 3호 및 소령§154의 규정에서 양도세가 비과세되는 1세대 1주택의 "주택"에는 무허가주택이 포함되는 것임

중요
중

난이
중

적용사례(서면4팀-2187, '05.11.15.)

'77.2.2.

甲.
"A무허가주택"
취득*

'05.10.1.

"A무허가주택"
양도

사례

* 대지 및 무허가주택을 구입하여 거주 중이며, 취득 후 십 수년간 재산세(가옥세)를 납부하다가 십 수년 전부터
  재산세가 부과되지 않고 있음

Q1 무허가주택의 1세대 1주택 비과세 적용 여부?

A1 현행 소법§89 3호 및 소령§154의 규정에서 양도세가 비과세되는 1세대 1주택의 "주택"에는
    무허가주택이 포함되는 것임

관련 판례 · 해석 등 참고사항

▶ 재일46014-336, '96.02.07.
  – 준공허가가 나지 않아서 보존등기가 원천적으로 불가능한 무허가주택의 경우 비과세되지만 준공허가가
    떨어져서 보존등기가 가능한데도 불구하고 미등기상태에서 양도하는 것은 미등기 양도로 보아 주택과
    토지를 모두 과세하여야 함

판례 등 불복사례

쟁점 **비과세 적용을 받지 못하는** 무허가 주택의 부수토지

주택이 비록 미등기 상태였지만, 신축하여 임대한 지 3년이 지난 사실이 확인되어 소유한 지 3년 이상이 지난 주택임이 확인되므로 부동산의 토지는 양도소득세가 비과세되는 1세대 1주택의 부수토지에 해당하여 양도세를 비과세하여야 함

(심사양도2000-2069, '00.11.10. 국패)

☞ 무허가 건물로서 주택 건물 부분이 비과세를 적용받지 못한다고 하더라도 부수토지는 등기하여 양도하는 한 무허가주택이 정착된 면적에 지역별로 정한 배율을 곱하여 산정한 면적 이내에 대하여는 미등기 양도가 아니므로 비과세를 적용

● 미등기 증여재산(부동산)의 취득시기

• 부동산을 증여 받은 경우 소유권보전등기가 되지 않는 상태인 건물을 증여 받은 경우(서면4팀-275, '05.02.21.)

  – 부동산을 증여 받은 경우 상증령§23①1호 규정에 의하여 소유권이전등기신청서 접수일이 그 증여재산의 취득시기가 되는 것이나, 소유권보존등기가 되지 않는 상태인 건물을 증여 받은 경우에는 수증자가 당해 건물을 사실상 인도받은 날을 그 건물의 취득시기로 보는 것이 타당하여

  – 사실상 인도받은 날에 대하여는 증여계약서의 작성내용, 당해 건물에 부수되는 토지에 대한 증여등기일 등 구체적인 사실을 확인하여 판단하는 것임

• 부산고등법원-2014-누-21585(→ 대법원-2014-두-45345, '15.03.12.) 판결에서는, 주택이 미등기건물로서 현재까지 소유권보존등기조차 되어 있지 않은 상태이고 당초 소유자가 사망으로 단독 상속받은 자로부터 동 주택을 증여 받았다고 하더라도 그에 따른 등기를 마치지 아니한 이상 원고가 이 사건 주택을 취득하였다고 볼 수는 없다고 하여 위 해석과 상반됨

겸용주택의 비과세 판단(소령§154③)　　　사실상 및 공부상 용도

주택과 주택외 부분의 구분은 사실상 사용하는 용도로 하는 것이나 사실상의 용도가
불분명할 경우에는 공부상 용도로 하는 것임

중요 상　난이 상

적용사례(심사양도 2002-0246, '02.12.02.)

'84.4.6.　　　　　　　　　　　　　　　　　　　　　　'02.3.9.

사례

　"쟁점부동산 A*"　　　　　　　　　　　　　　　　"쟁점부동산 A"
　　신축　　　　　　　　　　　　　　　　　　　　　양도

* 대지(170.32m²)에 지하 1층(125.41m²), 1층(58m²), 2층(85.025m²), 3층(75.525m²), 4층(58.29m²),
  옥탑(25.85m²) 및 1층(27.025m²)은 주차장으로 되어 있으며 토지와 건물 전체를 "쟁점부동산", 건물을 "쟁점건물"
  이라 함

Q1 겸용주택인 쟁점건물의 주택부분이 상가면적보다 큰 것으로 보아 쟁점부동산 전부를 1세대 1주택의
비과세 적용 여부?

A1 • 옥탑(25.85m²)은 공부상으로는 물탱크로 되어 있으나, 실제로는 방과 다용도실 및 베란다로 구성된
주거용 주택임이 건물현황측량도에 의해 확인되어 실제 현황에 따라 주택으로 봄이 타당하고

• 주택과 주택외 부분의 구분은 사실상 사용하는 용도로 하는 것이나 사실상의 용도가 불분명할
경우에는 공부상 용도로 하는 것인 바, 쟁점건물의 지층은 공부상 용도가 대중음식점으로 되어 있고
실제 겸용창고로 사용하였다는 사실이 입증되지 아니하므로 주택과 겸용면적이 아닌 상가로 봄이
타당함

• 따라서, 쟁점건물의 옥탑은 주택으로 보고 지층은 상가로 보아 주택면적(159.665m²)과
상가면적(268.435m²)을 기준으로 하여 공용면적인 주차장 면적을 안분계산하고 이에 따라
비과세되는 주택면적과 그 부수토지 면적을 계산하여야 함

📑 관련 판례 · 해석 등 참고사항

구. 고급주택에 해당 여부 판정 시 보일러실·창고는 주택의 효용과 편익을 위한
부대시설로서 사실상 사용하는 용도로 하는 것이나 사실상의 용도가 불분명할 경우에는
공부상 용도로 판단

적용사례(대법원-2007두-25459, '08.02.15.)

> * 대지(246.9m²)에 지하 1층(62.84m²), 1층(136.93m²), 2층(74.15m²) 연면적 합계 273.92m²의 건물을 "쟁점주택"
> 이라 하고 토지와 합하여 "쟁점부동산"이라 함

Q1 고급주택 요건인 "주택의 연면적 264m²" 이상에 보일러실·창고의 면적(22.27m²)이 포함 되는지
여부?

A1 • "주택의 연면적 264m²" 이상이라고 함은 하나의 주거용 생활단위에 제공된 건물의 연면적이 264m²
이상임을 뜻하는 것으로서, 이는 건물 전체의 경제적 용법에 따라 하나의 주거용으로 제공된 것인지에
따라 합목적적으로 가려야 하고

• 주택의 창고, 차고로 사용되는 부분이 구조상 독립되어 있고 외형상 독립한 거래의 대상이 될 수
있다고 하더라도 주택의 효용과 편익을 위한 부대시설로서 하나의 주거용 생활단위로 제공된다면 이는
주거용 건물의 일부로 보아 주택의 연면적에 포함시켜야 함

• 따라서, 보일러실·창고는 쟁점주택 양도 당시 쟁점주택의 효용과 편익을 위한 부대시설로서 하나의
주거용 생활단위로 제공되는 것이어서 보일러실·창고는 주거전용으로 사용되는 지하실 부분이라고
봄이 상당하므로 쟁점주택의 연면적에 포함시켜서 고급주택 여부를 판단하여야 함

관련 판례·해석 등 참고사항

신축주택의 취득자에 대한 과세특례(조특법§99의3)　　고가(고급)주택(신축주택 감면)

취득 당시 조특법§99의3에서 규정하는 고급주택에 해당하지 않았으나 양도 당시에는
고가주택의 요건을 충족하는 경우 감면배제 대상에 해당하지 않음

중요 상　난이 상

적용사례(사전-2017-법령해석재산-0506, '17.09.19.)

```
                '02.5.15.        '03.8.7.                          '17.7.25.
 사례  ─────────┼───────────────┼───────────────────────────────┼──────────
                甲.           "A신축주택"                        "A주택"
            "A신축주택*"     소유권 이전등기                        양도
             분양 받음          완료                            (10억원)
```

* A신축주택의 전용면적은 160.83m²이고, 분양가액은 527백만원임

Q1 취득 당시 조특법§99의3에서 규정하는 고급주택에 해당하지 않았으나 양도 당시에는 고가주택의
요건을 충족하는 경우 감면배제 대상에 해당하는 지 여부?

A1 • '03.1.1. 前 조특법§99의3에 따라 주택건설업자와 최초로 매매계약을 체결하고 계약금을 납부한
신축주택을 '03.1.1. 이후 양도 시 신축주택이 고가주택에 해당하는 지 여부는 매매계약을 체결하고
계약금을 납부한 날 당시의 고급주택 기준*을 적용함
　　* 주택의 전용면적이 165m² 이상이고 양도 당시 실지거래가액이 6억원을 초과

• 따라서 양도 당시 실가가 6억원은 초과하나 주택 전용면적이 165m² 미만인 신축주택은
조특법§99의3①에서 규정하는 감면 배제대상 고가주택에 해당하지 않음

📜 관련 판례 · 해석 등 참고사항

● 고가(고급)주택의 개정 연혁(소령§156①)

- '03.1.1. 이후 양도분부터 고가주택으로 명칭을 변경하고, 기존 고급주택의 판정 요소 중 면적, 시설기준에 관계없이 주택 및 그 부수토지 전체(5배 초과부분만 아님에 유의)의 실지거래가액의 합계액만을 기준으로 판정함

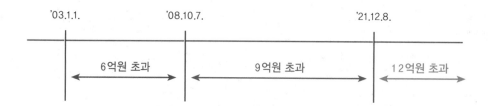

- 고급주택(아래 ①, ②, ③ 중 어느 하나에 해당하는 주택과 부수되는 토지)의 개정 연혁

구분	'99.9.17. 이전	'99.9.18.~'00.12.31.	'01.1.1.~'02.9.30.	'02.10.1.~'02.12.31.
① 공동 주택	전용면적 165m² 이상이고 양도가액 5억원 초과(기준시가)	전용면적 165m² 이상이고 양도가액 6억원 초과(실지거래가액)	전용면적 165m² 이상이고 양도가액 6억원 초과(실지거래가액)	전용면적 149m² 이상이고 양도가액 6억원 초과 (실지거래가액)
② 단독 주택	시가표준 2천만원 이상이면서 양도가액 5억원 초과(기준시가) * 연면적 – 주택 264m² 이상 또는 – 부수토지 495m² 이상	시가표준 2천만원 이상이면서 양도가액 6억원 초과(실지거래가액) * 연면적 – 주택 264m² 이상 또는 – 부수토지 495m² 이상	기준시가 4천만원 이상이면서 양도가액 6억원 초과(실지거래가액) * 연면적 – 주택 264m² 이상 또는 – 부수토지 495m² 이상	기준시가 4천만원 이상이면서 양도가액 6억원 초과(실지거래가액) * 연면적 – 주택 264m² 이상 또는 – 부수토지 495m² 이상

③ 시설기준: 엘리베이터, 에스컬레이터, 수영장(67m²이상) 중 1개 이상 시설이 설치된 주택

* 주택의 연면적에는 구.소령§154③본문 규정(주택으로 보는 복합주택)에 의해 주택으로 보는 부분과 주거전용으로 사용되는 지하실 부분 면적을 포함(구.소령§156①1호가목)

* 소령 부칙(제17825호, '02.12.30.)
  제20조(고가주택의 범위에 관한 경과조치)
  제159조의2 각 호의 규정에 해당하는 고가주택으로서 이 영 시행 전('02.12.31.)에 매매계약을 체결하고 이 영 시행 후 2월이 되는 날('03.2.28.)까지 당해 주택을 양도하는 경우에는 제156조의 개정규정에 불구하고 종전의 규정에 의한다.

◑ 고가주택 판정 방법(소령§156①)

- 1주택 및 이에 딸린 토지의 일부 양도 또는 일부가 타인 소유

  - 실지거래가액의 합계액에 양도하는 부분(타인 소유부분 포함)의 면적이
    전체주택면적에서 차지하는 비율을 나누어 계산한 금액이 12억원 초과

  - 사례) 양도하는 전체 면적(200m²) 중 일부 면적(10m²)을 1억원에 양도했다면, 아래와
    같이 비례식[1]으로 환산하여 12억원 초과 여부로 판정

    1) 1억원 : 10m² = x : 200m² ☞ x = 1억원 × 200m² / 10m² = 20억원

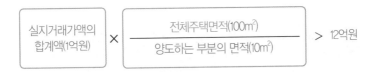

- 복합(겸용)주택(고가주택 판정은 종전과 동일하고 양도차익 계산은 개정됨)

  - 주택 연면적 > 주택 외 연면적 : 전체를 주택으로 보아 1세대 1주택 비과세 규정이
    적용되는 복합주택의 고가주택 판정

    ☞ 전체건물(이에 딸린 토지 포함)의 실가 합계액이 12억원(9억원)을 초과하는 것

  - 주택 연면적 ≤ 주택 외 연면적 : 주택부분만의 가액을 기준으로 판정

    ☞ 복합(겸용)주택이 고가주택인 경우 양도차익 계산에 있어서는 주택 연면적이 주택외
    연면적보다 큰 경우 '22.1.1. 이후 양도분부터 주택부분만을 비과세하는 것으로
    개정되었음

🏠 심화정리

▶ 고가**주택** 판정 방법(소령§156①)

- 단독주택으로 보는 다가구주택
  - 전체를 1주택으로 보고 그 실지거래가액의 합계액이 12억원 초과

- 부담부증여(양도소득세 집행기준 89-156-4)
  - 수증자가 인수하는 채무액이 12억원 미만에 해당되더라도 전체의 주택가액[1]이
    12억원을 초과하면 고가주택으로 봄
    1) 채무액 × (증여가액 ÷ 채무액)

    사례) 1세대 1주택 비과세 요건을 충족하는 주택을 子에게 증여하는데 증여재산
    가액(시가)은 13억원, 전세보증금이 6억원이 상태에서 6억원 인수 조건인 경우

    ☞ 주택가액 13억원[= 6억원 × (13억원 ÷ 6억원)]으로 고가주택에 해당

    비례식) 인수채무액(6억) : 전세보증금(6억) = 주택가액(x) : 증여재산가액(13억)
    ☞ x = 인수채무액(6억) × 증여재산가액(13억) / 전세보증금(6억) = 13억

- 주택이 수용되는 경우(양도소득세 집행기준 89-156-5)
  - 주택과 그에 딸린 토지가 시차를 두고 협의매수·수용된 경우 전체를 하나의 거래로
    보아 고가주택 양도차익을 계산하는 것이며, 주택 및 그에 딸린 토지가 일부 수용되는
    경우에도 양도 당시의 실지거래가액 합계액에 양도하는 부분의 면적이
    전체주택면적에서 차지하는 비율로 나누어 계산한 금액이 12억원을 초과하는 경우
    고가주택으로 봄

고급[고가]주택 판정(소령§156)   비과세요건 충족 고가주택

고가주택의 판정은 그 소유지분에 관계없이 1주택(그 부수토지 포함) 전체를 기준으로 하고, 1세대 1주택 비과세 요건을 갖춘 고가주택을 공동으로 소유하다가 양도 시 공동소유자(비과세 요건 갖춘 소유자에 한함)별 양도차익은 소령§160① 산식에 각각 지분율을 곱하여 계산함

중요 중 · 난이 상

제1편

적용사례(서면4팀-3630, '07.12.21.)

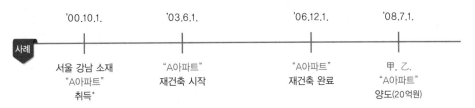

'00.10.1.
'03.6.1.
'06.12.1.
'08.7.1.

사례

서울 강남 소재
"A아파트"
취득*

"A아파트"
재건축 시작

"A아파트"
재건축 완료

甲, 乙,
"A아파트"
양도(20억원)

* 甲(누나)과 乙(甲의 남동생)이 공동(각각 지분 ½)으로 취득

※ 甲은 34세 미혼이고 乙은 33세 기혼으로 위 주택 취득 전부터 별도세대에 해당하며, 甲과 乙은 재건축 시작 전까지 거주하지 않았으며, 재건축 완료 후 甲은 2년 이상 거주 예정이고 乙은 직업군인이므로 당해 주택에서 거주 불가 상황이고 甲과 乙은 다른 주택 및 조합원입주권을 소유하고 있지 않음

Q1 A아파트를 양도하는 경우, 甲과 乙의 1세대 1주택 비과세 해당 여부는?

A1 1세대 1주택 비과세 해당 여부는 세대별로 판정하는 것임

Q2 실지거래가액 중 각각의 지분이 6억원 이하인 경우 고가주택에 해당 여부 및 양도차익 계산 방법은?

A2 고가주택의 판정은 그 소유지분에 관계없이 1주택(그 부수토지 포함) 전체를 기준으로 하고, 1세대 1주택 비과세 요건을 갖춘 고가주택을 공동으로 소유하다가 양도 시 공동소유자(비과세 요건 갖춘 소유자에 한함)별 양도차익은 아래 산식과 같음

$$\left(\begin{array}{c} \text{(소법§95①의 규정에 의한} \\ \text{양도차익} \times \text{지분율)} \end{array} \right) \times \dfrac{\text{(양도가액} \times \text{지분율)} - \text{(6억원} \times \text{지분율)}}{\text{(양도가액} \times \text{지분율)}}$$

📑 관련 판례 · 해석 등 참고사항

※ 소령§154⑤단서의 보유기간 재 기산한 규정과 관계없음에 특히 유의해야 함

▶ **소법§95[양도소득금액]**

① 양도소득금액은 §94에 따른 양도소득의총수입금액(이하 "양도가액"이라 함)에서 §97에 따른 필요경비를 공제하고, 그 금액(이하 "양도차익"이라 함)에서 장기보유특별공제를 공제한 금액으로 한다.

▶ **서면5팀-860, '06.11.17.**

– 1세대 1주택 비과세 요건을 갖춘 고가주택을 공동으로 소유하다가 양도하는 경우 공동소유자별 양도차익은 위의 계산 산식에 의하는 것임

적용사례

※ 甲은 주택 연면적(100m²)이 주택외 연면적(60m²)보다 큰 다가구 주택을 취득하여 양도한 경우로서 1세대 1주택 비과세 요건을 충족함을 가정

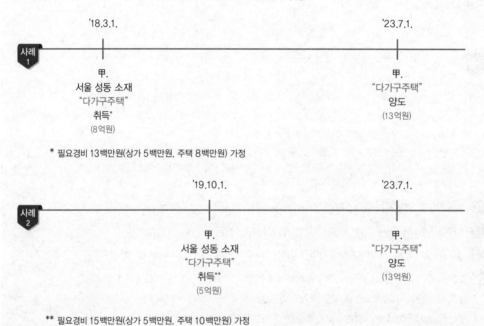

* 필요경비 13백만원(상가 5백만원, 주택 8백만원) 가정

** 필요경비 15백만원(상가 5백만원, 주택 10백만원) 가정

❯ 주택 연면적이 주택외 부분의 연면적보다 큰 겸용주택의 경우 양도가액이 12억원까지는 전체를 주택으로 보아 1세대 1주택 비과세를 적용 받는데,

- 전체 양도가액이 13억원이라면 양도자 입장에서는 비록 1억원을 더 받지만 '22.1.1. 이후 양도분부터는 주택의 연면적이 주택외 부분의 연면적보다 크더라도 주택외 부분은 주택으로 보지 않고 주택부분만을 주택으로 보는 것으로 개정[1]되었으므로

  1) 주택 연면적이 주택외 부분의 연면적보다 큰 겸용주택의 양도가액이 12억원 이하이면 여전히 전체를 주택으로 보아 비과세를 적용하고, 장기보유특별공제도 개정된 내용에 따라 적용됨

- 주택외 부분의 양도차익에 대하여 양도세[2]를 신고납부하여야 하므로 주택외 부분의 취득가액이나 보유기간을 반영한 양도세와 더 받은 1억원을 비교하여 판단하여야 함

  2) 만약 전체 양도가액 중 주택분의 가액만으로 12억원이 초과된다면 12억원 초과분은 비과세가 되지 않으므로 초과분 양도차익에 대하여도 양도세를 신고·납부하여야 함

  * 관련조문 : 소법§89①3호, §95②, 소령§154③, §156, §159의4, §160

쟁점 정리

(주택연면적이 큰 고가 겸용주택을 13억원에 양도하는 것이 12억원에 양도하는 것보다 유리한 것인가?)

사례 1

'18.3.1.에 8억원에 취득하여 '23.7.1.에 13억원에 양도한 경우로서 양도 또는 취득할 때의 안분가액은 아래 계산사례와 같다고 전제함

(단위: 원)

구 분		합 계	상 가	주 택
양도가액		1,300,000,000	500,000,000	800,000,000
취득가액		800,000,000	300,000,000	500,000,000
필요경비		13,000,000	5,000,000	8,000,000
양도차익	전체양도차익	487,000,000	195,000,000	292,000,000
	비과세양도차익	292,000,000	–	292,000,000
	과세대상양도차익	195,000,000	195,000,000	–
장기보유특별공제		19,500,000	19,500,000	
양도소득금액		175,500,000	175,500,000	
양도소득기본공제		2,500,000	2,500,000	
과세표준		173,000,000	173,000,000	
세율(38%)		38%	38%	
누진공제		19,940,000	19,940,000	
산출세액		45,800,000	45,800,000	

* 지방소득세 4,580,000원 포함하면 총 부담세액은 50,380,000원

- 위의 사례는 다음 사례 2와 비교해 보면, 상가분의 양도차익이 상대적으로 크지 않고 장기보유특별공제율을 4% 많은 10%(5년이상 6년 미만 보유) 적용하여 산출세액 (45,800,000원)이 상대적으로 작아서 지방소득세(4,580,000원)을 합하여도 총 부담할 세액이 50,380,000원으로 전체가 비과세되는 12억원보다는 13억원으로 양도하는 것이 49,620,000원이 유리함

사례 2

'19.10.1.에 5억원에 취득하여 '23.7.1.에 13억원에 양도한 경우로서 양도 또는 취득할 때의 안분가액은 아래 계산사례와 같다고 전제함

(단위: 원)

구 분		합 계	상 가	주 택
양도가액		1,300,000,000	500,000,000	800,000,000
취득가액		500,000,000	180,000,000	320,000,000
필요경비		15,000,000	5,000,000	10,000,000
양도차익	전체양도차익	785,000,000	315,000,000	470,000,000
	비과세양도차익	470,000,000	–	470,000,000
	과세대상양도차익	315,000,000	315,000,000	–
장기보유특별공제		18,900,000	18,900,000	
양도소득금액		296,100,000	296,100,000	
양도소득기본공제		2,500,000	2,500,000	
과세표준		293,600,000	293,600,000	
세율(38%)		38%	38%	
누진공제		19,940,000	19,940,000	
산출세액		91,628,000	91,628,000	

* 지방소득세 9,162,800원 포함하면 총 부담세액은 100,790,800원

- 위의 사례는 사례 1과 비교해 보면, 상가분의 양도차익이 상대적으로 크고
  장기보유특별공제율을 4% 작은 6%(3년 이상 4년 미만 보유) 적용하여
  산출세액(91,628,000원)이 커서 지방소득세(9,162,800원)을 합하여 총 부담할 세액이
  100,790,000원으로 전체가 비과세되는 12억원보다는 13억원으로 양도하는 것이 오히려
  790,800원만큼 불리함

나 | 주택의 개념 및 1주택 판단

구 분	내 용
주 택 수 산 정	▶ 주택 수는 양도일 현재 1세대가 소유하고 있는 주택 수로 판단 • 양도일 현재 1세대 2주택 : 일시적 2주택 특례 등에 해당하지 않는 한 먼저 양도한 주택 과세 (동시 양도 시 납세자 선택) • 한 울타리 內 2주택을 1세대가 사용 시 – 동일 생활영역으로 1세대가 사용시 1주택으로 봄 • 공동소유 – 각각 1주택 소유로 간주, 공동소유자가 동일 세대인 경우 세대별 판단 • 복합(겸용)주택 – 전부를 주택으로 간주, 주택부분이 작거나 같으면 주택부분만 주택 • 명의신탁 주택 – 실제 소유자의 주택으로 봄(부동산실명법 위반 자료 통보 要) • 매수자의 등기 지연 : 매수자 주택 – 매수자 측 비과세 적용에 유의 – 장기 미등기자(3년) 부동산실명법 위반 통보 • 다가구주택 – 한 가구가 독립하여 거주할 수 있도록 구획된 부분을 각각 하나의 주택으로 보되, 하나의 매매단위로 양도 시 단독주택으로 봄 • 주택과 부수토지의 소유가 다른 경우 – 주택 소유자만 비과세 적용(부수토지 소유자는 동일 세대일 경우 비과세 가능) • 임대주택 : 임대인의 주택 수에 포함 – 조특법상 특례에 해당(§97, §97의2 등)된 경우 주택 수에서 제외됨 • 판매용 재고주택 – 주택 수에서 제외

🏠 심화정리

1세대 1주택 비과세 판정 시 소유 제외 주택과 간주 1주택

조특법상 규정(소유 제외 주택)	소령§155, §156의2, §156의3(간주 1주택)
• 장기임대주택(조특법§97) • 신축임대주택(조특법§97의2)	• 일시적 2주택 특례(소령§155①) • 상속주택 특례(소령§155②, ③) • 동거봉양 합가 특례(소령§155④) • 혼인 특례(소령§155⑤) • 문화재주택 특례(소령§155⑥) • 농어촌주택 특례(소령§155⑦) • 부득이한 사유 특례(소령§155⑧) • 공공기관 이전 특례(소령§155⑯) • 거주주택 특례(소령§155⑳) • 주택과 조합원입주권 특례(소령§156의2) • 주택과 분양권 특례(소령§156의3)
• 미분양주택(조특법§98) • 지방미분양주택(조특법§98의2) • 미분양주택(조특법§98의3) • 지방미분양주택(조특법§98의5) • 준공후미분양주택(조특법§98의6) • 미분양주택(조특법§98의7) • 준공후미분양(조특법§98의8) • 비수도권 준공후미분양(조특법§98의9)	
• ~~신축주택(조특법§99)~~('07년말까지 양도시) • 신축주택(조특법§99의2) • ~~신축주택(조특법§99의3)~~('07년말까지 양도시) • 농어촌주택등(조특법§99의4) • 인구감소지역주택 취득자(조특법§71의2)	

[참고] 조특법 : 거주자의 소유주택으로 보지 아니함
소령 : 국내에 1개의 주택을 소유하고 있는 것으로 보아 소령 §154①(비과세) 적용

조특법상 감면대상주택(B)이 비과세를 적용받기 위한 보유기간 기산일은 비과세 되는
일반주택 양도일의 다음날이므로 2년 보유요건을 충족할 '16.7.1. 이후 양도해야만 비과세가
적용됨

중요 중　　난이 상

적용사례(서면−2016−부동산−5398, '16.12.30.) ☞ 삭제된 해석

2년 경과 후

| '09.3.10. | '13.12.12. | '14.1.8. | '14.7.1. | '15.9.1. | '16.7.1. |

사례

서울 광진구 소재　　서울 송파구 소재　　"B주택"　　"A아파트"　　"B주택"
"A아파트"　　　　　"B주택"　　　　취득　　　양도　　　양도
취득　　　　　　　계약　　　　　　　　　　"비과세"　　"과세"

* 조특법§99의2 요건을 충족하고 구청장으로부터 확인 날인을 받은 감면주택

Q1 A아파트의 비과세 적용 여부?

A1 조특법§99의2에 의한 감면주택은 소법§89①3호 적용 시 소유주택으로 보지 아니하므로 비과세 2년
이상 보유요건 충족한 A아파트는 비과세 적용

Q2 B주택의 비과세 적용 여부?

A2 조특법상 감면대상주택(B)이 비과세를 적용받기 위한 보유기간 기산일은 비과세 되는 일반주택(A)
양도일의 다음날*이므로 2년 보유요건을 충족할 '16.7.1. 이후 양도해야만 비과세가 적용됨
　　* 조특법§99의2②에서 규정하는 소유주택으로 변경된 날부터 기산

📜 관련 판례 · 해석 등 참고사항

※ 소령§154⑤단서의 보유기간 재 기산한 규정과 관계없음에 특히 유의해야 함

▶ 서면−2021−부동산−1605, '21.09.03.

　− 일반주택 양도에 대하여 1세대 1주택 비과세를 적용 받은 경우 남은 농어촌주택의 보유기간은
　　소유주택으로 변경한 날부터 기산

☞ '22.12.1.에 기획재정부에서 위의 적용사례와 서면−2021−부동산−1605, '21.09.03.를 삭제하고,
　다음 쪽의 기획재정부 재산세제과−1049, '22.08.25.를 유지한 것으로 해석 정비를 하였음

일반주택을 보유한 1세대가 조특법§99의4에 따른 농어촌주택등의 취득 후 일반주택과
농어촌주택등을 양도 시, 일반주택과 농어촌주택등의 보유기간 기산일은 해당 주택의
취득일부터 기산

적용사례(기획재정부 재산세제과−1049, '22.08.25.)

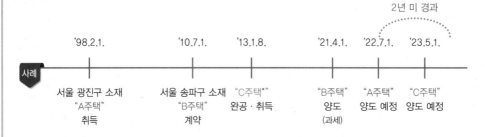

2년 미 경과

| '98.2.1. | '10.7.1. | '13.1.8. | '21.4.1. | '22.7.1. | '23.5.1. |

사례

서울 광진구 소재　　서울 송파구 소재　"C주택*"　　"B주택"　　"A주택"　　"C주택"
"A주택"　　　　　　"B주택"　　　　완공·취득　　양도　　양도 예정　　양도 예정
취득　　　　　　　　계약　　　　　　　　　　　（과세）

* 조특법§99의4에 따른 농어촌주택

Q1　일반주택을 보유한 1세대가 조특법§99의4에 따른 농어촌주택등의 취득 후 일반주택과 농어촌주택등을
양도 시, 일반주택과 농어촌주택등의 보유기간 기산일은?

A1　해당 주택의 취득일부터 기산함

📑 **관련 판례 · 해석 등 참고사항**

☞ 국세청은 비과세(소법§89①3호) 적용 시 거주자의 소유주택으로 보지 않는 특례주택의 경우, 앞쪽
해석에서와 같이 소유주택으로 변경된 이후부터 비과세 보유기간을 기산한 것으로 해석하였으나,
　– 최근 기획재정부에서는 위의 해석 및 아래 해석과 같이 기존의 국세청 해석과 상반되게 해석하여 국세청
해석은 삭제되어 해석이 정비되었음(다음 쪽의 "쟁점정리" 참고)

▶ **기획재정부 재산세제과−236, '23.02.10.**
　– 일반주택(B)과 조특법§99의2에 따른 특례주택(A)을 보유하다 일반주택(B)을 먼저 비과세 양도한 후 남은
조특법§99의2 특례주택(A)을 양도 시 비과세 보유기간 기산일은 특례주택 취득일이 타당함

쟁점 정리
(조특법상 감면주택의 비과세 보유기간 기산일)

적용사례

2년 경과

| '09.3.10. | | '13.12.12. | '14.1.8. | '14.7.1. | '15.9.1. | '16.7.1. |

사례

서울 광진구 소재
"A아파트"
취득

서울 송파구 소재
"B주택*"
계약

"B주택"
취득

"A아파트"
양도
"비과세"

"B주택"
양도
"과세"

* 조특법§99의2 요건을 충족하고 구청장으로부터 확인 날인을 받은 감면주택

> **쟁점 2** 조특법상 감면주택의 비과세 판정 시, 보유기간 기산일이 일반주택 양도일인지
> 조특법상 감면주택의 취득일인지 여부

※ 조특법§99의2[신축주택 등 취득자에 대한 양도세의 과세특례]
② 소법§89①3호를 적용할 때 ①을 적용받는 주택은 해당 거주자의 소유주택으로 보지 아니한다.

※ 조특법§99의4[농어촌주택등 취득자에 대한 양도세 과세특례]
① ~~~~ 일반주택을 양도하는 경우에는 그 농어촌주택등을 해당 1세대의 소유주택이 아닌 것으로
보아 소법§89①3호를 적용한다.

▶ 최근 기획재정부 해석*이 나오기 전까지는 국세청은 위의 조문과 같이 소유주택으로 보지
않으므로 일반주택 양도일의 다음날부터 기산한다고 해석**함

* 기획재정부 재산세제과-1049, '22.08.25., 기획재정부 재산세제과-236, '23.02.10.
** 서면-2016-부동산-5398, '16.12.30., 서면-2021-부동산-1605, '21.09.03.

• 소령§155, §155의2, §156의2, §156의3의 열거방식은 조특법과 달리 먼저 양도하는
주택에 대하여 "국내에 1개의 주택을 소유하고 있는 것으로 보아" 소령§154①을
적용한다고 규정되어 있어

– 남은 최종 1주택은 당초부터 소유주택으로 보고 있었으므로 최종 1주택을 양도할
경우에도 당초 취득일부터 기산한다고 해석한 것으로 보임

- 이에 반하여 조특법상의 특례주택과 관련해서는 조문에 충실하게 일반 주택을 양도한 후에 비로서 소유주택으로 보아야 하므로 보유기간 기산일도 일반주택 양도일의 다음 날로 해석한 것으로 보임

- 그러나, 최근 기획재정부는 ①일반주택과 농어촌주택등(조특법§99의4)을 보유한 경우와 ②일반주택과 신축주택(조특법 §99의2)을 보유한 상태에서,

  - 일반주택을 양도한 후 조특법상 특례주택을 양도할 경우에도 해당 주택의 취득일부터 기산한다고 하여 기존의 국세청 해석과 상반되게 해석*하여

  * 농어촌주택과 관련한 보유기간 재기산은 '22.12.1.에 위와 같이 해석 정비함

  - 사실상 소령에서의 간주 1주택과 조특법상 소유주택으로 보지 않는다는 내용에 차이점이 사라지게 됨

☞ 위와 같이 기획재정부가 국세청의 기존 해석과 상반되는 유권해석을 생산하여 국세청이 기존 입장의 해석들을 삭제하여 해석 정비함

📋 **관련 판례 · 해석 등 참고사항**

▶ 서면-2023-부동산-1229, '23.05.08.

  - 일반주택(B)과 조특법§98의2에 따른 특례주택(A)을 보유하다 일반주택(B)을 먼저 비과세 양도한 후 남은 조특법§98의2 특례주택(A)을 양도하는 경우 1세대1주택 비과세 보유기간은 해당 특례주택(A)의 취득일부터 기산하는 것

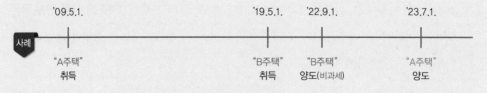

  * 조특법§98의2(지방 미분양주택)의 요건을 충족한 것으로 전제

비과세 판정 시 주택 수(소법§89)　　　　　　부동산매매업자, 주택신축판매업자

1세대 1주택 비과세 판정 시 부동산매매업자 및 주택신축 판매업자의 판매용 재고주택은 주거용 주택으로 보지 아니함

중요 중　　난이 중

적용사례(사전–2018–법령해석재산–0040, '18.07.02., 서면4팀–646, '06.03.21.)

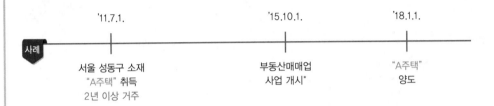

```
            '11.7.1.              '15.10.1.              '18.1.1.
사례 ┣━━━━━━┿━━━━━━━━━━┿━━━━━━━━━━┿━━━━━━━
       서울 성동구 소재       부동산매매업          "A주택"
       "A주택" 취득          사업 개시*            양도
       2년 이상 거주
```

　　* 판매용 재고주택 6채 보유

Q1 1세대 1주택 비과세 판정 시 부동산매매업의 재고자산인 주택을 주택 수 계산에 포함하는 지 여부?

A1 부동산매매업자 및 주택신축 판매업자의 판매용 재고주택은 주거용 주택으로 보지 아니하는 것이나,
　　– 매매사업용 재고주택에 해당 여부는 부동산 매매의 규모 · 거래횟수 · 반복성 등 거래에 관한
　　　제반사항을 종합하여 판단하는 것임
　　☞ 다주택자 중과 판정 시 부동산매매업자가 보유하는 재고자산인 주택은 주택 수 계산에
　　　포함함(소령§167의3②3호)

📝 **관련 판례 · 해석 등 참고사항**

▶ **소령§167의3**[1세대 3주택 이상에 해당하는 주택의 범위]

　② 제1항을 적용할 때 주택 수의 계산은 다음 각 호의 방법에 의한다.
　　3. 부동산매매업자가 보유하는 재고자산인 주택 : 주택 수의 계산에 있어서 이를 포함한다.

비과세 판정 시 인접하거나 상하층의 공동주택의 벽을 철거하고 1세대가 하나의 주거공간으로 실제 사용하는 경우에는 등기부상 2개 주택이라 하더라도 1주택으로 봄

적용사례(서면5팀-875, '06.11.20.)

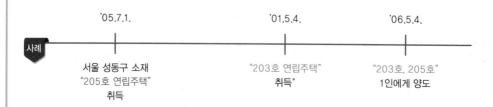

'05.7.1.	'01.5.4.	'06.5.4.
서울 성동구 소재 "205호 연립주택" 취득	"203호 연립주택" 취득*	"203호, 205호" 1인에게 양도

* 부모님 모시고자 취득하여 벽체를 헐고 화장실, 주방, 거실 등을 리모델링하여 거주

Q1 공부상 2개의 연립주택으로 되어 있으나 실제는 1주택(1세대 거주용)으로 사용하고 있는 경우 1세대 1주택 비과세 해당 여부?

A1 양도세가 비과세되는 1세대1주택을 판정함에 있어, 주택이라 함은 공부상 용도구분에 관계없이 사실상 주거용으로 사용하는 건물을 말하는 것으로,

- 인접하거나 상하층의 공동주택의 벽을 철거하고 1세대가 하나의 주거공간으로 실제 사용하는 경우에는 등기부상 2개 주택이라 하더라도 1주택으로 보는 것이나,
- 귀 사례가 이에 해당하는 지 여부는 당해 주택의 사실상 사용현황 등을 종합하여 사실 판단할 사항임

📑 관련 판례 · 해석 등 참고사항

▶ **양도소득세 집행기준 89-154-10 [한울타리 내 농가주택과 창고 등이 있는 경우]**
- 사회통념상 농 · 어업에 필수적인 것으로 인정되는 범위 내의 축사, 퇴비사 및 농기구용 창고 등도 농가주택의 일부분으로 보아 1세대 1주택 비과세 여부를 판단함

다가구주택(건축법시행령 별표1 제1호 다목)

▶ 건축법상 단독주택(아래 요건 모두 갖춘 주택으로 공동주택에 미해당시)

- 주택 사용 층수(지하층 제외)가 3개 층 이하

> **참고** 1층 바닥면적 ½이상 필로티 구조로 주차장으로 사용하고 나머지 부분을 주택 외 용도로 쓰는 경우 해당 층을 주택 층수에서 제외

- 1개 동의 주택으로 쓰이는 바닥면적(부설 주차장 면적 제외)의 합계가 $660m^2$ 이하일 것
- 19세대(대지 내 동별 세대수를 합한 세대를 말함) 이하 거주할 수 있을 것

▶ 세법(소령§155⑮, 소령§167의3②)

- 원칙 : 공동주택
  - 한 가구가 독립하여 거주할 수 있도록 구획된 부분을 각각 하나의 주택으로 봄
- 예외 : 단독주택
  - 다가주주택을 구획된 부분별로 양도하지 아니하고 하나의 매매단위로 하여 양도하는 경우에는 그 전체를 하나의 주택으로 봄

쟁점 **공부상 다세대주택을 다가구주택으로 볼 수 있는지 여부**

• 양도 당시 등기부상 다세대주택으로 등재되었으나, 실질 형태는 층별로 세대를
  분리하여 양도할 수 있는 여건의 주택이 아닌 것으로 보이고,

• 당해 주택이 다가구주택에 해당되는지 여부를 관할구청에 질의회신을 하고
  요건심사를 거쳐 건축물관리대장 및 등기부등본상에 다가구주택으로 등재된
  사실에 비추어 해당 주택은 사실상 다가구주택으로 보는 것이 타당함

(국심2008서0136, '08.2.25. 국패)

참고 다가구주택 여부는 공부상에 불구하고 실질에 따라 판단할 수 있으며, 불분명할 경우에는 공부상 기재에
       따름

비과세 판정 시 주택 수(소령§155⑮)   옥탑방

옥탑방 면적이 건축물 수평투영면적의 1/8 초과로 건축법상 건축물 층수에 산입하여야
하므로, 4층 다세대주택으로 보아 1개 층에 대해서만 비과세 적용

중요
상

난이
중

적용사례(심사-양도-2019-0096, '19.11.13. 국승)

'90.6.25.

'20.4.24.

사례

서울 TT구 소재
"쟁점부동산 A*" 신축

"쟁점부동산 A"
양도

* 대지(138.5m²)에 지하1층, 지상 3층의 근린생활시설 및 주택으로 4층에 무허가 옥탑방 증축

Q1 쟁점부동산 A를 다가구주택으로 보아 비과세 적용 여부?

A1 • 옥탑방 면적이 건축물 수평투영면적의 1/8 초과로 건축법상 건축물 층수에 산입하여야 하므로, 4층
다세대주택으로 보아 1개 층에 대해서만 비과세 적용

• 다만, 청구인과 청구인의 가족이 실제 거주한 3층과 옥탑*을 1개 호의 주택으로 보아 비과세 적용

* 방 한칸으로 취사시설이나 화장실도 없으며 3층 현관을 통과하여야만 출입이 가능하고 임대한 사실이 확인되지
않아 3층의 부속건물로 봄

📑 관련 판례 · 해석 등 참고사항

🏠 심화정리

◑ 옥탑을 층수에 포함 여부

- 소령§155⑮에서 "건축법시행령 별표 1 제1호다목에 해당하는 다가구주택"이라고 열거하고 있고 건축법시행령§119①9호에서 "층수"에 대해 그 수평투영면적의 합계가 해당 건축물 건축면적의 1/8 이하인 것과 지하층은 건축물의 층수에 산입하지 아니한다고 규정하고 있음
  - 위 규정에 근거하여 심사−양도−2019−0096, '19.11.13. 외에서 주택으로 쓰는 층수 계산 시 "건축면적의 1/8 이하"를 기준으로 다가구주택 여부를 판정하고 있음

- 이에 반하여 "부산지방법원−2020−구합−21358, '20.08.14."에서는 '옥탑'은 사전적으로 주택이나 빌딩 따위의 건물 맨 꼭대기에 설치된 공간을 의미하여 건물 옥상에 사람이 거주할 수 있도록 만든 방을 의미하는 '옥탑방'과는 구별되고,
  - 건축법 시행령§119①9호에 옥탑과 함께 열거되어 있는 승강기탑, 계단탑, 망루, 장식탑은 건축물의 전체의 편익을 위한 보조적인 기능만을 담당하거나 장식을 위한 시설인 점 등을 고려하면, 건물 옥상의 옥탑방은 비록 그 면적이 건물 건축 면적의 1/8 이하라고 하더라도 층수 산정에서 제외되는 옥탑 등에 해당한다고 볼 수는 없다고 판시하였음

비과세 판정 시 주택 수(소령§155⑮)	주택으로 사용한 층수

증축한 6층이 양도 당시에는 주방시설이 없었으나, 구조 변경 필요 없이 언제든지 주방시설 설치할 수 있으므로 독립하여 거주할 수 있는 요건을 갖춘 주택이라 할 수 있어 주택 층수에 포함

중요 상 · 난이 중

적용사례

[서울행정법원-2019-구단-69158, '20.03.18. (고법 경유) 대법원-2020-두-48024, '20.12.24. 국승]

'95.1.1.
서울 서대문구 소재
"A주택*" 신축

'00.1.1.
"A주택"
양도

* '95.1.1. 사용승인 당시 지상 5층이었으나, '00.1.1. 6층 건물 증축하여 자녀들 공부방으로 사용

Q1 증축한 6층을 주택으로 사용하는 층수에 포함할 수 있는 지 여부?

A1 • 처음부터 주거용 목적으로 증축되어 침실, 거실, 화장실, 주방 및 식당 등으로 구분되어 독립된 주거 가능 형태로, 양도 당시에는 주방시설이 없었으나,

• 구조 변경 필요 없이 언제든지 주방시설 설치할 수 있으므로 독립하여 거주할 수 있는 요건을 갖춘 주택이라 할 수 있어 주택 층수에 포함

☞ 원고가 거주하던 부분(5 · 6층)에 대해서만 비과세 규정 적용

➡ 다음 쪽에서 계속

🗒 관련 판례 · 해석 등 참고사항

▶ **주택법§2[정의]**

이 법에서 사용하는 용어의 뜻은 다음과 같다.

1. "주택"이란 세대의 구성원이 장기간 독립된 주거생활을 할 수 있는 구조로 된 건축물의 전부 또는 일부 및 그 부속토지를 말하며, 단독주택과 공동주택으로 구분한다.

⊙ 설령, 한 세대가 독립하여 거주할 수 있는 요건을 갖추지 못하였다고 하더라도 '주택으로 쓰는 층수'에 포함

- 다가구주택 요건 규정은 '주택으로 쓰는 층수'라고만 규정하고 있을 뿐 그 주택을 한 세대가 독립하여 거주할 수 있는 요건을 갖춘 주택에 한정하고 있지 않음
  - 독립하여 거주할 수 있는 요건 갖추지 못했다고 하더라도 일상적인 주거용으로 사용되는 이상 '주택'에 해당한다고 해석하는 것이 법령의 문언에 부합

- 건축법시행령§3의5[별표 1]①나목은 주택의 하나인 '다중주택'의 요건으로 '독립된 주거의 형태를 갖추지 아니한 것(각 실별 욕실 설치가능하나 취사시설 설치 아니한 것을 말함)'으로 규정하고 있어 건축법령상 반드시 각 실별로 취사시설이 설치 되는 등 독립된 주거의 형태를 갖추어야만 용도상 주택으로 분류되는 것은 아님

- 법령의 내용 및 체계에 비춰보면, 한 층의 구조 및 기능이 한 세대가 독립하여 거주할 수 있는 요건을 갖추지 못하였더라도 일상적인 주거 용도로 사용하는 층은, 그것이 건축법령상 건물 층수에 해당하는 이상 '주택으로 쓰는 층수'에 포함된다고 보아야 함

- 독립적인 주거형태 여부에 따라 '주택으로 쓰는 층수'에서 제외할 수 있다고 해석하여 다가구주택으로 보지 않는다면,
  - 건물의 층을 기준으로 일정한 규모의 주택에 대해서만 다가구주택으로 인정하고자 하는 다가구주택의 요건 규정의 입법 취지에 어긋나는 결과를 가져올 수 있음

☞ 주택에 해당하는지를 판정할 때의 "주택"의 의미(대법원2004두14960, '05.04.28.)와는 관점이 다름에 유의

비과세 판정 시 주택 수(소령§155⑮) · 주택으로 사용한 층수

1층 일부와 2층 전체를 주택으로 불법 개조하여 주택으로 사용한 층수가 4개 층(옥탑 포함 시 5개 층)이고, 각 층은 거주자가 독립하여 거주할 수 있도록 구획되어 별도의 주택으로 사용되었으므로 다가구주택 요건을 충족하지 못함

중요 중 · 난이 중

제1편

적용사례(조심-2018-중-0163, '18.04.11., 조심-2018-서-0684, '18.04.27. 국승)

사례

'73.1.1.
서울 TT구 소재
"쟁점부동산 A*" 신축

'15.6.15.
"쟁점부동산 A"
양도

* 대지(175.2m²)에 지하1층, 지상 4층의 근린생활시설 및 주택으로 5층에 무허가 옥탑방 증축, 각 거주 공간에 개별적으로 취사시설 등 구비

Q1 쟁점부동산 A를 다가구주택으로 보아 비과세 적용 여부?

A1 • 1층 일부와 2층 전체를 주택으로 불법 개조하여 주택으로 사용한 층수가 4개 층(옥탑 포함 시 5개 층)이고,

• 각 층은 거주자가 독립하여 거주할 수 있도록 구획되어 별도의 주택으로 사용되었으므로 다가구주택 요건을 충족하지 못하여 처분 잘못 없음

📜 **관련 판례 · 해석 등 참고사항**

옥탑을 양도인 세대가 침실 등으로 사용했다면 주택 층수에 산입하여 주택으로 사용한 층이
4개가 되므로 공동주택으로 보아 납세자가 선택한 1개 층만 비과세 적용하고, 옥탑이 없다면
5층에 양도인 세대가 전입신고 등을 참고하여 주택으로 사용하고 있는지 확인해서 판정

중요 난이
중   중

적용사례

'15.7.1.   '20.4.1.   '21.2.1.   '21.5.1.

사례

甲. 충북 청주 소재   甲. 충북 청주 소재   甲. 母, 子와 함께   "A주택"
"다가구주택 A*" 신축   "B아파트"   전입신고   양도
                          취득

* 건축물 대장상 1층 필로티, 2층 오피스텔, 3~5층 주택으로 되어 있으나 2층은 임차인 전입신고로 주택으로 사용되었고
  5층 또한 양도인 甲이 가족과 함께 '21.2.1. 전입신고 하였으나 사업장으로 사용하였다고 주장한 상태임

Q1 A주택을 다가구주택으로 보아 일시적 2주택 비과세 특례 적용 여부?

A1 • 먼저 옥탑이 있는지 확인하여 옥탑을 양도인 세대가 침실 등으로 사용했다면 주택 층수에 산입하여
       주택으로 사용한 층이 4개가 되므로 공동주택으로 보아 납세자가 선택한 1개 층만 비과세 적용하고

     • 옥탑이 없다면 5층에 양도인 세대가 전입신고한 사실에 기초하여 양수인에게 특별한 개조없이
       주택으로 사용하고 있는지 여부 등을 확인해서 주택으로 판정된다면 공동주택으로 보아 납세자가
       선택한 1개 층만 비과세 적용함

참고 양도일 기준으로 청주가 '20.6.19. 조정대상지역으로 지정되었으므로 중과 여부 검토하고 중과 여부에 따라
       장기보유특별공제 적용 여부도 달라짐에 유의해야 함

📜 관련 판례·해석 등 참고사항

☞ '21.1.1.~'22.5.9.까지 양도분 중에서 일시적 2주택 비과세 특례에 해당하지 않는 다가구주택인
   경우에는 보유기간 재기산으로 인하여 납세자가 선택한 마지막 주택조차도 비과세가 되지 않는 점에
   특히 유의해야 함

다 | 주택의 부수토지

주택 부수토지란 당해 주택의 주거생활과 일체를 이루는 토지로 건물 정착면적에 도시지역은 3~5배*(도시지역 밖은 10배) 이내 토지

* 부수토지 범위 조정내용은 다음 쪽 참고

▶ 건물의 정착면적은 "수평투영면적"을 의미

   – 건물을 위에서 내려 본 면적으로, 2층 이상 건물은 도면이 겹쳐지는 면적을 의미

▶ 2필지 이상 토지라도 1주택의 주(主) 출입구나 담장 등에 의해 주택의 이용에 제공되는 것으로 확인되면 부수토지에 해당

▶ 1필지 토지 일부를 다른 용도로 이용 시 부수토지 제외

▶ 도시지역 內인 경우 녹지지역은 5배 적용

▶ 건물의 정착면적은 무허가 건물의 정착면적도 포함

▶ 복합주택의 부수토지 구분 불분명 시 비과세 범위 산정

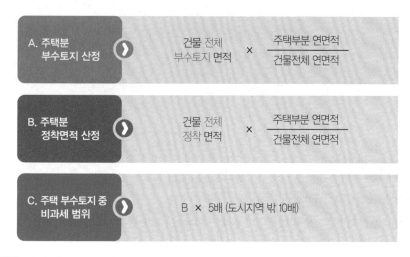

A. 주택분 부수토지 산정	건물 전체 부수토지 면적	×	$\dfrac{\text{주택부분 연면적}}{\text{건물전체 연면적}}$
B. 주택분 정착면적 산정	건물 전체 정착 면적	×	$\dfrac{\text{주택부분 연면적}}{\text{건물전체 연면적}}$
C. 주택 부수토지 중 비과세 범위			B × 5배 (도시지역 밖 10배)

참고
- 위 산식은 주택 연면적이 작거나 같아서 주택 부분만 1세대 1주택으로 볼 경우 적용되는 것으로 주택 연면적이 클 경우 안분이 불필요하나,
- 고가 복합인 경우에는 '22.1.1. 이후 양도분부터 주택 연면적이 크더라도 주택부분만 주택으로 보아 양도차익 및 장기보유특별공제 적용

◉ 1세대 1주택 비과세 적용대상 부수토지 범위 조정 등(소령§154⑦, 소령§167의5, 소령§168의12)

- 1세대 1주택 비과세(소령§154⑦)

- 단기 보유 주택(소령§167의5)

- 주택 중 비사업용 토지 범위(소령§168의12)

도시지역	도시지역 밖
5배	10배

('21.12.31.까지 양도분)

→

도시지역			도시지역 밖
수도권		수도권 밖	
주거 · 상업 · 공업지역	녹지지역		
3배	5배		10배

('22.1.1. 이후 양도분)

▸ 서면-2021-부동산-7650, '22.05.02.
  - 비과세되는 주택부수토지 면적을 산정하는 경우 수도권 주거지역 내의 토지는 지구단위계획구역 지정
  여부와 관계없이 '22.1.1. 이후 양도하는 분부터 건물정착면적의 3배 이내를 적용함

● 국토의 용도구분(국토의 계획 및 이용에 관한 법률§6)

도시지역	인구와 산업이 밀집되어 있거나 밀집이 예상되어 그 지역에 대하여 체계적인 개발 · 정비 · 관리 · 보전 등이 필요한 지역
관리지역	도시지역의 인구와 산업을 수용하기 위하여 도시지역에 준하여 체계적으로 관리하거나 농림업의 진흥, 자연환경 또는 산림의 보전을 위하여 농림지역 또는 자연환경보전지역에 준하여 관리할 필요가 있는 지역
농림지역	도시지역에 속하지 아니하는 「농지법」에 따른 농업진흥지역 또는 「산지관리법」에 따른 보전산지 등으로서 농림업을 진흥시키고 산림을 보전하기 위하여 필요한 지역
자연환경보전지역	자연환경 · 수자원 · 해안 · 생태계 · 상수원 및 문화재의 보전과 수산자원의 보호 · 육성 등을 위하여 필요한 지역

> **참고** 도시지역(국토계획법)과 읍 · 면 지역(지방자치법)은 별도의 법률 용어임

● 용도지역(국토의 계획 및 이용에 관한 법률§6, §36 및 동법시행령§30)

		주거지역	상업지역	공업지역	녹지지역
도시지역	전용 주거지역	제1종 전용주거지역	중심상업지역	전용공업지역	보전녹지지역
		제2종 전용주거지역			
	일반 주거지역	제1종 일반주거지역	일반상업지역	일반공업지역	생산녹지지역
		제2종 일반주거지역	근린상업지역		
		제3종 일반주거지역			
	준주거지역		유통상업지역	준공업지역	자연녹지지역
관리지역	보전관리지역				
	생산관리지역				
	계획관리지역				
농림지역					
자연환경보전지역					

> **참고** 보전녹지지역 : 도시의 자연환경 · 경관 · 산림 및 녹지공간을 보전할 필요가 있는 지역

비과세 요건을 충족한 복합주택에 딸린 토지 면적의 안분 계산

적용사례

다음과 같이 비과세 요건을 충족한 복합주택(단층)에 딸린 토지 면적을 계산하면?

- 건물 정착면적 : 150m^2 [주택(80m^2), 주택 외 (70m^2)]
- 건물의 부수토지 전체면적 : 800m^2
- 수도권 밖의 도시지역 內 소재

구 분	주택(80㎡) > 주택 외(70㎡)	주택(70㎡) ≤ 주택 외(80㎡)
주택부수토지 면적(A)	800 × 150/150 = 800㎡	800 × 70/150 = 373㎡
주택정착면적	150 × 150/150 = 150㎡	150 × 70/150 = 70㎡
비과세 되는 주택 부수토지 면적	150 × 5배 = 750㎡ ⇒ 50㎡는 비사업용 토지	70 × 5배 = 350㎡ ⇒ 23㎡는 비사업용 토지

📜 관련 판례 · 해석 등 참고사항

🏠 심화정리

◉ 1필지의 토지에 2주택을 사용하다가 1주택을 멸실한 경우

- 한 울타리 內 토지에 정착되어 있던 2동(A, B)의 주택 중 A주택을 멸실한 후 B주택 및
  당해 토지를 양도하는 경우로서 멸실된 A주택의 부수토지에 상당하는 토지는 B주택의
  부수토지로서 요건을 충족하는 경우 1세대 1주택 비과세 규정을 적용하는 것임

  (재산세과─2603, '08.09.02.)

◉ 택지개발예정지구내 1세대 1주택의 주택부수토지 배율 산정기준

- 경기도 평택시 소재 "도시지역"이 아닌 "관리지역"에 소재한 주택이 토지이용계획
  확인서상 "택지개발예정지구로 지정된 지역"은 도시지역에 포함되는 것임

  (부동산거래관리과─8, '11.01.07.)

◉ 일상적으로 이용되지 않는 주택의 부수토지

- 쟁점토지는 청구인이 양도한 주택의 지상 토지와 지번을 달리하는 토지로서 그 주택과의
  사이에 출입문이 없는 담장으로 완전히 분리되어 있고, 쓰레기 소각장이 있었던 점 등을
  종합하면 쟁점토지는 일상적으로 이용되는 주택의 부수토지로 보기 어려움

  (조심2011구3085, '11.11.22. 국승)

> **참고** 주택 부수토지는 주택의 이용에 제공되는 것이어야 하므로, 건설 야적장이나 다른 용도로 이용될 경우 1필지의
> 일부라도 비과세 대상이 아님

다 | 주택의 부수토지

▶ 주택과 부수토지의 지분 · 분할 양도(소칙§72②)

구 분	내　용
지분 양도	• 주택만을 지분으로 양도한 경우　　　　　　　　　　　☞ 비과세 • 주택의 부수토지만을 지분으로 양도한 경우　　　　　☞ 과세 • 주택과 부수토지를 함께 지분으로 양도한 경우　　　☞ 비과세 　※ 비과세되는 경우는 보유기간 등 요건을 충족해야 함
분할 양도	• 주택만을 분할하여 양도한 경우　　　　　　　　　　　☞ 과세 • 주택의 부수토지만을 분할하여 양도한 경우　　　　　☞ 과세 • 주택과 부수토지를 함께 분할하여 양도한 경우　　　☞ 과세

주택부수토지의 범위(소칙§72②)   부수토지만 양도

주택의 부수토지만을 양도하는 경우에는 비록 1세대 1주택 비과세 요건을 충족한 주택의
부수토지라고 하더라도 양도세 비과세 대상에 해당하지 아니함

중요 상   난이 중

적용사례(조심-2017-서-0695, '17.04.05.)

| '74.12.3. | '11.1.27. | '14.4.22. | '14.6.30. |

사례

甲.
"A토지"
취득

乙(甲의 子).
A토지 위에
"B겸용주택**"
소유권보존등기

甲 → 乙, 丙
"A토지"
증여

甲, 乙, 丙
양도세 및
증여세 신고**

* 4층 주택 및 근린생활시설
** 甲은 국세청 고객만족센터 질의회신문을 근거로 수증자가 인수한 채무액에 대하여 1세대 1주택 비과세 신고하였고,
乙과 丙(乙의 아내)은 채무액을 차감한 금액을 각각 증여세 신고함

Q1 1세대 1주택 비과세 요건을 충족한 주택의 부수토지(A)의 부담부증여가 양도세 비과세 대상에 해당하는
지 여부?

A1 주택의 부수토지만을 양도하는 경우에는 비록 1세대 1주택 비과세 요건을 충족한 주택의 부수토지라고
하더라도 양도세 비과세 대상에 해당하지 아니함(소칙§72②)

Q2 국세청 고객만족센터의 회신문에 따른 비과세신고에 대하여 가산세를 부과한 처분의 당부?

A2 세무공무원의 잘못된 설명을 믿고 그 신고 · 납부의무를 불이행하였다 하더라도 관계법령에 어긋나는
것임이 명백한 때에는 그러한 사유만으로 가산세 감면의 정당한 사유가 있는 경우에 해당한다고 할 수
없음(대법원2003두10350, '04.09.24.)

📝 **관련 판례 · 해석 등 참고사항**

▶ **국기법§48[가산세 감면 등]**

① 정부는 이 법 또는 세법에 따라 가산세를 부과하는 경우 그 부과의 원인이 되는 사유가 다음 각 호의 어느
하나에 해당하는 경우에는 해당 가산세를 부과하지 아니한다.
2. 납세자가 의무를 이행하지 아니한 데에 정당한 사유가 있는 경우

◉ 세법상 가산세

- 과세권의 행사 및 조세채권의 실현을 용이하게 하기 위하여 납세자가 정당한 이유없이
  법에 규정된 신고 · 납세의무 등을 위반한 경우 법이 정하는 바에 의하여 부과하는
  행정상의 제재로서,
  - 납세자의 고의 · 과실은 고려되지 아니하는 것이고, 법령의 무지 또는 오인은 그
    정당한 사유에 해당한다고 볼 수 없음

- 국세청 고객만족센터의 답변은 상담직원들이 주로 근로소득자나 소규모 사업자 등을
  대상으로 한 단순한 상담 내지 안내수준인 행정서비스의 한 방법에 불과하여 그 답변은
  회신내용 하단*에 기재된 바와 같이 법적 효력을 갖는 유권해석이 아님

  * 본 답변은 신청자가 제시한 자료만을 근거로 작성하였으며, 법적 효력을 갖는 유권해석(결정, 판단)이 아니므로
    각종 신고, 불복청구 등의 증거자료로서의 효력은 없습니다.

※ 세법해석에 대한 신청 방법

  (홈택스 ⇒ 상담 · 불복 · 제보 ⇒ 세법해석 신청 ⇒ 서면질의 신청 또는 세법해석 사전답변 신청)
  - "세법해석 사전답변"은 공적견해 표명으로 당해 질의에 대하여 과세관청을 구속하여
    신뢰보호원칙이 적용되는 반면, "서면질의" 신청은 외부 구속력은 없으나 사실상
    세법적용 판단기준(일반론적 견해 표명)이 되는 차이가 있음
  - "세법해석 사전답변" 신청은 실제 발생한 거래로 제한되어 법정신고기한 전에만
    신청이 가능하므로 매매계약을 하기 전에 "세법해석 사전답변"을 신청한 경우에는
    국세청 법규과에서 "서면질의"로 변경하여 신청할 것을 안내한 후 답변을 함

가산세 감면(국기법§48①2호)　　　　　　　　　　　　　정당한 사유

납세자가 세법상 정해진 주의의무를 다한 것으로 볼 수 있는 경우에는 이후 과세관청이
평가심의위원회의 심의를 거쳐 감정가액을 시가로 산정하여 가산세를 부과 시 가산세 감면을
적용 가능

중요 상　난이 중

적용사례(기준-2020-법령해석기본-4040, '20.03.16.)

* 과세관청은 증여세 평가기간(증여일 후 3개월) 후부터 증여세 결정기한(신고기한으로부터 6개월)까지의 기간 중에
  감정평가를 받은 가액을 평가심의위원회의 심의를 거쳐 증여재산의 시가로 산정 가능

Q1 부담부증여에 따른 양도세 신고 시 상증법상 시가를 확인하기 어려워 기준시가로 양도세를 신고한
경우로서, 신고 이후 과세관청이 상증령§49①에 따라 감정받은 가액을 증여재산가액으로 경정함에
따라 발생한 과소신고 및 납부지연가산세를 감면할 정당한 사유에 해당하는 지 여부?

A1 납세자가 세법상 정해진 주의의무를 다한 것으로 볼 수 있는 경우에는 이후 과세관청이 상증령§49①에
따라 평가심의위원회의 심의를 거쳐 감정가액을 시가로 산정하여 국기법§47의3 및 §47의4의 가산세를
부과 시 동법§48①2호에 따른 가산세 감면을 적용 가능

📑 관련 판례 · 해석 등 참고사항

▶ **국기법§48[가산세 감면 등]**

① 정부는 이법 또는 세법에 따라 가산세를 부과하는 경우 그 부과의 원인이 되는 사유가 다음 각 호의 어느
하나에 해당하는 경우에는 해당 가산세를 부과하지 아니한다.

2. 납세자가 의무를 이행하지 아니한 데에 정당한 사유가 있는 경우

국세기본법 집행기준 48-0-2[정당한 사유에 해당 여부]

정당한 사유로 본 사례	정당한 사유로 보지 아니한 사례
① 법률의 오해나 부지를 넘어 세법해석상의 의의(疑意)가 있는 경우	① 법령의 부지·착오
② 행위 당시에는 적법한 의무이행이었으나 사정 변경으로 인해 소급적으로 부적법한 것이 되어 외관상 의무이행이 없었던 것처럼 된 경우 (대법원 86누460, '87.10.28.)	② 세무공무원의 잘못된 설명을 믿고 그 신고 납부 의무를 이행하지 아니하였다 하더라도 그것이 관계법령에 어긋나는 것임이 명백한 경우
③ 국세청 질의회신을 근거로 양도세 예정신고 하였고 과세관청이 이를 받아들이는 결정을 하였으나 감사원 지적사항으로 감면세액을 추징하는 경우	③ 과세관청이 기재누락을 시정할 수 있었다 하더라도 납세자측의 과실로 근로소득 원천징수영수증에 소득자의 주소나 주민등록번호를 기재할 의무를 제대로 이행하지 못한 경우
④ 의무이행이 수용, 도시계획이나 법률규정 때문에 불가능한 경우	④ 쟁송중이어서 납세의무의 이행을 기대할 수 없다거나 회사정리절차개시 단계에 있었던 경우
⑤ 거래상대방이 위장사업자라는 사실을 몰랐고 이에 대해 과실이 없는 선의의 거래당사자가 위장 사업자로부터 교부받은 세금계산서에 의해 소정 기간내에 부가가치세 예정신고 및 확정신고를 한 경우(대법원89누2134, '89.10.24.)	⑤ 징수유예사유가 발생하였다는 사정이 있다거나 납부기간 경과 전에 징수유예 신청을 한 경우라도 과세관청이 납부기한 경과 전에 징수유예결정을 하지 않은 경우
⑥ 납세의무자가 과세표준확정신고를 하는데 있어 필요한 장부와 증빙서류가 수사기관이나 과세관청에 압수 또는 영치되어 있는 관계로 의무이행을 하지 못한 경우 (대법원 85누229, '87.2.24.)	⑥ 납세자가 형사범으로 수감되어 세법상 의무이행을 법정신고기한까지 못한 경우 (대법원 90구2705, '90.10.23.)

국세기본법 집행기준 48-0-2[정당한 사유에 해당 여부]

정당한 사유로 본 사례	정당한 사유로 보지 아니한 사례
⑦ 당초 관할세무서가 정당하게 경정·고지하여 납세자가 납부한 종합소득세액을 관할지방국세청이 고충민원처리로 시정 의결하여 납세자에게 환급하였다가 감사원의 시정요구에 의하여 다시 고지한 경우(조세정책과—945, '09.9.22.)	⑦ 할증평가 없이 산정한 매매가격으로 주식을 양도하였다고 할지라도, 주식의 양도거래와 관련하여 신고·납부하여야 할 양도세를 과소신고하게 된 것은 행정청의 공적인 견해 표명에 해당되지 않는 국세종합상담 센터의 구두답변 및 예규를 원고 스스로에게 적용되는 것이라고 잘못 해석되므로 가산세 부과는 정당함 (서울고등법원2010누3758, '10.7.8.)
⑧ 상속세 신고가 납세의무자들이 아닌 유언 집행자들에 의하여 행해졌고, 유언집행을 위하여 필요한 범위 내에서는 유언집행자의 상속재산에 대한 관리처분권이 상속인의 그것보다 우선할 뿐만 아니라 위 상속세 신고 당시 상속재산의 일부를 장학기금으로 출연하라는 망인의 유언이 효력이 미확정인 상태에 있었던 경우 (대법원2004두 930, '05.11.25.)	⑧ 세무사로부터 게임장 과표 산정시 상품권 액면가액을 공제한다는 말을 들었고 다른 게임장들도 그렇게 신고하는 것이 일반적이었고, 과세관청도 명확한 입장표명을 하지 않았다는 사유만으로는 신고·납세의무의 해태를 탓할 수 없는 정당한 사유로 볼 수 없음 (대법원2009두3538, '09.4.23.)
⑨ 납세자가 법정신고기한까지 상속·증여 재산의 상증법§60①에 따른 시가를 확인하기 어려워 같은 법§60③에 따라 기준시가로 상속세·증여세를 정상 신고함에 있어 세법상 정해진 주의의무를 다한 것으로 볼 수 있고, 이후 과세관청이 같은 법 시행령§49①에 따라 평가심의위원회의 심의를 거쳐 감정 가액을 시가로 산정하여 국세기본법§47의4에 따른 납부지연가산세를 부과하는 경우 국세기본법§48①2호에 따른 가산세 감면을 적용할 수 있는 것임(조세법령운용과—154, '20.1.30.)	⑨ 자기 나름의 해석에 의하여 경품으로 제공한 상품권의 가액을 부가가치세 과세표준에서 공제된다고 판단한 것은 단순한 법령의 부지 내지는 오해에 불과하여 정당한 사유에 해당 안됨 (대법원2009두3873, '09.4.23.)

당초 용도변경 전의 주택외 부분에 해당하는 건물 및 부수토지는 양도세가 과세되며, 해당
부분의 양도소득금액을 계산함에 있어 장기보유특별공제액은 소법§95② 표1의 보유기간별
공제율을 적용하여 계산

중요
상

난이
중

적용사례(부동산거래관리과-1405, '10.11.23.)

'00.5.1.
"A겸용주택"
취득
2년 이상 거주*

'08.11.1.
"A겸용주택"
일부
용도변경**

'10.10.1.
"A겸용주택"
양도

사례

* 근린생활시설 160m², 주택 100m²

** 근린생활시설의 60m²를 주택으로 용도변경

Q1 겸용주택의 일부를 주택으로 용도변경한 후 3년 이내 양도 시, 비과세되지 않는 건물 및 부수토지에
대한 양도소득금액 산정방법은?

A1 당초 용도변경 전의 주택외 부분(60m²)에 해당하는 건물 및 부수토지는 양도세가 과세되며, 해당
부분의 양도소득금액을 계산함에 있어 장기보유특별공제액은 소법§95② 표1의 보유기간별 공제율을
적용하여 계산함

📑 관련 판례 · 해석 등 참고사항

1세대 1주택 비과세(소법§89①3호)   세대합가 이전 부수토지

세대합가 이전기간에는 토지소유자와 건물소유자가 다르므로 당해 토지는 주택 부수토지
로서 3년 이상 보유한 경우에 해당하지 아니하는 것임

중요 상   난이 중

적용사례(재산46014-610, '00.05.22.)

사례

'17.7.1.

甲 → 乙(甲의 子)
"A주택"의
부수토지만
증여*

'22.5.1.

甲과 乙
세대합가

'22.7.1.

"A주택 및
그 부수토지"
양도

* 甲이 '17.5.1.에 A주택을 취득한 후 별도세대인 乙(甲의 子)에게 '17.7.1.에 그 부수토지만 증여

Q1 별도세대인 을이 세대합가 이전에 3년 이상 보유하고 있었던 A주택의 부수토지가 1세대 1주택 비과세
적용이 가능한 지 여부?

A1 ・양도일 현재 동일 세대원이 주택과 부수토지를 각각 소유하고 있는 경우에도 1세대가 1주택을
소유하고 있는 것으로 보아 비과세 규정을 적용하는 것이나,

・세대합가 이전기간에는 토지소유자와 건물소유자가 다르므로 당해 토지는 주택 부수토지로서 3년
이상 보유한 경우에 해당하지 아니하는 것임

📑 관련 판례 · 해석 등 참고사항

1세대 1주택 비과세 요건을 판정함에 있어 양도일 현재 동일 세대원이 주택과 그 부수토지를 각각 소유하고 있는 경우 당해 주택(부수토지 포함)의 1세대 1주택 거주기간 및 보유기간 계산은 동일세대원으로서 함께 거주하였거나 보유한 기간만을 통산하여 판단하는 것임

중요 상　난이 중

적용사례 (서면4팀-3794, '06.11.17.)

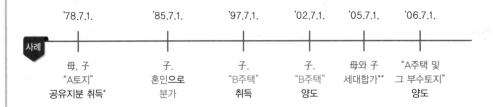

　　'78.7.1.　　　　'85.7.1.　　　　'97.7.1.　　　　'02.7.1.　　　　'05.7.1.　　　　'06.7.1.

사례

　　　母, 子　　　　　子.　　　　　　子.　　　　　　子.　　　　　母와 子　　　"A주택 및
　　"A토지"　　　　혼인으로　　　"B주택"　　　"B주택"　　　세대합가**　　그 부수토지"
　공유지분 취득*　　분가　　　　　취득　　　　　양도　　　　　　　　　　　　양도

　　* 공유지분 취득한 후 "A주택"을 母 명의로 신축하여 子가 분가할 때까지 동일세대원으로 거주함
　　** 子는 B주택 양도한 후 무주택자 상태에서 母 소유의 A주택으로 들어가 합가한 후 계속 양도 시까지 거주함

Q1 A주택과 그 부수토지를 일괄 양도 시 비과세 가능 여부?

A1 1세대 1주택 비과세 요건을 판정함에 있어 양도일 현재 동일 세대원이 주택과 그 부수토지를 각각 소유하고 있는 경우 당해 주택(부수토지 포함)의 1세대 1주택 거주기간 및 보유기간 계산은 동일세대원으로서 함께 거주하였거나 보유한 기간만을 통산하여 판단하는 것임

📃 관련 판례 · 해석 등 참고사항

1세대 1주택 비과세(소법§89①3호) · 주택과 부수토지 각각 소유

주택과 그 부수토지를 세대원이 각각 소유하고 있는 경우 해당 주택부수토지의 1세대 1주택 보유기간 및 거주기간은 동일한 주소 또는 거소에서 생계를 같이하는 1세대로서 보유하거나 거주한 기간만을 통산하는 것임

중요 상 · 난이 중

적용사례(부동산거래관리과-515, '12.09.27.)

* A단독주택에서 父는 1층 거주, 子는 2층 거주하면서 '87.11.14.까지 동일세대 구성하였다가 子가 분가

** 父소유 부수토지에 지하 1층, 지상 5층 B다가구주택을 子 명의로 신축하여 子는 계속 거주한 상태에서 '12.8.27.에 父가 B다가구주택으로 전입하여 세대 합가한 상태에서 '12.9.7.에 주택과 그 부수토지 일괄 양도

Q1 A단독주택에서 父와 子가 동일세대원으로 6년 이상 거주했을 경우 비과세 해당 여부?

A1
• 주택과 그 부수토지를 세대원이 각각 소유하고 있는 경우 해당 주택부수토지의 1세대 1주택 보유기간 및 거주기간은 동일한 주소 또는 거소에서 생계를 같이 하는 1세대로서 보유하거나 거주한 기간만을 통산하는 것임

• 기존주택이 멸실되고 다른 세대원 명의로 신축된 경우에는 같은 세대원으로 계속 거주한 경우에 한정하여 소령§154⑧1호를 적용하는 것임

관련 판례 · 해석 등 참고사항

▶ 소령§154[1세대 1주택의 범위]

⑧ 제1항에 따른 거주기간 또는 보유기간을 계산할 때 다음 각 호의 기간을 통산한다.
1. 거주하거나 보유하는 중에 소실 · 무너짐 · 노후 등으로 인하여 멸실되어 재건축한 주택인 경우에는 그 멸실된 주택과 재건축한 주택에 대한 거주기간 및 보유기간

라 | 보유기간 등의 계산

구 분	내 용
보유 기간	• 취득일~양도일까지 2년(비거주자가 3년 이상 보유하고 그 주택에서 거주한 상태로 거주자로 전환한 경우 : 3년) 이상 • 5년 이상 거주한 건설임대주택 등 보유기간 특례 있음

거주
기간
	• '17.9.19. 이후 양도분 : 조정대상지역 內 주택을 양도하는 경우 보유기간 중 2년 이상
	거주 요건 필요
	※ '17.8.3. 이후 취득분부터 적용
	    – 무주택 1세대가 '17.8.3. 前에 계약 체결하고 계약금 지급한 경우에는 종전
	      규정에 따름

❯ 취득 및 양도시점에 따른 거주요건 적용 여부

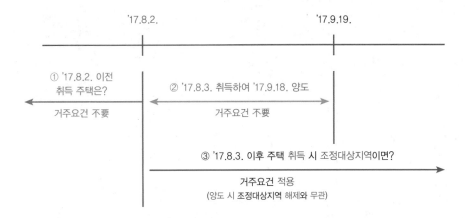

- '17.8.2. 이전 취득한 주택은 거주요건이 필요 없고 조정대상지역 공고일 이전에 취득한 주택도 거주요건 필요 없음

> **참고** 계약금 지급일 현재 무주택자인 경우, '17.8.2. 이전에 매매계약 체결하고 계약금 지급한 사실이 증빙서류로 확인되는 주택은 거주요건 필요없음

조정대상지역 소재 겸용주택 취득 이후 근생으로 용도 변경한 후 다시 주택으로 용도 변경한 후 양도 시 보유 및 거주기간을 통산하므로 당초 주택 취득시점을 기준으로 거주요건 판정

적용사례(서면-2020-법령해석재산-3906, '21.08.26.)

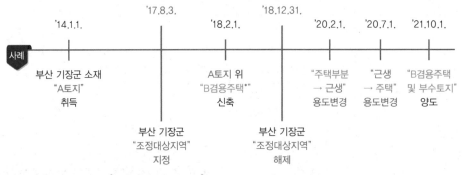

* 1층 단독주택 90m², 1층 근린생활시설 50m²

Q1 조정대상지역 소재 겸용주택 취득 이후 근생으로 용도 변경한 후 다시 주택으로 용도 변경한 후 양도 시 1세대 1주택 비과세 거주요건 적용 여부?

A1 비과세 판정 시 주택 보유상태의 보유기간 또는 거주기간을 통산하므로 당초 주택 취득시점을 기준으로 거주요건 판정하므로 거주요건 적용함

📝 **관련 판례 · 해석 등 참고사항**

▶ **서면-2021-법규재산-0531, '22.04.28.**

　– 세대구분형 아파트 일부를 임대하고 다른 일부를 1세대가 2년간 실제 거주하는 경우 해당 주택의 양도로 발생하는 (전체)소득은 소법§89①3호 및 소령 §154①에 따라 비과세를 적용받을 수 있는 것임

▶ **주택법§2[정의]**

　19. "세대구분형 공동주택"이란 공동주택의 주택 내부 공간의 일부를 세대별로 구분하여 생활이 가능한 구조로 하되, 그 구분된 공간의 일부를 구분소유 할 수 없는 주택으로서 대통령령으로 정하는 건설기준, 설치기준, 면적기준 등에 적합한 주택을 말한다

거주요건(소령§154①본문)   용도변경

조정대상지역 소재 상가를 취득한 후 주택으로 용도 변경한 후 양도 시 주택으로 용도변경
시점에 조정대상지역이 아니므로 거주요건 필요 없음

중요 상   난이 중

적용사례

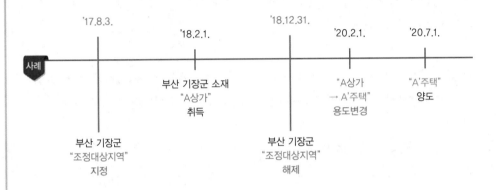

'17.8.3.

'18.2.1.

'18.12.31.

'20.2.1.

'20.7.1.

사례

부산 기장군 소재
"A상가"
취득

"A상가
→ A'주택"
용도변경

"A'주택"
양도

부산 기장군
"조정대상지역"
지정

부산 기장군
"조정대상지역"
해제

Q1 조정대상지역 소재 상가를 취득한 후 주택으로 용도 변경한 후 양도 시 1세대 1주택 비과세 거주요건
적용 여부?

A1 주택으로 용도변경 시점에 조정대상지역이 아니므로 거주요건 필요 없음

📑 관련 판례 · 해석 등 참고사항

법령요약

⊙ 조정대상지역 내 1세대1주택 비과세 거주요건 추가
(소령부칙 제28293호, '17.09.19)

▶ 제2조(1세대 1주택 비과세 요건에 관한 적용례 등)

① 제154조제1항·제2항 및 같은 조 제8항제3호의 개정규정은 이 영 시행 이후 양도하는 분부터 적용한다.

② 다음 각 호의 어느 하나에 해당하는 주택에 대해서는 제154조제1항·제2항 및 같은 조 제8항제3호의 개정규정 및 이 조 제1항에도 불구하고 종전의 규정에 따른다.

1. '17.8.2. 이전에 취득한 주택

2. '17.8.2. 이전에 매매계약을 체결하고 계약금을 지급한 사실이 증빙서류에 의하여 확인되는 주택(해당 주택의 거주자가 속한 1세대가 계약금 지급일 현재 주택을 보유하지 아니하는 경우로 한정한다)

3. '17.8.3. 이후 취득하여 이 영 시행 전에 양도한 주택

거주요건(소령§154①) — 소령 부칙 §2②2호

'17.8.2. 이전에 매매계약을 체결하고 계약금을 완납한 사실이 증빙서류에 의해 확인되는 주택(해당 주택의 거주자가 속한 1세대가 계약금 지급일 현재 주택을 보유하지 아니한 경우로 한정)에 대하여 거주요건 필요 없음

중요 중 / 난이 중

적용사례(서면-2019-부동산-4030, '20.09.07., 기획재정부 재산세제과-316, '20.04.06.)

Q1 A'분양권이 소령 부칙(대통령령 제28293호, '17.9.19.) §2②2호가 적용되는지 여부?

A1 '17.8.2. 이전에 매매계약을 체결하고 계약금을 완납한 사실이 증빙서류에 의해 확인되는 주택(해당 주택의 거주자가 속한 1세대가 계약금 지급일 현재 주택을 보유하지 아니한 경우로 한정)에 대하여 거주요건 필요 없음

📜 관련 판례 · 해석 등 참고사항

▶ **부동산거래관리과-153, '10.02.01.**
  - 조특법§98의3①에서 '10.2.11.까지 매매계약을 체결하고 계약금을 납부한 경우라 함은 '10.2.11.까지 매매계약을 체결하고 계약금을 완납한 경우를 말하는 것임

▶ **소령 부칙(제28293호, '17.9.19.)**

  제2조(1세대 1주택 비과세 요건에 관한 적용례 등)
  ② 다음 각 호의 어느 하나에 해당하는 주택에 대해서는 제154조제1항·제2항 및 같은 조 제8항제3호의 개정규정 및 이 조 제1항에도 불구하고 종전의 규정에 따른다.
    2. '17.8.2. 이전에 매매계약을 체결하고 계약금을 지급한 사실이 증빙서류에 의하여 확인되는 주택(해당 주택의 거주자가 속한 1세대가 계약금 지급일 현재 주택을 보유하지 아니하는 경우로 한정한다)

거주요건(소령§154①) 소령 부칙§2②2호

'17.8.2. 현재에는 다른 주택이 없으나 해당 주택의 거주자가 속한 1세대가 계약금 지급일 현재에는 다른 주택을 보유하고 있어 거주요건이 충족되지 않아 비과세 적용 불가

중요 상 / 난이 중

적용사례

| '16.1.20. | '17.5.5. | '17.7.1. | '17.5.5. | '17.8.2. | '17.8.4. | '19.8.17. |

사례

서울 광진 소재
"A주택"
취득

"A주택"
양도 계약

서울 서초 소재
"B주택"
취득 계약

"A주택"
양도

"B주택*"
취득

"B주택"
양도

* B주택에 거주한 사실 없음

Q1 조정대상지역 내의 B주택 양도 시 비과세 적용 여부?

A1 해당 주택의 거주자가 속한 1세대가 계약금 지급일 현재 A주택을 보유하고 있어 거주요건이 충족되지 않아 비과세 적용 불가

📋 관련 판례 · 해석 등 참고사항

☞ 소령 부칙(제28293호, '17.9.19.) §2②2호 및 소령§154①5호에 따라 해당 세대가 계약금 지급일 현재 주택을 보유하지 아니하는 경우에 거주요건 제외

▶ **서면-2021-부동산-4671, '22.07.04.**

- 주택분양권을 보유한 세대가 '17.8.2. 이전에 매매계약을 체결하고 계약금을 지급하여 취득한 조정대상지역 내 주택분양권이 완공되어 해당주택을 양도하는 경우 1세대1주택 비과세 거주 요건 적용하지 않음(A분양권 보유 상태에서 B분양권에 의하여 주택이 완공되어 양도한 경우)

☞ '21.1.1. 전에 보유한 주택분양권은 주택 수 산정에 포함하지 않아 계약금의 의미 밖에 없음

1세대가 계약금 지급일 현재 공동상속주택의 소수지분을 보유한 경우 소령('19.9.19. 대통령령 제28293호로 개정된 것) 부칙§2②2호 괄호 안의 '주택을 보유하지 아니하는 경우'에 해당하지 않아 거주요건 적용

중요 **상**　난이 **중**

제1편

적용사례(서면-2020-법령해석재산-6226, '21.04.27.)

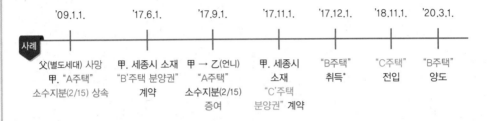

'09.1.1.　　'17.6.1.　　'17.9.1.　　'17.11.1.　　'17.12.1.　　'18.11.1.　　'20.3.1.

사례

父(별도세대) 사망
甲. "A주택"
소수지분(2/15) 상속

甲. 세종시 소재
"B'주택 분양권"
계약

甲 → 乙(언니)
"A주택"
소수지분(2/15)
증여

甲. 세종시
소재
"C'주택
분양권" 계약

"B주택"
취득'

"C주택"
전입

"B주택"
양도

* '17.11.1. 전입하고 1년 실제 거주

Q1 '17.8.2. 이전에 주택 분양권(B)을 계약하고 계약금 지급 당시 공동상속주택(A) 소수지분을 보유한 1세대가 완공된 주택(B)을 양도 시 거주요건 적용 여부?

A1 1세대가 계약금 지급일 현재 공동상속주택(A)의 소수지분을 보유한 경우 소령('19.9.19. 대통령령 제28293호로 개정된 것) 부칙§2②2호 괄호 안의 '주택을 보유하지 아니하는 경우'에 해당하지 않아 거주요건 적용

📝 **관련 판례 · 해석 등 참고사항**

▶ 소령 부칙(제28293호, '17.9.19.)

제2조(1세대 1주택 비과세 요건에 관한 적용례 등)
② 다음 각 호의 어느 하나에 해당하는 주택에 대해서는 제154조제1항 · 제2항 및 같은 조 제8항제3호의 개정규정 및 이 조 제1항에도 불구하고 종전의 규정에 따른다.
　2. '17.8.2. 이전에 매매계약을 체결하고 계약금을 지급한 사실이 증빙서류에 의하여 확인되는 주택(해당 주택의 거주자가 속한 1세대가 계약금 지급일 현재 주택을 보유하지 아니하는 경우로 한정한다)

1세대가 '17.8.2. 이전에 매매계약을 체결하고 계약금을 지급사실이 확인되는 주택으로서 계약금 지급일 현재 공동상속주택의 소수지분을 보유한 경우 소령 부칙§2②2호 괄호 안의 '주택을 보유하지 아니하는 경우'에 해당하지 않아 거주요건 적용

중요 상 | 난이 중

적용사례(서면-2018-부동산-0935, '18.11.29.)

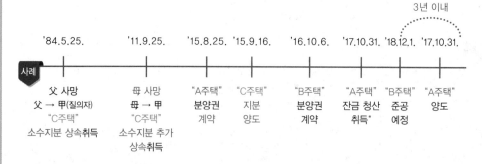

* A주택은 취득 당시 조정대상지역에 소재

Q1 A주택을 B주택 취득 후 3년 이내 양도 시 거주요건 적용 여부?

A1 1세대가 '17.8.2. 이전에 매매계약을 체결하고 계약금을 지급사실이 확인되는 주택으로서 계약금 지급일 현재 **공동상속주택의 소수지분**을 보유한 경우 소령('19.9.19. 대통령령 제28293호로 개정된 것) 부칙§2②2호 괄호 안의 '주택을 보유하지 아니하는 경우'에 해당하지 않아 **거주요건 적용**

📑 **관련 판례·해석 등 참고사항**

▶ **서면-2022-법규재산-4956, '23.06.16.**

- '17.8.2. 이전에 조정대상지역 내 주택을 취득하는 매매계약 체결 및 계약금을 지급한 1세대의 해당주택 비과세 거주요건(2년) 적용여부 판정할 때, 주거용으로 사용하고 있는 오피스텔을 보유한 경우 무주택 세대로 보지 않는 것임

1세대가 '17.8.2. 이전에 매매계약을 체결하고 계약금을 지급사실이 확인되는 주택으로서 계약금 지급일 현재 조특법§99의2를 적용받는 주택을 보유한 경우 소령 부칙§2②2호 괄호 안의 '주택을 보유하지 아니하는 경우'에 해당하지 않아 거주요건 적용

중요 상   난이 중

적용사례(서면-2018-법령해석재산-240, '18.05.03.)

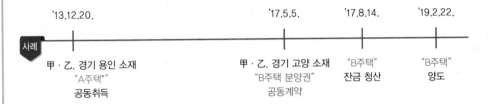

| '13.12.20. | '17.5.5. | '17.8.14. | '19.2.22. |

사례

甲 · 乙. 경기 용인 소재
"A주택*"
공동취득

甲 · 乙. 경기 고양 소재
"B주택 분양권"
공동계약

"B주택"
잔금 청산

"B주택"
양도

* A주택은 조특법§99의2 감면대상주택임을 확인받은 주택이고, 甲 · 乙은 부부관계로 현재 A주택에 거주 중

Q1 B주택 양도 시 거주요건 적용 여부?

A1 '17.8.2. 이전에 매매계약을 체결하고 계약금을 지급사실이 확인되는 주택으로서 계약금 지급일 현재 조특법§99의2를 적용받는 주택을 보유한 경우 소령('19.9.19. 대통령령 제28293호로 개정된 것) 부칙§2②2호 괄호 안의 '주택을 보유하지 아니하는 경우'에 해당하지 않아 거주요건 적용

📄 관련 판례 · 해석 등 참고사항

▶ 서면-2018-부동산-0935, '18.11.29.
  – 공동상속주택의 소수지분을 보유한 경우에도 주택을 보유하지 아니한 경우에 해당하지 않음

'17.8.2. 이전에 피상속인이 취득한 조정대상지역 내 주택을 '17.8.2. 당시 동일세대원이었던 상속인이 상속개시일에 동일세대원으로서 상속받은 주택을 양도하는 경우, 1세대 1주택 비과세 판정 시의 거주요건 적용 받지 않음

중요	난이
상	중

적용사례(서면-2020-법령해석재산-3884, '21.04.23.)

* 상속인은 '12.9.3.부터 상속개시일까지 피상속인과 동일 세대원이었으며 '12.9.3.부터 동일 세대원으로 A주택에
실제 거주하였으며 상속받은 A주택 이외에 상속인이 소유한 주택 없음

Q1 A주택 양도 시 거주요건 적용 여부?

A1 '17.8.2. 이전에 피상속인이 취득한 조정대상지역 내 주택을 '17.8.2. 당시 동일세대원이었던
상속인이 상속개시일에 동일세대원으로서 상속받은 주택을 양도하는 경우, 1세대 1주택 비과세 판정
시의 거주요건 적용 받지 않음

📜 **관련 판례 · 해석 등 참고사항**

'17.8.2. 이전에 피상속인이 매매계약을 체결하고 계약금을 지급한 분양권을 '17.8.3. 이후 피상속인과 동일세대원인 상속인이 상속받아 주택으로 완공된 후 양도하는 경우에는 거주요건을 적용 받지 않음

중요 상
난이 중

적용사례(서면-2020-법령해석재산-2708, '20.12.24.)

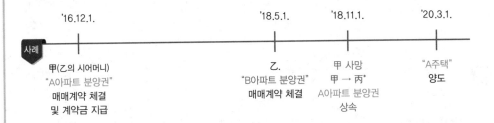

'16.12.1.

사례

甲(乙의 시어머니)
"A아파트 분양권"
매매계약 체결
및 계약금 지급

'18.5.1.

乙.
"B아파트 분양권"
매매계약 체결

'18.11.1.

甲 사망
甲 → 丙*
A아파트 분양권
상속

'20.3.1.

"A주택"
양도

* 丙은 甲의 아들이면서 乙의 남편이고, 甲은 사망 전까지 乙세대와 동일 세대원 전제

Q1　A주택 양도 시 거주요건 적용 여부?

A1　'17.8.2. 이전에 피상속인이 매매계약을 체결하고 계약금을 지급한 분양권을 '17.8.3. 이후 피상속인과 동일세대원인 상속인이 상속받아 주택으로 완공된 후 양도하는 경우에는 거주요건을 적용 받지 않음

📝 **관련 판례·해석 등 참고사항**

☞ '21.1.1. 전에 취득한 B아파트 분양권은 비과세 판정 시 주택 수에 전혀 영향을 미치지 않는 점에 유의

무주택 세대가 오피스텔 분양권을 '17.8.2. 이전에 매매계약을 체결하고 계약금을 지급한 사실이 확인되는 주택은 거주요건을 적용 받지 않음 ⇒ 거주요건이 필요한 것으로 해석 변경됨

중요 상   난이 상

적용사례(서면-2020-부동산-0221, '20.08.28.)

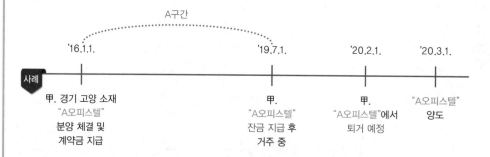

Q1 무주택 세대가 오피스텔 분양권을 '17.8.2. 이전에 취득한 경우 거주요건 적용 여부?

A1 '17.8.2. 이전에 매매계약을 체결하고 계약금을 지급한 사실이 확인되는 주택은 거주요건을 적용 받지 않음

※ A구간이 오피스텔 분양권으로 주택으로 보지 않는 구간인데, 잔금 지급하여 주택으로 사용한다는 이유로 A구간이 주택으로 보는 구간으로 변경되는 모순 발생

☞ 따라서, 오피스텔 취득시점에 오피스텔이 주택으로 용도 변경한 것으로 보아 거주요건이 필요한 것으로 해석 변경됨

➡ 다음 쪽(종합부동산세 해석)과 비교 검토

📝 관련 판례 · 해석 등 참고사항

▶ 기획재정부 재산세제과-1312, '22.10.19. ✎ 변경된 해석

– 무주택세대가 조정대상지역 공고 이전에 오피스텔 분양계약하였으나, 해당 오피스텔이 조정 대상지역 공고 이후에 완공되어 주거용으로 사용할 경우,

– 예규 생산일('22.10.19.) 이후 양도분부터 비과세 거주요건을 적용함

종합부동산세 합산배제 임대주택(소령§154①)　　　종부세 관련 오피스텔 분양권

1세대가 1주택을 보유한 상태에서 조정대상지역에 있는 오피스텔 분양권을 '18.9.13. 이전에 계약하고, '18.9.14. 이후 배우자에게 ½지분을 증여하여 해당 오피스텔이 '18.9.14. 이후 완공된 후 주택임대 등 합산배제 요건을 충족 시 종합부동산세 합산배제 임대주택을 적용할 수 없음

중요 상　　난이 상

적용사례(사전-2021-법령해석재산-1110, '21.11.08.)

| '15.4.1. | '18.8.27. | '18.9.13. | '20.9.24. | '20.10.14. | '20.11.19. | '21.5.9. |

사례

甲.
서울 서대문구 소재
"A주택"
취득

乙(甲의 배우자).
서울 마포구 소재
"B'오피스텔 분양권"
취득

乙 → 甲
"B'오피스텔분양권"
½지분
증여

"B'오피스텔분양권"
장기일반
민간임대주택
등록*

"B오피스텔"
완공 및
소유권
이전등기

"B주택"
주택임대
개시

* 완공 후 주택사용 등 합산배제 요건 갖춘 것 전제

Q1 1세대가 1주택을 보유한 상태에서 조정대상지역에 있는 오피스텔 분양권을 '18.9.13. 이전에 계약하고, '18.9.14. 이후 배우자에게 ½지분을 증여하여 해당 오피스텔이 '18.9.14. 이후 완공된 후 주택임대 등 합산배제 요건을 충족 시 종합부동산세 합산배제 임대주택 적용이 가능한 지 여부?

A1 합산배제 임대주택을 적용할 수 없음

📑 관련 판례 · 해석 등 참고사항

☞ 종부령§3①8호에서 '18.9.13. 이전에 "주택을 취득하기 위하여 매매계약을 체결하고 계약금을 지급한 사실이 ~"로 열거되어 있어, 오피스텔은 완공 이전까지는 주택으로 보지 않으므로 합산배제 임대주택을 적용할 수 없다고 해석한 것으로 보임

☞ 오피스텔은 완공되어 주택으로 사용하기 전까지는 업무시설로 간주

'17.8.2. 이전에 증여자가 매매계약을 체결하고 계약금을 지급한 분양권을 이후에 증여자와 동일세대원인 배우자에게 지분을 증여한 후 완성된 주택을 양도 시 거주요건을 적용 받지 않음

중요 상　　난이 중

적용사례(기획재정부 재산세제과-858, '18.10.10.)

사례 1

'16.11.1.
甲. 경기 **지구 소재
"A주택*"
분양계약 및
계약금 지급

'17.9.8.
甲 → 乙(甲의 아내)
"A주택"
분양권 지분 1/2
증여

'20.9.1.
"A주택"
양도

* 甲 : A주택 계약금 지급일 현재 무주택 세대에 해당

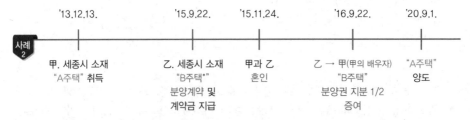

사례 2

'13.12.13.
甲. 세종시 소재
"A주택" 취득

'15.9.22.
乙. 세종시 소재
"B주택*"
분양계약 및
계약금 지급

'15.11.24.
甲과 乙
혼인

'16.9.22.
乙 → 甲(甲의 배우자)
"B주택"
분양권 지분 1/2
증여

'20.9.1.
"A주택"
양도

* 乙 : B주택 계약금 지급일 현재 무주택 세대에 해당, B주택은 '17.8.2. 현재 미 완공 상태

Q1 조정대상지역 내 주택(A)의 분양계약을 '17.8.2. 이전 체결하고 계약금을 지급하였으나, 이후에 그 지분 중 ½을 배우자에게 증여 시 거주요건 적용 여부?

A1 '17.8.2. 이전에 증여자가 매매계약을 체결하고 계약금을 지급한 분양권을 이후에 증여자와 동일세대원인 배우자에게 지분을 증여한 후 완성된 주택을 양도하는 경우에는 거주요건을 적용 받지 않음(∵비과세 판정기준은 "세대")

거주요건(소령§154①)   나대지 → 조합원입주권(거주요건)

나대지가 '17.8.2. 이전에 주택 조합원입주권으로 전환되어 신축된 주택의 1세대1주택 비과세 판단 시 거주요건을 적용하지 않음

중요 상   난이 중

적용사례(서면-2022-법규재산-4321, '24.05.22., 기획재정부 재산세제과-584, '24.05.17.)

| '95.7.1. | '15.2.1. | '172.1. | '17.8.3. | '19.8.1. | '19.11.8. | '20.7.1. | '20.8.1. |

사례

"A'나대지"
상속 취득

재개발
관리처분계획인가
"A'조합원입주권"
취득

"A주택"
분양 계약*

조정대상
지역

"A주택"
준공

조정대상
지역 해제

"B주택"
취득

"C주택"
취득

* 계약금 지급일 현재 무주택세대임을 전제

Q1 도시정비법에 따른 재개발사업으로 '17.8.2. 이전에 나대지를 재개발조합에 제공하고 취득한 조합원입주권이 조정대상지역으로 지정된 후 주택으로 완공된 경우 1세대1주택 비과세 거주요건 적용 여부?

A1 나대지가 '17.8.2. 이전에 주택 조합원입주권으로 전환되어 신축된 주택의 1세대1주택 비과세 판단 시 거주요건을 적용하지 않음

📑 **관련 판례 · 해석 등 참고사항**

라 | 보유기간 등 계산

⊙ 보유기간 : 소법§95④(취득일~양도일)에 의함

⊙ 거주기간 : 주민등록표상 "전입일자부터 전출일까지"의 기간에 의함
(실제 거주일이 확인되는 경우 "실제 거주기간")

유 형	보유기간 취득일
일반적인 경우	• 대금청산일과 등기접수일 중 빠른 날
이혼 재산분할	• 상대방 주택을 이전 ☞ 이혼 상대방의 취득일
부당행위계산	• 우회양도 ☞ 증여자의 취득일
배우자 등 이월과세	• 증여자의 취득일 • 이월과세를 적용 받아 비과세 해당 시 이월과세 배제 　　☞ 수증자의 취득일
상속받은 주택	• 별도 세대원 상속 ☞ 상속개시일부터 보유기간 기산 • 동일 세대원 상속 ☞ 동일 세대로서의 보유기간 통산
증여받은 주택	• 별도 세대원 증여 ☞ 증여받은 날부터 보유기간 통산 • 동일 세대원 증여 ☞ 동일 세대로서의 보유기간 통산
동일 세대원 매매(경매낙찰)	• 국세청 ☞ 낙찰 받은 날 • 조세심판원 ☞ 당초 취득일
용도변경	• 주택 ⇒ 주택 외 ⇒ 주택(양도 시) 　※ 주택으로서의 보유기간 등을 합산
부수토지 추가매입	• 추가 매입분 ☞ 매입 후 보유기간 충족 필요

라 | 보유기간 등 계산

구 분	1세대 2주택 이상 보유자의 최종 양도주택 보유기간
'20.12.31. 이전 양도, '22.5.10. 이후 양도	• 1세대 2주택 이상 보유자의 최종 1주택에 대해 당초 취득일부터 보유기간 산정하여 1세대 1주택 비과세 적용

'21.1.1.~
'22.5.9.까지
양도
	• 2주택 이상(소령§155, §155의2 및 §156의2 및 §156의3에 따라 일시적으로 2주택에
	  해당하는 경우 해당 2주택은 제외하되, 2주택 이상을 보유한 1세대가 1주택 외의 주택을
	  모두 처분한 후 신규주택을 취득하여 일시적 2주택이 된 경우는 제외하지 않음)을 보유한
	  1세대가 1주택 외의 주택을 모두 처분한 경우에는 처분 후 1주택을 보유하게 된
	  날부터 보유기간을 기산함

구 분	보유기간 및 거주기간 포함 여부		
	종전주택	공사기간	신축주택
소실 · 무너짐 · 노후 등의 재건축	포함	포함하지 않음	포함
도시정비법 재개발 · 재건축	포함	보유기간 : 포함 거주기간 : 포함하지 않음	포함

◉ 정비사업조합의 승계조합원인 경우 : 부동산을 취득할 수 있는 권리를 취득

• 신축주택(부수토지 포함) 취득일 : 완성일(사용승인일 등)부터 기산

관리처분계획인가일 이후에도 철거되지 아니한 건물이 사실상 주거용으로 사용되고 있는
경우 이를 주택으로 보아 보유기간 계산

중요 상   난이 중

적용사례(부동산납세과-242, '14.04.10., 서면4팀-2766, '07.09.20.)

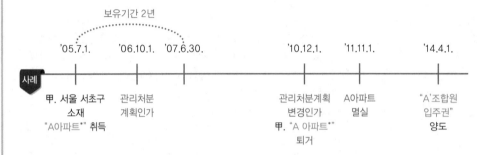

* 甲 : A아파트 취득한 후 퇴거일까지 5년 6개월 거주

Q1 A'조합원입주권 비과세 적용 여부?

A1 관리처분계획인가일 이후에도 철거되지 아니한 건물이 사실상 주거용으로 사용되고 있는 경우 이를
주택으로 보아 **보유기간 계산**

관련 판례 · 해석 등 참고사항

☞ 관리처분계획인가일을 기준으로 주택이 조합원입주권(부동산을 취득할 수 있는 권리)으로 변환되지만 1세대가
1주택만을 보유한 상태에서 관리처분계획인가일까지 보유 및 거주기간을 충족하지 못해 비과세를 받지
못한 경우에 한하여 예외적으로 주택의 보유 및 거주기간으로 인정해 주는 해석임

마 | 보유기간 등의 특례(소령§154①1호)

건설임대주택의 임차일로부터 양도일까지 거주기간이 5년 이상인 경우 보유 및 거주기간 제한 없이 비과세

◉ 건설임대주택에 대해 적용 ☞ 매입임대주택은 적용하지 않음

- 민간임대주택법§2 2호에 따른 민간건설임대주택, 공공주택특별법§2 1호의2에 따른 공공건설임대주택*을 취득하여 양도

  * 공공주택사업자가 "직접 건설"하여 공급
    cf) LH등이 기부채납 받은 임대주택

☞ 다음 쪽 신문기사와 같이 직접 건설하지 않고 기부채납 받은 공공매입임대주택의 분양전환자에게도 보유기간 등의 특례를 제공하여 공공임대주택을 활성화하기 위하여 '22.2.15. 이후 양도분부터는 공공매입임대주택도 적용대상에 추가하여 개정

◉ 임차일부터 양도일까지 거주기간 5년 ☞ 분양전환일까지 기간이 아님

- 계속하여 거주한 기간이 아닌, 임대주택의 임차일부터 양도일까지의 거주한 기간을 통산하여 5년 이상인 경우임(사전-2024-법규재산-0154, '24.03.29.)

◉ 임차자와 분양전환자의 동일성 여부

- 동일 세대원 사이에는 임차인과 분양자의 동일성 요구하지 않음(동일 세대원 사이 증여·상속된 경우 거주기간 합산)
- 별도 세대원이 임차권 승계시에는 승계시점부터 거주기간 5년 이상 필요

수원 LH 임대아파트, 비과세 믿었는데 '수천만원 양도세 폭탄'

경인일보
2020-10-28 제1면 신지영기자

공공임대 분양전환 불구 '민간건설사 주택 재임대' 이유 부과
"세무서·LH 문의 땐 매도해도 비과세라더니…" 주민들 분통

LH재개발 임대주택 주민들이 "양도세 폭탄을 맞았다"면서 피해를 호소하고 있다. 임대주택을 분양 전환해 소유한 주민들이 LH임대주택 매매 시에 주어지는 비과세 혜택을 믿고 주택을 매각했다가 수천만원에 달하는 양도세를 부과받았기 때문이다.

27일 수원시 P아파트 주민과 LH(한국토지주택공사) 경기지역본부, 수원세무서 등에 따르면 해당 아파트는 지난 2009년 대우건설이 재건축해 전체 가구 중 일부를 LH에 기부채납했다. 당시 재건축 아파트 사업계획을 승인 받으려면 임대의무비율을 충족시켜야 해서다.

2009년 입주가 시작될 당시 해당 아파트는 임차인을 '영구임대' 조건으로 모집했다. 그러던 중 2010년에 이르러 '10년 공공임대 분양전환 아파트'로 바뀌게 된다. 10년 임대가 끝나는 2019년까지 대부분의 주민들은 '공공임대' 주택에 거주해 왔다.

공공임대 분양전환 아파트는 5년 이상 거주한 세입자에게 분양전환 후 즉시 매도해도 양도세 비과세가 되는 혜택을 준다. 이런 소득세법상 특례는 5년 이상 거주한 세입자에게 분양전환 후 다시 2년간 거주해야 할 의무를 지우는 건 과하다는 소득세법 시행령 취지에 따른 것이다.

이 아파트 주민들은 분양전환 기간이 도래한 지난 2019년부터 비과세 혜택을 믿고 주택 매도를 시작했다. 세무서나 LH에 유선상으로 문의해 봤을 때도 "공공임대는 즉시 매도해도 '비과세'라는 답변이 돌아왔다. 이런 주민들에게 최소 2천만원 가량의 양도세 부과 예고 통지가 오고 있다.

해당 아파트는 LH가 지어서 임대한 '건설임대'가 아니라 민간 건설사가 지은 주택을 LH가 재임대한 '재건축 임대아파트'라는 이유에서다. 이 단지에서 비과세 혜택을 믿고 매도한 주민만 최소 30가구로, 거둔 시세차익에 따라 최대 8천만원까지 양도세를 내는 사람도 나타날 것으로 보인다.

이 아파트에 거주하는 A씨는 "(세무서 문의 시)비과세가 아니라는 안내만 받았어도 서둘러 매도하지 않았을 거다. 주민들은 투기꾼이 아니다"라고 호소했다.

양도소득세 집행기준(89-154-40)

◉ 1주택 보유자가 건설임대주택을 분양받아 양도하는 경우

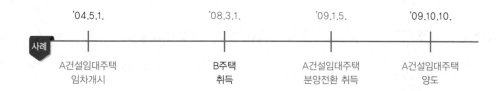

사례	'04.5.1.	'08.3.1.	'09.1.5.	'09.10.10.
	A건설임대주택 임차개시	B주택 취득	A건설임대주택 분양전환 취득	A건설임대주택 양도

* 1주택을 보유한 1세대가 건설임대주택을 분양 받아 1세대 2주택인 상태에서 나중에 취득한 건설임대주택을 먼저 양도하는 경우에는 건설임대주택 임차일부터 양도일까지 5년 이상 거주한 경우에도 양도소득세가 과세됨(☞ A건설임대주택이 신규주택으로 신규주택을 먼저 양도)

마 | 보유기간 등의 특례(소령§154①2호 가목)

사업인정고시일 前 취득한 주택이 토지보상법에 의한 협의매수·수용 및 그 밖의 법률에 의하여 수용되는 경우 보유 및 거주기간 제한 없이 비과세

◉ 사업시행자에게 양도하는 경우에 적용 ☞ 私人간 매매 적용하지 않음

◉ 수용·협의매수 後 5년 이내 양도하는 잔존주택 및 부수토지도 포함

- 잔존주택 등은 수용으로 양도되지 않아도 됨
- 잔존부분은 토지만 남아 있는 경우에도 적용 가능

◉ 사업인정고시일 이후 취득한 주택은 적용하지 않음

◉ 양도일(협의매수일 또는 수용일) 현재 2주택 이상 소유한 경우 적용되지 않음

　☞ 일시적 2주택은 예외

◉ 부수토지 일부만 협의매수·수용시 적용되지 않으나, 주택 및 부수토지가 시차를 두고 보상금 지급 시 전체를 하나의 거래로 보아 비과세 적용

(부동산거래관리과-489, '12.09.13., 서울고등법원2011누34667, '12.04.04.)

보유기간 등의 특례(소령§154①2호가목) 사업인정고시일 전 수용(비과세 관련)

사업인정고시일 전에 취득한 주택 및 그 부수토지가 토지보상법에 의한 협의매수 · 수용되는 경우에는 보유기간 및 거주기간에 관계없이 비과세가 적용됨

중요 상 / 난이 상

적용사례

| '14.3.1. | '19.7.1. | '21.8.1. | '21.9.1. | '21.10.1. |

경기 남양주 소재 "A주택" 취득 / 경기 남양주 소재 "B주택*" 단독 상속 취득 / "B주택"의 부수토지만 소유권 이전 (수용) / "A주택" 양도 / "B주택만" 소유권 이전 (수용)

* 별도세대원인 피상속인 父로부터 선순위 상속 취득하였고, B주택은 토지보상법에 의해 '18.2.1. 사업인정고시된 상태임

Q1 A주택의 비과세 적용 여부?

A1 비과세는 주택을 기준으로 판단하므로 상속주택 특례(소령§155②)에 의거 비과세가 적용됨

Q2 B상속주택의 비과세 적용 여부?

A2 사업인정고시일 전에 취득한 주택 및 그 부수토지가 토지보상법에 의한 협의매수 · 수용되는 경우에는 보유기간 및 거주기간에 관계없이 비과세가 적용됨

Q3 B주택의 부수토지만 먼저 수용되고 2개월 후 주택이 수용되는 경우에도 부수토지가 비과세 대상인지 여부?

A3 1주택 및 부수토지에 대한 보상금 지급이 시차를 두고 이루어진 경우에는 전체를 하나의 거래로 보아 소령§154①을 (비과세)적용함

📝 관련 판례 · 해석 등 참고사항

1세대가 국내에 1주택 및 그 부수토지 중 부수토지만 토지보상법에 의하여 협의매수·수용
되는 경우에는 소령§154①이 적용되지 아니하는 것이나, 1주택 및 부수토지에 대한 보상금
지급이 시차를 두고 이루어진 경우에는 전체를 하나의 거래로 보아 비과세를 적용

> 중요 | 난이
> 상 | 상

적용사례(부동산거래관리과−489, '12.09.13.)

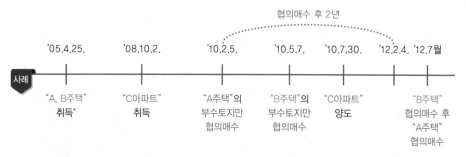

협의매수 후 2년

'05.4.25.	'08.10.2.	'10.2.5.	'10.5.7.	'10.7.30.	'12.2.4.	'12.7월

사례

　"A, B주택"　　　"C아파트"　　　"A주택"의　　　"B주택"의　　　"C아파트"　　　　　　"B주택"
　취득*　　　　　취득　　　　　부수토지만　　　부수토지만　　　양도　　　　　　협의매수 후
　　　　　　　　　　　　　　　협의매수　　　　협의매수　　　　　　　　　　　　　"A주택"
　　　　　　　　　　　　　　　　　　　　　　　　　　　　　　　　　　　　　　협의매수

　* A·B주택(경기 평택시 소재)은 사업인정고시일('08.5.30.) 전에 취득

Q1 A주택의 부수토지만 먼저 수용되고 2년*이 지난 후 A주택이 수용되는 경우 주택의 부수토지가 1세대
1주택 비과세 대상인지 여부?

　* '13.2.15. 이후 양도분부터 2년에서 5년으로 개정됨

A1 1세대가 국내에 1주택 및 그 부수토지 중 부수토지만 토지보상법에 의하여 협의매수·수용되는
경우에는 소령§154①이 적용되지 아니하는 것이나,
　– 1주택 및 부수토지에 대한 보상금 지급이 시차를 두고 이루어진 경우에는 전체를 하나의 거래로 보아
　　소령§154①을 (비과세)적용하는 것임

📖 **관련 판례·해석 등 참고사항**

▶ 서울고등법원2011누34667, '12.04.04.(상고 포기), **수원지방법원2011구합7114, '11.09.01.,**
　조심2011중0975, '11.05.02.
　– 기존해석*이 부수토지만 먼저 수용되더라도 비과세를 인정하였으나, 서울고등법원2011누34667,
　　'12.04.04.의 판결 이후 주택과 부수토지의 일부가 동시에 수용되어야 비과세가 인정되는 것으로
　　해석이 변경됨
　　* 부동산거래관리과−1498, '10.12.21., 부동산거래관리과−1459, '10.12.08., 서면5팀−168,
　　'08.01.24., 동산거래관리과−231, '12.04.23., 부동산거래관리과−1009, '11.12.02.

보유기간 등의 특례(소령§154①2호가목)   주택 수용 5년 이내 부수토지 양도

1세대 1주택에 해당하는 주택이 토지보상법 등에 의해 수용되는 경우 그 수용일부터 5년 이내 양도하는 그 부수토지에 대하여는 1세대 1주택 비과세 규정을 적용함

중요 상 | 난이 중

적용사례(서면-2017-부동산-0934, '17.06.13.)

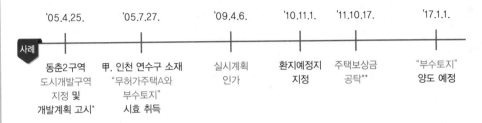

'05.4.25. — 동춘2구역 도시개발구역 지정 및 개발계획 고시*

'05.7.27. — 甲. 인천 연수구 소재 "무허가주택A와 부수토지" 시효 취득

'09.4.6. — 실시계획 인가

'10.11.1. — 환지예정지 지정

'11.10.17. — 주택보상금 공탁**

'17.1.1. — "부수토지" 양도 예정

사례

* 주택은 사업시행자가 수용하고 토지는 환지방식

** 토지보상법이나 그 밖의 법률에 따라 공익사업을 위하여 수용되는 경우 대금을 청산한 날, 수용의 개시일 또는 소유권이전등기 접수일 중 빠른 날이 양도 또는 취득시기이나 소유권에 관한 소송으로 보상금이 공탁된 경우에는 소유권 관련 소송 판결 확정일이 양도 또는 취득시기임

Q1 '11.10.1. A주택이 사업시행자에게 먼저 수용되고 그 부수토지를 환지처분 전·후에 양도하는 경우 1세대 1주택 비과세 해당하는지 여부?

A1 1세대 1주택에 해당하는 주택이 토지보상법 등에 의해 수용되는 경우 그 수용일부터 5년 이내" 양도하는 그 부수토지에 대하여는 1세대 1주택 비과세 규정을 적용함

참고 '13.2.15. 이후 양도분부터 2년 이내에서 5년 이내로 개정

📃 관련 판례·해석 등 참고사항

▶ **서면-2016-부동산-4712, '16.12.30.**

- 1세대가 양도일 현재 국내에 1주택을 보유하고 있는 경우로서 해당 주택 및 그 부수토지(사업인정고시일 전에 취득한 주택 및 그 부수토지에 한함)의 전부 또는 일부가 '13.2.13. 이전에 토지보상법에 의한 협의매수·수용 및 그 밖의 법률에 의하여 수용되고, 그 잔존 주택 및 그 부수토지가 '13.2.05. 이후에 양도되는 경우에 '13.2.15. 대통령령 제24356호로 개정된 소령§154①2호가목을 적용(2년 → 5년)하는 것임

"1세대 1주택" 해당 여부는 그 주택의 양도 당시를 기준으로 판단해야 하고, 토지와 건물은 별개의 과세물건인 이상 그 양도시기 또한 개별적으로 정하여야 함

중요	난이
상	상

적용사례(수원지방법원2014구단1332, '14.10.10.)

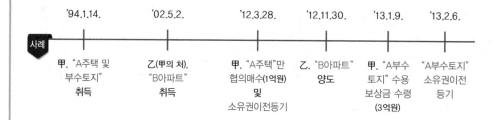

	'94.1.14.	'02.5.2.	'12.3.28.	'12.11.30.	'13.1.9.	'13.2.6.
사례	甲. "A주택 및 부수토지" 취득	乙(甲의 처). "B아파트" 취득	甲. "A주택"만 협의매수(1억원) 및 소유권이전등기	乙. "B아파트" 양도	甲. "A부수 토지" 수용 보상금 수령 (3억원)	"A부수토지" 소유권이전 등기

Q1 A주택 부수토지의 양도시기 및 1세대 1주택 비과세 대상인지 여부?

A1 "1세대 1주택" 해당 여부는 그 주택의 양도 당시를 기준으로 판단해야 하고, 토지와 건물은 별개의 과세물건인 이상 그 양도시기 또한 개별적으로 정하여야 하는데
　　- A주택의 양도시기는 소유권 이전등기일인 '12.3.28.이고, 수용으로 양도된 A부수 토지는 대금청산일과 소유권이전등기일 중 빠른 날인 '13.1.9.을 양도시기로 보아야 하므로
　　- A주택 양도시기에 B아파트를 보유하고 있어 1세대 1주택에 해당하지 않아 비과세 적용 불가

📑 관련 판례 · 해석 등 참고사항

마 | 보유기간 등의 특례(소령§154①2호 나목, 다목)

> 해외이주 또는 1년 이상 계속 국외거주를 필요로 하는 취학·근무상 형편으로 세대 전원이 출국하는 경우 출국일로부터 2년 이내 양도하는 주택은 보유 및 거주기간 제한 없이 비과세

- ❯ 해외이주는 연고이주, 무연고이주, 현지이주를 포함

  - 현지이주의 양도시한은 "영주권 등 취득일"로부터 2년

- ❯ 출국일 현재 1세대 1주택이어야 하고, 양도일 현재에도 1주택이어야 함

  - 1세대 2주택자는 일시적 2주택, 상속 2주택 불문하고 적용 불가

- ❯ 취학·근무상 형편은 열거적 사유에 해당됨

- ❯ 출국일로부터 2년 경과하여 양도하면 적용 불가

- ❯ 비거주자 상태에서 양도하더라도 비과세가 적용됨

참고 해외이주신고 확인서 유효기간 : 발급일로부터 1년

해외이주법에 따른 해외이주로 세대전원이 출국 또는 1년 이상 계속하여 국외거주를 필요로 하는 취학 또는 근무상 형편으로 세대전원이 출국하는 경우에는 출국일 현재 및 양도일 현재 1세대가 1주택을 보유한 경우에 비과세 적용

중요　난이
상　　중

적용사례(조심-2019-서-3182, '20.02.06.)

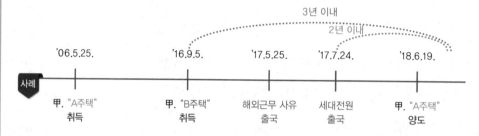

3년 이내
2년 이내

'06.5.25.　　　'16.9.5.　　　'17.5.25.　　'17.7.24.　　　'18.6.19.

사례

甲. "A주택"　　　甲. "B주택"　　해외근무 사유　세대전원　　　甲. "A주택"
취득　　　　　취득　　　　　　출국　　　　출국　　　　　양도

※ '06.8.15.~'13.7.3.까지 해외에서 체류하면서 영주권 취득

Q1 비거주자인 甲이 "A주택"이 양도 시 일시적 2주택 비과세 특례 적용 여부?

A1 ・청구인은 출국 후 2년 이내 A주택을 양도(소령§154①2호 다목)하였고, 일시적으로 2주택이 된 후 종전주택(A)을 신규주택(B) 취득한 날부터 3년 이내 양도(소령§155①)하였으므로 두 규정을 동시 적용하여 비과세 혜택이 가능하다고 주장하나,

・소령§154① 단서규정에 의하여 비과세되는 1주택은 양도일 현재 1세대가 1주택을 보유한 경우에 적용하는 것으로서 1세대가 2주택 이상을 보유한 경우에는 적용되지 아니함

📑 **관련 판례 · 해석 등 참고사항**

☞ 양도일 현재 비거주자가 1세대 1주택 비과세를 적용받을 수 있는 유이한 규정 : 소령§154①2호 나목 또는 다목

보유기간 등의 특례(소령§154①2호나목, 다목) · 세대전원 출국(장기임대주택)

거주주택과 장기임대주택을 보유한 자는 출국일 현재 1주택을 보유한 자에 해당하지 않아 소령§154①2호나목을 적용할 수 없어 비과세 불가

중요 상 / 난이 중

적용사례(사전-2019-법령해석재산-0188, '19.08.20.)

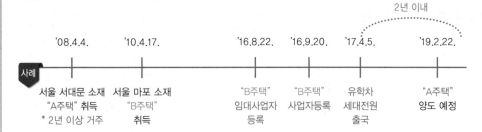

2년 이내

| '08.4.4. | '10.4.17. | '16.8.22. | '16.9.20. | '17.4.5. | '19.2.22. |

사례

서울 서대문 소재 "A주택" 취득 * 2년 이상 거주 / 서울 마포 소재 "B주택" 취득 / "B주택" 임대사업자 등록 / "B주택" 사업자등록 / 유학차 세대전원 출국 / "A주택" 양도 예정

※ 질의자 : 양도일 현재 거주주택, 장기임대주택, 일반분양권 1개 보유, 그 외 국내사업체 등 소득원 없고, 거주주택 양도 시 비거주자 가정

Q1 거주주택(A)의 비과세 적용 여부?

A1 거주주택과 장기임대주택을 보유한 자는 출국일 현재 1주택을 보유한 자에 해당하지 않아 소령§154①2호나목을 적용할 수 없어 비과세 불가

Q2 비과세 대상이 아닐 경우 장기보유특별공제 및 세율 적용 방법은?

A2 조정대상지역에 보유한 거주주택과 장기임대주택은 양도세 중과대상에서 제외되는 주택들로서 양도한 거주주택은 1세대 2주택 중과대상이 아니고, 장기보유특별공제는 소법§95② 표1에 따른 공제율을 적용함

참고 비거주자로서 양도하는 주택은 비과세 및 장기보유특별공제 표2 적용 불가(소법§121②단서)

📑 관련 판례 · 해석 등 참고사항

▶ **소법§121**[비거주자에 대한 과세 방법]

② 국내사업장이 있는 비거주자와 §119 3호에 따른 국내원천 부동산 소득이 있는 비거주자에 대해서는 §119 1호부터 7호까지, 8호의2 및 10호부터 12호까지의 소득(괄호 생략)을 종합하여 과세하고, §119 8호에 따른 국내원천 퇴직소득 및 같은 조 9호에 따른 국내원천 부동산 등 양도소득이 있는 비거주자에 대해서는 거주자와 같은 방법으로 분류하여 과세한다. 다만, §119 9호에 따른 국내원천 부동산등 양도소득이 있는 비거주자로서 대통령령으로 정하는 비거주자에게 과세할 경우에 §89①3호 및 §95② 표 외의 부분 단서는 적용하지 아니한다.

보유기간 등의 특례(소령§154①2호나목, 다목)　　　1주택만 보유

거주주택과 장기임대주택을 보유한 1세대가 해외이주법에 따른 해외 이주로 세대전원이
출국하는 경우, 출국일로부터 2년 이내에 양도하는 거주주택은 거주주택 비과세 특례를 적용
불가

중요 상　난이 중

적용사례(사전-2016-법령해석재산-4922, '17.08.22.)

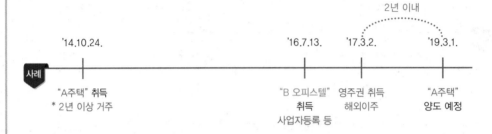

2년 이내

'14.10.24.　　　　　　　　　　　　'16.7.13.　'17.3.2.　　'19.3.1.

사례

"A주택" 취득
* 2년 이상 거주

"B 오피스텔"
취득
사업자등록 등

영주권 취득
해외이주

"A주택"
양도 예정

Q1 거주주택과 장기임대주택을 보유한 1세대가 출국일로부터 2년 이내에 거주주택을 양도 시 비과세 적용
여부?

A1 거주주택과 장기임대주택을 보유한 1세대가 해외이주법에 따른 해외 이주로 세대전원이 출국하는 경우,
출국일로부터 2년 이내에 양도하는 거주주택은 거주주택 비과세 특례를 적용 받을 수 없음

📑 관련 판례 · 해석 등 참고사항

보유기간 등의 특례(소령§154⑧2호) 비거주자 → 거주자로 전환 시 보유기간 통산

비거주자로서 쟁점주택을 3년 이상 계속 보유하다 당해 주택에서 거주한 상태로 거주자
전환된 경우로 비거주자 및 거주자 상태에서 쟁점주택을 3년 이상 보유한 점, 3년 이상
보유요건을 규정한 것은 비거주자 및 거주자로서 보유기간을 포함하는 것임

중요 상   난이 중

적용사례(조심–2016–중–2001, '16.08.10., 기재부 재산세제과–218, '12.03.19.)

'75.3.15.	'87.2.1.	'05.7.21.	'15.3.4.	'15.9.9.
母. 쟁점주택 "A주택" 취득	청구인. 미국으로 출국*	母 사망 母 → 청구인 "A주택" 상속 취득	국내 입국 A주택에 거주	"A주택" 양도

* 출국 前 모친과 함께 쟁점주택 A에 거주

Q1 비거주자가 상속으로 취득한 주택을 거주자로 전환되어 양도 시 비거주자로서 보유한 기간을
보유기간으로 통산하여 A주택 비과세 적용 여부?

A1 비거주자로서 쟁점주택을 3년 이상 계속 보유하다 당해 주택에서 거주한 상태로 거주자 전환된 경우로
비거주자 및 거주자 상태에서 쟁점주택을 3년 이상 보유한 점, 3년 이상 보유요건을 규정한 것은
비거주자 및 거주자로서 보유기간을 포함하는 것임

* 양도일 현재 거주자인 경우에는 당초 출국 전에 모친과 거주했던 약 12년 기간과 입국해서 거주자로 전환되어
거주했던 6개월 기간을 통산해도 비과세 요건 충족된 것으로 보임

관련 판례 · 해석 등 참고사항

☞ 소령§154⑧2호 규정이 "기획재정부 재산세제과–218, '12.03.19." 해석에 의해 국내에서 비거주자
신분에서 거주자 신분으로 전환된 경우 뿐만 아니라 모든 비거주자에게 적용하는 것으로 확대 해석하여
변경됨

보유기간 등의 특례(소령§154⑧2호) 비거주자 → 거주자로 전환 시 거주 및 보유기간 통산

소령§154⑧2호에 의거 비거주자가 해당 주택을 3년 이상 계속 보유하고 그 주택에서 거주한
상태에서 거주자로 전환된 경우, 해당 주택에 대한 거주기간 및 보유기간을 통산하므로
비과세 적용됨

중요 | 난이
상 | 중

적용사례

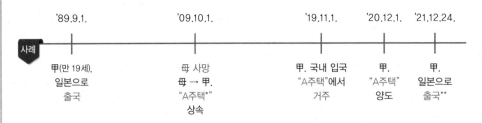

'89.9.1.
甲(만 19세).
일본으로
출국

'09.10.1.
母 사망
母 → 甲.
"A주택*"
상속

'19.11.1.
甲. 국내 입국
"A주택"에서
거주

'20.12.1.
甲.
"A주택"
양도

'21.12.24.
甲.
일본으로
출국**

* 주민등록상으로만 동일세대이고 실제 일본에서 생활하고 있는 비거주자 상태에서 상속 받음
** '89.9.1. 출국 이후 '18년(240일), '20년(270일), '21년(300일)을 제외하고는 모두 50일 미만 국내에서 체류

Q1 A주택 양도시 비과세 적용 여부?

A1 소령§154⑧2호에 의거 비거주자가 해당 주택을 3년 이상 계속 보유하고 그 주택에서 거주한 상태에서
거주자로 전환된 경우, 해당 주택에 대한 거주기간 및 보유기간을 통산하므로 비과세 적용됨

📃 관련 판례 · 해석 등 참고사항

▶ 기획재정부 재산세제과-218, '12.03.19.
  – 소령§154①에 따른 1세대 1주택 비과세 판정 시 같은 조 ⑧2호의 규정은 거주자로 전환되는 시점에서
    3년 이상 1주택을 계속 보유하고, 그 주택에서 거주한 상태로 거주자로 전환된 모든 비거주자에게
    적용됨

▶ 소령§154[1세대 1주택의 범위]
  ⑧ 제1항에 따른 거주기간 또는 보유기간을 계산할 때 다음 각 호의 기간을 통산한다.
    2. 비거주자가 해당 주택을 3년 이상 계속 보유하고 그 주택에서 거주한 상태로 거주자로 전환된
       경우에는 해당 주택에 대한 거주기간 및 보유기간

심화정리

▶ 해외이주법에 따른 이주 시 출국일(집행기준 89-154-43)

구 분	해외이주법에 따른 이주 시 출국일
연고·무연고이주	전 세대원이 출국한 날
현지이주	영주권 또는 그에 준하는 장기체류 자격을 취득한 날 ('09.4.14. 이후 양도분부터 적용)

▶ 해외이주의 종류(해외이주법§4)

연고이주	혼인·약혼 또는 친족 관계를 기초로 하여 이주하는 것
무연고이주	외국기업과 고용계약에 따른 취업이주, 해외이주알선자가 이주대상국의 정부기관 등과의 계약에 따르거나 이주대상국 정부기관의 허가를 받아 행하는 사업 이주 등
현지이주	해외이주 외의 목적으로 출국하여 영주권 또는 그에 준하는 장기체류 자격을 취득한 사람의 이주

참고 해외이주자 : 생업에 종사하기 위해 외국에 이주하는 사람과 그 가족 또는 외국인과 혼인(외국 영주권 취득한 한국 국민과 혼인 포함) 및 연고 관계로 이주하는 사람

1년 이상 거주한 주택을 취학, 근무상 형편, 질병요양, 학교폭력으로 인한 전학을 사유로 세대 전원이 다른 市(특별시, 광역시, 특별자치시, 행정시 포함)·郡으로 주거 이전하면서 양도하는 경우 보유 및 거주기간 제한 없이 비과세

▶ 부득이한 사유는 열거적 사유로 사업상 형편은 해당하지 않음

▶ 취학은 고등학교, 대학교, 대학원, 특수학교는 포함되고,

　• 유치원, 초등학교, 중학교는 제외됨

▶ 질병의 치료 요양은 1년 이상에 치료를 요하는 질병의 치료 및 요양

▶ 학교폭력예방법에 따른 학교폭력으로 인한 전학(소칙§71③4호)

　• 초등학교 등의 제한은 없으며 '16.3.16. 소칙 시행 이후 결정 또는 경정하는 분부터 적용

▶ 다른 시·군 이전은 洞지역과 邑·面지역간, 광역시의 區지역과 邑·面 지역간 이전 포함

🏠 심화정리

⊙ 근무상 형편으로 이전하는 경우의 입증자료

- 1주택을 가진 1세대가 1년 이상 거주한 주택을 새로운 직장의 취업으로 세대 전원이 직장 소재지가 있는 다른 시로 주거를 이전한 후 양도하는 경우 1세대 1주택 비과세 규정을 적용 받을 수 있으며, 이에 해당하는지의 확인은 재직증명서와 주민등록표 등본에 의하는 것임

(재산세과-1457, '09.07.17.)

⊙ 부득이한 사유가 해소되지 않은 경우

- 부득이한 사유가 해소되지 아니한 상태에서 양도한 경우 이는 1세대 1주택 보유기간 특례 규정이 적용됨

(부동산거래관리과-0014, '12.01.06.)

쟁점　**질병의 치료를 위해** 이전한 것으로 볼 수 없는 **경우**

배우자의 우울증 치료를 위해 부득이 처가 근처 새 거주지로 이전하였다고 주장하나, 새 거주지는 배우자의 병원에서 오히려 더 멀어졌고 청구인은 '07.4.4. 새 거주지로 이사하였다가 병원치료는 '07.7.31.까지만 받은 것으로 확인되는 점 등을 볼 때 새로운 주거환경에서만 비로소 치료나 요양이 가능한 특별한 사정이 있어 주택을 양도한 경우에 해당한다고 보기 어려움

(심사양도2011−0074, '11.4.29. 국승)

보유 및 거주요건(소령§154①3호)   부득이한 사유

1세대가 조정대상지역에 있는 1주택을 양도하는 경우의 거주요건 적용 시 배우자 등이
부득이한 사유로 처음부터 해당 주택에 거주하지 않고 나머지 세대원이 거주요건을 충족한
경우에는 1세대가 거주한 것으로 보는 것임

중요 상   난이 중

적용사례(서면-2018-부동산-0442, '19.05.27.)

'16.6.1.   '18.10.26.

사례

甲.   甲.
부산시 기장읍 소재   A토지 위에
"A토지"   "B주택"
증여 받음   신축 · 거주 예정*

* 배우자 및 자녀는 사업상 형편, 취학 등의 사유로 서울에서 계속 거주

Q1 B주택을 2년 이상 보유하고 세대원 중 갑만 2년 이상 거주 후 양도 시, 1세대 1주택 비과세 적용 시
거주요건 충족 여부?

A1 1세대가 조정대상지역에 있는 1주택을 양도하는 경우의 거주요건 적용 시 배우자 등이 부득이한 사유로
처음부터 해당 주택에 거주하지 않고 나머지 세대원이 거주요건을 충족한 경우에는 1세대가 거주한
것으로 보는 것임

📝 관련 판례 · 해석 등 참고사항

▶ **소령§154[1세대 1주택의 범위]**

① ~~~ 본문 생략 ~~~ 다만, 1세대가 양도일 현재 국내에 1주택을 보유하고 있는 경우로서
제1호부터 제3호까지의 어느 하나에 해당하는 경우에는 그 보유기간 및 거주기간의 제한을 받지
아니하며 제5호에 해당하는 경우에는 거주기간의 제한을 받지 아니한다.

3. 1년 이상 거주한 주택을 기획재정부령으로 정하는 취학, 근무상의 형편, 질병의 요양, 그 밖에
부득이한 사유*로 양도하는 경우

* 소칙§71③4호(학교폭력으로 인한 전학)는 '16.3.16. 소칙 시행 이후 결정 또는 경정하는 분부터 적용

소유자 본인만 1년 이상 거주 요건을 충족하고 나머지 세대원은 일시 퇴거자 요건(취학,
근무상형편, 질병 요양 등)에 해당하지 않은 상태에서 다른 시·군으로 주거 이전 시 부득이한
사유에 따른 비과세 적용 불가

중요 상   난이 중

적용사례(서면-2015-부동산-1823, '15.10.30.)

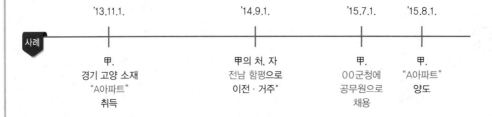

'13.11.1.
甲.
경기 고양 소재
"A아파트"
취득

'14.9.1.
甲의 처, 자
전남 함평으로
이전·거주*

'15.7.1.
甲.
○○군청에
공무원으로
채용

'15.8.1.
甲.
"A아파트"
양도

* 배우자 및 자녀는 취학, 근무상 형편, 질병의 요양 등 일시 퇴거자 요건에 해당하지 않음

Q1   소유자 본인만 1년 이상 거주 요건을 충족하고 나머지 세대원은 일시 퇴거자 요건
     (취학, 근무상 형편, 질병 요양 등)에 해당하지 않은 상태에서 다른 시·군으로 주거 이전한 경우
     부득이한 사유(소법§154①3호)에 따른 비과세 적용 여부?

A1   나머지 세대원이 일시퇴거자 요건 해당하지도 않으며 세대원이 전근의 사유가 발생하기 전에 다른
     시·군으로 주거 이전 시 동 규정을 적용할 수 없음

🖋 관련 판례·해석 등 참고사항

▶ **소령§154[1세대 1주택의 범위]**

① ~~~~ 본문 생략 ~~~~ 다만, 1세대가 양도일 현재 국내에 1주택을 보유하고 있는 경우로서
   제1호부터 제3호까지의 어느 하나에 해당하는 경우에는 그 보유기간 및 거주기간의 제한을 받지
   아니하며 제5호에 해당하는 경우에는 거주기간의 제한을 받지 아니한다.
   3. 1년 이상 거주한 주택을 기획재정부령으로 정하는 취학, 근무상의 형편, 질병의 요양, 그 밖에
      부득이한 사유*로 양도하는 경우
   * 소칙§71③4호(학교폭력으로 인한 전학)는 '16.3.16. 소칙 시행 이후 결정 또는 경정하는 분부터 적용

보유 및 거주요건(소령§154①3호)　　　　　　　　사업상 형편

사업상 형편에 의해 주거를 이전한 경우에는 부득이한 사유에 따라 1년 이상 거주한 주택을 양도 시 적용되는 비과세 규정(소령§154①단서 및 소령§154①3호)을 적용할 수 없음

중요 중　난이 중

적용사례(서면-2015-부동산-1398, '15.08.27.)

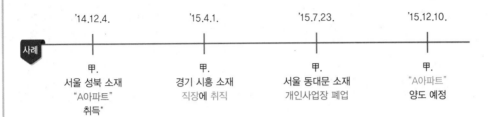

'14.12.4.	'15.4.1.	'15.7.23.	'15.12.10.
甲. 서울 성북 소재 "A아파트" 취득*	甲. 경기 시흥 소재 직장에 취직	甲. 서울 동대문 소재 개인사업장 폐업	甲. "A아파트" 양도 예정

사례

　* '15.12.10. 양도 시까지 세대원 전원 1년 이상 거주

Q1 경기 시흥 소재 직장에 취직하고 서울 동대문 소재 개인사업장을 폐업한 후 경기 시흥 인근으로 세대전원이 이사할 경우 2년 미만 보유한 주택의 비과세 적용 여부?

A1 사업상 형편에 의해 주거를 이전한 경우에는 부득이한 사유에 따라 1년 이상 거주한 주택을 양도 시 적용되는 비과세 규정(소령§154①단서 및 소령§154①3호)을 적용할 수 없음

📑 관련 판례 · 해석 등 참고사항

▶ **서면-2021-부동산-5441, '22.11.09.**

－ 1세대가 1년 이상 거주한 주택을 소칙§71③ 및 2호의 규정에 따라 직장의 변경이나 전근 등 근무상의 형편으로 다른 시 · 군으로 세대 전원이 주거를 이전함에 따라 양도할 때에는 소령§154① 단서 및 같은 항 3호의 규정에 따라 보유기간의 제한을 받지 아니하고 양도세가 비과세되는 것이나, 사업상 형편에 의해 주거를 이전한 경우는 이에 해당하지 않는 것임

소령§154①3호의 1년 이상 거주한 주택을 판단함에 있어, 1년 이상 거주한 주택인지는 당해 주택의 취득일부터 부득이한 사유로 양도한 날까지 기간으로 계산

중요 상　난이 중

적용사례(서면4팀-932, '07.03.20.)

| '02.8.1. | '03.1.27. | '05.7.1. | '05.12.1. |

사례

乙(甲의 배우자),
난소암으로
1차 수술

甲,
인천시 부평 소재
"A아파트"
취득, 거주

乙,
퇴원

甲,
"A아파트"
양도 예정

Q1 A아파트의 보유기간이 3년이 안된 상태에서 양도 시 비과세 적용 여부?

A1 소령§154①3호의 1년 이상 거주한 주택을 동법 시행규칙§71③에서 정하는 취학, 근무상의 형편, 질병의 요양 기타 부득이한 사유로 양도 시에 해당하는 지를 판단함에 있어 1년 이상 거주한 주택인지는 당해 주택의 취득일부터 부득이한 사유로 양도한 날까지 기간으로 계산하는 것임

　* 상기 회신내용은 '07.2.26. 이후 최초로 결정(신고 포함)하는 분부터 적용함

📜 관련 판례 · 해석 등 참고사항

보유 및 거주요건(소령§154①3호)   주택 완공 전 부득이한 사유 발생

분양권이 아파트로 준공된 후 세대전원이 전입하여 1년 이상 거주한 사실이 있는 당해
아파트를 양도하고 직장 소재지가 있는 다른 시로 거주 이전한 경우에는 소령§154①3호를
적용하는 것임

중요 상   난이 중

적용사례(서면-2022-법규재산-3885, '23.03.29.)

| | '18.11.1. | '21.11.1. | '22.1.1. | '23.5.1. |

甲.
"A주택"
분양권
취득

甲.
근무상 형편 발생
(부산 → 서울)

甲.
"A주택"
취득*

甲.
"A주택**"
양도 예정

* 甲을 제외한 세대원(배우자, 자녀 2명) 거주
** 甲을 제외한 나머지 세대원 전원이 1년 이상 거주한 후 세대전원 甲의 직장 근처 주택으로 이전을 전제

Q1 주택 분양권을 취득한 후 주택으로 완성되어 취득하기 전에 근무상 형편(전근)에 따른 부득이한 사유가
발생한 경우 소령§154①3호를 적용할 수 있는 지 여부?

A1 그 분양권이 아파트로 준공된 후 세대전원이 전입하여 1년 이상 거주한 사실이 있는 당해 아파트를
양도하고 직장 소재지가 있는 다른 시로 거주 이전한 경우에는 소령§154①3호를 적용하는 것임

✍ 관련 판례 · 해석 등 참고사항

1주택을 조합원입주권이 완공된 신축주택을 양도하는 경우 1세대1주택 비과세 적용을 위한 보유기간 기산일은 거주자로 전환된 시점임

중요
상

난이
중

적용사례(기획재정부 조세정책과-1483, '24.08.01., 서면-2023-법규재산-2554, '24.08.14.)

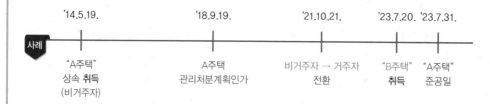

	'14.5.19.	'18.9.19.	'21.10.21.	'23.7.20.	'23.7.31.
사례	"A주택" 상속 취득 (비거주자)	A주택 관리처분계획인가	비거주자 → 거주자 전환	"B주택" 취득	"A주택" 준공일

※ 비거주자가 취득한 주택이 관리처분계획인가를 받아 조합원입주권으로 전환된 후 거주자가 된 경우

Q1 조합원입주권이 완공된 신축주택을 양도하는 경우 1세대1주택 비과세 적용을 위한 보유기간 기산일은?

A1 거주자로 전환된 시점

Q2 일시적 2주택 특례 적용 시 조합원입주권이 완공된 신축주택(종전주택)의 취득 시기는?

A2 당초 구주택의 취득시점

📃 **관련 판례·해석 등 참고사항**

▶ **부동산납세과-443, '14.06.24.**

- 비거주자인 상태에서 취득한 주택을 거주자가 된 상태에서 양도할 때 소법§89①3호가목 및 소령§154①에서 규정한 보유기간은 거주자가 되는 시기부터 기산하는 것이고, 비거주자가 거주자로 되는 시기는 소령§2의2① 각호에서 규정한 날을 말하는 것임

▶ **부동산거래관리과-0760, '11.08.29.**

- 소법§89①3호 및 소령§154①에 따른 1세대 1주택 비과세 규정의 보유기간은 거주자일 때의 보유기간을 통산하는 것이고, 양도일 현재 거주자인 1세대가 국내에 1주택을 소유하고 있는 경우로서 양도하는 주택의 보유기간이 3년 이상에 해당하는 경우에는 그 주택의 양도차익에 소법§95② 표2에 규정된 보유기간별 공제율을 곱하여 계산한 금액을 장기보유특별공제액으로 공제받을 수 있는 것임

마 | 보유기간 등의 특례(소령§154①4호, 5호)

조정대상지역 주택의 경우 '17.9.19. 이후 양도분부터 거주기간 2년 요건이
신설되었는데, 등록한 임대주택 등에 대해 거주기간의 예외를 마련함(4호)
🖎 '19.12.16. 대책으로 조문 삭제

▶ 해당 주택을 임대하기 위하여 사업자등록과 임대사업자등록을 한 경우

- 임대의무기간(4년, 8년) 중에 해당 주택을 양도하는 경우 재외
- 임대료 등 증액 제한 : '19.2.12. 임대차 계약체결 또는 갱신분부터 임대보증금 또는
  임대료 연 증액 제한 요건 추가(5%)

☞ '19.12.17. 이후 조정대상지역에서 취득하는 주택분부터 2년 이상 거주요건 적용

조정대상지역 공고일 이전에 매매계약을 체결하고 계약금을 지급한 사실이
증빙서류에 의하여 확인되는 경우로서, 해당 거주자가 속한 1세대가
계약금 지급일 현재 주택을 보유하지 않는 경우(5호)

1세대가 양도일 현재 1주택을 보유하고 있는 경우로서 소령§154①4호에 따라
임대사업자등록을 한 경우에는 거주기간의 제한을 받지 아니함(조특법§99의2에 해당하는 주택을
보유하고 있어도 적용되었으나, '19.12.17. 이후 조정대상지역에서 취득하는 주택분부터는
거주요건 적용)

중요 상　난이 중

적용사례(서면-2018-부동산-3576, '19.07.29., 서면-2018-부동산-3597, '18.12.03.)

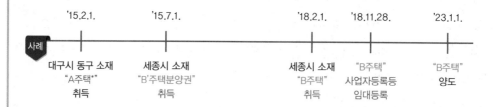

| '15.2.1. | '15.7.1. | | '18.2.1. | '18.11.28. | '23.1.1. |

사례

대구시 동구 소재
"A주택*"
취득

세종시 소재
"B'주택분양권"
취득

세종시 소재
"B주택"
취득

"B주택"
사업자등록등
임대등록

"B주택"
양도

* 조특법§99의2의 주택

Q1 조특법§99의2에 해당하는 주택(A)을 보유하고, B주택을 임대의무기간 충족 후 양도 시 거주요건 적용
여부?

A1 1세대가 양도일 현재 1주택을 보유하고 있는 경우로서 구.소령§154①4호에 따라 임대사업자등록등을
한 경우(민간임대주택법§43 위반하여 임대의무기간 중 해당 임대주택 양도시 제외)에는 거주기간의 제한을
받지 아니함

(∵ 조특법§99의2①을 적용받는 주택은 비과세 적용 시 해당 거주자의 소유주택으로 보지 아니함)

📄 **관련 판례·해석 등 참고사항**

▶ 소령§154①4호는 '17.9.19. 신설되어 위와 같이 조정대상지역에 취득한 임대주택은 거주요건이
　적용되지 않았으나, 12·16 주택시장 안정화 방안에 따라 '19.12.17. 이후 조정대상지역에서
　취득하는 주택분부터는 2년 이상 거주를 해야 비과세가 적용되는 것으로 개정됨

일시적 2주택(소령§155①) 요건 중 종전주택(A)은 양도 시 1세대 1주택으로 보아 소령§154①을 적용하는데, 사업자등록등을 하고 임대의무기간이 종료된 후 양도하였으므로 소령§154①4호의 요건을 충족하므로 거주요건이 적용되지 아니함

적용사례(서면-2020-부동산-5304, '21.09.29.)

| '17.12.1. | '19.2.1. | '19.3.1. | '19.3.15. | '22.3.1. | '23.3.15. |

사례

甲.
서울 광진 소재
"A'분양권"
취득

"A주택"
취득

甲.
경기 김포 소재
"B'분양권"
취득

"A주택"
사업자등록등
임대 등록

"B주택"
취득

"A주택"
양도*

* 甲은 A주택에서 거주하지 않았음

Q1 구.소령§154①4호(대통령령 제30395호, '20.2.11.로 개정되기 전)에 해당하는 임대주택(A)의 임대의무기간이 종료되어 임대사업자등록이 자동등록 말소된 후 해당 주택을 양도 시, 양도일 현재 일시적 2주택 비과세 특례 적용 시 보유기간 중 2년 거주요건을 적용해야 하는 지 여부?

A1 • 일시적 2주택(소령§155①) 요건 중 종전주택(A)은 양도 시 1세대 1주택으로 보아 소령§154①을 적용하는데,

• 사업자등록등을 하고 임대의무기간이 종료된 후 양도하였으므로 소령§154①4호의 요건을 충족하므로 거주요건이 적용되지 아니함

📑 관련 판례 · 해석 등 참고사항

▶ 서면-2020-법령해석재산-3974, '21.03.08.

– 1세대가 조정대상지역에 1주택을 보유한 거주자로서 '19.12.16. 이전에 해당 주택을 임대하기 위해 소법§168①에 따른 사업자등록과 민간임대주택법§5①에 따른 임대사업자로 등록을 신청한 경우로서 임대주택의 임대사업자 등록을 민간임대주택법('18.8.18. 법률 제17482호로 개정된 것) §6①11호에 따라 임대의무기간 내 등록 말소신청으로 등록이 말소된 경우에는 1세대 1주택 비과세 적용 시 거주기간의 제한을 받지 아니하는 것임

☞ 위의 같이 소령§154①4호에 의한 임대주택의 자진말소의 경우에는, 소령§155㉒과 소령§167의3에서 자진말소의 경우에 임대의무기간의 ½ 이상을 충족해야 한다는 제한규정이 없음에 유의

소령§154①5호에서 "거주자가 조정대상지역 공고 이전에 매매계약을 체결하고 계약금을
지급한 경우로서 1세대가 계약금 지급일 현재 주택을 보유하고 있지 아니하는 경우"와 관련한
1세대란, 계약금 지급일 현재 주택을 보유하지 않는 1세대를 의미

중요 상　난이 중

적용사례(서면-2021-부동산-0958, '21.07.07.)

'06.10.1.	'16.12.1.	'18.4.1.	'20.9.1.	'22.1.1.
사례				
甲의 母. 서울 소재 "A주택" 취득	甲. 경기 남양주 소재 "B'아파트분양권" 계약 및 계약금 지급	"B아파트" 취득	甲과 母 세대 분리	"B아파트*" 양도 예정

* 甲은 B아파트에서 비거주

Q1 소령§154①5호에서 "거주자가 조정대상지역 공고 이전에 매매계약을 체결하고 계약금을 지급한
경우로서 1세대가 계약금 지급일 현재 주택을 보유하고 있지 아니하는 경우"와 관련해 1세대를 양도일
현재와 계약금 지급일 중 어떤 시점을 기준으로 판단하는지 여부?

A1 계약금 지급일 현재 주택을 보유하지 않는 1세대를 의미하므로 거주요건 적용

🖋 관련 판례 · 해석 등 참고사항

거주요건(소령§154①5호)	공고일 후 배우자에 증여

조정대상지역 공고일 이전에 부부 공동명의 주택을 취득한 1세대가 조정대상지역 공고일 후 본인 지분을 배우자에게 증여하고 2년 이상 거주하지 않은 경우에도 비과세를 적용함

중요 상 / 난이 중

적용사례(서면-2022-부동산-1182, '22.03.30.)

'20.5.18.	'20.6.17.	'20.8.18.	'22.5.19.
甲·乙부부. "A주택*" 공동 취득	"A주택" 소재지 조정대상지역 지정	乙 → 甲 "A주택" ½지분 증여	"A주택" 양도

Q1 조정대상지역 공고일 이전에 부부 공동명의 주택을 취득한 1세대가 조정대상지역 공고일 후 본인 지분을 배우자에게 증여하고 2년 이상 거주하지 않은 경우, 1세대 1주택 비과세 적용 여부?

A1 소령§154①의 거주요건을 적용하지 않으므로 비과세 적용

(∵ 1세대 1주택 비과세와 다주택자 중과는 "1세대"를 기준으로 판정)

📝 **관련 판례 · 해석 등 참고사항**

제
1
편

무주택 1세대가 조정대상지역 공고 이전 증여 받은 분양권에 기해 취득한 주택은 조정대상지역 공고이전 매매계약을 체결한 경우가 아니므로 소령§154①5호에 해당하지 않아 거주요건 적용

중요 상　　난이 상

적용사례(서면-2020-법령해석재산-4354, '21.11.18., 기획재정부 조세법령운용과-988, '21.11.17.)

'19.10.1.　　　　'20.1.1.　　　'20.6.19.　　　'20.8.1.　　　'22.11.1.

사례

甲의 父.
경기 양주시 소재
"A'아파트분양권"
취득

父 → 甲
"A'아파트분양권"
증여*

경기 양주시
조정대상지역
공고

甲.
"A주택"
취득

甲.
"A주택"
양도 예정

* 증여 당시 甲은 父와 별도세대로 무주택 1세대

Q1 무주택 1세대가 조정대상지역 공고 이전에 증여 받은 분양권에 기해 취득한 주택은 소령§154①5호(거주자가 조정대상지역 공고 이전에 매매계약을 체결하고 계약금을 지급한 경우로서 1세대가 계약금 지급일 현재 주택을 보유하고 있지 아니하는 경우)에 해당하는지 여부?

A1 조정대상지역 공고이전 매매계약을 체결한 경우가 아니므로 소령§154①5호에 해당하지 않아 거주요건을 적용함

📖 **관련 판례·해석 등 참고사항**

▶ **서면-2021-부동산-4730, '23.05.25.**

- 1세대가 조정대상지역 공고 이전에 증여받은 조합원입주권에 기해 취득한 주택(취득당시 조정대상지역에 소재함)을 양도 시 소령§154①의 거주요건을 적용하는 것임

▶ **소령§154[1세대 1주택의 범위]**

① ~~~ 본문 생략 ~~~ 다만, 1세대가 양도일 현재 국내에 1주택을 보유하고 있는 경우로서 제1호부터 제3호까지의 어느 하나에 해당하는 경우에는 그 보유기간 및 거주기간의 제한을 받지 아니하며 제5호에 해당하는 경우에는 거주기간의 제한을 받지 아니한다.

5. 거주자가 조정대상지역의 공고가 있는 날 이전에 매매계약을 체결하고 계약금을 지급한 사실이 증빙서류에 의하여 확인되는 경우로서 해당 거주자가 속한 1세대가 계약금 지급일 현재 주택을 보유하지 아니하는 경우

거주요건(소령§154①5호)   지역주택조합 조합원 가입계약

주택법 §2 11호가목에 따른 지역주택조합에 조합원 가입계약을 체결하거나 주택법§15①에
따른 사업계획승인을 받은 경우는 소령§154①5호 및 대통령령 제28293호 소득세법 시행령
일부개정령 부칙§2②2호에 따른 "매매계약을 체결하고 계약금을 지급"한 경우에 해당하지
않는 것임

중요 중   난이 상

적용사례(사전-2023-법규재산-0604, '23.12.21., 서면-2021-부동산-5367, '22.07.07.)

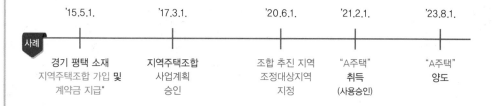

'15.5.1.	'17.3.1.	'20.6.1.	'21.2.1.	'23.8.1.
경기 평택 소재 지역주택조합 가입 및 계약금 지급*	지역주택조합 사업계획 승인	조합 추진 지역 조정대상지역 지정	"A주택" 취득 (사용승인)	"A주택" 양도

* 계약일 현재 무주택 1세대

Q1 조정대상지역 공고 전 지역주택조합 조합원 가입계약 및 사업계획승인 시 조정대상지역 공고 전
매매계약을 체결한 것으로 보아 비과세 거주요건 제한을 받지 않는지?

A1 주택법 §2 11호가목에 따른 지역주택조합에 조합원 가입계약을 체결하거나 주택법§15①에 따른
사업계획승인을 받은 경우는 소령§154①5호 및 대통령령 제28293호 소득세법 시행령 일부개정령
부칙§2②2호에 따른 "매매계약을 체결하고 계약금을 지급"한 경우에 해당하지 않는 것임

📖 관련 판례 · 해석 등 참고사항

▶ **서면-2022-법규재산-3135, '22.12.21.**

- 무주택세대가 주택법§2 11호가목에 따른 지역주택조합에 조합원 가입계약을 체결하고 주택법§15①에
  따른 사업계획승인을 받은 조합원의 신규주택을 취득할 수 있는 권리에 대하여, 조정대상지역 공고 이전
  「매매계약」을 체결하고 계약금을 지급한 사실이 확인되는 경우, 소령§154①5호에 따라 1세대1주택
  비과세의 거주요건을 적용하지 않는 것임

▶ **기획재정부 재산세제과-1422, '22.11.14.**

- 조정대상지역 공고일 이전 무주택세대가 조합원입주권을 매매계약으로 취득한 경우 소령§154①의 1세대
  1주택 비과세 판정 시 거주요건 적용되지 않음

거주요건(소령§154⑨)　　　　　　　　　　취득 당시 비조정 주택이 재개발 완공

국내에 1주택(A)을 소유하고 있는 1세대가 조정대상지역 공고가 있은 날 이전에
일반주택(B)을 취득한 경우로서, 일반주택(B)이 재개발되어 조정대상지역 내에서 완공된 경우
해당 주택(B)의 1세대 1주택 비과세 거주요건 적용하지 아니함

중요 상　난이 중

적용사례(서면-2022-부동산-0424, '22.07.07.)

'16.9.1.	'17.12.1.	'18.8.28.	'20.1.1.	'22.11.1.
甲. "A주택" 취득	甲과 乙. "B주택" 취득*	조정대상지역 지정	"B주택" 관리처분 계획인가 (B주택 멸실)	"B주택" 완공

* 甲과 乙은 부부관계로 공동 취득

Q1 국내에 1주택(A)을 소유하고 있는 1세대가 조정대상지역 공고가 있은 날 이전에 일반주택(B)을 취득한
경우로서, 일반주택(B)이 재개발되어 조정대상지역 내에서 완공된 경우 해당 주택(B)의 1세대 1주택
비과세 거주요건 적용 여부?

A1 소령§154①의 거주요건을 적용하지 아니하는 것임

📑 관련 판례·해석 등 참고사항

▶ 사전-2024-법규재산-0706, '24.10.24., 서면-2021-부동산-6557, '22.04.19.

　　- 조정대상지역 공고일 이전에 A주택의 분양계약을 체결하고 계약금을 지급한 경우로 계약금 지급일 현재
　　무주택 세대가 이후 다른 주택을 취득하고 배우자에게 A주택 지분을 증여 시 A주택에 대하여
　　1세대1주택 비과세 거주요건 적용하지 않음

거주요건(소령§154①5호)　　　　　조정대상지역 공고일 이전 매매계약

무주택 1세대가 조정대상지역 공고일 이전에 매매계약을 체결하고 계약금을 지급하여 취득한
주택분양권이 완공되어 해당 주택을 양도하는 경우 소령§154①5호에 따라 1세대1주택
비과세 거주요건을 적용하지 아니하는 것임

중요 중　　난이 중

적용사례(서면-2021-부동산-6470, '22.10.21.)

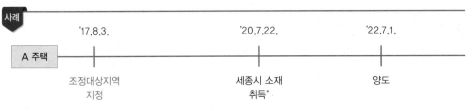

사례

| '17.8.3. | '20.7.22. | '22.7.1. |

A 주택

조정대상지역　　　　세종시 소재　　　　양도
지정　　　　　　　취득*

* 5년 이상 실거주하고 분양전환 받은 건설임대주택

| '20.6.8. | '20.6.19. | '20.6.22. | '21.12.1. | '23.9.2. |

B 주택

경기 평택 소재　　조정대상지역　　분양권 취득　　완공　　　　양도
분양권　　　　　지정　　　　　(잔금 지급)
전매계약 체결
(계약금 지급)*

* 분양권 취득을 위한 계약금 지급일 현재 무주택 세대임을 전제

Q1 B주택 양도시 1세대 1주택 비과세 거주요건이 적용되는지?

A1 무주택 1세대가 조정대상지역 공고일 이전에 매매계약을 체결하고 계약금을 지급하여 취득한
주택분양권이 완공되어 해당 주택을 양도하는 경우 소령§154①5호에 따라 1세대1주택 비과세
거주요건을 적용하지 아니하는 것임

📜 **관련 판례 · 해석 등 참고사항**

▶ **서면-2022-법규재산-0152, '23.03.23.**

　– 무주택자가 당첨일에는 조정대상지역이었으나, 이후 해당지역이 조정대상지역에서 해제되어 매매계약
　　체결 및 계약금 지급 시점에 비조정대상지역인 주택을 취득한 후 양도하는 경우 1세대1주택 비과세의
　　실거주요건 적용되지 않음

▶ **서면-2022-법규재산-3560, '23.08.21.**

　– 비거주자가 주택 취득 후 조정대상지역으로 지정된 경우 1세대 1주택 비과세 판정 시 거주기간 요건은
　　적용되지 아니함

보유기간(소령§154⑧)   거주자 → 비거주자 → 거주자

1세대 1주택 비과세가 되기 위해서는 요건은 양도일 현재 거주자이어야 하고, 보유기간은 거주자 신분에서의 보유기간을 통산하여 비과세 요건 충족 시 비과세 적용

중요 상 난이 중

적용사례(서면-2016-부동산-2734, '16.02.19.)

'82.1.1.   '93.3.1.   '07.8.1.   '14.7.1.   '15.9.2.   '15.9.4.

사례

甲. 서울 송파 소재   甲.의 세대 전원   재건축으로   미국 시민권   甲. 근무처   신축된
"A주택*"   출국   "A'조합원입주권"   취득   국내 이전.   "A주택"으로
취득   취득   본인만 귀국   거소 신고

* '82.4.1.~'88.7.31.까지 갑과 세대원이 거주

Q1 "A주택"이 양도 시 1세대 1주택 비과세가 되기 위한 요건은?

A1 양도일 현재 거주자이어야 하고, 보유기간은 거주자 신분에서의 보유기간을 통산하여 비과세 요건 충족 시 비과세 적용함

Q2 거주자에서 비거주자로, 다시 거주자로 전환된 경우 장기보유특별공제가 적용 되는지 여부?

A2 거주자인 1세대가 양도일 현재 국내 1주택을 보유하고 있는 경우로서 보유기간 3년 이상인 것에 해당하는 경우에는 "표2" 적용함

📝 관련 판례 · 해석 등 참고사항

▶ 사전-2017-법령해석재산-0679, '19.11.29.
  – 국내 1주택을 취득한 거주자가 비거주자가 되었다가 다시 거주자가 된 상태에서 해당 주택을 양도 시 소법§95②의 주택의 전체보유기간에 대한 표1에 따른 공제율과 거주자로서 보유기간에 대한 표2에 따른 공제율 중 큰 공제율을 적용하여 계산함

▶ '20.1.1. 이후 양도분부터 1세대가 보유기간 중 거주기간이 2년 이상 충족해야 "표2" 적용하는 것으로 개정됨

보유기간(소령§154⑧) · 비거주자 비과세 요건

1세대가 양도일 현재 1주택을 보유하고 있는 경우로서 소령§154①4호에 따라
임대사업자등록을 한 경우에는 거주기간의 제한을 받지 아니함(조특법§99의2에 해당하는 주택을
보유하고 있어도 적용되었으나, '19.12.17. 이후 조정대상지역에서 취득하는 주택분부터는
거주요건 적용)

적용사례(서면-2019-부동산-4352, '20.08.27.)

```
            '16.11.1.        '17.8.1.        '19.5.1.       '20.5.1.   '20.8.1.

사례    ─────┼─────────┼───────────┼──────────┼──────┼─────

     甲. 서울 강동 소재   甲·乙. 서울 동작 소재   甲. 귀국하여      甲.       甲.
      "A아파트"          "B아파트"          거주 시작    "B아파트"   "A아파트"
       취득*              취득**                        양도        양도
```

* 비거주자 상태에서 취득
** 乙은 甲의 배우자이며 공동 취득

Q1 A아파트 양도 시 1세대 1주택 비과세 적용 여부?

A1 "비거주자"인 상태에서 취득한 국내 소재 1주택을 "거주자"가 된 상태에서 양도하는 경우 소령
§154①에 따른 보유기간 요건 등을 충족한다면 비과세를 적용함

　- 이때 보유기간은 "거주자"로 되는 시기부터 기산하는 것이나, 비거주자가 3년 이상 계속 보유하고 그
　　주택에서 거주한 상태로 거주자로 전환되는 경우에는 해당 주택에 대한 보유기간은
　　소령§154⑧2호에 따라 통산하는 것임
　- 다만, 양도 당시에도 비거주자인 경우에는 비과세 규정을 적용하지 아니함

📜 관련 판례 · 해석 등 참고사항

▶ 사전-2016-법령해석재산-0111, '16.05.13.

▶ 서면-2019-국제세원-3824, '19.11.19.
　- 거주자 · 비거주자의 구분은 거주기간, 직업, 국내에 생계를같이하는 가족 및 국내소재 자산의 유무 등
　　생활관계의 객관적인 사실에 따라 판단하는 것이며, 비거주자가 거주자가 되는 시기는 소령§2의2① 각
　　호의 시기로 하는 것임
　- 비거주자가 국내에 계속 거주할 예정으로 가족과 함께 입국하는 경우 입국한 날을 주소를 가진 것으로
　　보는 사유가 발생한 날로 보는 것이며, 그날이 거주자로 되는 시기임

같은 날에 보유주택을 양도하고, 신규주택을 취득한 경우 1주택을 양도한 후 다른 주택을 취득한 것으로 보아 각 해당 조항을 적용함

중요 중　　난이 중

적용사례(사전-2022-법규재산-0369, '22.03.30.)

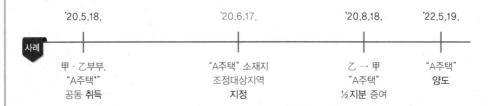

'20.5.18.	'20.6.17.	'20.8.18.	'22.5.19.
甲·乙부부. "A주택" 공동 취득	"A주택" 소재지 조정대상지역 지정	乙 → 甲 "A주택" ½지분 증여	"A주택" 양도

사례

Q1 같은 날에 보유주택을 양도하고, 신규주택을 취득한 경우 주택의 양도 및 취득순서의 판정방법과 양도하는 주택의 비과세 여부?

A1 · 같은 날에 1주택을 취득, 양도한 경우에는 1주택을 양도한 후 다른 주택을 취득한 것으로 보아 각 해당 조항을 적용하고

· 1세대가 양도일 현재 국내에 1주택을 보유하는 경우로서 취득일부터 양도일까지 2년 이상인 경우 1세대 1주택 비과세를 적용받을 수 있음

✍ 관련 판례 · 해석 등 참고사항

▶ **소령§154[1세대 1주택의 범위]**

⑨ 소법§89①3호의 규정을 적용함에 있어서 2개 이상의 주택을 같은 날에 양도하는 경우에는 당해 거주자가 선택하는 순서에 따라 주택을 양도한 것으로 본다.

바 | 상생임대주택의 특례(소령§155의3)

국내에 1주택(간주 1주택 포함)을 소유한 1세대가 아래 요건을 모두 갖춘 주택

(상생임대주택)을 양도 시 소령§154①, 소령§155⑳1호 및 소령§159의4를 적용할 때

해당 규정에 따른 거주기간의 제한을 받지 않음

* 전월세시장 안정화 지원을 위해 '21.12.20. 이후 상생임대차계약 체결분부터 적용

◉ 직전 임대차계약 대비 임대보증금 또는 임대료의 증가율이 5%를 초과하지 않는

상생임대차계약*을 체결하고, 2년 이상 임대한 주택

• '21.12.20.~'24.12.31. 기간 중에 임대차 계약을 체결하고, 계약금을 지급받은 경우에

한정

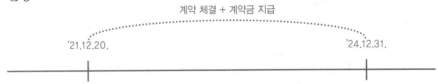

• 상생임대차계약에 따라 임대한 기간이 2년 이상일 것

☞ 임대료 증가율(직전 임대차계약 대비 5% 이내이므로 연 기준 5%가 아님) 범위 내에서

임대차계약을 체결한 임대주택 세대에게 혜택을 부여한 것으로, 민간임대주택법이나

소법에 따라 임대주택 등록 요건이 없음에 유의

◉ ~~임대개시일 당시 1주택을 소유한 1세대가 임대하는 주택으로서, 임대개시일 당시 기준시가가~~

~~9억원 이하인 주택~~

◉ 직전 임대차계약이 존재하고, 직전 임대차계약에 따라 임대한 기간이 1년 6개월 이상인 주택

☞ 기획재정부가 '22.6.21. "임대차 시장 안정 방안" 보도자료를 통하여 상생임대주택에 대한

양도세 특례의 요건 완화, 혜택 확대 및 적용기한 연장을 발표하여 '22.8.2. 개정으로 다음

쪽에 개정된 상세 내용 참고

🏠 심화정리

▶ 상생임대주택에 대한 양도세 특례 확대 개편 내용

구 분		현 행	개편 내용
상생임대인 개 념		직전계약 대비 임대료를 5% 이내 인상한 신규(갱신) 계약 체결 임대인	좌동

상생임대주택
인정 요건
		임대개시 시점 1세대 1주택자 +
		기준시가 9억원 이하 주택
			폐지
			* 임대개시 시점에 다주택자이나 향후
			  1주택자 전환 계획이 있는
			  임대인에게도 혜택 적용

혜 택	비과세	조정대상지역 1세대 1주택 양도세 비과세 2년 거주요건 중 1년 인정	조정대상지역 1세대 1주택 양도세 비과세 2년 거주요건 면제
	장기보유 특별공제	없음	1세대 1주택 장기보유특별공제 적용 위한 2년 거주 요건 면제
적용 기한 (상생임대차계약기간)		'22.12.31. ('21.12.20.~'22.12.31.)	'24.12.31.(2년 연장) ('21.12.20.~'24.12.31.)

* 소령 개정('22.8.2.)하여 '21.12.20.(상생임대인 제도 최초 시행일) 이후 임대하는 분부터 적용

📜 관련 판례 · 해석 등 참고사항

▶ **소령 부칙(제32420호, '22.2.15.)**
   소령§155의3(상생임대주택에 대한 1세대 1주택의 특례) 본조 신설

▶ **소령 부칙(제32830호, '22.8.2.)**
   제2조(상생임대주택에 관한 적용례) 소령 §155의3①, ③ 및 ④의 개정규정은 '21.12.20.부터 이 영 시행일
   전까지 상생임대차계약을 체결한 주택에 대해서도 적용한다.

법령요약

⊙ 상생임대주택에 대한 1세대 1주택의 특례(소령 § 155의3)

① 국내에 1주택(소령§155, §155의2, §156의2, §156의3 및 그 밖의 법령에 따라 1세대 1주택으로 보는 경우를 포함)을 소유한 1세대가 다음 각 호의 요건을 모두 갖춘 주택(이하 "상생임대주택"이라 함)을 양도하는 경우에는 소령§154①, §155⑳1호 및 §159의4를 적용할 때 해당 규정에 따른 거주기간의 제한을 받지 않는다. 〈개정 '22.8.2., '23.2.28.〉

1. 1세대가 주택을 취득한 후 해당 주택에 대하여 임차인과 체결한 직전 임대차계약(해당 주택의 취득으로 임대인의 지위가 승계된 경우의 임대차계약은 제외하며, 이하 이 조에서 "직전임대차계약"이라 함) 대비 임대보증금 또는 임대료의 증가율이 100분의 5를 초과하지 않는 임대차계약(이하 "상생임대차계약"이라 함)을 '21.12.20.부터 '26.12.31.까지의 기간 중에 체결(계약금을 지급받은 사실이 확인되는 경우로 한정함)하고 임대를 개시할 것
2. 직전임대차계약에 따라 임대한 기간이 1년 6개월 이상일 것
3. 상생임대차계약에 따라 임대한 기간이 2년 이상일 것

② 상생임대차계약을 체결할 때 임대보증금과 월 임대료를 서로 전환하는 경우에는 민간임대주택법§44④에서 정하는 기준에 따라 임대보증금 또는 임대료의 증가율을 계산한다.

③ 직전임대차계약 및 상생임대차계약에 따른 임대기간은 월력에 따라 계산하며, 1개월 미만인 경우에는 1개월로 본다.

④ 직전임대차계약 및 상생임대차계약에 따른 임대기간을 계산할 때 임차인의 사정으로 임대를 계속할 수 없어 새로운 임대차계약을 체결하는 경우로서 기획재정부령으로 정하는 요건을 충족하는 경우에는 새로운 임대차계약의 임대기간을 합산하여 계산한다. 〈신설 '23.2.28.〉

⑤ ①을 적용받으려는 자는 소법§105 또는 §110에 따른 양도세 과세표준 신고기한까지 기획재정부령으로 정하는 상생임대주택에 대한 특례적용신고서에 해당 주택에 관한 직전 임대차계약서 및 상생임대차계약서를 첨부하여 납세지 관할 세무서장에게 제출하여야 한다. 이 경우 납세지 관할 세무서장은 전자정부법 §36①에 따른 행정 정보의 공동이용을 통하여 해당 주택의 토지 · 건물 등기사항 증명서를 확인해야 한다. 〈개정 '22.2.15., '23.2.28.〉
[본조 신설 '22.2.15.]

상생임대주택 양도세 특례 확대·개편 관련 10문 10답

* 기획재정부 보도참고자료('22.6.24.) 참고

Q1 "상생임대주택"으로 운영된 모든 보유주택이 양도세 비과세 거주요건 2년 + 장기보유특별특공제 거주요건 2년이 면제되는 것인가요?

A1 아닙니다. 상생임대주택으로 운영된 주택으로서 최종적으로 양도되는 1주택의 거주요건만 면제되는 것입니다.

※ 이번 개정으로 임대개시일 기준 1세대 1주택 요건을 삭제하여 다주택자도 상생임대차계약을 체결할 수는 있으나, 양도세 비과세 거주요건 2년은 양도 시점에 1세대 1주택인 경우 적용되므로, 임대개시일 기준 다주택자는 상생임대주택 양도 시 필히 1주택자로 전환하여야 거주요건 2년 면제혜택을 받을 수 있음

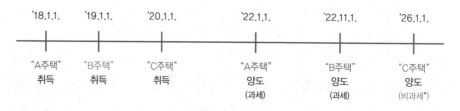

* 상생임대주택인 경우 2년 거주요건 면제

상생임대주택 양도세 특례 확대·개편 관련 10문 10답

* 기획재정부 보도참고자료('22.6.24.) 참고

Q2 "상생임대주택"으로 인정받기 위해서는 "직전 임대차계약" 대비 임대료 5% 이하 인상을 준수해야
하는데, 이 때 "직전 임대차계약"이 무엇인가요?

A2 "직전 임대차계약"이란 거주자甲이 주택을 취득한 후, 임차인과 새로이 체결한 계약을 의미합니다. 즉,
甲이 주택을 취득하기 전 종전 임대인乙과 임차인丙 사이에 체결된 계약을 甲이 승계받은 경우는 "직전
임대차계약"에 해당하지 않습니다.

※ 이미 임차인이 있는 주택을 구입하여 임대차계약을 승계받는 경우까지 세제 지원을 하는 것은
임대주택 순증효과 등 감안 시 부적절

〈주택을 매입하면서 승계받은 임대차계약은 직전 임대차계약으로 불 인정〉

〈주택을 매입 후 체결한 임대차계약은 직전 임대차계약으로 인정〉

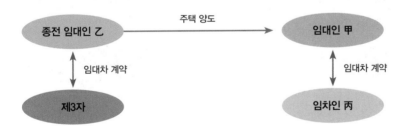

* 기획재정부 보도참고자료('22.6.24.) 참고

Q3 "직전 임대차계약"과 "상생임대차계약"의 임차인이 동일해야 하나요?

A3 아닙니다. "직전 임대차계약"과 "상생임대차계약"의 임대인은 동일해야 하지만 임차인은 달라도 무방합니다. 즉, 임차인이 변경되어도 임대료 5% 이하 인상을 준수하면 됩니다

※ 임대료 5% 이하 인상을 준수하여 임대차 시장에 상대적으로 저렴한 임대주택 공급을 유도하는 취지상 임차인의 동일성은 불요

〈직전 임대차계약과 상생임대차계약의 계약 주체 : 임대인 동일, 임차인 상이한 경우〉

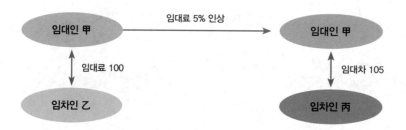

〈직전 임대차계약과 상생임대차계약의 계약 주체 : 임대인 동일, 임차인 동일한 경우〉

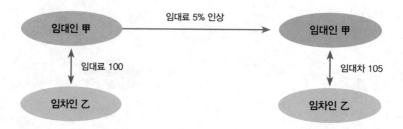

상생임대주택 양도세 특례 확대·개편 관련 10문 10답

* 기획재정부 보도참고자료('22.6.24.) 참고

Q4 "직전 임대차계약"과 "상생임대차계약" 사이에 시간적 공백(임대인이 직접 거주, 공실 등)이 있어도 되나요?

A4 그렇습니다. 두 계약에 따른 임대가 공백없이 계속하여 유지될 필요는 없습니다.

〈직전 임대차계약과 상생임대차계약 사이에 공백이 있는 경우〉

Q5 "상생임대차계약"을 언제까지 체결해야 "상생임대차계약"으로 인정받을 수 있나요?

A5 '21.12.20.부터 '24.12.31.까지의 기간 중 체결해야 하며, 계약금을 실제로 지급받은 사실이 확인되어야 합니다.

※ 금년 중 임대를 시작하는 임대주택의 경우 '24년 중 계약기간이 종료(일반적 임대 기간이 2년인 점 감안)되므로, 이러한 주택도 '24년에 상생임대차계약을 체결하여 임차인이 안정적으로 거주할 수 있도록 적용기한을 '22.12.31.에서 '24.12.31.로 2년 연장

〈상생임대차계약 체결 기간〉

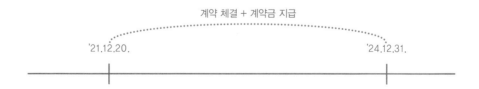

상생임대주택 양도세 특례 확대·개편 관련 10문 10답

* 기획재정부 보도참고자료('22.6.24.) 참고

Q6 계약갱신청구권 행사에 따른 계약도 "상생임대차계약"으로 인정되나요?

A6 가능합니다.

※ 1세대 1주택 양도세 비과세를 받기 위한 2년 거주요건을 채우기 위해 계약갱신을 거부하고 임대인이
입주하는 경우 등을 방지

Q7 등록임대주택 사업자의 임대주택도 "상생임대주택"이 될 수 있나요?

A7 가능합니다.

※ 등록임대주택 사업자는 임대료 5% 이하 인상 뿐만 아니라, 장기간의 의무임대(10년) 등 각종
공적의무 부담하는 점 감안 시 상생임대주택특례를 제한하지 않는 것이 형평에 부합

Q8 임대주택이 다가구주택*인 경우 "상생임대주택"으로 인정받기 위해 각 호(세대)별로
"상생임대차 계약"을 체결해야 하나요?

* 세대 수가 19세대 이하 등 건축법시행령 별표1제1호다목에 해당하는 주택

A8 추후 양도계획에 따라 다릅니다. 다가구주택 전체를 양도할 계획인 경우 모든 호와 상생임대차계약을
체결해야 합니다. 그러나 다가구주택을 호별로 양도할 계획인 경우 각 호별로 상생임대차계약 체결
여부에 따라 상생임대주택으로 인정받을 수 있습니다.

※ 다가구주택은 주택 전체를 양도하는 경우 일반적인 주택과 같이 다가구주택 자체를 1주택으로 보고,
독립 구획별 양도 시 해당 양도 구획을 1주택으로 봄

상생임대주택 양도세 특례 확대·개편 관련 10문 10답

* 기획재정부 보도참고자료('22.6.24.) 참고

Q9 "직전 임대차계약"에 따른 의무임대기간 1년 6개월과 "상생임대차계약"에 따른 의무임대기간 2년은 어떻게 판정하나요?

A9 해당 계약에 따라 실제 임대한 기간을 기준으로 판정합니다.

- "상생 임대차계약 따라 임대한 기간이 2년 이상"이어야 하므로, 계약기간과 임대기간이 상이한 경우 실제 임대기간을 기준으로 판정

〈상생 임대차계약에 따른 의무임대기간 인정 사례〉

구 분	사례 1	사례 2	사례 3
계약기간	3년	2년	1년
실제 임대기간	2년 6개월	2년 2개월	2년
의무 임대기간	인정	인정	인정

- 사례 1 : 3년 계약하였으나, 서로 합의 등을 통해 2년 6개월만 실제 임대한 경우

- 사례 2 : 2년 계약하였으나, 서로 합의 등을 통해 2년 더 임대한 경우

- 사례 3 : 1년 계약하였으나, 묵시적 갱신(주택임대차보호법§6) 등으로 신규 계약 체결없이 실제 2년 임대한 경우

〈상생 임대차계약에 따른 의무임대기간 불인정 사례〉

구 분	사례 4	사례 5	사례 6
계약기간	2년	1년 6개월	1년
실제 임대기간	1년	1년	1년 6개월
의무 임대기간	불인정	불인정	불인정

- 사례 4 ~ 6 : 실제 임대기간이 2년에 미치지 못하는 경우

상생임대주택 양도세 특례 확대·개편 관련 10문 10답

* 기획재정부 보도참고자료('22.6.24.) 참고

Q10 "상생임대차계약"을 체결하면서 전세에서 월세로, 또는 월세에서 전세로 전환하는 경우 임대료 5% 이하 인상 여부를 어떻게 판정하나요?

A10 민간임대주택법§44④에 따른 산정률(전세 ⇔ 월세 전환율)*을 활용하여 계산합니다.

* 연 10%와 기준금리(6.23. 현재 연 1.75%) + 연 2% 중 낮은 비율, 아래의 사례1과 사례2는 '22.6.23. 현재 기준금리 1.75%인 경우를 가정하여 계산한 수치임

- 사례1) 전세보증금 3억원인 주택을 월세보증금 5천만원으로 전환하면서 임대료 5% 이하 인상을 충족하기 위해서는, 월세를 828,125원 이하로 설정해야 함

- 사례2) 월세보증금 2,000만원 + 월세 50만원인 주택을 전세로 전환하면서 임대료 5% 이하 인상을 충족하기 위해서는, 전세보증금을 1억 8천 9백만원 이하로 설정해야 함

☞ 인터넷 렌트홈(www.renthome.go.kr)에 접속하여 "임대료 인상률 계산" 배너를 클릭하면 상호 전환 시 5% 이하 금액을 자동 계산할 수 있음

임대사업자 등록신청   임대사업자 안내   임대주택 찾기   임차인 혜택   이용안내   알림마당

렌트홈 (임대등록시스템) 에서
편리한 민원신청을
이용하세요.

임대사업자 안내

임대등록의 원활한 공동이용을 위한
정보공유 허브 서비스

자세히 보기 +

민원신청 안내

임대사업자등록 및 다양한
민원정보를 안내해드립니다.

임대주택 찾기

지도서비스 바로가기

상담코너

임대사업자 상담 :
1670-8004
시스템 문의 :
031-719-0511
평일: 09:00~12:00, 13:00~18:00
주말/공휴일: 휴무

지자체 문의
세무서 안내

회원가입 안내

홈페이지 이용시
회원가입 안내

공지사항   + 더보기

- 등록임대주택 임대보증금 보증..
- 임대사업자의 부기등기 방법안내
- 시스템 개선안내(임대차계약 최..
- 시스템 개선안내(임대차계약 최..

보도자료   + 더보기

- 「국토계획법」,「민간임대주..
- 최우선변제금 이하 보증금은 보..
- 임대보증금 보증 가입의 폭이 ..
- 등록 임대사업자 전수 대상 의..

● 임대료 인상료 계산(www.renthome.go.kr)

| 임대료 계산

※ 임대료 계산 기능은 임대사업자의 임대차계약 변경 신고 시 활용하기 위한 용도이며, 임대
차 제도 개선(개정 주택임대차 보호법) 관련 문의, 상담은 **부동산 대책 정보 사이트** 를 이용
해 주시기 바랍니다.

항목	변경 전	변경 후
임대보증금(원)	원	원
월 임대료(원)	원	원
연 임대료(원)	원	원
임대료인상률(%)	☑인상률 적용	5 %
월차임전환시산정률(%)		2 %
한국은행기준금리(%)		2.75 %

● 변경 후 임대료   ○ 변경 후 인상률

계산하기   초기화

※ 임대료 인상률 계산은 민간임대주택에관한특별법 제44조에 따라 임대보증금과 월임대료를 함께 인상률 적
용하여 계산
※ 임대료 인상률 = (변경후 환산보증금 - 변경전 환산보증금) ÷ 변경전 환산보증금 x 100
※ 환산보증금 = 임대보증금 + (월임대료 x 12) ÷ 4.75%
※ 예시) 4.75% = (주택임대차 보호법 제 7조의2[월차임 전환 시 제한 산정률]) + (2025년 2월 25일 기준 한
국은행 기준금리)
※ **한국은행 기준금리** 입력에 따라 월차임 전환 시 산정률이 계산됩니다.
※ [인상률 적용]을 선택하면 입력한 인상률에 맞추어 임대보증금 또는 월 임대료가 계산됩니다.
※ [인상률 적용]을 선택하지 않으면 인상률(증액)없이 임대보증금 또는 월 임대료가 계산됩니다.
※ 주택임대차보호법 개정('16.11.30) 이전의 임대료인상률은 계산되지 않으니 참고하시기 바랍니다.
※ 자동 계산 결과는 참고사항으로 반드시 확인 후 신청하시기 바랍니다.

한국은행 기준금리 및 월차임 전환시 제한 산정률 변동 현황

변경일자	월차임전환시산정률(%)	기준금리(%)
2025-02-25	2	2.75 적용
2024-11-28	2	3.00 적용
2024-10-11	2	3.25 적용
2023-01-13	2	3.50 적용
2022-11-24	2	3.25 적용
2022-10-12	2	3.00 적용
2022-08-25	2	2.50 적용
2022-07-13	2	2.25 적용
2022-05-26	2	1.75 적용
2022-04-14	2	1.50 적용
2022-01-14	2	1.25 적용
2021-11-25	2	1.00 적용
2021-08-26	2	0.75 적용
2020-09-29	2	0.50 적용
2020-05-28	3.5	0.50 적용
2020-03-17	3.5	0.75 적용

전 소유자와 임차인이 될 자 사이에 임대차계약이 체결된 후, 임대차보증금의 잔금 지급 및 임대차 목적물 인도 전에 당해 임대차계약의 임대인의 명의를 신 소유자로 변경한 경우, 소령§155의3의 "직전 임대차계약"에 해당하지 않음

중요 상　난이 중

적용사례(서면-2022-법규재산-2846, '22.11.23., 기획재정부 재산세제과-1446, '22.11.18.)

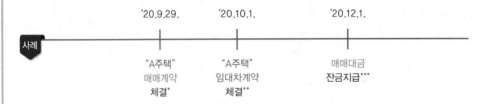

'20.9.29.	'20.10.1.	'20.12.1.
"A주택" 매매계약 체결*	"A주택" 임대차계약 체결**	매매대금 잔금지급***

　* 乙이 甲과 조정대상지역 내 甲 소유 A주택을 취득하기 위한 계약 체결

　** 甲이 丙과 A주택 임대차 계약 체결(특약사항에 임대차계약 보증금의 잔금 지급일에 임대차 계약서의 임대인 명의를 乙로 고쳐 작성하기로 함)

　*** 소유권이전등기하고 임대인 명의를 甲에서 乙로 바꾸어 같은 내용의 임대차계약서 작성한 후, 임대차 보증금을 지급하고 丙은 전입 신고함

Q1 전 소유자와 임차인이 될 자 사이에 임대차계약이 체결된 후, 임대차보증금의 잔금 지급 및 임대차 목적물 인도 전에 당해 임대차계약의 임대인의 명의를 신 소유자로 변경한 경우, 소령§155의3의 "직전 임대차계약"에 해당 여부?

A1 직전 임대차계약에 해당하지 않음

📜 관련 판례 · 해석 등 참고사항

☞ 1세대가 주택을 취득한 후에 해당 주택에 대하여 임차인과 체결해야 직전 임대차계약인데, 위의 사례는 실질이 주택을 취득하기 전에 임대차 계약을 한 것으로 봄

상생임대주택의 특례(소령§155의3)　　　　　　직전 임대차계약 해당 여부

임대차계약이 전 소유자와 임차인간 임대차계약을 체결한 후 신 소유자와 같은 내용의 임대차계약을 체결하여 임대차계약 기간이 시작되는 경우가 아니라면 같은 항 1호에 따른 직전 임대차계약에 해당하는 것임

중요 상　　**난이** 중

적용사례(서면-2022-법규재산-4863, '23.03.08.)

사례

'21.1.7.
甲.
"A아파트"
취득*

'23.1.7.
"A아파트"
임대차계약
갱신**

* 조정대상지역 내 A아파트 취득(잔금 지급)하고 같은 날 아파트 임대차계약(전 소유자와 임차인간 임대차계약을 체결한 후 신 소유자의 취득일에 같은 내용의 임대차계약을 체결하고 임대차계약기간이 시작되는 경우가 아님)을 체결함
** 기존 임차인과 임대보증금, 임대료의 증가율이 100분의 5를 초과하지 않는 임대차 계약을 체결

Q1 주택을 취득한 날에 해당 주택에 대한 임대차계약을 체결한 후, 소령§155의3 상생임대주택 특례의 "직전 임대차계약"으로 볼 수 있는 지 여부?

A1 1세대가 1주택을 취득한 날에 해당주택에 대한 임대차계약을 체결하고 소령§155의3①2호에 따른 임대기간 요건을 충족하는 경우,

– 그 임대차계약이 전 소유자와 임차인간 임대차계약을 체결한 후 신 소유자와 같은 내용의 임대차계약을 체결하여 임대차계약 기간이 시작되는 경우가 아니라면 같은 항 1호에 따른 직전 임대차계약에 해당하는 것임

📜 관련 판례 · 해석 등 참고사항

☞ 위 해석은 전 소유자와 임차인간 임대차계약 기간이 남아 있음에도 불구하고 신소유자가 취득한 날에 같은 내용으로 새롭게 임대차계약을 체결하는 사실상의 승계는 직전 임대차계약으로 인정할 수 없으니
 – 기존 임대인과 체결한 임대기간이 종료된 후 새롭게 체결한 임대차계약서가 직전 임대차계약으로 인정된다는 내용임

▶ **기획재정부 재산세제과-1446, '22.11.18., 서면-2023-부동산-0696, '23.09.04.**
 – 전 소유자와 임차인간 임대차계약을 체결한 후 신 소유자가 같은 내용의 임대차계약을 체결한 후 임대차계약기간이 시작된 경우 소령§155의3에 따른 직전 임대차계약이 아님

상생임대주택의 특례(소령§155의3) · 직전 임대차계약 해당 여부

국내에 1조합주택을 소유한 1세대가 해당 조합주택의 사용승인서 교부일 후에 해당
조합주택에 대하여 임차인과 임대차계약을 체결하고 해당 임대차계약에 의한
임대보증금으로 조합주택의 분양 잔금을 청산한 경우로서 임대기간 요건 등을 충족 시 직전
임대차계약에 해당하는 것임

중요 상 · 난이 중

적용사례(서면-2022-법규재산-4639, '22.12.28., 서면-2023-부동산-699, '23.03.28.)

* 임차인과 임대차계약에 의한 보증금으로 분양 잔금 청산하고, 소령§155의3①1호의 임대기간, 임대보증금
  또는 임대료의 증가율 요건은 갖춘 것 전제

Q1 지역주택조합으로부터 주택을 취득(사용승인서 교부)한 후 임대차계약을 체결하고 해당 임대차계약에
의한 보증금으로 분양 잔금을 청산한 경우, 해당 임대차계약을 소령§155의3에 따른 "직전
임대차계약"으로 볼 수 있는지 여부?

A1 • 지역주택조합의 조합원 자격으로 취득하는 조합주택의 취득시기는 소령§162①4호에 따라 사용승인서
교부일로 하는 것이며,

• 국내에 1조합주택을 소유한 1세대가 해당 조합주택의 사용승인서 교부일 후에 해당 조합주택에
대하여 임차인과 임대차계약을 체결하고 해당 임대차계약에 의한 임대보증금으로 해당 조합주택의
분양 잔금을 청산한 경우로서 임대기간 요건 등을 충족한 경우에는 직전 임대차계약에 해당하는 것임

📑 관련 판례·해석 등 참고사항

▶ **기획재정부 재산세제과-1440, '22.11.17., 서면-2022-법규재산-2799, '22.11.22.**
  – 주택 매매계약 체결한 후 임대차계약을 체결한 경우로서 주택 취득일 이후 임대기간이 개시되더라도
    임대인이 주택취득 전에 임차인과 작성한 임대차계약은 직전임대차계약에 해당하지 않음

▶ **서면-2022-법규재산-3529, '22.12.07., 서면-2022-부동산-3699, '22.12.14.**
  – 주택을 취득하기 전 체결한 임대차계약은 상생임대주택에 대한 특례규정의 직전 임대차계약에 해당하지 않음

상생임대주택의 특례(소령§155의3) — 직전 임대차계약 해당 여부

임대인의 지위를 승계받은 경우로서 해당 주택을 취득한 후 승계받은 계약내용에 따라
별도의 계약서 작성 없이 승계받은 계약을 갱신하고, 그 갱신계약을 다시 갱신한 경우
갱신계약과 재갱신계약이 소령§155의3① 각호의 요건을 갖춘 경우 "직전임대차계약" 및
"상생임대차계약"으로 볼 수 있음

중요 중 / 난이 중

적용사례(서면–2024–법규재산–1914, '24.12.18.)

| '08.2.20. | '08.3.20. | | '20.3.15. | '24.5.8. |

사례

甲.
"A주택"
취득

甲.
대한주택공사와
임대차계약 체결*

甲→乙(甲의 子)
"A주택"
증여

한국토지주택공사.
A주택에 대한
전세임대계약사실 확인**

* 임대기간 '08.3.20.~'10.03.19., 계약기간 "쌍방이 별도의 의사표시가 없는 경우 前과 동일한 조건으로 다시
계약한 것으로 간주"

** 09.10월 한국토지공사와 대한주택공사가 통합되어 한국토지주택공사로 통합되었으며,
임대차계약기간 '24.3.20.~'26.31.19., 계약체결일 '24.3.20.(최초계약일 : '10.3.20.)

Q1 甲이 임대기간 중 자녀인 乙에게 A주택을 증여하여 乙이 A주택에 대한 임대인의 지위를 승계받은 후
그 계약내용에 따라 임대기간 2년의 임대차계약을 2번 연장한 경우에 상생임대주택 특례 요건 적용
여부?

A1 임대차 계약이 체결된 주택의 취득으로 임대인의 지위를 승계받은 경우로서 해당 주택을 취득한 후
승계받은 계약내용에 따라 별도의 계약서 작성 없이 승계받은 계약을 갱신(갱신계약)하고,

– 이후 그 갱신계약을 다시 갱신(재갱신계약)한 경우 갱신계약과 재갱신계약이 소령§155의3① 각호의
요건을 갖춘 경우 해당 규정에 따른 "직전임대차계약" 및 "상생임대차계약"으로 볼 수 있는 것임

📝 관련 판례 · 해석 등 참고사항

▶ **주택임대차보호법§6[계약의 갱신]**

① 임대인이 임대차기간이 끝나기 6개월 전부터 2개월 전까지의 기간에 임차인에게 갱신거절의 통지를 하지
아니하거나 계약조건을 변경하지 아니하면 갱신하지 아니한다는 뜻의 통지를 하지 아니한 경우에는 그
기간이 끝난 때에 前 임대차와 동일한 조건으로 다시 임대차한 것으로 본다. 임차인이 임대차기간이 끝나기
2개월 전까지 통지하지 아니한 경우에도 또한 같다.

② 제1항의 경우 임대차의 존속기간은 2년으로 본다.

③ 2기의 차임액에 달하도록 연체하거나 그 밖에 임차인으로서의 의무를 현저히 위반한 임차인에 대하여는
제1항을 적용하지 아니한다.

상생임대주택의 특례(소령§155의3) · 직전 임대차계약 해당 여부

상속인이 상속개시 전 직계존속과 기존임차인이 체결한 임대차계약의 임대인의 지위를
승계한 경우의 해당 임대차계약은 소령§155의3①1호의 "직전임대차계약"에 해당하지 않는
것임

중요	난이
상	중

적용사례(서면-2022-법규재산-4212, '23.11.17.)

* '24.12.1. 임대차계약 종료
** 소령§155②에 따른 상속주택 특례 적용

Q1 1세대가 별도세대인 직계존속으로부터 1주택을 상속받아 그 주택을 기존 임차인에게 계속 임대하거나
계약기간 만료 후 새로운 임차인에게 임대하는 경우
- 피상속인의 사망 전 임대한 기간을 소령§155의3①에 따른 "직전임대차계약"에 포함하여
소령§155의3의 상생임대주택특례를 적용할 수 있는지 여부?

A1 상속인이 상속개시 전 직계존속과 기존임차인이 체결한 임대차계약의 임대인의 지위를 승계한 경우의
해당 임대차계약은 소령§155의3①1호의 "직전임대차계약"에 해당하지 않는 것임

📝 **관련 판례 · 해석 등 참고사항**

상생임대주택의 특례(소령§155의3) 승계받은 임대차계약 갱신

승계받은 계약을 갱신(갱신계약)하고 이후 그 갱신계약을 다시 갱신(재갱신계약)한 경우
갱신계약과 재갱신계약은 각각 "직전 임대차계약" 및 "상생임대차계약"으로 볼 수 있는 것임

중요 상 / 난이 중

적용사례(서면-2022-법규재산-2849, '22.10.12.)

사례

'20.5.1.	'20.12.1.	'22.6.1.
甲. 乙소유의 "A주택" 취득*	甲과 丙. "A주택" 임대차계약 갱신**	"A주택" 임대차계약 재갱신***

  * 임차인 丙의 임대기간 만료일 : '21.2.22.

  ** 丙이 甲에게 계약갱신요구권 행사하여 5% 인상, 갱신된 임대기간 : '21.2.23.~'22.9.22.(1년 7개월)

  *** 종전 임대료 유지, 예정임대기간 : '22.9.23.~'25.2.22.

Q1 주택을 취득한 후 임차인의 계약갱신요구권 행사로 승계받은 임대차계약을 갱신한 경우 갱신한
임대차계약이 상생임대주택의 직전 임대차계약에 해당하는지?

Q2 직전 임대차계약을 동일한 조건으로 연장하면서 별도의 계약금을 지급받은 사실이 없는 경우
상생임대차계약에 해당하는지?

A1 승계받은 계약을 갱신(갱신계약)하고 이후 그 갱신계약을 다시 갱신(재갱신계약)한 경우 갱신계약과
재갱신계약은 각각 "직전 임대차계약" 및 "상생임대차계약"으로 볼 수 있는 것임

📋 관련 판례 · 해석 등 참고사항

▶ 서면-2024-법규재산-2876, '24.11.13.

  – 1세대가 주택을 취득한 후 체결한 4년의 임대기간으로 하는 하나의 임대차계약을 직전임대차계약과
  상생임대차계약 2개의 계약으로 보아 소령§155의3의 상생임대주택에 대한 1세대 1주택의 특례를
  적용할 수 없는 것임

▶ 서면-2023-법규재산-3015, '24.04.25.

  – 주택 취득 후 직전임대차계약 기간 중 임차인의 요청으로 전세보증금 일부를 반환한 경우 해당 계약은
  소령§155의3①1호의 직전임대차계약에 해당하고, 상기 직전임대차계약 대비 임대보증금 또는 임대료의
  증가율이 5%를 초과하지 않도록 정한 임대차계약을 '21.12.20. ~ '24.12.31.까지 체결하고 임대를
  개시하는 경우 해당 계약은 소령§155의3①1호의 상생임대차계약에 해당하는 것임

상생임대주택의 특례(소령§155의3)　　　　　　　매도인과 임대차 계약

1세대가 주택을 취득한 후 해당 주택의 전 소유자와 임대차계약을 체결하여 실제 1년 6개월 이상 임대한 경우, 해당 임대차계약은 소령§155의3에 따른 직전 임대차계약으로 볼 수 있음

적용사례(서면-2023-부동산-1332, '23.10.13., 서면-2022-법규재산-4083, '22.11.02.)

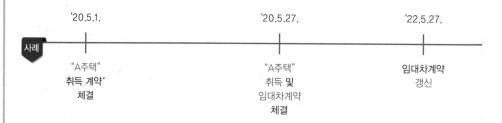

| '20.5.1. | '20.5.27. | '22.5.27. |

사례

- "A주택" 취득 계약* 체결
- "A주택" 취득 및 임대차계약 체결
- 임대차계약 갱신

* 매도인이 임차인으로 거주 및 임대보증금 제외한 잔금 지급 조건

Q1 주택을 취득하면서 주택의 전 소유자를 임차인으로 하여 주택을 취득한 날 해당 주택에 대한 임대차계약을 체결한 경우, 소령§155의3 상생임대주택 특례의 직전 임대차계약으로 볼 수 있는지?

A1 1세대가 주택을 취득한 후 해당 주택의 전 소유자와 임대차계약을 체결하여 실제 1년 6개월 이상 임대한 경우, 해당 임대차계약은 소령§155의3에 따른 직전 임대차계약으로 볼 수 있는 것임

📜 **관련 판례 · 해석 등 참고사항**

▶ **서면-2022-부동산-2939, '22.12.20.**

- 주택 매매계약 체결한 후 임대차계약을 체결한 경우로서 주택 취득일 이후 임대기간이 개시되더라도 임대인이 주택 취득 전에 임차인과 작성한 임대차계약은 소령§155의3의 "직전 임대차계약"에 해당하지 않는 것임

상생임대주택의 특례(소령§155의3)　　재건축원조합원이 신축주택 완공 전 계약

1세대가 주택이 도시정비법상 재건축이 진행되는 과정에서, 이주비 대출상환 및 추가분담금을 부담하기 위하여 준공 전에 신축주택의 임대차 계약을 체결하는 경우 해당 임대차계약은 주택을 취득한 후 임대차계약을 체결한 경우에 해당하여 직전 임대차계약에 해당함

중요 상　난이 중

적용사례(서면-2023-법규재산-4596, '23.03.13.)

'06.7.1.	'17.6.1.	'23.2.28.	'23.3.10.	'24.12.10.
"A주택" 취득*	"A주택" 관리처분 계획인가	"B신축주택" 이전고시 예정*	"B신축주택" 임대개시 (1년 6개월)	임대차계약 갱신 (계약기간 2년)

사례

> * 입주 시 대출금 상환(이주비 및 추가분담금)을 위해 '22.9월 경 전세 계약할 예정이고,
> 전세계약의 잔금은 '23.3.10. 예정임

Q1 보유중인 주택이 도시정비법상 재건축이 진행되는 과정에서, 이주비 대출상환 및 추가분담금을 부담하기 위하여 준공 전에 신축주택의 임대차 계약을 체결하는 경우, 해당 임대차계약이 소령§155의3에 따른 "직전 임대차계약"에 해당하는지?

A1 소령§155의3①1호의 1세대가 주택을 취득한 후 해당주택에 대하여 임대차계약을 체결한 경우에 해당하는 것이며, 같은 호 및 2호의 다른 요건을 충족한 경우, "직전임대차계약"에 해당하는 것임
⇒ 재건축조합의 원조합원이 신축주택 준공 前 임대차계약을 체결하는 경우,
원조합원의 기존주택 취득시기를 기준으로 직전임대차계약의 요건인 "주택을
취득한 후 해당 주택에 대한 임대차계약 체결" 요건을 판단하는 것임

📑 관련 판례ㆍ해석 등 참고사항

▶ **기획재정부 재산세제과-375, '23.03.07.**
　– 재건축 조합의 원조합원이 청산금을 납부하여 기존주택 부수토지보다 신축주택의 주택부수토지가 증가한 경우로서, 준공 전 신축주택에 대하여 임대차계약을 체결한 경우에도, 「주택을 취득한 후」 임대차계약을 체결한 것으로 보아 상생임대특례(소령§155의3) 적용

▶ **서면-2024-부동산-1244, '24.05.28.**
　– 재개발ㆍ재건축정비사업의 관리처분계획인가 이후에 조합원 지위를 승계하여 취득하는 주택의 취득시기는 소령§162①4호에 따라 사용승인서 교부일(사용승인서 교부일 전에 사실상 사용하거나 임시사용인을 받은 경우에는 그 사실상의 사용일 또는 임시사용승인을 받은 날 중 빠른 날)이므로, 재개발 주택을 취득한 후 해당 주택에 대하여 임차인과 임대차계약을 체결한 경우로서 해당 임대차계약이 소령§155의3①4호에 따른 임대기간 요건을 충족하는 경우에는 같은 항 1호에 따른 직전 임대차계약에 해당하는 것임

상생임대주택의 특례(소령§155의3) · 상생임대차계약의 묵시적 갱신(상생임대)

직전임대차계약 체결 후「주택임대차보호법」§6에 따라 해당 임대차계약의 묵시적 갱신으로 2년 이상 임대하는 경우로서 다른 요건을 충족한 경우에는 상생임대차계약에 해당하는 것임

중요 상 · 난이 중

적용사례(서면-2024-법규재산-1507, '24.06.04.)

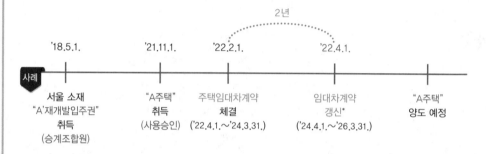

구분	'18.5.1.	'21.11.1.	'22.2.1.	'22.4.1.	
사례	서울 소재 "A'재개발입주권" 취득 (승계조합원)	"A주택" 취득 (사용승인)	주택임대차계약 체결 ('22.4.1.~'24.3.31.)	임대차계약 갱신* ('24.4.1.~'26.3.31.)	"A주택" 양도 예정

※ 2년 구간은 '22.2.1.~'22.4.1.

* 임대차계약의 묵시적 계약으로 임대차계약서 미작성

Q1 직전임대차계약 체결 후「주택임대차보호법」§6에 따라 해당 임대차계약의 묵시적 갱신으로 2년 이상 임대하는 경우 상생임대차계약으로 인정되는지 여부?

A1 「주택임대차보호법」§6에 따른 묵시적 갱신으로 2년 이상 임대하는 경우로서 소령§155의3의 상생임대차계약의 다른 요건을 충족하는 경우, 해당 묵시적 계약은 특례규정의 상생임대차계약에 해당하는 것임

Q2 임대차계약의 묵시적 갱신을 통한 임대차계약을 상생임대차계약으로 보는 경우, 양도세 과세표준 신고기한까지 상생임대차계약서를 제출하지 못한 경우에도 상생임대주택 특례를 적용할 수 있는지 여부?

A2 묵시적 계약 갱신으로 인한 상생임대차계약의 임대차계약서를 양도세 과세표준 신고기한까지 제출하지 못한 경우에도, 1세대가 직전 및 상생임대차계약을 체결하고 해당계약의 요건을 충족한 것이 확인되는 경우 특례규정을 적용받을 수 있는 것임

✎ **관련 판례·해석 등 참고사항**

▶ **서면-2023-법규재산-3010, '23.12.27.**

– 2년의 임대차계약(1차 임대차계약)기간 만료 후에 동일 임차인과 1년 연장 계약(2차 임대차계약)을 체결하고 임대기간 만료 후 다른 임차인과 새로운 2년의 임대차 계약(3차 임대차계약)을 체결한 경우로서, 1차 임대차계약과 2차 임대차계약의 임대기간을 합산하여 "직전 임대차계약"으로, 3차 임대차계약을 "상생임대차계약"으로 보아 소령§155의3① 각호의 요건을 갖춘 경우 소령 §155조의3에 따른 특례를 적용하는 것임

상생임대주택의 특례(소령§155의3) 임차인 조기전출로 신규 임대차 계약 체결

임대보증금 또는 임대료의 증가율이 5%를 초과하지 않는 임대차계약을 계약기간 2년으로 체결하였으나, 임차인의 사정으로 조기전출하여 다시 새로운 임차인과 임대차계약을 체결한 경우, 종전 임대기간과 새롭게 체결한 임대차계약의 임대기간 합산 가능

중요 상 / 난이 중

적용사례(서면-2022-법규재산-2797, '22.11.14., 기획재정부 재산세제과-1412, '22.11.10.)

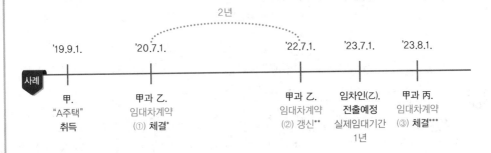

* 계약기간과 실제 임대기간 2년

** 계약기간 2년

*** 계약기간 2년

Q1 직전 임대차계약 대비 임대보증금 또는 임대료의 증가율이 5%를 초과하지 않는 임대차계약을 계약기간 2년으로 체결하였으나, 임차인의 사정으로 조기전출하여 다시 새로운 임차인과 임대차계약을 체결한 경우, 상생임대주택 특례 적용 가능한 지 여부?

A1 종전 임대기간과 새롭게 체결한 임대차계약(종전 임대차계약의 임대보증금 또는 임대료보다 낮거나 같은 경우에 한정)에 따른 임대기간을 합산할 수 있는 것임

  * 새로 체결한 임대차계약을 상생임대차계약으로 인정

📜 관련 판례 · 해석 등 참고사항

▶ **서면-2023-법규재산-0115, '23.05.09.**

 - "직전 임대차계약" 대비 임대보증금 또는 임대료의 증가율이 5%를 초과하지 않는 임대차계약(A)을 '21.12.20.부터 '24.12.31.까지의 기간 중에 계약기간 2년으로 체결하였으나, 임차인이 개인적인 사정으로 조기 전출하여 소칙§74의3에서 정하는 요건을 충족하는 임대차계약(B)을 '25.1.1. 이후 체결한 경우로서 임차인의 사정으로 인해 임대가 중단되기 전·후의 두 임대차계약(A, B)에 따른 실제 임대한 기간을 합산하여 2년 이상인 경우에는 소령§155의3에 따른 특례를 적용할 수 있는 것임

1세대가 주택을 취득한 후 임차인과 체결한 임대차계약 만료 전에 갱신계약을 체결한
경우로서 '21.12.20. ~ '24.12.31.까지의 기간 중에 해당 갱신계약을 체결하고
소령§155의3①1호의 임대기간, 임대보증금 또는 임대료 증가율 요건을 갖춘 경우
"상생임대차계약"에 해당함

중요 상　　난이 중

적용사례 (서면-2022-부동산-5103, '23.02.08.)

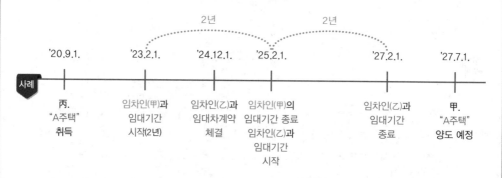

※ 소령§155의3①1호의 임대기간, 임대보증금 또는 임대료의 증가율 요건은 갖춘 것 전제

Q1 1세대가 주택을 취득한 후 임차인 甲과 직전 임대차계약(2년)을 하고, '21.12.20. ~
'24.12.31.까지의 기간 중에 상생임대차계약을 체결하고 실제 임대기간은 '25.1.1. 이후에 개시한
경우에 상생임대차계약에 해당하는 지 여부?

A1 1세대가 주택을 취득한 후 임차인과 체결한 임대차계약 만료 전에 갱신계약을 체결한 경우로서
'21.12.20. ~ '24.12.31.까지의 기간 중에 해당 갱신계약을 체결하고 소령§155의3①1호의
임대기간, 임대보증금 또는 임대료 증가율 요건을 갖춘 경우 "상생임대차계약"에 해당함

📝 **관련 판례 · 해석 등 참고사항**

☞ 위 해석과 관련해서 실제 임대기간이 '25.1.1. 이후에 개시한 경우에도 상생임대차계약으로 인정해 준다고
하였으나, 소령§167의3③에서의 장기임대주택은 "사업자등록등을 하고 임대주택으로 등록하여 임대하는
날부터 임대를 개시한 것으로 본다"고 열거되어 있는 것과 차이가 있는 점에 유의할 필요가 있음

* 유사 해석 : 서면-2022-법규재산-2905, '22.12.15., 서면-2022-법규재산-4071, '22.12.15.

상생임대주택의 특례(소령§155의3) 소령 § 155⑳ 장기임대주택 보유

장기임대주택(A)과 그 외 1주택(C)을 보유한 1세대가 C주택을 양도 시 C주택에 실제 거주하지 않고 소령§155의3의 요건을 충족하는 경우 소령§155⑳에 따른 거주주택 비과세 특례 가능함

중요 상 | 난이 중

적용사례(서면-2022-부동산-4350, '23.02.16.)

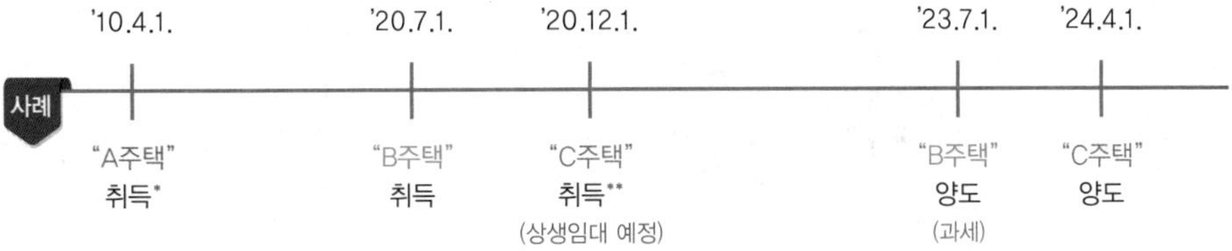

* 소령§155⑳ 장기임대주택 요건 충족 전제

** 소령§155의3에 따른 특례 요건 충족 전제

[Q1] 장기임대주택(A)과 그 외 1주택(C)을 보유한 1세대가 C주택을 양도 시 C주택에 실제 거주하지 않고 소령§155의3의 요건을 충족하는 경우 소령§155⑳에 따른 거주주택 비과세가 가능한 지여부?

[A1] 소령§155의3의 요건을 모두 갖추어 C주택을 양도하는 경우에는 거주주택 비과세 특례 적용할 때 해당 규정에 따른 거주기간의 제한을 받지 않는 것임

관련 판례 · 해석 등 참고사항

조특법§99의2에 따른 신축주택과 소령§155의3①1호 요건을 충족한 임대주택을 보유하다
임대주택을 양도 시, 소령§155의3에 따른 상생임대주택 특례를 적용받을 수 있음

중요 상　난이 중

적용사례(서면-2022-법규재산-2843, '22.11.02.)

'16.1.1.　　　　'20.7.1.　　　'20.12.1.　　　　　　　'22.12.1.　　'24.12.10.

사례

"A주택"　　　　"B'분양권"　　"B주택"　　　　　　　　"B주택"　　　"B주택"
취득*　　　　　매매계약　　임대차계약　　　　　　　임대차계약　　양도
　　　　　　　　　　　　　체결** 및 임대개시　　　　　갱신***

* 조특법§99의2에 따른 신축주택 등에 해당함을 전제
** 소령§155의3에 따른 "직전 임대차계약"에 해당함을 전제
*** 소령§155의3①1호의 요건을 모두 충족한 상태로 '24.12.10.에 B주택을 양도할 예정

Q1 조특법§99의2에 따른 신축주택과 임대주택을 보유하다 임대주택을 양도 시, 소령§155의3에 따른
상생임대주택 특례가 가능한 지여부?

A1 B주택을 양도하는 경우에는 1주택을 소유한 것으로 보아 상생임대주택에 대한 1세대 1주택의 특례를
적용받을 수 있는 것임

📑 **관련 판례·해석 등 참고사항**

▶ 서면-2022-부동산-4214, '23.05.15.
- "직전 국내에 1주택을 소유한 1세대가 그 주택("종전주택")을 양도하기 전에 다른 주택을 취득함으로써
일시적으로 2주택이 된 경우로서 소령§155① 요건을 모두 충족하고 소령§155의3① 각 호의 요건을
모두 갖추어 종전주택을 양도하는 경우에는 이를 1세대 1주택으로 보아 소령§154①을 적용 받을 수
있는 것임

상생임대주택의 특례(소령§155의3)　　　　배우자로부터 공유지분 수증 후 계약

부부 공동명의 1주택을 소령§155의3①1호에 따른 직전 임대차계약을 체결하고 임대기간이 개시된 후 일방 배우자가 타방 배우자에게 주택 지분을 증여한 이후 임대기간 요건을 충족하고, 단독으로 새로운 임대차계약을 체결하여 같은 항 3호에 따른 요건을 모두 충족하는 경우에는 쟁점특례를 적용함

중요 | 난이
중 | 상

적용사례(서면-2022-부동산-3063, '23.05.15.)

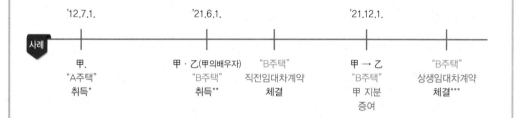

사례

'12.7.1.
甲.
"A주택"
취득*

'21.6.1.
甲 · 乙(甲의배우자)
"B주택"
취득**

"B주택"
직전임대차계약
체결

'21.12.1.
甲 → 乙
"B주택"
甲 지분
증여

"B주택"
상생임대차계약
체결***

　　* 조특법§98의3 미분양주택에 해당함을 전제
　　** 부부가 경기도 하남시 소재 B주택을 취득한 후 임대기간 1년 6개월 이상인 종전 임대차계약 체결
　　*** 종전 임대차계약기간 종료 후, '24.12.31. 이전 새로운 임대차계약(임대료 등 5% 이내 증액) 체결하고
　　　　 임대를 개시하여 2년 이상 임대

Q1 B주택의 남편 지분을 부인에게 증여하고 종전 임대차계약기간 종료 후 재계약시 (또는 새로운 임대차계약 체결시) 5% 이내 인상할 경우 상생임대주택 특례를 적용받을 수 있는지?

A1 국내에 부부 공동명의 1주택을 소유한 1세대가 소령§155의3("쟁점특례")①1호에 따른 직전 임대차계약을 체결하고 해당 임대기간이 개시된 후 일방 배우자가 타방 배우자에게 주택 지분을 증여한 이후 같은 항 2호에 따른 임대기간 요건을 충족하고, 단독으로 새로운 임대차계약을 체결하여 같은 항 3호에 따른 요건을 모두 충족하는 경우에는 쟁점특례를 적용받을 수 있는 것임

📖 관련 판례 · 해석 등 참고사항

▶ 서면-2022-부동산-4485, '23.06.05.

　– 임차인의 사망으로 주택 임차권이 상속인 등에게 승계되어 계속 임대하는 경우에도
　　소령 §155의3① 각 호의 요건을 모두 갖춰 해당 주택을 양도하는 경우 상생임대주택에 대한 1세대1주택 특례 규정을 적용할 수 있는 것임

⌂ 심화정리

🔾 **상생임대차계약 체결 후 임차인이 조기퇴거한 경우**

- 상생임대차계약에 따라 실제 임대한 기간이 2년 미만인 경우에는 상생임대주택에 대한
  1세대 1주택의 특례를 적용 받을 수 없음

  (서면-2022-법규재산-1236, '22.10.31.)

🔾 **임대계약기간 중 공동명의에서 단독명의로 재산분할한 경우**

- 상생임대차계약을 하였으나 이혼에 따른 재산분할로 해당 임대주택이 공동명의에서
  단독명의로 변경된 경우, 재산분할 전·후 임대기간을 합산할 수 있는 것임

  (서면-2023-부동산-0109, '23.02.02.)

🔾 **임차인이 법인인 경우 상생임대차계약이 될 수 있는 지**

- 그 임차법인이 당해 임차주택을 상시주거용의 사택으로 사용하는 경우에는
  상생임대주택 특례규정을 적용할 수 있는 것임

  (서면-2022-법규재산-3253, '22.09.29.)

🔾 **주택을 취득한 후 임대, 거주, 재임대한 경우**

- 소령§155의3① 각 요건을 모두 갖추어 해당주택을 양도하는 경우에는 상생임대주택의
  특례를 적용 받을 수 있는 것임

  (서면-2022-법규재산-0893, '22.10.21.)

◉ **임대차계약기간 중 임대주택을 증여받고 재작성한 임대차계약**

- 임대기간이 개시된 후 주택을 증여받고 임대인의 명의를 수증자로 변경하여 체결한
임대차계약은 해당 주택의 취득으로 임대인의 지위가 승계된 경우의 임대차계약에
해당하여 "직전 임대차계약"으로 볼 수 없음

(서면-2022-법규재산-3407, '23.01.26.)

◉ **임대차 계약기간 중 주택 지분 일부를 배우자에게 증여**

- 직전 임대차계약을 체결하고 해당 임대기간이 개시된 후 혼인한 경우로서 배우자에게
1주택의 지분(1/2)을 증여한 이후 임대기간 요건(1년 6개월 이상)을 충족하고,
부부공동으로 새로운 임대차계약을 체결하여 소령 §155의3①1호 요건을 모두 충족한
경우 특례 적용 가능

(서면-2022-법규재산-3799, '22.12.06.)

◉ **대체주택을 취득하여 거주하지 않고 상생임대하면 비과세 여부**

- 소령 §156의2⑤ 각 호의 요건을 모두 갖춘 대체주택에 해당하지 않아 비과세 특례 적용
불가함
  - ☞ 거주요건의 제한을 받지 않게(소령§155의3①)하는 것이지 거주기간 자체를 인정해 주는
  것은 아님

(서면-2022-법규재산-3253, '22.09.29.)

◉ **직전 임대차계약 임대기간 계산 시 1개월 미만인 경우**

- 직전 임대차계약의 임대기간이 1년 5개월 19일인 경우 1개월 미만인 기간을 1개월로
보아 1년 6개월 임대한 것으로 봄이 타당함

(서면-2022-법규재산-2784, '22.08.17.)

상생임대주택에 대한 특례적용신고서

※ 뒤쪽의 작성방법을 읽고 작성하시기 바랍니다. (앞쪽)

접수번호		접수일	

신고인 (양도자)	① 성명		② 주민등록번호
	③ 주소 (전화번호 :)		

상생임대주택 (양도주택)	④ 소 재 지	
	⑤ 취득일	⑥ 양도일
	⑦ 거주기간(년 월 일 ~ 년 월 일)	⑧ 상생임대차계약 체결일(년 월 일)

임대내역(⑨)

구 분	임차인		임대료		임대기간		
	성명	생년월일	보증금	월세	개시일	종료일	기간
⑩ 직전 임대차계약							
⑪ 상생 임대차계약							

「소득세법 시행령」 제155조의3제5항에 따라 상생임대주택에 대한 특례적용신고서를 제출합니다.

년 월 일

신고인 (서명 또는 인)

세무대리인 (서명 또는 인)

(관리번호)

세무서장 귀하

첨부서류	신고인 제출 서류	1. 직전임대차계약서 사본 1부 2. 상생임대차계약서 사본 1부	수수료 없음
	담당공무원 확인사항	토지·건물 등기사항증명서	

210mm×297mm[백상지80g/㎡ 또는 중질지80g/㎡]

1세대 1주택 비과세 특례

↓01

1세대 1주택
비과세 특례

가 | 2주택 이상 보유한 세대에 대한 비과세 특례 개요(소령§155)

유 형	보유주택	비과세 대상
① 일시적 2주택	종전주택 + 신규주택	종전주택
② (선순위) 상속주택	일반주택 + 상속주택	일반주택
③ 공동상속 2주택	일반주택 + 공동상속주택	일반주택
④ 동거봉양 합가2주택	일반주택 + 일반주택	先 양도주택
⑤ 혼인2주택	일반주택 + 일반주택	先 양도주택
⑥ 국가유산주택 포함 2주택	국가유산주택 + 일반주택	일반주택
⑦ 농어촌주택 포함 2주택	농어촌주택 + 일반주택	일반주택
⑧ 부득이한 사유 2주택	일반주택 + 수도권 밖 주택	일반주택
⑯ 공공기관 이전 일시적 2주택	종전주택 + 수도권 밖 신규주택	종전주택
⑳ 거주주택(장기임대주택)	거주주택 + 장기임대주택	거주주택

◉ 1세대 1주택 비과세 중첩(중복) 적용

- 1세대 1주택 비과세(고가주택 제외) 규정은 원칙적으로 양도 당시 1세대 1주택인 경우에
  적용되고, 2주택 이상인 경우에는 양도소득세 과세대상에 해당하나,
  - 대체주택 취득목적의 일시적 2주택자, 혼인 · 동거봉양 · 상속 등 본인의 의지와
    관계없이 취득한 경우 또는 조세가 혼인 · 동거봉양에 걸림돌이 되는 경우, 전 · 월세
    시장 안정화를 위한 주택임대사업 촉진을 위한 경우 등
  - 특정한 사유에 해당하는 경우에는 1주택자가 아니더라도 소법§89①3호나목 및
    소령§155에 따라 예외적으로 1주택을 소유한 것으로 보아 소령§154①에 따른
    비과세를 적용하도록 규정하고 있음

- 1세대 3주택 보유자에 대한 비과세는 법령에 규정된 바가 없고, 1세대 1주택 특례
  규정을 중복 적용할 근거 규정은 없으나,
  - 1세대 3주택인 경우에는 1세대 1주택 특례 규정의 취지가 허용하는 범위 내에서
    제한적으로 1세대 1주택 특례 규정을 중복 적용할 수 있도록 소득세법 기본통칙
    (89-155…2)과 해석사례를 통하여 비과세를 허용하고 있음

- 소득세법상 1세대 4주택자에 대하여 1세대 1주택 특례를 적용하여 비과세하는 규정이
  없고 3주택자와 같이 기본통칙 및 해석사례도 없으므로
  - 2주택자 · 3주택자처럼 비과세 혜택을 부여할 근거나 합리적인 이유가 없는 한 특례를
    적용하여 비과세하는 것은 타당하지 않음

나 | 일시적 2주택 특례(소령§155①)

1세대가 종전주택을 취득한 후 1년 이상이 지난 후 신규 주택을 취득하고 신규주택을 취득한 날부터 3년 이내 종전 주택(보유기간 등 비과세 요건 충족)을 양도하는 경우 1세대 1주택으로 보아 비과세

▶ '12.6.29. 이후 양도분부터 신규 주택은 종전 주택 취득한 날부터 1년이 지나 취득하여야 함

> **참고** '12.6.29. 이후 양도분부터 비과세 보유기간이 완화(3년⇒2년)되고, 일시적 2주택자 특례기준도 완화(양도기간 2년 내 ⇒ 3년 내)됨

▶ 신규 주택 취득은 매입, 자기가 건설하여 취득한 것으로, 해석상 상속, 증여, 용도변경 등도 포함

▶ 종전 주택은 신규 주택 취득한 날부터 3년 이내 양도할 것('23.1.12. 이후 양도분부터)

   * '18.9.14. 이후 신규주택 취득분부터의 중복보유허용기간에 대해서는 다다음 쪽의 "심화정리" 참고

   • 종전주택에 대한 양도시한(3년 이내)의 예외와 신규주택에 대한 취득시기 제한(1년 이상 경과)에 대한 예외는 별도 정리

   • '18.9.14. 이후 조정대상지역에서 신규주택 취득분부터 중복보유허용기간이 2년으로 짧아졌다가 아래와 같은 과정을 거쳐 다시 '18.9.13. 이전으로 되돌아 감

   > * '19.12.17.~'22.5.9.까지 양도분은 1년 이내, 세대원 전원 이사 및 전입신고 요건 있었으나 '22.5.10. 이후 양도분부터 2년 이내로 완화 및 기타 전입요건 등 삭제됨
   > * '23.1.12. 기획재정부 보도자료(일시적 2주택자의 종전주택 처분기한 연장) 발표로 '23.1.12. 이후 양도분부터 양도세 · 취득세 · 종부세 모두 중복보유허용기간 3년으로 연장

▶ 비과세 판정 시 2개 이상 주택을 같은 날 양도 시 당해 거주자가 선택하는 순서에 따라 주택을 양도한 것으로 봄(소령§154⑨)

   • 같은 날 주택을 양도하고 취득하는 경우 납세자가 유리하게 주택을 먼저 양도 후 신규주택을 취득한 것으로 보아 비과세 특례 적용(사전-2024-법규재산-0801, '24.11.08.)

❯ '18.9.14. 이후 신규주택 취득분부터 중복보유허용기간이 어려웠던 이유

- 소령§155①에서는 "조정대상지역 공고일"을 기준으로 법령이 열거되었고, 소령
  부칙에서는 대책(9·13대책, 12·16대책) 발표일을 기준으로 열거되어 판단 기준이 아래와
  같이 두 가지로 나누어져 있었기 때문임

  – 조정대상지역의 양도시한(소령§155①2호, 조정대상지역 공고일 기준)

    ·종전 주택이 조정대상지역에 있는 상태에서 조정대상지역에 있는 신규 주택을
     취득하는 경우에는 2년 이내 양도하여야 함

    ·조정대상지역의 공고일 이전 신규 주택(신규 주택을 취득할 수 있는 권리 포함)을
     취득하거나 신규 주택을 취득하기 위하여 매매계약을 체결하고 계약금을 지급한
     사실이 증빙서류에 의해 확인되는 경우는 제외

  – 경과조치(소령 부칙, 대책발표일 기준)

    ·조정대상지역에 종전 주택을 보유한 1세대가 '18.9.13.('19.12.16.) 이전 조정대상지역
     신규 주택(분양권, 조합원입주권 포함)을 취득하거나,

    ·'18.9.13.('19.12.16.) 이전 조정대상지역에 신규 주택 취득을 위해 매매계약을
     체결하고 계약금을 지급한 사실이 증빙서류에 의하여 확인되는 경우 종전규정 적용

📜 관련 판례·해석 등 참고사항

▶ 재산세과-2192, '08.08.12.

  – 종전 주택을 교환하는 경우 종전 주택을 먼저 양도한 후 새로운 주택을 취득한 것으로 보아
    소령§155①(일시적 2주택 비과세 특례) 규정을 적용

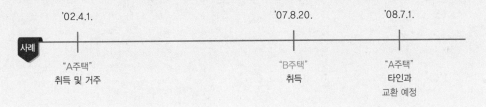

> 조정대상지역 내에 종전주택이 있는 상태에서 조정대상지역에 신규주택 취득 시 중복보유허용기간

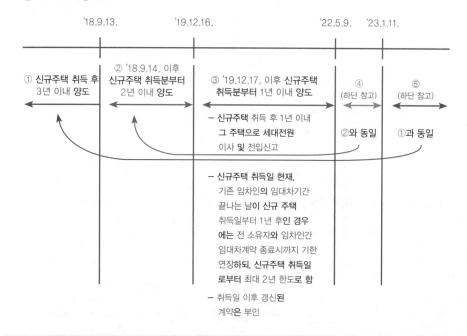

☞ ④ 소령§155①2호가 '22.5.31. 개정되어 조정대상지역 내 종전주택이 있는 상태에서 조정대상지역에 신규주택 취득한 경우에도 '22.5.10. 이후부터 '23.1.11.까지 종전주택을 양도하면 중복보유허용기간을 2년 이내로 완화되고 세대원 전원의 이사 및 전입신고 요건도 삭제되어 위의 ②와 동일하게 되었다가,

⑤ '23.1.12. 기획재정부 보도자료(일시적 2주택자의 종전주택 처분기한 연장) 발표로 '23.1.12. 이후 종전주택 양도분부터 양도세·취득세·종부세 모두 중복보유허용기간이 3년으로 연장되어 '18.9.13. 이전에 종전주택을 양도한 위의 ①과 동일하게 됨

🏠 심화정리

> 일시적 2주택 비과세 특례 적용 시 중복보유허용기간 연혁

('18.9.13. 대책 발표 이전에는 조정대상지역 관계없이 공통 적용)

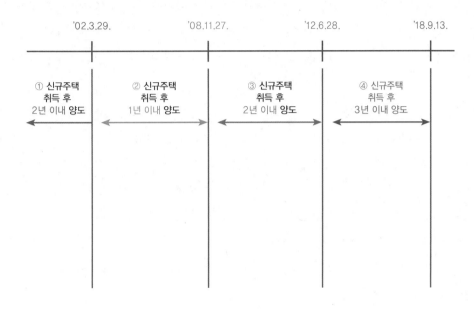

제2편

▶ 신규 주택에 대한 취득시기 제한*의 예외(소령§155①후단 및 ⑯후단)

  * 종전주택 취득한 날부터 1년 이상 지난 후 신규주택 취득

  • 보유기간 특례가 적용되는 5년 거주한 건설임대주택 분양전환 주택 보유자의 신규 주택 취득(소령§154①1호)

  • 보유기간 특례가 적용되는 협의매수 · 수용 주택(사업인정고시일 前 취득) 보유자의 신규 주택 취득(소령§154①2호가목)

  • 보유기간 특례가 적용되는 부득이한 사유(취학, 근무상 형편, 질병 치료 · 요양, 학교폭력으로 인한 전학)로 1년 이상 거주한 주택의 양도로 신규 주택 취득(소령§154①3호)

  • 수도권 소재 공공기관 등의 이전에 따라 신규 주택 취득(소령§155⑯후단)

▶ 종전 주택의 양도시한*의 예외(소령§155⑱)

  * 신규주택 취득한 날부터 중복보유허용기간 이내 양도

  • 자산관리공사법에 따라 설립된 한국자산관리공사(KAMCO)에 매각을 의뢰한 경우

  • 법원에 경매를 신청한 경우

  • 국세징수법에 의한 공매가 진행 중인 경우

  • 자산관리공사법에 재개발사업, 재건축사업 또는 소규모재건축사업의 시행으로 도시정비법 또는 소규모주택정비법에 따라 현금으로 청산을 받아야 하는 토지등소유자가 사업시행자를 상대로 제기한 현금청산금 지급을 구하는 소송절차가 진행 중인 경우('17.2.3. 이후 양도분부터 적용)

  • 자산관리공사법에 재개발사업, 재건축사업 또는 소규모재건축사업의 시행으로 도시정비법 또는 소규모주택정비법에 따라 사업시행자가 토지등소유자를 상대로 신청 · 제기한 수용재결 또는 매도청구소송 절차가 진행 중인 경우 또는 재결이나 소송절차는 종료되었으나 토지등소유자가 해당 매도대금 등을 지급받지 못한 경우 ('20.2.11. 이후 양도분부터 적용)

  • 수도권 소재 공공기관 등의 지방 이전 ☞ 양도 시한 5년(소령§155⑯)

일시적 2주택 특례를 적용함에 있어 소령§155⑱에 따른 사유에 해당하지 않는 경우에는
양도기한 이내에 양도하여야 하는 것임

중요 중   난이 중

적용사례(서면-2022-부동산-2319, '22.11.02.)

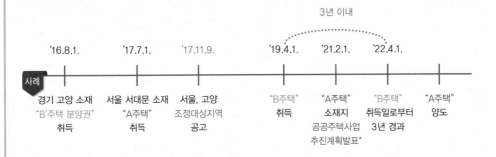

Q1 종전주택(A주택) 소재지에 대하여 공공주택사업 추진계획이 발표된 상태에서 신규주택(B주택)을 취득한
날부터 3년이 지난 경우 소령§155⑱에 따라 일시적 2주택 특례를 적용받을 수 있는지 여부?

A1 일시적 2주택 특례를 적용함에 있어 소령§155⑱에 따른 사유에 해당하지 않는 경우에는 양도기한
이내에 양도하여야 하는 것임

제 2 편

✍ **관련 판례·해석 등 참고사항**

▶ **기획재정부 조세법령운용과-1212, '22.11.04.**

- 소령§154①3호에 따라 취학 등 부득이한 사유로 종전주택을 양도하는 경우에는 '종전주택을 취득한
날부터 1년 이상 지난 후 다른 주택(신규주택)을 취득'하는 요건을 적용하지 않는 것임

일시적 2주택 비과세 특례(소령§155①)   양도일 현재(일시적 2주택)

3주택 소유하던 1세대가 먼저 1주택(A)을 양도(과세)한 후, 나머지 2주택 중 종전주택(B) 취득한 날부터 1년 이상 지난 후 다른 주택(C)을 취득하고 취득한 날부터 3년 이내 종전주택(B)을 양도하여 일시적 2주택 비과세 특례 적용

중요 중   난이 중

적용사례(부동산납세과-184, '14.03.25.)

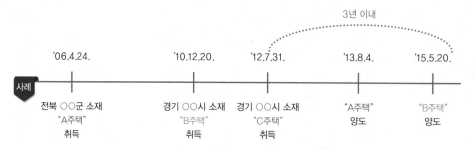

Q1 1세대 3주택자의 두 번째 주택 양도 시 일시적 2주택 비과세 특례 적용 여부?

A1 3주택 소유하던 1세대가 먼저 1주택(A)을 양도(과세)한 후, 나머지 2주택 중 종전주택(B) 취득한 날부터 1년 이상 지난 후 다른 주택(C)을 취득하고 취득한 날부터 3년 이내 종전주택(B)을 양도하여 일시적 2주택 비과세 특례 적용함

* 일시적 2주택 특례 여부는 양도시점을 기준으로 판정

📑 관련 판례 · 해석 등 참고사항

▶ 서면-2023-부동산-1852, '23.08.28.

  – 사실상 멸실된 상태의 주택은 주택 수에서 제외한 후 일시적 2주택을 판단하는 것임

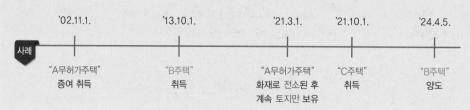

일시적 2주택 비과세 특례(소령§155①, ④)　　　　　양도일 현재(일시적 2주택)

1주택 소유하던 1세대가 1주택을 소유하고 있는 다른 1세대와 합침으로써 2주택이 된 경우
새로운 주택의 취득일부터 2년 이내에 종전 주택을 양도 시 일시적 2주택 비과세 특례 적용

중요 상　　난이 중

적용사례(부동산거래관리과-1056, '10.08.13.)

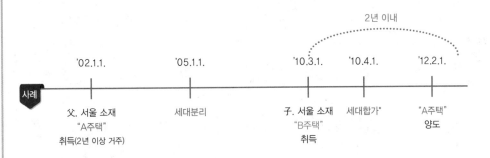

　2년 이내

'02.1.1.　　　　'05.1.1.　　　　'10.3.1.　'10.4.1.　'12.2.1.

사례

父. 서울 소재　　세대분리　　　　子. 서울 소재　세대합가*　"A주택"
"A주택"　　　　　　　　　　　　"B주택"　　　　　　양도
취득(2년 이상 거주)　　　　　　　　취득

　* 세대합가일 현재 父가 60세 미만이고 배우자 없음

Q1 A주택의 양도가 대체취득에 따른 일시적 2주택의 비과세 적용 여부?

A1 1주택 소유하던 1세대가 1주택을 소유하고 있는 다른 1세대와 합침으로써 2주택이 된 경우 새로운
주택(B)의 취득일부터 2년 이내에 종전 주택(A)을 양도 시 일시적 2주택 비과세 특례(소령§155①)
적용함

　* 일시적 2주택 비과세 특례 여부는 양도시점을 기준으로 판정('12.6.29. 이후 양도분부터 중복보유허용기간 3년
　　이내로 개정)

📑 관련 판례 · 해석 등 참고사항

☞ 세대합가일 현재 직계존속인 父가 60세 이상이 아니므로 동거봉양 합가 비과세 특례(소령§155④)는 적용
불가

일시적 2주택 비과세 특례(소령§155①)　　　　　　중복보유허용기간

지역주택조합 조합원 지위가 조정대상지역의 공고가 있는 날 이전에 사업계획 승인되어
신규주택을 취득할 수 있는 권리에 해당하는 경우 일시적 2주택 중복보유허용기간은 3년을
적용

중요 상　난이 상

적용사례(서면-2021-부동산-4599, '22.02.09.)

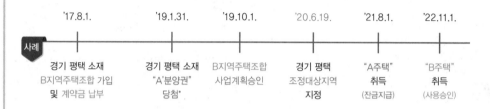

'17.8.1.	'19.1.31.	'19.10.1.	'20.6.19.	'21.8.1.	'22.11.1.
경기 평택 소재 B지역주택조합 가입 및 계약금 납부	경기 평택 소재 "A'분양권" 당첨*	B지역주택조합 사업계획승인	경기 평택 조정대상지역 지정	"A주택" 취득 (잔금지급)	"B주택" 취득 (사용승인)

* '19.5.8. A'분양권 공급계약 및 계약금 납부

Q1 종전주택(A) 양도 시 1세대 1주택 비과세를 적용받기 위한 일시적 2주택 중복보유허용기간 및 2년 이상 거주해야 하는지 여부?

A1 • 지역주택조합 조합원 지위가 조정대상지역의 공고가 있는 날 이전에 사업계획 승인되어 신규주택을 취득할 수 있는 권리에 해당하는 경우 일시적 2주택 중복 보유허용기간은 3년을 적용하고,

• 조정대상지역의 공고가 있는 날 이전에 매매계약을 체결하고 계약금을 지급한 사실이 증빙서류에 의하여 확인되는 경우로서 해당 거주자가 속한 1세대가 계약금 지급일 현재 무주택지인 경우 거주요건 필요 없음

관련 판례 · 해석 등 참고사항

▶ **기획재정부 재산세제과-40, '22.01.07.**

– 주택법§2 11호가목에 따른 지역주택조합의 조합원의 지위는 주택법§15에 따른 사업계획승인일 이후에 한하여 소령§155①2호에 따른 신규주택을 취득할 수 있는 권리에 해당하는 것임

구 분	양도 시기별 보유 · 거주요건				
	'03.9.30. 이전	'03.10.1.~'03.12.31.	'04.1.1. 이후	'11.6.3. 이후	'12.6.29. 이후
서울·과천·5대 신도시 지역	3년 이상 보유	3년 이상 보유 + 1년 이상 거주	3년 이상 보유 + 2년 이상 거주	3년 이상 보유	2년 이상 보유
기타 지역	3년 이상 보유				

소령§155①의 양도주체를 "세대"라고 보아야 하고, 동일 세대원에게 종전주택을 양도 시 신규주택 취득을 대체주택의 취득으로 볼 수 없을 뿐만 아니라 종전주택 양도 후에도 당해 세대는 2주택을 보유하고 있는 것이므로 적용 불가

중요 중　난이 상

적용사례(조심2011서5144, '12.02.29., 서울고법2013누2589, '13.07.31.)

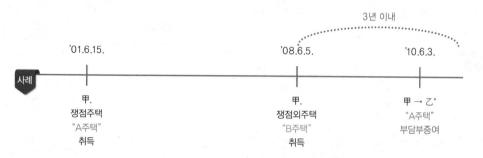

* 乙 : 甲의 동일세대원인 子

Q1 甲이 동일세대원인 乙에게 "A주택"을 부담부 증여한 경우 일시적 2주택 비과세 특례 적용 여부?

A1 ・ 소령§155①의 양도주체를 "세대"라고 보아야 하고, 동일 세대원에게 종전주택을 양도 시 신규주택 취득을 대체주택의 취득으로 볼 수 없을 뿐만 아니라 종전주택 양도 후에도 당해 세대는 2주택을 보유하고 있는 것이므로 적용 불가

・ 甲과 동일세대를 유지한 채 종전주택 양도 시 역시 1세대 2주택의 양도에 해당하여 1세대가 종전주택에 대하여 양도세를 2회 부담하게 될 수 있으나, 양도세는 세대에 대하여 부과되는 것이 아니라 "소유자"에게 부과되는 것으로 원고가 지적하는 이중과세 위법은 없고 과세형평에 어긋나는 위법도 없음

📑 **관련 판례 · 해석 등 참고사항**

▶ **부동산거래관리과-512, '12.09.25., 조심2011서5144, '12.02.29.**

– 국내에 1주택을 소유한 1세대가 일시적으로 2주택이 된 경우 동일세대원에게 양도함으로써 양도 후에도 계속 2주택이 되는 경우에는 1세대 1주택 특례 규정을 적용 받을 수 없는 것임

▶ **사전-2023-법규재산-0464, '23.08.23.**

– 2주택 보유세대의 1주택이 동일세대 내에서 상속이 이루어진 경우, 새로운 주택의 취득에 해당하지 않으므로 상속개시일을 신규주택 취득일로 보아 일시적 2주택 특례를 적용할 수 없는 것임

제 2 편

증여가액 중 그 채무액에 상당하는 부분은 1세대 1주택 비과세 요건을 충족한 상태라면
양도세가 비과세 되는 것이나, 부담부 증여 해당 여부는 사실 판단할 사항(1주택을 보유한 동일
세대원간 부담부 증여도 포함)

중요 중 / 난이 상

적용사례(부동산거래관리과-354, '11.04.26., 서면4팀-12, '05.01.04.)

'15.5.1.

甲(남편)과 乙(처).
"A주택"
각각 ½ 지분
공동취득
(4억원 대출)

'20.6.3.

甲 → 乙
"A주택 ½지분"
부담부증여

Q1 甲이 동일세대원인 乙에게 "A주택"을 부담부 증여시 비과세 특례 적용 여부?

A1 (상증법§47③ 본문에 해당하는 경우를 제외) 증여가액 중 그 채무액에 상당하는 부분은 1세대 1주택 비과세
요건을 충족한 상태라면 양도세가 비과세 되는 것이나, 부담부 증여 해당 여부는 사실 판단할 사항임

📜 관련 판례 · 해석 등 참고사항

▶ **재산세과-4142, '08.12.08.**
- 1세대 1주택 비과세 요건을 충족하지 않는 상태에서 동일세대원인 배우자에게 부담부증여시 인계되는
채무액에 상당하는 금액은 양도세가 과세되는 것임

▶ **상증법§47③[증여세 과세가액]**
③ ①을 적용할 때 배우자 간 또는 직계존비속 간의 부담부증여에 대해서는 수증자가 증여자의 채무를
인수한 경우에도 그 채무액은 수증자에게 인수되지 아니한 것으로 추정한다. 다만, 그 채무액이
대통령령으로 정하는 바에 따라 객관적으로 인정되는 것인 경우에는 그러하지 아니하다.

일시적 2주택 비과세 특례(소령§155①)	1주택 상태 부담부증여 후 양도

소령§155①의 양도주체를 "세대"라고 보아야 하고, 동일 세대원에게 종전주택을 양도 시 신규주택 취득을 대체주택의 취득으로 볼 수 없을 뿐만 아니라 종전주택 양도 후에도 당해 세대는 2주택을 보유하고 있는 것이므로 적용 불가

중요 중 난이 상

적용사례

* 甲이 乙과 동일세대원 상태에서 부담부증여하고 乙이 甲과 동일세대원 상태에서 타인에게 양도

Q1 乙이 동일세대원인 甲에게 A주택을 부담부 증여 받은 후 7개월 후에 A주택을 양도한 경우 비과세 적용 여부?

A1 · 같은 세대원간 상속이나 증여인 경우 피상속인이나 증여자의 보유 및 거주기간과 상속인이나 수증인의 보유 및 거주기간을 통산(양도세 집행기준 89-154-30)하나
· 같은 세대원간 양도(증여 추정 해당하지 않는 경우) 시에는 새로 취득한 날부터 보유 및 거주기간을 계산하므로 비과세 적용 불가

🖎 관련 판례 · 해석 등 참고사항

☞ 상속이나 증여는 특정 시점과세로 보유 및 거주기간과 무관하나, 양도의 경우는 前 소유자와 後 소유자간의 보유 및 거주기간을 통산하면 前 소유자의 보유 및 거주기간이 중복해서 인정되는 결과가 되므로 통산하지 않는 것으로 보임

▶ 재산세과-18, '09.01.05.
– 거주자인 甲(子)과 乙(母)이 주택을 ½ 지분씩 각각 취득하였다가 乙의 지분을 甲이 사실상 매수(상증법§44에 따른 증여추정 미해당)하여 단독소유한 후 당해 주택을 양도하고자 한 경우, 해당 주택의 보유 및 거주기간 계산은 각 지분의 취득일부터 양도일까지로 함
☞ 보유기간 통산하지 않음

나 | 일시적 2주택 특례(구.소령§155①)

▶ 조정대상지역의 양도시한 등(구.소령§155①2호, 조정대상지역 공고일 기준)

• 조정대상지역 내에 종전주택이 있는 상태에서 조정대상지역에 신규주택 취득 시

  * 공고일 이전 신규 주택(신규주택 취득할 수 있는 권리 포함) 취득하거나 취득하기 위해 매매계약 체결하고 계약금을 지급한 사실이 확인되는 경우 제외

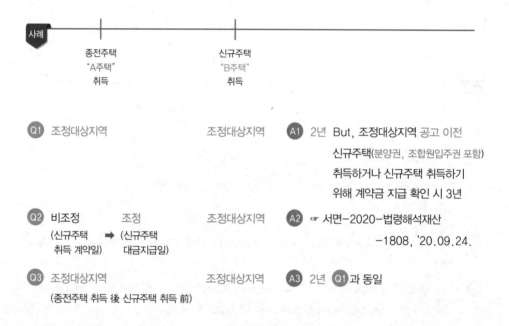

사례

종전주택	신규주택
"A주택"	"B주택"
취득	취득

Q1 조정대상지역 　　　　　　　조정대상지역　A1 2년 But, 조정대상지역 공고 이전
　　　　　　　　　　　　　　　　　　　　　　　　신규주택(분양권, 조합원입주권 포함)
　　　　　　　　　　　　　　　　　　　　　　　　취득하거나 신규주택 취득하기
　　　　　　　　　　　　　　　　　　　　　　　　위해 계약금 지급 확인 시 3년

Q2 비조정　　　조정　　　　　　조정대상지역　A2 ☞ 서면-2020-법령해석재산
　　(신규주택 ➡ (신규주택　　　　　　　　　　　　　　　　-1808, '20.09.24.
　　취득 계약일)　대금지급일)

Q3 조정대상지역　　　　　　　　조정대상지역　A3 2년 Q1 과 동일
　　(종전주택 취득 後 신규주택 취득 前)

☞ 소령§155①2호가 '22.5.31. 개정되어 조정대상지역 내 종전주택이 있는 상태에서
　조정대상지역에 신규주택 취득한 경우에도 '22.5.10. 이후 양도하는 분부터는
　중복보유허용기간을 2년 이내로 완화되고 세대원 전원의 이사 및 전입신고 요건도
　삭제되었고, '23.2.28. 소령개정으로 '23.1.12. 이후 양도분부터 3년 이내로 완화됨

⊙ 구. 소령 부칙(제29242호, '18.10.23.)

제1조(시행일) 이 영은 공포한 날부터 시행. 다만, §159의3 개정규정은 '20.1.1.부터 시행

제2조(1세대 1주택 비과세 요건에 관한 적용례 등)
① §155①의 개정규정은 이 영 시행 이후 양도하는 분부터 적용한다.
② 다음 각 호의 어느 하나에 해당하는 경우에는 §155①의 개정규정 및 이 조 ①에도 불구하고 종전의 규정에 따른다.
  1. 조정대상지역에 종전의 주택을 보유한 1세대가 '18.9.13. 이전에 조정대상지역에 있는 신규 주택(신규 주택을 취득할 수 있는 권리 포함. 이항 같음)을 취득한 경우
  2. 조정대상지역에 종전의 주택을 보유한 1세대가 '18.9.13. 이전에 조정대상지역에 있는 신규 주택을 취득하기 위하여 매매계약을 체결하고 계약금을 지급한 사실이 증빙서류에 의하여 확인되는 경우

제3조(장기보유특별공제에 관한 적용례)
§159의3의 개정규정은 부칙 §1 단서에 따른 시행일 이후 양도하는 분부터 적용

제4조 ~ 제5조 : 다주택자 중과에 관한 적용례 등

> **참고** 소령§159의3 : 1세대가 양도일 현재 국내에 1주택을 보유하고, 보유기간 중 거주기간이 2년 이상인 주택은 장기보유특별공제 표2 적용
> ⇒ '21.2.17. 소령이 개정되면서 소령§159의3이 소령§159의4로 조문 이동

법령요약

⊙ **구. 소령부칙(제32654호, '22.5.31.)**

제1조(시행일)
이 영은 공포한 날부터 시행한다.

제2조(주택 보유기간 계산에 관한 적용례 등)
① 제154조제5항의 개정규정은 '22.5.10. 이후 주택을 양도하는 경우부터 적용한다.
② '22.5.10. 전에 주택을 양도한 경우의 보유기간 계산에 관하여는 제154조제5항의 개정규정에도 불구하고 종전의 규정에 따른다.

제3조(조정대상지역의 일시적 2주택 비과세 요건에 관한 적용례 등)
① 제155조제1항제2호의 개정규정은 '22.5.10. 이후 종전의 주택을 양도하는 경우부터 적용한다.
② '22.5.10. 전에 종전의 주택을 양도한 경우의 비과세 요건에 관하여는 제155조제1항제2호의 개정규정에도 불구하고 종전의 규정에 따른다.

제4조(조정대상지역의 다주택자 양도소득세 중과 적용 배제에 관한 적용례)
제167조의3제1항제12호의2, 제167조의4제3항제6호의2, 제167조의10제1항제12호의2 및 제167조의11제1항제12호의 개정규정은 '22.5.10. 이후 주택을 양도하는 경우부터 적용한다.

⊙ 소령 부칙(제33267호, '23.2.28.)

제1조(시행일) 이 영은 공포한 날부터 시행. 다만, 다음 각 호의 개정규정은 해당 호에서 정한 날부터 시행한다.

3. §78 4호, §78의3④, §81, §83, §85, §147의7④, §157④·⑥, §181①4호, §213②, 별표 3의2 및 별표 3의3의 개정규정 : '24.1.1.

제8조(1세대 1주택 특례에 관한 적용례 등)

① §155①, §156의2④1호·2호, 같은 조 ⑤2호·3호 및 §156의3③1호·2호의 개정규정은 '23.1.12. 이후 양도하는 분부터 적용한다.

② '23.1.12. 전에 주택을 양도한 경우에는 §155①, §156의2④1호·2호, 같은 조 ⑤2호·3호 및 §156의3③1호·2호의 개정규정에도 불구하고 종전의 규정에 따른다.

제10조(양도소득세가 중과세되는 주택의 범위에 관한 적용례)

167의10①15호 및 §167의11①13호의 개정규정은 이 영 시행일 이후 주택을 양도하는 경우부터 적용한다.

제21조(대주주의 범위 등에 관한 경과조치)

부칙 §1 3호에 따른 시행일 전에 주식을 양도한 경우의 대주주의 범위에 관하여는 §157④ 및 ⑥의 개정규정에도 불구하고 종전의 규정에 따른다.

제22조(양도소득의 범위에 관한 경과조치)

부칙 §1 3호에 따른 시행일 전에 주식을 양도한 경우의 대주주의 범위에 관하여는 §157④ 및 ⑥의 개정규정에도 불구하고 종전의 규정에 따른다.

제23조(주식등의 기준시가 산정에 관한 경과조치)

이 영 시행 전에 주식등을 양도한 경우의 기준시가 산정에 관하여는 §165④3호다목의 개정규정에도 불구하고 종전의 규정에 따른다.

'21.1.1. 前에 취득한 분양권은 주택의 계약일로서 역할은 하지만 주택 수에는 영향을 미치지 않으므로 A주택은 일시적 2주택 비과세 특례가 적용됨

적용사례

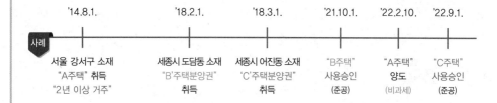

'14.8.1.	'18.2.1.	'18.3.1.	'21.10.1.	'22.2.10.	'22.9.1.
서울 강서구 소재 "A주택" 취득 "2년 이상 거주"	세종시 도담동 소재 "B'주택분양권" 취득	세종시 어진동 소재 "C'주택분양권" 취득	"B주택" 사용승인 (준공)	"A주택" 양도 (비과세)	"C주택" 사용승인 (준공)

Q1 A주택을 양도 시 비과세 적용 여부?

A1 '21.1.1. 前에 취득한 분양권은 주택의 계약일*로서 역할은 하지만 주택 수에는 영향을 미치지 않으므로 A주택은 일시적 2주택 비과세 특례가 적용됨

　* B'주택분양권 취득은 B주택의 계약일이고 그 계약일이 '18.9.13. 이전이므로 소령§155①1호를 적용하여 중복보유허용기간이 B주택 취득한 날('21.10.1.)부터 3년 이내 종전주택(A)을 양도하면 일시적 2주택 비과세 특례를 적용 받을 수 있음

📋 **관련 판례 · 해석 등 참고사항**

일시적 2주택 비과세 특례(소령§155①2호, 소령§167의10①8호) 중복보유허용기간 1년

조정대상지역 내 상속받은 종전주택이 있는 상태에서 '19.12.17. 이후 조정대상지역 내
주택을 새로 취득하는 분부터 신규주택 취득 후 1년 이내 세대전원이 이사 및 전입신고
마치고, 신규주택 취득일부터 1년 이내 종전 주택을 양도한 경우에 9억원 이하까지 비과세
적용

중요 상 난이 중

적용사례

(Q1) A주택을 양도 시 비과세를 적용 받기 위한 요건은?

(A1) 조정대상지역 내 종전주택이 있는 상태에서 '19.12.17. 이후 조정대상지역 내 주택을 새로 취득하는
분부터 신규주택 취득 후 1년 이내 세대전원이 이사 및 전입신고 마치고, 신규주택 취득일부터 1년
이내 종전 주택을 양도한 경우에 9억원 이하까지 비과세를 적용함

(Q2) 9억원 초과분 중과 적용 여부?

(A2) ① 상속받은 날부터 5년 경과된 선순위 상속주택은 중과에서 제외되지 않으나,
② 소령§167의10①8호에 의거 일시적 2주택에 해당되어 중과에서 제외됨

🖋 관련 판례 · 해석 등 참고사항

▶ **소령§167의10[양도소득세가 중과되는 1세대 2주택에 해당하는 주택의 범위]**

① 소법§104⑦1호에서 "대통령령으로 정하는 1세대 2주택에 해당하는 주택"이란 국내에 주택을 2개(1호에
해당하는 주택은 주택의 수를 계산할 때 산입하지 아니한다) 소유하고 있는 1세대가 소유하는 주택으로서 다음
각 호의 어느 하나에 해당하지 아니하는 주택을 말한다.

8. 1주택을 소유한 1세대가 그 주택을 양도하기 전에 다른 주택을 취득(자기가 건설하여 취득한 경우
포함)함으로써 일시적으로 2주택을 소유하게 되는 경우의 종전의 주택[다른 주택을 취득한 날부터
3년이 지나지 아니한 경우(3년이 지난 경우로서 §155⑱ 각 호의 어느 하나에 해당하는 경우 포함)에
한정한다]

신규주택 취득일 현재 기존 임차인의 임대차기간 끝나는 날이 신규주택 취득일부터 1년 후인 경우에만 前 소유자와 임차인간 임대차 계약 종료 시까지 기한 연장하되, 신규주택 취득일로부터 최대 2년 한도로 종전주택을 양도해야 함

중요 중　난이 상

적용사례

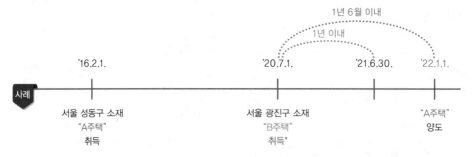

* B주택 취득 당시 기존 임차인의 임대차 기간 끝나는 날이 B주택 취득일부터 6개월 후인 경우에 해당함

Q1 A주택 양도 시 일시적 2주택 특례 적용 가능 여부?

A1 ・신규주택 취득일 현재 기존 임차인의 임대차기간 끝나는 날이 신규주택 취득일부터 1년 후인 경우에만 前 소유자와 임차인간 임대차 계약 종료 시까지 기한 연장하되, 신규주택 취득일로부터 최대 2년 한도로 종전주택을 양도하면 되는데

・사례는 신규주택 취득일부터 1년 미만이므로 소령§155①2호 단서내용이 적용되지 않아 신규주택 취득일부터 1년 이내로 종전주택을 양도해야만 비과세 특례를 적용 받을 수 있는데 1년이 경과되어 비과세 특례가 적용되지 않음

📜 **관련 판례 · 해석 등 참고사항**

▶ **소령§55[1세대 1주택의 특례]**

① 국내에 1주택을 소유한 1세대가 ～ (이하 본문 생략)

2. 종전의 주택이 ～ (중간 생략) ～ . 다만, 신규주택의 취득일 현재 기존 임차인이 거주하고 있는 것이 임대차계약서 등 명백한 증명서류에 의해 확인되고 그 임대차기간이 끝나는 날이 신규주택의 취득일부터 1년 후인 경우에는 다음 각 목의 기간을 전 소유자와 임차인간의 임대차계약 종료일까지로 하되, 신규주택의 취득일부터 최대 2년을 한도로 하고, 신규주택 취득일 이후 갱신한 임대차계약은 인정하지 않는다.

일시적 2주택 비과세 특례(소령§155①)　　실제 퇴거일이 다른 경우 중복보유허용기간

임대차기간 끝나는 날이 신규주택 취득일부터 1년 후인 경우에만 前 소유자와 임차인간 임대차 계약 종료 시까지 기한 연장하되, 신규주택 취득일로부터 최대 2년 한도로 종전주택을 양도해야 하고 신규주택 취득일 이후 갱신한 임대차계약은 인정하지 않음

중요	난이
중	상

적용사례 (서면-2021-법령해석재산-3364, '21.12.13.)

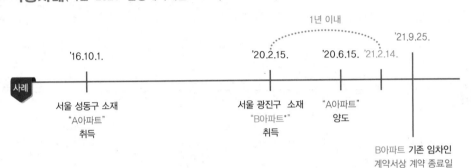

* 기존 임차인 거주 중인 조정대상지역 소재

Q1 신규주택(B) 기존 임차인의 실제 퇴거일이 임대차계약 종료 당시 사정에 따라 당초 계약기간 종료일보다 빠르거나('21.8.25. 등) 늦은('21.9.27. 등) 경우 소령§155①2호에 따른 신규주택으로의 전입기한은?

A1 임대차기간이 끝나는 날이 신규주택 취득일부터 1년 후인 경우 소령§155①2호 각 목의 기간을 실제 임차인의 퇴거일에도 불구하고 前 소유자와 임차인간 임대차 계약 종료일까지로 하되, 신규주택 취득일부터 최대 2년을 한도로 하고, 신규주택 취득일 이후 갱신한 임대차계약은 인정하지 않음

📋 관련 판례 · 해석 등 참고사항

▶ 조정대상지역 내에 종전주택이 있는 상태에서 조정대상지역에 신규주택 취득 시 중복보유허용기간

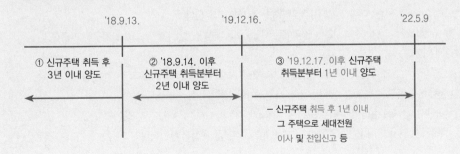

'18.9.13. 이전에 조정대상지역에 신규주택(B)의 건축을 위한 착공을 하고 '18.9.14. 이후 이를 완공하여 취득한 경우, 소령(대통령령 제29242호, '18.10.23. 일부 개정) 부칙 경과조치(중복보유허용기간 3년)가 적용되지 않음

중요 중
난이 상

적용사례(기획재정부 조세법령운용과−987, '21.11.17.)

Q1 '18.9.13. 이전에 조정대상지역에 신규주택(B)의 건축을 위한 착공을 하고 '18.9.14. 이후 이를 완공하여 취득한 경우, 소령(대통령령 제29242호, '18.10.23. 일부 개정) 부칙 경과조치 적용 여부?

A1 해당 부칙 경과조치인 §2②(신규주택 취득일부터 3년 이내 종전주택 양도 시 비과세 적용)이 적용되지 않음 (∵ '18.9.13. 이전 매매계약이 아닌 신축)

📜 관련 판례 · 해석 등 참고사항

▶ **소령 부칙**(제29242호, '18.10.23.)

① §155①의 개정규정은 이 영 시행 이후 양도하는 분부터 적용한다.

② 다음 각 호의 어느 하나에 해당하는 경우에는 §155①의 개정규정 및 이 조 ①에도 불구하고 종전의 규정에 따른다.

  1. 조정대상지역에 종전의 주택을 보유한 1세대가 '18.9.13. 이전에 조정대상지역에 있는 신규 주택(신규 주택을 취득할 수 있는 권리 포함. 이항 같음)을 취득한 경우

  2. 조정대상지역에 종전의 주택을 보유한 1세대가 '18.9.13. 이전에 조정대상지역에 있는 신규 주택을 취득하기 위하여 매매계약을 체결하고 계약금을 지급한 사실이 증빙서류에 의하여 확인되는 경우

일시적 2주택 비과세 특례(소령§155①)

계약금 지급 후 종전주택 조정지역 지정 시 중복보유허용기간

조정대상지역에 소재한 신규주택 취득 시 계약금을 종전주택이 조정대상지역으로 지정 전에 지급한 경우 종전규정(중복보유허용기간 3년) 적용

중요 중   난이 중

적용사례

(서면-2020-법령해석재산-1808, '20.09.24., 기획재정부 재산세제과-825, '20.09.22.)

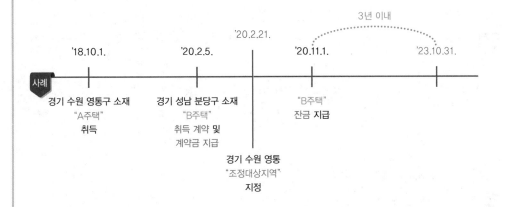

Q1 신규주택(B) 취득 계약일과 잔금 청산일 사이에 종전주택 소재지가 조정대상지역으로 변경된 경우, 비과세 받기 위한 종전주택 처분기한은?

A1 신규주택(B) 취득일로부터 3년 이내

📜 관련 판례 · 해석 등 참고사항

일시적 2주택 비과세 특례(소령§155①)　신규주택이 조합원입주권으로 변환 시 중복보유허용기간

일시적 2주택 비과세 특례는 신규주택이 조합원입주권으로 변환되어도 관계없이 비과세 적용되고, '22.5.10. 이후 양도분부터는 중복보유허용기간이 2년으로 완화되었고 세대원 전원이 신규주택에 전입하는 요건이 삭제되었음

적용사례

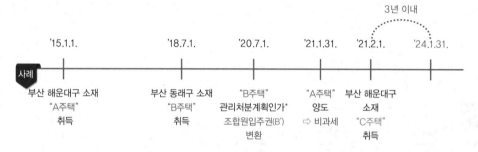

* 2년 보유·거주

Q1 A주택 양도 시 비과세 적용 여부?

A1 소령§155①은 신규주택이 조합원입주권으로 변환되어도 관계없이 비과세 적용됨

Q2 A주택을 양도 후, C주택 취득하고 조합원입주권(B') 양도한 경우와 주택으로 완성된 후 B주택을 양도한 경우 차이점은?

A2 • 조합원입주권 상태에서 양도 시 C주택 취득한 날부터 3년 이내 양도하면 비과세 적용(소법§89①4호나목)
　　• 완성된 주택 상태에서 양도 시, C주택 취득 시 B주택도 조정대상지역에 소재하고 있으므로, C주택 취득한 날부터 1년 이내 양도하고 세대원 전원 이사 등 요건 충족하면 비과세 적용(소령§155①2호)
　　• 다만, '22.5.10. 이후 양도분부터는 중복보유허용기간이 2년으로 완화되었고 세대원 전원이 신규주택에 전입하는 요건이 삭제되었음

📜 관련 판례 · 해석 등 참고사항

☞ 소령§155①2호가 '22.5.31. 개정되어 조정대상지역 내 종전주택이 있는 상태에서 조정대상지역에 신규주택 취득한 경우에도 '22.5.10. 이후 양도하는 분부터는 중복보유허용기간을 2년 이내로 완화되고 세대원 전원의 이사 및 전입신고 요건도 삭제되었고, '23.2.28. 소령 개정으로 '23.1.12. 이후 양도분부터 중복보유허용기간이 3년으로 완화됨

일시적 2주택 비과세 특례(소령§155①) 단독세대주의 근무상 형편으로 전입 불가 시 중복보유허용기간

단독세대주가 소칙§72⑦에 따른 부득이한 사유로 신규주택의 취득일로부터 1년 이내 그 주택으로 이사하지 못한 경우에는 이사요건을 충족하지 못한 것으로 보는 것임

중요 상 난이 중

적용사례 (서면-2021-법령해석재산-4651, '21.09.30.)

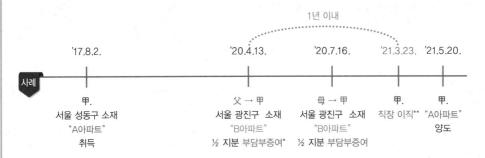

* 신규주택 취득일 현재 기존 임차인의 임대차기간이 끝나는 날이 신규주택 취득일로부터 1년 후임

** 제주도 소재 직장으로 이직(40세 이상으로 단독 세대주)

Q1 신규주택(B) 취득 당시('20.4.13.) 종전주택(A)과 신규주택이 조정대상지역에 소재하여 신규주택 취득일부터 법정기한 이내 세대전원이 이사 및 전입신고를 마쳐야 하는데, 단독세대주가 근무상 형편으로 기한 내 이사하지 못하는 경우도 세대전원이 이사한 것으로 보는 지 여부?

A1 단독세대주가 소칙§72⑦에 따른 부득이한 사유로 신규주택의 취득일로부터 1년 이내 그 주택으로 이사하지 못한 경우에는 이사요건을 충족하지 못한 것으로 보는 것임

📑 관련 판례 · 해석 등 참고사항

▶ **소칙§72[1세대 1주택 특례]**

⑦ 영 제155조제1항제2호가목, 제8항 및 제10항제5호에서 "기획재정부령으로 정하는 취학, 근무상의 형편, 질병의 요양, 그밖에 부득이한 사유"란 세대의 구성원 중 일부(영 제155조제1항제2호가목 및 제10항제5호의 경우를 말한다) 또는 세대전원(영 제155조제8항의 경우를 말한다)이 제71조제3항 각 호의 어느 하나에 해당하는 사유로 다른 시 · 군으로 주거를 이전하는 경우를 말한다

☞ 소령§155①2호가 '22.5.31. 개정되어 조정대상지역 내 종전주택이 있는 상태에서 조정대상지역에 신규주택 취득한 경우에도 '22.5.10. 이후 양도하는 분부터는 중복보유허용기간을 2년 이내로 완화되고 세대원 전원의 이사 및 전입신고 요건도 삭제되었고, '23.2.28. 소령 개정으로 '23.1.12. 이후 양도분부터 중복보유허용기간이 3년으로 완화됨

일시적 2주택 비과세 특례(소령§155①) 신규주택 양도인이 임차인으로 전환 시 중복보유허용기간

신규주택 양도인이 임차인으로 전환하여 거주하는 조건으로 매매계약을 하는 경우,
종전주택의 양도기한 및 신규주택으로 이사·전입신고 기한이 그 임대차 계약 종료일까지
연장되지 않음

중요 상 | 난이 중

적용사례(서면-2021-부동산-3992, '21.09.29.)

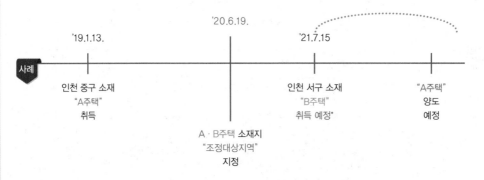

* 양도인이 1년 6개월간 B주택에서 임차인으로 거주하는 조건으로 매매계약(B주택 잔금일에 전세계약서를
작성하고 전세보증금 상당액을 잔금에서 상계하기로 약정함)

Q1 신규주택(B)의 양도인이 임차인으로 전환하여 거주하는 조건으로 매매계약을 하는 경우, 종전주택(A)의
양도기한 및 신규주택으로 이사·전입신고 기한이 그 임대차 계약 종료일까지 연장되는지 여부?

A1 소령§155①2호 단서를 적용하지 않는 것임

관련 판례·해석 등 참고사항

▶ **구.소령§155①2호 단서**

신규주택 취득일 현재 기존 임차인이 거주하고 있는 것이 임대차계약서 등 명백한 증명서류에 의해
확인되고 그 임대차기간이 끝나는 날이 신규 주택의 취득일부터 1년 후인 경우에는 다음 각 목의 기간을 전
소유자와 임차인간의 임대차계약 종료일까지로 하되, 신규 주택의 취득일부터 최대 2년을 한도로 하고,
신규 주택 취득일 이후 갱신한 임대차계약은 인정하지 않음

☞ 소령§155①2호가 '22.5.31. 개정되어 조정대상지역 내 종전주택이 있는 상태에서 조정대상지역에
신규주택 취득한 경우에도 '22.5.10. 이후 양도하는 분부터는 중복보유허용기간을 2년 이내로 완화되고
세대원 전원의 이사 및 전입신고 요건도 삭제되었고, '23.2.28. 소령 개정으로 '23.1.12. 이후 양도분부터
중복보유허용기간이 3년으로 완화됨

일시적 2주택 비과세 특례(소령§155①)   1년 이상이 지난 후

종전주택을 취득한 날('19.12.31.)인 초일은 산입하지 않으므로 "1년 이상이 지난 후"에
해당하는 날은 '21.1.1. 이후 부터임

중요 : 중   난이 : 중

적용사례(서면-2021-부동산-2222, '21.07.06.)

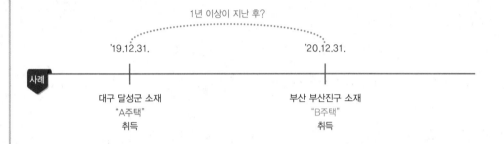

Q1 소령§155①에 따른 일시적 2주택 특례 적용 시, '20.12.31.이 종전주택을 취득한
날('19.12.31.)부터 "1년 이상이 지난 후"에 해당하는지 여부?

A1 종전주택을 취득한 날('19.12.31.)인 초일은 산입하지 않으므로 "1년 이상이 지난 후"에 해당하는 날은
'21.1.1. 이후 부터임

참고 종전주택을 취득한 날부터 1년 이상이 되는 날 : '20.12.31.
종전주택을 취득한 날부터 1년 이상이 지난 날 : '21.1.1.

📜 **관련 판례 · 해석 등 참고사항**

▶ 서면-2017-법령해석재산-0785, '17.09.19.,

기준-2017-법령해석재산-0273, '17.11.09.

▶ 초일산입 · 초일불산입 원칙

- 날짜의 시작점(~부터)과 끝점(~까지)이 있으면 초일 산입

  - 1세대 1주택 비과세 요건 중 보유기간 및 거주기간

    예) 보유기간(소령§154⑤) : 소법§95④에 따른다.
    * 소법§95④ ; 자산의 보유기간은 그 자산의 취득일부터 양도일까지로 한다.

    예) 거주기간(소령§154⑥) : 주민등록표 등본에 따른 전입일부터 전출일까지의
    기간으로 한다.

    예) 거주기간(소법§104②) : ①2호 · 3호 및 11호가목의 보유기간은 해당 자산의
    취득일부터 양도일까지로 한다.

Q1 갑은 A주택을 '20.5.1.에 취득하여 '25.4.30.에 양도한 경우 보유기간은?

A1 초일을 산입하므로 5년인데, 만약 초일불산입했다면 1일이 모자라 5년 보유 안됨

- 2년 이상과 같이 끝점(~까지)이 없으면 초일불산입

  예) 소령§168의14③3호 : 취득일이 사업인정고시일부터 5년 이전인 토지
  ※ 민법과 일반적인 경우에는 초일불산입함

일시적 2주택 비과세 특례(소령§155①)   신규주택 취득일과 임대차계약 시작일이 동일한 경우

조정대상지역에 종전주택을 보유한 1세대가 조정대상지역 내 신규주택을 취득한 경우로서
신규주택 취득일과 전 소유자와 임차인간 임대차계약 시작일이 동일한 경우에도 소령§155①2호
적용 가능하고, 그 기간의 말일이 토요일 또는 공휴일인 경우 그 다음 날까지로 함

중요 상 · 난이 중

적용사례(사전-2021-법령해석재산-0078, '21.06.16.)

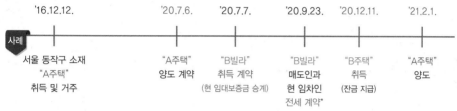

'16.12.12.

서울 동작구 소재
"A주택"
취득 및 거주

'20.7.6.

"A주택"
양도 계약

'20.7.7.

"B빌라"
취득 계약
(현 임대보증금 승계)

'20.9.23.

"B빌라"
매도인과
현 임차인
전세 계약"

'20.12.11.

"B주택"
취득
(잔금 지급)

'21.2.1.

"A주택"
양도

* 전세계약기간 : '20.12.11.~'22.12.11.

Q1 조정대상지역에 종전주택(A)을 보유한 1세대가 조정대상지역 내 신규주택(B)을 취득한 경우로서
신규주택 취득일과 전 소유자와 임차인간 임대차계약 시작일이 동일한 경우, 소령§155①2호
단서규정을 적용 받을 수 있는지 여부와 동 단서의 "최대 2년" 한도의 기한은 취득일인 초일의 산입
여부?

A1 • 신규주택 취득일과 전 소유자와 임차인간 임대차계약 시작일이 동일한 경우에도 소령§155①2호 적용
가능하고,

• "최대 2년" 한도의 기간 계산 시 신규주택 초일은 산입하지 않고 그 기간의 말일이 토요일 또는
공휴일인 경우 그 다음 날까지로 함

📑 관련 판례 · 해석 등 참고사항

▶ **소령§155①2호단서**

신규주택 취득일 현재 기존 임차인이 거주하고 있는 것이 임대차계약서 등 명백한 증명서류에 의해
확인되고 그 임대차기간이 끝나는 날이 신규 주택의 취득일부터 1년 후인 경우에는 다음 각 목의 기간을 전
소유자와 임차인간의 임대차계약 종료일까지로 하되, 신규 주택의 취득일부터 최대 2년을 한도로 하고,
신규 주택 취득일 이후 갱신한 임대차계약은 인정하지 않음

▶ **사전-2020-법령해석재산-0638, '20.09.29.**

– 조정대상지역에 종전주택을 보유한 1세대가 조정대상지역에 있는 신규주택을 취득하는 경우로서,
신규주택의 취득일과 전 소유자와 임차인간의 임대차계약기간 시작일(입주일)이 동일한 경우에도
소령§155①2호단서에 따른 규정을 적용받을 수 있는 것임

주택임대차보호법§6의3에 따라 계약갱신요구권을 행사한 경우로서 그 계약갱신요구에 따라
갱신된 임대차계약의 임대차기간 종료일까지 전입하는 경우에 한하여 일시적 2주택 비과세
특례가 적용됨

중요
중

난이
중

적용사례(기획재정부 재산세제과-929, '22.08.09.)

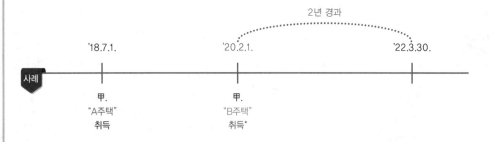

2년 경과

'18.7.1.   '20.2.1.   '22.3.30.

사례

甲.
"A주택"
취득

甲.
"B주택"
취득*

* 임차인 丙이 전 소유자에게 계약갱신요구권을 행사하여 甲과 임차인 丙의 임대차계약 만료일이 신규주택
취득일부터 2년이 경과한 '22.3.30.임

Q1 종전주택이 조정대상지역에 있는 상태에서 '19.12.17. 이후에 조정대상지역에 있는 신규주택을
취득하여 일시적 2주택이 된 경우로서 취득일 전에 임차인이 전 소유자를 상대로 계약갱신요구권을
행사하여 甲과 임차인 사이에 임대차 계약이 연장되어 갱신된 임대기간 만료일이 신규주택
취득일로부터 2년을 초과한 경우 이사 및 전입기한은?

A1 주택임대차보호법§6의3에 따라 계약갱신요구권을 행사한 경우로서 그 계약갱신요구에 따라 갱신된
임대차계약의 임대차기간 종료일까지 전입하는 경우에 한하여 일시적 2주택 비과세 특례가 적용됨

관련 판례 · 해석 등 참고사항

일시적 2주택 비과세 특례(소령§155①)　　　종전주택 처분기간 만료일이 공휴일인 경우

판례는 종전주택 처분기간 만료일이 공휴일인 경우 국기법§4 및 민법§161에 따라 공휴일 다음 날로 기간이 연장된다고 판결하여, 국세청도 이와 다른 취지의 기존 해석을 정비하여 임대차계약의 다음 날까지 요건 충족하면 특례 적용

중요	난이
상	중

적용사례(사전-2021-법령해석재산-1190, '21.10.21.)

'09.1.1.　　　　　　　　　　　'20.3.27.　　　'21.9.15.

사례

경기 성남 소재　　　　　　　　서울 마포 소재　　　"A주택"
"A주택"　　　　　　　　　　　　"B주택"　　　　　양도
취득　　　　　　　　　　　　　취득*

* 계약 체결 당시 기존 임차인이 임대차 계약('19.10.12. ～ '21.10.11.) 중이었음

Q1 임대차 계약 종료일('21.10.11.)에 이사하고 전입 신고하는 경우 일시적 2주택 비과세 특례가 적용되는데, '21.10.11. 이후 한글날 대체 공휴일인 경우 이사 및 전입 시한이 다음 날로 연기되는 지 여부?

A1
- 조정대상지역 내 대체취득으로 일시적 2주택이 된 경우 원칙적으로 일시적 2주택 허용기간은 1년이나, 신규주택 취득일 현재 기존 임차인이 거주 중인 경우에는 신규주택 취득일부터 2년 범위 내에서 그 임대차계약기간 종료일까지 일시적 2주택 허용기간이 연장됨
- 판례는 종전주택 처분기간 만료일이 공휴일인 경우 국기법§4 및 민법§161에 따라 공휴일 다음 날로 기간이 연장된다고 판결한 바(대법원2010두2081, '11.6.24.) 이와 다른 취지의 기존 국세청 해석을 정비하여 임대차계약의 다음 날까지 요건 충족하면 특례 적용함

📑 **관련 판례 · 해석 등 참고사항**

"조정대상지역 내 일시적 2주택 세부지침"에서와 같이 종전주택이 없는 상태에서 분양권이
2개인 경우는 "종전주택 취득시점"을 기준으로 판정하는데, 종전주택을 '18.9.14.~'19.12.16.
사이에 취득하였으므로 중복보유허용기간은 2년을 적용함

중요 상　난이 중

적용사례(기획재정부 재산세제과-512, '21.05.25.)

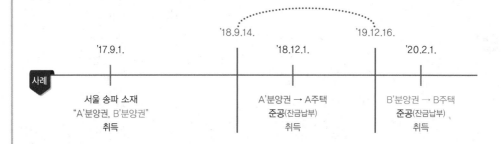

Q1 조정대상지역에 소재한 종전주택 분양권과 신규주택 분양권을 각각 '18.9.13. 이전에 취득하고,
종전주택의 취득일이 '18.9.14.~'19.12.16. 사이인 경우, 일시적 2주택 허용기간은?

A1 다음 쪽 "조정대상지역 내 일시적 2주택 세부지침"에서와 같이 종전주택이 없는 상태에서 분양권이
2개인 경우는 "종전주택 취득시점"을 기준으로 판정하는데, 종전주택을
'18.9.14.~'19.12.16.사이에 취득하였으므로 중복보유허용기간은 2년을 적용함

➡ 다음 쪽에서 "보충" 설명

📑 관련 판례 · 해석 등 참고사항

🏠 심화정리

아래 세부 집행원칙은 일시적 2주택을 적용할 때만 적용된 원칙으로 일반적인 분양권 규정(소령§156의3)적용 시와 다름에 유의

◉ 조정대상지역 내 일시적 2주택 **세부 집행원칙**
(소득세 법령에서 주택과 분양권을 구분 규정 ⇒ 종전주택 유무에 따라 적용방법이 달라짐)

Case1 종전주택이 있는 상태 → 신규주택(분양권 포함) 계약

- **(적용대상)** 종전주택과 신규주택(분양권 포함)이 신규주택(분양권 포함)의 "계약일 and 취득일"에 모두 조정지역 내 위치

  * 종전주택과 신규주택(분양권 포함) 중 어느 하나라도 신규주택(분양권 포함)의 "계약일 and 취득일"에 조정지역 내 위치하지 아니한 경우 → 3년 적용

- **(적용방법)** "신규주택(분양권 포함)의 계약일"을 기준으로 일시적 2주택 허용기간 판정

  ① '18.9.13. 이전 → 3년 적용

  ② '18.9.14. ~ '19.12.16. → 2년 적용

  ③ '19.12.17. 이후 → 1년 적용

Case2 종전주택이 없는 상태 → 신규주택(분양권 포함) 계약

* 분양권이 2개였던 경우도 이에 해당됨

- **(적용대상)** 종전주택이 "종전주택 취득일 and 신규주택 취득일"에 조정지역 내에 위치하고 신규주택(분양권 포함)이 신규주택(분양권 포함)의 "계약일 and 취득일"에 조정지역 내 위치

  * 종전주택이 "종전주택 취득일 and 신규주택 취득일"에 조정지역 내에 위치하지 않거나, 신규주택(분양권 포함)이 신규주택(분양권 포함)의 "계약일 또는 취득일"에 조정지역 내 위치하지 아니한 경우 → 3년 적용

- **(적용방법)** "종전주택 취득시점"을 기준으로 일시적 2주택 허용기간 판정
  * 분양권이 2개였던 경우에는 둘 중 하나가 먼저 주택이 되는 시점을 의미

  ① '18.9.13. 이전 → 3년 적용

  ② '18.9.14. ~ '19.12.16. → 2년 적용

  ③ '19.12.17. 이후 → 1년 적용

◎ "9·13 주택시장 안정화대책('18.9.13.)" 후속 시행령 개정 내용

조정대상지역 내 일시적 1세대 2주택 보유 허용기간 **단축**	• 조정대상지역에 종전주택 보유상태에서 조정대상지역내 신규주택 취득시 신규주택 취득 후 2년 이내 종전주택 양도 ('18.9.14. 이후 조정대상지역 내 신규주택 취득분부터)
1세대 1주택 특례 **장특공제 거주요건 신설**	• 보유기간 중 2년 이상 거주한 주택(일시적 2주택 등 포함) – 비거주시 장특공제 표1 적용('20.1.1. 이후 양도분부터 적용)
1세대 2주택 이상자 **중과주택 범위 조정**	• 1주택 이상 보유한 1세대가 조정대상지역 內 주택을 신규 취득 後 장기임대주택으로 등록시 중과* ('18.9.14. 이후 취득분부터)
1세대 2주택 이상자 **중과제외 주택 범위 조정**	• 조정대상지역 공고 전 매매계약하고 계약금 받은 사실이 증빙서류에 의해 확인되는 주택('18.8.28. 이후 양도분부터)
장기일반민간임대주택 **특례 적용요건 추가** (조특령§97의3③)	• 임대개시일 당시 기준시가 6억원(비수도권 3억원) 이하('18.9.14. 이후 신규 취득하는 주택부터)

 건설임대주택 또는 매입임대주택 중 공공지원민간임대주택은 중과대상에서 제외

판례 등 불복사례

쟁점 임의 재건축조합에 구(舊).주택을 "현물출자"한 경우

임의재건축조합에 기존주택을 현물출자하고 이후 재건축한 주택을 취득한 경우,
도시정비법상 재건축조합이 아닌 임의재건축조합에 구.주택을 현물출자함으로써 이를
양도하였다고 할 것이므로, 이후 재건축으로 취득한 신축주택은 구.주택과 다른 별개
주택으로, 양도주택을 양도하기 전에 신축주택을 취득함으로써 일시적으로 2주택이
되어 그 취득일부터 2년 이내 주택을 양도하였으므로 일시적 2주택에 따른 특례가
적용됨

(서울고법2012누29716, 2013, '13.03.21. 국패)

참고 현물출자는 기존 부동산의 양도에 해당되고 일반 조합의 경우 환지개념이 적용되지 않기 때문임

🏠 심화정리

❱ 주택 외 건물을 상시 주거용으로 용도 변경한 경우

- 1세대 1주택자가 업무용 시설인 오피스텔 1채를 취득하여 업무용 시설 또는 주거용 시설로 반복·변경하여 사용하는 경우로서 당해 오피스텔을 "상시 주거용으로 사용하는 날부터" 3년 이내 종전 주택을 양도하는 경우 일시적 2주택자에 대한 비과세 특례를 적용함

(부동산거래관리과-329, '12.6.15.)

❱ 2주택자가 1주택을 멸실하고 주택을 재건축한 경우

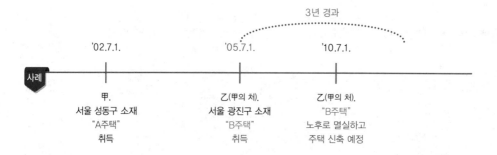

- 1세대 2주택자가 그 중 1주택을 멸실하고 신축한 후, 나머지 1주택을 양도하는 경우 신축주택을 기존주택의 연장으로 보므로, "기존주택을 취득한 날부터" 3년을 경과한 경우에는 일시적 2주택 특례를 적용 받을 수 없음

(부동산거래관리과-825, '10.06.16.)

● 일시적 2주택 비과세 특례규정 적용 시 기존주택 멸실하고 재건축한 경우

• 일시적 2주택에 대한 양도세 비과세특례를 적용할 때, 기존주택을 멸실하고 재건축한 주택은 기존주택의 연장으로 봄

참고 재건축한 주택은 기존주택 연장으로 보므로 B주택 양도 시 비과세 특례 규정 적용 불가

일시적 2주택 비과세 특례(소령§154⑧) 　　재건축한 주택은 기존주택 연장

2주택 중 1주택을 신축한 경우, 재건축한 주택을 기존주택의 연장으로 봄

적용사례(재산46014-10135, '02.11.22.)

Q1 1세대 2주택자가 그 중 1주택이 재건축으로 새로이 준공된 이후에 재건축하지 않은 다른 주택 양도 시 비과세 여부?

A1 B주택은 과세대상임

　(∵ 재건축한 주택은 기존주택의 연장으로 보므로 B주택이 신규주택이 되므로 비과세 배제)

Q1 1주택을 가진 1세대가 당해 주택이 재건축으로 멸실되어 있는 상태에서 다른 주택(B)을 취득한 경우로서 당해 재건축주택을 준공 후 양도하는 경우 비과세 여부?

A1 재건축한 A주택은 비과세대상임

　(∵ 재건축한 주택은 기존주택의 연장으로 보므로 A주택이 종전주택이 되므로 비과세 적용)

📑 관련 판례 · 해석 등 참고사항

☞ 위의 예규로 변경되기 전까지는 기존주택을 멸실하고 재건축한 주택을 준공시점에서 새로 취득하는 주택으로 보았으나,

　– 위와 같이 예규가 변경되어 '02.11.23. 이후 양도하는 분부터는 재건축한 주택을 기존주택의 연장으로 보므로 일시적 2주택 비과세 특례 판정 시 특히 유의하여야 함

▶ 부동산거래관리과-0601, '11.07.14., 부동산거래관리과-250, '11.03.21., 서면4팀-764, '08.03.21.

일시적 2주택 비과세 특례(소령§155①)　건설임대주택 관련 중복보유허용기간

건설임대주택은 분양전환 신청하여 대금 청산한 때에 취득일이 되므로 조정대상지역 지정 후 신규주택 취득일이 되고 신규주택 취득시점에 종전 주택과 신규주택이 모두 조정대상지역에 소재하므로 중복보유허용기간은 1년 이내임

중요 중　난이 중

적용사례(서면-2021-법령해석재산-0259, '21.08.25.)

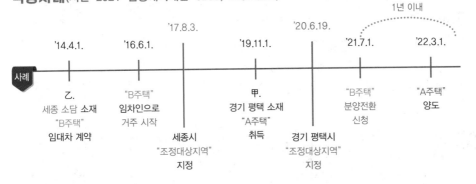

Q1 조정대상지역 내 종전주택이 있는 상태에서 '18.9.13. 이전에 임차한 조정대상지역 내 공공건설임대주택의 분양전환 신청권에 의하여 신규주택을 '19.12.17. 이후 취득 시 일시적 2주택 특례가 적용되기 위한 중복보유허용기간은?

A1 B주택은 '21.7.1. 분양전환 신청하여 대금 청산한 때에 취득일이 되므로 신규주택이 되고 신규주택 취득시점에 종전 주택(A)과 신규주택(B)이 모두 조정대상지역에 소재하므로 중복보유허용기간은 1년 이내임

🖋 관련 판례 · 해석 등 참고사항

▶ **소령 부칙 〈제30395호, '20.2.11.〉**

제15조(조정대상지역 일시적 2주택 비과세 요건에 관한 적용례 등)
① 제155조제1항의 개정규정은 이 영 시행 이후 양도하는 분부터 적용한다.
② 다음 각 호의 어느 하나에 해당하는 경우에는 제1항에도 불구하고 종전의 규정에 따른다.
　1. 조정대상지역에 종전의 주택을 보유한 1세대가 '19.12.16. 이전에 조정대상지역에 있는 신규 주택(신규 주택을 취득할 수 있는 권리 포함. 이항 같음)을 취득한 경우
　2. 조정대상지역에 종전의 주택을 보유한 1세대가 '19.12.16. 이전에 조정대상지역에 있는 신규 주택을 취득하기 위하여 매매계약을 체결하고 계약금을 지급한 사실이 증빙서류에 의하여 확인되는 경우

☞ 소령§155①2호가 '22.5.31. 개정되어 조정대상지역 내 종전주택이 있는 상태에서 조정대상지역에 신규주택 취득한 경우에도 '22.5.10. 이후 양도하는 분부터는 중복보유허용기간을 2년 이내로 완화되고 세대원 전원의 이사 및 전입신고 요건도 삭제되었고, '23.2.28. 소령 개정으로 '23.1.12. 이후 양도분부터 중복보유허용기간이 3년으로 완화됨

제
2
편

일시적 2주택 비과세 특례(소령§155①)

'18.9.13. 이전 취득한 분양권을 '19.12.17. 이후 배우자에게 증여

1세대가 조정대상지역 내 종전주택 있는 상태에서 '18.9.13. 이전 취득한 조정대상지역 내 분양권을 '19.12.17. 이후 배우자에게 증여한 경우 일시적 2주택 중복보유 허용기간은 3년임

적용사례

(서면-2021-부동산-0852, '21.04.28., 서면-2018-법령해석재산-1541, '20.04.16.)

⇨ 3년 이내

| '14.5.1. | '17.12.1. | '20.6.1. | '21.3.1. | |
| 甲. 경기 남양주 소재 "A주택" 취득 | 甲. 경기 남양주 소재 "B'분양권" 취득 | 甲 → 乙(甲의 아내) "B'분양권" 증여 | "B주택" 취득 | "A주택" 양도 예정 |

Q1 1세대가 조정대상지역 내 종전주택(A) 있는 상태에서 '18.9.13. 이전 취득한 조정대상지역 내 분양권(B)을 '19.12.17. 이후 배우자에게 증여한 경우 일시적 2주택 중복보유 허용기간은?

A1 소령('18.10.23. 대통령령 제29242호로 개정된 것) 부칙§2②에 따라 일시적 2주택 보유 허용기간은 3년임

📜 관련 판례·해석 등 참고사항

▶ **소령 부칙 〈제29242호, '18.10.23.〉**

제2조(조정대상지역 일시적 2주택 비과세 요건에 관한 적용례 등)

① §155①의 개정규정은 이 영 시행 이후 양도하는 분부터 적용한다.

② 다음 각 호의 어느 하나에 해당하는 경우에는 §155①의 개정규정 및 이 조 ①에도 불구하고 종전의 규정에 따른다.

1. 조정대상지역에 종전의 주택을 보유한 1세대가 '18.9.13. 이전에 조정대상지역에 있는 신규 주택(신규 주택을 취득할 수 있는 권리 포함. 이항 같음)을 취득한 경우

2. 조정대상지역에 종전의 주택을 보유한 1세대가 '18.9.13. 이전에 조정대상지역에 있는 신규 주택을 취득하기 위하여 매매계약을 체결하고 계약금을 지급한 사실이 증빙서류에 의하여 확인되는 경우

'17.8.2. 이전에 증여자가 매매계약을 체결하고 계약금을 지급한 분양권을 이후에
동일세대원인 배우자에게 지분을 증여한 후 완성된 주택을 양도하는 경우에는 거주요건을
적용 받지 않음

중요 상   난이 중

적용사례(기획재정부 재산세제과-858, '18.10.10.)

사례 1

'16.11.1.	'17.9.8.	'20.9.1.
甲. 경기 **지구 소재 "A주택*" 분양계약 및 계약금 지급	甲 → 乙(甲의 아내) "A주택" 분양권 지분 1/2" 증여	"A주택" 양도

* 甲 : A주택 계약금 지급일 현재 무주택 세대에 해당

사례 2

'13.12.13.	'15.9.22.	'15.11.24.	'16.9.22.	'20.9.1.
甲. 세종시 소재 "A주택" 취득	乙. 세종시 소재 "B주택*" 분양계약 및 계약금 지급	甲과 乙 결혼	乙 → 甲(甲의 배우자) "B주택" 분양권 지분 1/2" 증여	"A주택" 양도

* 乙 : B주택 계약금 지급일 현재 무주택 세대에 해당, B주택은 '17.8.2. 현재 미완공 상태

Q1 조정대상지역 내 주택(A)의 분양계약을 '17.8.2. 이전 체결하고 계약금을 지급하였으나, 이후에 그
지분 중 ½을 배우자에게 증여 시 거주요건 적용 여부?

A1 '17.8.2. 이전에 증여자가 매매계약을 체결하고 계약금을 지급한 분양권을 이후에 동일세대원인
배우자에게 지분을 증여한 후 완성된 주택을 양도하는 경우에는 거주요건을 적용 받지 않음(∵비과세
판정기준은 "세대")

📝 **관련 판례 · 해석 등 참고사항**

제2편

쟁점 정리
(일시적 2주택 등 비과세 특례 적용 여부)

쟁점 1세대가 주택 수로 카운터되는 두 개를 보유한 상태에서, 먼저 보유한 주택이나 조합원입주권을 양도한 경우 비과세 적용 여부를 일괄 정리

유 형	종전주택(조합원입주권)	신규주택(조합원입주권)	비과세	근거규정
1 - 1	주택 → 조합원입주권	주택	여	소법§89①4호 나목
1 - 2	주택 → 조합원입주권	주택 → 조합원입주권	부	
2 - 1	주택	주택	여	소령§155①
2 - 2	주택	주택 → 조합원입주권	여	
2 - 3	주택 → 조합원입주권 → 주택	주택	여	
3 - 1	주택	(승계 취득)조합원입주권	여	소령§156의2
3 - 2	주택 → 조합원입주권 → 주택	(승계 취득)조합원입주권	여	
3 - 3	(승계 취득)조합원입주권 ('21.1.1. 이후 취득)분양권	주택	부	
3 - 4	(승계 취득)조합원입주권 ('21.1.1. 이후 취득)분양권	(승계 취득)조합원입주권 ('21.1.1. 이후 취득)분양권	부	

쟁점 정리
(일시적 2주택 등 비과세 특례 적용 여부)

> **쟁점** 1세대가 주택 수로 카운터되는 두 개를 보유한 상태에서, 먼저 보유한 주택이나
> 조합원입주권을 양도한 경우 비과세 적용 여부를 일괄 정리

▶ (1-1 유형) 소법§89①4호나목에 의거 양도한 조합원입주권 자체 비과세 적용

▶ (1-2 유형) 조합원입주권 자체는 ① 다른 주택 또는 분양권을 보유하지 않는 경우나 ② 위의 1-1
　　　　　 유형 이외에는 비과세가 적용될 수 있는 경우가 없음
　　　　　　　☞ 제3편 참고

▶ (2-1 유형) 소령§155①의 일시적 2주택 비과세 특례 모형으로 비과세 적용

▶ (2-2 유형) 2-1 유형에서 신규주택이 조합원입주권으로 변환된 경우에도 유권 해석에 의거 비과세 적용

▶ (2-3 유형) 2-1 유형 중에서 종전주택이 조합원입주권으로 변환되었다가 다시 주택으로 신축된
　　　　　 후에 양도한 경우에도 유권해석에 의거 비과세 적용

▶ (3-1 유형) 소령§156의2[주택과 조합원입주권*을 소유하는 경우 1세대 1주택의 특례]의 모형으로
　　　　　 주택을 양도한 경우에 비과세 적용

　　　* 승계 취득한 조합원입주권, 토지나 상가를 보유하다가 조합원입주권을 취득한 경우가 대상이므로
　　　　 원조합원이 취득한 조합원입주권은 대상이 아님

▶ (3-2 유형) 당초 유권해석(서면-2019-부동산-4602, '20.08.27.)에서 비과세 인정하였다가
　　　　　 '21.3.10.에 기획재정부가 적용 불가(서면법규과-563, '13.05.16.)로 해석 정비하였다가
　　　　　 '22.12.1.에 기획재정부가 다시 입장을 바꿔 비과세를 인정(기획재정부
　　　　　 재산세제과-927, '22.08.09.)함

▶ (3-3 유형) 승계 취득한 조합원입주권 또는 '21.1.1. 이후 취득한 분양권을 먼저 취득한 이후에
　　　　　 주택을 취득한 경우에는 비과세가 적용되는 모형이 없어서 비과세 불가모형임
　　　　　　　☞ 제3편 참고

▶ (3-4 유형) 승계 취득한 조합원입주권 또는 '21.1.1. 이후 취득한 분양권을 2개가 순차로
　　　　　 주택으로 완성되어 일시적 2주택 모형이 된 경우이지만, 처음 주택 수로 카운터되는
　　　　　 조합원입주권이나 '21.1.1. 이후 취득한 분양권 기준으로 비과세되는 모형이 없어
　　　　　 비과세 불가모형임

제2편

소령§154①에 따른 1세대1주택으로 보는 조합원입주권은 소령(2017.2.3. 대통령령 제27829호로 개정되기 전의 것) §155⑰에서 규정한 요건에 해당하는 경우를 말하는 것으로, 조합원입주권을 2개 이상 소유한 상태에서 양도하는 1개의 조합원입주권은 1세대1주택으로 볼 수 없는 것임

중요 상 / 난이 중

적용사례(서면-2017-부동산-2005, '17.12.28.)

'03.6.3.	'14.11.10.	'15.11.12.	'16.7.25.	'16.12.26.
서울 강동구 소재 "A주택" 취득	서울 강동구 소재 "B주택" 취득	"B주택" 관리처분계획인가 B → B'	"A주택" 관리처분계획인가 A → A'	"A'조합원입주권" 양도

Q1 새로 취득한 주택(B)이 조합원입주권으로 변경되고 난 후, 종전의 주택(A)으로 인하여 변경된 조합원입주권을 양도할 때 일시적 1세대2주택 비과세특례를 적용할 수 있는지?

A1 소령§154①에 따른 1세대1주택으로 보는 조합원입주권은 소령(2017.2.3. 대통령령 제27829호로 개정되기 전의 것) §155⑰에서 규정한 요건에 해당하는 경우를 말하는 것으로, 조합원입주권을 2개 이상 소유한 상태에서 양도하는 1개의 조합원입주권은 1세대1주택으로 볼 수 없는 것임

관련 판례 · 해석 등 참고사항

▶ 기획재정부 재산세제과-538, '18.06.20.

   – 소령§155⑦1호에 따른 상속받은 농어촌주택과 일반주택(A주택)을 각각 1개씩 소유하고 있는 1세대가 다른 주택(B주택)을 매입한 이후, A·B주택이 재건축·재개발사업 진행에 따른 관리처분계획의 인가에 의해 각각 조합원입주권으로 전환된 상태에서 그 중 1개의 조합원입주권(A주택분)을 양도하는 경우에는 소법§89①4호에 따른 양도세 비과세가 적용되지 않는 것임

▶ 서면-2019-부동산-0737, '19.10.31.

국내에 1주택을 소유한 1세대가 그 주택을 양도하기 전에 A주택을 취득한 날부터 1년 이상이
지난 후 다른 주택을 취득함으로써 일시적으로 2주택이 된 상태에서 B주택이
조합원입주권으로 전환된 경우 B주택을 취득한 날부터 3년 이내에 A주택을 양도하는
경우에는 1세대1주택 특례가 적용되는 것임

중요 상 / 난이 중

적용사례(사전-2018-법령해석재산-0620, '19.09.19.)

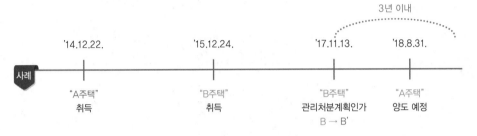

Q1 1세대가 A주택을 취득하고 B주택을 취득하여 일시적 2주택 상태에서 B주택이 도시정비법에 따라
　　조합원입주권으로 전환된 후 B주택 취득일로부터 3년 이내에 A주택을 양도하는 경우 1세대1주택 특례
　　적용 여부

A1 국내에 1주택(A주택)을 소유한 1세대가 그 주택을 양도하기 전에 A주택을 취득한 날부터 1년 이상이
　　지난 후 다른 주택(B주택)을 취득함으로써 일시적으로 2주택이 된 상태에서 B주택이 도시정비법에 따른
　　관리처분계획인가에 의해 조합원입주권으로 전환된 경우 B주택을 취득한 날부터 3년 이내에 A주택을
　　양도하는 경우에는 소령§155①에 따른 1세대1주택 특례가 적용되는 것임

📑 관련 판례 · 해석 등 참고사항

▶ **서면-2016-부동산-2724, '16.02.29.**

　– 국내에 1주택을 소유한 1세대가 그 주택(종전의 주택)을 양도하기 전에 다른 주택을 취득한 경우로서,
　　다른 주택이 도시정비법§48의 규정에 의한 관리처분계획의 인가로 인해 조합원입주권으로 전환되어
　　1주택과 1조합원입주권을 소유하게 된 경우 종전의 주택을 취득한 날부터 1년 이상이 지난 후에 다른
　　주택을 취득하고 그 다른 주택을 취득한 날부터 3년 이내에 종전의 주택을 양도하는 경우에는 이를
　　1세대1주택으로 보아 소령§154①을 적용할 수 있는 것임

▶ **부동산거래관리과-491, '11.06.20.**

제2편 (세로)

종전주택이 도시정비법에 의해 조합원입주권으로 변경된 상태에서 신규주택을 취득하고, 조합원입주권이 주택으로 준공 후 양도한 경우에는 재건축주택은 기존주택의 연장으로 보아 일시적 2주택 비과세 특례 적용

중요 상 난이 중

적용사례(서면-2018-부동산-3395, '18.11.12.)

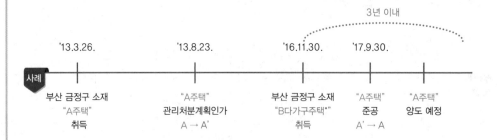

'13.3.26.	'13.8.23.	'16.11.30.	'17.9.30.	
부산 금정구 소재 "A주택" 취득	"A주택" 관리처분계획인가 A → A'	부산 금정구 소재 "B다가구주택*" 취득	"A주택" 준공 A' → A	"A주택" 양도 예정

3년 이내

Q1 A주택이 A'조합원입주권으로 변경된 상태에서 B신규주택을 취득하고 A'조합원입주권이 A주택으로 준공 후 양도 시 일시적 2주택 적용 여부

A1 해당 재건축주택을 기존주택의 연장으로 보아 소령§155①에 따른 일시적 2주택 특례 규정을 적용

📝 관련 판례 · 해석 등 참고사항

▶ 서면-2020-부동산-4536, '21.09.08.

– 종전주택이 관리처분계획인가로 조합원입주권으로 변경된 상태에서 신규주택을 취득하고, 신축된 종전주택을 양도하는 경우 소령§155①에 따른 1세대1주택 특례가 적용됨

일시적 2주택 비과세 특례(소령§155①)   2-3 유형, 종전주택 → 조합원입주권 → 신축주택

종전주택이 도시정비법에 의해 조합원입주권으로 변경된 상태에서 신규주택을 취득하고, 조합원입주권이 주택으로 준공 후 양도한 경우에는 재건축주택은 기존주택의 연장으로 보아 일시적 2주택 비과세 특례 적용

중요
상

난이
중

적용사례(재산세과-410, '09.10.07.)

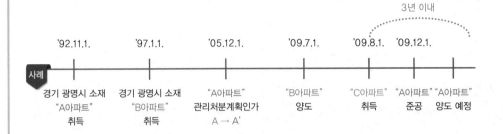

3년 이내

'92.11.1.	'97.1.1.	'05.12.1.	'09.7.1.	'09.8.1.	'09.12.1.	

사례

경기 광명시 소재
"A아파트"
취득

경기 광명시 소재
"B아파트"
취득

"A아파트"
관리처분계획인가
A → A'

"B아파트"
양도

"C아파트"
취득

"A아파트"
준공

"A아파트"
양도 예정

Q1 A아파트가 A'조합원입주권으로 변경된 시점에서 C신규주택을 취득하고 A'조합원입주권이 A아파트로 준공 후 양도 시 일시적 2주택 적용 여부

A1 해당 재건축주택을 기존주택의 연장으로 보아 소령§155①에 따른 일시적 2주택 특례 규정을 적용

📜 관련 판례 · 해석 등 참고사항

주택과 조합원입주권을 소유한 경우 1세대 1주택 특례(소령§156의2③)

3-2 유형, 종전주택 → 조합원입주권 → 신축주택

종전주택이 조합원입주권으로 변환된 후, 해당 조합원입주권이 주택으로 완성되기 전에 다른 신규 조합원입주권을 취득, 신규 조합원입주권 취득 후 3년 이내 주택(C)을 양도 시 소령§156의2③이 적용될 수 있음

중요 상 / 난이 중

적용사례(기획재정부 재산세제과-927, '22.08.09.)

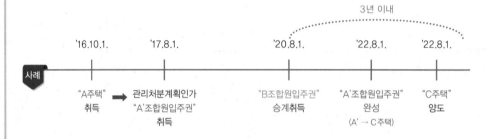

Q1 종전주택이 조합원입주권으로 변환된 후 다시 주택으로 완성된 C주택을 양도 시 비과세 적용 여부?

A1 종전주택이 조합원입주권으로 변환된 후, 해당 조합원입주권이 주택으로 완성되기 전에 다른 신규 조합원입주권을 취득, 신규 조합원입주권 취득 후 3년 이내 주택(C)을 양도 시 소령§156의2③이 적용될 수 있음

📜 **관련 판례 · 해석 등 참고사항**

▶ 기획재정부 재산세제과-856, '22.08.01.

– 조합원입주권으로 변환된 후, 해당 조합원입주권이 주택으로 완성되기 전에 다른 신규 조합원입주권을 취득, 신규 조합원입주권 취득 후 3년이 지나 주택(C)을 양도 시 소령§156의2④이 적용될 수 있음

☞ 소법§89②에서 주택과 조합원입주권을 보유하다가 그 주택 양도 시 소법§89①3호를 적용 불가, 다만, 단서에서 사업 시행기간 중 거주를 위하여 취득하거나 부득이한 사유로 소령§156의2에서 열거한 경우에 주택을 양도하면 예외적으로 비과세 적용

승계 취득한 조합원입주권을 보유한 1세대가 다른 주택을 취득한 후, 재건축으로 취득하는 주택 완공 후 다른 주택을 양도하는 경우 소령§155① 및 소령§156의2⑤이 적용되지 않는 것임

중요	난이
상	상

적용사례(서면-2022-부동산-2750, '23.04.19.)

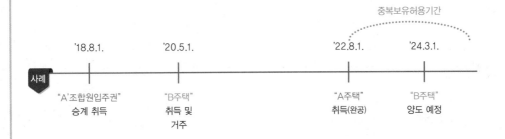

중복보유허용기간

'18.8.1.	'20.5.1.	'22.8.1.	'24.3.1.
"A'조합원입주권" 승계 취득	"B주택" 취득 및 거주	"A주택" 취득(완공)	"B주택" 양도 예정

Q1 B주택 양도 시 소령§155① 혹은 §156의2⑤에 따른 비과세가 가능한지?

A1 승계 취득한 조합원입주권을 보유한 1세대가 다른 주택을 취득한 후, 재건축으로 취득하는 주택 완공 후 다른 주택을 양도하는 경우 소령§155① 및 소령§156의2⑤이 적용되지 않는 것임

📜 **관련 판례 · 해석 등 참고사항**

☞ 일시적 2주택(소령§155①)이나 1주택과 1조합원입주권(소령§156의2) 또는 1분양권
('21.1.1. 이후 취득, 소령§156의3)을 보유한 경우에는 "처음 주택 수로 카운터 되는 시점"의 형태[주택, 조합원입주권, 분양권('21.1.1. 이후 취득)]를 기준으로 비과세 여부를 판정하는데

– 위의 사례는 "처음 주택 수로 카운터 되는 시점"인 분양권을 먼저 취득한 후 주택을 나중에 취득한 경우로 법령에서 열거된 비과세 적용 모형이 없으므로 비과세 적용 불가함

▶ **기획재정부 재산세제과-37, '20.01.14.**

– 1세대가 소법§89② 본문 규정에 따른 A조합원입주권을 승계 취득한 후에 B주택을 취득한 경우로서, A조합원입주권이 주택으로 완공된 이후 B주택을 양도하는 경우에는 소령§155①에 따른 일시적 2주택 비과세 특례에 해당하지 않는 것임

'21.1.1. 이후 취득한 분양권과 주택 소유(소령§156의2③)

3-3 유형, '21.1.1. 이후 취득한 분양권 취득 후 주택 취득

'21.1.1. 이후 취득한 2개의 분양권으로 각 주택을 취득한 후 그 중 먼저 취득한 주택을
양도하는 경우, 일시적 2주택 비과세 특례(소령§155①)가 적용되지 아니함

중요 상 난이 상

적용사례(서면-2021-법규재산-6773, '22.09.30.)

중복보유허용기간

| '19.6.1. | '21.7.1. | '22.2.1. | '24.3.1. | '24.4.1. |

사례

甲.
"A분양권"
분양계약
(조정대상지역)

甲.
"B분양권"
취득
(비조정대상지역)

"A주택"
취득(완공)

"B주택"
취득(완공)

甲.
"A주택"
양도

Q1 '21.1.1. 이후 취득한 2개의 분양권으로 각 주택을 취득한 후 그 중 먼저 취득한 주택을 양도하는
경우, 소령§155① 적용 여부

A1 일시적 2주택 비과세 특례(소령§155①)가 적용되지 아니함

📜 **관련 판례 · 해석 등 참고사항**

☞ 일시적 2주택(소령§155①)이나 1주택과 1조합원입주권(소령§156의2) 또는 1분양권 ('21.1.1. 이후 취득,
소령§156의3)을 보유한 경우에는 "처음 주택 수로 카운터 되는 시점"의 형태[주택, 조합원입주권,
분양권('21.1.1. 이후 취득)]를 기준으로 비과세 여부를 판정하는데

– 위의 사례는 "처음 주택 수로 카운터 되는 시점"인 분양권을 먼저 취득한 후 주택을 나중에 취득한 경우로
법령에서 열거된 비과세 적용 모형이 없으므로 비과세 적용 불가함

주택과 조합원입주권 소유(조합원입주권 승계취득)(소령§156의2③, ④)

3-4 유형, 승계취득한 조합원입주권 2개 순차 완성

1세대가 소법§89② 본문 규정에 따른 조합원입주권 2개(A, B)를 승계 취득한 후,
조합원입주권이 순차로 완공되어 일시적 2주택이 된 상태에서 종전주택(A)을 양도하는
경우는 소령§155① 및 §156의2③, ④을 적용할 수 없는 것임

중요 상   난이 중

적용사례(서면-2021-부동산-2376, '21.09.03.)

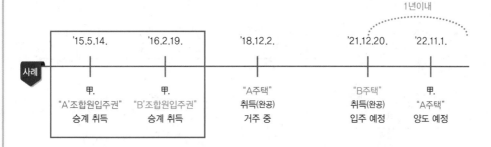

제2편

Q1 종전주택(A)을 신규주택(B) 취득일('21.12.20.)로부터 1년 이내 양도할 경우 1세대 1주택 비과세 적용
여부?

A1 1세대가 소법§89② 본문 규정에 따른 조합원입주권 2개(A, B)를 승계 취득한 후, 조합원입주권이
순차로 완공되어 일시적 2주택이 된 상태에서 종전주택(A)을 양도하는 경우는 소령§155① 및
§156의2③, ④을 적용할 수 없는 것임

관련 판례 · 해석 등 참고사항

☞ 일시적 2주택(소령§155①)이나 1주택과 1조합원입주권(소령§156의2) 또는 1분양권
('21.1.1. 이후 취득, 소령§156의3)을 보유한 경우에는 "처음 주택 수로 카운터 되는 시점"의 형태[주택,
조합원입주권, 분양권('21.1.1. 이후 취득)]를 기준으로 비과세 여부를 판정하는데

  – "처음 주택 수로 카운터 되는 시점"이 위의 사례에서는 적색 박스 안의 승계 취득한 두개의
    조합원입주권이 법령에서 열거된 비과세 적용 모형이 없으므로 비과세 적용 불가함

'21.1.1 이후 취득한 2개의 분양권으로 각 주택을 취득한 후 그 중 먼저 취득한 주택을 양도하는 경우 일시적 2주택 비과세 특례(소령§155①)가 적용되지 아니함

중요 상 / 난이 중

적용사례(기획재정부 재산세제과-1181, '22.09.20.)

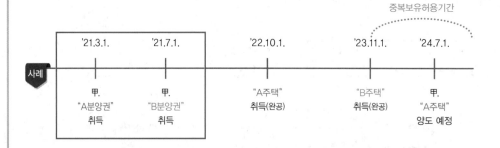

Q1 '21.1.1 이후 취득한 2개의 분양권으로 각 주택을 취득한 후 그 중 먼저 취득한 주택을 양도하는 경우 일시적 2주택 비과세(소령§155①) 적용 여부?

A1 일시적 2주택 비과세 특례(소령§155①)가 적용되지 아니함

📑 관련 판례 · 해석 등 참고사항

☞ 일시적 2주택(소령§155①)이나 1주택과 1조합원입주권(소령§156의2) 또는 1분양권 ('21.1.1. 이후 취득, 소령§156의3)을 보유한 경우에는 "처음 주택 수로 카운터 되는 시점"의 형태[주택, 조합원입주권, 분양권('21.1.1. 이후 취득)]를 기준으로 비과세 여부를 판정하는데

   - "처음 주택 수로 카운터 되는 시점"이 위의 사례에서는 적색 박스 안의 두개의 분양권으로 법령에서 열거된 비과세 적용 모형이 없으므로 비과세 적용 불가함

일시적 2주택 비과세 특례(소령§155①)　　　　　　　　**관리처분계획인가 전 멸실 주택**

1세대가 일시적 2주택에 해당하는 2주택과 재개발사업 중인 관리처분계획인가 前 멸실된 주택을 보유하고 있는 경우, 일시적 2주택에 해당하는 종전주택을 양도 시 비과세가 적용 불가

중요 상　난이 중

적용사례(서면–2018–부동산–3365, '19.07.09.)

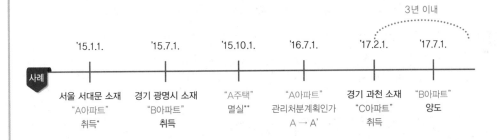

　3년 이내

|　'15.1.1.　|　'15.7.1.　|　'15.10.1.　|　'16.7.1.　|　'17.2.1.　|　'17.7.1.　|

사례

서울 서대문 소재
"A아파트"
취득*

경기 광명시 소재
"B아파트"
취득

"A주택"
멸실**

"A아파트"
관리처분계획인가
A → A'

경기 과천 소재
"C아파트"
취득

"B아파트"
양도

* A아파트는 서울 서대문구 재개발지역(북아현3구역) 내 소재

** A아파트는 관리처분계획인가 전이며, 재난 위험시설로 판정 '15.10.1.에 철거 완료되어 멸실 상태임

Q1 A아파트를 제외하고 B아파트와 C아파트가 일시적 2주택에 해당한 상태에서, B아파트를 양도하는 경우 일시적 2주택 적용 여부?

A1 1세대가 일시적 2주택에 해당하는 2주택과 재개발사업 중인 관리처분계획인가 前 멸실된 주택을 보유하고 있는 경우, 일시적 2주택에 해당하는 종전주택(B)을 양도 시 비과세가 적용되지 아니함

📝 **관련 판례 · 해석 등 참고사항**

일시적 2주택 비과세 특례(소령§155①)　　　재건축아파트 멸실한 경우 일시적 2주택

일반주택 판단은 주거기능이 유지·관리되고 제3자가 주택으로 사용할 수 있는 경우 주택으로 판단하나, 조합원입주권을 취득할 수 있는 재건축아파트의 주택은 주거용으로서 잠재적 기능을 여전히 보유한 상태인 경우 주택으로 봄

중요 상　**난이** 상

적용사례(대법원-2008-두-11310, '09.11.26.)

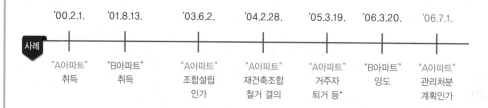

'00.2.1.	'01.8.13.	'03.6.2.	'04.2.28.	'05.3.19.	'06.3.20.	'06.7.1.
"A아파트" 취득	"B아파트" 취득	"A아파트" 조합설립 인가	"A아파트" 재건축조합 철거 결의	"A아파트" 거주자 퇴거 등*	"B아파트" 양도	"A아파트" 관리처분 계획인가

* A아파트에 부설된 도시가스, 수도, 전기 등의 시설도 모두 철거

Q1 A아파트에 거주자가 퇴거하고 모든 전기 수도시설이 철거된 경우에도 주택으로 보아 B아파트 양도 시 비과세 적용이 되지 않는지 여부?

A1 • 일반주택 판단은 주거기능이 유지·관리되고 제3자가 주택으로 사용할 수 있는 경우 주택으로 판단하나, 조합원입주권을 취득할 수 있는 재건축아파트의 주택은 주거용으로서 잠재적 기능을 여전히 보유한 상태인 경우 주택으로 보므로
　 • 퇴거 후 모든 전기 수도시설이 철거된 재건축아파트도 주택으로 보아 비과세가 적용되지 아니함

📑 **관련 판례·해석 등 참고사항**

▶ **서면-2022-법규재산-1143, '23.09.11.**
　– 다세대주택을 보유한 1세대가 신규주택을 취득한 후 다세대주택을 다가구주택으로 용도변경하는 경우로서 다가구주택을 용도변경한 날부터 2년 이상 보유하고 신규주택 취득일부터 3년 이내에 하나의 매매단위로 양도하는 경우, 일시적2주택 특례 적용 가능

일시적 2주택 비과세 특례(소령§155①)   '17.8.2. 이전과 '17.8.3. 이후의 상속지분

피상속인 父가 조정대상지역에 소재한 A주택을 소유한 상태에서 '17.8.2. 이전 사망으로 1차 상속받은 지분(1/2)은 일시적 2주택 비과세 특례를 적용받으나, '17.8.3. 이후 母의 사망으로 동일 주택 중 2차 상속 받은 일부 지분은 거주요건 불 충족으로 비과세 적용 불가

중요 **상**   난이 **중**

적용사례(사전-2020-법령해석재산-0205, '21.05.12.)

'06.3.1.	'17.11.1.	'19.10.1.	'20.3.1.
父 사망 父 → 상속인* "A주택" 공동 1차 상속 받음	母 사망 母 → 상속인** "A주택" ½지분 공동 2차 상속 받음	甲. "B주택" 취득	甲. "A주택" 양도

* 母와 甲(장남)이 조정대상지역에 있는 A주택의 각각 ½지분 상속받아 母가 다수지분자가 됨

** 母와 별도세대원들인 甲(장남), 장녀, 차녀가 모의 지분 ½을 각각 ⅓씩 상속(甲 : A주택에 거주한 사실 없음)

Q1 甲(상속최대지분자)이 A주택의 양도 시 일시적 2주택 비과세 특례 적용 여부?

A1 • 父가 조정대상지역에 소재한 A주택을 소유한 상태에서 '17.8.2. 이전 사망으로 1차 상속받은 지분(1/2)은 일시적 2주택 비과세 특례를 적용 받을 수 있으나,

• '17.8.3. 이후 취득한 2차 상속분(母 지분의 1/3)은 2년 거주요건을 충족하지 못하여 비과세 특례를 적용 받을 수 없음

* '17.8.3. 이후 취득한 2차 상속분(母 지분의 1/3)은 소령§167의10①8호에 따라 취득한 날부터 3년 이내 종전주택을 양도하였으므로 중과는 되지 않음

📑 **관련 판례 · 해석 등 참고사항**

제2편

일시적 2주택 비과세 특례(소령§155①)   세대합가 시점이 '17.8.3. 이후

'17.8.2. 이전 피상속인이 A주택을 취득한 경우로서, '17.8.2. 후에 동일세대가 된 상태에서 상속개시일에 A주택을 상속받아 '17.9.19. 이후 양도하는 경우 세대합가 시점이 '17.8.3. 이후이므로 거주요건 충족해야 비과세 적용

중요 상   난이 중

적용사례(사전-2020-법령해석재산-1047[법령해석과-1573], '21.05.04.)

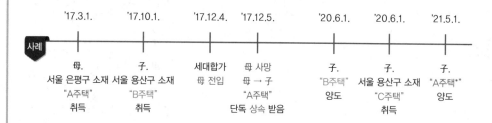

| '17.3.1. | '17.10.1. | '17.12.4. | '17.12.5. | '20.6.1. | '20.6.1. | '21.5.1. |

사례

母.
서울 은평구 소재
"A주택"
취득

子.
서울 용산구 소재
"B주택"
취득

세대합가
母 전입

母 사망
母 → 子
"A주택"
단독 상속 받음

子.
"B주택"
양도

子.
서울 용산구 소재
"C주택"
취득

子.
"A주택*"
양도

* 소령§155①의 일시적 2주택 특례요건 충족 전제

Q1   '17.8.2. 이전 피상속인이 A주택을 취득한 경우로서, '17.8.2. 후에 동일세대가 된 상태에서 상속개시일에 A주택을 상속받아 '17.9.19. 이후 양도하는 경우 비과세 특례 적용 받기 위한 거주요건 충족 여부?

A1   세대합가 시점이 '17.8.3. 이후이므로 거주요건 충족해야 비과세 적용

If) 세대합가 시점이 '17.8.2. 이전이라면 동일 세대원간 상속으로 보유 및 거주기간이 통산되므로 거주요건 불요

📜 관련 판례 · 해석 등 참고사항

☞ 동일세대원이 아닌 기간은 거주기간 통산되지 않고, '17.8.2. 당시 동일 세대이어야 함

일시적 2주택 비과세 특례(소령§155①)　　　　　　　　**기존주택 멸실 후 양도**

기존주택이 사실상 멸실된 이후부터 완성일 전에 나머지 1주택을 양도하는 경우로서
양도하는 주택이 소법§89①3호 및 소령§154①의 규정에 해당하는 경우 양도세를
비과세(고가주택 제외) 받을 수 있음

적용사례(재산세과-1049, '09.12.18.)

* 나대지 상태에서 매도계약 체결하고 계약금과 중도금을 수령하였으나, 甲이 B주택 취득한 후 乙이 잔금을 지급하지
못하여 계약이 취소됨

** 도시정비법에 따른 재건축이 아님

Q1 A주택이 완공되면 1세대 2주택이 되는 바, 2주택 중 어느 주택을 언제까지 양도해야 비과세가 되는지?

A1 기존주택(A)이 사실상 멸실된 이후부터 완성일 전에 나머지 1주택(B)을 양도하는 경우로서 양도하는
주택이 소법§89①3호 및 소령§154①의 규정에 해당하는 경우 양도세를 비과세(고가주택 제외) 받을 수
있음

(∵임의재건축에 의한 건설은 사용승인서 교부일 전까지는 주택이 아님)

※ A주택이 완공된 후 1세대 2주택 상태에서 A주택을 양도하는 경우에는 비과세 적용 불가

📖 **관련 판례 · 해석 등 참고사항**

일시적 2주택 비과세 특례(소령§155①)　　일시적 2주택 특례로 선택

A주택이 거주주택 비과세 특례에 따른 비과세 적용이 아닌 일시적 2주택 특례에 따른 비과세 적용으로 보아 B주택에 대한 일시적 2주택은 A주택이 비과세 받은 구간에 대해 제외하지 않고 전체 양도차익에 대해 비과세 적용

[중요] 중　[난이] 상

적용사례

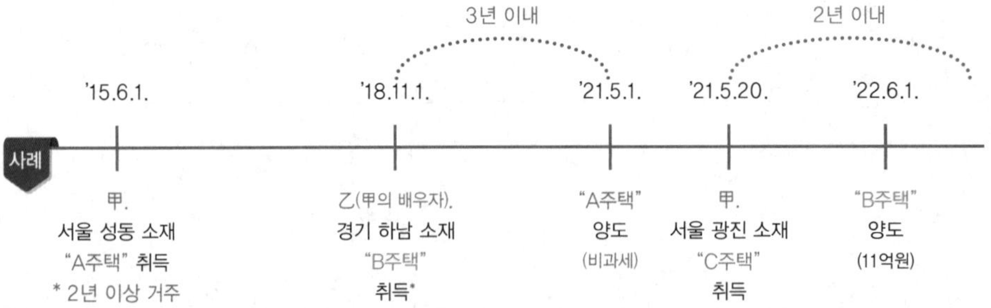

* '16.5.1. 분양권 계약 및 분양 계약금 납부하였으며, '18.11.10.까지 구청과 세무서에 주택임대 사업자등록등 필

[Q1] B주택을 양도 시 양도차익 전액이 1세대 1주택 비과세가 되는지?

[A1]
- A주택이 거주주택 비과세 특례(소령§155⑳)에 따른 비과세 적용이 아닌 일시적 2주택 특례(소령§155①)에 따른 비과세 적용으로 보아
- B주택에 대한 일시적 2주택은 A주택이 비과세 받은 구간에 대해 제외하지 않고 전체 양도차익에 대해 비과세 적용

관련 판례 · 해석 등 참고사항

▸ B주택의 매매(분양)계약일이 '18.9.13. 이전이므로 A주택에 대한 중복보유허용기간은 3년[소령 부칙(제29242호, '18.1.23. §2②2호)]이고, B주택에 대한 중복보유허용기간은 2년임

* 경기 하남은 '17.8.3.부터 조정대상지역에 해당

일시적 2주택 비과세 특례(소령§155①)   일시적 2주택 배우자 사망

국내에 A주택을 소유한 거주자가 그 주택을 양도하기 전에 B주택을 취득함으로써 일시적으로 2주택을 소유한 상태에서 사망, 2주택이 동일세대원에게 상속된 경우로서 피상속인이 B주택을 취득한 날부터 2년 이내에 상속인이 A주택을 양도하는 경우에는 일시적 2주택 비과세가 적용

중요 중 / 난이 중

적용사례(부동산거래관리과-1310, '10.11.02.)

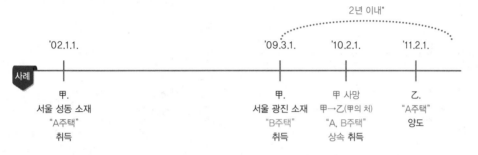

* '08.11.28. 이후부터 '12.6.28.까지는 신규주택 취득한 날부터 2년 이내, '12.6.29. 이후부터 3년 이내로 변경

Q1 A주택을 양도 시 일시적 2주택 비과세 특례 대상인지 여부?

A1 국내에 1주택(A)을 소유한 거주자가 그 주택을 양도하기 전에 다른 주택(B)을 취득함으로써 일시적으로 2주택을 소유한 상태에서 사망하여 2주택이 동일세대원에게 상속된 경우로서,

– 피상속인이 B주택을 취득한 날부터 2년 이내에 상속인이 A주택을 양도하는 경우에는 일시적 2주택 비과세가 적용됨

📑 관련 판례 · 해석 등 참고사항

▶ **양도소득세 집행기준 89-155-11[남편이 소유하던 상속주택을 아내가 다시 상속받은 경우]**

– 아내가 일반주택을 취득한 후 남편이 같은 세대원이 아닌 피상속인으로부터 1주택을 상속받아 1세대 2주택인 상태에서 남편의 사망으로 남편 소유의 상속주택을 아내가 상속받은 후 일반주택을 양도하는 경우 일반주택만 소유한 것으로 보아 1세대 1주택 비과세 여부를 판정

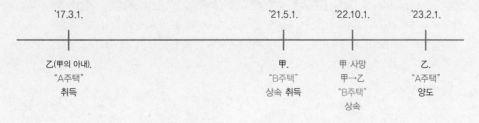

1세대 1주택 비과세의 판정은 "세대"를 단위로 판정하므로 동일세대인 경우에는 피상속인의 지위를 그대로 유지한 것으로 보아 을이 A주택을 갑이 취득한 '21.5.1.에 취득한 것으로 보아 일시적 2주택 비과세를 적용

중요	난이
중	중

적용사례

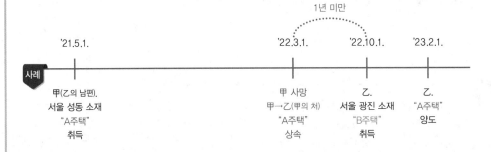

Q1 국내에 A주택을 소유한 거주자가 동일세대원인 남편의 사망으로 그 주택을 상속받은 후 1년이 지나기 전에 B주택을 취득함으로써 일시적으로 2주택을 소유한 상태에서 A주택을 양도 시 일시적 2주택 비과세 특례 대상인지 여부?

A1 1세대 1주택 비과세의 판정은 "세대"를 단위로 판정하므로 동일세대인 경우에는 피상속인의 지위를 그대로 유지한 것으로 보아 을이 A주택을 갑이 취득한 '21.5.1.에 취득한 것으로 보아 일시적 2주택 비과세를 적용

📋 관련 판례 · 해석 등 참고사항

☞ 원칙적으로 동일세대원으로부터 주택을 상속받은 경우 상속주택으로 인정하지 않는 것은 1세대 1주택 비과세 여부를 "세대" 단위로 판정하기 때문인 것으로, 동일세대원으로부터 상속받은 경우에는 피상속인의 지위를 그대로 유지한 것으로 보아 비과세 해당 여부를 판단하는 것이 타당할 것으로 보임

다 | 상속주택 보유에 따른 2주택 특례(소령§155②, ③)

1세대 1주택자(일반주택)가 별도 세대원으로부터 주택을 상속받아 일반주택을 양도하는 경우 보유기간 등 요건을 충족한 경우 1세대 1주택으로 보아 비과세

◉ 일반주택은 상속 개시 당시 보유하여야 함('13.2.15. 일반주택 취득분부터 적용)

◉ 상속주택을 먼저 양도 시에는 상속주택 특례를 적용 받지 못함

◉ 피상속인이 2이상 주택 보유시 상속주택 판단

- 최장 보유주택 ⇒ 최장 거주주택 ⇒ 상속개시 당시 피상속인 거주주택
  ⇒ 최고 기준시가 ⇒ 상속인 선택하는 1주택

◉ 공동상속의 상속주택 보유자 판단

- 최대 지분자 ⇒ 상속주택 거주자 ⇒ 최연장자

◉ 일반주택에 대한 제한(일반주택으로 보지 않음) (소령§155②괄호)

- '18.2.13. 이후 증여받는 분부터 상속개시일부터 소급하여 2년 이내
- 증여 받은 주택
- 증여 받은 조합원입주권이나 분양권으로 신축된 주택

◉ 공동상속주택이 협의분할 등기되지 않는 경우 법정상속분에 따라 상속받은 것으로 간주(소령§155⑲)

- 이후 협의분할 등기 시 최대지분자가 변경되면 협의분할한 달의 말일부터 2개월 내 자진 신고 · 납부('13.2.15. 이후 신고의무 발생분)

◉ 동거봉양 합가 2주택 상태에서 동일 세대원으로부터 상속받은 경우 "본인 소유" 주택 양도 시 상속주택 특례를 적용('10.2.18. 이후 양도분)

🏠 심화정리

◈ 동일세대로부터 상속받아 비과세 특례 인정된 상속주택(소령§155②단서)

• 동거봉양 위하여 세대 합침에 따라 2주택 보유하게 되는 경우로서, 1주택을 보유한
1세대가 합치기 이전부터 직계존속이 보유하고 있었던 주택만 상속받은 주택으로
인정(소령§155③, ⑦1호, 소령§156의2⑦1호 및 소령§156의3⑤1호도 동일)

* 합가일 현재 직계존속 60세 이상

◈ 후순위 상속주택을 선순위 상속주택으로 지정 가능 여부

• 피상속인이 상속개시 당시 소유한 2개 이상의 주택 중 후순위 상속주택을 상속받은 경우
소령§155②에 따른 특례를 적용받을 수 없는 것이며, 소령§155② 각 호에서
선순위상속주택의 순위를 명확히 규정하고 있어 후순위 상속주택을 상속인간 협의하여
선순위 상속주택으로 정할 수 없는 것임

(사전-2024-법규재산-0433, '24.06.20.)

상속주택 비과세 특례(소령§155②, ④)　　直계존속 → 直계존속 → 直계비속에게 상속

A주택을 보유하고 있는 子의 세대와 B주택을 보유하고 있는 父의 세대가 동거봉양 목적으로 합가한 후, 父의 사망으로 母가 B주택을 상속, 이후 母의 사망으로 子가 B주택을 재상속받은 경우, 子가 A주택 양도 시 소령§155②을 적용가능함

중요 중 / 난이 상

적용사례(서면-2022-법규재산-4747, '23.05.09.)

'04.11.1.　'07.7.1.　'07.8.1.　'08.2.1.　'21.9.1.　'23.10.1.

사례

子
"A주택"
취득

父
"B주택"
취득

동거봉양
승家"

父 사망
父 → 母
"B주택"
상속 취득

母 사망
母 → 子
"B주택"
상속 취득

子.
"A주택"
양도 예정

* 60세 이상 직계존속을 동거봉양하기 위해 합가함을 전제함

Q1 A주택을 보유하고 있는 子의 세대와 B주택을 보유하고 있는 父의 세대가 동거봉양 목적으로 합가한 후, 父의 사망으로 母가 B주택을 상속, 이후 母의 사망으로 子가 B주택을 재상속받은 경우, 子가 A주택 양도 시 소령§155②을 적용가능 여부?

A1 子가 보유한 A주택을 양도하는 경우 소령§155②(상속주택 비과세 특례)에 따른 1세대 1주택의 특례를 적용받을 수 있는 것임

📃 관련 판례 · 해석 등 참고사항

▶ 서면-2022-법규재산-0842, '22.04.29.

– 소령§155② 각 호 외의 부분 단서에서 상속인과 피상속인에 대한 별도 구분이 없으므로, 동거봉양합가 후 직계비속이 사망하여 직계존속이 직계비속이 보유하던 주택을 상속받는 경우에도 동 규정이 적용 가능하나,

– 동 규정은 상속주택 외의 일반주택을 양도할 때 적용되는 규정이므로 상속주택 외의 조합원입주권을 양도하는 경우에는 적용대상이 아닌 것임

⊙ 1세대 1주택의 특례(소령 § 155)

② 상속받은 주택[조합원입주권 또는 분양권을 상속받아 사업시행 완료 후 취득한 신축주택을 포함하며, 피상속인이 상속개시 당시 2 이상의 주택[상속받은 1주택이 도시정비법에 따른 재개발사업, 재건축사업 또는 소규모정비법에 따른 소규모 재건축사업의 시행으로 2 이상의 주택이 된 경우를 포함]을 소유한 경우에는 다음 각 호의 순위에 따른 1주택을 말한다]과 그 밖의 주택(상속개시 당시 보유한 주택 또는 상속개시 당시 보유한 조합원입주권이나 분양권에 의하여 사업시행 완료 후 취득한 신축주택만 해당하며, 상속개시일부터 소급하여 2년 이내에 피상속인으로부터 증여받은 주택 또는 증여받은 조합원입주권이나 분양권에 의하여 사업시행 완료 후 취득한 신축주택은 제외("일반주택")을 국내에 각각 1개씩 소유하고 있는 1세대가 일반주택을 양도하는 경우에는 국내에 1개의 주택을 소유하고 있는 것으로 보아 제154조제1항을 적용한다. 다만, 상속인과 피상속인이 상속개시 당시 1세대인 경우에는 1주택을 보유하고 1세대를 구성하는 자가 직계존속(배우자의 직계존속을 포함하며, 세대를 합친 날 현재 직계존속 중 어느 한 사람 또는 모두가 60세 이상으로서 1주택을 보유하고 있는 경우만 해당한다)을 동거봉양하기 위하여 세대를 합침에 따라 2주택을 보유하게 되는 경우로서 합치기 이전부터 보유하고 있었던 주택만 상속받은 주택으로 본다(이하 ③, ⑦1호, §156의2⑦1호 및 §156의3⑤1호에서 같다).

〈개정… '08.2.22., '10.2.18., '12.2.2., '13.2.15., '14.2.21., '17.2.3., '18.2.13., '20.2.11., '21.2.17. 〉

③ 제154조제1항을 적용할 때 공동상속주택[상속으로 여러 사람이 공동으로 소유하는 1주택을 말하며, 피상속인이 상속개시 당시 2 이상의 주택(상속받은 1주택이 재개발 사업, 재건축사업 또는 소규모재건축사업의 시행으로 2이상의 주택이 된 경우를 포함한다)을 소유한 경우에는 제2항 각 호의 순위에 따른 1주택을 말한다] 외의 다른 주택을 양도하는 때에는 해당 공동상속주택은 해당 거주자의 주택으로 보지 아니한다. 다만, 상속지분이 가장 큰 상속인의 경우에는 그러하지 아니하며, 상속지분이 가장 큰 상속인이 2명 이상인 경우에는 그 2명 이상의 사람 중 다음 각 호의 순서에 따라 해당 각 호에 해당하는 사람이 그 공동상속주택을 소유한 것으로 본다.

〈개정 '95.12.30., '17.2.3., '20.2.11.〉

1. 당해 주택에 거주하는 자
2. ~~호주승계인~~ 삭제 〈'08.2.22.〉
3. 최연장자

상속주택 비과세 특례(소령§155②)　　　　　양도일 현재(상속주택 특례)

3주택 소유하던 1세대가 먼저 1주택(A)을 처분(과세)한 후, 나머지 2주택 중 일반주택(B)
양도한 경우 상속주택 비과세 특례 적용

중요
중

난이
중

적용사례(부동산납세과-874, '14.11.19.)

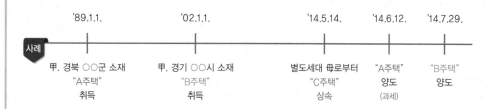

'89.1.1.　　　　　'02.1.1.　　　　　'14.5.14.　　'14.6.12.　'14.7.29.

사례

甲. 경북 ○○군 소재
"A주택"
취득

甲. 경기 ○○시 소재
"B주택"
취득

별도세대 母로부터
"C주택"
상속

"A주택"
양도
(과세)

"B주택"
양도

제
2
편

Q1 B주택 비과세 적용 여부?

A1 3주택 소유하던 1세대가 먼저 1주택(A)을 처분(과세)한 후, 나머지 2주택 중 일반주택(B) 양도한 경우
상속주택 비과세 특례 적용

* 상속주택에 대한 특례 여부는 양도시점을 기준으로 판정

📃 관련 판례 · 해석 등 참고사항

▶ **기획재정부 재산세제과-1126, '22.09.14.**
- 일반주택 1채를 보유한 1세대가 다른 피상속인으로부터 선순위 상속주택을 각각 1채씩 상속받아 선순위
  상속주택 2채를 보유한 상태에서 상속주택 중 1채를 별도세대에 증여한 후 일반주택을 양도한 경우,
  소령 §155②에 따른 상속주택 특례를 적용할 수 있음

▶ **사전-2020-법령해석재산-1149, '20.12.30.**
- 일반주택('13.2.15. 취득) 2개를 보유한 상태에서 상속주택 1개를 상속으로 취득하게 된 1세대가 이후
  일반주택 1개를 양도하고 최종 남은 일반주택을 양도하는 경우 소령§155②이 적용됨

상속주택 비과세 특례(소령§155②)   '21.1.1. 前 분양권

'21.1.1. 전에 취득한 분양권에 의해 취득한 1세대가 주택을 상속받은 후 해당 분양권에 의해
사업시행 완료 후 취득한 신축주택을 양도 시 상속주택 비과세 특례를 적용 받을 수 없음

중요 상
난이 상

적용사례(기획재정부 재산세제과-861, '21.09.29.)

'19.7.1.	'20.10.1.	'21.1.1.	'21.7.1.	'23.9.1.
甲. 서울 성동 소재 "A' 분양권" 취득	父(별도세대) 사망 父 → 甲(子) 서울 광진 소재 "B주택" 단독 상속		분양권의 주택 완공 "A' → A주택" * 甲세대 2년 이상 거주	"A주택" 양도

Q1 '21.1.1. 전에 취득한 분양권에 의해 취득한 신축주택의 상속주택 비과세 특례 적용 여부?

A1 상속주택 비과세 특례(소령§155②)를 적용받을 수 없음

📑 **관련 판례 · 해석 등 참고사항**

▶ **소령§155[1세대 1주택의 특례]**

② 상속받은 주택[조합원입주권 또는 분양권을 상속받아 사업시행 완료 후 취득한 신축주택을 포함하며,
피상속인이 상속개시 당시 2 이상의 주택{상속받은 1주택이 도시정비법에 따른 재개발사업, 재건축사업
또는 소규모정비법에 따른 소규모재건축사업의 시행으로 2 이상의 주택이 된 경우를 포함}을 소유한
경우에는 다음 각 호의 순위에 따른 1주택을 말한다]과 그 밖의 주택[상속개시 당시 보유한 주택 또는
상속개시 당시 보유한 조합원입주권이나 분양권에 의하여 사업시행 완료 후 취득한 신축주택만
해당하며, 상속개시일부터 소급하여 2년 이내에 피상속인으로부터 증여받은 주택 또는 증여받은
조합원입주권이나 분양권에 의하여 사업시행 완료 후 취득한 신축주택은 제외("일반주택")]을 국내에 각각
1개씩 소유하고 있는 1세대가 일반주택을 양도하는 경우에는 국내에 1개의 주택을 소유하고 있는
것으로 보아 §154①을 적용한다. 다만, (이하생략)

주택과 분양권을 소유한 경우 1세대 1주택 특례(소령§156의3②)

'21.1.1. 이후 취득한 분양권

'21.1.1. 이후 상속개시 당시 주택이나 조합원입주권을 보유하지 않고 분양권 하나만 보유한 별도세대인 父로부터 분양권을 상속받은 후 일반주택을 양도 시 비과세 특례를 적용함

중요 상 난이 상

적용사례

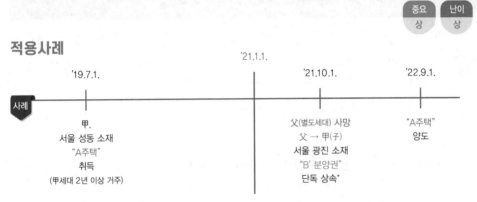

'19.7.1.

甲.
서울 성동 소재
"A주택"
취득
(甲세대 2년 이상 거주)

'21.1.1.

'21.10.1.

父(별도세대) 사망
父 → 甲(子)
서울 광진 소재
"B' 분양권"
단독 상속*

'22.9.1.

"A주택"
양도

* 상속개시일 현재 父는 주택이나 조합원입주권을 보유하지 않았으며 B'분양권 하나만을 보유한 상태

Q1 '21.1.1. 이후 상속개시 당시 주택이나 조합원입주권을 보유하지 않는 별도세대인 父로부터 분양권을 상속받은 후 일반주택(A)을 양도 시비과세 특례 적용 여부?

A1 비과세 요건을 충족한 A주택은 소령§156의3④에 의거 비과세 특례 적용 가능

※ 소령 부칙 〈제31442호, 2021.2.17.〉§10(주택과 분양권을 소유한 경우 1세대 1주택의 특례 등에 관한 적용례)에 의해 '21.1.1. 이후 상속받은 분양권(피상속인이 상속개시 당시 주택 또는 조합원입주권을 소유하지 아니한 경우의 상속받은 분양권만 해당)과 상속개시 당시 보유한 일반주택을 보유한 상태에서 일반주택을 양도 시 비과세 특례가 적용됨(소령§156의3④)

🗒 관련 판례 · 해석 등 참고사항

▶ **소령§156의3[주택과 분양권을 소유한 경우 1세대 1주택의 특례]**

④ 상속받은 분양권[피상속인이 상속개시 당시 주택 또는 조합원입주권을 소유하지 아니한 경우의 상속받은 분양권만 해당, 피상속인이 상속개시 당시 2이상의 분양권을 소유한 경우 다음 각 호의 순위에 따른 1분양권만 해당하고, 공동상속분양권의 경우 ⑤5호에 해당하는 사람이 그 공동상속 분양권을 소유한 것으로 본다]과 그 밖의 주택[상속개시 당시 보유한 주택 또는 상속개시 당시 보유한 조합원입주권이나 분양권에 의하여 사업시행 완료 후 취득한 신축주택만 해당하며, 상속개시일부터 소급하여 2년 이내에 피상속인으로부터 증여받은 주택 또는 증여받은 조합원입주권이나 분양권에 의하여 사업시행 완료 후 취득한 신축주택은 제외("일반주택")]을 국내에 각각 1개씩 소유하고 있는 1세대가 일반주택을 양도하는 경우에는 국내에 1개의 주택을 소유하고 있는 것으로 보아 §154①을 적용한다.
다만, (이하생략)

별도세대인 母로부터 상속받은 B주택을 멸실 후 배우자 명의로 신축한 경우, 소령§155②에 따른 상속주택에 해당하지 않음

적용사례(서면-2021-법규재산-2647, '22.02.17.)

'80.1.1.	'00.1.1.	'01.1.1.	'14.1.1.	'19.3.25.	
乙(甲의 배우자). 경남 진주 소재 "B토지" 취득	甲. 경기 성남 소재 "A아파트" 취득	甲의 母. B토지 위 "B주택" 건축	母 사망 母 → 甲 "B주택" 단독 상속"	"B주택" 철거 후 "B'주택" 신축 (乙 명의)	甲. "A아파트" 양도 예정

* 별도세대인 母로부터 단독 상속받은 소령§155②의 상속주택 요건 충족 전제

Q1 별도세대인 母로부터 상속받은 B주택을 멸실 후 배우자(乙) 명의로 신축(B')한 경우, 소령§155②에 따른 상속주택에 해당하는지 여부?

A1 신축주택(B')은 소령§155②의 상속주택에 해당하지 아니함

Q2 배우자 명의로 신축한 신축주택을 다시 상속인(甲)이 증여 받으면 소령§155②에 따른 상속주택에 해당하는지 여부?

A2 소령§155②의 상속주택에 해당하지 아니함

📑 **관련 판례 · 해석 등 참고사항**

상속받은 주택과 일반주택을 국내에 각각 1개씩 소유하고 있는 1세대가 일반주택을 멸실하고 재건축한 경우에는 기존주택의 취득일을 일반주택의 취득일로 보아 소령§155②을 적용함

중요 중　난이 중

적용사례(서면-2021-부동산-5845, '23.03.23.)

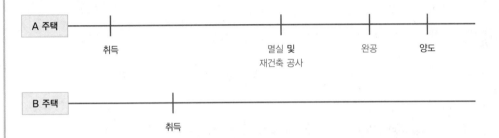

A 주택 ──────┬──────────────┬──────┬──────┬──────
　　　　　　취득　　　　　　　멸실 및　　　완공　　양도
　　　　　　　　　　　　　　재건축 공사

B 주택 ──────┬──────────────────────────────
　　　　　　취득

※ 국내에 1주택(A)을 보유하던 1세대가 별도세대 직계존속으로부터 1주택을 상속받아 일반주택 1채(A)와 상속주택(B)*을 보유하다가 일반주택(A)이 낡아 멸실하고 신축한 다음 양도할 예정임

　* 소령§155②의 상속주택임을 전제

Q1 1주택(A)과 별도세대 직계존속으로부터 상속받은 주택(B)을 보유한 상태에서 일반주택을 멸실 후 신축한 다음 양도할 경우 소령§155②(상속주택) 특례를 적용받을 수 있는지?

A1 상속받은 주택과 일반주택을 국내에 각각 1개씩 소유하고 있는 1세대가 일반주택을 멸실하고 재건축한 경우에는 기존주택의 취득일을 일반주택의 취득일로 보아 소령§155②을 적용하는 것임

✒ 관련 판례 · 해석 등 참고사항

상속받은 주택(B)과 그 밖의 주택(A)을 국내에 각각 1개씩 소유하고 있는 1세대가 B주택 지분 ½을 배우자에게 증여한 후 A주택 양도 시 비과세 특례 적용 받을 수 없음

중요 상　난이 중

적용사례(사전-2020-법령해석재산-0366, '20.06.10. 기획재정부 재산세제과-1030, '10.10.27.)

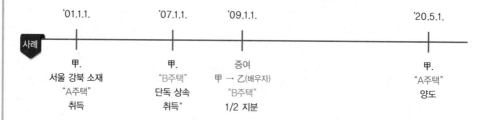

| '01.1.1. | '07.1.1. | '09.1.1. | '20.5.1. |

사례

甲.
서울 강북 소재
"A주택"
취득

甲.
"B주택"
단독 상속
취득*

증여
甲 → 乙(배우자)
"B주택"
1/2 지분

甲.
"A주택"
양도

* 소령§155②('13.02.15. 대통령령 제24356호로 개정되기 전)에 충족한 상속주택

Q1 상속받은 주택(B)과 그 밖의 주택(A)을 국내에 각각 1개씩 소유하고 있는 1세대가 B주택 지분 ½을 배우자에게 증여한 후 A주택 양도 시 비과세 적용 여부?

A1 증여 받은 주택은 상속주택이 아니므로 일반주택(A)은 상속주택특례(소령§155②)에 의거 비과세 적용 받을 수 없음(국세청, 기재부, 조세심판원, 법원 모두 동일)

📃 **관련 판례 · 해석 등 참고사항**

▶ **소령§155[1세대 1주택의 특례]** ('13.02.15. 대통령령 제24356호로 개정되기 전)

　② 상속받은 주택(조합원입주권을 상속받아 사업시행 완료 후 취득한 신축주택을 포함하며, 피상속인이 상속개시 당시 2 이상의 주택을 소유한 경우에는 다음 각 호의 순위에 따른 1주택을 말한다)과 그 밖의 주택 (이하 이 항에서 "일반주택"이라 함)을 국내에 각각 1개씩 소유하고 있는 1세대가 일반주택을 양도하는 경우에는 국내에 1개의 주택을 소유하고 있는 것으로 보아 제154조 제1항을 적용한다. 다만, (이하 생략)

1주택을 노후 등으로 인하여 멸실하여 재건축한 경우 '피상속인이 소유한 기간이 가장 긴 1주택'을 선택 시 그 멸실된 주택과 재건축한 주택의 소유한 기간을 통산하므로 A주택이 선순위상속주택

중요 상　　난이 중

적용사례(과세기준자문-2020-법령해석재산-0163, '20.07.29.)

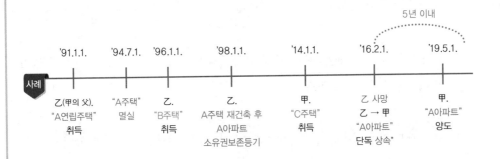

5년 이내

'91.1.1.　　'94.7.1.　'96.1.1.　　'98.1.1.　　　'14.1.1.　　　'16.2.1.　　　'19.5.1.

사례

乙(甲의 父).
"A연립주택"
취득

"A주택"
멸실

乙.
"B주택"
취득

乙.
A주택 재건축 후
A아파트
소유권보존등기

甲.
"C주택"
취득

乙 사망
乙 → 甲
"A아파트"
단독 상속*

甲.
"A아파트"
양도

　* B주택은 동생 병(丙)이 단독 상속 받음

　※ 상기 A, B, C주택은 모두 서울에 소재한 것으로 전제

Q1 피상속인이 소유한 A주택과 B주택 중 선순위 상속주택은?

A1 1주택을 노후 등으로 인하여 멸실하여 재건축한 경우, '피상속인이 소유한 기간이 가장 긴 1주택'을 선택할 때 그 멸실된 주택과 재건축한 주택의 소유한 기간을 통산하므로 A아파트가 선순위 상속주택임

Q2 A아파트의 다주택자 중과 적용 여부?

A2 A아파트가 소령§155②에 해당하는 선순위 상속주택으로서 상속받은 날부터 5년이 경과하지 않았으므로 당해 상속주택 양도 시 중과하지 아니함(소령§167의3①7호)

📝 관련 판례 · 해석 등 참고사항

▶ **위 사례에서 A주택과 B주택의 소유기간**

　– A주택 : 21년 7월(3년 6월 + 18년 10월)

　– B주택 : 20년 1월

제2편

❯ 상속주택 특례도 궁극적으로 1세대 1주택 비과세 특례 적용 여부를 판단하기 위한 것이므로 소령§154⑧을 준용함이 합리적이고,

- 재건축한 주택의 경우 멸실된 종전주택의 보유기간을 합산하는 것이 부동산의 장기보유 권장이라는 취지에도 부합하며,

- 피상속인이 보유기간 중 재건축된 경우와 상속인의 보유기간 중 재건축된 경우를 달리 취급할 합리적인 사유가 없으므로

- 소령§155②에 따른 피상속인이 소유한 기간이 가장 긴 1주택을 판단함에 있어 멸실된 주택의 보유기간을 통산하는 것이 타당함

참고 도시정비법에 따른 재건축된 주택인 경우에는 공사기간도 보유기간에 통산해서 판단

상속주택 비과세 특례(소령§155②, §159①)   상속특례 관련 고가주택 부담부 증여

상속주택 비과세 특례가 적용되는 양도가액이 고가주택에 해당하는 일반주택을 부담부
증여한 경우 양도차익 및 양도세 산출세액 계산

적용사례

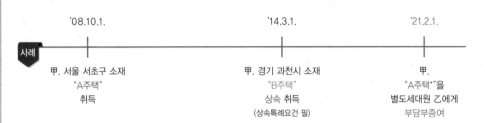

'08.10.1.   '14.3.1.   '21.2.1.

사례

甲. 서울 서초구 소재   甲. 경기 과천시 소재   甲.
"A주택"   "B주택"   "A주택*"을
취득   상속 취득   별도세대원 乙에게
                   (상속특례요건 필)   부담부증여

※ 취득가액 3억원, 부담부증여시 매매사례가액 20억원, 채무 12억원

Q1 A주택 부담부증여분에 대한 비과세 적용 여부?

A1 소령§155② 상속주택 특례에 의거 9억원 이하 비과세 적용

Q2 A주택의 9억원 초과분에 대한 중과 적용 여부 및 양도세 산출세액은?

A2 ① 조정대상지역에 소재하고 중과대상 2주택 보유

⇒ 기본세율 + 10%p, 장기보유특별공제 적용 배제

If) B주택이 상속받은 날부터 5년이 경과하지 않았다면

→ A주택은 일반주택으로 중과배제, 장기보유특별공제 적용

② 양도가액 : 20억(시가) × 12억(채무) / 20억(증여가액) = 12억

③ 취득가액 : 3억(실가) × 12억(채무) / 20억(증여가액) = 1.8억

④ 양도차익 : 10.2억원(전체 양도차익) × (20억 − 9억) / 20억 = 5.61억원

☞ 산출세액 : 561백만원 × 52%(42% + 10%) − 35.4백만원 = 256,320천원

📋 관련 판례 · 해석 등 참고사항

▶ **소령§159①**

1호. 취득가액 = 실지취득가액* × 채무액 / 증여가액

* 양도가액이 기준시가이면 취득가액도 기준시가

2호. 양도가액 = 상증법에 따른 평가액 × 채무액 / 증여가액

▶ '22.5.10.부터 '26.5.9.까지 양도분은 다주택자 중과 유예

상속주택 비과세 특례(소령§155②, §167의10①12호, §159의4)　　동일세대 상속특례

소령§155② 단서에 의해 상속주택 비과세 특례가 적용되며, 10년 이상 보유한 주택을 '20.6.30.까지 양도하여 중과가 배제되고 간주 1주택에 해당하여 장기보유특별공제 "표2" 적용

중요 상 난이 상

적용사례(사전-2020-법령해석재산-0583, '20.10.27.)

| '01.11.22. | '11.3.14. | '11.12.23. | '20.4.24. |

사례

서울 광진구 소재
"A일반주택*" 취득

父("B주택**" 소유)와
동거봉양 合家

父 사망
"B주택"
상속 취득

"A주택"
양도

* A주택 : '02.11.16.~'11.3.14. 약 8년 4개월 거주

** B주택 : 조정대상지역에 소재

Q1 A주택 비과세 적용 여부?

A1 소령§155② 단서에 의해 상속주택 비과세 특례 적용

Q2 A주택 중과 및 장기보유특별공제 적용 여부?

A2 ① B주택을 상속받은 날부터 5년 경과하여 A주택이 일반주택 불가

② B주택 취득한 날부터 3년 경과하여 일시적 2주택 불가

③ 소령§167의10①12호에 의해 10년 이상 보유한 주택을 '20.6.30.까지 양도하여 중과 배제

☞ 소령§159의4의 "1세대 1주택으로 보는 주택"에 해당하여 장기보유특별공제 "표2" 적용

📜 관련 판례 · 해석 등 참고사항

▶ **소령§167의10[양도소득세가 중과되는 1세대 2주택에 해당하는 주택의 범위]**

① 소법§104⑦1호에서 "대통령령으로 정하는 1세대 2주택에 해당하는 주택"이란 국내에 주택을 2개(1호에 해당하는 주택은 주택의 수 계산할 때 산입하지 않음) 소유하고 있는 1세대가 소유하는 주택으로서 다음 각 호의 어느 하나에 해당하지 않는 주택을 말한다.

12. 소법§95④에 따른 보유기간이 10년(재개발사업, 재건축사업 또는 소규모재건축사업을 시행하는 정비사업조합의 조합원이 해당 조합에 기존건물과 그 부수토지를 제공하고 관리처분계획 등에 따라 취득한 신축주택 및 그 부수토지를 양도하는 경우의 보유기간은 기존건물과 그 부수토지의 취득일부터 기산) 이상인 주택을 '20.6.30.까지 양도하는 경우 그 해당 주택

1세대가 별도세대인 이혼한 부와 모로부터 각각 1주택을 상속받은 경우, 상속받은 2주택 중 1주택을 양도 시 별도세대원인 母로부터 먼저 상속받은 주택을 일반주택으로 간주하여 소령§155②의 상속주택 비과세 특례 적용

중요 상 　난이 중

적용사례(서면-2017-법령해석재산-2944, '18.05.11.)

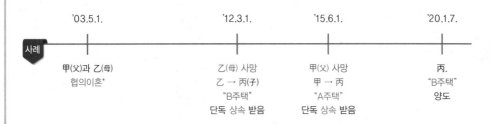

'03.5.1.	'12.3.1.	'15.6.1.	'20.1.7.
甲(父)과 乙(母) 협의이혼*	乙(母) 사망 乙 → 丙(子) "B주택" 단독 상속 받음	甲(父) 사망 甲 → 丙 "A주택" 단독 상속 받음	丙. "B주택" 양도

* 별도세대인 父와 母가 각각 1주택씩 보유한 상태에서 이혼하고 신청인 丙(子)는 무주택 세대임

Q1 1세대가 별도세대인 이혼한 부와 모로부터 각각 1주택을 상속받은 경우, 상속받은 2주택 중 1주택을 양도 시 비과세 특례 적용 여부?

A1 별도세대원인 乙(母)로부터 먼저 상속받은 B주택을 일반주택으로 간주하여 소령§155②의 상속주택 비과세 특례 적용함

📜 관련 판례 · 해석 등 참고사항

▶ 양도소득세 집행기준 89-155-9[별도세대인 다른 피상속인들로부터 각각 1주택씩 상속받은 경우 비과세 특례]

　1세대가 별도세대인 다른 피상속인들로부터 소령§155②의 상속주택을 각각 1주택씩 상속받아 2주택을 소유하고 있는 경우로서, 그 상속받은 2주택 중 1주택을 양도하는 경우 보유하고 있는 1주택은 상속주택 특례 규정이 적용

제2편

무주택 세대가 다른 피상속인들로부터 소령§155②의 상속주택을 각각 1개씩 상속받아
2주택을 소유하고 있는 경우로서, 그 상속받은 2주택 중 먼저 양도한 주택을 일반주택으로
보아 소령§155②의 상속주택 비과세 특례가 적용됨

중요 상　난이 중

적용사례(양도소득세 집행기준 89-155-9)

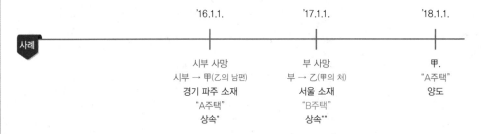

'16.1.1.　　　　　　'17.1.1.　　　　　　'18.1.1.

사례

시부 사망　　　　　　부 사망　　　　　　甲.
시부 → 甲(乙의 남편)　　부 → 乙(甲의 처)　　"A주택"
경기 파주 소재　　　　서울 소재　　　　양도
"A주택"　　　　　　"B주택"
상속*　　　　　　　상속**

　* 별도세대인 시부로부터 甲이 A주택을 단독 상속 받음

　** 별도세대인 부로부터 乙이 B주택을 단독 상속 받음

Q1 무주택 세대가 다른 피상속인들로부터 소령§155②의 상속주택을 각각 1개씩 상속받아 2주택을
　　소유하고 있는 경우로서, 그 상속받은 2주택 중 1주택을 양도 시 비과세 특례 적용 여부?

A1 먼저 양도한 주택을 일반주택으로 보아 소령§155②의 상속주택 비과세 특례가 적용됨

📋 **관련 판례 · 해석 등 참고사항**

▶ **무주택 세대인 갑과 을의 부모님 4명이 해외여행 중 사망으로 각각 양가로부터
선순위 상속주택을 한 채씩 상속받은 후, 먼저 양도한 주택은 위와 같이 일반주택으로 보아
상속주택 비과세 특례 적용**

'21.2.17. 이후 양도한 A주택은 소령§167의10①13호에 의거 중과 배제 및 장기보유특별공제 적용

중요 | 상
난이 | 중

적용사례

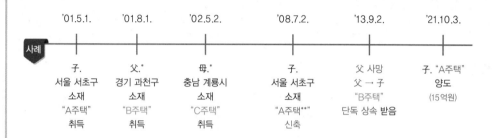

| '01.5.1. | '01.8.1. | '02.5.2. | '08.7.2. | '13.9.2. | '21.10.3. |

사례

子.
서울 서초구
소재
"A주택"
취득

父.*
경기 과천시
소재
"B주택"
취득

母.*
충남 계룡시
소재
"C주택"
취득

子.
서울 서초구
소재
"A주택**"
신축

父 사망
父 → 子
"B주택"
단독 상속 받음

子. "A주택"
양도
(15억원)

* 父·母 : 子와 별도세대

** 도시정비법에 따라 재건축사업으로 신축

Q1　A주택 비과세 적용 여부?

A1　상속주택특례(소령§155②)에 의거 9억원까지 비과세 적용

Q2　A주택의 9억원 초과분에 대한 중과 적용 여부?

A2　'21.2.17. 이후 양도한 A주택은 소령§167의10①13호에 의거 중과 배제 및 장기보유특별공제 적용

제2편

🖎 관련 판례 · 해석 등 참고사항

▶ 소령§167의10[양도소득세가 중과되는 1세대 2주택에 해당하는 주택의 범위]

① 소법§104⑦1호에서 "대통령령으로 정하는 1세대 2주택에 해당하는 주택"이란 국내에 주택을 2개(1호에 해당하는 주택은 주택의 수 계산할 때 산입하지 않음) 소유하고 있는 1세대가 소유하는 주택으로서 다음 각호의 어느 하나에 해당하지 않는 주택을 말한다.

13. 소령§155②에 따라 상속받은 주택과 일반주택을 각각 1개씩 소유하고 있는 1세대가 일반주택을 양도하는 경우로서 소령§154①이 적용되고 같은 항의 요건을 모두 충족하는 일반주택(☞ 중과 제외)

선순위 상속주택과 그 밖의 주택 1개를 소유한 1세대가 당해 상속주택이 도시정비법에 의한
관리처분계획인가를 받음에 따라 1주택과 1조합원입주권을 소유하다가 1주택을 양도하는
경우 비과세 규정을 적용할 수 있음

중요 상 / 난이 중

적용사례(서면4팀-202, '08.01.23.)

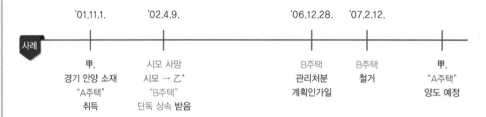

'01.11.1.   '02.4.9.   '06.12.28.   '07.2.12.

사례

甲.
경기 안양 소재
"A주택"
취득

시모 사망
시모 → 乙*
"B주택"
단독 상속 받음

B주택
관리처분
계획인가일

B주택
철거

甲.
"A주택"
양도 예정

* 乙은 甲의 남편으로 경기 의왕 소재 B주공아파트를 별도세대인 시모로부터 상속받음

Q1 B주택이 조합원입주권 상태에서 현재 거주하고 있는 A주택을 먼저 양도하는 경우 비과세 적용 여부?

A1 선순위 상속주택과 그 밖의 주택 1개를 소유한 1세대가 당해 상속주택이 도시정비법에 의한
관리처분계획인가를 받음에 따라 1주택과 1조합원입주권을 소유하다가 1주택을 양도하는 경우 비과세
규정을 적용할 수 있음

🖎 관련 판례·해석 등 참고사항

▶ **재산세과-1723, '08.07.17.**

- 상속주택(조합원입주권을 상속받아 사업시행 완료 후 취득한 신축주택을 포함하며, 피상속인이 상속개시 당시
2 이상의 주택을 소유한 경우에는 소령§155② 각 호의 순서에 따른 1주택을 말하는 것임) 1개와 그밖의 주택
1개를 소유한 1세대가 당해 상속주택이 도시정비법§48의 규정에 의한 관리처분계획인가를 받음에 따라
1주택과 1조합원입주권을 소유하다가 1주택을 양도하는 경우 당해 주택에 대하여는 소령§154① 규정을
적용할 수 있는 것임

상속주택 비과세 특례(소령§155②) 선순위 상속주택 및 소수지분 보유

2년 이상 보유한 선순위상속주택과 소수지분에 해당하는 상속주택을 보유한 1세대가
상속주택을 양도 시 소령§154①을 적용할 수 없음

중요
상

난이
중

적용사례(사전-2016-법령해석재산-0018, '16.12.27.)

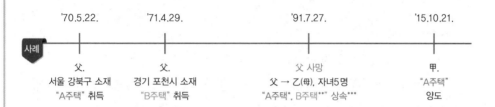

사례

'70.5.22.	'71.4.29.	'91.7.27.	'15.10.21.
父.	父.	父 사망	甲.
서울 강북구 소재	경기 포천시 소재	父 → 乙(母), 자녀5명	"A주택"
"A주택" 취득	"B주택" 취득	"A주택*, B주택**" 상속***	양도

* 선순위 상속주택으로 '06.11.14.에 협의분할로 甲이 단독 상속

** 협의분할이 아닌 법정 분할 상속(甲은 소수지분 상속)

*** 甲의 A주택 양도일 현재 乙과 나머지 자녀 4명 모두 별도세대 구성

Q1 피상속인이 상속개시 당시 2주택을 보유한 경우로서, 상속인 갑이 상속주택(A)은 협의분할로 단독 상속
받았고, 민법에 따른 협의분할이 이뤄지지 않아 피상속인 명의로 된 상속주택(B)은 민법 상 소수지분인
상태에서, 2년 이상 보유한 상속받은 주택(A)을 양도 시 비과세의 적용 여부?

A1 2년 이상 보유한 상속주택(A)과 소수지분에 해당하는 상속주택(B)을 보유한 1세대가 상속주택(A)을
양도 시 소령§154①을 적용할 수 없음

(∵ 주택 수에 포함되는 민법상 상속주택을 보유한 상태에서 선순위 상속주택 자체를 양도 시 비과세 적용 불가)

다음 쪽에서 "민법" 보충 설명

📑 **관련 판례 · 해석 등 참고사항**

☞ 위 해석에서 상속주택(B)는 민법§1009 및 §1010에 따른 상속분에 따라 해당 상속주택의 소유자를
판단하는 것임

◉ 상속과 관련한 민법 규정

- 민법§1006(공동상속과 재산의 공유)

  상속인이 수인인 때에는 상속재산은 그 공유로 한다.

- 민법§1009(법정상속분)

  ① 동순위의 상속인이 수인인 때에는 그 상속분은 균분으로 한다.

  ② 피상속인의 배우자의 상속분은 직계비속과 공동으로 상속하는 때에는 직계비속의
  상속분의 5할을 가산하고, 직계존속과 공동으로 상속하는 때에는 직계존속의
  상속분의 5할을 가산한다.

- 민법§1010(대습상속분)

  ① §1001의 규정에 의하여 사망 또는 결격된 자에 갈음하여 상속인이 된 자의 상속분은
  사망 또는 결격된 자의 상속분에 의한다.

  ② 전항의 경우에 사망 또는 결격된 자의 직계비속이 수인인 때에는 그 상속분은 사망
  또는 결격된 자의 상속분의 한도에서 §1009의 규정에 의하여 이를 정한다.
  §1003②의 경우에도 또한 같다.

- 민법§1013(협의에 의한 분할)

  ① 전조의 경우 외에는 공동상속인은 언제든지 그 협의에 의하여 상속재산을 분할할 수
  있다.

  ② §269의 규정은 전항의 상속재산의 분할에 준용한다.

- 민법§1015(분할의 소급효)

  상속재산의 분할은 상속개시된 때에 소급하여 그 효력이 있다. 그러나 제 삼자의 권리를
  해하지 못한다.

상속주택 비과세 특례(소령§155②)　　부수토지의 소유자 → 주택 미소유(상속특례 관련)

비과세 여부를 판정함에 있어 주택과 그 부수토지를 동일세대원이 아닌 자가 각각 소유하고 있는 경우 해당 주택의 소유자는 건물소유자를 기준으로 판단하는 것으로서, 그 부수토지의 소유자는 주택을 소유한 것으로 보지 아니하는 것임

중요 상　난이 중

적용사례(서면-2024-부동산-0431, '24.08.20.)

* 별도세대인 부친으로부터 B주택의 부수토지를 증여받음
** 乙은 甲과 별도세대

Q1 A주택과 동일세대원이 아닌 자가 보유하는 B주택의 부수토지를 보유한 1세대가 C주택을 취득 후 A주택을 양도하는 경우 비과세 적용 여부?

A1 소령§155①에 따른 비과세 여부를 판정함에 있어 주택과 그 부수토지를 동일 세대원이 아닌 자가 각각 소유하고 있는 경우 해당 주택의 소유자는 건물소유자를 기준으로 판단하는 것으로서, 그 부수토지의 소유자는 주택을 소유한 것으로 보지 아니하는 것임

📑 관련 판례 · 해석 등 참고사항

▶ 서면-2024-부동산-0428, '24.07.26.
- 주택과 그 부수토지의 소유자가 다른 경우에는 건물소유자를 기준으로 해당 주택의 소유자를 판단하는 것임

A주택과 B주택은 상속주택 특례에 해당되고, A주택과 C주택은 일시적 2주택에 해당되어
중첩 적용으로 보아 비과세 인정

중요　상
난이　중

적용사례

'99.12.1.　　　'11.4.15.　　　'19.5.2.　　　'19.6.1.

사례

甲. 광주광역시 소재
"A주택" 취득
(3억원)

甲.
전북 전주시 소재
"B주택*" 상속 취득

甲.
광주 광역시 소재
"C주택" 취득

甲.
"A주택"
양도
(5억원)

* 상속받을 당시 피상속인과 상속인 별도 세대임

Q1　A주택의 비과세 적용 여부?

A1　A주택과 B주택은 상속주택 특례에 해당되고, A주택과 C주택은 일시적 2주택에 해당되어 중첩
　　적용으로 보아 비과세 인정

Q2　甲과 피상속인이 상속개시 당시 동일세대였다면 비과세 적용 여부?

A2　소령§155②단서에 해당하지 않는 동일세대였다면, 상속주택 특례에 해당하지 않아 양도 당시 단순히
　　3주택자로 비과세 적용 불가

📝 관련 판례 · 해석 등 참고사항

▶ 서면-2023-부동산-0197, '23.06.22.

　– 조특법§99의2①에 따른 과세특례 대상이 되는 주택(A)과 별도세대인 母로부터 상속받은 주택(B)을
　　보유하는 거주자가 상속주택(B)을 양도하는 경우, 해당 상속주택(B)에 대하여
　　소법§89①3호를 적용함에 있어 A주택은 해당 거주자의 소유주택으로 보지 아니하는 것임

상속주택 비과세 특례(소령§155②, ①)　　　　상속 + 일시적 2주택 중첩적용

양도일 현재 상속주택 특례(소령§155②)와 일시적 2주택 특례(소령§155①) 중첩 적용에 의해
비과세 적용

중요　상
난이　중

적용사례(부동산거래관리과-140, '11.02.14.)

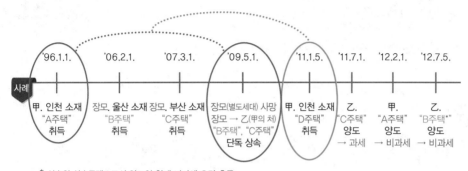

* 선순위 상속주택으로서 양도일 현재 비과세 요건 충족

Q1 상속주택(B)을 소유하고 있는 경우로서 A주택의 비과세 적용 여부?

A1 양도일 현재 상속주택 특례(소령§155②)와 일시적 2주택 특례(소령§155①) 중첩 적용에 의해 비과세 적용

Q2 상속주택(B)을 양도 시 비과세 적용 여부?

A2 양도일 현재 일시적 2주택 특례(소령§155①)에 의해 비과세 적용

관련 판례 · 해석 등 참고사항

▶ **비과세 특례는 양도일 현재를 기준으로 판정**

공동상속주택 비과세 특례(소령§155③)

공동상속주택 소수지분 취득 후 일반주택 취득

공동상속주택 소수지분을 소유한 1세대가 상속개시일 이후 일반주택(취득당시 조정대상지역 소재)을 취득한 경우로서 2년 이상 보유 및 거주한 해당 주택을 양도하는 경우 공동상속주택 소수지분을 해당 거주자의 소유주택으로 보지 아니하여 1세대 1주택 비과세 적용이 가능함

중요 중 | 난이 중

적용사례(서면-2021-법규재산-1901, '22.06.21.)

'20.7.1.
甲.
서울 광진구 소재
"A주택"
매수계약
(계약금 지급)

'20.9.1.
父 사망.
父 → 甲외 2인*
"B주택"
공동상속

'20.10.1.
"A주택"
중도금
지급

'20.12.1.
"A주택"
잔금
지급

* 甲은 광주광역시 소재한 B주택의 소수지분 취득

Q1 공동상속주택 소수지분을 상속받은 이후 취득한 일반주택 양도 시 비과세 적용 여부?

A1 공동상속주택 소수지분을 소유한 1세대가 상속개시일 이후 일반주택(취득당시 조정대상지역 소재)을 취득한 경우로서 2년 이상 보유 및 거주한 해당 주택을 양도하는 경우 공동상속주택 소수지분을 해당 거주자의 소유주택으로 보지 아니하여 1세대 1주택 비과세 적용이 가능함

관련 판례 · 해석 등 참고사항

☞ 공동상속주택 특례(소령 §155③)는 상속주택 특례(소령 §155②)와 달리 상속개시 당시 보유한 주택이라고 열거되어 있지 않아 상속개시일 이후에 취득한 일반주택도 비과세 특례가 가능함

 – 다만, 2채 이상 공동 상속 시 선순위 1채만 공동상속주택에 해당하여 특례가 가능함(해석으로 운용해 오다가 '17.2.3. 이후 양도분부터는 소령§155③본문 괄호에 명확히 열거하)

상속개시 당시 동일세대원이던 피상속인으로부터 상속받은 공동상속주택을 보유한 1세대가
일반주택을 양도 시 당해 공동상속주택은 상속주택으로 보지 아니하므로 비과세 적용 불가

적용사례(서면-2016-부동산-5881, '17.01.24.)

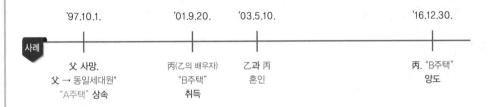

> '97.10.1. — 父 사망. 父 → 동일세대원* "A주택" 상속
> '01.9.20. — 丙(乙의 배우자) "B주택" 취득
> '03.5.10. — 乙과 丙 혼인
> '16.12.30. — 丙. "B주택" 양도

> * 父는 A주택만 소유한 상태에서 사망하였고, 母 3/7지분, 甲(子1) 2/7지분, 乙(子2) 2/7지분 상속

Q1 동일세대원인 父로부터 소수지분(2/7)으로 상속받은 주택을 소유하다 일반주택 1개를 소유하고 있는
배우자와 결혼하여 별도세대 구성 후 일반주택 양도 시 비과세 적용 여부?

A1 상속개시 당시 동일세대원이던 피상속인으로부터 상속받은 공동상속주택을 보유한 1세대가 일반주택을
양도 시 당해 공동상속주택은 상속주택으로 보지 아니하므로 비과세 적용 불가(∵양도일 현재 1세대
2주택자)

참고 소령§155②단서 규정 신설로 '10.2.18. 이후 일반주택 양도분부터 적용되며, 상속개시 당시 1주택을 보유한
1세대가 직계존속을 동거봉양하기 위하여 세대를 합침에 따라 2주택을 보유하게 되는 경우로서 합치기
이전부터 보유하고 있었던 주택만 상속받은 주택으로 간주

📜 관련 판례 · 해석 등 참고사항

▶ **소령§155[1세대 1주택의 특례]**

② 상속받은 주택[괄호 생략]과 그 밖의 주택(이하 생략)을 국내에 각각 1개씩 소유하고 있는 1세대가
일반주택을 양도하는 경우에는 국내에 1개의 주택을 소유하고 있는 것으로 보아 §154①을 적용한다.
다만, 상속인과 피상속인이 상속개시 당시 1세대인 경우에는 1주택을 보유하고 1세대를 구성하는 자가
직계존속(배우자의 직계존속을 포함하며, 세대를 합친 날 현재 직계존속 중 어느 한 사람 또는 모두가 60세
이상으로서 1주택을 보유하고 있는 경우만 해당한다)을 동거봉양하기 위하여 세대를 합침에 따라 2주택을
보유하게 되는 경우로서 합치기 이전부터 보유하고 있었던 주택만 상속받은 주택으로 본다(이하 ③,
⑦1호, §156의2 ⑦1호 및 §156의3⑤1호에서 같다).

소령§155③본문에서 소수지분권자가 다른 주택을 양도 시 공동상속주택을 소유하지 않은 것으로 본다고 명확히 규정한 이상 소수지분권자에게는 위 소령§155② 단서를 적용하지 않는 것으로 해석 · 결정 ⇔ 소령§155② 단서와 같은 상황이 아니므로 잘못된 결정으로 보임

중요 상 / 난이 상

적용사례(조심-2018-중-0424, '18.04.19.)

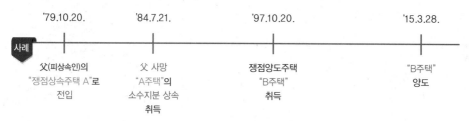

'79.10.20.　　　　　'84.7.21.　　　　　　　'97.10.20.　　　　　　　　'15.3.28.

사례

父(피상속인)의　　　　父 사망　　　　　쟁점양도주택　　　　　　"B주택"
"쟁점상속주택 A"로　　"A주택"의　　　　　"B주택"　　　　　　　　양도
전입　　　　　　소수지분 상속　　　　취득
　　　　　　　취득

Q1　B주택 비과세 적용 여부?

A1　• 소령§155② 단서의 "이하 소령§155③에서 같다"는 의미는 소령§155③에 따라 공동상속주택을 소유하는 것으로 간주되는 다수 지분권자가 소유한 "상속받은 주택"의 범위를 정하고, 그 사람이 일반주택을 양도 시 소령§155② 단서를 적용하는 것으로 해석하는 것이 타당하고,

　　• 소령§155③ 본문에서 소수지분권자가 다른 주택을 양도 시 공동상속주택을 소유하지 않은 것으로 본다고 명확히 규정한 이상 소수지분권자에게는 위 소령§155② 단서를 적용하지 않는 것으로 해석하는 것이 타당해 보여서 비과세 적용

참고　비과세 적용된다는 결정 논리가 잘못된 것으로 보임

📋 **관련 판례 · 해석 등 참고사항**

☞ **소수지분자가 소유주택으로 보지 않으려면?**
　① 별도세대원이어야 하고, ② 소령§155② 단서에서와 같은 상황이어야 함
　⇒ 따라서 비과세가 적용된다는 결정 논리가 잘못된 것으로 보임

▶ **조세심판원**에서는 위의 해석과 동일한 논리로 아래와 같이 국가패소 결정을 하고 있음
　① 조심-2021-서-1585, '21.11.22.
　② 조심-2022-중-262, '22.04.27.
　③ 조심-2022-부-2742, '22.06.14.

▶ **대법원2023두53799, '23.12.21. (조세심판원과 상반된 판결)**
이 사건 특례조항은 상속개시 당시 상속인과 피상속인이 별도의 독립된 세대를 구성하고 있음을 전제로 한 규정으로서, 동거봉양 합가에 관한 위 §155② 단서의 특례규정이 적용되는 경우 등 특별한 사정이 없는 한 상속개시 당시 이미 1세대 2주택 이상이어서 양도세 비과세 대상인 1세대 1주택에 해당하지 않는 경우에까지 적용된다고 볼 수 없으므로 상속개시 당시 피상속인과 1세대를 구성하는 상속인이 공동으로 상속받은 주택은 이 사건 특례조항의 '공동상속주택'에 해당하지 않는다고 보아야 함

상속개시 당시 동일세대원이던 피상속인으로부터 상속받은 주택으로서 소령§155③에 따른 공동상속주택 외의 다른 주택을 양도하는 경우에는 해당 공동상속주택이 소령§155② 단서에 해당하는 경우에만 해당 거주자의 주택으로 보지 아니하므로 비과세 적용 불가

중요	난이
상	상

적용사례(사전-2021-법령해석재산-0199, '21.05.31.)

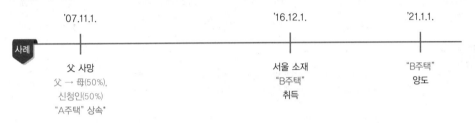

* 상속 개시 당시 상속인들 동일 세대

Q1 B주택 비과세 적용 여부?

A1 ・ 상속개시 당시 동일세대원이던 피상속인으로부터 상속받은 주택으로서 소령 §155③에 따른 공동상속주택 외의 다른 주택을 양도하는 경우에는

　　－ 해당 공동상속주택이 소령§155② 단서에 해당하는 경우에만 해당 거주자의 주택으로 보지 아니하므로 비과세 적용 불가

관련 판례 · 해석 등 참고사항

☞ 조심-2018-중-0424, 18.04.19.의 잘못된 결정에 대응하여 나온 해석으로 보임

▶ 과세기준자문-2021-법령해석재산-0142, '21.08.06. 위의 해석과 동일한 논리의 해석

▶ 소령§155[1세대 1주택의 특례]

　② 상속받은 주택[괄호 생략]과 그 밖의 주택(이하 생략)을 국내에 각각 1개씩 소유하고 있는 1세대가 일반주택을 양도하는 경우에는 국내에 1개의 주택을 소유하고 있는 것으로 보아 §154①을 적용한다. 다만, 상속인과 피상속인이 상속개시 당시 1세대인 경우에는 1주택을 보유하고 1세대를 구성하는 자가 직계존속(배우자의 직계존속을 포함하며, 세대를 합친 날 현재 직계존속 중 어느 한 사람 또는 모두가 60세 이상으로서 1주택을 보유하고 있는 경우만 해당한다)을 동거봉양하기 위하여 세대를 합침에 따라 2주택을 보유하게 되는 경우로서 합치기 이전부터 보유하고 있었던 주택만 상속받은 주택으로 본다(이하 ③, ⑦1호, §156의2⑦1호 및 §156의3⑤1호에서 같다).

제 2 편

상속개시일 이후 다른 상속인의 지분을 일부 증여 등으로 취득하여 당초 공동상속지분이
변경된다 하더라도 증여 등으로 추가 취득하는 지분을 새로운 주택의 취득으로 보지 않는
것이며, 공동상속주택의 소유자 판정은 상속개시일을 기준으로 판정

중요 상　난이 상

적용사례(서면-2016-부동산-3041, '16.06.14.)

'03.6.11.	'07.3.16.	'11.4.26.	'11.10.24.	'13.4.9.	'16.1.5.
甲. 서울 강북 소재 "A주택" 취득	乙·丙(甲의 父母) 서울 강북 소재 "B주택" 각 ½씩 취득	합가 및 乙사망 "B주택" 지분* 취득	甲과 丙 세대분리	증여 丙 → 甲 "B주택" 16/26 지분	甲. "A주택" 양도

＊ 동거봉양하기 위하여 60세 이상 부모세대와 합가하였으며, 乙 사망으로 甲 : 2/26 상속 취득, 丙 : 3/26 상속 취득

Q1 동일세대원으로부터 상속받은 주택을 보유하고 있는 경우, 일반주택(A)의 비과세 적용 여부?

A1 ・ 공동 상속받은 소수지분(B)은 소령§155②단서에 의하여 소령§155③의 공동상속주택 특례에 해당하여
다른 주택을 양도하는 때에는 당해 거주자의 주택으로 보지 아니하나 상속지분이 가장 큰 상속인의
경우에는 그러하지 아니함

・ 위를 적용함에 있어 상속개시일 이후 다른 상속인의 지분을 일부 증여 등으로 취득하여 당초
공동상속지분이 변경된다 하더라도 증여 등으로 추가 취득하는 지분을 새로운 주택의 취득으로 보지
않는 것이며, 공동상속주택의 소유자 판정은 상속개시일을 기준으로 판정함

관련 판례·해석 등 참고사항

▶ 양도소득세 집행기준 89-155-14[공동으로 상속받은 주택을 1인이 소유한 경우]

－ 공동으로 주택을 상속받은 이후 소유지분이 가장 큰 상속인이 아닌 상속인이 다른 상속인의 소유지분을
추가로 취득하여 공동으로 상속받은 주택을 단독으로 소유한 경우 해당 주택은 비과세 특례 규정이
적용되는 공동상속주택으로 보지 아니함

공동상속주택 비과세 특례(소령§155③)　　　선순위 공동상속주택

소수지분 보유자의 경우 선순위 우선주택에 대해서만 일반주택 양도 시 주택 수에서
제외하고 나머지 공동상속주택(소수지분)에 대해서는 주택 수에 포함하여 비과세 특례 적용
여부를 판단하므로 비과세 적용 불가

중요　중
난이　중

적용사례(조심-2018-중-0793, '18.05.02.)

'03.10.6.	'10.7.1.	'16.3.14.	'17.4.28.
甲의 父. 사망	甲. "A주택" 취득	공동상속주택 3채 상속등기* (총 7인이 각 1/7씩)	"A주택" 양도

> * 甲의 父는 甲과 별도 세대이며 주택 3채(B, C, D주택)을 보유한 상태에서 사망하였고 甲은 차남으로 소수지분자에
> 해당함

Q1 공동상속주택(소수지분) 3채 보유하는 1세대가 일반주택(A) 양도 시 비과세 특례 적용 여부?

A1 소수지분 보유자의 경우 선순위 우선주택(1주택)에 대해서만 일반주택 양도 시 주택 수에서 제외하고
나머지 공동상속주택(소수지분)에 대해서는 주택 수에 포함하여 비과세 특례 적용 여부를 판단하므로
비과세 적용 불가함

📑 관련 판례 · 해석 등 참고사항

▶ **소령 부칙 〈제27829호, '17.2.3.〉**

제2조(일반적 적용례)

② 이 영 중 양도소득에 관한 개정규정은 이 영 시행 이후 양도하는 분부터 적용한다.

　🔖 '17.2.3. 이후 양도분부터 2채 이상 공동 상속 시 선순위 1주택만 특례 적용한다는 해석
　　(부동산거래관리과-0155, '11.02.18., 서면4팀-813, '08.03.27. 등) 내용을 소령으로 명확히 함

상속개시 당시 일반주택 1개와 공동으로 상속받은 소수지분 주택 2개를 소유한 1세대가 선순위 상속주택이 아닌 소수지분 1주택을 증여하고, 양도일 현재 일반주택과 선순위 상속주택을 각각 1개씩 소유하고 있는 상태에서 일반주택 양도 시 비과세 특례 적용 불가 ⇔ 적용 가능 판단

중요 상　난이 상

적용사례(사전-2014-법령해석재산-21685, '15.03.10.) ☜ **해석 오류로 판단됨**

'03.10.1.

甲. 서울 성북구 소재
"A일반주택"
취득

'04.11.1.

장인 사망
장인 → 乙, 丙, 丁, 武
"B주택*, C주택**"
상속***

'14.10.1.

丙 → 乙
"C주택 2/9지분"
乙에게 증여

'14.11.1.

甲. "A주택"
양도

* 서울 종로구 소재 선순위 상속주택

** 충남 천안시 소재

*** 별도세대인 피상속인으로 부터 B·C주택을 乙(장모), 丙(甲의 처), 丁·武(처남·처제)가 乙 3/9, 나머지 각 2/9지분 공동 상속

Q1　A주택 비과세 적용 여부?

A1　• 상속개시 당시 일반주택 1개와 공동으로 상속받은 소수지분 주택 2개를 소유한 1세대가 선순위 상속주택이 아닌 소수지분 1주택(C주택)을 증여하고,

　　• 양도일 현재 일반주택과 선순위 상속주택(B주택)을 각각 1개씩 소유하고 있는 상태에서 일반주택 양도 시 비과세 특례 적용 불가

관련 판례·해석 등 참고사항

☞ 비과세 판정은 양도일 현재를 기준으로 하므로 위의 해석사례에서 일반주택 양도일 현재는 선순위 상속주택 한채만 보유하고 있으므로 비과세 특례가 가능할 것으로 보임

공동상속주택 비과세 특례(소령§155③) 소수지분 상속 → 잔여지분 재 상속

무주택자인 상속인이 소수지분을 상속받은 후 그 주택의 나머지 지분을 재 상속 받은 경우,
나머지 지분을 상속받은 날 현재 보유하고 있던 일반주택을 양도 시 공동상속주택 특례가
아닌 소령§155②에 의한 상속주택 특례로 비과세 적용

중요
상

난이
상

적용사례(사전-2019-법령해석재산-3032, '21.08.31.)

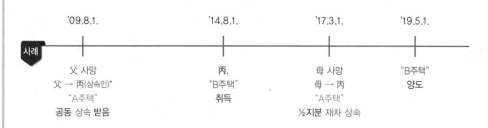

'09.8.1.

父 사망
父 → 丙(상속인)*
"A주택"
공동 상속 받음

'14.8.1.

丙.
"B주택"
취득

'17.3.1.

母 사망
母 → 丙
"A주택"
½지분 재차 상속

'19.5.1.

"B주택"
양도

사례

* 母와 丙이 각각 ½지분 상속받아 母가 다수지분자가 됨

Q1 공동상속주택의 소수지분자가 다른 공동상속인의 상속지분을 재 상속 후 보유하고 있던 일반주택을
양도 시 비과세 적용 여부?

A1 무주택자인 상속인이 소수지분을 상속받은 후 그 주택의 나머지 지분을 재 상속 받은 경우, 나머지
지분을 상속받은 날 현재 보유하고 있던 일반주택을 양도 시 공동상속주택 특례가 아닌 소령§155②에
의한 상속주택 특례로 비과세 적용함

📝 **관련 판례 · 해석 등 참고사항**

소령§155③을 적용함에 있어 상속주택의 상속지분은 아버지와 어머니로부터 상속받은
지분을 합하여 판단하고, 최다지분자가 다른 상속인 지분을 추가 취득한 후 일반주택을 양도
시 소령§155②에 따라 비과세함

중요
상

난이
상

적용사례(서면-2021-부동산-6414, '22.05.02.)

	'98.9.1.	'14.8.1.	'17.3.1.	'22.5.1.

사례

甲.
"A주택"
취득

父 사망
父 → 母외 2인*
"B주택"
공동 상속 받음

母 사망
母 → 甲
"B주택"
3/7 지분 재차 상속**

"A주택"
양도

    * 母 3/7, 甲 2/7, 丁 2/7 지분 상속받아 母가 최다지분자가 됨
    ** B주택의 지분(3/7)을 재차 상속받았으며, 상속개시 당시 母와 甲은 별도세대임

Q1 공동상속주택의 소수지분자가 다른 공동상속인의 상속지분을 재차 상속받아 다수지분자가 되는 경우
소령§155③에 따른 선순위 상속주택 여부 판단방법?

A1 소령§155③을 적용함에 있어 상속주택의 상속지분은 아버지와 어머니로부터 상속받은 지분을 합하여
판단하는 것임

Q2 공동상속주택(B)의 나머지 지분(丁의 2/7)을 매매로 취득하여 단독소유하게 되는 경우 일반주택(A)을
양도 시 1세대 1주택 비과세 적용 여부?

A2 공동상속주택 최다지분자가 다른 상속인 지분을 추가 취득한 후 일반주택을 양도 시 소령§155②에 따라
비과세함

📝 관련 판례 · 해석 등 참고사항

공동상속주택 비과세 특례(소령§155③)　　　　　소수지분 → 단독 소유

공동상속주택 소수지분을 상속받은 이후 다른 공동상속인으로부터 상속과 다른 원인으로
지분들을 취득하여 공동상속주택을 단독으로 취득하게 된 경우 소법§155② 적용할 수 있음

중요 상　난이 중

적용사례(기획재정부−1031, '23.09.04., 서면5팀−2958, '07.11.12.)

'13.2.1.　　'17.7.1.　　'19.7.1.　　'20.9.1.　　'23.8.1.

甲.
"A주택"
취득

父 사망
父 → 甲외 2인"
"B주택"
공동 상속 받음

乙 → 甲
"B주택"
1/3지분
매매취득

丙 → 甲
"B주택"
1/3지분
경매취득

甲.
"A주택"
양도 예정

* 甲은 소수지분자이며 乙, 丙과 각각 1/3지분씩 공동상속 받음

Q1 공동상속주택 소수지분을 상속받은 이후 다른 공동상속인으로부터 상속과 다른 원인으로 지분들을
취득하여 공동상속주택을 단독으로 취득하게 된 경우 소법§155② 적용 여부?

A1 적용할 수 있음

📜 **관련 판례 · 해석 등 참고사항**

☞ 기획재정부에서 기존 해석(부동산관리과−522, '11.06.27., 부동산거래관리과−684, '12.21., 서면4팀−
2923, '07.10.10.)을 변경하고 위의 해석으로 정비함
 − 기존에는 공동상속주택의 소수지분권자가 단독주택자가 된 경우에는 해당 주택은 공동상속주택 및
상속주택 비과세 특례 규정이 적용되지 않는 것으로 보았음

(공동)상속주택 비과세 중첩적용(소령§155③) 다가구주택 멸실 → 다세대주택 상속특례

공동상속주택인 다가구주택을 다세대주택으로 용도변경하여 공동상속인이 세대별로 각각
공동등기하는 경우에는 소령§155② 각 호의 순위에 따른 1주택에 대해서만 상속주택에 대한
특례가 적용되는 것임

중요 상 | 난이 중

적용사례(부동산거래관리과-60, '12.01.26.)

```
          '88.7.1.        '95.7.1.          '04.7.1.    '05.2.1.        '12.7.1.
사례 ├──────┼──────────────┼────────────┼──────┼──────────────┼────
      父 사망.          甲.              "A다가구주택" "C다세대주택"     甲.
      父 → 甲, 乙, 丙   서울 은평 소재    노후 멸실    (10세대)        "B주택"
      "A다가구주택"     "B주택"                        신축**          양도
      상속*             취득
```

* 별도세대인 父로부터 서울 강남 소재 A다가구주택을 甲(본인) 1/5, 乙(母) 2/5, 丙(兄) 1/5 공동상속 받음

** 각 호별로 상속지분에 따라 공동 등기

Q1 상속받은 1주택이 노후하여 멸실하고 다세대주택 10호를 신축한 후 각 세대별로 상속지분에 따라
공동등기를 하는 경우 상속주택 소수지분자의 일반주택 양도 시 비과세 특례 적용 여부?

A1 공동상속주택인 다가구주택을 다세대주택으로 용도변경하여 공동상속인이 세대별로 각각 공동등기하는
경우에는 소령§155② 각 호의 순위에 따른 1주택에 대해서만 상속주택에 대한 특례가 적용되는 것임

관련 판례 · 해석 등 참고사항

▶ **부동산거래관리과-613, '10.04.28.**
  – 공동상속주택인 다가구주택을 다세대주택으로 용도변경하여 공동상속인이 세대별로 각각 분할 취득하는
  경우에는 소령§155② 각 호의 순위에 따른 1주택에 대해서만 상속주택에 대한 특례가 적용되는 것임

> **쟁점** 상속주택 특례(소령§55②)와 공동상속주택 특례(소령§155③)가 함께 적용되는 경우 비과세 특례 적용 여부

◗ 상속주택 특례(소령§155②)와 공동상속주택 특례(소령§155③)에 해당하는 주택을 피상속인이 다른 자로부터 본인과 배우자가 단독 또는 공동상속 받았거나, 본인이 부로부터 단독 상속받은 상태에서 모로부터 소수지분 공동상속 받은 경우 등을 일괄 정리

- 단독상속주택은 일반주택을 보유한 상태에서 상속받고, 공동상속주택은 일반주택 취득시기에 관계없음을 전제
- (공동)상속주택은 모두 선순위 상속주택을 전제하고 아래 사례는 남성을 기준으로 열거하였으나 남성과 배우자가 상호 바뀐 경우도 동일함

유 형	본가1	본가2	처가1	처가2	기타	비과세
1 - 1	단독		소수			여
1 - 2		소수		단독		여
2 - 1	단독(父)	소수(母)				여
2 - 2			단독(장인)	소수(장모)		여
3 - 1	단독		단독			부*
3 - 2		소수		소수		부
4 - 1	단독				배우자	여**

* 나중에 상속받은 주택을 상속받은 날부터 중복보유허용기간 내에 일반주택을 양도 시 상속주택 특례와 일시적 2주택 특례의 중첩적용으로 비과세 적용 가능

** 단독상속받은 주택보다 배우자가 먼저 취득한 주택을 상속 받은 경우 배우자로부터 상속받은 주택을 일반주택으로 보아 비과세 적용 가능

☞ 비과세 특례의 중첩적용은 법령의 동일 항에서는 중첩적용이 허용되지 않고 서로 다른 항과는 중첩적용이 허용되므로 상속주택 특례(소령§155②)와 공동상속주택 특례(소령§155③)는 중첩적용되나 상속주택 특례가 2개인 경우나 공동상속주택 특례가 2개인 경우에는 중첩적용이 허용되지 않음

☞ But, 동일한 성격인 일시적 2주택 특례(소령§155①)와 일시적 1주택·1조합원 입주권 특례(소령§156의2③) 내지 일시적 1주택·1분양권 특례(소령§156의3②,③)는 중복 적용할 수 없음(기획재정부 재산세제과-906, '24.07.31.)

일반주택(A), 선순위 상속주택(B), 소수지분 공동상속주택(C) 중 일반주택(A)을 양도하는 경우
상속주택 특례(소령§155②)와 공동상속주택 특례(소령§155③)의 중첩적용으로 비과세 적용

적용사례(재산세과-764, '09.04.17.)

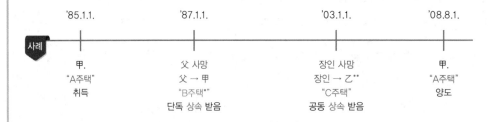

'85.1.1.　　　'87.1.1.　　　'03.1.1.　　　'08.8.1.

사례

甲.　　　　　　父 사망　　　　　　장인 사망　　　　　　甲.
"A주택"　　　　父 → 甲　　　　장인 → 乙**　　　　"A주택"
취득　　　　　"B주택*"　　　　　"C주택"　　　　　양도
　　　　　단독 상속 받음　　　공동 상속 받음

* 별도세대인 父로부터 소령§155②의 상속주택 취득

** 甲의 배우자로 별도세대인 장인으로부터 소령§155③의 소수지분 공동상속주택 취득

Q1 일반주택(A), 선순위 상속주택(B), 소수지분 공동상속주택(C) 중 일반주택(A)을 양도하는 경우 비과세
특례 적용 여부?

A1 상속주택 특례(소령§155②)와 공동상속주택 특례(소령§155③)의 중첩적용으로 비과세 적용

🖎 관련 판례 · 해석 등 참고사항

A주택 양도 시 별도세대인 母로부터 상속받은 B주택(소령§155②)과 동거봉양 목적으로 합가한 父로부터 상속받은 C주택 공동상속주택 소수지분(소령§155③)이 있는 경우, 1세대1주택 비과세 적용이 가능함

중요 상 | 난이 중

적용사례(서면-2021-법규재산-5688, '23.07.18.)

'12.7.1.

乙.(甲의 배우자)
"A주택"
취득

'18.5.1.

母 사망
母 → 甲
"B주택*"
단독 상속 받음

'19.10.1.

동거봉양
合家**

'20.3.1.

父 사망
父 → 甲
"C주택"
상속(1/4지분)
받음(소수지분)

'25.2.1.

乙.
"A주택"
양도 예정

* 별도세대인 母로부터 소령§155②의 상속주택 취득
** 소령§155② 단서에 따른 동거봉양 목적의 합가임을 전제

Q1 A주택 양도 시 별도세대인 母로부터 상속받은 B주택(소령§155②)과 동거봉양 목적으로 합가한 父로부터 상속받은 C주택 공동상속주택 소수지분(소령§155③)이 있는 경우, 1세대1주택 비과세 적용이 가능한지?

A1 A주택을 양도하는 경우에는 이를 1세대1주택으로 보아 소령§154①을 적용할 수 있는 것임

📜 관련 판례 · 해석 등 참고사항

일반주택, 소수지분 공동상속주택, 선순위 상속주택을 보유한 1세대가 일반주택을 양도 시
상속주택 특례(소령§155②)와 공동상속주택 특례(소령§155③)의 중첩적용으로 비과세 적용

중요　난이
상　중

적용사례(서면인터넷상담5팀-2396, '07.08.28.)

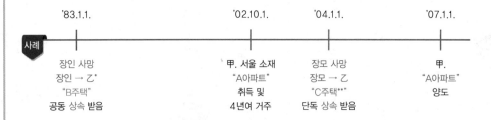

'83.1.1.　　　　　　　'02.10.1.　　　　'04.1.1.　　　　　'07.1.1.

사례

장인 사망　　　　　　甲. 서울 소재　　장모 사망　　　　甲.
장인 → 乙*　　　　　　"A아파트"　　　　장모 → 乙　　　　"A아파트"
"B주택"　　　　　　　취득 및　　　　　"C주택**"　　　　양도
공동 상속 받음　　　　4년여 거주　　　단독 상속 받음

* 甲의 배우자로 결혼하기 전에 장인으로부터 소령§155③의 소수지분 공동상속주택 취득

** 甲의 배우자가 별도세대인 장모로부터 선순위 상속주택 C를 상속 받음

Q1　일반주택, 소수지분 공동상속주택, 선순위 상속주택을 보유한 1세대가 일반주택을 양도하는 경우
　　비과세 특례 적용 여부?

A1　상속주택 특례(소령§155②)와 공동상속주택 특례(소령§155③)의 중첩적용으로 비과세 적용

📜 관련 판례 · 해석 등 참고사항

1세대가 상속개시 당시 별도세대인 피상속인 2인으로부터 상속받은 상속주택 2채와 일반주택 1채를 소유한 상태에서 일반주택을 양도 시 비과세 적용 불가하나, 나중 상속받은 주택을 상속받은 날부터 중복보유허용기간에 일반주택 양도 시에는 일시적 2주택과 중첩적용으로 보아 비과세 적용

중요 상　　난이 상

적용사례(서면인터넷4팀-3478, '07.12.05.)

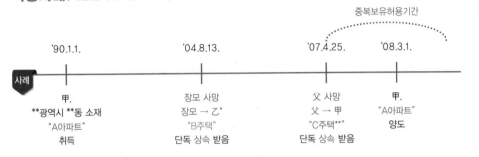

* 甲의 배우자로 별도세대인 장모로부터 선순위상속주택 취득

** 별도세대인 父로부터 선순위상속주택 취득

Q1 1세대가 상속개시 당시 별도세대인 피상속인 2인으로부터 상속받은 상속주택 2채와 일반주택 1채를 소유한 상태에서 일반주택을 양도하는 경우 비과세 특례 적용 여부?

A1 父로부터 상속받은 C주택을 신규주택으로 보아 상속주택 특례(소령§155②)와 일시적 2주택 특례(소령§155①)의 중첩적용으로 비과세 적용

📜 관련 판례 · 해석 등 참고사항

▶ **일시적 2주택 중복보유허용기간 개정 연혁**

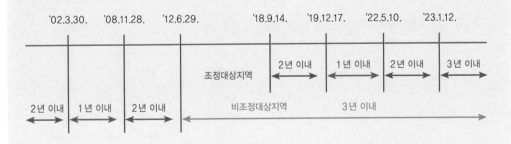

동일 세대원인 부부가 각각 별개로 소수지분 공동상속주택을 취득한 경우로서 일반주택을 양도 시 비과세 특례 적용 불가

중요 **상**   난이 **중**

적용사례(서면인터넷방문5팀-1313, '07.04.23.)

'87.1.1.	'00.1.1.	'03.1.1.	'07.2.1.
甲.	父 사망	장인 사망	甲.
"A주택"	父 → 甲	장인 → 乙**	"A주택"
취득	"B주택*"	"C주택"	양도
	공동 상속 받음	공동 상속 받음	

   * 별도세대인 父로부터 소령§155③의 소수지분 공동상속주택 취득

   ** 甲의 배우자로 별도세대인 장인으로부터 소령§155③의 소수지분 공동상속주택 취득

Q1 1세대가 공동상속주택 2채와 일반주택을 보유하다가 일반주택을 양도하는 경우, 비과세 특례 적용 여부?

A1 동일 세대원인 부부가 각각 별개로 소수지분 공동상속주택을 취득한 경우로서 일반주택(A)을 양도 시 비과세 특례 적용 불가

📑 **관련 판례 · 해석 등 참고사항**

▶ **비과세의 중첩적용 시** 유의사항

   – 비과세의 중첩적용이 적용되려면 소령의 동일항끼리는 적용되지 않으며 **각각** 다른 항의 주택이 두 채인 경우에 한하여 적용됨

(공동)상속주택 비과세 중첩적용(소령§155②)

상속특례 중첩유형 4-1

母로부터 B주택을 상속받은 후 배우자로부터 A주택을 상속 받고 해당 A주택을 양도 시 동일 세대원인 배우자로부터 상속받은 A주택을 일반주택으로 간주하여 상속주택 비과세 특례 적용

중요 **상** 난이 **상**

적용사례(사전-2020-법령해석재산-0302, '21.03.08.)

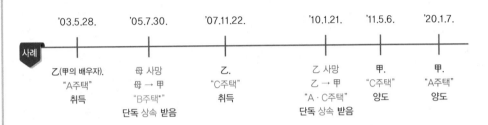

| '03.5.28. | '05.7.30. | '07.11.22. | '10.1.21. | '11.5.6. | '20.1.7. |

사례

乙(甲의 배우자).
"A주택"
취득

母 사망
母 → 甲
"B주택*"
단독 상속 받음

乙.
"C주택"
취득

乙 사망
乙 → 甲
"A·C주택"
단독 상속 받음

甲.
"C주택"
양도

甲.
"A주택"
양도

* 별도세대인 母로부터 단독 상속받고 현재 거주 중임

Q1 母로부터 B주택을 상속받은 후 배우자로부터 A주택을 상속 받고, 해당 A주택을 양도 시 소령§155②에 따른 비과세 특례 적용 여부?

A1 동일 세대원인 배우자로부터 상속받은 A주택을 일반주택으로 간주하여 소령§155②의 상속주택 비과세 특례 적용함

📝 **관련 판례 · 해석 등 참고사항**

▶ 서면-2017-법령해석재산-2944, '18.05.11., 서면-2016-부동산-6045, '16.12.22.

제 **2** 편

동일한 성격인 일시적 2주택 특례와 일시적 1주택 · 1조합원입주권(소령§156의2③) 내지 일시적 1주택 · 1분양권 특례(소령§156의3②, ③)는 중복하여 적용할 수 없는 것임

적용사례(기획재정부 재산세제과-906, '24.07.31.)

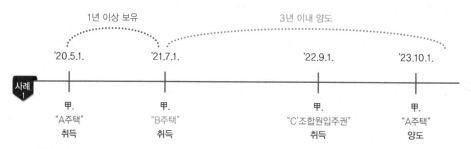

1년 이상 보유		3년 이내 양도	
'20.5.1.	'21.7.1.	'22.9.1.	'23.10.1.

사례1

| 甲.
"A주택"
취득 | 甲.
"B주택"
취득 | 甲.
"C'조합원입주권"
취득 | 甲.
"A주택"
양도 |

* A주택과 B주택은 취득 당시 비조정대상지역임

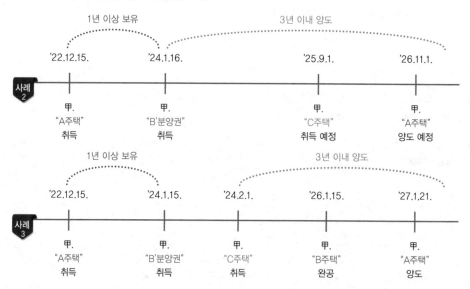

1년 이상 보유		3년 이내 양도	
'22.12.15.	'24.1.16.	'25.9.1.	'26.11.1.

사례2

| 甲.
"A주택"
취득 | 甲.
"B'분양권"
취득 | 甲.
"C주택"
취득 예정 | 甲.
"A주택"
양도 예정 |

1년 이상 보유		3년 이내 양도		
'22.12.15.	'24.1.15.	'24.2.1.	'26.1.15.	'27.1.21.

사례3

| 甲.
"A주택"
취득 | 甲.
"B'분양권"
취득 | 甲.
"C주택"
취득 | 甲.
"B주택"
완공 | 甲.
"A주택"
양도 |

Q1 일시적 2주택(소령§155①) 특례와 일시적 1주택·1조합원입주권(소령§156의2③) 특례를 중첩적용하여 1세대 1주택 비과세를 적용할 수 있는지 여부?

Q2 일시적 2주택(소령§155①) 특례와 일시적 1주택·1분양권(소령§156의3②, ③) 특례를 중첩적용하여 1세대 1주택 비과세를 적용할 수 있는지 여부?

A1 ~ **A2** 동일한 성격인 일시적 2주택 특례와 일시적 1주택·1조합원입주권(소령§156의2③) 내지 일시적 1주택·1분양권 특례(소령§156의3②, ③)는 중복하여 적용할 수 없는 것임

동일한 성격인 공공기관 이전 특례와 일시적 1주택·1분양권 특례를 중첩적용할 수 없음

중요 상　　난이 중

적용사례(서면-2024-부동산-0930, '24.10.08.)

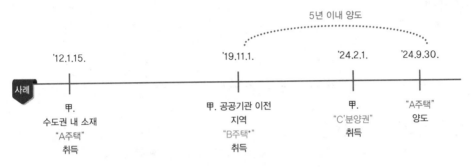

5년 이내 양도

'12.1.15.　　　　　　'19.11.1.　　　　　　'24.2.1.　　　　'24.9.30.

사례

甲.
수도권 내 소재
"A주택"
취득

甲. 공공기관 이전
지역
"B주택*"
취득

甲.
"C'분양권"
취득

"A주택"
양도

* 소령§156⑯에 따른 공공기관 이전 특례 적용대상임을 전제

Q1 수도권 내 A주택(종전주택)을 소유한 1세대가 이전기관 종사자로 B주택(신규주택)을 취득하여 일시적 2주택을 보유하다가 C'분양권을 취득한 후 A주택(종전주택)을 양도하는 경우 비과세 적용 가능 여부

A1 동일한 성격인 공공기관 이전 특례와 일시적 1주택·1분양권 특례를 중첩적용할 수 없음

관련 판례·해석 등 참고사항

☞ 국세청의 기존해석(사전-2023-법규재산-0739, '23.11.15.)을 기획재정부에서 해석을 변경 (기획재정부 재산세제과-906, '24.07.31.)하여 기존 국세청 해석은 삭제됨

– 기존 국세청 해석(사전-2023-법규재산-0739, '23.11.15.)에서는 종전주택과 신규주택을 소유한 1세대가 '21.1.1. 이후 종전주택을 취득한 날부터 1년 이상 지난 후에 분양권을 취득하고 신규주택 및 분양권을 취득한 날부터 각각 3년 이내에 종전주택을 양도한 경우에는 이를 1세대 1주택으로 보아 소령§154①을 적용하였음

공동상속주택 비과세 특례(소령§155③, ①)　　　공동상속+일시적 2주택 중첩적용

'21.2.17. 前 양도로서 공동상속주택 소수지분과 일시적 2주택의 중첩적용으로 9억원
이하까지는 비과세되나, 9억원 초과부분에 대해서는 중과(기본세율+10%p)하고
장기보유특별공제는 배제

적용사례

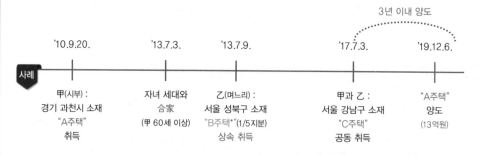

3년 이내 양도

| '10.9.20. | '13.7.3. | '13.7.9. | '17.7.3. | '19.12.6. |

사례

甲(시부) :
경기 과천시 소재
"A주택"
취득

자녀 세대와
合家
(甲 60세 이상)

乙(며느리) :
서울 성북구 소재
"B주택"(1/5지분)
상속 취득

甲과 乙 :
서울 강남구 소재
"C주택"
공동 취득

"A주택"
양도
(13억원)

* 별도세대인 母의 선순위 상속주택으로 소수지분자임

Q1 A주택 양도 시 비과세 및 다주택자 중과 적용 여부?

A1 공동상속주택의 소수지분(소령§155③)과 일시적 2주택(소령§155①)의 중첩적용으로 9억원 이하까지는
비과세되나, 9억원 초과부분에 대해서는 중과(기본세율+10%p)*하고 장기보유특별공제는 배제함
　　* 상속주택 소수지분은 다주택자 중과 판정 시 주택 수에서 제외(소령§167의3②)

관련 판례 · 해석 등 참고사항

☞ 위의 사례에서 A주택을 '21.2.17. 이후 양도했다면 9억원 초과부분에 대해서 소령§167의3①13호 신설로
기본세율을 적용하고 장기보유특별공제도 적용

일반주택을 보유하고 있는 1세대가 父로부터 2채의 주택을 상속받은 후, 일반주택을 양도 시 공동상속주택 특례와 일시적 2주택 특례의 중첩적용은 적용되지 아니함

중요 상　난이 상

적용사례

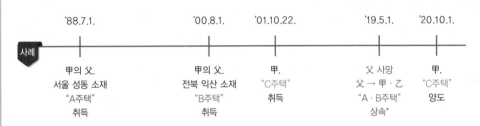

'88.7.1.
甲의 父.
서울 성동 소재
"A주택"
취득

'00.8.1.
甲의 父.
전북 익산 소재
"B주택"
취득

'01.10.22.
甲.
"C주택"
취득

'19.5.1.
父 사망
父 → 甲·乙
"A·B주택"
상속*

'20.10.1.
甲.
"C주택"
양도

* 별도세대인 父로부터 甲이 乙(甲의 兄)과 A·B주택을 각 ½씩 상속 받았고 A주택에 거주한 사실 없음

Q1　甲이 C주택을 양도 시, C주택과 A주택은 상속주택 소수지분 특례(소령§155③) 및 C주택과 B주택은 일시적 2주택 특례(소령§155①)의 중첩적용이 가능한 지 여부?

A1　국세청은 비과세가 되지 않는다고 보수적으로 해석해 오고 있음

관련 판례 · 해석 등 참고사항

▶ 서면 법규과-1330, '14.12.17.

☞ 소령§155에 대해 대법원은 일관되게 취득하는 자의 입장에서 본인의 선택이나 의사에 관계없이 부득이하게 주택을 취득한 경우에 비과세 혜택을 박탈하면 너무 억울하니깐 비과세를 적용해 준다고 판결한 점에 비추어 보면, 중첩적용을 적용하는 것이 일면 타당한 점도 있다고 생각되나 국세청은 인정하지 않음

상속주택 비과세 특례(소령§155②) — 상속특례+일시적 2주택 중첩적용

1개의 주택(C)을 소유한 상태에서 상속받은 주택(2채) 중 후순위 상속주택을 소령§155①에서 규정한 "다른 주택을 취득"한 것으로 보아 상속개시일부터 3년 이내 양도하는 C주택을 종전 주택으로 보아 비과세 중첩적용은 불가

중요 상 / 난이 상

적용사례(서면 법규과-1330, '14.12.17.)

'64.3.9.	'88.5.27.	'01.10.22.	'14.5.21.	'20.10.1.
甲의 母. 서울 소재 "A주택" 취득	甲의 母. 서울 소재 "B주택" 취득	甲. 경기 시흥 소재 "C주택" 취득	母 사망 母 → 甲 "A·B주택" 상속*	甲. "C주택" 양도

* 별도세대인 母로부터 甲이 A·B주택을 단독 상속 받았고 A주택이 선순위 상속주택에 해당

Q1 1개의 주택(C)을 소유한 상태에서 상속받은 주택(2채) 중 후순위 상속주택(B)을 소령§155①에서 규정한 "다른 주택을 취득"한 것으로 보아 상속개시일부터 3년 이내 양도하는 C주택을 종전 주택으로 비과세 (중첩)적용 가능한 지 여부?

A1 국내 1주택을 소유한 1세대가 별도세대원인 피상속인이 소유한 2주택을 상속받아 3주택이 된 경우로서 해당 국내 1주택을 양도 시 1세대 1주택 특례가 적용되지 않음

📝 관련 판례·해석 등 참고사항

쟁점 일반주택과 소수지분 상속주택 소유 중 근무상 형편으로 세대 전원 출국

일반주택과 소수지분 공동상속주택을 소유하던 거주자가 1년 이상 계속하여
국외거주를 필요로 하는 취학 또는 근무상 형편, 해외이주로 세대전원이
출국하여 비거주자가 된 상태에서 국내의 1주택을 양도하는 경우 1세대 1주택 비과세
규정이 적용됨(∵ 소수지분 상속주택은 주택수에서 제외하기 때문)

(조심2011서4852, '12.1.10. 국패)

참고 위의 경우 국세청은 1세대 1주택 비과세가 적용되지 않는다고 해석함(재산세과-807, '09.4.24.)

제2편

라 | 동거봉양 합가에 따른 2주택 특례(소령§155④)

1세대 1주택자*가 1주택을 보유하는 60세 이상 직계존속(배우자의 직계존속 포함)을 동거봉양 위해 세대를 합침으로써 1세대 2주택을 보유하는 경우 합가일부터 10년 이내 먼저 양도하는 주택은 1세대 1주택으로 보아 비과세 규정을 적용

　* 소령에서는 "1주택을 보유하고 1세대를 구성하는 자"라고 열거되어 있어 다른 항과 미세한 차이가 있음에 유의

▶ 직계존속(배우자의 직계존속)은 어느 일방이 60세 이상이면 적용 가능

　☞ 연령 판단은 양도일이 아니라 "합가일" 기준으로 판단

▶ 일시적 1세대 2주택자가 동거봉양 합가하는 경우에도 적용 가능하고, 동거봉양 합가로 1세대 2주택이 된 후 신규주택 취득하는 경우에도 적용 가능

　☞ 중첩 적용 시 양도시한에 유의

▶ 합가와 세대분리 반복 시

　☞ "최후 합가일" 기준으로 양도시한 적용

▶ '19.2.12. 이후 양도분부터 국민건강보험법 별표2 제3호 가목 3), 같은 호 나목 2), 같은 호 마목에 따른 요양급여를 받는 60세 미만 직계 존속(배우자의 직계존속 포함)으로서 소칙§61의4에 정하는 경우* 포함

　* 중증질환자, 희귀난치성질환자, 결핵환자 산정특례대상자로 (재)등록된 자

⊙ 무주택자가 세대를 합친 後 주택을 취득한 경우

- 주택을 보유하고 있지 않은 상태에서 세대를 합친 후 주택을 취득함으로 1세대 2주택이 되었을 경우 동거봉양 합가 주택 특례규정이 적용되지 않음

(심사양도 2004-0026, '04.03.29.)

⊙ 직계존속이 모두 60세 미만일 경우

- 1세대 1주택자가 1주택을 소유하는 다른 1세대(직계존속 60세 미만)와 세대를 합침으로써 2주택이 된 경우, 동거봉양 비과세 특례는 적용되지 않지만 신규 주택 취득일부터 2년 이내 종전주택을 양도하는 경우 일시적 2주택 비과세 특례가 적용됨

(부동산거래관리과-1056, '10.08.13.)

(☞ '19.2.12. 이후 양도분부터 일정한 중증질환자, 희귀성 질환 등의 경우 연령 예외)

⊙ 동거봉양 합가의 중복보유허용기간 개정 연혁

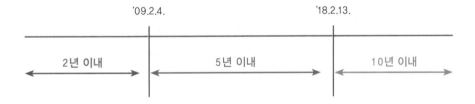

⊙ 동거봉양 합가 시 직계존속의 연령 개정 연혁

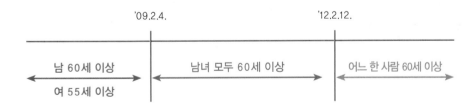

1주택 소유하던 1세대가 2주택을 소유한 60세 이상 직계존속을 동거봉양하기 위하여 합가한 이후 1주택을 양도(과세)한 후, 합가일로부터 5년 이내 먼저 양도하는 1주택은 비과세 적용

적용사례(부동산거래관리과-609, '10.04.28.)

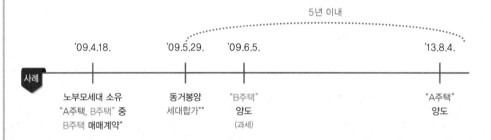

5년 이내

| '09.4.18. | '09.5.29. | '09.6.5. | '13.8.4. |

사례

노부모세대 소유
"A주택, B주택" 중
B주택 매매계약*

동거봉양
세대합가**

"B주택"
양도
(과세)

"A주택"
양도

　* A주택이 합가 이전에 계약이 체결되었고, 잔금청산 5일 전에 아들세대와 합가

　** 1주택 소유 아들 세대와 합가

Q1 부모봉양 합가 시 3주택이었으나 중복허용기간 내 1주택을 처분하여 과세 받은 경우, 나머지 2주택 중 먼저 양도하는 주택의 비과세 적용 여부?

A1 1주택 소유하던 1세대가 2주택을 소유한 60세 이상 직계존속을 동거봉양하기 위하여 합가한 이후 1주택(A)을 양도(과세)한 후, 합가일로부터 5년 이내 먼저 양도하는 1주택(B)은 비과세 적용함

　* 동거봉양 합가 특례가 '18.2.13.이후 양도분부터 10년 이내로 개정

📑 관련 판례 · 해석 등 참고사항

☞ 동거봉양 합가 특례 여부는 양도시점을 기준으로 판정
　('18.2.13. 이후 양도분부터 10년 이내로 개정)

1주택자가 혼인 후 1주택을 소유한 배우자의 직계존속과 동거봉양 합가하고 합가일로부터
5년 이내에 먼저 양도한 주택은 비과세 적용

중요 상   난이 중

적용사례(사전-2017-법령해석재산-0516, '17.09.19.)

'09.8.27.	'09.11.10.	'10.12.29.	'11.6.9.	'11.6.13.	'14.4.3.	'17.10.12.

5년 이내

사례

혼인
(甲·乙)

甲. 서울 소재
"A주택"
취득

이혼
(甲·乙)

乙. 서울 소재한
父 명의
"B주택"으로 전입

재혼*
(甲·乙)

甲. 乙의 직계존속
동거봉양위해
"B주택"으로 전입**

甲.
"A주택"
양도

* 乙은 재혼 이후에도 父 소유 B주택에서 계속 거주

** 합가 당시 乙의 父는 60세 이상이며 1세대 1주택 요건을 충족

Q1 1주택자가 혼인 후 1주택을 소유한 배우자의 직계존속과 동거봉양 합가하고 합가일로부터 5년 이내에
A주택을 양도 시 1세대 1주택 비과세 적용 여부?

A1 1주택(A)을 보유하고 1세대를 구성하는 자가 이혼한 배우자와 재혼하고 1주택을 보유하고 있는 60세
이상의 배우자의 직계존속(배우자와 동일세대)을 동거봉양하기 위하여 합가한 경우로서, 합가일로부터
5년 이내 먼저 양도한 A주택은 비과세가 적용됨

참고 상기 사례는 혼인 특례가 아닌 동거봉양 합가 특례임에 유의

📜 **관련 판례 · 해석 등 참고사항**

▶ **동거봉양 합가의 중복보유허용기간 개정 연혁**

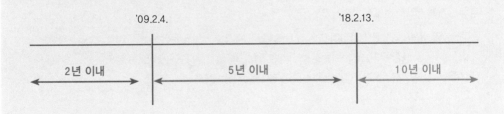

	'09.2.4.	'18.2.13.
2년 이내	5년 이내	10년 이내

제
2
편

쟁점 세대 분리와 일시 퇴거의 경우 합가 특례 적용 여부

세대분리 및 재 합가한 사실이 실질에 부합할 경우, 그 합가일의 기산은 최초 합가일이 아니라 "다시 세대를 합친 날부터" 기산하나, 세대분리가 아니라 일시 퇴거한 경우에 불과하였다면 "당초 합가일부터" 기산하여 판단함

(조심2016서1393, '16.07.04. 국패)

관련 판례 · 해석 등 참고사항

▶ 부동산거래관리과-1329, '10.11.08.

- 동거봉양 비과세특례를 적용함에 있어 일시퇴거한 가족과 합가한 경우에는 동 규정이 적용되지 않는 것으로서, 동 규정이 적용되는지는 당초 세대분가일, 세대합가일 등을 확인하여 별도세대인 상태에서 직계존속을 동거봉양하기 위하여 합가하였는지를 판단하는 것임

동거봉양 합가 비과세 특례(소령§155④)　　　재 합가일

甲이 母와 동거봉양한 후 분가하였다가 다시 합가하여 재 합가일로부터 5년 이내에 기존
1주택을 양도 시 소령§155④ 및 소령§154①에 따라 비과세가 적용됨

중요 상　난이 중

적용사례(사전-2017-법령해석재산-0010, '17.06.28.)

5년 이내

| '10.12.13. | '15.3.27. | '15.5.6. | '16.2.29. | '16.6.1. | '16.11.18. |

사례

甲과 乙(甲의 처),
"A주택"
취득

丙,
"A주택"으로
전입 · 합가*

甲세대와 丙,
"B주택"으로
전입(동거)

甲세대만
"C주택"으로
전출

甲세대,
"B주택"으로
전입 · 재합가

甲,
"A주택"
양도

* 丙은 甲의 母로 B주택을 소유하고 있으며 별도세대로 거주하다가 甲세대의 A주택으로 전입 · 합가하였고,
　甲과 丙은 모두 1세대 1주택 비과세 요건을 갖추었고 丙은 60세 이상임

Q1 甲이 母와 동거봉양한 후 분가하였다가 다시 합가하여 기존 1주택(A)을 양도 시 1세대 1주택 비과세
　　 적용 여부?

A1 재 합가일*로부터 5년 이내에 甲이 보유하던 1주택(A)을 양도 시 해당 주택은 소령§155④(동거봉양
　　 합가) 및 소령§154①(비과세 보유 요건)에 따라 비과세가 적용됨

　　 * 조심-2016-서-1393, '16.07.04.

📃 **관련 판례 · 해석 등 참고사항**

제2편

1주택을 60세 이상 직계존속이 ½, 언니가 ½을 각각 소유하고 있는 1세대와 1주택을
소유하고 있는 동생이 합가하고, 합가일로부터 5년 이내에 동생이 소유하고 있는 1주택을
양도 시 소령§155④ 규정을 적용할 수 없음

중요 상 / 난이 중

적용사례(서면-2016-법령해석재산-3380, '16.04.11.)

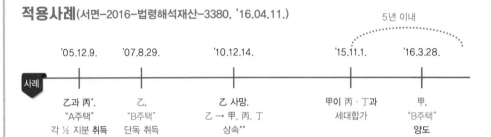

5년 이내

'05.12.9.	'07.8.29.	'10.12.14.	'15.11.1.	'16.3.28.
乙과 丙*.	乙.	乙 사망.	甲이 丙·丁과	甲.
"A주택"	"B주택"	乙 → 甲, 丙, 丁	세대합가	"B주택"
각 ½ 지분 취득	단독 취득	상속**		양도

* 乙과 丙은 甲의 父母

** 상속개시 당시 피상속인 乙과 丙, 丁(甲의 언니)은 동일세대였으나 甲은 별도세대였으며,
　 "A주택"의 ½ 지분은 丁이 상속받았고 "B주택"은 甲이 단독 상속받음

Q1 甲이 B주택을 양도할 때 동거봉양 합가로 비과세 적용 가능 여부?

A1 1주택을 60세 이상의 직계존속이 ½, 언니가 ½을 각각 소유하고 있는 1세대와 1주택을 소유하고 있는
　　동생이 합가하고, 합가일로부터 5년 이내에 동생이 소유하고 있는 1주택(B)을 양도 시
　　소령§155④(동거봉양 합가) 규정을 적용할 수 없음

　　☞ 丁(언니)이 丙(母)과 동일세대로 ½ 지분을 보유한 채로 甲과 합가한 것은 동거봉양 합가 요건에
　　　 부합하지 않음

관련 판례·해석 등 참고사항

▶ 서면-2021-부동산-8385, '22.11.02.

　– 배우자로부터 A주택을 상속받은 거주자가 재혼하지 않은 상태에서 B주택을 보유하고 있는 사망한
　　배우자의 직계존속(60세 이상으로서 1주택을 보유하고 있는 경우 해당)을 동거봉양을 위해 세대를
　　합침으로써 2주택(A·B)을 보유하게 된 경우로서, 그 직계존속의 사망으로 B주택을 상속받고
　　상속개시일 당시 보유하고 있던 A주택을 양도하는 경우에는 국내에 1개의 주택을 소유하고 있는 것으로
　　보아 소령§154①을 적용하는 것임

'13.10.1.	'14.5.10.	'16.5.1.	'24.4.5.
남편 사망	"B주택"	시부 사망	"A주택"
"A주택"	보유한 시부를	"B주택"	양도
상속 취득	동거봉양 위해 합가	자동말소	

동거봉양 합가 비과세 특례(소령§155④, 소령§154①단서3호)　　부득이한 사유(동거봉양)

1주택 보유한 1세대가 1주택을 보유한 60세 이상 직계존속을 동거봉양하기 위해 합가하여 일시적 2주택이 된 경우로서, 甲의 근무상 형편으로 인한 부득이한 사유로 주거를 이전하기 위하여 甲이 1년 이상 거주한 주택을 합가일로부터 5년 이내 먼저 양도하는 주택은 비과세 적용

중요 상　난이 상

적용사례(서면-2015-부동산-22330, '15.03.06.)

* 부모 동거봉양을 위한 직원 고충처리 차원에서 진행
** 합가일 현재 만 60세 이상

Q1 甲이 2년 미만 보유한 B주택을 양도 시 비과세 적용 여부?

A1 1주택 보유한 甲세대가 1주택을 보유한 60세 이상 직계존속을 동거봉양하기 위해 합가하여 일시적 2주택이 된 경우로서, 甲의 근무상 형편으로 인한 부득이한 사유로 주거를 이전하기 위하여 甲이 1년 이상 거주한 주택을 합가일로부터 5년 이내 먼저 양도하는 당해 주택은 소령§155④(동거봉양 합가) 및 소령§154① 단서(부득이한 사유) 규정을 적용하여 비과세함

　☞ 동거봉양 합가 특례와 소령§154① 단서 중 3호(부득이한 사유로 1년 이상 거주한 주택 양도 시 보유기간 및 거주기간의 제한을 받지 않음)를 조합하여 비과세

🖋 관련 판례 · 해석 등 참고사항

▶ **동거봉양 합가의 중복보유허용기간 개정 연혁**

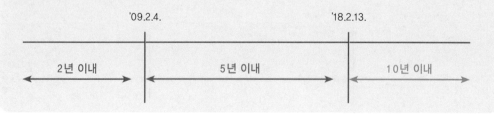

동거봉양 합가 비과세 특례를 적용 시, 일시 퇴거한 가족과 합가한 경우에는 동 규정이
적용되지 않는 것으로서 동 규정이 적용되는 지는 당초 세대분가일, 세대합가일 등을
확인하여 별도세대인 상태에서 직계존속을 동거봉양하기 위하여 합가하였는지를 사실
판단할 사항임

적용사례(부동산납세과-81, '13.10.11.)

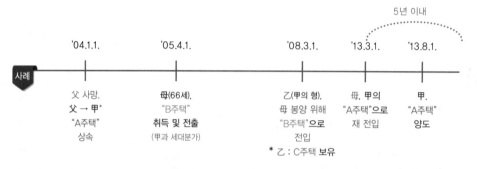

* 甲은 부모와 동일세대이며, '06.3.29.~'09.12.8.까지 직장 관계로 A주택에 거주하지 못하고 다른 곳에 거주하였음

Q1 甲이 A주택을 양도 시 동거봉양 합가에 따른 비과세 특례 적용 여부?

A1 동거봉양 합가 비과세 특례를 적용 시, 일시 퇴거한 가족과 합가한 경우에는 동 규정이 적용되지 않는
것으로서 동 규정이 적용되는 지는 당초 세대분가일, 세대합가일 등을 확인하여 별도세대인 상태에서
직계존속을 동거봉양하기 위하여 합가하였는지를 사실 판단할 사항임

📑 관련 판례 · 해석 등 참고사항

▶ **동거봉양 합가의** 중복보유허용기간 **개정 연혁**

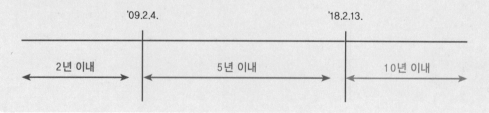

동거봉양 합가 비과세 특례(소령§155④)　　　　　　　　　　합가 후 상속·증여

동거봉양 목적으로 세대 합가한 1세대 2주택자가 그 합가일로부터 5년 이내 직계비속이
사망한 경우, 당초 본인이 소유한 주택을 양도한 경우에는 동거봉양 비과세 특례가 적용되나
상속받은 주택을 양도한 경우에는 비과세 특례가 적용되지 아니함

중요 상 / 난이 중

적용사례(부동산거래관리과-351, '11.04.26., 재정경제부 재산세제과-1082, '06.08.30.)

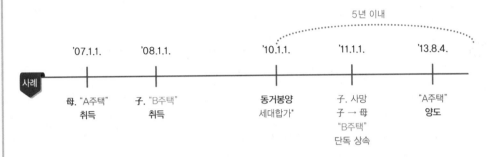

5년 이내

'07.1.1.　　　'08.1.1.　　　　　'10.1.1.　　　'11.1.1.　　　'13.8.4.

사례

母. "A주택" 취득　　子. "B주택" 취득　　동거봉양 세대합가*　　子. 사망 子 → 母 "B주택" 단독 상속　　"A주택" 양도

* 母는 60세 이상으로 1주택 소유 별도세대인 아들과 합가

Q1 합가 후 5년 이내 2주택 중 A주택을 양도 시 동거봉양 합가에 따른 비과세 적용 여부?

A1 동거봉양 목적으로 세대 합가한 1세대 2주택자가 그 합가일로부터 5년 이내 직계비속이 사망*한 경우,
당초 본인이 소유한 A주택을 양도한 경우에는 동거봉양 비과세 특례가 적용되나, 상속받은 B주택을
양도한 경우에는 비과세 특례가 적용되지 아니함

📜 관련 판례·해석 등 참고사항

▶ **양도소득세 집행기준 89-155-20[동거봉양 합가 후 주택을 증여받은 경우]**

　– 동거봉양을 위하여 세대를 합가한 경우로서 합가일부터 10년 이내에 해당 직계존속 소유 주택을
　증여받은 때에는 증여받은 주택은 동거봉양 합가에 따른 특례 규정이 적용되지 않으며, 합가일부터 10년
　이내에 양도하는 본인 소유 주택은 동거봉야 합가 특례 규정이 적용된다.

▶ **증여의 경우에도 동일하게 적용(양도소득세 집행기준 89-155-20)되며, '18.2.13. 이후 양도분부터
동거봉양합가일부터 10년 이내로 양도로 개정됨**

1주택(B)을 보유하고 있는 1세대를 구성하는 자가 父와 별거 중이면서, 1주택(A)을 보유하고 있는 母만 동거봉양하기 위하여 합가하는 경우, 동거봉양합가특례가 적용 안됨

중요
중

난이
하

적용사례(사전-2022-법규재산-0653, '22.07.18.)

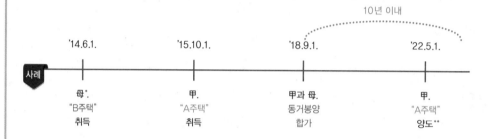

　　10년 이내

'14.6.1.	'15.10.1.	'18.9.1.	'22.5.1.
母*. "B주택" 취득	甲. "A주택" 취득	甲과 母. 동거봉양 합가	甲. "A주택" 양도**

　* '14.6.1.부터 甲의 母는 甲의 父와 별거 중이며 법률상 이혼상태는 아님

　** 별도로 거주하고 있는 父도 주택 1채를 소유하고 있음

Q1　1주택(B)을 보유하고 있는 1세대를 구성하는 자가 父와 별거 중이면서, 1주택(A)을 보유하고 있는 母만 동거봉양하기 위하여 합가하는 경우, 동거봉양합가특례가 적용되는지 여부?

A1　소령§155④에서 규정하고 있는 직계존속을 동거봉양하기 위하여 세대를 합친 경우에 해당하지 않은 것임

✍ **관련 판례 · 해석 등 참고사항**

☞ **자식(甲) 중심으로 母만 합가한 경우** 母와 父는 동일세대로 완전한 "세대합침"이 되지 않아 **특례 적용이 불가하다고 해석한 것으로 보이나,**

　– 세대는 양도하는 자를 중심으로 판단하는 것으로 본다면 甲과 父는 동일한 주소에서 생계를 같이하는 경우가 아니므로 굳이 동일세대가 되지 않더라도 甲과 母는 완전한 세대합침이 된다고 보여지고,

　– 서면-2015-부동산-1158, '15.08.27.의 해석에서는 거의 동일한 사안임에도 동거봉양 합가특례를 인정하고 있어 해석 정비가 필요한 사안으로 보임

장기임대주택을 소유하고 있는 경우에도 소령§155④에 따른 직계존속 동거봉양 합가 특례가 적용되는 것이나, 세대 합가 후에 취득한 주택을 보유하고 있는 경우에는 비과세 특례 적용 안됨

중요 중　난이 하

적용사례(부동산거래관리과-44, '12.01.17.)

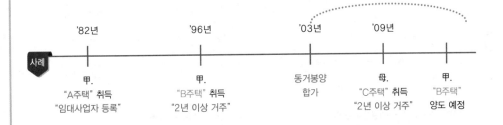

Q1　A주택을 장기임대주택 등록을 한 상태에서, B주택의 비과세 적용 여부?
　　(A주택은 장기임대주택, C주택은 직계존속 동거봉양합가 특례 적용 가능 여부)

A1　장기임대주택을 소유하고 있는 경우에도 소령§155④에 따른 직계존속 동거봉양 합가 특례가 적용되는 것이나, 세대 합가 후에 취득한 주택(C)을 보유하고 있는 경우에는 비과세 특례 적용 안됨

📑 관련 판례 · 해석 등 참고사항

제2편

1주택 소유하던 1세대가 1주택을 소유한 60세 이상 직계존속을 동거봉양하기 위하여 합가한 날부터 10년 이내에 먼저 양도한 주택은 비과세 적용

중요 상　난이 중

적용사례

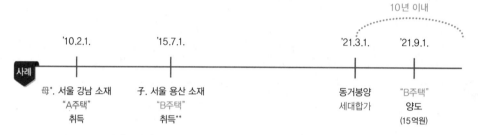

10년 이내

| '10.2.1. | '15.7.1. | '21.3.1. | '21.9.1. |

사례

母*. 서울 강남 소재　　　子. 서울 용산 소재　　　　동거봉양　　　"B주택"
　"A주택"　　　　　　　"B주택"　　　　　　세대합가　　　양도
　취득　　　　　　　　　취득**　　　　　　　　　　　　　(15억원)

* '63년생으로 세대합가일 현재 만 60세 미만이나 배우자가 '58년생으로 만 60세 이상임

** 子는 2년 이상 거주하였으나 며느리는 부득이한 사유 없이 거주한 사실이 없음

Q1 B주택 비과세 적용 여부?

A1 1주택 소유하던 1세대가 1주택을 소유한 60세 이상 직계존속을 동거봉양하기 위하여 합가한 날부터 10년 이내에 먼저 양도한 주택(B주택)은 비과세 적용

Q2 B주택의 9억원 초과분에 대한 장기보유특별공제 표2 적용 여부?

A2 며느리가 부득이한 사유 없이 거주한 사실이 없으므로 표2는 적용 불가하여 표1 적용
(∵ '20.1.1. 이후 양도분부터 세대전원이 2년 이상 거주하지 않는 경우 표1 적용)

📜 관련 판례 · 해석 등 참고사항

父의 사망으로 父 소유의 지분 중 일부(父 상속지분의 3/10)를 甲이 상속받고 母를 동거봉양하기 위해 합가한 후 父로부터 상속받은 B주택 지분 전부를 과세로 양도하고, B주택의 母 지분 1/2을 양도 시 소령§155④에 따른 동거봉양합가 특례가 적용됨

중요 상　난이 중

적용사례(서면-2023-부동산-2925, '23.11.22.)

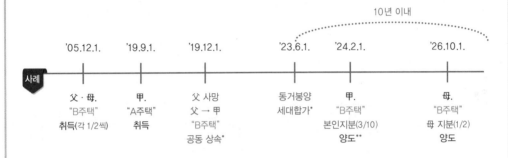

> * 父 사망으로 甲 포함 자녀 4인이 B주택 父의 지분 상속 취득, 甲은 3/10지분 상속받아 최다지분자
> ** 甲의 지분 양도는 별도세대 또는 타인에게 시가로 양도 전제하며, 母의 지분 ½은 보유

Q1 父의 사망으로 父 소유의 지분 중 일부(父 상속지분의 3/10)를 甲이 상속받고 母를 동거봉양하기 위해 합가한 후 父로부터 상속받은 B주택 지분 전부를 과세로 양도하고, B주택의 母 지분 1/2을 양도 시 §155④에 따른 동거봉양합가 특례 적용 여부?

A1 甲이 B주택의 본인 상속지분을 먼저 양도한 후 母가 B주택 지분 ½(취득시부터 공동 소유)을 세대합가일로부터 10년 이내에 양도하는 경우 B주택은 1세대 1주택으로 보는 것임

✍ **관련 판례·해석 등 참고사항**

소령§155③에서 규정하는 공동상속주택과 1주택을 보유하고 있는 1세대를 구성하는 자가
1주택을 보유하고 있는 60세 이상의 직계존속을 동거봉양하기 합친 날부터 5년 이내 먼저
양도한 주택(공동상속주택 제외)은 1세대 1주택으로 보아 비과세 및 장기보유특별공제 표2 적용

적용사례(부동산거래관리과-1445, '10.12.06.)

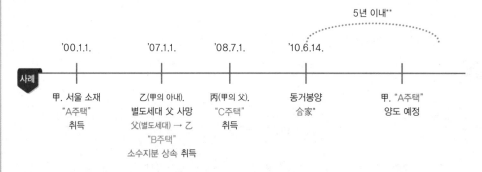

* 공동상속주택 소수지분 보유한 甲의 세대가 C주택을 보유하고 있는 甲의 부모(70세 이상)와 합가
** '18.2.13. 이후 양도분부터 합친 날부터 10년 이내로 개정

Q1　합가일부터 5년 이내 A주택 양도 시 비과세 및 장기보유특별공제 표2 적용 여부?

A1　소령§155③(단서 제외)에서 규정하는 공동상속주택과 1주택을 보유하고 있는 1세대를 구성하는 자가
　　　1주택을 보유하고 있는 60세 이상의 직계존속을 동거봉양하기 합친 날부터 5년 이내 먼저 양도한
　　　주택(공동상속주택 제외)은 1세대 1주택으로 보아 비과세 및 장기보유특별공제 표2 적용

📑 **관련 판례 · 해석 등 참고사항**

동거봉양 합가 비과세 특례(소령§155④. ①)　　　동거봉양+일시적 2주택 중첩적용

일시적 2주택 상태에서 1주택을 보유하고 있는 60세 이상의 직계존속을 동거봉양하기 위하여 세대를 합치게 된 경우로서 새로운 주택을 취득한 날부터 2년 이내 직계존속이 소유한 주택을 양도 시 비과세 적용

중요 상　난이 중

적용사례(부동산거래관리과-48, '10.01.14.)

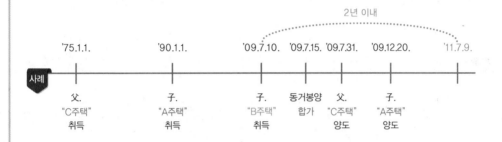

```
                                                    2년 이내
                                          ┌···························┐
    '75.1.1.      '90.1.1.      '09.7.10. '09.7.15. '09.7.31.   '09.12.20.      '11.7.9.
사례 ┼───────────┼───────────┼─────────┼─────────┼──────────┼──────────────┼
     父.           子.           子.      동거봉양    父.          子.
    "C주택"        "A주택"        "B주택"     합가    "C주택"       "A주택"
     취득           취득           취득              양도          양도
```

Q1 C주택 및 A주택의 1세대 1주택 비과세 적용 여부?
(일시적 2주택 상태에서 동거봉양 합가로 1세대 3주택이 된 경우)

A1 ・B주택을 취득한 날부터 2년 이내*에 C주택을 양도 시 소령§155① 및 ④에 따라 1세대 1주택으로 보아 비과세 적용하고,

* '09.2.4. 이후 최초로 직계존속을 동거봉양하기 위해 세대를 합치는 분부터 합가일로부터 2년에서 5년 이내 먼저 양도하는 주택으로 완화됨

・C주택 양도한 후 B주택을 취득한 날부터 2년 이내*에 A주택을 양도 시에도 1세대 1주택으로 보아 비과세 적용

* '98.4.1.~'12.6.28.까지는 일시적 2주택의 중복보유 허용기간이 2년임

📖 관련 판례 · 해석 등 참고사항

제2편

동거봉양 합가에 따른 비과세 특례(소령§155⑤, ⑳)   동거봉양+거주주택 중첩적용

동거봉양 합가로 인해 1세대 2주택인 상태에서 다른 C주택을 취득하여 주택임대 등록하고 임대 개시한 경우, 동거봉양 합가일부터 5년 이내 먼저 양도하는 주택은 장기임대주택을 보유 시에도 중첩적용으로 비과세 적용

중요 상   난이 중

적용사례

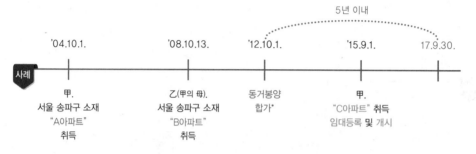

5년 이내

'04.10.1.   '08.10.13.   '12.10.1.   '15.9.1.   17.9.30.

사례

甲.
서울 송파구 소재
"A아파트"
취득

乙(甲의 母).
서울 송파구 소재
"B아파트"
취득

동거봉양
합가*

甲.
"C아파트" 취득
임대등록 및 개시

* 합가 전 甲과 乙세대는 각각 2년 이상 A아파트와 B아파트에서 2년 이상 거주함

Q1 동거봉양 합가로 인해 1세대 2주택인 상태에서 다른 C주택을 취득하여 주택임대 등록하고 임대 개시한 경우, 동거봉양 합가일부터 5년 이내 먼저 양도하는 주택의 비과세 적용 여부?

A1 동거봉양 합가 이후에 주택을 취득하여 지방자치단체 및 세무서에 임대주택으로 등록한 후 합가 이전에 2년 이상 거주한 주택 중 먼저 양도한 주택은 동거봉양합가와 거주주택 비과세 특례의 중첩적용으로 비과세 적용

📝 관련 판례·해석 등 참고사항

▶ 상속증여세과-20, '13.03.28.
  – 혼인으로 인해 1세대 2주택인 상태에서 다른 C주택을 취득하여 주택임대 등록하고 임대 개시한 경우, 혼인한 날부터 5년 이내 먼저 양도하는 주택의 비과세 적용

마 | 혼인에 따른 2주택 특례(소령§155⑤)

1주택 보유자와 1주택 보유자가 혼인함으로써 1세대 2주택이 된 경우, 혼인한 날부터 10년*년 이내 양도하는 주택은 1세대 1주택으로 보아 비과세 규정을 적용

* '24.11.12. 이후 주택 양도분부터 적용

◉ 혼인한 날 : 가족관계등록법에 따라 관할 지방 관서에 혼인 신고한 날

◉ 1주택을 보유하고 있는 60세 이상 직계존속을 동거봉양하는 무주택자가 1주택을 보유하는 자와 혼인함으로써 1세대 2주택을 보유하는 경우에도 적용('12.2.2. 이후 양도분부터 적용)

◉ 혼인에 따른 2주택은 일시적 2주택 특례와 중첩적으로 적용 가능

　　☞ 양도시한도 두개의 규정을 중첩된 기한(and) 적용

※ 혼인에 따른 비과세 특례의 중복보유허용기간 개정 연혁

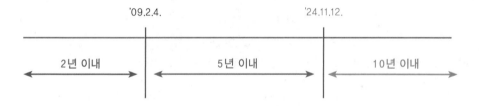

사실혼 관계는 혼인으로 인정하지 않으므로 2채를 보유한 갑이 1채를 보유한 을과 혼인한 상태에서 A주택을 양도한 것은, 일시적 2주택 또는 혼인함으로써 1세대 2주택을 보유하게 되는 경우에 해당하지 않아 비과세 적용되지 않음

중요 상　난이 중

적용사례(사전-2021-법령해석재산-0951, '21.08.31.)

'14.10.1.　　　　'17.4.1.　　　'18.5.1.　　　'21.6.1.

사례

甲.
부산 연산동 소재
"A주택"
취득

甲·乙*.
부산 부산진구 소재
"B주택"
각 ½ 지분 취득

혼인

"A주택"
양도

* 甲과 사실혼 관계

Q1 A주택을 보유하고 있는 갑이 사실혼 관계에 있는 을과 공동명의로 새로운 B주택을 취득하고 법률혼 관계가 성립된 후 A주택을 양도 시, 혼인합가 특례 또는 일시적 2주택 비과세 특례 적용 여부?

A1 사실혼 관계는 혼인으로 인정하지 않으므로 2채를 보유한 갑이 1채를 보유한 을과 혼인한 상태에서 A주택을 양도한 것은, 일시적 2주택 또는 혼인함으로써 1세대 2주택을 보유하게 되는 경우에 해당하지 않아 비과세 적용되지 않음

📑 관련 판례 · 해석 등 참고사항

▶ **기획재정부 재산세제과-529, '21.05.31.**
– 소법§88 6호에 따른 1세대의 범위에서 "배우자"란 법률상 배우자와 가장이혼 관계에 있는 사람을 의미함

혼인에 따른 비과세 특례(소령§155⑤)   1주택자+2주택자 혼인

혼인함으로써 1세대 3주택을 보유하게 되는 경우, 먼저 양도하는 B주택은 과세되지만, B주택 양도 후 혼인한 날부터 5년 이내 양도하는 A주택 또는 C주택은 소령§155⑤에 따라 비과세 적용됨

중요 상   난이 중

적용사례(서면-2015-부동산-1588, '15.10.08.)

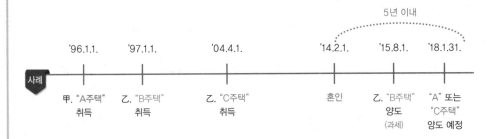

Q1 B주택을 양도한 후 A주택 또는 C주택을 혼인한 날부터 5년 이내에 양도 시 혼인 특례 비과세 적용 여부?

A1 혼인함으로써 1세대 3주택을 보유하게 되는 경우, 먼저 양도하는 B주택은 과세되지만, B주택 양도 후 혼인한 날부터 5년 이내 양도하는 A주택 또는 C주택은 소령§155⑤에 따라 비과세 적용됨

관련 판례·해석 등 참고사항

▶ 소령§155⑤

- 1주택을 보유하는 자가 1주택을 보유하는 자와 혼인함으로써 1세대가 2주택을 보유하게 되는 경우 또는 1주택을 보유하고 있는 60세 이상의 직계존속을 동거봉양하는 무주택자가 1주택을 보유하는 자와 혼인함으로써 1세대가 2주택이 되는 경우 각각 혼인한 날부터 5년 이내에 먼저 양도하는 주택은 이를 1세대 1주택으로 보아 소령§154①을 적용

☞ 소령§155⑤에서는 1주택을 보유하는 자가 1주택을 보유하는 자와 혼인함으로써 1세대 2주택을 보유하게 되는 경우라고 열거되어 있어, 위의 해석은 너무 확대해석한 것으로 판단됨

쟁점 **2주택자와 1주택자가 혼인하는 경우**

1주택 소유자가 2주택 소유한 자(일시적 2주택이 아닌 경우)와 혼인하여 1세대 3주택이 된 상태에서 종전 소유하던 1주택을 양도 시 비과세 특례 적용 불가

* 납세자 甲은 혼인 前 처분했다면 비과세 적용 받았을 것인데 혼인 장려하는 국가정책에 위배되고 헌법상 행복추구권 위배 주장

(조심2010서0069, '10.02.25. 국승)

> **참고** 만약, 2주택 보유자가 "1주택을 양도(과세)한 이후" 혼인일로부터 5년 이내 양도하는 주택은 혼인에 따른 1세대 2주택 비과세 특례를 적용할 수 있음(부동산납세과-1636, '15.10.08.)

혼인에 따른 비과세 특례(소령§155⑤)　　　　1주택자+2주택자 혼인특례

1주택 보유자와 '20.12.31. 이전 취득한 1분양권을 보유한 자가 혼인한 이후에 분양권의 사업
시행 완료에 따라 신규 주택을 취득한 경우에는 1세대가 '혼인한 날'에 '종전의 주택'과 '신규
주택을 취득할 수 있는 권리'를 취득한 것으로 보아 소령§155①를 적용하는 것임

중요 상　　난이 중

적용사례(사전-2023-법규재산-0023, '23.02.01.)

'16.11.1.	'17.6.1.	'17.8.3.	'19.9.1.	'20.3.1.	'22.11.1.
甲. 서울 송파구 소재 "A주택" 취득	乙. 서울 강동구 소재 "B'분양권 취득	서울 전역 조정대상지역 지정 공고	甲과 乙 혼인	乙. "B주택" 취득	甲. "A주택" 양도

사례

Q1 1주택자가 1분양권자('20.12.31. 이전 취득)와 혼인한 후 해당 분양권에 기한 신규 주택이 완공되고
신규주택 취득일로부터 3년 이내에 종전주택을 양도하는 경우 1세대1주택으로 보아 비과세 특례가
적용되는지 여부?

A1 1주택 보유자와 '20.12.31. 이전 취득한 1분양권을 보유한 자가 혼인한 이후에 분양권의 사업시행
완료에 따라 신규 주택을 취득한 경우에는 1세대가 '혼인한 날'에 '종전의 주택'과 '신규주택을 취득할 수
있는 권리'를 취득한 것으로 보아 소령§155①를 적용하는 것으로,
　– 혼인한 날부터 1년 이상이 지난 후 신규주택을 취득하고 신규주택을 취득한 날부터 2년 이내에
　　종전주택을 양도하는 경우 이를 1세대 1주택으로 보아 소령§154①을 적용하는 것임

📋 **관련 판례 · 해석 등 참고사항**

혼인에 따른 비과세 특례(소령§155⑤) 1주택자+2주택자 혼인

혼인함으로써 1세대 3주택을 보유하게 되는 경우에 5년 이내 먼저 양도하는 A주택은 소령§155⑤의 요건에 부합하지 않아 비과세 불가

[중요] 상 [난이] 중

적용사례

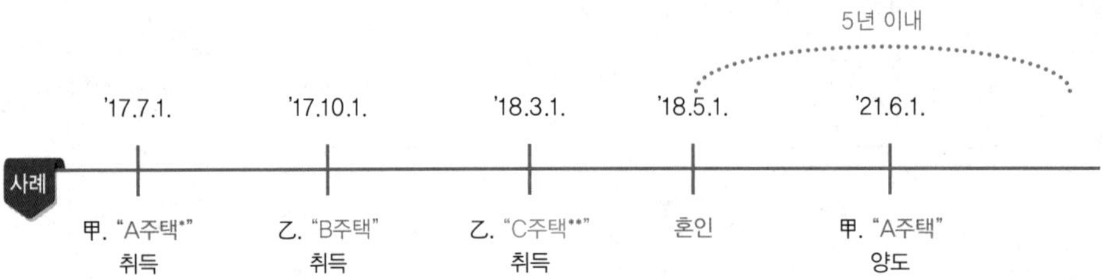
5년 이내
'17.7.1.
'17.10.1.
'18.3.1.
'18.5.1.
'21.6.1.
사례
甲. "A주택*" 취득
乙. "B주택" 취득
乙. "C주택**" 취득
혼인
甲. "A주택" 양도

* 거주한 사실 없음

** 구청과 세무서에 주택임대 및 사업자등록하여 장기임대주택 요건 충족

[Q1] A주택을 혼인한 날부터 5년 이내에 양도 시 혼인 특례 비과세 적용 여부?

[A1] 혼인함으로써 1세대 3주택을 보유하게 되는 경우에 5년 이내 먼저 양도하는 A주택은 소령§155⑤의 요건에 부합하지 않아 비과세 불가

관련 판례 · 해석 등 참고사항

☞ 갑이 A주택에 2년 이상 거주를 했다면 혼인 특례와 거주주택 비과세 특례(소령§155⑳)의 중첩적용으로 비과세 적용 가능함

혼인에 따른 비과세 특례(소령§155⑤, ⑳) 1주택자+2주택자 혼인

혼인특례는 1주택을 보유하는 자가 1주택을 보유하는 자와 혼인해야 되는데, 혼인 前 2주택자와 혼인한 것이므로 소령§155⑤에 의한 비과세 특례 불가

중요 상 난이 중

적용사례

[사례]

'99.1.1.	'11.7.1.	'12.4.10.	'16.12.20.	'18.8.23.	'19.2.17.
甲. 경북 경주시 소재 "A주택" 취득 "2년 이상 거주"	乙. 서울 용산구 소재 "C오피스텔" 취득	乙. 서울 용산구 소재 "B주택" 취득 "2년 이상 거주"	혼인	"C오피스텔" 장기임대등록	甲. "A주택" 양도

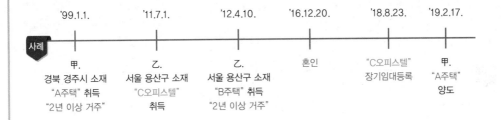

Q1 A주택 비과세 적용 여부?

A1 혼인 특례는 1주택을 보유하는 자가 1주택을 보유하는 자와 혼인해야 되는데, 위 사례는 혼인 前 2주택자와 혼인한 것이므로 소령§155⑤에 의한 특례 불가

관련 판례 · 해석 등 참고사항

☞ 위의 사례에서 乙이 C오피스텔을 혼인 前에 장기임대주택 등록을 하여 요건 충족했다면 비과세 특례는 "세대" 기준으로 판단하므로 혼인 특례와 거주주택 비과세 특례(소령§155⑳)의 중첩적용으로 비과세 적용 가능

혼인에 따른 비과세 특례(소령§155⑤)   2주택자+2주택자 혼인특례

각각 2주택 이상 소유한 배우자간 혼인하여 합가로 1세대가 소유하게 된 주택수가 4주택 이상인 경우 혼인합가 특례를 적용할 수 없음

중요 | 상
난이 | 중

적용사례(기획재정부 조세정책과-1199, '24.06.25.)

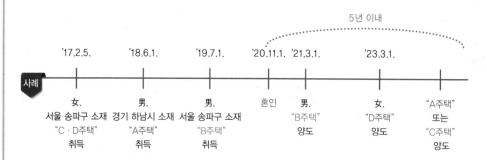

Q1 각각 2주택 이상 소유한 배우자간 혼인하여 합가로 1세대가 소유하게 된 주택수가 4주택 이상인 경우 혼인합가 특례를 적용할 수 있는지 여부?

A1 적용할 수 없음

📑 관련 판례·해석 등 참고사항

☞ 위의 유권해석은 기획재정부에서 국세청의 아래 기존해석(부동산거래관리과-108, '10.01.20.)을 변경한 것으로 기존 국세청 해석은 삭제됨

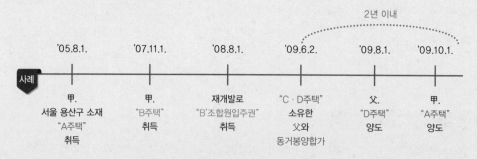

– 1세대가 일시적 2주택 상태에서 2주택을 보유하고 있는 60세 이상의 직계존속 동거봉양하기 위하여 세대를 합침으로써 일시적으로 1세대 4주택이 된 경우로서, 직계존속이 소유하고 있던 2주택 중 1주택을 양도한 후 본인세대의 새로운 주택을 취득한 날로부터 2년 이내에 종전 주택을 양도하는 경우 1세대 1주택으로 보아 비과세 여부를 판정함

혼인에 따른 비과세 특례(소령§155⑤, §156의3⑥)　　2주택자+일시적 1주택·1분양권자 혼인특례

혼인 후 3주택과 1분양권을 보유하게 된 경우로서 D'분양권과 B주택을 먼저 양도하고 A주택과 C주택만 남은 상태에서 양도하는 주택은 소령§156의3⑥ 특례 대상에 해당하지 아니함

중요	난이
상	중

적용사례(사전-2024-법규재산-0606, '24.11.08.)

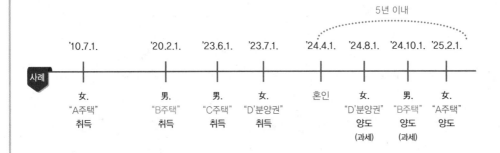

Q1 혼인으로 인하여 1세대 3주택·1분양권이 된 경우로, D분양권과 B주택을 양도한 후 혼인한 날로부터 5년 이내 A주택을 양도 시, 소령§155⑤ 및 §156의3⑥의 혼인합가 특례를 적용하여 비과세 적용이 가능한지 여부?

A1 일시적 2주택자와 일시적 1주택·1분양권자간 혼인 합가시 소령§155⑤의 특례 적용대상에 해당하지 않고, 혼인 후 3주택과 1분양권을 보유하게 된 경우로서 D'분양권과 B주택을 먼저 양도하고 A주택과 C주택만 남은 상태에서 양도하는 주택은 소령§156의3⑥ 특례 대상에 해당하지 아니함

📜 관련 판례·해석 등 참고사항

☞ 위의 유권해석은 저자가 홈택스에 "세법해석 사전답변"을 신청한 해석으로 "세법해석 사전 답변"은 공적견해 표명으로 당해 질의에 대하여 과세관청을 구속하여 신뢰보호원칙이 적용되는 반면, "서면질의" 신청은 외부 구속력은 없으나 사실상 세법적용 판단기준(일반론적 견해 표명)이 되는 차이가 있음

　– 또한 "세법해석 사전답변" 신청은 실제 발생한 거래로 제한되어 법정신고기한 전에만 신청이 가능하므로 매매계약을 하기 전에 "세법해석 사전답변"을 신청한 경우에는 국세청 법규과에서 "서면질의"로 변경하여 신청할 것을 안내한 후 답변을 함

※ 세법해석 사전답변/서면질의 신청 경로
　– 홈택스 ⇒ 상담·불복·제보 ⇒ 세법해석 신청 ⇒ 서면질의 신청 또는 세법해석 사전답변 신청

혼인에 따른 비과세 특례(소령§155⑤, §156의3⑥)　　　　혼인합가 당시 주택 수로 판정

혼인합가 특례(소령§155⑤)의 혼인합가 요건인 "1주택자가 1주택자와 혼인함으로써 2주택을 보유하게 되는 경우"는 주택의 양도일 현재 기준이 아닌, 혼인합가 당시 주택 수로 충족여부를 판정하는 것이며, 비과세 특례(소령§155)규정들의 3중첩은 허용하지 아니함

중요 상　난이 중

적용사례(서면-2022-법규재산-4283, '24.06.27.)

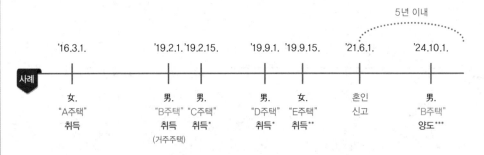

5년 이내

사례

'16.3.1.　　　'19.2.1. '19.2.15.　　　'19.9.1. '19.9.15.　　　'21.6.1.　　　'24.10.1.

女.
"A주택"
취득

男.
"B주택"
취득
(거주주택)

男.
"C주택"
취득*

男.
"D주택"
취득*

女.
"E주택"
취득**

혼인
신고

男.
"B주택"
양도***

　* C·D주택 모두 '18.10.14. 임대주택 등록하였고, 각각 '19.3.17.과 '19.9.27.에 임대 개시하였음

　** E주택을 '20.5.29. 임대주택 등록하였고, '20.10.26.에 임대 개시하였음

　*** 거주주택과 장기임대주택은 소령§155⑳의 거주주택과 장기임대주택의 요건을 충족한 것으로 전제

Q1 장기임대주택 2채 및 거주주택 1채를 보유한 자와 장기임대주택 1채 및 거주주택 1채를 보유한 자가 혼인 합가한 경우, 2년 이상 거주한 주택을 양도하는 경우 1세대1주택으로 보아 비과세 적용이 가능한지 여부?

A1 혼인합가 특례(소령§155⑤)의 혼인합가 요건인 "1주택자가 1주택자와 혼인함으로써 2주택을 보유하게 되는 경우"는 주택의 양도일 현재 기준이 아닌, 혼인합가 당시 주택 수로 충족여부를 판정하는 것이며, 비과세 특례(소령§155)규정들의 3중첩은 허용하지 아니함

📑 관련 판례·해석 등 참고사항

1주택을 보유한 甲과 1주택 및 장기임대주택 보유한 乙이 결혼할 경우에도 혼인으로 인한 2주택 비과세 적용 가능

중요 상　　난이 중

적용사례(부동산거래관리과-244, '12.05.01.)

5년 이내

| '02.3.4. | '05.4.25. | '06.3.15. | '07.6.1. | '12.5.31. |

사례

乙. "B아파트" 취득
"장기임대등록"

甲. "A단독주택"
상속 취득 및 거주

乙. "C아파트"
수증 및 거주

혼인

Q1 1주택을 보유한 甲과 1주택 및 장기임대주택 보유한 乙이 결혼할 경우, 혼인으로 인한 2주택 비과세 적용 여부?

A1 장기임대주택 보유 시에도 혼인으로 인한 2주택 비과세 특례 적용 가능

📜 관련 판례 · 해석 등 참고사항

제 2 편

혼인으로 인해 1세대 2주택인 상태에서 다른 C주택을 취득하여 주택임대 등록하고 임대
개시한 경우, 혼인한 날부터 5년 이내 먼저 양도하는 주택은 장기임대주택을 보유 시에도
중첩적용으로 비과세 적용

중요　상
난이　중

적용사례(상속증여세과-20, '13.03.28.)

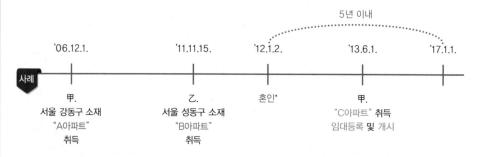

* 혼인 전 乙은 2년 이상 B아파트에서 2년 이상 거주함

Q1　혼인으로 인해 1세대 2주택인 상태에서 다른 C주택을 취득하여 주택임대 등록하고 임대 개시한 경우,
혼인한 날부터 5년 이내 먼저 양도하는 주택의 비과세 적용 여부?

A1　혼인 합가 이후에 주택을 취득하여 지방자치단체 및 세무서에 임대주택으로 등록한 후 합가 이전에 2년
이상 거주한 주택을 먼저 양도한 경우 혼인합가와 거주주택 비과세 특례의 중첩적용으로 비과세 적용함

📝 관련 판례 · 해석 등 참고사항

혼인에 따른 비과세 특례(소령§155①, ⑤)　　　　일시적 2주택+혼인 중첩적용

일시적 2주택 및 혼인 특례의 중첩 적용으로 B아파트가 비과세 적용

적용사례

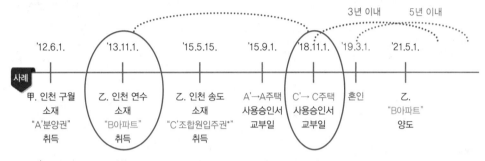

* 주택법에 의한 조합원입주권

Q1 B아파트 양도 시 비과세 적용 여부?

A1 일시적 2주택 및 혼인 특례의 중첩 적용으로 B아파트가 비과세 적용

📜 관련 판례·해석 등 참고사항

☞ 주택 수로 카운터되는 조합원입주권은 도시정비법 및 소규모주택정비법에 따라 취득한 입주자로 선정된 지위(소법§88 9호)로, 주택법에 의한 조합원입주권은 '21.1.1. 전에 취득한 분양권과 동일(주택 계약일로서 의미)하게 간주

▶ **양도세 집행기준 89-155-17[혼인 또는 동거봉양 前 보유한 조합원입주권으로 취득한 주택에 대한 1세대 1주택 비과세 특례]**

– 혼인·동거봉양에 따른 1세대 1주택 비과세 특례대상에 혼인 또는 동거봉양 前 보유한 조합원 입주권에 의해 취득한 주택을 포함하며, 주택 완공 후 보유기간이 2년 이상이고 혼인·동거 봉양한 날부터 5년 이내(동거봉양은 10년)에 양도하는 경우에 한하여 적용('13.2.15. 이후 최초로 양도하는 분부터 적용)

혼인에 따른 비과세 특례(소령§155⑤, ⑳)   거주주택+혼인 중첩적용

거주주택 특례 요건을 갖춘 자가 1주택을 보유하고 있는 자와 혼인함으로서 1세대
다주택자가 되었으나 혼인 특례와 거주주택 특례의 중첩적용으로 9억원까지 비과세 적용되나
9억원 초과부분은 '21.2.17. 前 양도이므로 다주택자 중과가 적용되고 장기보유특별공제도
배제됨

중요 상   난이 중

적용사례

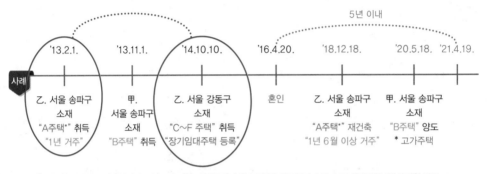

* 재건축 이전에는 단독세대인 乙만 1년 거주, 신축주택에서는 B주택 양도일까지 甲과 乙 세대전원 1년 6개월 거주

Q1 B주택을 양도 시 비과세 적용 여부?

A1 혼인특례와 거주주택 특례의 중첩적용으로 9억원 이하까지 비과세

Q2 B주택의 9억원 초과분에 대한 중과 적용 여부?

A2 중과대상 주택 수가 6채이므로 중과 적용(∵ '21.2.17. 前 양도)
　　– 기본세율 + 20%p, 장기보유특별공제 배제
　　– 다만, 소령§160에 의거 9억원 초과부분에 대한 양도차익 산식 적용

📑 관련 판례ㆍ해석 등 참고사항

▶ 소령§167의3①13호
　– '21.2.17. 이후 양도분부터 소령§155 또는 조특법에 따라 1세대가 국내에 1개의 주택을 소유하고 있는
　　것으로 보거나 1세대 1주택으로 보아 소령§154①에 적용되는 주택은 다주택자 중과세에서 제외

혼인에 따른 비과세 특례(소령§155⑤, ①)　　　　혼인+일시적 2주택 중첩적용

1주택 보유자 간 혼인 후 '18.9.13. 이전 신규 주택 취득한 후 혼인한 날부터 5년 이내 그리고
신규주택 취득한 날부터 3년 이내 B주택을 양도 시 중첩적용으로 비과세 적용

중요 상　난이 중

적용사례(사전-2020-법령해석재산-0117, '20.03.11.)

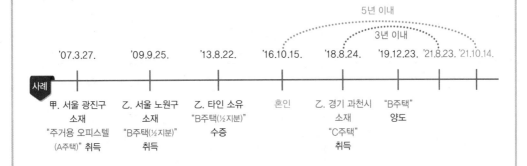

Q1　1주택 보유자 간 혼인 후 '18.9.13. 이전* 신규 주택 취득한 후 B주택 양도 시 비과세 적용 여부?

　　* '18.9.13. 이전까지는 일시적 2주택의 중복보유 허용기간이 조정대상지역에 관계없이 3년임

A1　혼인한 날부터 5년 이내 그리고 신규주택(C) 취득한 날부터 3년 이내 B주택을 양도 시 비과세 적용

📜 관련 판례 · 해석 등 참고사항

혼인에 따른 비과세 특례(소령§155②, ①, ⑤) — 1세대 4주택자 중첩적용 불가

혼인 합가주택과 일시적 2주택·상속주택 등의 비과세 특례 규정을 동시에 적용할 수 없음(1세대 4주택자가 양도하는 주택은 비과세 적용 불가)

적용사례(법규과-287, '12.03.26.)

Q1 혼인 합가주택과 일시적 2주택·상속주택 등의 비과세 특례 규정을 동시에 적용할 수 있는지 여부?

A1 1세대 4주택자가 양도하는 주택은 과세

📑 관련 판례·해석 등 참고사항

▶ 중첩적용 관련 유의사항
- 1세대 3주택 보유자에 대한 비과세는 법령에 규정된 바가 없고, 1세대 1주택 특례 규정을 중복 적용할 근거 규정은 없으나 해석에 의해서 비과세를 인정해 주고 있음
- 소득세법상 1세대 4주택자에 대하여 1세대 1주택 특례를 적용하여 비과세하는 규정이 없고 3주택자와 같이 해석사례도 없으므로 비과세 적용 불가

▶ 부동산납세과-870, '14.11.19.

혼인에 따른 비과세 특례(소령§155⑤)   조특법상 감면주택

조특법상 감면 1주택과 1주택을 보유한 자와 1주택을 보유한 자가 혼인한 후 5년 내 1주택을
양도 시 비과세 특례 적용

중요
상
난이
중

적용사례(서면-2020-부동산-5033, '21.04.09.)

| '06.2.1. | '07.2.1. | '11.2.1. | '20.2.1. | '23.7.1. | '25.1.31. |

5년 이내

사례

女. 부산 소재
"A주택"
취득

男. "B주택"
취득

女. 부산 소재
"C주택*"
취득

혼인

男. "B주택"
양도 예정

* 조특법§98의2 감면요건 충족 주택 전제

Q1 조특법상 감면 1주택과 1주택을 보유한 자와 1주택을 보유한 자가 혼인한 후 5년 내 1주택을 양도 시
비과세 특례 적용 여부?

A1 조특법§98의2에 따른 감면주택은 비과세 판정 시 거주자의 소유주택으로 보지 아니하므로 비과세 특례
적용 가능

📜 관련 판례 · 해석 등 참고사항

혼인에 따른 비과세 특례(소령§155⑤, ①)　　　혼인+일시적 2주택 중첩적용

조특법§99의2 감면주택은 거주자의 소유주택으로 보지 아니하고 A주택은 양도시점에 혼인한 날부터 5년 이내 먼저 양도한 주택으로 비과세 적용됨

중요	난이
상	상

적용사례(부동산납세과-428, '14.06.16.)

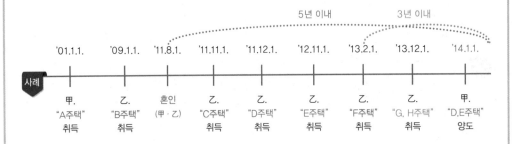

※ G는 조특법§99의2 감면요건 충족 주택이고, H는 분양권 취득한 것이고 그 외 주택은 모두 일반주택 취득

Q1 '14.6.1.에 C,F주택을 모두 양도한 후 '14.7.1.에 A주택 양도 시 비과세 적용 여부?

A1 조특법§99의2 감면주택은 거주자의 소유주택으로 보지 아니하고 A주택은 양도시점에 혼인한 날부터 5년 이내 먼저 양도한 주택으로 비과세 적용됨

Q2 '14.6.1.에 C주택을 양도한 후 '14.7.1.에 A주택 양도시 비과세 적용 여부?

A2 일시적 2주택 특례(소령§155①)와 혼인합가 특례(소령§155⑤)의 중첩적용으로 F주택을 취득한 날부터 3년 이내에, 그리고 혼인한 날부터 5년 이내에 A주택을 양도하면 비과세 적용됨

📝 **관련 판례·해석 등 참고사항**

▶ 조특법§99의2 감면주택은 부동산매매업에는 적용되지 아니하므로 위의 경우가 사업활동으로 볼 수 있을 정도의 계속성과 반복성이 있는 지 여부 등을 종합적으로 검토 필요

혼인에 따른 비과세 특례(소령§155⑤, 소령§154①단서)　　**부득이한 사유+혼인 중첩적용**

혼인한 날부터 2년 이내에 근무상 형편으로 세대 전원이 거주를 이전하기 위하여 먼저
양도하는 주택에 대하여는 혼인 특례(소령§155⑤) 및 보유 · 거주기간 특례(소령§154①단서)
규정을 적용할 수 있어 비과세 가능

적용사례(법규과-1136, '07.03.12.)

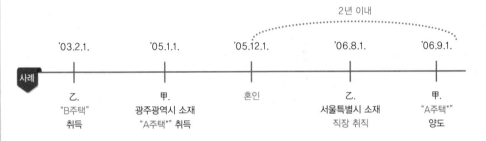

* 보유기간 1년 7개월

Q1　2년 이내 기간에 乙의 근무상 형편으로 세대전원이 주거 이전하여 甲 소유의 A주택을 양도 시 보유기간
　　제한 없이 비과세 특례 적용 여부?

A1　혼인한 날부터 2년 이내에 근무상 형편으로 세대 전원이 거주를 이전하기 위하여 먼저 양도하는 주택에
　　대하여는 혼인 특례(소령§155⑤) 및 보유 · 거주기간 특례(소령§154①단서) 규정을 적용할 수 있어 비과세
　　가능함

🖥 관련 판례 · 해석 등 참고사항

▶ **혼인에 따른 비과세 특례의 중복보유허용기간 개정 연혁**

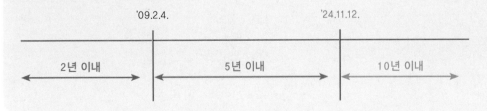

혼인에 따른 비과세 특례(소령§155⑥)   1주택자 + 2주택자 혼인

1주택 보유자와 2주택 보유자가 혼인하였음에도 불구하고 양도 시점에 각 1주택 보유자로 혼인한 날로부터 5년 이내 먼저 양도하는 주택은 비과세 적용함

중요 상 · 난이 중

적용사례(서면-2016-부동산-2742, '16.02.19., 서면5팀-755, '06.11.09.)

Q1 C주택 양도 시 비과세 적용 여부?

A1 과세

Q2 C주택 양도한 후 A 또는 B주택을 혼인한 날부터 5년 이내 양도시 비과세 적용 여부?

A2 1주택 보유자(甲)와 2주택 보유자(乙)가 혼인하였음에도 불구하고 양도 시점에 각 1주택 보유자로 혼인한 날로부터 5년 이내 먼저 양도하는 주택(A 또는 B)은 비과세 적용함

📑 관련 판례 · 해석 등 참고사항

혼인에 따른 비과세 특례(소령§155⑤)　　　　　　노후주택 멸실 후 재건축 후 양도

혼인 전 노후화된 1주택을 재건축하기 위해 멸실한 상태에서 1주택을 보유한 자와 혼인하고,
혼인 후 재건축 완공된 주택을 양도 시 혼인 합가에 따른 비과세 적용

적용사례(서면-2017-법령해석재산-647, '18.04.26.)

> * '14.7.21. 재건축 허가 후 '14.7.31. 재건축 착공함(도시정비법에 따른 재개발·재건축사업
>   또는 소규모 주택정비법에 따른 소규모재건축사업에 해당하지 않음)

Q1 혼인 전 노후화된 1주택을 재건축하기 위해 멸실한 상태에서 1주택을 보유한 자와 혼인하고, 혼인 후
재건축 완공된 주택을 양도 시 혼인합가에 따른 비과세 여부?

A1 혼인한 후 완공된 재건축 주택을 혼인한 날부터 5년 이내 양도 시 비과세가 적용됨

📜 **관련 판례 · 해석 등 참고사항**

혼인에 따른 비과세 특례를 적용함에 있어 5년 이내에 배우자가 사망한 경우 생존한 배우자의 주택을 먼저 양도하는 경우 비과세가 적용됨

중요 상 　난이 중

적용사례(부동산납세과-268, '14.04.17.)

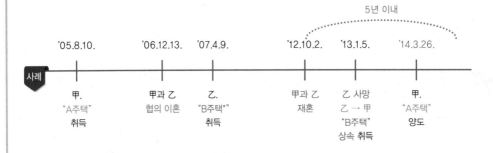

Q1 혼인으로 2주택이 된 후 5년 이내 배우자의 사망으로 상속 개시되어 상속인 소유의 주택(A)을 양도 시 비과세 적용 여부?

A1 혼인으로 일시적 2주택 특례를 적용함에 있어 5년 이내에 배우자가 사망한 경우 생존한 배우자의 주택(A)을 먼저 양도하는 경우 비과세가 적용됨

* 동일인과 이혼과 재혼에 대한 실질 여부는 사실 판단할 사항

관련 판례 · 해석 등 참고사항

바 | 국가유산주택 보유에 따른 2주택 특례(소령§155⑥)

문화유산의 보존 및 활용에 관한 법률에 따른 지정문화유산, 근현대문화유산의 보존 및 활용에 관한 법률에 따른 국가등록문화유산 및 자연유산의 보존 및 활용에 관한 법률에 따른 천연기념물등에 해당하는 주택과 일반주택을 각각 1개씩 소유하는 1세대가 일반주택을 양도하는 경우 1주택을 소유하고 있는 것으로 보아 비과세 규정을 적용

◗ 국가유산주택은 1개만 보유하여야 하고, 국가유산주택 2개를 보유한 경우 특례규정을 적용받을 수 없음

◗ 국가유산주택을 보유함으로 1세대 2주택이 된 경우에도 신규주택을 취득함으로 일시적 2주택 특례가 적용 가능한 것으로 봄

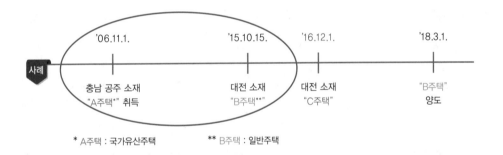

☞ 국가유산주택 특례와 일시적 2주택 특례 규정 중첩 적용 인정

사 | 농어촌주택 보유에 따른 2주택 특례(소령§155⑦)

▶ **수도권 밖 지역 중 읍**(도시지역 안 제외)**· 면 지역에 소재**하는 다음 어느 하나에 해당하는 **농어촌주택**과 **일반주택**을 각각 1개 소유하는 1세대가 일반주택을 양도하는 경우 1주택을 소유하고 있는 것으로 보아 비과세 규정 적용

- 피상속인이 취득 후 5년 이상 거주한 사실이 있는 상속받은 주택
- 이농인(어업에서 떠난 자 포함)이 취득일 후 5년 이상 거주한 사실이 있는 이농주택
- 영농 또는 영어의 목적으로 취득한 귀농주택

  ('19.2.12. 이후 양도분부터 배우자 취득 포함)

  - '16.2.17. 이후 취득하는 귀농주택부터는 그 취득일부터 5년 이내 일반주택을 양도하는 경우에 한정
  - 세대 전원이 이사하여 거주할 것
  - 취득 당시 고가주택 아닐 것
  - 귀농일(주민등록 이전하여 거주 개시한 날*)부터 계속하여 3년 이상 영농(영어)에 종사하고 그 기간 동안 해당 주택에 거주할 것

> **참고** 해당 농지 소유하기 前 1년 이내 해당 농지 소재지에 주택을 취득한 경우 : 귀농주택에 주민등록 이전하여 거주 개시한 후 농지를 취득한 날

구분	상속주택 · 이농주택	귀농주택(일반주택 먼저 취득해야)
대상 지역	수도권을 제외한 읍(도시지역 밖), 면지역에 소재한 농어촌주택	
규모	제한 없음	• 취득 당시 고가주택(12억원) 제외 • 대지면적 660㎡ 이내
요건	5년 이상 거주 (피상속인, 이농인)	• 영농(영어)에 종사하고자 하는 자의 주택을 1,000㎡이상의 농지와 함께 취득
비과세 대상	일반주택	• 세대 전원이 귀농주택으로 이사하여 최초로 양도하는 1개의 일반주택 • 귀농주택취득 후 5년 이내 일반주택 양도 ('16.2.17. 이후 귀농주택 취득분부터 처분기한 설정)
사후 관리	없음	• 귀농 후 3년 이상 영농(영어)에 종사 여부 ☞ 사후관리 위반 시 2개월 이내 자진신고·납부

🔘 상속주택 특례(소령§155②)와 농어촌주택 중 상속주택(소령§155⑦1호) 비교

구 분	소령§155②	소령§155⑦
공 통 점	• 동일세대로부터 상속받아 비과세 특례로 인정받은 상속주택 (소령§155②단서)	
상속받은 주택범위	• 선순위 상속주택 1채만	• 민법상 상속주택 (선순위 아니어도 인정)
비 과 세 특례대상	• 상속개시 당시 보유한 일반주택만 (상속개시 당시 보유한 조합원입주권이나 분양권에 의해 취득한 신축주택 포함)	• 일반주택 수차례 취득 · 양도해도 계속 비과세적용 가능
피상속인 거주요건	• 거주요건 없음	• 피상속인이 취득 후 5년 이상 거주 필요
상속주택 소 재 지	• 지역 관계 없음 (소령§155② 적용 안될 경우 소령§155⑦ 검토)	• 수도권 밖의 지역 중 읍(도시지역 제외) · 면

제
2
편

동일세대원으로부터 상속 취득한 후 일반주택의 양도는, 상속 취득 이전에 이미 1세대 2주택인 상태였던 것으로, 상속으로 인하여 비로소 1세대 2주택이 된 것이 아니므로 특례 적용 불가

중요 상   난이 중

적용사례

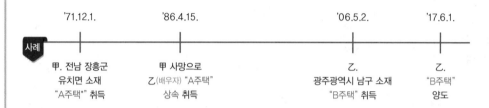

'71.12.1.
甲. 전남 장흥군 유치면 소재 "A주택*" 취득

'86.4.15.
甲 사망으로 乙(배우자) "A주택" 상속 취득

'06.5.2.
乙. 광주광역시 남구 소재 "B주택" 취득

'17.6.1.
乙. "B주택" 양도

* 甲은 A주택 취득 후 5년 이상 거주

Q1   B주택을 양도 시 비과세 적용 여부?

A1   ① 동일세대원으로부터 상속 취득한 후 일반주택의 양도는, 상속 취득 이전에 이미 1세대 2주택인 상태였던 것으로,
     ② 상속으로 인하여 비로서 1세대 2주택이 된 것이 아니므로 특례 적용 불가

📖 **관련 판례 · 해석 등 참고사항**

▶ 대법원292누1568, '93.02.09. (소령§155② 비과세 특례 적용 취지)
  – 1세대 1주택으로 비과세가 되어 있는 자가 그의 의사나 선택에 의하지 아니하고 상속이라는 사유에 의해 1세대 2주택이 된 경우, 상속 전에 보유하던 주택에 대하여 비과세 혜택을 부여함으로써 양도세 비과세 혜택이 소멸됨으로 인한 불이익을 구제

농어촌주택에 대한 비과세 특례(소령§155⑦)   한 울타리 안에 두 채 주택

한 울타리 안에 있는 2채의 농어촌주택(A·B)을 상속받은 경우로서 해당 2주택(A·B)이
동일한 생활영역 안에 있는 경우로는 해당 2주택을 하나의 주택으로 보아 다른 주택(C) 양도
시 1세대 1주택 비과세 여부 판정

중요 상   난이 중

적용사례(부동산거래관리과-328, '12.06.15.)

'87.1.1.   '92.1.1.   '17.4.17.

사례

父 → 甲   甲.   甲.
"(A·B)농어촌주택*"   대전 서구 둔산동 소재   "C아파트"
상속 받음   "C아파트" 취득   양도

* 경북 김천 대덕면 소재 A주택(95m²) 및 B주택(20m²) 상속 A·B주택(안채 및 별채)은 1필지 지상의 한 울타리 내에
목조로 건축된 주택으로서 피상속인(갑의 부친)이 60년 전에 신축함, 기준시가 합계 10백만원

Q1 갑이 C아파트를 양도 시 A·B주택을 상속받은 한 채의 농어촌주택으로 보아 1세대 1주택 비과세
특례를 적용받을 수 있는지 여부?

A1 한 울타리 안에 있는 2채의 농어촌주택(A·B)을 상속받은 경우로서 해당 2주택(A·B)이 동일한
생활영역 안에 있는 경우로는 해당 2주택을 하나의 주택으로 보아 다른 주택(C) 양도 시 1세대 1주택
비과세 여부를 판정함

관련 판례 · 해석 등 참고사항

▶ 한 울타리 안에 있는 2채의 주택(A·B)이 동일한 생활영역 안에 있는 1주택으로 볼 것인지
여부는 각 건물의 주 출입구 · 독립성 등을 종합적으로 검토하여 사실 판단할 사항임

한 울타리 안의 토지 위에 2채의 주택이 있는 경우에도 2채의 주택이 동일한 생활영역 안에 있다면 1세대 1주택 판정 시 하나의 주택으로 보는 것이나, 2채의 주택이 동일한 생활영역 안에 있는 1주택으로 볼 것인지는 각 건물의 주 출입구·독립성 등을 종합적으로 검토하여 판단할 사항

중요 상 　 난이 중

적용사례(서면인터넷상담5팀-277, '06.09.28.)

'87.1.1.	'92.1.1.	'17.4.17.
父.	甲.	甲.
"A주택(안채)*"	"B주택(별채)"	"A주택"
취득	신축	양도
	(A주택과 한 울타리 내)	

* A주택에서 부모님과 甲이 함께 거주하다가 甲이 A주택과 한 울타리 내에 B주택을 신축하고 B주택에서는 누님과 甲이 거주하다가 父가 사망하여 甲이 A주택을 상속받았고, 甲은 근무상 이유로 다른 곳에 거주하며 동 상속주택에 4가구를 임대함. 동 상속주택은 대문도 하나이고 마당에 있는 재래식 화장실 및 수도시설을 공동으로 사용하고 있음

Q1 상속받은 두 채의 주택을 양도 시 1세대 1주택 고가주택으로 보아야 하는지, 아니면 1세대 2주택으로 보아야 하는지 여부?

A1 ・한 울타리 안의 토지 위에 2채의 주택이 있는 경우에도 2채의 주택이 동일한 생활영역 안에 있다면 1세대 1주택 판정 시 하나의 주택으로 보는 것이나,

・2채의 주택이 동일한 생활영역 안에 있는 1주택으로 볼 것인지 여부는 각 건물의 주 출입구·독립성 등을 종합적으로 검토하여 사실 판단할 사항이며,

・동일 세대원이 아닌 자가 소유하는 주택의 부수토지는 1세대 1주택 비과세 규정을 적용하지 않은 것임

관련 판례·해석 등 참고사항

농어촌주택(상속) 비과세 특례(소령§155⑦1호)   父로부터 농어촌주택과 일반주택 상속

소령§155⑦1호 농어촌주택 특례규정은 일반주택의 취득순서가 규정되어 있지 않으므로, 별도세대원으로부터 농어촌주택과 일반주택을 동시에 상속받고 그 일반주택을 양도하는 경우, 소령§155⑦ 농어촌주택 특례가 적용되는 것임

중요 중 | 난이 상

적용사례 (서면-2022-법규재산-1668, '23.05.24.)

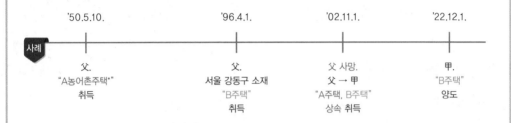

'50.5.10.	'96.4.1.	'02.11.1.	'22.12.1.
父. "A농어촌주택*" 취득	父. 서울 강동구 소재 "B주택" 취득	父 사망. 父 → 甲 "A주택, B주택" 상속 취득	甲. "B주택" 양도

* 소령§155⑦1호의 농어촌주택(상속주택) 충족 전제

Q1 별도세대인 부(父)로부터 2주택(A, B주택)을 상속받은 무주택 1세대가 일반 상속주택(B)를 양도하는 경우 소령§155⑦(농어촌상속주택 특례)을 적용할 수 있는지 여부?

A1 소령§155⑦1호 농어촌주택 특례규정은 일반주택의 취득순서가 규정되어 있지 않으므로, 별도세대원으로부터 농어촌주택과 일반주택을 동시에 상속받고 그 일반주택을 양도하는 경우, 소령§155⑦ 농어촌주택 특례가 적용되는 것임

📑 관련 판례 · 해석 등 참고사항

☞ 소령 §155⑦3호에서 열거한 귀농주택은 조특법§99의4에서 열거한 농어촌주택등과 같이 반드시 일반주택을 먼저 취득한 후에 귀농주택을 취득하여야만 비과세 특례가 적용됨

심화정리

상속받은 농어촌주택을 보유한 상태에서 일반주택을 취득 및 양도

- 피상속인이 5년 이상 거주한 농어촌주택을 소유한 상태에서 일반주택을 취득하고 양도하는 경우에는 1세대 1주택 비과세 특례 적용이 가능함

(법령해석재산-647, '18.04.26.)

☞ 일반 상속주택 특례와 요건이 다름

같은 市의 面 지역에서 洞 지역으로 전출하는 경우

- 이농주택이란 영농(영어)에 종사하던 자가 전업으로 인하여 다른 시 · 구 · 읍 · 면으로 전출함으로써 거주하지 못한 주택으로 같은 市의 "面"지역에서 "洞"지역으로 전출하는 경우에는 해당되지 않는 것으로 봄

(부동산거래관리과-926, '10.07.14.)

판례 등 불복사례

쟁점 동일 세대원으로부터 상속받은 주택에 대한 비과세 적용 여부

청구인이 일반주택을 양도할 당시 일반주택과 소령§155② 및 ⑦에 따른 상속받은
주택에 해당하지 아니하는 농어촌주택을 보유한 사실이 확인되므로 일반주택의
양도가 1세대 1주택의 양도에 해당하지 아니하여 비과세 대상이 아님

(조심2015부5667, '16.04.21. 국승)

참고 당초 동일 세대로부터 상속받은 농어촌 주택에 대해 조세심판원은 특례를 인정하여(조심2011전1335, '11.6.9.) 과세관청 해석과 견해가 대립하였으나, 위 결정에서 국세청과 같은 입장을 취하게 됨

제2편

구 분	농어촌주택(§99의4①1호)	고향주택(§99의4①2호)
대상자	• 거주자	
취득기간	• '03.8.1.~'25.12.31.	• '09.1.1.~'25.12.31.
적용시기	• '03.8.1. 이후 일반주택 양도분부터	• '09.1.1. 이후 고향주택 취득분부터
특례 요건	• 1세대가 일정규모 이하 농어촌주택등을 취득(유상·무상)하여 3년 이상 보유 (수용, 협의매수, 상속 시 제외)하고, 농어촌주택을 취득 前부터 보유하던 일반주택 양도	
특례 내용	• 일반주택의 1세대 1주택 비과세 판정 시 농어촌주택 등은 소유주택에서 제외 • 1세대가 수도권 내 조정대상지역 내 공시가격 6억원 이하인 2주택 중 1주택을 '19.1.1. 이후부터 '20.12.31.까지 양도하고 양도세 예정신고 기간 내에 농어촌주택등을 취득하면 중과세율을 적용하지 아니하고 장기보유특별공제를 적용 * 농어촌주택등을 3년 이상 미 보유 또는 최초 보유기간 3년 중 농어촌주택등에 2년 이상 거주하지 아니한 경우에는 양도세 추징	
소재지 요건	• 취득 당시 기회발전특구¹⁾ 에 소재하거나 • 취득 당시 읍·면 또는 조특령 별표12에 해당하는 市의 洞(일반주택과 같거나 연접한 洞 제외)으로 하되, 다음 지역 제외 – 수도권(인천 옹진군·강화군*, 경기 연천군 제외) 　* 강화군은 '23.2.28. 이후 양도분부터 제외지역에 추가 – 국토계획법§6에 따른 도시지역(주거·상업·공업·녹지) 　('23.1.1. 이후 양도분부터 태안군, 영암군, 해남군 제외) – 조정대상지역('20.12.31. 이전 취득분까지 지정지역) – 부동산거래신고법§10에 따른 토지거래허가구역 – 관광진흥법§2에 따른 관광단지	• 고향(조특령§99의4⑥)에 소재할 것 • 취득 당시 인구 20만 이하인 市지역 (조특령 별표12 : 26개시)에 소재할 것 • 제외지역 – 수도권 – 조정대상지역('20.12.31. 이전 취득분까지 지정지역) – 관광진흥법§2에 따른 관광단지
규모 요건	• 건물 : 150㎡(45평) 이내[공동주택 전용면적 116㎡(35평) 이내] • 대지 : 660㎡(200평) 이내 　* 주택(건물) 면적은 '17.1.1. 이후 양도분부터, 대지 면적은 '21.1.1. 이후 양도분부터 삭제 • 취득 당시 기준시가 3억원 이하(농어촌주택의 경우 : '08년 취득분까지 1.5억원) 　* '14.1.1. 이후 취득하는 한옥의 경우 가액 기준 상향(2억원 ⇒ 4억원)	

1) 지방분권균형발전법§2 13호에 따른 기회발전특구(같은 법 12호에 따른 인구감소지역, 접경지역 지원 특별법§2 1호에 따른
　접경지역이 아닌 수도권 과밀억제권역 안의 기회발전특구는 제외)에 소재
　☞ 기회발전특구에 소재 요건은 '24.1.1. 이후 양도분부터 적용

• 위의 농어촌주택등이 과세특례를 적용받으려면 소재지와 규모 요건을 "모두" 갖춘
　주택이어야 하고,
　– 농어촌주택등 거주기간 등 계산 시에는 주민등록상 전입일부터 전출일까지 기간으로 하되,
　– 농어촌주택에 거주하거나 보유 중에 소실·붕괴·노후 등으로 멸실되어 재건축한 주택의
　　경우 멸실된 주택과 재건축한 주택의 보유·거주기간을 통산함('19.1.1. 이후 양도분부터 적용)

구 분	농어촌주택(§99의4①1호)	고향주택(§99의4①2호)

과세특례
적용배제
	• 농어촌주택(고향주택)과 보유하고 있던 일반주택이 행정구역상 같은 邑·面·市 또는 연접한 邑·面·市에 있는 경우 비과세 적용 배제
	  * 연접범위 조정(조특법§99의4③ ☞ '15.1.1. 이후 양도분부터 적용)
	  – 농어촌주택 : 행정구역상 동일·연접한 邑·面
	  – 고향주택 : 행정구역상 동일·연접한 市
	
	• 농어촌주택 등 3년 보유요건 충족 전에 일반주택 양도해도 비과세 적용(사후관리)
	  단, 일반주택 비과세 적용받은 후 농어촌주택 등을 3년 이상 미 보유시(협의매수, 수용, 상속 제외)
	  – 일반주택 양도시점에서 부담할 세액(일반주택 양도 연도 세율 적용)을 사유 발생일이 속하는 달의 말일부터 2개월 이내 양도세로 신고·납부해야 함	

비고	• 단독주택, 아파트, 연립주택 모두 포함 • 농어촌주택 취득기간 중 신축(기존 취득한 토지에 대한 신축 포함)하는 경우 포함 • 기존 농어촌 거주자가 시행일 이후 다른 지역의 농어촌주택 취득하는 경우 포함	

> **참고** '09.1.1. 이후 광역시의 군지역에 소재한 농어촌주택 취득분도 과세특례 적용 가능
> (조특법 제9272호, '08.12.26. 부칙§22)

> **참고** 농어촌주택취득기간 내에 취득하여 당해 기간 경과 후 멸실하고 재건축한 주택도 포함
> (서면상담4팀-1409, '04.09.10.)

📜 관련 판례 · 해석 등 참고사항

▶ **지방분권균형발전법§2[정의] 이 법에서 사용하는 용어의 뜻은 다음과 같다.**

12. "인구감소지역"이란 인구감소로 인한 지역 소멸이 우려되는 시(특별시는 제외하고 광역시, 특별자치시 및 제주도특별법§10②에 따른 행정시는 포함)·군·구를 대상으로 출생률, 65세 이상 고령인구, 14세 이하 유소년인구 또는 생산가능인구의 수 등을 고려하여 대통령령으로 정하는 지역을 말한다.

13. "기회발전특구"란 개인 또는 법인의 대규모 투자를 유치하기 위하여 관계 중앙행정기관과 지방자치단체의 지원이 필요한 곳으로 §23에 따라 지정·고시되는 지역을 말한다.

🏠 **심화정리**

⊙ 관광진흥법§2에 따른 관광단지('24.5.31. 기준, 50개소)

자치단체		명 칭	위 치	지정면적(㎡)	사업시행자	단지지정	조성계획
부산	기장군	오시리아	부산광역시 기장군 기장읍 당사리 542	3,662,486	부산도시공사	'05.03.	'22.12.
인천	강화군	강화종합리조트	인천광역시 강화군 길상면 선두리 산281-1번지 일원	652,369	㈜해강개발	'12.07.	'20.01.
광주	광산구	어등산	광주광역시 광산구 운수동 500	2,736,219	광주광역시도시공사	'06.01.	'19.12.
울산 (2)	북구	강동	울산광역시 북구 정자동 산35-2	1,367,240	울산 북구	'09.11.	'20.04.
	울주군	울산 알프스	울산광역시 울주군 삼동면 조일리 산25-1번지 일원	1,499,978	-	'24.03.	미수립
경기 (2)	안성시	안성 죽산	안성시 죽산면 당묵리 129	1,352,312	㈜송 백개발 ㈜서해종합건설	'16.10.	'22.10.
	평택시	평택호	평택시 현덕면 권관리 301-1	663,013	평택도시공사	'77.03.	'20.02.
강원 (16)	고성군 (2)	델피노골프앤리조트	고성군 토성면 원암리 474-2	900,018	㈜대명레저산업	'12.05.	'20.10.
		고성 켄싱턴 설악밸리	고성군 토성면 신평리 471-60번지 일원	849,114	㈜이랜드파크	'23.02.	'23.02.
	속초시	설악한화리조트	속초시 장사동 24-1	1,332,578	한화호텔앤드리조트㈜	'10.08.	'21.06.
	양양군	양양국제공항	양양군 손양면 동호리 496-4	2,730,219	㈜새서울레저	'15.12.	'20.12.
	원주시 (3)	원주 오크밸리	원주시 지정면 월송리 1061	11,349,949	한솔개발㈜	'95.03.	'23.03.
		원주 더 네이처	원주시 문막읍 궁촌리 산 121	1,444,086	경안개발㈜	'15.01.	'22.10.
		원주 루첸	원주시 문막읍 비두리 산239-1	2,644,254	㈜지프러스	'17.04.	'22.04.
	춘천시 (2)	라비에벨	춘천시 동산면 조양리 산163, 홍천군 북방면 전치곡리 산1	4,843,796	㈜코오롱글로벌	'09.09.	'17.10.
		신영	춘천시 동산면 군자리 산 224	1,695,993	㈜신영종합개발	'10.02.	'20.12.
	평창군 (3)	휘닉스파크	평창군 봉평면 면온리 1095-1	4,233,039	㈜휘닉스중앙	'98.10.	'18.12.
		평창 용평	평창군 대관령면 용산리 130	16,219,204	㈜용평리조트	'01.02.	'19.04.
		대관령 알펜시아	평창군 대관령면 용산리 425	4,836,966	강원도개발공사	'05.09.	'06.04.
	홍천군 (2)	비발디파크	홍천군 서면 팔봉리 1290-14	7,052,479	㈜소노인터내셔널	'08.11.	'22.09.
		홍천 샤인데일	홍천군 서면 동막리 650번지 일원	2,421,331		'24.01.	미수립
	횡성군 (2)	웰리힐리파크	횡성군 둔내면 두원리 204	4,830,709	㈜신안종합리조트	'05.06.	'20.11.
		드림마운틴	횡성군 서원면 석화리 산261-1	1,796,574	케이앤씨	'16.03.	'20.12.
경북 (6)	경주시 (4)	보문	경주시 보문로 446	8,515,243	경북관광공사	'75.04.	'20.11.
		감포해양	경주시 감포읍 동해안로 1748	1,804,215	경북관광공사	'93.12.	'19.02.
		마우나오션	경주시 양남면 동남로 982	6,419,256	㈜엠오디	'94.03.	'20.12.
		북경주 웰니스	경주시 안강읍 검단장골길 181-17	809,797	㈜활성종합개발	'21.07.	미수립
	김천시	김천 온천	김천시 부항면 부항로 1679-15	1,424,423	㈜우촌개발	'96.03.	'05.01.
	안동시	안동문화	안동시 관광단지로 346-69	1,655,181	경북관광공사	'03.12.	'20.05.
경남 (3)	거제시	거제 남부	경남 거제시 남부면 탑포리 산 24-11	3,693,875	㈜경동건설	'19.5.	미수립
	창원시 (2)	창원 구산해양	창원시 마산합포구 구산면 구복길 52-78	2,842,634	창원시장	'11.04.	'15.03.
		웅동복합레저	경남 창원시 진해구 제덕동 898-1	2,101,234	창원시장, 경남개발공사	'12.02.	'18.09.
전북	남원시	드래곤	전북 남원시 대산면 옥율리 산131	795,133	신한레저주식회사	'18.09.	'20.06.
전남 (5)	여수시 (3)	여수 화양	여수시 화양면 화양로 470-14	9,873,525	에이치제이매그놀리아 용평오션호텔앤리조트	'03.10.	'20.12.
		여수경도 해양	여수시 대경도길 111	2,152,973	와이케이디벨롭먼트	'09.12.	'20.10.
		여수챌린지파크	전남 여수시 화양면 나진리 산333-2	510,424	여수챌린지파크관광㈜	'19.05.	'19.05.
	진도군	진도 대명리조트	진도군 의신면 송군길 31-28	559,089	소노호텔앤리조트	'16.12.	'19.11.
	해남군	해남 오시아노	해남군 화원면 한주광로 201	5,073,425	한국관광공사	'92.09.	'21.11.
충북	증평군	증평 에듀팜 특구	충북 증평군 도안면 연촌리 산59-21	2,622,825	블랙스톤에듀팜리조트	'17.12.	'20.08.
충남 (3)	부여군	백제문화	부여군 규암면 백제문로 374	3,024,905	㈜호텔롯데	'15.01.	'18.02.
	천안시	골드힐카운티리조트	천안시 입장면 기로리 8-6번지 일원	1,692,980	㈜버드우드	'11.12.	'22.06.
	보령시	원산도 대명리조트	보령시 원산도리 산 219-2	966,748	㈜소노인터내셔널	'22.11.	'22.11.
제주 (8)	서귀포시 (5)	중문	서귀포시 색달동 2864-36	3,200,925	한국관광공사	'71.01.	'20.12.
		성산포해양	서귀포시 성산읍 고성리 127-2	746,939	휘닉스중앙제주	'06.01.	'20.10.
		신화역사공원	서귀포시 안덕면 서광리 산35-7	3,985,601	제주국제자유도시개발센터	'06.12.	'21.01.
		제주헬스케어타운	서귀포시 동홍동 2032	1,539,339	제주국제자유도시개발센터	'09.12.	'19.10.
		톡인제주	서귀포시 표선면 가시리 600	523,766	㈜톡 인제주	'13.12.	'22.12.
	제주시 (3)	애월국제문화복합단지	제주시 애월읍 어음리 산70-11	587,726	이랜드테마파크제주	'18.05.	'19.07.
		프로젝트 ECO	제주 제주시 봉성리 산35	696,932	㈜제주대동	'18.05.	'22.12.
		묘산봉	제주 제주시 구좌읍 김녕리 5160-1	4,221,984	㈜제이제이 한라	'20.01.	'20.01.
		50개		153,155,023			

🏠 심화정리

▶ 관광진흥법§2에 따른 관광단지(노란색만 관광단지)

　　☞ TDSS 국가관광자원개발 통합정보시스템(www.tdss.kr)에서 연도별 지정현황 참고

⊙ "고향주택의 소재 지역"의 범위(① and ②)

① 가족관계등록부등에 10년 이상 등재된 등록기준지등으로서 10년 이상 거주사실이 있는 시(연접한 시 지역 포함, 10년 이상 등재된 등록기준지등으로서 10년 이상 거주사실이 있는 군 지역에 연접한 시 지역 포함 ⇒ 아래 "사례" 참고)

② 취득 당시 인구 20만 이하의 시(☞ 조특령 별표12에 규정한 26개의 시)

   ☞ 고향주택 특례는 "조특령 별표12에 규정한 26개의 시" 중에서 ①의 요건을 충족해야 하므로, 26개 시 이외의 시에서 취득한 주택은 고향주택 특례 대상이 될 수 없음

* B주택 : 취득 당시 기준시가 2억원 이하이며, 甲의 가족관계등록부에 과거 전북 구례군에 10년 이상 등재 및 10년 이상 거주한 사실이 있음

   ☞ 서울에 거주한 甲의 고향이 전북 구례군인 경우, 甲이 전북 구례군과 연접한 조특령 별표12에 열거된 전북 남원시에 고향주택(B)을 취득한 후 서울에 소재한 A주택을 양도 시 비과세 적용(고향주택은 甲이 소유한 것으로 보지 않음)

⊙ 농어촌주택등의 가액(소법§99에 따른 기준시가) 요건

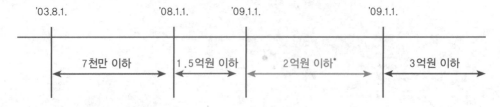

* '14.1.1. 이후 취득한 한옥 : 4억원 이하

⦿ **조특령[별표 12] 고향주택 소재 지역 범위**(조특령§99의4② 관련)

구 분	시(26개)
충청북도	제천시
충청남도	계룡시, 공주시, 논산시, 보령시, 당진시, 서산시
강원도	동해시, 삼척시, 속초시, 태백시
전라북도	김제시, 남원시, 정읍시
전라남도	광양시, 나주시
경상북도	김천시, 문경시, 상주시, 안동시, 영주시, 영천시
경상남도	밀양시, 사천시, 통영시
제주도	서귀포시

비고 : 위 표는 「통계법」§18에 따라 통계청장이 통계작성에 관하여 승인한 주민등록인구
　　　현황(2015년 12월 주민등록인구 기준)을 기준으로 인구 20만명 이하의 시를 열거한 것임.

■ 조세특례제한법 시행규칙[별지 제63호의4서식] <개정 2019. 3. 20.>

농어촌주택 등 취득자에 대한 과세특례신고서

※ 뒤쪽의 작성방법을 읽고 작성하시기 바랍니다.

(앞쪽)

접수번호		접수일자	

신청인 (양도자)	① 성명		② 생년월일
	③ 주소		(전화번호 :)

명세　　주택구분	④ 보유주택	⑤ 양도(일반)주택	⑥ 농어촌주택 등
⑦ 소 재 지			
⑧ 주택의 종류			
⑨ 면적 (㎡) 토지			
건물			
⑩ 기준시가 토지			
건물			
합계			
⑪ 취득일	년 월 일		년 월 일
⑫ 계약금 납부일			
⑬ 양도일			
⑭ 농어촌주택 등의 보유기간	년 월 일 ~ 년 월 일		년 월 일 ~ 년 월 일

「조세특례제한법 시행령」 제99조의4제10항에 따라 농어촌주택 등 취득자에 대한 과세특례신고서를 제출합니다.

년 월 일

제출인

(서명 또는 인)

세무서장 귀하

210mm×297mm[백상지 80g/㎡ 또는 중질지 80g/㎡]

신고인 제출서류	없 음		수수료 없 음
담당 공무원 확인사항	1. 일반주택의 토지 및 건축물대장 등본 2. 농어촌 주택등의 토지 및 건축물대장 등본		

행정정보 공동이용 동의서

본인은 이 건 업무처리와 관련하여 담당 공무원이 「전자정부법」 제36조제1항에 따른 행정정보의 공동이용을 통하여 위의 담당 공무원 확인사항을 확인하는 것에 동의합니다.

임차인 　　　　　(서명 또는 인)　　　　　신청인 　　　　　(서명 또는 인)

작 성 방 법

1. ⑧ 란: 주택의 종류란은 단독주택 또는 공동주택으로 구분하여 작성합니다.

2. ⑨ 란: 면적에서 건물란은 단독주택은 연면적, 공동주택은 전용면적을 작성합니다.

3. ⑨ 면적, ⑩ 기준시가란은 농어촌주택등 취득일 이후 주택이 증축되거나 부수토지를 추가로 취득하는 경우에는 그 면적과 가액을 포함하여 작성합니다.

4. ⑪ 란 : 일반주택과 농어촌 주택의 취득일을 각각 작성합니다.

5. ⑭ 농어촌주택의 보유기간란은 농어촌주택 등 취득일 이후 주택이 증축되거나 부수토지를 추가로 취득하는 경우에도 당초 농어촌주택등의 취득일부터 양도일까지의 기간으로 작성합니다.

(「조세특례제한법」 제99조의4제5항 적용 시)

1. ④ 란 : 2주택 중 양도하지 않은 주택에 대해 작성합니다.

2. ⑤ 란 : 양도한 주택에 대해 작성합니다.

3. ⑥ 란 : 양도소득세 예정 신고 기한내 취득한 농어촌주택등에 대해 작성합니다.

4. ⑩ 란 : ④란의 주택과 ⑤란 주택의 합계액과 취득한 농어촌주택등의 기준시가액을 각각 작성합니다.

5. ⑪ 란 : 농어촌주택등의 취득에 대해 한 칸 만 작성합니다.

6. 「조세특례제한법」 제99조의4제5항에 해당하는 경우에는 ⑫,⑬,⑭란을 작성하지 않아도 됩니다.

210mm×297mm[백상지 80g/㎡ 또는 중질지 80g/㎡]

농어촌주택 취득기간은 1세대를 기준으로 판단하므로 증여자의 취득시기가 농어촌주택의 취득시기가 되므로 비과세 적용 불가

중요 상　난이 중

적용사례(과세기준자문-2017-법령해석재산-0222, '17.10.20.)

'95.9.22.	'06.12.1.	'09.11.9.	'13.1.28.	'17.4.17.
父. 경북 **면 소재 "A농어촌주택" 취득	子. 울산 **구 소재 "B일반주택" 취득	동거봉양 합가	父 → 子婦 "A농어촌주택" 증여	"B주택" 양도

* 조특법§99의4 농어촌주택 요건 충족

Q1　조특법§99의4에 따른 농어촌주택 취득기간 전에 취득한 주택(A)을 농어촌주택 취득기간 중 같은 세대원에게 증여하고 일반주택(B) 양도 시 비과세 적용 여부?

A1　· 농어촌주택을 취득하기 전에 보유하던 일반주택을 비과세 판정 시 소유주택으로 보지 아니하는데,

　　· 농어촌주택 취득기간은 1세대를 기준으로 판단하므로 증여자의 취득시기가 A농어촌주택의 취득시기가 되므로 비과세 적용 불가

📑 관련 판례 · 해석 등 참고사항

농어촌주택등 취득자에 대한 과세특례(조특령§99의4)

취득 전 지분만 비과세(조특법 특례)

농어촌주택(B)은 취득 전에 보유한 주택을 양도 시 소유주택으로 보지 않으므로 '14.2.1.에 상속 취득한 지분만 2년 이상 보유하였으므로 비과세 적용함

중요 상 · 난이 중

적용사례

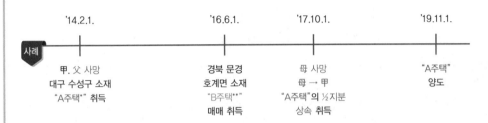

'14.2.1.	'16.6.1.	'17.10.1.	'19.11.1.
甲. 父 사망 대구 수성구 소재 "A주택*" 취득	경북 문경 호계면 소재 "B주택**" 매매 취득	母 사망 母 → 甲 "A주택"의 ½지분 상속 취득	"A주택" 양도

* 별도세대 父로부터 별도세대인 母와 함께 甲이 A주택의 각 ½ 지분 상속 취득

** 조특법§99의4 농어촌주택 요건 충족

Q1 A주택 비과세 적용 여부?

A1 농어촌주택(B)은 취득 전에 보유한 주택을 양도 시 소유주택으로 보지 않으므로 '14.2.1.에 상속 취득한 지분만 2년 이상 보유하였으므로 비과세 적용함

📝 **관련 판례 · 해석 등 참고사항**

▶ **사전-2022-법규재산-0649, '22.06.30.**

– 농어촌주택을 미등기하여도 양도하는 주택이 등기된 자산인 경우에는 조특법§99의4에 따른 과세특례 적용 가능함

농어촌주택등 취득자에 대한 과세특례(조특령§99의4)

무상취득, 자기건설 취득 주택 포함

농어촌주택은 농어촌주택 취득기간 중에 유상 또는 무상 취득한 경우와 자기가 건설하여
취득한 경우 및 기존에 취득한 토지에 신축하여 취득하는 경우를 포함

중요 상 | 난이 중

적용사례(부동산거래관리과-642, '10.04.30.)

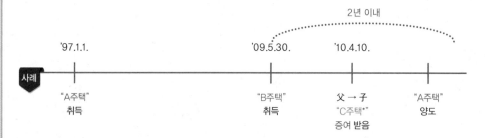

* 단독주택으로 별도세대인 부친으로부터 수증, 경북 예천 개포면 소재 주택 88.08m², 토지 519m², 개별주택가격
  33백만원

Q1 A주택 비과세 적용 여부(C주택이 농어촌주택 해당하는 지 여부)?

A1 • 농어촌주택은 농어촌주택 취득기간 중에 유상 또는 무상 취득한 경우와 자기가 건설하여 취득한 경우
      및 기존에 취득한 토지에 신축하여 취득하는 경우를 포함하고

      • 농어촌주택 취득 전에 보유하던 다른 주택을 양도하는 경우에는 그 농어촌주택을 해당 1세대의
        소유주택이 아닌 것으로 보아 1세대 1주택 비과세(일시적 2주택 비과세 특례 포함) 여부를 판정함

📑 관련 판례 · 해석 등 참고사항

▶ **재산세과-407, '09.02.04., 서면4팀-604, '05.04.22.**

  – 농어촌주택의 취득에는 농어촌주택취득기간 중에 유상 또는 무상* 취득한 경우와 자기가 건설하여 취득한
    경우 및 기존에 취득한 토지에 신축하여 취득하는 경우를 모두 포함하는 것임
    * 상속이나 증여로 취득한 경우에도 포함

▶ **부동산거래관리과-306, '11.04.11.**

  – 농어촌주택 특례 대상에는 별도세대원으로부터 증여받은 주택을 포함함

농어촌주택등 취득자에 대한 과세특례(조특령§99의4)

멸실 후 재건축 주택, 고향주택 2채

농어촌주택은 고향주택에는 고향주택 취득기간 내에 취득하여 당해기간 경과 후 멸실하고 재건축하는 주택을 포함하나, 양도일 현재 고향주택을 2채 보유하고 있는 경우에는 위 특례가 적용되지 아니함

중요: 상 난이: 중

적용사례(재산세과-489, '09.10.16.)

* B주택은 서귀포시 소재하고 취득 당시 대지 40㎡, 건물 52㎡, 취득가액 5천만원이고, 甲은 제주시에서 출생하여 30세까지 거주하였음

Q1 '11년 후 B주택을 멸실하고 재건축하는 경우 고향주택으로 인정되는지 여부?

A1 고향주택에는 고향주택 취득기간 내에 취득하여 당해기간 경과 후 멸실하고 재건축하는 주택을 포함함

Q2 고향주택 요건을 충족하는 C주택을 추가로 취득하여 고향주택을 2채 소유하게 되는 경우에도 특례가 적용되는지 여부?

A2 양도일 현재 고향주택을 2채 보유하고 있는 경우에는 위 특례가 적용되지 아니함. 다만, 고향주택 1채를 양도한 후에 일반주택을 양도하는 경우에는 위 특례가 적용됨

관련 판례 · 해석 등 참고사항

▶ 법규재산2013-514, '14.01.23.
- 조특법§99의4 농어촌주택 등 취득자에 대한 양도세 과세특례 적용 시 고향주택은 별표 12에 따른 시지역에 소재하는 주택인 경우 적용하는 것임

▶ 부동산납세과-34, '14.01.17.
- 읍지역의 도시지역에 소재하는 주택은 조특법§99의4에서 규정한 농어촌주택에 해당하지 않아 과세특례 적용을 받을 수 없음

▶ 부동산거래관리과-0908, '11.10.26.
- 읍지역 중 도시지역 안의 지역에 소재하는 주택은 소령§155⑦에서 규정한 "농어촌주택"에 해당하지 아니함

농어촌주택을 3년 이상 보유하고 농어촌주택을 취득하기 전에 보유하던 일반주택을 양도 시 농어촌주택을 소유주택으로 보지 않으므로 일시적 2주택 특례에 해당하여 비과세 적용

적용사례(서면-2021-법령해석재산-4142, '21.08.18.)

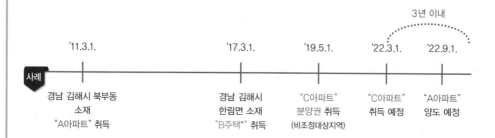

　　＊ 조특법§99의4①1호의 농어촌주택 요건 충족

　　※ 김해시는 조특법시행령 별표12에 따른 시 지역에 해당하지 않음

Q1 같은 시에 속한 농어촌주택이 소재한 읍·면과 일반주택이 소재한 시의 동지역이 연접한 경우 조특법§99의4 농어촌주택 특례 적용 여부?

A1 농어촌주택(B)을 3년 이상 보유하고 농어촌주택(B)을 취득하기 전에 보유하던 일반주택(A)을 양도 시 농어촌주택을 소유주택으로 보지 않으므로 일시적 2주택 특례에 해당하여 비과세 적용

📜 관련 판례·해석 등 참고사항

☞ 조특법§99의4③에서는 농어촌주택과 일반주택이 같은 읍·면 또는 연접한 읍·면에 있으면 과세특례 적용이 안되고, 조특령§99의4②에서는 농어촌주택이 보유하고 있던 일반주택이 소재하는 동과 같거나 연접한 동은 특례적용이 되지 않는다고 열거하고 있어 위의 사례와 같이 농어촌주택이 소재한 읍·면과 일반주택이 소재한 시의 동지역이 연접한 경우는 열거되어 있지 않아 과세특례를 적용한 것으로 보이나,

　– 조특법§99의4에 따른 농어촌주택에 대한 과세특례의 입법취지 및 개정취지가 일관되게 농어촌에 소재한 주택을 취득하게 하여 농어촌경제의 활성화 지원에 있는 점을 고려하면 시의 동지역에 소재한 일반주택과 연접한 읍·면지역에 소재한 농어촌주택을 취득한 위의 사례는 과세특례를 적용하지 않는 것이 타당하다고 생각됨(법령 개정이 필요)

예시) 강원도 속초시 대포동에 소재한 일반주택과 연접한 강원도 양양군 강현면에 소재한 농어촌주택을 순차적으로 취득한 후 일반주택을 양도 시 위의 해석상 과세특례를 인정

농어촌주택등 취득자에 대한 과세특례(조특령§99의4) 행정구역 개편 → 취득 당시 기준

농어촌주택과 일반주택의 소재지 요건 충족 여부에 대해서는 농어촌주택 취득 당시 법령에 따라 판단하는 것임

중요 상 / 난이 중

적용사례(부동산거래관리과-439, '12.08.17.)

'98.2.1.	'04.7.1.	'10.7.1.	'12.7.1.
甲. 경남 창원시* 소재 "A주택" 취득	甲. 경남 고성군 고성읍 소재 "B주택**" 취득	행정구역 개편*** (비연접 → 연접)	"A주택" 양도

* 경남 마산시 및 진해시와 통합 전의 창원시

** 조특법§99의4에 따른 농어촌주택 요건 충족하였으며, 통합 전의 창원시와 고성군은 연접하지 않음

*** 경남 창원시, 마산시, 진해시의 통합으로 창원시가 출범

Q1 조특법§99의4에 따른 농어촌주택(B)이 일반주택(A) 소재지와 취득 당시 연접하지 않았으나 행정구역 개편으로 연접된 상태에서 일반주택 양도 시 과세특례 적용 여부?

A1 농어촌주택(B)과 일반주택(A)의 소재지 요건 충족 여부에 대해서는 농어촌주택 취득 당시 법령에 따라 판단하는 것임

📑 관련 판례 · 해석 등 참고사항

▶ **부동산납세과-41, '14.01.21.**

- 1세대가 취득한 농어촌주택등과 보유하고 있던 일반주택이 행정구역상 같은 읍 · 면 · 시 또는 연접한 읍 · 면 · 시에 있는 경우에는 조특법§99의4①의 규정을 적용하지 아니하는 것이며, 이 경우 연접한 읍 · 면 · 시에는 해상에서 동일한 경계선을 사이에 두고 있는 경우를 포함하는 것임

제2편

농어촌주택등 취득자에 대한 과세특례(조특령§99의4)　　혼인합가 후 일반주택 양도

갑이 일반주택을 취득하고 을은 농어촌주택을 취득한 다음 혼인 후에 갑이 일반주택을 양도
시 조특법§99의4에 따른 농어촌주택 과세특례가 적용되지 아니함

중요
상

난이
중

적용사례(서면-2015-법령해석재산-1670, '16.07.20.)

'07.3.16.　　　　'08.7.9.　　　　'09.1.15.　　　　　　　　'15.5.29.

사례

甲.
경남 ○○시 ○○동 소재
"A주택"
취득(40백만원)

乙.
경남 □□군 □□면 소재
"B주택*"
취득(130백만원)

甲과 乙.
혼인

"A주택"
양도

* 乙(지분 3/10), 丙(형, 지분 4/10), 丁(누나, 지분 3/10) 공동 취득하였으며, 단층 건물로 주택(53.7m²)과
　소매점(30.4m²), 대지(413m²)로 소매점은 실지 주택으로 사용하였으며, B건물(소매점 포함)은 농어촌주택으로
　1세대 1주택 요건 충족 전제

Q1 갑이 일반주택(A)을 취득하고 을은 농어촌주택(B)을 취득한 다음 혼인 후에 갑이 일반주택(A)을 양도 시
조특법§99의4에 따른 농어촌주택 과세특례 적용 여부?

A1 농어촌주택(B)에 대하여 조특법§99의4①이 적용되지 아니함

📋 관련 판례 · 해석 등 참고사항

☞ 농어촌주택의 입법취지가 농어촌경제 활성화의 지원인데 1세대를 구성하기 전부터 농어촌주택을 보유하고
있었던 자와 혼인함으로써 일반주택과 농어촌주택을 보유하게 되는 것은 입법취지에 부합하지 않고
- 조특법§99의4①에서 1세대가 일반주택을 보유한 상태에서 농어촌주택을 취득하여 3년 이상 보유하고
일반주택을 양도한 경우라고 열거되어 있어 이 요건에도 충족하지 않는 것으로 보임

▶ **혼인에 따른 비과세 특례의** 중복보유허용기간 **개정 연혁**

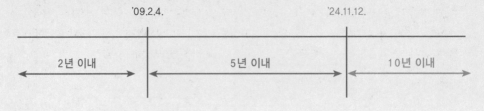

'09.2.4.　　　　　　　　　　'24.11.12.

2년 이내　　　　　　5년 이내　　　　　　10년 이내

농어촌주택등 취득자에 대한 과세특례(조특령§99의4) 조특법상 특례주택 보유기간 기산

일반주택 양도에 대하여 1세대 1주택 비과세를 적용 받은 경우 남은 농어촌주택의
보유기간은 소유주택으로 변경한 날부터 기산

중요	난이
상	중

적용사례(서면-2021-부동산-1605, '21.09.03.) ⇒ 국세청 해석정비로 삭제됨

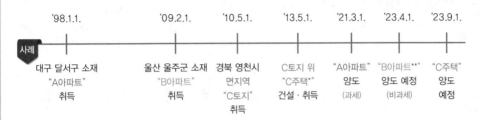

* 조특법§99의4①1호의 농어촌주택 요건 충족

** 소령§154에 따른 비과세 요건 충족한 상태에서 양도 전제

Q1 일반주택(B)을 비과세로 양도한 뒤 남은 농어촌주택(C)의 보유기간 기산일은?

A1 일반주택(B)의 양도에 대하여 1세대 1주택 비과세를 적용 받은 경우 남은 농어촌주택(C)의 보유기간은
소유주택으로 변경한 날('23.4.2.)부터 기산함

📝 관련 판례 · 해석 등 참고사항

▶ 서면-2016-부동산-5398, '16.12.30.

– 조특법상 감면대상주택이 비과세를 적용받기 위한 보유기간 기산일은 비과세 되는 일반주택 양도일의
다음날이므로 2년 보유요건을 충족할 '16.7.1. 이후 양도해야만 비과세가 적용됨

☞ 위 해석들은 기획재정부에서 해석변경(기획재정부 재산세제과-1049, '22.08.25.)하여 국세청에서 삭제함

일반주택을 보유한 1세대가 조특법§99의4에 따른 농어촌주택등의 취득 후 일반주택과
농어촌주택등을 양도 시, 일반주택과 농어촌주택등의 보유기간 기산일은 해당 주택의
취득일부터 기산

중요	난이
상	중

적용사례(기획재정부 재산세제과-1049, '22.08.25.)

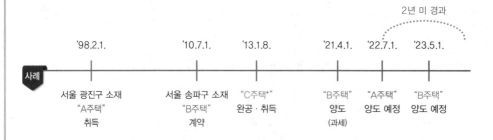

2년 미 경과

'98.2.1.	'10.7.1.	'13.1.8.	'21.4.1.	'22.7.1.	'23.5.1.
서울 광진구 소재 "A주택" 취득	서울 송파구 소재 "B주택" 계약	"C주택*" 완공·취득	"B주택" 양도 (과세)	"A주택" 양도 예정	"B주택" 양도 예정

* 조특법§99의4에 따른 농어촌주택

Q1 일반주택을 보유한 1세대가 조특법§99의4에 따른 농어촌주택등의 취득 후 일반주택과 농어촌주택등을
양도 시, 일반주택과 농어촌주택등의 보유기간 기산일은?

A1 해당 주택의 취득일부터 기산함

📖 **관련 판례·해석 등 참고사항**

☞ 위와 같이 기획재정부에서 국세청의 기존 해석(부동산거래관리과-642, '10.04.30.)과 상충되는 해석을
생산하므로써 국세청이 '22.12.1.에 기존 해석을 삭제하여 해석을 정비함

농어촌주택등 취득자에 대한 과세특례(조특령§99의4)　대지면적 요건

취득 당시 대지면적이 660m²를 초과하여 조특법§99의4 농어촌주택에 해당하지 아니하므로
일반주택 양도 시 소유주택이 아닌 것으로 볼 수 없어 비과세 적용 불가 ⇔ '21.1.1. 이후
양도분 가능

중요 상　난이 중

적용사례

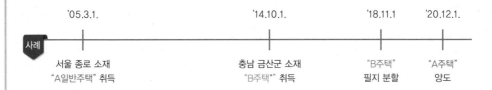

사례

'05.3.1.
서울 종로 소재
"A일반주택" 취득

'14.10.1.
충남 금산군 소재
"B주택*" 취득

'18.11.1
"B주택"
필지 분할

'20.12.1.
"A주택"
양도

* B주택 : 국토계획법에 따른 도시지역에 소재하지 아니한 대지면적이 720m²인 취득 당시 기준시가가 2억원 이하

Q1 A주택 비과세 적용 여부?

A1 취득 당시 대지면적이 660m²를 초과하여 조특법§99의4 농어촌주택에 해당하지 아니하므로 일반주택
양도 시 소유주택이 아닌 것으로 볼 수 없어 비과세 적용 불가

관련 판례 · 해석 등 참고사항

▶ '21.1.1. 이후 양도분부터는 조특법§99의4①1호의 나목과 2호의 다목(취득 당시 대지면적 660m²
이내일 것)의 요건이 삭제되었기 때문에 위의 사례에서 A주택을 '21.1.1. 이후 양도하였다면
비과세가 적용됨

농어촌주택등 취득자에 대한 과세특례(조특령§99의4⑥)   **3년 이상 미 보유 시**

당초 비과세 특례 미적용 시 납부하였을 세액에 상당하는 세액을 농어촌주택을 양도한 날이 속하는 달의 말일부터 2개월 이내 납부해야 함

중요 중   난이 중

적용사례 (사전-2020-법령해석재산-0062, '20.11.24.)

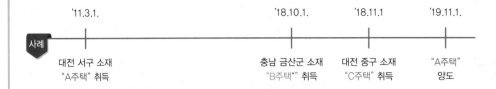

사례

'11.3.1.	'18.10.1.	'18.11.1	'19.11.1.
대전 서구 소재 "A주택" 취득	충남 금산군 소재 "B주택*" 취득	대전 중구 소재 "C주택" 취득	"A주택" 양도

* 조특법§99의4 농어촌주택 요건 충족하고 A주택과 B주택은 행정구역상 연접한 읍·면에 있지 아니함

Q1 A주택 비과세 적용 여부?

A1 B주택은 소유주택으로 보지 않으므로 일시적 2주택 특례에 해당하여 비과세 적용

Q2 농어촌주택인 B주택을 3년 이상 보유하지 않고 양도 시 조치는?

A2 당초 비과세 특례 미 적용 시 납부하였을 세액에 상당하는 세액을 농어촌주택을 양도한 날이 속하는 달의 말일부터 2개월 이내 납부해야 함

📑 관련 판례·해석 등 참고사항

▶ **서면4팀-2763, '07.09.20.**
  - 조특법§99의4에 규정된 농어촌주택 취득 전에 보유하던 다른 주택을 양도하는 경우에는 당해 농어촌주택을 당해 1세대의 소유주택이 아닌 것으로 보아 1세대1주택 비과세 규정 및 일시적 2주택 비과세 특례 규정을 적용함

자 │ 부득이한 사유로 취득한 수도권 밖 주택에 대한 특례(소령§155⑧)

부득이한 사유(취학, 근무상 형편, 질병의 치료·요양, 학교폭력 전학)로 취득한 수도권 밖 주택과
일반주택을 각각 1개씩 소유하는 1세대가 부득이한 사유가 해소된 날부터
3년 이내 일반주택을 양도하는 경우 1세대 1주택으로 보아 비과세 규정을 적용

▶ 부득이한 사유 ☞ 소령§154①3호의 보유기간 특례에서와 동일

▶ 일반주택 ☞ '12.2.2. 이후 사유 해소된 날부터 3년 이내 양도

• 부득이한 사유 발생 前 취득한 주택

▶ 부득이한 사유로 취득한 주택 ☞ 수도권(서울, 인천, 경기) 밖 소재

▶ 세대전원의 다른 시·군(광역시의 區, 市의 洞지역과 邑·面 지역간 주거 이전 포함) 주거 이전
☞ 부득이한 사유 발생한 당사자와 세대원 중 일부가 취학, 근무상 형편, 사업상 형편으로
주거 이전하지 못하는 경우에도 적용(소칙§72⑦, ⑨)

▶ **근무상 형편의 주거 이전**

• 근무상 형편에는 "동일 직장 내의 전근"은 물론 "새로운 직장의 취업"이나 "종전 직장을 퇴직하고 새로운 직장에 취업"하는 경우도 해당함

(서면4팀-349, '04.3.26.)

▶ **사업상 형편의 포함 여부**

• 1세대가 1년 이상 거주한 사실이 있는 1주택을 직장의 변경이나 전근 등 근무상의 사유로 현주소지에서 통상 출퇴근이 불가능하여 출퇴근이 가능한 다른 시·군으로 세대 전원이 이주함에 따라 양도하는 경우 보유기간 및 거주기간의 제한을 받지 아니하고 양도소득세가 비과세되는 것이나, "사업상 형편"에 의하여 다른 시·군으로 세대 전원이 이주한 경우에는 부득이한 사유에 해당하지 않음

(재산세과-2900, '08.09.23.)

▶ **실수요 목적으로 취득한 지방소재 주택 과세특례 해당 여부**

• 근무상 형편의 발생으로 수도권 밖에 소재하는 주택을 취득하여 통상 출·퇴근이 가능한 다른 시, 군으로 주거를 이전하는 경우에 소령§155⑧을 적용 받을 수 있는 것으로, 귀 질의 경우 근무상의 형편이 발생한 당사자가 주거를 이전하는 경우에 해당하지 않아 동규정의 비과세특례를 적용받을 수가 없는 것임

(재산세과-1548, '09.07.28.)

부득이한 사유의 비과세 특례(소령§155⑧)　　　근무상 형편

수도권 밖에 소재하는 1주택을 보유하는 1세대가 근무상 형편으로 종전주택 소재지와 다른
시로서 수도권 밖에 소재하는 시의 주택을 추가 취득 후 종전주택 양도 시 비과세 적용

중요 상　　난이 중

적용사례(과세기준자문-2016-법령해석재산-0232, '16.11.2.)

* A주택 : 증여받은 후 세대전원 거주
** B주택 : 배우자 乙은 사업상 형편으로 주거를 이전하지 못함

Q1 수도권 밖에 소재하는 1주택(A)을 보유하는 1세대가 근무상 형편으로 종전주택(A) 소재지와 다른
시로서 수도권 밖에 소재하는 시의 주택(B)을 추가 취득 시 소령§155⑧에 따른 비과세 적용 여부?

A1 소령§155⑧ 부득이한 사유로 취득한 수도권 밖 주택과 일반주택'을 국내 1개씩 소유하고 있는 1세대가
부득이한 사유가 해소된 날**부터 3년 이내 일반주택 양도 시 비과세 적용
　* 일반주택 : 수도권 내에 소재하지 않아도 관계 없음
　** 해소된 날 : 전출, 사직 등

📑 **관련 판례 · 해석 등 참고사항**

▶ 서면-2022-법규재산-0121, '22.04.25.
- 일반주택과 수도권 밖 주택을 보유한자가 수도권 밖 주택을 먼저 양도하고 일반주택을 양도하는 경우
소령§155⑧의 특례가 적용되지 않으며, 근무상의 형편 등이 해소된 상태에서 양도하는 경우,
소령§154①3호의 부득이한 사유로 양도하는 경우에 해당하지 아니함

부득이한 사유가 발생한 당사자 외의 세대원 중 일부가 취학, 근무 또는 사업상의 형편 등으로 당사자와 함께 주거를 이전하지 못하는 경우에도 주거를 이전한 것으로 보는 것임

중요 상　난이 중

적용사례(사전-2018-법령해석재산-0808, '18.12.26.)

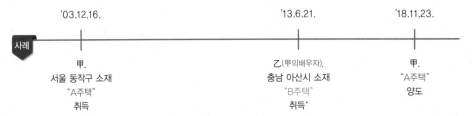

'03.12.16.　　　　　　　　'13.6.21.　　　　　　　　'18.11.23.

사례

甲.
서울 동작구 소재
"A주택"
취득

乙(甲의배우자).
충남 아산시 소재
"B주택"
취득*

甲.
"A주택"
양도

* 乙은 충남 아산 및 천안 소재 ㅁㅁ대학교 교원으로 '04.3.2.부터 근무하다 '06.9.1. 전임강사로 임용되었으나, 서울 소재 A주택이 있고 지방에 신규주택을 소유할 의사가 없어 임대로 거주하던 중 해당 임대주택 단지에 대한 아산시의 분양전환승인에 따라 새로운 전세물건을 구하여야 하는 어려움과 지방소재 대학의 잔여 근무기간 및 잦은 이사에 따른 주거불안과 비용부담 등을 감안하여 해당 임대주택을 분양받아 취득한 것임

Q1 배우자의 근무상 형편에 의해 수도권 밖에 소재하는 주택을 취득한 후 수도권 소재 일반주택을 양도하는 경우로서, 배우자 외 나머지 세대원은 취업, 질병 등 사유로 수도권 밖에 소재하는 주택에 이주하지 않은 경우 소령§155⑧에 따른 1세대1주택 특례 적용 여부?

A1 부득이한 사유가 발생한 당사자 외의 세대원 중 일부가 취학, 근무 또는 사업상의 형편 등으로 당사자와 함께 주거를 이전하지 못하는 경우에도 주거를 이전한 것으로 보는 것이나, 신청한 내용이 이에 해당하는지는 수도권 밖에 소재하는 주택을 취득하게 된 배경과 세대원 중 일부가 해당 주택에 주거를 이전하지 못한 사유 등 제반 사정을 감안하여 사실판단 할 사항임

📖 관련 판례 · 해석 등 참고사항

▶ 사전-2024-법규재산-0319, '24.06.20.
　– 소령§155⑧에 따른 일반주택을 보유한 1세대가 근무상 형편으로 수회에 걸쳐 수도권 밖에서 수도권 밖으로 계속 이전한 후, 최종 근무상 형편(재취업)으로 이전한 수도권 밖의 지역에 소재한 주택을 취득한 경우, 해당 주택은 소령§155⑧에 따른 부득이한 사유로 취득한 수도권 밖에 소재하는 주택에 해당하는 것임

▶ 사전-2024-법규재산-0342, '24.06.17.
　– 소령§155⑧에 따른 일반주택이 취득당시 조정대상지역에 소재하지 아니한 경우, 일반주택에 거주하지 않은 경우에도 소령§155⑧이 적용되는 것임

⊙ 1세대 1주택의 범위(소칙 §71)

③ 영 제154조제1항제1호 및 제3호에서 "기획재정부령으로 정하는 취학, 근무상의
형편, 질병의 요양, 그 밖에 부득이한 사유"란 세대의 구성원 중 일부(영 제154조
제1항제1호의 경우를 말한다) 또는 세대전원(영 제154조제1항제3호의 경우를 말한다)이
다음 각 호의 어느 하나에 해당하는 사유로 다른 시(특별시, 광역시, 특별자치시 및
「제주특별자치도 설치 및 국제자유도시 조성을 위한 특별법」 제10조제2항에 따라 설치된
행정시를 포함한다. 이하 이조, 제72조 및 제75조의2에서 같다)·군으로 주거를 이전하는
경우(광역시지역 안에서 구지역과 읍·면지역 간에 주거를 이전하는 경우와 특별자치시,
「지방자치법」 제7조제2항에 따라 설치된 도농복합형태의 시지역 및 「제주특별자치도 설치 및
국제자유도시 조성을 위한 특별법」 제10조제2항에 따라 설치된 행정시 안에서 동지역과
읍·면지역 간에 주거를 이전하는 경우를 포함한다. 이하 이조, 제72조 및 제75조의2에서
같다)를 말한다. 〈개정 '98.8.11., …… '14.3.14., '16.3.16., '20.3.13.〉

⊙ 1세대 1주택의 특례 (소칙 §72)

⑦ 영 제155조제8항 및 같은 조 제10항제5호에서 "기획재정부령으로 정하는 취학,
근무상의 형편, 질병의 요양, 그밖에 부득이한 사유"란 세대의 구성원 중 일부(영
제155조제10항 제5호의 경우를 말한다) 또는 세대전원(영 제155조제8항의 경우를 말한다)이
제71조 제3항 각 호의 어느 하나에 해당하는 사유로 다른 시·군으로 주거를
이전하는 경우를 말한다. 〈개정 '20.3.13., '23.3.20.〉

⑧ 제7항에 해당하는지의 확인은 재학증명서, 재직증명서, 요양증명서 등 해당 사실을
증명하는 서류에 따른다. 〈신설 '09.4.14., '20.3.13., '23.3.20.〉

⑨ 영 제155조제8항에 따른 사유로서 제7항을 적용할 때 제71조제3항 각 호의
사유가 발생한 당사자 외의 세대원 중 일부가 취학, 근무 또는 사업상의 형편
등으로 당사자와 함께 주거를 이전하지 못하는 경우에도 세대원이 주거를 이전한
것으로 본다. 〈신설 '09.4.14., '20.3.13.〉

카 | 공공기관 이전에 따른 일시적 2주택 특례(소령§155⑯)

⟩ 소령§155①을 적용(수도권 1주택을 소유한 경우에 한정)할 때 수도권에 소재한 법인 또는
공공기관이 수도권 밖으로 이전하는 경우로서 법인의 임원과 사용인 및 공공기관의 종사자가
구성하는 1세대가 취득하는 다른 주택이 해당 공공기관 또는 법인이 이전한 시·군 또는
이와 연접한 시·군 지역에 소재하는 경우에는 ① 중 "3년"을 "5년"으로 봄('06.2.9.신설)

📑 관련 판례·해석 등 참고사항

▶ **지방분권균형발전법§2[정의]**

14. "공공기관"이란 다음 각 목의 어느 하나에 해당하는 기관을 말한다.

　　가. 중앙행정기관과 그 소속 기관

　　나. 「공공기관의 운영에 관한 법률」 제4조에 따른 기관

　　다. 그 밖의 공공단체 중 대통령령으로 정하는 기관

지방분권균형발전법§2 14호에 따른 공공기관이 수도권 밖의 지역으로 이전하기 전, 공공기관의 종사자가 공공기관이 이전하는 시·군 또는 이와 연접한 시·군에 소재하는 다른 주택을 취득한 경우, 수도권 밖으로 이전한 공공기관에 종사하지 아니한 경우에도 소령§155⑯에 따른 특례 적용받을 수 있는 것임

중요 상 | 난이 상

적용사례(서면-2023-법규재산-3968, '24.09.06.)

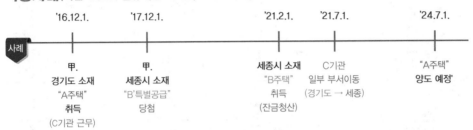

'16.12.1. / '17.12.1. / '21.2.1. / '21.7.1. / '24.7.1.

甲. 경기도 소재 "A주택" 취득 (C기관 근무)

甲. 세종시 소재 "B'특별공급 당첨

세종시 소재 "B주택" 취득 (잔금청산)

C기관 일부 부서이동 (경기도 → 세종)

"A주택" 양도 예정'

＊ A주택 양도일까지 세종으로 이전한 부서에 근무하지 않음

Q1 공공기관 이전 전에 이전대상지역의 주택을 취득하였으나, 공공기관 이전 당시 및 이후 공공기관에 종사하지 않은 경우 소령§155⑯ 적용 여부?

A1 「지방자치분권 및 지역균형발전에 관한 특별법」§2 14호에 따른 공공기관이 수도권 밖의 지역으로 이전하기 전, 공공기관의 종사자가 구성하는 1세대가 공공기관이 이전하는 시·군 또는 이와 연접한 시·군에 소재하는 다른 주택을 취득한 경우, 해당 종사자가 수도권 밖으로 이전한 공공기관에 종사하지 아니한 경우에도 소령§155⑯에 따른 특례를 적용받을 수 있는 것임

📝 **관련 판례·해석 등 참고사항**

☞ 위의 유권해석은 국세청이 국세법령해석심의위원회 심의를 거쳐 아래의 기존 해석(서면-2019-부동산-0003, '19.01.15.)을 변경한 것으로 기존 해석은 삭제됨

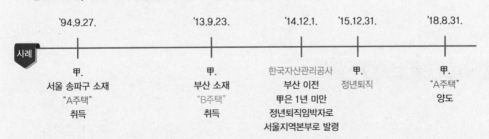

'94.9.27. / '13.9.23. / '14.12.1. / '15.12.31. / '18.8.31.

甲. 서울 송파구 소재 "A주택" 취득

甲. 부산 소재 "B주택" 취득

한국자산관리공사 부산 이전 甲은 1년 미만 정년퇴직임박자로 서울지역본부로 발령

甲. 정년퇴직

甲. "A주택" 양도

– 수도권 밖으로 이전하는 공공기관의 종사자가 이전 대상 지역의 주택을 취득하는 경우 이전하는 시점에 해당 공공기관에 종사하지 아니하는 경우에는 소령§155⑯을 적용하지 아니함

제2편

공공기관 이전에 따른 비과세 특례(소령§155⑯)

파견 후 이전한 공공기관 복귀 후 취득

다른 기관에 파견되어 해당 공공기관에 종사하지 않았던 이전 공공기관의 종사자가 파견을 마치고 해당 공공기관으로 복귀하여 이전한 시·군 또는 이와 연접한 시·군의 지역에 소재하는 다른 주택을 취득한 경우, 해당 주택은 소령§155⑯에 따른 특례를 적용받을 수 있는 것임

중요 중
난이 상

적용사례(서면-2024-법규재산-2095, '24.09.06.)

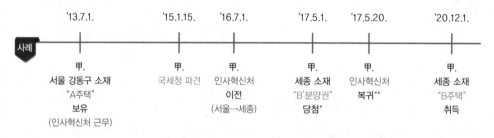

'13.7.1.
甲.
서울 강동구 소재
"A주택"
보유
(인사혁신처 근무)

'15.1.15.
甲.
국세청 파견

'16.7.1.
甲.
인사혁신처
이전
(서울→세종)

'17.5.1.
甲.
세종 소재
"B'분양권"
당첨*

'17.5.20.
甲.
인사혁신처
복귀**

'20.12.1.
甲.
세종 소재
"B주택"
취득

* 청약신청 당시 국세청 소속이었으나 인사혁신처로 복귀가 예정되어 특별공급 신청 가능
** 국세청에서 특별공급 당첨된 직후 인사혁신처로 복귀

Q1 수도권 내 다른 기관으로 파견되었다가 공공기관이 이전한 후에 공공기관으로 복귀하여 주택을 취득한 경우 소득령§155⑯ 적용 여부?

A1 공공기관이 수도권 밖으로 이전할 당시, 다른 기관에 파견되어 해당 공공기관에 종사하지 않았던 이전 공공기관의 종사자가 파견을 마치고 해당 공공기관으로 복귀하여 이전한 시·군 또는 이와 연접한 시·군의 지역에 소재하는 다른 주택을 취득한 경우, 해당 주택은 소령§155⑯에 따른 특례를 적용받을 수 있는 것임

📜 관련 판례·해석 등 참고사항

공공기관 이전에 따른 비과세 특례(소령§155⑧)

소령§155⑯에 따른 이전과 근무상 형편

소령§155⑯에 따른 공공기관이 수도권 밖의 지역으로 이전하는 경우는 소령§155⑧에 따른 근무상의 형편에 해당되지 않는 것임

중요 중 / 난이 상

적용사례 (서면-2021-법규재산-8489, '23.07.19., 기획재정부 재산세제과-882, '23.07.19.)

'08.2.1.	'12.9.1.	'12.12.1.	'17.5.1.	'17.5.20.	'17.6.1.
사례					
서울 강동구 소재 "A주택" 취득	세종시 소재 "B주택" 취득*	"B주택"에 세대전원 전입	"B주택" 양도 (과세)	세종시 소재 "C주택" 취득**	"C주택" 세대전원 전입	"A주택" 양도***

* 종사 중인 수도권 소재 공공기관의 이전으로 취득
** C주택 취득 이후 세종시가 조정대상지역 지정

Q1 공공기관 이전 소재지 신규주택을 취득하여 보유하다 종전주택 양도 시, 소령§155⑧ 적용 여부

A1 소령§155⑯에 따른 공공기관이 수도권 밖의 지역으로 이전하는 경우는 소령§155⑧에 따른 근무상의 형편에 해당되지 않는 것임

📑 관련 판례 · 해석 등 참고사항

공공기관 이전에 따른 비과세 특례(소령§155⑯)　공공기관 이전한 후 수도권 주택 취득

공공기관 종사자가 구성하는 1세대가 해당 공공기관이 이전한 시·군 또는 이와 연접한 시·군의 지역에 소재하는 다른 주택을 취득 시 수도권 밖으로 이전할 당시 해당 공공기관에 종사하지 아니한 경우에는 소령§155⑯이 적용되지 아니함

중요 중　난이 중

적용사례(서면-2020-법규재산-4994, '23.09.08.)

'18.11.1.	'19.1.10.	'19.6.1.	'20.3.10.	'20.7.1.	'22.10.1.
甲. 이전대상 공공기관에 전입	甲. 근무 중인 공공기관 세종시로 이전*	甲. 세종시 소재 A특별분양 당첨 및 계약	甲. 고양시 소재 "A주택" 취득	甲. 서울시 소재 "B주택" 취득	甲. "A주택" 취득·입주

* '18.3.29. 중앙행정기관 등의 이전계획 변경 고시

Q1 근무하는 공공기관이 세종시로 이전한 후에 수도권에 소재하는 2주택(A, B)과 세종시에 소재하는 1주택(C)을 취득한 경우로서, A주택 또는 B주택 중 1주택을 먼저 양도한 후, 신규주택(C) 취득일로부터 5년 이내 남은 종전주택(A 또는 B주택)을 양도하는 경우 일시적 2주택 비과세 특례의 적용 가능 여부?

A1 수도권에 소재한 법인 또는 지방분권균형발전법 §2 14호에 따른 공공기관이 수도권 밖으로 이전한 이후 법인의 임원과 사용인 및 공공기관의 종사자가 구성하는 1세대가 수도권내에 종전주택을 취득하기 위한 매매계약을 체결하고 주택을 취득한 경우에는 소령§155⑯이 적용되지 아니함

📑 관련 판례·해석 등 참고사항

▶ **사전-2024-법규재산-0509, '24.10.02.**

- 소령§155⑯ 특례의 종전주택은 공공기관이 수도권 밖으로 이전하기 전에 취득한 경우에 적용되는 것이므로, 본 건과 같이 공공기관이 수도권 밖으로 이전한 후 취득한 종전주택은 쟁점특례가 적용되지 않는 것임

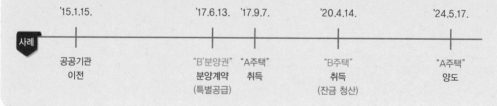

'15.1.15.	'17.6.13.	'17.9.7.	'20.4.14.	'24.5.17.
공공기관 이전	"B'분양권" 분양계약 (특별공급)	"A주택" 취득	"B주택" 취득 (잔금 청산)	"A주택" 양도

수도권 밖으로 이전하는 법인 또는 공공기관 종사자가 신규주택을 '18.9.13. 이전과
'18.9.14. ~ '19.12.16.에 취득한 경우 중복보유허용기간은 각각 5년과 2년

적용사례(기획재정부 재산세제과-884, '21.10.12.)

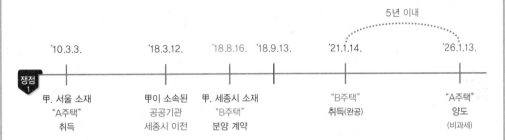

Q1 '18.9.13. 이전에 신규주택(분양권 포함) 계약 시 일시적 2주택 허용기간은?

A1 '21.1.14. 신규주택(B) 취득일부터 5년임

Q2 '18.9.14. ~ '19.12.16. 이전에 신규주택(분양권 포함) 계약 시 일시적 2주택 허용기간은?

A2 '21.1.14. 신규주택(B) 취득일부터 2년임

➡ 다음 쪽에서 "쟁점3" 계속

제 2 편

공공기관 이전에 따른 비과세 특례(소령§155⑯)   중복보유허용기간

수도권 밖으로 이전하는 법인 또는 공공기관 종사자가 신규주택을 '19.12.17. 이후에 취득한
경우 중복보유허용기간은 1년

 중요 상   난이 중

적용사례(기획재정부 재산세제과-884, '21.10.12.)

'10.3.3.	'18.3.12.	'19.12.16.	'20.1.5.	'21.1.14.	'22.1.13.

1년 이내

쟁점3

甲. 서울 소재
"A주택"
취득

甲이 소속된
공공기관
세종시 이전

甲. 세종시 소재
"B주택"
분양 계약

"B주택"
취득(완공)

"A주택"
양도
(비과세)

Q1 '19.12.17. 이후에 신규주택(분양권 포함) 계약 시 일시적 2주택 허용기간은?

A1 '21.1.14. 신규주택(B) 취득일부터 1년임

📋 관련 판례 · 해석 등 참고사항

▶ 서면-2022-부동산-2848, '23.03.15.

- 이전기관 종사자의 일시적 2주택 허용기간에 있어서, 소령§155①의 일시적 2주택 허용기간이 3년인
경우에는 소령 §155⑯ 적용 시 3년을 5년으로 보는 것임

☞ 소령§155①2호가 '22.5.31. 개정되어 조정대상지역 내 종전주택이 있는 상태에서 조정대상지역에
신규주택 취득한 경우에도 '22.5.10. 이후 양도하는 분부터는 중복보유허용기간을 2년 이내로 완화되고
세대원 전원의 이사 및 전입신고 요건도 삭제되었고, '23.2.28. 소령 개정으로 '23.1.12. 이후
양도분부터 중복보유허용기간이 3년으로 완화됨

공공기관 이전에 따른 비과세 특례(소령§155⑯, 소령§156의2⑨) 공공기관 이전+혼인 중첩적용

1주택자와 1조합원입주권자가 혼인 후 공공기관 지방 이전으로 인하여 지방소재 1주택을
추가 취득 및 조합원입주권의 주택 전환으로 1세대 3주택 상태에서 종전주택을 양도시
1주택과 1조합원입주권의 특례와 공공기관 이전에 따른 특례의 중첩적용으로 비과세 적용

중요 상 | 난이 상

적용사례(사전-2015-법령해석재산-0469, '16.06.17.)

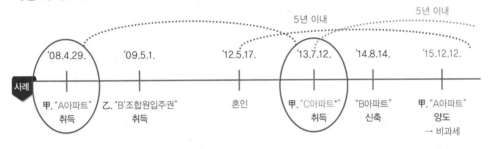

* 국가균형발전법§2 제9호에 따른 공공기관이 수도권 밖의 지역으로 이전한 경우에 해당

Q1 1주택자와 1조합원입주권자가 혼인 후 공공기관 지방 이전으로 인하여 지방소재 1주택을 추가 취득 및
조합원입주권의 주택 전환으로 1세대 3주택 상태에서 종전주택(A)을 양도 시 비과세 적용 여부?

A1 혼인한 날로부터 5년 이내에 그리고 C아파트를 취득한 날부터 5년 이내에 A아파트를 양도 시
중첩적용으로 비과세 적용함

📑 관련 판례 · 해석 등 참고사항

▶ **소령§156의2[주택과 조합원입주권을 소유한 경우 1세대 1주택의 특례]**

⑨ 제1호에 해당하는 자가 제1호에 해당하는 다른 자와 혼인함으로써 1세대가 1주택과 1조합원입주권,
1주택과 2조합원입주권, 2주택과 1조합원입주권 또는 2주택과 2조합원입주권 등을 소유하게 되는 경우
혼인한 날부터 5년 이내에 먼저 양도하는 주택(이하 이 항에서 "최초양도주택"이라 함)이 2호, 3호 또는
4호에 따른 주택 중 어느 하나에 해당하는 경우에는 이를 1세대1주택으로 보아 §154①을 적용한다.

1. 다음 각 목의 어느 하나를 소유하는 자

   가. 1주택

   나. 1조합원입주권 또는 1분양권

   다. 1주택과 1조합원입주권 또는 1분양권

2. 혼인한 날 이전에 제1호 가목에 해당하는 자가 소유하던 주택

3. 혼인한 날 이전에 제1호 다목에 해당하는 자가 소유하던 주택. 다만, 다음 각 목의 어느 하나의
   요건을 갖춘 경우에 한한다. (이하 생략)

타 | 장기임대주택(장기어린이집) 보유에 따른 2주택 특례(소령§155⑳)

➡️ 다주택자 중과가 배제되는 장기임대주택과 거주주택을 보유하다가 거주주택을 양도할 경우, 원칙적으로 다음 요건을 충족 시 비과세 적용('11.10.14. 신설)

- 거주주택
  - 보유기간 중 거주기간이 2년 이상일 것
  - 직전거주주택보유주택의 경우 소법§168에 따른 사업자등록과 민간임대주택법§5에 따른 임대사업자 등록한 날 이후의 거주기간이 2년 이상일 것
  - '19.2.12.이후 취득분부터는 최초 양도하는 생애 1주택에 한하여 비과세 적용. 다만, '19.2.12.에 거주하고 있는 주택 또는 '19.2.11. 前 거주주택 취득 계약금을 지급 시 예외
    ⇒ '25.2.28. 이후 주택을 양도하는 분부터는 생애 1주택으로 제한하는 규정이 삭제되어 거주주택이 제한없이 비과세가 계속 적용됨
  - 수용이나 근무상 형편 등의 부득이한 사유로 2년 이상 거주하지 못하면 요건 불비로 비과세 안됨
  - 다만, 세대원 중 일부가 근무상 형편 등 부득이한 사유로 거주하지 못하더라도 나머지 세대원이 2년 이상 거주요건 충족하면 비과세됨
    ⇒ 세대원 중 일부라도 반드시 2년 이상 거주요건 충족해야 비과세됨
  - 거주주택의 거주기간을 계산함에 있어, 증여로 취득한 주택을 양도하는 경우에는 수증자가 증여 받은 날 이후 실제 거주한 기간에 의하는 것이나, 동일세대원 간 증여로 취득한 주택을 양도하는 경우에는 수증자가 증여받기 전에 증여자와 수증자가 동일세대로서 거주한 기간을 통산(서면-2022-부동산-2643)

- 장기임대주택(아래 3가지 요건 모두 충족해야 함)
  - 거주주택의 양도일 현재 소법§168에 따른 사업자등록 및 민간임대주택법§5에 따라 민간임대주택으로 등록하여 실제 임대하고 있을 것

  - 거주주택의 양도 前·後 합산하여 10년 이상 임대하고, 임대료등의 증가율이 5% 이하 (증액 있은 후 1년 이내 증액 청구 못함*)
    * '20.2.11. 이후 주택 임대차계약 갱신 또는 신규 체결분부터

  - '25.6.4. 이후 민간임대주택으로 등록하고 6년 이상 임대하면서, 임대료등의 증가율이 5% 이하 (증액 있은 후 1년 이내 증액 청구 못함)

  - 임대보증금과 월 임대료 상호간의 전환은 민간임대주택법§44④의 전환규정 준용

◐ 임대주택이 여러 개인 경우, 제일 마지막 주택의 경우 2년 거주 필요 없음

(취득 당시 조정대상지역인 경우 예외)

◐ 임대기간 미 충족 상태에서 거주주택 양도 시에는 거주주택 양도 이후 임대요건 충족할 것

• 다만, 비과세 적용 후 임대요건(기간, 호수)을 충족하지 못한 기간이 6개월 경과 시 다음의

특례를 제외하고는 추징(2개월 이내 자진신고 · 납부) : 사후관리

– 토지보상법 등에 따라 수용 · 협의매수되거나 상속되는 경우

– 주택 재건축 · 재개발 사업의 경우

추징세액	양도주택에 대한 비과세를 적용하지 않을 경우 납부할 세액	−	거주주택 양도시 비과세 받아 납부한 세액

◎ 거주주택 특례 적용 시 장기임대주택의 요건 등 유의사항

▶ 사업자등록 등 **요건**

- 거주주택 양도일 현재 장기임대주택은 소법§168에 따른 사업자등록과
  민간임대주택법§5에 따른 임대사업자등록을 하고 실제 임대 개시
  - ☞ ① 사업자등록 ② 임대사업자등록 ③ 실제 임대 개시 모두 갖춰야 함

▶ 임대 기간 등 **요건**

- 거주주택의 양도 전·후 합산하여 **10년 이상** 임대하고 임대료등의 증가율이 **5%**
  이하(증액 있은 후 1년 이내 증액 청구 못함)
- '25.6.4. 이후 민간임대주택으로 등록하고 6년 이상 임대하면서 임대료등의 증가율이
  5% 이하(증액 있은 후 1년 이내 증액 청구 못함)

▶ 비과세 금액 **적정 여부**(소령§154⑩)

- 양도한 장기임대주택에 대해 직전거주주택의 양도일 후의 기간분에 대해서만 비과세
  적용

◎ 다주택자 중과에서의 장기임대주택(소령§167의3①2호)

구 분	내 용
가. 매입 임대 주택	• 1호 이상('03.10.30. 이후 주택임대업 등록) 5년 이상 임대, • 임대개시일 당시('11.10.13. 이전 등록분: 취득 당시) 기준시가 6억원(수도권 밖 3억원) 이하, • 임대료등증증가율 5% 이하 제한 * 면적기준 폐지('13.2.15. 이후 양도)
나. 기존매입 임대주택	• 국민주택 규모의 2호 이상('03.10.29. 이전 주택임대업 등록) 5년 이상 임대 • 취득 당시 기준시가 3억원 이하
다. 건설 임대주택	• 2호 이상(대지 298㎡ &주택 연면적 149㎡ 이하) 5년 이상 임대 or 분양전환 • 임대개시일 당시('11.10.13. 이전 등록분: 취득 당시) 기준시가 6억원 이하 • 임대료등 증가율 5% 이하 제한
라. 미분양 임대주택	• '08.6.10. 현재 수도권 밖 미분양주택('08.6.11. ~ '09.6.10. 최초 분양계약 체결 및 계약금 납부) 5호 이상(대지 298㎡ &주택 연면적 149㎡ 이하) 5년 이상 임대 • 취득 당시 기준시가 3억원 이하 • '20.7.11. 이후 종전 민간임대주택법§5에 따라 등록 신청(임대주택 추가 위해 변경 신고 포함)한 장기일반민가임대주택 중 아파트 or 단기민간 임대주택이 아닐 것 • 종전 민간임대주택법§5에 따라 등록한 단기민간임대주택을 '20.7.11. 이후 장기일반민간임대주택등으로 변경 신고한 주택이 아닐 것

> **참고** 가목과 다목 주택 : 소령§167의3에서 '18.3.31.까지 사업자등록등 한 주택에 한정하였으나, 거주주택 특례에서는 동 단서의 기한 제한을 적용받지 않음

> **참고** "사업자등록등" : 사업자등록(세무서) + 임대사업자등록(시 · 군 · 구청)
> 임대기간 계산 : 사업자등록등을 하고 임대주택 등록하여 임대하는 날부터 기산

제 2 편

◎ 다주택자 중과에서의 장기임대주택(소령§167의3①2호)

구 분	내 용
마. 장기일반 민간매입 임대주택	• 임대개시일 당시 기준시가 6억원(수도권 밖 3억원) 이하 1호 이상 10년 이상 임대 • 임대료등 증가율 5% 이하 제한 • '20.7.11. 이후 종전 민간임대주택법§5에 따라 등록 신청(임대주택 추가위해 변경 신고 포함)한 　장기일반민간임대주택 중 아파트 or 단기민간임대주택이 아닐 것
바. 장기일반 민간건설 임대주택	• 건설임대주택(대지 298㎡ & 주택 연면적 149㎡ 이하) 2호 이상 10년 이상 임대 or 분양전환 • 임대개시일 당시 기준시가 9억원('25.2.28. 이후 등록분부터) 이하 • 임대료등 증가율 5% 이하 제한 • 종전 민간임대주택법§5에 따라 등록한 단기민간임대주택을 '20.7.11. 이후 　장기일반민간임대주택등으로 변경 신고한 주택 제외
아. 단기 민간매입 임대주택	• 6년 이상 임대하는 것일 것 • 임대개시일 당시 기준시가 4억원(수도권 밖 2억원) 이하 • 임대료등 증가율 5% 이하 제한 • 1세대가 국내 1주택 이상 보유상태에서 새로 취득한 조정대상지역 소재 　단기민간임대주택이 아닐 것[공고일 이전 주택(주택 취득할 수 있는 권리 포함) 취득하거나 　매매계약을 체결하고 계약금 지급한 주택 제외]
자. 단기 민간건설 임대주택	• 건설임대주택(대지 298㎡ & 주택 연면적 149㎡ 이하) 2호 이상 • 6년 이상 임대하는 것일 것 • 기준시가 합계액이 2호 이상 주택의 임대를 개시한 날 당시 기준시가 6억원 이하, • 임대료등 증가율 5% 이하 제한

 아목과 자목에 해당하는 주택은 '25.6.4. 이후 민간임대주택으로 등록한 단기민간임대주택부터 적용

참고 "사업자등록등" : 사업자등록(세무서)+임대사업자등록(시 · 군 · 구청)
　　임대기간 계산 : 사업자등록등을 하고 임대주택 등록하여 임대하는 날부터 기산

⊙ 비과세 적용 거주주택의 범위(~ '21.2.17. 소령§155 개정 前)

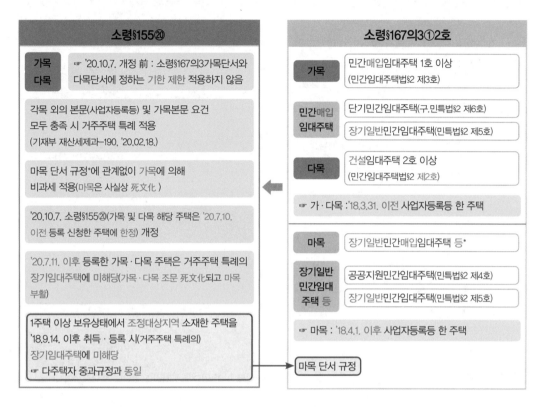

소령§155⑳

가목 다목	☞ '20.10.7. 개정 前 : 소령§167의3가목단서와 다목단서에 정하는 기한 제한 적용하지 않음

각목 외의 본문(사업자등록등) 및 가목본문 요건 모두 충족 시 거주주택 특례 적용 (기재부 재산세제과-190, '20.02.18.)

마목 단서 규정*에 관계없이 가목에 의해 비과세 적용(마목은 사실상 死文化)

'20.10.7. 소령§155⑳(가목 및 다목 해당 주택은 '20.7.10. 이전 등록 신청한 주택에 한정) 개정

'20.7.11. 이후 등록한 가목·다목 주택은 거주주택 특례의 장기임대주택에 미해당(가목·다목 조문 死文化되고 마목 부활)

1주택 이상 보유상태에서 조정대상지역 소재한 주택을 '18.9.14. 이후 취득·등록 시(거주주택 특례의) 장기임대주택에 미해당
☞ 다주택자 중과규정과 동일

소령§167의3①2호

가목	민간매입임대주택 1호 이상 (민간임대주택법§2 제3호)

민간매입 임대주택	단기민간임대주택(구.민특법§2 제6호)
	장기일반민간임대주택(민특법§2 제5호)

다목	건설임대주택 2호 이상 (민간임대주택법§2 제2호)

☞ 가·다목 '18.3.31. 이전 사업자등록등 한 주택

마목	장기일반민간매입임대주택 등*

장기일반 민간임대 주택 등	공공지원민간임대주택(민특법§2 제4호)
	장기일반민간임대주택(민특법§2 제5호)

☞ 마목 : '18.4.1. 이후 사업자등록등 한 주택

마목 단서 규정

* 민특법 : 민간임대주택법

참고
나목(기존임대) : 민간임대주택법§2 제3호
라목(미분양) : 민간임대주택법§2 제3호
바목(장기일반민간건설임대) : 민간임대주택법§2 제2호
아목(단기민간매입임대) : 민간임대주택법§2 제6호의2
자목(단기민간건설임대) : 민간임대주택법§2 제6호의2

◉ '21.2.17. 소령§155⑳ 개정 내용

- 1주택 보유상태에서 조정대상지역에 소재한 주택을 '18.9.14. 이후 취득해서 장기임대주택으로 등록한 후 거주주택을 '21.2.17. 이후 양도하는 분부터는 시기에 관계없이 거주주택 비과세 특례 적용 시 장기임대주택에 포함하는 것으로 개정됨

거주주택 비과세 특례(소령§155⑳) 사업자등록 요건

거주주택 비과세 특례가 충족하려면 양도일 현재 소법§168에 따른 사업자등록과 민간임대주택법§5에 따라 임대주택으로 등록하여 임대하여야 함

[중요] 중 [난이] 중

적용사례(조심-2019-광-2745, '19.10.30.)

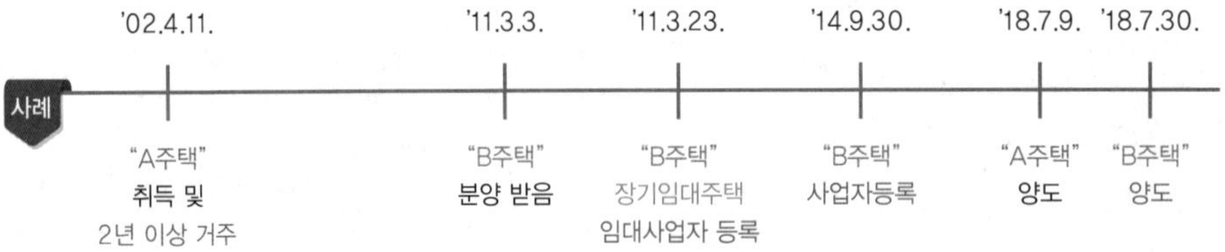

사례
'02.4.11.
"A주택"
취득 및
2년 이상 거주
'11.3.3.
"B주택"
분양 받음
'11.3.23.
"B주택"
장기임대주택
임대사업자 등록
'14.9.30.
"B주택"
사업자등록
'18.7.9.
"A주택"
양도
'18.7.30.
"B주택"
양도

[Q1] 소법§68에 따른 사업자등록일('14.9.30.)을 임대기산일로 보아 임대의무기간(5년) 불충족으로 1세대 1주택 비과세 특례 규정 배제한 처분의 당부?

[A1] • 거주주택 비과세 특례가 충족하려면 양도일 현재 소법§168에 따른 사업자등록과 민간임대주택법§5에 따라 임대주택으로 등록하여 임대하여야 하는 바,

• 사업자등록일('14.9.30.)을 임대기산일로 보아 임대의무기간 불비(5년 미만)로 거주주택 비과세 특례 적용을 배제한 당초 처분이 타당함

관련 판례 · 해석 등 참고사항

▶ **기획재정부 재산세제과-934, '12.11.16.**

– 소령§167의3①2호다목에 따른 건설임대주택 임대 시 임대기간은 소법§168에 의한 사업자등록과 민간임대주택법§6에 의한 임대사업자 등록을 하고 임대하는 날부터 개시한 것으로 보아 계산

다가구주택(A)과 B주택을 보유한 1세대가 다가구주택의 일부만 임대등록하여 임대하고
나머지에 거주하면서 B주택을 양도하는 경우 소령§155⑳ 적용 불가

중요 상 / 난이 중

적용사례 (서면-2023-부동산-0964, '23.11.14.)

'97.12.1.   '01.11.1.   '04.9.1.   '07.4.1.   '21.1.15.   '23.7.1.

사례

"A토지"   "A'토지" 위에   "B주택"   "A다가구주택"   "A다가구주택"   "B주택"
취득   "A다가구주택*"   취득 및   사업자등록   장기임대주택   양도 예정
                신축   2년 이상 거주   (세무서)   등록**(구청)

     * 다가구주택 총 8호
   ** 총 8호 중 7호 임대등록, 1호 甲의 세대가 거주

Q1 A주택(다가구주택)과 B주택을 소유한 1세대가 A주택의 일부(7호)는 임대등록하고 해당 주택의
일부(1호)는 거주하는 경우로서 B주택을 양도할 때 소령§155⑳에 따른 1세대 1주택 특례 적용 대상에
해당하는지 여부?

A1 다가구주택(A)과 B주택을 보유한 1세대가 다가구주택의 일부만 임대등록하여 임대하고 나머지에
거주하면서 B주택을 양도하는 경우 소령§155⑳ 적용 불가

📜 **관련 판례 · 해석 등 참고사항**

▶ 비과세 요건은 "1세대"를 기준, 다주택자 중과의 주택 수 계산 시에는 "세대" 단위로 판단

▶ 서면-2022-부동산-2143, '23.07.03.
  – 임대요건을 충족하는 임대주택 6채와 다가구주택을 보유한 1세대가 다가구주택 총 7구(區) 중 1구(區)에
    세대전원이 2년 이상 거주하는 경우 나머지 6구(區)에 다른 세대가 임차하여 거주하는 경우 소령
    §155⑳에 따른 비과세 특례가 적용됨

제2편

'20.7.11. 이후 민간임대주택법§5에 따른 임대사업자등록 신청을 한 종전의 민간임대주택법§2
제5호에 따른 장기일반민간임대주택 중 아파트를 임대하는 민간매입임대주택은
소령§155⑳에 따른 장기임대주택에 해당하지 않으므로 비과세 특례 불가

중요 중   난이 중

적용사례(서면-2020-법령해석재산-3458, '21.11.29.)

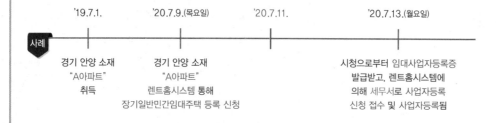

사례

| '19.7.1. | '20.7.9.(목요일) | '20.7.11. | '20.7.13.(월요일) |

경기 안양 소재
"A아파트"
취득

경기 안양 소재
"A아파트"
렌트홈시스템 통해
장기일반민간임대주택 등록 신청

시청으로부터 임대사업자등록증
발급받고, 렌트홈시스템에
의해 세무서로 사업자등록
신청 접수 및 사업자등록됨

Q1 '20.7.10. 이전 '렌트홈' 시스템을 통해 임대등록 신청하였으나 세무서 사업자등록 연계신청은
'20.7.13.에 접수된 경우 소령§155⑳에 따른 1세대 1주택 비과세 특례 적용 여부?

A1 '20.7.11. 이후 민간임대주택법§5에 따른 임대사업자등록 신청을 한 종전의 민간임대주택법§2
제5호에 따른 장기일반민간임대주택 중 아파트를 임대하는 민간 매입임대주택은 소령§155⑳에 따른
장기임대주택에 해당하지 않으므로 비과세 특례 적용이 배제됨
  ☞ 다만, '20.7.10. 이전 '렌트홈' 시스템을 통한 임대등록 신청한 경우에는 1세대 1주택 비과세 특례
    적용 가능

📋 **관련 판례 · 해석 등 참고사항**

▶ **정의[민간임대주택법§2] 이 법에서 사용하는 용어의 뜻은 다음과 같다.**

  5. **"장기일반민간임대주택"**이란 임대사업자가 공공지원민간임대주택이 아닌 주택을 10년 이상 임대할
    목적으로 취득하여 임대하는 민간임대주택[아파트(주택법§2 20호의 도시형 생활주택이 아닌 것을 말함)를
    임대하는 민간매입임대주택은 제외함]을 말한다.

렌트홈 _(임대등록시스템)에서
편리한 민원신청을
이용하세요.

홈 | 회원로그인 | 프로그램 설치안내 | 사이트맵 | 확대 + -

임대사업자 등록신청　임대사업자 안내　임대주택 찾기　임차인 혜택　이용안내　알림마당

임대사업자 안내
임대등록의 원활한 공동이용을 위한
정보공유 허브 서비스

자세히 보기 +

민원신청 안내
임대사업자등록 및 다양한
민원정보를 안내해드립니다.

임대주택 찾기

지도서비스 바로가기

상담코너
임대사업자 상담 :
1670-8004
시스템 문의 :
031-719-0511
평일: 09:00~12:00, 13:00~18:00
주말/공휴일: 휴무

지지체 문의
세무서 안내

회원가입 안내
홈페이지 이용시
회원가입 안내

공지사항　+ 더보기
· 등록임대주택 임대보증금 보증...
· 임대사업자의 부기등기 방법안내
· 시스템 개선안내(임대차계약 최...
· 시스템 개선안내(임대차계약 최..

보도자료　+ 더보기
· 「국토계획법」·「민간임대주...
· 최우선변제금 이하 보증금은 보...
· 임대보증금 보증 가입의 폭이 ...
· 등록 임대사업자 전수 대상 외...

제2편

임대료 인상료 계산(www.renthome.go.kr)

임대료 계산

※ 임대료 계산 기능은 임대사업자의 임대차계약 변경 신고 시 활용하기 위한 용도이며, 임대차 제도 개선(개정 주택임대차 보호법) 관련 문의, 상담은 **부동산 대책 정보 사이트** 를 이용해 주시기 바랍니다.

항목	변경 전	변경 후
임대보증금(원)	원	원
월 임대료(원)	원	원
연 임대료(원)	원	원
임대료인상률(%)	☑인상률 적용	5 %
월차임전환시산정률(%)		2 %
한국은행기준금리(%)		2.75 %

● 변경 후 임대료　○ 변경 후 인상률

[계산하기]　[초기화]

※ 임대료 인상률 계산은 민간임대주택에관한특별법 제44조에 따라 임대보증금과 월임대료를 함께 인상률 적용하여 계산
※ 임대료 인상률 = (변경후 환산보증금 · 변경전 환산보증금) ÷ 변경전 환산보증금 x 100
※ 환산보증금 = 임대보증금 + (월임대료 x 12) ÷ 4.75%
※ 예시) 4.75% = (주택임대차 보호법 제 7조의2[월차임 전환 시 제한 산정률]) + (2025년 2월 25일 기준 한국은행 기준금리)
※ **한국은행 기준금리** 입력에 따라 월차임 전환 시 산정률이 계산됩니다.
※ [인상률 적용]을 선택하면 입력한 인상률에 맞추어 임대보증금 또는 월 임대료가 계산됩니다.
※ [인상률 적용]을 선택하지 않으면 인상률(증액)없이 임대보증금 또는 월 임대료가 계산됩니다.
※ 주택임대차보호법 개정(16.11.30) 이전의 임대료인상률은 계산되지 않으니 참고하시기 바랍니다.
※ 자동 계산 결과는 참고사항으로 반드시 확인 후 신청하시기 바랍니다.

한국은행 기준금리 및 월차임 전환시 제한 산정률 변동 현황

변경일자	월차임전환시산정률(%)	기준금리(%)	
2025-02-25	2	2.75	적용
2024-11-28	2	3.00	적용
2024-10-11	2	3.25	적용
2023-01-13	2	3.50	적용
2022-11-24	2	3.25	적용
2022-10-12	2	3.00	적용
2022-08-25	2	2.50	적용
2022-07-13	2	2.25	적용
2022-05-26	2	1.75	적용
2022-04-14	2	1.50	적용
2022-01-14	2	1.25	적용
2021-11-25	2	1.00	적용
2021-08-26	2	0.75	적용
2020-09-29	2	0.50	적용
2020-05-28	3.5	0.50	적용
2020-03-17	3.5	0.75	적용

거주주택 비과세 특례(소령§155⑳) 임대료 제한 요건

1세대가 2호 이상의 장기임대주택을 소유하는 경우 2호 이상의 장기임대주택 모두 소령155⑳ 2호의 요건을 충족하는 경우에 같은 항 본문에 따른 거주주택 비과세 특례를 적용하는 것임

[중요] 중 [난이] 중

적용사례(서면-2022-부동산-4389, '23.04.28.)

[사례]

'06.5.1.	'10.3.1.	'12.12.1.	'18.12.1.	'23.2.1.
"A주택" 취득 및 2년 이상 거주	"B주택*" 취득 (다세대)	"C아파트**" 취득	"B · C주택" 임대등록 변경 신고***	"A주택" 양도 예정****

* '11.11.1. B주택 매입임대등록
** '16.9.1. C아파트 단기임대등록
*** 매입 · 단기 → 장기임대주택으로 변경 신고
**** C주택 관리처분인가 전 A주택 양도 예정

Q1 2호 이상의 장기임대주택 중 1채의 임대주택이 소령§155⑳2호의 임대료 등 증액 제한 요건을 위반*한 이력이 있는 경우 거주주택 비과세 특례 적용 여부?

* B주택 임대차계약 체결 시 임대료 등을 5% 초과 증액하였음을 가정

A1 1세대가 2호 이상의 장기임대주택을 소유하는 경우 2호 이상의 장기임대주택 모두 소령§155⑳2호의 요건을 충족하는 경우에 같은 항 본문에 따른 거주주택 비과세 특례를 적용하는 것임

관련 판례 · 해석 등 참고사항

▸ **소령§155[1세대 1주택의 특례]**

⑳ 장기임대주택과 그 밖의 1주택을 국내에 소유하고 있는 1세대가 각각 1호와 2호의 요건을 충족하고 해당 1주택을 양도하는 경우에는 국내에 1주택을 소유하고 있는 것으로 보아 소령§154①을 적용한다.

2. 장기임대주택 : 양도일 현재 법§168에 따른 사업자등록을 하고, 장기임대주택을 민간임대주택법 §5에 따라 민간임대주택으로 등록하여 임대하고 있으며, 임대보증금 또는 임대료의 연 증가율이 100분의 5를 초과하지 않을 것

거주주택 비과세 특례(소령§155⑳) 임대료 제한 요건

1세대가 '20.8.18. 이후 단기임대주택을 자동말소하고 장기일반임대주택으로 재등록하는 경우, 소령§155⑳에 따른 거주주택 비과세특례 적용 시 임대료 5% 증액 제한요건이 적용되는 임대차 계약은 재등록 이후 최초로 작성되는 표준 임대차계약임

중요: 중 / 난이: 중

적용사례(서면-2021-부동산-4065, '22.11.10., 서면-2021-법규재산-6177, '22.10.26.)

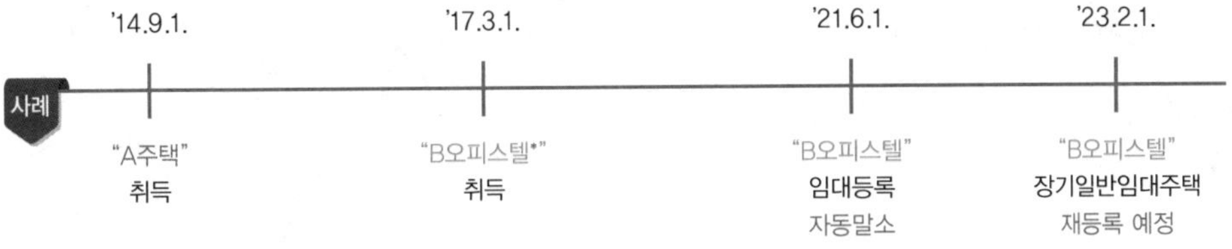
사례
'14.9.1.
"A주택"
취득
'17.3.1.
"B오피스텔*"
취득
'21.6.1.
"B오피스텔"
임대등록
자동말소
'23.2.1.
"B오피스텔"
장기일반임대주택
재등록 예정

* 단기(4년) 임대사업자 등록

Q1 소령§155⑳ 적용시, 자동말소된 임대주택을 장기일반임대주택으로 재등록하는 경우, 임대보증금 또는 임대료 5% 증액제한의 기준이 되는 최초의 계약은?

A1 1세대가 '20.8.18. 이후 단기임대주택을 자동말소하고 장기일반임대주택으로 재등록하는 경우, 소령§155⑳에 따른 거주주택 비과세특례 적용 시 임대료 5% 증액 제한요건이 적용되는 임대차 계약은 재등록 이후 최초로 작성되는 표준임대차계약임

관련 판례 · 해석 등 참고사항

▸ **서면-2022-법규재산-0432, '23.03.13.**

- 주택임대차보호법§4①단서에 따라 임차인이 임대차기간을 1년으로 정하는 임대차계약을 연속으로 한 경우로서 직전 임대차계약 개시일부터 1년이 지난 날을 새로운 임대차계약 개시일로 하여 직전 임대보증금 또는 임대료의 5% 범위 내에서 증액한 경우는 소령§155⑳2호 전단, 같은 영 §167의3①2호마목 본문, 조특령§97의3③1호 전단의 "임대료등의 증가율이 100분의 5를 초과하지 않을 것"에 해당하는 것임

거주주택 비과세 특례(소령§155㉒, ①)　　거주주택＋일시적 2주택 중첩적용

거주주택 특례(소령§155㉒)와 일시적 2주택(소령§155①)의 중첩 적용으로 1세대 1주택으로 보아 비과세 적용

중요 **상**　난이 **중**

적용사례

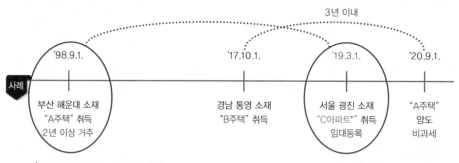

3년 이내

'98.9.1.　　　　'17.10.1.　　　'19.3.1.　　'20.9.1.

사례

부산 해운대 소재
"A주택" 취득
2년 이상 거주

경남 통영 소재
"B주택" 취득

서울 광진 소재
"C아파트*" 취득
임대등록

"A주택"
양도
비과세

* C 아파트 : 장기임대주택 요건 충족

Q1 A아파트 비과세 적용 여부?

A1 거주주택 특례(소령§155㉒)와 일시적 2주택(소령§155①)의 중첩 적용으로 1세대 1주택으로 보아 비과세 적용

📑 관련 판례 · 해석 등 참고사항

▶ 소령§167의3① 각목 외 본문(사업자등록등) 및 가목 본문의 요건을 모두 충족 시 거주주택 특례 적용 가능

▶ '20.10.7. 소령 개정으로 가목 및 다목에 해당주택은 '20.7.10. 이전 등록신청주택에 한정

▶ '21.2.17. 이후 양도분부터 소령§167의3①2호 마목 1)에 따른 주택 포함해서 거주주택 비과세 특례 적용 가능

타 | 장기임대주택(장기어린이집) 보유에 따른 2주택 특례(소령§155⑳)

▶ 장기임대주택 외 거주주택* 양도 시 비과세

- 보유기간 중 2년 이상 거주한 주택

▶ 장기임대주택의 임대 후 거주주택으로 전환하여 양도 시는 직전 거주주택 양도일 후 기간분만 비과세('19.2.12. 前 취득분 또는 '25.2.28. 이후 양도분)

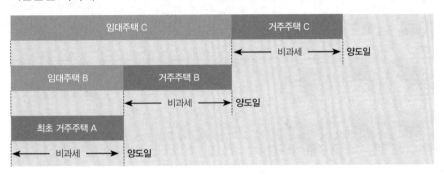

> **참고** 과세대상 양도소득 : 양도주택의 전체 양도소득금액에서 기준시가로 안분(소령§161)

▶ 직전거주주택보유주택* 양도 시 장기보유특별공제

- 과세분(임대주택 B, C) : 표1(10~30%)

- 비과세분(거주주택, 거주주택 A, B, C) : 표2(24~80%)

> **참고** 직전거주주택보유주택 : 민간임대주택법§5에 따라 임대주택으로 등록한 사실이 있고, 그 보유기간 중 양도한 다른 거주주택[양도한 다른 거주주택이 둘 이상인 경우 가장 나중에 양도한 거주주택(직전거주주택)]이 있는 거주주택

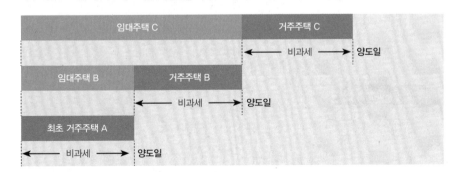

> **참고** 거주주택 및 직전거주주택보유주택이 고가주택에 해당할 경우
> ☞ 비과세 해당 부분에 대해서는 표2 적용

거주주택 비과세 특례(소령§155⑳, 소령§154⑩) 장기보유특별공제 표2

직전거주주택의 양도일 후의 기간분에 대해서만 국내에 1개 주택을 소유하고 있는 것으로 보며, 1개의 주택을 소유한 것으로 보는 구간에서만 최고 80%(소령§95② 별표2)를 적용

[중요] 중 [난이] 상

적용사례(부동산거래관리과–1031, '11.12.13.)

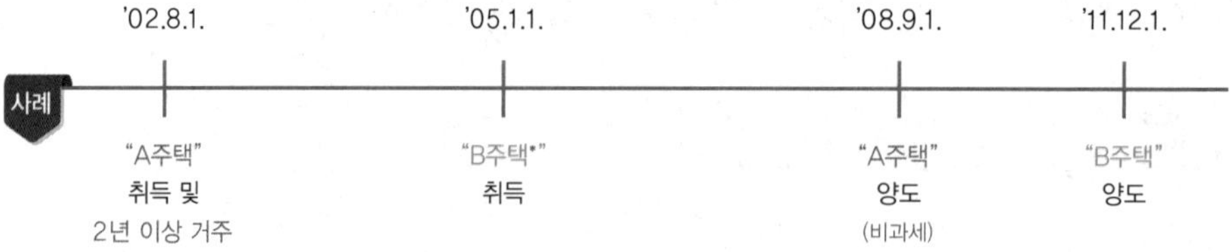
사례
'02.8.1.
"A주택"
취득 및
2년 이상 거주
'05.1.1.
"B주택*"
취득
'08.9.1.
"A주택"
양도
(비과세)
'11.12.1.
"B주택"
양도

* 소령§155⑳에 따른 장기임대주택 요건 충족 전제

[Q1] 거주주택(A)을 양도(비과세)한 후 장기임대주택(B)을 임대기간 충족 후 양도 시 과세되는 부분에 대하여 장기보유특별공제는 최고 80%를 적용하는지 여부?

[A1] 직전거주주택의 양도일 후의 기간분에 대해서만 국내에 1개의 주택을 소유하고 있는 것으로 보아 소법§154①(보유기간 요건)을 적용하는 것이며, 1개의 주택을 소유한 것으로 보는 구간에서만 최고 80%(소령§95② 별표2)를 적용함

관련 판례 · 해석 등 참고사항

▶ 직전거주주택보유주택* 양도 시 비과세 여부('19.2.12. 이후 취득분 & '25.2.28. 前 양도분)

- 최초 거주주택 양도 시 : 비과세

- 이후 장기임대주택의 거주주택 전환 후 양도 : 과세

- 최후 1주택은 직전 장기임대주택 양도일 이후분만 비과세(소령§154⑩)

  ☞ 소령부칙(제29523호, '19.2.12.) §7에 따라 '19.2.12. 이후 취득한 거주주택부터는 생애
    한 차례만 거주주택을 최초로 양도하는 경우에 한정하여 비과세를 적용

    (∵임대사업자에 대한 세제혜택 합리화)

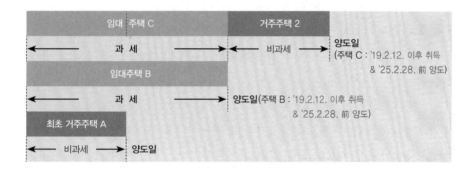

법령요약

⊙ 임대사업자의 최초 거주주택에 대해서만 비과세 소령부칙 (제29523호, '19.2.12.)

제2조(일반적 적용례)

② 이 영 중 양도소득세에 관한 개정규정은 이 영 시행 이후 양도하는 분부터 적용한다.

제7조(주택임대사업자 거주주택 양도소득세 비과세 요건에 관한 적용례 등)

① 제154조제10항제2호 및 제155조제20항(제2호는 제외한다)의 개정규정은 이 영 시행 이후 취득하는 주택부터 적용한다.

② 다음 각 호의 어느하나에 해당하는 주택에 대해서는 제154조제10항제2호, 제155조 제20항(제2호는 제외한다)의 개정규정 및 이 조 제1항에도 불구하고 종전의 규정에 따른다.

1. 이 영 시행 당시 거주하고 있는 주택
2. 이 영 시행 전에 거주주택을 취득하기 위해 매매계약을 체결하고 계약금을 지급한 사실이 증빙 서류에 의해 확인되는 주택

⊙ 거주주택 생애 1회 비과세 제한 폐지 소령부칙(제35349호, '25.2.28.)

제1조(시행일)

이 영은 공포한 날부터 시행한다. (이하 생략)

제14조(주택임대사업자의 거주주택 등 양도에 관한 적용례)

소령§155⑳의 개정규정은 이 영 시행 이후 주택을 양도하는 경우부터 적용한다.

거주주택 비과세 특례(소령§155⑳) 비과세 범위

상속받은 A주택(거주주택 비과세 특례 적용) 및 B주택(거주주택 특례 비적용)을 순차 양도 후 최종 장기임대주택을 거주용으로 전환한 후 C주택 양도 시 B주택 양도일 후 기간분만 비과세 적용

[중요] 상 [난이] 중

적용사례(기재부 조세법령운용과-939, '21.11.02.)

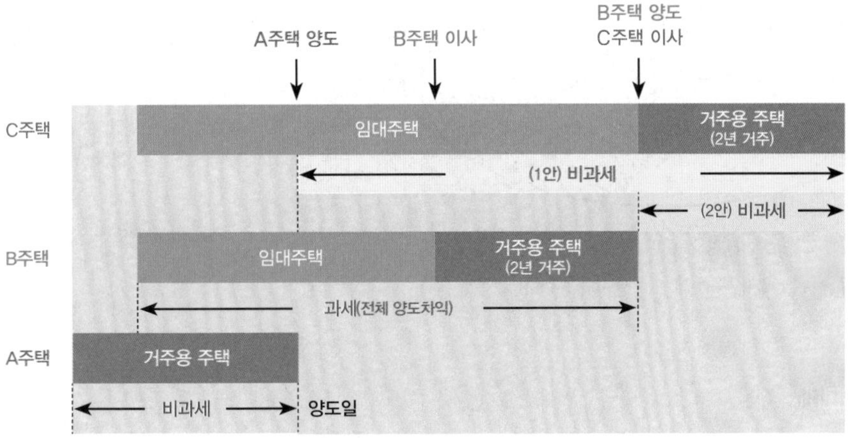

[Q1] A주택(거주주택 비과세 특례 적용) 및 B주택(거주주택 특례 비적용)을 순차 양도 후 최종 장기임대주택을 거주용으로 전환한 후 C주택 양도 시 1세대 1주택 비과세 범위는?

[A1] B주택(거주주택 비과세 특례 비적용) 양도일 후 기간분만 비과세 적용함(2안)

관련 판례 · 해석 등 참고사항

▸ 서면-2023-법규재산-0426, '23.07.13.

- '19.2.12. 전에 취득한 최종 직전거주주택보유주택 양도 시 소령§155⑳1호의 거주주택에 대한 거주기간 요건을 고려하지 않고, 소령§154①의 거주기간 요건을 고려함

거주주택 비과세 특례(소령§155⑳) 생애 1회 비과세

'19.2.12. 이후 취득한 거주주택으로 이미 생애 1회 거주주택 특례를 적용 받았기 때문에 비과세 적용 불가

[중요] 상 [난이] 중

적용사례(기획재정부 재산세제과-192, '20.02.18.)

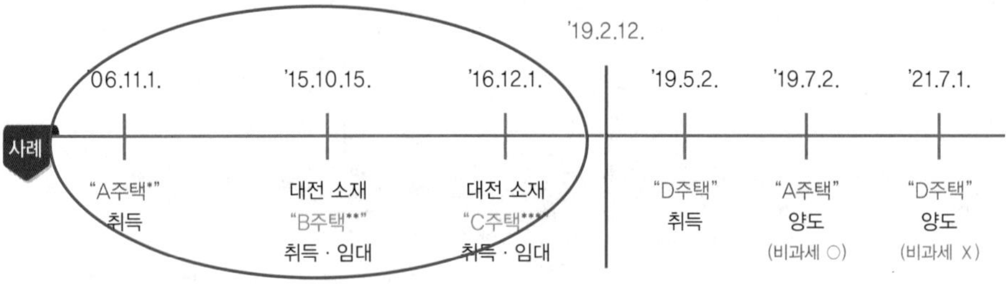

* A, D주택 : 보유기간 중 2년 이상 거주

** B, C주택 : 사업자등록등 필, 취득시부터 현재까지 임대

Q1 A주택 비과세 적용 여부?

A1 거주주택 특례(소령§155⑳)와 일시적 2주택(소령§155①)의 중첩 적용으로 1세대 1주택으로 보아 비과세 적용

Q2 A주택 양도 후, D주택에 2년 이상 거주한 후 양도하는 경우 비과세 적용 여부?

A2 '19.2.12. 이후 취득한 거주주택으로 이미 생애 1회 거주주택 특례를 적용 받았기 때문에 비과세 적용 불가

* D주택을 '19.2.12. 前에 취득했다면 전체 양도소득금액에 대해 비과세 적용

관련 판례 · 해석 등 참고사항

☞ '25.2.28. 이후 주택을 양도하는 분부터는 생애 1주택으로 제한하는 규정이 삭제되어 거주주택이 제한없이 비과세가 계속 적용됨

거주주택 비과세 특례(소령§155⑳)   생애 1회 비과세

주택 분양권이 완공되어 취득한 주택을 거주주택에 이어 재차 양도 시 소령('19.2.12. 대통령령
제29523호로 개정된 것) 부칙§7②에 따라 종전규정 적용 받으므로 비과세 적용

중요 상   난이 중

적용사례(서면-2021-법령해석재산-1409, '21.04.27.)

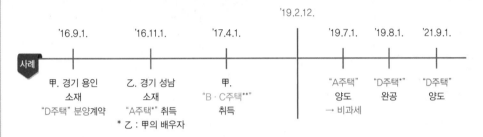

* A · D주택 : 세대 전원 2년 이상 거주
** B · C주택 : '17.4.1. 임대사업자 등록(4년), 세무서 사업자 등록 후 '20.7.9. 장기일반(8년)임대로 전환

Q1 '19.2.12. 전에 분양 계약한 D주택 양도 시 비과세 적용 여부?

A1 주택 분양권이 완공되어 취득한 주택을 거주주택에 이어 재차 양도 시 소령('19.2.12. 대통령령
제29523호로 개정된 것) 부칙§7②에 따라 종전규정 적용 받으므로 비과세 적용함

📝 관련 판례 · 해석 등 참고사항

▶ 임대사업자의 최초 거주주택에 대해서만 비과세 **소령부칙**(제29523호, '19.2.12.)

제7조(주택임대사업자 거주주택 양도소득세 비과세 요건에 관한 적용례 등)

② 다음 각 호의 어느하나에 해당하는 주택에 대해서는 제154조제10항제2호, 제155조제20항(제2호는
제외한다)의 개정규정 및 이 조 제1항에도 불구하고 종전의 규정에 따른다.

1. 이 영 시행 당시 거주하고 있는 주택

2. 이 영 시행 전에 거주주택을 취득하기 위해 매매계약을 체결하고 계약금을 지급한 사실이 증빙 서류에
   의해 확인되는 주택

거주주택 비과세 특례(소령§155⑳, ①) 생애 1회 비과세

중첩적용은 두 개 조항 모두 충족해야 되는데 거주주택을 '19.2.12. 이후 취득한 경우에는 생애 한차례만 비과세 특례를 받을 수 있으므로 거주주택 특례 요건 불비로 비과세 불가

[중요] 상 [난이] 중

적용사례

[사례]

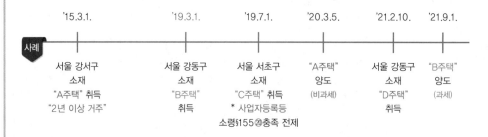

'15.3.1.	'19.3.1.	'19.7.1.	'20.3.5.	'21.2.10.	'21.9.1.
서울 강서구 소재 "A주택" 취득 "2년 이상 거주"	서울 강동구 소재 "B주택" 취득	서울 서초구 소재 "C주택" 취득 * 사업자등록등 소령§155⑳충족 전제	"A주택" 양도 (비과세)	서울 강동구 소재 "D주택" 취득	"B주택" 양도 (과세)

[Q1] A주택을 양도 시 비과세 적용 여부?

[A1] 거주주택과 일시적 2주택 특례의 중첩적용으로 9억원 이하까지 비과세 적용됨

[Q2] A주택을 양도하고 D주택을 취득한 후, 2년 이상 거주한 B주택을 양도 시 비과세 적용 여부?

[A2] 중첩적용은 두 개 조항 모두 충족해야 되는데 거주주택(B)을 '19.2.12. 이후 취득한 경우에는 생애 한차례만 비과세 특례를 받을 수 있으므로, B주택 양도 시에는 거주주택 특례 요건 불비로 비과세 불가함

관련 판례 · 해석 등 참고사항

☞ '25.2.28. 이후 주택을 양도하는 분부터는 생애 1주택으로 제한하는 규정이 삭제되어 거주주택이 제한없이 비과세가 계속 적용됨

거주주택 비과세 특례(소령§155⑳) 장기임대주택의 미보유 상태의 계약

'19.2.12. 전 장기임대주택을 보유하지 않는 상태에서 새로운 주택을 취득하기 위하여 매매계약을 체결하고 계약금을 지급한 주택분양권은 거주주택 비과세 종전 규정을 적용 받을 수 없음

[중요] 상 [난이] 상

적용사례(서면-2020-법령해석재산-1464, '21.03.08.)

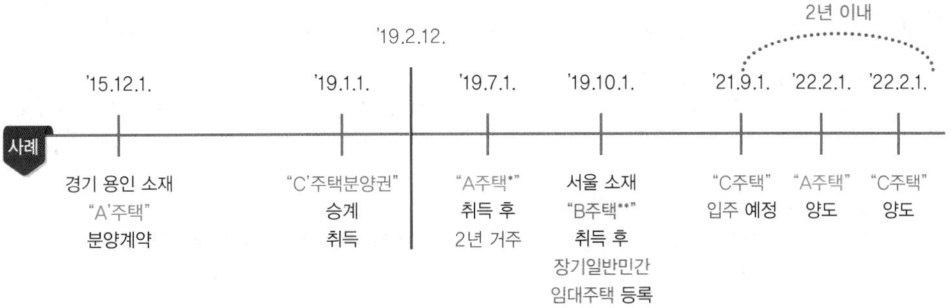

* A주택은 C주택 입주시 양도 예정이며 A주택은 거주주택 비과세와 일시적 2주택 비과세 규정이 중첩적용되어 비과세 됨을 전제

** 소령§155⑳ 특례요건을 충족한 것으로 전제

Q1 장기임대주택을 보유하지 않는 상태에서 '19.2.12. 전에 새로운 주택을 취득하기 위하여 매매계약을 체결한 주택분양권(C')을 준공 후 2년 이상 거주하고 양도 시 비과세 특례 적용 여부?

A1 '19.2.12. 전 장기임대주택을 보유하지 않는 상태에서 새로운 주택을 취득하기 위하여 매매계약을 체결하고 계약금을 지급한 주택분양권은 거주주택 비과세 종전 규정을 적용 받을 수 없음

관련 판례 · 해석 등 참고사항

☞ 거주주택은 장기임대주택이 전제가 되어야 하므로 '19.2.12. 전에 장기임대주택도 보유하고 있어야 비과세 특례 적용 가능

직전거주주택보유주택은 직전거주주택의 양도일 후의 기간분에 대해서만 비과세 적용

적용사례

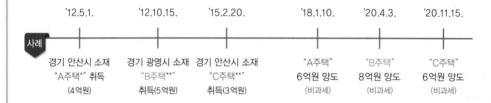

```
        '12.5.1.        '12.10.15.      '15.2.20.        '18.1.10.      '20.4.3.       '20.11.15.
사례 ├──────┼──────────┼──────────┼──────────┼──────────┼──────────┼
   경기 안산시 소재   경기 광명시 소재   경기 안산시 소재      "A주택"         "B주택"          "C주택"
   "A주택*" 취득      "B주택**"        "C주택**"        6억원 양도       8억원 양도       6억원 양도
    (4억원)          취득(5억원)       취득(3억원)       (비과세)         (비과세)         (비과세)
```

> * A주택 : 보유기간 중 2년 이상 거주
> ** B, C주택 : 사업자등록등 필, 취득시부터 양도일까지 5년 이상 임대. B주택은 5년 임대 후 A주택을 양도한 후
> 2년 이상 거주하고 양도

Q1 A, B, C주택을 순차적으로 양도 시 비과세 적용 여부?

A1 ① A주택은 소령§155⑳의 장기임대주택 특례 요건 충족으로 비과세 적용

② B주택은 직전거주주택(A) 양도일 후의 기간분에 대해서만 비과세 적용(소령§155⑳)

③ C주택도 직전거주주택(B) 양도일 후의 기간분에 대해서만 비과세 적용(소령§154⑩)

Q2 만약 B주택에서 2년 이상 거주를 하지 않는 등 비과세 요건 불비로 과세된 후, C주택을 양도한다면 C주택 비과세 적용 여부?

A2 직전거주주택이 B주택이 아닌 A주택이므로, A주택 양도일 후의 기간분에 대해서만 비과세 적용

📜 관련 판례 · 해석 등 참고사항

☞ 위의 사례에서는 B, C주택을 '19.2.12. 이후 취득하지 않았으므로 **비과세를 생애 한번만 받는 규정은 적용되지 않음**

▶ 직전거주주택보유주택

– 민간임대주택법§5에 따라 임대주택으로 등록한 사실이 있고, 그 보유기간 중 양도한 다른 거주주택[양도한 다른 거주주택이 둘 이상인 경우 가장 나중에 양도한 거주주택(직전거주주택)]이 있는 거주주택

거주주택 비과세 특례(소령§155⑳)   직전거주주택보유주택

직전거주주택보유주택이 아니고 소령§155⑳ 본문 후단부에서 열거(직전거주주택의 양도일 후의 기간분에 대해서만 비과세가 적용)한 대상도 아니어서 비과세 구간이 제한되지 아니함

중요 중 | 난이 상

적용사례(서면-2020-법령해석재산-0669, '21.03.08.)

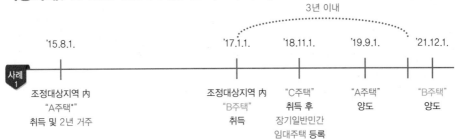

* 조특법§99의2에 따른 감면특례대상 신축주택에 해당

Q1 A주택을 1세대 1주택 비과세 특례의 중첩 적용(일시적 2주택 및 거주주택 특례)을 받고 비과세로 양도한 후, 신규주택(B)을 양도 시 소령§155⑳의 거주주택 특례가 적용되는 비과세를 적용 구간이 어디인지 여부?

A1 B주택은 직전거주주택보유주택*이 아니므로 소령§155⑳ 본문 후단부에서 열거(직전거주주택의 양도일 후의 기간분에 대해서만 비과세가 적용)한 대상도 아니어서 비과세 구간이 제한되지 아니함

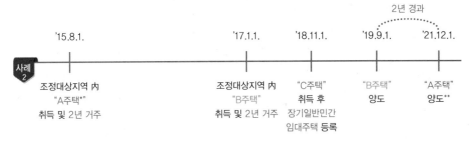

* 조특법§99의2에 따른 감면특례대상 신축주택에 해당

** B주택 양도시점부터 2년 보유·거주 후 양도

Q2 먼저 신규주택(B)을 양도하면서 조특법§99의2와 소령§155⑳의 거주주택 특례를 적용받아 비과세로 양도한 후, 종전주택(A)을 B주택 양도시점부터 2년 보유 및 거주 후 양도 시 양도차익 중 비과세를 받는 구간이 어디인지?

A2 A주택은 직전거주주택보유주택*이 아니므로 소령§155⑳ 본문 후단부에서 열거(직전거주주택의 양도일 후의 기간분에 대해서만 비과세가 적용)한 대상도 아니어서 비과세 구간이 제한되지 아니함

참고 직전거주주택보유주택 : 민간임대주택법§5에 따라 임대주택으로 등록한 사실이 있고, 그 보유기간 중 양도한 다른 거주주택[양도한 다른 거주주택이 둘 이상인 경우 가장 나중에 양도한 거주주택(직전거주주택)]이 있는 거주주택

제2편

거주주택 비과세 특례(소령§155⑳) 거주주택 → 조합원입주권 변환 후 양도

장기임대주택을 소유한 상태에서 2년 이상 거주한 주택이 조합원입주권으로 변환된 이후 조합원입주권을 양도 시 비과세 대상 아님

중요 상 | 난이 중

적용사례(서면-2017-법령해석재산-1581, '18.04.18.)

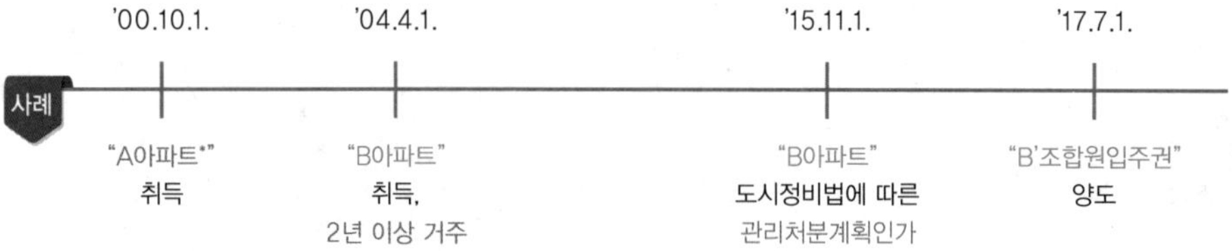

사례
'00.10.1.
"A아파트*"
취득
'04.4.1.
"B아파트"
취득,
2년 이상 거주
'15.11.1.
"B아파트"
도시정비법에 따른
관리처분계획인가
'17.7.1.
"B'조합원입주권"
양도

* 장기임대주택으로 사업자등록등을 하고 임대 개시

[Q1] 장기임대주택을 소유한 상태에서 2년 이상 거주한 주택이 조합원입주권(B')으로 변환된 이후 조합원입주권(B')을 양도 시 비과세 적용 여부?

[A1] 거주주택(B아파트)이 도시정비법에 따른 관리처분계획인가로 인하여 취득한 입주자로 선정된 지위(조합원입주권)로 전환된 이후 조합원입주권(B')을 양도 시에는 비과세 대상 아님

관련 판례 · 해석 등 참고사항

☞ 조합원입주권 자체가 비과세되는 경우는 소법§89①4호에서 열거한 두 가지 이외에는 없음

거주주택 비과세 특례(소령§155⑳)　　장기임대주택 → 조합원입주권 변환 후 양도

장기임대주택이 도시정비법에 따른 관리처분계획인가로 인하여 취득한 입주자로 선정된
지위(조합원입주권)로 전환된 이후 거주주택 양도 시에도 소령§155⑳에 따른 비과세 특례
적용

중요 상　난이 중

적용사례(서면-2017-부동산-0313, '17.07.19., 서면-2015-법령해석재산-1821, '16.01.28.)

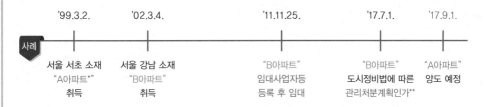

| '99.3.2. | '02.3.4. | '11.11.25. | '17.7.1. | '17.9.1. |

사례

서울 서초 소재　서울 강남 소재　　　　"B아파트"　　　　"B아파트"　　"A아파트"
"A아파트*"　　　"B아파트"　　　　임대사업자등　　도시정비법에 따른　양도 예정
취득　　　　　취득　　　　　등록 후 임대　　관리처분계획인가**

* 세대 전원 2년 이상 보유기간 중 거주

** '16.4.28. B아파트 사업시행인가되었으며, 준공 후 잔여 임대기간 충족 예정

Q1 B아파트 관리처분계획인가일 이후 거주하던 A아파트를 양도 시 비과세 적용 여부?

A1 장기임대주택이 도시정비법에 따른 관리처분계획인가로 인하여 취득한 입주자로 선정된
지위(조합원입주권)로 전환된 이후 거주주택 양도 시에도 소령§155⑳에 따른 비과세 특례 적용됨

관련 판례 · 해석 등 참고사항

☞ 위의 사례는 '20.8.18. 민간임대주택법이 개정되어 아파트의 장기임대주택 등록이 불가능한 경우가
아님에 특히 유의

조합원입주권 상태에서 사업자등록등을 한 후 거주주택을 양도 시에는 거주주택 비과세 특례 규정이 적용되지 않음

중요	난이
상	중

적용사례(서면-2019-부동산-3508, '19.11.19., 서면-2016-법령해석재산-5873, '17.05.25.)

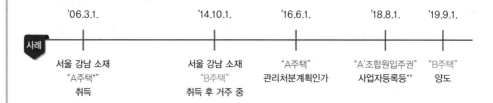

'06.3.1.	'14.10.1.	'16.6.1.	'18.8.1.	'19.9.1.
서울 강남 소재 "A주택*" 취득	서울 강남 소재 "B주택" 취득 후 거주 중	"A주택" 관리처분계획인가	"A'조합원입주권" 사업자등록등**	"B주택" 양도

　* '18.8월 장기임대주택 등록 시 공동주택가격 309백만원, 2년 거주 후 전세 임대, '15.10월 사업승인인가

** '18.11월 세입자 퇴거 및 사업자등록 당시 미 철거

Q1 조합원입주권(A') 상태에서 임대사업자 등록한 경우 거주주택(B) 비과세 적용 여부?

A1 조합원입주권 상태에서 사업자등록등을 한 후 거주주택을 양도 시에는 거주주택 비과세 특례(소령§155⑳) 규정이 적용되지 않음

📜 **관련 판례 · 해석 등 참고사항**

거주주택 비과세 특례(소령§155⑳) 장기임대주택 → 조합원입주권 전환 후 임대등록

장기임대주택이 도시정비법에 따른 관리처분계획인가로 인하여 조합원입주권으로 되면 1주택과 1조합원입주권이 되므로 소령§155⑳을 적용할 수 없고, 사업자등록등을 한 후 임대를 개시하지 않은 상태에서는 거주주택 비과세 특례를 적용할 수 없음

중요 상 난이 상

적용사례(서면-2016-법령해석재산-5873, '17.05.25.)

'94.3.3.

乙(甲의 배우자).
경기 00시 소재
"A주택"
상속 취득

'96.10.7.

甲. 경기 00시 소재
"B주택*"
취득

'16.11.16.

"A주택" →
"A'조합원입주권"
도시정비법에 따른
관리처분계획인가*

'16.11.17.

"A'조합원입주권"
사업자등록 등

"B주택"
양도

* 甲과 甲의 자녀 : '03.7.21.부터 거주, 乙 : '10.8.25.부터 거주

Q1 A주택이 관리처분계획인가로 A'조합원입주권으로 전환된 이후 임대주택 등록을 한 후 거주하던 다른 B주택을 양도 시 비과세 특례 적용 여부?

A1 • 장기임대주택이 도시정비법에 따른 관리처분계획인가로 인하여 조합원입주권으로 되면 1주택과 1조합원입주권이 되므로 소령§155⑳을 적용할 수 없고,

• 사업자등록등을 한 후 임대를 개시하지 않은 상태에서는 거주주택 비과세 특례를 적용할 수 없음

  (∵ 사업자등록등을 한 후 임대를 개시한 때부터 임대기간 기산)

🖎 관련 판례 · 해석 등 참고사항

☞ A'조합원입주권이 신축되어 장기임대주택 요건을 충족한 상태에서 B주택을 양도한다면 거주주택 비과세 특례 적용됨

제 2 편

장기일반민간임대주택의 임대기간 중에 도시정비법에 따른 재건축사업이 진행되는 경우
임대기간은 재건축 前 임대기간과 재건축 後 임대기간을 통산함

중요 상 · 난이 중

적용사례(서면-2017-부동산-2743, '17.11.14., 서면-2016-법령해석재산-4571, '16.11.25.)

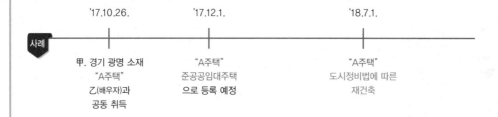

'17.10.26.
甲. 경기 광명 소재
"A주택"
乙(배우자)과
공동 취득

'17.12.1.
"A주택"
준공공임대주택
으로 등록 예정

'18.7.1.
"A주택"
도시정비법에 따른
재건축

Q1 A주택을 준공공임대주택"으로 등록 후 도시정비법에 따른 재건축사업이 진행되는 경우
재건축공사기간을 임대기간에 포함하는 지 여부?

A1 준공공임대주택의 임대기간 중에 도시정비법에 따른 재건축사업이 진행되는 경우 임대기간은 재건축 前
임대기간과 재건축 後 임대기간을 통산함

📑 관련 판례 · 해석 등 참고사항

▶ '18.7.17.부터 민간임대주택법상 준공공임대주택이 장기일반민간임대주택으로 용어 변경됨

▶ 임대주택이 재개발로 주택면적이나 기준시가가 초과된 경우

- 소령§167의3의 규정에 의한 임대사업자 등록 후 임대개시 당시 임대주택 요건을 충족한
  임대주택이 재개발로 주택이 신축되어 주택면적이나 기준시가가 임대주택 요건을
  초과하여도 소령§154⑩ 및 소령§155⑲을 적용하는 것이며, 재건축공사기간은
  임대기간에 포함되지 아니하며 재건축 후 신축된 주택의 임대기간을 합산하여
  임대기간을 계산하는 것임

  (부동산거래관리과−1029, '11.12.13.)

▶ 겸용주택의 부수토지면적 계산

- 장기임대주택인 겸용주택 부수토지의 면적 계산은 건물에 부수된 전체 토지면적에
  주택부분 연면적이 건물 전체 연면적에서 차지하는 비율을 곱하여 산정함

  (부동산거래관리과−0987, '11.11.24.)

A빌딩의 4층 주택에 대해 세무서에 "주택임대" 업종이 등록 되어 있지 않아 장기임대주택의 요건 불비로, 거주주택 특례가 성립되지 않아 비과세 적용 불가

중요 상   난이 중

적용사례

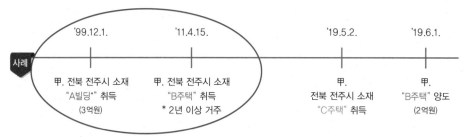

* A빌딩(1~3층 : 상가, 4층 : 주택): 지방자치단체에 임대사업자 등록('18.2.20.), 세무서에 일반과세자로 사업자등록 ('99.10.1.)했으나 "주택임대" 업종 없음

Q1 B주택을 양도 시 비과세 적용 여부?

A1 A빌딩의 4층 주택에 대해 세무서에 "주택임대" 업종이 등록 되어 있지 않아 장기임대주택의 요건 불비로, 거주주택 특례가 성립되지 않아 비과세 적용 불가

Q2 A빌딩이 주택임대 등록을 하였다면 비과세 적용 여부?

A2 B주택을 거주주택 특례가 적용되는 Set이면서 종전주택으로 보고 C주택을 신규주택 취득으로 보아 거주주택 특례와 일시적 2주택 특례 규정이 중첩 적용되는 것으로 보아 비과세 인정

📑 **관련 판례 · 해석 등 참고사항**

▶ 조심-2016-광-3644, '16.12.14. 결정내용도 동일

조특법 및 소령에서 규정한 장기임대주택의 임대기간 요건을 적용 시, 사업자등록 등을 하고 임대를 개시하면 임대기간에 포함하는 것이며, 별도세대인 아들에게 임대료를 받고 임대하는 경우도 임대기간에 포함

중요 상   난이 중

적용사례(서면-2015-부동산-22409, '15.03.30.)

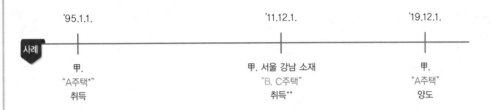

사례

'95.1.1.
甲.
"A주택*"
취득

'11.12.1.
甲. 서울 강남 소재
"B, C주택"
취득**

'19.12.1.
甲.
"A주택"
양도

* 甲 세대전원이 2년 이상 거주

** 세무서에 사업자등록, 임대주택법에 따른 임대사업자등록하고 임대 개시하였는데, C주택은 아들 세대에게 임대함

Q1 아들에게 임대료를 받고 임대하는 경우에도 해당 주택의 임대기간에 포함하는 지 여부?

A1 조특법 및 소령에서 규정한 장기임대주택의 임대기간 요건을 적용 시, 사업자등록 등을 하고 임대를 개시하면 임대기간에 포함하는 것이며,

– 아들에게 임대료를 받고 임대하는 경우도 해당 주택의 임대기간에 포함하는 것이나, 아들에게 실지 임대했는지 여부는 사실관계를 확인하여 판단할 사항임

관련 판례 · 해석 등 참고사항

☞ 위의 해석과 관련하여, C주택을 배우자에게 임대하였다면 비과세 주체가 "1세대"인데 객체가 되는 모순 발생하여 임대기간 인정하면 안될 것으로 판단됨

제 2 편

거주주택 비과세 특례(소령§155⑳) — 장기임대주택 요건(수증 후 임대등록)

동일세대원간 장기임대주택을 증여한 경우, 임대의무기간 요건 충족여부는 증여자의 임대기간과 수증자의 임대기간을 통산하여 판정하는 것임

중요 상 | 난이 중

적용사례(서면-2022-법규재산-4972, '24.05.27.)

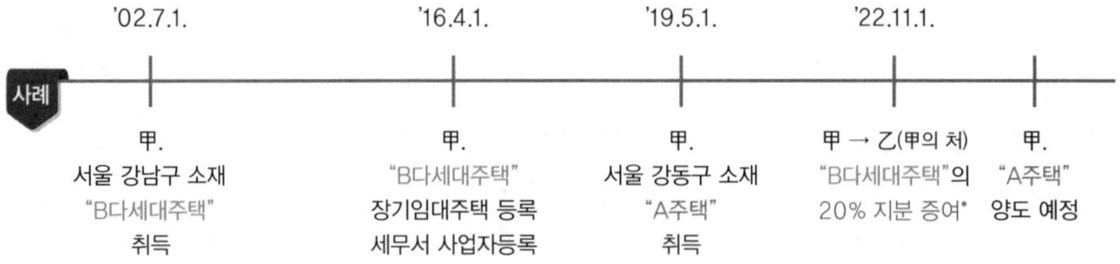
사례
'02.7.1.
甲.
서울 강남구 소재
"B다세대주택"
취득
'16.4.1.
甲.
"B다세대주택"
장기임대주택 등록
세무서 사업자등록
'19.5.1.
甲.
서울 강동구 소재
"A주택"
취득
'22.11.1.
甲 → 乙(甲의 처)
"B다세대주택"의
20% 지분 증여*
甲.
"A주택"
양도 예정

* 증여받은 乙이 민간임대주택법상 포괄승계 후 임대주택 등록 및 세무서 사업자등록 부부 공동명의로 변경하였고, 다른 장기임대주택요건 등은 충족한 것으로 전제

[Q1] 다가구주택(A)을 장기임대주택 보유기간 중 동일세대원에게 증여하고, 그 증여받은 세대원이 민간임대주택법상 포괄승계 후 계속 임대하는 경우로써,

- 소령§155⑳의 장기임대주택의 임대기간 충족여부 판정 시 증여 전 증여자의 임대기간을 합산할 수 있는지 여부?

[A1] 동일세대원간 장기임대주택을 증여한 경우, 임대의무기간 요건 충족여부는 증여자의 임대기간과 수증자의 임대기간을 통산하여 판정하는 것임

관련 판례 · 해석 등 참고사항

거주주택 비과세 특례(소령§155⑳) 장기임대주택 요건(일부 임대주택 공실)

공실이 자가거주 등 임대 이외의 목적으로 사용되는 것이 아닌 한 임대사업을 계속하고 있는 것으로 보아 거주주택 특례가 적용됨

중요 상 / 난이 상

적용사례(기준-2020-법령해석재산-0204, '21.03.19., 기획재정부 재산세제과-213, '21.03.15.)

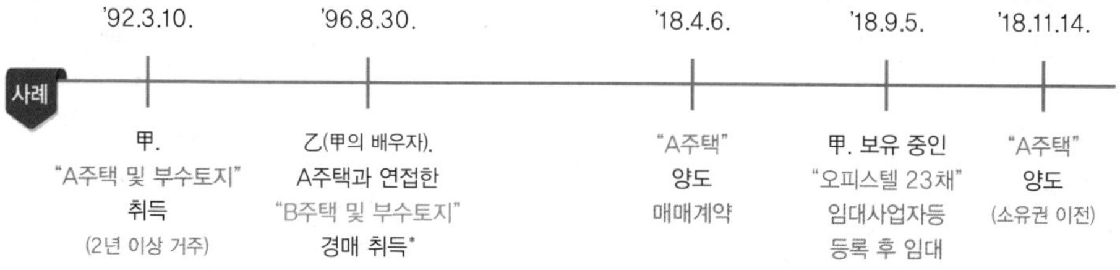

사례
'92.3.10.
甲. "A주택 및 부수토지" 취득 (2년 이상 거주)
'96.8.30.
乙(甲의 배우자). A주택과 연접한 "B주택 및 부수토지" 경매 취득*
'18.4.6.
"A주택" 양도 매매계약
'18.9.5.
甲. 보유 중인 "오피스텔 23채" 임대사업자등 등록 후 임대
'18.11.14.
"A주택" 양도 (소유권 이전)

* '96.12.29. 주택을 멸실한 후 甲 소유의 A주택의 부수토지로 사용

Q1 거주주택(A) 양도 당시 장기임대주택으로 등록한 오피스텔 23채 중 4호의 공실이 있는 경우, 소령§155⑳의 거주주택 특례 요건 미충족으로 보는 지 여부?

A1 그 공실이 자가거주 등 임대 이외의 목적으로 사용되는 것이 아닌 한 임대사업을 계속하고 있는 것으로 보아 거주주택 특례가 적용됨. 다만, 임대사업목적으로 사용하는 지 여부는 사실 판단 사항임

Q2 거주주택(A) 특례를 적용 받은 후 장기임대주택(오피스텔 23채) 중 9호가 소령§155㉒ 2호 각목에 해당하지 않는 사유로 6개월 이상 공실이 발생한 경우 사후관리규정 위반으로 보는 것이 타당한 지 여부?

A2 사후관리 위반에 해당하지 않음

관련 판례 · 해석 등 참고사항

▸ **사전-2021-법령해석재산-0699, '21.07.08.**

- 소령§167의3①2호의 장기임대주택이 임대기간 요건을 충족한 이후 해당주택을 양도하는 경우로서, 양도계약의 잔금청산일 약 20일전 임차인이 퇴거하더라도 잔금청산일 현재 임대 이외의 목적으로 사용된 것이 아니고, 소령§167의3①2호가목의 요건을 충족하는 경우 소법§107⑦에 따른 세율을 적용하지 아니하는 것임

▸ **서면-2022-부동산-4389, '23.04.28.**

- 1세대가 2호 이상의 장기임대주택을 소유하는 경우 2호 이상의 장기임대주택 모두 소령§155⑳2호의 요건을 충족하는 경우에 같은 항 본문에 따른 거주주택 비과세 특례를 적용하는 것임

거주주택 비과세 특례(소령§155⑳) 장기임대주택 요건(다가구주택)

다가구주택은 한 가구가 독립하여 거주할 수 있도록 구획된 부분을 각각 하나의 주택으로 보아 임대호수, 국민주택 규모, 임대기간 및 기준시가 요건 등을 적용하여 장기임대주택 해당 여부 판단

[중요] 상 [난이] 중

적용사례(서면-2018-부동산-0501, '18.03.22.)

[사례]

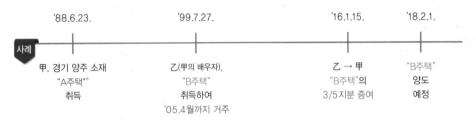

'88.6.23.	'99.7.27.	'16.1.15.	'18.2.1.
甲, 경기 양주 소재 "A주택*" 취득	乙(甲의 배우자), "B주택" 취득하여 '05.4월까지 거주	乙 → 甲 "B주택"의 3/5지분 증여	"B주택" 양도 예정

* 복합주택(상가, 주택 2호)으로 주택 2호 중 1호는 현재 甲이 거주 중이며 2호는 임차인 거주(임대 미등록) 상태

Q1 다가구주택(A)을 본인이 거주 중인 1호를 제외한 임대 중인 2호를 준공공임대주택*으로 등록 후 B주택을 양도하는 경우 거주주택 특례 적용 가능 여부?

A1 • 다가구주택은 한 가구가 독립하여 거주할 수 있도록 구획된 부분을 각각 하나의 주택으로 보아 임대호수, 국민주택 규모, 임대기간 및 기준시가 요건 등을 적용하여 장기임대주택 해당 여부를 판단하는데,

• 다가구주택(A)이 장기임대주택 요건(소령§167의3①2호)을 모두 충족하고 B주택이 거주주택 요건(소령§155⑳1호, 2호)을 모두 충족한 상태에서 B주택을 양도 시 거주주택 특례를 적용함

[참고] 민간임대주택법상 '18.7.17.부터 준공공임대주택이 장기일반민간임대주택으로 용어 변경됨

관련 판례 · 해석 등 참고사항

▸ **'18.7.17.부터 민간임대주택법상 준공공임대주택이 장기일반민간임대주택으로 용어 변경됨**

▸ **서면-2019-부동산-3831, '20.02.03.**

- 피상속인이 사망 전 소령§155⑳ 및 ㉑에 따라 거주주택을 양도하여 1세대1주택 비과세 특례 적용 후 상속으로 인해 임대기간요건을 충족하지 아니하게 된 때에는 소칙§74의2에 따른 부득이한 사유에 해당되어 해당 임대주택을 계속 임대하는 것으로 보는 것임

▸ **소칙§74의2[계속 임대로 보는 부득이한 사유]**

- 소령§155㉒2호가목에서 "기획재정부령으로 정하는 부득이한 사유"란 다음 각 호의 어느 하나에 해당하는 경우를 말한다.
  1. 토지보상법 또는 그 밖의 법률에 따라 수용(협의매수를 포함한다)된 경우
  2. 사망으로 상속되는 경우

甲이 丙과 별도세대인 상태에서 공동명의로 주택 1채를 임대하고 있는 경우에는 주택 1호 이상 임대하는 요건 불비로 거주주택 양도 시 거주주택 비과세 특례 적용 불가(해석 변경으로 삭제됨)

중요 상　난이 중

적용사례(부동산거래관리과-212, '12.04.18.) ☞ 삭제된 해석

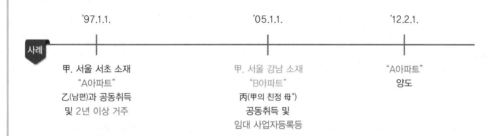

'97.1.1.	'05.1.1.	'12.2.1.
甲. 서울 서초 소재 "A아파트" 乙(남편)과 공동취득 및 2년 이상 거주	甲. 서울 강남 소재 "B아파트" 丙(甲의 친정 母*) 공동취득 및 임대 사업자등록등	"A아파트" 양도

* 丙은 시각장애 1급으로 경기 부천 소재 C주택 소유('82년 취득)하고 있으며 甲과 별도세대로 각각 50% 지분 취득

Q1 甲이 丙과 별도세대인 상태에서 공동명의로 B아파트를 임대하고 있는 경우에도 A아파트 양도 시 거주주택 비과세 특례 적용 가능한지 여부?

A1 별도세대인 甲과 丙이 ½씩 공동 소유하는 주택을 1채 임대하는 경우 당해 임대주택은 주택 1호 이상을 임대하는 요건 불비로 소령§167의3①2호가목에 해당하지 않아 비과세 적용 받을 수 없음

📑 관련 판례 · 해석 등 참고사항

☞ 위의 해석은 별도세대의 세대원과 각각 ½씩 공동으로 소령§167의3①2호마목의 장기임대주택을 임대하여 세대 기준으로 1호 이상 장기임대주택을 임대하지 않으면 거주주택 특례를 적용할 수 없다는 종전 국세청 유권해석으로, 기획재정부가 새로운 유권해석(기획재정부재산세제과-1291, '24.11.06.)에서 세대기준으로 0.5호만 임대하는 장기일반민간임대주택도 소령§167의3①2호마목의 장기임대주택으로 볼 수 있다고 해석을 변경하여 아래의 국세청 유권해석과 함께 삭제되었음

① 서면-2021-법규재산-3507, '23.01.31.　　② 부동산거래관리과-0987, '11.11.24.
③ 부동산거래관리과-1038, '11.12.14.　　④ 서면-2018-부동산-2332, '19.04.05.
⑤ 서면-2020-부동산-3726, '20.08.31.　　⑥ 부동산거래관리과-0777, '11.09.01.

제 2 편

다가구(임대)주택은 한 가구가 독립하여 거주할 수 있도록 구획된 부분을 각각 하나의 주택으로 보아 주택 수를 계산하도록 규정하고 있으므로, 소령§167의3①2호가목의 주택 1호 이상을 임대하는 경우에 해당하여 거주주택 특례를 적용

중요 상　난이 상

적용사례(사전-2020-법령해석재산-0317, '20.11.30.)

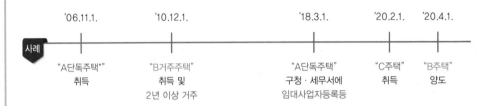

'06.11.1.　'10.12.1.　'18.3.1.　'20.2.1.　'20.4.1.

사례

"A단독주택*"
취득

"B거주주택"
취득 및
2년 이상 거주

"A단독주택"
구청·세무서에
임대사업자등록등

"C주택"
취득

"B주택"
양도

* 질의자(50%)와 질의자의 남동생(50%, 별도세대)이 공동명의로 취득, 임차인 3명에게 임대 중인 다가구주택

※ B거주주택과 C신규주택은 모두 비 조정대상지역에 소재

Q1 공동명의 임대주택인 경우에도 1세대 1주택 판정 시, 장기임대주택 특례와 일시적 2주택 특례의 중첩적용이 가능한지 여부?

A1 • 별도세대원이 공동 소유하여 소령§167의3①2호가목의 주택 1채를 임대하는 경우에는 세대별 1호 이상 임대 요건 불비로 장기임대주택 특례를 적용 받을 수 없으나,

　• 다가구(임대)주택은 한 가구가 독립하여 거주할 수 있도록 구획된 부분을 각각 하나의 주택으로 보아 주택 수를 계산하도록 규정하고 있으므로, 소령§167의3①2호가목의 주택 1호 이상을 임대하는 경우에 해당하여 거주주택 특례를 적용받을 수 있으므로 거주주택과 대체주택 특례의 중첩적용이 가능함

📃 관련 판례·해석 등 참고사항

거주주택 비과세 특례(소령§155⑳)　장기임대주택 요건('20.7.11. 공동명의로 변경 등록)

장기일반민간임대주택 중 아파트(부부 공동소유)에 대해 '20.7.10. 이전에 일방 배우자 단독명의로 민간임대주택법에 따른 임대사업자등록 신청을 하였다가 '20.7.11. 이후에 부부 공동명의로 변경등록을 한 경우, 거주주택 양도에 대해 거주주택 비과세 특례를 적용가능

중요 상　난이 중

적용사례(사전-2022-법령재산-0924, '23.04.18., 기획재정부 재산세제과-538, '23.04.10.)

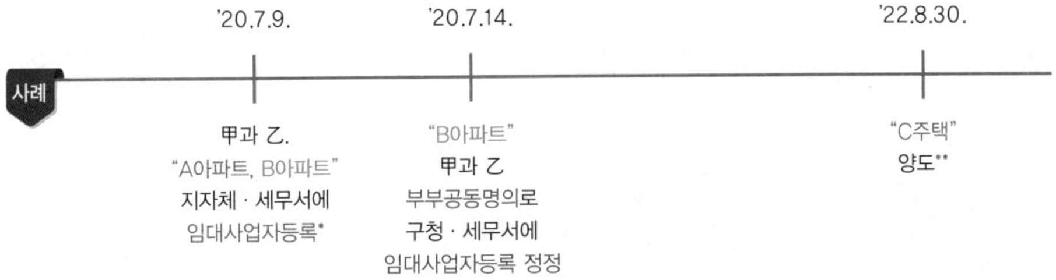

사례
'20.7.9.
甲과 乙.
"A아파트, B아파트"
지자체 · 세무서에
임대사업자등록*
'20.7.14.
"B아파트"
甲과 乙
부부공동명의로
구청 · 세무서에
임대사업자등록 정정
'22.8.30.
"C주택"
양도**

* A아파트는 배우자 乙명의로 정상적으로 등록되었으나, 甲과 乙이 공동소유한 B아파트는 착오로 甲 단독명의로 임대사업자 등록 및 사업자등록이 됨

** 2년 이상 보유 및 거주

Q1 장기일반민간임대주택 중 아파트(부부 공동소유)에 대해 '20.7.10. 이전에 일방 배우자 단독명의로 민간임대주택법§5에 따른 임대사업자등록 신청을 하였다가 '20.7.11. 이후에 부부 공동명의로 변경등록을 한 경우, 거주주택 양도에 대해 소령§155⑳에 따른 거주주택 비과세 특례를 적용받을 수 있는지 여부?

A1 거주주택 양도에 대해 소령§155⑳에 따른 거주주택 비과세 특례를 적용 가능

관련 판례 · 해석 등 참고사항

판례 등 불복사례

쟁점 사업자등록을 하지 않은 주택의 임대주택 특례 적용 여부

장기임대주택과 그 밖의 1주택을 소유하고 있는 1세대가 1세대 1주택 비과세 요건을
충족하려면 양도일 현재 소법에 따른 사업자등록 및 임대주택법에 따라 임대주택
등록하여 임대하고 있어야 함에도 불구하고 이를 충족하지 못하였으므로 쟁점 주택의
양도에 대하여 양도소득세를 과세한 처분은 정당함

(조심2016광3644, '16.12.14. 국승)

참고 주택임대업 등록 이후 취득한 임대주택을 추가하는 주택임대업 정정을 하지 않은 경우에도 장기임대주택
특례가 적용되지 않음(조심2017서0539, '17.4.12.)

파 | 민간임대주택법 개정에 따른 특례규정 등

● 거주주택 양도 후 장기임대주택 말소(소령§155②㉒2호라목)

  ☞ 先 거주주택 양도, 後 임대주택 말소

* 소령§167의3①2호가목 및 다목부터 마목의 규정에 해당하는 장기임대주택(법률
  제17482호 민간임대주택법 부칙§5①이 적용되는 주택*에 한정)이 아래의 어느 하나에 해당하여
  등록이 말소되고 소령§167의3①2호가목 및 다목부터 마목의 규정에서 정한
  임대기간요건을 갖추지 못하게 된 때에는 그 등록이 말소된 날에 해당 임대기간요건을
  갖춘 것으로 봄(사후관리 종결)

  * 20.8.18. 현재 임대 등록된 주택

① (자진말소) 민간임대주택법§6①11호에 따라 임대사업자의 임대의무기간 내 등록 말소
   신청으로 등록이 말소된 경우(민간임대주택법§43에 따른 임대의무기간의 ½ 이상 임대한
   경우에 한정)

② (자동말소) 민간임대주택법§6⑤에 따라 임대의무기간이 종료한 날 등록이 말소된 경우

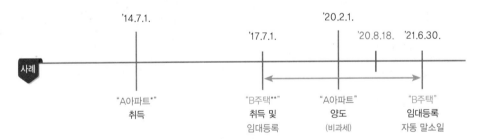

  * 2년 이상 거주
  ** 단기민간임대주택 등록 및 임대개시

⊙ 임대사업자 등록의 말소[민간임대주택법§6]

① 시장·군수·구청장은 임대사업자가 다음 각 호의 어느 하나에 해당하면 등록의 전부 또는 일부를 말소할 수 있다. (이하 생략)

11. §43에도 불구하고 종전의 민간임대주택법(법률 제17482호 민간임대주택법 일부개정법률에 따라 개정되기 전의 것을 말함, 이하 이 조에서 같다) §2 5호의 장기일반민간임대주택 중 아파트를 임대하는 민간매입임대주택 또는 §2 6호의 단기민간임대주택에 대하여 임대사업자가 임대의무기간 내 등록 말소를 신청(신청 당시 체결된 임대차계약이 있는 경우 임차인의 동의가 있는 경우로 한정)하는 경우 ☞ 자진말소

⑤ 종전의 민간임대주택법§2 5호에 따른 장기일반민간임대주택 중 아파트를 임대하는 민간매입임대주택 및 §2 6호에 따른 단기민간임대주택은 임대의무 기간이 종료한 날 등록이 말소된다. ☞ 자동말소

⊙ 민간임대주택법 부칙(제17482호, '20.8.18.)

제1조(시행일)
 이 법은 공포한 날부터 시행한다. 다만, (이하 생략)

제5조(폐지되는 민간임대주택 종류에 관한 특례)
① 이 법 시행 당시 종전의 규정에 따라 장기일반민간임대주택 중 아파트를 임대하는
   민간매입임대주택 또는 단기민간임대주택을 등록한 임대사업자 및 그
   민간임대주택은 임대사업자 및 그 민간임대주택의 등록이 말소되기 전까지 이 법에
   따른 임대사업자 및 장기일반민간임대주택으로 보아 이 법을 적용한다.
② 이 법 시행 당시 종전의 규정에 따라 등록한 단기민간임대주택 중은 이 법 시행
   이후 장기일반민간임대주택 또는 공공지원민간임대주택으로 변경 등록할 수 없다.

제6조(임대의무기간 연장 등에 대한 특례)
① 제2조제4호 및 제5호의 개정규정(임대의무기간 10년)에 따라 임대의무기간의 연장
   및 제43조제4항제2호의 개정규정은 이 법 시행 이후 등록하는 민간임대주택부터
   적용한다.

제7조(자동 등록 말소 관련 경과조치)
제6조제5항의 개정규정*에도 불구하고 이 법 시행일 당시 종전의 제2조제6호에 따른
단기민간임대주택 또는 제2조제5호에 따른 장기일반임대주택 중 아파트를 임대하는
민간임대주택의 임대의무기간이 이 법 시행일 전에 경과된 경우에는 이 법 시행일에
그 임대주택의 등록이 말소된 것으로 본다.

※ 민간임대주택법 제6조(임대사업자 등록의 말소)
⑤ 종전의 민간임대주택법§2 5호에 따른 장기일반민간임대주택 중 아파트를 임대하는
   민간매입임대주택 및 §2 6호에 따른 단기민간임대주택은 임대의무기간이 종료한
   날 등록이 말소된다.〈개정 '20.8.18.〉

'20.7.11. 이후 등록분부터는 단기임대는 폐지되었으므로, 아파트를 제외한 임대주택을 장기일반민간임대주택('20.8.18. 이후 등록분부터 10년 이상)으로 등록해야 거주주택 비과세 특례 적용

중요 상　난이 중

적용사례('20.7.10. 대책 내용)

'00.1.1.	'01.4.1.	'10.7.10.	'18.9.14.	'20.8.18.	'25.8.17.
사례 서울 노원구 소재 "A다가구주택" 취득 "1~3층 상가, 4~5층 주택 (각 69m²)"	서울 도봉구 소재 "B단독주택" 취득(84.7m²)	서울 강북구 소재 "C아파트" 취득 "2년 이상 거주"		"A·B 주택" 장기임대등록 (8년 ← 10년)	"C아파트" 양도

Q1　C아파트를 양도 시 다주택 중과 배제와 장기보유특별공제를 적용 받기 위한 요건?

A1　'20.7.11. 이후 등록분부터는 단기임대는 폐지되었으므로, 임대주택을 장기일반민간임대주택 (10년 이상)으로 등록해야 됨

　　* 아파트 : 건설임대 무관, 매입임대는 장기일반민간임대주택 등록해도 세제상 혜택 없음

Q2　C아파트를 양도 시 비과세 적용 여부?

A2　A·B주택이 아파트가 아니므로 장기임대주택 요건을 충족하여 거주주택 비과세 특례 적용

📑 관련 판례 · 해석 등 참고사항

거주주택 비과세 특례(소령§155㉒)　장기임대주택 사후관리(先 거주주택 양도, 後 임대주택 말소)

'20.8.18. 현재 임대주택으로 등록된 장기임대주택을 임차인의 동의를 얻어 자진말소한 후 양도 시에는 소령§155㉒2호라목에 의해 그 등록이 말소된 날에 해당 임대기간요건을 갖춘 것으로 봄

중요 상　난이 중

적용사례

'14.2.1.

사례

서울 서초 소재
"A아파트"
취득 및
2년 이상 거주

'17.2.1.

서울 강남 소재
"B아파트"
취득 및
임대사업자등
등록 후 임대

'18.9.1.

"A아파트"
양도
(비과세)

'20.11.1.

"B아파트"
자진 말소* 후
양도

* 임대의무기간의 ½ 이상 임대를 한 후 임차인의 동의를 얻어 자진말소

Q1　A아파트를 먼저 비과세 받은 후, B장기임대주택을 자진 말소 후 양도한 경우에 비과세 받은 A아파트의 비과세 추징 여부?

A1　'20.8.18. 현재 임대주택으로 등록된 장기임대주택을 임차인의 동의를 얻어 자진말소한 후 양도 시에는 소령§155㉒2호라목에 의해 그 등록이 말소된 날에 해당 임대기간요건을 갖춘 것으로 보아 추징하지 않음

📑 관련 판례 · 해석 등 참고사항

▶ 재개발 등으로 임대 중이던 당초의 장기임대주택 말소(소령§155㉒2호마목)

☞ 先 거주주택 양도, 後 임대주택 말소(임대진행 중에 재건축 등)

- 재개발사업, 재건축사업 또는 소규모재건축사업등으로 임대 중이던 당초의
  장기임대주택이 멸실되어 새로 취득하거나 리모델링으로 새로 취득한 주택이 아래의
  어느 하나의 경우에 해당하여 해당 임대기간요건을 갖추지 못하게 된 때에는 당초 주택*
  에 대한 등록이 말소된 날에 해당 임대기간요건을 갖춘 것으로 봄

  * 재건축 등으로 새로 취득하기 전의 주택

  ① 새로 취득한 주택이 '20.7.11. 이후 종전의 폐지유형의 임대주택으로
     민간임대주택법§5에 따른 임대사업자등록 신청을 한 경우

  ② 새로 취득한 주택이 아파트*인 경우로서 민간임대주택법§5에 따른 임대사업자등록
     신청을 하지 않는 경우

     * 당초 주택이 단기민간임대주택으로 등록되어 있었던 경우에는 모든 주택

- 임대의무호수를 임대하지 않은 기간이 6개월을 지난 경우는 임대기간 요건을 갖춘
  것으로 보지 않음

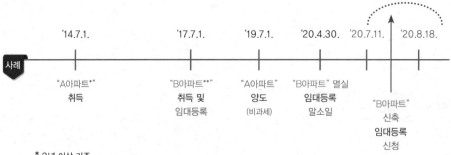

파 | 민간임대주택법 개정에 따른 특례규정 등

▶ 장기임대주택 등록 말소 후 거주주택 양도(소령§155㉓)

　　☞ 先 임대주택 말소, 後 거주주택 양도

- 소령§167의3①2호가목 및 다목부터 마목의 규정에 해당하는 장기임대주택(법률 제17482호 민간임대주택법 부칙§5①이 적용되는 주택*에 한정)이 아래의 어느 하나에 해당하여 등록이 말소된 경우에는 해당 등록이 말소된 이후 5년 이내에 거주주택을 양도하는 경우에 한정하여 임대기간요건을 갖춘 것으로 보아 소령§155⑳을 적용

　* 20.8.18. 현재 임대 등록된 주택

① (자진말소) 민간임대주택법§6①11호에 따라 임대사업자의 임대의무기간 내 등록 말소 신청으로 등록이 말소된 경우(민간임대주택법§43에 따른 임대의무기간의 ½ 이상 임대한 경우에 한정)

② (자동말소) 민간임대주택법§6⑤에 따라 임대의무기간이 종료한 날 등록이 말소된 경우

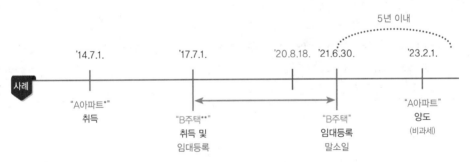

　* 2년 이상 거주

　** 단기민간임대주택 등록 및 임대개시

참고 소령§155㉓에 따른 장기임대주택은 민간임대주택법('20.8.18. 법률 제17482호로 개정된 것) 부칙§5①이 적용되는 주택에 한정하는 것으로, 임대주택이 재건축으로 '20.8.18. 前 이미 멸실되어 등록 말소된 경우는 적용되지 않으므로 비과세 적용 불가
(서면-2020-법령해석재산-3660, '21.05.13.)

거주주택 비과세 특례(소령§155㉓) ## 先 임대주택 말소

소령§155㉓에 따른 장기임대주택은 민간임대주택법('20.8.18. 법률 제17482호로 개정된 것) 부칙§5①이 적용되는 주택에 한정하는 것으로, 임대주택이 재건축사업으로 인해 '20.8.18. 前 이미 멸실되어 임대사업자 등록이 말소된 경우에는 해당하지 않아 비과세 적용 불가

중요 상 / 난이 중

적용사례(서면-2020-법령해석재산-3660, '21.05.13.)

'02.12.1.	'14.4.1.	'14.5.1.	'18.5.1.	
경기 광명 소재 "A주택" 취득	경기 광명 소재 "B아파트" 취득	"B아파트" 단기임대등록 후 임대	"B아파트" 재건축사업으로 멸실 "임대등록 말소 신고"	"A주택" 양도예정

Q1 민간임대주택법이 '20.8.18. 개정되기 전에 재건축사업으로 임대주택이 멸실되어 임대등록을 말소한 경우로서, 말소일로부터 5년 이내 거주주택 양도 시 거주주택 비과세 적용 여부?

A1 소령§155㉓에 따른 장기임대주택은 민간임대주택법('20.8.18. 법률 제17482호로 개정된 것) 부칙§5①이 적용되는 주택에 한정하는 것으로,

　– 임대주택이 재건축사업으로 인해 '20.8.18. 前 이미 멸실되어 임대사업자 등록이 말소된 경우에는 해당하지 않아 비과세 적용 불가

관련 판례 · 해석 등 참고사항

🏠 심화정리

▶ 1세대 1주택 비과세 특례(소령§155㉓) : 거주주택이 특례 대상

☞ 先 임대주택 말소, 後 거주주택 양도

- '20.8.18. 현재 임대 등록된 임대주택이 자동말소 · 자진말소*된 이후 5년 이내에 거주주택(보유기간 등 충족)을 양도하는 경우에 한정하여 임대기간 요건을 갖춘 것으로 보아 비과세 적용

  * 자진말소는 임대의무기간의 ½ 이상 임대한 경우에 한정

▶ 임대사업자등록 자진말소 · 자동말소 관련 다주택자 중과 특례기간

구 분	임대유형	말소 대상	민간임대주택법 (법률 제17482호)	소령
자진 말소	매입임대	단기민간임대주택, 장기일반민간임대주택 중 아파트	§6①11호	§167의3① 2호사목
	건설임대	단기민간임대주택		
자동 말소	매입임대	단기민간임대주택, 장기일반민간임대주택 중 아파트	§6⑤	§167의3① 2호본문단서
	건설임대	단기민간임대주택		

- 자동말소인 경우에는 말소된 장기임대주택의 양도시기에 관계없이 중과 제외

- 자진말소(임대의무기간의 ½ 이상 임대)인 경우에는 말소된 장기임대주택을 말소 이후 1년 이내 양도 시 중과 제외

거주주택이 멸실 등으로 재건축되는 경우 거주기간은 멸실된 주택 및 신축주택에서의
실제 거주기간을 통산하여 거주기간 계산

중요 상　난이 중

적용사례(서면-2016-부동산-5025, '16.10.17.)

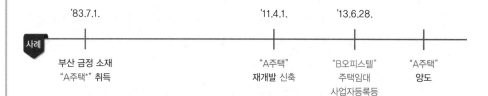

'83.7.1.	'11.4.1.	'13.6.28.	
부산 금정 소재 "A주택" 취득	"A주택" 재개발 신축	"B오피스텔" 주택임대 사업자등록등	"A주택" 양도

* '84.12.3.~'89.11.28.까지 5년간 거주하였고, 도시정비법에 따른 주택재개발사업 시행으로 멸실된 후
'11.4.1. 완공으로 신축된 후 현재까지 보유(신축주택에서는 거주기간 없음)

Q1 장기임대주택을 소유한 1세대가 주택재개발 전 5년 이상 거주한 주택이 재개발 완공으로 신축된 후
양도 시 거주주택 비과세 특례 적용 여부?

A1 거주주택이 멸실 등으로 재건축되는 경우 거주기간은 멸실된 주택 및 신축주택에서의 실제 거주기간을
통산하여 거주기간 계산

 – 따라서, 장기임대주택이 임대기간요건 충족하거나 충족 전에 거주주택 양도한 경우에도 양도한 후
  임대기간요건 충족한 경우에는 비과세 특례 적용

📝 관련 판례 · 해석 등 참고사항

거주주택 비과세 특례(소령§155㉒)　　　　'20.7.11. 이후 장기임대주택으로 유형 전환

'20.2.28.까지 임대의무기간의 ½ 이상은 임대하였으나 '20.7.12.에
장기일반민간임대주택으로 유형전환하였으므로, 자진말소에 해당하지 않고 등록을 변경한
경우에 해당하여 거주주택 비과세 특례에 해당하지 않음

중요 상　난이 중

적용사례

'15.2.1.　　　　　　'18.3.1.　　　　　　'20.7.12.　　　'21.10.1.

사례

"A주택*"　　　　　"B주택**"　　　　"B주택**"　　　"A주택"
취득　　　　　　　취득　　　　　단기일반 → 장기일반　양도
　　　　　　　　　　　　　　　　민간임대주택
　　　　　　　　　　　　　　　　유형전환

* '15.2.1. 취득하여 양도일까지 2년 이상 세대 전원 거주
** '18.3.1. 취득하여 단기일반민간임대주택으로 등록 및 임대하다가 '20.7.12.에 장기일반민간임대주택(8년)으로
유형 전환

Q1　A주택의 비과세 적용 여부?

A1　'20.2.28.까지 임대의무기간의 ½ 이상은 임대하였으나 '20.7.12.에 장기일반민간임대주택으로
유형전환하였으므로, 자진말소에 해당하지 않고 등록을 변경한 경우에 해당하여 거주주택 비과세
특례에 해당하지 않음

📜 관련 판례 · 해석 등 참고사항

거주주택 비과세 특례(소령§155㉕)

말소 후 장기임대주택 요건(先 임대주택 말소, 後 거주주택 양도)

소령§155㉓에 따라 장기임대주택이 자진말소 또는 자동말소 후 5년 이내 거주주택 양도한 경우로서, 장기임대주택에 전입·거주한 상태에서 거주주택을 양도하거나 임대료 증액 상한을 준수하지 않거나 세무서에 사업자등록을 유지하지 않은 경우에도 거주주택 특례 가능

중요 상
난이 중

적용사례(기획재정부 재산세제과-151, '22.01.24.)

| | | | 5년 이내 | |
| '12.1.1. | '17.1.1. | '21.1.1. | '21.1.1. 이후 | '21.1.1. 이후 |

사례

甲.
경기 용인 소재
"A주택*" 취득

甲.
경기 용인 소재
"B주택" 취득
단기임대사업자
등록

"B주택"
임대사업자
자동말소

甲.
"B주택"으로
전입하여
거주 예정

甲.
"A주택"
양도 예정

* A주택 : 세대 전원 2년 이상 거주

※ 소령§155㉓에 따라 장기임대주택이 자진말소 또는 자동말소 후 5년 이내 거주주택 양도

Q1 장기임대주택에 전입·거주하여 장기임대주택을 임대하고 있지 않는 상태에서 거주주택을 양도 시, 거주주택 비과세 특례 적용 여부?

Q2 거주주택 양도일까지 장기임대주택의 임대료 증액 상한(5%)을 준수하지 않아도 거주주택 비과세 특례 적용 여부?

Q3 거주주택 양도일까지 장기임대주택의 세무서 사업자등록 유지하지 않은 경우 거주주택 비과세 특례 적용 여부?

A 위의 질문 1, 2, 3 모두 거주주택 비과세 특례 적용 가능함

관련 판례·해석 등 참고사항

▶ **서면-2022-부동산-2571, '23.07.03.**
  - 1세대가 A주택(거주주택), B주택(조특법§99의2에 따른 감면주택), C·D·E주택[민간임대주택법(2020.8.18. 법률 제17482호로 개정된 것) 부칙§5①이 적용되는 주택]을 순차로 취득한 경우로서 C주택이 소령§155㉓2호에 따라 해당 등록이 최초 말소된 이후 5년 이내에 A주택을 양도하는 경우에는 임대기간요건을 갖춘 것으로 보아 소령§155㉕을 적용하는 것임

▶ **서면-2023-법규재산-0085, '24.04.18.**
  - 소령§155㉕의 장기임대주택(A,B,C)의 임대등록이 자동·자진말소된 이후 그 장기임대주택 중 일부(B)를 별도세대원에게 지분(40%) 증여하고 남은 장기임대주택(A,B,C)과 소령§155㉕의 거주주택을 보유한 상태에서 최초로 등록이 말소되는 장기임대주택의 등록말소 이후 5년 이내 거주주택을 양도 시 임대기간요건을 갖춘 것으로 보아 비과세 특례를 적용함

심화정리

임대사업자등록 자동말소된 후 5년 이내 관련 특례 인정 해석

- '19.12.16. 이전 소법 및 민간임대주택법에 따라 임대사업자 등록을 신청을 한 임대주택의 임대사업자등록이 자동말소된 후, 양도일까지 임대료 증액제한(5%) 요건을 준수하지 않더라도 거주요건 배제

  (서면-2022-법규재산-4654, '23.07.10.)

- 소령§167의3①2호가목 및 다목부터 마목까지의 규정에 해당하는 장기임대주택(법률 제17482호 민간임대주택법 일부개정법률 부칙 §5①이 적용되는 주택으로 한정)이 민간임대주택법§6⑤에 따라 등록이 자동말소된 경우로서 해당 장기임대주택이 도시정비법에 따른 재개발사업의 관리처분계획인가에 따라 멸실된 상태(조합원입주권으로 전환) 또는 신축주택으로 완공된 상태에서, 등록이 말소된 날로부터 5년 이내에 거주주택을 양도하는 경우에는 임대기간 요건을 갖춘 것으로 보아 소령§1552)을 적용

  (서면-2022-부동산-3850, '23.06.20.,서면-2022-법규재산-3819, '23.04.11.)

- '19.12.16. 이전 취득한 주택(A)과 임대주택(B), 분양권(C, D)를 보유한 1세대가 A주택을 비과세로 양도한 후 임대주택(B) 자동말소일로부터 5년 내 분양권*(C, D)에 기한 거주주택 양도시 소령§155⑳ 및 소령§155㉓ 재차 적용이 가능함

  * 분양권은 모두 '19.2.12. 전에 계약금을 지급

  (서면-2022-부동산-0823, '23.03.28.)

- 단기임대주택이 자동말소된 후 장기일반민간임대주택으로 재등록하더라도 자동말소된 시점에 임대기간요건을 갖춘 것으로 보는 것이며, 자동말소된 임대주택을 재등록한 경우로서 자동말소 후 5년이 지난 후에도 소령§155⑳의 요건을 모두 갖추어 거주주택을 양도하는 경우 같은 영§154①을 적용함

  (서면-2022-부동산-2277, '23.04.06., 서면-2022-법규재산-2334, '22.12.14.)

- 자동말소된 임대주택을 당사자 간의 합의에 따라 상증법§68에 따른 증여세 과세표준 신고기한까지 증여자에게 반환하는 경우(반환하기 전에 같은 법 §76에 따라 과세표준과 세액을 결정받은 경우는 제외한다)에는 거주주택 양도 시 소령§155⑳을 적용할 수 있는 것임

  (서면-2022-부동산-3890, '23.03.14.)

심화정리

임대사업자등록 자동말소된 후 5년 이내 관련 특례 부인 해석

- 2호 이상의 장기임대주택 중 1채의 임대주택이 소령§155⑳2호의 임대료 등 증액 제한 요건을 위반(5% 초과 증액)한 이력이 있는 경우 거주주택 비과세 특례 적용 불가(∵ 2호 이상 장기임대주택 모두가 요건 충족해야 비과세 특례 적용)

(서면-2022-법규재산-4654, '23.07.10.)

- 장기임대주택과 그 밖의 1주택을 소유한 피상속인이 사망하여 미성년자인 상속인이 해당 주택들을 상속받았으나, 민간임대주택법상 임대사업자 등록을 하지 못한 상태에서 그 밖의 1주택을 양도하는 경우에는 소령§155⑳은 적용되지 않는 것임

(기획재정부 재산세제과-194, '23.02.02.)

거주주택 비과세 특례(소령§155㉕)   2채의 장기임대주택 先 말소 후 1채 거주주택 전환

임대주택(A)의 등록이 말소된 이후 5년 이내에 거주주택을 양도하는 경우에 한정하여
임대기간 요건을 갖춘 것으로 보아 비과세 적용

중요 상   난이 중

적용사례(서면-2020-법령해석재산-5916, '21.10.28.)
☞ 기획재정부 해석변경으로 삭제됨(다음 쪽에 변경해석)

* A아파트, C아파트는 각각 '18.1.1.과 '18.12.1.에 장기임대사업자등록하고, B아파트는 '18.1.1.에 단기임대사업자
등록하였음

** B아파트는 '22.1.1.에 자동말소 후 2년 거주할 예정임

Q1 3채(A, B, C)의 임대주택 중 2채(A, B)의 임대등록이 자동 말소되고, 이중 먼저 말소된 주택(B)을
거주주택으로 전환한 경우 해당 거주주택(B)이 소령§155㉕에 따른 특례를 받기 위한 양도기한은?

A1 해당 임대주택(A)의 등록이 말소된 이후 5년 이내에 거주주택(B)을 양도하는 경우에 한정하여 임대기간
요건을 갖춘 것으로 보아 비과세 적용함

📜 관련 판례 · 해석 등 참고사항

거주주택 비과세 특례(소령§155㉓)　　　폐지불가 유형 장기임대주택 보유 시 5년 처분기한

장기임대주택이 자동말소된 후 양도하고 폐지되지 않은 유형의 장기임대주택만을 보유한 경우에는 5년의 처분기한 제한이 적용되지 않음(소령§155㉓이 적용되지 않음)

중요 상　난이 상

적용사례(기획재정부 재산세제과-1420, '24.12.11., 서면-2023-법규재산-1160, '24.12.19.)

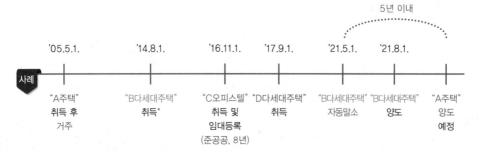

* 구. 임대주택법§6에 따라 매입임대주택(임대의무기간 5년)으로 등록

※ B임대주택은 임대기간 등 소령§155㉓에 따른 장기임대주택 요건을 모두 충족한 후 자동말소 되었음을 전제

Q1 임대기간 등 소령§155㉓요건을 모두 충족한 장기임대주택(B)이 <u>민간임대주택법 §6⑤</u>에 따라 등록이 말소된 후 이를 양도하고, 말소되지 않는 유형의 임대주택만(C, D)을 보유한 경우에도 거주주택(A) 양도 시 5년의 처분기한 제한이 적용되는지?

A1 장기임대주택이 자동말소된 후 양도하고 폐지되지 않은 유형의 장기임대주택만을 보유한 경우에는 5년의 처분기한 제한이 적용되지 않음(소령§155㉓이 적용되지 않음)

📋 관련 판례 · 해석 등 참고사항

거주주택 비과세 특례(소령§155㉕) 　　　장기임대주택 先 말소('20.8.18. 현재 임대 등록)

소령§155㉓에 따른 장기임대주택은 민간임대주택법('20.8.18. 법률 제17482호로 개정된 것) 부칙§5①이 적용되는 주택에 한정하는 것으로, 임대주택이 재건축으로 '20.8.18. 前 이미 멸실되어 등록 말소된 경우는 적용되지 않으므로 비과세 적용 불가

중요 상　난이 중

적용사례(서면-2020-법령해석재산-3660, '21.05.13.)

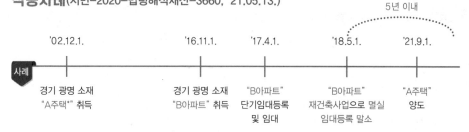

5년 이내

| '02.12.1. | '16.11.1. | '17.4.1. | '18.5.1. | '21.9.1. |

사례

경기 광명 소재 "A주택*" 취득　　경기 광명 소재 "B아파트" 취득　　"B아파트" 단기임대등록 및 임대　　"B아파트" 재건축사업으로 멸실 임대등록 말소　　"A주택" 양도

* A주택 : 세대 전원 2년 이상 거주

Q1 A주택을 소령§155㉓을 적용하여 말소일로부터 5년 이내 양도 시 거주주택 비과세 특례 적용 여부?

A1 소령§155㉓에 따른 장기임대주택은 민간임대주택법('20.8.18. 법률 제17482호로 개정된 것) 부칙§5①이 적용되는 주택에 한정하는 것으로,
 – 임대주택이 재건축으로 '20.8.18. 前 이미 멸실되어 등록 말소된 경우는 적용되지 않으므로 비과세 적용 불가

관련 판례 · 해석 등 참고사항

▶ 서면-2020-법규재산-4847, '22.12.13.
 – 재개발사업, 재건축사업 또는 소규모재건축사업등으로 임대 중이던 장기임대주택이 멸실되어 새로 취득한 주택이 아파트에 해당하여 민간임대주택법§5에 따른 임대사업자 등록을 할 수 없는 경우로서 당초 장기임대주택에 대한 등록이 말소된 후에 거주주택을 양도하는 경우, 소령§155㉓에 따른 거주주택 비과세 특례를 적용 받을 수 없음
☞ 위의 사례 및 해석과 같이 자동말소되기 이전에 철거 등으로 임대주택이 멸실된 상태에서 자동말소 시기가 도래한 경우에는 민간임대주택법에서의 자동말소에 해당하지 않으므로 비과세 특례가 적용되지 않으나,
 – 서면-2021-법규재산-5317, '22.04.08.의 해석과 같이 임대주택이 존재한 상태에서 임대기간 도과로 '20.8.18.에 자동말소된 경우에는, 자동말소일로부터 5년 이내 거주주택을 양도하면 비과세 특례가 적용됨에 특히 유의해야 함

제2편

거주주택 비과세 특례(소령§155⑳)　　　리모델링사업으로 임대등록 말소

리모델링으로 장기일반민간임대주택으로서 8년 이상 계속하여 임대하지 못한 경우에는 조특법§97의3에 따른 과세특례를 적용받을 수 없으며, 임대주택에 대한 시·군·구청의 등록말소 거주주택을 양도하는 경우에는 소령§155⑳에 따른 1세대1주택 특례를 적용받을 수 없는 것임

중요 상　**난이** 중

적용사례 (서면-2021-법령해석재산-0065, '21.07.26.)

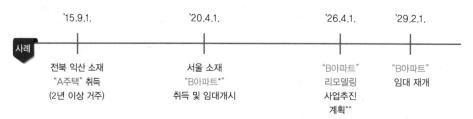

```
        '15.9.1.              '20.4.1.              '26.4.1.      '29.2.1.
사례 ─────┼───────────────────┼──────────────────────┼────────────┼──────
     전북 익산 소재        서울 소재            "B아파트"      "B아파트"
     "A주택" 취득         "B아파트*"           리모델링       임대 재개
     (2년 이상 거주)      취득 및 임대개시      사업추진
                                               계획**
```

* 장기일반민간임대주택(임대의무기간 8년) 등록

** 주택법에 따른 리모델링 사업 추진 계획 중으로, 그 계획에 따르면 '26년 중 입주민 이주로 임대중단 예상되어 6년만 임대하고 등록이 말소되고 리모델링 사업이 완공되는 '29년부터 임대재개 가능

Q1 리모델링 사업 종료 후 신축된 주택을 계속 임대하여 잔여 임대의무기간을 채운 경우 조특법§97의3에 따른 50% 장기보유특별공제율 적용 여부?

A1 조특법§97의3에 따른 과세특례를 적용받을 수 없음

Q2 리모델링 사업으로 6년만 임대하고 등록이 말소된 이후 언제든지 거주주택을 양도하더라도 소령§155⑳에 따른 1세대1주택 특례가 적용되는지?

A2 임대주택에 대한 시·군·구청의 등록말소 이후에 거주주택을 양도하는 경우에는 소령§155⑳에 따른 1세대1주택 특례를 적용받을 수 없는 것임

📑 관련 판례·해석 등 참고사항

거주주택 비과세 특례(소령§155⑳)   혼인 前 취득한 주택의 2년 거주요건

배우자가 거주주택에 거주한 사실이 없어도 거주주택 판정 시 혼인 전 취득한 주택의 경우,
혼인 전 거주기간과 혼인 후 배우자와 함께 거주한 기간을 통산하므로 비과세 특례 적용

중요 상 | 난이 중

적용사례(사전–2019–법령해석재산–0660, '19.12.30.)

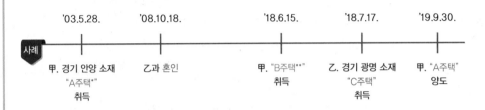

| '03.5.28. | '08.10.18. | '18.6.15. | '18.7.17. | '19.9.30. |

사례

| 甲. 경기 안양 소재 "A주택*" 취득 | 乙과 혼인 | 甲. "B주택**" 취득 | 乙. 경기 광명 소재 "C주택" 취득 | 甲. "A주택" 양도 |

* 甲이 결혼 전 거주주택으로 '04.6.26.~'08.12.7.까지 거주하였으나, 배우자는 거주한 사실 없음
** '18.6.1.~'20.6.1.까지 임대차계약 체결하고, '19.5.29. 사업자등록등 요건 필

Q1 거주주택 비과세 판정 시 배우자가 양도하는 거주주택에 거주한 적이 없는 경우에도 해당 특례적용이
가능한 지 여부?

A1 배우자(乙)가 거주주택에 거주한 사실이 없어도 거주주택 판정 시 혼인 전 취득한 주택의 경우, 혼인 전
거주기간과 혼인 후 배우자와 함께 거주한 기간을 통산하므로 비과세 특례 적용함

📝 관련 판례 · 해석 등 참고사항

거주주택 양도 시 재혼에 의해 세대원이 변경되었더라도 거주자가 2년 이상 거주주택에서
거주한 경우 비과세 특례 적용

적용사례(서면-2016-법령해석재산-6095, '17.12.26.)

　* A주택 : 甲은 '99.7.13.~'02.5.29., 乙은 '20.4.22.~'02.5.29.까지 2년 이상 거주, 丙은 2년 이상 미거주

　※ B주택 : '16.9.23. 甲은 丙과 재혼하면서 "B주택"을 丙에게 증여하였고, 丙은 장기임대주택으로 등록

Q1 장기임대주택과 재혼 전에 2년 이상 거주한 일반주택을 보유한 1세대가 일반주택을 양도 시 재혼한
　　 배우자도 2년 이상 거주하여야 하는 지 여부?

A1 거주주택 양도 시 재혼에 의해 세대원이 변경되었더라도 거주자가 2년 이상 거주주택에서 거주한 경우
　　 비과세 특례 적용함

📜 **관련 판례 · 해석 등 참고사항**

▶ **서면-2015-부동산-1491, '15.09.21.**

　– 소령 §1551(에 따른 거주주택 비과세 특례를 적용할 때 거주주택이 멸실 등으로 재건축되는 경우로서 재건축 후
　　해당 주택을 양도하는 경우에는 멸실된 주택 및 신축한 주택에서의 실제 거주기간(재혼 전·후의 배우자와 거주한
　　기간 포함)을 통산하여 거주기간을 계산하는 것임

세종특별자치시 이전대상기관 종사자로서 소속 기관이 이전대상기관으로
확정되어 거주주택을 양도 시, 2년 거주요건을 충족하지 못한 경우에도 부득이한 사유를
인정하지 않으므로 거주주택 비과세 특례 적용 불가

중요 상   난이 중

적용사례(부동산거래관리과-426, '12.08.10.)

'07.00월	'10.4월	'11.11월	'11.12월	'12.1월
"A다세대주택" 취득 및 거주	"B아파트" 취득 및 거주	"A다세대주택" "임대등록 및 개시"	"B아파트" 양도 (1년 8월 거주)	"C아파트" 특별분양

Q1 세종특별자치시 이전대상기관 종사자로서 소속 기관이 이전대상기관으로 확정되어 거주주택(B)을 양도
시, 2년 거주요건을 충족하지 못한 경우에도 부득이한 사유를 인정하여 거주주택 비과세 특례 적용
여부?

A1 거주주택(B) 양도 시 2년 거주요건을 충족하지 못한 경우에는 비과세 적용 불가

📜 **관련 판례 · 해석 등 참고사항**

☞ 거주주택 비과세 특례 관련 유의사항
– 거주주택 비과세 특례는 부득이한 사유로 2년 거주요건 충족하지 못한 경우 비과세를 인정하지 않으나,
  세대원 중 일부가 부득이한 사유로 거주하지 못한 경우는 비과세 인정

제2편

거주주택과 장기임대주택 및 상속받은 무허가주택을 소유하다 무허가주택의 재산세
납세의무자를 별도세대인 동생으로 변경하고 거주주택을 양도 시 거주주택 비과세 적용

중요 상　난이 중

적용사례(사전-2019-법령해석재산-0651, '19.12.31.)

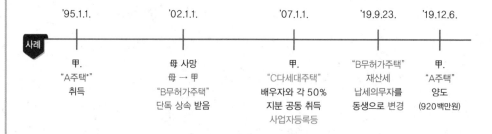

'95.1.1.	'02.1.1.	'07.1.1.	'19.9.23.	'19.12.6.
甲. "A주택" 취득	母 사망 母 → 甲 "B무허가주택" 단독 상속 받음	甲. "C다세대주택" 배우자와 각 50% 지분 공동 취득 사업자등록등	"B무허가주택" 재산세 납세의무자를 동생으로 변경	甲. "A주택" 양도 (920백만원)

* 취득 후 양도 시까지 거주

Q1 거주주택과 장기임대주택 및 상속받은 무허가주택을 소유하다 무허가주택의 재산세 납세의무자를
별도세대인 동생으로 변경하고 거주주택을 양도 시 A주택의 비과세 적용 여부?

A1 무허가주택의 소유권이 동생에게 이전된 후 소령§155⑳ 요건을 충족한 상태에서 거주주택을 양도
시에는 1세대 1주택 비과세 특례 적용됨

📑 관련 판례 · 해석 등 참고사항

거주주택 비과세 특례(소령§155⑳) 거주주택 선택 가능 여부(거주주택 특례)

장기임대주택을 보유한 상태에서 거주주택을 양도하는 경우 소령§155⑳ 특례요건을 갖춘 거주주택은 양도가액 12억원 범위 내에서 소령§154①에 의해 당연 비과세되는 것으로 비과세 적용여부의 임의적 선택은 불가함

[중요] 상 [난이] 중

적용사례(사전-2023-법규재산-0393, '23.07.26.)

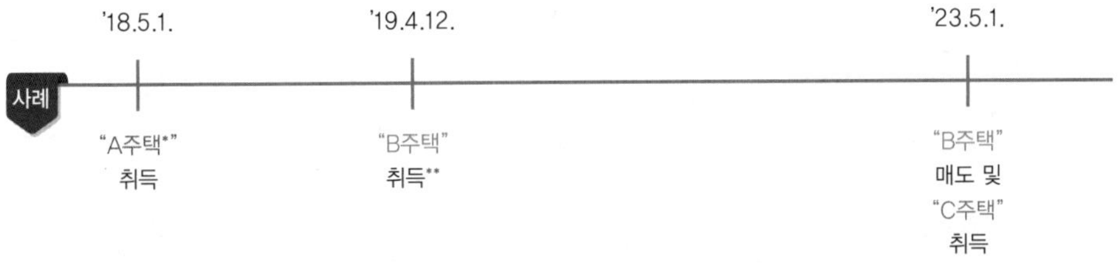
'18.5.1.
'19.4.12.
'23.5.1.
사례
"A주택*"
취득
"B주택"
취득**
"B주택"
매도 및
"C주택"
취득

* 지방자치단체 및 세무서에 임대사업자 등록, 소령§155⑳에 따른 장기임대주택 요건 충족하는 것으로 전제

** 보유기간 중 2년 이상 거주

[Q1] 소령§155⑳에 따른 장기임대주택 보유 시 거주주택 특례를 적용하는 경우 양도하는 거주주택을 선택할 수 있는 지 여부?

- 거주주택 특례의 비과세 요건을 충족한 B주택 양도 시 비과세를 적용하지 않고 (생애 한 차례 특례 적용 미 소진) 향후 C주택 양도 시 비과세 적용가능 여부?

[A1] 장기임대주택을 보유한 상태에서 거주주택을 양도하는 경우 소령§155⑳ 특례요건을 갖춘 거주주택은 양도가액 12억원 범위 내에서 소령§154①에 의해 당연 비과세되는 것으로 비과세 적용여부의 임의적 선택은 불가함

관련 판례 · 해석 등 참고사항

▸ **서면-2022-부동산-3098, '22.08.02., 사전-2019-법령해석재산-0201, '19.09.23.**

- 소령§155 특례 요건이 충족된 경우 거주주택은 비과세 1세대1주택으로 취급되며, 이후 양도하는 임대주택 양도차익은 거주주택 양도일 이후분에 한해 1세대1주택 취급됨
  (거주주택 비과세 특례 선택 불가)

장기임대주택(C)과 일시적 2주택(A, B)을 보유한 거주자가 일반주택(D) 1주택을 보유한 자와
혼인하여 1세대 4주택자가 종전의 1주택(A)을 양도하는 경우에는 비과세 적용 불가

적용사례(서면-2016-부동산-2941, '16.08.19.)

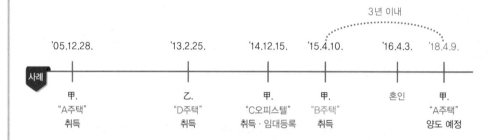

Q1 장기임대주택(C)과 일시적 2주택(A, B)을 보유한 거주자가 일반주택(D) 1주택을 보유한 자와 혼인하여
종전의 1주택(A)을 양도하는 경우 비과세 적용 여부?

A1 1세대 4주택자가 양도하는 주택은 과세

※ 일시적 2주택자가 혼인으로 일시적 1세대 3주택인 경우 다른 주택 취득일부터 3년 이내 종전 주택 양도 시
비과세 적용

Q2 장기임대주택의 임대업 등록 폐지하고 주택 외 용도로 전환 시 비과세 적용 여부?

A2 A주택 양도일 현재 C오피스텔이 주택 외 용도로 사용되어 주택에 해당하지 않는 경우, B주택
취득일부터 3년 이내 A주택 양도 시 비과세 적용

📑 **관련 판례·해석 등 참고사항**

▶ **중첩적용 관련 유의사항**

- 1세대 3주택 보유자에 대한 비과세는 법령에 규정된 바가 없고, 1세대 1주택 특례 규정을 중복 적용할
근거 규정은 없으나 해석에 의해서 비과세를 인정해 주고 있음
- 소득세법상 1세대 4주택자에 대하여 1세대 1주택 특례를 적용하여 비과세하는 규정이 없고 3주택자와
같이 해석사례도 없으므로 비과세 적용 불가

거주주택 비과세 특례(소령§155⑳, ①, 조특법§99의4) 중첩적용(조특법상 감면주택 포함 4채)

장기임대주택(B), 거주주택(A), 농어촌주택(C)을 보유하는 자가 일반주택 취득 후 거주주택(A)을 양도하는 경우 1세대1주택 비과세 적용

중요 상 / 난이 상

적용사례(사전-2016-법령해석재산-0198, '17.07.10.)

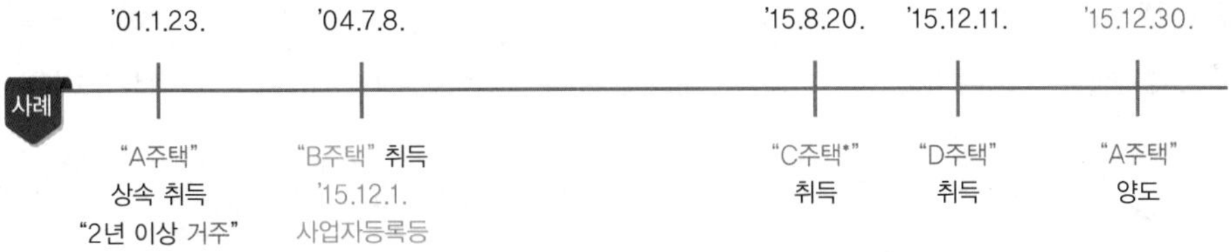
'01.1.23.
'04.7.8.
'15.8.20.
'15.12.11.
'15.12.30.
사례
"A주택"
상속 취득
"2년 이상 거주"
"B주택" 취득
'15.12.1.
사업자등록등
"C주택*"
취득
"D주택"
취득
"A주택"
양도

* 조특법§99의4의 농어촌주택

[Q1] 장기임대주택(B), 거주주택(A), 농어촌주택(C)을 보유하는 자가 일반주택 취득 후 거주주택(A)을 양도하는 경우 1세대1주택 비과세 적용 여부?

[A1] C주택은 비과세 판정 시 소유주택으로 보지 않으므로 주택 3채의 중첩적용으로 보아 비과세 적용

※ 주택 4채의 중첩적용은 비과세 적용 안됨

관련 판례 · 해석 등 참고사항

▸ **농어촌주택(조특법§99의4)과 귀농주택(소령§155⑦3호) 관련 유의사항**

- 조특법§99의4의 농어촌주택과 소령§155⑦3호의 귀농주택은 비과세되는 주택이 반드시 농어촌주택과 귀농주택보다 먼저 취득하여 보유한 주택이어야 비과세 특례가 인정됨(취득 순서가 중요)

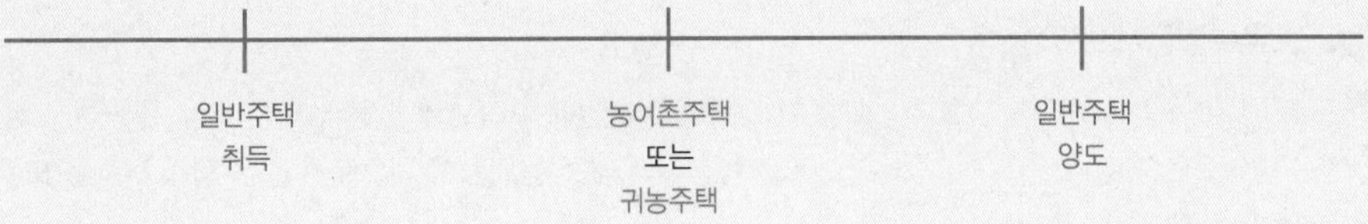
일반주택
취득
농어촌주택
또는
귀농주택
일반주택
양도

제2편

거주주택 비과세 특례(소령§155⑳, ①.) 중첩적용(거주주택+일시적 2주택, '21.2.16. 이전 양도분)

'21.2.16. 이전 양도분으로서, 일시적 2주택이 성립된 상태에서 장기임대주택을 취득 · 임대한 경우 일시적 2주택과 거주주택 특례의 중첩적용으로 종전주택을 9억원 이하까지 비과세 적용하나, 9억원 초과분에 대해서는 다주택 중과 규정에서의 주택 수에 포함되므로 1세대 3주택 중과 적용

중요 상 난이 상

적용사례

[사전-2019-법령해석재산-0368, '19.11.01., 서면-2020-부동산-2226, '20.06.22. ('21.2.16. 이전 양도분)]

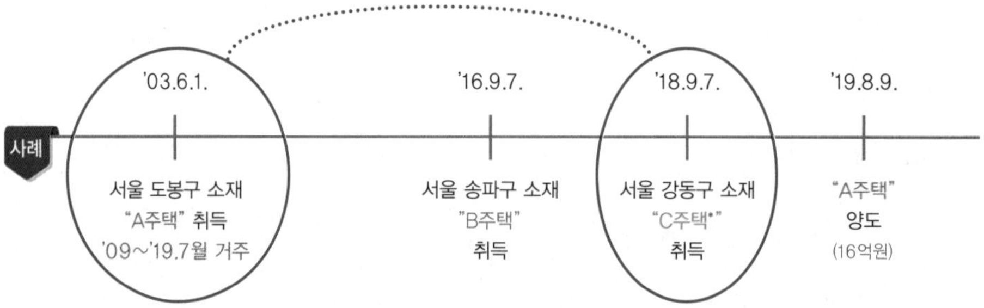

* '16.6월 분양계약 및 계약금 납부, '18.9.28. 장기임대주택 요건(사업자등록 등 필, 임대료 상한 준수, 임대개시일 당시 기준시가) 충족

Q1 거주주택과 신규주택을 각각 1개씩 보유하는 거주자 및 거주자가 속한 1세대가 장기임대주택을 취득하고 거주주택(고가주택) 양도 시 비과세 적용 여부?

A1 거주주택 특례(소령§155⑳)와 일시적 2주택(소령§155①)의 중첩 적용으로 1세대 1주택으로 보아 비과세 적용

Q2 A주택의 9억원 초과분에 대한 중과 적용 여부?

A2 중과적용시에는 C주택도 중과대상 주택 수에 포함되므로 중과 적용
- 기본세율 + 20%p, 장기보유특별공제 배제
- 다만, 소령§160①에 의거 9억원 초과부분에 대한 양도차익 산식 적용

관련 판례 · 해석 등 참고사항

▶ **'21.2.17. 소령§167의3①13호* 신설로 위의 사례에서 종전주택(A)을 '21.2.17. 이후 양도했다면 9억원 이하('21.12.8. 이후 양도분부터 12억원)까지 비과세 적용과 다주택자 중과가 배제되어 장기보유특별공제도 적용됨**

* '21.2.17. 소령§167의3①13호 : 소령§155 또는 조특법에 따라 1세대가 국내에 1개의 주택을 소유하고 있는 것으로 보거나 1세대 1주택으로 보아 소령§154①이 적용되는 주택으로서 같은 항의 요건을 모두 충족하는 주택 ☞ 중과 배제

거주주택 비과세 특례(소령§155⑳, ①,) 중첩적용(거주주택+일시적 2주택, '21.2.17. 이후 양도분)

'21.2.17. 이후 양도분으로서, 일시적 2주택이 성립된 상태에서 장기임대주택을 취득·임대한 경우 중첩적용으로 종전주택을 9억원 이하까지 비과세 적용하고, 9억원 초과분에 대해서는 소령§160①에 의거 양도차익을 계산한 후 기본세율 및 장기보유특별공제 적용

중요 상   난이 상

적용사례[사전-2019-법령해석재산-0368, '19.11.01., ('21.2.17. 이후 양도분)]

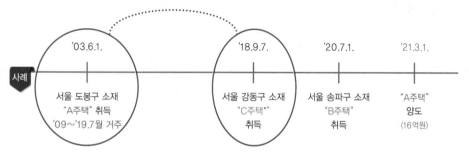

* '16.6월 분양계약 및 계약금 납부, '18.9.28. 장기임대주택 요건(사업자등록 등 필, 임대료 상한 준수, 임대개시일 당시 기준시가) 충족

Q1 거주주택과 장기임대주택을 각각 1개씩 보유하는 거주자 및 거주자가 속한 1세대가 신규주택을 취득하고 거주주택(고가주택) 양도 시 비과세 적용 여부?

A1 거주주택 특례(소령§155⑳)와 일시적 2주택(소령§155①)의 중첩 적용으로 1세대 1주택으로 보아 비과세 적용

Q2 A주택의 9억원 초과분에 대한 중과 적용 여부?

A2 '21.2.17. 이후 양도분부터 소령§167의3①13호 개정으로 1주택으로 보아 비과세가 적용되는 주택은 중과에서 제외되므로,
   – 기본세율, 장기보유특별공제 표2 적용
   – 소령§160①에 의거 9억원 초과부분에 대한 양도차익 산식 적용

📜 관련 판례·해석 등 참고사항

▶ '21.2.17. 소령§167의3①13호* 신설로 위의 사례에서 종전주택(A)을 '21.2.17. 이후 양도했다면 9억원 이하('21.12.8. 이후 양도분부터 12억원)까지 비과세 적용과 다주택자 중과가 배제되어 장기보유특별공제도 적용됨

   * '21.2.17. 소령§167의3①13호 : 소령§155 또는 조특법에 따라 1세대가 국내에 1개의 주택을 소유하고 있는 것으로 보거나 1세대 1주택으로 보아 소령§154①이 적용되는 주택으로서 같은 항의 요건을 모두 충족하는 주택 ☞ 중과 배제

거주주택 비과세 특례(소령§155⑳) 일시적 2주택+조특법§98의9 주택(21.2.16. 이전 양도분)

'21.2.16. 이전 양도분으로서, 일시적 2주택이 성립된 상태에서 조특법§98의3의 감면주택은 종전주택을 양도 시 소유주택으로 보지 않아 9억원 이하까지 비과세 적용은 가능하나, 9억원 초과분에 대해서는 다주택 중과 규정에서의 주택 수에 포함되므로 1세대 3주택 중과 적용

중요 상 / 난이 중

적용사례(사전-2018-법령해석재산-0690, '19.12.11.)

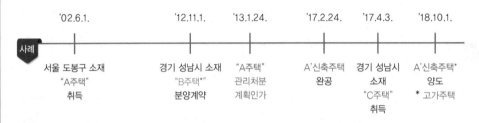

'02.6.1.	'12.11.1.	'13.1.24.	'17.2.24.	'17.4.3.	'18.10.1.
서울 도봉구 소재 "A주택" 취득	경기 성남시 소재 "B주택*" 분양계약	"A주택" 관리처분 계획인가	A'신축주택 완공	경기 성남시 소재 "C주택" 취득	A'신축주택* 양도 * 고가주택

* 조특법§98의3 적용대상임을 성남시장의 확인 받은 주택

Q1 종전주택 1개를 보유하던 1세대가 조특법§98의3에 따른 감면주택 1개를 취득하고 종전주택이 재개발사업에 따라 신축주택으로 완공된 후 대체주택 1개를 취득한 경우 A'신축주택을 양도 시 비과세 적용 여부?

A1 B주택은 조특법§98의3에 해당하는 주택으로 비과세 판정 시 소유주택으로 보지 않아 일시적 2주택의 종전주택에 해당되어 비과세 적용

Q2 A'신축주택의 9억원 초과분에 대한 중과 적용 여부?

A2 중과적용시에는 B주택도 중과대상 주택 수에 포함되므로 중과 적용
- 기본세율 + 20%p, 장기보유특별공제 배제
- 다만, 소령§160①에 의거 9억원 초과부분에 대한 양도차익 산식 적용

📜 관련 판례 · 해석 등 참고사항

거주주택 비과세 특례(소령§155⑳, 조특법§99의2)

중첩적용(조특법상 특례주택+일시적 2주택, '21.2.16. 이전 양도분)

'21.2.16. 이전 양도분으로서, 일시적 2주택이 성립된 상태에서 조특법§99의2의 감면주택은 종전주택을 양도 시 소유주택으로 보지 않아 9억원 이하까지 비과세 적용은 가능하나, 9억원 초과분에 대해서는 다주택 중과 규정에서의 주택 수에 포함되므로 1세대 3주택 중과 적용

[중요] 상 [난이] 상

적용사례[서면-2018-부동산-3457, '19.02.14., ('21.2.16. 이전 양도분)]

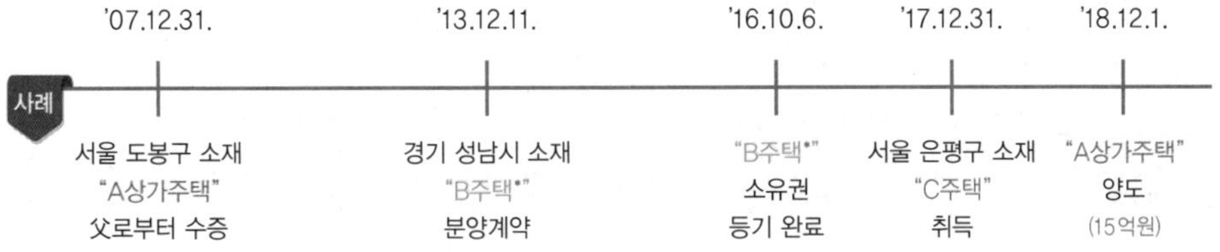
'07.12.31.
'13.12.11.
'16.10.6.
'17.12.31.
'18.12.1.
사례
서울 도봉구 소재 "A상가주택" 父로부터 수증
경기 성남시 소재 "B주택*" 분양계약
"B주택*" 소유권 등기 완료
서울 은평구 소재 "C주택" 취득
"A상가주택" 양도 (15억원)

* 조특법§99의2 적용대상임을 확인하는 날인 받은 주택

Q1 1세대가 감면주택(B)을 포함하여 3주택을 보유 중 A상가주택을 양도할 때 양도하는 주택이 고가주택에 해당하는 경우 A상가주택 비과세 적용 여부?

A1 B주택은 조특법§99의2에 해당하는 주택으로 비과세 판정 시 소유주택으로 보지 않아 A상가주택이 일시적 2주택의 종전주택에 해당되어 비과세 적용

Q2 A상가주택의 9억원 초과분에 대한 중과 적용 여부?

A2 중과적용시에는 B주택도 중과대상 주택 수에 포함되므로 중과 적용
- 기본세율 + 20%p, 장기보유특별공제 배제
- 다만, 소령§160①에 의거 9억원 초과부분에 대한 양도차익 산식 적용

관련 판례 · 해석 등 참고사항

▸ **'21.2.17. 소령§167의3①13호* 신설로 위의 사례에서 종전주택(A)을 '21.2.17. 이후 양도했다면 9억원 이하('21.12.8. 이후 양도분부터 12억원)까지 비과세 적용과 다주택자 중과가 배제되어 장기보유특별공제도 적용됨**

* '21.2.17. 소령§167의3①13호 : 소령§155 또는 조특법에 따라 1세대가 국내에 1개의 주택을 소유하고 있는 것으로 보거나 1세대 1주택으로 보아 소령§154①이 적용되는 주택으로서 같은 항의 요건을 모두 충족하는 주택 ☞ 중과 배제

거주주택 비과세 특례(소령§155⑳, §167의3①13호, 조특법§99의2)
중첩적용(조특법상 특례주택+일시적 2주택, '21.2.17. 이후 양도분)

'21.2.17. 이후 양도분으로서, 일시적 2주택이 성립된 상태에서 조특법§99의2의 감면주택은 종전 주택을 양도 시 소유주택으로 보지 않아 9억원 이하까지 비과세를 적용하고, 9억원 초과분에 대해서는 소령§160①에 의거 양도차익을 계산한 후 기본세율 및 장기보유특별공제 적용

중요 상 / 난이 상

적용사례[서면-2018-부동산-3457, '19.02.14., ('21.2.17. 이후 양도분)]

'07.12.31.	'13.12.11.	'16.10.6.	'20.7.1.	'21.3.1.
사례 서울 도봉구 소재 "A상가주택" 父로부터 수증	경기 성남시 소재 "B주택*" 분양계약	"B주택*" 소유권 등기 완료	서울 은평구 소재 "C주택**" 취득	"A상가주택" 양도 (15억원)

* 조특법§99의2 적용대상임을 확인하는 날인 받은 주택

** 신규주택에 전입하는 등 일시적 2주택 요건 충족

Q1 1세대가 감면주택(B)을 포함하여 3주택을 보유 중 A상가주택을 양도할 때 양도하는 주택이 고가주택에 해당하는 경우 A상가주택 비과세 적용 여부?

A1 B주택은 조특법§99의2에 해당하는 주택으로 비과세 판정 시 소유주택으로 보지 않아 A상가주택이 일시적 2주택의 종전주택에 해당되어 비과세 적용

Q2 A상가주택의 9억원 초과분에 대한 중과 적용 여부?

A2 '21.2.17. 이후 양도분부터 소령§167의3①13호 개정으로 1주택으로 보아 비과세가 적용되는 주택은 중과에서 제외되므로,
 – 기본세율, 장기보유특별공제 표2 적용
 – 소령§160①에 의거 9억원 초과부분에 대한 양도차익 산식 적용

📜 관련 판례 · 해석 등 참고사항

▶ '21.2.17. 소령§167의3①13호* 신설로 위의 사례에서 종전주택(A)을 '21.2.17. 이후 양도했다면 9억원 이하('21.12.8. 이후 양도분부터 12억원)까지 비과세 적용과 다주택자 중과가 배제되어 장기보유특별공제도 적용됨

* '21.2.17. 소령§167의3①13호 : 소령§155 또는 조특법에 따라 1세대가 국내에 1개의 주택을 소유하고 있는 것으로 보거나 1세대 1주택으로 보아 소령§154①이 적용되는 주택으로서 같은 항의 요건을 모두 충족하는 주택 ☞ 중과 배제

거주주택 비과세 특례(소령§155⑳, ①) 중첩적용(거주주택+일시적 2주택)

거주주택 특례와 일시적 2주택 특례의 중첩적용으로 9억원 이하까지 비과세하고, 거주주택이 10년 이상 보유한 주택으로 '20.6.30.까지 양도하면 한시적으로 중과 배제되어 2년 이상 거주한 1주택으로 보는 주택에 해당하므로 장기보유특별공제율을 표2 적용

[중요] 상 [난이] 상

적용사례(사전-2020-법령해석재산-0738, '20.08.25.)

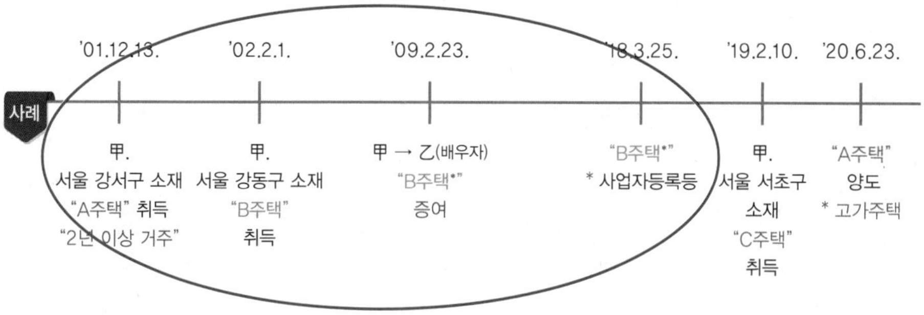

* A주택과 B주택은 소령§155⑳에 따른 거주주택 특례 요건 갖춘 것으로 전제

Q1 거주주택, 장기임대주택, 신규주택을 보유한 1세대가 거주주택을 양도 시 비과세 적용 여부?

A1 거주주택 특례와 일시적 2주택 특례의 중첩적용으로 9억원 이하까지 비과세

Q2 A주택의 장기보유특별공제 적용률은?

A2 ① 10년 이상 보유한 주택을 '20.6.30.까지 양도하면 한시적 중과 배제
② 소령§159의4에 의거 "표2" 적용

관련 판례 · 해석 등 참고사항

▶ **소령§167의3[1세대 3주택 이상에 해당하는 주택의 범위]①**

12. 소법§95④에 따른 보유기간이 10년(재개발, 재건축사업 또는 소규모재건축사업을 시행하는 정비사업조합의 조합원이 해당 조합에 기존건물과 그 부수토지를 제공하고 관리처분계획 등에 따라 취득한 신축주택 및 그 부수토지를 양도하는 경우의 보유기간은 기존건물과 그 부수토지의 취득일부터 기산한다) 이상인 주택을 '20.6.30.까지 양도하는 경우 그 해당 주택은 다주택자 중과에서는 배제

거주주택 비과세 특례(소령§155⑳, ①)

중첩적용[거주주택+일시적 2주택(신규주택→조합원입주권)]

'21.2.16. 이전 양도분으로서, 거주주택과 장기임대주택을 각각 1개씩 보유하는 1세대가 신규주택을 취득하고 해당 신규주택이 조합원입주권으로 전환된 경우로서 조정지역 내 거주주택 양도 시 중첩적용으로 비과세 적용

중요 상 / 난이 중

적용사례(사전-2019-법령해석재산-0448, '19.10.30.)

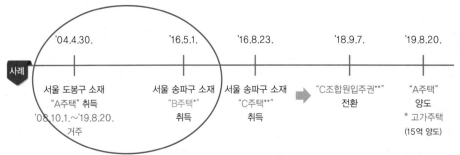

* B주택 : '14.4월 조합원입주권 매수, '16.5월 준공 및 임대개시, '17.3.20., '17.5.4. 임대 사업자등록 등 요건 충족
** C주택(조합원입주권) : '16.8.23. 주택 취득한 후 '18.4.6. 주택재건축사업 관리처분계획인가로 조합원입주권으로 전환

Q1 거주주택, 장기임대주택을 각각 1개씩 보유하는 1세대가 신규주택을 취득하고 해당 신규주택이 조합원입주권으로 전환된 경우로서 조정지역 내 거주주택 양도 시 비과세 적용 여부?

A1 거주주택 특례(소령§155⑳)와 일시적 2주택(소령§155①)의 중첩 적용으로 1세대 1주택으로 보아 비과세 적용

Q2 A주택의 9억원 초과분에 대한 중과 적용 여부?

A2 중과적용시에는 C조합원입주권도 중과대상 주택 수에 포함되므로 중과 적용
   - 기본세율 + 20%p, 장기보유특별공제 배제
   - 다만, 소령§160①에 의거 9억원 초과부분에 대한 양도차익 산식 적용

📜 관련 판례 · 해석 등 참고사항

거주주택 비과세 특례(소령§155⑳, §156의2③)

중첩적용(거주주택+일시적 1주택과 1조합원입주권)

"거주주택 특례(소령§155①)"와 "일시적 1주택과 1조합원입주권(소령§156의2③)"의 중첩적용으로
9억원 이하까지 비과세

중요 상 난이 중

적용사례(부동산거래관리과-16, '13.01.11.)

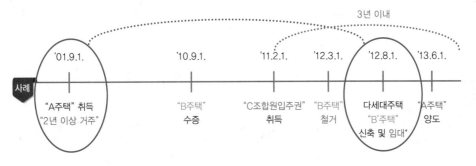

* 구청 및 세무서에 임대사업자 등록

Q1 A주택을 양도 시 비과세 적용 여부?

A1 "거주주택 특례(소령§155⑳)"와 "일시적 1주택과 1조합원입주권(소령§156의2③)"의 중첩적용으로
9억원 이하까지 비과세 적용

☞ 소령§155⑳에 따른 장기임대주택과 거주주택을 소유한 1세대가 소령§156의2③에 따라 해당
거주주택을 양도하기 전에 조합원입주권을 취득한 경우로서 그 조합원입주권을 취득한 날부터 3년
이내 거주주택을 양도 시 비과세 적용

📜 관련 판례 · 해석 등 참고사항

▶ **소령§156의2[주택과 조합원입주권을 소유한 경우 1세대 1주택의 특례]**

③ 국내에 1주택을 소유한 1세대가 그 주택(이하 "종전의 주택"이라 함)을 양도하기 전에 조합원입주권을
소유하게 된 경우 종전의 주택을 취득한 날부터 1년 이상이 지난 후에 조합원입주권을 취득하고 그
조합원입주권을 취득한 날부터 3년 이내에 종전의 주택을 양도하는 경우(3년 이내에 양도하지 못하는
경우로서 기획재정부령으로 정하는 사유에 해당하는 경우를 포함)에는 이를 1세대 1주택으로 보아
소령§154①을 적용한다. (이하 생략)

거주주택 1채와 장기임대주택 2채를 보유한 상태에서 거주주택을 비과세 받은 후,
장기임대주택 중 나중에 취득한 주택을 임대의무기간을 충족하지 못한 상태에서 양도했어도
이를 신규주택으로 보아 일시적 2주택 요건이 충족되면 이미 비과세 받은 세액을 추징하지
않음

중요 상 난이 중

적용사례

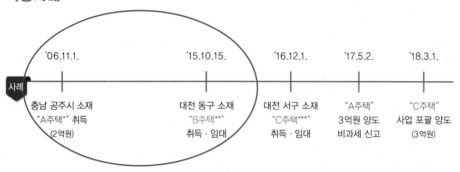

'06.11.1.	'15.10.15.	'16.12.1.	'17.5.2.	'18.3.1.
충남 공주시 소재 "A주택*" 취득 (2억원)	대전 동구 소재 "B주택**" 취득·임대	대전 서구 소재 "C주택***" 취득·임대	"A주택" 3억원 양도 비과세 신고	"C주택" 사업 포괄 양도 (3억원)

사례

* 보유기간 중 2년 이상 거주
** 사업자등록등 필. 취득시부터 현재까지 임대
*** 사업자등록등 필. 임대기간 요건 미충족 상태에서 '18.3.1. 양도

Q1 A주택 비과세 적용한 후, C주택 임대기간 요건 불비로 추징 여부?

A1 C주택을 임대주택으로 보지 말고, 일시적 2주택의 신규주택으로 보아 거주주택 특례와 일시적 2주택
특례 규정이 함께 적용되는 것으로 보아 비과세 인정(미추징)

Q2 A주택이 서울에 소재한다면?

A2 A1과 동일

📋 관련 판례·해석 등 참고사항

거주주택 비과세 특례(소령§155⑳, ①)　　　　　중첩적용, 장기보유특별공제

거주주택 특례와 일시적 2주택의 중첩 적용으로 1세대 1주택으로 보아 비과세 적용 및
직전거주주택보유주택에 해당한 경우에는 직전거주주택 양도일 이후 기간분에 대해서만
비과세 적용

중요 상　난이 상

적용사례(사전-2017-부동산-2544, '18.01.06.)

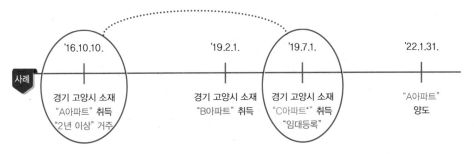

| '16.10.10. | '19.2.1. | '19.7.1. | '22.1.31. |

사례

경기 고양시 소재
"A아파트" 취득
"2년 이상" 거주

경기 고양시 소재
"B아파트" 취득

경기 고양시 소재
"C아파트*" 취득
"임대등록"

"A아파트"
양도

* C아파트 : 장기임대주택 요건 충족

Q1 A아파트 비과세 적용 여부?

A1 거주주택 특례(소령§155⑳)와 일시적 2주택(소령§155①)의 중첩 적용으로 1세대 1주택으로 보아 비과세
적용

Q2 A아파트 양도 후, B아파트 2년 이상 거주한 후 양도하는 경우 비과세 적용 여부?

A2 거주주택 특례(소령§155⑳)에 의거 1세대 1주택으로 보아 비과세 적용
　* B아파트는 장기임대주택이 아니므로 전체 양도소득금액에 대해 비과세 적용

Q3 ~ **Q4** A아파트 양도 후, B아파트를 '25.7.1. 양도하고 C아파트 임대사업 폐업 후 '30.6.30.
　5.3억원에 양도 시

Q3 비과세 적용기간 및 2년 거주요건 해당 여부?

A3 직전거주주택(B아파트)의 양도일 이후 기간분에 대해서만 비과세 적용(소령§155⑳)
　* 직전거주주택보유주택은 소령§155⑳1호에 따라 장기임대주택으로 등록한 날 이후 2년 이상 거주 要

Q4 양도차익에 대한 장기보유특별공제, 조특법§97의4 및 기본세율 적용 여부?

A1 ・ 소령§161① 및 ②1호에 따른 양도소득금액 계산시 소법§95② 표1(최대 30%) 적용, ②2호에 따른
　　양도소득금액 계산시 소법§95② 표2(최대 80%) 적용(소령§161④)
・ 소령§167의3 ①2호 가목 및 나목에 따른 장기임대주택을 6년 이상 임대 후 양도 시 소법§95②
　표1(최대 30%)에 조법§97의4①의 추가공제율(2~10%) 가산 적용
　* 소법§95② 표2(최대 80%) 경우 추가공제율 적용하지 않음

거주주택과 장기임대주택, 대체주택을 보유하는 1세대가 거주주택을 양도하는 경우로서,
거주주택을 배우자로부터 증여받아 2년 이상 거주하지 아니하고 양도 시 중첩적용으로
비과세 적용

중요	난이
상	상

적용사례(사전-2017-법령해석재산-0085, '17.06.30.)

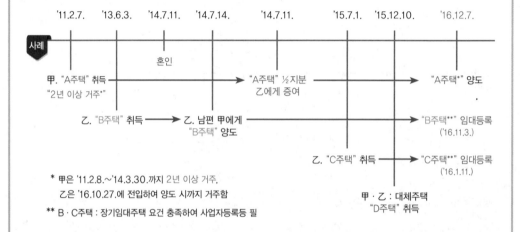

'11.2.7.　'13.6.3.　'14.7.11.　'14.7.14.　'14.7.11.　'15.7.1.　'15.12.10.　'16.12.7.

사례

甲. "A주택" 취득 ────────→ "A주택" ½지분 ──────→ "A주택*" 양도
"2년 이상 거주*" 　　　　　　　　　乙에게 증여

乙. "B주택" 취득 ──→ 乙. 남편 甲에게 ──────────────→ "B주택**" 임대등록
　　　　　　　"B주택" 양도　　　　　　　　　　　　　　　　　　　('16.11.3.)

　　　　　　　　　　　　　　　　　　乙. "C주택" 취득 ──→ "C주택**" 임대등록
　　　　　　　　　　　　　　　　　　　　　　　　　　　　　　　　　　　　　　('16.1.11.)

　* 甲은 '11.2.8.~'14.3.30.까지 2년 이상 거주,
　　乙은 '16.10.27.에 전입하여 양도 시까지 거주함

　** B · C주택 : 장기임대주택 요건 충족하여 사업자등록등 필

　　　　　　　　　　　　　　　　　　　　　　甲 · 乙 : 대체주택
　　　　　　　　　　　　　　　　　　　　　　"D주택" 취득

혼인

Q1 거주주택과 장기임대주택, 대체주택을 보유하는 1세대가 거주주택을 양도하는 경우로서, 거주주택을
배우자로부터 증여받아 2년 이상 거주하지 아니하고 양도하는 경우 해당 거주주택 양도가 1세대1주택
비과세 대상에 해당하는지 여부?

A1 2년 거주요건은 "세대" 단위로 계산하고 장기임대주택 B · C주택은 1개 유형으로 보기 때문에 주택
3채의 중첩적용으로 비과세 적용

　※ 주택 4채의 중첩적용은 비과세 적용 안됨

📝 **관련 판례 · 해석 등 참고사항**

장기어린이집 비과세 특례(소령§155㉑3호)　　　　양도일 현재(장기어린이집 비과세 특례)

가정어린이집으로 사용하지 않은 기간이 6개월을 경과하지 않은 경우, 양도일 현재
소법§168에 따라 사업자등록을 하고 장기가정어린이집을 운영하고 있지 않으면 비과세 적용
불가

중요	난이
상	중

적용사례(사전-2020-법규재산-1104, '22.02.23.)

'12.8.1.	'16.1.1.	'20.3.24.	'20.5.31.	'20.9.22.
대구시 수성구 소재 "A가정어린이집*" 취득	대구시 북구 소재 "B주택" 취득 및 2년 이상 거주	"A가정어린이집*" 폐원	"A주택" 임대	"B주택" 양도**

> * 소령§167의3①8의2에 따른 장기가정어린이집에 해당하며 '12.8.24.부터 '20.3.24.까지 운영 후 원아감소 사유로
> 폐원하고, 매매가 되지 않아 '20.5.31.부터 주택으로 임대함
> ** A주택 소재지는 '20.11.20.에 조정대상지역으로 지정됨

Q1 거주주택 양도일 현재 장기가정어린이집으로 운영하고 있지는 않으나, 가정어린이집으로 사용하지 않은
기간이 6개월을 경과하지 않은 경우, 소령§155㉑에 따른 장기가정어린이집 비과세 특례를 적용 받을
수 있는 지 여부?

A1 소령§155㉑에 따른 장기가정어린이집 비과세 특례를 적용 받을 수 없음

(∵ 양도일 현재 소법§168에 따라 사업자등록을 하고 장기가정어린이집을 운영하고 있어야 비과세 요건이 성립됨)

📑 관련 판례 · 해석 등 참고사항

▶ **소령§167의3[1세대 3주택 이상에 해당하는 주택의 범위]①**

8의2. 1세대의 구성원이 「영유아보호법」§13①에 따라 특별자치도지사 · 시장 · 군수 · 구청장의 인가을 받고
소법§168에 따라 사업자등록을 한 후 5년 이상 가정어린이집으로 사용하고 가정어린이집으로
사용하지 아니하게 된 날부터 6월이 미경과한 당해 주택을 양도 시 다주택자 중과에서는 배제

일시적으로 주거외 용도로 사용되더라도 주택으로 보기 때문에 일시적 2주택 비과세 적용

중요	난이
상	중

적용사례

3년 이내

'12.5.1.   '18.10.1.   '21.9.30.

사례

甲. 서울 송파구 소재   甲. 경기 용인 소재   甲.
"A아파트" 취득 후   "B아파트*" 취득   "A아파트"
인가 받아   양도
가정어린이집으로
사용 중

* 취득시 비조정대상지역, 2년 이상 거주

Q1 A가정어린이집의 일시적 2주택 비과세 적용 여부?

A1 일시적으로 주거외 용도로 사용되더라도 주택으로 보기 때문에 일시적 2주택 비과세 적용

Q2 B아파트를 먼저 양도 시 A아파트의 비과세 적용 여부?

A2 ① B아파트는 장기어린이집 특례에 의거 2년 이상 거주했으므로 비과세 적용
    ② A아파트는 직전거주주택(B아파트) 양도일 후의 기간분에 대해서만 국내 1주택으로 보아 비과세 적용
      * 취득일 기산일은 당초 취득일(∵소령§155)

📑 관련 판례 · 해석 등 참고사항

▶ 대법원2004두14960, '05.04.28.

  – 그 구조 · 기능이나 시설 등이 본래 주거용으로서 주거용에 적합한 상태에 있고 주거기능이
    유지 · 관리되어 언제든지 주택으로 사용 가능 건물은 주택으로 봄

장기어린이집 비과세 특례(소령§155⑳) 가정어린이집으로 임대(장기어린이집 비과세 특례)

소령§167의3①2호에 해당하는 장기임대주택을 의무임대기간 동안 주거용이 아닌 가정어린이집으로 사용하는 자에게 임대한 경우에는 소령§155⑳이 적용되지 않는 것임

[중요] 상 [난이] 중

적용사례(서면-2017-법령해석재산-1262, '18.09.10.)

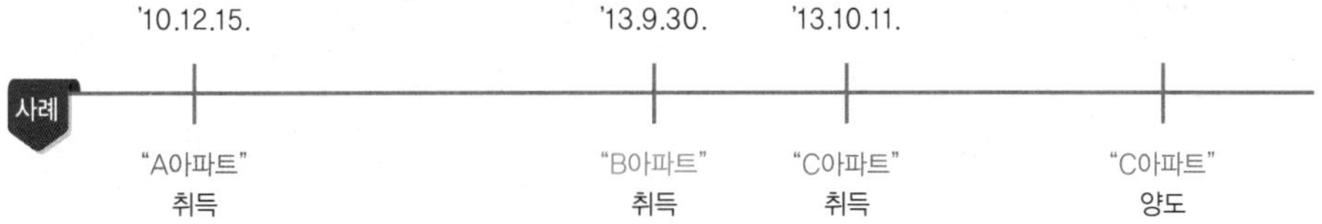

* A · B주택을 민간임대주택법§5에 따른 임대사업자등록과 소법§168에 따라 사업자등록함

[Q1] 장기임대주택을 임차인이 주거용이 아닌 가정어린이집으로 사용하는 경우 소령§155⑳에 따른 거주주택 비과세 특례 대상에 해당하는지 여부?

[A1] 소령§167의3①2호에 해당하는 장기임대주택을 의무임대기간 동안 주거용이 아닌 가정어린이집으로 사용하는 자에게 임대한 경우에는 소령§155⑳이 적용되지 않는 것임

관련 판례 · 해석 등 참고사항

▸ **서면-2021-부동산-6426, '22.05.16.**

- 소령§167의3①8호의2에 해당하는 장기어린이집과 거주주택을 소유하고 있는 1세대가 해당 거주주택을 양도하는 경우, 장기어린이집을 동일 세대원이 운영하는 경우에도 소령§154① 적용이 가능한 것임

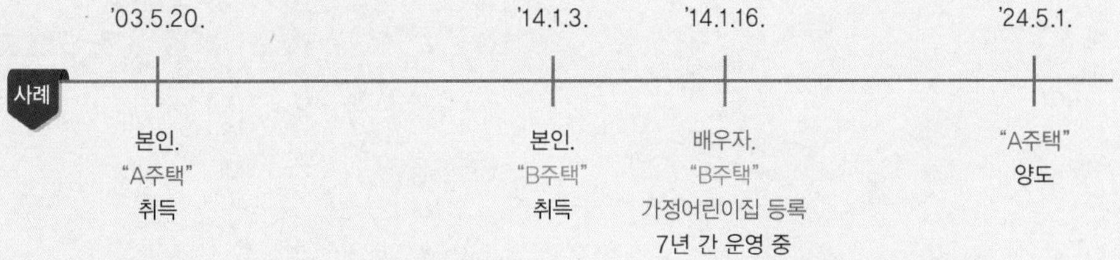

▸ **서면-2024-부동산-0079, '24.07.18.**

- 거주주택 양도일 현재 장기어린이집을 동일세대원이 아닌 자가 운영하는 경우 거주주택 비과세 특례 적용 불가

주택과 조합원입주권 [분양권]을 소유한 경우 1세대 1주택 비과세 특례

01
조합원입주권
보유자의 비과세 특례

가 | 조합원입주권의 개념 및 취급

구 분	내 용
개 념	• 재건축사업 · 재개발사업, 소규모재건축사업 조합의 조합원이 도시정비법에 따른 관리처분계획인가 및 소규모주택정비법에 따른 사업시행계획인가로 취득한 입주자로 선정된 지위(승계취득 포함)
취 급	• '06.1.1. 이후 1세대 1주택 비과세 및 다주택자 중과 적용 시 조합원입주권도 주택 수에 포함
비과세 구 조	• 조합원입주권은 "권리"이나 일정 요건을 갖추어 조합원입주권 양도 시 비과세 적용 • 조합원입주권과 주택 보유자가 일정 요건을 갖추어 주택 양도 시 "1세대 1주택 비과세" 적용
조합원 입주권 포 함	• 도시정비법에 따른 재개발 · 재건축사업의 관리처분계획인가로 취득한 원조합원의 조합원입주권 • 조합원입주권을 승계 취득한 조합원입주권 • 토지만 보유한 주택재개발사업의 원조합원이 취득한 조합원입주권 ☞ 이 경우 완성일 이후에 보유기간 등 비과세 요건을 갖추어야 1세대 1주택 비과세 적용
조합원 입주권 제 외	• 기존 상가를 보유한 자가 상가를 취득할 수 있는 권리(상가입주권)를 취득한 경우 • 주택재건축 · 재개발사업이 아닌 주거환경개선사업 시행으로 취득하는 특별분양권

조합원입주권 관련 법제명 약칭

법 제 명	약 칭
도시 및 주거환경정비법	도시정비법
빈집 및 소규모주택정비에 관한 특례법	소규모주택정비법
공익사업을 위한 토지등의 취득 및 보상에 관한 법률	토지보상법

나 | 도시정비법상 재개발·재건축 절차

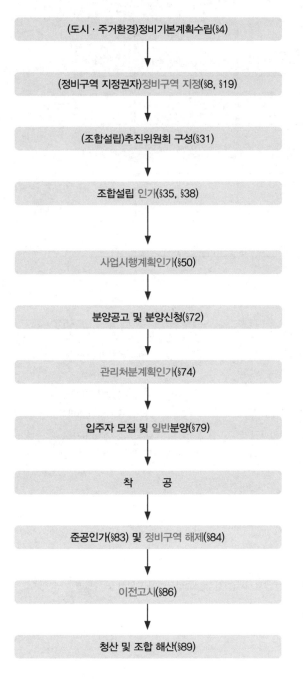

(도시 · 주거환경)정비기본계획수립(§4)
- 주민 의견 청취(§6)
- 지방도시계획위원회 심의(§7)

(정비구역 지정권자)정비구역 지정(§8, §19)
- 건축물의 건축, 공작물 설치 등 행위제한

(조합설립)추진위원회 구성(§31)
- 토지등 소유자 과반수 동의
- 시장 · 군수등의 승인

조합설립 인가(§35, §38)
- 토지등 소유자의 ¾ 이상 및 토지면적의 ½ 이상 토지소유자의 동의
- 시장 · 군수등의 인가
- 법인으로 설립, "정비사업조합" 명칭 사용

사업시행계획인가(§50)
- 수용감면(조특법§77), 비사업용 토지 판정 (소령§168의14③3호) 시 사업인정고시일로 간주

분양공고 및 분양신청(§72)
- 분양신청기간 : 조합원 대상 사업시행자가 통지한 날부터 30일 이상 60일 이내 다만, 20일 범위 내 한차례만 연장 가능

관리처분계획인가(§74)
- 사업시행자가 관리처분계획 수립하여 시장 · 군수등의 인가를 받아야 함
- 조합원입주권으로 변환

입주자 모집 및 일반분양(§79)
- 일반분양자 : 준공 후 조합명의 보존등기 후 매매 형식으로 취득

착 공

준공인가(§83) 및 정비구역 해제(§84)
- 정비구역 지정은 준공인가의 고시가 있은 날 (관리처분계획을 수립 시 이전고시*가 있은 때)의 다음날 해제된 것으로 봄　　* 환지 확정처분

이전고시(§86)
- 사업시행자는 고시가 있은 때 지체없이 분양 받을 자에게 소유권을 이전하여 함
- 분양받을 자는 고시가 있은 날의 다음날 소유권 취득

청산 및 조합 해산(§89)

제3편

⦿ 조합원입주권 권리변환 시기 및 연혁(서면-2017-부동산-0356, '17.09.25.)

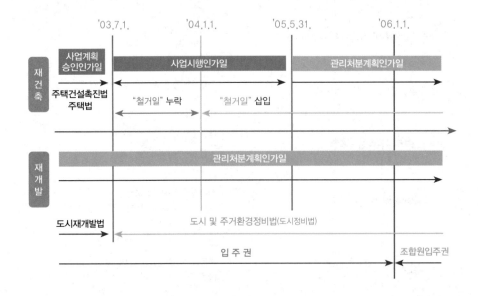

기 간 별	재건축사업	재개발사업
'03.6.30. 이전	사업계획승인인가일 (주택건설촉진법, 주택법)	관리처분계획인가일 (도시재개발법)
'03.7.1.~'05.5.30.	사업시행인가일 (도시및주거환경정비법)	관리처분계획인가일 (도시및주거환경정비법)
'05.5.31. 이후	관리처분계획인가일 (도시및주거환경정비법)	관리처분계획인가일 (도시및주거환경정비법)

* '18.2.9. 이후 소규모주택정비법에 따른 사업시행계획인가일 추가

* '22.1.1. 이후 기존 재건축사업, 재개발사업 및 소규모 재건축사업에 소규모 재개발 사업과
    자율주택정비사업 · 가로주택정비사업이 추가됨

참고 관리처분계획인가일 : 조합원입주권의 권리가 확정된 날로서 지방자치단체의 공보에 고시한 날

취득가액 산정방법(소법§114⑦, 소령§176의2③)   재건축 승계 신축주택

신축된 주택을 양도한 것이므로 주택이 신축된 시점 기준으로 소법§114⑦ 및
소령§176의2③에 따라 매매사례가액, 감정평균가액, 환산취득가액을 순차로 적용하여
산정함

중요 상 난이 중

적용사례

사례

'95.3.1.	'00.4.1.	'00.7.1.	'01.4.1.	'01.12.1.	'04.8.1.	'21.9.1.
甲. "A주택" 취득	"A주택" 사업계획승인인가* A'입주권 전환	甲 → 乙 "A'입주권" (3억원) 양도	乙. "A'입주권" 주택 철거	"A'입주권" 관리처분 계획인가	"A주택" 신축**	乙. "A주택" 양도 (15억원)

* 구. 주택건설촉진법에 따른 사업계획승인인가되었고, 평가액 2.5억원임

** 乙세대는 1주택 보유자로서 甲으로부터 3억원에 취득하여 추가로 4차례 걸쳐 총 2억원을 조합에 납부함

Q1 신축된 A주택을 3년 이내 양도 시 취득가액은?

A1 甲으로부터 프리미엄(0.5억원) 포함 3억원에 취득하였고 2억원을 추가로 조합에 납부하였으므로 실제
지급한 5억원이 취득가액임

Q2 만약, 乙이 화재로 매매계약서 및 승계 취득 시 받은 분양계약서 등을 소실로 취득가액을 확인할 수
없는 경우 취득가액 산정 방법은?

A2 신축된 주택을 양도한 것이므로 주택이 신축된 시점('04.8.1.) 기준으로 소법§114⑦ 및
소령§176의2③에 따라 매매사례가액, 감정평균가액, 환산취득가액을 순차로 적용하여 산정함

관련 판례 · 해석 등 참고사항

▶ **소법§114[양도소득과세표준과 세액의 결정 · 경정 및 통지]**

⑦ 제4항부터 제6항까지의 규정을 적용할 때 양도가액 또는 취득가액을 실지거래가액에 따라 정하는
경우로서 대통령령으로 정하는 사유로 장부나 그 밖의 증명서류에 의하여 해당 자산의 양도 또는
취득가액을 매매사례가액, 감정가액, 환산취득가액 또는 기준시가 등에 따라 추계조사하여 결정 또는
경정할 수 있다.

나 | 정비사업(재개발 · 재건축 등)과 자산 변환

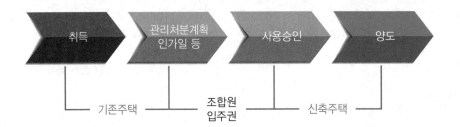

취득 — 기존주택

관리처분계획 인가일 등 — 조합원 입주권

사용승인 — 신축주택

양도

◉ 비과세 적용 시 관리처분계획 등 인가일(권리변환일)

- 도시정비법에 따른 재개발 · 재건축사업 ☞ 관리처분계획 인가일
- 소규모주택정비법에 따른 자율주택정비사업, 가로주택정비사업, 소규모재건축사업, 소규모재개발사업 ☞ 사업시행계획인가일

◉ 종전 건축물의 권리가액과 신축 건축물의 추산액 등

■ 분양대상자별 분양예정내역서(아파트) ■

번호	동호수	권리자	종전 건축물의 감정평가 산술평균가격			신축 건축물 동호수 및 추			분담금
			산술평균금액	비례율	개인별권리가액	평형	동호수	추산액	
1530	265-000	김○○	274,757,000	99.014%	272,040,000	26	123-0502	305,350,000	33,310,000

| 관리처분인가일 : 2005. 5.10. |
| 사업시행인가일 : 2004.10.29. |

검토자 : 차환

* 비례율 : 토지등 총 분양가액에서 총 사업 비용을 뺀 금액을 조합원들이 보유한 종전자산의 총 평가액으로 나눈 금액

다 | 조합원입주권 양도에 대한 비과세 요건(소법§89①4호)

● 조합원입주권 1개 보유한 1세대*가 다음 어느 하나의 요건을 충족하여 양도

* 도시정비법§74에 따른 관리처분계획인가일 및 소규모주택정비법§29에 따른 사업시행계획인가일(인가일 전에 기존주택 철거되는 때에는 기존주택의 철거일) 현재 비과세 요건을 충족한 기존주택을 소유하는 세대

• 양도일 현재 다른 주택 또는 분양권을 보유하지 아니할 것

• 양도일 현재 1조합원입주권 외에 1주택을 보유한 경우(분양권 미 보유로 한정)로서 해당 1주택을 취득한 날부터 3년 이내 해당 조합원입주권을 양도할 것(3년 이내 양도하지 못하는 경우로서 공매진행 등의 사유(하단 참고)에 해당하는 경우 포함)

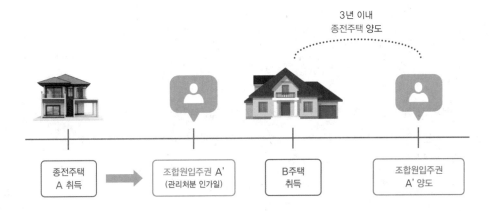

* 공매진행 등의 사유(소령§155⑱)
  1. 자산관리공사법에 따라 설립된 한국자산관리공사(KAMCO)에 매각을 의뢰한 경우
  2. 법원에 경매를 신청한 경우
  3. 국세징수법에 따른 공매가 진행 중인 경우
  4. 재개발사업, 재건축사업 또는 소규모재건축사업의 시행으로 도시정비법 또는 소규모주택정비법에 따라 현금으로 청산을 받아야 하는 토지등소유자가 사업시행자를 상대로 제기한 현금청산금 지급을 구하는 소송절차가 진행 중인 경우 또는 소송절차는 종료되었으나 해당 청산금을 지급받지 못한 경우
  5. 재개발사업, 재건축사업 또는 소규모재건축사업의 시행으로 도시정비법 또는 소규모주택정비법에 따라 사업시행자가 토지등소유자를 상대로 신청·제기한 수용재결 또는 매도청구소송 절차가 진행 중인 경우 또는 재결이나 소송절차는 종료되었으나 토지등소유자가 해당 매도대금 등을 지급받지 못한 경우

토지의 취득시기(도시정비법§81①)　　　　　　　현물출자로 취득하는 토지의 취득시기

재건축조합이나 재개발정비사업조합이 현물출자로 취득하는 토지의 취득시기는
관리처분계획인가와 신탁등기접수일 중 빠른 날이 취득시기이나, 기획재정부
회신일('20.11.24.) 이후 관리처분계획이 인가되는 분부터 적용함

중요 | 중
난이 | 상

적용사례(기준-2019-법령해석법인-0551, '20.11.26., 기준-2019-법령해석법인-0637, '20.11.25., 기획재정부 재산세제과-1024, '20.11.24.)

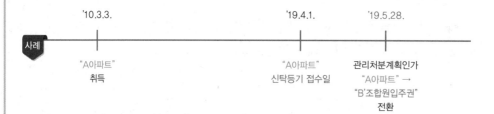

| '10.3.3. | '19.4.1. | '19.5.28. |

사례

"A아파트"
취득

"A아파트"
신탁등기 접수일

관리처분계획인가
"A아파트" →
"B'조합원입주권"
전환

Q1 재건축조합이나 재개발정비사업조합이 현물출자로 취득하는 토지의 취득시기는?

A1 관리처분계획인가와 신탁등기접수일 중 빠른 날이 취득시기이나, 기획재정부 회신일('20.11.24.) 이후
　　 관리처분계획이 인가되는 분부터 적용함

📑 관련 판례 · 해석 등 참고사항

▶ 도시정비법§81①에 의거 관리처분계획인가 고시가 있은 때에는 종전 토지 또는 건축물의 소유자 등
　권리자는 소유권 이전고시가 있는 날까지 **종전 토지 또는 건축물에 대한** 사용 · 수익이 금지된다고
　규정

　⇒ 조합이 조합원으로부터 출자 받은 토지등에 대한 사용수익일은 관리처분계획인가일로 보는 것이
　　　타당하며, 조합설립인가일은 현물출자의 요건을 충족하지 못하는 것으로 판단되며 조세심판원은 위와
　　　같은 취지로 관리처분계획인가일과 신탁등기 접수일 중 빠른 날로 결정하였음(조심2015부4909,
　　　'18.03.14.)

　* 도시정비법§81(건축물 등의 사용 · 수익의 중지 및 철거 등)

　　① 종전의 토지 또는 건축물의 소유자 · 지상권자 · 전세권자 · 임차권자 등 권리자는 제78조제4항에 따른
　　　관리처분계획인가의 고시가 있은 때에는 제86조에 따른 이전고시가 있는 날까지 종전의 토지 또는
　　　건축물을 사용하거나 수익할 수 없다. 다만, (이하 생략)

신탁업자가 사업시행자(도시정비법§27①3호)

사업시행자가 신탁업자인 경우 양도세 과세방법

도시정비법에 따라 신탁업자가 재개발 · 재건축사업의 사업시행자로 지정되어 토지등소유자와 신탁계약을 체결하고 정비사업을 시행하는 경우 양도세 과세방법

중요 상 · 난이 상

적용사례(기획재정부 재산세제과-35, '20.01.14.)

사례

도시정비법에 따라 신탁업자가 재개발 · 재건축사업의 사업시행자로 지정되어 토지등소유자와 신탁계약을 체결하고 정비사업을 시행하는 경우 양도세 과세방법?

Q1 토지등토지소유자가 신탁업자에게 부동산 신탁 시 양도세 과세 여부?

A1 양도소득세가 과세되지 않음

Q2 토지등토지소유자가 신탁업자로부터 지급받는 청산금의 양도세 과세 여부?

A2 양도소득세가 과세됨

Q3 청산금이 양도세 과세대상(Q2)인 경우 청산금의 양도시기는?

A3 소유권 이전고시의 다음날

Q4 토지등토지소유자가 입주권 또는 신축주택을 양도 시 정비사업에서 발생한 사업소득세를 필요경비로 인정 받을 수 있는지 여부?

A4 필요경비로 인정되지 않음

Q5 토지등토지소유자가 정비사업으로 취득한 입주권이 소법§89②에 따른 조합원입주권에 해당하는 지 여부?

A5 조합원입주권에 해당함

Q6 토지등토지소유자가 입주권 또는 신축주택을 양도시 조합원입주권 양도차익 계산 규정(소령§166 규정)의 적용 여부?

A6 소령§166 규정을 적용함

⇒ 다음 쪽에서 보충 설명

🏠 심화정리

도시정비법에 따른 재개발·재건축사업에서 신탁방식과 조합방식 사업에 관한 양도세 계산방법은 일반적으로 다르지 않음

◉ 신탁방식의 재건축사업의 양도세 과세방법(서면-2017-법령해석재산-1921, '20.01.20.)

- 신탁업자에게 부동산 신탁 시 양도세가 과세되지 않음
  - 토지소유자 각인이 소유할 건물 등을 공동으로 건축할 목적으로 신탁법등에 의하여 소유토지를 사업시행자에게 신탁등기하는 것은 양도로 보지 아니함(서면5팀-1069, '08.05.20. 외)

- 토지등소유자가 신탁업자에게 지급받은 청산금은 양도세가 과세됨
  - 신탁방식에 따른 정비사업의 경우에도 청산금의 지급주체만 달라질 뿐 기존의 정비사업조합에 의한 사업시행 방식과 동일한 방식에 따라 청산금을 산정·지급하므로 청산금이 갖고 있는 "종전부동산 양도"로서의 본래 성격이 달라지지 않는 바, 이때에도 청산금은 양도세가 과세됨

- 정비사업에서 발생한 세금은 양도세 필요경비로 인정되지 않음
  - 소법§97①에서 양도가액에서 공제할 필요경비를 열거적으로 규정하는데 (서울고등법원2006누19282, '07.02.04.) 해당 규정에서 토지등소유자가 부담한 사업소득세 상당액을 양도세 필요경비로 규정하고 있지 않으며, 이중과세 문제도 없음

- 청산금의 양도시기는 소유권 이전고시의 다음 날임
  - 도시정비법에 따른 이전고시에 의하여 취득하는 대지 또는 건축물 중 토지등 소유자에게 분양하는 대지·건축물은 도시개발법상 환지로 보며(도시정비법§87②)
  - 종전부동산과 분양받은 부동산의 가격에 차이가 있는 경우 사업시행자는 이전 고시가 있은 후 그 차액에 상당하는 금액(청산금)을 수분양자로부터 징수 또는 지급하고(도시정비법§89①), 그 청산금은 이전고시일 다음 날부터 5년간 행사하지 않으면 소멸하는 것으로(도시정비법§90③)
  - 즉, 청산금은 신축건물 및 대지의 이전고시로 인해 확정되는 바, 도시정비법에 따른 청산금은 종전토지·건물의 면적이 감소한 경우에 환지처분으로 발생하는 것과 그 실질을 같이하므로
  - 해당 청산금의 양도시기는 도시개발법상 환지처분에 의한 청산금과 같이 소령§162①9호에 따라 이전고시일의 다음 날로 봄이 상당함(대법원2015두51996, '16.01.14., 대법원2000다61008, '01.03.23., 대법원98두19629, '00.06.13.)

❯ 신탁방식의 재건축사업의 양도세 과세방법(서면-2017-법령해석재산-1921, '20.01.20.)

- 토지등소유자가 취득하는 입주권은 소법§89②에 따른 조합원입주권으로 보며, 소령§166에 따라 양도차익 계산함

  - 조합방식이나 신탁방식 등의 정비사업 시행방식을 구분하지 않으므로, "주택의 전신(前身)"으로서의 입주권 성격은 정비사업 시행방식과 직접 관련 없으며,

  - 조합원의 자격 등 내용을 규정한 도시정비법§39에서 신탁방식의 정비사업의 경우 위탁자인 토지등소유자를 정비사업의 조합원과 동일하게 취급하고 있음

  - 따라서, 위탁자가 정비사업으로 취득한 입주권 또는 신축주택을 양도 시 정비사업 조합원의 양도차익 계산규정(소령§166)을 적용함이 타당함

소법§89①4호나목에 따라 조합원입주권(자체)을 양도 시 비과세 적용

적용사례(서면-2017-부동산-1678, '17.09.25.)

Q1 C주택 보유 중에 B'조합원입주권을 양도 시 비과세 적용 여부?

A1 관리처분계획인가일 현재 2주택(A, B)을 보유한 경우 조합원입주권에 해당하는 기존주택(B)이
관리처분계획인가일 현재 소령154①의 비과세 요건을 충족하면, 소법§89①4호 나목에 의해 비과세
적용함

📑 **관련 판례 · 해석 등 참고사항**

▶ **소법§81[비과세 양도소득]**

① 다음 각 호의 소득에 대해서는 양도소득에 대한 소득세를 과세하지 아니한다.

　4. ②에 따른 조합원입주권을 1개 보유한 1세대[도시정비법§74에 따른 관리처분계획의 인가일 및
　　소규모주택정비법§29조에 따른 사업시행계획인가일 현재 제3호가목에 해당하는 기존 주택을
　　소유하는 세대]가 다음 각 목의 어느 하나의 요건을 충족하여 양도하는 경우 해당 조합원입주권을
　　양도하여 발생하는 소득. 다만, (이하 생략)

　　나. 양도일 현재 1조합원입주권 외에 1주택을 소유한 경우로서 해당 1주택을 취득한 날부터 3년
　　　이내에 해당 조합원입주권을 양도할 것 (이하 생략)

신규 조합원입주권이 주택으로 완공된 후 3년 이내에 종전주택이 관리처분 계획인가로
변환된 조합원입주권을 양도하는 경우, 소법§89①4호나목에 따른 비과세 특례를 적용받을 수
있음

중요 상　난이 중

적용사례(기획재정부 재산세제과-50, '23.01.10.)

3년 이내

'10.4.30.	'20.2.1.	'20.10.1.	'22.7.1.	'23.10.5.
사례				
"A주택" 취득	관리처분계획인가 "A'조합원입주권*" 취득	"B'조합원 입주권" 승계 취득	"B주택" 취득 (완공)	"A'조합원 입주권" 양도

* 관리처분계획인가일 현재 1세대 1주택 비과세 요건을 충족한 상태

제3편

Q1 신규 조합원입주권이 주택으로 완공된 후 3년 이내에 종전주택이 관리처분 계획인가로 변환된
조합원입주권을 양도하는 경우, 소법§89①4호나목에 따른 비과세 특례를 적용받을 수 있는지 여부?

A1 소법§89①4호나목에 따른 비과세 특례 적용 가능

📝 **관련 판례 · 해석 등 참고사항**

☞ 소법§89①3호을 적용할 경우와 다른 각도에서 생성된 해석으로 보임

승계받은 조합원입주권(B')이 주택으로 완성된 경우로서 해당 주택의 취득일부터 3년 이내 조합원입주권(A')을 양도 시, 소법§89①4호나목에 따른 조합원입주권 비과세 특례를 적용받을 수 있음

중요
상

난이
상

적용사례(서면-2021-법규재산-6289, '23.01.12.)

3년 이내

'15.1.15.　　　'20.4.1.　　　'21.7.1.　　　'23.4.1.　　　'23.10.1.

사례

"A주택"
취득

"B'조합원입주권"
승계 취득

관리처분계획인가
"A주택" →
"A'조합원입주권*"
전환

Q2 "B'조합원입주권"
→ B주택
신축

"A'조합원입주권"
양도

* 관리처분계획인가일 현재 비과세 요건 충족

Q1 승계받은 조합원입주권(B')이 주택으로 완성되기 전에 종전주택(A)이 전환된 조합원입주권(A')을 양도하는 경우, 소령§156의2③ · ④에 따른 일시적1주택 · 1조합원입주권 특례를 적용받을 수 있는지 여부?

A1 소령§156의2③ · ④ 및 소법 §89①4호나목에 따른 비과세 특례를 적용 불가

Q2 승계받은 조합원입주권(B')이 주택으로 완성된 경우로서 해당 주택의 취득일부터 3년 이내 조합원입주권(A')을 양도 시, 소법§89①4호나목에 따른 조합원입주권 비과세 특례를 적용받을 수 있는지 여부?

A2 소법§89①4호나목에 따른 조합원입주권 비과세 특례를 적용받을 수 있음

조합원입주권 비과세(소법§89①4호)	조합원입주권 비과세(부득이한 사유)

조합원입주권의 비과세 특례 적용 시 기존주택은, 관리처분계획인가일 또는 철거일 현재 소령§154① 단서의 1세대 1주택 비과세 특례가 적용되는 기존주택을 포함하므로 비과세 적용함

중요 상 난이 중

적용사례(서면인터넷방문상담4팀-2555, '07.08.31.)

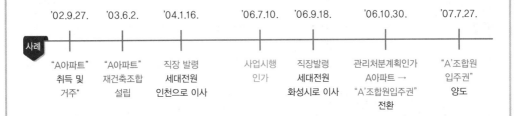

'02.9.27.	'03.6.2.	'04.1.16.	'06.7.10.	'06.9.18.	'06.10.30.	'07.7.27.
사례 "A아파트" 취득 및 거주*	"A아파트" 재건축조합 설립	직장 발령 세대전원 인천으로 이사	사업시행 인가	직장발령 세대전원 화성시로 이사	관리처분계획인가 A아파트 → "A'조합원입주권" 전환	"A'조합원 입주권" 양도

* 경기 화성시 소재 A아파트에서 '04.1.16. 인천광역시로 발령나기 전까지와 '06.9.18. 다시 경기 화성시로 직장 발령 나서 되돌아 와 A아파트에서 세대 전원의 거주한 기간이 1년 이상임

Q1 A'조합원입주권을 양도 시 소령§154①3호 규정에 따라 1년 이상 거주한 주택을 부득이한 사유로 양도한 것으로 보아 비과세 적용 여부?

A1 조합원입주권의 비과세 특례 적용 시 기존주택은, 관리처분계획인가일 또는 철거일 현재 소령§154① 단서의 1세대 1주택 비과세 특례가 적용되는 기존주택을 포함하므로 비과세 적용함

제 3 편

📋 관련 판례 · 해석 등 참고사항

조합원입주권 승계취득한 상태에서, 새로운 주택을 취득하고 승계취득한 조합원입주권이
주택으로 완공된 후 3년 이내 다른 주택 양도 시 비과세 적용 불가

중요 상　난이 상

적용사례(서면-2015-부동산-1160, '15.08.17.)

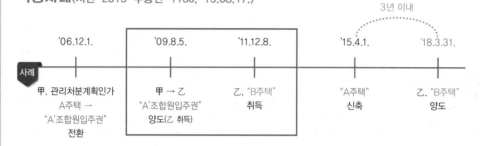

3년 이내

'06.12.1.　'09.8.5.　'11.12.8.　'15.4.1.　'18.3.31.

사례

甲. 관리처분계획인가
A주택 →
"A'조합원입주권"
전환

甲 → 乙
"A'조합원입주권"
양도(乙 취득)

乙. "B주택"
취득

"A주택"
신축

乙. "B주택"
양도

* 甲과 乙은 별도세대

Q1　A'조합원입주권이 신축된 후, B주택을 3년 이내 양도 시 일시적 2주택 비과세 적용 여부?

A1　• 소법§89①3호 및 ②단서에서 규정하는 요건에 해당하지 않아 적용 불가

　☞ A'조합원입주권도 주택 수에 포함하는데 완공시점 기준으로 일시적 2주택을 판정하면
　　중복보유허용기간이 사실상 법정허용기간을 초과하여 제도 취지에 맞지 않고 이중 혜택을 주는
　　결과가 됨

Q2　A'조합원입주권이 비과세를 적용 받을 수 있는 경우는?

A2　B주택을 먼저 양도(과세)하지 않는 한 적용 불가

참고　위 적색 박스 상태인 경우에는 먼저 양도하는 A'나 B는 비과세 받을 수 없음

📜 관련 판례 · 해석 등 참고사항

▶ **위의 사례는 양도세 법령에서 비과세를 열거하고 있는 아래 모형에 해당되지 않아 적용 불가**

- A'조합원입주권이 원조합원의 주택에서 변환된 후 신규주택 취득한 날부터 3년 이내 양도한 경우라면
　소법§89①4호나목에 의해 비과세가 적용될 수 있으며
- 먼저 B주택을 취득한 후에 1년이 경과한 후 A'조합원입주권을 승계취득한 경우라면 소령§156의2③에
　의거 A'조합원입주권을 취득한 날부터 3년 이내 B주택을 양도하면 비과세가 적용될 수 있음

☞ 위와 같이 일시적 2주택(소령§155①)이나 1주택과 1조합원입주권(소령§156의2) 또는 1분양권
　('21.1.1.이후 취득, 소령§156의3)을 보유한 경우에는 "처음 주택 수로 카운터 되는 시점"의 형태[주택,
　조합원입주권, 분양권('21.1.1. 이후 취득)]를 기준으로 비과세 여부를 판정함

토지를 조합에 제공하고 조합원입주권 취득한 상태에서, 새로운 주택을 취득하고 승계취득한 조합원입주권이 주택으로 완공된 후 3년 이내 다른 주택 양도 시 비과세 적용 불가

중요　상
난이　상

적용사례

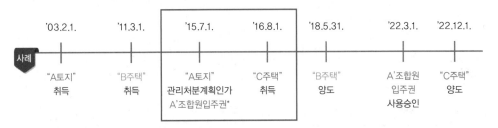

'03.2.1.	'11.3.1.	'15.7.1.	'16.8.1.	'18.5.31.	'22.3.1.	'22.12.1.
"A토지" 취득	"B주택" 취득	"A토지" 관리처분계획인가 A'조합원입주권"	"C주택" 취득	"B주택" 양도	A'조합원 입주권 사용승인	"C주택" 양도

사례

* A토지를 도시정비법에 따른 조합에 제공하여 주택 A'조합원입주권 취득

Q1 '18.5.31. B주택을 양도한 경우 비과세 적용 여부?

A1 소령§156의2③과 소령§155①의 중첩적용으로 비과세 적용됨

Q2 C주택을 양도한 경우 비과세 적용 여부?

A2 위 적색 박스 상태에서 먼저 양도한 A'조합원입주권이나 C주택이 비과세 되는 경우는 법령에 열거되어 있지 않으므로 적용되지 않음

제
3
편

📜 **관련 판례 · 해석 등 참고사항**

▶ **위의 사례는 양도세** 법령에서 비과세를 **열거**하고 있는 아래 모형에 **해당되지 않아 적용 불가**

– A'조합원입주권이 원조합원의 주택에서 변환된 후 신규주택 취득한 날부터 3년 이내 양도한 경우라면 소법§89①4호나목에 의해 비과세가 적용될 수 있으며

– 먼저 B주택을 취득한 후에 1년이 경과한 후 A'조합원입주권을 승계취득한 경우라면 소령§156의2③에 의거 A'조합원입주권을 취득한 날부터 3년 이내 B주택을 양도하면 비과세가 적용될 수 있음

☞ 위와 같이 일시적 2주택(소령§155①)이나 1주택과 1조합원입주권(소령§156의2) 또는 1분양권 ('21.1.1. 이후 취득, 소령§156의3)을 보유한 경우에는 "처음 주택 수로 카운터 되는 시점"의 형태[주택, 조합원입주권, 분양권('21.1.1. 이후 취득)]를 기준으로 비과세 여부를 판정함

1세대가 소법§89② 본문 규정에 따른 조합원입주권 2개(A, B)를 승계 취득한 후,
조합원입주권이 순차로 완공되어 일시적 2주택이 된 상태에서 종전주택(A)을 양도하는
경우는 소령§155① 및 §156의2③, ④을 적용할 수 없는 것임

중요 상　난이 중

적용사례(서면-2021-부동산-2376, '21.09.03.)

사례

'15.5.14.	'16.2.19.	'18.12.2.	'21.12.20.	'22.11.1.
甲. "A조합원입주권" 승계취득	甲. "B조합원입주권" 승계취득	"A주택" 취득(완공) 거주 중	"B주택" 취득(완공) 입주예정	甲. "A주택" 양도예정

Q1　종전주택(A)을 신규주택(B) 취득일('21.12.20.)로부터 1년 이내 양도할 경우
　　1세대 1주택 비과세 적용 여부?

A1　1세대가 소법§89② 본문 규정에 따른 조합원입주권 2개(A, B)를 승계 취득한 후, 조합원입주권이
　　순차로 완공되어 일시적 2주택이 된 상태에서 종전주택(A)을 양도하는 경우는 소령§155① 및
　　§156의2③, ④을 적용할 수 없는 것임

🖐 관련 판례 · 해석 등 참고사항

☞ 일시적 2주택(소령§155①)이나 1주택과 1조합원입주권(소령§156의2) 또는 1분양권('21.1.1. 이후 취득,
　소령§156의3)을 보유한 경우에는 "처음 주택 수로 카운터 되는 시점"의 형태[주택, 조합원입주권,
　분양권('21.1.1. 이후 취득)]를 기준으로 비과세 여부를 판정하는데
　－ 위의 사례에서는 "처음 주택 수로 카운터 되는 시점"에 승계 취득한 조합원입주권이 두개인 경우로서
　이는 법령에서 열거된 비과세 적용 모형에 없으므로 비과세 적용 불가함

'21.1.1. 이후 분양권과 주택을 순차로 취득한 경우로서 해당 분양권에 기한 주택이 완공된 후 A주택을 양도하는 경우, 소령§155①이 적용되지 아니하는 것이며, 이 경우 소령§156의3② 및 ③의 일시적으로 1주택과 1분양권을 소유하게 된 경우에도 해당하지 않으므로 동 규정 또한 적용되지 않음

중요
상

난이
상

적용사례(서면-2022-부동산-0581, '23.06.20., 서면-2021-법규재산-3071, '23.02.23.)

사례	'15.7.1.	'22.1.7.	'22.1.28.	'22.3.1.	'23.7.1.
	甲. 공공건설임대주택 입주	甲. "B'분양권" 취득(당첨)	"A주택" 취득	甲 → 배우자 "B'분양권" 증여	甲. "A주택" 양도 예정

Q1 1세대가 '21.1.1. 이후 분양권을 취득하고 A주택을 취득한 경우로서 B'분양권을 배우자에게 증여한 후 A주택 양도시 소령§156의3② 또는③에 따른 특례가 적용되는지?

A1 '21.1.1. 이후 분양권(B')과 주택(A)을 순차로 취득한 경우로서 해당 분양권(B')에 기한 주택(B)이 완공된 후 A주택을 양도하는 경우, 소령§155①이 적용되지 아니하는 것이며,
– 이 경우 소령§156의3② 및 ③의 일시적으로 1주택과 1분양권을 소유하게 된 경우에도 해당하지 않으므로 동 규정 또한 적용되지 아니하는 것임

📖 **관련 판례·해석 등 참고사항**

☞ 일시적 2주택(소령§155①)이나 1주택과 1조합원입주권(소령§156의2) 또는 1분양권('21.1.1. 이후 취득, 소령§156의3)을 보유한 경우에는 "처음 주택 수로 카운터 되는 시점"의 형태[주택, 조합원입주권, 분양권('21.1.1. 이후 취득)]를 기준으로 비과세 여부를 판정하는데
　– 위의 사례에서는 "처음 주택 수로 카운터 되는 시점"에 '21.1.1. 이후 취득한 분양권을 먼저 취득한 경우로서 이는 법령에서 열거된 비과세 적용 모형에 없으므로 비과세 적용 불가함

▶ **서면-2021-부동산-8499, '23.03.28.**
　– '21.1.1. 이후 분양권과 주택을 순차로 취득한 경우 소령§155① 및 소령§156의3이 적용되지 아니하는 것임

제
3
편

일시적 2주택(소법§89①3호, ②)   기존주택 연장

기존주택을 멸실하고 재건축한 주택은 기존주택의 연장으로 보아 비과세 적용 불가

중요
상

난이
중

적용사례

```
                                                          3년 이내
                                                      ┌┄┄┄┄┄┄┄┐
        '06.12.1.              '11.12.8.       '15.4.1.        '18.3.31.
          │                      │               │               │
사례 ─────┼──────────────────────┼───────────────┼───────────────┼──────
       甲. 관리처분계획인가      甲. "B주택"      "A주택"        "B주택"
        A주택 →                    취득           신축           양도
      "A'조합원입주권"
         전환
```

Q1 A'조합원입주권이 신축된 후, B주택을 3년 이내 양도 시 일시적 2주택 비과세 특례 적용 여부?

A1 A주택을 기존주택(A)의 연장으로 간주하므로 비과세 특례 적용 불가

📜 관련 판례 · 해석 등 참고사항

▶ 양도세 집행기준 89-155-3[일시적 1세대 2주택 비과세 특례규정 적용 시 기존주택 멸실하고 재건축한 경우]

－ 일시적 2주택에 대한 양도세 비과세특례를 적용할 때, 기존주택을 멸실하고 재건축한 주택은 기존주택의
  연장으로 봄 ⇒ B주택 양도 시 비과세 특례 규정 적용 불가

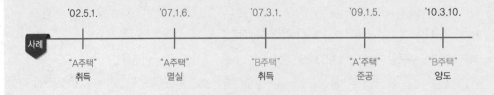

```
        '02.5.1.       '07.1.6.       '07.3.1.       '09.1.5.       '10.3.10.
          │              │              │              │              │
사례 ─────┼──────────────┼──────────────┼──────────────┼──────────────┼────
       "A주택"        "A주택"        "B주택"        "A'주택"       "B주택"
        취득           멸실           취득           준공           양도
```

20 제3편

일시적 2주택(소법§89①3호, ②) '21.1.1. 전 취득 분양권

'21.1.1. 전에 취득한 분양권에 의해 주택이 신축된 후 종전주택을 3년 이내 양도 시 소령§155①에 의거 비과세 적용

중요 상 / 난이 중

적용사례

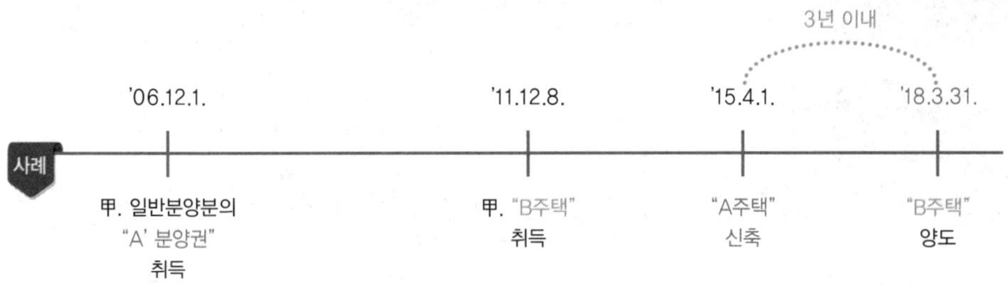

3년 이내
'06.12.1.
'11.12.8.
'15.4.1.
'18.3.31.
사례
甲. 일반분양분의 "A' 분양권" 취득
甲. "B주택" 취득
"A주택" 신축
"B주택" 양도

Q1 A'분양권에 의해 A주택이 신축된 후, B주택을 3년 이내 양도 시 일시적 2주택 비과세 적용 여부?

A1 소령§155①에 의거 비과세 적용

관련 판례 · 해석 등 참고사항

☞ 만약 '21.1.1. 이후 분양권을 취득했다면 조합원입주권을 취득한 것과 같아서 비과세 적용 불가 (∵ 비과세 적용 불가 모형)

소령§156의2③

> **1세대 1주택(A) 보유 + 1조합원입주권(B') 취득***
> * 종전주택(A) 취득한 날부터 "1년 지난 후" 취득
> ⇨ B취득일로부터 "3년 이내" A주택 양도 시 비과세 적용
> ※ "일시적 2주택" 비과세 논리와 동일

소령§156의2④

> **1세대 1주택(A) 보유 + 1조합원입주권(B') 취득***
> * 종전주택(A) 취득한 날부터 "1년 지난 후" 취득
> ⇨ B취득일로부터 "3년 지나" A주택 양도 시 비과세 적용
> ※ "실수요 목적"의 조합원입주권에 대한 비과세

소령§156의2⑤

> **1세대 1조합원입주권(A) 보유 + 1대체주택(B) 취득**
> ⇨ 대체주택(B) 양도 시 비과세 적용
> ※ "사업시행기간 중 거주목적"으로 취득한 대체주택에 대한 비과세

소령§156의2 ⑥ ~ ⑪

> **1세대 1주택(A) + 1조합원입주권(B) 보유자의**
> **상속, 동거봉양, 혼인 등**
> ⇨ 주택(A) 양도 시 비과세 적용

▶ 국내에 1주택을 소유한 1세대가 그 주택(종전주택)을 취득한 날부터 1년이 지나
　 1조합원입주권(B)을 취득한 경우 그 조합원입주권을 취득한 날부터 "3년 이내(3년 이내
　 양도하지 못하는 경우* 포함)" 종전주택을 양도 시 비과세 적용(소령§156의2③)

- 일시적 2주택 비과세 논리와 동일
- 종전주택을 취득한 날부터 1년이 지나 조합원입주권 취득
  * '12.6.29. 이후 취득하는 조합원입주권부터 적용

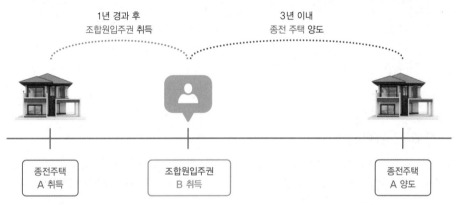

1년 경과 후　　　　　　　　　3년 이내
조합원입주권 취득　　　　　　 종전 주택 양도

| 종전주택 A 취득 | 조합원입주권 B 취득 | 종전주택 A 양도 |

* 종전주택 : 비과세 요건 충족 필요

주택과 조특법§99의2에 따른 신축주택을 소유한 상태에서 조합원입주권을 취득한 날부터
3년 이내 종전주택을 양도 시 조특법상 신축주택은 소유주택으로 보지 않으므로 비과세 적용

적용사례

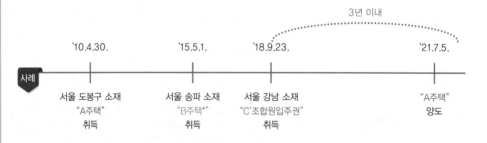

3년 이내

'10.4.30.　　　　'15.5.1.　　　　'18.9.23.　　　　　　　'21.7.5.

사례

서울 도봉구 소재　　서울 송파 소재　　서울 강남 소재　　　　　"A주택"
"A주택"　　　　　　"B주택*"　　　　"C'조합원입주권"　　　　　양도
취득　　　　　　　취득　　　　　　　취득

* '13.12.5. 계약금 지급한 조특법§99의2에 해당한 신축주택

Q1　A주택 양도 시 비과세 적용 여부?

A1　C'조합원입주권을 취득한 날부터 3년 이내에 A종전주택을 양도한 경우로서, B주택은
　　소법§89①3호(비과세) 적용 시 거주자의 소유주택으로 보지 않으므로 소령§156의2③에 해당하여,
　　A주택을 1세대 1주택으로 보아 비과세 적용

📖 관련 판례 · 해석 등 참고사항

▶ 소법§89②에서 주택과 조합원입주권을 보유하다가 그 주택 양도 시 소법§89①3호를 적용불가,
　다만, 단서에 의거 소령§156의2, 소령§156의3의 비과세 특례가 적용된 경우에는 그러하지
　아니한다. ⇒ 소법§89①3호 적용

주택과 조합원입주권을 소유한 경우 1세대 1주택 특례(소령§156의2③)

조합원입주권 변환 후 조합원입주권 취득 1

"국내에 1주택을 소유한 1세대"를 엄격 · 문리해석하여 A주택이 A'조합원입주권으로 변환된 상태에서 B'조합원입주권을 승계취득한 경우에는 소령§156의2④을 적용할 수 없음

중요 상 / 난이 중

적용사례(해석이 재차 정비되어 삭제된 사례)

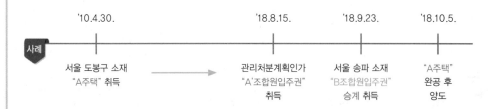

'10.4.30.	'18.8.15.	'18.9.23.	'18.10.5.
서울 도봉구 소재 "A주택" 취득	관리처분계획인가 "A'조합원입주권" 취득	서울 송파 소재 "B조합원입주권" 승계 취득	"A주택" 완공 후 양도

Q1 A주택의 비과세 적용 여부?

A1 "국내에 1주택을 소유한 1세대"를 엄격 · 문리해석하여 A'조합원입주권 상태에서 B'조합원입주권을 승계취득한 경우에는 소령§156의2④을 적용할 수 없음

📑 관련 판례 · 해석 등 참고사항

▶ 서면-2019-부동산-4602, '20.08.27.에서 비과세 인정했으나 '21.03.10.에 해석정비로 삭제되어 비과세 적용 불가(서면법규과-563, '13.05.16. 유지)로 변경되었다가,

▶ '22.12.1.에 기획재정부에서 다시 입장을 바꿔 서면법규과-562, '13.05.16. 해석을 삭제하고, 기획재정부 재산세제과-856, '22.08.01.과 기획재정부 재산세제과-927, '22.08.09.를 유지로 하여 종전주택이 조합원입주권으로 전환되어 사용승인되기 전에 신규 조합원입주권을 취득한 경우에도 소령§156의2가 적용된다고 해석를 재차 정비함

종전주택이 조합원입주권으로 변환된 후, 해당 조합원입주권이 주택으로 완성되기 전에 다른 신규 조합원입주권을 취득, 신규 조합원입주권 취득 후 3년 이내 주택(C)을 양도 시 소령§156의2③이 적용될 수 있음

중요 상 / 난이 중

적용사례 (기획재정부 재산세제과-927, '22.08.09.)

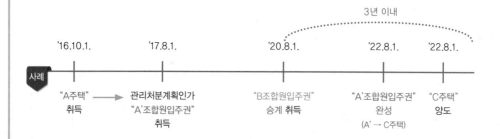

Q1 종전주택이 조합원입주권으로 변환된 후 다시 주택으로 완성된 C주택을 양도 시 비과세 적용 여부?

A1 종전주택이 조합원입주권으로 변환된 후, 해당 조합원입주권이 주택으로 완성되기 전에 다른 신규 조합원입주권을 취득, 신규 조합원입주권 취득 후 3년 이내 주택(C)을 양도 시 소령§156의2③이 적용될 수 있음

🖎 관련 판례 · 해석 등 참고사항

▶ **기획재정부 재산세제과-856, '22.08.01.**

 – 조합원입주권으로 변환된 후, 해당 조합원입주권이 주택으로 완성되기 전에 다른 신규 조합원 입주권을 취득, 신규 조합원입주권 취득 후 3년이 지나 주택(C)을 양도 시 소령§156의2④이 적용될 수 있음

 ☞ 소법§89②에서 주택과 조합원입주권을 보유하다가 그 주택 양도 시 소법§89①3호를 적용 불가, 다만, 단서에서 사업 시행기간 중 거주를 위하여 취득하거나 부득이한 사유로 소령§156의2에서 열거한 경우에 주택을 양도하면 예외적으로 비과세 적용

주택과 조합원입주권을 소유한 경우 1세대 1주택 특례(소령§156의2③)

무허가건물 취득시기

무허가건물의 재개발로 신축 완성된 주택은 기존 무허가건물을 취득할 때가 신축주택의 취득시기이므로, 일시적 2주택(소령§155①) 및 일시적 1주택과 1조합원입주권(소령§156의2③)에 해당하지 않아 비과세 적용 불가

중요 상   난이 중

적용사례(조심-2011-서-4979, '12.02.23.)

* '12.6.29. 이후 양도분부터 중복보유허용기간이 3년 이내로 개정

Q1 A아파트 양도 시 비과세 특례 적용 여부?

A1 매매계약서, 등기부등본 및 무허가건물 확인원에 주택으로 기재되어 있으며, 무허가건물의 재개발로 신축 완성된 주택은 기존 무허가건물을 취득할 때가 신축주택의 취득시기이므로

- 일시적 2주택(소령§155①) 및 일시적 1주택과 1조합원입주권(소령§156의2③)에 해당하지 않아 비과세 적용 불가

📋 **관련 판례 · 해석 등 참고사항**

☞ 위의 사례에서 '05.3.16. 관리처분계획인가로 취득한 B'조합원입주권이 무허가건물이 아닌 토지나 상가가 조합원입주권으로 변환된 후 그 변환된 날부터 3년 이내에 A아파트를 양도했다면 소령§156의2③에 의거 비과세 적용됨

주택과 조합원입주권을 소유한 경우 1세대 1주택 특례(소령§156의2③)

상가부수토지 취득 후 주택 취득

국내에 1주택과 다른 주택의 부수토지를 소유한 1세대가 다른 주택 부수토지 소재지의 도시정비법에 따라 조합원입주권을 별도세대와 공동으로 소유하게 된 경우로서 1주택을 소령§156의2③ 또는 ④의 비과세 요건을 모두 갖추어 양도하는 경우에는 1세대1주택으로 보아 비과세를 적용하는 것임

중요	난이
상	상

적용사례(서면-2021-부동산-0616, '23.11.17.)

* 母는 별도세대이며 B상가주택(1~3층 상가, 4층 주택)의 부수토지 일부(30%)를 증여받음

Q1 B상가주택의 부수토지만 일부(30%) 보유하다가 B상가주택의 재개발사업에 따른 관리처분계획인가로 1조합원입주권을 별도세대와 공동으로 취득한 경우로서, 소령§156의2③ 또는 ④ 요건을 갖추어 A주택을 양도하는 경우 1세대1주택 비과세 적용 여부?

A1 국내에 1주택과 다른 주택의 부수토지를 소유한 1세대가 다른 주택 부수토지 소재지의 도시정비법에 따른 관리처분계획인가로 조합원입주권을 별도세대와 공동으로 소유하게 된 경우로서 1주택을 소령§156의2③ 또는 ④의 비과세 요건을 모두 갖추어 양도하는 경우에는 1세대1주택으로 보아 비과세를 적용하는 것임

📑 관련 판례 · 해석 등 참고사항

☞ 위의 사례에서는 A아파트를 먼저 취득한 후 B'조합원입주권을 취득한 경우로서 소령§156의2의 모형에 부합하므로 비과세 적용됨

▶ 서면-2022-부동산-4207, '22.10.18.
　– 국내에 2주택(A · B)을 소유한 1세대가 도시정비법에 따른 조합원입주권을 별도세대와 공동으로 승계취득한 경우로서 1주택(B)을 먼저 양도한 후에 남은 1주택(A)을 소령§156의2③ 또는 ④의 비과세 요건을 모두 갖추어 양도하는 경우에는 1세대1주택으로 보아 비과세를 적용하는 것

◉ 국내에 1주택을 소유한 1세대가 그 주택을 취득한 날부터 1년이 지난 후* 1조합원입주권을 취득하고 그 조합원입주권을 취득한 날부터 3년이 지나 아래의 비과세 요건을 모두 갖춘 종전주택을 양도 시 비과세 적용(소령§156의2④)

* '22.2.15. 이후 취득하는 조합원입주권부터 적용

☞ 실거주 목적의 조합원입주권 취득(소령§156의2④)

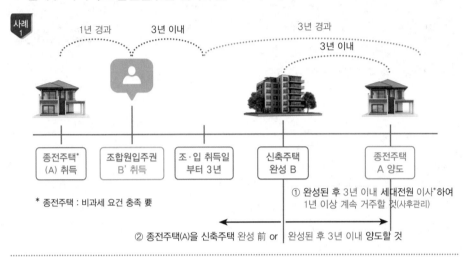

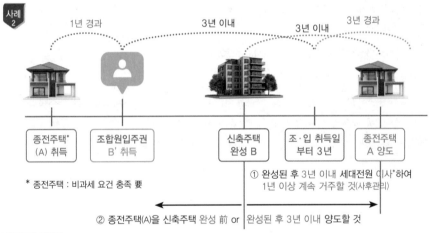

◉ 비과세 요건

• 종전 주택이 1세대 1주택 비과세 요건 충족한 상태에서 위의 사례 1과 사례 2에서 ①과 ②의 요건을 모두 충족 시 1세대 1주택으로 보아 비과세 적용

* '23.1.12. 이후 주택을 양도하는 경우부터 "완성된 후 2년 이내" 요건이 "완성된 후 3년 이내"로 개정됨(소령 부칙 〈제33267호, '23.2.28〉

참고 취학, 근무상 형편, 질병의 요양 그 밖의 부득이한 사유로 세대의 구성원 중 일부가 이사하지 못하는 경우에도 비과세 가능(소칙§75의2, 소칙§71③)

주택과 조합원입주권을 소유한 경우 1세대 1주택 특례(소령§156의2④)

나대지→조합원입주권

나대지가 도시정비법에 따른 주택재개발사업으로 관리처분계획 인가되어 조합원입주권이 된 경우로서, 조합원입주권 되기 전에 취득한 주택을 취득한 날부터 3년이 지나 양도 시 소령§156의2④ 각 호 요건을 모두 갖춘 때에는 비과세 적용

중요 상 난이 상

적용사례(서면-2016-부동산-5055, '16.09.29.)

3년 경과

| '11.5.13. | '12.7.17. | '13.8.1. | '17.6.1. | '17.9.1. |

사례

부산 금정 소재
"A나대지"
취득

부산 금정 소재
"B아파트"
취득

"A'조합원입주권"
취득

"B아파트"
양도

"A'조합원입주권"
A주택 신축 예정

* A나대지가 도시정비법에 따른 주택재개발사업으로 관리처분계획 인가되어 A'조합원입주권 취득

Q1 B아파트를 소령§156의2④ 각 호의 요건을 모두 갖춰서 A'조합원입주권을 취득한 날부터 3년이 지나 매도 시 비과세 특례 적용 여부?

A1 • 나대지가 도시정비법에 따른 관리처분계획 인가로 조합원입주권으로 변경된 경우에는 해당 관리처분계획의 인가일을 취득일로 보는 것이며,

• 국내 1주택을 소유한 1세대가 그 주택을 양도하기 전에 조합원입주권을 취득함으로써 1주택과 1조합원입주권을 소유하게 된 경우, 조합원입주권을 취득한 날부터 3년이 지나 종전 주택(B)를 양도하는 경우로서 소령§156의2④ 각 호 요건을 모두 갖춘 때에는 비과세 적용함

📃 관련 판례 · 해석 등 참고사항

☞ 주택과 그 부수토지 소유자가 다른 경우에는 건물소유자를 기준으로 해당 주택의 소유자를 판단(상속증여세과-346, '13.07.09.)

주택과 조합원입주권을 소유한 경우 1세대 1주택 특례(소령§156의2④)
1+1 조합원입주권 취득 비과세 특례

국내에 1주택을 소유한 1세대가 한 개의 조합원입주권을 승계취득해야 하는데 두 개의 조합원입주권을 취득하여 요건 불비로 비과세 특례 적용 불가

중요 상 · 난이 중

적용사례 (서면-2020-법령해석재산-3447, '21.05.18.)

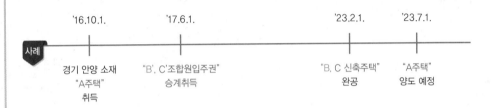

'16.10.1.
경기 안양 소재
"A주택"
취득

'17.6.1.
"B', C'조합원입주권"
승계취득

'23.2.1.
"B, C 신축주택"
완공

'23.7.1.
"A주택"
양도 예정

Q1 종전주택 1개 소유한 1세대가 1+1 형태의 조합원입주권으로 2채의 주택을 공급 받은 후 종전주택을 양도 시 일시적 1주택 및 1조합원입주권 비과세 특례(소령§156의2④)를 적용할 수 있는지 여부?

A1 소령§156의2④에 따라 국내에 1주택을 소유한 1세대가 한 개의 조합원입주권을 승계 취득해야 하는데 요건 불비(두 개의 조합원입주권 취득)로 비과세 적용 불가

관련 판례 · 해석 등 참고사항

☞ 소령§156의2③,④에서 적용되는 조합원입주권은 보유하던 주택이 조합원입주권으로 변환되는 것은 취득으로 보지 않으나, 조합원입주권을 승계취득이나 상가 또는 나대지가 도시정비법에 따른 관리처분계획인가 등으로 1개의 조합원입주권으로 변환된 경우에는 동 조항에서의 조합원입주권을 취득한 것으로 봄

주택과 조합원입주권을 소유한 경우 1세대 1주택 특례(소령§156의2④)

추가 주택 취득·양도

1주택을 소유한 상태에서 1개의 조합원입주권을 승계취득하고 또 다른 주택을 취득 및
양도한 후에 승계한 조합원입주권의 취득일부터 3년이 지난 후 종전주택을 양도 시
소령§156의2④ 각 호의 요건을 모두 갖춘 때에는 1세대 1주택 비과세 적용

중요 상 난이 중

적용사례(서면–2017–부동산–1277, '17.11.13.)

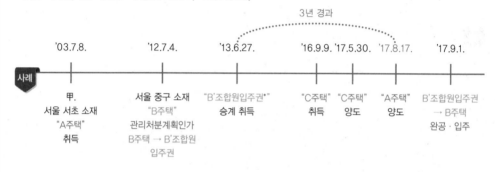

3년 경과

| '03.7.8. | '12.7.4. | '13.6.27. | '16.9.9. | '17.5.30. | '17.8.17. | '17.9.1. |

사례

甲.
서울 서초 소재
"A주택"
취득

서울 중구 소재
"B주택"
관리처분계획인가
B주택 → B'조합원
입주권

"B'조합원입주권"
승계 취득

"C주택"
취득

"C주택"
양도

"A주택"
양도

B'조합원입주권
→ B주택
완공 · 입주

Q1 1주택(A)을 소유한 상태에서 1개의 조합원입주권(B')을 승계취득하고 또 다른 주택(C)을 취득 및 양도한
후에 승계한 조합원입주권(B')의 취득일부터 3년이 지난 후 종전주택(A)을 양도 시 비과세 적용 여부?

A1 종전주택 양도 시 소령§156의2④ 각 호의 요건을 모두 갖춘 때에는 이를 1세대 1주택으로 보아
소령§154①(1세대 1주택 비과세)을 적용하는 것임

📝 관련 판례 · 해석 등 참고사항

☞ 위의 사례에서와 같이 비과세 요건 판정 시 보유기간 중에 다른 주택을 취득하고 양도한 경우에는 비과세
판정 주택의 양도일을 기준으로 판정함

주택과 조합원입주권을 소유한 경우 1세대 1주택 특례(소령§156의2④)

주택·상가 → 조합원입주권 2개

주택과 상가를 보유한 1세대가 도시정비법에 따른 재건축사업으로 같은 날 조합원입주권
2개를 취득한 후 완공된 주택 1채를 양도 시 소령§156의2③, ④의 적용 불가

중요 상   난이 상

적용사례(서면-2021-법령해석재산-4642, '21.11.30.)

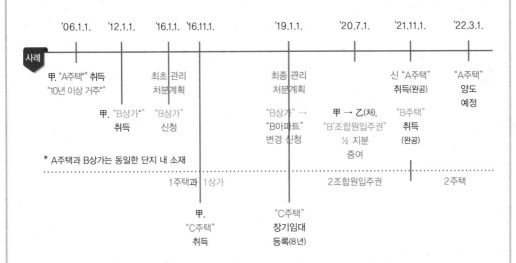

Q1 A주택과 B상가를 보유한 1세대가 도시정비법에 따른 재건축사업으로 같은 날 조합원입주권 2개를
동시에 취득한 후, 완공된 주택(A)을 양도 시, 소령§156의2③, ④의 비과세 적용 여부?

A1 소령§156의2③, ④의 국내에 1주택을 소유한 세대가 조합원입주권을 취득한 경우에 해당하지
않으므로 해당 규정에 따른 1세대 1주택 특례 적용 불가

📑 **관련 판례 · 해석 등 참고사항**

종전주택이 조합원입주권으로 변환된 후, 해당 조합원입주권이 주택으로 완성되기 전에 다른 신규 조합원입주권을 취득, 신규 조합원입주권 취득 후 3년이 지나 주택(C)을 양도 시 소령§156의2④이 적용될 수 있음

중요 상   난이 중

적용사례(기획재정부 재산세제과-856, '22.08.01.)

'03.5.1.	'16.4.1.	'17.7.1.	'20.12.1.	'21.4.1.	'21.10.1.
"A주택" 취득	관리처분계획인가 "A'조합원입주권" 취득	"B조합원입주권" 승계 취득	"A'조합원입주권" 완성 (A' → C주택)	"B'조합원입주권" 완성 (B' → D주택)	"C주택" 양도

Q1 종전주택이 조합원입주권으로 변환된 후 다시 주택으로 완성된 C주택을 양도 시 비과세 적용 여부?

A1 종전주택이 조합원입주권으로 변환된 후, 해당 조합원입주권이 주택으로 완성되기 전에 다른 신규 조합원입주권을 취득, 신규 조합원입주권 취득 후 3년이 지나 주택(C)을 양도 시 소령§156의2④이 적용될 수 있음

📜 **관련 판례 · 해석 등 참고사항**

▶ **기획재정부 재산세제과-927, '22.08.09.**

 – 종전주택을 취득한 후 1년이 지나 조합원입주권을 취득하고, 취득 후 3년 이내 종전주택을 양도하는 경우 소령§156의2③을 적용받을 수 있음

주택과 조합원입주권을 소유한 경우 1세대 1주택 특례(소령§156의2④)

소령§155⑳과 소령§156의2④의 중첩 적용

양도하는 주택이 소령§155⑳1호의 거주주택 요건 및 소령§156의2④ 각 호의 요건을 모두 갖추어 양도하는 경우, 이를 1세대1주택의 양도로 보아 소령§154①을 적용하는 것임

중요 상 / 난이 상

적용사례(사전-2023-법규재산-0424, '23.08.24.)

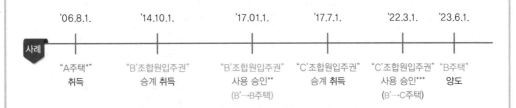

'06.8.1.	'14.10.1.	'17.01.1.	'17.7.1.	'22.3.1.	'23.6.1.
"A주택*" 취득	"B'조합원입주권" 승계 취득	"B'조합원입주권" 사용 승인** (B'→B주택)	"C'조합원입주권" 승계 취득	"C'조합원입주권" 사용 승인*** (B'→C주택)	"B주택" 양도

* '18.7.1. 장기(8년)임대주택 등록
** '17.2.1. 세대전원 B주택에 입주하여 거주
*** '22.6.1. 세대전원 B주택에서 C주택으로 전입하여 거주

Q1 승계취득한 조합원입주권이 주택(B)으로 완공된 후, 1년 이내에 다른 조합원입주권(C)을 승계취득하고 기존에 보유하던 주택(A)을 장기임대주택으로 등록한 후 거주 주택 요건을 갖춘 B주택을 양도 시,
- B주택의 양도에 대하여 소령§155⑳과 소령§156의2④을 중첩 적용하여 1세대 1주택 비과세 특례를 적용할 수 있는 지 여부?

A1 소령§155⑳1호의 거주주택 요건 및 소령§156의2④ 각 호의 요건을 모두 갖추어 양도하는 경우, 이를 1세대1주택의 양도로 보아 소령§154①을 적용하는 것임

📖 관련 판례 · 해석 등 참고사항

☞ 소령§156의2③에서 국내에 1주택을 소유한 1세대가 그 주택을 "취득한 날부터 1년이 지난 후" 1조합원입주권을 취득하는 요건은 '12.6.29. 이후 취득하는 조합원입주권부터 적용되나,
- 소령§156의2④에서 국내에 1주택을 소유한 1세대가 그 주택을 "취득한 날부터 1년이 지난 후" 1조합원입주권을 취득하는 요건은 '22.2.15. 이후 취득하는 조합원입주권부터 적용됨

⟩ 국내에 1주택을 소유한 1세대가 그 주택에 대한 재건축 등의 시행기간 동안 거주하기 위하여 취득한 대체주택(아래 ①, ②, ③ 요건 모두 충족)에 대한 비과세 적용(소령§156의2⑤)

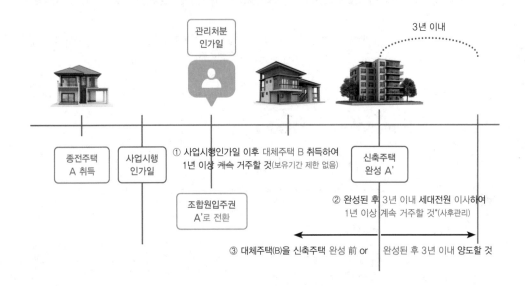

관리처분 인가일

3년 이내

종전주택 A 취득 / **사업시행 인가일** / ① 사업시행인가일 이후 대체주택 B 취득하여 1년 이상 계속 거주할 것(보유기간 제한 없음) / **신축주택 완성 A'**

조합원입주권 A'로 전환

② 완성된 후 3년 이내 세대전원 이사하여 1년 이상 계속 거주할 것*(사후관리)

③ 대체주택(B)을 신축주택 완성 前 or 완성된 후 3년 이내 양도할 것

참고 완성 후 3년 이내 취학 등의 사유로 1년 이상 계속하여 국외거주할 필요가 있어 세대전원이 출국하는 경우에는 출국 사유가 해소(출국 후 3년 이내 해소 경우만 해당)되어 입국한 후 1년 이상 계속 거주 필요

⟩ 비과세 요건

- 위의 ①, ②, ③ 요건을 모두 충족한 상태에서 대체주택 양도 시 1세대 1주택으로 보아 비과세(소령§154①)를 적용함. 이 경우 소령§154①의 보유기간 및 거주기간의 제한을 받지 않음

  * '23.1.12. 이후 주택을 양도하는 경우부터 "완성된 후 2년 이내" 요건이 "완성된 후 3년 이내"로 개정됨(소령 부칙 〈제33267호, '23.2.28〉)

주택과 조합원입주권을 소유한 경우 1세대 1주택 특례(소령§156의2⑤)

신축주택 완공 前 양도

국내에 1주택 소유한 1세대가 그 주택에 대한 사업 시행기간 동안 거주하기 위해 대체주택을 취득한 경우로서 신축주택 완공 전 해당 대체주택(B) 양도 시 비과세 적용

중요 상 난이 중

적용사례(사전-2020-법령해석재산-0361, '20.12.16.)

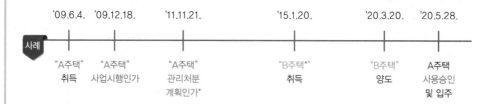

| '09.6.4. | '09.12.18. | '11.11.21. | '15.1.20. | '20.3.20. | '20.5.28. |

사례
"A주택" 취득 / "A주택" 사업시행인가 / "A주택" 관리처분 계획인가* / "B주택*" 취득 / "B주택" 양도 / A주택 사용승인 및 입주

* '15.2.5.~'16.12.29.까지 모든 세대원이 B주택으로 이사와서 거주하다가 '16.12.30.에 다른 주택 임차·거주

Q1 국내에 1주택 소유한 1세대가 그 주택에 대한 사업 시행기간 동안 거주하기 위해 대체주택을 취득한 경우로서 신축주택 완공 전 해당 대체주택(B) 양도 시 비과세 적용 여부?

A1 소령§156의2⑤의 3가지 요건을 모두 충족한 경우에는 비과세 적용

관련 판례 · 해석 등 참고사항

▶ **구.소령§156의2[주택과 조합원입주권을 소유하는 경우 1세대 1주택의 특례]**

⑤ 국내에 1주택을 소유한 1세대가 그 주택에 대한 재개발사업, 재건축사업 또는 소규모재건축 사업의 시행기간 동안 거주하기 위하여 다른 주택("대체주택")을 취득한 경우로서 다음 각 호의 요건을 모두 갖추어 대체주택을 양도하는 때에는 이를 1세대1주택으로 보아 §154①을 적용한다. 이 경우 §154①의 보유기간 및 거주기간의 제한을 받지 아니한다.

1. 사업시행인가일 이후 대체주택 취득하여 1년 이상 거주할 것(보유기간 제한 없음)
2. 완성된 후 2년 이내 세대전원 이사하여 1년 이상 계속 거주할 것(사후관리)
3. 대체주택을 신축주택 완성 前 또는 완성된 후 2년 이내 양도할 것

주택과 조합원입주권을 소유한 경우 1세대 1주택 특례(소령§156의2⑤)

양도일 현재 기준(대체주택 특례)

재건축사업 시행기간 동안 거주하기 위하여 대체주택을 취득하여 거주한 상태에서 다른
주택을 취득·보유하다가 먼저 양도하고 대체주택에서 1년 이상 거주한 후 양도 시 양도일
현재 기준으로 소령§156의2⑤ 요건을 갖춘 경우에는 비과세 적용

중요 상 / 난이 중

적용사례(사전-2020-법령해석재산-0780, '20.08.30.)

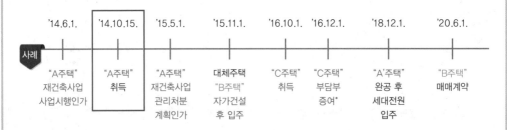

'14.6.1.	'14.10.15.	'15.5.1.	'15.11.1.	'16.10.1.	'16.12.1.	'18.12.1.	'20.6.1.
"A주택" 재건축사업 사업시행인가	"A주택" 취득	"A주택" 재건축사업 관리처분 계획인가	대체주택 "B주택" 자가건설 후 입주	"C주택" 취득	"C주택" 부담부 증여*	"A'주택" 완공 후 세대전원 입주	"B주택" 매매계약

* 별도세대인 子에게 부담부증여

Q1 재건축사업 시행기간 동안 거주하기 위하여 대체주택(B)을 취득하여 거주한 상태에서 다른 주택(C)을
취득·보유하다가 먼저 양도하고 대체주택에서 1년 이상 거주한 후 양도 시 소령§156의2⑤에 따른
대체주택에 해당하는지 여부?

A1 사업시행기간 동안 대체주택 외 다른 주택의 취득 여부와 관계없이 양도일 현재 기준으로
소령§156의2⑤ 요건을 갖춘 경우에는 비과세 적용됨

📑 관련 판례·해석 등 참고사항

▶ 서면-2022-부동산-4802, '23.07.03.

- 국내에 1주택을 소유한 1세대가 그 주택에 대한 재개발사업 등의 시행기간 동안 거주하기 위하여
사업시행인가일 이후 대체주택을 취득하여 1년 이상 거주한 경우로서 재개발사업 등의 관리처분계획등에
따라 취득하는 주택이 완성되기 전 또는 완성된 후 3년 이내에 대체주택을 양도하는 경우
소령§156의2⑤에 따라 1세대1주택으로 보아 소령§154①을 적용하는 것이나, 동일세대원으로부터
증여받은 주택은 위의 대체주택 취득에 해당하지 않는 것임

주택과 조합원입주권을 소유한 경우 1세대 1주택 특례(소령§156의2⑤)

주택 멸실된 상태에서 대체주택 취득

재개발사업지구 내의 주택이 멸실되어 토지만 존재하고 있는 공부상 주택을 취득한 1세대가 다른주택을 취득 시 다른주택은 소령§156의2⑤에 따른 대체주택에 해당하지 않아 비과세 불가

중요 | 중
난이 | 중

적용사례(서면-2021-법령해석재산-5157, '21.11.10.)

'09.1.1.
"A주택"
관리처분
계획인가

'15.6.1.
재개발 사업
취소

'19.9.1.
甲.
공부상
"A주택*"
취득

'19.12.1.
"A주택*"
사업시행
인가

'22.1.1.
甲.
"B주택"
취득
예정

'22.3.1.
"A주택"
관리처분계획
인가 예정

'23.7.31.
"B주택"
양도
예정

* A주택은 멸실되어 건물이 존재하지 않는 공부상 주택

Q1 주택이 멸실되어 토지만 존재하는 A주택(토지는 시유지)을 취득하고 재개발사업 시행기간 동안 거주하기 위하여 취득한 B주택에 대하여 소령§156의2⑤에 따른 대체주택 비과세 특례 적용 여부?

A1 재개발사업지구 내의 주택이 멸실되어 토지만 존재하고 있는 공부상 주택(A)을 취득한 1세대가 다른주택(B)을 취득한 경우 다른주택은 소령§156의2⑤에 따른 대체주택에 해당하지 않아 비과세 적용 불가

📑 관련 판례 · 해석 등 참고사항

☞ 소령§156의2③, ④, ⑤은 전제가 "국내에 1주택을 소유한 1세대가"인데 위의 사례는 1주택을 소유한 경우가 아니므로 비과세 적용 불가함

▶ **서면-2019-부동산-1839, '20.04.21.**

– 승계취득한 조합원입주권(A')을 보유한 1세대가 다른 주택(B주택)을 취득한 후, 재건축으로 취득하는 주택 완공 후 다른 주택(B주택)을 양도하는 경우 소령§156의2⑤이 적용되지 않는 것임

제3편

주택과 조합원입주권을 소유한 경우 1세대 1주택 특례(소령§156의2⑤)

재건축대상주택 비 거주

소령§156의2⑤의 3가지 요건을 모두 충족한 경우에는 재개발·재건축사업 시행기간 전에 기존주택에서 거주하지 않은 경우에도 비과세 적용됨

중요 상 / 난이 중

적용사례(사전-2019-법령해석재산-0615, '20.06.10.)

'12.7.19.
"A주택"
사업시행인가

'15.12.1.
"A주택*"
취득

'17.6.1.
"B주택"
취득 및
거주

'17.9.22.
"A주택"
관리처분
계획인가*

'19.9.28.
"B주택"
양도

'20.3.1.
A주택
사용승인
및 입주

* 재건축사업 시행 전에 거주한 사실이 없음

Q1 재건축주택(A)에서 거주하지 않는 경우에도 소령§156의2⑤에 따른 대체주택(B) 비과세 특례가
적용되는 지 여부?

A1 소령§156의2⑤의 3가지 요건을 모두 충족한 경우에는 재개발·재건축 시행기간 전에 기존주택에서
거주하지 않은 경우에도 비과세 적용됨

📜 관련 판례·해석 등 참고사항

▶ **재산세과-2069, '08.07.31.**

- 소령§156의2⑤에 규정된 주택재개발·재건축 사업시행기간 중 거주하기 위하여 취득한 대체주택의
비과세 특례는 동항 각 호의 요건을 모두 갖추어 대체주택을 양도하는 경우 적용되는 것으로,
재개발·재건축 시행기간 전에 기존주택에서 거주하지 않은 경우에도 적용됨

▶ **사전-2024-법규재산-0141, '24.03.27.**

- 소령§156의2⑤에 따른 대체주택을 취득한 날과 같은 날 다른 기존 일반주택을 양도하는 경우,
일반주택을 먼저 양도하고 대체주택을 취득한 것으로 보아 대체주택 취득일 현재 1주택 판정

주택과 조합원입주권을 소유한 경우 1세대1주택 특례(소령§156의2⑤)

일시적 2주택 상태 취득(대체주택 특례)

대체주택 특례 요건 중 "국내에 1주택을 소유한 1세대"에 소령§155①에 따른 일시적 2주택도 1주택을 소유한 것으로 인정하여 비과세 특례 적용

중요 상 / 난이 중

적용사례(서면-2019-법령해석재산-0466, '21.05.07.) ☞ 해석변경으로 삭제됨

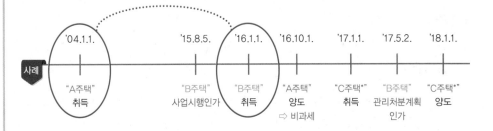

'04.1.1.   '15.8.5.   '16.1.1.   '16.10.1.   '17.1.1.   '17.5.2.   '18.1.1.

사례

"A주택"   "B주택"   "B주택"   "A주택"   "C주택*"   "B주택*"   "C주택*"
취득   사업시행인가   취득   양도   취득   관리처분계획   양도
⇨ 비과세   인가

* 소령§156의2⑤ 1세대 1주택 대체주택 양도요건, 신축주택 이사요건 등 다른 특례요건 충족 전제

Q1 C주택을 양도 시 소령§156의2⑤에 따른 대체주택에 해당하는지 여부?

A1 • 소령§156의2⑤ 특례규정은 재건축대상주택 사업시행인가일(사업시행인가일 이후 취득한 경우 그 취득일) 현재 2주택 이상은 적용되지 않는 것이나,
• 종전주택(A)을 소유한 1세대가 재건축 사업시행 인가된 재건축 대상주택(B) 취득한 후, 대체주택(C) 취득 전에 종전주택(A)를 양도하고 소령§155①에 따라 비과세 적용 받는 경우,
• 재건축대상주택(B)의 재건축 사업시행기간 동안 거주하기 위하여 취득한 대체주택(C)은 특례규정에서 정하는 다른 요건을 충족 시 해당 규정 적용

🗒 **관련 판례 · 해석 등 참고사항**

▶ 재건축대상주택 취득시점에 일시적 2주택인 경우 대체주택C가 소령§156의2⑤ 규정을 적용할 수 있다는 유권해석과 대체주택C가 소령§156의2⑤ 규정을 적용할 수 없다는 유권해석이 상충하여 국세법령심의위원회에서 적용 가능하다고 결정하여 '21.5.14.에 해석정비되었음

   – 그러나 "1주택을 소유한 1세대"의 판단시점이 위의 해석에서와 같이 사업시행인가일 현재 시점에서 대체주택 취득일 기준으로 해석이 변경(기획재정부 재산세제과-1270, '23.10.23.)되어 위의 해석이 삭제되었음

제3편

🏠 심화정리

▶ 소령§156의2⑤에서 "1주택을 소유한 1세대"의 판단 시점

- 기존 국세청 입장(서면-2022-법규재산-2020, '22.10.12., 재산세과-3803, '08.11.17.)
  - 재건축대상 주택의 "사업시행인가일 현재" 2주택 이상인 경우에는 소령§156의2⑤ 적용 불가. 다만 앞쪽에서와 같이 일시적 2주택인 경우에는 비과세 특례 적용

- 조세심판원 입장(조심2022서5380, '22.08.09.)
  - 신탁방식에 쟁점규정의 문언, 즉 '국내에 1주택을 소유한 1세대가 그 주택에 대한 재개발사업, 재건축사업 또는 소규모재건축사업의 시행기간 동안 거주하기 위하여 다른 주택("대체주택")을 취득한 경우로서'라는 내용으로 보았을 때 대체주택의 취득 목적은 '국내에 1주택'을 소유한 1세대가 '그' 주택의 재개발사업 등의 시행기간 동안 거주하기 위함으로 나타나고, 따라서 대체주택의 취득 시점에서의 소유주택도 1주택이어야 할 것으로 해석하는 것이 타당

- 기획재정부 재산세제과-1270, '2023.10.23.(☎ 새로운 유권해석)
  - 소령§156의2⑤(특례규정)은 대체주택 취득일을 기준으로 1주택을 소유한 1세대인 경우에 적용되는 것이며, 귀 질의와 같이 대체주택 취득일 현재 2주택 이상을 소유한 경우에는 해당 특례규정이 적용되지 않는 것임.
  동 해석은 회신일 이후 결정·경정하는 분부터 적용됨

※ 조합원입주권 적용대상 정비사업의 범위 확대(☞ 4편 3~7쪽 참조)
(소법§88, §89②, 소령§155, §156의2, §156의3, §166, §167의3)

- 기존 재건축사업, 재개발사업 및 소규모 재건축사업에 '22.1.1. 이후 취득하는 조합원입주권 적용대상 정비사업의 범위에 소규모 재개발사업, 자율주택정비사업, 가로주택정비사업이 추가되었음

주택과 조합원입주권을 소유한 경우 1세대1주택 특례(소령§156의2⑤)

조특법상 감면주택(대체주택 특례)

소령§156의2⑤ 적용 시 조특법§99의2①을 적용받는 주택은 재건축사업 시행 인가일 현재 거주자의 소유주택으로 보지 않으므로 3가지 요건을 모두 충족한 경우에는 비과세 적용

중요 상　난이 중

적용사례(과세기준자문-2020-법령해석재산-0196, '20.12.23.)

사례

| '13.2.28. | '13.9.26. | '14.5.21. | '14.9.22. | '16.9.21. | '19.2.26. | '19.12.26. |

"A주택" 취득　"B주택*" 취득　"A주택" 사업시행인가　"B주택" 양도　"C주택**" 취득　A'주택 사용승인 및 입주　"C주택" 양도

　* 조특법§99의2 적용대상 주택
　** '16.9.22.~'19.10.14.까지 전 세대원이 C주택으로 이사와서 1년 이상 거주하다가 '19.10.15. 세대전원이
　　A'주택으로 이사하면서 C주택은 '19.12.26.에 양도

Q1 재건축대상 주택의 사업시행인가일 현재 조특법§99의2 적용대상 주택을 보유한 경우 대체주택에 대하여 소령§156의2⑤에 따른 1세대 1주택 비과세 적용 여부?

A1 소령§156의2⑤ 적용 시 조특법§99의2①을 적용받는 주택은 재건축사업 시행 인가일 현재 거주자의 소유주택으로 보지 않으므로 3가지 요건을 모두 충족한 경우에는 비과세 적용

제 3 편

관련 판례 · 해석 등 참고사항

▶ 서면-2019-법령해석재산-2449, '20.12.30.
　– 사업시행인가일 이후 관리처분계획인가일 전에 재건축 대상 주택을 취득하는 경우, 조특법§99의2①을 적용받는 주택은 재건축 대상 주택 취득일 현재 해당 거주자의 소유주택으로 보지 아니하는 것임

농어촌주택 보유(대체주택 특례 1)

농어촌주택(조특법§99의4)은 비과세 판정 시 취득 전 보유하던 일반주택 양도 시에만 비과세 특례가 적용되므로, 해당 대체주택이 농어촌주택을 취득한 이후에 취득하였으므로 비과세 불가

중요 상   난이 상

적용사례(서면-2020-법령해석재산-0414, '20.02.18.)

2년 이내

'06.5.1.   '09.10.1.   '15.2.1.   '16.2.1.   '20.5.1.   '20.6.1.

사례

서울 성동구 소재 "A주택" 취득,
2년 이상 거주

전남 보성 문덕면 소재
"B주택*"
취득

"A주택"
재건축
사업시행인가

"C주택"
(대체주택)
취득

"A'주택"
재건축 완공
및 입주예정

"C주택"
양도예정
⇨ 과세

* B주택 : 조특법§99의4 농어촌주택 요건을 갖춘 주택 전제

Q1 재건축기간 중 취득한 대체주택 특례(소령§156의2⑤)와 농어촌주택 특례(조특법§99의4)가 중첩적용이 가능한 지 여부?

A1 농어촌주택 취득 후 재건축기간 중 실수요 목적으로 추가로 취득한 대체주택을 양도 시, 조특법상 농어촌주택 특례가 적용되지 않고 농어촌주택이 주택 수에 포함되는 바(조특법§99의4)

- 대체주택의 취득 당시 1세대가 2주택을 보유하였으므로 소령§156의2⑤에 따른 재건축기간 중 취득한 대체주택 특례도 적용되지 않고

- 농어촌주택 특례(조특법§99의4) 및 재건축에 따른 대체주택 특례(소령§156의2⑤)의 중첩적용 검토대상이 아님

📑 관련 판례·해석 등 참고사항

☞ 조특법§99의4에 따른 농어촌주택이 성립되려면 양도한 주택보다 나중에 취득해야 하는데 위의 사례에서는 농어촌주택을 대체주택보다 먼저 취득하였으므로 조특법상 농어촌주택에 해당하지 않아 비과세 적용 불가

▶ **조특법§99의4에 따른 농어촌주택보다 전에 취득한 대체주택을 양도한 경우에만 조특법상 비과세 요건이 충족됨**(서면5팀-1021, '08.05.14.)

주택과 조합원입주권을 소유한 경우 1세대 1주택 특례(소령§156의2⑤)

농어촌주택 보유(대체주택 특례 2)

조특법§99의4에 의해 농어촌주택은 비과세 판정 시 거주자의 소유주택으로 보지 않지만 농어촌주택보다 나중에 취득한 주택에는 적용 불가로 비과세 안됨

중요 상
난이 상

적용사례(사전-2019-법령해석재산-0584, '19.12.31.)

2년 이내

'89.1.1.	'13.8.30.	'15.5.28.	'19.9.1.	'19.10.18.
서울 성동구 소재 "A주택" 취득, 2년 이상 거주	전남 보성 문덕면 소재 "B주택*" 취득	서울 송파 소재 "C주택" 취득	"A'주택" 재건축 완공 및 입주	"C주택" 양도 ⇨ 과세

사례

* 조특법§99의4 농어촌주택 요건을 갖춘 주택 전제

** B주택과 C주택은 사업시행인가 이후 취득 전제

Q1 거주 중이던 A주택에 대한 재건축 시행 중 농어촌주택과 C주택을 순차로 취득하여 C주택에 거주하다가 A주택 재건축 완공 후 C주택 양도 시 비과세 적용 여부?

A1 조특법§99의4에 의해 농어촌주택은 비과세 판정 시 거주자의 소유주택으로 보지 않지만 농어촌주택보다 나중에 취득한 주택에는 적용 불가로 비과세 안됨

관련 판례 · 해석 등 참고사항

☞ 위의 사례에서 만약 C주택을 B주택보다 먼저 취득했다면 C주택은 농어촌주택 특례에 의해 비과세 판정 시 소유주택으로 보지 않으므로 소령§156의2⑤에 해당하여 비과세 적용

주택과 조합원입주권을 소유한 경우 1세대 1주택 특례(소령§156의2⑤)

조합원입주권이 대체주택

국내 1주택을 소유한 1세대가 대체주택으로 조합원입주권을 취득한 후 그 조합원입주권이 주택으로 완공 후 1년 이상 거주한 후 양도 시 대체주택으로 인정하여 비과세 적용

중요	난이
상	중

적용사례(기획재정부 재산세제과−0113, '08.01.25.)

'88.3.1.	'00.11.1.	'02.3.1.	'02.6.1.	'06.11.1.	'06.12.1.
"A주택" 취득	"A주택" 사업시행인가	재개발아파트 "B'입주권 취득	"B'주택" 완공 후 1년 이상 거주	"A'주택" 완공 후 입주	"B주택" 양도

* 소령§156의2⑤의 요건 모두 갖춘 것으로 전제

Q1 대체주택으로 재개발아파트 입주권을 취득하여 완공한 주택에 1년 이상 거주한 후 양도 시 소령§156의2⑤에 따른 대체주택에 해당하는지 여부?

A1 매입한 입주권으로 취득한 주택도 소령§156의2⑤에 따른 대체주택에 해당하여 비과세 적용됨

관련 판례 · 해석 등 참고사항

▶ **기획재정부 재산세제과−0110, '08.01.24.**
  − 국내에 1주택을 소유한 1세대가 그 주택에 대한 주택재건축사업(주택재재발사업 포함)의 시행기간 동안 거주하기 위하여 대체주택(매입한 조합원입주권으로 취득한 주택 포함)을 취득한 경우로서 3가지 요건을 충족한 경우 그 대체주택을 1세대 1주택으로 보아 비과세 적용

▶ **서면−2021−부동산−0041, '22.02.08.**
  − 사업시행기간 동안 거주하기 위한 대체주택이 사업시행인가일 전 조합원입주권을 승계 취득하여 완공된 주택에 1년 이상 거주 후 양도 시 소령§156의2⑤에 따른 비과세 특례 적용 여부는 기존 해석사례(기획재정부 재산세제과−0010, '08.01.24.)를 참고하기 바람

주택과 조합원입주권을 소유한 경우 1세대 1주택 특례(소령§156의2⑤)

사업시행인가 前 분양권 취득

국내 1주택을 소유한 1세대가 사업시행인가 전에 분양권을 취득하여 사업시행인가 후
취득하여 1년 이상 세대전원이 거주하다가 재건축주택으로 이사한 경우에도 대체주택으로
인정

중요
상

난이
중

적용사례(서면인터넷방문상담4팀-2140, '07.07.11.)

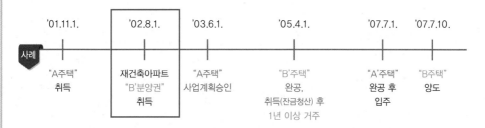

"01.11.1.   "02.8.1.   "03.6.1.   "05.4.1.   "07.7.1.   "07.7.10.

사례

"A주택"   재건축아파트   "A주택"   "B'주택"   "A'주택"   "B주택"
취득   "B'분양권"   사업계획승인   완공,   완공 후   양도
                취득   취득(잔금청산) 후   입주
                                        1년 이상 거주

 * 소령§156의2⑤의 요건 모두 갖춘 것으로 전제

Q1 재건축사업 시행기간 전에 분양(분양권 매입 포함)받은 아파트를 주택 재건축사업 시행기간 중에
취득(잔금 지급)하여 1년 이상 거주하다가 재건축주택으로 세대전원이 이사하게 되는 경우 당해 주택이
소령§156의2⑤에 따른 대체주택에 해당하는지 여부?

A1 재건축사업 시행기간 전에 매입한 분양권으로 취득한 주택도 소령§156의2⑤에 따른 대체주택에
해당하여 비과세 적용됨

📝 관련 판례 · 해석 등 참고사항

제
3
편

주택과 조합원입주권을 소유한 경우 1세대 1주택 특례(소령§156의2⑤)

조합원입주권 상태 취득

대체주택 비과세 특례(소령§156의2⑤)는 국내에 "1조합원입주권"이 아닌 "1주택"을 소유한
1세대가 주체임

중요 상
난이 중

적용사례(서면-2019-부동산-1839, '20.04.21.)

'14.10.1.	'15.6.1.	'16.9.1.	'19.1.1.	'19.7.23.	'19.7.31.
甲. "A주택" 관리처분 계획인가	甲 → 乙. "A'조합원입주권" 승계취득	乙. 경기 하남 소재 "B주택" 취득	"A'조합원입주권" A신축주택 완공	A신축주택 입주 후	"B주택" 양도 예정

Q1 B주택 양도 시 소령§156의2⑤에 따른 대체주택 비과세 특례 적용 여부?

A1 소령§156의2⑤에 따른 대체주택 요건에 "국내에 1주택을 소유한 1세대"가 사업시행인가 후
대체주택을 취득해야 하는데 요건 불비로 비과세 적용 불가

📜 관련 판례 · 해석 등 참고사항

주택과 조합원입주권을 소유한 경우 1세대 1주택 특례(소령§156의2⑤)

1+1 조합원입주권 취득(대체주택 특례 1)

재건축으로 조합원입주권 2개(1+1) 취득 시 대체주택 특례(소령§156의2⑤)를 인정하지 않음

적용사례(서면-2018-부동산-2603, '20.01.09.)

'85.1.1.	'13.4.1.	'15.5.1.	'15.8.1.	'16.9.1.	'17.2.1.	'18.11.1.	'20.3.1.
"A주택" 취득	"A주택" 사업시행인가	"A주택" 관리처분 계획인가	"B주택" 취득 및 이주	관리처분 계획변경*	"C주택" "D주택" 분양 계약 (추가분담금 없음)	재건축아파트 완공**	"B주택" 양도 예정

* 관리처분계획변경으로 조합원입주권 1+1(C'와 D' 2개) 취득

** 완공된 "C주택" 입주 및 "D주택" 임대사업 개시(임대사업자 미등록)

Q1 B주택 양도 시 소령§156의2⑤에 따른 대체주택 특례 적용 가능 여부?

A1 국내에 1주택을 소유한 1세대가 그 주택에 대한 도시정비법에 따른 재건축 사업으로 조합원입주권 2개를 취득하여 재건축으로 완공된 신축주택(C, D)을 보유한 상태에서 대체주택(B)을 양도 시 소령§156의2⑤에 따른 1세대 1주택 특례가 적용되지 않음

📑 관련 판례 · 해석 등 참고사항

▶ 서면-2022-법규재산-1959, '23.04.25., 기획재정부 재산세제과-572, '23.04.19.

– 국내에 1주택을 소유한 1세대가 그 주택에 대한 재개발사업, 재건축사업 또는 소규모재건축사업등 ("재개발사업등")의 시행기간 동안 거주하기 위하여 대체주택을 취득하여 1년 이상 거주한 후 양도하는 경우로서 대체주택 양도 당시 1조합원입주권을 보유하였으나 양도 이후 관리처분계획변경인가에 따라 1+1조합원입주권으로 변경되는 경우 대체주택 특례가 적용되지 않음

주택과 조합원입주권을 소유한 경우 1세대 1주택 특례(소령§156의2⑤)
1+1 조합원입주권 취득(대체주택 특례 2)

재건축사업 시행으로 조합원입주권을 2개 취득 시에는 사업시행기간 중 취득한 대체주택이 소령§156의2⑤에 따른 대체주택에 해당하지 않음

중요 중 | 난이 상

적용사례 (서면-2018-법령해석재산-3798, '19.09.03.)

'04.1.1.	'09.11.11.	'15.2.4.	'15.7.24.	'18.10.29.	'19.7.23.
"A주택" 취득	"A주택" 사업시행인가	"A주택" 관리처분 계획인가*	"B주택"** 취득	"B주택" 양도	"A, C주택" 소유권보존 등기

* 관리처분계획인가로 조합원입주권 A'와 C' 2개 취득

** 세대전원이 1년 이상 계속 거주

Q1 재건축사업 시행으로 조합원입주권을 2개 취득 시에도 사업시행기간 중 취득한 대체주택이 소령§156의2⑤에 따른 대체주택에 해당하는지 여부?

A1 소령§156의2⑤에 따른 대체주택에 해당하지 않음

📃 관련 판례 · 해석 등 참고사항

주택과 조합원입주권을 소유한 경우 1세대 1주택 특례(소령§156의2⑤)

국내 1주택 소유(대체주택 특례)

조합원입주권자체가 비과세 되기 위해서는 당초 보유하고 있었던 주택이 도시정비법에 따라 조합원입주권으로 변환된 경우이므로 별도세대로부터 상속받은 B'조합원입주권은 비과세 불가하고, "국내에 1주택을 소유한 1세대" 요건에 충족되지 않으면 대체주택 비과세도 불가

적용사례(서면-2017-부동산-0356, '17.09.25.)

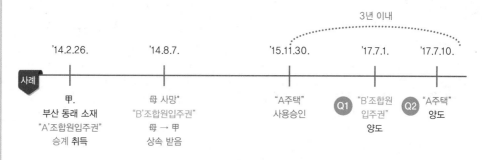

* 모친은 상속개시 당시 별도세대였고 해당 조합원입주권 외 다른 주택 또는 조합원입주권은 없음

Q1 모친으로부터 상속받은 B'조합원입주권을 A주택 사용승인일부터 3년 내 양도 시 비과세 가능 여부?

A1 소법§89④을 적용 받으려면 당초 보유하고 있었던 주택이 도시정비법에 따라 조합원입주권으로 변환된 상태에서 새로운 주택을 취득한 날부터 3년 이내 양도 시에 비과세 적용이 가능하므로 비과세 적용 불가(∵ A'가 당초 보유주택 아님)

Q2 '15.11.30.에 사용승인된 A주택을 소령§156의2⑤에서 말하는 대체주택으로 보아 모친으로부터 상속받은 B'조합원입주권 완공일 전 또는 완공된 후 2년 이내 양도 시 비과세 가능 한 지 여부?

A2 "국내에 1주택을 소유한" 경우가 아닌 관리처분계획인가일 후의 조합원입주권을 취득·소유하는 경우에는 요건 불비로 소령§156의2⑤의 대체주택 비과세 적용 불가

📃 관련 판례 · 해석 등 참고사항

주택과 조합원입주권을 소유한 경우 1세대 1주택 특례(소령§156의2⑨)

혼인 후 5년 이내 先 양도 주택

1주택 또는 1조합원입주권 중 하나를 소유한 자가 1주택 또는 1조합원입주권 중 하나를
소유한 자와 혼인한 후 5년 이내 먼저 양도하는 주택은 비과세 적용

중요 중 / 난이 상

적용사례

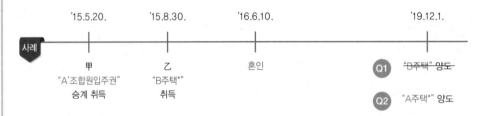

* B주택, A주택 : 양도 시 1세대 1주택 비과세 요건 충족 가정

Q1 B주택을 양도 시 비과세 적용 여부?

A1 소령§156의2⑨2호에 의거 비과세 적용

Q2 A'조합원입주권을 재개발사업 등의 관리처분계획등에 따라 혼인한 날 이후 잔금 청산하고 입주한 후
A주택을 양도한다면 비과세 적용 여부?

A2 소령§156의2⑨4호에 의거 비과세 적용

관련 판례 · 해석 등 참고사항

☞ 위의 사례에서 "A'조합원입주권"이 "분양권"이었다면 B주택 1채만 보유로 비과세 적용되고, '21.1.1.
이후 취득한 분양권은 소령 개정으로 조합원입주권과 동일하게 적용

⊙ 주택과 조합원입주권을 소유한 경우 1세대1주택 특례(소령 § 156의2)

⑨ 제1호에 해당하는 자가 제1호에 해당하는 다른 자와 혼인함으로써 1세대가
1주택과 1조합원입주권, 1주택과 2조합원입주권, 2주택과 1조합원입주권 또는
2주택과 2조합원 입주권 등을 소유하게 되는 경우 혼인한 날부터 5년 이내에 먼저
양도하는 주택(이하 이 항에서 "최초양도주택"이라 함)이 제2호, 제3호 또는 제4호에
따른 주택 중 어느 하나에 해당하는 경우에는 이를 1세대1주택으로
보아 제154조제1항을 적용한다.

1. 다음 각 목의 어느 하나를 소유하는 자
   가. 1주택 나. 1조합원입주권 또는 1분양권 다. 1주택과 1조합원입주권 또는
      1분양권

2. 혼인한 날 이전에 제1호 가목에 해당하는 자가 소유하던 주택

3. 혼인한 날 이전에 제1호 다목에 해당하는 자가 소유하던 주택. 다만, 다음 각
   목의 어느 하나의 요건을 갖춘 경우에 한한다.
   가. 혼인한 날 이전에 소유하던 조합원입주권(혼인한 날 이전에 최초양도주택을
      소유하던 자가 소유하던 조합원입주권을 말한다. 이하 이 항에서 "혼인전 조합원 입주권"
      이라 한다)이 최초 조합원입주권인 경우에는 최초양도주택이 그 재개발사업,
      재건축사업 또는 소규모재건축사업의 시행기간 중 거주하기 위하여 사업
      시행인가일 이후 취득된 것으로서 취득 후 1년 이상 거주하였을 것
   나. 혼인전 조합원입주권이 매매 등으로 승계취득된 것인 경우에는
      최초양도주택이 혼인전 조합원입주권을 취득하기 전부터 소유하던 것일 것
   다. 혼인한 날 이전에 취득한 분양권으로서 최초양도주택이 혼인한 날 이전에
      분양권을 취득하기 전부터 소유하던 것일 것

4. 혼인한 날 이전에 제1호나목에 해당하는 자가 소유하던 1조합원입주권에
   의하여 재개발사업, 재건축사업 또는 소규모재건축사업의 관리처분계획등에
   따라 혼인한 날 이후에 취득하는 주택

제
3
편

2주택과 1조합원입주권을 소유한 경우 1세대 1주택 특례(소령§156의2⑨) **최초양도주택**

소령§156의2⑨3호 나목과 같이 C주택(최초양도주택)이 혼인 前 B'조합원입주권을 취득하기 前부터 보유하고 있지 않아서 비과세 특례를 적용할 수 없음

중요 상
난이 중

적용사례(서면-2015-부동산-2181, '15.12.04.)

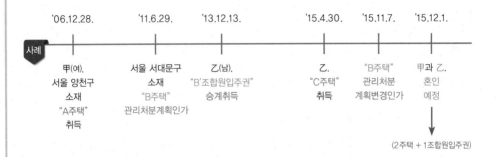

'06.12.28.	'11.6.29.	'13.12.13.	'15.4.30.	'15.11.7.	'15.12.1.
사례 甲(여). 서울 양천구 소재 "A주택" 취득	서울 서대문구 소재 "B주택" 관리처분계획인가	乙(남). "B'조합원입주권" 승계취득	乙. "C주택" 취득	"B주택" 관리처분 계획변경인가	甲과 乙. 혼인 예정

(2주택 + 1조합원입주권)

Q1 혼인한 날부터 5년 이내 갑 소유의 A주택을 양도 시 비과세 적용 여부?

A1 소령§156의2⑨ 및 같은 항 2호에 따라 1세대 1주택으로 보아 소령§154①을 (2년 이상 보유했으므로 비과세) 적용함

Q2 혼인 前 먼저 승계취득한 B'조합원입주권이 완공된 후 을이 나중에 취득하여 소유하고 있던 C주택을 먼저 양도 시 비과세 적용 여부?

A2 소령§156의2⑨3호 나목과 같이 C주택(최초양도주택)이 혼인 前 B'조합원입주권을 취득하기 前부터 보유하고 있지 않아서 **비과세 특례를 적용할 수 없음**

➡ 앞쪽의 관련 "법령" 참고

📋 관련 판례·해석 등 참고사항

1주택과 1조합원입주권을 소유한 경우 1세대 1주택 특례(소령§156의2⑨, 소령§155⑯)

중첩적용(소령§156의2⑨+공공기관 이전)

1주택자와 1조합원입주권자가 혼인 후 공공기관 지방이전으로 인하여 지방소재 1주택을
추가 취득 및 조합원입주권의 주택 전환으로 1세대 3주택 상태에서 종전주택을 양도 시,
혼인한 날로부터 5년 이내 그리고 C아파트를 취득한 날부터 5년 이내에 A아파트를 양도하면
비과세 적용

중요 상 / 난이 상

적용사례(사전-2015-법령해석재산-0469, '16.06.17.)

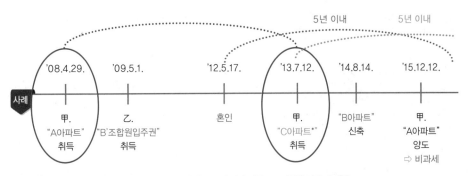

* 국가균형발전법§2 제9호에 따른 공공기관이 수도권 밖의 지역으로 이전한 경우에 해당

Q1 1주택자와 1조합원입주권자가 혼인 후 공공기관 지방이전으로 인하여 지방소재 1주택을 추가 취득 및
조합원입주권의 주택 전환으로 1세대 3주택 상태에서 종전주택(A)을 양도 시 비과세 적용 여부?

A1 혼인한 날로부터 5년 이내에 그리고 C아파트를 취득한 날부터 5년 이내에 A아파트를 양도 시
중첩적용으로 비과세 적용함

📝 관련 판례·해석 등 참고사항

제3편

일시적 2주택 비과세 특례(소령§155①)

신규주택 → 조합원입주권(일시적 2주택 특례 적용 시)

신규주택이 도시정비법에 따라 조합원입주권으로 전환된 경우에도 신규주택을 취득한 날부터 3년 이내에 종전주택을 양도 시 소령§155①에 따른 1세대 1주택 비과세 특례가 적용됨

> 중요 상
> 난이 중

적용사례(사전-2018-법령해석재산-0620, '19.09.19.)

* 도시정비법에 따른 관리처분계획 인가로 조합원입주권으로 전환

Q1 1세대가 일시적 2주택 상태에서 신규주택이 도시정비법에 따른 관리처분계획인가로 조합원입주권으로 전환된 후 신규주택 취득일로부터 3년 이내에 종전주택 양도 시 비과세 적용 여부?

A1 신규주택이 도시정비법에 따라 조합원입주권으로 전환된 경우에도 신규주택을 취득한 날부터 3년 이내에 종전주택을 양도 시 소령§155①에 따른 1세대 1주택 비과세 특례가 적용됨

📜 관련 판례 · 해석 등 참고사항

주택과 분양권 소유 시 1세대 1주택 특례(소령§155①, 소령§156의3②)

'20.12.31. 이전 취득 분양권을 동일세대원에게 '21.1.1. 이후 상속

1주택과 '20.12.31. 이전에 취득한 1분양권을 보유한 자가 '21.1.1. 이후 사망하여
동일세대원인 배우자가 주택과 분양권을 함께 상속받은 후 종전주택을 양도하는 경우
소령§155①이 적용됨

중요 상 / 난이 중

적용사례(서면-2021-법규재산-8009, '23.09.04.)

'09.12.22.	'20.6.6.	'21.6.3.	'23.12.1.
甲. "A아파트" 취득	甲. "B'분양권" 취득	甲 사망. 甲 → 乙(부인) "A아파트", B'분양권 상속	"A아파트" 양도 예정

* A아파트 및 B'분양권 취득 당시 조정대상지역 아님

Q1 1주택(A)과 '20.12.31. 이전에 취득한 1분양권(B)을 보유한 자가 '21.1.1. 이후 사망하여
동일세대원인 배우자가 주택(A)과 분양권(B)을 함께 상속받은 후 종전주택(A)을 양도하는 경우,
소령§155①이 적용되는지 아니면 분양권(B)이 주택 수에 포함되어 소령§156의3이 적용되는지 여부?

A1 소령§155①이 적용됨

🖐 관련 판례 · 해석 등 참고사항

☞ 위의 경우에는 분양권을 '20.12.31. 이전에 취득하였으므로 주택 수로 카운터가 되지 않고 분양권은
나중에 완성될 주택의 계약의 의미 밖에 없으므로 종전주택을 취득한 후 신규주택를 취득한 소령§155①의
모형임

⊙ 정의(소법 §88)

이 장에서 사용하는 용어의 뜻은 다음과 같다. ('18.12.31., ⋯⋯'20.12.29., '21.12.8.)

9. "조합원입주권"이란 도시정비법§74에 따른 관리처분계획의 인가 및 소규모주택정비법§29에 따른 사업시행계획인가로 인하여 취득한 입주자로 선정된 지위를 말한다. 이 경우 도시정비법에 따른 재건축사업 또는 재개발사업, 소규모주택정비법에 따른 자율주택정비사업, 가로주택정비사업, 소규모재건축사업 또는 소규모재개발사업을 시행하는 정비사업조합의 조합원(같은 법§22에 따라 주민합의체를 구성하는 경우에는 같은 법§2 6호의 토지등소유자를 말한다)으로서 취득한 것(그 조합원으로부터 취득한 것을 포함한다)으로 한정하며, 이에 딸린 토지를 포함한다.

10. "분양권"이란 주택법 등 대통령령으로 정하는 법률에 따른 주택에 대한 공급계약을 통하여 주택을 공급받는 자로 선정된 지위(해당 지위를 매매 또는 증여 등의 방법으로 취득한 것을 포함한다)를 말한다.

▶ 분양권의 범위(소령§152의4)

소법§88 10호에서 "주택법 등 대통령령으로 정하는 법률"이란 다음 각 호의 법률을 말한다. ('21.2.17. 신설)

1. 건축물의 분양에 관한 법률
2. 공공주택 특별법
3. 도시개발법
4. 도시 및 주거환경정비법(도시정비법)
5. 빈집 및 소규모주택 정비에 관한 특례법(소규모주택정비법)
6. 산업입지 및 개발에 관한 법률
7. 주택법
8. 택지개발촉진법

주택과 분양권 소유 시 1세대 1주택 특례(소법§88 10호, 소령§156의3②)

'21.1.1. 이후 분양권 소유자의 비과세 특례

지역주택조합의 조합원이 주택법에 따른 주택에 대한 공급계약을 통하여 주택을 공급받는 자로 선정된 지위(해당 지위를 매매 또는 증여 등의 방법으로 취득한 것으로 포함함)는 소법§88 10호에 따른 분양권에 해당하는 것임

중요 상 / 난이 중

적용사례(서면-2021-법규재산-4466, '22.02.11.)

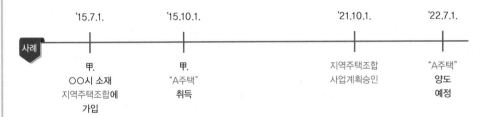

'15.7.1.	'15.10.1.	'21.10.1.	'22.7.1.
甲. ○○시 소재 지역주택조합에 가입	甲. "A주택" 취득	지역주택조합 사업계획승인	"A주택" 양도 예정

* '20.12.18. ○○시가 조정대상지역으로 지정

Q1 1주택 보유자가 지역주택조합의 조합원인 경우 해당 1주택의 1세대 1주택 비과세 적용 여부?

A1 지역주택조합의 조합원이 주택법에 따른 주택에 대한 공급계약을 통하여 주택을 공급받는 자로 선정된 지위(해당 지위를 매매 또는 증여 등의 방법으로 취득한 것으로 포함함)는 소법§88 10호에 따른 분양권에 해당하는 것임

- 1세대가 주택과 분양권을 보유하다 그 주택을 양도하는 경우 1세대1주택 비과세 적용 여부에 대하여는 소법§89②의 규정을 참고하시기 바람

🖋 **관련 판례 · 해석 등 참고사항**

☞ 위의 경우에는 소령§156의3[주택과 분양권을 소유한 경우 1세대 1주택의 특례]의 규정에 부합하면 비과세를 적용할 수 있다는 것으로, '21.1.1. 이후 분양권을 취득('21.10.1.)한 날부터 3년 이내에 A주택을 양도하는 경우이므로 소령§156의3②에 의거 비과세 특례가 적용됨

제 3 편

'21.1.1. 전「주택법」에 따른 지역주택조합에 가입하고 '21.1.1. 이후 같은 법§15에 따라 사업계획승인을 받은 후 다른주택을 취득한 경우로서, 다른주택를 취득한 날부터 1년 이상이 지난 후 지역주택조합의 조합원으로 주택을 공급받고 그 날부터 3년 이내에 다른주택을 양도 시 1세대1주택으로 보는 것임

중요 상　난이 중

적용사례(기획재정부 재산세제과–1037, '23.09.01.)

* '26.3.1. 이후 소령§155①에 따른 종전주택 처분기한(3년) 내 A주택 양도 예정

Q1 소령§156의3[주택과 분양권을 소유한 경우 1세대 1주택 특례]②에 따른 1세대 1주택 비과세 특례가 적용되는 지 여부?(분양권에 해당하는 지역주택조합 조합원 지위의 취득시기)

A1 '21.1.1. 전「주택법」에 따른 지역주택조합에 가입하고 '21.1.1. 이후 같은 법§15에 따라 사업계획승인을 받은 후 다른 주택(A)을 취득한 경우로서, 다른 주택(A)를 취득한 날부터 1년 이상이 지난 후 지역주택조합의 조합원으로 주택(B)을 공급받고 그 날부터 3년 이내에 다른 주택(A)을 양도하는 경우 이를 1세대1주택으로 보는 것임

📋 **관련 판례·해석 등 참고사항**

☞ 부동산을 취득할 수 있는 권리의 취득시기는 권리가 확정되는 날(사업계획승인일)이므로 위의 해석과 배치되어 해석정비 과정에서 삭제된 유권해석(서면법규재산–2022-3841, '23.05.03.)과 같이 소령§156의3에 따른 "종전주택을 취득한 후 1년 이상이 지난 후에 분양권을 취득"하는 규정을 적용할 때 지역주택조합 조합원의 지위가 '21.1.1. 이후 분양권이 된 경우 그 분양권의 취득시기는 주택법§15에 따른 사업계획승인일이 되는 것이라는 해석이 타당해 보이므로
– 위의 해석은 개별 건으로 보아야 할 것임

주택과 분양권을 소유한 경우 1세대 1주택 특례(소령§156의3②)
'20.12.31. 이전 취득한 분양권을 '21.1.1. 이후 배우자에게 증여

'20.12.31. 이전에 취득한 분양권의 지분 일부를 '21.1.1. 이후 동일세대원인 배우자(甲)에게 증여하는 경우에도, 해당 분양권은 소법 부칙 〈법률 제17477호, 2020.8.18.〉 §4에 따라 주택 수에 포함하지 않은 것임

중요 상
난이 중

적용사례 (서면-2020-법령해석재산-0918, '21.07.23.)

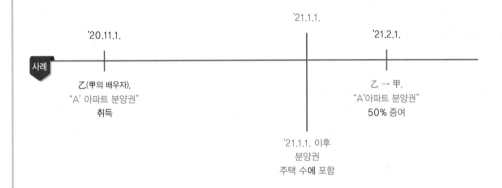

사례

'20.11.1.
乙(甲의 배우자),
"A' 아파트 분양권"
취득

'21.1.1.
'21.1.1. 이후
분양권
주택 수에 포함

'21.2.1.
乙 → 甲,
"A'아파트 분양권"
50% 증여

Q1 '20.11.1.에 배우자(乙)가 취득한 분양권을 '21.1.1. 이후 동일 세대원(甲)이 증여를 통하여 ½ 지분을 취득하는 경우, 양도세 계산 시 주택 수에 포함되는 지 여부?

A1 해당 분양권의 지분 일부를 '21.1.1. 이후 동일세대원인 배우자(甲)에게 증여하는 경우에도, 해당 분양권은 소법 부칙 〈법률 제17477호, 2020.8.18.〉 §4에 따라 주택 수에 포함하지 않은 것임

📑 **관련 판례 · 해석 등 참고사항**

제3편

⊙ **'21.1.1. 이후 취득한 분양권 주택 수 포함 소법부칙[제17477호, '20.8.18.]**

제2조(일반적 적용례)

이 법 중 양도소득세에 관한 개정규정은 이 법 시행 이후 양도하는 분부터 적용한다.

제3조(양도소득세의 세율에 관한 적용례)

제104조제1항 제1호부터 제4호까지 및 같은 조 제7항 각 호 외의 부분의
개정규정은 '21.6.1. 이후 양도하는 분부터 적용한다.

제4조(주택과 조합원입주권 또는 분양권을 보유한 자의 1세대 1주택 양도소득세 비과세 및
조정대상지역 내 주택에 대한 양도소득세의 세율에 관한 적용례)

제89조제2항 본문, 제104조제7항 제2호 및 제4호의 개정규정은 '21.1.1. 이후
공급계약, 매매 또는 증여 등의 방법으로 취득한 분양권부터 적용한다.

주택과 분양권을 소유한 경우 1세대 1주택 특례(소령§156의3②)

'21.1.1. 이후 취득한 분양권 1

'20.12.31. 이전 취득한 분양권은 신축되기 이전에는 비과세 판정 시 영향이 없지만, '21.1.1. 이후 취득한 분양권은 소법§89② 및 소령§156의3 개정으로 조합원입주권과 동일하게 주택 수에 산입

중요 상 · 난이 중

적용사례

Q1 B'분양권이 신축되기 이전에 A주택 양도 시 비과세 적용 여부?

A1 소령§156의3②에 의거 C'분양권을 취득한 날부터 3년 이내 양도 시 비과세 적용

Q2 만약 B'분양권이 A주택 양도 이전에 신축되어 B주택인 상태에서, A주택을 양도 시 비과세 적용 여부?

A2 1세대 3주택으로 비과세 적용 불가

🗞 관련 판례 · 해석 등 참고사항

☞ '20.12.31. 이전 취득한 분양권은 신축되기 이전에는 비과세 판정 시 영향이 없지만, '21.1.1. 이후 취득한 분양권은 시행령 개정으로 조합원입주권과 같이 주택 수에 산입

주택과 분양권을 소유한 경우 1세대 1주택 특례(소령§156의3②)

'21.1.1. 이후 취득한 분양권 2

소령§156의3②에 의거 C'분양권을 취득한 날부터 3년 이내 양도 시 비과세 적용임

중요 중 / 난이 중

적용사례

3년 이내

'16.1.1.	'17.4.1.	'21.1.15.	'21.8.1.	'22.10.1.
"A주택" 취득	"B주택" 취득	"C'분양권" 취득	"B주택" 양도	"A주택*" 양도

사례

Q1 A주택 양도 시 비과세 적용 여부?

A1 소령§156의3②에 의거 C'분양권을 취득한 날부터 3년 이내 양도 시 비과세 적용

📜 관련 판례 · 해석 등 참고사항

☞ 비과세 판정 시 양도일 현재 기준으로 판정함

주택과 분양권을 소유한 경우 1세대 1주택 특례(소령§156의3④)

'21.1.1. 이후 상속받은 분양권

'21.1.1. 이후 상속개시 당시 주택이나 조합원입주권을 보유하지 않고 분양권 하나만 보유한 별도세대인 父로부터 분양권을 상속받은 후 일반주택을 양도 시 비과세 특례를 적용함

중요 상 난이 상

적용사례

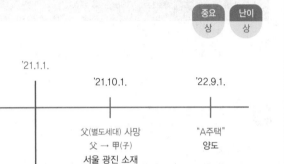

'21.1.1.

| '19.7.1. | | '21.10.1. | '22.9.1. |

사례

甲.
서울 성동 소재
"A주택"
취득
(甲세대 2년 이상 거주)

父(별도세대) 사망
父 → 甲(子)
서울 광진 소재
"B" 분양권
단독 상속*

"A주택"
양도

* 상속개시일 현재 父는 주택이나 조합원입주권을 보유하지 않았으며 B'분양권 하나만을 보유한 상태

Q1 '21.1.1. 이후 상속개시 당시 주택이나 조합원입주권을 보유하지 않는 별도세대인 父로부터 분양권을 상속받은 후 일반주택(A)을 양도 시 비과세 특례 적용 여부?

A1 비과세 요건을 충족한 A주택은 소령§156의3④에 의거 비과세 특례 적용 가능

※ 소령 부칙〈제31442호, 2021.2.17.〉§10(주택과 분양권을 소유한 경우 1세대 1주택의 특례 등에 관한 적용례)에 의해 '21.1.1. 이후 상속받은 분양권(피상속인이 상속개시 당시 주택 또는 조합원입주권을 소유하지 아니한 경우의 상속받은 분양권만 해당)과 상속 개시 당시 보유한 일반주택을 보유한 상태에서 일반주택을 양도 시 비과세 특례가 적용됨(소령§156의3④)

📝 **관련 판례 · 해석 등 참고사항**

▶ **소령§156의3[주택과 분양권을 소유한 경우 1세대 1주택의 특례]**

④ 상속받은 분양권[피상속인이 상속개시 당시 주택 또는 조합원입주권을 소유하지 아니한 경우의 상속받은 분양권만 해당, 피상속인이 상속개시 당시 2이상의 분양권을 소유한 경우 다음 각 호의 순위에 따른 1분양권만 해당하고, 공동상속분양권의 경우 ⑤5호에 해당하는 사람이 그 공동상속 분양권을 소유한 것으로 본다]과 그 밖의 주택[상속개시 당시 보유한 주택 또는 상속개시 당시 보유한 조합원입주권이나 분양권에 의하여 사업시행 완료 후 취득한 신축주택만 해당하며, 상속개시일부터 소급하여 2년 이내에 피상속인으로부터 증여받은 주택 또는 증여받은 조합원입주권이나 분양권에 의하여 사업시행 완료 후 취득한 신축주택은 제외("일반주택")]을 국내에 각각 1개씩 소유하고 있는 1세대가 일반주택을 양도하는 경우에는 국내에 1개의 주택을 소유하고 있는 것으로 보아 §154①을 적용한다.
다만, (이하생략)

주택과 분양권을 소유한 경우 1세대 1주택 특례(소령§156의3⑥, §155①)

일시적 2주택 + '21.1.1. 이후 취득한 분양권

혼인함으로써 일시적으로 1세대가 2주택(A,B)과 1분양권(C)을 보유한 경우, 다른 주택(B)을 취득한 날부터 소령§155① 일시적 2주택 허용기간 이내에 종전주택(A)을 양도 시 1세대 1주택 비과세 특례규정을 적용하는 것임

중요 중 · 난이 중

적용사례(서면-2022-부동산-5519, '23.03.20.)

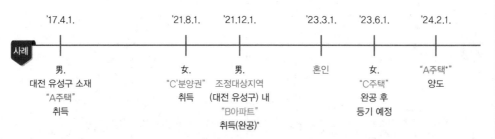

사례

'17.4.1.	'21.8.1.	'21.12.1.	'23.3.1.	'23.6.1.	'24.2.1.
男. 대전 유성구 소재 "A주택" 취득	女. "C'분양권" 취득	男. 조정대상지역 (대전 유성구) 내 "B아파트" 취득(완공)*	혼인	女. "C주택" 완공 후 등기 예정	"A주택" 양도

* '20.12.31. 이전 분양권 취득 당시 B아파트 소재지 비조정대상지역

Q1 일시적 2주택(A,B)인 남자와 '21.1.1. 이후 취득한 1분양권(C)인 여자가 혼인한 경우 A주택을 언제까지 양도해야 비과세 되는지?

A1 혼인함으로써 일시적으로 1세대가 2주택(A,B)과 1분양권(C')을 보유한 경우, 다른 주택(B)을 취득한 날부터 소령§155① 일시적 2주택 허용기간 이내('23.1.12. 이후 양도분부터 3년)에 종전주택(A)을 양도 시 1세대 1주택 비과세 특례규정을 적용하는 것임

📑 관련 판례 · 해석 등 참고사항

주택과 분양권을 소유한 경우 1세대 1주택 특례(소령§156의3⑥, §156의2⑨)
'21.1.1. 이후 취득한 분양권을 배우자에게 증여

혼인으로 1세대가 '21.1.1. 이후 취득한 분양권을 포함하여 1주택, 1분양권을 보유한 경우로서 혼인 후 분양권을 배우자에게 지분 증여하고, 혼인한 날부터 5년 이내에 배우자가 종전주택을 양도 시 소령§156의3⑥ 및 소령§156의2⑨에 따라 A주택을 1세대 1주택으로 보아 비과세 적용

중요 상 | 난이 중

적용사례(서면-2021-법령해석재산-2139, '21.08.30.)

* A주택 비과세 요건 충족 가정

Q1 혼인으로 1세대가 '21.1.1. 이후 취득한 분양권을 포함하여 1주택, 1분양권을 보유한 경우로서 혼인 후 분양권을 배우자에게 지분(1/2) 증여하고, 혼인한 날부터 5년 이내에 배우자가 종전주택을 양도 시, 소령§156의3⑥에 따른 비과세 특례 적용 여부?

A1 소령§156의3⑥ 및 소령§156의2⑨에 따라 A주택을 1세대 1주택으로 보아 비과세를 적용함

📜 관련 판례 · 해석 등 참고사항

주택과 분양권을 소유한 경우 1세대 1주택 특례(소령§156의3③)

조합원입주권 변환 후 분양권 취득

종전주택이 조합원입주권으로 변환된 후 분양권을 취득하는 경우에도 소령§156의3③ 각 호의 요건을 모두 갖춘 때에는 이를 1세대 1주택으로 보아 소령§154①을 적용하는 것임

중요 상 | 난이 중

적용사례(서면-2024-부동산-0168, '24.09.25.)

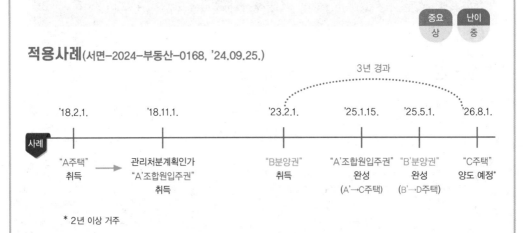

Q1 종전주택이 조합원입주권으로 변환된 후 주택으로 완공되기 전에 B분양권을 취득한 경우 소령§156의3③ 적용이 가능한 지 여부?

A1 종전주택이 조합원입주권으로 변환된 후 분양권을 취득하는 경우에도 소령§156의3③ 각 호의 요건을 모두 갖춘 때에는 이를 1세대 1주택으로 보아 소령§154①을 적용하는 것임

📝 관련 판례·해석 등 참고사항

▶ **소령§156의3[주택과 분양권을 소유한 경우 1세대 1주택의 특례]**

③ 국내에 1주택을 소유한 1세대가 그 주택(이하 이 항에서 "종전주택"이라 함)을 양도하기 전에 분양권을 취득함으로써 일시적으로 1주택과 1분양권을 소유하게 된 경우 종전주택을 취득한 날부터 1년이 지난 후에 분양권을 취득하고 그 분양권을 취득한 날부터 3년이 지나 종전주택을 양도하는 경우로서 다음 각 호의 요건을 모두 갖춘 때에는 이를 1세대 1주택으로 보아 소령§154①을 적용한다. 이 경우 §154①1호, 같은 항 2호가목 및 같은 항 3호에 해당하는 경우에는 종전주택을 취득한 날부터 1년이 지난 후 분양권을 취득하는 요건을 적용하지 않는다.

 1. 분양권에 따라 취득하는 주택이 완성된 후 3년 이내에 그 주택으로 세대전원이 이사(기획재정부령으로 정하는 취학, 근무상의 형편, 질병의 요양 그 밖의 부득이한 사유로 세대의 구성원 중 일부가 이사하지 못하는 경우를 포함한다)하여 1년 이상 계속하여 거주할 것

 2. 분양권에 따라 취득하는 주택이 완성되기 전 또는 완성된 후 3년 이내에 종전의 주택을 양도할 것

주택과 분양권을 소유한 경우 1세대 1주택 특례(소령§156의3②, §155④)
동거봉양 합가 후 '21.1.1. 이후 취득한 분양권 취득

동거봉양하기 위하여 세대를 합침으로써 1세대 2주택이 된 상태에서 종전주택을 취득한 날부터 1년 이상 지난 후 '21.1.1. 이후 분양권을 취득하는 경우로서, 분양권을 취득한 날부터 3년 이내에 그리고 세대합가일부터 10년 이내에 합가전 보유하던 종전주택을 양도 시 비과세 적용함

적용사례(서면-2021-부동산-5364, '22.07.04.)

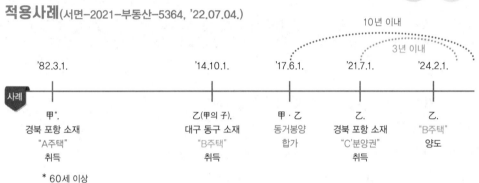

Q1 1주택자가 직계존속인 1주택자와 동거봉양 합가함으로써 1세대 2주택(A,B)이 된 상태에서 종전주택을 취득한 날부터 1년 이상 지난 후에 분양권(C)을 취득하고 그 분양권(C)을 취득한 날부터 3년 이내에, 그리고 합가일부터 10년 이내에 종전주택을 양도 시 이를 1세대 1주택으로 보아 소령§154①을 적용할 수 있는지 여부?

A1 국내에 1주택을 보유하는 1세대가 1주택을 보유하는 60세 이상의 직계존속을 동거봉양하기 위하여 세대를 합침으로써 1세대 2주택이 된 상태에서 종전주택을 취득한 날부터 1년 이상 지난 후 '21.1.1. 이후 분양권을 취득하는 경우로서,
  – 분양권을 취득한 날부터 3년 이내에 그리고 세대합가일부터 10년 이내에 합가전 보유하던 종전주택을 양도 시에는 소령§155④ 및 §156의3②에 따라 이를 1세대 1주택으로 보아 소령§154①을 적용함

📃 관련 판례 · 해석 등 참고사항

▶ 사전-2022-법규재산-0147, '22.04.26.
  – 조특법§99의2①에 따른 신축주택과 소령§1552) 각 호의 요건을 충족한 장기임대주택 및 거주주택을 소유한 1세대가 '21.1.1. 이후 종전주택을 취득한 날부터 1년 이상이 지난 후 분양권을 취득하고 그 분양권을 취득한 날부터 3년 이내에 종전주택을 양도하는 경우에는 소령§156의3②에 따라 이를 1세대 1주택으로 보아 소령§154①을 적용하는 것임

02

비과세 배제
(소법§91, 조특법§129)

☞ 감면배제는 7편으로

가 | 비과세 전부 및 일부 배제

▶ 고가주택

- 실지거래가액 12억원 초과분에 해당하는 양도차익

▶ 미등기 양도(전부배제)

- 다만, 미등기양도제외 자산의 범위에 해당 시 비과세 가능

▶ 허위계약서 작성하여 사실과 다르게 신고(일부배제)

- 거래가액을 실지거래가액과 다르게 적은 경우

  * '11.7.1. 이후 매매계약서 작성분부터 적용

나 | 허위계약서 작성·신고 시 부담세액

▶ 부담세액

| 비과세 규정 적용 시 비과세 받았거나 받을 세액 | – | Min [① 비과세 미 적용시 산출세액,
② 매매계약서상 거래가액과 실가와 차액] |

▶ 허위계약서 작성에 따른 불이익

- 부정한 행위로 인한 부과제척기간 10년
- 부정한 행위에 따른 부당 가산세 40%
- 「부동산거래신고 등에 관한 법률」에 따른 과태료 부과
  - 해당부동산등의 취득가액의 5% 이하에 상당하는 금액(§28③)

참고 '11.4.8. 보도참고자료 "허위계약서 작성하면, 비과세라도 양도세 추징" 참고

법령요약

⊙ 양도소득세 비과세 또는 감면의 배제(소법 § 91)

① 제104조제3항에서 규정하는 미등기양도자산에 대하여는 이 법 또는 이 법 외의 법률 중 양도소득에 대한 소득세의 비과세에 관한 규정을 적용하지 아니한다.

② 제94조제1항제1호 및 제2호의 자산을 매매하는 거래당사자가 매매계약서의 거래가액을 실지거래가액과 다르게 적은 경우에는 해당 자산에 대하여 이 법 또는 이 법 외의 법률에 따른 양도소득세의 비과세 또는 감면에 관한 규정을 적용할 때 비과세 또는 감면받았거나 받을 세액에서 다음 각 호의 구분에 따른 금액을 뺀다.

   1. 이 법 또는 이 법 외의 법률에 따라 양도소득세의 비과세에 관한 규정을 적용받을 경우: 비과세에 관한 규정을 적용하지 아니하였을 경우의 제104조제1항에 따른 양도소득 산출세액과 매매계약서의 거래가액과 실지거래가액과의 차액 중 적은 금액

   2. 이 법 또는 이 법 외의 법률에 따라 양도소득세의 감면에 관한 규정을 적용받았거나 받을 경우: 감면에 관한 규정을 적용받았거나 받을 경우의 해당 감면세액과 매매계약서의 거래가액과 실지거래가액과의 차액 중 적은 금액

⊙ 양도소득세의 감면 배제 등(조특법 § 129)

① 「소득세법」 제94조제1항제1호 및 제2호에 따른 자산을 매매하는 거래당사자가 매매계약서의 거래가액을 실지거래가액과 다르게 적은 경우에는 해당 자산에 대하여 「소득세법」 제91조제2항에 따라 이 법에 따른 양도소득세의 비과세 및 감면을 제한한다.

② 「소득세법」 제104조제3항에 따른 미등기양도자산에 대해서는 양도소득세의 비과세 및 감면에 관한 규정을 적용하지 아니한다.

제3편

⊙ 미등기양도제외 자산의 범위 등(소령 § 168)

① 법§104③ 단서에서 "대통령령으로 정하는 자산"이란 다음 각호의 것을 말한다.

1. 장기할부조건으로 취득한 자산으로서 그 계약조건에 의하여 양도 당시 그 자산의 취득에 관한 등기가 불가능한 자산

2. 법률의 규정 또는 법원의 결정에 의하여 양도 당시 그 자산의 취득에 관한 등기가 불가능한 자산

3. 법 §89①제2호, 「조특법」§69① 및 §70①에 규정하는 토지

4. 법 §89①제3호 각 목의 어느 하나에 해당하는 주택으로서 「건축법」에 따른 건축허가를 받지 아니하여 등기가 불가능한 자산

6. 「도시개발법」에 따른 도시개발사업이 종료되지 아니하여 토지 취득등기를 하지 아니하고 양도하는 토지

7. 건설업사자가 「도시개발법」에 따라 공사용역 대가로 취득한 체비지를 토지구획환지처분공고 전에 양도하는 토지

참고 조특법§69 : 자경농지 감면, 조특법§70 : 농지대토 감면

1세대 1주택 비과세 대상자가 後 소유자의 취득가액을 높여주기 위하여 실지 양도가액보다 높은 가액의 Up 계약서를 작성한 경우 최종 부담세액

중요
중

난이
상

적용사례

Q 1세대 1주택 비과세 해당자 甲은 後 소유자 乙의 취득가액을 높여주기 위하여 실지 양도가액(7억원)보다 1억5천만원 높은 8억5천만원의 Up계약서를 작성하였다. 甲이 비과세를 적용 받지 않을 경우 산출세액이 1억원이라고 한다면 부담해야 할 세액은?

A

> 비과세 규정 적용 시 비과세 받았거나 받을 세액(1억원)

− Min [① 비과세 미 적용 시 산출세액(1억원),
② 매매계약서상 거래가액과 실가와 차액(1.5억원)] ⇨ 1억원

⇨ **최종 비과세 세액 : 1억원 − 1억원 = 0원**

최종 부담 세액 : 1억원 − 0원 = 1억원

제
3
편

✑ 관련 판례 · 해석 등 참고사항

1세대 1주택 비과세 대상자가 後 소유자의 취득가액을 높여주기 위하여 실지 양도가액보다 높은 가액의 Up 계약서를 작성한 경우 최종 부담세액

중요 중   **난이** 상

적용사례

Q 1세대 1주택 비과세 해당자 甲은 後 소유자 乙의 취득가액을 높여주기 위하여 실지 양도가액(7억원)보다 1억원 높은 8억원의 Up계약서를 작성하였다. 甲이 비과세를 적용 받지 않을 경우 산출세액이 1.5억원이라고 한다면 부담해야 할 세액은?

A   비과세 규정 적용 시 비과세 받았거나 받을 세액(1.5억원)

   ─   Min [① 비과세 미 적용 시 산출세액(1.5억원),
                   ② 매매계약서상 거래가액과 실가와 차액(1억원)] ⇨ 1억원

   ⇨   최종 비과세 세액 : 1.5억원 − 1억원 = 0.5억원

        최종 부담 세액 : 1.5억원 − 0.5원 = 1억원

📝 관련 판례 · 해석 등 참고사항

1세대 1주택 비과세 대상자가 後 소유자의 취득가액을 높여주기 위하여 실지 양도가액보다 높은 가액의 Up 계약서를 작성한 경우 최종 부담세액

적용사례

Q 1세대 1주택 비과세 해당자 甲은 後 소유자 乙의 취득가액을 높여주기 위하여 실지 양도가액(15억원)보다 1억원 높은 16억원의 Up계약서를 작성하였다. 甲은 12억원 이하부분에 대하여 비과세 대상자인데 아래 사실관계와 같은 경우 부담해야 할 세액은?

※ 사실관계
 – 실지 양도가액 : 15억원
 – 비과세 적용받지 않을 경우 산출세액 : 5억원
 – 양도주택의 12억원 초과분에 대한 산출세액 : 1억원

A
> 비과세 규정 적용 시 비과세 받았거나 받을 세액* (4억원)

  * 비과세 받았거나 받을 세액 : 5억원 – 1억원 = 4억원

> Min [① 비과세 미 적용시 산출세액(5억원),
>   ② 매매계약서상 거래가액과 실가와 차액(1억원)] ⇨ 1억원

⇨
> 최종 비과세 세액 : 4억원 – 1억원 = 3억원

> 최종 부담 세액: 2억원(ⓐ + ⓑ)
> ⓐ 1억원(4억원 – 3억원) ⓑ 1억원(당초 12억원 초과분)

제
3
편

📜 **관련 판례 · 해석 등 참고사항**

허위계약서 작성(소법§91, 조특법§129)   확약서=허위계약서?

A시행사로부터 7억원에 분양계약서를 주고 받았는데 시행사에서 1억원을 추가 요구하여
1억원을 추가 지급한 후 확약서를 주고 받은 후 1세대 1주택 비과세 요건을 충족하여
무신고한 경우, 확약서를 매매계약서로 볼 수 없으므로 비과세를 일부 배제하고 과세

중요	난이
상	상

적용사례

사례

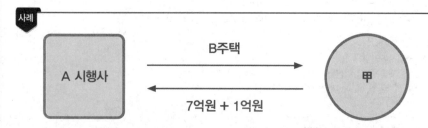

- ◆ 甲은 A시행사로부터 7억원에 분양계약서를 주고 받았는데 시행사에서 1억원을 추가 요구하여 1억원을
  추가 지급한 후 확약서를 주고 받은 후 1세대 1주택 비과세 요건을 충족하여 무신고 하였음
- ◆ 추후 국토교통부 합동조사에서 허위계약서를 작성하였다고 보아 과세관청에 통보하였고 과세관청은
  비과세를 일부 배제하고 과세예고 통보함

Q1 소법§91②에 따라 비과세를 일부 배제하고 과세하는 것이 타당한 지 여부?

A1 소법§91② 본문에서 "∼매매계약서의 거래가액을 실지거래가액과 다르게 적은 경우에는 ∼"이라고
기재되어 있어, 확약서를 매매계약서로 볼 수 없으므로 비과세를 일부 배제하고 과세하는 것이 타당함

📜 **관련 판례 · 해석 등 참고사항**

☞ 위의 사례에서 만약 분양가액을 8억원으로 수정계약서를 작성해서 주고 받았다면 소법§91②에 따른
허위계약서로 볼 수 없음

제 **4** 편

재개발·재건축에 따른
양도차익 산정

01

재개발·재건축에 따른
양도차익 산정의 개요

가 | 조합원입주권의 개념

도시정비법§74에 따른 관리처분계획의 인가 및 소규모주택정비법§29에 따른
사업시행계획인가로 인하여 취득한 입주자로 선정된 지위*(소법§88 9호)

* 도시정비법에 따른 재건축사업·재개발사업, 소규모주택정비법에 따른 자율주택정비사업, 가로주택정비사업,
  소규모재건축사업·소규모재개발사업을 시행하는 정비사업조합의 조합원으로서 취득한 것(승계 취득 포함)으로
  한정하며 이에 딸린 토지를 포함함

▶ '06.1.1. 이후부터 1세대 1주택 비과세 및 다주택자 중과에서 주택 수에 포함하여 주택으로
  취급함

▶ 조합원입주권은 "부동산을 취득할 수 있는 권리"로 주택은 아님

  • 일정 요건을 갖추어 조합원입주권을 양도 시 비과세 적용(소법§89①4호가목, 나목)
  • 1주택 보유한 1세대가 조합원입주권을 취득한 상태에서 일정 요건 갖추어 주택을 양도
    시 1세대 1주택 비과세 적용(소령§156의2)
  • 따라서, 단기(2년 이내) 양도가 아닌 이상 다주택자 중과 대상이 아니며,
    장기보유특별공제 대상도 아님*

    * 다만, 도시정비법에 따른 관리처분계획인가 및 소규모주택정비법에 따른 사업시행계획인가 전 토지분 또는
      건물분 양도차익은 장기보유특별공제 적용

▶ 조합원입주권 적용대상 정비사업의 범위 확대(적용시기는 다음 쪽 참고)
  (소법§88, §89②, 소령§155, §156의2, §156의3, §166, §167의3)

  • 주택공급 활성화 지원 및 정비사업 간 과세 형평성 제고 위해 개정
  • 기존 재건축사업, 재개발사업* 및 소규모 재건축사업**에 소규모 재개발사업과
    자율주택정비사업, 가로주택정비사업이 추가됨

    * 소법 부칙 제7837호, '05.12.31.에 의거 '06.1.1. 이후 최초로 도시정비법에 따른 주택재개발사업 또는
      주택재건축사업의 관리처분계획이 인가된 분부터 조합원입주권이 적용됨
    ** 소법 부칙 제14567호, '17.2.8.에 의거 공포 후 1년이 경과한 날인 '18.2.9. 이후 소규모주택법에 따른
      사업시행계획인가된 분부터 조합원입주권에 포함됨

◉ 추가된 **조합원입주권** 적용대상 정비사업의 범위 확대 등

- 정비사업의 유형(재건축사업, 재개발사업, 소규모 재건축사업)

  ＋ 소규모 재개발사업 및 자율주택정비사업, 가로주택정비사업

관 련 규 정	적용시기
조합원입주권이 인정되는 정비사업의 범위(소법§88)	'22.1.1. 이후 취득하는 조합원입주권부터 적용 (소법 부칙 제18575호, '21.12.8. §7①)
대체주택 양도 시 비과세대상 사업 범위 확대(소법§89②)	
1세대 1조합원입주권 비과세 특례(소령§155⑱)	
1세대 1주택 1조합원입주권 양도세 비과세 특례(소령§156의2④, ⑤)	
상속으로 1주택 1조합원입주권 등을 소유한 1세대에 대한 양도세 비과세 특례 (소령§156의2⑦)	
혼인 및 동거봉양 합가로 1주택 1조합원입주권 등을 소유한 1세대에 대한 양도세 비과세 특례(소령§156의2⑧, ⑨)	
상속으로 1주택 1분양권 등을 소유한 1세대에 대한 양도세 비과세 특례 (소령§156의3③)	
정비사업으로 인해 취득한 조합원입주권 또는 신축주택의 양도차익 등의 산정 (소령§166①, ②, ⑦)	
상속주택 양도세 특례(소령§155②, ③)	'22.2.15. 이후 양도하는 분부터 적용
등록임대사업자 및 어린이집 운영자의 거주주택 비과세에 대한 사후관리 규정 (소령§155㉒)	
1세대 3주택 이상 양도세 중과 적용대상에서 제외되는 주택에 대한 사후관리 규정 (소령§167의3⑤)	

조합원입주권 대상(소법88)

'21.12.31. 이전 가로주택정비사업으로 취득한 입주자로 선정된 지위

'21.12.31. 가로주택정비사업의 사업시행계획인가로 취득한 입주자로 선정된 지위는 분양권이 아닌 소법§94①2호가목의 부동산을 취득할 수 있는 권리이며, 2주택을 보유한 1세대가 그 중 1주택이 부동산을 취득할 수 있는 권리로 전환된 후 멸실된 경우, 나머지 1주택은 소령§154①을 적용받을 수 있는 것임

중요 상 · 난이 중

적용사례 (서면-2021-법규재산-0411, '22.12.07.)

	'18.11.1.	'20.8.1.	'21.6.1.	'22.7.1.
사례	경기 성남시 소재 "A주택" 취득	서울 강동 소재 "B주택*" 취득	"B주택" 멸실	"A주택" 양도 예정

* '21.4.1.에 B주택 가로주택정비사업 사업시행계획인가

Q1 2주택을 보유한 1세대의 1주택(B)이 '21.1.1.~'21.12.31. 사이에 가로주택정비사업에 따른 사업시행계획인가로 인하여 멸실된 경우, 멸실된 주택 외의 남은 1주택을 양도 시 1세대 1주택 비과세가 적용되는 지 여부?

A1 '21.12.31. 가로주택정비사업의 사업시행계획인가로 취득한 입주자로 선정된 지위는 분양권이 아닌 소법§94①2호가목의 부동산을 취득할 수 있는 권리이며, 2주택을 보유한 1세대가 그 중 1주택이 부동산을 취득할 수 있는 권리로 전환된 후 멸실된 경우, 나머지 1주택은 소령§154①을 적용받을 수 있는 것임

🖎 관련 판례·해석 등 참고사항

▶ **기획재정부 재산세제과-1424, '22.11.14., 서면-2021-법규재산-5050, '22.06.13.**

 – 가로주택정비사업을 시행하는 정비사업조합의 조합원으로서 '22.1.1. 전에 취득한 입주자로 선정된 지위는 소법§94①2호가목에 따른 부동산을 취득할 수 있는 권리에는 해당하나 소법§88 10호에 따른 분양권에는 해당하지 않는 것임

▶ **서면-2019-법령해석재산-0898, '19.09.03.**

 – 소규모주택정비법에 따른 가로주택정비사업의 사업시행계획인가에 의해 취득한 입주권은 소법§89②에 따른 조합원입주권에 해당하지 않음

 ☞ '22.1.1. 이후 소규모주택정비법(재개발사업, 자율주택정비사업, 가로주택정비사업)에 따른 사업시행계획인가된 분부터 소법§88 9호(구.소령 §89②)에 따른 조합원입주권에 해당

가로주택정비사업 (소법§89①, 소령§154①)

가로주택정비사업의 재건축주택 비과세 판정 시 보유기간

소규모주택 정비법에 따른 가로주택정비사업의 조합원이 당해 조합에 기존주택과
부수토지를 이전하고 새로운 주택을 분양받은 경우로서 이후 해당 재건축주택을 양도하는
경우 1세대 1주택 비과세 여부를 판정함에 있어 그 보유기간은 멸실된 기존주택의
취득일부터 계산함

중요 상 난이 중

적용사례 (서면-2021-법규재산-7805, '23.05.19.)

'04.7.1.	'20.2.1.	'21.11.1.	'22.2.1.
경기 부천 소재 "A주택" (기존주택) 취득	가로주택정비사업 조합원 공급계약서 계약	"B주택*" (신축주택) 완성 및 분양받음	"B주택" 양도 예정

* 가로주택정비사업 조합의 조합원이 소규모주택정비법§29에 따라 인가받은 사업시행계획에 따라 신축주택을
분양받은 것으로 전제

Q1 가로주택정비사업 조합의 조합원이 사업시행에 의해 기존주택을 철거하고 분양받은 신축주택을
양도하는 경우, 기존주택의 보유기간을 통산하여 1세대 1주택 비과세를 적용하는 지 여부?

A1 소규모주택정비법에 따른 가로주택정비사업의 조합원이 당해 조합에 기존주택과 부수토지를 이전하고
새로운 주택을 분양받은 경우로서 이후 해당 재건축주택을 양도하는 경우 1세대 1주택 비과세 여부를
판정함에 있어 그 보유기간은 멸실된 기존주택의 취득일부터 계산함. 다만, 같은 법§41에 따라
청산금을 납부한 경우로서 재건축주택의 부수토지 면적이 기존주택의 부수토지 면적보다 증가한
경우에는 그 증가된 부수토지는 재건축주택의 사용승인일부터 보유기간을 계산하는 것

📜 관련 판례 · 해석 등 참고사항

▶ **소규모주택정비법§40[이전고시 및 권리변동의 제한 등]**

⑤ 소규모주택정비사업의 시행으로 ②에 따라 취득하는 대지 또는 건축물 중 토지등소유자에게 분양하는
대지 또는 건축물은 도시개발법§40에 따라 행하여진 환지로 본다. 〈신설 '23.4.18.〉

▶ **소규모주택정비법 부칙 제19385호, '23.4.18.**

제2조(이전고시 및 권리변동의 제한 등에 관한 적용례)

- §40⑤ 개정규정은 이 법 시행 이후 §29에 따라 사업시행계획인가를 받은 경우부터 적용한다.

소규모주택정비법에 따른 자율주택정비사업 시행자가 사업시행계획서에 관리처분계획을
포함하여 사업시행계획인가를 받고, 공사완료 후 사업시행계획인가에 따라
토지등소유자에게 소유권 이전고시를 한 경우 소법§88 1호단서가목에 따른 환지처분에
해당되어 양도의 범위에서 제외됨

중요 상　난이 중

적용사례(기획재정부 재산세제과-328, '20.04.08.)

'18.10.25.	'18.12.13.	'19.12.18.	'20.1.8.
甲, 乙. 주민합의체 구성*	자율주택사업 사업시행인가	준공인가 고시	소유권 이전고시**

* 甲과 乙은 토지등소유자로 각각 토지(甲 183.0m², 乙 182.9m²)를 보유하고 있으며
'19.4.17.~'19.12.13.까지 자율주택정비사업을 시행하였음
** 토지 사항은 변동 없으며 건축규모는 지상 5층 연면적 698.51m² 근린생활시설(1) 및 다세대주택(7)

Q1 소규모주택정비법에 따른 자율주택정비사업을 시행하고 토지등소유자에게 소유권 이전고시를 한 경우
소법§88 1호단서 가목에 따른 환지처분에 해당되어 양도의 범위에서 제외되는 지 여부?

A1 소규모주택정비법에 따른 자율주택정비사업 시행자가 사업시행계획서에 관리처분계획을 포함하여
사업시행계획인가를 받고, 공사완료 후 사업시행계획인가에 따라 토지등소유자에게 소유권 이전고시를
한 경우 소법§88 1호단서 가목에 따른 환지처분에 해당되어 양도의 범위에서 제외됨

관련 판례 · 해석 등 참고사항

☞ "환지"가 되려면 관리처분계획과 소유권 이전고시의 두 가지 요건이 모두 갖추어야 하는데,
소규모주택정비법§33[관리처분계획의 내용 및 수립기준]①에서 관리처분계획 수립 대상에
자율주택정비사업만 열거되어 있지 않아

- 위의 유권해석에서 관리처분계획을 포함하여 사업시행계획인가를 받고 공사완료 후 사업시행계획인가에
따라 토지등소유자에게 소유권 이전고시를 한 경우라고 전제를 달았음에 유의해야 함

- 다음 쪽 유권해석(서면-2019-부동산-1027, '19.11.26. 외)에서는 위와 같은 전제 요건들이 없어 환지가
아닌 양도에 해당한다고 해석함

소규모주택정비법에 따라 공동으로 같은 법 §2①3호가목의 자율주택정비사업을 시행하면서
해당 공동사업에 주택과 그 부수토지를 현물출자하는 경우 "양도"에 해당함

중요 상 / 난이 중

적용사례(서면-2019-부동산-1027, '19.11.26., 서면-2017-법령해석재산-3139, '18.09.27.)

'01.4.1.	'18.9.21.	'18.10.12.	'18.12.13.
서울 강동 소재 "A다가구주택" 취득	자율주택정비사업 추진	주민합의체 신고 (강동구청)	사업시행인가 승인

Q1 토지 및 건축물 등 소유자들이 소규모주택정비법에 따라 자율주택정비사업을 시행하는 경우 공동사업에
현물출자를 하는데 양도로 보아 양도세를 납부하여야 하는 지 여부?

A1 소규모주택정비법에 따라 공동으로 같은 법 §2①3호가목의 자율주택정비사업을 시행하면서 해당
공동사업에 주택과 그 부수토지를 현물출자하는 경우 "양도"에 해당함

제 4 편

관련 판례·해석 등 참고사항

▶ **소규모주택정비법§2[정의] 이 법에서 사용하는 용어의 뜻은 다음과 같다.**

3. 소규모주택정비사업이란 이 법에서 정한 절차에 따라 노후·불량건축물의 밀집 등 대통령령으로 정하는
요건에 해당하는 지역 또는 가로구역에서 시행하는 다음 각 목의 사업을 말한다.

가. 자율주택정비사업 : 단독주택, 다세대주택 및 연립주택을 스스로 개량 또는 건설하기 위한 사업

나. 가로주택정비사업 : 가로구역에서 종전의 가로를 유지하면서 소규모로 주거환경을 개선하기 위한 사업

다. 소규모재건축사업 : (이하 생략)

라. 소규모재개발사업 : 역세권 또는 준공업지역에서 소규모로 주거환경 또는 도시환경을 개선하기 위한
사업

⊙ 소법 부칙 (제18578호, '21.12.8.)

제1조(시행일) 이 법은 '22.1.1.부터 시행한다. 다만, 다음 각 호의 개정 규정은 각 호의 구분에 따른 날부터 시행한다.〈개정 '22.12.31.〉

　1~2. 생략

　3. §89①3호 및 같은 항 4호 각 목 외의 부분 단서의 개정규정 : 공포한 날

제6조(금융투자소득에 관한 적용례)

① 법률 제17757호 소득세법 일부개정법률 §87의4②1호나목 및 같은 조 ③, §87의23③, §87의27① 및 §155의2 2호의 개정규정은 '25.1.1. 이후 발생하는 소득분부터 적용한다. 〈개정 '22.12.31.〉

②~⑤ 생략

제7조(비과세 양도소득 등에 관한 적용례 등)

① §88 9호 후단 및 §89② 단서의 개정규정은 이 법 시행 이후 취득하는 조합원입주권부터 적용한다.

② 이 법 시행 전에 취득한 종전의 §88 9호에 따른 조합원입주권의 양도소득 비과세요건에 관하여는 §89①4호가목 및 나목의 개정규정에도 불구하고 종전의 규정에 따른다.

③ 이 법 시행 이후 취득하는 조합원입주권의 양도소득 비과세 요건과 관련하여 §89①4호가목 및 나목의 개정규정을 적용하는 경우 '22.1.1. 이후에 취득한 분양권을 대상으로 한다.

④ §89①3호의 개정규정은 같은 개정규정의 시행일 이후 양도하는 주택부터 적용한다.

⑤ §89①4호 각 목 외의 부분 단서의 개정규정은 같은 개정규정의 시행일 이후 양도하는 조합원입주권부터 적용한다.

● **조합원입주권 자체 비과세 검토 시 분양권이 미치는 영향**

① 조합원입주권을 '22.1.1. 이후 취득했는지 여부
- '21.12.31. 이전에 취득한 조합원입주권을 양도 시 분양권은 취득시기에 관계없이
 조합원입주권 비과세 판정에 영향을 미치지 못함(소법부칙 제18578호, '21.12.8. §7②)

② 분양권을 '22.1.1. 이후 취득했는지 여부
- '22.1.1. 이후 취득한 조합원입주권을 양도 시 '22.1.1. 이후에 취득한 분양권을
 보유한 경우에는 소법§89①4호 가목 및 나목에 따른 조합원입주권 자체의 비과세는
 적용 불가(소법부칙 제18578호, '21.12.8. §7③)

☞ '22.1.1. 이후 취득한 조합원입주권을 양도 시 '21.12.31. 이전에 취득한 분양권을
 보유한 경우에는 소법§89①4호 가목 및 나목에 따른 조합원입주권 자체의 비과세
 적용(소법부칙 제18578호, '21.12.8. §7③)

조합원입주권을 '21.12.31. 이전에 취득하였으므로 분양권은 취득시기와 관계없이 영향을
미치지 못하므로 소법§89①4호 나목에 의해 비과세 적용함

중요 상   난이 상

적용사례

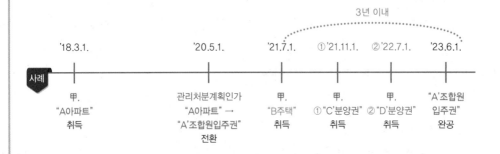

Q1 위와 같이 ① '21.11.1.에 C'분양권을 취득한 후에 '23.6.1.에 A'조합원입주권 양도 시 비과세 적용
여부?(D'분양권 미 보유 전제)

A1 조합원입주권을 '21.12.31. 이전에 취득하였으므로 분양권은 취득시기와 관계없이 영향을 미치지
못하므로 소법§89①4호 나목에 의해 비과세 적용함

Q2 위와 같이 ② '22.7.1.에 D'분양권을 취득한 후에 '23.6.1.에 A'조합원입주권 양도 시 비과세 적용
여부?(C'분양권 미 보유 전제)

A2 조합원입주권을 '21.12.31. 이전에 취득하였으므로 분양권은 취득시기와 관계없이 영향을 미치지
못하므로 소법§89①4호 나목에 의해 비과세 적용함

📝 관련 판례 · 해석 등 참고사항

▶ 제7조(비과세 양도소득 등에 관한 적용례 등(소법부칙 제18578호, '21.12.8.)
② 이 법 시행 전에 취득한 종전의 §88 9호에 따른 조합원입주권의 양도소득 비과세 요건에 관하여는
§89①4호가목 및 나목의 개정규정에도 불구하고 종전의 규정에 따른다.

조합원입주권 자체 비과세(소법§89①4호)	조합원입주권 비과세 판정 시 분양권

조합원입주권과 분양권 모두를 '22.1.1. 이후에 취득하였으므로 분양권을 보유한 상태에서는
조합원입주권을 양도 시 소법§89①4호 나목에 의해 비과세가 적용되지 아니함

중요 상 난이 상

적용사례

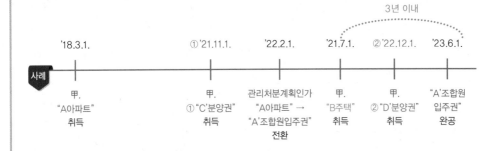

Q1 위와 같이 ① '21.11.1.에 C'분양권을 취득한 후에 '23.6.1.에 A'조합원입주권 양도 시 비과세 적용
여부?(D'분양권 미 보유 전제)

A1 조합원입주권은 '22.1.1 이후 취득하였다고 하더라도 분양권을 '21.12.31. 이전에 취득하였으므로
분양권은 소법§89①4호 나목 적용 시 영향을 미치지 못하므로 비과세 적용함

Q2 위와 같이 ② '22.7.1.에 D'분양권을 취득한 후에 '23.6.1.에 A'조합원입주권 양도 시 비과세 적용
여부?(C'분양권 미 보유 전제)

A2 조합원입주권과 분양권 모두를 '22.1.1. 이후에 취득하였으므로 분양권을 보유한 상태에서는
조합원입주권을 양도 시 소법§89①4호 나목에 의해 비과세가 적용되지 아니함

제
4
편

📃 관련 판례 · 해석 등 참고사항

▶ **제7조(비과세 양도소득 등에 관한 적용례 등(소법부칙 제18578호, '21.12.8.)**

③ 이 법 시행 이후 취득하는 조합원입주권의 양도소득 비과세 요건과 관련하여 §89①4호가목 및 나목의
개정규정을 적용하는 경우 '22.1.1. 이후에 취득한 분양권을 대상으로 한다.

⊙ 정의(소법 § 88)

이 장에서 사용하는 용어의 뜻은 다음과 같다. ('18.12.31., ……'20.12.29., '21.12.8.)

9. "조합원입주권"이란 도시정비법§74에 따른 관리처분계획의 인가 및 소규모주택정비법§29에 따른 사업시행계획인가로 인하여 취득한 입주자로 선정된 지위를 말한다. 이 경우 도시정비법에 따른 재건축사업 또는 재개발사업, 소규모주택정비법에 따른 자율주택정비사업, 가로주택정비사업, 소규모재건축사업 또는 소규모재개발사업을 시행하는 정비사업조합의 조합원(같은 법§22에 따라 주민 합의체를 구성하는 경우에는 같은 법§2 6호의 토지등소유자를 말한다)으로서 취득한 것(그 조합원으로부터 취득한 것 포함한다)으로 한정하며, 이에 딸린 토지를 포함한다.

10. "분양권"이란 주택법 등 대통령령으로 정하는 법률에 따른 주택에 대한 공급계약을 통하여 주택을 공급받는 자로 선정된 지위(해당 지위를 매매 또는 증여 등의 방법으로 취득한 것을 포함한다)를 말한다.

▶ 분양권의 범위(소령 § 152의5)

소법§88 10호에서 "주택법 등 대통령령으로 정하는 법률"이란 다음 각 호의 법률을 말한다. ('21.2.17. 신설)
1. 건축물의 분양에 관한 법률
2. 공공주택 특별법
3. 도시개발법
4. 도시 및 주거환경정비법(도시정비법)
5. 빈집 및 소규모주택 정비에 관한 특례법(소규모주택정비법)
6. 산업입지 및 개발에 관한 법률
7. 주택법
8. 택지개발촉진법

⦿ 정의(빈집 및 소규모주택 정비에 관한 특례법 § 2)

① 이 법에서 사용하는 용어의 뜻은 다음과 같다.(개정 '19.4.23., '21.7.20., '21.10.19.)

1. "빈집"이란 특별자치시장·특별자치도지사·시장·군수 또는 자치구의 구청장("시장·군수등"이라 함)이 거주 또는 사용 여부를 확인한 날부터 1년 이상 아무도 거주 또는 사용하지 아니하는 주택을 말한다. 다만, 미분양주택 등 대통령령으로 정하는 주택은 제외한다.

2. "빈집정비사업"이란 빈집을 개량 또는 철거하거나 효율적으로 관리 또는 활용하기 위한 사업을 말한다.

3. "소규모주택정비사업"이란 이 법에서 정한 절차에 따라 노후·불량건축물의 밀집 등 대통령령으로 정하는 요건에 해당하는 지역 또는 가로구역에서 시행하는 다음 각 목의 사업을 말한다.

    가. 자율주택정비사업 : 단독주택, 다세대주택 및 연립주택을 스스로 개량 또는 건설하기 위한 사업

    나. 가로주택정비사업 : 가로구역에서 종전의 가로를 유지하면서 소규모로 주거환경을 개선하기 위한 사업

    다. 소규모재건축사업 : 정비기반시설이 양호한 지역에서 소규모로 공동주택을 재건축하기 위한 사업. 이 경우 도심 내 주택공급을 활성화하기 위하여 다음 요건을 모두 갖추어 시행하는 소규모재건축사업을 "공공참여 소규모재건축 활성화사업"(이하 "공공소규모재건축사업"이라 함)이라 한다. (이하 생략)

    라. 소규모재개발사업 : 역세권 또는 준공업지역에서 소규모로 주거환경 또는 도시 환경을 개선하기 위한 사업

6. "토지등소유자"란 다음 각 목에서 정하는 자를 말한다. 다만, (이하 단서 생략)

    가. 자율주택정비사업, 가로주택정비사업 또는 소규모재개발사업은 사업시행구역에 위치한 토지 또는 건축물의 소유자, 해당 토지의 지상권자

    나. 소규모재건축사업은 사업시행구역에 위치한 건축물 및 그 부속토지의 소유자

② 이 법에서 따로 정의하지 아니한 용어는 도시정비법에서 정하는 바에 따른다.

법령요약

제2장 빈집정비사업

⊙ **사업시행계획인가(빈집 및 소규모주택 정비에 관한 특례법 § 12)**

① 사업시행자(사업시행자가 시장·군수등인 경우는 제외)는 §9 2호 또는 4호의 방법으로
빈집정비사업을 시행하는 경우 §13에 따른 사업시행계획서를 작성하여
시장·군수등에게 제출하고 사업시행계획인가를 받아야 한다. (이하 생략)

제3장 소규모주택정비사업

▶ 조합설립인가 등(소규모주택 정비법§23)

▶ 조합원의 자격 등(소규모주택 정비법§24)

▶ 토지등 소유자의 동의방법 등(소규모주택 정비법§25)

▶ 분양공고 및 분양신청(소규모주택 정비법§28)

▶ 사업시행계획인가(소규모주택 정비법§29)

▶ 매도청구(소규모주택 정비법§35)

▶ 토지 등의 수용 또는 사용(소규모주택 정비법§35의2)

▶ 분양신청을 하지 아니한 자 등에 대한 조치(소규모주택 정비법§36)

▶ 준공인가 및 공사완료 고시(소규모주택 정비법§39)

▶ 이전고시 및 권리변동의 제한 등(소규모주택 정비법§40)

▶ 청산금 등(소규모주택 정비법§41)

▶ 도시정비법의 준용(소규모주택 정비법§56)

◉ 조합원입주권의 범위

- 도시정비법에 따른 재개발 · 재건축사업의 관리처분계획인가 및 소규모주택정비법에 따른 사업시행계획인가로 취득한 원조합원의 조합원입주권
- 조합원입주권을 승계 취득한 조합원입주권
- 토지만 보유한 주택재개발사업의 원조합원이 취득한 조합원입주권
  (☞ 주택 완성 후 보유기간 등 비과세 요건을 충족해야 비과세 적용 가능)

◉ 조합원입주권 대상에서 제외

- 기존 상가를 보유한 자가 '상가를 취득할 수 있는 권리(상가입주권)'를 취득한 경우
- 주택의 재개발 · 재건축 사업이 아닌 주거환경개선사업 등의 시행으로 취득하는 특별분양권

⊙ "조합원입주권" 관련 법률 및 약칭

법 제 명	약 칭
도시 및 주거환경정비법	도시정비법
빈집 및 소규모주택정비에 관한 특례법	소규모주택정비법
공익사업을 위한 토지 등의 취득 및 보상에 관한 법률	토지보상법

조합원입주권 대상(소법§89②)　도시환경정비사업으로 취득한 조합원입주권

도시정비법에 따른 정비사업 중 주거환경개선사업, 도시환경정비사업을 통하여 취득한
조합원입주권은 소법§89② 규정에 따른 조합원입주권에 포함되지 아니함

중요 중 ・ 난이 중

적용사례(서면5팀-1268, '08.06.17.)

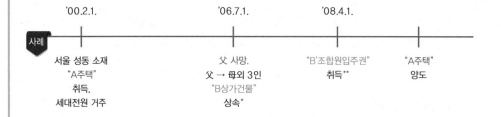

'00.2.1.	'06.7.1.	'08.4.1.	
서울 성동 소재 "A주택" 취득, 세대전원 거주	父 사망. 父 → 母외 3인 "B상가건물" 상속*	"B'조합원입주권" 취득**	"A주택" 양도

* 母 2/5, 자녀 3명 각 1/5씩 지분 상속 받음

** 주택이 없는 업무용 건물이 도시정비법상 도시환경정비사업의 절차에 따라 '08.4.1. 도시환경정비사업 조합으로부터
관리처분계획에 따라 조합원입주권을 받아 주택과 업무시설을 분양 받게 됨

Q1 기존 살고 있는 A주택을 양도할 경우 입주권 중 주택을 받게 될 조합원입주권을 주택으로 간주하여
2주택 여부를 판단하는 지 여부?

A1 도시정비법에 따른 정비사업 중 주거환경개선사업, 도시환경정비사업을 통하여 취득한 조합원입주권은
소법§89② 규정에 따른 조합원입주권에 포함되지 아니함

📑 관련 판례 · 해석 등 참고사항

▶ **기획재정부 재산세제과-40, '22.01.07.**
- 주택법 §2 11호가목에 따른 지역주택조합의 조합원의 지위는 같은 법§15에 따른 사업계획 승인일 이후에
  한하여 소령§155①2호에 따른 신규주택을 취득할 수 있는 권리임

▶ **사전-2016-법령해석재산-0457, '17.06.14.**
- 도시정비법에 따른 도시환경정비사업에 따라 취득한 공동주택 입주권은 소법§89②의 조합원입주권에
  해당하지 아니하는 것임
  ⇒ '18.2.9. 도시환경정비사업과 주택재개발사업이 통합하여 도시정비법의 재개발사업으로 됨

▶ **서면4팀-587, '08.03.07., 서면5팀-256, '06.09.27.**
- 소법§89②(비과세 양도소득) 및 1세대 1주택 특례의 적용에 있어 주택 수의 산정 시 주택으로 보는
  조합원입주권에 상가입주권은 포함되지 않는 것임

조합원입주권 대상(소법88 9호)　　　　무허가주택 철거 → 주택의 특별분양권

도시정비법에 따른 주택재개발·주택재건축사업 또는 주택건설촉진법(법률 제6852호 도시정비법으로 개정되기 전의 것)에 따른 주택재건축사업이 아닌 사업의 시행으로 인하여 취득한 입주자로 선정된 지위는 소법§89②의 조합원입주권에 해당하지 아니함

중요　중
난이　중

적용사례(재산세과-3210, '08.10.10.)

'00.2.1.　　　'03.3.1.　　　'06.7.1.　　　'08.6.1.

사례

甲.
"A무허가주택*"
취득

乙.
"B주택"
취득

甲 사망.
甲 → 乙
"특별분양권"
상속

乙.
"B주택"
양도 예정

* ○○구청에서 시행하는 "○○천변 휴식공간 조성사업"으로 무허가주택이 철거되어 보상금 및 이주비용을 수령하고 ○○공사에서 공급하는 주택의 특별분양권을 받음

Q1　위의 특별분양권이 주택으로 간주하는 조합원입주권에 해당하는 지 여부?

A1　도시정비법에 따른 주택재개발·주택재건축사업 또는 주택건설촉진법(법률 제6852호 도시정비법으로 개정되기 전의 것)에 따른 주택재건축사업이 아닌 사업의 시행으로 인하여 취득한 입주자로 선정된 지위는 소법§89②의 조합원입주권에 해당하지 아니함

제4편

관련 판례·해석 등 참고사항

▶ 양도세 집행기준 89-156의2-7 조합원입주권에 해당되지 않은 경우
　– 도시정비법에 따른 재개발·재건축사업으로 기존 상가를 소유한 자가 취득하는 상가 입주권을 분양받을 수 있는 권리, 재개발·재건축사업이 아닌 사업의 시행으로 인하여 취득하는 특별분양을 받을 수 있는 지위는 소법§89②의 조합원입주권에 해당되지 아니함

▶ 서면-2021-법규재산-0631, '23.02.01., 기획재정부 재산세제과-177, '23.01.30.
　– 1주택자가 "조합원지위 확인의 소" 승소판결을 받은 현금청산대상자로부터 관리처분계획인가 전에 재개발사업 대상 자산을 취득한 경우, 취득한 자산은 조합원입주권에 해당하지 않음

나 │ 도시정비법상 재개발·재건축 절차

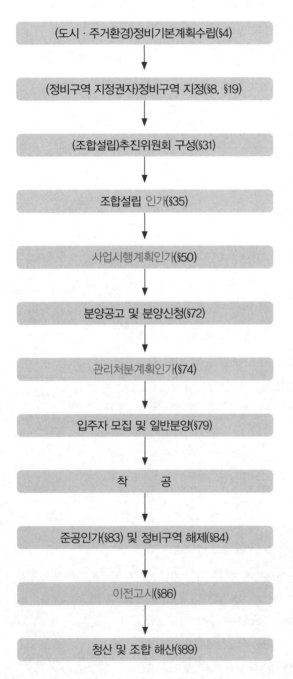

(도시 · 주거환경)정비기본계획수립(§4)

- 주민 의견 청취(§6)
- 지방도시계획위원회 심의(§7)

(정비구역 지정권자)정비구역 지정(§8, §19)

- 건축물의 건축, 공작물 설치 등 행위제한

(조합설립)추진위원회 구성(§31)

- 토지등 소유자 과반수 동의
- 시장 · 군수등의 승인

조합설립 인가(§35)

- 토지등 소유자의 ¾ 이상 및 토지면적의 ½ 이상 토지소유자의 동의
- 시장 · 군수등의 인가
- 법인으로 설립, "정비사업조합" 명칭 사용

사업시행계획인가(§50)

- 수용감면(조특법§77), 비사업용 토지 판정 (소령§168의14③3호) 시 사업인정고시일로 간주

분양공고 및 분양신청(§72)

- 분양신청기간 : 조합원 대상 사업시행자가 통지한 날부터 30일 이상 60일 이내 다만, 20일 범위 내 한차례만 연장 가능

관리처분계획인가(§74)

- 사업시행자가 관리처분계획 수립하여 시장 · 군수등의 인가를 받아야 함
- 조합원입주권으로 변환

입주자 모집 및 일반분양(§79)

- 일반분양자 : 준공 후 조합명의 보존등기 후 매매 형식으로 취득

착 공

준공인가(§83) 및 정비구역 해제(§84)

- 정비구역 지정은 준공인가의 고시가 있는 날 (관리처분계획을 수립 시 이전고시*가 있는 때)의 다음날 해제된 것으로 봄   * 환지 확정처분

이전고시(§86)

- 사업시행자는 고시가 있는 때 지체없이 분양 받을 자에게 소유권을 이전하여야 함
- 분양받을 자는 고시가 있는 날의 다음날 소유권 취득

청산 및 조합 해산(§89)

⊙ 조합원입주권 권리변환 시기 및 연혁(서면–2017–부동산–0356, '17.09.25.)

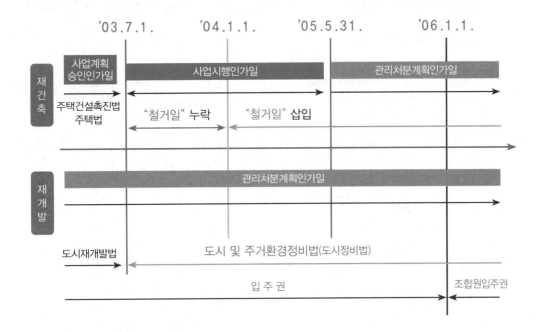

기 간 별	재건축사업	재개발사업
'03.6.30. 이전	사업계획승인인가일 (주택건설촉진법, 주택법)	관리처분계획인가일 (도시재개발법)
'03.7.1.~'05.5.30.	사업시행인가일 (도시및주거환경정비법)	관리처분계획인가일 (도시및주거환경정비법)
'05.5.31. 이후	관리처분계획인가일 (도시및주거환경정비법)	관리처분계획인가일 (도시및주거환경정비법)

* '18.2.9. 이후 소규모주택정비법에 따른 사업시행계획인가일 추가

* '22.1.1. 이후 기존 재건축사업, 재개발사업 및 소규모 재건축사업에 소규모 재개발사업과 가로 · 자율주택정비사업이
  추가됨

> **참고** 관리처분계획인가일 : 조합원입주권의 권리가 확정된 날로서 지방자치단체의 공보에 고시한 날

🔵 재건축사업과 재개발사업의 비교(법제명 미 기재한 경우는 도시정비법)

구 분	재건축사업	재개발사업
특징(§2)	정비기반시설*양호 ⇒ 주택만 다시 건설	정비기반시설*열악 ⇒ 주택과 도시기능 회복
개발방식	민간주택사업(민간사업 성격)	공영개발(공공사업 성격)
시행주체	재건축조합	① 토지 등 소유자(조합) ② 지자체, LH,지방공사 등
안전진단	필요	불 필요
조합원의 자격 (§2, §39)	건축물 및 그 부속토지의 소유자	다음 중 1개 이상 소유한 자 ① 토지 ② 건물 ③ 토지+건물 ④ 지상권자
조합원 강제성 (§39, §64, §73)	동의한 자만 조합원 – 미동의 시 매도 청구(현금청산)	강제로 조합원 지위 (단, 분양기준에 부합해야) – 현금보상 등(토지보상법§63)
조합설립 인가(§35)	공동주택 각 동 별 구분소유자 과반수와 주택단지 전체 구분 소유자 ¾이상 및 토지면적 ¾이상 토지소유자 동의	토지등소유자의 ¾ 이상 및 토지면적의 ½ 이상 토지소유자의 동의
조합원지위 양도제한 시점 (투기과열지구 내)	조합설립인가 후 양수(매매 · 증여 등)한 자는 조합원 불가	관리처분계획인가 후 양수(매매 · 증여 등)한 자는 조합원 불가
재건축초과 이익** 환수제***	해당	해당 없음

* 주거환경개선사업을 위하여 지정 · 고시된 정비구역 안에 설치하는 공동이용시설로
　도로 · 상하수도 · 공원 · 공용주차장 그 밖에 주민 생활에 필요한 열 · 가스 등의 공급시설
** 도시정비법 및 소규모주택정비법에 따른 재건축사업으로 인하여 정상주택가격 상승분을 초과한 주택가격 증가분의
　금액(재건축이익환수법§2 1호)
*** 재건축사업을 통해 조합원 1인당 평균 3,000만원 이상 개발 이익을 얻으면 이익의 10~50%를 재건축부담금으로
　환수하는 제도(재건축이익환수법§12)

※ 양도자에게 사실상 배분될 재건축부담금상당액은 필요경비로 인정(소령§163③3의3)

조합원의 자격(도시정비법 §39) : "조합원입주권을 취득할 수 있는 권리"의 취득

② 투기과열지구로 지정된 지역에서 조합설립인가(재건축사업 시행), 관리처분계획의 인가(재개발사업
시행) 후 해당 정비사업의 건축물 또는 토지를 양수*한 자는 ①에도 불구하고 아래의 어느 하나에
해당하는 경우를 제외하고는 조합원이 될 수 없음

* 매매·증여, 그 밖의 권리 변동을 수반하는 모든 행위를 포함하되, 상속·이혼으로 인한 양도·양수의 경우 제외

1. 세대원의 근무상 또는 생업상의 사정이나 질병치료·취학·결혼으로 세대원이 모두 해당
   사업구역에 위치하지 아니한 특별시·광역시·특별자치시·특별자치도·시 또는 군으로
   이전하는 경우
2. 상속으로 취득한 주택으로 세대원 모두 이전하는 경우
3. 세대원 모두 해외로 이주하거나 세대원 모두 2년 이상 해외에 체류하려는 경우
4. 1세대 1주택자로서 양도하는 주택 소유 및 거주기간이 10년 및 5년 이상인 경우
5. §80에 따른 "지분형주택"을 공급받기 위하여 건축물 또는 토지를 토지주택공사등과
   공유하려는 경우
6. 공공임대주택, 공공분양주택의 공급 등을 목적으로 건축물 또는 토지를 양수하려는
   공공재개발사업 시행자에게 양도하려는 경우
7. 그 밖에 불가피한 사정으로 양도하는 경우로서 도시정비령§37③에서 정하는 경우

※ 도시정비령§37③(조합원)

1. 조합설립인가일부터 3년 이상 사업시행인가 신청이 없는 재건축사업의 토지 또는 건축물을 3년 이상 계속하여
   소유하고 있는 자*가 사업시행인가 신청 전에 양도하는 경우
   * 피상속인으로부터 상속받아 소유권 취득 시 피상속인의 소유기간 합산(아래 2호, 3호도 같음)
2. 사업시행계획인가일부터 3년 이내 착공하지 못한 재건축사업의 토지 또는 건축물을 3년 이상 계속하여
   소유하고 있는 자가 착공 전에 양도 시
3. 착공일부터 3년 이상 준공되지 못한 재개발·재건축사업의 토지를 3년 이상 계속하여 소유하고 있는
   경우
4. 법률 제7056호 도시정비법 일부개정법률 부칙②에 따른 토지등소유자로부터 상속·이혼으로 인하여
   토지 또는 건축물을 소유한 자
5. 국가·지방자치단체 및 금융기관에 대한 채무를 이행하지 못하여 재개발사업·재건축사업의 토지 또는
   건축물이 경매 또는 경매되는 경우
6. 투기과열지구로 지정되기 전에 건축물 또는 토지를 양도하기 위한 계약을 체결하고, 투기과열 지구로
   지정된 날부터 60일 이내 부동산거래신고법§3에 따라 부동산거래의 신고를 한 경우

⊙ 청산금 등(도시정비법 §89)

① 대지 또는 건축물을 분양받은 자가 종전에 소유하고 있던 토지 또는 건축물의
가격과 분양받은 대지 또는 건축물의 가격 사이에 차이가 있는 경우
사업시행자는 §86②에 따른 이전고시가 있은 후에 그 차액에 상당하는 금액(이하
"청산금"이라 한다)을 분양받은 자로부터 징수하거나 분양받은 자에게 지급하여야
한다.

② ①에도 불구하고 사업시행자는 정관 등에서 분할징수 및 분할지급을 정하고 있거나
총회의 의결을 거쳐 따로 정한 경우에는 관리처분계획인가 후부터 §86②에 따른
이전고시가 있은 날까지 일정 기간별로 분할징수하거나 분할지급할 수 있다.

⊙ 이전고시 등(도시정비법 §86)

① 사업시행자는 §83③(준공인가하고 공사 완료를 지방자치단체 공보에 고시) 및
④(준공인가)에 따른 고시가 있은 때에는 지체 없이 대지확정측량을 하고 토지의
분할절차를 거쳐 관리처분계획에서 정한 사항을 분양받을 자에게 통지하고 대지
또는 건축물의 소유권을 이전하여야 한다. 다만, 정비사업의 효율적인 추진을
위하여 필요한 경우에는 해당 정비사업에 관한 공사가 전부 완료되기 전이라도
완공된 부분은 준공인가를 받아 대지 또는 건축물별로 분양받을 자에게 소유권을
이전할 수 있다.

② 사업시행자는 ①에 따라 대지 및 건축물의 소유권을 이전하려는 때에는 그 내용을
해당 지방자치단체의 공보에 고시한 후 시장ㆍ군수등에게 보고하여야 한다. 이
경우 대지 또는 건축물을 분양받을 자는 고시가 있은 날의 다음 날에 그 대지 또는
건축물의 소유권을 취득한다.

⊙ 환지처분(도시개발법 § 40)

① 시행자는 환지 방식으로 도시개발사업에 관한 공사를 끝낸 경우에는 지체 없이 대통령령으로 정하는 바에 따라 이를 공고하고 공사 관계 서류를 일반인에게 공람시켜야 한다.

⊙ 청산금(도시개발법 § 41)

① 환지를 정하거나 그 대상에서 제외한 경우 그 과부족분(過不足分)은 종전의 토지(§32에 따라 입체 환지 방식으로 사업을 시행하는 경우에는 환지 대상 건축물을 포함한다. 이하 §42 및 §45에서 같다) 및 환지의 위치·지목·면적·토질·수리·이용상황·환경, 그 밖의 사항을 종합적으로 고려하여 금전으로 청산하여야 한다.

② ①에 따른 청산금은 환지처분을 하는 때에 결정하여야 한다. 다만, §30나 §31조에 따라 환지 대상에서 제외한 토지등에 대하여는 청산금을 교부하는 때에 청산금을 결정할 수 있다.

⊙ 환지처분의 효과(도시개발법 § 42)

① 환지 계획에서 정하여진 환지는 그 환지처분이 공고된 날의 다음 날부터 종전의 토지로 보며, 환지 계획에서 환지를 정하지 아니한 종전의 토지에 있던 권리는 그 환지처분이 공고된 날이 끝나는 때에 소멸한다.

④ §28조(환지계획의 작성)에 따른 환지 계획에 따라 환지처분을 받은 자는 환지처분이 공고된 날의 다음 날에 환지 계획으로 정하는 바에 따라 건축물의 일부와 해당 건축물이 있는 토지의 공유지분을 취득한다. 이 경우 종전의 토지에 대한 저당권은 환지처분이 공고된 날의 다음 날부터 해당 건축물의 일부와 해당 건축물이 있는 토지의 공유지분에 존재하는 것으로 본다.

⑤ §34(체비지 등)에 따른 체비지는 시행자가, 보류지는 환지 계획에서 정한 자가 각각 환지처분이 공고된 날의 다음 날에 해당 소유권을 취득한다. 다만, §36④항에 따라 이미 처분된 체비지는 그 체비지를 매입한 자가 소유권 이전 등기를 마친 때에 소유권을 취득한다.

⑥ §41에 따른 청산금은 환지처분이 공고된 날의 다음 날에 확정된다.

제4편

▶ 청산금 개념(도시정비법§89①)

- 대지 또는 건축물을 분양 받은 자가 종전에 소유하고 있던 토지 또는 건축물의 가격과 분양받은 대지 또는 건축물의 가격 사이에 차이가 있는 경우 이전고시가 있은 후에 그 차액에 상당하는 금액
  - 청산금 징수 : 분양받은 부동산 > 종전부동산
  - 청산금 지급 : 분양받은 부동산 < 종전부동산

▶ 청산금 징수 또는 지급시기(도시정비법§89①, ②)

- 원칙 : 조합이 이전고시 후 징수 또는 지급

- 예외 : 정관 규정 또는 총회 의결을 거쳐 관리처분계획인가 후부터 이전고시가 있은 날까지 일정 기간별로 분할 징수 또는 분할 지급 가능

▶ 청산금 징수방법 등(도시정비법§90)

- 징수 : 사업시행자는 청산금을 납부할 자가 미납 시 지방세 체납처분 예에 따라 징수(분할징수 포함)

  * 시장·군수등이아닌 사업시행자는 시장·군수등에게 청산금 징수 위탁 가능

- 공탁 : 청산금을 지급받은 자가 받을 수 없거나 받기를 거부한 때에는 사업시행자가 그 청산금을 공탁 가능

- 소멸 : 청산금을 지급(분할 지급 포함)받을 권리 또는 징수할 권리는 이전고시일의 다음날부터 5년간 행사하지 아니하면 소멸

다. 재개발·재건축 청산금

▶ 청산기준가격[권리가액] 평가(도시정비법§89③, §74④, 도시정비령§76)

- 평가원칙 : 토지 또는 건축물의 규모·위치·용도·이용 상황·정비사업비 등을 참작하여 평가
- 정비사업 종류에 따른 평가
  - 주거환경개선사업, 재개발 사업 : 시장·군수등이 선정·계약한 2인 이상의 감정평가법인등이 평가한 금액을 산술평균하여 산정
  - 재건축 사업 : 사업시행자가 정하는 바에 따라 평가. 다만, 감정평가법인 등의 평가를 받으려는 경우 도시정비법§74④1호나목* 준용 가능

    * 시장·군수등이 선정·계약한 1인 이상의 감정평가법인등과 조합총회의 의결로 선정·계약한 1인 이상의 감정평가법인 등이 평가한 금액을 산술평균하여 산정

▶ 비례율(도시개발법시행규칙§26③, ④)

- 총 분양가액에서 총 사업 비용을 뺀 금액을 조합원들이 보유한 종전자산의 총 평가액으로 나눈 금액
- 정비사업 관련 환지에 관하여 도시개발법§28~§49까지의 규정 준용(도시정비법§69②)
- 시행자가 보관하는 관리처분계획서 인가서나 시·군·구청에 보관하는 관리처분 계획인가서를 통해 확인 가능

※ 도시개발법

§28(환지계획의 작성)　§29(환지 계획의 인가 등)

§32(입체 환지) 시행자는 도시개발사업을 원활히 시행하기 위하여 특히 필요한 경우에는 토지 또는 건축물 소유자의 신청을 받아 건축물의 일부와 그 건축물이 있는 토지의 공유지분을 부여할 수 있다. 다만, (이하 생략)

§34(체비지 등)　§35(환지 예정지의 지정)　§36(환지 예정지 지정의 효과)

§38(장애물 등의 이전과 제거)　§40(환지처분)　§41(청산금)　§42(환지처분의 효과)

§46(청산금의 징수·교부)

① 시행자는 환지처분이 공고된 후에 확정된 청산금을 징수하거나 교부하여야 한다.
　다만, §30와 §31에 따라 환지를 정하지 아니하는 토지에 대하여는 환지처분 전이라도 청산금을 교부할 수 있다.

④ 청산금을 받을 자가 주소 불분명 등의 이유로 청산금을 받을 수 없거나 받기를 거부하면 그 청산금을 공탁할 수 있다.

◎ 비례율, 청산금

● 비례율

$$\frac{(\text{사업완료 후의 토지 · 건축물의 총수입}^* - \text{총 사업비})}{\text{분양대상 토지등소유자 종전 소유 토지 · 건축물의 평가액}} \times 100$$

* 조합원 분양가 + 일반분양가

비 례 율	총 수입	총 사업비	총 평가액
증 가	증 가	감 소	감 소
감 소	감 소	증 가	증 가

비례율(①-②)/③	사업 총 수입(①)	총 사업비(②)	종전부동산평가액(③)
120%↑	11억원↑	5억원-	5억원
	10억원-	4억원↓	5억원
100%-	10억원-	5억원-	5억원
	9억원↓	4억원↓	5억원
80%↓	9억원↓	5억원-	5억원
	9억원↓	4억원↓	5억원

※ 비례율 산정시기

- 1단계 : 사업초기 정비사업을 기획할 때 사업 추진의 타당성 검토 시
- 2단계 : 사업시행인가 이후 감정평가를 통해 관리처분계획인가 수립 시
- 3단계 : 일반분양과 조합원 분양이 이루어지고 조합을 해산 시

● 청산금 : 권리가액* - 분양받은 부동산 평가액

* 종전소유 토지 및 건축물 평가액 × 비례율

청 산 금	분양가액	권리가액	비례율
증 가	감 소	증 가	증 가
감 소	증 가	감 소	감 소

다. 재개발·재건축 청산금

▶ 이전고시(도시정비법§86)

- 정비사업으로 조성된 대지 · 건축물 등의 소유권을 분양받을 자에게 이전하는
  행정처분(재개발 · 재건축된 부동산의 소유권을 분양 받을 자에게 이전하는 행정처분)

- 이전고시를 통해 소유권을 취득하며 등기를 요하지 않음

※ 민법§187(등기를 요하지 아니하는 부동산 물권 취득)
- 상속, 공용징수, 판결, 경매 기타 법률의 규정에 의한 부동산에 관한 물권의 취득은
  등기를 요하지 아니한다. 그러나 등기를 하지 아니하면 이를 처분하지 못한다.

- 사업시행자는 준공인가 고시가 있는 때에는 지체없이 대지확정측량을 하고 토지의
  분할절차를 거쳐 관리처분계획에서 정한 사항을 분양받을 자에게 통지하고 소유권을
  이전하여야 함

- 사업시행자는 이전고시가 있은 때에는 지체없이 대지 및 건축물에 관한 등기를
  지방법원지원 또는 등기소에 촉탁 또는 신청하여야 하고, 정비사업에 관하여 이전고시가
  있은 날부터 등기가 있을 때까지는 저당권 등의 다른 등기를 하지 못함(도시정비법§88)

- 사업시행자는 대지 및 건축물의 소유권을 이전하려는 때에는 그 내용을 해당
  지방자치단체의 공보에 고시한 후 시장 · 군수 등에게 보고하여야 함

- 분양받을 자는 고시가 있은 날의 다음 날에 그 대지 또는 건축물의 소유권을 취득

- 사업시행자는 이전고시가 있은 후에 차액에 상당하는 청산금을 분양받은 자로부터
  징수하거나 지급해야 함(도시정비법§89①)

라 | 현금청산(도시정비법§73)

● 개념

- 정비사업구역 내에 부동산 등 소유자가 분양신청을 하지 아니한 경우 종전 부동산에
  해당하는 가액을 현금으로 지급 받음
  - 분양신청을 하지 않는 자 등 : 현금 청산
  cf) 분양 받은 자 : 청산금 수령 또는 납부

● 대상자

- 분양신청을 하지 아니한 자
- 분양신청기간 종료 이전에 분양신청을 철회한 자
- 도시정비법§72⑥에 따라 분양신청을 할 수 없는 자*

  * 투기과열지구의 정비사업에서 분양대상자 및 그 세대에 속한 자는 분양대상자 선정일(조합원 분양분의
    분양대상자는 최초 관리처분계획 인가일)부터 5년 이내 투기과열지구에서 분양신청 불가. 다만, 상속, 결혼, 이혼으로
    조합원 자격을 취득한 경우에는 가능

- 관리처분계획에 따라 분양 대상에서 제외된 자

● 손실보상 협의

- 사업시행자는 분양신청을 하지 않는 자 등에 대해 손실보상에 관한 협의를 하여야 함
- 사업시행자는 관리처분계획이 인가 · 고시된 다음 날부터 90일 이내에 손실보상에 관한
  협의를 하여야 함. 다만, 사업시행자는 분양신청기간 종료일의 다음 날부터 협의를
  시작할 수 있음
- 사업시행자는 협의가 성립되지 않으면 그 기간의 만료일 다음 날부터 60일 이내
  수용재결을 신청하거나 매도청구 소송을 제기하여야 함

■ 과세자료의 제출 및 관리에 관한 법률 시행규칙 [별지 제61호서식] <개정 2021. 3. 16.>

관리처분 계획인가 및 청산금의 지급에 관한 자료

(단위: 원, ㎡)

1. 재개발(재건축)사업 추진현황

구분	사 업 내 용				사 업 시 행 자		
	사업명칭	시행기간	사업시행인가일	관리처분계획인가일	본점(지점)소재지	시행자	사업자등록번호

2. 재개발(재건축)사업 관련 환지 전·후 부동산 명세 및 완공 명세

재개발(재건축)사업 등 추진 부동산 명세			재개발(재건축)사업 등 관련 완공예정 또는 완공 부동산 명세				
소재지(환지 전 지번)	아파트 등 명칭	해당 동	소재지(환지 후 지번)	아파트 등 명칭	해당 동	임시사용 승인일	사용검사일

3. 관리처분계획 인가 및 청산금 지급 명세

부동산소유자 (조합원)			종전의 토지 및 건축물								분양예정대지 및 건축시설						청산금(⑥-③)			
			토 지			건 축 물			③ 분양기준가액 [(①+②)×%]	소재지 (또는 부호)	대지	건축시설			⑥ 총추산액 (분양액) (④+⑤)	지분율			
성명	주민등록번호	소재지	지목	취득일	면적	① 평가액	용도	취득일	연면적	② 평가액			분양면적	④ 추산액	분양면적	전용면적	⑤ 추산액		징수액	지급액	소유권 이전 고시일 다음 날

"감정평가액"   "권리가액"(소령§166 기존건물과 그 부수토지 평가액)   "조합원분양가액"

4. 조합원 지위 승계 명세

당초 조합원				승계 조합원				비고
성명	주민등록번호	분양예정 부동산 소재지(또는 부호)	지분율	승계일	성명	주민등록번호	지분율	취득가액

"비례율"(사업완료시까지 변동 가능)

297㎜×210㎜[백상지 80g/㎡]

※ 분양기준가액이 비례율 증감으로 변동 시 분양기준가액은 권리가액을 기재하고, 비례율 변동으로 증감이 있는 경우 변경된 최종금액을 기재

※ 분양예정대지 및 건축시설에서 ⑥총 추산액(분양액)에는 조합원에 해당하는 분양금액을 기재

cf) 일반분양자가 분양받은 금액을 기재하는 것이 아님

　　(∵조합원과 일반 분양분의 분양액이 다름)

■ 분양대상자별 분양예정내역서(아파트) ■

번호	동호수	권리자	종전 건축물의 감정 평가 잔술평균가격			신축 건축물 동호수 및 추			분담금
			산술평균금액	비례율	개인별권리가액	평형	동호수	추산액	
1530	265-000	김○○	274,757,000	99.014%	272,040,000	26	123-0502	305,350,000	33,310,000

* 비례율 : 토지등 총 분양가액에서 총 사업 비용을 뺀 금액을
조합원들이 보유한 종전자산의 총 평가액으로 나눈 금액

관리처분인가일 : 2005. 5.10.
사업시행인가일 : 2004.10.29.
검토자 : 차환

※ 조합원입주권을 소유한 자와 일반 분양 받은 자와의 구별 방법
 － 조합원은 소유권 보존등기 시에 조합원 명의로 보존등기(∵ 자기 주택을 자기가 건설)
  되나, 일반 분양분은 조합 명의로 보존 등기된 후 일반 분양자 명의로 소유권이 이전됨

◎ 조합원 종전자산 명세, 가격 및 분양금액

◆ ○○○ 조합원 종전자산 명세와 가격 및 분양금액 등 통보 ◆

1. 인적사항 및 소유지번

조합원 성명	○○○
소유 지번	○○ 광역시 남구 ○○○

2. 소유권 현황 및 종전자산 감정평가금액(2016년 4월 18일 사업시행인가 기준)   (단위: 원)

구분			지번	면적(m^2)	토지 감정평가 금액	종전자산 감정평가 금액
권리내역	토지	봉덕동	1064-○○○	181	180,457,000	198,481,730
			면적 및 평가금액 계	181	180,457,000	
	건축물		지번	연면적(m^2)	건축물 감정평가 금액	
		봉덕동	1064-○○○	8.6	1,135,200	
			1064-○○○	78.31	16,523,410	
			1064-○○○	3.24	366,120	
			연면적 및 평가금액 계	90.15	18,024,730	
비례율 115.00% 에 따른 권리가액(권리금액)					228,253,000	

※ 위 내역을 사업시행인가일 기준 종전자산 감정평가하여 작성하였음.(권리가액은 백원 이하 절사함)
※ 위 권리가액(권리금액)과 비례율은 시공자 동원개발과 2018년 7월 6일 체결한 공사도급변경(조합원 확정지분제)계약에 따라 확정됨.

3. 조합원 부담금(분담금) 또는 환급금 산출 방법

■ 조합원별 부담금(분담금) 또는 환급금 = 조합원별 분양가 - 조합원별 권리가액(권리금액)

4. 조합원 개별 분양내역(분양금액 및 부담금(분담금) 또는 환급금)   (단위: 원)

분양 동호수 및 분양가격		부담금(분담금) 또는 환급금	비고
동호수(타입)	분양가격		
102동 ○○○○(59)	214,700,000	·	
		·	
		·	
		·	
분양가격 합계	214,700,000	-13,553,000	-는 환급금

※ 권리내역과 종전자산평가 및 분양내역에 이상이 있을 경우 조합사무실로 이의 바람.
※ 위 내역은 관계법령 개정, 사업시행계획 및 관리처분계획 변경 등 사업시행과정에서 변경될 수도 있음.

제 4 편

청산금을 모두 수령하기 전에 조합원입주권과 남은 차수 청산금을 타인에게 양도계약 한 경우 청산금에 대한 납세의무자는 기존 부동산 소유자임

중요 상　　난이 상

적용사례(재산세과-628, '09.02.23.)

'99.2.10.　　　'04.10.20.　　'05.5.2.　'05.10.1.　'06.7.1.　　　　'08.12.20. '09.1.15.

사례

甲.
"A주택"
취득

"A주택"
재건축
사업시행인가*

"A주택"
재건축
관리처분
계획인가

"A주택"
철거

甲.
"B주택"
취득

"A'주택"
재건축 완공

"A주택"
청산금
수령

* 甲이 보유한 A주택 평가액은 5억원이고 사업시행인가일 현재 1세대 1주택 비과세 요건 충족한 상태인데, 재건축으로 입주권과 청산금을 수령(4개월에 걸쳐 매월 ¼씩 수령)받게 되었는데, 甲은 2차분까지 청산금을 수령한 후 입주권을 乙에게 양도하면서 3차, 4차분 청산금은 乙이 수령하기로 하고, 그 대신 3차, 4차분 청산금만큼 乙이 甲에게 대신 지급함

** 평가액은 5억원이고 사업시행인가일 현재 1세대 1주택 비과세 요건 충족

Q1 청산금에 대한 양도시기가 도래하기 전에 甲이 乙에게 입주권을 양도하면서 남은 차수의 청산금을 양수인(乙)이 수령하기로 한 경우 청산금에 대한 납세의무자는?

A1 기존 부동산(A주택)의 청산금에 대한 납세의무자는 기존 부동산 소유자(甲)가 됨

Q2 청산금 수령일 현재 재건축으로 완공된 주택(A')과 다른 주택(B)이 있는 경우 기존주택에 대한 청산금 수령금액이 양도세 비과세 대상인지 여부?

A2 1세대 1주택 비과세 여부는 양도일 현재를 기준으로 판정하는 것으로 청산금 수령일 현재 재건축으로 완공된 주택(A')과 그 외의 주택(B)을 소유하고 있는 경우 청산금 수령액은 과세됨(∵1세대 2주택)

📋 관련 판례 · 해석 등 참고사항

☞ 분양을 신청하지 않는 현금 청산금에 대하여는 대금 청산일이며 대금청산일이 불분명하거나 대금 청산 전에 소유권 이전등기한 경우에는 등기접수일(기재부 재산세제과-1047, '11.12.07.)이나

– 위와 같이 현금 청산이 아닌 청산금의 양도시기도 대금 청산일('09.1.15.)이었으나, 기재부 재산세제과 – 35, '20.01.14.의 해석에 따라 소유권 이전고시일의 다음날로 해석이 변경되었음에 특히 유의해야 함

▶ 중복보유허용기간(일시적 2주택 비과세 특례 적용 시 신규주택 취득 후 종전주택 양도기간)

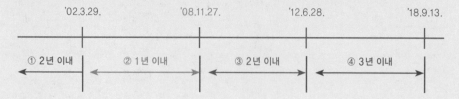

'02.3.29.　　　　'08.11.27.　　　　'12.6.28.　　　　'18.9.13.

① 2년 이내　　② 1년 이내　　③ 2년 이내　　④ 3년 이내

청산금에 대한 납세의무자(소법§2)   조합원입주권+청산금 일부 양도

"기존건물과 그 부수토지의 평가액"은 조합원입주권의 양도일 현재 인가된 관리처분계획등에 따라 정하여진 가격을 말하는 것으로 그 가격이 변경된 때에는 변경된 가격으로 하는 것이나, 조합원입주권 양도 후 변경 인가된 관리처분계획에 따른 가격은 적용하지 않는 것임

중요 상   난이 상

적용사례(사전-2023-법규재산-0864, '24.03.29.)

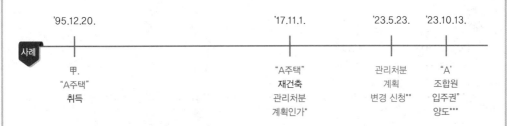

사례

'95.12.20.
甲.
"A주택"
취득

'17.11.1.
"A주택"
재건축
관리처분
계획인가*

'23.5.23.
관리처분
계획
변경 신청**

'23.10.13.
"A'
조합원
입주권"
양도***

* 감정가액 : 1,325백만원, 비례율 : 102.84%, 권리가액 : 1,363백만원
** 비례율 : 133.49%, 권리가액 : 1,769백만원
*** 변경신청 관리처분계획 인가 前

Q1 조합원입주권 양도일 현재 관리처분계획 변경 신청상태로 관리처분계획의 변경이 예정되어 있는 경우, 소령§166①에 따라 조합원입주권에 대한 양도차익을 산정 시 기존건물과 그 부수토지의 평가액등을 당초 인가된 관리처분계획에 다른 가액을 기준으로 하는 것인지, 변경 예정된 관리처분계획에 따른 가액을 기준으로 하는 것인지 여부?

A1 양도차익 산정 시 적용할 "기존건물과 그 부수토지의 평가액"은 소령§166④에 따른 해당 조합원입주권의 양도일 현재 인가된 관리처분계획등에 따라 정하여진 가격을 말하는 것으로 그 가격이 변경된 때에는 변경된 가격으로 하는 것이나
– 조합원입주권 양도 후 변경 인가된 관리처분계획에 따른 가격은 적용하지 않는 것임

📜 **관련 판례 · 해석 등 참고사항**

제4편

청산금 증가분에 대한 소득구분(소법§94) | 승계조합원 귀속 청산금 증가분

승계조합원이 조합원입주권을 승계 취득한 후, 지급받을 청산금이 증가하여 승계조합원이
수령한 경우 해당 청산금 증가분에 대해서는 승계받은 조합원이 양도세 신고하여야 함

적용사례(사전-2023-법규재산-0450, '24.06.27.)

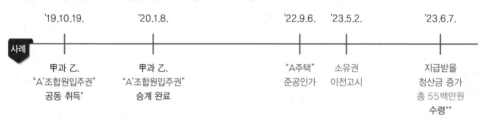

| '19.10.19. | '20.1.8. | '22.9.6. | '23.5.2. | '23.6.7. |

사례
- 甲과 乙. "A'조합원입주권" 공동 취득*
- 甲과 乙. "A'조합원입주권" 승계 완료
- "A주택" 준공인가
- 소유권 이전고시
- 지급받을 청산금 증가 총 55백만원 수령**

* 甲과 乙은 부부로 각각 ½지분으로 조합원입주권을 총 570백만원에 취득하였으며, 잔금일에 매매대금과 별도로
  지급받을 예정인 청산금 47백만원(예정청산금)은 원조합(양도자)에게 지급하는 조건임

** 증가한 청산금 8백만원(=55백만원-47백만원)은 승계조합원이 수령하기로 한 상태임

Q1 조합원입주권을 승계 취득한 후 지급받을 청산금이 증가한 경우로서 승계조합원이 증가한 청산금만을
수령하기로 하였을 때, 지급받은 증가한 청산금은 기타소득인지, 양도소득인지 여부?

　– 양도소득일 경우, 청산금 수령 시 양도소득 신고하여야 할지 또는 추후 신축주택의 양도 시
　　취득가액에서 차감하여 양도차익을 계산하는 것인지 여부?

A1 승계조합원이 조합원입주권을 승계 취득한 후, 지급받을 청산금이 증가하여 승계조합원이 수령한 경우
해당 청산금 증가분에 대해서는 승계받은 조합원이 양도세 신고하여야 함

📖 관련 판례·해석 등 참고사항

☞ 위의 유권해석은 국세청이 국세법령해석심의위원회 심의를 거쳐 아래의 기존 해석(부동산 거래관리과-201,
'10.02.08.) 을 변경한 것으로 기존 해석은 삭제됨

| '94.9.27. | '08.7.30. | '09.7.1. |

사례
- 甲. "A주택" 관리처분계획인가*
- 甲→乙 A'조합원입주권 양도
- 관리처분계획인가 변경**

* 권리가액 : 604,029,170원, 분양가액 : 577,150,000원, 분담금액(청산금) : △26,879,170(8회 분할 수령)

** 권리가액이 23,455,950원 증가되어 이에 따른 청산금은 乙이 조합으로부터 수령함

– 입주자로 선정된 지위의 양도가액과 청산금 상당액을 합한 가액을 양도가액으로 하여 소령 §155⑰을
적용하며, 소령§166에 따라 양도차익을 산정하는 경우 입주자로 선정된 지위의 양도가액과 청산금
상당액은 구분 계산함

청산금에 대한 납세의무자(국기법§14)　　　조합원입주권+청산금 일부 증여

재건축 대상 부동산의 1/2지분을 증여하는 계약을 체결한 경우 청산금부분의 양도세
납세의무자는 등기부(신탁원부 포함)상 권리 득실 사항, 증여계약서 내용, 청산금의 실질 귀속
여부 등을 종합적으로 검토하여 판단할 사항임

중요	난이
상	상

적용사례(사전-2021-법령해석재산-0178, '21.06.30.)

* 甲과 乙은 부부사이로 재건축입주권과 청산금을 지급받을 권리의 ½지분을 증여하기 위하여 증여계약을 체결하였고,
  '19.1월 배우자 을에게 입주권의 지분을 증여하는 권리의무승계서를 작성하고 권리가액에 분양가액과 환급급(교부 청산금)을
  포함하여 50%를 증여세 과세가액으로 하여 증여세 신고를 함

** 권리가액 1,042백만원, 분양금액 846백만원, 청산금 196백만원

Q1 재건축 대상 부동산의 1/2지분을 증여하는 계약을 체결한 경우 청산금 부분의 양도세 납세의무자는
누구인지 여부?

A1 등기부(신탁원부 포함)상 권리 득실 사항, 증여계약서 내용, 청산금의 실질 귀속 여부 등을 종합적으로
검토하여 판단할 사항임

Q2 질의 1에서 장기보유특별공제 보유기간의 계산 방법은?

A2 소법§95④에 따르는 것임

📜 관련 판례 · 해석 등 참고사항

▶ **소법§95[양도소득금액]**

④ ②에서 규정하는 자산의 보유기간은 그 자산의 취득일부터 양도일까지로 한다. 다만, 소법 §97의2①의
경우에는 증여한 배우자 또는 직계존비속이 해당 자산을 취득한 날부터 기산하고, 같은 조 ④1호에 따른
가업상속공제가 적용된 비율에 해당하는 자산의 경우에는 피상속인이 해당 자산을 취득한 날부터 기산한다.

🔵 상가입주권의 조합원입주권에 포함 여부(서면5팀-256, '06.09.27.)

- 비과세 양도소득(소법§89②) 및 1세대 1주택 특례의 적용에 있어 주택 수의 산정 시
  주택으로 보는 조합원입주권에 상가입주권은 포함되지 않는 것임

🔵 나대지를 제공하고 조합원입주권을 취득(부동산납세과-1497, '16.09.29.)

- 소유하던 나대지가 도시정비법에 따른 관리처분계획의 인가로 조합원입주권으로 변경된
  경우, 해당 관리처분계획의 인가일을 조합원입주권의 취득일로 보는 것임

🔵 청산금의 고가주택 판단(법규재산2012-358, '12.11.09.)

- 재개발조합원이 지급받는 청산금은 종전 주택(부수토지 포함)의 분할양도에 해당하므로
  원칙적으로 양도세 과세대상이며, 이 경우 재개발조합에 제공한 종전 주택(부수토지
  포함)이 "고가주택"에 해당하는 지 여부는 관리처분계획에 따라 정하여진 가격에 의하는
  것임

🔵 관리처분계획 인가일의 의미(서면4팀-1289, '05.07.22.)

- 도시정비법에 의한 관리처분계획의 인가일은 지방자치단체의 공보에 고시한 날이 되는
  것임

마 | 관리처분계획인가일 효력

① 조합원의 권리·의무 확정(조합원 분양가 확정)

② 청산 예정가액 결정

③ 소유자, 지상권자, 전세권자 등의 종전토지 및 건축물 사용·수익 금지

④ 조합원, 세입자 이주 및 철거

참고 관리처분계획인가일 : 조합원입주권의 권리가 확정된 날로서 지방자치단체의 공보에 고시한 날

🖺 관련 판례·해석 등 참고사항

▶ **사전-2020-법령해석재산-0418, '20.11.25.**

　– 최초 관리처분계획인가가 무효 또는 취소가 되지 않은 상태에서 관리처분계획변경인가가 있다 하더라도 당초 취득한 조합원입주권의 효력은 상실되지 아니하므로 조합원입주권을 취득한 이후 주택을 취득하고 그 주택을 양도한 것으로 소령§156의2⑤이 적용되지 아니 하는 것임

▶ **사전-2020-법령해석재산-0612, '20.08.26.**

　– 도시정비법에 따른 관리처분계획의 인가로 인하여 취득한 입주자로 선정된 지위(조합입주권)는 소법§94①2호가목의 규정에 의한 부동산을 취득할 수 있는 권리에 해당하고, 최초 관리처분계획인가가 무효 또는 취소되지 않은 상태에서 주택재개발 사업내용의 변경으로 관리처분계획이 (변경)인가된 경우 최초 관리처분계획인가일에 당해 조합원입주권을 취득한 것으로 보는 것임

청산금의 비과세 적용 여부(소령§155①)   청산금 수령 전 주택 취득

청산금을 교부 받기 전에 다른 주택(B)을 취득함으로써 소령§155①에 따른 일시적 2주택이 된 경우 교부 받은 해당 청산금은 비과세 적용 가능

중요 상   난이 중

적용사례(부동산거래관리과-631, '12.11.20.)

'95.5.9.	'05.5.16.	'07.5.14.	'12.5.1.	'12.10.31.	'13.1.1.	'13.1.9.
"구. A주택" 취득	"A주택" 사업시행인가일	"A주택" 관리처분 계획인가일*	"B주택" 취득	"A주택" 사용승인일	"A주택" 소유권 이전고시일	청산금 수령

* 구.주택 권리가액 746백만원 → 신축주택 분양가액 499백만원, 청산금 수령 예정액 247백만원

Q1 청산금의 양도소득세의 비과세 적용 여부?

A1 청산금을 교부 받기 전에 다른 주택(B)을 취득함으로써 소령§155①에 따른 일시적 2주택이 된 경우 교부 받은 해당 청산금은 비과세 적용 가능함

☞ 일시적 2주택자가 종전주택의 50% 지분을 타인에게 양도하는 것과 같음

📑 관련 판례 · 해석 등 참고사항

▶ 위의 사례에서 '12.10.31.에 신축된 A주택은 구. A주택의 연장으로 보아 종전주택으로 봄 (양도세 집행기준 89-155-3)

최초 관리처분계획인가가 소급하여 그 효력이 상실되지 않는 경우 최초 관리처분계획인가
이후 조합원의 지위를 승계받아 취득한 주택의 취득시기는 당해 주택의 사용승인서 교부일이
되는 것임

중요	난이
상	중

적용사례(사전-2021-법령해석재산-0249, '21.03.26.)

'05.7.1.　　'07.8.27.　'08.5.16.　　　'11.11.18.　　　'12.3.9.　　'14.9.29.　　　'20.12.30.

사례

甲.
서울 성동 소재
"A주택"
취득

사업시행
인가

관리처분
계획인가

甲 → 乙
"A'조합원입주권"
권리의무
승계취득

관리처분
계획인가
변경

"A아파트"
사용승인

"A아파트"
양도

Q1 도시정비법에 따른 재개발사업의 관리처분계획인가가 변경된 경우 완공된 주택의 취득시기는?

A1 최초 관리처분계획인가가 소급하여 그 효력이 상실되지 않는 경우 최초 관리처분계획인가 이후
조합원의 지위를 승계받아 취득한 주택의 취득시기는 당해 주택의 사용승인서 교부일(사용승인서 교부일
전에 사실상 사용하거나 임시사용승인을 받은 경우에는 그 사실상의 사용일 또는 임시사용승인을 받은 날 중 빠른
날)이 되는 것임

제4편

관련 판례 · 해석 등 참고사항

▶ 서면-2019-부동산-0192, '19.06.18.

－ 도시정비법에 의한 재건축사업을 시행하는 정비사업조합의 조합원이 취득한 조합원입주권을 양도하는
경우 소령§166에 따라 양도차익을 계산할 때 ⑤에 따라 장기보유특별공제액을 공제하는 경우
관리처분계획인가일은 최초 관리처분계획인가일을 의미하는 것임

☞ 만약 당초 조합설립인가가 법원에서 무효 판결받았고 변경된 조합설립인가가 절차상 하자가 없다면
관리처분계획인가 자체도 소급하여 효력을 잃으므로 주택의 취득인지 조합원입주권의 취득인지
유의해야 함

조합원입주권 상속 취득(소법§98, 소령§162)　취득시기 및 취득가액

재건축정비사업 조합의 조합원 지위를 상속에 의해 승계받아 취득한 신축주택을 양도 시 양도세 세율 적용에 따른 신축주택의 취득시기는 당해 주택의 사용승인서 교부일임

중요 상　난이 중

적용사례(사전-2019-법령해석재산-0649, '20.02.11.)

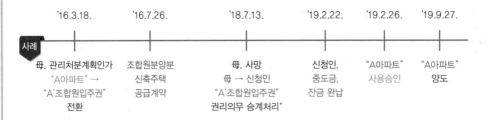

'16.3.18.	'16.7.26.	'18.7.13.	'19.2.22.	'19.2.26.	'19.9.27.
사례					
母. 관리처분계획인가 "A아파트" → "A'조합원입주권" 전환	조합원분양분 신축주택 공급계약	母. 사망 母 → 신청인 "A'조합원입주권" 권리의무 승계처리*	신청인. 중도금, 잔금 완납	"A아파트" 사용승인	"A아파트" 양도

* 재건축되는 기존주택 부수토지는 '19.1.25. 등기이전하고, 신축주택 분양계약서상 매수인을 피상속인에서 청구인 앞으로 '19.2.13.을 승계일자로 하여 권리의무 승계처리

Q1 재건축 정비사업 조합의 조합원 지위를 상속에 의해 승계받아 취득한 신축주택을 양도 시 양도세 세율 적용에 따른 신축주택의 취득시기 및 취득가액은?

A1 • 취득시기는 당해 주택의 사용승인서 교부일(사용승인서 교부일 전에 사실상 사용하거나 임시사용승인을 받은 경우에는 그 사실상의 사용일 또는 임시사용승인을 받은 날 중 빠른 날)이고
　• 취득가액은 상속받은 조합원입주권을 상속개시일 현재 상증법§60~66까지의 규정에 따라 평가한 가액과 상속 이후 불입한 중도금 및 잔금 등의 합계액 등 자산의 취득에 든 실지거래가액에 의함

📑 관련 판례 · 해석 등 참고사항

▶ **사전-2017-법령해석재산-0095, '17.10.24.**
– 조합원입주권을 상속 받아 재개발된 신축아파트를 양도하는 경우 세율 적용 시 보유기간 기산일은 당해 신축아파트의 사용승인서 교부일(사용승인서 교부일 전에 사실상 사용하거나 사용승인을 얻은 경우에는 그 사실상의 사용일 또는 사용승인일)이 됨

▶ **서면-2022-부동산-1616, '23.09.14.**
– 토지를 소유한 조합원이 재개발로 취득한 주택의 보유기간 계산은 사용검사필증교부일(준공 검사전에 사실상 사용하거나 사용승인을 얻은 경우에는 그 사용일 또는 사용승인일)부터 양도일까지로 하는 것임
☞ 상속받은 자산의 세율 적용 시 보유기간 기산일은 피상속인이 그 자산을 취득한 날이므로 관리처분인가일 전 주택을 상속받았다면 피상속인이 취득한 날이지만 상기 사례에서는 조합원입주권(권리)를 상속 받았으므로 사용승인서 교부일을 취득시기로 함

준공된 재건축아파트 이전고시 전 양도(소령§168①)   미등기 양도제외 자산

재건축아파트의 경우 준공 후 이전고시 후에 등기가 가능한 바, 재건축아파트의 조합원
명의를 매수자로 변경하여 추후 매수인 명의로 보존등기하는 경우 1세대 1주택 비과세를
판단함에 있어 미등기전매에 해당하지 아니함

중요 상   난이 중

적용사례(부동산거래관리과-10, '10.01.05.)

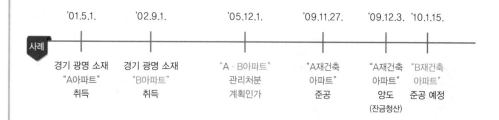

'01.5.1.	'02.9.1.	'05.12.1.	'09.11.27.	'09.12.3.	'10.1.15.
경기 광명 소재 "A아파트" 취득	경기 광명 소재 "B아파트" 취득	"A · B아파트" 관리처분 계획인가	"A재건축 아파트" 준공	"A재건축 아파트" 양도 (잔금청산)	"B재건축 아파트" 준공 예정

Q1 재건축아파트의 경우 준공 후 이전고시 후에 등기가 가능한 바, A재건축아파트의 조합원 명의를
매수자로 변경하여 추후 매수인 명의로 보존등기하는 경우 1세대 1주택 비과세를 판단함에 있어
미등기전매에 해당하는지 여부?

A1 "미등기양도자산"이라 함은 소법 §94①1호 및 2호에 규정하는 자산을 취득한 자가 그 자산의 취득에
관한 등기를 하지 아니하고 양도하는 것을 말하는 것이나, 법률의 규정 또는 법원의 결정에 의하여
양도당시 그 자산의 취득에 관한 등기가 불가능한 자산의 경우에는 미등기양도자산으로 보지 않는 것임

제 4 편

📑 관련 판례 · 해석 등 참고사항

▶ 서일46014-10269, '01.10.05., 재일46014-502, '95.03.04.
  - 도시재개발법에 의한 재개발사업 시행으로 재개발조합을 통하여 조합원이 취득하는 주택으로 잔금은
    미납인 상태에서 임시사용승인일 이후 신축아파트를 양도하는 경우 부동산을 취득할 수 있는 권리가 아닌
    부동산의 양도에 해당하는 것임

▶ 도시정비법§88(등기절차 및 권리변동의 제한)
  ① 사업시행자는 §86②에 따른 이전고시가 있은 때에는 지체 없이 대지 및 건축물에 관한 등기를
    지방법원지원 또는 등기소에 촉탁 또는 신청하여야 한다.
  ② 제1항의 등기에 필요한 사항은 대법원규칙으로 정한다.

도시개발법에 따른 도시개발사업, 그 밖의 법률에 따라 사업완료 후에
사업구역내의 토지 등 소유자 또는 관계인에게 종전의 토지 또는 건축물 대신
그 구역 내의 다른 토지 또는 건축물 등으로 바꾸어 주는것(소령§152)

◉ 도시정비법상 환지는 양도로 보지 않음(소법§88)

- 도시개발법이나 그 밖의 법률에 따른 환지처분으로 지목 또는 지번이 변경되거나
  보류지로 충당되는 경우 양도로 보지 아니함

📋 **관련 판례 · 해석 등 참고사항**

▶ **기획재정부 재산세제과−328, '20.04.08.**
  - 소규모주택정비법에 따른 자율주택정비사업 시행자가 사업시행계획을 포함하여 사업시행계획인가를
    받고, 공사완료 후 사업시행계획인가에 따라 토지등소유자에게 소유권 이전고시를 한 경우 소법§88
    1호단서 가목에 따른 환지처분에 해당되어 양도의 범위에서 제외됨

◉ 도시정비법에 따른 재건축사업 시행 완료로 취득한 건물의 환지 해당 여부

- 정비사업조합이 재건축사업을 시행하는 경우 조합원이 토지·건물을 정비사업조합에
  현물출자하고 조합으로부터 관리처분계획인가에 따라 재건축한 건물을 분양 받은 것은
  환지로 보아 양도에 해당하지 아니하나, 환지청산금을 교부받은 부분은 양도에 해당함

  (서면-2021-부동산-2530, '22.07.04.)

※ 사실관계 및 질의내용

- 사실관계

  – 재건축조합의 조합원으로서 도시정비법에 따른 재건축사업으로 인하여 정비사업구역
    내에 소재하는 종전의 유치원을 사업시행자인 정비사업조합에 제공하고
    관리처분계획에 따라 유치원을 분양받을 예정임

- 질의내용

  – 재건축한 유치원을 환지로 보아 양도의 범위에서 제외되는지 여부

제 4 편

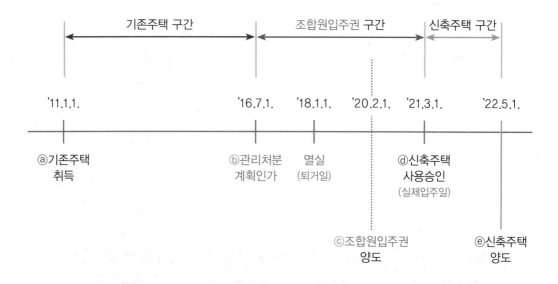

🔵 비과세 적용시 관리처분계획 등 인가일(권리변환일)

- 도시정비법에 따른 재개발 · 재건축사업 ☞ 관리처분계획 인가일

- 소규모주택정비법에 따른 자율주택정비사업, 가로주택정비사업,

  소규모재건축사업 ☞ 사업시행계획 인가일

──｜02

재개발·재건축에 따른 양도차익 계산 방법

⊙ 검토 순서

① 비과세 해당 여부 : 비과세 해당 시 양도차익 계산 필요 없음

  ❯ 종전 부동산이 상가 또는 토지가 아닌 주택인 경우에는 비과세 요건 검토

  ❯ 청산금을 수령한 경우, 청산금은 종전 부동산의 일부를 양도한 것으로 양도일 현재 그
  청산금에 상당하는 종전 주택(그에 딸린 토지 포함)이 1세대 1주택 비과세 요건 충족 시
  비과세(양도세집행기준 100-166-4)

  ❯ 현금청산 받아야 하는 1세대 1주택자가 사업시행자와 소송으로 중복보유 허용기간이 경과한
  경우에도 비과세 가능(법규재산2014-1195, '14.07.18.)

② 고가주택 해당 여부

  ❯ 청산금 수령액 기준으로 판단하는 것이 아니라 관리처분계획에 따른 종전 부동산(주택과
  부수토지)의 권리가액* 기준으로 판단(법규재산2012-358, '12.11.09.)

    * 비례율 변동에 따른 최종 권리가액

  ❯ 고가주택인 경우 12억원 이상에 해당한 부분의 양도차익 계산

③ 중과 해당 여부 ☞ "제5편 다주택자 중과세" 참고

  ❯ 청산금은 해당 청산금의 양도일 현재 현황에 따라 중과 여부를 판단*하고 조정대상 공고일
  이전에 청산금 계약 체결한 경우에는 중과에서 제외**

    * 사전-2019-법령해석재산-0164, '19.07.16.
    ** 사전-2019-법령해석재산-0155, '19.06.25.

  ☞ "조특법§77에 따라 양도세가 감면되는 주택"에 해당한 청산금을 수령한 경우에는 '21.2.17. 이후 양도분부터
  중과 제외 주택에 추가되어 중과 적용 제외됨(소령§167의3①5호, 소령§167의4③2호, 소령§167의10①2호, 소령§167의
  11①2호)

④ 권리변환일 확인(장기보유특별공제 적용 기준점)

  ❯ 도시정비법에 따른 재개발·재건축사업 ☞ 관리처분계획 인가일

  ❯ 소규모주택정비법에 따른 자율주택정비사업, 가로주택정비사업, 소규모재건축사업,
  소규모재개발사업 ☞ 사업시행계획인가일

⊙ 검토 순서

⑤ 청산금에 대한 양도시기 확인

  ⊚ 분양 받는 자가 수령한 청산금 : 소유권 이전고시일의 다음 날 (기재부 재산세제과–35, '20.1.14.)

    * 기존에는 양도시기가 대금 청산일이었으나 해석 변경됨

  ⊚ 분양 신청하지 않는 자(현금 청산금) : 대금청산일, 대금청산일이 불분명하거나 대금청산 전에 소유권 이전등기한 경우 등기접수일(기재부 재산세제과–1047, '11.12.07.)

⑥ 양도 대상(조합원입주권, 신축주택) 확인

  ⊙ 조합원입주권 양도 ☞ 권리변환일 전후 구분해서 양도차익 계산

  ⊙ 신축주택 양도 ☞ 주택*과 청산금 납부분으로 구분하여 양도차익 계산

    * 관리처분계획인가일 전후 구분해서 종전주택과 신축주택 양도차익 구한 후 합산

⑦ 장기보유특별공제 적용 여부 확인

  ⊙ 조합원입주권 양도 ☞ 권리변환일 후 양도차익에 대한 적용 불가

    • 지급받은 청산금에 대한 장기보유특별공제의 보유기간은 기존 건물 및 부수토지의 취득일부터 양도일까지의 기간에 대해 적용

    • 조합원 입주권에 대한 장기보유특별공제는 관리처분계획 인가 前 양도차익에 대해서만 취득일부터 관리처분계획인가일(변경 시 최초 인가받은 날 기준)까지의 기간에 대해 적용

  ⊙ 신축주택 양도 ☞ 종전주택 취득일부터 신축주택 양도일까지 적용

⑧ 소득금액 합산 후 양도세 산출세액 계산

  ☞ 재개발 · 재건축 양도차익 계산에 있어서 권리변환일 전후로 구분한 가장 큰 이유는 장기보유특별공제 적용 여부에 있음

🏠 심화정리

▶ **조합원이 정비사업조합에 토지를 제공하고 청산금 수령하는 경우** 비과세 여부

- 주택의 부수토지만을 보유한 거주자가 「도시정비법」에 의한 주택재개발조합으로부터 입주권을 취득한 사실이 없이 해당 토지를 양도하는 경우에는 소법§89①33호에 따른 비과세 대상에 해당하지 않는 것임

(사전−2018−법령해석재산−0107, '18.07.13.)

▶ **주택재개발조합의 조합원이 수령하는 청산금의 1세대 1주택 판정과 장기보유특별공제 적용방법**

- 조합원이 종전주택을 당해 조합에 제공하고 종전주택의 평가액과 신축 건물 분양가액의 차이에 따른 청산금을 수령한 경우 그 청산금의 1세대 1주택 비과세는 양도일 현재를 기준으로 적용하는 것이며, 이 경우 장기보유특별공제 적용 시 보유기간은 당해 자산의 취득일부터 양도일까지로 하는 것임

(부동산거래관리과−380, '12.07.20.)

▶ **사업시행계획인가일의 평가가액에 따라 산정한 권리가액도 관리처분계획가격에 해당**

- 기존주택평가액은 관리처분계획인가일이 아닌 사업시행계획인가일을 기준으로 평가된 것이므로 정당한 평가액이 아니라는 청구주장은 이유가 없고, 쟁점조합원입주권의 기존주택평가액이 존재함에도 관리처분계획 인가일 현재의 평가액이 존재하지 아니하여 소법§100①의 규정에 따라 환산가액을 사용하여 관리처분계획인가전 양도차익을 산정하여야 한다는 청구주장 역시 이유 없음
  ⇒ 사업시행계획인가일보다 관리처분계획인가일의 기준시가가 29.41%나 상승하였음에도 불구하고 관리처분계획가격으로 인정

(심사−양도−2022−0090, '23.03.02.)

◎ **재개발조합원이 조합으로부터 지급받은 청산금의 양도차익 계산방법**

* 주택의 부수토지만을 재개발조합원이 지급받는 청산금은 종전 주택(부수토지 포함)의
  분할양도에 해당하므로 원칙적으로 양도소득세 과세대상이며, 이 경우 재개발조합에
  제공한 종전 주택(부수토지 포함)이 '고가주택'에 해당하는지 여부는 관리처분계획에 따라
  정하여진 가격에 의하는 것임

(법규재산2012-358, '12.11.09.)

◎ **재건축주택 분양신청을 하지 않아 현금청산 대상자인 경우 양도시기**

* 자산의 양도차익을 계산함에 있어서 그 취득시기 및 양도시기는 해당 자산의 대금을
  청산한 날로 하며, 다만 대금을 청산한 날이 분명하지 아니한 경우 또는 대금을 청산하기
  전에 소유권 이전등기를 한 경우에는 등기부에 기재된 등기접수일임

(기획재정부 재산세제과-1047, '11.12.07.)

◎ **분양신청을 하지 않고 청산금을 수령하게 되는 경우 양도시기**

* 자산의 양도차익을 부동산의 양도차익을 계산할 때 양도시기는 소법§98 및 소령§162에
  따라 원칙적으로 해당 자산의 대금을 청산한 날로 하는 것이며, 다만, 대금을 청산한
  날이 분명하지 아니한 경우 또는 대금을 청산하기 전에 소유권 이전등기를 한 경우에는
  등기부에 기재된 등기 접수일로 하는 것임

(부동산거래관리과-0920, '11.11.02.)

◉ 주택재개발사업에 따라 지급받은 청산금에 대한 다주택 중과 여부 판정 시 주택 수 계산 기준일

- 도시정비법에 따른 주택재개발사업으로 인해 종전 보유주택 대신 2개의 조합원입주권과 청산금을 지급받은 경우로서, 해당 청산금에 대하여 소법§104⑦에 따른 다주택 중과 판정 시 주택 및 조합원입주권 수의 계산은 해당 청산금의 양도일 현재 현황에 따르는 것임

(사전-2019-법령해석재산-0164, '19.07.16.)

◉ 청산금을 수령한 경우 중과 여부

- 조합원이 거주자가 도시정비법에 의한 주택재개발사업에 참여하여 당해 조합에 기존주택(그 부수토지 포함)을 제공하고 기존주택 소재지에 대한 조정대상지역 공고일 이전에 청산금에 관한 계약을 체결한 후 계약금을 지급받은 사실이 증빙서류에 의하여 확인되는 경우로서 청산금에 상당하는 기존주택의 양도시기에 2주택을 보유한 경우에는 소령§167의10①11호(중과 제외)에 해당하는 것임

(사전-2019-법령해석재산-0155, '19.06.25.)

☞ "조특법§77에 따라 양도세가 감면되는 주택"에 해당한 청산금을 수령한 경우에는 '21.2.17. 이후 양도분부터 중과 제외 주택에 추가되어 중과 적용 제외됨
(소령§167의3①5호, 소령§167의4③2호, 소령§167의10①2호, 소령§167의11①2호)

◉ 관리처분계획인가가 변경된 경우 장기보유특별공제 보유기간 계산

- 도시정비법에 의한 재건축사업을 시행하는 정비사업조합의 조합원이 취득한 조합원입주권을 양도하는 경우 소령§166에 따라 양도차익을 계산할 때 ⑤에 따라 장기보유특별공제액을 공제하는 경우 관리처분계획 인가일은 최초 관리처분계획인가일을 의미하는 것임

(서면-2019-부동산-0192, , '19.06.18.)

↓|02

재개발·재건축
양도차익 계산 방법

가 | 조합원입주권 양도(청산금을 추가 납부한 경우)

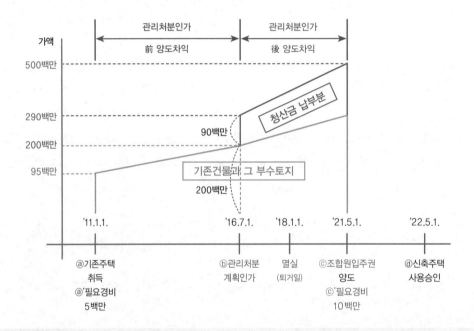

▶ **양도차익 : ① + ② 300백만원(100백만 + 200백만)**

---
① **관리처분인가 前 양도차익**(100백만)

= 기존건물등의 평가액(200백만) − 기존건물등의 취득가액(95백만)

− 기존건물등의 기타 필요경비(5백만)

---
② **관리처분인가 後 양도차익**(200백만)

= 양도가액(500백만) − [기존건물등의 평가액(200백만) + 납부한 청산금(90백만)]

− 관리처분계획인가 이후 기타 필요경비(10백만)

---
* 기존건물과 그 부수토지 : "기존건물등"이라 하고, 기존건물등의 평가액은 비례율을 반영한 최종 권리가액

도시정비법에 의한 재건축사업으로 관리처분계획인가 후 추가로 청산금 90백만원을 납부한
다음 조합원입주권을 양도한 경우 산출세액계산

중요 상 ／ 난이 중

적용사례

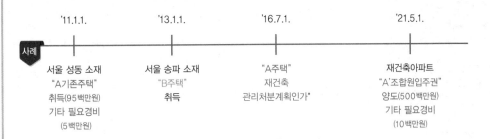

'11.1.1.

서울 성동 소재
"A기존주택"
취득(95백만원)
기타 필요경비
(5백만원)

'13.1.1.

서울 송파 소재
"B주택"
취득

'16.7.1.

"A주택"
재건축
관리처분계획인가*

'21.5.1.

재건축아파트
"A'조합원입주권"
양도(500백만원)
기타 필요경비
(10백만원)

* 기존주택 및 그 부수토지의 평가액 : 200백만원, 납부한 청산금 : 90백만원

Q1 1세대가 2주택인 상태에서 A주택이 도시정비법에 의한 재건축으로 인하여 관리처분계획인가 후 추가로
청산금을 납부한 다음 조합원입주권 상태로 양도한 경우에 양도차익은 얼마인가?

A1 ・양도차익 : ① + ② 300백만원(100백만 + 200백만)

> ① 관리처분인가 前 양도차익(100백만)
>
> 　= 기존건물등의 평가액(200백만) − 기존건물등의 취득가액(95백만)
>
> 　　− 기존건물등의 기타 필요경비(5백만)

> ② 관리처분인가 後 양도차익(200백만)
>
> 　= 양도가액(500백만) − [기존건물등의 평가액(200백만) + 납부한 청산금(90백만)]
>
> 　　− 관리처분계획인가 이후 기타 필요경비(10백만)

➡ 다음 쪽에 "계산 과정"

제4편

⊙ 계산과정(취득가액 확인한 경우)

1. 양도가액	500백만원	
2. 취득가액	185백만원 = 500백만원 − (300백만원 + 15백만원)	
3. 기타 필요경비	15백만원 = 5백만원 + 10백만원	
4. 양도차익(=③)	① 관리처분인가 前 양도차익 　 = 100백만원	② 관리처분인가 後 양도차익 　 = 200백만원
	200백만원 − 95백만원 − 5백만원	500백만원 − (200백만원 + 90백만원) − 10백만원
	③ 양도차익 합계 = 300백만원(① + ②)	
5. 장기보유특별공제 　 (=4. × 적용률)	관리처분인가 前 (기존건물등)	관리처분인가 後 (조합원입주권)
	100백만 × 10% = 10백만	해당없음
6. 양도소득금액	290,000,000원	
7. 양도소득기본공제	연 2,500,000원 공제	
8. 양도소득과세표준	287,500,000원	
9. 세율	38% − 19,400,000원	
10. 산출세액	89,850,000원	

⊙ 계산순서

① 4란의 "관리처분인가 전 양도차익"과 "관리처분인가 후 양도차익"을 계산
② 1란의 양도가액과 3란의 필요경비를 기재 및 계산
③ 2란의 취득가액은 양도가액에서 양도차익과 기타 필요경비를 차감하여 역산
④ 5란의 "관리처분인가 후 양도차익"은 장기보유특별공제 대상이 아님에 유의
⑤ 6란 이후 계산

도시정비법에 의한 재건축사업으로 관리처분계획인가후 추가로 청산금 90백만원을 납부한
후 조합원입주권을 양도한 경우 산출세액계산

중요 상 / 난이 중

적용사례(취득가액 확인할 수 없는 경우)

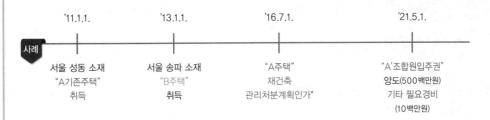

'11.1.1.

서울 성동 소재
"A기존주택"
취득

'13.1.1.

서울 송파 소재
"B주택"
취득

'16.7.1.

"A주택"
재건축
관리처분계획인가*

'21.5.1.

"A'조합원입주권"
양도(500백만원)
기타 필요경비
(10백만원)

* 기존주택 및 그 부수토지의 평가액 : 200백만원, 납부한 청산금 : 90백만원
※ 관리처분계획인가일 현재 개별주택가격 : 300백만원, 취득 당시 기준시가(개별주택가격) : 60백만원

Q1 1세대가 2주택인 상태에서 A주택이 도시정비법에 의한 재건축으로 인하여 관리처분계획인가 후 추가로
청산금을 납부한 후 조합원입주권 상태로 양도한 경우에 양도차익은 얼마인가?

A1 • 양도차익 : ① + ② 358.2백만원 (158.2백만 + 200백만)

---

① 관리처분인가 前 양도차익(158.2백만)

= 기존건물등의 평가액(200백만) - 기존건물등의 환산취득가액*(40백만원)

　- 기존건물등의 기타 필요경비**(1.8백만)

* 200백만원 × 60백만원 / 300백만원 = 40백만원
** 60백만원 × 3% = 1.8백만원(개산공제액)

---

② 관리처분인가 後 양도차익(200백만)

= 양도가액(500백만) - [기존건물등의 평가액(200백만) + 납부한 청산금(90백만)]

　- 관리처분계획인가 이후 기타 필요경비(10백만)

➡ 다음 쪽에 "계산 과정"

제 4 편

⊙ **계산과정**(취득가액 확인할 수 없는 경우)

1. 양도가액	500백만원	
2. 취득가액	130백만원 = 500백만원 − (358.2백만원 + 11.8백만원)	
3. 기타 필요경비	11.8백만원 = 1.8백만원 + 10백만원	
4. 양도차익(=③)	① 관리처분인가 前 양도차익 = 158.2백만원	② 관리처분인가 後 양도차익 = 200백만원
	200백만원 − 40백만원 − 1.8백만원	500백만원 − (200백만원 + 90백만원) − 10백만원
	③ 양도차익 합계 = 358.2백만원(① + ②)	
5. 장기보유특별공제 (=4. × 적용률)	관리처분인가 前 (기존건물등)	관리처분인가 後 (조합원입주권)
	158.2백만×10% = 15.82백만	해당없음
6. 양도소득금액	342,380,000원	
7. 양도소득기본공제	연 2,500,000원 공제	
8. 양도소득과세표준	339,880,000원	
9. 세율	40% − 25,400,000원	
10. 산출세액	110,552,000원	

● 계산순서

① 4란의 "관리처분인가 전 양도차익"과 "관리처분인가 후 양도차익"을 계산
② 1란의 양도가액과 3란의 필요경비를 기재 및 계산
③ 2란의 취득가액은 양도가액에서 양도차익과 기타 필요경비를 차감하여 역산
④ 5란의 "관리처분인가 후 양도차익"은 장기보유특별공제 대상이 아님에 유의
⑤ 6란 이후 계산

조합원입주권 고가주택 여부 판정 시 양도가액(소법§96) 미도래한 청산금 양도가액 산입 여부

비과세 요건을 갖춘 재건축아파트 입주권을 양도하는 경우로서 고가주택여부를 판단함에
있어서 당해 자산의 양도일 이후 납입기일이 도래하는 추가 청산금액은 양도 당시
실지거래가액에 포함되지 아니함

중요 상
난이 중

적용사례(서면4팀-1246, '04.08.09.)

사례

'95.1.3.
서울 강남 소재
"A아파트"
취득*
(150백만원)

'02.1.26.
"A아파트"
재건축사업승인

'03.5.10.
"A'입주권"
양도**
(양도 시 무주택)

* 1세대 1주택으로 2년 거주했음
** 매매가액은 8억원(총 추가부담금 360백만원이 포함된 금액이고 이 중 '03.5.4.에 계약금 73백만원만 실질적
으로 납입함)

Q1 실지 양도가액을 513백만원(실수령금액)으로 보아 1세대 1주택 비과세를 받을 수 있는지 여부?
(6억원 미만으로 고가주택 대상 아님)
* 8억원 − (360백만원-73백만원) = 513백만원

Q2 양도가액을 8억원으로 보고 당초 '95년 취득가액 150백만원과 추가부담금 360백만원을 취득원가에
산입해서 1세대1주택 고가주택으로 6억원 초과 부분만 과세를 해야 하는지 여부?
⇒ 비과세 요건을 충족한 입주권 양도 시 매가를 실질적으로 수령한 금액으로 보아야 하는지 또는
추가부담금을 포함한 총금액으로 보고 추가부담금을 취득원가에 산입해서 양도세를 계산해야
하는지, 아니면 어떤 방법으로 양도소득세를 계산해야 하는지?

A1 비과세 요건을 갖춘 재건축아파트 입주권을 양도하는 경우로서 고가주택여부를 판단함에 있어서 당해
자산의 양도일 이후 납입기일이 도래하는 추가 청산금액은 양도 당시 실지거래가액에 포함되지 아니함

제 4 편

관련 판례 · 해석 등 참고사항

▶ 국심-2006-서-2299, '07.03.02., 국심-2004-서-2851, '05.07.14.
– 조합원분담금 청구인이 납부한 분담금은 쟁점아파트 분양권의 양도가액에 포함하는 것이 타당하나,
매수인에게 승계시킨 분담금은 쟁점아파트 분양권의 양도가액에 포함시키지 아니하는 것이 타당하다고
판단됨

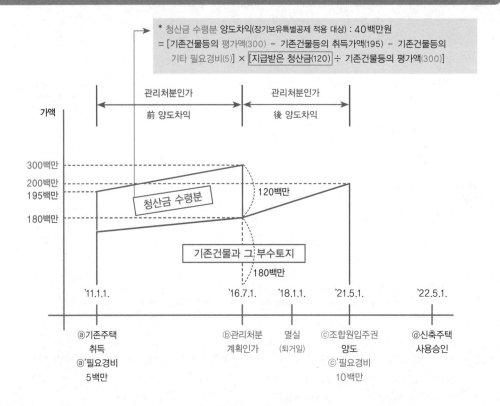

* 청산금 수령분 양도차익(장기보유특별공제 적용 대상) : 40백만원
= [기존건물등의 평가액(300) − 기존건물등의 취득가액(195) − 기존건물등의
기타 필요경비(5)] × [지급받은 청산금(120) ÷ 기존건물등의 평가액(300)]

관리처분인가
前 양도차익

관리처분인가
後 양도차익

가액

300백만
200백만
195백만

청산금 수령분

180백만

120백만

기존건물과 그 부수토지
180백만

'11.1.1.　　　　　　　　'16.7.1.　'18.1.1.　　　'21.5.1.　　　'22.5.1.

ⓐ기존주택　　　　　　　ⓑ관리처분　멸실　　　ⓒ조합원입주권　ⓓ신축주택
　취득　　　　　　　　　계획인가　(퇴거일)　　　양도　　　　사용승인
ⓐ'필요경비　　　　　　　　　　　　　　　　　ⓒ'필요경비
5백만　　　　　　　　　　　　　　　　　　　10백만

● 양도차익 : ① + ② **70백만원**(60백만 + 10백만)

① 관리처분인가 前 양도차익(60백만)

= [기존건물등의 평가액(300백만) − 기존건물등의 취득가액(195백만)
− 기존건물등의 기타 필요경비(5백만)] × [[기존건물등의 평가액(300백만)
− 지급받은 청산금(120백만)} ÷ 기존건물등의 평가액(300백만)]

② 관리처분인가 後 양도차익(10백만)

= 양도가액(200백만) − [기존건물등의 평가액(300백만) − 지급받은 청산금(120백만)]
− 관리처분계획인가 이후 기타 필요경비(10백만)

* 기존건물과 그 부수토지 : "기존건물등"이라 하고, 기존건물등의 평가액은 비례율을 반영한 최종 권리가액

☞ 위 **양도차익**에는 "청산금 수령분"이 포함되어 있지 않음에 특히 유의(상단 별도)

도시정비법에 의한 재건축사업으로 관리처분계획인가후 추가로 청산금 120백만원을
지급받은 후 조합원입주권을 양도한 경우 산출세액계산

중요 상　난이 중

적용사례

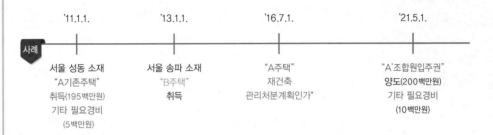

'11.1.1.　　　'13.1.1.　　　'16.7.1.　　　'21.5.1.

사례

서울 성동 소재　　서울 송파 소재　　"A주택"　　　　　"A'조합원입주권"
"A기존주택"　　　"B주택"　　　　재건축　　　　　　양도(200백만원)
취득(195백만원)　　취득　　　　　관리처분계획인가"　　기타 필요경비
기타 필요경비　　　　　　　　　　　　　　　　　　(10백만원)
(5백만원)

* 전제 조건 : 기존주택 및 그 부수토지의 평가액 : 300백만원, 조합원분양가액 : 180백만원,
청산금 : 120백만원(일시 수령)

Q1　1세대가 2주택인 상태에서 A주택이 도시정비법에 의한 재건축으로 인하여 관리처분계획인가 후
청산금을 지급받은 후 조합원입주권 상태로 양도한 경우에 양도차익은 얼마인가?

A1　• 양도차익 : ① + ② 70백만원(60백만 + 10백만)

> ① 관리처분인가 前 양도차익(60백만)
>
> 　= [기존건물등의 평가액(300백만) − 기존건물등의 취득가액(195백만)
>
> 　　− 기존건물등의 기타 필요경비(5백만)] × [{기존건물등의 평가액(300백만)
>
> 　　− 지급받은 청산금(120백만)} ÷ 기존건물등의 평가액(300백만)]

> ② 관리처분인가 後 양도차익(10백만)
>
> 　= 양도가액(200백만) − [기존건물등의 평가액(300백만)
>
> 　　− 지급받은 청산금(120백만)] − 관리처분계획인가 이후 기타 필요경비(10백만)

☞ 위 양도차익에는 "청산금 수령분"이 포함되어 있지 않음에 특히 유의

➡ 다음 쪽에 "계산 과정"

제4편

⊙ 계산과정 (취득가액 확인한 경우)

1. 양도가액	200백만원	
2. 취득가액	117백만원 = 200백만원 − (70백만원 + 13백만원)	
3. 기타 필요경비	13백만원 = [5백만원×(300백만원− 120백만원)/ 300백만원] + 10백만원	
4. 양도차익(=③)	① 관리처분인가 前 양도차익 = 60백만원	② 관리처분인가 後 양도차익 = 10백만원
	(300백만원−195백만원−5백만원) × [(300백만−120백만)/300백만]	200백만원 − (300백만원 − 120백만원) − 10백만원
	③ 양도차익 합계 = 70백만원(①+②)	
5. 장기보유특별공제 (=4. × 적용률)	관리처분인가 前(기존건물등)	관리처분인가 後(조합원입주권)
	60백만원×10% = 6백만원	해당없음
6. 양도소득금액	64,000,000원	
7. 양도소득기본공제	연 2,500,000원 공제	
8. 양도소득과세표준	61,500,000원	
9. 세율	24% − 5,220,000원	
10 .산출세액	9,540,000원	

⊙ 계산순서

① 4란의 "관리처분인가 전 양도차익"과 "관리처분인가 후 양도차익"을 계산
② 1란의 양도가액과 3란의 필요경비를 기재 및 계산
③ 2란의 취득가액은 양도가액에서 양도차익과 기타 필요경비를 차감하여 역산
④ 5란의 "관리처분인가 후 양도차익"은 장기보유특별공제 대상이 아님에 유의
⑤ 6란 이후 계산

1세대가 1주택인 상태에서 A주택이 도시정비법에 의한 재건축으로 인하여 관리처분계획인가 후 5억원의 청산금을 지급 받은 경우 청산금의 양도차익 계산

중요 **상** 난이 **중**

적용사례(고가주택 관련 "청산금 수령분"만의 양도차익)

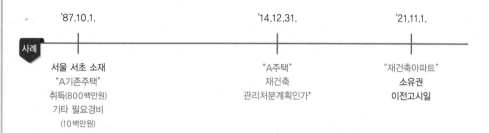

사례

'87.10.1.

서울 서초 소재
"A기존주택"
취득(800백만원)
기타 필요경비
(10백만원)

'14.12.31.

"A주택"
재건축
관리처분계획인가*

'21.11.1.

"재건축아파트"
소유권
이전고시일

* 전제 조건 : 기존주택 및 그 부수토지의 권리가액 : 1,500백만원, 분양가액 ; 1,000백만원,
지급받은 청산금 : 500백만원, 10년 이상 보유 및 거주

Q1 1세대가 1주택인 상태에서 A주택이 도시정비법에 의한 재건축으로 인하여 관리처분계획인가 후
5억원의 청산금을 지급 받은 경우 청산금의 양도차익은?

A1
➡ 다음 쪽에서 설명

제4편

1세대가 1주택인 상태에서 A주택이 도시정비법에 의한 재건축으로 인하여 관리처분계획인가
후 5억원의 청산금을 지급 받은 경우 청산금의 양도차익 계산

적용사례(고가주택 관련 "청산금 수령분"만의 양도차익)

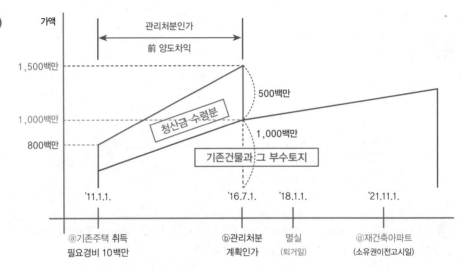

· 양도차익 : 230,000,000원

① 관리처분인가 前 청산금수령분 양도차익(230,000,000원)

= [기존건물등의 평가액(1,500백만) − 기존건물등의 취득가액(800백만) − 기존건물 등의
기타 필요경비(10백만)] × [지급받은 청산금(500백만) ÷ 기존건물등의 평가액 (1,500백만)]

· 고가주택 양도차익 :92,000,000원

= 230,000,000 × [(1,500,000,000 − 900,000,000) / 1,500,000,000]

➡ 다음 쪽에 "계산 과정"

⊙ 계산과정(고가주택 관련 "청산금 수령분" 양도차익)

1. 양도가액	500,000,000원 * 권리가액 15억원 중에서 지급받은 청산금이 5억원
2. 취득가액	266,666,667원 = 800,000,000 × (500백만원 / 1,500백만원)
3. 기타 필요경비	3,333,333원 = 10백만원 × (500백만원/ 1,500백만원)
4. 양도차익(=③)	① 관리처분인가 前 양도차익 = 92,000,000원(9억원 초과분)
	(1,500백만원 − 800백만원 − 10백만원) × (500백만/1,500백만) = 230,000,000
	* 9억원 초과분 양도차익 = 230,000,000 × [(15억−9억)/15억]
5. 장기보유특별공제 (=4. × 적용률)	관리처분인가 前 (기존건물등)
	92,000,000 × 80% = 73,600,000원
6. 양도소득금액	18,400,000원
7. 양도소득기본공제	연 2,500,000원 공제
8. 양도소득과세표준	15,900,000원
9. 세율	15% − 1,080,000원
10. 산출세액	1,305,000원

❯ 계산순서

1. 양도가액(청산금 수령분)에서 취득가액(전체 취득가액 중 청산금 비중)과
   기타 필요경비(전체의 기타 필요경비 중 청산금 비중)을 차감하여 양도차익 계산
2. 양도차익 전체에 대해 장기보유특별공제 차감(∵ 양도차익에 청산금 납부분 없음)
3. 6란 이후 계산

● 조합원이 받는 청산금의 양도차익 계산 방법

• 도시정비법에 따라 보유주택을 조합에 제공하고 청산금을 지급받는 경우 청산금에
  대하여 기존주택의 양도로 보아 1세대 1주택을 적용하고, 청산금의 양도가액이
  9억원을 초과하는 부분에 대하여 과세함

(서면-2016-법령해석재산-2705, '16.09.12.)

● 주택재개발조합의 조합원이 수령하는 청산금의 1세대 1주택 판정과 장기보유특별공제 적용
  방법

• 조합원이 종전주택을 당해 조합에 제공하고 종전주택의 평가액과 신축건물 분양가액의
  차이에 따른 청산금을 수령한 경우, 그 청산금의 1세대 1주택 비과세는 양도일 현재를
  기준으로 적용하는 것이며,

• 이 경우 장기보유특별공제 적용 시 보유기간은 당해 자산의 취득일부터 양도일까지로
  하는 것임

(서면-2016-법령해석재산-2705, '16.09.12.)

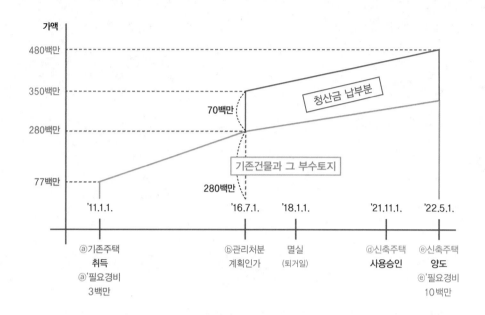

* 기존건물등 장기보유특별공제 적용대상

◆ **양도차익 : ① + ② 320백만원**(200백만 + 120백만)

① 관리처분인가 前 양도차익(200백만)
   = 기존건물등의 평가액(280백만) − 기존건물등의 취득가액(77백만)
   − 기존건물등의 기타 필요경비(3백만)

② 관리처분인가 後 양도차익 = 120백만원
   = 양도가액(480백만) − [기존건물등 평가액(280백만) + 납부한 청산금(70백만)]
   − 관리처분계획인가 이후 기타 필요경비(10백만) = 120백만원

(a) 기존건물등의 부분(96백만원) = 양도차익(120백만) ×
   [(기존건물등 평가액(280) / (기존건물등의 평가액(280) + 납부한 청산금(70)]

(b) 청산금 납부분(24백만원) = 양도차익(120백만) ×
   [납부한 청산금(70) / (기존건물등의 평가액(280) + 납부한 청산금(70)]

* 기존건물과 그 부수토지 : "기존건물등"이라 하고, 기존건물등의 평가액은 비례율을 반영한 최종 권리가액

제4편

도시정비법에 의한 재건축사업으로 관리처분계획인가후 추가로 청산금 70백만원을 납부한 후 건물이 신축된 후 신축건물을 양도한 경우 산출세액계산

 중요 상　 난이 중

적용사례

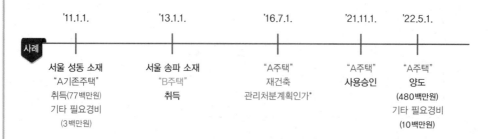

```
        '11.1.1.        '13.1.1.        '16.7.1.        '21.11.1.      '22.5.1.
사례  ────┼──────────────┼──────────────┼──────────────┼──────────────┼────
      서울 성동 소재    서울 송파 소재    "A주택"        "A주택"        "A주택"
      "A기존주택"      "B주택"        재건축          사용승인        양도
      취득(77백만원)    취득         관리처분계획인가*                 (480백만원)
      기타 필요경비                                                 기타 필요경비
      (3백만원)                                                     (10백만원)
```

* 전제 조건 : 기존주택 및 그 부수토지의 평가액 : 210백만원, 조합원분양가액 : 280백만원,
　　추가 납부한 청산금 : 70백만원

Q1 1세대가 2주택인 상태에서 A주택이 도시정비법에 의한 재건축으로 인하여 관리처분계획인가 후 추가로 청산금을 납부한 후 사용승인 받은 후 신축한 A주택을 양도한 경우에 양도차익은 얼마인가?

A1 ・양도차익 : ① + ② 320백만원(200백만 + 120백만)

> * 기존건물등 장기보유특별공제 적용대상

> ① 관리처분인가 前 양도차익(200백만원)
>
> 　= 기존건물등 평가액(280백만) − 기존건물등의 취득가액(77백만)
>
> 　　− 기존건물등의 기타 필요경비(3백만)

> ② 관리처분인가 後 양도차익(120백만원)
>
> 　= 양도가액(480백만) − [기존건물등 평가액(280백만) + 납부한 청산금(70백만)]
>
> 　　− 관리처분계획인가 이후 기타 필요경비(10백만)
>
> > ⓐ 기존건물등의 부분 = 양도차익(120백만) × [(기존건물등 평가액(280) /
> >
> > 　(기존건물등의 평가액(280) + 납부한 청산금(70)] = 96백만원
>
> > ⓑ 청산금 납부분 = 양도차익(120백만) × [(납부한 청산금(70) /
> >
> > 　(기존건물등의 평가액(280) + 납부한 청산금(70)] = 24백만원

➡ 다음 쪽에 "계산 과정"

◉ 계산과정

1. 양도가액	480백만원	
2. 취득가액	147백만원 = 480백만원 − (320백만원 + 13백만원)	
3. 기타 필요경비	13백만원 = 3백만원 + 10백만원	
4. 양도차익(=③)	① 청산금 납부분 양도차익 　= 24백만원	② 기존건물등의 양도차익 　= 96백만원 + 200백만원
	120백만원 × (70백만원 / 280백만원 + 70백만원)	[120백만원−(280백만원/280백만원 + 70백만원)] + [280백만원 − 77백만원 − 3백만원]
	③ 양도차익 합계 = 320백만원(① + ②)	
5. 장기보유특별공제 (=4. × 적용률)	청산금 납부분	기존건물등 부분
	24백만×10% = 2,400,000원	296백만 × 22% = 65,120,000원
6. 양도소득금액	252,480,000원	
7. 양도소득기본공제	연 2,500,000원 공제	
8. 양도소득과세표준	249,980,000원	
9. 세율	38% − 19,400,000	
10. 산출세액	75,592,000원	

◉ 계산순서

① 4란의 "청산금 납부분 양도차익"과 "기존건물등의 양도차익"을 계산
② 1란의 양도가액과 3란의 필요경비를 기재 및 계산
③ 2란의 취득가액은 양도가액에서 양도차익과 기타 필요경비를 차감하여 역산
④ 5란의 "청산금 납부분 양도차익"도 장기보유특별공제 대상 및 보유기간에 유의
⑤ 6란 이후 계산

준공된 재건축아파트 필요경비(소법§97①, 소령§166③)　자본적 지출액·양도비 적용 여부

재건축 신축주택을 양도하는 경우 양도가액은 실지거래가액으로 하고 기존주택의 취득가액은 환산가액으로 한 경우, 신축주택에 대한 베란다 및 거실의 확장공사비, 취·등록세, 양도 시 중개수수료, 양도세 신고서 작성비용을 필요경비로 공제할 수 있음

중요 상　난이 중

적용사례(사전-2015-법령해석재산-0266, '15.10.12.)

'05.2.1.	'05.5.16.	'10.1.14.	'10.5.28.	'15.7.23.
"A아파트" 취득	"A아파트" 관리처분 계획인가	"A신축 아파트" 준공	"A신축 아파트" 소유권 이전등기	"A신축 아파트" 양도

Q1 재건축 신축주택을 양도하는 경우 양도가액은 실지거래가액으로 하고 기존주택의 취득가액은 환산가액으로 한 경우, 신축주택에 대한 베란다 및 거실의 확장공사비, 취·등록세, 양도 시 중개수수료, 양도세 신고서 작성비용을 필요경비로 공제할 수 있는지 여부?

A1 관리처분계획인가후 양도차익을 계산할 때 소법§97①2호(자본적 지출액 등) 및 3호(양도비 등)에 따른 실제 지출된 신축주택의 자본적지출액과 양도비를 양도가액에서 필요경비로 공제하는 것이며,
　－ 관리처분계획인가전양도차익을 계산할 때 기존건물과 그 부수토지의 취득가액을 확인할 수 없어 취득가액을 소령§166③(환산취득가액)에 따라 계산한 가액에 의한 경우에는 소령§163⑥에 따른 필요경비를 공제하는 것임

📝 **관련 판례 · 해석 등 참고사항**

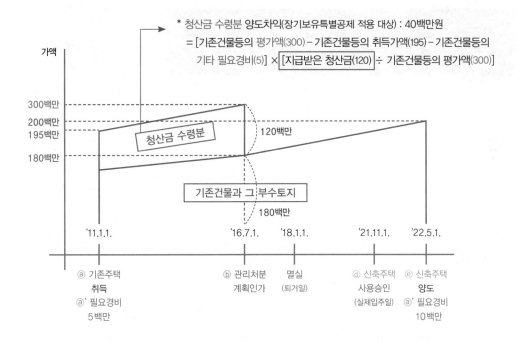

가액

* 청산금 수령분 양도차익(장기보유특별공제 적용 대상) : 40백만원
= [기존건물등의 평가액(300) – 기존건물등의 취득가액(195) – 기존건물등의
기타 필요경비(5)] × [지급받은 청산금(120) ÷ 기존건물등의 평가액(300)]

300백만
200백만
195백만
180백만

청산금 수령분

120백만

기존건물과 그 부수토지

180백만

'11.1.1.	'16.7.1.	'18.1.1.	'21.11.1.	'22.5.1.
ⓐ 기존주택 취득	ⓑ 관리처분 계획인가	멸실 (퇴거일)	ⓓ 신축주택 사용승인 (실제입주일)	ⓔ 신축주택 양도
ⓐ' 필요경비 5백만				ⓐ' 필요경비 10백만

* 아래 양도차익은 청산금 납부분이 없으므로
전체가 장기보유특별공제 적용대상

제4편

◆ 양도차익 : ① + ② **70백만원(60백만 + 10백만)**

① 관리처분인가 前 양도차익(60백만)

= [기존건물등의 평가액(300백만) – 기존건물등의 취득가액(195백만)

 – 기존건물등의 기타 필요경비(5백만)] × [{기존건물등의 평가액(300백만)

 – 지급받은 청산금(120백만)} ÷ 기존건물등의 평가액(300백만)]

② 관리처분인가 後 양도차익(10백만)

= 양도가액(200백만) – [기존건물등의 평가액(300백만) – 지급받은 청산금(120백만)]

 – 관리처분계획인가 이후 기타 필요경비(10백만)

* 기존건물과 그 부수토지 : "기존건물등"이라 하고, 기존건물등의 평가액은 비례율을 반영한 최종 권리가액

☞ 위 양도차익에는 "청산금 수령분"이 포함되어 있지 않음에 특히 유의(상단 별도)

도시정비법에 의한 재건축사업으로 관리처분계획인가후 추가로 청산금 120백만원을
지급받은 후 건물이 신축된 후 신축건물을 양도한 경우 산출세액계산

중요 상 | 난이 중

적용사례

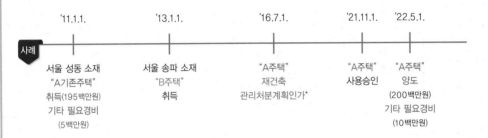

'11.1.1.
서울 성동 소재
"A기존주택"
취득(195백만원)
기타 필요경비
(5백만원)

'13.1.1.
서울 송파 소재
"B주택"
취득

'16.7.1.
"A주택"
재건축
관리처분계획인가*

'21.11.1.
"A주택"
사용승인

'22.5.1.
"A주택"
양도
(200백만원)
기타 필요경비
(10백만원)

＊전제 조건 : 기존주택 및 그 부수토지의 평가액 : 300백만원, 조합원분양가액 : 180백만원,
청산금 : 120백만원(일시 수령)

Q1 1세대가 2주택인 상태에서 A주택이 도시정비법에 의한 재건축으로 인하여 관리처분계획인가 후 추가로
청산금을 지급받은 후 사용승인 받은 후 신축한 A주택을 양도한 경우에 양도차익은 얼마인가?

＊ 아래 양도차익은 청산금 납부분이 없으므로
전체가 장기보유특별공제 적용대상

A1 ・양도차익 : ① + ② 70백만원(60백만 + 10백만)

① 관리처분인가 前 양도차익(60백만)
= [기존건물등의 평가액(300백만) − 기존건물등의 취득가액(195백만)
− 기존건물등의 기타 필요경비(5백만)] × [{기존건물등의 평가액(300백만)
− 지급받은 청산금(120백만)} ÷ 기존건물등의 평가액(300백만)]

② 관리처분인가 後 양도차익(10백만)
= 양도가액(200백만) − [기존건물등의 평가액(300백만)
− 지급받은 청산금(120백만)] − 관리처분계획인가 이후 기타 필요경비(10백만)

☞ 위의 양도차익에는 "청산금 수령분"이 포함되어 있지 않음에 특히 유의

➡ 다음 쪽에 "계산 과정"

⊙ **계산과정**(취득가액을 확인한 경우)

1. 양도가액	200백만원	
2. 취득가액	117백만원 = 200백만원 − (70백만원 + 13백만원)	
3. 기타 필요경비	13백만원 = [5백만원 × (300백만원−120백만원)/300백만원] + 10백만원	

4. 양도차익(=③)	① 관리처분인가 前 양도차익
	  = 60백만원
		② 관리처분인가 後 양도차익
		  = 10백만원

	(300백만원−195백만원−5백만원) × [(300백만−120백만)/300백만]	200백만원−(300백만원−120백만원) −10백만원
	③ 양도차익 합계 = 70백만원(① + ②)	
5. 장기보유특별공제 (=4. × 적용률)	* 청산금 추가 불입분이 없으므로 기존건물등의 양도차익 전체가 장기보유특별공제 적용 대상	
	70백만 × 22% = 15,400,000원	
6. 양도소득금액	54,600,000원	
7. 양도소득기본공제	연 2,500,000원 공제	
8. 양도소득과세표준	52,100,000원	
9. 세율	24% − 5,220,000원	
10. 산출세액	7,284,000원	

제4편

> ⚬ 계산순서

① 4란의 "청산금 납부분 양도차익"과 "기존건물등의 양도차익"을 계산
② 1란의 양도가액과 3란의 필요경비를 기재 및 계산
③ 2란의 취득가액은 양도가액에서 양도차익과 기타 필요경비를 차감하여 역산
④ 5란은 청산금 부분이 없어 전체 양도차익이 장기보유특별공제 대상임에 유의
⑤ 6란 이후 계산

🏦 ↓ 03
재개발·재건축 관련 장기보유특별공제 적용방법

가 | 청산금 추가 납부 후 조합원입주권 양도 시

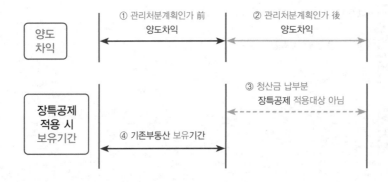

> 🔘 양도차익 = 관리처분계획인가 前 양도차익 + 관리처분계획인가 後 양도차익

> 🔘 장기보유특별공제의 보유기간
>
> • 청산금 납부분 : 토지 · 건물이었던 구간이 없어 장기보유특별공제 인정하지 않음
>
> • 기존건물분 : 기존건물(부수토지 포함) 취득일~관리처분계획인가일까지

※ 일부 청산금 수령한 후 조합원입주권을 양도한 경우는 기존부동산부분만의 양도차익을
계산하면 되므로 위의 그림에서 청산금납부분만을 제외하여 장기보유특별공제를 계산하면 됨

조합원입주권의 장기보유특별공제(소법§95②)　　　관리처분계획인가일

A'조합원입주권의 양도차익에서 장기보유특별공제를 계산 시 기존 건물과 그 부수토지의
취득일부터 관리처분계획인가일까지의 기간에 대하여 적용함

중요 상　난이 중

적용사례(서면-2015-부동산-0008, '15.04.30.)

3년 이내

| '01.11.1. | '05.5.16. | '10.8.24. | '12.12.20. | '13.7.1. | '15.11.3. | '16.8.1. |

사례

"A아파트" 취득 / 사업시행 인가 / 관리처분계획인가 "A아파트" → "A'조합원입주권" 전환 / "B아파트" 취득 및 거주 중 / "A아파트" 최종 멸실* / "A'조합원 입주권" 양도 예정 / "A아파트" 완공 예정

* 관리처분총회에 대한 취소소송으로 이주('12.12.20.) 및 멸실('13.7.1.)되기 전까지는 부동산으로서 재산세 납부

Q1 A'조합원입주권을 준공 예정일인 '16.8.1. 전에 양도 시 장기보유특별공제를 적용하기 위한
보유기간을 기존건물 최종 멸실일까지 기간으로 할 수 있는지?

A1 A'조합원입주권의 양도차익에서 장기보유특별공제를 계산 시 기존 건물과 그 부수토지의 취득일부터
관리처분계획인가일까지의 기간에 대하여 적용함

Q2 B아파트를 구입('12.12.20.)한 후 3년 이내 A'조합원입주권을 양도 시 1세대 1주택 비과세 적용 여부?

A2 소법§89①4호 나목에 의해 신규주택(B아파트) 취득한 날부터 3년 이내 양도 시 비과세 적용함

제 4 편

📝 관련 판례 · 해석 등 참고사항

▶ 소법§95②에서는 관리처분계획인가일 전까지의 양도차익에 한정한다고 열거되어 있고,
　소령§166⑤에서는 관리처분계획등 인가일까지로 열거되어 있음

나 | 청산금 추가 납부 후 신축주택 양도 시

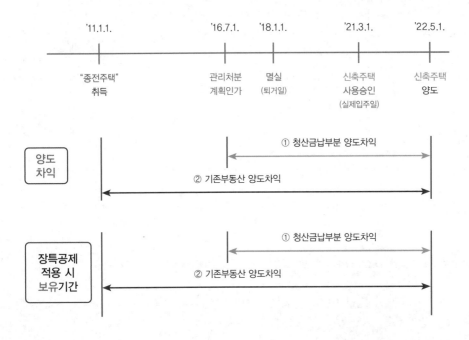

➤ 양도차익 = 청산금 납부분 양도차익 + 기존건물분 양도차익

➤ 장기보유특별공제의 보유기간

- 청산금 납부분 : 관리처분계획인가일~신축주택과 그 부수토지 양도일까지
- 기존건물분 : 기존건물(부수토지 포함) 취득일~신축주택(부수토지 포함) 양도일까지

※ 일부 청산금 수령한 후 신축주택을 양도한 경우는 기존부동산부분만의 양도차익을 계산하면 되므로 전체(기존 부동산) 양도차익이 장기보유특별공제 대상임

 － 다만, 청산금 수령분에 대해서는 소유권 이전고시일의 다음 날을 양도시기로 하여 별도 계산하여 신고 · 납부해야 함에 특히 유의해야 함

※ 조합원입주권을 승계취득한 경우 장기보유특별공제와 관련한 주택의 보유기간은 사용승인서 교부일(사용승인서 교부일 전에 사실상 사용하거나 임시사용승인을 받은 경우에는 그 사실상 사용일 또는 임시사용승인을 받은 날 중 빠른 날)부터 양도일까지임

다 | 1주택자가 청산금 추가 납부 후 신축주택 양도 시

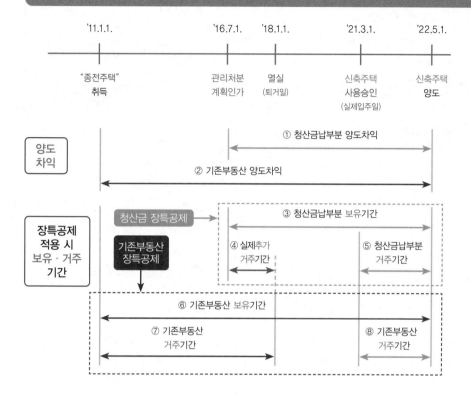

○ 청산금납부분의 양도차익

- 보유기간 : 관리처분계획인가일 ~ 신축주택 양도일

- 거주기간* : 신축주택 사용승인일(실제 입주일) ~ 신축주택 양도일(퇴거일)

  * 청산금납부분의 양도차익에서 장기보유특별공제 "표2"를 적용 받으려면 신축주택 사용승인 후 거주기간이 2년 이상 요건 충족한 경우 적용 가능

○ 기존부동산의 양도차익

- 보유기간 : 종전주택 취득일 ~ 신축주택 양도일

- 거주기간(합산) : 종전주택 취득일 ~ 관리처분계획인가일

   신축주택 사용승인일(실제 입주일) ~ 신축주택 양도일(퇴거일)

☞ 관리처분계획인가일 이후에도 철거되지 아니한 건물에 사실상 주거용으로 사용한 경우 다음 쪽 해석(사전-2023-법규재산-0141, '23.11.30.)을 참고하기 바람

1주택을 보유한 1세대가 해당 1주택의 도시정비법에 따른 관리처분계획인가일 이후
멸실일까지 거주한 기간(쟁점거주기간)을 장기보유특별공제 표2 적용 대상 여부 판정 시
포함하여 계산하나, 표2의 거주기간별 공제율 산정 시에는 제외하는 것임

중요 상   난이 중

적용사례 (사전-2023-법규재산-0141, '23.11.30.)

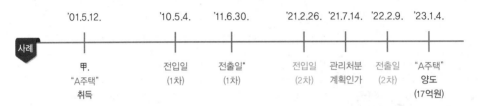

| '01.5.12. | '10.5.4. | '11.6.30. | '21.2.26. | '21.7.14. | '22.2.9. | '23.1.4. |

사례

甲.
"A주택"
취득

전입일
(1차)

전출일*
(1차)

전입일
(2차)

관리처분
계획인가

전출일
(2차)

"A주택"
양도
(17억원)

* A주택에서 약 14개월간 1차 거주하였고, 2차 거주기간 중 관리처분계획인가를 받게 되어 조합원입주권을 취득하게
되었고 다른 주택은 보유하고 있지 아니함

Q1 1주택을 보유한 1세대가 해당 1주택의 도시정비법에 따른 관리처분계획인가일 이후 멸실일까지 거주한
기간(쟁점거주기간)을 장기보유특별공제 표2 적용 대상 여부 판정 시 포함하여 계산할 수 있는 지 여부?

A1 쟁점 거주기간을 포함하여 판정함

Q2 쟁점거주기간을 장기보유특별공제액의 공제율 계산 시에도 포함 여부?

A2 표2의 거주기간별 공제율 산정 시에는 쟁점 거주기간을 제외하는 것임

📜 **관련 판례 · 해석 등 참고사항**

기존주택에서는 2년 이상 거주하였으나 신축주택(A')에서는 2년 이상 거주하지 않은 경우, 청산금 납부분의 양도차익에 대해 소법§95② 표2의 공제율을 적용하지 않고 표1의 공제율 적용

중요 상   난이 상

적용사례

(기준-2020-법령해석재산-0078, '20.04.03., 사전-2020-법령해석재산-0386, '20.11.23.)

'07.5.3.
"A주택"
취득*

'13.6.5.
"A주택"
관리처분
계획인가

'16.8.20.
"A'재개발아파트"
준공
(거주사실 없음)

'20.9.1.
"A'아파트"
양도예정
(15억원)

* 취득일부터 '13.6.5.까지 거주

Q1 기존주택(A)에서는 2년 이상 거주하였으나 신축주택(A')에서는 2년 이상 거주하지 않은 경우, 청산금 납부분의 양도차익에 대해 소법§95② 표2에 따른 보유기간별 공제율을 적용 가능한 지 여부?

A1 청산금 납부분의 양도차익에 대해 소법§95② 표2에 따른 보유기간별 공제율을 적용하지 않고 표1에 따른 보유기간별 공제율을 적용함

제4편

관련 판례 · 해석 등 참고사항

☞ 표2를 적용하지 않은 이유에 대해서는 "제6편 장기보유특별공제" 참고

라 | 겸용주택(주택≤상가)의 재개발에 따른 장기보유특별공제 적용 방법

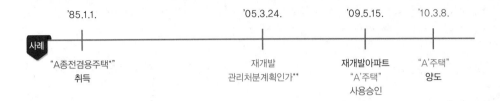

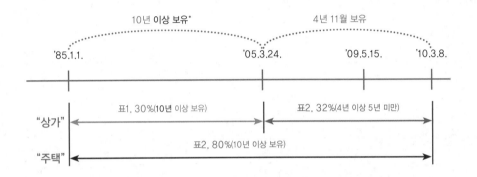

* '09.1.1. 이후 양도분부터 일반건물과 토지는 10년 이상 보유한 경우 최대 30%(표1) 공제하였으나,

'19.1.1. 이후 양도분부터는 15년 이상 보유한 경우에 최대30%(표1) 공제율로 변경됨

겸용주택(주택면적⟨상가면적⟩)을 정비조합에 제공하고 분양 받은 신축주택을 양도 시
장기보유특별공제 적용 방법

적용사례(부동산거래관리과−893, '10.07.09.)

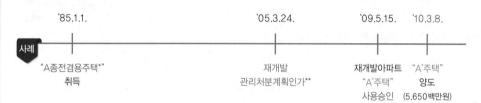

* 상가 : 365.89m², 주택 : 85.79m², 공용면적 : 51.74m²　합계 : 503.42m²

** 기존부동산 평가액 : 3,042백만원, 신축주택 분양가액 : 2,524백만원, 청산금 수령액 : 518백만원이고,
　배정주택의 전용면적은 243.85 m², 대지 61.21m²(기존면적보다 감소)

Q1 겸용주택(주택면적⟨상가면적⟩)의 재개발로 청산금을 수령하고 준공 후 재개발 주택을 양도하는 경우로서
　　　해당주택이 소법§95②의 1세대 1주택인 경우 장기보유특별공제액 계산 방법은?

A1 ・관리처분계획인가 전 양도차익 중 주택 외 부분과 그에 딸린 토지의 양도차익에서 공제할
　　　장기보유특별공제액은 소법§95②표1을 적용하며, 이 경우 보유기간은 기존 건물 취득일부터
　　　관리처분계획인가일 전일까지로 하며,

　　・관리처분계획인가 후 양도차익 중 주택 외 부분과 그에 딸린 토지 평가액이 기존 건물과 그에 딸린 토지
　　　평가액에서 차지하는 비율에 상당하는 양도차익에서 공제할 장기보유특별공제액은 소법§95②표2을
　　　적용하며, 이 경우 보유기간은 관리처분 계획인가일부터 신축주택 양도일까지로 하며,

　　・관리처분계획인가 전 양도차익 중 기존주택과 그에 딸린 토지의 양도차익 및 관리처분계획인가 후
　　　양도차익에서 기존주택과 그에 딸린 토지 평가액이 기존건물과 그에 딸린 토지 평가액에서 차지하는
　　　비율에 상당하는 양도차익에서 공제할 장기보유특별공제액은 소법§95②표2을 적용하며, 이 경우
　　　보유기간은 기존 건물 취득일부터 신축주택 양도일까지로 함

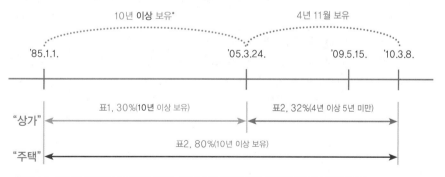

* '09.1.1. 이후 양도분부터 일반건물과 토지는 10년 이상 보유한 경우 최대 30%(표1) 공제하였으나,
　'19.1.1. 이후 양도분부터는 15년 이상 보유한 경우에 최대30%(표1) 공제율로 변경됨

제
4
편

겸용주택 제공·신축주택 양도(재개발·재건축 양도차익)

도시정비법에 따른 재개발로 겸용주택을 제공하고 취득한 신축주택을 양도하는 경우의
비과세 보유기간의 계산은 신축주택을 재개발 전 종전 겸용주택의 주택과 주택외 부분에
해당하는 부분으로 나누어 각각 산정하는 것임

중요 상 / 난이 중

적용사례(서면-2023-법규재산-0302, '23.06.09.)

	'16.10.1.	'16.11.1.		'22.9.1.	
사례	"A겸용주택*" 취득	"A겸용주택" 관리처분계획인가		"A신축주택" 사용승인 (준공)	"A신축주택" 양도 예정**

* 토지 99m², 주택부분 연면적 ≤ 주택외 부분 연면적

** 양도하는 재개발 주택 외 소유하는 다른 주택이 없고, 새로 취득한 재개발주택의 부수토지가 종전 겸용주택의 부
수토지보다 증가한 경우가 아님을 전제

Q1 도시정비법에 따른 재개발로 겸용주택을 제공하고 취득한 주택을 양도하는 경우, 1세대 1주택 비과세
적용을 위한 보유기간 산정방법은?

A1 1층은 상가로, 2층은 주택으로 사용하고 있는 겸용주택(주택부분의 연면적이 주택외 부분의 연면적보다
작거나 같은 경우)과 그 부수토지를 도시정비법에 따른 재개발사업을 시행하는 정비사업조합에 제공하고
관리처분계획인가에 따라 취득한 신축주택과 그 부수토지를 양도하는 경우,

- 신축주택과 그 부수토지 중 재개발 전 겸용주택의 주택부분과 그 부수토지에 상응하는 부분의 1세대
1주택 비과세 적용 시 보유기간은 겸용주택과 그 부수 토지의 취득일부터 재개발로 신축된 주택의
양도일까지로 하는 것이고,

- 신축주택과 그 부수토지 중 재개발 전 겸용주택의 상가부분과 그 부수토지에 상응하는 부분의
1세대1주택 비과세 적용 시 보유기간은 재개발로 신축된 주택의 사용승인서 교부일(사용승인서 교부일
전에 사실상 사용하거나 임시사용승인을 받은 경우에는 그 사실상의 사용일 또는 임시사용승인일을 받은 날 중
빠른 날)부터 양도일까지로 하는 것임

신축주택의 취득가액 불분명한 경우 **계산방법**

(매매사례가액 → 감정평균가액 → 환산취득가액 순차 적용)

 중요 상　 난이 상

적용사례

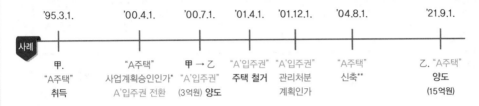

* 구. 주택건설촉진법에 따른 사업계획승인인가되었고, 평가액 2.5억원임

** 乙세대는 1주택 보유자로서 甲으로부터 3억원에 취득하여 추가로 4차례 걸쳐 총 2억원을 조합에 납부함

Q1 신축된 A주택을 3년 이내 양도 시 취득가액은?

A1 甲으로부터 프리미엄(0.5억원) 포함 3억원에 취득하였고 2억원을 추가로 조합에 납부하였으므로 실제 지급한 5억원이 취득가액임

Q2 만약, 乙이 화재로 매매계약서 및 승계 취득시 받은 분양계약서 등을 소실로 취득가액을 확인할 수 없는 경우 취득가액 산정 방법은?

A2 신축된 주택을 양도한 것이므로 주택이 신축된 시점('04.8.1.) 기준으로 소법§114⑦ 및 소령§176의2③에 따라 매매사례가액, 감정평균가액, 환산취득가액을 순차로 적용하여 산정함

참고 서면인터넷방문상담4팀-2019, '06.06.27. 참고

📜 **관련 판례 · 해석 등 참고사항**

▶ 서면4팀-2019, '06.06.27.

　– 소사업계획의 승인일 이후에 주택조합의 조합원으로부터 그 조합원의 '입주자로 선정된 지위'를 승계하여 취득한 조합주택을 양도한 경우 그 조합주택(그 부수토지 포함)의 취득시기는 당해 조합주택의 사용검사필증교부일(사용검사 전에 사실상 사용하거나 사용승인을 얻은 경우에는 그 사실상의 사용일 또는 사용승인일)이 되는 것

재건축주택 세율 적용(소법§104)	주택부수토지 증가분 보유기간 기산

새로 취득한 재건축주택의 부수토지가 종전주택의 부수토지보다 증가한 경우 그 증가된 부수토지의 보유기간 산정은 당해 재건축사업에 따라 취득하는 주택의 사용검사필증교부일부터 계산하는 것임

중요 상 / 난이 상

적용사례(사전-2022-법규재산-0962, '22.10.19., 재산세과-3438, '08.10.23.)

```
            '06.12.5.                        '18.2.1.      '21.4.16.    '22.7.25.
사례  ├────────┼──────────────────────┼────────┼────────┼──────
        경기 광명 소재                    관리처분      "A신축주택"   "A신축주택"
        "A주택"                        계획인가*     준공        양도**
        취득
```

* 종전주택 권리가액 116백만원, 추가분담금 285백만원이고 신축주택의 토지 면적이 기존 33.36m²에서 37.18m²로 증가
** 양도 당시 1세대 1주택임

Q1 도시정비법에 따른 재개발사업으로 주택 부수토지가 증가한 경우 증가한 토지분에 대한 양도차익 계산방법은?

A1 청산금 납부분 양도차익에 증가된 토지의 기준시가가 증가된 토지와 건물의 기준시가에서 차지하는 비율을 곱하여 계산함

관련 판례 · 해석 등 참고사항

▶ 재일46014-1601, '99.08.24.
- 1주택을 소유하던 1거주자가 청산금을 지급하고 종전주택 및 부수토지의 면적보다 큰 면적의 아파트 및 부수토지를 분양 취득하여 양도 시 당해 아파트 및 부수토지 중 종전주택의 부수토지 부분에 대하여는 종전주택의 보유기간과 공사기간을 포함한 아파트의 보유기간을 통산하여 3년 이상이면 1세대 1주택 비과세를 받을 수 있는 것이며,
- 아파트 부수토지 중 종전주택의 부수토지를 초과하는 부분에 대하여는 사용검사필증 교부일(사용검사 전에 사실상 사용하거나 사용승인을 얻은 경우에는 그 사실상의 사용일 또는 승인일)로부터 3년 이상 보유한 후 양도하여야 양도세를 비과세 받을 수 있음

▶ 재일46014-1426, '97.06.11.
- 재개발사업지구내의 무허가주택인 건물만 소유한 거주자가 재개발사업시행자로부터 분양 취득한 아파트를 양도 시, 아파트의 부수토지 부분에 대하여는 사용검사필증교부일 등으로부터 3년 이상 보유한 후 양도하면 1세대 1주택의 부수토지로 비과세를 받을 수 있는 것임

새로 취득한 재건축주택의 부수토지가 종전주택의 부수토지보다 증가한 경우 그 증가된
부수토지의 보유기간 산정은 당해 재건축사업에 따라 취득하는 주택의
사용검사필증교부일부터 계산하는 것임

적용사례(부동산거래관리과-102, '12.02.14.)

'07.10.1.   '08.2.1.   '11.7.1.   '11.11.1.   '11.11.20.

사례

서울 은평구 소재　관리처분　　　　　"A재개발　이전고시　"A재개발
"A주택*"　　　계획인가**　　　아파트"　　　　　　아파트"
취득　　　　　　　　　　　　　준공　　　　　　　양도

* 토지 28.08m², 건물 32.04m²
** 토지 50.693m², 건물 84.947m²(청산금 282백만원은 계약금 외 7회에 걸쳐 분할 납부)

Q1 A재개발아파트 양도에 따른 1세대 1주택 비과세 적용 시 증가된 주택부수토지에 대한 세율 적용을 위한
보유기간 기산일은?

A1 새로 취득한 재건축주택의 부수토지가 종전주택의 부수토지보다 증가한 경우 그 증가된 부수토지의
보유기간 산정은 당해 재건축사업에 따라 취득하는 주택의 사용검사필증교부일(사용검사 전에 사실상
사용하거나 사용승인을 받은 경우에는 그 사실상 사용일 또는 사용승인일)부터 계산하는 것임

제4편

리모델링으로 증축한 고가주택의 장기보유특별공제액 및 양도소득세율 계산 시 공동주택을 각 세대의 주거전용면적의 30% 이내에서 증축하는 리모델링의 경우에는 구분하지 않고 기존면적의 보유기간으로 산정함

중요 중 | 난이 상

적용사례(사전-2022-법규재산-0303, '23.03.15., 기획재정부 재산세제과-429, '23.03.10.)

	'05.7.1.		'18.11.1.	'21.5.1.	'22.12.1.
사례					
	경기 강동구 소재 "A주택" 취득		"A주택" 리모델링 허가	"A주택" 리모델링* 준공	"A주택**" 양도 (18억원)

　* 주택법§2 25호 나목에 따른 리모델링(증축)에 해당하고, 리모델링 전·후 토지의 면적은 동일하며 주택 전용/공용면적만 증가함

　** A주택은 고가주택에 해당하며 양도일 현재 1세대 1주택임을 전제하고, 리모델링에 따른 면적 증가 후의 공동주택 가격은 고시되지 아니함

Q1 리모델링으로 증축한 고가주택의 장기보유특별공제액 및 양도소득세율 계산 시 리모델링 전·후의 주택의 면적을 구분하여 보유기간을 산정하여야 하는 지?

A1 공동주택을 각 세대의 주거전용면적의 30% 이내에서 증축하는 리모델링의 경우에는 구분하지 않고 기존면적의 보유기간으로 산정함

Q2 리모델링으로 주택의 면적이 증가한 후에 새로이 고시된 공동주택가격이 없는 경우 기준시가 산정방법과 증축한 고가주택의 양도차익 안분계산방법은?

A2 공동주택의 기준시가는 부동산 가격공시에 관한 법률에 따른 공동주택가격으로 산정하되, 공동주택가격이 없는 주택의 가격은 소법§99①1호라목단서 및 소령§164⑪2호에 따라 납세지 관할 세무서장이 평가한 금액으로 함

　– 위의 사실관계와 같이 리모델링으로 주택의 면적 증가(주택법§2 25호나목에 따른 증축) 시, 증가되는 주택면적의 취득시기는 기존주택 면적의 취득시기와 동일한 것이며, 집합건물의 양도차익은 토지와 건물 등의 가액을 구분하지 않고 하나의 자산으로 보아 계산하는 것임

☞ 다음 쪽의 "주택법" 참고

법령요약

⊙ 주택법

제2조[정의]

이 법에서 사용하는 용어의 정의는 다음과 같다.

25. "리모델링"이란 §66① 및 ②에 따라 건축물의 노후화 억제 또는 기능 향상 등을 위한 다음 각 목의 어느 하나에 해당하는 행위를 말한다.

    가. 대수선

    나. §49에 따른 사용검사일(주택단지 안의 공동주택 전부에 대하여 임시사용승인을 받은 경우에는 그 임시사용승인일을 말한다) 또는 「건축법」§22에 따른 사용승인일부터 15년[15년 이상 20년 미만의 연수 중 특별시 · 광역시 · 특별자치시 · 도 또는 특별자치도(이하 "시 · 도"라 한다)의 조례로 정하는 경우에는 그 연수로 한다]이 지난 공동주택을 각 세대의 주거전용면적(「건축법」§38에 따른 건축물대장 중 집합건축물대장의 전유부분의 면적을 말한다)의 30% 이내(세대의 주거전용면적이 85m² 미만인 경우에는 40% 이내)에서 증축하는 행위. 이 경우 공동주택의 기능 향상 등을 위하여 공용부분에 대하여도 별도로 증축할 수 있다.

    다. 나목에 따른 각 세대의 증축 가능 면적을 합산한 면적의 범위에서 기존 세대수의 15% 이내에서 세대수를 증가하는 증축 행위(이하 "세대수 증가형 리모델링"이라 한다). 다만, 수직으로 증축하는 행위(이하 "수직증축형 리모델링"이라 한다)는 다음 요건을 모두 충족하는 경우로 한정한다.
      1) 최대 3개층 이하로서 대통령령으로 정하는 범위에서 증축할 것
      2) 리모델링 대상 건축물의 구조도 보유 등 대통령령으로 정하는 요건을 갖출 것

제4편

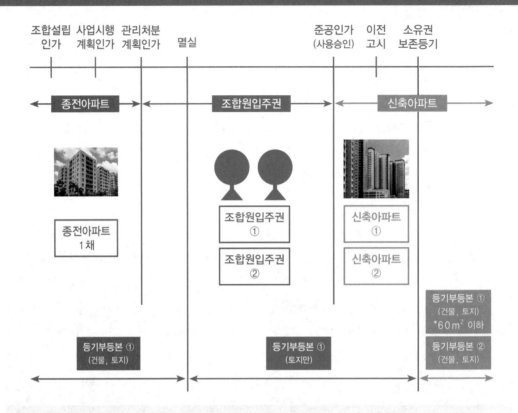

※ "1+1 조합원입주권" 근거 규정[도시정비법§76(관리처분계획의 수립 기준)]

① §74①에 따른 관리처분계획의 내용은 다음 각 호의 기준에 따른다.

6. 1세대 또는 1명이 하나 이상의 주택 또는 토지를 소유한 경우 1주택을 공급하고, 같은 세대에 속하지 아니하는 2명 이상이 1주택 또는 1토지를 공유한 경우에는 1주택만 공급한다.

7. 제6호에도 불구하고 다음 각 목의 경우에는 각 목의 방법에 따라 주택을 공급할 수 있다.
   라. §74①5호에 따른 가격의 범위 또는 종전 주택의 주거전용면적의 범위에서 2주택을 공급할 수 있고, 이 중 1주택은 주거전용면적을 60m² 이하로 한다.
   다만, 60m² 이하로 공급받은 1주택은 §86②에 따른 이전고시일 다음 날부터 3년이 지나기 전에는 주택을 전매(매매·증여나 그 밖에 권리의 변동을 수반하는 모든 행위를 포함하되 상속은 제외)하거나 전매를 알선할 수 없다.

쟁점 정리
[1+1 조합원입주권을 보유 시 전매(매매, 증여 등) 가능 시점]

▶ 1+1 조합원입주권 받기 위한 요건(도시정비법§76①7호는 강제규정 아님)

- 종전주택 주택가격 ≥ 1+1 조합원분양가
- 종전주택 주거전용면적 ≥ 1+1 주거전용면적
- +1 주택의 주거전용면적이 60m² 이하
- +1 주택은 소유권 이전고시일 다음 날부터 3년간 상속을 제외한 전매 금지

※ 1+1 조합원입주권은 규제지역과는 관계가 없으며, 도시정비법§76①7호는 강제규정이
   아니므로 조합 정관 등의 관련 규정 미비로 1+1 조합원입주권을 주지 않는 경우도
   있으며 조합의 재량에 따른 다른 취득 요건도 있을 수 있음

※ 통상 1+1 조합원입주권을 취득하면 향후 4~5년 간 다주택자가 되어 종부세나
   양도세의 중과대상이 되고 대출 등에 어려움이 있을 수 있음

> **쟁점 2** "+1 외의 조합원입주권(주택)"은 언제부터 전매 가능한 지?

▶ 신축주택의 소유권 보존등기 완료 후부터 분리하여 전매 가능

- 주택이 멸실된 후의 조합원입주권의 전매는 먼저 토지 등기부등본상의 소유권을 이전한
  후에 조합을 통하여 권리의무승계를 통하여 조합원의 지위를 승계받음

- 따라서 1+1 조합원입주권은 한 개의 토지 등기부등본에 구분등기가 되지 않아서
  각각의 조합원입주권을 특정할 수가 없으므로 "+1 외의 조합원입주권(주택)"이
  신축되어 "+1 주택"과 분리되어 소유권보존등기가 완료된 이후부터 전매 가능

- 60m² 이하인 "+1 조합원입주권(주택)"은 소유권보존등기가 분할되어 완료되었다고
  하더라도 소유권 이전고시일 다음 날부터 3년이 지나기 전에는 전매가 불가능하므로
  이 두가지 요건이 모두 충족한 경우에 비로서 전매 가능

  ※ 공유 중이던 주택이 재건축되어 1+1 조합원입주권을 통하여 2채의 신축주택을
     분양받은 후 서로 1채 씩 단독소유로 지분 정리할 경우, 각 공유지분을 서로
     단독소유로 정리한 경우에는 공유물 분할에 해당하여 양도세 과세대상이 아니나,
     상호지분 청산 시 시가 차액에 대한 정산분은 양도세 과세대상임(기재부
     재산세제과-849, '21.09.28., 서면-2018-법령해석재산-3245, '21.11.23.)

도시정비법에 따른 관리처분계획인가로 조합원입주권 2개(1+1)로 신축된 2주택 모두 멸실된 기존주택과 연속된 주택으로 보는 것임

중요 중　난이 상

적용사례(기획재정부 재산세제과-627, '23.05.02.)

사례

'00.9.1.
서울 송파구 소재
"A다가구주택*"
취득

'15.6.1.
1+1조합원입주권
분양신청**

'18.11.1.
재개발주택
"B주택", "C주택"
완공(취득)

　* 취득가액 2억원, 취득 후부터 재개발사업 시행 전까지 계속 거주함

　** 도시정비법에 따른 재개발사업시행으로 1+1 조합원입주권 분양신청함

⟨ 1+1 조합원입주권 분양신청 내역 ⟩

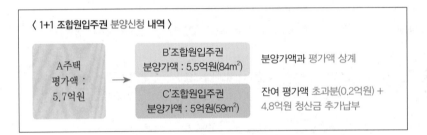

A주택
평가액 :
5.7억원

→

B'조합원입주권
분양가액 : 5.5억원(84m²)

분양가액과 평가액 상계

C'조합원입주권
분양가액 : 5억원(59m²)

잔여 평가액 초과분(0.2억원) +
4.8억원 청산금 추가납부

Q1 구주택 평가액만으로 취득한 B주택의 양도차익 계산방법은?

A1 기존 건물등의 취득가액을 재개발사업시행으로 평가한 가액으로 안분한 금액
= 2억원 × 5.5억원 / 5.7억원 = 192,982,456원

Q2 구주택 평가액과 추가분담금으로 취득한 C주택의 양도차익 계산방법은?

A2 기존 건물등의 취득가액을 재개발사업시행으로 평가한 가액으로 안분한 금액과
추가분담금의 합계액 = (2억원 × 0.2억원 / 5.7억원) + 4.8억원 = 487,017,544원

Q3 B주택의 장기보유특별공제 계산을 위한 보유기간 기산일은?

A3 멸실된 구주택의 취득일

Q4 C주택의 장기보유특별공제 계산을 위한 보유기간 기산일은?

A4 기존주택분 양도차익에서 장기보유특별공제액을 공제하는 경우의 보유기간은 기존주택의 취득일부터
신축주택의 양도일까지의 기간으로 하고,

　– 청산금납부분 양도차익에서 장기보유특별공제액을 공제하는 경우의 보유기간은 관리처분계획등
　　인가일부터 신축주택의 양도일까지의 기간으로 함

1+1 조합원입주권(소법§95, 소령§159의4) 장기보유특별공제 표2, 보유·거주기간

양도차익 중 12억원을 초과하는 고가주택 해당분에 대한 장기보유특별공제액은 소법§95② [표2]의 공제율을 적용하여 산정하는 것이며, 이 때 보유기간은 종전주택의 취득일부터 신축주택의 양도일까지, 거주기간은 종전주택의 취득일부터 신축주택 양도일까지의 기간 중 실제 거주한 기간으로 산정함

[중요] 상 [난이] 중

적용사례(서면-2021-법규재산-4496, '23.05.18.)

[사례 4]

'00.9.1.	'15.6.1.	'18.11.1.	'18.12.1.	'19.12.1.	'23.7.1.
"A주택" 취득*	"A주택" 관리처분 계획인가**	"B주택" "C주택" 완공(취득)	"B아파트" 입주거주	"C아파트" 장기일반 민간임대주택 등록	"B아파트" 양도 예정

* 취득가액 2억원, 취득 후부터 재개발사업 시행 전까지 계속 거주함

** 도시정비법에 따른 재개발사업시행으로 1+1 조합원입주권 분양신청함

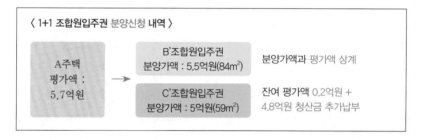

〈 1+1 조합원입주권 분양신청 내역 〉

종전주택		조합원입주권	비고
A주택 평가액 : 5.7억원	→	B'조합원입주권 분양가액 : 5.5억원(84m^2)	분양가액과 평가액 상계
		C'조합원입주권 분양가액 : 5억원(59m^2)	잔여 평가액 0.2억원 + 4.8억원 청산금 추가납부

[Q1] 도시정비법에 따른 재개발사업으로 종전 1주택(A)이 관리처분계획인가에 따라 2개의 조합원입주권으로 전환되어 2주택(B, C) 취득 후,

- C주택을 임대주택으로 등록하고 2년 이상 거주한 거주주택인 B주택의 비과세 양도차익 중 12억 초과분에 대하여 [표2]에 따라 장기보유특별공제액 산정 시 보유 · 거주기간 통산 가능 여부

[A1] 종전주택(A)의 평가액 일부와 추가분담금으로 취득한 1주택(C)을 소령§155⑳의 요건을 충족하는 장기임대주택으로 등록하고, 종전주택의 평가액 범위내에서 취득하고 2년 이상 거주한 거주주택인 B주택을 양도하면서 소령§154①을 적용하는 경우,

- 양도차익 중 12억원을 초과하는 고가주택 해당분에 대한 장기보유특별공제액은 소법§95② [표2]의 공제율을 적용하여 산정하는 것이며,
- 이 때 보유기간은 종전주택(A)의 취득일부터 신축주택(B)의 양도일까지, 거주기간은 종전주택(A)의 취득일부터 신축주택(B) 양도일까지의 기간 중 실제 거주한 기간으로 산정하는 것임

제4편

1+1조합원입주권 양도(소법§89①4호) 後 양도 조합원입주권 비과세 (1+1 조합원입주권)

관리처분계획인가일 현재 1세대 1주택 요건을 충족한 주택이 1+1 조합원입주권으로 변동된 후 같은 날 1인에게 양도 시 먼저 양도하는 조합원입주권 1개는 과세되며 나중에 양도하는 조합원입주권 1개는 1세대 1주택 비과세 특례가 적용

중요 중 난이 상

적용사례(서면-2016-법령해석재산-2865, '16.02.23.)

'04.4.1.

甲. 서울 성동구 소재
"A아파트"
취득*

'15.7.1.

"A아파트"
관리처분
계획인가**

'16.10.1.

"B'·C'조합원입주권"
양도
(양수인 1인)

* 9억원에 취득하여 현재까지 거주하고 있으며 취득 시부터 1세대 1주택 유지하여 관리처분계획인가일 시점
  1세대 1주택 비과세 요건 충족 전제

** A아파트는 '15년 중 재건축될 예정이며 권리가액은 1,920백만원인 바, 甲은 1+1을 활용하여 관리처분계획인가에
   따라 2주택(B·C)을 취득할 수 있는 입주자로 선정된 지위를 부여 받음

Q1 갑이 관리처분계획인가에 따라 취득한 조합원입주권 2개(B'·C')를 같은 날 1인에게 모두 양도 시 1세대 1주택 비과세를 적용 받을 수 있는지 여부?

A1 갑이 선택하여 먼저 양도하는 조합원입주권 1개는 과세되며 나중에 양도하는 조합원입주권 1개는 1세대 1주택 비과세 특례가 적용됨

Q2 조합원입주권 2개를 1인에게 모두 양도 시 장기보유특별공제 적용 여부?

A2 기존건물과 그 부수토지의 관리처분계획인가일까지의 양도차익에 대하여 기존 건물과 부수토지의 취득일부터 관리처분계획인가일까지의 기간에 각각 해당하는 공제율*을 곱하여 계산한 금액을 적용함(소령§166①)

* 먼저 양도하는 조합원입주권은 관리처분계획인가 전 양도차익에 대하여 표1을 적용하고, 나중에 양도하는 조합원입주권은 관리처분계획인가 전 양도차익에 대해서 표2 적용

➡ 다음 쪽에서 보충 설명

📑 **관련 판례·해석 등 참고사항**

● **"1+1 조합원입주권" 일괄 양도 시 비과세 적용 여부**

- 관리처분계획인가일 현재 비과세 요건을 충족한 주택이 조합원입주권으로 변환된 상태에서 "1+1 조합원입주권"을 일괄 양도한 경우로서,

  – 서면–2016–법령해석재산–2865, '16.02.23. 해석에서 납세자의 선택에 따라 나중에 양도한 조합원입주권은 양도일 현재 시점에서 1개의 조합원입주권만 보유한 상태이므로 소법§89①4호가목에 해당하여 비과세를 적용한다는 해석이고

  – 다음 쪽의 해석(서면–2021–법령해석재산–6297, '21.12.20.)은 보유기간 재기산이 있는 소령§154⑤이 시행된 '21.1.1. 이후 '22.5.9.까지 양도한 사례를 질의한 건으로서,

  – 보유기간 재기산을 열거하고 있는 소령§154⑤은 전제가 "소령§154①에 따른 보유기간의 계산은~"이고 소령§154①은 소법§89①3호가목에서 위임한 규정으로, 조합원입주권 자체가 비과세되는 소법§89①4호 규정과 근거가 다르므로 나중에 양도하는 조합원입주권의 비과세 적용 여부에 영향을 미치지 못하나

  – 만약 '21.1.1. 이후 2채를 보유한 1세대가 관리처분계획인가일 이전에 한 채를 양도하여 나머지 1주택의 보유기간을 그 직전주택 양도일부터 기산하여 관리처분계획 인가일 현재 1세대 1주택 비과세 요건을 충족하지 못한 상태에서 "1+1 조합원입주권"으로 변환된 경우라면 나중에 양도하는 조합원입주권은 비과세 적용을 받지 못하게 되는 차이가 발생함

- ☞ 그러나, '22.5.10. 이후 양도분부터 소령§154⑤단서의 보유기간 재기산 규정이 삭제됨에 따라 사실상 두 해석의 차이가 없어질 것으로 판단됨

관리처분계획인가일 현재 1세대 1주택 요건을 충족한 주택이 1+1 조합원입주권으로 변동된 후, '21.1.1. 현재 2조합원입주권 상태에서 나중에 양도하는 조합원입주권의 보유기간은 소법§89①4호의 비과세 요건에 해당하지 않음

중요 중 / 난이 상

적용사례(서면-2021-법령해석재산-6297, '21.12.20.)

	'15.2.1.		'20.7.1.	'21.1.1.	'21.8.1.
사례	"A주택" 취득		"A주택" 관리처분 계획인가*		"B'·C'조합원입주권" 양도 (양수인 1인)

* 관리처분계획인가일 현재 종전주택은 소령§154①, ⑤의 보유기간 요건을 충족한 것으로 전제하고,
  B'조합원입주권과 C'조합원입주권 (1+1) 취득

Q1 재건축사업 시행으로 조합원입주권을 2개 취득한 경우, 나중에 양도하는 조합원입주권(C')의 비과세 여부 판정 시, 보유기간 기산일이 당해 주택 취득일('15.2.1.)인지 직전 조합원입주권(A') 양도일('21.8.1.)인지 여부?

A1 조합원입주권의 보유기간은 소법§89①4호의 비과세 요건에 해당하지 않음

➡ 앞 쪽 "심화정리" 참고

📋 **관련 판례·해석 등 참고사항**

◉ 공유 중이던 주택이 재건축되어 2채의 신축주택을 분양받은 후 서로 1채씩 단독소유로 지분 정리 시 양도세 과세 여부

• 갑과 을이 도시정비법에 따라 재건축되어 2채의 신축주택을 분양받는 경우로서, 재건축 완공 전 갑이 을에게 공유지분 일부를 양도하고 완공된 이후에 갑과 을이 각각 1채씩 단독소유하는 것으로 지분정리한 경우

– 상호 지분청산에 따라 가액을 기준으로 당초 공유지분은 양도로 보지 아니하나 당초 공유지분을 초과하여 취득한 경우라면 초과 취득한 부분은 지분 청산 시 새로 취득한 것으로 보아 비과세 거주요건 등 관련 규정을 적용함

(서면-2018-법령해석재산-3245, '21.11.23.)

◉ 조정대상지역 내 주택 재건축 시 1세대 1주택 거주요건 적용 여부

• '17.8.2. 이전 취득한 조정대상지역 내 주택을 재건축하여 '17.8.3. 이후 준공한 경우 소령§154①의 거주요건을 적용하지 않음

(기획재정부 재산세제과-856, '18.10.10.)

사례	'14.5.30.	'14.6.5.	'17.11.13.	'18.4.1.
	관리처분 계획인가*	서울시 광진구 소재 "A주택" 취득**	노후주택을 재건축 정비사업조합으로 소유권 이전	재건축 준공 예정

* 도시정비법상 관리처분계획인가 후 '14.10.1. 및 '15.10.1.에 변경인가

** A주택에 거주한 사실 없음

공유물 분할에 해당하므로 양도세 과세대상에 해당하지 아니하나, 상호지분 청산 시
시가차액에 관한 정산분은 양도세 과세대상에 해당함

중요
상

난이
중

적용사례(기획재정부 재산세제과-849, '21.09.28.)

| '16.7.1. | '17.11.1. | | '19.8.1. | '20.2.1. |

사례

조합설립	甲과 甲의 母.		관리처분	분양신청***
인가*	서울 성동 소재		계획인가	
	"A주택"			
	취득**			

　* 가로주택정비사업 구역에 편입된 주택

　** 甲과 甲의 母는 별도 세대로 각각 ½지분 공동 취득

　*** '20.2.1. 갑은 종전주택을 2개의 입주권(甲과 甲의 母가 ½씩 공동소유)으로 분양 신청하였고, 이후 甲과 甲의 母는
　　　공동소유하고 있는 입주권의 지분(각 ½지분)을 유상양도(매매 또는 교환)를 통해 단독소유로 정리할 예정인데,
　　　지분 교환은 가로주택정비사업의 사업시행계획의 변경에 의한 것이 아님

Q1　가로주택정비사업에 따라 취득한 2개의 입주권의 공동소유자(각 ½ 지분)가 각 공유지분을 서로
　　단독소유로 정리한 경우 양도세 과세 여부?

A1　공유물 분할에 해당하므로 양도세 과세대상에 해당하지 아니하나, 상호지분 청산 시 시가차액에 관한
　　정산분은 양도세 과세대상에 해당함

　　　　　　　　➡ 공유물 분할 관련해서는 "제14편 양도소득세 총론"에서 설명

📝 관련 판례 · 해석 등 참고사항

| 종전주택
(甲 ½,
母 ½) | ➡ 조합원분양 | A입주권(25평)
(甲 ½, 母 ½) | ➡ 지분교환 ➡ 단독소유 정리 | A입주권(25평)
(甲 소유) | ➡ 준공 | A주택 |
| | | B입주권(20평)
(甲 ½, 母 ½) | | B입주권(20평)
(母 소유) | | B주택 |

주거환경개선사업(소법§88, 소령§66)　　　　　　1+1 입주권의 주택 수 산입 여부

1세대가 보유한 2주택(A,B) 중 1주택(B)이 '20.12.31. 이전에 도시정비법에 따른
주거환경개선사업에 의하여 입주자로 선정된 지위로 전환되어 멸실된 상태에서 A주택을
양도하는 경우 소령§154①1을 적용하는 것임

중요 중　　**난이** 상

적용사례(서면-2023-부동산-1081, '23.11.22.)

'17.11.1.	'19.10.1.	'20.2.1.	'22.2.1.	'23.7.1.	'24.10.1.
"A주택" 취득	"B주택" 공동취득*	"B주택" 주거환경개선사업 관리처분 계획인가**	"B주택" 멸실	"A주택" 양도	"B아파트" 신축

* 제3자와 지분 ½씩 공동 취득
** 1+1 입주권 2개 신청

Q1　1세대가 보유한 2주택(A,B) 중 1주택(B)이 주거환경개선사업에 의한 관리처분계획인가로
　　　입주권(부동산을 취득할 수 있는 권리) 2개로 전환된 후 해당 사업기간 중 A주택을 양도하는 경우
　　　1세대 1주택 비과세 특례 대상인지 여부?

A1　1세대가 보유한 2주택(A,B) 중 1주택(B)이 '20.12.31. 이전에 도시정비법에 따른
　　　주거환경개선사업에 의하여 입주자로 선정된 지위로 전환되어 멸실된 상태에서 A주택을 양도하는 경우
　　　소령§154①1을 적용하는 것임

제 4 편

🔖 관련 판례 · 해석 등 참고사항

▶ **서면-2020-법규재산-3353, '22.10.16.**

　- 1세대가 도시정비법(2017.2.8. 법률 제14567호로 개정된 것) §2 2호가목에 따른 주거환경개선사업을
　　시행하는 정비사업조합의 조합원이 같은 법§23①4호에 따른 관리처분계획인가 방식으로 사업시행인가를
　　받은 경우로서, '21.1.1. 전에 관리처분계획인가에 따라 취득한 입주자로 선정된 지위(이하 "부동산을
　　취득할 수 있는 권리")를 양도하는 경우 그 부동산을 취득할 수 있는 권리의 양도소득금액은 소령§166① 및
　　⑤1호에 따라 계산하는 것임
　- 본 건의 부동산을 취득할 수 있는 권리와 같이 소법§104②에 따른 보유기간이 2년 이상인
　　소법§94①2호에 따른 자산(부동산에 관한 권리)은 소법§55①에 따른 세율(기본세율)을 적용하는 것임
　　(☞ 분양권이 아님)

청산금이 없는 경우에는 청산금을 0으로 하여 산식을 적용하면 될 것이므로 쟁점상가의 양도를 토지의 양도로 보기는 어려운 것으로 판단됨

중요 상 난이 중

적용사례(국심2004서2033, '05.07.26.)

'79.7.1.

사례

"A쟁점상가"
취득

'99.12.31.

"A쟁점상가 →
A'상가입주권"
재건축사업계획*
승인

'02.9.24.

"A'상가입주권"
양도

* 동일 건물 면적 206호를 청산금 없이 배정받기로 조합과 약정(상가 평가액 : 147백만원)

Q1 재건축 중인 상가입주권의 양도에 대하여 소령§166①(양도차익의 산정)의 규정에 따라 실지거래가액으로 과세할 수 있는지 여부?

A1 소령§166①의 '입주자로 선정된 지위'는 기존건물과 그 부수토지를 조합에 제공하고 취득하는 권리인 점에서 쟁점부동산을 조합에 출자하고 당해 조합이 재건축사업계획승인을 받으면 그때부터는 '입주자 지위'에 있는 것이고, 청산금이 없는 경우에는 청산금을 0으로 하여 산식을 적용하면 될 것이므로 쟁점상가의 양도를 토지의 양도로 보기는 어려운 것으로 판단됨

※ 청구인은 청산금이 "0"인 경우에 대한 산식 규정이 빠져 있으므로 토지만 양도한 것으로 보아 과세해야 한다고 주장함

📃 관련 판례·해석 등 참고사항

▶ **부동산거래관리과-84, '13.02.18.**

– 재개발 또는 재건축사업의 조합원이 해당 조합에 기존건물과 그 부수토지를 제공하고 관리처분계획에 따라 취득한 신축주택(상가 포함) 및 그 부수토지를 양도하는 경우 실지거래가액에 의한 양도차익은 소령§166②에 따라 계산함

▶ **서면4팀-1489, '05.08.23., 서면4팀-2009, '05.10.31.**

– 주택재개발사업 또는 주택재건축사업을 시행하는 조합의 조합원이 당해 조합에 기존건물과 그 부수토지를 제공하고 취득한 상가 입주자로 선정된 지위를 양도하는 경우 당해 입주권의 양도차익은 소령§166①의 규정에 따라 산정하는 것이고, 이 경우 기존건물과 그 부수토지의 평가액이라 함은 도시정비법에 의한 관리처분계획에 의하여 정하여진 가격에 의하는 것이며, 그 가격이 변경되는 때에는 변경된 가격에 의하는 것임

⊙ 상가**재건축입주권의** 장기보유특별공제

- 상가를 소유한 거주자가 도시정비법에 따른 정비조합에 상가와 그 부수토지를 제공하고 관리처분계획에 따라 취득한 신축주택과 그 부수토지를 1세대 1주택인 상태에서 양도하는 경우

  – 신축주택과 그 부수토지의 양도차익에서 공제할 장기보유특별공제액은 소법§95②표2에 따른 보유기간별 공제율을 적용하여 계산하며, 이 경우 보유기간은 관리처분계획인가일부터 신축주택 양도일까지로 하는 것임

  (사전-2015-법령해석재산-0152, '15.05.29., 서면-2017-부동산-2055, '17.09.18.)

- 상가를 도시정비법상 정비조합에 제공하고 그 대가로 취득한 조정 대상지역 내 주택으로서 1세대 2주택 이상에 해당하는 주택을 양도하여 소법§104⑦의 중과세율 적용대상에 해당하는 경우,

  – 소법§95②의 장기보유특별공제는 상가로 보유한 기간을 포함한 전체 보유 기간에 대하여 적용되지 않는 것이며, 위 상가를 도시정비법상 정비조합에 제공하고 받은 청산금은 상가를 양도하고 지급받은 것으로 보는 것임

  (서면-2020-법규재산-5365, '23.06.05.)

- 주택재개발사업을 시행하는 정비사업 조합원으로부터 그 조합원의 입주자로 선정된 지위를 관리처분계획인가일 이후에 승계 취득하여 재건축된 상가를 양도하는 경우 장기보유특별공제를 적용함에 있어 보유기간의 기산일은 당해 재건축상가의 사용검사필증 교부일임

  (사전-2017-법령해석재산-0357, '17.07.11.)

다주택자에 대한 중과세

─ 🏠↓01 ─
다주택자 중과제도
개요 및 연혁

가 | 도입취지

❯ 투기적 수요 억제하고, 부동산시장의 안정과 과세형평 도모
- 04.1.1. 이후부터 1세대 3주택 중과제도 도입 적용

❯ 부동산 시장 안정과 거래정상화 위해 '09.1.1.~'12.12.31. 중에 취득하거나 양도하는 주택에 대하여 중과를 한시적 완화
- 중과 유예 1년 연장
  - '13.1.1.~'13.12.31.까지 양도분에 대해 6~38% 적용
  - ☞ 다주택자에 대한 중과제도는 '08년말까지 중과세율 적용과 '11년말까지 장기보유특별공제 적용 배제에 의미가 있음

> **참고** 1세대 다주택자에 대한 중과세제도 입법취지 : 다주택자들의 주택양도를 유도하여 주택가격을 안정화시키기 위한 것(헌법재판소)

나 | '14년 이후 - 중과 폐지

❯ '14.1.1. 소법 개정으로 2주택 이상 다주택자에 대한 중과 폐지
- 소법§104①4호~7호 삭제
- 지정지역 내 3주택 이상자에 대해서는 '18.3.31.까지 10%p 추가과세(소법§104④)

❯ '14.1.1. 법인세법 개정으로 법인 보유 주택 : 법인세+10%p 추가과세
- 중소기업은 '14년 1년간 추가과세 배제

> **참고** 법인보유 주택이 미등기양도자산인 경우 : 법인세 + 40%p

❱ 1세대 3주택 이상자에게 중과 적용의 헌법 위반 여부

- 1세대 3주택자 이상 해당하는 자에 대한 주택 양도에 따른 양도세 강화를 통한 주거생활
  안정이라는 정책적 목적 등을 고려하면, 장기보유특별공제를 배제하고 고율의
  단일세율을 적용하는 것이 과잉금지의 원칙에 위배되어 재산권을 침해하였다고 볼 수
  없음

(헌법재판소2009헌바67, '10.10.28., 합헌)

⊙ '05.8.31. 부동산 대책

🔾 부동산 거래 투명화

- 실거래가 신고제도 도입('06.1월~)
  - 공인중개사의 업무 및 부동산 거래신고에 관한 법률 부칙
- 등기부등본에 실지거래가액 기재

🔾 주택보유에 따른 부담 합리화

- 종합부동산세 대폭 강화
  - 인별합산방식 → 세대별 합산방식
  - 과세기준금액(9억원 초과 → 6억원 초과)
  - 과표 적용률(현. 공정시장가액비율) 매년 10% 상향 조정 ⇒ '09년에 100%
  - 세부담 상한(전년 총세부담의 150% → 300% 이내)

> **참고** '03.10.29. 주택시장 안정 종합대책
> – 종합부동산세 시행시기 단축
> – 1세대 다주택자에 대한 양도세 강화 등

🔾 비사업용토지에 대한 종부세 강화

- 세대별 합산 전환
- 과세기준금액 상향(5억원 → 3억원 초과)
- 과세표준(공시가격 50% → 70%) 상향
- 세부담 상한(전년 대비 1.5배 → 3배) 상향

🔾 투기이익 환수 : 양도소득세

- 양도세 실가 과세 전환('07년부터 전면 실가제도 시행)
- 1세대 2주택 양도세 중과
- 농지대토 감면제도로 전환(감면한도 5년간 1억원)

🏠 심화정리

⊙ 다주택자 중과제도 시행

구 분	적용내용 및 시점	세율
1세대 3주택 이상	• '04.1.1. 이후 양도 분부터 ※ '04년에 추가 취득이 없는 경우에는 '05.1.1. 이후 양도 분부터	60%
조합원입주권 포함 3주택 이상인 경우	• '06.1.1. 이후 양도 분부터 ※ 조합원입주권 주택 수에 포함 : '06.1.1. 이후 관리처분계획인가분부터	
1세대 2주택 (1주택 + 1입주권)	• '07.1.1. 이후 양도 분부터 ('05.12.31. 법률 제7837호 부칙)	50%

⊙ 다주택자 중과제도 완화

구 분	적용 기간	세 율
1세대 3주택 이상	• '09.1.1.~'09.3.15. 중에 취득 · 양도한 주택	45%
	• '09.3.16.~'12.12.31. 중에 취득 · 양도한 주택 ※ '13년말까지 중과유예(양도분만)	기본세율 ('13년말까지 지정지역 : 10%p 가산)
1세대 2주택	• '09.1.1.~'12.12.31. 중에 취득 · 양도한 주택 ※ '13년말까지 중과유예(양도분만)	기본세율
'14.1.1. 이후 양도분	• 중과제도의 폐지 [지정지역 1세대 3주택은 10%p 추가과세('18.3.31.까지)]	기본세율

> **참고**
> – 중과 완화가 되더라도, 단기양도의 경우 기간에 따라 40%, 50%세율이 적용되며,
>   1세대3주택의 경우 기본세율 + 10%p와 40% 세율경합 시 높은 세율 적용
> – 중과 완화되더라도 장기보유특별공제는 배제('12.1.1. ~'18.3.31.까지 양도분은 장기보유특별공제 적용)

다 | 다주택자 중과제도 부활 - 8·2 대책('17.8.2.)

⊙ 다주택자에 대한 중과세

- 지정지역 지정('17.8.3.) : 서울시 11개구, 세종시
- 조정대상지역에 소재한 주택에 대한 중과세('18.4.1.~)

⊙ 주택분양권에 대한 중과세

- 조정대상지역 內 "주택 분양권" 양도 시 보유기간 무관 50% 세율('18.1.1.~)

> **참고** "조합원 입주권" 제외

⊙ 1세대 1주택자에 대한 비과세 요건 강화

- '17.8.3. 취득분부터 조정대상지역 內 "주택" 양도 시 2년 이상 보유하고 2년 이상 거주
  요건 추가

> **참고** 8 · 2대책 : '17.8.2. 국토교통부, 기획재정부, 금융위원회가 공동 발표한 "실수요 보호와 단기 투기수요 억제를 통한
> 주택시장 안정화 방안"

⊙ 조정대상지역 **다주택자 양도세 중과** 한시적 유예

- 다주택자가 조정대상지역 내 "10년 이상 보유"한 주택을 양도하는 경우 한시적으로 양도소득세 중과배제
- (적용시기) '19.12.17~20.6.30.까지 양도분에 한함

❯ 동일세대 상속·증여 시 '10년 이상 보유' 판단

- 소령§167의10①12호(3주택 : 소령 §167의3①12호)에서 "소법§95④에 따른 보유기간이 10년 이상인 주택"으로 규정함
  - 상속개시일 당시 동일세대인 경우, 상속개시 전 상속인과 피상속인이 동일 세대로서 보유한 기간과 상속개시 이후 상속인이 보유한 기간을 통산*하나, 증여받은 자산은 증여 받은 날부터 기산

    * 기획재정부 재산세제과–722, '21.08.10.

▶ 다주택자 및 분양권 중과세율 인상 – 7 · 10 대책('20.7.10.)

- (2주택자) 기본세율 + 20%p (기존 10%p)

- (3주택자) 기본세율 + 30%p (기존 20%p)

- (주택 분양권) 세율 60% (1년 미만 70%, 조정대상지역 소재 무관)

  * (적용시기) '21.6.1. 이후 양도분부터 적용

▶ 다주택 중과 시 주택 수 산정에 분양권 포함 – 12 · 16 대책('19.12.16.)

- 다주택자가 조정대상 지역 내 주택 양도 시 양도세 중과를 위한 주택 수 계산에 분양권 포함

  * (적용시기) '21.1.1. 이후 매매 등으로 취득한 분양권부터 적용(부칙§4)

> **참고**
> 12 · 16 대책 : 관계기관 합동으로 주택시장 안정화 방안을 발표
> 7 · 10 대책 : '20.6.17. 「주택시장안정을 위한 관리방안」에 대한 보완 대책 발표

바 │ 민간임대주택법 개정에 따른 다주택자 중과규정(7·10 대책)

◉ 다주택자의 임대주택 양도에 따른 중과배제 요건

- 장기일반민간임대주택 등의 임대의무기간 연장(8→10년)

  * (적용시기) '20.8.18. 이후 등록분부터(부칙§5)

- '20.7.11. 이후 폐지되는 유형*의 민간매입임대주택으로 등록신청 및 단기임대주택을
  장기일반민간임대주택으로 변경 신고한 주택

  * 폐지유형 : 단기민간임대주택 및 아파트 장기일반매입임대주택

  – 조정대상지역 내 다주택자의 임대주택 양도 시 중과적용 배제대상 제외

◉ 폐지되는 유형의 장기임대주택 말소 시 중과적용 배제(소령§167의3①2호)

- 민간임대주택법§6⑤에 따라 등록 말소신청(임대의무기간 ½ 이상 충족 전제)으로 말소된
  경우 1년 이내 양도 시 중과적용 배제

  * 임대의무기간 충족되어 자동말소 시 처분시기에 관계없이 중과적용 배제

사 | 다주택자 중과 한시 배제

◆ 보유기간 2년 이상인 주택

- 다주택자에 대한 양도세 중과 한시 배제

- '22.5.10.~'26.5.9.까지 양도하는 2년 이상 보유한 주택

- 소령§167의3①12의2, §167의4③6의2, §167의10①12의2, §167의11①12의 소득세법 시행령 개정

☞ '22.5.9. 기획재정부가 보도자료를 통하여 다주택자에 대한 양도소득세 중과(2년 이상 보유한 주택)를 '22.5.10.~'23.5.9.까지 양도하는 분에 대해서 한시적으로 배제한다고 발표하였고, '22.5.31. 소령§167의3①12의2, §167의4③6의2, §167의10①12의2, §167의11①12의 소령을 개정하였으며, '23.2.28.과 '24.2.29. 및 '25.2.28.에 중과 배제를 추가 연장('26.5.9.까지)한다고 매년 소령을 개정함

아 | 다주택자 중과 배제되는 주택의 범위 추가

◆ 단기(6년 이상)민간매입임대주택

◆ 단기(6년 이상)민간건설임대주택

※ '25.6.4. 이후 민간임대주택으로 등록한 단기민간임대주택을 양도하는 경우부터 적용

👤 주택(부수토지 포함) 지정지역* 지정현황(기재부장관)

공고일 시 · 도	2017.8.3.(12곳)	2018.8.28.(16곳)	2023.1.5.(4곳)
서울특별시	용산구 · 성동구 · 노원구 · 마포구 · 양천구 · 강서구 · 영등포구 · 강남구 · 서초구 · 송파구 · 강동구	용산구 · 성동구 · 노원구 · 마포구 · 양천구 · 강서구 · 영등포구 · 강남구 · 서초구 · 송파구 · 강동구 종로구 · 중구 · 동대문구 · 동작구	용산구 · 서초구 · 강남구 · 송파구
세종 특별자치시	세종특별자치시 (행정중심복합도시 건설 예정지역)	세종특별자치시 (행정중심복합도시 건설 예정지역)	* 세종특별자치시는 지정지역에서 '22.9.26. 해제

참고 소법§104의2에서는 "지정지역"으로 열거되어 있으나, 국토교통부 등에서는 "투기지역"이라고 호칭

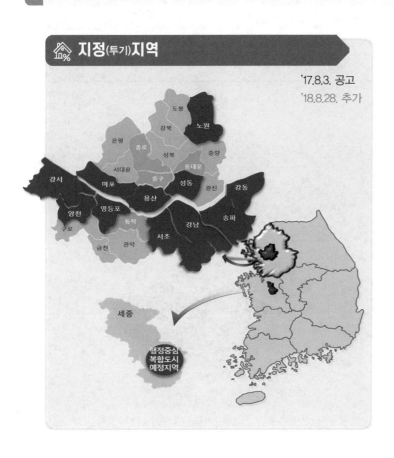

🏠 지정(투기)지역

'17.8.3. 공고
'18.8.28. 추가

⊙ 23.1.5. 현재조정대상지역

❯ 국토교통부공고 제2023-2호

「주택법」제63조의2 제7항에 따라 다음과 같이 조정대상지역 지정의 해제를 공고합니다.

2023년 01월 05일

국토교통부장관

조정대상지역 지정 해제

1. 지정해제지역 : 서울시 종로구 · 중구 · 성동구 · 광진구 · 동대문구 · 중랑구 · 성북구 ·
강북구 · 도봉구 · 은평구 · 서대문구 · 마포구 · 양천구 · 강서구 · 구로구 · 금천구 ·
영등포구 · 동작구 · 관악구, 과천시, 성남시 수정구 · 분당구, 하남시, 광명시

※ 조정대상지역 지정 현황

시 · 도	현 행	조 정('23.1.5.)
서울	서울특별시 전역(25개區)	서초구 · 강남구 · 송파구 · 용산구
경기	과천시, 성남시주1), 하남시, 광명시,	–

주1) 중원구 제외

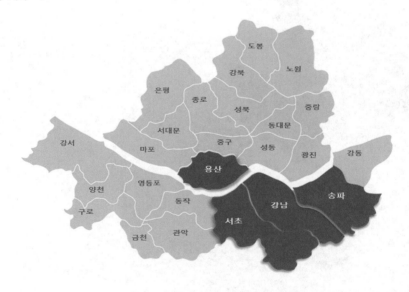

☞ '17.8.3.부터 '23.1.5.까지의 조정대상지역의 추가 지정 및 지정 해제와 관련한 변천과정에
대해서는 부록 참고

02

중과대상
주택 판단

가 | 중과대상 적용범위(소법§104⑦)

▶ 조정대상지역 內 주택으로서 소령에서 정하는 1세대 2주택에 해당하는 주택(1호)

▶ 조정대상지역 內 주택으로서 소령에서 정하는 1세대가 주택과 조합원입주권 또는 분양권을
각각 1개씩 보유한 경우 해당 주택(2호)

▶ 조정대상지역 內 주택으로서 소령에서 정하는 1세대 3주택 이상에 해당하는 주택(3호)

▶ 조정대상지역 內 주택으로서 소령에서 정하는 1세대가 주택과 조합원입주권 또는 분양권을
보유한 경우로서 그 수의 합이 3이상인 경우 해당 주택(4호)

> 참고 │ 2호와 4호는 소령에서 정하는 장기임대주택 등은 제외

나 | 조합원입주권 또는 분양권과 주택 보유 시 유의사항

▶ 주택과 조합원입주권 또는 분양권을 함께 소유시 조합원입주권 또는 분양권도 주택 수에
포함

▶ 無 주택자가 조합원입주권만 또는 분양권만 여러 개 소유 시 다주택자 아님

▶ 有 주택자가 조합원입주권 또는 분양권을 소유하여 다주택자로 판정되어도 조합원입주권
또는 분양권만 양도시 중과세 되지 않음

   ☞ 주택을 양도한 경우에만 중과세

▶ 주택부분이 큰 겸용주택 양도 시 상가부분은 기본세율 · 장기보유특별공제 적용
(서면4팀-411, '05.03.22., 서면4팀-886, '04.06.17., 재산-1693, '04.06.15.)

   ☞ 겸용주택에서 주택 연면적이 큰 경우 전체를 주택으로 보는 것은 비과세 범위 판정할
     경우에만 해당(∵ 소령§154③에서 열거)

다 | 조합원입주권과 주택 보유 시 유의사항

▶ 중과규정 적용되는 다주택자가 해당 주택에 딸린 토지만 양도 시

- 다주택 중과세율 적용(재산세제과─563, '09.03.23., 서면5팀─3201, '07.12.11.)

  (∵ 중과대상 주택은 해당 주택 소유자 기준 판단)

▶ 주택재개발 정비사업 청산금

- 조합원이 1세대 3주택에 해당하는 주택 및 부수토지 대가로 조합원입주권과 청산금 교부받은 경우
  - 청산금 상당하는 종전주택 및 부수토지 : 3주택 중과세율 적용

📑 관련 판례 · 해석 등 참고사항

▶ 재산세제과─563, '09.03.23.

- 소법§103①2호의3부터 2호의6(다주택 중과규정)까지의 규정은 주택의 부수토지만을 양도한 귀 질의의 경우에도 적용되는 것임

▶ 서면5팀─3201, '07.12.11.

- 2주택을 소유한 1세대가 1주택의 부수토지만을 매매하기로 계약하고 소법상 양도시기가 도래한 이후에 주택이 멸실된 경우 당해 부수토지의 양도로 인하여 발생한 소득은 중과세율을 적용하는 것임

2주택을 소유한 1세대가 그 중 1주택으로 주택 재건축사업에 참여하여 청산금을 받은 경우 당해 청산금은 종전주택의 유상양도로 양도세가 과세되는 것이고, 양도일 기준으로 중과세 대상 여부를 판단함

중요　상
난이　중

적용사례(부동산거래관리과-95, '13.03.07.)

'84.12.31.	'00.1.1.	'05.5.16.	'12.10.29.	'13.1.5.	'14.2.1.
甲. 경기 의왕 소재 "A주택" 취득	甲. 서울 서초 소재 "B주택" 취득	"A주택" 재건축 사업시행인가*	"A'주택" 준공	청산금 수령	이전고시 예정

* 입주권과 청산금 68백만원 수령 예정

Q1　청산금 수령이 종전주택 유상양도로 보아 양도일 기준(이전고시일 다음날) 2주택에 대한 중과대상인지 아니면 조합원입주권에 해당하여 기본세율을 적용하는지?

A1　2주택을 소유한 1세대가 그 중 1주택으로 주택 재건축사업에 참여하여 청산금을 받은 경우 당해 청산금은 종전주택의 유상양도로 양도세가 과세되는 것이고, 양도일 기준으로 중과세 대상 여부를 판단함

제5편

📑 관련 판례 · 해석 등 참고사항

▶ 조심2012중4599, '13.12.12.
- 주택 재개발 조합원이 수령한 청산금은 종전주택 및 부수토지의 유상 이전 대가에 해당하는 점 등을 종합할 때, 청산금을 주택의 양도대금으로 보고 1세대 3주택 이상이라 하여 중과세율을 적용하여 과세한 처분은 잘못이 없음

청산금에 대하여 다주택 중과 판정 시 주택 및 조합원입주권의 수 계산은
관리처분계획인가일 현재 현황이 아닌 해당 청산금의 양도일 현재 현황에 따름

중요 상　난이 중

적용사례(사전-2019-법령해석재산-0164, '19.07.16.)

　'78.1.1.　　　　　　　　　　　'13.10.1.　　　　　　'18.12.1.　　'19.1.1.

사례

서울 00구 소재　　　　　관리처분계획인가　　　　2.3억원　　2.3억원
"A주택"　　　　　　　　　　　"A주택"　　　　　　　지급 받음　지급 받음
취득　　　　　　　　　평가액(12억원)*

* 구.주택 평가액(12억원)에 따라 24평형 아파트 2채에 해당하는 A'조합원입주권(3.6억원)과 B'조합원입주권(3.8억원) 및
  청산금 4.6억원을 지급 받기로 함

※ '03.1.1.부터 딸과 함께 살고 있는데, 딸 소유 주택이 1채 있어서 관리처분계획인가일 당시 1세대 2주택이고 현재는 분양
   받은 아파트 포함하여 1세대 3주택에 해당함

Q1　주택재개발사업에 따라 지급받은 청산금에 대한 다주택 중과 여부 판정시기는?

A1　청산금에 대하여 다주택 중과 판정 시 주택 및 조합원입주권의 수 계산은 관리처분계획인가일 현재
　　현황이 아닌 해당 청산금의 양도일 현재 현황에 따름

📑 **관련 판례 · 해석 등 참고사항**

▶ **청산금에 대한 양도시기가** 대금 청산일**이었으나** 기재부 해석 변경(기재부 재산세제과-35,
　'20.1.14.)에 따라 소유권 이전고시일의 다음날로 **변경됨**

| 분양권 중과 (구.소법§104①4호→소법§104①2, 3호) | 분양권 무주택세대 요건 판정시기 |

분양권 양도가 중과대상에서 제외되는 경우는 1세대가 해당 분양권 외에 주택 뿐만 아니라 다른 분양권도 보유하지 않는 경우로서, 구.소령§167의6 1호에 따라 양도 당시를 기준으로 판정

중요 중 / 난이 상

적용사례 (사전-2019-법령해석재산-0245, '19.10.01.)

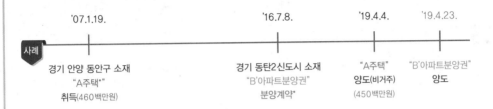

'07.1.19.	'16.7.8.	'19.4.4.	'19.4.23.
사례			
경기 안양 동안구 소재 "A주택*" 취득(460백만원)	경기 동탄2신도시 소재 "B'아파트분양권" 분양계약*	"A주택" 양도(비거주) (450백만원)	"B'아파트분양권" 양도

* 경기 안양 동안구와 동탄2택지개발지구는 각각 '18.8.28.과 '18.12.31.에 조정대상지역 지정 공고되었음

Q 조정대상지역 내 소재한 주택과 분양권을 보유한 상태에서 동일 연도에 해당 주택과 분양권을 순차로 양도한 경우,

Q1 분양권 양도소득에 대해 중과 배제되는 "무주택세대" 요건이 양도 당시에만 적용되는지, 취득시점에도 적용되는지 여부?

A1 분양권 양도가 중과대상에서 제외되는 경우는 1세대가 해당 분양권 외에 주택뿐만 아니라 다른 분양권도 보유하지 않는 경우로서, 구.소령§167의6 1호에 따라 양도 당시를 기준으로 판정함

Q2 A주택의 양도와 관련하여, 1세대 1주택 비과세 판정 시 거주요건 적용 여부 및 A주택 양도차손과 분양권 양도소득의 통산 가능 여부?

A2 취득 당시 비조정대상지역이므로 거주요건 필요 없으며, 소법§89①3호에 따라 비과세되는 주택의 양도로 발생한 양도차손은 양도소득금액에서 차감하지 않음

제5편

🖋 관련 판례·해석 등 참고사항

▶ **소령§167의6양도소득세가** 중과되지 아니하는 주택의 입주자로 선정된 지위**의 범위**

('19.02.12. 개정된 것)

– 소법§104①4호 단서에서 대통령령으로 정하는 경우란 다음 각 호의 요건을 모두 충족하는 경우를 말한다.

1. 양도 당시에 양도자가 속한 1세대가 다른 주택의 입주자로 선정된 지위를 보유하고 있지 아니할 것

2. 양도자가 30세 이상이거나 배우자가 있을 것(양도자가 미성년인 경우는 제외하며, 배우자가 사망하거나 이혼한 경우를 포함한다)

분양권 중과(소법§88 10호, 소령§152의4)	생활형 숙박시설(다주택자 중과)

건축법시행령 별표1 제15호가목에 따른 생활숙박시설을 공급받는 자로 선정된 지위는
소법§88 10호에 따른 분양권에 해당하지 아니함

중요
중

난이
상

적용사례(서면-2021-법규재산-5635, '22.02.25.)

'18.12.1.

'20.11.1.

'21.1.1. 이후

'21.8.1.

사례

비조정대상지역 소재
"A주택"
취득

비조정대상지역 소재
"B주택"
취득

주택분양권
주택 수 포함

"C'생활형숙박시설
분양권"
취득

Q1 '21.1.1. 이후 취득한 "생활형 숙박시설 분양권"을 주택 분양권으로 보아 1세대 1주택 비과세 및
다주택 중과세율 판정 시 주택 수에 포함하는 지 여부?

A1 건축법시행령 별표1 제15호가목에 따른 생활숙박시설을 공급받는 자로 선정된 지위는 소법§88 10호에
따른 분양권에 해당하지 아니함

➡ 다음 쪽에 "법령" 참고

관련 판례 · 해석 등 참고사항

▶ **소법§88[정의]**

10. "분양권"이란 주택법 등 대통령령으로 정하는 법률에 따른 주택에 대한 공급계약을 통하여 주택을
공급받는 자로 선정된 지위(해당 지위를 매매 또는 증여 등의 방법으로 취득한 것 포함)를 말함

▶ **건축법시행령[별표1] 용도별 건축물의 종류**(제3조의5 관련)

15. 숙박시설

가. 일반숙박시설 및 생활숙박시설(「공중위생관리법」제3조제1항 전단에 따라 숙박업 신고를 해야 하는
시설로서 국토교통부장관이 정하여 고시하는 요건을 갖춘 시설을 말한다)

> **정의(소법§88)**

10. "분양권"이란 주택법 등 대통령령으로 정하는 법률에 따른 주택에 대한 공급계약을 통하여 주택을 공급받는 자로 선정된 지위(해당 지위를 매매 또는 증여 등의 방법으로 취득한 것 포함)를 말함

> **양도소득세가 중과되지 아니하는 주택의 입주자로 선정된 지위의 범위(구.소령§167의6)**

③ 법§104①4호 단서에서 "대통령령으로 정하는 경우"란 다음 각 호의 요건을 모두 충족한 경우를 말한다.

　　1. 양도 당시에 양도자가 속한 1세대가 다른 주택의 입주자로 선정된 지위를 보유하고 있지 아니할 것

　　2. 양도자가 30세 이상이거나 배우자가 있을 것(양도자가 미성년자인 경우는 제외하며 배우자가 사망하거나 이혼한 경우를 포함한다)

> **분양권의 범위(소령§152의5)**　　　　　　　　　　['21.2.17. 본조 신설]

법§88 10호에서 「주택법」 등 대통령령으로 정하는 법률"이란 다음 각 호의 법률을 말한다.

　1. 「건축물의 분양에 관한 법률」
　2. 「공공주택 특별법」
　3. 「도시개발법」
　4. 「도시 및 주거환경 정비법」
　5. 「빈집 및 소규모주택 정비에 관한 특례법」
　6. 「산업입지 및 개발에 관한 법률」
　7. 「주택법」
　8. 「택지개발촉진법」

주택법§63의2①1호에 따른 조정대상지역 내 주택의 입주자로 선정된 지위를 양도하는
경우에는 양도소득 과세표준에 50/100의 세율을 적용하는 것임

중요 중   난이 상

적용사례(서면-2019-부동산-1828, '19.06.19., 서면-2018-부동산-0785, '18.04.24.)

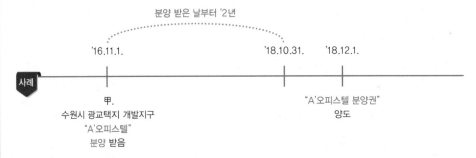

분양 받은 날부터 '2년

'16.11.1.   '18.10.31.   '18.12.1.

사례

甲.
수원시 광교택지 개발지구
"A'오피스텔"
분양 받음

"A'오피스텔 분양권"
양도

※ 세무서 일반사업자로 사업자등록 후 계약금 및 중도금에 대해 부가세를 환급받고 있음

Q1 분양받은 날부터 2년이 경과한 후 A'오피스텔 분양권을 양도하는 경우 50% 중과세율을 적용하는지
여부?

A1 주택법§63의2①1호에 따른 조정대상지역 내 주택의 입주자로 선정된 지위를 양도하는 경우에는
양도소득 과세표준에 50/100의 세율을 적용하는 것임

관련 판례 · 해석 등 참고사항

▶ **주택 취득세 중과세율 관련, 오피스텔도 주택 수에 포함되는지?**
(부동산 3법 등 주요 개정내용과 100문 100답으로 풀어보는 주택세금 56쪽)

－ 재산세 과세대장에 주택으로 기재되어 주택분 재산세가 과세되고 있는 주거용 오피스텔의 경우 주택 수에
포함됨
* '20.8.12. 이후 신규 취득분부터 적용. 다만, '20.8.12. 전에 매매(분양)계약을 체결한 경우도 주택
수에서 제외

▶ **다가구주택**

- 원칙 : 공동주택
- 예외 : 단독주택(거주자가 하나의 매매단위로 양도 · 선택 시)

▶ **공동상속주택**

- 상속지분이 가장 큰 상속인의 소유로 주택 수 계산
- 지분 가장 큰 자가 2인 이상 : ① 당해 주택 거주자 ② 최연장자 순서

▶ **부동산매매업자 보유 주택**(재고자산)

- 주택 수 계산에 포함(∵ 사업자등록하여 중과적용 회피 가능)

▶ **주택신축판매업자(건설업)의 주택**(재고자산)

- 주택 수 계산에 포함하지 않음

▶ **증여받은 주택을 증여 등기일부터 3개월 이내 반환 시**

- 중과대상 주택 수 계산에 포함하지 않음

▶ **본인 토지 위에 타인 소유 주택 있는 경우**

- 본인 소유 다른 주택 양도 시 주택 수에 포함하지 않음

  (∵ 중과대상 주택은 해당 주택 소유자 기준 판단)

참고
1세대, 양도일 현재 기준으로 주택 수 판정
2개 이상 주택을 같은 날 양도 시 : 납세자 선택

제5편

양도세 중과세율 적용 시 주택 수 계산은 당해 주택 또는 그 밖의 주택 양도일 현재 각 세대를 기준으로 판정하는 것이며, 주택과 그 부수토지를 각각 다른 별도세대가 보유하는 경우 또는 보유하다가 양도하는 경우 당해 주택의 소유자는 건물소유자를 기준으로 판단하는 것임

중요 상　난이 중

적용사례 (서면5팀-1992, '07.07.06.)

| '89.7.1. | '05.1.1. | '08.3.1. | '09.9.1. |

甲.
인천 중구 소재
"A단독주택"
취득

甲.
인천 동구 소재
"B아파트"
취득

甲 → 乙*
"A주택의 건물부분만"
증여

"A단독주택"
양도 예정

* 별도세대인 조카이며, A와 B주택 모두 기준시가 1억원이 초과되는 중과대상 주택임

Q1 2주택 중 A주택에 대해 건물부분만 조카에게 증여한 후 증여일로부터 1년 후에 양도 시(토지와 건물 모두) A주택의 부수토지에 대한 양도세 계산 시 2주택 부수토지로 보아 중과되는지 여부?

A1 양도세 중과세율 적용 시 주택 수 계산은 당해 주택 또는 그 밖의 주택 양도일 현재 각 세대를 기준으로 판정하는 것이며, 주택과 그 부수토지를 각각 다른 별도세대가 보유하는 경우 또는 보유하다가 양도하는 경우 당해 주택의 소유자는 건물소유자를 기준으로 판단하는 것임

Q2 만약, 갑이 건물을 증여한 후 A주택의 토지에 대한 소유권만 있는 경우로서 B주택(3년 이상 보유)을 양도할 경우 비과세가 가능한 지 여부?

A2 소령§154에 따라 1세대 1주택을 판정함에 있어 주택과 그 부수토지를 동일 세대원이 아닌 자가 각각 소유하고 있는 경우 그 부수토지의 소유자는 주택을 소유한 것으로 보지 아니하는 것임

📑 관련 판례 · 해석 등 참고사항

▶ **재산세제과-563, '09.03.23.**
　– 소법§104①제2의3호부터 제2의6호까지 규정(現.소법§104의3⑦, 다주택 중과세율)은 주택의 부수토지만을 양도한 귀 질의의 경우에도 적용되는 것임

☞ 위의 두 해석을 정리하면,
　– 별도세대인 타인 소유 주택의 부수토지만을 양도 시에는 중과세율이 적용되지 않지만, 동일 세대원이나 본인이 보유하고 있는 주택의 부수토지만을 양도할 경우에는 중과세율이 적용됨

1세대 2주택 중과(소령§167의10①)   부수토지(다주택자 중과)

양도세 중과세율 적용 시 주택 수의 계산은 양도일 현재 각 세대를 기준으로 판정하는 것이며, 주택과 그 부수토지를 각각 별도세대가 보유하는 경우 또는 보유하다가 양도하는 경우 당해 주택의 소유자는 건물 소유자를 기준으로 판단함

중요 중 / 난이 상

적용사례(서면5팀-2794, '07.10.23.)

| '10.3.3. | '17.3.12. | '21.10.14. |

사례

"A주택*" 취득   "B주택**" 취득   "A주택" 양도

* 건물은 남편 甲의 명의로, 부수토지는 아내 乙의 명의로 실질 소유

** 부부인 동일세대가 위 A주택 외 일반주택 1채를 소유

Q1 A주택 양도 시 건물부분은 당연히 1세대 2주택 중과세율 적용하여야 하나, 배우자 명의의 부수토지도 다주택자 중과가 적용되는지 여부?

A1 양도세 중과세율 적용 시 주택 수 계산은 양도일 현재 각 세대를 기준으로 판정하는 것이며, 주택과 그 부수토지를 각각 별도세대가 보유하는 경우 또는 보유하다가 양도하는 경우 당해 주택의 소유자는 건물 소유자를 기준으로 판단함

제 5 편

📋 관련 판례 · 해석 등 참고사항

▶ **서면4팀-1833, '06.06.19.**

  – 소령§167의4 및 §167의6 규정(現.소령§167의11) 규정을 적용함에 있어 주택 및 입주권의 보유 여부 판정은 소령§154 규정의 1세대별로 주택 양도일을 기준으로 당해 양도주택을 포함하여 1세대 3주택 이상 여부를 판정하는 것임

▶ **서면4팀-619, '05.04.22.**

  – 중과세율을 적용함에 있어서 1세대 3주택 이상 보유 여부 판정은 1세대별로 주택 양도일을 기준으로 당해 양도주택을 포함하여 판정하는 것임

제5편 23

1세대 2주택 중 1주택(부수토지 제외)이 협의매수 · 수용된 후 주택에 딸린 토지가 나중에 수용된 경우 해당 토지는 소법§104①6호(50% 중과)가 적용되는 것임

적용사례(부동산거래관리과-505, '12.09.21.)

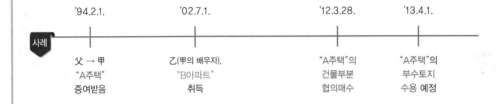

'94.2.1.	'02.7.1.	'12.3.28.	'13.4.1.
父 → 甲 "A주택" 증여받음	乙(甲의 배우자), "B아파트" 취득	"A주택"의 건물부분 협의매수	"A주택"의 부수토지 수용 예정

Q1 A주택의 부수토지가 1세대 2주택 중과대상인지 여부?

A1 1세대 2주택 중 1주택(부수토지 제외)이 협의매수 · 수용된 후 주택에 딸린 토지가 나중에 수용된 경우 해당 토지는 소법§104①6호(50% 중과)가 적용되는 것임

📜 관련 판례 · 해석 등 참고사항

양도일 현재 쟁점부동산의 건물부분이 존재하였고 그 건물을 매수법인이 철거비용을 부담하고 철거한 사실이 확인되므로 쟁점부동산에 대하여 청구인이 토지와 건물을 함께 양도한 것으로 보아 과세한 처분은 정당함

중요 상　난이 중

적용사례(국심2006중1185, '07.01.31.)

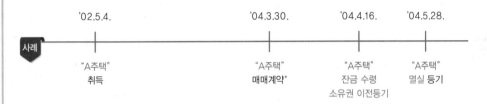

사례

'02.5.4.　　　　　'04.3.30.　　'04.4.16.　　'04.5.28.

"A주택"　　　　　"A주택"　　　"A주택"　　　"A주택"
취득　　　　　　매매계약*　　잔금 수령　　멸실 등기
　　　　　　　　　　　　　소유권 이전등기

* 특약사항에 양도인의 책임과 비용으로 지상물을 철거하고 토지만 양도하기로 하였으나, 멸실 공사 및 비용을 매수법인이 부담한 사실이 확인됨

Q1 쟁점부동산을 양도하면서 양도자가 건물을 멸실하고 토지만 양도하기로 약정하였으나, 실제로는 매수자가 건물을 철거하고 철거비용을 부담하였다 하여 건물도 함께 양도한 것으로 보는 것이 타당한 지 여부?

A1 양도일 현재 쟁점부동산의 건물부분이 존재하였고 그 건물을 매수법인이 철거비용을 부담하고 철거한 사실이 확인되므로 쟁점부동산에 대하여 청구인이 토지와 건물을 함께 양도한 것으로 보아 과세한 처분은 정당함

제5편

📑 관련 판례 · 해석 등 참고사항

▶ 서면5팀-2412, '07.08.29.

－ 2주택 이상을 소유한 1세대에 대하여 중과세율 규정을 적용함에 있어 주택 수 판정은 양도일 현재를 기준으로 판정하는 것임

양도세 세율을 적용함에 있어 주택 수는 양도일 현재를 기준으로 판정하는 것이나, 매매계약
성립 후 양도일 이전에 주택을 멸실한 경우에는 매매계약일 현재를 기준으로 판정하는
것임(매매계약일에 존재한 주택가액이 양도가액에 반영되었다고 가정)

중요 상　난이 상

적용사례(재산세과-586, '09.02.19.)

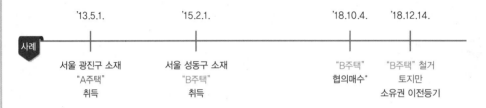

| '13.5.1. | '15.2.1. | | '18.10.4. | '18.12.14. |

사례

서울 광진구 소재　　　서울 성동구 소재　　　　　　　　"B주택"　　　"B주택" 철거
"A주택"　　　　　　　"B주택"　　　　　　　　　　협의매수*　　토지만
취득　　　　　　　　　취득　　　　　　　　　　　　　　　　소유권 이전등기

* SH공사가 국민임대주택의 사업용지로 협의매수하였고, 토지 및 주택, 관상수 등에 대해 모두 보상해 줌

Q1 B주택이 위와 같이 SH공사에 협의매수된 경우 중과세율 및 장기보유특별공제를 적용할 수 있는지
여부?

A1 양도세 세율을 적용함에 있어 주택 수는 양도일 현재를 기준으로 판정하는 것이나, 매매계약 성립 후
양도일 이전에 주택을 멸실한 경우에는 매매계약일 현재를 기준으로 판정하는 것임

관련 판례 · 해석 등 참고사항

☞ 실질과세원칙에 입각해서 매매계약일에 존재한 주택가액이 양도가액에 반영되었고 SH공사가
필요에 의해 철거하고 토지만 등기한 것이므로, 예외적으로 매매계약일 현재의 상황에 따라
세율을 판정한 것으로 보임

3주택 이상을 소유한 1세대에 대하여 중과세율을 적용함에 있어서 주택 수의 판정은
소령§162의 규정에 의한 양도일 현재를 기준으로 판정하는 것이나, 매매계약 성립 후 양도일
이전에 주택을 멸실한 경우에는 매매계약일 현재를 기준으로 판정하는 것임

중요 상　난이 상

적용사례(서면4팀-547, '05.04.11.)

'92.2.1.	'94.7.1.	'03.7.1.	'05.4.1.	'05.7.1.
서울 광진구 소재 "A주택" 취득	서울 성동구 소재 "B주택" 취득	서울 성동구 소재 "C주택" 취득	"A주택" 매매계약*	"A주택" 철거 토지만 소유권 이전등기

* 매매계약 체결 후 주택 멸실하고 잔금 받는 조건으로 계약한 후 실제 잔금 지급 받기 전에 주택 멸실함

Q1 1세대 3주택 소유자로서 1주택을 양도하고자 하나 양도가 이루어지지 않아 1주택을 매매계약 체결하고
잔금은 건물 철거 후 받는 경우, 1세대 3주택 중과에 해당하는 지 여부?

A1 3주택 이상을 소유한 1세대에 대하여 중과세율을 적용함에 있어서 주택 수의 판정은 소령§162의
규정에 의한 양도일 현재를 기준으로 판정하는 것이나,
 – 매매계약 성립 후 양도일 이전에 주택을 멸실한 경우에는 매매계약일 현재를 기준으로 판정하는 것임

제 5 편

관련 판례 · 해석 등 참고사항

☞ 실질과세원칙에 입각해서 매매계약일에 존재한 주택가액이 양도가액에 반영되었고 후 소유자의
필요에 의해 계약한 후 잔급을 지급받기 전에 주택을 멸실한 것이므로, 예외적으로 매매계약일
현재의 상황에 따라 세율을 판정한 것으로 보임

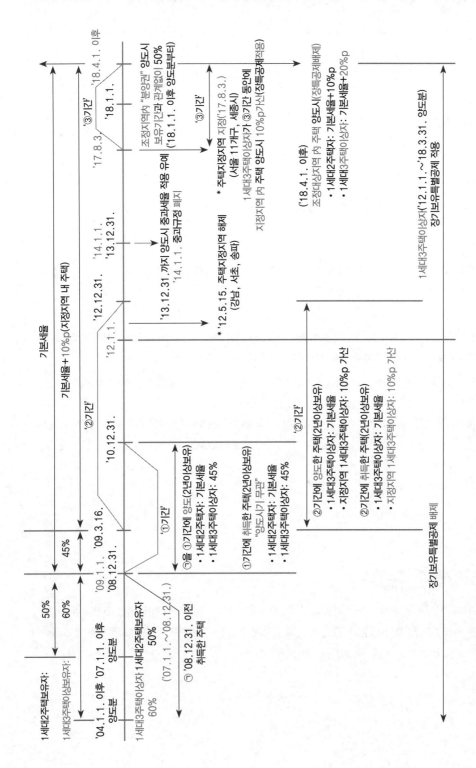

* 법인: ②기간 양도시 법인세만 과세(토지 등 양도차익에 대한 추가 법인세 폐지) 다만, 지정지역 소재 주택 · 비사업용토지 양도 시 : 10%의 추가 법인세 과세
'13.1.1. 이후 양도분부터 30%p 추가과세 부활 ⇨ '14.1.1. 이후 양도분부터 10%p 추가과세, 중소기업은 '15.1.1. 이후 양도분부터 10%p 추가과세

소법 §104(양도소득세의 세율) 주요 개정 내역

※ 적색 : 다주택자, 청색 : 비사업용 토지

2011.7.25.			
제1항	제1호	제94조①1호·2호 및 4호 자산	기본세율
	제2호	보유기간 1~2년	40%
	제3호	보유기간 1년 미만	50%
	제4호	1세대 3주택	60%
	제5호	1세대 수의 합 3이상	60%
	제6호	1세대 2주택	50%
	제7호	1세대 수의 합 2이상	50%
	제8호	비사업용 토지	60%
	제9호	비사업용 토지 가액이 50% 이상인 특정주식과 부동산과다보유법인 주식	60%
	제10호	미등기 양도자산	70%
제4항	제1호	지정지역내 1세대 3주택	기본+10%p
	제2호	지정지역내 수의 합 3이상인 경우 해당 주택	기본+10%p
	제3호	지정지역내 비사업용 토지	기본+10%p
제6항	제1호	제1항4~9호까지 해당자산 12년말까지 양도시	기본세율

2014.1.1.			
제1항	제1호	제94조①1호·2호 및 4호 자산	기본세율
	제2호	보유기간 1~2년 [주택(부수토지) 및 조합원입주권 제외]	40%
	제3호	보유기간 1년미만 [주택(부수토지) 및 조합원입주권 40%]	50%
	제4호	2014.1.1. 삭제	
	제5호		
	제6호		
	제7호		
	제8호	비사업용 토지	기본+10%p
	제9호	비사업용 토지 가액이 50% 이상인 특정주식과 부동산과다보유법인 주식	기본+10%p
	제10호	미등기 양도자산	70%
제4항	제1호	지정지역내 1세대 3주택	기본+10%p
	제2호	지정지역내 수의 합 3이상인 경우 해당 주택	기본+10%p
	제3호	지정지역내 비사업용 토지	기본+10%p
제6항	제1호	2014.1.1. 삭제	

2017.12.19.			
제1항	제1호	제94조①1호·2호 및 4호 자산	기본세율
	제2호	보유기간 1~2년 [주택(부수토지) 및 조합원 입주권 제외]	40%
	제3호	보유기간 1년미만 [주택(부수토지) 및 조합원 입주권 40%]	50%
	제4호	조정대상지역내 주택분양권(조합원입주권제외) 다만, 1세대가 무주택자로서 대통령령으로 정한 경우 제외	50%
	제5호	2014.1.1. 삭제	
	제6호		
	제7호		
	제8호	비사업용 토지	별도 표 참고
	제9호	부동산과다보유법인 주식	별도 표 참고
	제10호	미등기 양도자산	70%
제4항	제1호	2017.12.19.삭제(2018.4.1. 이후 양도분부터 적용)	
	제2호		
	제3호	지정지역내 비사업용 토지	기본+10%p
제7항 ('18.4.1. 이후 양도분부터)	제1호	조정대상지역내 주택으로서 대통령령으로 정한 1세대 2주택	기본+10%p
	제2호	조정대상지역내 주택으로서 1세대가 1주택과 조합원 입주권 1개 보유한 경우 해당 주택(장기임대주택등 제외)	기본+10%p
	제3호	조정대상지역내 주택으로서 대통령령으로 정한 1세대 3주택	기본+20%p
	제4호	조정대상지역내 주택으로서 1세대가 주택과 조합원 입주권을 보유한 경우 그 수의 합이 3이상인 경우 해당 주택(장기임대주택등 제외)	기본+20%p

직 전		현 행*('21.6.1. 이후)	
2주택자	3주택자 이상	2주택자	3주택자 이상
기본세율 +10%p	기본세율 +20%p	기본세율 +20%p	기본세율 +30%p

참고 다주택자 중과와 관련하여, '21.6.1. 이후 양도하는 분부터 적용하나 보유기간이 2년 이상인 주택을 '22.5.10.~'25.5.9.까지 양도하는 경우 한시적으로 중과 배제

1세대 3주택자가 지정지역 안에 있는 주택을 '09.3.15. ~ '12.12.31. 사이에 취득하였다고 하더라도 부칙 제9270호 §14를 적용할 수 없어 10%p 추가 과세를 적용하여야 함

중요 상 / 난이 상

적용사례

Q1 지정지역 내 3주택에 해당하는 주택을 '09.3.16.~'12.12.31. 사이에 취득하고 '17.8.3. 이후 양도 시 소법 부칙 제9270호 제14조에 따라 10%p 추가과세 제외되는지?

참고 [소법 부칙 제9270호('08.12.26.)§14(양도소득세의 세율 등에 관한 특례)]

① '09.3.16.~'12.12.31.까지 취득한 자산을 양도함으로써 발생하는 소득에 대하여는 §104①4호~9호까지 규정에도 불구하고 같은 항 1호에 따른 세율(그 보유기간이 2년 미만이면 같은 항 2호 또는 3호에 따른 세율)을 적용한다.

A1 현행 지정지역 1세대 3주택 중과는 소법§104④의 규정이고 소법 부칙 제9270호 §14는 소법§104①에 관한 규정이므로,

- 1세대 3주택자가 지정지역 안에 있는 주택을 '09.3.16. ~ '12.12.31. 사이에 취득하였다고 하더라도 부칙 제9270호 §14를 적용할 수 없어 10%p 추가 과세를 적용하여야 함

☞ 당초 기재부가 위와 같이 유권해석을 하였으나 아래 참고사항과 같이 해석을 변경하여 위의 내용은 삭제되었고, 아래 기획재정부 재산세제과-1422, '23.12.26. 해석과 같이 중과되지 아니한 것으로 변경됨

📑 관련 판례 · 해석 등 참고사항

▶ **기획재정부 재산세제과-852, '18.10.10.** (해석 변경으로 삭제)

- '09.3.16.부터 '12.12.31.까지의 기간 중 취득하고, 추후 주택법§63의2①1호에 따른 조정대상지역으로 지정된 지역에 있는 주택을 '18.4.1. 이후 양도하는 경우에는 소법§104⑦(다주택중과세율)이 적용되는 것임

▶ **기획재정부 재산세제과-1422, '23.12.26.** (변경된 해석)

- '09.3.16.부터 '12.12.31.까지의 기간 중 취득한 주택의 소재지가 추후 주택법에 따른 조정대상지역으로 지정된 경우로서, 해당 주택을 양도하는 경우에는 법률 제9270호 부칙 §14①에 따라 소법§104①1호에 따른 세율(그 보유기간이 2년 미만이면 같은 항 2호 또는 3호에 따른 세율)을 적용하는 것임. 동 해석은 회신일 이후 결정 · 경정하는 분부터 적용됨

'09.3.16.~'10.12.31.까지 취득한 주택을 조정대상지역 지정 후 양도 시 장기보유특별공제 적용 불가

중요 상　난이 상

적용사례(기획재정부 재산세제과-477, '24.04.17., 기준-2024-법규재산-0019, '24.04.23.)

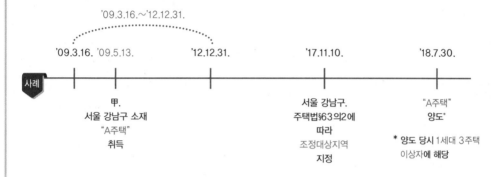

Q1 다주택자가 소법 부칙(제9270호, '08.12.26.) §14에 따라 기본세율을 적용받는 조정대상지역 내 주택('09.3.16.~'12.12.31.까지 취득)을 양도하는 경우 장기보유특별공제를 적용받을 수 있는지 여부

A1 '09.3.16.~'10.12.31.까지 기간 중 취득한 주택의 소재지가 추후 주택법에 따른 조정대상지역으로 지정된 상황에서 다주택자가 해당 주택을 '18.4.1.~'22.5.9.까지 양도하는 경우에는 소법§95② 규정에 따라 장기보유 특별공제가 적용되지 않는 것임

🖉 **관련 판례 · 해석 등 참고사항**

▶ **소법 부칙 제9270호('08.12.26.)§14[양도소득세의 세율 등에 관한 특례]**

① '09.3.16.~'12.12.31.까지 취득한 자산을 양도함으로써 발생하는 소득에 대하여는 §104①4호~9호까지 규정에도 불구하고 같은 항 1호에 따른 세율(그 보유기간이 2년 미만이면 같은 항 2호 또는 3호에 따른 세율)을 적용한다. 〈개정 '10.12.27.〉
② 삭제 〈'12.1.1.〉

'09.3.16.~'10.12.31.까지 취득한 자산을 양도함으로써 발생하는 소득에 대하여는
소법§104①2호의3~2호의8까지 규정에도 불구하고 같은 항 1호에 따른 세율(보유기간 2년
미만 : 같은 항 2호 또는 2호의2 세율 적용)을 적용

중요 중 / 난이 상

적용사례(재산세과-275, '09.09.21.)

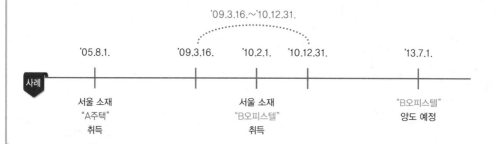

'09.3.16.~'10.12.31.

| '05.8.1. | '09.3.16. | '10.2.1. | '10.12.31. | '13.7.1. |

사례

서울 소재
"A주택"
취득

서울 소재
"B오피스텔"
취득

"B오피스텔"
양도 예정

Q1   주거용 또는 업무용으로 사용 중인 오피스텔을 취득하여 2년 이상 보유한 후 주거용으로 사용하는
상태에서 양도하는 경우에 다주택자 중과 배제 여부?

A1   • 소'09.3.16.~'10.12.31.까지 취득한 자산을 양도함으로써 발생하는 소득에 대하여는
소법§104①2호의3~2호의8까지 규정에도 불구하고 같은 항 1호에 따른 세율(보유기간 2년 미만 :
같은 항 2호 또는 2호의2 세율 적용)을 적용하나
   • 해당 자산 보유기간이 3년 이상인 경우에도 장기보유특별공제는 적용하지 않음

📖 **관련 판례 · 해석 등 참고사항**

▶ **소법 부칙 제9270호('08.12.26.)§14[양도소득세의 세율 등에 관한 특례]**

   ① '09.3.16.~'12.12.31.까지 취득한 자산을 양도함으로써 발생하는 소득에 대하여는 §104①4호~
9호까지 규정에도 불구하고 같은 항 1호에 따른 세율(그 보유기간이 2년 미만이면 같은 항 2호 또는
3호에 따른 세율)을 적용한다.

▶ **기획재정부 조세법령운용과-1227, '22.11.08.**

   – 소법(법률 제9270호, '08.12.26.) 부칙 §14(양도소득세의 세율 등에 관한 특례)는 '09.3.16.부터
'12.12.31.까지 취득한 자산에 적용하는 것이므로, 동일세대원으로부터 증여받은 주택에는 적용하지
않는 것임

'09.3.16. 前에 취득한 주택을 양도소득세 특례적용기간('09.3.16.~'12.12.31.) 중에 멸실하고 신축하는 경우 해당 주택은 완화된 세율을 적용 받을 수 없음

중요
중

난이
상

적용사례(부동산거래관리과-0561, '11.07.05.)

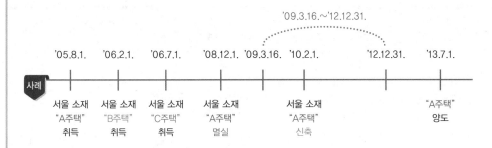

'09.3.16.~'12.12.31.

| '05.8.1. | '06.2.1. | '06.7.1. | '08.12.1. | '09.3.16. | '10.2.1. | '12.12.31. | '13.7.1. |

사례

서울 소재
"A주택"
취득

서울 소재
"B주택"
취득

서울 소재
"C주택"
취득

서울 소재
"A주택"
멸실

서울 소재
"A주택"
신축

"A주택"
양도

Q1 '09.3.16. 前에 취득한 주택을 멸실하고 신축한 주택을 양도하는 경우 다주택자 중과세율이 적용되는 지 여부?

A1 '09.3.16. 前에 취득한 주택을 양도소득세 특례적용기간('09.3.16.~'12.12.31.) 중에 멸실하고 신축하는 경우 해당 주택은 완화된 세율을 적용 받을 수 없음

📝 관련 판례 · 해석 등 참고사항

▶ **소법 부칙 제9270호('08.12.26.)§14[양도소득세의 세율 등에 관한 특례]**

① '09.3.16.~'12.12.31.까지 취득한 자산을 양도함으로써 발생하는 소득에 대하여는 §104①4호~ 9호까지 규정에도 불구하고 같은 항 1호에 따른 세율(그 보유기간이 2년 미만이면 같은 항 2호 또는 3호에 따른 세율)을 적용한다.

'18.4.1. 이후
다주택자 중과제도 특징

🔸 모든 주택이 주택 수에 포함되는 지역에 "세종시(읍·면 제외)" 추가

> **참고** [과거] 모든 주택이 주택 수에 포함되는 지역 : 서울특별시, 광역시(군 지역 제외), 경기도(읍·면 제외)
> 1세대 2주택인 경우('08.10.7.~'13.12.31.) : 지방광역시 제외
> 1세대 1주택과 1조합원입주권인 경우('11.1.1.~'13.12.31.) : 지방광역시 제외

🔸 중과 배제 주택 중 조특법상 감면대상 주택 범위가 대폭 확대

과　　　거	'18. 4. 1. 이후
– 장기임대주택(조특법§97) – 신축임대주택(조특법§97의2)	– 장기임대주택(조특법§97) – 신축임대주택(조특법§97의2)
– 미분양주택(조특법§98)	– 미분양주택(조특법§98) – 지방미분양주택(조특법§98의2) – 미분양주택(조특법§98의3) – 지방미분양주택(조특법§98의5) – 준공후미분양주택(조특법§98의6) – 미분양주택(조특법§98의7) – 준공후미분양(조특법§98의8)
– 신축주택(조특법§99) – 신축주택(조특법§99의3)	– 신축주택(조특법§99) – 신축주택(조특법§99의2) – 신축주택(조특법§99의3)

> **참고** 조특법§97, §97의2, §98은 5년 이상 임대한 국민주택에 한정

* '21.2.17. 이후 양도분부터 "공익사업용 토지 등에 대한 감면(조특법§77)" 추가

🔸 소칙에서 규정했던 소형주택 규정 삭제

• 다만, 1세대 2주택(1주택과 1조합원입주권 각 1개 보유 포함)인 경우 양도 당시 기준시가 1억원
  이하 주택은 중과 제외

🏠 심화정리

🔵 다주택자 중과 판정 시 주택 수 제외

'13. 12. 31. 까지	'18. 4. 1. 이후
– 소령§167의3①1호 (읍지 소재의 기준시가 3억원 이하 주택)	– 소령§167의3①1호 (읍지 소재의 기준시가 3억원 이하 주택) – 소형 신축주택[1)]·준공 후 미분양주택[2)]
– 지방미분양주택(조특법§98의2) – 미분양주택(조특법§98의3) – 지방미분양주택(조특법§98의5) – 준공후미분양주택(조특법§98의6) – 미분양주택(조특법§98의7)	
– 신축주택(조특법§99의2)	

1) '24.1.10.~'27.12.31.까지 취득하는 아래 "가. 소형주택"으로서 ①~⑤의 요건을 모두 갖춘 주택을 '24.2.29. 이후 양도분부터 다주택자 중과 판정 시 주택 수에서 제외함

2) '24.1.10.~'25.12.31.까지 취득하는 아래 "나. 준공 후 미분양주택"으로서 ①~④의 요건을 모두 갖춘 주택을 '24.2.29. 이후 양도분부터 다주택자 중과 판정 시 주택 수에서 제외함

가. 소형 신축주택	나. 준공 후 미분양주택
① 전용면적 60㎡이하일 것	① 전용면적 85㎡이하일 것
② 취득가액이 6억원(수도권 밖에 소재 주택 : 3억원) 이하일 것	② 취득가액이 6억원 이하일 것
③ '24.1.10.~'25.12.31.까지 기간 중에 준공된 것일 것	③ 수도권 밖의 지역에 소재할 것
④ 아파트에 해당하지 않을 것	④ 그 밖에 기획재정부령으로 정하는 요건을 갖출 것
⑤ 그 밖에 기획재정부령으로 정하는 요건을 갖출 것	

🏠 심화정리

1세대 1주택 비과세 판정 시 소유 제외 주택과 간주 1주택

<table>
<tr><th>조특법상 규정(소유 제외 주택)</th><th>소령§155, §156의2, §156의3(간주 1주택)</th></tr>
<tr><td>• 장기임대주택(조특법§97)
• 신축임대주택(조특법§97의2)</td><td rowspan="3">• 일시적 2주택 특례(소령§155①)
• 상속주택 특례(소령§155②, ③)
• 동거봉양 합가 특례(소령§155④)
• 혼인 특례(소령§155⑤)
• 문화재주택 특례(소령§155⑥)
• 농어촌주택 특례(소령§155⑦)
• 부득이한 사유 특례(소령§155⑧)
• 공공기관 이전 특례(소령§155⑯)
• 거주주택 특례(소령§155⑳)
• 주택과 조합원입주권 특례(소령§156의2)
• 주택과 분양권 특례(소령§156의3)</td></tr>
<tr><td>• 미분양주택(조특법§98)
• 지방미분양주택(조특법§98의2)
• 미분양주택(조특법§98의3)
• 지방미분양주택(조특법§98의5)
• 준공후미분양주택(조특법§98의6)
• 미분양주택(조특법§98의7)
• 준공후미분양(조특법§98의8)
• 비수도권 준공후미분양(조특법§98의9)</td></tr>
<tr><td>• ~~신축주택(조특법§99)~~('07년말까지 양도시)
• 신축주택(조특법§99의2)
• ~~신축주택(조특법§99의3)~~('07년말까지 양도시)
• 농어촌주택등(조특법§99의4)
• 인구감소지역주택 취득자(조특법§71의2)</td></tr>
</table>

[참고]
조특법 : 거주자의 소유주택으로 보지 아니함
소령 : 국내에 1개의 주택을 소유하고 있는 것으로 보아 소령 §154①(비과세) 적용

04

다주택자
중과 대상 판정

● 중과적용 원칙(소법§104⑦, 소령 §167의3)

거주자가 양도하는 주택이 조정대상지역에 소재하고 세율적용을 위한 1세대의 보유

주택 수가 2개(또는 3개 이상)로서 중과배제주택이 아닌 중과대상주택인 경우 중과함

1단계	2단계	3단계
조정대상지역 소재?	중과대상 주택?	소령에 열거된 주택 배제!
	양지 주택?	• 소령§167의3(1세대 3주택 이상)
		• 소령§167의4(1세대 3주택 · 입주권 또는 분양권 이상)
		• 소령§167의10(1세대 2주택)
		• 소령§167의11(1세대 2주택 · 입주권 또는 분양권)

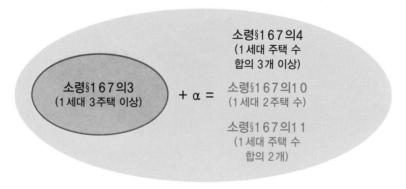

소령§167의3
(1세대 3주택 이상)
+ α =
소령§167의4
(1세대 주택 수
합의 3개 이상)
소령§167의10
(1세대 2주택 수)
소령§167의11
(1세대 주택 수
합의 2개)

1단계 조정대상지역 소재?

▶ 국토교통부공고 제2023-2호

「주택법」 제63조의2 제7항에 따라 다음과 같이 조정대상지역 지정의 해제를 공고합니다.

2023년 01월 05일

국토교통부장관

조정대상지역 지정 해제

1. 지정해제지역 : 서울시 종로구 · 중구 · 성동구 · 광진구 · 동대문구 · 중랑구 · 성북구 · 강북구 · 도봉구 · 은평구 · 서대문구 · 마포구 · 양천구 · 강서구 · 구로구 · 금천구 · 영등포구 · 동작구 · 관악구, 과천시, 성남시 수정구 · 분당구, 하남시, 광명시

※ 조정대상지역 지정 현황

시 · 도	현 행	조 정('23.1.5.)
서울	서울특별시 전역(25개區)	서초구 · 강남구 · 송파구 · 용산구
경기	과천시, 성남시주1), 하남시, 광명시,	–

주1) 중원구 제외

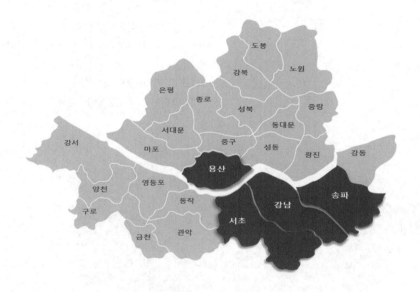

2단계 중과대상 **주택?** ➡ 양지 **주택?**

중과판정 시 주택 수에 포함되는 주택

(🖙 중과판정 시 주택 수에 제외되는 주택의 여집합)

● 다주택자 중과 판정 시 주택 수 제외

'13. 12. 31. 까지	'18. 4. 1. 이후
– 소령§167의3①1호 (음지 소재의 기준시가 3억원 이하 주택)	– 소령§167의3①1호 (음지 소재의 기준시가 3억원 이하 주택) – 소형 신축주택[1] · 준공 후 미분양주택[2]
– 지방미분양주택(조특법§98의2) – 미분양주택(조특법§98의3) – 지방미분양주택(조특법§98의5) – 준공후미분양주택(조특법§98의6) – 미분양주택(조특법§98의7)	
– 신축주택(조특법§99의2)	

* 1)과 2)는 35쪽 하단부분 참고

모든 주택이 주택 수에 포함되는 지역
● 지역기준(양지)   – 서울특별시 – 광역시(군 지역 제외) – 경기도(읍 · 면 지역 제외) – 세종특별자치시(읍 · 면 지역 제외)

기준시가 3억원초과만 주택 수 포함 지역
● 가액기준(음지 → 양지 전환)   – 광역시의 군 지역 – 경기도의 읍 · 면 지역 – 세종특별자치시의 읍 · 면 지역 – 기타 모든 지역

☞ 양지(음지에서 양지로 전환된 지역 포함) 주택 → 중과대상 주택

> **1세대 3주택 이상에 해당하는 주택의 범위**(소령§167의3)

① 법§104⑦제3호에서 "대통령령으로 정하는 1세대 3주택 이상에 해당하는 주택"이란 국내에 주택을 3개 이상(제1호 또는 제12호에 해당하는 주택은 주택의 수를 계산할 때 산입하지 아니한다) 소유하고 있는 1세대가 소유하는 주택으로서 다음 각 호의 어느 하나에 해당하지 아니하는 주택을 말한다. 〈24.11.12.〉

1. 「수도권정비계획법§2①1호에 따른 수도권(이하 이 조에서 "수도권"이라 한다) 및 광역시·특별자치시(광역시에 소속된 군, 「지방자치법§3③④에 따른 읍·면 및 「세종특별자치시 설치 등에 관한 특별법§6③에 따른 읍·면에 해당하는 지역을 제외한다) 외의 지역에 소재하는 주택으로서 해당 주택 및 이에 부수되는 토지의 기준시가의 합계액이 해당 주택 또는 그 밖의 주택의 양도 당시 3억원을 초과하지 아니하는 주택

12. 다음 각 목의 어느 하나에 해당하는 주택

    가. '24.1.10.부터 '27.12.31.까지 취득하는 주택으로서 다음의 요건을 모두 갖춘 소형 신축주택
       1) 전용면적이 60m^2 이하일 것
       2) 취득가액이 6억원(수도권 밖의 지역에 소재하는 주택의 경우에는 3억원) 이하일 것
       3) '24.1.10.부터 '25.12.31.까지의 기간 중에 준공된 것일 것
       4) 아파트에 해당하지 않을 것
       5) 그 밖에 기획재정부령으로 정하는 요건을 갖출 것

    나. '24.1.10.부터 '25.12.31.까지 취득하는 주택으로서 다음의 요건을 모두 갖춘 준공 후 미분양주택
       1) 전용면적이 85m^2 이하일 것
       2) 취득가액이 6억원 이하일 것
       3) 수도권 밖의 지역에 소재할 것
       4) 그 밖에 기획재정부령으로 정하는 요건을 갖출 것

중과대상 **주택?** ➡ **양지 주택?**

중과판정 시 주택 수에 포함되는 주택

(☞ 중과판정 시 주택 수에 제외되는 주택의 여집합)

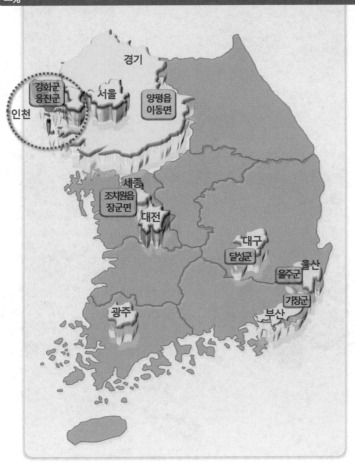

양지주택 ➡ 중과대상후보주택(음지에서 양지로 전환된 주택 포함)

양지 ■ 모든 주택이 주택수에 포함

음지 ■ 기준시가 3억 초과 주택만 주택수 포함

소령§167의3①1호 → 음지 소재의 기준시가 3억이하 주택

* '24.1.10.~'25.12.31.까지 취득하는 주택으로서 해당 요건을 모두 갖춘 주택을
'24.2.29. 이후 양도분부터 다주택자 중과 판정 시 주택 수에서 제외함

다주택 중과대상(조정대상지역 ∩ 중과대상후보주택)

경기
강화군
옹진군
인천
서울
양평읍
이동면
세종
조치원읍
장군면
대전
대구
달성군
울산
울주군
기장군
부산
광주
도봉
강북
노원
은평
종로
성북
중랑
서대문
동대문
강서
마포
중구
성동
광진
강동
용산
영등포
양천
송파
강남
동작
구로
서초
금천
관악
조정대상지역

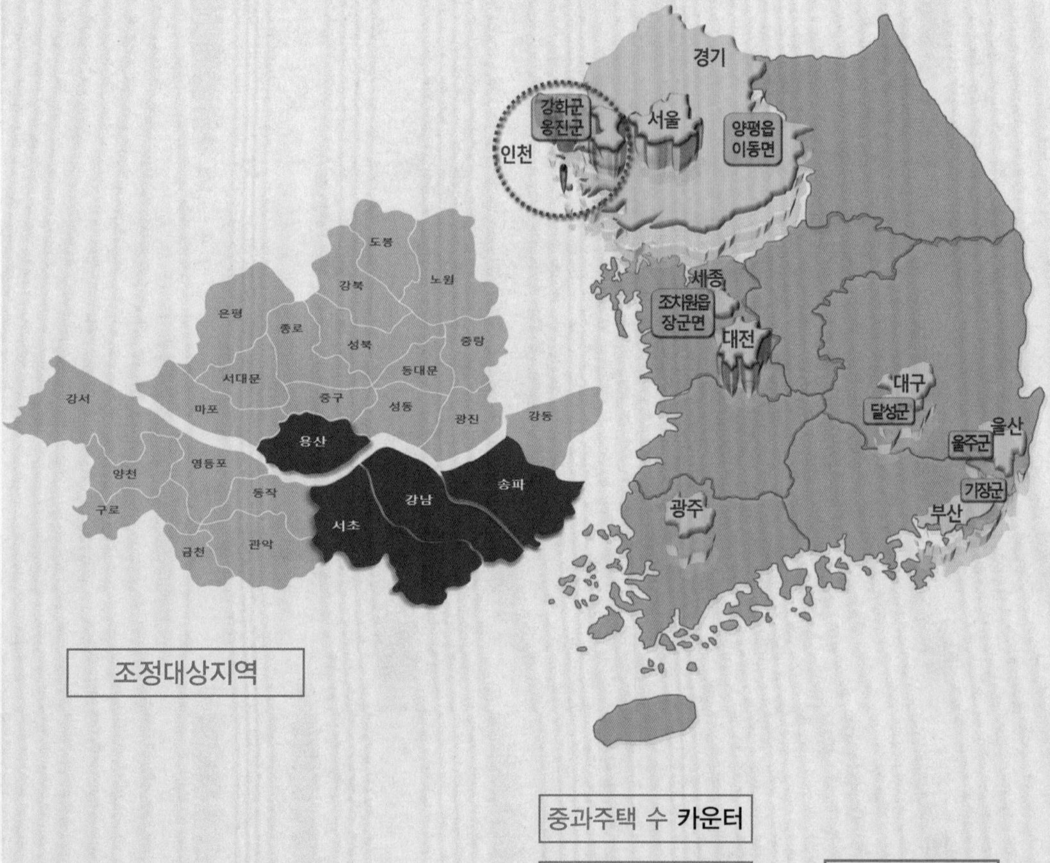

중과주택 수 **카운터**

양지(중과대상)**주택**

제외주택 중과배제

소령§167의3
소령§167의4
소령§167의10
소령§167의11

소령에 열거된 주택 중과배제!

소령§167의3(1세대 3주택 이상)

소령§167의4(1세대 3주택 · 입주권 또는 분양권 이상)

소령§167의10(1세대 2주택)

소령§167의11(1세대 2주택 · 입주권 또는 분양권)

05

중과 배제
주택

가 | 1세대 3주택 이상 보유 시 중과배제 주택(소령§167의3①)

참고 아래 1과 12는 중과배제 뿐만 아니라 중과 주택 수 계산 시에도 제외

1. 수도권·광역시·세종시외 지역의
   양도 당시 기준시가 3억원 이하 주택
	8. 저당권의 실행,채권변제로 취득한 주택
	   (3년 미경과 분에 한함)

2. 장기임대주택(가~자목)	8의2.가정어린이집 (인가 받고 5년 이상 운영, 6월 미경과분)
3. 조특법§97 · §97의2 · §98에따라 양도세가 감면되는 임대주택(5년 이상임대한 국민주택)	10. 위 열거된 것 외 1개 (일반주택)

4. 장기사원용 주택
   (10년 이상 무상 제공)
	11. 조정대상지역 공고 이전 매매계약
	   체결 및 계약금 지급받은 주택

5. 조특법§77¹⁾, §98의2, §98의3, §98의5~§98의8, §99,
   §99의2 및 §99의3에 따라 양도세가 감면되는 주택
   1) '21.2.17. 이후 양도분부터 적용
	12. '24.1.10.~'27.12.31.까지 취득한 주택으로서 해당
	   요건을 모두 갖춘 소형 신축주택과
	   '24.1.10.~'25.12.31.까지 취득한 주택으로서 해당
	   요건을 모두 갖춘 준공 후 미분양주택

6. 소령§155⑥1호 국가유산주택	12의2. 소법§95④에 따른 보유기간이 2년 이상 주택을 '22.5.10. ~ '26.5.9.까지 양도한 주택
7. 소령§155② 선순위 상속1주택(5년 미경과 분에 한함)	
13. 소령§155 또는 조특법에 따라 1세대가 국내에 1개의 주택을 소유하고 있는 것으로 보거나 1세대1주택으로 보아 소령§154①이 적용되는 주택으로서 같은 항의 요건을 모두 충족하는 주택('21.2.17. 이후 양도분부터)	

☞ '22.5.9. 기획재정부가 보도자료를 통하여 다주택자에 대한 양도소득세 중과(2년 이상
   보유한 주택)를 '22.5.10.~'23.5.9.까지 양도하는 분에 대해서 한시적으로 배제한다고
   발표하였고, '22.5.31. 소령§167의3①12의2, §167의4③6의2, §167의10①12의2,
   §167의11①12의 소령을 개정하였으며, '23.2.28.과 '24.2.29. 및 '25.2.28.에 중과 배제를
   추가 연장('26.5.9.까지)한다고 매년 소령을 개정함

법령요약(장기임대주택)

⊙ 1세대 3주택 이상에 해당하는 주택의 범위(소령 § 167의3①)

2. 법§168에 따른 사업자등록과 민간임대주택법§5에 따른 임대사업자 등록
[이하 이 조에서 "사업자등록등"이라 하고, '03.10.29.(기존사업자기준일) 현재
민간임대주택법§5에 따른 임대사업자등록을 했으나 법§168에 따른 사업자등록을
하지 않은 거주자가 '04.6.30.까지 같은 조에 따른 사업자등록을 한 때에는
민간임대주택법§5에 따른 임대사업자등록일에 법§168에 따른 사업자등록을 한
것으로 본다]을 한 거주자가 민간임대주택으로 등록하여 임대하는 다음 각 목의
어느 하나에 해당하는 주택(이 조에서 "장기임대주택"이라 함)

다만, 이 조, §167조의4, §167조의10 및 §167조의11을 적용할 때 가목 및
다목부터 마목까지의 규정에 해당하는 장기임대주택(법률 제17482호 민간임대주택법
일부개정법률 부칙 제5조제1항이 적용되는 주택으로 한정함)으로서
민간임대주택법§6⑤에 따라 임대의무기간이 종료한 날 등록이 말소되는 경우에는
임대의무기간이 종료한 날 해당 목에서 정한 임대기간요건을 갖춘 것으로 본다.

가. 일반매입임대주택. 다만, 2018.3.31.까지 사업자등록등을 한 주택으로 한정

나. 기존매입임대주택. 기존사업자등록일 이전에 사업자등록등 요건

다. 건설임대주택. 다만, 2018.3.31.까지 사업자등록등을 한 주택으로 한정

라. 미분양주택. 5가지 요건 모두 갖춘 주택

마. 민간매입임대주택 중 장기일반민간임대주택. 1세대가 1주택 이상 보유상태에서
새로 취득한 조정대상지역에 있는 장기일반민간임대주택은 제외

바. 민간건설임대주택 중 장기일반민간임대주택.

사. 가목 및 다목부터 마목까지의 규정에 해당하는 장기임대주택(법률 제17482호
민간임대주택법 일부개정법률 부칙 제5조제1항이 적용되는 주택으로 한정함)이
민간임대주택법§6①11호에 따라 임대사업자의 임대의무기간 내 등록 말소
신청으로 등록이 말소된 경우(같은 법§43에 따라 임대의무기간의 2분의 1이상 임대한
경우로 한정)로서 등록말소 이후 1년 이내 양도하는 주택. 이 경우 임대기간 요건
외에 해당 목의 다른 요건은 갖추어야 한다.

아. 민간매입임대주택 중 단기일반민간임대주택. 1세대가 1주택 이상 보유상태에서
새로 취득한 조정대상지역에 있는 단기일반민간임대주택은 제외

자. 민간건설임대주택 중 단기일반민간임대주택.

🧍 다주택자 중과에서의 장기임대주택 (소령§167의3①2호)

> **참고**
> 가목과 다목 주택 : '18.3.31.까지
> 사업자등록등 한 주택 한정

구 분	내 용
가. 매입임대 주택	− 1호 이상('03.10.30. 이후 주택임대업 등록) 5년 이상 임대, − 임대개시일 당시('11.10.13. 이전 등록분: 취득 당시) 기준시가 6억원(수도권 밖 3억원) 이하, − 임대료등 증가율 5% 이하 제한 * 면적기준 폐지('13.2.15. 이후 양도)
나. 기존매입 임대주택	− 국민주택 규모의 2호 이상('03.10.29. 이전 주택임대업 등록) 5년 이상 임대 − 취득 당시 기준시가 3억원 이하
다. 건설 임대주택	− 2호이상(대지 298㎡ & 주택 연면적 149㎡ 이하) 5년 이상 임대 or 분양전환 − 임대개시일 당시('11.10.13. 이전 등록분: 취득당시) 기준시가 6억원 이하 − 임대료등 증가율 5% 이하 제한

라. 미분양
임대주택
	− '08.6.10. 현재 수도권 밖 미분양주택('08.6.11. ~ '09.6.10. 최초 분양계약 체결 및 계약금 납부)
	   5호 이상(대지 298㎡ & 주택 연면적 149㎡ 이하) 5년 이상 임대
	− 취득 당시 기준시가 3억원 이하
	− '20.7.11. 이후 종전 민간임대주택법§5에 따라 등록 신청(임대주택 추가 위해 변경 신고 포함)한
	   장기일반민간임대주택 중 아파트 or 단기민간임대주택이 아닐 것
	− 종전 민간임대주택법§5에 따라 등록한 단기민간임대주택을 '20.7.11. 이후
	   장기일반민간임대주택등으로 변경 신고한 주택이 아닐 것

> **참고**
> "사업자등록등" : 사업자등록(세무서) + 임대사업자등록(시·군·구청)
> 임대기간 계산 : 사업자등록등을 하고 임대주택 등록하여 임대하는 날부터 기산

👤 다주택자 중과에서의 장기임대주택(소령§167의3①2호)

구 분	내 용
마. 장기일반 민간매입 임대주택	– 임대개시일 당시 기준시가 6억원(수도권 밖 3억원) 이하 1호 이상 10년 이상 임대 – 임대료등 증가율 5% 이하 제한 – '20.7.11. 이후 종전 민간임대주택법§5에 따라 등록 신청(임대주택 추가위해 변경 신고 포함)한 장기일반민간임대주택 중 아파트 or 단기민간임대주택이 아닐 것
바. 장기일반 민간건설 임대주택	– 건설임대주택(대지 298㎡ & 주택 연면적 149㎡ 이하) 2호 이상 10년 이상 임대 or 분양전환 – 임대개시일 당시 기준시가 9억원('25.2.28. 이후 등록분부터) 이하 – 임대료등 증가율 5% 이하 제한 – 종전 민간임대주택법§5에 따라 등록한 단기민간임대주택을 '20.7.11. 이후 장기일반민간임대주택등으로 변경 신고한 주택 제외

아. 단기
민간매입
임대주택
	– 6년 이상 임대하는 것일 것
	– 임대개시일 당시 기준시가 4억원(수도권 밖 2억원) 이하
	– 임대료등 증가율 5% 이하 제한
	– 1세대가 국내 1주택 이상 보유상태에서 새로 취득한 조정대상지역 소재 단기민간임대주택이
	   아닐 것[공고일 이전 주택(주택 취득할 수 있는 권리 포함) 취득하거나 매매계약을 체결하고
	   계약금 지급한 주택 제외]

자. 단기 민간건설 임대주택	– 건설임대주택(대지 298㎡ & 주택 연면적 149㎡ 이하) 2호 이상 – 6년 이상 임대하는 것일 것 – 기준시가 합계액이 2호 이상 주택의 임대를 개시한 날 당시 기준시가 6억원 이하, – 임대료등 증가율 5% 이하 제한

참고 아목과 자목에 해당하는 주택은 '25.6.4. 이후 민간임대주택으로 등록한 단기민간임대주택을 양도하는 경우부터
적용

참고 "사업자등록등": 사업자등록(세무서)+임대사업자등록(시·군·구청)
임대기간 계산 : 사업자등록등을 하고 임대주택 등록하여 임대하는 날부터 기산

제5편

⊙ 소득세법시행령 § 167의3①2호 (장기임대주택)

아. 민간임대주택법§2 3호에 따른 민간매입임대주택 중 같은 조 6호의2에 따른
   단기민간임대주택으로서 다음의 요건을 모두 갖춘 주택

  1) 6년 이상 임대하는 것일 것

  2) 주택 및 이에 부수되는 토지의 기준시가의 합계액이 해당 주택의 임대개시일 당시
     4억원(수도권 밖의 지역인 경우에는 2억원) 이하일 것

  3) 직전 임대차계약 대비 임대료등의 증가율이 100분의 5를 초과하지 않을 것. 이 경우
     임대료등의 증액 청구는 임대차계약의 체결 또는 약정한 임대료등의 증액이 있은 후
     1년 이내에는 하지 못하고, 임대사업자가 임대료등의 증액을 청구하면서 임대보증금과
     월임대료를 서로 전환하는 경우에는 민간임대주택법§44④에 따라 정한 기준을
     준용한다.

  4) 1세대가 국내에 1주택 이상을 보유한 상태에서 세대원이 새로 취득한 조정대상지역에
     있는 민간임대주택법§2 6호의2에 따른 단기민간임대주택이 아닐 것. 다만, 조정대상
     지역의 공고일(이미 공고된 조정대상지역의 경우 '18.9.13.을 말한다) 이전에 주택(주택을 취득할
     수 있는 권리를 포함한다)을 취득하거나 주택(주택을 취득할 수 있는 권리를 포함 한다)을
     취득하기 위해 매매계약을 체결하고 계약금을 지급한 사실이 증명서류에 의해
     확인되는 주택은 조정대상지역에 있는 주택으로 보지 않는다.

자. 민간임대주택법§2 2호에 따른 민간건설임대주택 중 같은 조 6호의2에 따른 단기민간임대
   주택으로서 다음의 요건을 모두 갖춘 주택이 2호 이상인 경우 그 주택

  1) 대지면적이 298m² 이하이고 주택의 연면적(§154③ 본문에 따라 주택으로 보는 부분과
     주거전용으로 사용되는 지하실부분의 면적을 포함하며, 공동주택의 경우에는 전용면적을 말한다)이
     149m² 이하일 것

  2) 6년 이상 임대하는 것일 것

  3) 주택 및 이에 부수되는 토지의 기준시가의 합계액이 2호 이상의 주택의 임대를 개시한
     날(2호 이상의 주택의 임대를 개시한 날 이후 임대를 개시한 주택의 경우에는 그 주택의 임대를
     개시한 날) 당시 6억원 이하일 것

  4) 직전 임대차계약 대비 임대료등의 증가율이 100분의 5를 초과하지 않을 것. 이 경우
     임대료등의 증액 청구는 임대차계약의 체결 또는 약정한 임대료등의 증액이 있은 후 1년
     이내에는 하지 못하고, 임대사업자가 임대료등의 증액을 청구하면서 임대보증금과
     월임대료를 서로 전환하는 경우에는 민간임대주택법§44④에 따라 정한 기준을 준용한다.

> **참고** 아목과 자목에 해당하는 주택은 '25.6.4. 이후 민간임대주택으로 등록한 단기민간임대주택을 양도하는
> 경우부터 적용

⌂ 심화정리

◉ 임대의무기간이 6년인 단기민간임대주택의 요건(소령§167의3①2호)

구 분	아. 단기민간매입임대주택 (도시형 생활주택이 아닌 아파트 제외)	자. 단기민간건설임대주택 (모든 주택)
임대의무기간	6년 이상	6년 이상
임대호수	1호 이상	2호 이상
면적요건	해당없음	대지면적 298m² 이하 & 주택 연면적 149m² 이하
가액요건	임대개시일 당시 4억원 이하 (수도권 밖의 지역 2억원)	2호 이상 주택의 임대 개시한 날 당시 6억원 이하
임대료등의 증가율	직전 임대차계약 대비 5% 이내	
제외요건	국내 1주택 이상 보유상태에서 세대원이 조정대상지역 소재 민간매입임대주택 취득	해당없음
임대등록	세무서에 사업자등록 & 지방자치단체에 임대사업자등록	

> **참고** 아목과 자목에 해당하는 주택은 '25.6.4. 이후 민간임대주택으로 등록한 단기민간임대주택을 양도하는 경우부터 적용

☞ 위의 요건을 모두 충족할 경우 당해 주택은

① 다주택자 중과 대상에서 중과 배제

② 소령§155⑳의 거주주택 비과세 특례의 장기임대주택에 해당

③ 종부령§3 11호에 따른 종합부동산세 합산배제 임대주택에 해당

"임대개시일"은 소법상 사업자등록, 민간임대주택법상 임대사업자 등록 후 실제 임대를 개시한 날을 의미함

중요 중　난이 중

적용사례(사전-2020-법령해석재산-0002, '20.11.05.)

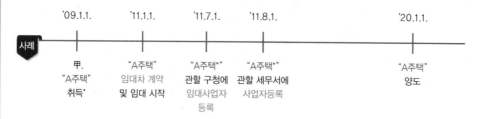

'09.1.1.	'11.1.1.	'11.7.1.	'11.8.1.	'20.1.1.
甲. "A주택" 취득*	"A주택" 임대차 계약 및 임대 시작	"A주택*" 관할 구청에 임대사업자 등록	"A주택*" 관할 세무서에 사업자등록	"A주택" 양도

* 甲의 세대는 1세대 3주택 이상에 해당하는 주택을 소유하고 있으며, A주택은 장기임대주택 요건 충족 전제

Q1　A주택의 임대기간 기산일은?

A1　"임대개시일"은 소법상 사업자등록, 민간임대주택법상 임대사업자 등록 후 실제 임대를 개시한 날을 의미함(소령§167의3③)

📑 **관련 판례·해석 등 참고사항**

▶ 서면-2020-부동산-0689, '20.06.10.
　– 소령§167의3①2호에서 규정한 장기임대주택에 해당하는지 여부는 그 소유지분에 관계없이 1주택 전체를 기준으로 판정함

장기임대주택(소령§167의3①2호) | 공시되기 전 기준시가(다주택자 중과)

공동주택가격이 없는 경우에는 납세지 관할세무서장이 인근 유사주택의 공동주택가격을 고려하여 소령§164⑪의 규정에서 정하는 방법에 따라 평가한 가액으로 하는 것임

적용사례(서면-2018-부동산-3003, '19.02.28., 서면-2017-법령해석재산-3499, '18.07.30.)

	'19.7.1.	'17.10.1.	'17.11.1.
사례	甲. "A아파트" 준공	甲. "A아파트" 전세계약 체결	"A아파트" 준공공임대주택 등록

Q1 신축된 아파트로서 공동주택가격이 공시되기 전에 임대사업자등록을 하는 경우 등록기준이 되는 기준시가의 산정방법은?

A1 공동주택가격이 없는 경우에는 납세지 관할세무서장이 인근 유사주택의 공동주택가격을 고려하여 소령§164⑪의 규정에서 정하는 방법에 따라 평가한 가액으로 하는 것임

➡ 뒤쪽 "심화정리, 법령요약" 참고

📑 관련 판례·해석 등 참고사항

▶ **'18.7.17. 민간임대주택법 상 용어 변경**

변 경 前	변 경 後
• 단기임대주택	• 단기민간임대주택
• 준공공임대주택	• 장기일반민간임대주택
• 기업형임대주택	• 공공지원민간임대주택

제5편

◎ 신축 공동주택의 공동주택가격 공시되기 前 기준시가
   [서면-2017-법령해석재산-3499('18.7.30.)]

• 소법§99①1 라목에 따른 부동산공시법에 의한 공동주택가격이 없는 경우에는 납세지
  관할세무서장이 인근 유사지역의 공동주택가격을 고려하여 소령§164⑪에서 정하는
  방법에 따라 평가한 가액으로 하는 것임

※ 소법§99[기준시가 산정]
   ① 소법§100(양도차익 산정) 및 §114⑦(과표와 세액의 결정ㆍ경정)에 따른 기준시가는 다음 각
     호에서 정하는 바에 따른다.

     라. 주택
        부동산공시법에 따른 개별주택가격 및 공동주택가격. 다만, 공공주택가격의
        경우에 같은법§17① 단서에 따라 국세청장이 결정ㆍ고시한 공동주택가격이 있을
        때에는 그 가격에 따르고, 개별주택가격 및 공동주택가격이 없는 주택의 가격은
        납세지 관할 세무서장이 인근 유사주택의 개별주택가격 및 공동주택가격을
        고려하여 대통령령으로 정하는 방법에 따라 평가한 금액으로 한다.

⊙ 토지·건물의 기준시가 산정(소령 § 164)

⑪ 소법 §99①1호 라목 단서에서 대통령령으로 정하는 방법에 따라 평가한 금액이란 다음 각호의 금액을 말한다. 이 경우 납세지 관할 세무서장은 지방세법§4① 단서에 따라 시장·군수가 산정한 가액을 평가한 가액으로 하거나 둘 이상의 감정평가법인등에게 의뢰하여 해당 주택에 대한 감정평가법인등의 감정가액을 고려하여 평가할 수 있다.

1. 「부동산 가격공시에 관한 법률」에 따른 개별주택가격이 없는 단독주택의 경우에는 당해 주택과 구조·용도·이용상황 등 이용가치가 유사한 인근주택을 표준주택으로 보고 같은 법 §16⑥에 따른 비준표에 따라 납세지 관할세무서장이 평가한 가액

2. 「부동산 가격공시에 관한 법률」에 따른 공동주택가격이 없는 공동주택의 경우에는 인근 유사공동주택의 거래가격·임대료 및 당해 공동주택과 유사한 이용가치를 지닌다고 인정되는 공동주택의 건설에 필요한 비용추정액 등을 종합적으로 참작하여 납세지 관할세무서장이 평가한 가액

제5편

임대개시일부터 5년 종료 전에 준공공임대주택으로 변경 신고한 경우로서 임대개시일부터 5년 이상 임대한 후 양도하는 경우에는 해당 임대주택(A)은 다주택자 중과세율을 적용받지 아니함

중요	난이
상	중

적용사례(사전-2020-법령해석재산-0966, '20.12.21.)

	'11.2.1.	'15.3.1.	'17.10.1.	'20.12.1.
사례	甲. 서울 성동구 소재 "A오피스텔*" 취득	甲. "A오피스텔" 임대사업 및 사업자등록*	甲. "A오피스텔" 준공공임대주택** 으로 변경 신고	甲. "A오피스텔*" 양도

 * 등록 당시 임대의무기간 5년

** 변경 등록 당시 임대의무기간 8년

※ 甲은 A오피스텔 외 임대사업 등록한 임대주택 등과 거주주택을 보유하여 A오피스텔 양도일 현재 1세대 3주택 이상자이고, 소령§167의3①2호가목 본문에 따른 임대의무기간 요건 외 나머지 법정요건(1호 이상 임대, 임대료 등 증가율 5% 이하, 임대개시일 당시 기준시가 6억원 이하)은 모두 충족 전제

Q1 甲이 A오피스텔을 임대사업 등록한 매입임대주택을 임대의무기간(5년)이 경과하기 전에 준공공임대주택으로 변경 신고한 경우로서, 해당 준공공임대주택을 5년 이상 8년 미만 임대하다 양도한 경우 다주택자 중과세율 적용 여부?

A1 임대개시일*부터 5년 종료 전에 준공공임대주택으로 변경 신고한 경우로서 임대개시일부터 5년 이상 임대한 후 양도하는 경우에는 해당 임대주택(A)은 다주택자 중과세율을 적용받지 아니함
(소령§167의3①2호가목 적용)

 * 소법§168에 따른 사업자등록, 민간임대주택법§5에 따른 임대사업자 등록하고 임대하는 날

참고 민간임대주택법상 '18.7.17.부터 준공공임대주택이 장기일반민간임대주택으로 용어 변경됨

🖋 관련 판례 · 해석 등 참고사항

▶ 소령§167의3③ : 소령§167의3①2호의 규정에 의한 장기임대주택의 임대기간의 계산은 조특령§97의 규정을 준용한다. 이 경우 사업자등록등을 하고 임대주택으로 등록하여 임대하는 날부터 임대를 개시한 것으로 본다.

1세대 3주택 이상 중과(소령§167의3②)   임대의무기간 경과 말소상태 중과배제

민간매입임대주택을 임대의무기간이 지난 후 같은 법 §6①3호에 따라 등록 말소를 신청하여
해당 임대주택 양도일 현재 임대사업자 등록이 말소된 상태인 경우,
소령§167의3①2호가목의 요건을 충족하는 경우에는 중과세율 적용이 배제되는
장기임대주택에 해당하는 것임

적용사례(서면-2022-법규재산-3076, '23.10.31.)

> * '18.1.15. 준공공(장기일반)임대사업자등록으로 변경
> ** 민간임대주택법§6①3호에 따라 임대의무기간이 경과하여 구청에 말소 신청
> ※ 소령§167의3①2호가목 본문에 따른 임대의무기간 요건 외 나머지 법정요건(1호 이상 임대, 임대료 등 증가율 5% 이하, 임대개시일 당시 기준시가 6억원 이하)은 모두 충족한 것을 전제함

Q1 2주택 이상 소유한 1세대가 조정대상지역에 소재하는 매입임대주택을 임대개시일로부터 5년이 경과한 후 준공공임대주택으로 변경하여 임대하고 임대의무기간 경과 후 신청에 의해 임대등록을 말소하고 양도하는 경우 소령§167의3①2호가목을 적용하여 중과배제할 수 있는지 여부?

A1 '18.3.31. 이전에 소법§168에 따른 사업자등록과 민간임대주택법§5에 따른 임대 사업자 등록을 한 민간매입임대주택을 같은 법§43의 임대의무기간이 지난 후 같은 법 §6①3호에 따라 등록 말소를 신청하여 해당 임대주택 양도일 현재 임대사업자 등록이 말소된 상태인 경우, 소령§167의3①2호가목의 요건을 충족하는 경우에는 중과세율 적용이 배제되는 장기임대주택에 해당하는 것임

📃 관련 판례 · 해석 등 참고사항

▶ **서면-2023-부동산-1329, '23.08.01.**
- 소령§167의3①2호마목의 임대기간요건을 충족한 장기임대주택을 민간임대주택법§6①3호에 따라 등록 말소 후 양도하는 경우, 등록이 말소된 후 양도일 현재까지 쟁점주택을 소령§167의3①2호 각목 외의 부분 본문과 해당 목에서 정하는 바에 따라 임대하지 않더라도 소법§104⑦에 따른 세율을 적용하지 않는 것임

▶ **서면-2021-법규재산-4283, '22.12.28.**
- 임대등록이 말소된 장기임대주택의 일부지분을 동일세대원에게 증여받아 양도하는 경우 양도세 중과배제 가능함

♟ "9·13 주택시장 안정화대책" 후속 시행령 개정 내용('18.9.13.)

조정대상지역 내
일시적 1세대 2주택
보유 허용기간 단축
	• 조정대상지역에 종전주택 보유상태에서 조정대상지역 내 신규주택 취득시
	  신규주택 취득 후 2년 이내 종전 주택 양도
	  * '18.9.14. 이후 조정대상지역 내 신규주택 취득분부터

1세대 1주택 특례
장기보유특별공제
거주요건 신설
	• 보유기간 중 2년 이상 거주한 주택(일시적 2주택 등 포함)
	  – 비거주시 장기보유특별공제 표1 적용
	    * '20.1.1. 이후 양도분부터 적용

1세대 2주택 이상자
중과 주택
범위 조정
	• 1주택 이상 보유한 1세대가 조정대상지역 内 주택을 신규 취득 後
	  장기임대주택으로 등록 시 중과
	  * '18.9.14. 이후 취득분부터

1세대 2주택 이상자
중과제외 주택
범위 조정
	• 조정대상지역 공고 전 매매계약하고 계약금 받은 사실이 증빙서류에 의해
	  확인되는 주택
	  * '18.8.28. 이후 양도분부터

장기일반민간임대주택 특례 적용요건 추가 (조특령§97의3③)	• 임대개시일 당시 기준시가 6억원(비수도권 3억원)이하 * '18.9.14. 이후 신규 취득하는 주택부터

참고 건설임대주택 또는 매입임대주택 중 공공지원민간임대주택은 중과대상에서 제외

법령요약

⊙ 소득세법시행령 § 167의3 ① 2호(장기임대주택)

마. 민간임대주택법§2 3호에 따른 민간매입임대주택 중 "장기일반민간임대주택등으로
10년 이상 임대하는 주택으로서 해당 주택 및 이에 부수되는 토지의 기준시가의
합계액이 해당 주택의 임대개시일 당시 6억원(수도권 밖의 지역인 경우에는 3억원)을
초과하지 않고 임대료등의 연 증가율이 5/100를 초과하지 않는 주택(임대료등의
증액 청구는 임대차계약의 체결 또는 약정한 임대료등의 증액이 있은 후 1년 이내에는 하지
못하고, 임대사업자가 임대료등의 증액을 청구하면서 임대보증금과 월임대료를 상호 간에
전환하는 경우에는 민간임대주택법§44④의 전환 규정을 준용한다). 다만, 다음의 어느
하나에 해당하는 주택은 제외한다.

1) 1세대가 국내에 1주택 이상을 보유한 상태에서 새로 취득한 조정대상지역에
있는 민간임대주택법§2 5호에 따른 장기일반민간임대주택[조정대상지역 공고가
있은 날 이전에 주택(주택을 취득할 수 있는 권리 포함)을 취득하거나 주택(주택을
취득할 수 있는 권리 포함)을 취득하기 위해 매매계약을 체결하고 계약금을 지급한
사실이 증빙서류에 의해 확인되는 경우는 제외]

2) '20.7.11. 이후 민간임대주택법§5에 따른 임대사업자등록 신청(임대할 주택을
추가하기 위해 등록사항의 변경 신고를 한 경우 포함)을 한 종전의 민간임대주택법§2
5호에 따른 장기일반민간임대주택 중 아파트를 임대하는 민간매입임대주택

3) 종전의 민간임대주택법§5에 따라 등록을 한 같은 법§2 6호에 따른
단기민간임대주택을 같은 법§5③에 따라 '20.7.11. 이후
장기일반민간임대주택으로 변경 신고한 주택

참고 공공지원민간임대주택은 중과 대상에서 제외

제5편

🏠 심화정리

◉ 소령§167의3①2호마목 단서 1) 검토 순서

1. 1세대가 국내에 1주택 이상 보유한 상태 여부 확인

2. '18.9.13. 이전 취득 後 장기일반민간임대주택 등록했다면 중과 제외

3. '18.9.14. 이후 취득했다면 조정대상지역 공고일 확인

☞ 공고일 이전에 주택(주택 분양권 포함)을 취득 또는 매매계약 체결하고 계약금 지급했다면 중과 제외

◉ 소령§167의3①2호마목 단서(1세대가 국내 1주택 이상 보유 상태 전제)

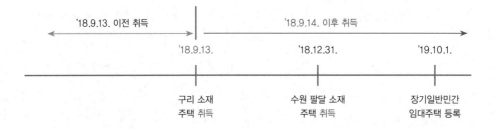

• 구리 소재 주택 취득자는 '18.9.13. 이전 취득했으므로 중과 제외
• 수원 팔달 소재 주택 취득자는 조정대상지역 공고일('18.12.31.) 이전 취득했으므로 중과 제외

1세대 3주택 이상 중과(소령§167의3①2호)　　상가 → 장기임대주택 변경(다주택자 중과)

국내에 1주택 이상을 보유한 상태에서 '18.9.13. 이전에 취득하여 보유 중인 조정대상지역에 있는 상가건물 중 일부 층을 '18.9.14. 이후에 주택으로 용도변경하여 장기일반민간임대주택으로 등록하는 경우, 용도변경한 해당 주택은 소령§167의3①2호마목 1)에 따라 중과대상에 해당함

중요 상　난이 중

적용사례(서면-2019-법령해석재산-4139, '20.12.30.)

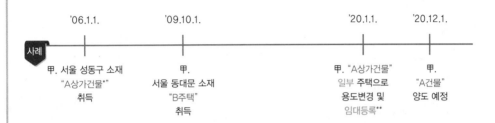

'06.1.1.	'09.10.1.	'20.1.1.	'20.12.1.
甲. 서울 성동구 소재 "A상가건물*" 취득	甲. 서울 동대문 소재 "B주택" 취득	甲. "A상가건물" 일부 주택으로 용도변경 및 임대등록**	甲. "A건물" 양도 예정

* 5층 건물. 연면적 약 950m²

** 4층 사무실(약 155m²)을 2세대의 주택(각 60m², 80m²)으로 용도변경 후 장기일반민간임대주택으로 등록

Q1 '18.9.13. 이전에 취득하여 보유 중인 상가건물 중 일부 층을 '18.9.14. 이후에 주택으로 용도변경하여 장기일반민간임대주택을 등록하는 경우, 소령§167의3①2호 마목에 따라 양도세 중과세율 적용이 배제되는 지 여부?

A1 국내에 1주택 이상을 보유한 상태에서 '18.9.13. 이전에 취득하여 보유 중인 조정대상지역에 있는 상가건물 중 일부 층을 '18.9.14. 이후에 주택으로 용도변경하여 장기일반민간임대주택으로 등록하는 경우, 용도변경한 해당 주택은 소령§167의3①2호마목 1)에 따라 중과대상에 해당하는 것임

제 5 편

📃 관련 판례 · 해석 등 참고사항

⌂ 심화정리

⊙ 조특법상 감면대상 주택

조특법상 규정
• 공익사업용 토지 등에 대한 감면(조특법§77)   * '21.2.17. 이후 양도분부터 적용
• 장기임대주택(조특법§97) • 신축임대주택(조특법§97의2)
• 미분양주택(조특법§98) • 지방미분양주택(조특법§98의2) • 미분양주택(조특법§98의3) • 지방미분양주택(조특법§98의5) • 준공후미분양주택(조특법§98의6) • 미분양주택(조특법§98의7) • 준공후미분양(조특법§98의8)
• 신축주택(조특법§99) • 신축주택(조특법§99의2) • 신축주택(조특법§99의3)

> **참고** 감면대상장기임대주택(조특법§97, §97의2, §98)은 5년 이상 임대한 국민주택에 한정

> **참고** 조특법§77을 제외한 나머지 주택은 1세대 1주택 비과세 판정 시 거주자의 소유주택으로 보지 아니함
 (조특법§99와 §99의3은 '07년말까지 양도 시에만)

소령§155②의 규정에 해당하는 상속주택으로서 5년이 경과하지 아니한 주택을 양도 시 소령§167의3①7호에 의해 중과되지 아니함

중요 상 　 난이 중

적용사례(서면인터넷방문상담4팀-3073, '06.09.06.)

| '00.5.1. | '03.6.1. | '04.8.1. | '06.4.1. |

사례

경기 과천 소재
"A주택"
취득

경기 과천 소재
"B주택"
취득

경기 과천 소재
"C주택*"
상속 취득

"C주택"
양도

* 선순위 상속주택으로서 상속받은 날부터 5년 경과하지 아니한 경우

Q1 1세대 3주택 중 상속받은 주택(C)을 먼저 양도하는 경우에 중과세율 적용 여부?

A1 소령§155②의 규정에 해당하는 상속주택으로서 5년이 경과하지 아니한 주택을 양도 시 소령§167의3①7호에 의해 중과되지 아니함

Q2 1세대 3주택 중 기존의 일반주택(A)을 먼저 양도하는 경우에 중과세율 및 장기보유특별공제 적용 여부?

A2 상속주택외의 다른 일반주택을 양도하는 경우에는 중과세율 적용하고 장기보유특별공제를 배제함

제 5 편

관련 판례 · 해석 등 참고사항

▶ **소령§155[1세대 1주택의 특례]**

② 상속받은 주택[조합원입주권 또는 분양권을 상속받아 사업시행 완료 후 취득한 신축주택을 포함하며, 피상속인이 상속개시 당시 2 이상의 주택{상속받은 1주택이 도시정비법에 따른 재개발사업, 재건축사업 또는 소규모재건축사업의 시행으로 2 이상의 주택이 된 경우를 포함}을 소유한 경우에는 다음 각 호의 순위에 따른 1주택을 말한다]과 그 밖의 주택(이하 생략)을 국내에 각각 1개씩 소유하고 있는 1세대가 일반주택을 양도하는 경우에는 국내에 1개의 주택을 소유하고 있는 것으로 보아 §154①을 적용한다. 다만, (이하생략)

1주택을 노후 등으로 인하여 멸실하여 재건축한 경우 '피상속인이 소유한 기간이 가장 긴 1주택'을 선택 시 그 멸실된 주택과 재건축한 주택의 소유한 기간을 통산하므로 A주택이 선순위상속주택

중요	난이
상	중

적용사례(과세기준자문-2020-법령해석재산-0163, '20.07.29.)

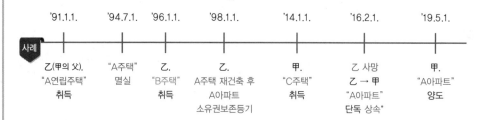

* B주택은 동생 병(丙)이 단독 상속 받음

※ 상기 A, B, C주택은 모두 서울에 소재한 것으로 전제

Q1 피상속인이 소유한 A주택과 B주택 중 선순위 상속주택은?

A1 1주택을 노후 등으로 인하여 멸실하여 재건축한 경우 '피상속인이 소유한 기간이 가장 긴 1주택'을 선택할 때 그 멸실된 주택과 재건축한 주택의 소유한 기간을 통산하므로 A아파트가 선순위 상속주택임

Q2 A아파트의 다주택자 중과 적용 여부?

A2 A아파트가 소령§155②에 해당하는 선순위 상속주택으로서 상속받은 날부터 5년이 경과하지 않았으므로 당해 상속주택 양도 시 중과하지 아니함

📑 관련 판례 · 해석 등 참고사항

▶ **소령§155[1세대 1주택의 특례]**

② 상속받은 주택[조합원입주권 또는 분양권을 상속받아 사업시행 완료 후 취득한 신축주택을 포함하며, 피상속인이 상속개시 당시 2 이상의 주택{상속받은 1주택이 도시정비법에 따른 재개발사업, 재건축사업 또는 소규모정비법에 따른 소규모재건축사업의 시행으로 2 이상의 주택이 된 경우를 포함}을 소유한 경우에는 다음 각 호의 순위에 따른 1주택을 말한다]과 그 밖의 주택(이하 생략)을 국내에 각각 1개씩 소유하고 있는 1세대가 일반주택을 양도하는 경우에는 국내에 1개의 주택을 소유하고 있는 것으로 보아 §154①을 적용한다. 다만, (이하생략)

🏠 심화정리

❯ 상속주택 특례

- 상속주택 특례도 궁극적으로 1세대 1주택 비과세 특례 적용 여부를 판단하기 위한 것이므로 소령§154⑧을 준용함이 합리적이고,

  - 재건축한 주택의 경우 멸실된 종전주택의 보유기간을 합산하는 것이 부동산의 장기보유 권장이라는 취지에도 부합하며,
  - 피상속인이 보유기간 중 재건축된 경우와 상속인의 보유기간 중 재건축된 경우를 달리 취급할 합리적인 사유가 없으므로
  - 소령§155②에 따른 '피상속인이 소유한 기간이 가장 긴 1주택'을 판단함에 있어 멸실된 주택의 보유기간을 통산하는 것이 타당함

> **참고** 도시정비법에 따른 재건축된 주택인 경우에는 공사기간도 보유기간에 통산해서 판단

공동상속주택의 소수지분권자의 보유지분을 주택 수에 포함하여 중과세율을 적용하는 것은 중과규정의 입법취지에 부합하지 않아 보유지분 양도에 대하여 기본세율 및 장기보유특별공제 적용

중요	난이
상	상

적용사례(조심-2020-서-0806, '20.06.01.)

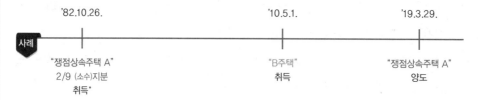

'82.10.26.	'10.5.1.	'19.3.29.
"쟁점상속주택 A" 2/9 (소수)지분 취득*	"B주택" 취득	"쟁점상속주택 A" 양도

* 상속개시 당시 피상속인과 동일 세대원

Q1 1세대 2주택자로서 양도한 쟁점상속주택 A의 소수지분 다주택자 중과 여부?

A1 부동산 투기 억제를 목적으로 소법§104⑦이 신설되어 다주택자가 조정대상지역 내 주택을 양도 시 양도세가 중과되는 것으로 개정된 점을 감안하면,

- 공동상속주택의 소수지분권자의 보유지분을 주택 수에 포함하여 중과세율을 적용하는 것은 중과규정의 입법취지에 부합하지 않아
- 쟁점상속주택 보유지분 양도에 대하여 기본세율 및 장기보유특별공제를 적용하는 것이 타당함
  - ☞ 소수지분 자체가 중과되지 않는다는 것이 아니라 소수지분을 주택 수에서 제외하면 1세대 1주택만 되기 때문에 중과하지 않는다는 내용임에 유의

📝 관련 판례·해석 등 참고사항

▶ **소령§167의10**[양도소득세가 중과되는 1세대 2주택에 해당하는 주택의 범위]

　② 소령§167의10①을 적용할 때 소령§167의3②부터 ⑧까지의 규정을 준용한다.

▶ **소령§167의3**[1세대 3주택 이상에 해당하는 주택의 범위]

　② 소령§167의3①을 적용할 때 주택수의 계산은 다음 각 호의 방법에 따른다.

　　2. 공동상속주택 : 상속지분이 가장 큰 상속인의 소유로 하여 주택수를 계산하되, 상속지분이 가장 큰 자가 2인 이상인 경우에는 소령§155③ 각 호의 순서에 의한 자가 당해 공동상속 주택을 소유한 것으로 본다.
　　　ⓐ 당해 주택에 거주하는 자 ⓑ 최연장자

1세대 3주택 이상 중과(소령§167의3②)   상속주택 소수지분 자체 양도(다주택자 중과)

소수지분 상속으로 취득한 공동상속주택 소수지분(2/9) 양도에 대해선 다주택자 중과세율이 적용되지 아니하는 것이나, 상속개시일 이후 父로부터 추가 매입한 지분(3/9) 양도에 대해서는 다주택자 중과세율이 적용되는 것임

중요	난이
상	상

적용사례(사전-2020-법규재산-0566, '22.09.28., 기획재정부 재산세제과-1188, '22.09.22.)

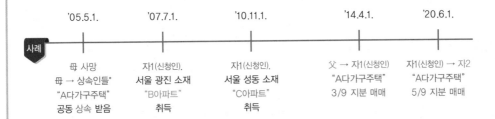

'05.5.1.	'07.7.1.	'10.11.1.	'14.4.1.	'20.6.1.
母 사망 母 → 상속인들 "A다가구주택" 공동 상속 받음	자1(신청인). 서울 광진 소재 "B아파트" 취득	자1(신청인). 서울 성동 소재 "C아파트" 취득	父 → 자1(신청인) "A다가구주택" 3/9 지분 매매	자1(신청인) → 자2 "A다가구주택" 5/9 지분 매매

＊ 서울 소재 별도세대인 母의 A다가구주택을 父(3/9 지분), 자1(신청인, 2/9 지분), 자2(2/9 지분) 상속받음
   (父가 다수지분자)

Q1 피상속인(모)의 사망으로 공동상속주택의 소수지분(2/9)을 상속받고, 다른 공동상속인으로부터 해당 공동상속주택 지분 일부(3/9)를 매매를 원인으로 추가 취득한 이후 해당 공동상속주택의 보유지분(5/9) 전부를 양도 시 다주택자 중과 적용 여부?

A1 ・소령§167의3① 규정을 적용 시 상속개시일 이후 다른 상속인의 지분을 일부 매매 등으로 취득하여 당초 공동상속지분이 변경된다고 하더라도, 공동상속주택의 소유자 판정은 상속개시일을 기준으로 하는 것이며,

・상속으로 취득한 공동상속주택 소수지분(2/9) 양도에 대해선 다주택자 중과세율이 적용되지 아니하는 것이나, 상속개시일 이후 父로부터 추가 매입한 지분(3/9) 양도에 대해서는 다주택자 중과세율이 적용되는 것임

제 5 편

📝 관련 판례 · 해석 등 참고사항

☞ 과거 기재부 해석의 취지는 소수지분 자체가 중과되지 않는다는 것이 아니라 소수지분을 주택 수에서 제외한 후 1세대가 보유한 나머지 중과대상 주택 수를 기준으로 중과대상 여부를 판정한 것으로 이해되었으나, 위 해석으로 소수지분 자체를 중과대상에서 제외한 것으로 변경됨

▶ **기획재정부 재산세제과-1407, '22.11.09.**

－ 1주택과 공동상속주택의 소수지분을 소유한 1세대가 공동상속주택이 조합원입주권의 소수 지분 2개로 변경된 후 1주택 양도 시 다주택 중과세율 적용 대상이 아님

공동으로 재차 상속받은 경우 당해 주택의 소유 기준은 부와 모로부터 상속받은 지분을 합한 상속지분이 가장 큰 상속인의 소유로 하여 주택 수를 계산하는 것이며, 상속지분이 가장 큰 자가 2인 이상인 경우 소령§155③ 각 호의 순서에 의한 자가 공동상속주택을 소유한 것으로 봄

중요 중　난이 상

적용사례(서면인터넷방문상담4팀-96, '07.01.08.)

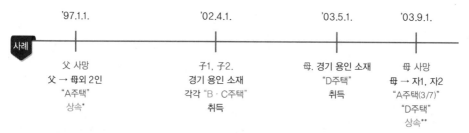

'97.1.1.

父 사망
父 → 母외 2인
"A주택"
상속*

'02.4.1.

子1, 子2.
경기 용인 소재
각각 "B · C주택"
취득

'03.5.1.

母. 경기 용인 소재
"D주택"
취득

'03.9.1.

母 사망
母 → 子1, 子2
"A주택(3/7)"
"D주택"
상속**

* 서울에 소재한 선순위 상속주택으로서 母(3/7지분), 子1(2/7지분), 子2(2/7지분) 상속 받음

** 母의 A주택 3/7지분과 D주택을 子1(1/2지분), 子2(1/2지분) 상속 받음, 상속개시 당시 母, 子1, 子2 각각 별도세대였고 기준시가는 모든 주택이 1억원을 초과함

Q1 공동상속주택 2채 및 일반주택의 양도에 대한 세율 및 비과세 적용은?

A1 父와 母로부터 상속받은 지분을 합한 상속지분이 가장 큰 상속인의 소유로 하여 주택 수를 계산하는 것이며, 상속지분이 가장 큰 자가 2인 이상인 경우 소령§155③ 각 호의 순서에 의한 자가 당해 공동상속주택을 소유한 것으로 보는 것임

참고 父와 母에게 상속받은 사이에 지분 변동이 있더라도 상속개시일 지분을 기준으로 합산함

📖 관련 판례 · 해석 등 참고사항

▶ **소령§155[1세대 1주택의 특례]**

③ 소령§154①을 적용할 때 공동상속주택[상속으로 여러 사람이 공동으로 소유하는 1주택을 말하며, 피상속인이 상속개시 당시 2 이상의 주택(상속받은 1주택이 재개발사업, 재건축사업 또는 소규모재건축사업등의 시행으로 2이상의 주택이 된 경우를 포함)을 소유한 경우에는 ② 각 호의 순위에 따른 1주택을 말한다] 외의 다른 주택을 양도하는 때에는 해당 공동상속주택은 해당 거주자의 주택으로 보지 아니한다. 다만, 상속지분이 가장 큰 상속인의 경우에는 그러하지 아니하며, 상속지분이 가장 큰 상속인이 2명 이상인 경우에는 그 2명 이상의 사람 중 다음 각 호의 순서에 따라 해당 각 호에 해당하는 사람이 그 공동상속주택을 소유한 것으로 본다. 〈개정 2022. 2. 15.〉
1. 당해 주택에 거주하는 자　2. 삭제 〈2008. 2. 22.〉 3. 최연장자

1세대 3주택 이상 중과(소령§167의3②)	상속주택 소수지분 자체 양도(다주택자 중과)

소수지분 보유자인 갑은 C주택 이외의 중과대상 주택이 한 채 뿐이므로 중과대상에 해당하지 않아 중과 배제 및 장기보유특별공제가 적용

중요 상　난이 상

적용사례

'95.7.1.

甲.
제주 서귀포 소재
"A주거용 오피스텔"
취득
(기준시가 3억원 이하)

'01.7.1.

甲.
서울 구로 소재
"B아파트"
취득

'16.11.1.

母 사망
母 → 상속인들*
"5채 주택"
공동 상속 받음

'21.6.1.

丙(막내) 사망
丙 → 상속인들
"6채(D포함) 주택"
재차 상속**

'21.7.1.

甲.
"C주택***"
양도

사례

* 서울 소재 별도세대인 母의 5채의 주택을 7형제가 각각 1/7 지분 상속받음(장남이 다수지분자)

** 丙이 당초 소유한 D주택 포함해서 丙이 母로부터 상속받은 1/7 지분을 6형제가 각각 1/6 지분 상속받음(장남이 다수지분자)

*** 母로부터 공동으로 상속받은 서울 청담 소재 주택

Q1 갑(차남)이 어머니와 병(막내 동생)으로부터 상속받은 C주택의 소수지분을 양도 시 다주택자 중과 및 장기보유특별공제 여부?

A1 C주택을 양도 시 장남이 다수지분자로 소수지분 보유자인 갑은 C주택 이외의 중과대상 주택이 한 채(B) 뿐이므로 중과대상에 해당하지 않아 중과 배제 및 장기보유특별공제가 적용됨(∵제주 서귀포 소재 주택은 중과 판정 시 주택 수 제외)

📜 관련 판례 · 해석 등 참고사항

1세대 3주택 이상 중과(소령§167의3②)	공동상속주택 소수지분(다주택자 중과)

소령§155③은 소령§154①과 관련하여 적용하도록 명시되어 있어 2채의 공동상속주택의
소수지분을 보유하고 있었다고 하더라도 주택 수에 산입하는 것은 타당하지 않음

중요 상 · 난이 상

적용사례(조심-2019-서-4322, '20.02.12.)

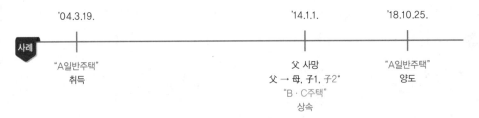

'04.3.19.   '14.1.1.   '18.10.25.

사례

"A일반주택"
취득

父 사망
父 → 母, 子1, 子2*
"B·C주택"
상속

"A일반주택"
양도

* 子2 : 청구인으로 B·C주택 모두 소수지분 상속

Q1 일반주택과 공동상속주택에 대한 소수지분을 보유하고 있는 1세대가 일반주택을 양도 시 다주택 중과
및 장기보유특별공제 적용 여부?

A1
- 소령§167의3②2호에서 상속지분이 가장 큰 상속인의 소유로 하여 공동상속주택을 소유한 것으로
  본다고 규정하고 있을 뿐, 소령§155③의 '공동상속주택'의 범위와 같이 1주택으로 한정하는 것으로
  규정하고 있지 않고,
- 소령§155③은 소령§154①과 관련하여 적용하도록 명시되어 있어 2채의 공동상속주택의 소수지분을
  보유하고 있었다고 하더라도 주택 수에 산입하는 것은 타당하지 않음 ⇒ 중과 적용하지 않음
- 소령§155③ 괄호에서 '공동상속주택'의 범위와 동일하게 해석하는 것은 타당하지 않으므로
  소수지분은 주택 수 계산에서 제외 ⇒ 장기보유특별공제 표1 적용

📝 **관련 판례 · 해석 등 참고사항**

▶ **소령§155[1세대 1주택의 특례]**

③ 소령§154①을 적용할 때 공동상속주택[상속으로 여러 사람이 공동으로 소유하는 1주택을 말하며,
피상속인이 상속개시 당시 2 이상의 주택(상속받은 1주택이 재개발사업, 재건축사업 또는
소규모재건축사업등의 시행으로 2이상의 주택이 된 경우를 포함)을 소유한 경우에는 ② 각 호의 순위에 따른
1주택을 말한다] 외의 다른 주택을 양도하는 때에는 해당 공동상속주택은 해당 거주자의 주택으로 보지
아니한다. 다만, 상속지분이 가장 큰 상속인의 경우에는 그러하지 아니하며, 상속지분이 가장 큰
상속인이 2명 이상인 경우에는 그 2명 이상의 사람 중 다음 각 호의 순서에 따라 해당 각 호에 해당하는
사람이 그 공동상속주택을 소유한 것으로 본다. 〈개정 2022. 2. 15.〉
1. 당해 주택에 거주하는 자   2. 삭제 〈2008. 2. 22.〉   3. 최연장자

소령§167의10②, 소령167의3②2호에 의거 선순위상속주택과 관계없이 소수지분은 주택 수에서 제외되므로 중과 제외(비과세 판정시와 다주택자 중과 판정시 주택수 제외요건이 다름)

적용사례(조심-2019-서-2010, '19.12.16.)

'79.1.1.	'89.7.1.	'89.7.12.	'95.12.31.	'06.12.15.	'18.8.17.	'18.9.28.

사례

乙(甲의 父).
서울 강북 소재
"A다가구주택
(소수지분2*)"
취득

乙(甲의 父).
경기 안양 소재
"B상가주택
(소수지분1*)"
신축·취득

乙사망.
"B소수지분1"(2/12)
"A소수지분2"(2/12)
乙 → 甲
상속 취득

甲.
"A다가구주택"
(소수지분2)
양도

"C쟁점주택"
취득**

"D대체주택"
취득

"C쟁점주택"
양도

* 피상속인이 소수지분2과 소수지분1 취득하였으며 소수지분2가 선순위상속주택이며 甲은 소수지분자임

** '10.2.22. 전입·거주한 후 '18.8.17. 대체주택을 취득

Q1 쟁점주택을 양도 시 비과세 적용 여부?(후순위 공동상속주택의 소수지분을 주택 수에서 제외하여 비과세 규정 적용 여부)

A1 소령§155②에 의거 B소수지분1이 선순위상속주택의 소수지분이 아니므로 주택 수에서 제외되지 않아 1세대 3주택으로 일시적 2주택 적용 불가

Q2 다주택자 중과 적용 여부?(후순위 공동상속주택의 소수지분을 중과대상 주택 수에서 제외하는 지 여부)

A2 소령§167의10②, 소령167의3②2호에 의거 선순위상속주택과 관계없이 소수지분은 주택 수에서 제외되므로 중과 제외
　☞ 비과세 판정 시와 다주택자 중과 판정 시 주택 수 제외 요건이 다름에 특히 유의

제5편

관련 판례·해석 등 참고사항

▶ **위의 조세심판원의 결정 요지는,**

　– 소령§155③에서 "소령§154①을 적용할 때 선순위 공동상속주택 외의 다른 주택을 양도하는 때에는 해당 공동상속주택은 해당 거주자의 주택으로 보지 아니한다."고 규정하여 해당 규정이 1세대 1주택 비과세 특례 규정의 주택 수 산정 시 적용될 뿐이라는 점을 명확히 하고 있다고 보았고,

　– 중과세율 적용대상 판단을 위한 주택 수 계산시 공동상속주택의 소유자는 소령§167의3②2호에서 해당 주택에 실지 거주하고 있는 자, 최 연장자 순으로 판단한다고 규정하고 있어 선순위 상속주택의 소수지분이 아니어도 주택 수에서 제외하여야 한다고 결정함

1세대 3주택 이상 중과(소법§104⑦3호, 소령§167의3①)   공동상속주택 소수지분

동일세대 세대원에게 상속받은 공동상속주택의 소수지분을 양도하는 경우, 다주택자
중과세율 적용이 배제됨

중요 **중**   난이 **중**

적용사례(기획재정부 재산세제과-1035, '23.09.04.)

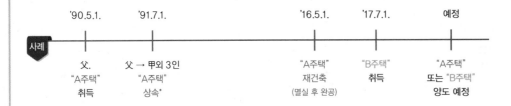

'90.5.1.	'91.7.1.		'16.5.1.	'17.7.1.	예정
父.	父 → 甲외 3인		"A주택"	"B주택"	"A주택"
"A주택"	"A주택"		재건축	취득	또는 "B주택"
취득	상속*		(멸실 후 완공)		양도 예정

* 母 3/9지분, 자녀(甲 · 乙 · 丙) 각 2/9씩 상속받음

Q1 동일세대 세대원에게 상속받은 공동상속주택의 소수지분을 양도하는 경우, 다주택자 중과세율이
배제되는지 여부

A1 다주택자 중과세율 적용이 배제됨

관련 판례 · 해석 등 참고사항

▶ 서면-2021-법규재산-0843, '23.09.08.

- 동일세대원에게 상속받은 상속받은 공동상속주택 소수지분 양도시에는 중과세율을 적용하지 않는 것임

1세대 3주택 이상 중과(소령§167의3①8의2)　　장기어린이집 미사용일(다주택자 중과)

중과세율 적용 배제 여부 판단 시 「영유아보육법」§13①의 가정어린이집으로 5년 이상 사용한 주택을 가정어린이집으로 사용하지 아니한 날은 가정어린이집 폐지신고 접수일, 인허가 말소일, 구조나 시설 등 철거 현황, 사업자등록 폐업일 등을 종합적으로 검토하여 판단

중요	난이
중	중

적용사례(서면-2020-법령해석재산-2731, '21.09.30.)

* 취득하여 가정어린이집 등록하여 운영 중인데, 양도 당시 조정대상지역 3주택 보유

Q1 소령§167의3①8의2호에 따른 중과세율 적용 배제 여부 판단 시 「영유아보육법」§13①의 가정어린이집으로 5년 이상 사용한 주택을 가정어린이집으로 사용하지 아니한 날이 언제인지?

A1 그 주택을 실제로 가정어린이집으로 사용하지 않은 날로서, 가정어린이집 폐지신고 접수일, 인허가 말소일, 구조나 시설 등 철거 현황, 폐지신고 통지서 수리일, 사업자등록 폐업일을 종합적으로 검토하여 판단할 사항임

참고 가정어린이집 : 개인이 가정이나 그에 준하는 곳에 설치·운영하는 어린이집(영유아보육법§10 5호)

📝 관련 판례·해석 등 참고사항

▶ **소령§167의3[1세대 3주택 이상에 해당하는 주택의 범위]**

① 소법§104⑦3호에서 "대통령령으로 정하는 1세대 3주택 이상에 해당하는 주택"이란 국내에 주택을 3개 이상(제1호에 해당하는 주택은 주택의 수를 계산할 때 산입하지 않음) 소유하고 있는 1세대가 소유하고 있는 주택으로서 다음 각 호의 어느 하나에 해당하지 않은 주택을 말한다. ⇒ 각 호에서 열거된 주택은 중과배제

8의2. 다음 각 목의 어느 하나에 해당하는 주택으로서 1세대의 구성원이 해당 목에 규정된 인가 또는 위탁을 받고 소법§168에 따른 고유번호를 부여받은 후 5년 이상(의무사용기간) 어린이집으로 사용하고 어린이집으로 사용하지 않게 된 날부터 6개월이 경과하지 않은 주택.

이 경우 가목에서 나목 또는 나목에서 가목으로 전환 시 의무사용기간을 합산한다.

가. 영유아보육법§13①에 따르 인가를 받아 운영하는 어린이집

나. 영유아보육법§24②에 따라 국가 또는 지방자치단체로부터 위탁받아 운영하는 어린이집

비과세 판정 시 C주택을 소유주택으로 보지 아니하고 A주택과 B주택을 기준으로
소령§155①에 해당하여 비과세를 적용하고, A주택이 소령§167의3① 각 호의 어느 하나에
해당하는 일반주택이므로 중과 배제

중요	난이
상	중

적용사례(사전-2021-법령해석재산-0294, '21.05.04.)

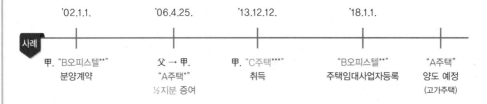

* 서울 소재한 단독주택으로 취득 후 거주사실 없음

** 서울 소재하며 '02.1.1.부터 일반사업자(간이과세자)로 운영하다가 폐업하고,
'18.1.1. 주택임대사업자로 전환함(용도변경 및 구청과 세무서에 임대사업 등록)

*** 조특법§99의2 특례 적용대상 감면주택임을 전제

Q1 조특법§99의2 감면주택, 임대주택, 일반주택 보유상태에서 일반주택 양도 시 1세대 1주택 비과세 적용
및 9억원 초과부분 중과세율 적용 여부?

A1 · 비과세 판정 시 C주택을 소유주택으로 보지 아니하고 A주택과 B주택을 기준으로 소령§155①에
해당하여 비과세를 적용하고

· A주택이 소령§167의3① 각 호의 어느 하나에 해당*하는 주택이므로 중과 배제

* A주택이 소령§167의3①10호(일반주택) 또는 13호(국내에 1개의 주택을 소유하고 있는 것으로 보거나 1세대 1주택으로 보아
소령§154①이 적용되는 주택)에 해당됨

📑 관련 판례 · 해석 등 참고사항

▶ **소령§167의3[1세대 3주택 이상에 해당하는 주택의 범위]**

① 소법§104⑦3호에서 "대통령령으로 정하는 1세대 3주택 이상에 해당하는 주택"이란 국내에 주택을 3개
이상(제1호에 해당하는 주택은 주택의 수를 계산할 때 산입하지 않음) 소유하고 있는 1세대가 소유하고 있는
주택으로서 다음 각 호의 어느 하나에 해당하지 않은 주택을 말한다. ⇒ 각 호에서 열거된 주택은 중과배제

10. 1세대가 제1호부터 제8호까지 및 제8호의2에 해당하는 주택을 제외하고 1개의 주택만을
소유하고 있는 경우의 해당 주택(이하 이 조에서 "일반주택"이라 함)

1세대 3주택 이상 중과(소법§104⑦3호, 소령§167의3①13호)   '21.2.16. 이전 양도(다주택자 중과)

'21.2.16. 이전 양도분으로서, 거주주택 특례와 일시적 2주택의 중첩 적용으로 1세대 1주택으로 보아 비과세 적용되나 장기임대주택도 중과대상 주택 수에 포함되므로 중과 적용하고 장기보유특별공제 배제함

중요 상   난이 상

적용사례(적부-국세청-2019-0184, '20.02.05.)

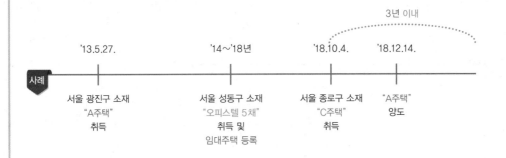

3년 이내

| '13.5.27. | '14~'18년 | '18.10.4. | '18.12.14. |

사례

서울 광진구 소재 "A주택" 취득

서울 성동구 소재 "오피스텔 5채" 취득 및 임대주택 등록

서울 종로구 소재 "C주택" 취득

"A주택" 양도

Q1 종전주택(A)을 1세대 3주택으로 보아 양도가액 9억원 초과분에 대하여 중과세율 및 장기보유특별공제를 배제할 수 있는지 여부?

A1 거주주택 특례(소령§155⑳)와 일시적 2주택(소령§155①)의 중첩 적용으로 1세대 1주택으로 보아 비과세 적용되나, 장기임대주택도 중과대상 주택 수에 포함되므로 중과 적용하고 장기보유특별공제 배제함

제 5 편

관련 판례 · 해석 등 참고사항

▶ '21.2.17. 소령§167의3①13호* 신설로 위의 사례에서 종전주택(A)을 '21.2.17. 이후 양도했다면 9억원 이하('21.12.8. 이후 양도분부터 12억원)까지 비과세 적용과 9억원(12억원) 초과분은 다주택자 중과가 배제되어 장기보유특별공제도 적용됨

* '21.2.17. 소령§167의3①13호 : 소령§155 또는 조특법에 따라 1세대가 국내에 1개의 주택을 소유하고 있는 것으로 보거나 1세대 1주택으로 보아 소령§154①이 적용되는 주택으로서 같은 항의 요건을 모두 충족하는 주택 ☞ 중과 배제(장기보유특별공제 적용)

1세대 3주택 이상 중과(소법§104⑦3호, 소령§167의3①13호) '21.2.16. 이전 양도(다주택자 중과)

'21.2.16. 이전 양도분으로서, 일시적 2주택이 성립된 상태에서 조특법§99의2의 감면주택은 종전 주택을 양도 시 소유주택으로 보지 않아 9억원 이하까지 비과세 적용은 가능하나, 9억원 초과분에 대해서는 다주택 중과 규정에서의 주택 수에 포함되므로 1세대 3주택 중과 적용

중요 상 / 난이 상

적용사례[서면-2018-부동산-3457, '19.02.14., ('21.2.16. 이전 양도분)]

'07.12.31.	'13.12.11.	'16.10.6.	'17.12.31.	'18.12.1.
서울 도봉구 소재 "A상가주택" 父로부터 수증	경기 성남시 소재 "B주택*" 분양계약	"B주택*" 소유권 등기 완료	서울 은평구 소재 "C주택" 취득	"A상가주택" 양도 (15억원)

* 조특법§99의2 적용대상임을 확인하는 날인 받은 주택

Q1 1세대가 감면주택(B)을 포함하여 3주택을 보유 중 A상가주택을 양도할 때 양도하는 주택이 고가주택에 해당하는 경우 A상가주택 비과세 적용 여부?

A1 B주택은 조특법§99의2에 해당하는 주택으로 비과세 판정 시 소유주택으로 보지 않아 A상가주택이 일시적 2주택의 종전주택에 해당되어 비과세 적용

Q2 A상가주택의 9억원 초과분에 대한 중과 적용 여부?

A2 중과적용시에는 B주택도 중과대상 주택 수에 포함되므로 중과 적용
- 기본세율 + 20%p, 장기보유특별공제 배제
- 다만, 소령§160①에 의거 9억원 초과부분에 대한 양도차익 산식 적용

📑 관련 판례·해석 등 참고사항

▶ '21.2.17. 소령§167의3①13호* 신설로 위의 사례에서 종전주택(A)을 '21.2.17. 이후 양도했다면 9억원 이하('21.12.8. 이후 양도분부터 12억원)까지 비과세 적용과 9억원(12억원) 초과분은 다주택자 중과가 배제되어 장기보유특별공제도 적용됨

* '21.2.17. 소령§167의3①13호 : 소령§155 또는 조특법에 따라 1세대가 국내에 1개의 주택을 소유하고 있는 것으로 보거나 1세대 1주택으로 보아 소령§154①이 적용되는 주택으로서 같은 항의 요건을 모두 충족하는 주택 ☞ 중과 배제(장기보유특별공제 적용)

1세대 3주택 이상 중과(소법§104⑦3호, 소령§167의3①13호) '21.2.17. 이후 양도(다주택자 중과)

'21.2.17. 이후 양도분으로서, 일시적 2주택이 성립된 상태에서 조특법§99의2의 감면주택은 종전 주택을 양도 시 소유주택으로 보지 않아 9억원 이하까지 비과세를 적용하고, 9억원 초과분에 대해서는 소령§160①에 의거 양도차익을 계산한 후 기본세율 및 장기보유특별공제 적용

중요 상 / 난이 상

적용사례[서면-2018-부동산-3457, '19.02.14., ('21.2.17. 이후 양도분)]

| '07.12.31. | '13.12.11. | '16.10.6. | '20.7.1. | '21.3.1. |

사례

서울 도봉구 소재
"A상가주택*"
父로부터 수증

경기 성남시 소재
"B주택**"
분양계약

"B주택***"
소유권
등기 완료

서울 은평구 소재
"C주택***"
취득

"A상가주택"
양도
(15억원)

* 수증 후 세대전원 2년 이상 거주
** 조특법§99의2 적용대상임을 확인하는 날인 받은 주택
*** 신규주택에 전입하는 등 일시적 2주택 요건 충족

Q1 1세대가 감면주택(B)을 포함하여 3주택을 보유 중 A상가주택을 양도할 때 양도하는 주택이 고가주택에 해당하는 경우 A상가주택 비과세 적용 여부?

A1 B주택은 조특법§99의2에 해당하는 주택으로 비과세 판정 시 소유주택으로 보지 않아 A상가주택이 일시적 2주택의 종전주택에 해당되어 비과세 적용

Q2 A상가주택의 9억원 초과분에 대한 중과 적용 여부?

A2 '21.2.17. 이후 양도분부터 소령§167의3①13호 개정으로 1주택으로 보아 비과세가 적용되는 주택은 중과에서 제외되므로,
　– 기본세율, 장기보유특별공제 표2 적용(∵ 간주 1주택이면서 2년 이상 거주)
　– 소령§160①에 의거 9억원 초과부분에 대한 양도차익 산식 적용

제5편

📜 **관련 판례 · 해석 등 참고사항**

▶ '21.2.17. 소령§167의3①13호* 신설로 위의 사례에서 종전주택(A)을 '21.2.17. 이후 양도했다면 9억원 이하('21.12.8. 이후 양도분부터 12억원)까지 비과세 적용과 9억원(12억원) 초과분은 다주택자 중과가 배제되어 장기보유특별공제도 적용됨

＊ '21.2.17. 소령§167의3①13호 : 소령§155 또는 조특법에 따라 1세대가 국내에 1개의 주택을 소유하고 있는 것으로 보거나 1세대 1주택으로 보아 소령§154①이 적용되는 주택으로서 같은 항의 요건을 모두 충족하는 주택 ☞ 중과 배제(장기보유특별공제 적용)

1세대 3주택 이상 중과(소법§104⑦3호, 소령§167의3①13호) '21.2.16. 이전 양도(다주택자 중과)

'21.2.16. 이전 양도분으로서, 일시적 2주택이 성립된 상태에서 장기임대주택을 취득 · 임대한 경우 일시적 2주택과 거주주택 특례의 중첩적용으로 종전주택을 9억원 이하까지 비과세 적용하나, 9억원 초과분에 대해서는 다주택 중과 규정에서의 주택 수에 포함되므로 1세대 3주택 중과 적용

중요 상 난이 상

적용사례

[사전-2019-법령해석재산-0368, '19.11.01. 서면-2020-부동산-2226, '20.06.22.,('21.2.16. 이전 양도분)]

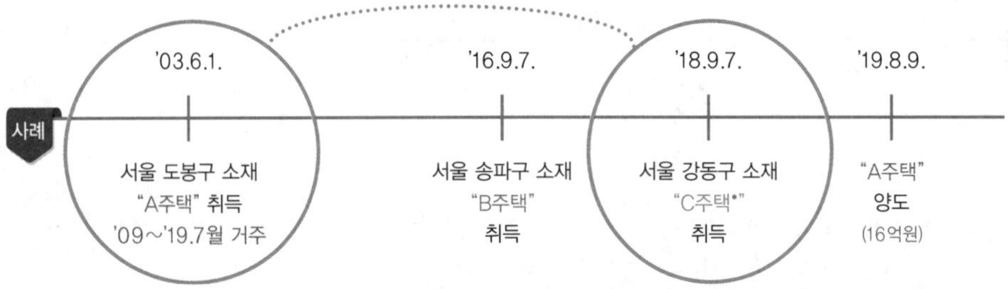

* '16.6월 분양계약 및 계약금 납부, '18.9.28. 장기임대주택 요건(사업자등록 등 필, 임대료 상한 준수, 임대개시일 당시 기준시가) 충족

Q1 거주주택과 신규주택을 각각 1개씩 보유하는 거주자 및 거주자가 속한 1세대가 장기임대주택을 취득하고 거주주택(고가주택) 양도 시 비과세 적용 여부?

A1 거주주택 특례(소령§155⑳)와 일시적 2주택(소령§155①)의 중첩 적용으로 1세대 1주택으로 보아 비과세 적용

Q2 A주택의 9억원 초과분에 대한 중과 적용 여부?

A2 중과적용시에는 C주택도 중과대상 주택 수에 포함되므로 중과 적용
- 기본세율 + 20%p, 장기보유특별공제 배제
- 다만, 소령§160①에 의거 9억원 초과부분에 대한 양도차익 산식 적용

관련 판례 · 해석 등 참고사항

▸ **조심-2020-서-1123, '20.06.17.**
- 1세대 3주택 이상에 해당하는 주택의 범위에 대하여 규정하고 있는 소령§167의3① 각호에서 중과배제주택으로 쟁점아파트를 포함하지 아니하고 있고, 같은 항 본문에서 장기임대주택을 주택의 수를 계산할 때 산입하지 아니하도록 하는 규정이 없는 점 등에서 이 건 경정청구를 거부한 처분은 잘못이 없다고 판단됨

▸ **적부-국세청-2019-0184, '20.02.05.**
- 쟁점 고가주택 양도 당시 장기임대주택을 제외하고도 쟁점주택과 대체주택을 소유하고 있어 1세대 3주택 이상에 해당됨

1세대 3주택 이상 중과(소법§104⑦3호, 소령§167의3①13호) '21.2.17. 이후 양도(다주택자 중과)

'21.2.17. 이후 양도분으로서, 일시적 2주택이 성립된 상태에서 장기임대주택을 취득 · 임대한 경우 중첩적용으로 종전주택을 9억원 이하까지 비과세 적용하고, 9억원 초과분에 대해서는 소령§160①에 의거 양도차익을 계산한 후 기본세율 및 장기보유특별공제 적용

[중요] 상 [난이] 상

적용사례[사전-2019-법령해석재산-0368, '19.11.01., ('21.2.17. 이후 양도분)]

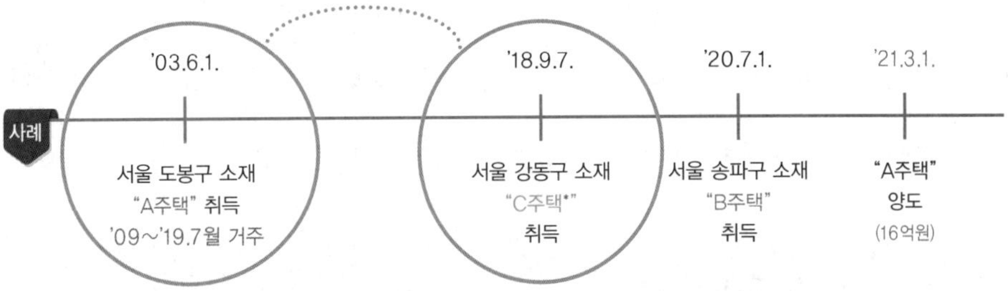

사례
'03.6.1.
서울 도봉구 소재
"A주택" 취득
'09~'19.7월 거주
'18.9.7.
서울 강동구 소재
"C주택*"
취득
'20.7.1.
서울 송파구 소재
"B주택"
취득
'21.3.1.
"A주택"
양도
(16억원)

* '16.6월 분양계약 및 계약금 납부, '18.9.28. 장기임대주택 요건(사업자등록 등 필, 임대료 상한 준수, 임대개시일 당시 기준시가) 충족

Q1 거주주택과 장기임대주택을 각각 1개씩 보유하는 거주자 및 거주자가 속한 1세대가 신규주택을 취득하고 거주주택(고가주택) 양도 시 비과세 적용 여부?

A1 거주주택 특례(소령§155⑳)와 일시적 2주택(소령§155①)의 중첩 적용으로 1세대 1주택으로 보아 비과세 적용

Q2 A주택의 9억원 초과분에 대한 중과 적용 여부?

A2 '21.2.17. 이후 양도분부터 소령§167의3①13호 개정으로 1주택으로 보아 비과세가 적용되는 주택은 중과에서 제외되므로,
- 기본세율, 장기보유특별공제 표2 적용(∵ 간주 1주택이면서 2년 이상 거주)
- 소령§160①에 의거 9억원 초과부분에 대한 양도차익 산식 적용

제5편

관련 판례 · 해석 등 참고사항

▸ **'21.2.17. 소령§167의3①13호* 신설로 위의 사례에서 종전주택(A)을 '21.2.17. 이후 양도했다면 9억원 이하('21.12.8. 이후 양도분부터 12억원)까지 비과세 적용과 9억원(12억원) 초과분은 다주택자 중과가 배제되어 장기보유특별공제도 적용됨**

* '21.2.17. 소령§167의3①13호 : 소령§155 또는 조특법에 따라 1세대가 국내에 1개의 주택을 소유하고 있는 것으로 보거나 1세대 1주택으로 보아 소령§154①이 적용되는 주택으로서 같은 항의 요건을 모두 충족하는 주택 ☞ 중과 배제(장기보유특별공제 적용)

🧍 다가구주택(건축법시행령 별표1 제1호 다목)

> **건축법상 단독주택**(아래 요건 모두 갖춘 주택으로 공동주택에 미해당시)

- 주택 사용 층수(지하층 제외)가 3개 층 이하

> **참고** 1층 바닥면적 ½이상 필로티 구조로 주차장으로 사용하고 나머지 부분을 주택 외 용도로 쓰는 경우 해당 층을 주택 층수에서 제외

- 1개 동의 주택으로 쓰이는 바닥면적(부설 주차장 면적 제외)의 합계가 660m² 이하일 것
- 19세대(대지 내 동별 세대수를 합한 세대를 말함) 이하 거주할 수 있을 것

> **세법**(소령§155⑮, 소령§167의3②)

- 원칙 : 공동주택

  - 한 가구가 독립하여 거주할 수 있도록 구획된 부분을 각각 하나의 주택으로 봄

- 예외 : 단독주택

  - 다가주주택을 구획된 부분별로 양도하지 아니하고 하나의 매매단위로 하여 양도하는 경우에는 그 전체를 하나의 주택으로 봄

다가구주택(소령§167의10①9호)　　　　　　기준시가 1억원(다주택자 중과)

소령§155⑮에 따라 한 가구가 독립하여 거주할 수 있도록 구획된 부분을 각각 하나의
주택으로 보는 것이며, 이 때 소령§167의10①9호의 기준시가는 고시된 개별주택가격에
주택 전체 면적에서 구획된 부분의 주택 면적이 차지하는 비율을 곱하여
계산하는 것임

중요　상　난이　중

적용사례(사전-2018-법령해석재산-287, '18.05.14.)

사례

'10.9.4.　　　　　　'15.8.3.　　　　　　'18.3.31.

서울 은평 소재　　　서울 은평 소재　　　"B주택"
"A주택"　　　　　　"B주택*"　　　　　　양도 예정
취득　　　　　　　취득

> * 지분 일부(62.29/186.87)를 보유 중이고 각 층별로 분양되어 현재 각 층별 1가구씩 총 3가구가 거주 중이며 대지와
> 건물 지분을 각 가구별 1/3씩 공유하고 있으며 건축법시행령 별표1제1호다목의 다가구주택에 해당하는 것 전제

Q1 소령§167의10①9호에 의해 중과대상에서 제외하는 기준시가 1억원 이하의 주택 판정 시 다가구주택의
기준시가 계산 방법은?

A1 소령§155⑮에 따라 한 가구가 독립하여 거주할 수 있도록 구획된 부분을 각각 하나의 주택으로 보는
것이며, 이 때 소령§167의10①9호의 기준시가는 고시된 개별주택가격에 주택 전체 면적에서 구획된
부분의 주택 면적이 차지하는 비율을 곱하여 계산하는 것임

📜 관련 판례 · 해석 등 참고사항

▶ **서면5팀-415, '08.03.02.**
　　– 장기임대주택 중과세율 적용 시 다가구주택은 한 가구가 독립하여 거주할 수 있도록 구획된 부분을 각각
　　하나의 주택으로 보아 국민주택 규모 및 기준시가 3억원 이하에 해당하는지 판단함

▶ **소령§167의10[양도소득세가 중과되는 1세대 2주택에 해당하는 주택의 범위]**
　① 소법§104⑦1호에서 "대통령령으로 정하는 1세대 2주택에 해당하는 주택"이란 국내에 주택을 2개(1호에
　　해당하는 주택은 주택의 수 계산할 때 산입하지 않음) 소유하고 있는 1세대가 소유하는 주택으로서 다음 각
　　호의 어느 하나에 해당하지 않는 주택을 말한다.
　　9. 주택의 양도 당시 소법§99에 따른 기준시가 1억원 이하인 주택. 다만, 도시정비법에 따른 정비구역
　　　(종전의 주택건설촉진법에 따라 설립인가를 받은 재건축조합의 사업부지를 포함)으로 지정·고시된 지역
　　　또는 소규모정비법에 따른 사업시행구역에 소재하는 주택(주거환경개선 사업의 경우 해당 사업시행자에게
　　　양도하는 주택은 제외)은 제외한다.

헌법불합치결정(2009헌바, '11.11.24.)

쟁점 1세대 3주택 이상자에 대한 중과세율 규정이 헌법에 위반되는지 여부

▶ 주택 양도소득세 과세단위를 '1세대'로 하는 것은 다음 사유로 보유 주택 수를 억제하여 주거생활 안정을 꾀하고자 하는 입법목적을 위해 합리적인 방법이라 할 수 있음

① 세대별로 주택이 사용되어지고, 1주택을 넘는 주택은 일시적 2주택자 등 예외를 제외하고는 보유자의 주거용으로 사용되지 않을 개연성이 높은 점을 고려한 것

② 주택 이외 다른 재산을 소유한 것까지 막는 것은 아니어서 세대별 재산권에 대한 제한이 상대적으로 크다고 할 수 없는 점

> **참고** 헌법 §36① : 혼인과 가족생활은 개인의 존엄과 양성의 평등을 기초로 성립되고 유지되어야 하며, 국가는 이를 보장한다.

그러나, 혼인으로 새로 1세대를 이루는 자를 위하여 상당한 기간 내 보유 주택 수를 줄일 수 있도록 하고 그러한 경과규정이 정하는 기간 내 양도하는 주택에 대해서는 혼인 전의 보유 주택수에 따라 양도소득세를 정하는 등의 완화규정을 두지 아니한 것은 최소 침해성 원칙에 위배된다고 할 것이고,

– 헌법§36①에 근거한 혼인에 따른 차별금지 또는 혼인의 자유라는 헌법적 가치라 할 것이므로 이 사건 법률조항이 달성하고자 하는 공익과 침해되는 사익 사이에 적절한 균형관계를 인정할 수 없어 법익균형성원칙에도 반함

☞ 소법§104①2호의3 규정은 과잉금지원칙에 반하여 헌법 헌법§36①이 정하고 있는 혼인에 따른 차별금지원칙에 위배되고, 혼인의 자유를 침해

▶ 1주택 이상을 보유하는 자가 1주택 이상을 보유하는 자와 혼인함으로써 1세대 3주택 이상에 해당하는 경우로서 혼인한 날부터 5년 이내 해당 주택 양도 시

• 양도자의 배우자 보유주택을 차감한 후 주택 수 계산

☞ '11.11.24. 헌재 헌법불합치 결정 반영하여 '11.11.24. 이후 결정·경정분부터 적용(소령§167의3⑨, '12.2.2.신설)

▶ **임대사업자등록 자진말소 · 자동말소 관련 다주택자 중과 특례기간**

구 분	임대유형	말소 대상	민간임대주택법 (법률 제 17482 호)	소령
자진 말소	매입임대	단기민간임대주택, 장기일반 민간임대주택 중 아파트	§6①11 호	§167의 3① 2 호사목
	건설임대	단기 민간임대주택		
자동 말소	매입임대	단기 민간임대주택, 장기일반 민간임대주택 중 아파트	§6⑤	§167 의 3① 2 호본문단서
	건설임대	단기민간임대주택		

- 자동말소인 경우에는 말소된 장기임대주택의 양도시기에 관계없이 중과 제외

- 자진말소(임대의무기간의 ½ 이상 임대)인 경우에는 말소된 장기임대주택을 말소 이후 1년 이내 양도 시 중과 제외

▶ **1세대 1주택 비과세 특례(소령§155㉓) : 거주주택이 특례 대상**

☞ 先 임대주택 말소, 後 거주주택 양도

- '20.8.18. 현재 임대 등록된 임대주택이 자동말소 · 자진말소*된 이후 5년 이내에 거주주택(보유기간 등 충족)을 양도하는 경우에 한정하여 임대기간 요건을 갖춘 것으로 보아 비과세 적용

  * 자진말소는 임대의무기간의 ½ 이상 임대한 경우에 한정

참고 아래 1과 12는 중과배제 뿐만 아니라 중과 주택 수 계산시에도 제외

1. 수도권·광역시·세종시 외 지역의 양도 당시 기준시가가 3억원 이하 주택	9. 양도 당시 기준시가 1억원 이하 주택 (도시정비법 등에 따른 정비구역 또는 사업시행 구역 내 주택 제외)
2. 3주택 중과 배제주택 (§167조의 3 2호부터 8호까지 및 8호의2)	10. 1호부터 7호 해당주택 외 1개 주택만 소유한 경우 그 주택
3. 취학 등 부득이한 사유로 다른 시·군에 1주택을 취득하여 2주택인 경우 해당주택	11. 조정대상지역 공고 이전 매매계약 체결 및 계약금 지급받은 주택
4. §155⑧에 따른 수도권 밖 소재 주택	12. '24.1.10.~'27.12.31.까지 취득한 주택으로서 해당 요건을 모두 갖춘 소형 신축주택과 '24.1.10.~'25.12.31.까지 취득한 주택으로서 해당 요건을 모두 갖춘 준공 후 미분양주택
7. 소송 진행 중이거나 해당 소송결과로 취득한 주택(판결일 3년 이내)	12의2. 소법§95④에 따른 보유기간이 2년 이상 주택을 '22.5.10. ~ '26.5.9.까지 양도한 주택

15. 소령§155 또는 조특법에 따라 1세대가 국내에 1개의 주택을 소유하고 있는 것으로 보거나 1세대1주택으로 보아 소령§154①이 적용되는 주택으로서 같은 항의 요건을 모두 충족하는 주택('23.2.28. 개정)

☞ '23.2.28.에 소령이 개정되면서 위의 소령§167의10①5호, 6호, 8호, 13호 및 14호가 삭제되어 같은 항 15호로 흡수되는 등 중과에서 배제되는 범위가 더 넓어짐

☞ '22.5.9. 기획재정부가 보도자료를 통하여 다주택자에 대한 양도소득세 중과(2년 이상 보유한 주택)를 '22.5.10.~'23.5.9.까지 양도하는 분에 대해서 한시적으로 배제한다고 발표하였고, '22.5.31. 소령§167의3①12의2, §167의4③6의2, §167의10①12의2, §167의11①12의 소령을 개정하였으며, '23.2.28.과 '24.2.29. 및 '25.2.28.에 중과 배제를 추가 연장('26.5.9.까지) 한다고 매년 소령을 개정함

양도세 중과세율 적용 시 주택 수의 계산은 양도일 현재 각 세대를 기준으로 판정하므로,
양도일 현재 소령§167의10①8호에 의한 일시적 2주택에 해당하므로 중과 제외하고
장기보유특별공제 적용

중요　상
난이　중

적용사례

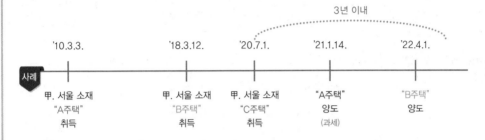

Q1　B주택 양도 시 다주택자 중과 및 장기보유특별공제 적용 여부?

A1　양도세 중과세율 적용 시 주택 수의 계산은 양도일 현재 각 세대를 기준으로 판정하므로, 양도일 현재
소령§167의10①8호에 의한 일시적 2주택에 해당하므로 중과 제외하고 장기보유특별공제가 적용됨

제5편

📜 **관련 판례 · 해석 등 참고사항**

▶ **소령§167의10[양도소득세가 중과되는 1세대 2주택에 해당하는 주택의 범위]**

① ~~~국내에 주택을 2개 소유하고 있는 1세대가 소유하는 주택으로서 다음 각 호의 어느 하나에
해당하지 않는 주택을 말한다. ⇒ 각 호에서 열거된 주택은 중과배제

8. 1주택을 소유한 1세대가 그 주택을 양도하기 전에 다른 주택을 취득(자기가 건설하여 취득한 경우
포함)함으로써 일시적으로 2주택을 소유하게 되는 경우의 종전의 주택[다른 주택을 취득한 날부터
3년이 지나지 아니한 경우(3년이 지난 경우로서 제155조제18항 각 호의 어느 하나에 해당하는
경우를 포함한다)에 한정한다]

1세대 2주택 중과(소령§167의10①8호)	일시적 2주택(다주택자 중과)

종전주택 보유기간이 2년 미만인 경우, 신규주택을 취득일부터 3년 내 종전주택을 양도 시 2주택 중과세율을 적용하지 않음

중요 상 / 난이 중

적용사례(사전-2020-법령해석재산-0193, '20.03.23.)

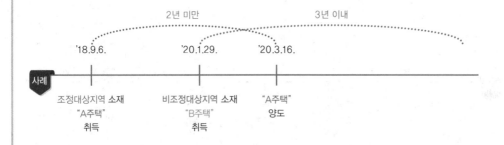

Q1 종전주택(A) 보유기간이 2년 미만인 경우, 신규주택(B)을 취득일부터 3년 내 종전주택을 양도 시 2주택 중과세율 적용 여부?

A1 소령§167의10①8호가 적용되어 2주택 중과세율이 적용되지 아니함

📜 관련 판례 · 해석 등 참고사항

☞ 위의 사례는 비과세가 되지 않더라도 중과는 하지 않겠다는 **취지**이며, 다주택자 중과에서의 일시적 2주택 규정은 종전주택이 조정대상지역에 있는 상태에서 조정대상지역의 신규주택을 취득하더라도 3년 이내 종전주택을 양도하면 중과가 적용되지 않음

– 그러나, '21.6.1. 이후 양도분부터는 1년 이상 2년 미만 보유주택에 대해서는 60% 단일세율로 중과하고 1년 미만 보유주택에 대해서는 70% 단일세율로 중과함

비과세 대상이 아닌 종전주택 취득 후 1년 내 신규주택을 취득하고 해당 취득일부터 3년 이내 종전주택을 양도 시 2주택 중과세율 적용 여부?

중요 중   난이 중

적용사례 (사전-2019-법령해석재산-0603, '19.12.03.)

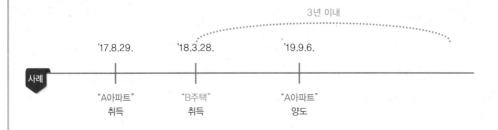

Q1   비과세 대상이 아닌 종전주택(A) 취득 후 1년 내 신규주택(B)을 취득하고 해당 취득일부터 3년 이내 종전주택을 양도 시 2주택 중과세율 적용 여부?

A1   소령§167의10①8호가 적용되어 2주택 중과세율이 적용되지 아니함

    (☞ 비록 비과세가 되지 않더라도 중과는 하지 않겠다는 취지)

제 5 편

📑 관련 판례·해석 등 참고사항

▶ 서면-2020-부동산-3727, '20.08.31.

　– 1주택을 소유한 1세대가 그 주택(종전주택)을 양도하기 전에 다른 주택을 취득함으로써 일시적으로 2주택을 소유하게 되는 경우로서 종전 주택을 취득한 날부터 1년 이내 다른 주택을 취득하고 그 다른 주택을 취득한 날부터 3년이 지나지 않은 상태에서 종전주택을 양도 시 소령§167의10①8호가 적용됨

1세대 2주택 중과(소령§167의10①8호)　　　일시적 2주택(다주택자 중과)

소령§167의10①8호는 1주택을 소유한 1세대가 그 주택을 양도하기 전에 다른 주택을 취득함으로써, 일시적으로 2주택을 소유하게 되는 경우의 종전 주택을 양도 시 해당 주택이 양도세 중과되는 1세대 2주택에 해당하지 아니하는 것으로, 1세대 3주택자가 양도 시에는 적용 불가

중요 상 ・ 난이 상

적용사례(서면-2018-부동산-1836, '18.12.12.)

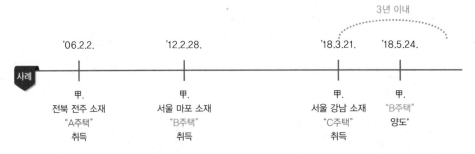

* B주택 양도 당시 A주택은 소령§167의10①1호에 해당하는 지역에 소재하는 주택으로서 기준시가 3억원 이하 주택에 해당

Q1 A주택을 보유한 상태에서 C주택을 취득한 날부터 3년 이내 B주택을 양도 시 B주택이 소령§167의10①8호에 해당하는 주택으로 중과 제외되는 지 여부?

A1 소령§167의10①8호는 1주택을 소유한 1세대가 그 주택을 양도하기 전에 다른 주택을 취득함으로써, 일시적으로 2주택을 소유하게 되는 경우의 종전 주택을 양도 시 해당 주택이 양도세 중과되는 1세대 2주택에 해당하지 아니하는 것으로, 1세대 3주택자가 해당 주택을 양도하는 경우에는 적용되지 아니함

➡ 다음 쪽에서 상세 설명

📑 관련 판례 · 해석 등 참고사항

▶ 기획재정부 재산세제과-422, '11.06.07.

　－ 소령§167의5①7호(現.소령§167의10①8호)는 1세대가 일시적으로 2주택을 소유하게 되는 때 1세대 1주택 비과세 특례 요건을 갖추지 못한 주택을 양도하는 경우 해당 주택이 양도세가 중과되는 1세대 2주택에 해당하지 아니한다는 것이므로, 1세대 3주택자가 해당 주택을 양도하는 경우에는 같은 호가 적용되지 아니하는 것임

쟁점 정리
(일시적 2주택 + 지방 소재 저가주택 보유 시 1세대 2주택 중과 여부)

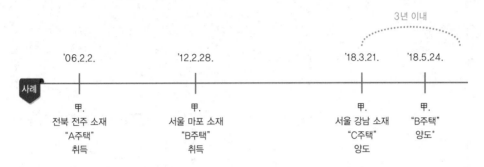

> * B주택 양도 당시 A주택은 소령§167의10①1호에 해당하는 지역에 소재하는 주택으로서 기준시가 3억원 이하 주택에 해당

쟁점 1 소령§167의10①의 주택 수에서 제외되는 지방 소재 3억원 이하 주택(①1호, 음지주택)이 미치는 범위

◉ 소령§167의10①1호의 수도권 · 광역시 · 세종시 외의 소재 기준시가 3억원 이하 주택(이하 "지방 3억원 이하 주택"이라 함)은 1세대 2주택 중과 대상에서 주택 수 판정에만 영향을 미침

• 본문의 "대통령령으로 정하는 1세대 2주택에 해당하는 주택"이란 국내에 주택을 2개 소유하고 있는 1세대가 소유하는 주택을 의미하고,

  – 각 호(1~14호)에서는 본문의 전단부와 별도로 중과배제 주택의 대상을 열거하고 있음

  ☞ "지방 3억원 이하 주택"은 1세대 2주택 중과대상의 주택 수의 산정에만 제외되고, 각 호의 적용 시에는 제외한 상태로 판정하지 않음

제
5
편

> **쟁점 2** 소령§167의10①1호의 "지방 3억원 이하 주택"이 각 호의 해당 중과 제외
> 주택과 결합 시 해석 사례

❷ 각 호를 적용 시 1호의 "지방 3억원 이하 주택"은 소유주택에 포함하여 각 호의 주택 중과 제외 여부를 판단

- (3호~6호, 8호와 결합 시) "지방 3억원 이하 주택"은 소유주택에 포함하여 각 호 주택에 중과 제외 여부를 판단
  - 위 호 규정은 오롯이(only) 2주택을 전제로 하기 때문에 "지방 3억원 이하 주택"과 결합 시에 3주택 이상이 되므로 중과에서 제외할 수 없음
- (2호, 7호, 9호와 결합 시) "지방 3억원 이하 주택"과 2호(장기임대주택 등), 7호(소유권 소송 진행 중이거나 소송 결과로 취득한 주택), 9호(기준시가 1억원 이하 주택)
  - "지방 3억원 이하 주택"을 포함한 3주택 이상(중과대상 2주택)인 경우에도 중과 제외 대상 주택이 특정되므로 특정된 주택은 중과 제외
- ☞ 위의 사례는 "일시적 2주택"과 "지방 3억원 이하 주택"이 결합된 형태로 중과 대상 주택 수는 2주택(지방 3억원 이하 주택은 주택 수에서 제외)이나
  - 세대의 총 보유 주택 수는 3주택이므로 오롯이 2주택만을 전제로 열거하고 있는 소령§167의10①8호에 해당하지 않아 중과 적용

쟁점 일시적 2주택 + 지방 저가주택 보유 시 1세대 2주택 중과 여부

소령§167의10① 본문 괄호에서 기타지역 3억원 이하 주택을 주택 수 계산 시 산입하지 아니하는 것으로 규정하고 있다고 하더라도 이는 양도세 중과 대상 1세대 2주택 여부를 판단함에 있어 주택 수 계산과 관련된 규정일 뿐이고,

– 소령§167의10①8호에서 규정한 1세대 2주택 중과세율 적용 제외 요건인 "1주택을 소유한 1세대"에서 1주택 소유에 해당하는 지 여부를 판단함에 있어서는 같은 항 본문 규정이 적용된다고 볼 수 없는 바,

– 쟁점 양도주택이 같은 항 8호의 일시적 2주택으로서 중과세율 적용 대상에서 제외된다는 청구인 주장은 받아들이기 어려움

(조심-2021-중-1803, '21.06.09.)

당해 주택 양도 당시 기준시가가 1억원 이하인 주택이라 하더라도 소규모주택정비법에 따른
소규모재건축사업의 사업시행구역에 소재하는 주택을 조합설립인가일 이후 양도하는
경우에는 양도세 중과세율이 적용되는 것임

적용사례(서면-2021-법규재산-5671, '22.06.09.)

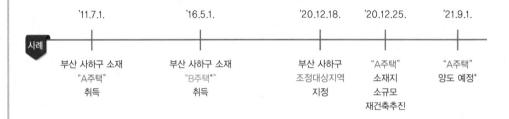

'11.7.1.	'16.5.1.	'20.12.18.	'20.12.25.	'21.9.1.
부산 사하구 소재 "A주택" 취득	부산 사하구 소재 "B주택*" 취득	부산 사하구 조정대상지역 지정	"A주택" 소재지 소규모 재건축추진	"A주택" 양도 예정"

* 기준시가 1억원 이하 주택

Q1 조정대상지역 내 기준시가 1억원 이하 주택이 소규모주택정비법에 따른 소규모재건축사업의
사업시행구역에 소재하는 경우, 양도세가 중과되는 시점은?

A1 주택 양도 당시 「주택법」§63의2①1호에 따른 조정대상지역에 있는 소법§99에 따른 기준시가가
1억원 이하인 주택은 1세대 2주택의 양도세 중과세율 적용대상 주택에서 제외하는 것이나,
　– 당해 주택 양도 당시 기준시가가 1억원 이하인 주택이라 하더라도 소규모주택정비법에 따른
　　소규모재건축사업의 사업시행구역에 소재하는 주택을 조합설립인가일(토지등소유자가 20명 미만인 경우
　　주민합의체 구성의 신고일) 이후 양도하는 경우에는 양도세 중과세율이 적용되는 것임

📜 **관련 판례 · 해석 등 참고사항**

▶ **소규모주택정비법§23**[조합설립인가 등]

① 가로주택정비사업의 토지등소유자는 조합을 설립하는 경우 토지등소유자의 8/10 이상 및 토지면적의
2/3 이상의 토지소유자 동의를 받아 다음 각 호의 사항을 첨부하여 시장 · 군수등의 인가를 받아야 한다.
이 경우 사업시행구역의 공동주택은 각 동(복리시설의 경우에는 주택단지의 복리시설 전체를 하나의 동으로
봄)별 구분소유자의 과반수 동의(공동주택의 각 동별 구분소유자가 5명 이하인 경우는 제외)를, 공동주택 외의
건축물은 해당 건축물이 소재하는 전체 토지면적의 1/2 이상의 토지소유자 동의를 받아야 한다.
(이하 생략)

'21.1.1. 현재 일시적 2주택을 1주택(Set)으로 보아 기획재정부 재산세제과−1132,
'20.12.24.의 해석과 같이 순수 1주택과 동일하게 취급하여 A주택의 취득일('01.5.1.)부터
기산하므로 보유 요건 충족으로 비과세 적용

중요 상　난이 상

적용사례

1년 이내

| '01.5.1. | '14.9.1. | '20.6.1. | '20.10.1. | '21.9.1. |

사례

인천 남동구 소재
"A주택" 취득,
2년 이상 거주

인천 연수구 소재
"B주택*"
취득

"B주택"
양도
(감면)

인천 연수구 소재
"C주택"
취득

"A주택"
양도
(15억원)
"비과세"

* 조특법§99의2 요건 충족에 따른 감면대상주택

Q1 A주택의 보유기간 기산일 및 비과세 적용 여부?

A1 '21.1.1. 현재 일시적 2주택을 1주택(Set)으로 보아 기획재정부 재산세제과−1132, '20.12.24.의
해석과 같이 순수 1주택과 동일하게 취급하여 A주택의 취득일('01.5.1.)부터 기산하므로 보유요건
충족으로 비과세 적용

Q2 A주택의 9억원 초과부분에 대한 다주택 중과 적용 여부?

A2 C주택 취득한 날부터 3년이 지나지 아니하였으므로 소령§167의10①8호에 따라 A주택 중과 배제

Q3 A주택의 장기보유특별공제 표2의 적용 여부?

A3 A주택과 C주택이 소령§155①2호 요건을 충족한다면 1주택으로 보아 소령§159의4에 따라
장기보유특별공제 표2 적용

제 5 편

📜 **관련 판례 · 해석 등 참고사항**

▶ **소령§167의10[양도소득세가 중과되는 1세대 2주택에 해당하는 주택의 범위]**

　① ~~~국내에 주택을 2개 소유하고 있는 1세대가 소유하는 주택으로서 다음 각 호의 어느 하나에
　　해당하지 않는 주택을 말한다. ⇒ 각 호에서 열거된 주택은 중과배제

　8. 1주택을 소유한 1세대가 그 주택을 양도하기 전에 다른 주택을 취득(자기가 건설하여 취득한 경우
　　포함)함으로써 일시적으로 2주택을 소유하게 되는 경우의 종전의 주택[다른 주택을 취득한 날부터
　　3년이 지나지 아니한 경우(3년이 지난 경우로서 소령§155⑱ 각 호의 어느 하나에 해당하는 경우를
　　포함한다)에 한정한다]

1세대 2주택 중과(소령§167의10①8호, 10호) 　　　일시적 2주택, 일반주택(다주택자 중과)

일반주택 양도가액이 고가주택에 해당하는 경우, 9억원 이하까지는 비과세가 적용되나,
9억원 초과부분에 대해서는 신규주택 취득한 날부터 3년 경과되어 일시적 2주택에 해당되지
않고 선순위 상속주택의 상속 받은 날부터 5년이 경과하여 일반주택에도 해당되지 않아
중과적용

중요 상　난이 중

적용사례('21.2.16. 이전 양도분)

'08.1.1.

서울 송파구 소재
"A주택"
분양 취득
(3.5억원)

'14.5.1.

경기 과천시 소재
"B주택"
상속 취득
(선순위상속주택)

'20.7.1.

"A주택"
양도
(20억원)

사례

Q1 A주택 비과세 적용 여부?

A1 소령§155② 상속주택 특례에 의거 9억원 이하 비과세 적용

Q2 9억원 초과분 중과 적용 여부?

A2 중과(기본세율+10%p, 장기보유특별공제 배제)
　　① 소령§167의10①8호의 일시적 2주택에 해당 안됨(∵ 다른 주택 취득한 날부터 3년 경과)
　　② 소령§167의10①10호의 일반주택에도 해당 안됨(∵선순위 상속주택이 5년 경과)

📜 관련 판례 · 해석 등 참고사항

▶ 소령§167의10①13호가 '21.2.17.에 추가되어 위의 A주택을 '21.2.17. 이후 양도했다면 비록 선순위
　상속주택이 상속받은 날부터 5년이 경과하였다고 하더라도 A주택이 중과에서 제외되고
　장기보유특별공제도 적용됨

　* 소령§167의10①(1세대 2주택 중과에서 제외되는 주택)
　　13. 소령§155②에 따라 상속받은 주택과 일반주택을 각각 1개씩 소유하고 있는 1세대가 일반 주택을
　　　양도하는 경우로서 소령§154①이 적용되고 같은 항의 요건을 모두 충족하는 일반주택

법령요약

⊙ 소령부칙(제32420호, '22.2.15.)

제1조(시행일)

이 영은 공포한 날부터 시행한다. (이하 생략)

제2조(일반적 적용례)

② 이 영 중 양도소득세에 관한 개정규정은 부칙 제1조에 따른 각 해당규정의 시행일 이후 양도하는 경우부터 적용한다.

제8조(고가주택에 대한 양도차익 등의 계산 등에 관한 적용례)

제155조제10항, 제156조, 제160조 및 제161조의 개정규정은 '21.12.8. 이후 양도하는 경우부터 적용한다.

제9조(조합원입주권 적용대상 정비사업 범위 확대 등에 따른 적용례)

제155조제18항제4호 · 제5호, 제156조의2제4항제1호 · 제2호, 같은 조 제5항, 같은 조 제7항제3호나목, 같은 조 제8항제4호가목, 같은 항 제5호, 같은 조 제9항제3호가목, 같은 항 제4호, 제156조의3제5항제3호나목, 제166조제1항 각 호 외의 부분, 같은 조 제2항 각 호 외의 부분, 같은 조 제7항 각 호 외의 부분의 개정규정은 '22.1.1. 이후 취득하는 조합원입주권부터 적용한다.

제12조(주택과 조합원입주권 또는 분양권을 소유한 경우의 1세대 1주택 특례에 관한 경과조치)

이 영 시행 전에 조합원입주권 또는 분양권을 취득한 경우의 1세대1주택 특례 적용에 관하여는 제156조의2제4항 각 호 외의 부분 또는 제156조의3제3항 각 호 외의 부분의 개정규정에도 불구하고 종전의 규정에 따른다.

⊙ 고가주택의 개정 연혁(소령 § 156①)

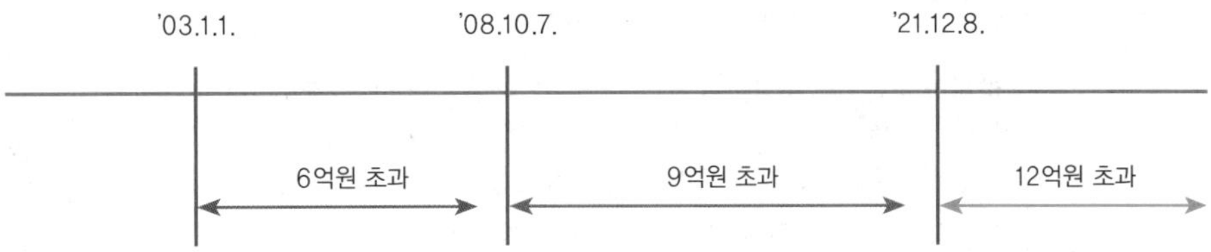

1세대 2주택 중과(소령§167의3①11호, §167의10①11호)　　조정공고 이전 양도(다주택자 중과)

조정대상지역의 공고가 있는 날 이전에 해당 지역의 주택을 양도하기 위하여 매매계약을
체결하고 계약금을 지급받은 사실이 증빙서류에 의하여 확인되는 주택은 다주택 중과에 따른
주택에 해당하지 않는 것임

중요	난이
상	중

적용사례 (사전-2019-법령해석재산-0067, '19.04.03.)

'20.5.8.　　　　　　　　'18.8.25.　　　　　　　　'18.8.28.

사례

父 → 甲　　　　　　　"A주택"　　　　　　계약금 잔액
"A주택"　　　　　　매매계약 체결*　　　　　　수령
상속 받음

* 특약사항에 계약금 60백만원 중 20백만원은 계약일에 지급하고 나머지 계약금 40백만원은 조정대상지역이 공고된
'18.8.28.까지 지급함

Q1 조정대상지역 공고 전에 주택을 양도하는 매매계약을 체결하고 계약금 중 일부는 계약일에, 나머지
계약금은 해당 주택이 소재한 지역이 조정대상지역으로 공고된 날 수령한 경우, 소령§167의3①11호
및 소령§167의10①11호에 따라 다주택 중과 배제 여부?

A1 • 조정대상지역의 공고가 있는 날 이전에 해당 지역의 주택을 양도하기 위하여 매매계약을 체결하고
계약금을 지급받은 사실이 증빙서류에 의하여 확인되는 주택은 소법§104⑦ 각 호(다주택 중과)에 따른
주택에 해당하지 않는 것이나,
• 신청사례가 이에 해당하는 지는 해당 지역의 조정대상지역으로 지정되는 공고의 관보게시일과
계약체결일 및 계약금 지급내역 등의 사실관계에 따라 판단할 사항임

📑 관련 판례 · 해석 등 참고사항

▶ **사전-2019-법령해석재산-0155, '19.06.25.**

– 거주자가 도시정비법에 의한 주택재개발사업에 참여하여 당해 조합에 기존주택(그 부수토지 포함)을
제공하고 기존주택 소재지에 대한 조정대상지역 공고일 이전에 청산금에 관한 계약을 체결한 후 계약금을
지급받은 사실이 증빙서류에 의하여 확인되는 경우로서 청산금에 상당하는 기존주택의 양도시기에
2주택을 보유한 경우에는 소령§167의10①11호에 해당함

▶ **소령 §167의3 [1세대 3주택 이상에 해당하는 주택의 범위]**

① ~~~~국내에 주택을 3개 이상 소유하고 있는 1세대가 소유하는 주택으로서 다음 각 호의 어느 하나에
해당하지 않는 주택을 말한다. ⇒ 각 호에서 열거된 주택은 중과배제
11. 조정대상지역의 공고가 있은 날 이전에 해당 지역의 주택을 양도하기 위하여 매매계약을 체결하고
계약금을 지급받은 사실이 증빙서류에 의하여 확인되는 주택

1세대 2주택 중과(소령§167의3①11호, §167의10①11호)　　조정공고 이전 양도(다주택자 중과)

조정대상지역의 공고가 있은 날 이전에 수용재결이 이루어졌으나, 조정대상지역의 공고가 있은 날 후에 대금 청산한 날, 수용 개시일 또는 소유권 이전등기접수일 중 빠른 날이 도래하는 주택은 소령§167의10①11호에 해당하지 않는 것임

중요	난이
중	상

적용사례(과세기준자문-2021-법령해석재산-0033, '21.03.12.)

'20.5.8.	'20.6.19.	'20.7.7.
토지보상법에 따라 수용위원회 재결*	조정대상지역 지정공고	보상금 전액 수령

* 협의불능 또는 협의가 성립되지 않은 때에 관할 토지수용위원회에 의해 보상금의 지급 또는 공탁을 조건으로 하는 수용의 효과를 완성하여 주는 형성적 행정행위로 사업시행자가 신청하는 수용의 종국적 절차

Q1 조정대상지역의 지정공고 이전에 주택재개발 사업의 수용재결이 있었던 경우, 소령§167의10①11호 규정을 적용하여 중과 배제되는지 여부?

A1 ・토지보상법이나 그 밖의 법률에 따라 공익사업을 위하여 수용되는 경우로서 조정대상지역의 공고가 있은 날 이전에 수용재결이 이루어졌으나,
　　・조정대상지역의 공고가 있은 날 후에 대금 청산한 날, 수용 개시일 또는 소유권 이전등기접수일 중 빠른 날이 도래하는 주택은 소령§167의10①11호에 해당하지 않는 것임

📋 관련 판례 · 해석 등 참고사항

▶ **소령§162[양도 또는 취득의 시기]**

① 소법§98 전단에서 "대금을 청산한 날이 분명하지 아니한 경우 등 대통령령으로 정하는 경우"란 다음 각 호의 경우를 말한다.

　　7. 토지보상법이나 그 밖의 법률에 따라 공익사업을 위하여 수용되는 경우에는 대금을 청산한 날, 수용의 개시일 또는 소유권 이전등기접수일 중 빠른 날. 다만, 소유권에 관한 소송으로 보상금이 공탁된 경우에는 소유권 관련 소송 판결 확정일로 한다.

▶ **소령§167의10[양도소득세가 중과되는 1세대 2주택에 해당하는 주택의 범위]**

① ~~~국내에 주택을 2개 소유하고 있는 1세대가 소유하는 주택으로서 다음 각 호의 어느 하나에 해당하지 않는 주택을 말한다. ⇒ 각 호에서 열거된 주택은 중과배제

　　11. 조정대상지역의 공고가 있은 날 이전에 해당 지역의 주택을 양도하기 위하여 매매계약을 체결하고 계약금을 지급받은 사실이 증빙서류에 의하여 확인되는 주택

1세대 2주택 중과(소령§167의3①11호, §167의10①11호)　　조정공고 이전 양도(다주택자 중과)

소령§154②에서 규정하는 조정대상지역 지정일('17.8.3.)은 중과세율 적용 등에 관한 규정이 아니라 1세대 1주택 비과세 범위와 관련하여 규정한 것으로, 조정대상지역 공고가 있는 날 이전에 매매계약을 체결하고 계약금을 지급받은 사실이 확인되어 기본세율과 장기보유특별공제를 적용

적용사례(조심-2020-서-0433, '20.08.10.)

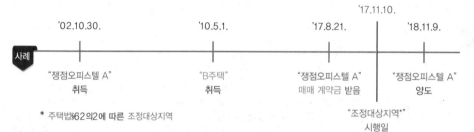

| '02.10.30. | '10.5.1. | '17.8.21. | '17.11.10. '18.11.9. |

"쟁점오피스텔 A" 취득　　　　　"B주택" 취득　　　　　"쟁점오피스텔 A" 매매 계약금 받음　　　　　"쟁점오피스텔 A" 양도

* 주택법§62의2에 따른 조정대상지역　　　　　"조정대상지역*" 시행일

Q1 1세대 2주택자로서 양도한 쟁점오피스텔 A의 다주택자 중과 여부?

A1 ・소령§154②에서 규정하는 조정대상지역 지정일('17.8.3.)은 중과세율 적용 등에 관한 규정이 아니라 1세대 1주택 비과세 범위와 관련하여 규정한 것이며
・국토부장관이 '17.9.6. 법률 제14866호('17.9.6.)「주택법」부칙§2 규정에 따라 조정대상지역 예정지 지정을 공고하였고, 그 시행일을 '17.11.10.로 하였는데,
・상기 건은 소령§167의10①11호*에 따라 조정대상지역 공고가 있는 날 이전에 쟁점오피스텔을 양도하기 위하여 매매계약을 체결하고 계약금을 지급 받은 사실이 확인되어 기본세율과 장기보유특별공제를 적용하는 것이 타당함
　* '18.8.28. 이후 양도하는 분부터 적용

📋 **관련 판례 · 해석 등 참고사항**

▶ **위의 해석과 같이 조정대상지역 지정과 관련하여,**

　– 1세대 1주택 비과세 거주요건에 대해서는 주택법상 입법예고 기간을 고려하여 소령§154②에 조정대상지역을 열거하였으나, 다주택 중과세율에도 적용한다는 규정이 없는 점에서 기인함

▶ **소령§167의10[양도소득세가 중과되는 1세대 2주택에 해당하는 주택의 범위]**

　① 소법§104⑦1호에서 "대통령령으로 정하는 1세대 2주택에 해당하는 주택"이란 국내에 주택을 2개 (제1호에 해당하는 주택은 주택의 수를 계산할 때 산입하지 않음) 소유하고 있는 1세대가 소유하는 주택으로서 다음 각 호의 어느 하나에 해당하지 않는 주택을 말한다.
　11. 조정대상지역의 공고가 있는 날 이전에 해당 지역의 주택을 양도하기 위하여 매매계약을 체결하고 계약금을 지급받은 사실이 증빙서류에 의하여 확인되는 주택

소령§155②단서에 의해 상속주택 비과세 특례가 적용되며 10년 이상 보유한 주택을
'20.6.30.까지 양도하여 중과가 배제되고 2년 이상 거주한 간주 1주택에 해당하여
장기보유특별공제 "표2" 적용

중요 **상** ／ 난이 **상**

적용사례(사전-2020-법령해석재산-0583, '20.10.27.)

	'01.11.22.	'11.3.14.	'11.12.23.	'20.4.24.
사례	서울 광진구 소재 "A일반주택*" 취득	父("B주택**" 소유)와 동거봉양 合家	父 사망 "B주택" 상속 취득	"A주택" 양도

* A주택 : '02.11.16.～'11.3.14. 약 8년 4개월 거주

** B주택 : 조정대상지역에 소재

Q1 A주택 비과세 적용 여부?

A1 소령§155②단서에 의해 상속주택 비과세 특례 적용

Q2 A주택 중과 및 장기보유특별공제 적용 여부?

A2 ① B주택을 상속받은 날부터 5년 경과하여 A주택이 일반주택 불가

② B주택 취득한 날부터 3년 경과하여 일시적 2주택 불가

③ 소령§167의10①12호에 의해 10년 이상 보유한 주택을 '20.6.30.까지 양도하여 중과 배제

☞ 상속주택 특례에 의하여 소령§159의4의 "1세대 1주택으로 보는 주택"에 해당하고 2년 이상
거주하였으므로 장기보유특별공제 "표2" 적용

🗐 **관련 판례 · 해석 등 참고사항**

▶ **구.소령§167의10[양도소득세가 중과되는 1세대 2주택에 해당하는 주택의 범위]**

① 소법§104⑦1호에서 "대통령령으로 정하는 1세대 2주택에 해당하는 주택"이란 국내에 주택을 2개
(1호에 해당하는 주택은 주택의 수 계산할 때 산입하지 않음) 소유하고 있는 1세대가 소유하는 주택으로서
다음 각 호의 어느 하나에 해당하지 않는 주택을 말한다.

12. 소법§95④에 따른 보유기간이 10년(재개발사업, 재건축사업 또는 소규모재건축사업을 시행하는
정비사업조합의 조합원이 해당 조합에 기존건물과 그 부수토지를 제공하고 관리처분계획 등에 따라
취득한 신축주택 및 그 부수토지를 양도하는 경우의 보유기간은 기존건물과 그 부수토지의
취득일부터 기산) 이상인 주택을 '20.6.30.까지 양도하는 경우 그 해당 주택

제5편

상속주택이 상속받은 날부터 5년이 경과하지 않은 경우에는 그 일반주택이 중과배제 및 장기보유특별공제를 적용하나, 상속받은 날부터 5년이 경과한 경우에는 중과세율이 적용되며 장기보유특별공제 배제함 ⇒ '21.2.17. 이후 양도분부터는 중과 배제

중요	난이
상	중

적용사례[기획재정부 조세법령운용과-922, '21.10.28. ('21.2.16. 이전 양도분)]

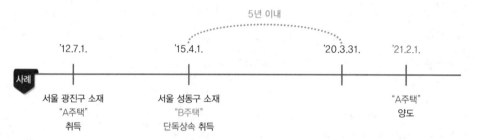

Q1 상속받은 지 5년이 경과한 상속주택(B) 외 일반주택(A) 양도 시 중과세율 적용 및 장기보유특별공제 여부?

A1 상속주택이 상속받은 날부터 5년이 경과하지 않은 경우에는 그 일반주택이 중과배제 및 장기보유특별공제를 적용하나, 상속받은 날부터 5년이 경과한 경우에는 중과세율(소법§104⑦1호)이 적용되며 장기보유특별공제 배제함

　If) A주택을 '21.2.17.이후 양도했다면, 소령§167의10①13호에 의해 상속받은 날부터 5년 경과와 관계없이 소령§155②에 따라 상속주택 비과세 특례가 적용되는 일반주택인 경우에는 중과 배제되고 장기보유특별공제가 적용됨

✍ **관련 판례 · 해석 등 참고사항**

▶ **소령§167의10[양도소득세가 중과되는 1세대 2주택에 해당하는 주택의 범위]**

　① 소법§104⑦1호에서 "대통령령으로 정하는 1세대 2주택에 해당하는 주택"이란 국내에 주택을 2개 (1호에 해당하는 주택은 주택의 수 계산할 때 산입하지 않음) 소유하고 있는 1세대가 소유하는 주택으로서 다음 각 호의 어느 하나에 해당하지 않는 주택을 말한다.

　13. 소령§155②에 따라 상속받은 주택과 일반주택을 각각 1개씩 소유하고 있는 1세대가 일반주택을 양도하는 경우로서 소령§154①이 적용되고 같은 항의 요건을 모두 충족하는 일반주택
　　(☞ 중과 제외)

1세대 2주택 중과(소령§167의10①13호)　　상속주택 소수지분 자체 양도(다주택자 중과)

乙의 A주택(공동상속주택 소수지분) 양도에 대해 중과세율 적용이 배제되고, A주택
최대지분자인 甲이 상속 이후 A주택에 계속 거주하다 양도 시, 乙의 A주택(공동상속주택
소수지분) 양도에 대한 장기보유특별공제 적용 시 [표2]를 적용함

중요 상　난이 상

적용사례(사전-2021-법규재산-1175, '23.02.20.)

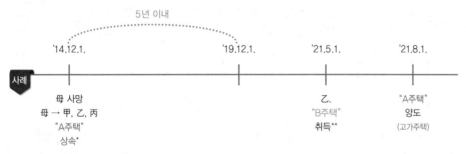

5년 이내

'14.12.1.　　　'19.12.1.　　'21.5.1.　　'21.8.1.

사례

母 사망　　　　　　　　　　　　乙.　　　"A주택"
母 → 甲, 乙, 丙　　　　　　　　"B주택"　　양도
"A주택"　　　　　　　　　　　　취득**　　(고가주택)
상속*

* 甲 : 지분 7/10이며 피상속인과 같은 세대로 상속 후에도 A주택에 계속 거주
　乙 : 지분 2/10이며 피상속인과 별도 세대　丙 : 지분 1/10이며 피상속인과 별도 세대

** A주택 · B주택 모두 조정대상지역에 소재

Q1　乙이 A주택 상속 취득 이후 양도 시까지 거주사실이 없는 상태에서 B주택을 취득한 경우, 乙의
　　A주택(공동상속주택 소수지분) 양도에 대해 일시적 2주택 비과세 적용 여부?

A1　소령§155①에 따른 요건을 갖추어 양도 시 일시적 2주택 특례 적용 가능함

Q2　A주택 최대지분자인 甲이 상속 이후 A주택에 계속 거주하다 양도 시, 乙의 A주택(공동상속주택
　　소수지분) 양도에 대한 장기보유특별공제 적용 시 [표2] 적용 여부?

A2　공동상속주택을 소유한 것으로 보는 사람이 거주한 기간을 적용하여 [표2]의 보유기간별 공제율과
　　거주기간별 공제율을 곱하여 계산한 금액과 합산하여 산정함

Q3　乙의 A주택(공동상속주택 소수지분) 양도에 대해 중과세율 적용이 배제되는 지 여부?

A3　공동상속주택 소수지분을 양도 시 소법§104⑦에 따른 세율이 적용되지 아니함

Q4　丙이 A주택(공동상속주택 소수지분) 이외에 2주택을 보유하고 있는 경우, 丙의 A주택 양도에 대해
　　중과세율 적용이 배제되는 지 여부 및 장기보유특별공제 적용 시 [표1] 적용 여부?

A4　공동상속주택 소수지분 양도일 현재 소령§159의4에 따른 1세대 1주택(간주 1주택 포함)에 해당하지
　　않는 경우에는 소법§95② [표1]에 따른 보유기간별 공제율을 적용하여 장기보유특별공제액을 산정함

06
중과대상 주택
판정 방법 및 사례

가 | 중과대상 주택 판정순서('18.4.1.~)

⊙ 조정대상지역 소재 여부

- 조정대상지역에 소재한 주택만 중과세 대상

> **참고** 조합원입주권과 '21.1.1. 이후 취득한 분양권은 주택 양도 시 주택 수에는 포함되나 당해 조합원입주권은 중과대상이 아님

⊙ 소령에서 열거된 중과 배제 주택에 미 해당

- 소령§167의3 (1세대 3주택 이상에 해당하는 주택 범위)

- 소령§167의4 (1세대 3주택 · 입주권 · 분양권 이상에서 제외되는 주택 범위)

- 소령§167의10 (1세대 2주택에 해당하는 주택 범위)

- 소령§167의11 (1세대 2주택 · 입주권 · 분양권에서 제외되는 주택 범위)

☞ 위 두 가지 요건을 모두 갖춘 경우에만 중과세 대상

나 | 1세대 3주택 이상 소유 시 중과대상 주택 판정요령

1. 양도 주택의 조정대상지역 소재 여부

2. 세대별 총 주택수 계산

3. 중과대상 주택 수에서 제외되는 주택(소령§167의3①1호, 12호) 제거

4. 2.에서 3.을 제거한 후 주택 수 : 중과세율(기본세율 + 20%, 30%) 결정

5. 중과 배제되는 주택(소령§167의3①1~8의2호,10호,13호) 파악

   • 소령§167의3①1호와 12호는 주택 수 계산시에도 제외

   • 소령§167의3①2~10호,13호는 주택 수에는 산입되나 당해 주택은 중과 제외

6. 양도 주택 포함 1세대 3주택 이상인 경우 중과세율 적용

> **참고** 소령§167의3①10호의 "일반주택" 해당 여부 판단 : 중과배제주택을 제외하고 전국 기준 당해 1주택만 소유하고 있는 경우에는 조정대상지역에 소재하더라도 중과 제외

☞ '22.5.9. 기획재정부가 보도자료를 통하여 다주택자에 대한 양도소득세 중과(2년 이상 보유한 주택)를 '22.5.10.~'23.5.9.까지 양도하는 분에 대해서 한시적으로 배제한다고 발표하였고, '22.5.31. 소령§167의3①12의2, §167의4③6의2, §167의10①12의2, §167의11①12의 소령을 개정하였으며, '23.2.28.과 '24.2.29. 및 '25.2.28.에 중과 배제를 추가 연장('26.5.9.까지) 한다고 매년 소령을 개정함

법령요약

⊙ **소령부칙(제32654호, '22.5.31.)**

제1조(시행일)
이 영은 공포한 날부터 시행한다.

제2조(주택 보유기간 계산에 관한 적용례 등)
① 제154조제5항의 개정규정은 '22.5.10. 이후 주택을 양도하는 경우부터 적용한다.
② '22.5.10. 전에 주택을 양도한 경우의 보유기간 계산에 관하여는 제154조제5항의 개정규정에도 불구하고 종전의 규정에 따른다.

제3조(조정대상지역의 일시적 2주택 비과세 요건에 관한 적용례 등)
① 제155조제1항제2호의 개정규정은 '22.5.10. 이후 종전의 주택을 양도하는 경우부터 적용한다.
② '22.5.10. 전에 종전의 주택을 양도한 경우의 비과세 요건에 관하여는 제155조제1항제2호의 개정규정에도 불구하고 종전의 규정에 따른다.

제4조(조정대상지역의 다주택자 양도소득세 중과 적용 배제에 관한 적용례)
제167조의3제1항제12호의2, 제167조의4제3항제6호의2,
제167조의10제1항제12호의2 및 제167조의11제1항제12호의 개정규정은 '22.5.10. 이후 주택을 양도하는 경우부터 적용한다.

⊙ **소령 부칙 (제33267호, '23.2.28.)**

제10조(양도소득세가 중과세되는 주택의 범위에 관한 적용례)
§167의10①15호 및 §167의11①13호의 개정규정은 이 영 시행일 이후 주택을 양도하는 경우부터 적용한다.

다주택 중과대상 (조정대상지역 ∩ 중과대상후보주택)

경기
서울
양평읍
이동면
강화군
옹진군
인천

도봉
강북
노원
은평
종로
성북
중랑
서대문
동대문
강서
마포
중구
성동
광진
강동
양천
영등포
용산
구로
동작
강남
송파
금천
관악
서초

조정대상지역

세종
조치원읍
장군면
대전
대구
달성군
울산
울주군
광주
기장군
부산

중과주택 수 **카운터**

양지(중과대상)**주택**

제외주택 중과배제 → 소령§167의3
소령§167의4
소령§167의10
소령§167의11

제
5
편

다주택자 중과에 해당 여부를 판정함에 있어, 1세대가 보유하고 있는 주택이 첫 번째는 조정대상지역에 소재하는지 여부, 두 번째는 중과대상 주택 수(양지)가 몇 채인지 판정한 후 소령에서 열거한 주택은 중과 배제

중요 상　난이 중

적용사례('22.5.1.에 양도 전제)

사례

① 과천시 소재 기준시가 2억원 1주택　　② 김포시 양촌읍 기준시가 2억원 1주택

③ 군산시 소재 기준시가 2억원 1주택　　④ 광주광역시 기준시가 2억원 1주택 보유

Q1 과천시의 기준시가 2억원 주택 양도시?　　**A1** 1세대 2주택 중과(∵조정대상지역, 양지)

Q2 김포시 양촌읍의 기준시가 2억원 주택 양도시?　　**A2** 기본세율(∵ 음지지역 기준시가 미달)

Q3 군산시의 기준시가 2억원 주택 양도시?　　**A3** 기본세율(∵ 조정대상지역 ×)

Q4 광주광역시 기준시가 기준시가 2억원 주택 양도시?　　**A4** 1세대 2주택 중과(∵조정대상지역, 양지)

과정

1. 양도주택의 조정대상지역 소재 여부

　① 과천시 ○　　② 김포시 양촌읍 ○　　③ 군산시 ×　　④ 광주광역시 ○

2. 양지 주택 수 : 2주택

　① 양지　　② 음지　　③ 음지　　④ 양지

📋 **관련 판례 · 해석 등 참고사항**

☞ 소령§167의3①12의2, §167의4③6의2, §167의10①12의2, §167의11①12이 '22.5.31. 개정되어 2년 이상 보유한 주택을 '22.5.10.~'26.5.9.까지 양도하는 분에 대해서는 다주택자 중과를 한시적으로 배제하여 기본세율에 장기보유특별공제를 적용하나, "사례"에서는 한시적 배제가 아닌 경우로 '22.5.1. 현재 조정대상지역을 전제로 설명

다주택자 중과에 해당 여부를 판정함에 있어, 1세대가 보유하고 있는 주택이 첫 번째는
조정대상지역에 소재하는지 여부, 두 번째는 중과대상 주택 수(양지)가 몇 채인지 판정한 후
소령에서 열거한 주택은 중과 배제

적용사례('22.5.1.에 양도 전제)

사례

① 과천시 소재 기준시가 2억원 1주택　　　② 부산광역시 기장군 일광면 기준시가 2억원 1주택

③ 군산시 소재 기준시가 2억원 1주택　　　④ 대전광역시 기준시가 2억원 1주택 보유

Q1 과천시의 기준시가 2억원 주택 양도시?　　　A1 1세대 2주택 중과(∵조정대상지역, 양지)

Q2 부산시 기장군 일광면 기준시가 2억원 주택 양도시?　　　A2 기본세율(∵ 조정대상지역 ×)

Q3 군산시의 기준시가 2억원 주택 양도시?　　　A3 기본세율(∵ 조정대상지역 ×)

Q4 대전광역시 기준시가 2억원 주택 양도시?　　　A4 1세대 2주택 중과(∵조정대상지역, 양지)

과정

1. 양도주택의 조정대상지역 소재 여부

　　① 과천시 ○　　　② 기장군 일광면 ×　　　③ 군산시 ×　　　④ 대전광역시 ○

2. 양지 주택 수 : 2주택

　　① 양지　　　② 음지　　　③ 음지　　　④ 양지

📑 **관련 판례 · 해석 등 참고사항**

☞ 소령§167의3①12의2, §167의4③6의2, §167의10①12의2, §167의11①12이 '22.5.31. 개정되어
2년 이상 보유한 주택을 '22.5.10.~'26.5.9.까지 양도하는 분에 대해서는 다주택자 중과를 한시적으로
배제하여 기본세율에 장기보유특별공제를 적용하나, "사례"에서는 한시적 배제가 아닌 경우로 '22.5.1.
현재 조정대상지역을 전제로 설명

다주택자 중과에 해당 여부를 판정함에 있어, 1세대가 보유하고 있는 주택이 첫 번째는
조정대상지역에 소재하는지 여부, 두 번째는 중과대상 주택 수(양지)가 몇 채인지 판정한 후 소령에서
열거한 주택은 중과 배제

중요 상 | 난이 중

적용사례('22.5.1.에 양도 전제)

사례

① 서울시 강남구 기준시가 1억원 1주택   ② 경기 광명시 조합원입주권* 2억원 1개
③ 경기 용인 수지구 기준시가 2억원 1주택   ④ 경북 구미시 기준시가 2억원 1주택 보유

Q1 서울 강남구 기준시가 1억원 주택 양도시?   **A1** 1세대 3주택 중과(∵조정대상지역, 양지)

Q2 경기 광명시 조합원입주권 2억원 1개 양도시?   **A2** 기본세율(∵ 중과대상 아님**)

Q3 경기 용인 수지구 기준시가 2억원 주택 양도시?   **A3** 1세대 3주택 중과(∵조정대상지역, 양지)

Q4 경북 구미시 기준시가 2억원 주택 양도시?   **A4** 기본세율(∵ 조정대상지역 ×)

과정

1. 양도주택의 조정대상지역 소재 여부

   ① 서울 강남구 ○   ② 경기 광명시 ○   ③ 경기 용인 수지구 ○   ④ 경북 구미시 ×

참고

조합원입주권 가액 : 도시정비법§74①5호(사업시행계획인가 고시가 있는 날을 기준으로 한 가격)에 따른 종전
주택의 가격

2. 양지 주택 수 : 3주택

   ① 양지   ② 양지   ③ 양지   ④ 음지

📄 관련 판례 · 해석 등 참고사항

▶ 소법§104⑦본문 : 다음 각 호의 어느 하나에 해당하는 주택(이에 딸린 토지를 포함)을 양도하는 경우
  소법§55①에 따른 세율에 100분의 20(제3호 및 제 100분의 30)을 더한 세율을 적용한다.(이하 생략)

  ☞ 다주택자 중과 근거 규정인 소법§104⑦본문에서 대상을 "주택"으로 한정하였기 때문에 조합원입주권 자체를
    양도 시에는 중과 대상에 해당하지 않음

▶ 분양권의 가액 : 주택에 대한 공급계약서상의 공급가액(선택품목에 대한 가격은 제외)

다주택자 중과에 해당 여부를 판정함에 있어, 1세대가 보유하고 있는 주택이 첫 번째는 조정대상지역에 소재하는지 여부, 두 번째는 중과대상 주택 수(양지)가 몇 채인지 판정한 후 소령에서 열거한 주택은 중과 배제

중요	난이
상	중

적용사례('22.5.1.에 양도 전제)

사례

① 서울시 강남구 기준시가 4억원 1주택(사업자등록을 한 장기일반민간임대주택)
② 경기도 구리시 기준시가 2억원 1주택(문화재주택)
③ 세종시 도담동 기준시가 3억원 1주택('18.3.31. 이전 사업자등록등을 한 일반매입임대주택)
④ 경기도 광명시 기준시가 1억원 1주택
⑤ 경기도 광명시 기준시가 3억원 1주택 보유

과정

1. 양도주택의 조정대상지역 소재 여부
   ① 서울 강남구 ○　　② 경기 구리시 ○　　③ 세종시 도담동 ○　　④ 경기 광명 ○

2. 양지 주택 수 : 3주택
   ① 양지　　② 양지　　③ 양지　　④, ⑤ 양지

Q1 ①, ②, ③ 주택을 각각 양도 시 다주택자 중과 여부?

A1 기본세율(∵ 각각 소령§167의3①2호마목, ①6호, ①2호가목에서 열거된 중과 배제주택)

Q2 ④주택 먼저 양도 후 ⑤주택 양도 시 다주택자 중과 여부?

A2 주택(①,②,③)과 중과배제주택을 제외한 유일한 1주택 즉, 소령§167의3①10호 규정에서의 일반주택이므로 중과 배제하고 기본세율 적용

Q3 ⑤주택을 먼저 양도 후 ④주택을 양도한다면 다주택자 중과 여부?

A3 위의 A2와 동일함

참고 If) ①, ②, ③ 주택을 양도한 후 ④주택을 양도한다면, ④주택은 1세대 2주택인 상태에서 기준시가 1억원 이하 주택(구. 소형주택)으로 기본세율 적용

참고 If) ①, ②, ⑤ 주택을 양도한 후 ④주택을 양도한다면, ④주택은 1세대 2주택인 상태에서 기준시가 1억원 이하 주택(구. 소형주택)에 해당하여 기본세율 적용되지만, 일반주택 요건에도 해당하여 기본세율 적용

주택이 조합원입주권으로 전환되어 임대의무기간 **충족하지 못하였어도** 먼저 중과 배제하고 사후관리

적용사례

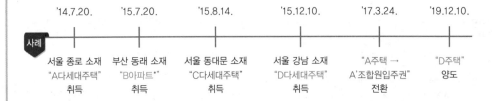

* 조특법§98의7(미분양주택)에 해당

※ A, C주택 : '18.3.3. 사업자등록 등 필, A주택은 임대의무기간 못 갖춘 상태에서 조합원입주권 전환

Q1 D주택 양도 시 다주택자 중과 해당 여부?

A1 소령§167의4④에 의거 소령§167의3④를 준용하여 일반주택에 해당하여 중과 배제

- A주택이 조합원입주권으로 전환되어 임대의무기간 **충족하지 못하였어도** 먼저 중과 배제하고 사후관리

관련 판례 · 해석 등 참고사항

▶ **소령§167의4**[1세대 3주택 · 입주권 또는 분양권 이상에서 제외되는 주택의 범위]

④ 제2항 및 제3항을 적용할 때 소령§167의3②부터 ⑧까지의 규정을 적용한다.

▶ **소령§167의3**[1세대 3주택 이상에 해당하는 주택의 범위]

④ 1세대가 ①2호부터 4호까지 또는 8호의2에 따른 장기임대주택 · 감면대상장기임대주택 · 장기사원용주택 또는 장기어린이집(이하 이 조에서 "장기임대주택등"이라 함)의 의무임대기간 · 의무무상기간 또는 의무사용기간(이하 이 조에서 "의무임대기간등"이라 함)의 요건을 충족하기 전에 ①10호에 따른 일반주택을 양도하는 경우에도 해당 임대주택 · 사원용주택 또는 어린이집(이하 이 조에서 "임대주택등"이라 함)을 ①에 따른 장기임대주택등으로 보아 ①10호를 적용한다.

⊙ 장기일반민간임대주택등에 대한 양도소득세의 과세특례(조특법§97의3)

① 대통령령으로 정하는 거주자가 민간임대주택법§2 2호에 따른
   민간건설임대주택으로서 같은 조 4호 또는 5호에 따른 공공지원민간임대주택 또는
   장기일반민간임대주택을 '24.12.31.까지 등록['20.7.11. 이후
   장기일반민간임대주택으로 등록 신청한 경우로서 민간임대주택법」(법률
   제17482호로 개정되기 전의 것을 말한다) §2 6호에 따른 단기민간임대주택을 '20.7.11.
   이후 같은 법 §5③에 따라 공공지원민간임대주택 또는 장기일반민간임대주택으로
   변경 신고한 주택은 제외한다]한 후 다음 각 호의 요건을 모두 갖추어 그 주택을
   양도하는 경우 대통령령으로 정하는 바에 따라 임대기간 중 발생하는 소득에
   대해서는 소법§95①에 따른 장기보유특별공제액을 계산할 때 같은 조②에도
   불구하고 100분의 70의 공제율을 적용한다. 〈22.12.31.〉
1. 10년 이상 계속하여 임대한 후 양도하는 경우
2. 대통령령으로 정하는 임대보증금 또는 임대료 증액 제한 요건 등을 준수하는
   경우

참고 다주택자 중과대상 주택은 장기보유특별공제 배제(소법§95②)에도 불구하고 조특법§97의3에 해당한
경우에는 장기보유특별공제 적용

제5편

1세대 2주택 중과(소령§167의10①6호)   비거주자 중과

중과적용 또는 중과배제에 대하여는 거주자 · 비거주자간 차별규정이 없는 점, 소법§121②의
"거주자와 같은 방법으로 과세"한다고 함이 동일한 방법으로 세액을 계산한다는 의미를
내포하고 있는 점 등을 감안 시 비거주자에게도 소령§167의10①6호가 적용되므로 중과가
배제

중요 **상**   난이 **중**

적용사례(사전-2019-법령해석재산-0715, '19.12.31.)

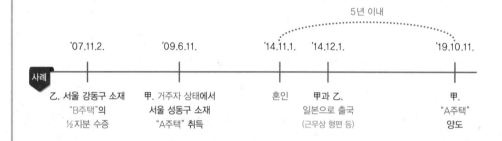

Q1 혼인으로 인해 1세대 2주택인 상태에서 혼인한 날부터 5년 이내 A주택을 양도한 경우로서 주택 양도일
현재 비거주자인 경우 소령§167의10①6호를 적용하여 2주택 중과 배제 되는지 여부?

A1 조세법률주의 원칙상 조세법규는 엄격해석해야 하고 합리적 이유없이 축소 해석할 수 없는 점,
중과적용 또는 중과배제에 대하여는 거주자 · 비거주자간 차별규정이 없는 점, 소법§121②의 "거주자와
같은 방법으로 과세"한다고 함이 동일한 방법으로 세액을 계산한다는 의미를 내포하고 있는 점 등을
감안 시 비거주자에게도 소령§167의10①6호가 적용되므로 중과가 배제됨

📝 **관련 판례 · 해석 등 참고사항**

▶ **구.소령§167의10[양도소득세가 중과되는 1세대 2주택에 해당하는 주택의 범위]**

① 소법§104⑦1호에서 "대통령령으로 정하는 1세대 2주택에 해당하는 주택"이란 국내에 주택을
2개(제1호에 해당하는 주택은 주택의 수를 계산할 때 산입하지 않음) 소유하고 있는 1세대가 소유하는
주택으로서 다음 각 호의 어느 하나에 해당하지 않는 주택을 말한다.

6. 1주택을 소유하는 사람이 1주택을 소유하는 다른 사람과 혼인함으로써 1세대 2주택을 소유하게 된
경우의 해당 주택(혼인한 날부터 5년이 경과하지 아니한 경우에 한정한다)

🏠 심화정리

> 비거주자도 거주자와 같이 적용하는 해석 사례

- 다주택자 중과 적용(소법§104①)
  - 비거주자가 소법§94①에서 규정하는 토지 또는 건물을 양도함으로써 발생하는 소득에 대하여는 소법§96 및 소법§104① 규정이 적용되는 것임
    (서면4팀-559, '07.02.12., 재산세과-2453, '08.08.25.)

- 상속주택 중과배제(소령§167의3①7호, 소령§167의10①2호)
  - 비거주자가 소령§155② 규정에 해당하는 상속주택으로서 상속받은 날부터 5년 경과하지 아니한 주택을 양도 시, 1세대 2주택 중과세율을 적용하지 않는 것임
    (서면5팀-87, '08.01.14.)

- 일시적 2주택 중과배제(소령§167의10①8호)
  - 비거주자가 일시적 2주택 상태에서 종전의 주택을 다른 주택을 취득한 날부터 2년 이내에 양도 시, 소법§104①2호의5에 따른 세율이 적용되지 않는 것임
    (재산세과-1687, '09.08.17.)

- 임대주택 중과배제(소령§167의3①2호, 소령§167의10①2호)
  - 소령§167의3①2호의 규정에 의한 장기임대주택이란 비거주자가 임대주택으로 등록하여 임대하는 경우에도 적용하는 것임
    (부동산거래관리과-1362, '10.11.12., 집행기준 104-167의3-21 외 다수)

07

중과 배제된 세액 납부
(소령§167의3⑤)

가 | 납부사유

▶ 장기임대주택등의 의무임대기간 등의 요건 미충족 사유가 발생한 때

- 임대의무호수를 임대하지 않은 기간이 6월 경과 포함

▶ 의무 임대기간 등 산정특례

- 수용 등 부득이한 사유로 의무임대기간, 의무임대호수 등 요건 미 충족 시
- 관리처분계획등 인가일 前 6개월부터 준공일 후 6개월까지 기간 불 포함
- 자진말소(의무임대 1/2 이상 임대 후) 신청한 경우

나 | 납부세액

납부할 세액	=	중과적용을 받은 경우 납부하였을 세액	−	중과배제된 경우 납부한 세액

1세대 2주택 중과(소령§167의10②, §167의3⑤) — 임대기간 등 요건 기준(다주택자 중과)

장기임대주택 등의 의무임대기간 등의 요건을 충족하지 못하게 되는 사유가 발생되었는지 여부는 1세대를 기준으로 판단하는 것임

| 중요 중 | 난이 중 |

적용사례(과세기준자문-2020-법령해석재산-0296, '21.01.27.)

| '16.4.1. | '17.9.6. | '18.5.1. | '18.7.30. | '19.6.14. |

- 경기 성남 소재 "A아파트" 甲·乙(甲의 배우자) 각 ½ 지분 취득*
- "A아파트" 소재 조정대상지역 공고
- "B주택" 장기임대주택 등록**
- "A아파트" ½ 지분 양도 (중과배제)
- "B주택" 지분 동일세대원간 임대사업자 지위 포괄승계

* 소령§155㉔의 2년 이상 거주요건은 불 충족 전제

** 세무서와 구청에 장기일반민간임대주택 등록하고 임대 개시하였고, 등록 당시 동일세대원인 처(82.28%), 子1(8.86%), 子2(8.86%)가 공동 소유함

※ 소령§167의10①2호 및 소령§167의3①2호마목의 중과배제 요건 중 "장기임대주택 공동명의자의 지분 이전으로 임대의무기간 요건(8년)과 임대사업자 등록요건을 충족하였는지 여부"를 제외한 다른 요건은 충족 전제

Q1 조정대상지역 내 장기일반민간임대주택을 보유하던 1세대가 일반주택을 양도하면서 소령§167의3①10호에 의거 중과배제 적용 받은 후, 동일 세대원간 공동소유로 보유하던 장기일반민간임대주택을 임대의무기간(8년)을 채우지 않고 동일세대원간 지분을 양도 시 임대의무기간 및 사업자등록 요건 충족 여부?

A1 장기임대주택 등의 의무임대기간 등의 요건을 충족하지 못하게 되는 사유가 발생되었는지 여부는 1세대를 기준으로 판단하는 것임

📜 관련 판례 · 해석 등 참고사항

甲이 속한 세대 기준으로 0.5호만 임대하는 장기일반민간임대주택을 소령§167의3①2호 마목의 장기임대주택으로 볼 수 있음

적용사례(기획재정부-1291, '24.11.06.)

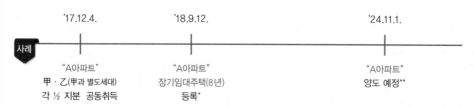

| '17.12.4. | '18.9.12. | '24.11.1. |

"A아파트"
甲·乙(甲과 별도세대)
각 ½ 지분 공동취득

"A아파트"
장기임대주택(8년)
등록*

"A아파트"
양도 예정**

* 장기일반민간임대주택으로 임대등록, 법률 제17482호 민간임대주택법 개정부칙§5①이 적용되는 주택에 해당하지 않음

** 甲과 乙은 공동명의로 임대하고 있는 A아파트를 임대의무기간 ½ 이상 임대 후 임대등록을 자진말소하고 양도할 계획임

※ 세대별 주택보유현황
　– 甲세대(조정대상지역 2주택) : 거주주택 + A아파트 ½지분
　– 乙세대(조정대상지역 3주택) : 거주주택 + A아파트 ½지분 + B다세대주택

Q1 甲이 속한 세대 기준으로 0.5호만 임대하는 장기일반민간임대주택을 소령§167의3①2호마목의 장기임대주택으로 볼 수 있는지?

A1 소령§167의3①2호마목의 장기임대주택으로 볼 수 있음

Q2 乙이 속한 세대가 소유한 마목의 장기임대주택 중 폐지유형의 민간임대주택[1]이 별도세대와 함께 1호를 임대하는 장기임대주택만 있는 경우 소령§167의3①2호사목의 장기임대주택으로 볼 수 있는지?
　　1) '20.8.18. 법률 제17482호 민간임대주택법부칙§5① 적용되는 장기일반민간임대주택 중 아파트를 임대하는 민간매입임대주택, 단기민간임대주택

A2 소령§167의3①2호사목의 장기임대주택으로 볼 수 있음

관련 판례·해석 등 참고사항

☞ 위의 해석은 종전 국세청 유권해석 등에서 별도세대의 세대원과 각각 ½씩 공동으로 소령§167의3①2호마목의 장기임대주택을 임대하여 세대 기준으로 1호 이상 장기임대주택을 임대하지 않으면 거주주택 특례를 적용할 수 없다는 해석과 상충된 해석으로 국세청은 위의 해석에 맞춰 아래 해석들을 삭제하여 해석 정비하였음

① 서면-2021-법규재산-3507, '23.01.31.　　② 부동산거래관리과-0987, '11.11.24.
③ 부동산거래관리과-1038, '11.12.14.　　④ 부동산거래관리과-212, '12.04.18.
⑤ 서면-2018-부동산-2332, '19.04.05.　　⑥ 서면-2020-부동산-3726, '20.08.31.
⑦ 부동산거래관리과-0777, '11.09.01.

장기보유
특별공제

01

장기보유특별공제
(소법§95②)

양도소득금액	=	양도가액 (소법 § 96)	−	필요경비 (소법 § 97)	−	장기보유특별공제 (소법 § 95②)

* 자산의 보유기간 : 그 자산의 취득일부터 양도일까지(초일산입)

▶ 장기보유특별공제 적용 대상

- 보유기간이 3년 이상인 토지, 건물

- 부동산을 취득할 수 있는 권리 중 조합원입주권(승계 취득 제외) 양도 시 도시정비법§74에
  따른 관리처분계획인가 및 소규모주택정비법§29에 따른 사업시행계획인가 전 토지분
  또는 건물분의 양도차익에 한정하여 장기보유특별공제 적용

▶ 장기보유특별공제 적용 제외자산 및 연혁

- 장기보유특별공제 적용 대상은 소법§95②에서 열거하고 있는데 본문 괄호에 적용 제외
  대상을 아래 표와 같이 열거함

  – 따라서 '18.4.1.이후 양도분부터는 다주택자 중과대상 자산이 추가되어 미등기
    양도자산과 함께 장기보유특별공제 적용 배제

'12.1.1.~'15.12.31.	'16.1.1.~'18.3.31.	'18.4.1. ~ 현재
§104③에 따른 미등기양도자산과 §104의3에 따른 비사업용토지	§104③에 따른 미등기양도자산	§104③에 따른 미등기양도자산과 같은 조 ⑦ 각 호 (다주택자 중과대상)에 따른 자산

01

장기보유특별공제
[소법§95②]

❯ 장기보유특별공제 보유기간 계산

- 원칙 : 그 자산의 취득일부터 양도일*까지(소법§95④)

  * 주택에서 상가 등으로 용도변경 후 양도한 건물에 대한 1주택 여부 판정 기준 시점을
    양도시점에서 매매계약시점으로 조정('25.2.28. 이후 매매계약 체결분부터 적용)

- 상속 · 증여받은 자산 : 상속개시일 · 증여등기일부터 기산(양도세 집행기준 95-0-1)

- 이월과세 대상 자산(소법§95④단서)

  : 증여한 배우자 또는 직계존비속이 해당 자산을 취득한 날부터 기산

- 가업상속공제 적용 대상 자산(소법§95④단서)

  : 피상속인이 해당 자산을 취득한 날부터 기산

☞ 장기보유특별공제는 "세대" 단위로 판정하는 것이 아니라 인별로 판정하며, 양도자산의
   실제 취득일부터 양도일까지 보유기간에 따라 계산

❯ 우대 공제율(표2) 적용 요건(소령§159의4)

- 대상 : 1세대가 양도일 현재 국내에 1주택 보유 및 보유기간 중 거주기간이 2년 이상인
         경우

- 선순위 공동상속주택의 거주기간

  : 선순위 공동상속주택을 해당 주택에 거주한 공동상속인 중 그 거주기간이 가장 긴
    사람이 거주한 기간으로 판단

☞ 우대 공제율 적용 시에는 "세대" 단위로 판정하고, 취학 · 근무상 형편 · 질병의 요양 그
   밖의 부득이한 사유로 세대 구성원 중 일부가 거주하지 못하는 경우에도 적용

01

장기보유특별공제
[소법§95②]

◆ 주택으로 용도변경하여 1세대 1주택(부수토지 포함)에 해당하는 자산의 장기보유특별공제 계산방법 변경(소법§95⑤)

* '25.1.1. 이후 양도하는 분부터 적용

① 보유기간별 공제율 : ⓐ + ⓑ **(최대 40%를 한도)**

ⓐ 비주택 보유기간에 대한 일반공제율(표1)

ⓑ 주택보유기간에 대한 우대공제율(표2)

② 거주기간별 공제율

 : **주택으로 보유한 기간 중 주택거주기간에 대한 우대공제율(표2)**

• ①과 ②에 따른 주택의 보유기간 : 사실상 주거용으로 사용한 날부터 기산

  – 사실상 주거용으로 사용한 날이 불분명한 경우 공부상 용도를 주택으로 변경한 날부터 기산

◎ 장기보유특별공제를 위한 보유기간 기준일(양도소득세 집행기준 95-0-1)

취 득 유 형		기 준 일
상속받은 부동산		상속개시일
증여받은 부동산		증여등기일
재산분할 부동산		이혼 전 배우자의 취득한 날
이월과세 대상 부동산		당초 증여자가 취득한 날
부당행위계산 대상 부동산		당초 증여자가 취득한 날
가업상속공제 적용 대상 자산		당초 피상속인이 취득한 날
도시정비법에 따른 재개발 · 재건축	원조합원	종전 주택을 취득한 날
	승계조합원	신축완성주택의 취득시기 (사용승인서 교부일 등)

◎ 멸실 후 신축한 1세대 1주택의 장기보유특별공제액 계산(양도소득세 집행기준 95-159의4-1)

• 1세대가 양도일 현재 국내에 1주택을 소유하고 있는 경우로서 그 주택이 기존주택을 멸실하고 신축한 주택에 해당하는 경우 장기보유특별공제율 적용을 위한 보유기간은 신축한 주택의 사용승인서 교부일부터 계산

1세대1주택 상태에서 배우자에게 주택을 증여 후 5년 내 증여받은 배우자가 해당 주택을
양도 시 배우자등 이월과세가 적용되며, 장기보유특별공제 적용 시 주택의 보유기간은
증여한 배우자의 취득일부터 기산함

적용사례(사전-2022-법규재산-0523, '22.05.30.)

'97.9.1.	'20.2.1.	'22.3.1.
서울 성동구 소재 "A주택" 취득*	남편 → 아내 "A주택" ½ 지분 증여	아내. "A주택" 전체 양도 (고가주택)

* 남편과 아내가 ½ 지분씩 공동 취득

Q1 배우자로부터 주택의 1/2지분을 증여받고 해당 주택을 양도함에 따라 장기보유특별공제 적용 시
보유기간 계산방법은?

A1 1세대1주택 상태에서 배우자에게 주택을 증여 후 5년 내 증여받은 배우자가 해당 주택을 양도 시
배우자등 이월과세가 적용되며, 장기보유특별공제 적용 시 주택의 보유기간은 증여한 배우자의
취득일부터 기산함

📝 관련 판례 · 해석 등 참고사항

▶ 서면-2022-법규재산-4975, '23.05.15.

– 「공공주택 특별법」에 따라 공공주택사업자가 임대 후 분양전환을 할 목적으로 건설한 공공건설임대주택의
임차인이 임대의무기간이 지난 후 공공주택사업자와 장기할부 조건을 충족한 분양전환 매매계약을
체결할 때, 사용수익일에 대한 별도의 약정은 없으나 매수인이 당해 자산을 실질적으로 사용수익할 수
있도록 약정한 경우에는 그 분양전환 매매계약을 체결한 날을 사용수익일로 보는 것이며,

– 이 경우 해당 주택의 장기보유특별공제 공제율 적용시 보유기간은 그 분양전환 매매계약을 체결한 날부터
산정하고 거주기간은 보유기간 중 실제 거주한 기간을 산정하는 것입니다.

▶ 서면-2021-부동산-4877, '22.11.09.

– 장기보유특별공제율 표2의 거주기간별 공제율 계산 시 세대의 구성원 중 일부의 취학상 형편으로
세대전원이 거주하지 않은 기간은 "거주기간"에 해당하지 않음

장기보유특별공제(소법§95②, 소령§159의4)   장기보유특별공제 보유기간

공공건설임대주택의 임차인이 임대의무기간이 지난 후 공공주택사업자와 장기할부 조건을 충족한 분양전환 매매계약을 체결할 때, 해당 주택의 장기보유특별공제 공제율 적용 시 보유기간은 그 분양전환 매매계약을 체결한 날부터 산정하고 거주기간은 보유기간 중 실제 거주한 기간을 산정하는 것임

중요 중 | 난이 상

적용사례(서면-2022-법규재산-4975, '23.05.15.)

사례

'11.1.10.
서울 성동구 소재
"A주택"
(공공임대아파트)
임차

'21.2.1.
"A주택"
분양 전환*

'31.2.1.
"A주택"
잔금 청산

* 분양전환 매매계약 체결(소칙§78③의 장기할부조건을 충족한 경우로 전제함)

Q1 소칙§78에 따른 장기할부조건을 갖춘 공공임대주택을 취득하는 경우로서, 소법§95② 장기보유특별공제 적용시 보유기간 및 거주기간의 기산일은?

A1 「공공주택 특별법」에 따라 공공주택사업자가 임대 후 분양전환을 할 목적으로 건설한 공공건설임대주택의 임차인이 임대의무기간이 지난 후 공공주택사업자와 장기할부 조건을 충족한 분양전환 매매계약을 체결할 때, 사용수익일에 대한 별도의 약정은 없으나 매수인이 당해 자산을 실질적으로 사용수익할 수 있도록 약정한 경우에는 그 분양전환 매매계약을 체결한 날을 사용수익일로 보는 것이며,
　– 이 경우 해당 주택의 장기보유특별공제 공제율 적용 시 보유기간은 그 분양전환 매매계약을 체결한 날부터 산정하고 거주기간은 보유기간 중 실제 거주한 기간을 산정하는 것임

📑 관련 판례 · 해석 등 참고사항

▶ 소칙§78③의 규정에 의한 장기할부조건으로 취득하는 자산의 취득시기는 소유권 이전등기(등록 및 명의개서를 포함) 접수일 · 인도일 또는 사용수익일 중 빠른 날로 하며, 이 경우 사용수익일이라 함은 당사자간의 계약에 의하여 사용수익을 하기로 약정한 날을 말하나 별도의 약정이 없는 경우에는 양도자의 사용승낙으로 인하여 양수인이 당해 자산을 실질적으로 사용할 수 있게 된 날을 말하는 것임

제 6 편

◉ 다세대주택을 다가구주택으로 용도변경한 경우
  (양도세 집행기준 95-159의4-4)

  • 1세대가 다세대주택을 다가구주택으로 용도변경한 후 양도하는 경우 보유기간별
    공제율을 적용하고자 할 때 다가구 주택으로 용도변경한 날부터 양도일까지의
    보유기간을 계산하여 장기보유특별공제를 적용함

◉ 비거주자의 장기보유특별공제 적용률
  (양도세 집행기준 95-159의4-5)

  • 비거주자가 국내에 소유하는 1주택을 양도하는 경우 보유 · 거주기간별 최대 80%의
    장기보유공제율을 적용하지 아니함

◉ 겸용주택의 경우 장기보유특별공제액 계산
  (양도세 집행기준 95-160-1)

  • 12억원을 초과하는 고가 겸용주택은 '22.1.1. 이후 양도분부터 주택부분만 주택으로
    보아 양도차익 및 장기보유특별공제액을 계산한다

◉ 장기보유특별공제 적용대상을 조합원입주권까지 확대
  (양도세 집행기준 95-166-1)

  • 장기보유특별공제는 토지 · 건물의 양도시만 적용되고 부동산을 취득할 수 있는
    권리에는 적용되지 않으나, 재개발 · 재건축 관리처분계획인가 승인 시점에서 주택을
    보유한 자가 추후 조합원입주권 양도 시 멸실 전 주택분 양도차익[1]에 대해서는 주택이
    조합원입주권으로 변환된 것으로 보아 장기보유특별공제를 적용함('13.1.1. 이후 최초로
    양도하는 분부터 적용)

    * 적용대상 : 조합원입주권의 관리처분계획인가 전 양도차익 부분(승계취득분 제외)
    * 보유기간 : 기존 주택의 취득일부터 관리처분계획 인가일까지의 기간
      1) '14.1.1. 양도하는 분부터 토지 · 건물분 양도차익도 포함

⊙ 장기보유특별공제 공제율(소법§95②)

적용대상 보유기간	'12.1.1.~'18.12.31.		'19.1.1.~'20.12.31.		'21.1.1. 이후 양도분		
	토지 건물	(간주) 1주택	토지 건물	(간주) 1주택	토지 건물	(간주)1주택	
						보유기간	거주기간
3년 이상	10%	24%	6%	24%	6%	12%	12%
4년 이상	12%	32%	8%	32%	8%	16%	16%
5년 이상	15%	40%	10%	40%	10%	20%	20%
6년 이상	18%	48%	12%	48%	12%	24%	24%
7년 이상	21%	56%	14%	56%	14%	28%	28%
8년 이상	24%	64%	16%	64%	16%	32%	32%
9년 이상	27%	72%	18%	72%	18%	36%	36%
10년 이상	30%	80%	20%	80%	20%	40%	40%
11년 이상			22%		22%		
12년 이상		* '12.1.1.~'18.3.31.까지 다주택자 중과 대상 주택도 장기보유특별공제적용	24%	* '20.1.1.부터 2년 이상 거주한 주택에 한정	24%	* 2년 이상 3년 미만 : 8% (보유기간 3년 이상에 한정)	
13년 이상			26%		26%		
14년 이상			28%		28%		
15년 이상			30%		30%		

> **참고** (간주)1주택 : 1세대가 양도일 현재 1주택 또는 소령§155 · 소령§155의2 · 소령§156의2 · 소령§156의3 및 그 밖의 규정에 따라 1세대 1주택으로 보는 주택을 보유하고, 보유기간 중 거주기간이 2년 이상인 것

제
6
편

장기보유특별공제 표2 적용요건(2년 이상 거주)

양도일 현재 1세대 1주택으로 보는 경우(당해 주택에서 거주하지 않은 경우 포함)에는 소법§95②
표2에 규정된 공제율 적용 ⇔ '20.1.1. 이후 양도분부터 2년 이상 거주해야만 표2 적용

중요	난이
상	중

적용사례(재산세과-483, '09.10.16.)

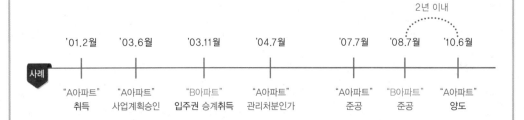

※ A · B아파트에 미거주

Q1 B아파트 준공일부터 2년 이내에 A아파트를 양도 시 장기보유특별공제 공제율은?

A1 양도일 현재 일시적 2주택(소령§155①) 규정에 의하여 1세대 1주택으로 보는 경우(당해 주택에서
거주하지 않은 경우 포함)에는 소법§95② 표2에 규정된 공제율 적용

참고 '20.1.1. 이후 양도분부터 2년 이상 거주해야만 표2 적용

🖎 관련 판례 · 해석 등 참고사항

☞ 장기보유특별공제 표2는 비과세가 되어야만 적용되는 것이 아니고, 위와 같이 1주택인 경우나 소령§155,
소령§155의2, 소령§156의2, 소령§156의3 및 그 밖의 규정에 따라 1세대 1주택으로 보는 주택
(간주 1주택)인 경우에 장기보유특별공제 표2를 적용했었는데, '20.1.1. 이후 양도분부터 보유기간 중
거주기간이 2년 이상인 경우의 요건이 추가되었음

조특법§99의2②에 따라 소법§89①3호를 적용할 때 해당 신축주택은 거주자의 소유주택으로
보지 아니하므로 일반주택을 양도하는 경우 장기보유특별공제액을 계산함에 있어
일반주택의 보유기간 중 거주기간이 2년 이상일 때에는 소법§95② 및 소령§159의4에 따라
표2를 적용함

중요 중 / 난이 중

적용사례(서면-2022-부동산-2790, '23.06.26.)

| '95.11.27. | '13.6.25. | '15.1.27. | '18.12.28. | '10.6월 |

"A아파트*" 취득 / "B아파트**" 취득 / "B아파트" 관리처분 계획인가 / "B아파트" 사용승인 / "A아파트" 양도

* 재건축한 아파트, 통산 보유 26년, 거주 18년
** 조특법§99의2 충족 전제

Q1 10년 이상 보유 · 거주한 주택(A주택)과 조특법§99의2에 해당하는 주택(B주택)을 보유한 1세대가
B주택의 재건축으로 인하여 멸실 후 신축된 경우로서 A주택 양도 시 소령§154①에 따라 비과세를
적용할 때 장기보유특별공제 표2 적용 여부?

A1 조특법§99의2②에 따라 소법§89①3호를 적용할 때 해당 신축주택은 거주자의 소유주택으로 보지
아니하므로 일반주택을 양도하는 경우 장기보유특별공제액을 계산함에 있어 일반주택의 보유기간 중
거주기간이 2년 이상일 때에는 소법§95② 및 소령§159의4에 따라 표2를 적용하는 것임

🗒 관련 판례 · 해석 등 참고사항

▶ **서면-2021-법규재산-2385, '23.06.28.**

- 1세대가 양도일 현재 국내에 1주택을 소유하고 있는 경우로서 기존주택을 멸실하고 임의재건축한 주택을
  양도함에 있어, 해당주택 중 건물부분의 양도차익에 대하여 소법§95②의 「표2」에서 정하는
  장기보유특별공제를 적용하기 위한 보유기간 및 거주기간은 재건축한 당해주택(건물)의 사용승인서
  교부일(사용승인서 교부일 전에 사실상 사용하거나 임시사용승인을 받은 경우에는 그 사실상의 사용일 또는
  임시사용승인일 중 빠른 날)부터 기산하는 것임

장기보유특별공제(소법§95②, 소령§159의4)

장기보유특별공제 표2 적용요건(근무상 형편)

장기보유특별공제율 "표2"의 거주기간 산정 시 근무상 형편으로 세대전원이 거주하지 않은 기간은 공제대상 거주기간에 포함하지 않는 것임

중요 중 | 난이 중

적용사례(사전-2022-법규재산-0189, '22.02.23.)

* '89.4.14. 전입하여 거주하던 중 갑자기 직장의 인사명령에 따라 지방 근무하다가, 서울 복귀 발령 후 전세 계약기간이 남아 있어 즉시 재전입하지 못하고 '06.6.12. A주택에 다시 전입하여 거주함

Q1 소법§95②에 따른 장기보유특별공제율 "표2"의 거주기간 산정 시 근무상 형편으로 세대전원이 거주하지 않은 기간을 포함할 수 있는 지 여부?

A1 근무상 형편 등으로 세대 전부가 거주하지 못한 기간은 공제대상 거주기간에 포함하지 않는 것임

📑 관련 판례 · 해석 등 참고사항

▶ **서면-2021-부동산-4877, '22.11.09.**

- 장기보유특별공제율 표2의 거주기간별 공제율 계산 시 세대의 구성원 중 일부의 취학상 형편으로 세대전원이 거주하지 않은 기간은 "거주기간"에 해당하지 않음

▶ **서면-2020-부동산-4972, '23.03.24., 사전-2020-법령해석재산-1054, '20.12.07.**

- 소법§95② 표2에 따른 장기보유특별공제 거주기간별 공제액 계산 시, 근무상의 형편 등 부득이한 사유로 세대원 일부가 (처음부터)거주하지 못한 기간을 포함할 수 있는 것임

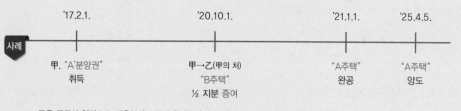

※ 甲은 근무상 형편으로 처음부터 A주택에 거주하지 못하였으나 나머지 세대원이 거주함

장기보유특별공제(소법§95②, 소령§159의4)

장기보유특별공제 표2 적용요건(부득이한 사유)

며느리가 부득이한 사유 없이 거주한 사실이 없으므로 표2는 적용 불가하여 표1 적용

 중요 상
 난이 중

적용사례

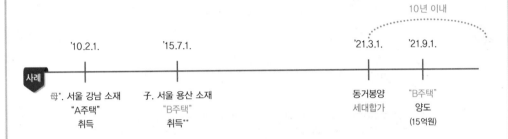

'10.2.1. '15.7.1. '21.3.1. '21.9.1.

10년 이내

사례

母*. 서울 강남 소재
"A주택"
취득

子. 서울 용산 소재
"B주택"
취득**

동거봉양
세대합가

"B주택"
양도
(15억원)

* '63년생으로 세대합가일 현재 만 60세 미만이나 배우자가 '58년생으로 만 60세 이상임
** 子는 2년 이상 거주하였으나 며느리는 부득이한 사유 없이 거주한 사실이 없음

Q1 B주택 비과세 적용 여부?

A1 1주택 소유하던 1세대가 1주택을 소유한 60세 이상 직계존속을 동거봉양하기 위하여 합가한 날부터
10년 이내에 먼저 양도한 주택(B주택)은 비과세 적용

Q2 B주택의 9억원 초과분에 대한 장기보유특별공제 표2 적용 여부?

A2 며느리가 부득이한 사유 없이 거주한 사실이 없으므로 표2는 적용 불가하여 표1 적용 (∵ '20.1.1. 이후
양도분부터 세대전원이 2년 이상 거주하지 않는 경우 표1 적용)

📝 관련 판례 · 해석 등 참고사항

장기보유특별공제(소법§95②, 소령§159의4,소령§154①2호나목) 장기보유특별공제 표2 적용요건

양도일 현재 비거주자의 양도소득금액을 계산하는 경우 장기보유특별공제액은 같은 법§121에 따라 같은 법§95② 표1에 따른 공제율을 곱하여 계산한 금액으로 하는 것임

중요 상 / 난이 중

적용사례(사전-2015-법령해석재산-0324, '15.11.12.)

	'08.10.31.	'14.3.1.	'14.2.9.	'15.6.1.
사례	甲. "A주택" 취득*	甲. 외국인과 결혼	캐나다로 출국	"A주택" 양도

* 甲은 A주택 취득 당시에는 부모님과 함께 거주하였으나 '14.1.14.에 타인주택으로 전입하였고
  캐나다로 출국한 이후에도 국내에서 해외이주신고는 하지 않았고 대한민국 여권을 소지하고 있으며
  캐나다에서 거주한다는 증빙류(장기체류허가증, 캐나다의료보험카드 등)를 제출하였으며
  양도일 현재 1주택만 소유함

Q1 혼인으로 출국한 후 2년 이내 국내 주택을 양도 시 1세대 1주택 비과세 적용여부?

A1 해외이주법에 따라 외국인과의 혼인을 기초로 하는 해외이주로 세대전원이 출국한 사실이 소칙§71④에 규정된 서류에 의하여 확인이 되고, 출국일 현재 1주택을 보유하고 있는 경우로서 출국일부터 2년 이내에 해당 주택을 양도하는 경우 소령§154①2호나목에 따른 양도소득세 비과세 특례를 적용받을 수 있는 것임

Q2 비과세 대상이 아닌 경우 장기보유특별공제율은 몇 %를 적용하는 지 여부?

A2 양도일 현재 비거주자의 양도소득금액을 계산하는 경우 장기보유특별공제액은 같은 법§121에 따라 같은 법§95② 표1에 따른 공제율을 곱하여 계산한 금액으로 하는 것임

관련 판례·해석 등 참고사항

▶ **소칙§71[1세대 1주택의 범위]**

④ 소령§154① 각 호 외의 부분 단서에 해당하는지의 확인은 다음의 서류와 주민등록표등본에 따른다.

3. 소령§154①2호나목의 경우에는 외교부장관이 교부하는 해외이주신고확인서. 다만, 해외이주법에 따른 현지이주의 경우에는 현지이주확인서 또는 거주여권사본

A주택 취득일부터 1년 경과 후 C주택을 취득하고 C주택 취득일부터 3년 이내 A주택을 양도하였으므로 일시적 2주택에 해당 및 중과 배제 되고, 2년 이상 거주하였으므로 장기보유특별공제 표2 적용

적용사례

Q1 A주택의 보유기간 기산일은 및 비과세 적용 여부?

A1 사전-2021-법령해석재산-1427, '21.11.15. 해석에 의거 A주택의 당초 취득일부터 보유기간을 기산하므로 비과세 적용

Q2 A주택의 다주택자 중과 및 장기보유특별공제 표2 적용 여부?

A2 • C주택 취득일부터 3년 이내 양도하였으므로 중과 배제(소령§167의10①8호) 되고,

　　• A주택 취득일부터 1년 경과 후 C주택을 취득하고 C주택 취득일부터 3년 이내 A주택을 양도하였으므로 일시적 2주택(소령§155①1호)에 해당하고, 2년 이상 거주하였으므로 장기보유특별공제 표2 적용(소령§159의4)

📝 관련 판례·해석 등 참고사항

▶ **사전-2021-법령해석재산-1427, '21.11.15.('21.1.1.~'22.5.9.까지 양도 시 보유기간 재기산)**

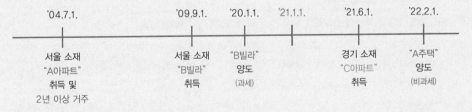

- '21.1.1. 현재 다주택자부터 소령§154⑤단서 규정을 적용하는 것으로, '21.1.1. 현재 1주택 세대가 신규주택을 취득하면 처음으로 일시적 2주택이 되는 것으로 간주하여 당초 A주택의 취득일('04.7.1.)부터 기산함

제 6 편

장기보유특별공제(소령§159의4, 소령§155②단서)

장기보유특별공제 표2(한시중과배제, 상속특례)

소령§155②단서에 의해 상속주택 비과세 특례가 적용되며, 10년 이상 보유한 주택을 '20.6.30.까지 양도하여 중과가 배제되고 간주 1주택에 해당하여 장기보유특별공제 "표2" 적용

중요 상
난이 상

적용사례(사전-2020-법령해석재산-0583, '20.10.27.)

'01.11.22.	'11.3.14.	'11.12.23.	'20.4.24.
사례			
甲. 서울 광진구 소재 "A일반주택*" 취득	父("B주택**" 소유)와 동거봉양 合家	父 사망 父→甲 "B주택" 상속 취득	甲. "A주택" 양도 (15억원)

* A주택 : '02.11.16.~'11.3.14. 약 8년 4개월 거주

** B주택 : 조정대상지역에 소재하고 父는 B주택만 소유

Q1 A주택 비과세 적용 여부?

A1 소령§155②단서에 의해 9억원 이하에 대하여 상속주택 비과세 특례 적용

Q2 A주택 9억원 초과에 대한 중과 및 장기보유특별공제 적용 여부?

A2 ① B주택을 상속받은 날부터 5년 경과하여 A주택이 일반주택 불가

② B주택 취득한 날부터 3년 경과하여 일시적 2주택 불가

③ 소령§167의10①12호에 의해 10년 이상 보유한 주택을 '20.6.30.까지 양도하여 중과 배제

☞ 상속주택 특례에 의하여 소령§159의4의 "1세대 1주택으로 보는 주택"에 해당하고 2년 이상 거주하였으므로 장기보유특별공제 "표2" 적용

📑 관련 판례 · 해석 등 참고사항

▶ **소령§167의10[양도소득세가 중과되는 1세대 2주택에 해당하는 주택의 범위]**

① 소법§104⑦1호에서 "대통령령으로 정하는 1세대 2주택에 해당하는 주택"이란 국내에 주택을 2개(1호에 해당하는 주택은 주택의 수 계산할 때 산입하지 않음) 소유하고 있는 1세대가 소유하는 주택으로서 다음 각 호의 어느 하나에 해당하지 않는 주택을 말한다.

12. 소법§95④에 따른 보유기간이 10년(재개발사업, 재건축사업 또는 소규모재건축사업을 시행하는 정비사업조합의 조합원이 해당 조합에 기존건물과 그 부수토지를 제공하고 관리처분계획 등에 따라 취득한 신축주택 및 그 부수토지를 양도하는 경우의 보유기간은 기존건물과 그 부수토지의 취득일부터 기산) 이상인 주택을 '20.6.30.까지 양도하는 경우 그 해당 주택

장기보유특별공제(소법§95②, 소령§159의4) 장기보유특별공제 표2(노후 등 멸실·재건축 주택)

노후 등으로 인하여 종전주택을 멸실하고 재건축한 주택으로서 비과세 대상에서 제외되는
고가주택을 양도 시, 해당 고가주택의 부수토지에 대한 장기보유특별공제율(표2)은
종전주택의 부수토지였던 기간을 포함한 보유기간별 공제율을 적용

중요 상   난이 중

적용사례(기획재정부 재산세제과-34, '17.01.16.)

| '02.7.1. | '11.7.1. | '12.12.1. | '16.11.1. |

사례

"A주택 및
부수토지"
취득

"A주택"
멸실*

"A'주택"
신축

"A'주택 및
부수토지"
양도
(15억원)

* 도시정비법에 따른 멸실이 아닌 노후로 인해 멸실

Q1 멸실 후 재건축한 고가주택의 토지에 대한 장기보유특별공제 적용 시 보유기간은?

A1 노후 등으로 인하여 종전주택을 멸실하고 재건축한 주택으로서 소법§89①3호에 따른 비과세 대상에서
제외되는 고가주택을 양도 시, 해당 고가주택의 부수토지에 대한 장기보유특별공제액을 계산할 때
소법§95② 표2에 따른 공제율은 종전주택의 부수토지였던 기간을 포함한 보유기간별 공제율을
적용하는 것임

📝 관련 판례 · 해석 등 참고사항

▶ **소법§154[1세대 1주택의 범위]**

⑧ 제1항에 따른 거주기간 또는 보유기간을 계산할 때 다음 각 호의 기간을 통산한다.
  1. 거주하거나 보유하는 중에 소실·무너짐·노후 등으로 인하여 멸실되어 재건축한 주택인 경우에는 그
    멸실된 주택과 재건축한 주택에 대한 거주기간 및 보유기간(이하 생략)

▶ **양도세 집행기준 95-159의4-1 [멸실 후 신축한 1세대 1주택의 장기보유특별공제액 계산]**

  – 1세대가 양도일 현재 국내에 1주택을 소유하고 있는 경우로서 그 주택이 기존주택을 멸실하고 신축한
    주택에 해당하는 경우 장기보유특별공제율 적용을 위한 보유기간은 신축한 주택의 사용승인서
    교부일부터 계산함

장기보유특별공제(소법§95②, 소령§159의4)　장기보유특별공제 표2(임의재건축 주택 표2의 공제율)

임의재건축한 주택의 건물부분 양도차익에서 공제하는 장기보유특별공제 표2 공제율을 계산 시, 보유·거주기간은 멸실 전 주택의 보유·거주기간을 통산하지 않고 신규주택 취득일인 주택(건물)의 사용승인서 교부일부터 계산함

중요　상
난이　중

적용사례(서면-2021-법규재산-2385, '23.06.28.)

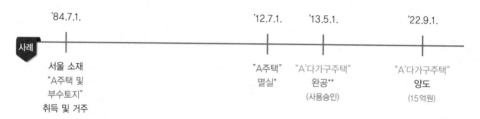

'84.7.1.

사례

서울 소재
"A주택 및
부수토지"
취득 및 거주

'12.7.1.

"A주택"
멸실*

'13.5.1.

"A'다가구주택"
완공**

(사용승인)

'22.9.1.

"A'다가구주택"
양도

(15억원)

* 멸실 후 임의재건축 공사
** 완공된 주택에 거주하지 않음

Q1 임의 재건축한 고가주택을 양도함에 따라 주택 중 건물의 양도차익에 대하여 소법§95②단서에 따른 표2의 보유·거주기간별 공제율을 적용할 때, 멸실 전 주택의 보유 및 거주기간을 신축주택의 보유 및 거주기간에 통산하는지 여부?

A1 임의재건축한 주택의 건물부분 양도차익에서 공제하는 장기보유특별공제 표2의 공제율을 계산 시, 보유·거주기간은 멸실 전 주택의 보유·거주기간을 통산하지 않고 신규주택 취득일인 주택(건물)의 사용승인서 교부일부터 계산함

📜 관련 판례·해석 등 참고사항

장기보유특별공제(소법§95②, 소령§159의4 후단)

장기보유특별공제 표2(공동상속주택인 경우 거주기간)

공동상속주택 보유자의 소법§95②표2에 따른 보유기간별 공제율은 소령§159의4에 따른
"공동상속주택을 소유한 것으로 보는 사람"이 거주한 기간을 적용함

중요 상 | 난이 중

적용사례(기획재정부 재산세제과-960, '22.08.12.)

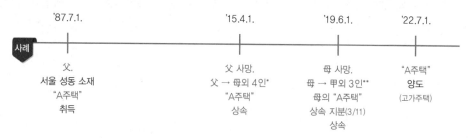

* 母(3/11 최다지분자), 甲·乙·丙·丁 4자녀가 각각 2/11 지분 상속받음

** 甲이 최다지분자로 지분 상속받음

Q1 자녀들이 A주택을 양도 시 소령§159의4 후단의 거주기간 산정방법은?

A1 공동상속주택 양도일 현재 최다지분자인 甲의 거주기간으로 산정함

Q2 위의 **Q1** 에서 甲의 거주기간이 2년 이상인 경우 소법§95② 표2의 거주기간별 공제율 적용 시
거주기간 산정방법은?

A2 소령§159의4에 따른 공동상속주택을 소유한 것으로 보는 사람이 거주한 기간을 적용함

📝 관련 판례 · 해석 등 참고사항

▶ **구.소령§159의4[장기보유특별공제]** ☞ 다음 쪽과 같이 소령§159의4 후단 내용이 개정됨

- 법§95② 표 외의 부분 단서에서 "대통령령으로 정하는 1세대 1주택"이란 1세대가 양도일 현재 국내에
  1주택(§155 · §155의2 · §156의2 · §156의3 및 그 밖의 규정에 따라 1세대 1주택으로 보는 주택을 포함한다)을
  보유하고 보유기간 중 거주기간이 2년 이상인 것을 말한다. 이 경우 해당 1주택이 §155③ 각 호 외의
  부분 본문에 따른 공동상속주택인 경우 거주기간은 같은 항 각 호 외의 부분 단서에 따라 공동상속주택을
  소유한 것으로 보는 사람이 거주한 기간으로 판단함

* 후단부의 공동상속주택 관련 내용은 '21.2.17. 이후 양도분부터 적용

※ 비과세 요건 중 취득 당시 조정대상지역에 있는 주택으로서 소령§155③ 각 호 외의 부분 본문에 따른
  공동상속주택인 경우에도 위와 동일한 방법으로 판단

🏠 심화정리

▶ "표2" 적용 시 공동상속주택인 경우 거주기간('24.1.1. 이후 양도분부터)

- (시행령 변경 전) 소령 §155③ 각 호 외의 부분 단서에 따라 공동상속주택을 소유한 것으로 보는 사람이 거주한 기간으로 판단

- (시행령 변경 후) 해당 주택에 거주한 공동상속인 중 그 거주기간이 가장 긴 사람이 거주한 기간으로 판단

📝 관련 판례 · 해석 등 참고사항

※ 소령§154①*을 적용할 때 취득 당시에 조정대상지역에 있는 주택으로서 소령§155③ 각 호 외의 부분 본문에 따른 공동상속주택인 경우 거주기간은 해당 주택에 거주한 공동상속인 중 그 거주기간이 가장 긴 사람이 거주한 기간으로 판단(소령§154⑫)

* 1세대가 양도일 현재 국내 1주택을 보유하면 보유기간이 2년 이상[취득 당시 조정대상지역이면 그 보유기간 중 거주기간 2년 이상]인 경우 비과세 적용

▶ 사전-2024-법규재산-0236, '24.05.02.

 - '24.2.29 전에 공동상속주택 소수지분을 양도하는 경우의 장기보유 특별공제액은 공동상속주택을 소유한 것으로 보는 사람이 거주한 기간을 적용하여 [표2]에 따른 보유기간별 공제율을 곱하여 계산한 금액과 거주기간별 공제율을 곱하여 계산한 금액을 합산하여 산정하는 것임

장기보유특별공제(소법§95②, 소령§159의4)

표2 적용요건 중 거주기간 2년 이상(동일세대원 상속)

소령§159의3에 따른 "보유기간 중 거주기간 2년 이상"에 해당 여부를 판정 시, 피상속인과 상속인이 동일세대원으로서 보유 및 거주한 기간은 통산함

중요 상 / 난이 중

적용사례(사전-2020-법령해석재산-0792, '21.08.17., 기획재정부 재산세제과-720, '21.08.10.)

'06.3.16.	'11.5.5.	'20.2.1.	'20.7.31.
甲. 부산 해운대 소재 "A아파트" 취득*	甲 사망. 甲 → 乙 "A아파트" 상속	"B주택" 취득	"A아파트" 양도** (13억원)

* 甲과 乙(甲의 배우자)은 '06.4.20.에 전입하여 '11.8.21.까지 거주하고 이후는 보유만 하였고, 상속 개시 前 5년 15일 거주, 상속 후 3월 17일 거주하여 통산 5년 4월 2일 거주함

** 일시적 2주택 상태에서 A아파트(고가주택) 양도

Q1 동일세대원으로부터 상속받은 1세대 1주택(고가주택)의 장기보유특별공제 적용 시, 소법§95② 표2 적용 대상 여부를 판정함에 있어 피상속인과 상속인의 동일세대원으로서 보유 및 거주한 기간 통산 여부?

A1 소령§159의3에 따른 "보유기간 중 거주기간 2년 이상"에 해당 여부를 판정 시, 피상속인과 상속인이 동일세대원으로서 보유 및 거주한 기간은 통산함

📋 관련 판례 · 해석 등 참고사항

▶ **소령§159의4[장기보유특별공제]**

– 소법§95② 표 외의 부분 단서 및 같은 조 ⑤ 각 호 외의 부분에서 "대통령령으로 정하는 1세대 1주택"이란 각각 1세대가 양도일 현재 국내에 1주택(§155 · §155의2 · §156의2 · §156의3 및 그 밖의 규정에 따라 1세대 1주택으로 보는 주택을 포함)을 보유하고 보유기간 중 거주기간이 2년 이상인 것을 말한다. 이 경우 해당 1주택이 §155③ 각 호 외의 부분 본문에 따른 공동상속주택인 경우 거주기간은 해당 주택에 거주한 공동상속인 중 그 거주기간이 가장 긴 사람이 거주한 기간으로 판단한다.('24.2.29.)

장기보유특별공제(소령§155②, §167의10①12호, §159의4)

표2 적용 시 보유 및 거주기간(동일세대원 상속)

'21.1.1. 이후 양도하는 동일세대원에게 상속받은 주택의 장기보유특별공제 표2 적용 시, 상속 개시 전 상속인과 피상속인이 동일세대로서 보유 및 거주한 기간은 상속개시 이후 통산 불가함

중요 상 / 난이 중

적용사례(기획재정부 재산세제과-37, '23.01.09.)

'86.1.1.
父.
서울 광진구 소재
"A주택" 취득

'21.2.1.
父 사망.
父→甲
"A주택"
상속 취득*

'22.8.1.
"A주택"
양도
"고가주택"

* 甲은 父가 '86.1.1. A주택을 취득할 때부터 상속 받을 때까지 지속적으로 동일 세대로 함께 거주함

Q1 '21.1.1. 이후 양도하는 동일세대원에게 상속받은 주택의 장기보유특별공제 표2 적용 시, 상속개시 전 상속인과 피상속인이 동일세대로서 보유 및 거주한 기간은 상속개시 이후 통산 가능한 지 여부?

A1 보유, 거주기간 모두 통산 불가함

📑 관련 판례 · 해석 등 참고사항

☞ 동일세대원으로부터 상속받은 경우로 앞쪽의 해석(사전-2020-법령해석재산-0792, '21.08.17.)이 보유 및 거주기간 통산한 것과 차이점은 앞쪽의 경우에는 단지 "표2의 적용요건" 중 거주기간 2년 요건을 판정 시 통산한다는 의미이고, 위의 사례는 "표2의 적용대상인 상태"에서 공제율을 적용할 때 보유기간과 거주기간에 따라 각각 최대 40% 공제율을 적용할 경우에는 통산하지 않는다는 것임

– 상속받은 자산을 양도할 때의 양도차익에 대응되는 장기보유특별공제액에 대한 것이므로 피상속인의 보유 및 거주기간까지 확대해서 적용할 필요가 없는 것임

장기보유특별공제(소법§95②)	용도변경 시 보유기간 기산일(장기보유특별공제)

다주택자가 보유 중인 겸용주택의 주택부분을 근린생활시설로 용도변경 후 양도 시, 건물에 대한 장기보유특별공제의 기산일은 용도변경일부터 양도일까지 기간으로 한정

적용사례(서울행정법원2012구단26961, '13.04.24.)

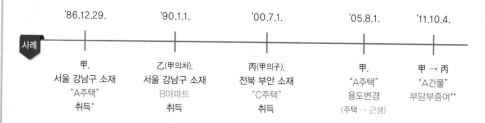

사례

'86.12.29.
甲.
서울 강남구 소재
"A주택"
취득*

'90.1.1.
乙(甲의처).
서울 강남구 소재
B아파트
취득

'00.7.1.
丙(甲의子).
전북 부안 소재
"C주택"
취득

'05.8.1.
甲.
"A주택"
용도변경
(주택 → 근생)

'11.10.4.
甲 → 丙
"A건물"
부담부증여**

* 甲은 '83.1.15.에 서울 강남구 소재 "대"를 취득하여 그 지상에 A주택을 취득함

** 丙은 부담부증여 당시 동일 세대원으로 1세대 3주택 상태이었음

Q1 다주택자가 일부 주택을 근린생활시설로 용도 변경 후 건물의 양도소득에 대한 장기보유특별공제를 적용함에 있어 그 기산일은?

A1 1세대 2주택 이상 주택(중과대상 주택)에 해당하는 부동산을 근린생활시설로 용도 변경한 후 부담부증여한 경우, 장기보유특별공제액 산정을 위한 기준이 되는 보유기간은 근린생활시설 용도 변경일부터 부담부증여일까지 기간으로 한정됨

🖋 관련 판례 · 해석 등 참고사항

▶ **위 서울행정법원의 판단 내용은 보면**

① 장기보유특별공제제도는 장기보유자산의 양도에 공제혜택을 부여함으로써 건전한 투자행태 또는 소유행태를 유도하기 위한 제도인 점

② 주택투기를 억제하고자 입법정책적 판단에 따라 소법에서 다주택자에 대한 장기보유특별공제를 배제하고 있는 점

③ 다주택자가 일부 주택을 근린생활시설로 용도변경하고 양도하였다고 하여 용도변경일 이전 주택 보유기간에 대하여도 공제혜택을 받는다면 용도변경 이전 해당 주택을 장기간 보유하였을수록 오히려 더 높은 공제율 적용을 받게 되어 다주택자에 대하여 장기보유특별공제를 배제한 입법취지에 정면으로 반하는 점

④ 해당 주택을 근린생활시설로 용도변경한 시점에서부터 비로서 그 부동산에 대한 장기보유를 용인 · 독려할 사정이 생겼다고 볼 수 있는 점 등을 이유로 용도 변경일부터 기산하는 것이 타당하다고 판결함

제6편

장기보유특별공제(소법§95②, ④, 소령§159의4)

용도변경 후 중과배제기간 중 양도(장기보유특별공제)

조정대상지역에 2주택자가 A주택을 상가로 용도변경 후 중과배제기간('22.5.10.~'23.5.9.) 중 양도 시 장기보유특별공제율 산정을 위한 보유기간 기산일은 상가로 용도변경한 날을 기산일로 하여 계산함

중요 상 난이 상

적용사례(사전-2022-법규재산-0881, '22.12.28.)

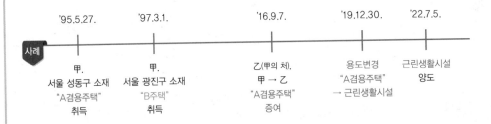

'95.5.27.	'97.3.1.	'16.9.7.	'19.12.30.	'22.7.5.
甲. 서울 성동구 소재 "A겸용주택" 취득	甲. 서울 광진구 소재 "B주택" 취득	乙(甲의 처). 甲 → 乙 "A겸용주택" 증여	용도변경 "A겸용주택" → 근린생활시설	근린생활시설 양도

Q1 조정대상지역에 2주택자가 A주택을 상가로 용도변경 후 중과배제기간('22.5.10. ~'23.5.9.) 중 양도 시 장기보유특별공제율 산정을 위한 보유기간 기산일은?

A1 장기보유특별공제율 산정을 위한 보유기간 기산일은 상가로 용도변경한 날을 기산일로 하여 계산함

📋 관련 판례 · 해석 등 참고사항

☞ 장기보유특별공제 표2는 비과세가 되어야만 적용되는 것이 아니고, 위와 같이 1주택인 경우나 소령§155, 소령§155의2, 소령§156의2, 소령§156의3 및 그 밖의 규정에 따라 1세대 1주택으로 보는 주택(간주 1주택)인 경우에 장기보유특별공제 표2를 적용했었는데, '20.1.1. 이후 양도분부터 보유기간 중 거주기간이 2년 이상인 경우의 요건이 추가되었음

▶ 사전-2022-법규재산-0684, '22.11.28.

- 1세대가 조정대상지역에 2주택을 보유한 상태에서 소법§104⑦1호에 따른 양도세가 중과되는 주택을 근린생활시설로 용도변경하여 사용하다 이를 양도 시, 소법§95②의 장기보유특별공제액을 계산함에 있어 보유기간은 근린생활시설로 용도변경한 날을 기산일로 하여 계산함

장기보유특별공제(소법§95②)　용도변경(겸용주택 → 상가) 시 장기보유특별공제 기산일

1주택을 소유한 1세대가 조합원입주권을 취득하고 그 취득일부터 3년 이내에 "주택" 부분을
근린생활시설로 용도변경하여 양도 시, 용도변경한 건물의 양도소득에 대한
장기보유특별공제를 적용함에 있어 그 기산일은 해당 겸용주택의 취득일임

중요 상　　난이 상

적용사례 (사전-2021-법령해석재산-0333, '21.12.31.)

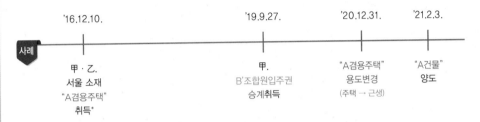

'16.12.10.	'19.9.27.	'20.12.31.	'21.2.3.
甲·乙. 서울 소재 "A겸용주택" 취득*	甲. B'조합원입주권 승계취득	"A겸용주택" 용도변경 (주택 → 근생)	"A건물" 양도

* 甲과 乙은 부부로 A겸용주택을 신축(주택 면적 61.29m², 상가 면적 168.81m²)하여 각각 ½ 지분으로 소유권
보존 등기하였으며 다른 주택은 없음

Q1 서울 소재 1주택을 소유한 1세대가 조합원입주권을 취득하고 그 취득일부터 3년 이내에 "주택" 부분을
근린생활시설로 용도변경하여 양도 시, 용도변경한 건물의 양도소득에 대한 장기보유특별공제를
적용함에 있어 그 기산일은?

A1 장기보유특별공제율 적용을 위한 보유기간 기산일은 해당 겸용주택의 취득일로 하는 것임

✎ 관련 판례 · 해석 등 참고사항

☞ 만약 용도변경하지 않았다면 소령§156의2③에 해당한 간주1주택이 되어 표2 적용대상이지만,
양도시점에 주택이 아니므로 표2 대상이 될 수 없어 취득일부터 표1 적용함

당초 용도변경 전의 주택외 부분에 해당하는 건물 및 부수토지는 양도세가 과세되며, 해당 부분의 양도소득금액을 계산함에 있어 장기보유특별공제액은 소법§95② 표1의 보유기간별 공제율을 적용하여 계산

중요 상   난이 중

적용사례(부동산거래관리과-1405, '10.11.23.)

'00.5.1.
"A겸용주택"
취득
2년 이상 거주*

'08.11.1.
"A겸용주택"
일부
용도변경**

'10.10.1.
"A겸용주택"
양도

사례

  * 근린생활시설 160m², 주택 100m²

  ** 근린생활시설의 60m²를 주택으로 용도변경

Q1 겸용주택의 일부를 주택으로 용도변경한 후 3년 이내 양도 시, 비과세되지 않는 건물 및 부수토지에 대한 양도소득금액 산정방법은?

A1 당초 용도변경 전의 주택외 부분(60m²)에 해당하는 건물 및 부수토지는 양도세가 과세되며, 해당 부분의 양도소득금액을 계산함에 있어 장기보유특별공제액은 소법§95② 표1의 보유기간별 공제율을 적용하여 계산함

📝 **관련 판례 · 해석 등 참고사항**

장기보유특별공제(소법§95②, 소령§154⑧2호)

1주택자의 장기보유특별공제 적용방법(비거주자 → 거주자)

국내 1주택을 취득한 거주자가 비거주자가 되었다가 다시 거주자가 된 상태에서 해당 주택을 양도 시 소법§95②의 주택의 전체보유기간에 대한 표1에 따른 공제율과 거주자로서 보유기간에 대한 표2에 따른 공제율 중 큰 공제율을 적용하여 계산함

중요 상 난이 상

적용사례(사전-2017-법령해석재산-0679, '19.11.29.)

* 1세대 1주택에 해당하며 출국일의 다음날부터 영주귀국 신고전일까지 비거주자임을 전제함

Q1 국내 1주택을 취득한 거주자가 비거주자가 되었다가 다시 거주자가 된 상태에서 해당 주택을 양도 시 장기보유특별공제액 계산 방법은?

A1 소법§95②의 주택의 전체보유기간에 대한 표1에 따른 공제율과 거주자로서 보유기간에 대한 표2에 따른 공제율 중 큰 공제율을 적용하여 계산함

📝 **관련 판례 · 해석 등 참고사항**

▸ 조심-2018-중-1824, '18.12.14.의 주택을 상가로 용도 변경하여 사용하다 다시 주택으로 용도 변경한 경우와 동일한 논리

☞ 표1만 적용한다면 거주자로서 보유기간(표2) 혜택을 받지 못하게 되고, 거주자로서 기간이 짧아 표2만 적용한다면 전체 보유기간의 혜택을 받지 못하게 되므로 절충

장기보유특별공제(소법§95②)　　　1주택자의 장기보유특별공제 적용방법(상가 → 주택)

상가를 주택으로 용도 변경한 상태에서 해당 주택을 양도 시 건물 전체보유기간에 대한 표1에 따른 공제율과 주택의 보유기간에 대한 표2에 따른 공제율 중 큰 공제율을 적용

중요 상
난이 상

적용사례(부동산거래관리과-1191, '10.09.28.)

'02.3.1. / '09.9.1. / '10.10.1.

甲.
"A주택"
취득*

甲.
용도 변경
(상가 → 주택)

"A주택"
양도

* 지층과 지상1층은 상가, 지상2층은 주택이며 2층에서 1세대가 현재까지 거주하고 있으며 다른 주택은 없음

Q1 상가를 주택으로 용도 변경한 상태에서 해당 주택을 양도 시 장기보유특별공제액 계산 방법은?

A1 소법§95②의 건물 전체보유기간에 대한 표1에 따른 공제율과 주택의 보유기간에 대한 표2에 따른 공제율 중 큰 공제율을 적용하여 계산함

📑 관련 판례 · 해석 등 참고사항

▶ 사전-2017-법령해석재산-0679, '19.11.29.의 국내 1주택자를 보유한 자가 비거주자가 거주자로 전환된 경우와 동일한 논리

　☞ 표1만 적용한다면 거주자로서 보유기간(표2) 혜택을 받지 못하게 되고, 거주자로서 기간이 짧아 표2만 적용한다면 전체 보유기간의 혜택을 받지 못하게 되므로 절충

● 장기보유특별공제 계산 방법

- 1주택을 보유한 경우로서, 비거주자에서 거주자로 변경 또는 상가를 주택으로 용도 변경(표2 적용 대상으로 변경)한 후 양도한 경우

  - 전체 보유기간에 대한 표1에 따른 장기보유특별공제율과 거주자나 주택으로 변경된 해당 보유기간에 대한 표2에 따른 장기보유특별공제율을 적용해서 큰 공제율로 계산

    (사전-2017-법령해석재산-0679, '19.11.29., 부동산거래관리과-1191, '10.09.28., 재산세과-264, '09.09.21.)

  - ☞ 상가를 주택으로 용도변경하는 경우로서 그 주택이 1세대 1주택에 해당한 경우의 장기보유특별공제액 계산은 '25.1.1. 이후 양도분부터는 4쪽에서와 같이 계산방법이 변경되었음

- 다주택을 보유한 경우로서, 일부 주택을 상가로 용도 변경(표1 적용 대상으로 변경)한 후 양도한 경우

  - 다주택자로서 장기보유특별공제 적용 대상이 아닌 경우에서 상가 등으로 용도변경한 경우에는 용도변경한 이후부터 양도일까지 기간에 한정해서 장기보유특별공제 계산

    (서울행정법원2012구단26961, '13.04.24.)

A'조합원입주권의 양도차익에서 장기보유특별공제액을 계산 시 기존 건물과 그 부수토지의 취득일부터 관리처분계획인가일까지의 기간에 대하여 적용함

중요 상   난이 중

적용사례(서면-2015-부동산-0008, '15.04.30.)

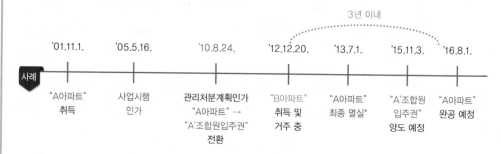

3년 이내

'01.11.1.　　'05.5.16.　　'10.8.24.　　'12.12.20.　　'13.7.1.　　'15.11.3.　　'16.8.1.

사례

"A아파트" 취득　　사업시행 인가　　관리처분계획인가 "A아파트" → "A'조합원입주권" 전환　　"B아파트" 취득 및 거주 중　　"A아파트" 최종 멸실　　"A'조합원 입주권" 양도 예정　　"A아파트" 완공 예정

* 관리처분총회에 대한 취소소송으로 이주('12.12.20.) 및 멸실('13.7.1.)되기 전까지는 부동산으로서 재산세 납부

Q1 A'조합원입주권을 준공 예정일인 '16.8.1. 전에 양도 시 장기보유특별공제액을 적용하기 위한 보유기간을 기존건물 최종 멸실일까지 기간으로 할 수 있는지?

A1 A'조합원입주권의 양도차익에서 장기보유특별공제액을 계산 시 기존 건물과 그 부수토지의 취득일부터 관리처분계획인가일까지의 기간에 대하여 적용함

Q2 B아파트를 구입('12.12.20.)한 후 3년 이내 A'조합원입주권을 양도 시 1세대 1주택 비과세 적용 여부?

A2 소법§89①4호 나목에 의해 신규주택(B아파트) 취득한 날부터 3년 이내 양도 시 비과세 적용함

📜 관련 판례 · 해석 등 참고사항

▶ 소법§95②에서는 관리처분계획인가일 전까지의 양도차익에 한정한다고 열거되어 있고, 소령§166⑤에서는 관리처분계획등 인가일까지로 열거되어 있음

▶ 부동산납세과-137, '14.03.13.
　　– 조합원입주권 양도 시 장기보유특별공제는 기존건물과 부수토지의 취득일부터 관리처분계획인가일까지의 공제율을 곱하여 계산함

기존주택에서는 2년 이상 거주하였으나 신축주택(A')에서는 2년 이상 거주하지 않은 경우, 청산금 납부분의 양도차익에 대해 소법§95② 표2의 공제율을 적용하지 않고 표1의 공제율 적용

중요 중   난이 상

적용사례

(기준-2020-법령해석재산-0078, '20.04.03., 사전-2020-법령해석재산-0386, '20.11.23.)

* 취득일부터 '13.6.5.까지 거주

Q1 기존주택(A)에서는 2년 이상 거주하였으나 신축주택(A')에서는 2년 이상 거주하지 않은 경우, 청산금 납부분의 양도차익에 대해 소법§95② 표2에 따른 보유기간별 공제율을 적용 가능한 지 여부?

A1 청산금 납부분의 양도차익에 대해 소법§95② 표2에 따른 보유기간별 공제율을 적용하지 않고 표1에 따른 보유기간별 공제율을 적용함

➡ 다음 쪽에서 "표2 적용하지 않은 이유" 상세 설명

📑 관련 판례 · 해석 등 참고사항

제6편

🏠 심화정리

▶ 재건축사업으로 관리처분계획 등에 따라 취득한 신축주택 및 그 부수토지를 양도한 경우로서 청산금을 납부한 경우(사전-2020-법령해석재산-0386, '20.11.23.)

- 양도차익은 "청산금납부분 양도차익"과 "기존건물분 양도차익"을 각각 구한 후 합산하여 계산(소령§166②)하고

- 이에 따른 장기보유특별공제도 "청산금납부분 양도차익"과 "기존건물분 양도차익" 부분으로 각각 나누어 별도로 규정(소령§166⑤2호)하고 있음

- 장기보유특별공제액 산정을 위한 보유기간 역시 양도차익별(청산금 납부분과 기존 주택분)로 각각 나누어 적용할 수 밖에 없기 때문에 보유기간 중 2년 이상 거주 요건도 양도차익별로 구분 적용함이 타당하며

- 기존주택 거주 여부와 별도로 청산금 납부분 양도차익 계산시 신축주택에 거주요건을 적용하는 것이 주택 실수요 요건 강화를 위해 장기보유특별공제 표2에 거주요건을 신설한 취지에도 부합함

- 또한, 1세대 1주택 비과세 대상 판단시 재개발(재건축) 전·후의 보유기간 또는 거주기간을 통산하는 규정(소령§154⑧1호)은 있으나, 장기보유특별공제 적용 시 별도 통산 규정 없으므로 엄격해석 원칙상 기존주택에서 거주한 기간을 신축주택에서 거주한 기간으로 보기 어려워 각각 적용함이 타당함

장기보유특별공제(소법§95②, 소령§159의4)

종전 상가부분에 상응한 주택의 장특공제 보유기간 통산 불가

상가면적이 큰 겸용주택의 재개발로 분양받은 아파트를 1세대 1주택 상태에서 양도 시, 종전 겸용주택의 상가부분과 그에 상응한 새로운 주택부분을 1세대 1주택으로 보아 그 보유기간을 통산할 만한 아무런 법률적 근거가 없으므로 표1과 표2의 적용을 위한 보유기간을 각각 계산함

중요 상 / 난이 중

적용사례(대법원-2012-두-28025, '14.09.04.)

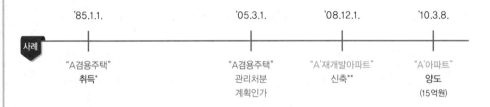

'85.1.1.	'05.3.1.	'08.12.1.	'10.3.8.
"A겸용주택" 취득*	"A겸용주택" 관리처분 계획인가	"A'재개발아파트" 신축**	"A'아파트" 양도 (15억원)

* 상가 365.89㎡, 주택 85.79㎡

** 상가 0㎡, 주택 243.85㎡

Q1 주택면적보다 상가면적이 큰 겸용주택이 재개발됨에 따라 분양받은 재개발아파트를 1세대 1주택 상태에서 양도 시 장기보유특별공제 80% 적용 여부?

A1 종전 겸용주택의 상가부분과 그에 상응한 새로운 주택부분은 이를 1세대 1주택으로 보아 그 보유기간을 통산할 만한 아무런 법률적 근거가 없으므로
- 종전 겸용주택의 상가부분과 새로운 주택부분은 소법§95②의 표1과 표2에 규정된 장기보유기간별 공제율을 적용하기 위한 보유기간을 각각 계산하여야 함

➡ 다음 쪽에서 상세 설명

📑 관련 판례 · 해석 등 참고사항

제6편

▶ 상가부분과 새로운 주택부분의 보유기간을 각각 계산해야 하는 논거

- 장기보유특별공제를 적용하기 위한 보유기간은 소법§94①1호에 규정된 자산을
  계속하여 보유한 기간만을 통산하여야 하므로 그것이 멸실되었다가 신축되거나 다른
  공제율을 적용하여야 하는 자산으로 변동된 경우 그 보유기간을 통산할 수 없음이
  원칙이라 할 것이나

- 재건축·재개발 조합원이 기존주택과 토지를 제공하고 취득한 조합원입주권에 기하여
  새로운 주택을 취득한 경우에는 소령§159의2에 의한 1세대 1주택에 해당하면

  - 기존주택과 조합원입주권 등의 보유기간까지 통산하여 소법§95②의 표2에 규정된
    장기보유특별공제율을 적용하여야 할 것임(대법원 '07.06.14. 선고 2006두 16854)

- 그러나, 상가의 연면적이 주택의 연면적보다 크거나 같은 겸용주택을 제공하고 취득한
  조합원입주권에 기하여 새로운 주택을 취득한 경우에는 종전 겸용주택의 상가부분과
  그에 상응한 새로운 주택부분은 이를 1세대 1주택으로 보아 그 보유기간을 통산할
  아무런 법률적 근거가 없음

직전거주주택보유주택 장기보유특별공제(소령§155⑳), ①)

직전거주주택보유주택의 장기보유특별공제

소령§161① 및 ②1호에 따른 양도소득금액 계산시 소법§95② 표1(최대 30%) 적용하고, 소령§161②2호에 따른 양도소득금액 계산 시 소법§95② 표2(최대 80%) 적용(소령§161④)

[중요] 상 [난이] 상

적용사례(사전-2017-부동산-2544, '18.01.06.)

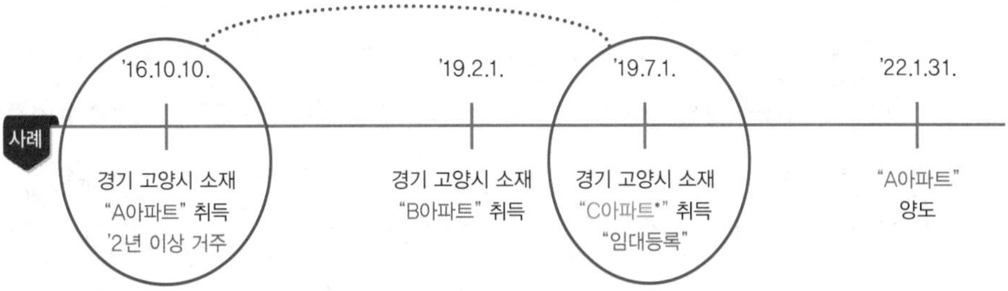
사례
'16.10.10.
경기 고양시 소재
"A아파트" 취득
'2년 이상 거주
'19.2.1.
경기 고양시 소재
"B아파트" 취득
'19.7.1.
경기 고양시 소재
"C아파트*" 취득
"임대등록"
'22.1.31.
"A아파트"
양도

* C아파트 : 장기임대주택 요건 충족

[Q1] A아파트 비과세 적용 여부?

[A1] 거주주택 특례(소령§155⑳)와 일시적 2주택(소령§155①)의 중첩 적용으로 1세대 1주택으로 보아 비과세 적용

[Q2] A아파트 양도 후, B아파트 2년 이상 거주한 후 양도하는 경우 비과세 적용 여부?

[A2] 거주주택 특례(소령§155⑳)에 의거 1세대 1주택으로 보아 비과세 적용
* B아파트는 장기임대주택이 아니므로 전체 양도소득금액에 대해 비과세 적용

[Q3] ~ [Q4] A아파트 양도 후, B아파트를 '25.7.1. 양도하고 C아파트 임대사업 폐업 후 '30.6.30. 5.3억원에 양도 시,

[Q3] 비과세 적용기간 및 2년 거주요건 해당 여부?

[A3] 직전거주주택(B아파트)의 양도일 이후 기간분에 대해서만 비과세 적용(소령§155⑳)
* 직전거주주택보유주택은 소령§155⑳1호에 따라 장기임대주택으로 등록한 날 이후 2년 이상 거주 필요

[Q4] 양도차익에 대한 장기보유특별공제, 조특법§97의4 및 기본세율 적용 여부?

[A4]
- 소령§161① 및 ②1호에 따른 양도소득금액 계산 시 소법§95② 표1(최대 30%) 적용, ②2호에 따른 양도소득금액 계산 시 소법§95② 표2(최대 80%) 적용(소령§161④)
- 소령§167의3①2호 가목 및 다목에 따른 장기임대주택을 6년 이상 임대 후 양도시 소법§95② 표1(최대 30%)에 조법§97의4①의 추가공제율(2~10%) 가산 적용

* 소법§95② 표2(최대 80%) 경우 추가공제율 적용하지 않음

제6편

심화정리

▶ 직전거주주택보유주택을 양도 시 장기보유특별공제

참고 직전거주주택보유주택 : 민간임대주택법§5에 따라 임대주택으로 등록한 사실이 있고, 그 보유기간 중 양도한 다른 거주주택[양도한 다른 거주주택이 둘 이상인 경우 가장 나중에 양도한 거주주택(직전거주주택)]이 있는 거주주택

- 직전거주주택보유주택 양도 시 비과세 여부
  - 소령부칙(제29523호, '19.2.12.) §7에 따라 '19.2.12. 이후 취득한 거주주택부터는 생애 한 차례만 거주주택을 최초로 양도하는 경우에 한정하여 비과세를 적용하였으나
  - 소령부칙(제35349호, '25.2.28.) §14에 따라 '25.2.28. 이후 양도하는 거주주택부터는 생애 한 차례만 제한하는 규정이 삭제되어 거주주택이 제한없이 비과세가 계속 적용됨

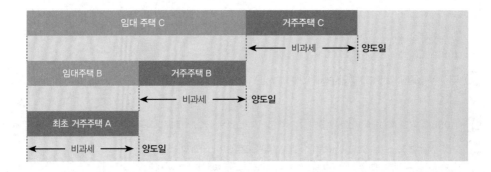

- 과세분(임대주택 B, C) : 표1(10~30%)
- 비과세분(거주주택, 거주주택 A, B, C) : 표2(24~80%)

☞ 거주주택 및 직전거주주택보유주택이 1세대 1주택으로 간주되어 12억원 이하까지 비과세가 적용되는 주택의 경우는 1주택으로 취급되므로 표2가 적용됨

법령요약

⊙ 직전거주주택보유주택 등에 대한 양도소득금액 등의 계산(소령 § 161)

① 소령§154⑩에 따른 1세대 1주택 및 소령§155⑳ 각 호 외의 부분 후단에 따른 직전거주주택보유주택(이하 이조에서 "직전거주주택보유주택등"이라 함)의 양도소득금액은 다음 계산식에 따라 계산한 금액으로 한다.

$$\text{소법§95①에 따른 양도소득금액} \times \frac{\text{직전거주주택의 양도 당시 직전거주주택보유주택등의 기준시가} - \text{직전거주주택보유주택등의 취득 당시 기준시가}}{\text{직전거주주택보유주택등의 양도 당시 기준시가} - \text{직전거주주택보유주택등의 취득 당시 기준시가}}$$

② ①에도 불구하고 직전거주주택보유주택등이 소법§89①3호 각 목 외의 부분에 따른 고가주택인 경우 해당 직전거주주택보유주택등의 양도소득금액은 다음 각 호의 계산식에 따라 계산한 금액을 합산한 금액으로 한다.

1. 직전거주주택 양도일 이전 보유기간분 양도소득금액

$$\text{소법§95①에 따른 양도소득금액} \times \frac{\text{직전거주주택의 양도 당시 직전거주주택보유주택등의 기준시가} - \text{직전거주주택보유주택등의 취득 당시 기준시가}}{\text{직전거주주택보유주택등의 양도 당시 기준시가} - \text{직전거주주택보유주택등의 취득 당시 기준시가}}$$

제6편

법령요약

⊙ 직전거주주택보유주택 등에 대한 양도소득금액 등의 계산(소령§161)

2. 직전거주주택 양도일 이후 보유기간분 양도소득금액

$$
\text{소법§95①에 따른 양도소득금액} \times \frac{\text{직전거주주택보유주택등의 양도 당시 기준시가} - \text{직전거주주택의 양도 당시 직전거주주택보유주택등의 기준시가}}{\text{직전거주주택보유주택등의 양도 당시 기준시가} - \text{직전거주주택보유주택등의 취득 당시 기준시가}}
$$

$$
\times \frac{\text{양도가액} - 12억원}{\text{양도가액}}
$$

③ ① 및 ②에 따라 계산한 직전거주주택보유주택등의 양도소득금액이 소법§95①에 따른 양도소득금액을 초과하는 경우에는 각각 그 초과금액은 없는 것으로 한다.

④ ① 및 ②1호에 따른 양도소득금액 계산시 장기보유특별공제액은 소법 §95② 표1을 적용하고, ②2호에 따른 양도소득금액 계산시 장기보유특별공제액은 소법§95② 표2를 적용한다.〈신설 '13.2.15.〉

제 **7** 편

감면일반 및
감면한도

양도소득세
조세특례제도 일반

가 | 조세특례제도 개관

▶ 감면의 목적 : 세부담 완화, 조세 및 경제정책의 반영

▶ 주요 특례제도의 정책적 이유

- 자경농지 감면 : 자경농민 보호
- 공익수용 감면 : 공익사업의 원활한 시행 지원
- 지방미분양주택 과세특례 : 지방경제 활성화
- 신축주택 감면 : 주택공급 활성화
- 법인전환, 중소기업간 통합 등 : 기업 구조조정 지원

☞ 현재 조세특례제도 : 감면 등 약 60여개 제도가 시행 중이고, 감면 외에도 과세이연, 이월과세, 소득공제, 세율인하, 분할납부 등이 있음

나 │ 현행 조세특례제도의 특징

⊙ 일몰(日沒)제도에 의한 운영 ⇔ 자경농지 등 일부 예외

⊙ 감면의 배제 : 미등기 양도자산, 허위계약서 작성

⊙ 감면에 대한 농어촌특별세(20%) 과세

  • 농어촌특별세 과세표준 : 양도소득세 감면세액

  • 농어촌특별세 비과세 : 자경농지, 농지대토, 미분양주택 등

⊙ 적극적 감면 : 감면신청이 없는 경우에도 감면

  ⇔ 조특법§99의2(신축주택 등 취득자에 대한 과세특례)

  ⇔ 법인전환 이월과세 등은 신청이 있어야 가능

참고
  • 농특세 목적(농특세법§1) : 농어업의 경쟁력 강화와 농어촌산업기반시설의 확충 및 농어촌지역 개발사업을 위하여
    필요한 재원을 확보함(농촌지원)
  • 비과세(농특세법§4 2호) : 농어업인 또는 농어업인을 조합원으로 하는 단체에 대한 감면(시행령에 위임)

📜 관련 판례 · 해석 등 참고사항

▶ **조특법 집행기준 69-66-29[감면요건에 해당하는 농지를 감면신청하지 않은 경우]**
  – 자경농지에 대한 양도세 감면요건을 충족한 경우에는 확정신고 및 예정신고 시 감면신청을 하지 않는
    경우에도 감면적용은 가능함

- 감면에 대한 입법상 제한 ⇒ 납세자간 세부담 공평

  - 감면 종합한도 설정(조특법§133)

  - 중복지원 배제(조특법§127⑦)

- 감면규정의 해석원칙(대법원 판례)

  - 엄격해석, 문리해석

  - 입법취지 등을 고려한 합목적적 해석도 허용

- 감면방식 ⇒ 세액안분 방식, 소득금액 차감 방식

  - 세액안분 방식 : 자경농지감면, 농지대토감면, 수용감면 등

  - 소득금액차감 방식 : 준공 후 미분양주택, 신축주택 특례 등

조특법§127을 적용할 때 공업지역 등 편입일 이후 8년 자경 감면 배제분에 대해서
조특법§77에 따른 공익사업용 토지 등에 대한 양도세의 감면을
적용 받을 수 없음

중요 상　난이 중

적용사례(부동산납세과-149, '13.11.14.)

'04.12.1.　　　　　　　　　　　'11.7.1.　　　　　　'13.6.1.

사례

父 사망　　　　　　　　　공업지역으로　　　　"답"
父 → 甲　　　　　　　　　　편입　　　　　　　수용
"답"
상속취득

Q1 조특법§127을 적용할 때 공업지역 등 편입일 이후 8년 자경 감면 배제분에 대해서 조특법§77에 따른
공익사업용 토지 등에 대한 양도세 의 감면(28백만원 → 산출세액의 20%)을 적용 받을 수 있는 지 여부?

A1 중복 감면 적용 대상이 아님

🖋 관련 판례·해석 등 참고사항

▶ **부동산거래관리과-1168, '10.09.17.**
  - 소법§95①의 규정에 의한 양도소득금액 중 조특령§66⑦의 산식에 따라 계산한 금액을 초과 하는 금액에
    대하여는 조특법 §77의 규정이 적용되지 아니하는 것임

▶ **조심2009중3425, '09.12.28.**
  - 1필지의 쟁점토지 전부를 양도하면서 보유기간에 따라 안분하여 8년 자경농지의 감면규정과 공익사업용
    양도 토지의 감면규정을 순차 적용(주거지역 편입 후 양도소득)받을 수 있는 것은 아니라 할 것임

중복지원 배제(조특법§127⑦)   중복 감면 적용 대상

거주자가 토지 등을 양도하여 2 이상의 양도세의 감면규정을 동시에 적용받는 경우에는 당해
거주자가 선택하는 하나의 감면규정만을 적용하는 것임. 다만, 토지 등의 일부에 대하여
특정의 감면규정을 적용받는 경우에는 잔여부분에 대하여 다른 감면규정을 적용받을 수 있는
것임

중요 상 / 난이 상

적용사례(서면5팀-3235, '07.12.14.)

'96.12.1.	'06.7.1.	'07.5.1.
"A농지" 취득	"A농지" 수용*	"A농지" 수용**

　* 8년 이상 재촌·자경 농지 수용으로 70,000,000원 감면 받음

** 8년 이상 재촌·자경 농지 수용(현금 보상)으로 산출세액 71,000,000원(전액 감면대상 소득에서 발생)이고 감면종합 한
　도규정에 따라 조특법§69(8년 자경농지감면) 감면범위세액은 30,000,000원임

Q1 '07년도에 양도한 토지는 조특법§69와 §133②의 규정에 따라 감면세액 30백만원을 먼저 적용받으면
나머지 산출세액 41,000천원에 대하여는 §127조(중복지원의 배제) ⑦본문규정에 의하여 §77(공익사업용
토지 등에 대한 양도세의 감면) 규정의 감면을 적용받을 수 없는지, 아니면 단서규정을 적용받아 나머지
산출세액 41백만원에 대하여 10%의 감면을 적용받을 수 있는지?

A1 거주자가 토지 등을 양도하여 2 이상의 양도세의 감면규정을 동시에 적용받는 경우에는 당해 거주자가
선택하는 하나의 감면규정만을 적용하는 것임. 다만, 토지 등의 일부에 대하여 특정의 감면규정을
적용받는 경우에는 잔여부분에 대하여 다른 감면규정을 적용받을 수 있는 것임('01.1.1. 이후 양도세
감면신청분부터 적용함)
- 위의 경우, '06년도에 조특법§69 규정에 따라 양도소득 산출세액 70백만원을 감면받고 '07년도에
양도소득 산출세액 71백만 중 동법§69 및 §133②의 규정에 따라 30백만원을 감면받는 경우,
나머지 41백만원에 상당하는 양도소득에 대하여는 동법§77, §133① 및 §127⑦ 단서규정을
적용하는 것임

6 **제7편**

⊙ 양도소득세액의 감면(소법 § 90)

① 제95조에 따른 양도소득금액에 이 법 또는 다른 조세에 관한 법률에 따른 감면대상 양도소득금액이 있을 때에는 다음 계산식에 따라 계산한 양도소득세 감면액을 양도소득 산출세액에서 감면한다.

② 제1항에도 불구하고 「조세특례제한법」에서 양도세의 감면을 양도소득금액에서 감면대상 양도소득금액을 차감하는 방식으로 규정하는 경우에는 제95조에 따른 양도소득금액에서 감면대상 양도소득금액을 차감한 후 양도소득과세표준을 계산하는 방식으로 양도소득세를 감면한다. 〈신설 2013. 1. 1.〉

⊙ 세액안분 방식

▶ 양도소득금액에 감면대상 소득금액이 있는 경우 다음 산식에 따라 계산한 금액을 양도소득 산출세액에서 감면(소법§90①)

• 양도세 감면액

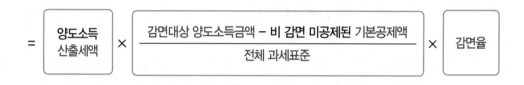

= 양도소득 산출세액 × (감면대상 양도소득금액 − 비 감면 미공제된 기본공제액) / 전체 과세표준 × 감면율

⊙ 소득금액 차감 방식(소법§90②)

🔘 그 동안 조특법에 따라 과세대상 소득금액에서 차감되는 소득금액도 소법§90에 따른
안분방식으로 계산(기재부 재산세제과-617, '09.03.27. 외)

🔘 조특법§99를 문리해석하여 소득공제방식으로 적용해야 한다는 대법원 판례(2010두3725,
'12.06.28.)*의 입장을 반영하여 소법§99②을 개정

- 적용시기 : '13.1.1 이후 신고, 결정 또는 경정하는 분부터 적용
- 적용영역 : 신축주택(조특법§99, §99의3), 미분양주택(§98의3, §98의5, §98의6, §98의7)

> **참고** 대법원2010두3725('12.06.28.) : 신축주택 취득일부터 5년 경과 후 양도 시 소득금액 차감 방식으로 산정해야 함
> ⇒ '13.1.1. 이후 신고, 결정 또는 경정하는 분부터 적용

🔘 취득한 날부터 5년간 발생한 양도소득금액은 다음 계산식에 따라 계산한 금액으로
함(조특령§40)

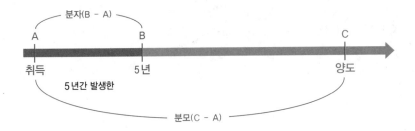

$$\text{(전체 양도 소득금액)} \ AC \times \frac{\text{취득일부터 5년이 되는날의 기준시가(B)} - \text{취득당시 기준시가(A)}}{\text{양도당시 기준시가(C)} - \text{취득당시 기준시가(A)}}$$

감면대상 양도소득금액 계산산식

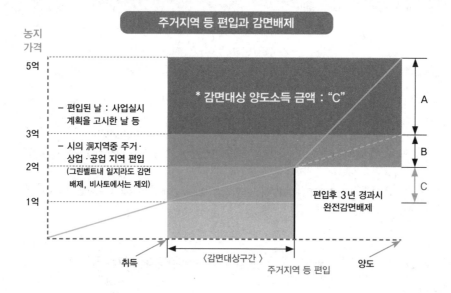

주거지역 등 편입과 감면배제

농지 가격

5억

* 감면대상 양도소득 금액 : "C"

A

- 편입된 날 : 사업실시
계획을 고시한 날 등

3억

- 시의 洞지역중 주거·
상업·공업 지역 편입

2억

(그린벨트내 일지라도 감면
배제, 비사토에서는 제외)

B

1억

편입후 3년 경과시
완전감면배제

C

취득

〈감면대상구간〉

주거지역 등 편입

양도

● 감면대상 양도소득금액(C) = 1억

$$= \begin{bmatrix} 전체양도 \\ 소득금액 \\ (4억) \end{bmatrix} \times \frac{주·상·공 편입일, 환지예정일 기준시가(1.4억) - 취득 당시 기준시가(0.7억)}{양도 당시 기준시가^*(3.5억) - 취득 당시 기준시가(0.7억)}$$

* 수용(협의매수) 시에는 "보상가액 산정의 기초가 되는 기준시가"

● 감면세액(취득일~편입일)

$$= \begin{bmatrix} 전체양도세 \\ 산출세액 \end{bmatrix} \times \frac{위(C) - 비 감면 미공제된 기본공제액}{전체 과세표준} \times \begin{bmatrix} 감면율 \end{bmatrix}$$

* 양도소득 기본공제는 감면소득금액 외의 양도소득금액에서 먼저 공제하고, 감면소득금액 외의
양도소득금액 중에서는 해당 과세기간에 먼저 양도한 자산의 양도소득금액에서부터 순서대로
공제(소법 §103②)

다 | 양도세 과세체계와 감면 적용

| 양도가액 | − | 취득가액 | = | 양도차익 |

| 양도차익 | − | 장기보유특별공제 | = | 양도소득금액 |

| 양도소득금액 | − | 소득감면대상 소득금액 | − | 양도소득 기본공제 | = | 과세표준 |

| 과세표준 | × | 세 율 | = | 산출세액 |

| 산출세액 | − | 감면세액 | = | 결정세액 |

감면의 배제(소법§91, 조특법§129)

☞ 비과세 배제는 3편으로

가 | 미등기 양도자산

◎ 미등기 양도자산 : 비과세 · 감면 전부 배제

◎ 미등기 양도 제외 자산(소령§168)

- 비과세 대상인 농지의 교환 · 분합으로 발생하는 소득(소법§89①2호)
- 자경농지에 대한 감면(조특법§69①)
- 농지대토에 대한 감면(조특법§70①)
- 장기할부조건으로 취득한 자산으로서 계약조건에 의해 양도 당시 그 자산의 취득에 관한 등기가 불가능한 자산
- 법률 규정 또는 법원 결정에 의해 양도 당시 그 자산의 취득에 관한 등기가 불가능한 자산

나 | 허위계약서 작성·신고 시 최종감면세액(☞ 일부배제)

◎ 감면에 관한 규정을 적용 받았거나 받을 경우 최종 감면세액

> 감면 규정 적용 시 감면 받았거나 받을 세액

－ Min [① 감면 규정 적용받았거나 받을 경우 해당 감면세액,
② 매매계약서상 거래가액과 실가와 차액]

> **참고** '11.4.8. 보도참고자료 "허위계약서 작성하면, 비과세라도 양도세 추징" 참고('11.7.1. 이후 최초 매매계약분부터 적용)

⊙ 양도소득세 비과세 또는 감면의 배제(소법 §91)

① 제104조제3항에서 규정하는 미등기양도자산에 대하여는 이 법 또는 이 법 외의 법률 중 양도소득에 대한 소득세의 비과세에 관한 규정을 적용하지 아니한다.

② 제94조제1항제1호 및 제2호의 자산을 매매하는 거래당사자가 매매계약서의 거래가액을 실지거래가액과 다르게 적은 경우에는 해당 자산에 대하여 이 법 또는 이 법 외의 법률에 따른 양도소득세의 비과세 또는 감면에 관한 규정을 적용할 때 비과세 또는 감면받았거나 받을 세액에서 다음 각 호의 구분에 따른 금액을 뺀다.

   1. 이 법 또는 이 법 외의 법률에 따라 양도소득세의 비과세에 관한 규정을 적용받을 경우: 비과세에 관한 규정을 적용하지 아니하였을 경우의 제104조제1항에 따른 양도소득 산출세액과 매매계약서의 거래가액과 실지거래가액과의 차액 중 적은 금액

   2. 이 법 또는 이 법 외의 법률에 따라 양도소득세의 감면에 관한 규정을 적용받았거나 받을 경우: 감면에 관한 규정을 적용받았거나 받을 경우의 해당 감면세액과 매매계약서의 거래가액과 실지거래가액과의 차액 중 적은 금액

⊙ 양도소득세의 감면 배제 등(조특법 §129)

① 「소득세법」 제94조제1항제1호 및 제2호에 따른 자산을 매매하는 거래당사자가 매매계약서의 거래가액을 실지거래가액과 다르게 적은 경우에는 해당 자산에 대하여 「소득세법」 제91조제2항에 따라 이 법에 따른 양도소득세의 비과세 및 감면을 제한한다.

② 「소득세법」 제104조제3항에 따른 미등기양도자산에 대해서는 양도소득세의 비과세 및 감면에 관한 규정을 적용하지 아니한다.

⊙ 미등기양도제외 자산의 범위 등(소령 § 168)

① 법§104③ 단서에서 "대통령령으로 정하는 자산"이란 다음 각호의 것을 말한다.

  1. 장기할부조건으로 취득한 자산으로서 그 계약조건에 의하여 양도 당시 그 자산의 취득에 관한 등기가 불가능한 자산

  2. 법률의 규정 또는 법원의 결정에 의하여 양도 당시 그 자산의 취득에 관한 등기가 불가능한 자산

  3. 소법§89①제2호, 조특법§69① 및 §70①에 규정하는 토지

  4. 법§89①제3호 각 목의 어느 하나에 해당하는 주택으로서 「건축법」에 따른 건축허가를 받지 아니하여 등기가 불가능한 자산

  6. 「도시개발법」에 따른 도시개발사업이 종료되지 아니하여 토지 취득등기를 하지 아니하고 양도하는 토지

  7. 건설업사자가 「도시개발법」에 따라 공사용역 대가로 취득한 체비지를 토지구획환지처분공고 전에 양도하는 토지

> **참고** 조특법§69 : 자경농지 감면, 조특법§70 : 농지대토 감면

허위계약서 작성 (소법§91, 조특법§129)   허위계약서 작성 시 최종 감면세액

10년 전에 2억원에 토지를 취득하여 8억원에 양도하면서 양도가액을 7억원으로 허위 과소작성하여 신고한 경우, 양도가액 8억원을 적용한 감면세액이 1.3억원이라고 한다면 최종 감면세액은 30백만원임

적용사례

Q1 양도자 甲은 10년 전에 2억원에 토지를 취득하여 8억원에 양도하면서 양도가액을 7억원으로 허위 과소작성하여 신고하였다. 양도가액 8억원을 적용한 감면세액이 1억 3천만원이라고 한다면 최종 감면세액은?

A1

> 감면 규정 적용 시 감면 받았거나 받을 세액(130백만원)

– Min [① 감면 규정 적용 받았거나 받을 경우 해당 감면세액(130백만원),
         ② 매매계약서상 거래가액과 실가와 차액(100백만원)] 100백만원

⇨ **최종 감면세액 : 130백만원 – 100백만원 = 30백만원**

📝 **관련 판례 · 해석 등 참고사항**

지방자치단체에는 실거래가를 허위로 신고하였으나 양도소득세 신고 시에는 정상적인
실지거래가액으로 신고한 경우, 조특법§129에 따른 양도소득세 비과세 및 감면을 제한함

중요 중 | 난이 중

적용사례(과세기준자문 법규과-410, '12.04.20.)

'00.9.1.　　　　　　　　　　　　　　　　　　　'11.8.12.　　'11.10.31.

사례

전남 여수 소재
"A농지"
취득 및
8년 이상 재촌 · 자경

"A농지"
양도*

"A농지"
양도세 신고
8년 자경 신청

* 지방자치단체에 양도가액을 425백만원으로 신고하였으나, 지방자치단체 실거래가 위반 조사결과 실지거래가액은
560백만원으로 확인

Q1 지방자치단체에는 실거래가를 허위로 신고하였으나 양도소득세 신고 시에는 정상적인
실지거래가액으로 신고한 경우, 조특법§129에 따른 양도소득세 감면을 제한해야 하는지 여부?

A1 양도소득세의 비과세 및 감면을 제한함

📜 **관련 판례 · 해석 등 참고사항**

감면한도
(조특법§133)

🔘 자산이 아닌 인별로 계산, 감면 합계액은 자산의 양도순서에 따라 한도액 계산

🔘 둘 이상의 감면 규정 동시 적용 받는 경우(조특법§127⑦)

- 거주자가 선택하는 하나의 감면규정만 적용
- 다만, 토지등의 일부에 대해 특정 감면규정 적용 받는 경우 남은 부분에 대해 다른 감면규정 적용 가능

🔘 1과세기간에 대한 감면한도와 5년간 합계액에 대한 감면한도 모두 적용받는 경우로서

- 각각 감면한도 계산하여 둘 중 감면한도가 낮은 금액을 한도로 당해 과세기간에 감면

🔘 1과세기간에 대한 감면한도을 적용할 때 아래에 해당하는 경우에는 1개 과세기간에 해당 양도가 모두 이루어진 것으로 봄('24.1.1. 이후 양도분부터 적용)

- 분필한 토지(해당 토지의 일부를 양도한 날부터 소급하여 1년 내 토지를 분할한 경우) 또는 토지 지분의 일부를 양도 시 적용
- 토지(또는 지분) 일부 양도일부터 2년 내 나머지 토지(토지 지분)를 동일인 또는 그 배우자에게 양도 시 적용

◉ 감면한도 적용대상('18.1.1. 이후 양도분, 조특법 부칙 제15227호, '17.12.19.)

구분	감 면 유 형	근거법률	과세기간 한 도	5 년 간 합계액한도
①	업전환 무역조정지원기업에 대한 감면	조특법§33		–
②	구조조정대상 부동산 취득자에 대한 감면	조특법§43		–
③	영농조합 현물출자 감면	조특법§66		2억
④	영어조합 등 현물출자 감면	조특법§67		2억
⑤	농업회사법인 현물출자 감면	조특법§68		2억
⑥	자경농지에 대한 감면	조특법§69		2억
⑦	축사용지에 대한 감면	조특법§69의2		2억
⑧	어업용 토지 등에 대한 감면	조특법§69의3		2억
⑨	자경산지에 대한 감면	조특법§69의4	1억	2억
⑩	농지대토에 대한 감면	조특법§70		1억
⑪	공익사업용 토지 등에 대한 감면 [현금(10%), 일반채권(15%)]	조특법§77		2억
⑫	공익사업용 토지 등에 대한 감면 [3년(30%) 및 5년(40%) 만기 채권]	조특법§77		2억
⑬	대토보상에 대한 감면	조특법§77의2		2억
⑭	개발제한구역 지정에 따른 매수대상 토지등에 대한 감면	조특법§77의3		–
⑮	국가에 양도하는 산지에 대한 감면	조특법§85의10		–
⑯	아파트형 공장에 대한 감면	법률 제6538호 부칙§29		–

◉ 감면종합한도 적용방법('18.1.1. 이후 양도분)

⊙ 해당 과세기간에 감면 받을 수 있는 세액 = A − MAX(B, C, D)

  * 감면받는 양도소득세액의 합계액은 자산의 양도 순서에 따라 합산

  A = 과세기간별 감면받을 양도세의 합계액 : Σ(① : ⑯)
  B = 과세기간별 감면받을 양도세의 합계액 : Σ(① : ⑯) − 1억원
  C = [5개 과세기간 ⑩] − 1억원
  D = [5개 과세기간 Σ(③ : ⑬)] − 2억원

  − B는 앞쪽 적용대상 ① ~ ⑯까지의 1과세기간의 감면한도가 1억원이라는 의미

  − C는 앞쪽 ⑩의 농지대토 감면의 5개 과세기간의 감면한도가 1억원이라는 의미

  − D는 앞쪽 ③ ~ ⑬까지 감면세액 합계액의 5과세기간의 감면한도가 2억원이라는 의미

• 5개 과세기간 감면한도는 양도한 과세기간을 기준으로 소급하여 4개 과세기간에
  감면받은 양도세액을 합친 금액임

'23년 과세기간의 감면한도액인 1억원과 '23년 과세기간과 소급하여 과거 4개 과세기간의
감면세액 합계액인 2억원에서 기 감면받은 세액(1억 5천만원)을 차감한 5천만원 중 적은
5천만원만 감면받을 수 있음

중요　　난이
상　　중

적용사례

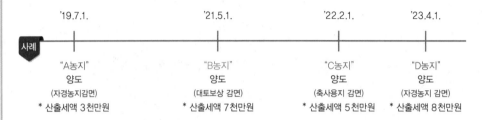

　　　　　'19.7.1.　　　　　　　'21.5.1.　　　　　　'22.2.1.　　　　　'23.4.1.

사례

　　"A농지"　　　　　　　"B농지"　　　　　　"C농지"　　　　　"D농지"
　　양도　　　　　　　　양도　　　　　　　　양도　　　　　　　양도
（자경농지감면）　　　（대토보상 감면）　　（축사용지 감면）　　（자경농지 감면）
* 산출세액 3천만원　　* 산출세액 7천만원　　* 산출세액 5천만원　　* 산출세액 8천만원

※ 위의 양도는 모두 해당 감면요건 충족하여 해당 과세기간에 감면한도 범위 내에서 감면 적용한 것으로 가정

Q1 '23.4.1.에 D농지를 양도하고 산출세액이 8천만원인 경우 감면받을 세액은?

A1 '23년 과세기간의 감면한도액인 1억원과 '23년 과세기간과 소급하여 과거 4개 과세기간의 감면한도
합계액인 2억원에서 기 감면받은 세액(1억 5천만원)을 차감한 5천만원 중 적은 5천만원만 감면받을 수
있음

📑 **관련 판례 · 해석 등 참고사항**

약 한 달의 기간 사이에 A농지를 ½지분씩 두 개의 매매계약으로 과세기간을 달리하여 매수인들(부부)에게 양도한 것을 자경농지에 대한 과세기간별 감면한도를 부당하게 회피하기 위한 것으로 보아, 실질과세원칙에 따라 사실상 하나의 거래 계약에 따른 양도로 보는 것이 타당

중요 상　난이 중

적용사례(조심-2019-부-4353, '20.02.17.)

* 8년 이상 재촌 · 자경 가정

Q1 갑이 약 한 달의 기간 사이에 A농지를 ½지분씩 두 개의 매매계약으로 과세기간을 달리하여 매수인들(부부)에게 양도한 것을 자경농지에 대한 과세기간별 감면한도를 부당하게 회피하기 위한 것으로 보아, 실질과세원칙에 따라 사실상 하나의 거래계약으로 볼 수 있는 지 여부?

A1 갑이 약 한 달 사이에 A농지를 ½지분씩 양수인 부부에게 매도계약을 체결한 점, 건축 관련 사업을 하는 양수인측이 ½지분 계약 후 건폐율 관련 건축 가능한 면적 크기 착오로 추가 매도를 부탁했다는 주장에 신빙성이 낮아 보이는 점,
- "①1/2"계약의 잔금을 양수인으로부터 지급받지 못하고 금전소비대차로 대체하고 소유권 이전등기를 경료하여 준 후, "①1/2"과 "②1/2"계약의 잔금을 일시에 지급받아 나머지 ½지분도 양도한 점 등을 보아 과세기간별 감면한도를 부당하게 회피하기 위한 것으로 사실상 하나의 거래계약에 따른 양도로 보는 것이 타당함

📜 관련 판례 · 해석 등 참고사항

▶ **조심-2019-부-3563, '19.12.19.**
- 쟁점농지의 분할(3회) 양도거래의 형식을 부인하고 실질과세원칙을 적용하여 쟁점농지 지분 최종 양도일에 쟁점농지를 일괄양도한 것으로 보아 양도세를 과세한 처분은 정당함

▶ **조심-2016-전-2703, '16.09.28.**
- 과세기간을 달리하여 농지를 2회로 나누어 양도한 것을 하나의 거래로 보아 자경농지에 대한 감면한도를 적용하여 과세한 처분은 잘못이 없음

⊙ 법인전환에 대한 양도소득세의 이월과세(조특법§32)

- 거주자가 사업용고정자산을 현물출자 시 양도임에도 불구하고 현물출자 시점에서 양도세를 부담하지 않고, 나중 법인이 同 사업용고정자산을 양도시 법인세를 부담

⊙ 법인전환에 대한 양도소득세의 이월과세(조특령§29)

- 현물출자한 날이 속하는 과세연도의 과표신고(예정신고 포함)시 새로 설립되는 법인과 함께 기재부령이 정하는 이월과세적용신청서를 관할 세무서장에게 제출하여야 함

쟁점 **이월과세적용신청서 제출에 따른 이월과세 적용 여부**

개인사업자의 법인사업자 전환에 따른 양도소득세 이월과세적용신청서를 양도소득
과세표준 확정신고기한까지 제출하지 아니한 경우에는 이월과세를 적용할 수 없음

• 납세자가 개인에서 법인으로 변경되어 부과할 조세가 개인에서 법인으로 전가되는
  문제가 있어 납세자의 명확한 의사표시가 요구됨

• 단순 협력의무라기보다는 최소한 신고기한까지 납세자가 선택하도록 한 것으로
  봄이 타당

(조심2009광3468, '09.12.14.)

양도가액과 취득가액을 "법인세 과세표준 및 세액계산서"의 각 사업연도 소득금액에 반영하고 이월과세된 양도세 산출세액은 "법인세 과세표준 및 세액계산서" 133번의 "감면분 추가납부세액"란에 기재하여 차감 납부할 세액에 가산하여 법인세로 신고함

중요 | 중
난이 | 상

적용사례

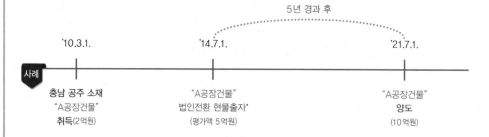

　　　　　　　　　　　　　　　　　　　　　5년 경과 후

　　　　　'10.3.1.　　　　　　　　'14.7.1.　　　　　　　　　　　　'21.7.1.

사례

충남 공주 소재　　　　　　　"A공장건물"　　　　　　　　　"A공장건물"
"A공장건물"　　　　　　법인전환 현물출자"　　　　　　　　양도
취득(2억원)　　　　　　　　(평가액 5억원)　　　　　　　　(10억원)

　* 양도차익 3억원에 대한 양도세 산출세액이 1억원이라고 가정함

Q1　A공장건물의 양도에 따른 세금 신고 방법은?

A1　양도가액(10억원)과 취득가액(5억원)을 "법인세 과세표준 및 세액계산서"의 각 사업연도 소득금액에 반영하고 이월과세된 양도세 산출세액(1억원)은 "법인세 과세표준 및 세액계산서" 133번의 "감면분 추가납부세액"란에 기재하여 차감 납부할 세액에 가산하여 법인세로 신고함
　　－ 만약 사업용고정자산이 토지등양도소득 대상 자산이라면 추가로 "토지등양도소득에 대한 법인세 계산"에서 추가로 차감납부할 세액을 계산하여 "법인세 과세표준 및 세액신고서"에 반영하여 신고함

📄 관련 판례 · 해석 등 참고사항

법인설립등기일부터 5년 이내 출자지분의 50% 이상을 처분하고 양도세를 납부하지 않는 경우 조특령§29④에 따라 이월과세 신청 시 과세표준 신고를 하였기 때문에 양도세 신고는 한 것으로 보아 납부불성실을 포함하여 사유발생일부터 5년 이내에 과세관청의 과세가 가능함

중요 중　　난이 상

적용사례

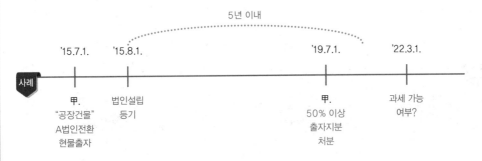

Q1 갑이 법인설립등기일부터 5년 이내 출자지분의 50% 이상을 처분하고 양도세를 납부하지 않는 경우 '22.3.1. 현재 과세관청의 과세 가능한 지 여부?

A1 조특법§32⑤은 거주자 입장에서 납부불성실가산세를 포함하여 양도세를 납부하여야 하고, 조특령§29④에 따라 이월과세 신청 시 과세표준 신고를 하였기 때문에 양도세 신고는 한 것으로 보아 납부불성실을 포함하여 사유발생일부터 5년 이내에 과세관청의 과세가 가능함(신고불성실은 해당없음)
　　– 다만, 부과제척기간은 법정신고기간 다음날부터 기산해야 한다는 점에서 가산세 기산일과 불일치되는 문제가 있음

📜 **관련 판례 · 해석 등 참고사항**

조특법상 이월과세(조특법§32)　　　　5년 이내 사업폐지 시 납세의무자

거주자가 부동산 임대업을 주업으로 하는 법인에 사업용 고정자산인 부동산을 현물 출자한
후 5년 이내 당해 부동산을 모두 처분 시, "법인전환에 대한 양도세의 이월과세 특례"로
이월과세된 양도세는 당해 거주자가 양도세로 거주자 주소지 관할 세무서에 납부하여야 함

중요 중　난이 중

적용사례(사전-2021-법령해석재산-1662, '21.12.27.)

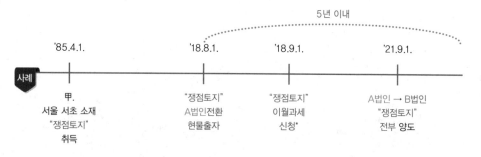

5년 이내

'85.4.1.　　　　'18.8.1.　　　'18.9.1.　　　　'21.9.1.

사례

甲.
서울 서초 소재
"쟁점토지"
취득

"쟁점토지"
A법인전환
현물출자

"쟁점토지"
이월과세
신청*

A법인 → B법인
"쟁점토지"
전부 양도

* 이월과세 신청 요건 갖춘 것으로 전제

Q1 거주자가 부동산 임대업을 주업으로 하는 법인에 사업용 고정자산인 부동산을 현물 출자한 후 5년 이내
당해 부동산을 모두 처분 시, "법인전환에 대한 양도세의 이월과세 특례"로 이월과세된 양도세에 대한
납세의무자는?

A1 당해 거주자가 해당 처분일이 속하는 달의 말일부터 2개월 이내에 이월과세액을 양도세로 거주자
주소지 관할 세무서에 납부하여야 함

📋 관련 판례 · 해석 등 참고사항

▶ **법인세과-47, '13.01.17.**
　– 이월과세 적용받은 법인이 다른 법인을 흡수합병한 경우에는 계속하여 이월과세를 적용받을 수 있으나,
　　피합병된 경우에는 이월과세를 적용받을 수 없음

부동산임대업을 영위하는 거주자가 제조업을 영위하는 특수관계법인(B)에 임대하고 있는
사업용고정 자산 전부를 임대차계약 종료 후 현물출자하여 법인(A)으로 전환하고
전환법인(A)이 임차인인 특수관계 법인(B)이 영위하는 업종을 영위 시 당해 부동산에
대하여는 양도세의 이월과세를 적용받을 수 있음

중요 중   난이 상

적용사례(서면-2020-법규재산-5003, '23.07.31.)

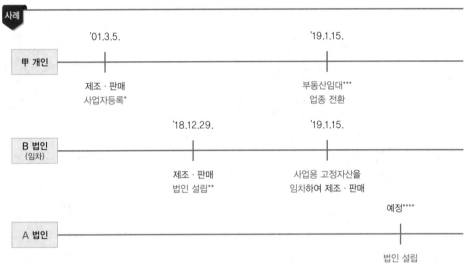

* 甲은 개입사업자로 콘크리트 블록 제조, 판매업을 영위
** 甲콘크리트 블록 제조, 판매하는 별도 B법인 설립에 발기인으로 참여(甲 51% 지분 보유)
*** 사업용 고정자산 전부를 B법인에 임대하고, 콘크리트 블록 제조, 판매는 B법인이 수행, 甲은 부동산임대업으로 전환
**** 사업용 고정자산 임대차 계약 등 모든 상거래 계약의 이행이 완료되면 B법인은 폐업할 예정이고, 甲소유의 사업용
고정자산 전부를 현물출자하여 A법인 설립 예정(법인 전환)

※ 업종이나 사업자의 일부를 분할하여 법인으로 전환하는 경우가 아니며 B법인의 자본금이 현물출자하여
법인으로 전환하는 사업장의 순자산가액보다 큰 경우임을 전제

Q1 부동산임대업자가 특수관계법인에게 임대하고 있는 사업용 고정자산(토지, 건물) 전부를 현물출자하여
법인전환하고, 임차인인 특수관계법인이 영위하는 업종을 영위하는 경우, 법인전환에 대한 양도세
이월과세를 적용받을 수 있는 지 여부?

A1 부동산임대업을 영위하는 거주자(甲)가 제조업을 영위하는 특수관계법인(B)에 임대하고 있는 사업용
고정자산 전부를 임대차계약 종료 후 조특법§32 및 조특령 §29의 규정에 의해 현물출자하여
법인(A)으로 전환하고 전환법인(A)이 임차인인 특수관계법인(B)이 영위하는 업종을 영위하는 경우 당해
부동산에 대하여는 양도세의 이월과세를 적용받을 수 있는 것임

제7편

부동산임대업을 영위하는 거주자가 제조업을 영위하는 특수관계법인(B)에 임대하고 있는
사업용고정 자산 전부를 임대차계약 종료 후 현물출자하여 법인(A)으로 전환하고
전환법인(A)이 임차인인 특수관계 법인(B)이 영위하는 업종을 영위 시 당해 부동산에
대하여는 양도세의 이월과세를 적용받을 수 있음

중요 중　　난이 상

적용사례(서면-2021-법규재산-3301, '23.10.18.)

사례 甲은 '91년부터 상가임대업을 영위하고 있는 개인사업자로서 甲의 해당 사업장 건물에 대한 사용현황은
아래와 같음

층		건축물 대장상 용도		면적(m²)	사용구분
지상	옥탑	–		30	甲이 주택으로만
	3층	근린생활시설(사무실)	근린생활시설(일반음식점)	100	사용(거주)
	2층	근린생활시설(일반음식점)		100	사업자등록한
	1층	근린생활시설(일반음식점)		100	임대사업장
지하	1층	관람집회시설	점포	120	* 부동산임대업만 영위

※ 지하1층과 지상 1~2층은 음식점업을 영위하는 사업자에게 임대하고 3층 및 옥탑은 甲의 주거용으로 사용하고 있으며,
　별도로 구분등기가 되어 있지 않으며 건축법상 구분등기가 불가능한 상황임
　－ 甲은 해당 개인임대사업자에 대해 조특법§32에 따른 현물출자 방식에 의한 법인전환을 고려중인 바,
　　신청인이 거주하는 3층과 옥탑을 제외한 임대사업장에 해당하는 지하1층과 지상 1~2층만을 법인전환할 계획임

Q1 부동산임대업을 영위하는 사업자가 건축법상 구분등기가 불가능한 겸용건물 중 임대사업장으로
　　사용하고 있는 면적 비율만큼 공유지분등기(구분소유적 공유관계)하는 방식으로 사업용 고정자산을
　　현물출자한 경우, 조특법§32 적용 대상인지?

A1 거주자가 소유하고 있는 구분 등기할 수 없는 하나의 건물과 그 부수토지로서 임대사업장으로 사용하고
　　있는 부분과 주택으로 사용하고 있는 부분 중 사업자등록이 되어 있는 임대사업장 부분만 그 위치와
　　면적으로 특정하여 법인에게 현물출자하는 것으로 약정하고 그 내용대로 공유등기한 경우(구분소유적
　　공유관계가 성립한 경우) 현물출자하는 해당 임대사업장의 사업용고정자산에 대하여 조특법§32의 규정을
　　적용할 수 있는 것이며,
　　　－ 이 경우 구분소유적 공유관계가 성립하는지는 법인과 거주자간 임대사업장을 구분소유하기로 합의한
　　　　내용, 구분소유에 따른 실지 사용수익 현황 등을 종합적으로 고려하여 사실판단할 사항임

영농조합법인(농업회사법인)에 대한 양도소득세 이월과세(조특법§66, §68)

이월과세 포괄적인 규정

조특법§66⑦에서 "동법④에 따른 농지 및 초지는 제외한다"고 하여 세액감면(조특법§66④)을
적용 받으면 이월과세(조특법§66⑦)를 배제하고 있는데, 이월과세의 포괄적인 규정인
조특법§32에 의거 이월과세 적용은 불가

중요 | 중
난이 | 상

적용사례

'01.7.1.

사례

甲.
충북 충주 소재
"A농지" 취득*

'19.2.1.

甲 → A영농조합법인
"A농지"
현물출자**

* 甲의 총급여액 합계가 '01.1.1.~'06.12.31.까지 3,700만원 미만이고 '07년 과세기간부터 3,700만원 이상임

** 甲은 조특령§63⑩에 따라 1억원을 세액감면하고, 조특령§29④에 따라 5천만원을 이월과세 신청함

Q1 조특법§66④에 의거 1억원의 세액감면이 적정한 지 여부?

A1 농업식품기본법§3 2호에 따른 농업인 등의 요건*을 충족(조특령§63④)해야 되므로, 농지 등의 소재에서
거주하면서 4년 이상 직접 경작 여부로 판단하여야 함

* 농지가 소재하는 시·군·자치구, 그와 연접한 시·군·자치구 또는 농지등으로부터 직선거리 30km 이내
거주하면서 4년 이상 직접 경작한 자

Q2 조특법§32①에 의거 5천만원의 이월과세가 적정한 지 여부?

A2 조특법§66⑦에서 "동법④에 따른 농지 및 초지는 제외한다"고 하여 세액감면(조특법§66④)을 적용
받으면 이월과세(조특법§66⑦)를 배제하고 있는데, 이월과세의 포괄적인 규정인 조특법§32에 의거
이월과세 적용은 불가

➡ 다음 쪽에서 부연 설명

📑 관련 판례 · 해석 등 참고사항

⊙ 조특법§32(법인전환에 대한 양도소득세의 이월과세)와 조특법§66(영농조합법인 등에 대한 법인세의 면제 등) 검토

- 조특법§32는 이월과세에 대한 포괄적인 규정으로 개인사업자가 법인으로 전환한 경우에 적용되므로 기존 법인에 대한 현물출자는 인정되지 않으며, 거주자가 사업자 등록이 된 상태에서만 법인전환 이월과세가 인정됨(서면-2015-부동산-4023, '15.03.06.)

- 조특법§66는 농업식품기본법§3 2호에 따른 농업인 등의 요건을 충족한 자로 특정하여 구체적으로 세액감면 및 이월과세를 규정하고 있고, 기존의 영농조합법인에 현물출자를 하여도 관계없이 적용됨

📜 관련 판례 · 해석 등 참고사항

▶ **조특법§66[영농조합법인 등에 대한 법인세의 면제 등]**

④ 대통령령으로 정하는 농업인이 '23.12.31. 이전에 농지 또는 「초지법」§5에 따른 초지조성허가를 받은 초지(이하 "초지"라 함)를 영농조합법인에 현물출자함으로써 발생하는 소득(현물출자와 관련하여 영농조합법인이 인수한 채무가액에 상당하는 대통령령으로 정하는 소득은 제외함)에 대해서는 양도소득세의 100분의 100에 상당하는 세액을 감면한다. 다만, 해당 농지 또는 초지가 국토계획법에 따른 주거지역 · 상업지역 및 공업지역(이하 "주거지역등"이라 함)에 편입되거나 「도시개발법」또는 그 밖의 법률에 따라 환지처분 전에 농지 또는 초지 외의 토지로 환지예정지 지정을 받은 경우에는 주거지역등에 편입되거나, 환지예정지 지정을 받은 날까지 발생한 소득으로서 대통령령으로 정하는 소득에 대해서만 양도소득세의 100분의 100에 상당하는 세액을 감면한다.

⑦ 대통령령으로 정하는 농업인이 '23.12.31. 이전에 영농조합법인에 「농업식품기본법」§3 1호에 따른 농작물재배업 · 축산업 및 임업에 직접 사용되는 부동산(④에 따른 농지 및 초지는 제외함)을 현물출자하는 경우에는 이월과세를 적용받을 수 있다.

▶ **조특령§63[영농조합법인 등에 대한 법인세의 면제 등]**

④ 법§66④ 본문 및 §68② 본문에서 "대통령령으로 정하는 농업인"이란 각각 농업식품기본법 §3 2호에 따른 농업인으로서 현물출자하는 농지 · 초지 또는 부동산(이하 이 조에서 "농지등"이라 함)이 소재하는 시(특별자치시와 제주특별법§10②에 따른 행정시를 포함. 이하 이 조에서 같다) · 군 · 구(자치구인 구를 말한다. 이하 이 조에서 같다), 그와 연접한 시 · 군 · 구 또는 해당 농지등으로부터 직선거리 30km 이내에 거주하면서 4년 이상 직접 경작한 자를 말하며, 법§66⑦ 및 §68③에서 "대통령령으로 정하는 농업인"이란 각각 농업식품기본법§3 2호에 따른 농업인으로서 현물출자하는 농지등이 소재하는 시 · 군 · 구, 그와 연접한 시 · 군 · 구 또는 해당 농지등으로부터 직선거리 30km 이내에 거주하면서 4년 이상 직접 경작한 자를 말한다.

법인전환에 대한 양도소득세 이월과세(조특법§32)　　사업자등록(법인전환 이월과세 관련)

사업용자산 전부(부부소유 전체)를 법인에 현물출자방법에 의하여 양도 시 공동사업으로 등록
되지 않는 남편 소유지분은 조특법§32에 의한 양도세 이월과세 적용이 불가

중요 중　난이 중

적용사례(재산세과-3112, '08.10.02.)

'12.7.1.

甲乙(부부),
충북 영동 소재
"A토지" 취득*

'19.2.1.

甲 → A법인
"A토지"
현물출자

* 甲과 乙이 부부공동으로 각 50%씩 소유하고 있으나 아내 명의로만 등록하여 골프장을 운영하고 세무신고하여 왔음

Q1 A토지를 포함한 사업용자산 전부(부부소유 전체)를 법인에 현물출자방법에 의하여 양도 시 공동사업으로
등록되지 않는 남편 소유지분도 조특법§32에 의한 양도세 이월과세 적용이 가능한 지 여부?

A1 사업자등록이 되어 있는 사업자 지분에 한하여 이월과세를 적용받을 수 있음

📜 관련 판례 · 해석 등 참고사항

▶ 서면-2015-부동산-0023, '15.03.06.
- 비사업자인 개인 거주자인 경우에는 사업자등록을 한 후 해당 사업에 사용되는 사업용고정자산을
현물출자 등의 방법에 따라 법인 전환시에만 법인전환에 따른 이월과세를 적용함

실지거래가액이 불분명한 경우 양도가액 또는 법인으로 전환하는 사업장의 순자산가액은
법령§89①(법인세법상 시가)에 해당하는 가격, 같은 조 ②1호의 감정가액,
상증법§61~§64까지의 규정을 준용하여 평가한 가액을 순서대로 적용

중요 | 난이
중 | 상

적용사례(서면-2016-부동산-3274, '16.08.30.)

'14.3.2.

사례

父 사망.
父 → 甲외 3인
"임대사업용부동산"
상속"

'16.7.1.

甲외 3인 → A유한회사
"임대사업용부동산"
현물출자
유한회사
설립 예정

* 甲(30%), 甲의 母(10%), 甲의 동생 2인(각 30%)이 공동 상속받아 부동산임대 공동사업자등록함

Q1 개인임대사업자가 법인전환 시 신설법인을 유한회사로 설립 시, 개인사업자의 사업용부동산 양도세
계산 및 이월과세 신청 시 거래가액이 없고 최근 6개월 내 감정평가를 받은 사실이 없는 경우
양도가액과 법인의 순자산가액은 반드시 감정평가를 받아야 하는 것인지?

A1 실지거래가액이 불분명한 경우 양도가액 또는 법인으로 전환하는 사업장의 순자산가액은
법령§89①(법인세법상 시가)에 해당하는 가격, 같은 조 ②1호의 감정가액, 상증법§61~§64까지의
규정을 준용하여 평가한 가액을 순서대로 적용하는 것임
  * 순서대로 산정된 가액에 취득세 · 등록세 기타 부대비용을 가산한 금액으로 하는 것임
    (부동산거래관리과-169, '10.02.03.)

📖 관련 판례 · 해석 등 참고사항

조세특례제한법상
주택 감면

01

주택양도에 따른
조세특례제도

제도취지

- 무주택 서민의 주거 안정
- 중산층·서민층 주택의 전세값 안정 도모
- 주택경기 활성화 지원

특징

- 공부상 용도가 주택인 경우 조세특례 적용(조특법§99의2 제외)
- 감면한도액 없음
- 다른 주택 1세대 1주택 비과세 판정 시 주택 수에서 제외
- 부동산매매업자에는 적용 불가(∵양도소득이 아닌 사업소득자)

> **참고** 조특법§99의2 : 주거용으로 사용하는 오피스텔도 적용

📜 관련 판례·해석 등 참고사항

▶ **대법원2007두21242, '08.02.14.**
  - 소법상 1세대 1주택 여부에 관한 판단과 조특법상 신축주택의 감면규정은 그 입법 목적이나 취지가 다르기 때문에 굳이 그 판단시기를 같이 할 필요가 없어 신축주택의 경우 분양 당시나 취득 당시를 기준으로 신축주택인 경우에 한하여 감면규정을 적용하는 것이 엄격해석의 원칙에 부합하는 점 등 제반 사정을 종합하여 볼 때 (이하 생략)
  - 조특법 소정의 신축주택은 분양 당시나 취득 당시를 기준으로 공부상 및 실질상 주택만을 의미하는 것으로 해석함이 상당함

🏠 심화정리

◎ 조특법에서 규정하는 신축주택 해당 여부

(서울행정법원2006구단8313, '07.03.09. → 대법원2007두21242, '08.02.14. 국승)

- 조세법률주의 원칙상 과세요건이나 비과세요건 또는 조세감면요건을 막론하고
  조세법규의 해석은 특별한 사정이 없는 한 법문대로 해석할 것이고,

  - 합리적인 이유 없이 확장해석하거나 유추해석하는 것은 허용되지 아니하고, 특히
    감면요건 규정 가운데 명백히 특례규정이라고 볼 수 있는 것은 엄격하게 해석하는
    것이 조세공평의 원칙에도 부합

- 조특법§99의3은 국가외환위기 이후 침체되어 있는 국내건설경기를 활성화하기 위한
  목적에서 그 일환으로 주택신축을 장려하기 위하여 제한적으로 신설된 규정으로
  특례규정이라 할 것이고,

  - 따라서 엄격하게 해석해야 하는 점, 주택건설촉진법§2에 의하면 주택과
    공동주택이라는 개념에 관해 정의하고 있고, 건축법시행령§3의4[별표1]에 의하면
    아파트(공동주택)와 일반업무시설인 오피스텔은 구별되어 규정되어 있는 점, 소법상
    1세대 1주택 여부에 관한 판단과 조특법상 신축주택의 감면규정은 그 입법목적이나
    취지가 다르기 때문에 굳이 그 판단시기를 같이할 필요가 없어 신축주택의 경우 분양
    당시나 취득 당시를 기준으로 신축주택인 경우에 한하여 감면규정을 적용하는 것이
    엄격해석의 원칙에 부합하는 점 등 제반 사정을 종합하여 볼 때,

- 조특법§99의3 소정의 신축주택은 분양 당시나 취득 당시를 기준으로 공부상 및 실질상
  주택만을 의미하는 것으로 해석함이 상당하므로, 이 사건 오피스텔은 비록 주거용으로
  사용할 수 있도록 신축하였고 실제로 원고가 이를 주거용으로 사용하다가 양도하였다
  하더라도 조특법§99의3 소정의 신축주택에 해당하지 않는다고 할 것임

민간임대주택법과 세법상 임대주택 비교 ('20.8.18. 이후)

구 분		단기민간임대 (민간임대 주택법§2 6호)	장기일반민간임대 (민간임대 주택법§2 5호)	장기임대 (소령§167의3①2호)	장기일반민간임대 (조특법§97의3,5)
요건	가액	폐지	해당없음	임대개시일 당시 기준시가 6억원(수도권 밖 3억원) 이하	左 同 ('18.9.14. 이후 취득분부터)
	면적		해당없음	해당없음 (건설·미분양 임대 제한 有)	국민주택 규모 이하
임대료 상 한			5%(§44)	5%(임대보증금 포함) ('19.2.12. 이후 갱신 또는 신규 체결분부터)	5% (임대보증금 포함)
임 대 의무기간			10년 이상 (통산)	5년(10년) 이상 (통산)	8년(10년) 이상 (§97의5는 계속)
요 건 위반시		과태료 3천만원 이하(§67) – 임대료 상한 위반 – 임대의무기간 위반		특례 적용 배제 – 장기임대도 '19.2.12. 이후 임대차계약 갱신 또는 신규 체결 분부터 위반시 특례 적용 배제	

* 민간임대주택법 개정으로 '20.8.18. 이후부터 장기일반민간임대주택 중 아파트와 단기임대주택 등록 불가

🔾 국민주택 규모 이하

- 주택법§2 6호에 따른 국민주택규모 이하 주택

  ① 주거전용면적이 1호(1세대)당 85m² 이하 주택

  ② 수도권 외 도시지역이 아닌 읍·면은 100m² 이하인 주택

민간임대주택법과 세법상 임대주택 비교('20.8.17. 이전)

구 분		단기민간임대 (민간임대 주택법§2 6호)	장기일반민간임대 (민간임대 주택법§2 5호)	장기임대 (소령§167의3①2호)	장기일반민간임대 (조특법§97의3,5)
요 건	가액	해당없음		임대개시일 당시 기준시가 6억원(수도권 밖 3억원) 이하	左 同 ('18.9.14. 이후 취득분부터)
	면적	해당없음		해당없음 (건설·미분양임대 제한 有)	국민주택 규모 이하
임대료 상 한		5%(§44)		5%(임대보증금 포함) ('19.2.12. 이후 갱신 또는 신규 체결분부터)	5% (임대보증금 포함)
임 대 의무기간		4년 이상 (통산)	8년 이상 (통산)	5년(8년) 이상 (통산)	8년(10년) 이상 (§97의5는 계속)
요 건 위반시		과태료 3천만원 이하(§67) – 임대료 상한 위반 – 임대의무기간 위반		특례 적용 배제 – 장기임대도 '19.2.12. 이후 임대차계약 갱신 또는 신규 체결 분부터 위반시 특례 적용 배제	

❯ 국민주택 규모 이하

- 주택법§2 6호에 따른 국민주택규모 이하 주택
  ① 주거전용면적이 1호(1세대)당 85m² 이하 주택
  ② 수도권 외 도시지역이 아닌 읍·면은 100m² 이하인 주택

"9·13 주택시장 안정화대책" 후속 시행령 개정 내용('18.9.13.)

조정대상지역 내
일시적 1세대 2주택
보유 허용기간 **단축**
	• 조정대상지역에 종전주택 보유상태에서 조정대상지역 내 신규주택 취득 시
	  신규주택 취득 후 2년 이내 종전 주택 양도
	  * '18.9.14. 이후 조정대상지역 내 신규주택 취득분부터

**1세대 1주택 특례
장기보유특별공제
거주요건 신설**
	• 보유기간 중 2년 이상 거주한 주택(일시적 2주택 등 포함)
	  – 비거주시 장기보유특별공제 표 1적용
	  * '20.1.1. 이후 양도분부터적용

**1세대 2주택 이상자
중과 주택 범위 조정**
	• 1주택 이상 보유한 1세대가 조정대상지역 내 주택을 신규 취득 후
	  장기임대주택으로 등록 시 중과
	  * '18.9.14. 이후 취득분부터

**1세대 2주택 이상자
중과제외 주택 범위 조정**
	• 조정대상지역 공고 전 매매계약하고 계약금 받은 사실이 증빙서류에 의해
	  확인되는 주택
	  * '18.8.28. 이후 양도분부터

장기일반민간임대주택 특례 적용요건 추가 (조특령§97의3③)	• 임대개시일 당시 기준시가 6억원(비수도권 3억원) 이하 * '18.9.14. 이후 신규 취득하는 주택부터

참고 건설임대주택 또는 매입임대주택 중 공공지원민간임대주택은 중과대상에서 제외

민간임대주택법 상 정의

▶ 민간임대주택(민간임대주택법§2 1호)

- 임대목적으로 제공하는 주택[토지를 임차하여 건설된 주택 및 오피스텔 등 대통령령으로
  정하는 주택(준주택) 및 대통령령으로 정하는 일부만 임대하는 주택 포함]으로서
  민간임대주택법§5에 따라 임대사업자 등록한 주택

▶ 공공지원민간임대주택(민간임대주택법§2 4호)

- 임대사업자가 다음 각 목의 어느 하나에 해당하는 민간임대주택을 10년 이상 임대할
  목적으로 취득하여 이 법에 따른 임대료 및 임차인의 자격제한 등을 받아 임대하는
  민간임대주택
  - 주택도시기금의 출자를 받아 건설 또는 매입하는 민간임대주택

    (이하 생략)

▶ '18.7.17. 민간임대주택법 상 용어 변경

변 경 前	변 경 後
• 단기임대주택	• 단기민간임대주택
• 준공공임대주택	• 장기일반민간임대주택
• 기업형임대주택	• 공공지원민간임대주택

⊙ 정의(민간임대주택법§2)

이 법에서 사용하는 용어의 뜻은 다음과 같다.

1. "민간임대주택"이란 임대 목적으로 제공하는 주택[토지를 임차하여 건설된 주택 및 오피스텔 등 대통령령으로 정하는 준주택(이하 "준주택"이라 한다) 및 대통령령으로 정하는 일부만을 임대하는 주택을 포함한다. 이하 같다]으로서 임대사업자가 제5조에 따라 등록한 주택을 말하며, 민간건설임대주택과 민간매입임대주택으로 구분한다.

4. "공공지원민간임대주택"이란 임대사업자가 다음 각 목의 어느 하나에 해당하는 민간 임대주택을 10년 이상 임대할 목적으로 취득하여 이 법에 따른 임대료 및 임차인의 자격 제한 등을 받아 임대하는 민간임대주택을 말한다.

   가. 「주택도시기금법」에 따른 주택도시기금(이하 "주택도시기금"이라 한다)의 출자를 받아 건설 또는 매입하는 민간임대주택

   나. ~ 라. 생략

⊙ 준주택의 범위(민간임대주택령§2)

민간임대주택법§2 1호에서 "오피스텔 등 대통령령으로 정하는 준주택"이란 다음 각 호의 건축물(이하 "준주택"이라 한다)을 말한다.

1. 「주택법」§2 1호에 따른 주택 외의 건축물을 「건축법」에 따라 「주택법시행령」§4 1호의 기숙사 중 일반기숙사로 리모델링한 건축물

1의2. 「주택법 시행령」§4 1호의 기숙사 중 임대형 기숙사

2. 다음 각 목의 요건을 모두 갖춘 「주택법시행령」§4 4호의 오피스텔

   가. 전용면적이 120m² 이하일 것(☞ '22.1.13.부터 85m²에서 개정)

   나. 상하수도 시설이 갖추어진 전용 입식 부엌, 전용 수세식 화장실 및 목욕시설(전용 수세식 화장실에 목욕시설을 갖춘 경우를 포함) 갖출 것

⊙ 일부만 임대하는 주택의 범위(민간임대주택령§2의2)

민간임대주택법§2 1호에서 "대통령령으로 정하는 일부만을 임대하는 주택"이란 「건축법시행령」 별표1제1호다목에 따른 다가구주택으로서 임대사업자 본인이 거주하는 실(室)(한 세대가 독립하여 구분 사용할 수 있도록 구획된 부분을 말한다)을 제외한 나머지 실 전부를 임대하는 주택을 말한다.

민간임대주택법 상 임대의무기간 개정 내용

민간임대주택법 및 동법시행령		민간임대주택의 종류		
		단기민간임대주택 (구.단기임대주택)	장기일반민간임대주택 (구.준공공임대주택)	민간건설 임대주택
'25.06.04.	법률§2	6년	10년	
'20.08.18.	법률§2	삭제	10년	
'15.12.29.	법률§2	4년	8년	
'13.12.05.	법률§2 시행령§13①	5년	10년	
'05.09.16.	시행령§9①	5년	–	5년
'04.03.17.	시행령§9①	3년	–	5년

참고 '15.8.28.부터 법제명이 임대주택법에서 민간임대주택법과 공공임대주택법으로 이원화되었고, '18.7.17.부터 단기임대주택은 단기민간임대주택, 준공공임대주택은 장기일반민간임대주택, 기업형임대주택은 공공지원민간임대주택으로 용어가 변경됨

🏠 심화정리

▶ 신축된 공동주택의 공동주택가격 공시되기 前 기준시가

(서면-2017-법령해석재산-3499, '18.07.30.)

• 소법§99①1 라목에 따른 부동산공시법에 의한 공동주택가격이 없는 경우에는 납세지
관할세무서장이 인근 유사지역의 공동주택가격을 고려하여 소령§164⑪에서 정하는
방법에 따라 평가한 가액으로 하는 것임

※ 소법§99[기준시가 산정]

① 소법§100(양도차익 산정) 및 §114⑦(과표와 세액의 결정·경정)에 따른 기준시가는 다음 각
호에서 정하는 바에 따른다.

라. 주택

부동산공시법에 따른 개별주택가격 및 공동주택가격. 다만, 공공주택가격의
경우에 같은법§17① 단서에 따라 국세청장이 결정·고시한 공동주택가격이 있을
때에는 그 가격에 따르고, 개별주택가격 및 공동주택가격이 없는 주택의 가격은
납세지 관할 세무서장이 인근 유사주택의 개별주택가격 및 공동주택가격을
고려하여 대통령령으로 정하는 방법에 따라 평가한 금액으로 한다.

⊙ 토지·건물의 기준시가 산정(소령 § 164)

⑪ 소법 §99①1호 라목 단서에서 대통령령으로 정하는 방법에 따라 평가한 금액이란 다음 각호의 금액을 말한다. 이 경우 납세지 관할 세무서장은 지방세법§4① 단서에 따라 시장·군수가 산정한 가액을 평가한 가액으로 하거나 둘 이상의 감정평가업자에게 의뢰하여 해당 주택에 대한 감정평가업자의 감정가액을 고려하여 평가할 수 있다.

1. 「부동산 가격공시에 관한 법률」에 따른 개별주택가격이 없는 단독주택의 경우에는 당해 주택과 구조·용도·이용상황 등 이용가치가 유사한 인근주택을 표준주택으로 보고 같은 법 §16⑥에 따른 비준표에 따라 납세지 관할세무서장이 평가한 가액

2. 「부동산 가격공시에 관한 법률」에 따른 공동주택가격이 없는 공동주택의 경우에는 인근 유사공동주택의 거래가격·임대료 및 당해 공동주택과 유사한 이용가치를 지닌다고 인정되는 공동주택의 건설에 필요한 비용추정액 등을 종합적으로 참작하여 납세지 관할세무서장이 평가한 가액

(조세특례제한법§97) 임대주택에 대한 감면

참고
조특법 제97조 : 임대

종 류	조 문	조세지원내용	일몰시한 등
장기임대	§97	50%감면, 100%감면	'00.12.31.까지 임대 개시분
신축임대	§97의2	5년간 양도차익의 100% 세액감면	'01.12.31.까지 취득분
장기일반 매입임대	§97의3	8년 이상 임대 장기보유특별공제 50% 10년 이상 임대 장기보유특별공제 70%	'20.12.31. (민간건설* '27.12.31.)까지 등록분
장기임대	§97의4	일반 장기보유특별공제율(30%)에 6년 이상부터 장기보유특별공제 추가 공제(2%~10%)	–
장기일반 매입임대	§97의5	임대기간에 발생한 양도소득금액 100% 감면	'18.12.31.까지 취득분
"REITS"에 현물출자	§97의6	현물출자로 발생한 양도차익 과세이연	'17.12.31.까지 현물출자
"New Stay"에 양도한 토지	§97의7	3년간 양도세 10% 감면	'18.12.31.까지 토지 양도
주택건설사업자*에 양도한 토지	§97의9	양도세의 10%감면	'27.12.31.까지 토지 양도

* '22.6.21. 기획재정부등에서 보도참고자료 "임대차 시장 안정 방안 및 3분기 추진 부동산 정상화 과제" 발표로 민간건설임대주택에 대한 적용기한을 '24.12.31.까지 2년 연장(조특법 개정으로 '27.12.31.까지 재 연장)

※ 조특법§97의8[공모부동산투자회사의 현물출자자에 대한 과세특례] 규정은 주체가 양도세 납세의무자가 아닌 내국법인이 공모부동산투자회사에 토지 또는 건물을 '22.12.31.까지 현물출자함으로써 발생하는 양도차익은 손금산입하여 그 내국법인이 현물출자로 취득한 주식을 처분 시 과세 이연 받을 수 있는 내용임

02

(조세특례제한법§98) 미분양주택에 대한 감면

참고 조특법 제98조 : 미분양

종 류	조 문	조세지원내용	일몰시한 등
미분양	§98	양도세 20% 세율 또는 종합소득세 계산 방법 중 선택	'98.12.31.
지방미분양	§98의2	보유기간 및 주택 수 관계없이 기본세율 적용, 1세대 1주택자 장기보유특별공제(표2) 적용	'10.12.31.까지 취득분
미분양	§98의3	5년 이내 100%감면(과밀억제 권역 60%, 서울제외) 기본세율 및 장기보유특별공제(30%한도) 적용	'10.2.11.까지 취득분
비거주자 주택취득	§98의4	양도소득세의 10% 감면	'10.2.11.까지 취득분
지방미분양	§98의5	분양가격 인하율에 따라 60%~100% 감면	'11.4.30.까지 취득분
준공후 미분양	§98의6	5년간 발생한 양도소득금액의 50% 감면	'11.3.29.현재 준공후미분양주택
미분양	§98의7	5년간 양도차익의 100% 감면	'12.12.31.까지 취득분
준공후 미분양	§98의8	5년간 양도차익의 50% 감면	'15.12.31.까지 취득분
비수도권 준공후 미분양	§98의9	1세대 1주택 비과세 판전 시 소유주택으로 보지 않음	'25.12.31.까지 취득분

02

(조세특례제한법§99) 신축주택 취득자 등에 대한 감면

참고 │ 조특법 제99조 : 신축주택 취득자 등

종 류	조 문	조세지원내용	일몰시한 등
신축주택 취 득 자	§99	신축주택 취득일부터 5년 전·후 계산산식에 따라 양도소득금액 공제	'99.12.31.까지 취득분
신축주택 취 득 자	§99의2	5년간 양도차익의 100% 세액감면	'13.12.31.
신축주택 취 득 자	§99의3	신축주택 취득일부터 5년 전·후 계산산식에 따라 양도소득금액 공제	'03.6.30.까지 취득분
농어촌·고향주택 취득자	§99의4	일반주택의 1세대 1주택 비과세 판정 시 농어촌 주택은 주택 수에서 제외	'25.12.31.까지 취득분

참고 │ 조특법§99의4는 1세대 1주택 비과세 판정 시 특례 규정으로 성격이 다름

⌂ ↓ 03

임대주택
(조특법§97)

구 분	장기임대주택(§97)
감 면 대상자	• 국민주택을 5호 이상 임대하는 거주자
감면요건	• '00.12.31. 이전에 신축국민주택을 5호 이상 임대를 개시하여 5년 이상 임대한 후 양도
감면내용	• 임대주택법 미 적용대상 임대주택 　– 5년 이상 임대 후 양도 ⇒ 50% 세액감면 　– 10년 이상 임대 후 양도 ⇒ 100% 면제 • 임대주택법 적용대상 임대주택 　– 건설임대주택 중 5년 이상 임대 후 양도 ⇒ 100% 감면 　– 매입임대주택 중 '95.1.1. 이후 취득(미입주) 및 임대 개시하여 5년 이상 임대 후 양도 　　⇒ 100% 감면
대상주택	• 다음 중 하나에 해당하는 신축국민주택 　– '86.1.1.~'00.12.31.기간 중 신축주택 　– '85.12.31. 이전 신축주택으로서 '86.1.1. 현재 미입주한 공동주택 　　* 5호 미만 주택을 임대한 기간 : 임대기간 아님
비　　고	• 임대사업자 등록(공공주택사업자 지정 증명) 필요 • 감면주택에는 건물 연면적 2배 이내의 부수토지 포함 • 감면세액의 20% 농어촌특별세 과세 • 다른 주택의 1세대 1주택 비과세 판정 시 거주자의 소유주택으로 보지 않음

참고 '15.8.28. "임대주택법"에서 "민간임대주택에 관한 특별법 또는 공공주택 특별법"으로 법률 명칭 변경

조세특례제한법 집행기준

◉ 장기임대주택에 대한 양도소득세 감면은 임대를 개시한 날부터 3개월 이내 주택임대
신고서를 임대주택의 소재지 관할세무서장에게 제출하지 아니한 경우에도 적용됨
(집행기준 97-97-3)

◉ 임대주택을 지분형태로 소유하는 공동사업자의 경우, 임대주택 호수에 지분비율을 곱하여
5호 이상(예 : 임대주택 10호를 공유하는 공동사업자 1인의 지분이 50%인 경우 5호를 보유하는
것으로 인정)이어야 감면규정이 적용됨
(집행기준 97-97-4)

> **참고** 소령§154의2[공동소유주택의 주택 수 계산] 1주택을 여러 사람이 공동으로 소유한 경우 이 영에 특별한 규정이 있는
> 것 외에는 주택 수를 계산할 때 공동 소유자 각자가 그 주택을 소유한 것으로 본다.

◉ 임대기간 계산방법(집행기준 97-97-5)

구 분	임대기간 계산방법
원 칙	• 주택임대기간의 기산일은 임대를 개시한 날 　단, 5호 미만 주택의 임대기간은 주택임대기간으로 보지 아니함
임차인이 변경된 경우	• 기존 임차인의 퇴거일부터 다음 임차인의 입주일까지의 기간 　- 3개월 이내 : 주택임대기간에 산입 　- 3개월 초과 : 주택임대기간에 산입하지 않음
상속의 경우	• 피상속인의 주택임대기간을 상속인의 주택임대기간에 합산
증여의 경우	• 증여자의 주택임대기간을 통산하지 않음
이혼의 경우	• 재산분할 : 전 배우자의 주택임대기간을 합산 • 위자료 : 전 배우자의 주택임대기간을 합산하지 않음
재건축한 주택의 경우	• 재건축공사기간은 임대기간에 포함되지 않음

장기임대주택에 대한 양도세 감면(조특법§97①)	임대 개시 여부(조특법§97)

조특법§97①의 본문에서 '이하 "임대주택"이라 한다'라고 열거하여 단서규정에도 임대주택 요건이 동일하게 적용되어 '00.12.31. 이전에 임대를 개시하여야 하고, "임대사업자로 등록"이 아닌 "임대를 개시하여"라고 규정한 것으로 보아 실제로 임대를 시작한 날을 의미함

적용사례

(서울행정법원-2016-구단-55028, '16.10.28., → 대법원-2017-두-55244, '17.11.09.)

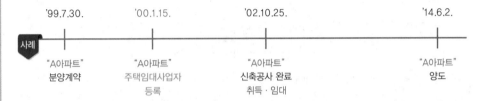

'99.7.30.	'00.1.15.	'02.10.25.	'14.6.2.
"A아파트" 분양계약	"A아파트" 주택임대사업자 등록	"A아파트" 신축공사 완료 취득·임대	"A아파트" 양도

Q1 A아파트는 조특법§97① 본문과 달리 단서규정을 적용받아 '00.12.31. 이전 임대를 개시하지 않아도 되는지 여부?

A1 조특법§97①의 본문에서 '이하 "임대주택"이라 한다'라고 열거하여 단서규정에도 임대주택 요건이 동일하게 적용되어 '00.12.31. 이전에 임대를 개시하여야 함

Q2 임대의 개시 여부를 임대주택법의 규정에 따라 임대사업자등록일을 기준으로 판단해야 하는지 여부?

A2 '00.12.31. 이전에 "임대사업자로 등록"이 아닌 "임대를 개시하여"라고 규정한 것으로 보아 실제로 임대를 시작한 날을 의미함

    * 임대사업자 등록일은 임대사업자의 등록요건일 뿐임

➡ 다음 쪽 "조특법§97" 참고

📝 관련 판례·해석 등 참고사항

▶ 재재산6014-30, '99.10.12.
  – 장기임대주택의 양도세 등을 감면하는 경우 장기임대주택의 임대기간의 기산일은 소재지 관할 세무서장이 확인한 사실상의 임대를 개시한 날을 기준으로 할 수 있음
    * 사업자등록 신청일이 아님

▶ 조심-2018-서-0695, '18.12.27.
  – 임차인이 실제 거주한 사실이 주민등록등본상 전입·전출기록 및 관련된 판결서 등에서 구체적으로 확인되는 점 등에 비추어 10년 이상 임대주택으로 사용한 것으로 판단됨

⊙ 장기임대주택에 대한 감면(조특법 §97)

① 대통령령으로 정하는 거주자가 다음 각 호의 어느 하나에 해당하는 국민주택(이에 딸린 해당 건물 연면적의 2배 이내의 토지를 포함한다)을 '00.12.31. 이전에 임대를 개시하여 5년 이상 임대한 후 양도하는 경우에는 그 주택(이하 "임대주택"이라 한다)을 양도함으로써 발생하는 소득에 대한 양도소득세의 50/100에 상당하는 세액을 감면한다.

다만, 민간임대주택법 또는 공공주택 특별법에 따른 건설임대주택 중 5년 이상 임대한 임대주택과 같은 법에 따른 매입임대주택 중 '95.1.1. 이후 취득 및 임대를 개시하여 5년 이상 임대한 임대주택 (취득 당시 입주된 사실이 없는 주택만 해당한다) 및 10년 이상 임대한 임대주택의 경우에는 양도소득세를 면제한다. 〈개정 '15.8.28.〉

1. '86.1.1.부터 '00.12.31.까지의 기간 중 신축된 주택
2. '85.12.31. 이전에 신축된 공동주택으로서 '86.1.1. 현재 입주된 사실이 없는 주택

장기임대주택에 대한 양도세 감면(조특법§97①)　　임차인이 실제 입주한 날

조특법§97①의 임대개시일은 당해 주택의 임차인이 실제 입주한 날을 말하는 것인 바, 사용승인일은 '00.12.29.로 확인되나 '00.12.31. 이전에 임차인이 입주한 사실을 객관적이고 구체적인 증빙에 의해 확인 불가하여 감면대상이 아님

중요 중　난이 중

적용사례(조심-2012-전-4122, '12.12.11.)

'00.1.24.　'00.12.29.　'01.1.8.　'04.5.21.　'12.4.6.

사례

"A주택" 착공 / "A주택" 사용승인 / "A주택" 호별 다세대주택 보전등기 / "A주택" 주택임대사업자 등록 (개업일 '04.5.19.) / "A주택" 양도 (910백만원)

Q1 A주택의 임대개시일을 '00.12.31. 이전으로 보아 조특법§97의 장기임대주택에 대한 양도세 등의 감면이 가능한 지 여부?

A1 조특법§97①의 임대개시일은 당해 주택의 임차인이 실제 입주한 날을 말하는 것인 바, 사용승인일은 '00.12.29.로 확인되나 '00.12.31. 이전에 임차인이 입주한 사실을 객관적이고 구체적인 증빙에 의해 확인 불가하여 감면대상이 아님

관련 판례 · 해석 등 참고사항

▶ 재일46014-1092, '99.06.07.
- 조특법§97에 따라 양도세 감면이 적용되는 장기임대주택의 기산일은 5호 이상 임대를 개시한 날을 말함

장기임대주택에 대한 양도세 감면(조특법§97)　　　　주택임대신고서 미제출

주택임대신고서를 임대주택의 소재지 관할 세무서장에게 제출하지 아니한 경우에도
장기임대주택 감면 규정을 적용 받을 수 있는 것임

적용사례(재산세과-2995, '08.09.29.)

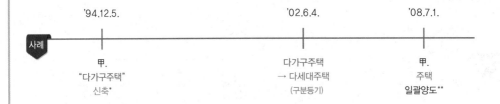

　　　'94.12.5.　　　　　　　　　　　'02.6.4.　　　　　　　　　'08.7.1.

사례

甲.
"다가구주택"
신축*

다가구주택
→ 다세대주택
(구분등기)

甲.
주택
일괄양도**

* 10호 신축하여 1호는 甲이 거주하고 9호는 임대
** 관할 세무서에 주택임대신고서를 제출하지 않았고 주택임대 사업자등록도 안함

Q1 세무서에 사업자등록 및 관할 구청에 임대사업자 등록을 하지 않은 상태에서 10년 이상 임대 후 양도
시에도 조특법§97에 따라 양도세 100% 감면 가능 여부?

A1 주택임대신고서를 임대주택의 소재지 관할 세무서장에게 제출하지 아니한 경우에도 장기임대주택 감면
규정을 적용 받을 수 있는 것임

관련 판례 · 해석 등 참고사항

▶ **재산세과-4314, '08.12.19., 법규과-3055, '08.07.08.**
　- 조특법§97의 규정은 주택의 임대를 개시한 날부터 3월 이내에 주택임대신고서를 임대주택의 소재지 관할
　　세무서장에게 제출하지 아니한 경우에도 적용받을 수 있는 것임

▶ **조특령§97[장기임대주택에 대한 양도소득세의 감면]**
　③ 조특법§97③의 규정에 의하여 주택임대에 관한 사항을 신고하고자 하는 거주자는 주택의 임대를 개시한
　　날부터 3월 이내에 기획재정부령이 정하는 주택임대신고서를 임대주택의 소재지 관할 세무서장에게
　　제출하여야 한다.

피상속인으로부터 감면요건을 충족한 주택 일부를 상속받은 후 양도 시 감면 적용

적용사례

(서면인터넷방문상담4팀-2343, '07.07.31., 서면인터넷방문상담5팀-2611, '07.09.19.)

* 구청과 세무서에 임대사업자 등록하고 추후 5년 이상 임대하였고 조특법§97 감면요건 충족함

Q1 조특법§97에 해당하는 감면요건을 갖춘 5채의 주택 중 3채를 피상속인이 사망 전에 양도하여 양도세 감면을 받고, 남은 2채를 상속인이 상속 받은 후 양도 시 양도세 감면 여부?

A1 감면 적용 가능함

📑 **관련 판례 · 해석 등 참고사항**

☞ 조특령§97⑤3호(피상속인의 주택임대기간을 상속인의 주택임대기간에 합산)에서 "피상속인의
　주택임대기간"을 임대요건이 불 충족 시 임대기간 가산이 되지 않으므로 감면요건을 충족한
　주택임대기간을 합산한 것으로 보아 감면 적용한 것으로 보임

법령요약

⊙ 장기임대주택에 대한 감면(조특령§97)

⑤ 법 제97조제4항의 규정에 의한 임대주택에 대한 임대기간(이하 "주택임대기간")의 계산은 다음 각호에 의한다.

1. 주택임대기간의 기산일은 주택의 임대를 개시한 날로 할 것
3. 상속인이 상속으로 인하여 피상속인의 임대주택을 취득하여 임대하는 경우에는 피상속인의 주택임대기간을 상속인의 주택임대기간에 합산할 것
4. 5호 미만의 주택을 임대한 기간은 주택임대기간으로 보지 아니할 것
5. 제1호 또는 제3호의 규정을 적용함에 있어서 기재부령이 정하는 기간*은 이를 주택임대기간에 산입할 것

> **참고** 기재부령이 정하는 기간 : 기존 임차인의 퇴거일 ~ 다음 임차인의 입주일까지의 기간으로서 3월 이내 기간을 말함

⊙ 장기일반민간임대주택등에 대한 과세특례(조특령§97의3)

④ 장기일반민간임대주택등의 임대기간 계산에 관하여는 §97⑤제1호 · 제3호 및 제5호를 준용한다.(이하 생략)

⊙ 장기일반민간임대주택등에 대한 세액감면(조특령§97의5)

③ 장기일반민간임대주택등의 임대기간 계산에 관하여는 §97⑤제1호 · 제3호를 준용한다.(이하 생략)

장기임대주택에 대한 양도세 감면(조특법§97)

상속된 후 다시 증여받은 임대주택의 임대 기산일

감면요건을 충족한 장기임대주택이 상속되고 다시 증여 받은 경우 임대기간 합산 불가(임대개시일이 '00.12.31. 이전이어야 요건 충족)

중요 상 · 난이 중

적용사례(사전-2018-법령해석재산-0741, '18.12.26.)

* 구청과 세무서에 임대사업자 등록함

** 甲, 乙, 丙 모두 A임대주택 보유기간 동안 11세대(1세대 거주)를 계속 임대하였으며 그 외 조특법§97 감면요건 충족

Q1 갑의 임대개시일을 병의 임대개시일로 보아 감면 적용 가능 여부?

A1 '00.12.31. 이전 임대를 개시하여 감면 요건을 충족한 장기임대주택이 상속되고 다시 증여받아 10년 이상 임대한 후 양도 시, 증여 받은 후 임대를 개시한 날 부터 기산하므로

– '00.12.31. 이전에 임대를 개시해야 하는 요건 불 충족으로 조특법§97에 따른 감면을 적용 받을 수 없음

🗒 관련 판례 · 해석 등 참고사항

▶ 수원지방법원-2018-구단-3503, '19.09.04.

  – 조특법§97①에 따르면, 10년 이상 임대한 경우에도 '00.12.31. 이전에 임대를 개시하여야만 면제된다고 해석해야 함

▶ 서면4팀-2225, '06.07.12.

  – 장기임대주택에 대한 양도세 감면규정을 적용함에 있어서 임대하던 주택을 헐고 재건축하여 임대한 경우에는 재건축 공사기간은 임대기간에 포함되지 아니하는 것임

1세대 1주택 고가주택에 해당하는 다가구주택을 양도 시 비과세를 적용한 후, 조특법§97의 요건에 해당하면 9억원 초과부분에 대해서 장기임대주택에 대한 감면규정도 적용

적용사례(사전-2015-법령해석재산-0387, '15.12.22.)

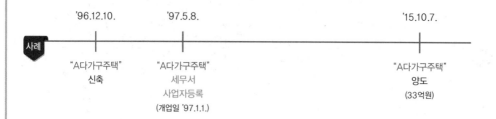

'96.12.10.

"A다가구주택"
신축

'97.5.8.

"A다가구주택"
세무서
사업자등록
(개업일 '97.1.1.)

'15.10.7.

"A다가구주택"
양도
(33억원)

Q1 1세대 1주택 고가주택에 해당하는 다가구주택을 양도 시, 조특법§97에 따른 감면대상 장기임대주택에 해당하는지 여부?

A1 먼저 고가주택에 대한 1세대 1주택 비과세를 적용한 후, 조특법§97의 요건에 해당하면 9억원 초과부분에 대해서 장기임대주택에 대한 감면규정도 적용함
- 주의할 점은, 다가구주택이 임대주택법에 의한 임대사업자등록이 불가하여 관할 지방자치단체에 등록을 하지 못한 경우에도 5호 이상 임대한 사실을 관할 세무서장에게 신고하고 5년 이상 임대하는 경우에는 해당 규정을 적용함

📖 관련 판례 · 해석 등 참고사항

▶ **재정경제부 재산세제과-1114, '06.09.08.**
- 조특법§99 및 §99의3에 따른 신축주택을 양도하는 경우로서 해당 신축주택이 소법§89①3호 소령§156에 따른 1세대 1주택이면서 고가주택에 해당하는 경우에는 소법§95③ 및 소령§160(고가주택 양도차익 등 계산)를 적용한 후 조특법§99 및 §99의3(감면)을 적용하는 것임

──── 🏛 ↓ 03 ────

임대주택
(조특법§97의2)

구 분	장기임대주택(§97의2)
감 면 대상자	• 신축국민주택을 양도하는 거주자
감면요건	• 1호 이상 신축국민주택을 포함하여 2호 이상 임대주택을 5년 이상 임대한 후 양도
감면내용	• 5년 이상 임대 후 양도 ⇒ 양도소득세 면제 (신축임대주택은 면제이나 기존주택은 면제대상 아님)

대상주택	• 다음 중 하나에 해당하는 신축국민주택
	  ① 임대주택법상 건설임대주택
	    – '99.8.20.~'01.12.31. 기간 중 신축주택
	    – '99.8.19. 이전 신축주택으로 '99.8.20. 현재 미입주한 공동주택
	  ② 아래에 해당하는 임대주택법상 매입임대주택으로서 '99.8.20.~'01.12.31. 기간 중 취득
	    및 임대개시주택(동 기간에 매매계약을 체결하고 계약금을 지급한 경우만)
	    – '99.8.20. 이후 신축주택으로 취득 시 미 입주주택
	    – '99.8.19. 이전 신축공동주택으로 '99.8.20. 현재 미입주주택

비 고	• 임대사업자 등록(공공주택사업자 지정 증명) 필요 • 감면주택에는 건물 연면적 2배 이내의 부수토지 포함 • 감면세액의 20% 농어촌특별세 과세 • 다른 주택의 1세대 1주택 비과세 판정 시 거주자의 소유주택으로 보지 않음

참고 '15.8.28. "임대주택법"에서 "민간임대주택에 관한 특별법 또는 공공주택 특별법"으로 법률 명칭 변경

매입임대주택으로서 타인으로부터 분양권을 구입하여 취득한 A아파트 양도 시
조특법§97의2의 신축임대주택에 대한 양도세 감면 특례가 적용

적용사례

(서면-2019-부동산-0666, '19.07.04., 기획재정부 재산세제과-330, '11.05.06.)

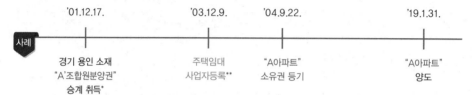

| '01.12.17. | '03.12.9. | '04.9.22. | '19.1.31. |

사례

경기 용인 소재 　　주택임대 　　"A아파트" 　　"A아파트"
"A'조합원분양권" 　사업자등록** 　소유권 등기 　　양도
승계 취득*

* 분양가 233백만원, 전용면적 84.996m²

** '04.1.1. 세무서에 사업자등록

Q1 매입임대주택으로서 타인으로부터 분양권을 구입하여 취득한 A아파트 양도 시 조특법§97의2의
신축임대주택에 대한 양도세 감면 특례가 적용되는지 여부?

A1 타인으로부터 분양권을 구입하여 취득한 경우에도 조특법§97의2의 신축임대주택에 대한 특례가 적용됨

(☞ 조특법§97의2 및 동법 시행령§97의2에서 취득방법에 대해 제한이 없음)

참고 매입임대주택은 '99.8.20.~'01.12.31. 기간 중 매매계약을 체결하고 계약금을 지급한 경우만 특례 대상
주택임

📜 관련 판례 · 해석 등 참고사항

▶ 기획재정부 재산세제과-1739, '09.12.08. 해석에서 "타인으로부터 분양권을 구입하여 취득한
매입임대주택"은 조특법§97의2 감면규정이 적용되지 아니한다고 하였으나,

▶ 대법원2009두2566, '09.05.14. 판결에서는 침체된 주택경기의 활성화를 지원할 뿐만 아니라
서민층 주택의 전세값 안정을 도모하기 위한다는 조특법§97의2 입법취지와 조특법§99 등 다른
감면규정에서 주택건설업자와 최초로 매매계약을 체결하고 계약금을 납부한 경우로 규정하여
분양권 매입을 통한 취득은 제외한다는 의미를 명확히 하고 있는 점 등을 종합하면 미분양 주택에
관하여 주택건설업자와 최초로 매매계약을 체결하고 계약금을 지급한 경우로 제한한 것은 온당한
해석이라 할 수 없다고 판결하여

▶ 기획재정부 재산세제과-330, '11.05.06. 해석부터 위의 "기획재정부 재산세제과-330, '11.05.06."
해석과 같이 감면적용대상으로 변경하였음

신축임대주택에 대한 양도세 감면(조특법§97의2)   민간임대주택 미 등록 감면 불가

쟁점임대주택이 조특법에서 규정한 임대주택에 해당하지 않으므로 1세대 1주택 비과세 판정
시 주택 수에서 제외되지 않아 B주택 양도 시 일시적 2주택 비과세 특례가 적용되지 아니함

중요
중
난이
중

적용사례(조심-2019-서-4588, '20.02.26.)

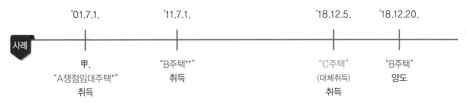

'01.7.1.	'11.7.1.	'18.12.5.	'18.12.20.
甲.	"B주택**"	"C주택"	"B주택"
"A쟁점임대주택*"	취득	(대체취득)	양도
취득		취득	

* 지하1층~지상4층, 근린생활시설 및 다가구주택 10가구(쟁점임대주택)를 세무서에 사업자등록을 하였으나
  B주택 양도일까지 구청에 임대주택 등록을 하지 않는 상태임(나머지 요건은 조특법§97의2 충족 전제)

** 甲과 乙(甲의 배우자)이 각각 ½ 지분으로 공동 취득

Q1 쟁점임대주택을 소법§168에 따른 사업자등록은 하였으나, 민간임대주택법§5에 따라 민간임대주택
등록을 하지 않은 경우 당해 주택을 1세대 1주택 판정 시 주택 수에서 제외할 수 있는 지 여부?

A1 쟁점임대주택이 조특법에서 규정한 임대주택에 해당하지 않으므로 1세대 1주택 비과세 판정 시 주택
수에서 제외되지 않아 B주택 양도 시 일시적 2주택 비과세 특례가 적용되지 아니함

관련 판례 · 해석 등 참고사항

▶ **부동산거래관리과-424, '11.05.24.**

– 조특법§97의2 장기임대주택 감면과 관련하여 임대주택법에 의한 임대사업자 등록을 늦게한 경우
  임대개시일은 실지 임대한 날부터 기산하는 것이며, 임대주택법§6에 의한 임대사업자 등록을 하지 않은
  경우 동 조세특례를 적용받을 수 없음

▶ **조심-2019-중-0677, '20.04.29.**

– 청구인은 피상속인과 달리 쟁점상속주택을 5년 이상 임대한 사실이 없고, 피상속인의 임대사업자 지위를
  포괄적으로 당연 승계하였다고 볼 수도 없으며, 관련 규정에서 상속의 경우 특별한 예외 규정을 두고
  있지 아니하는 점 등에 비추어 청구주장을 받아들이기 어렵다고 판단됨

신축임대주택에 대한 양도세 감면(조특법§97의2) 신축기간 경과 후 임대등록 시 감면

신축기간 중에 신축하였으나 신축기간을 경과하여 구.임대주택법에 의한 임대사업자등록 및 세무서에 사업자등록하고 임대 개시한 경우에도 5년 이상 임대하는 등의 해당 감면 요건을 모두 갖춘 경우에는 감면 적용

중요 중 | 난이 중

적용사례 (사전-2017-법령해석재산-0151, '17.10.25.)

'01.12.12.
인천 연수구 소재
"A다세대주택*"
건설

'02.2.7.
주택임대등록,
사업자등록,
임대개시

'17.2.1.
"A다세대주택"
양도

사례

* 1~3층 각 4세대(세대별 40m^2 이하) 12호, 4층 1세대

Q1 '01.12.12. 취득한 건설임대주택을 '02.2.7. 임대사업자 등록하여 5년 이상 임대하고 양도 시, 조특법§97의2의 신축임대주택에 대한 양도세 감면대상에 해당 여부?

A1 신축기간 중에 신축하였으나 신축기간을 경과하여 구.임대주택법에 의한 임대사업자등록 및 세무서에 사업자등록하고 임대 개시한 경우에도 5년 이상 임대하는 등의 해당 감면 요건을 모두 갖춘 경우에는 감면을 적용받을 수 있음

📑 관련 판례 · 해석 등 참고사항

03

임대주택(조특법§97의3)

참고 장기일반민간임대주택등 : 민간임대주택법§2 제4호의 공공지원민간임대주택 또는 동조 제5호의
장기일반민간임대주택

구 분	장기일반민간임대주택(§97의3)
감면 대상자	• 거주자
특례요건	• 민간임대주택법§2 2호에 따른 민간건설임대주택으로서 공공지원민간임대주택 또는 장기일반민간임대주택을 '27.12.31.까지 등록하여 아래의 요건을 모두 충족하는 주택 ① 10년 이상 계속하여 임대 등록하고, 그 기간 동안 임대한 기간이 통산하여 10년 이상인 경우 　계속 임대한 것으로 간주(조특령§97의3 참조) ② 보증금 · 임대료 인상률을 연 5%로 제한 ③ 국민주택규모 이하 ④ 기준시가 합계액 6억원(수도권 밖 3억원) 이하('18.9.14. 이후 취득분부터) 　※ 일몰제도 신설 : 매입임대주택('20.12.31.까지 등록), 건설임대주택('27.12.31.까지 등록*) 　* 민간임대주택법 개정내용 반영 : '20.7.11. 이후 장기일반민간임대주택으로 등록 신청한 아파트를 　 임대하는 민간매입임대주택이나 단기민간임대주택을 '20.7.11. 이후 공공지원민간임대주택 또는 　 장기일반민간임대주택으로 변경 신고한 주택은 특례 제외
특례내용	• 요건 충족하는 장기일반민간임대주택등 양도 시 장특공제율 70% 적용 　* 민간임대주택을 장기일반민간임대주택등으로 변경 등록시 4년 범위에서 임대기간 전체를 　 임대기간에 포함('19.2.12. 이후 변경 등록분부터) 　* '15년 양도분부터 의무임대 기간(8년) 단축
적용례	• '14.1.1. 이후 최초로 양도하는 분부터 적용
임대기간 계산방법등	• 소법에 따른 사업자등록과 민간임대주택법에 따른 임대사업자등록을 한 후 임대를 개시한 날부터 기산(상속시 피상속인의 임대기간 합산) • 기존 임차인의 퇴거일부터 다음 임차인의 입주일까지의 기간으로서 3개월 이내의 기간은 임대기간에 산입 　* 주택 수 제한 없으므로 1호 이상 임대하면 됨(§97의5도 同)
비 고	• 농어촌특별세 해당 없음

* '22.12.31. 이전 임대등록한 후 양도한 경우에는 8년 이상 임대 시 50%, 10년 이상 임대 시 70%의 장기보유특별공제
　공제율을 적용하였음

법령요약

⊙ 장기일반민간임대주택등에 대한 양도소득세의 과세특례(조특법 §97의3)

① 대통령령으로 정하는 거주자가 민간임대주택법§2 2호에 따른

민간건설임대주택으로서 같은 조 4호 또는 5호에 따른 공공지원민간임대주택 또는

장기일반민간임대주택을 '27.12.31.까지 등록['20.7.11. 이후

장기일반민간임대주택으로 등록 신청한 경우로서 민간임대주택법(법률 제17482호로

개정되기 전의 것을 말한다) §2 6호에 따른 단기민간임대주택을 '20.7.11. 이후

같은 법 §5③에 따라 공공지원민간임대주택 또는 장기일반민간임대주택으로 변경

신고한 주택은 제외한다]한 후 다음 각 호의 요건을 모두 갖추어 그 주택을

양도하는 경우에 대통령령으로 정하는 바에 따라 임대기간 중 발생하는 양도소득에

대해서는 소법§95①에 따른 장기보유특별공제액을 계산할 때 같은 조②에도

불구하고 100분의 70의 공제율을 적용한다. 〈'24.12.31.〉

1. 10년 이상 계속하여 임대한 후 양도하는 경우
2. 대통령령으로 정하는 임대보증금 또는 임대료 증액 제한 요건 등을 준수하는
   경우

> **참고**
> 다주택자 중과대상 주택은 장기보유특별공제 배제(소법§95②)에도 불구하고 조특법§97의3에 해당한
> 경우에는 장기보유특별공제 적용

■ 민간임대주택에 관한 특별법 시행규칙 [별지 제4호서식] <개정 2022. 1. 14.>

임대사업자 등록사항 변경신고서

※어두운 난(■)은 신고인이 작성하지 않으며, [ ]에는 해당되는 곳에 √표를 합니다.   (앞쪽)

접수번호		접수일자	처리기간 5일
신고인	[ ] 개인사업자	성명	생년월일
	[ ] 법인사업자	법인명(상호)	법인등록번호
	주소(법인의 경우 대표 사무소 소재지)		전화번호 (유선) (휴대전화)
			전자우편

		변경 전	변경 후
사업자 변경사항	등록구분	[ ] 개인 [ ] 법인	[ ] 개인 [ ] 법인
	성명(법인명)		
	생년월일 (법인등록번호)		
	주소 (법인의 경우 대표 사무소 소재지)		
	전화번호		
	외국인등록 관련 사항		
민간임대 주택 변경사항	소재지 / 건물 주소		
	소재지 / 호,실 번호 또는 층		
	주택 구분	[ ] 건설 [ ] 매입	[ ] 건설 [ ] 매입
	주택 종류	[ ] 공공지원 [ ] 장기일반 [ ] 그 밖의 종류 _____	[ ] 공공지원 [ ] 장기일반 [ ] 그 밖의 종류 _____
	주택 취득계획에 따른 유형	[ ] 사업계획승인을 받은 경우 [ ] 건축허가를 받은 경우 [ ] 매매계약을 체결한 경우 [ ] 분양계약을 체결한 경우	[ ] 사업계획승인을 받은 경우 [ ] 건축허가를 받은 경우 [ ] 매매계약을 체결한 경우 [ ] 분양계약을 체결한 경우
	주택 유형		
	전용면적		
	임대개시일		

변경사유	

「민간임대주택에 관한 특별법」 제5조제3항, 같은 법 시행령 제4조제7항 및 같은 법 시행규칙 제3조제1항
에 따라 위와 같이 신고합니다.

년   월   일

홈 | 회원로그인 | 프로그램 설치안내 | **사이트맵** 확대 + -

렌트홈

임대사업자 등록신청　임대사업자 안내　임대주택 찾기　임차인 혜택　이용안내　알림마당

렌트홈(임대등록시스템)에서 편리한 민원신청을 이용하세요.

임대사업자 안내
임대등록의 원활한 공동이용을 위한 정보공유 허브 서비스
자세히 보기 +

민원신청 안내
임대사업자등록 및 다양한 민원정보를 안내해드립니다.

임대주택 찾기
지도서비스 바로가기

상담코너
임대사업자 상담 :
1670-8004
시스템 문의 :
031-719-0511
평일 : 09:00~12:00, 13:00~18:00
주말/공휴일: 휴무

회원가입 안내
홈페이지 이용시 회원가입 안내

공지사항 + 더보기
- 등록임대주택 임대보증금 보증 ...
- 임대사업자의 부기등기 방법안내
- 시스템 개선안내(임대차계약 최...
- 시스템 개선안내(임대차계약 최...

보도자료 + 더보기
- 「국토계획법」, 「민간임대주...
- 최우선변제금 이하 보증금은 보...
- 임대보증금 보증 가입의 폭이 ...
- 등록 임대사업자 전수 대상 의...

임대료 인상료 계산(www.renthome.go.kr)

| 임대료 계산

※ 임대료 계산 기능은 임대사업자의 임대차계약 변경 신고 시 활용하기 위한 용도이며, 임대차 제도 개선(개정 주택임대차 보호법) 관련 문의, 상담은 **부동산 대책 정보 사이트**를 이용해 주시기 바랍니다.

항목	변경 전	변경 후
임대보증금(원)	원	원
월 임대료(원)	원	원
연 임대료(원)	원	원
임대료인상률(%)	☑인상률 적용	5 %
월차임전환시산정률(%)		2 %
한국은행기준금리(%)		2.75 %

◉ 변경 후 임대료　○ 변경 후 인상률

[계산하기]　[초기화]

※ 임대료 인상률을 계산은 민간임대주택에관한특별법 제44조에 따라 임대보증금과 월임대료를 함께 인상을 적용하여 계산
※ 임대료 인상률 = (변경후 환산보증금 - 변경전 환산보증금) ÷ 변경전 환산보증금 x 100
※ 환산보증금 = 임대보증금 + (월임대료 x 12) ÷ 4.75%
※ 예시) 4.75% = (주택임대차 보호법 제 7조의2[월차임 전환 시 제한 산정률]) + (2025년 2월 25일 기준 한국은행 기준금리)
※ **한국은행 기준금리** 입력에 따라 월차임 전환 시 산정률이 계산됩니다.
※ [인상률 적용]을 선택하면 입력한 인상률에 맞추어 임대보증금 또는 월 임대료가 계산됩니다.
※ [인상률 적용]을 선택하지 않으면 인상률(증액)없이 임대보증금 또는 월 임대료가 계산됩니다.
※ 주택임대차보호법 개정('16.11.30) 이전의 임대료인상률은 계산되지 않으니 참고하시기 바랍니다.
※ 자동 계산 결과는 참고사항으로 반드시 확인 후 신청하시기 바랍니다.

한국은행 기준금리 및 월차임 전환시 제한 산정률 변동 현황

변경일자	월차임전환시산정률(%)	기준금리(%)
2025-02-25	2	2.75 적용
2024-11-28	2	3.00 적용
2024-10-11	2	3.25 적용
2023-01-13	2	3.50 적용
2022-11-24	2	3.25 적용
2022-10-12	2	3.00 적용
2022-08-25	2	2.50 적용
2022-07-13	2	2.25 적용
2022-05-26	2	1.75 적용
2022-04-14	2	1.50 적용
2022-01-14	2	1.25 적용
2021-11-25	2	1.00 적용
2021-08-26	2	0.75 적용
2020-09-29	2	0.50 적용
2020-05-28	3.5	0.50 적용
2020-03-17	3.5	0.75 적용

장기일반민간임대주택등에 대한 특례(조특법§97의3)

자동말소 후에 장기일반민간임대주택 재등록

민간임대주택법상 자진말소 신청하여 임대사업자등록을 말소한 후, '20.12.31.에 새로
장기일반민간임대주택으로 새로 등록한 매입임대주택은 조특법§97의3 양도세 과세특례를
적용받을 수 있는 것임

중요 상 난이 중

적용사례(서면-2021-법규재산-8176, '23.07.21.)

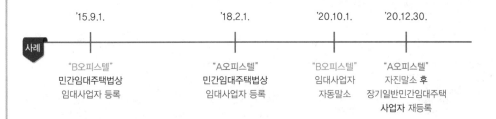

| '15.9.1. | '18.2.1. | '20.10.1. | '20.12.30. |

사례

"B오피스텔"
민간임대주택법상
임대사업자 등록

"A오피스텔"
민간임대주택법상
임대사업자 등록

"B오피스텔"
임대사업자
자동말소

"A오피스텔"
자진말소 후
장기일반민간임대주택
사업자 재등록

Q1 '20.7.11. 이후 민간임대주택법에 따른 단기민간임대주택(A)을 자진말소하고
장기일반민간임대주택으로 재등록한 경우 조특법§97의3에 따른 장기보유특별 공제 적용여부?

A1 민간임대주택법상 자진말소 신청하여 임대사업자등록을 말소한 후, '20.12.31.에 새로
장기일반민간임대주택으로 새로 등록한 매입임대주택은 조특법§97의3 양도세 과세특례를 적용받을 수
있는 것임

Q2 장기임대주택(B)이 자동말소된 이후에도 계속하여 임대하여 6년 이상 임대한 후 양도하는 경우,
조특법§97의4에 따른 추가공제율을 적용받을 수 있는지 여부?

A2 조특법§97의4에 따른 추가공제율 적용 시 임대한 기간은 민간임대주택법상 임대사업자등록을 한
상태에서 임대한 기간에 따라 산정하는 것으로, 민간임대주택법 §6⑤에 따라 자동말소된 후 계속하여
임대하더라도, 자동말소일까지 6년 이상 임대기간 요건을 충족하지 못하는 경우에는 조특법§97의4의
특례를 적용받을 수 없음

관련 판례 · 해석 등 참고사항

☞ '20.12.31.까지 등록한 장기일반매입임대주택('20.7.11. 이후 아파트나 단기민간임대주택 제외)은
조특법§97의3에 따른 양도세 과세특례를 적용받을 수 있음

장기일반민간임대주택등에 대한 특례(조특법§97의3)

자동말소 후에도 계속 임대 시 임대기간 계산

주택 취득일부터 3개월이 경과하여 임대등록한 경우 조특법§97의5를 적용받을 수 없고, 조특법§97의3에 따른 임대기간은 사업자등록과 장기일반민간임대주택으로 등록을 하고 실제 임대 개시한 날부터 기산하는 것이나 임대등록이 자동말소되는 경우에는 8년 동안 임대한 것으로 봄

중요 상 / 난이 중

적용사례(서면-2022-부동산-1930, '22.07.04.)

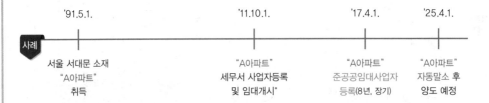

'91.5.1.
서울 서대문 소재
"A아파트"
취득

'11.10.1.
"A아파트"
세무서 사업자등록
및 임대개시*

'17.4.1.
"A아파트"
준공공임대사업자
등록(8년, 장기)

'25.4.1.
"A아파트"
자동말소 후
양도 예정

* '25.4.1. 자동말소일까지 임대보증금 또는 임대료의 연 증가율 5/100를 초과하지 아니하고 계속 임대 전제

Q1 A아파트를 취득일부터 3개월 경과하여 민간임대주택법에 따라 준공공임대주택으로 등록한 경우에도 조특법§97의5 감면 적용 가능한 지 여부?

Q2 민간임대주택법에 따른 임대의무기간 종료로 임대사업자등록이 말소된 후에도 계속 임대하여 임대사업자등록 말소 전후의 계속 임대기간이 10년 이상인 경우 조특법§97의3 단서에 따른 70% 장기보유특별공제율 적용이 가능한 지 여부?

Q3 세무서 사업자등록을 하고 주택임대등록을 하지 아니한 기간을 조특법§97의3 감면 적용 시 임대기간에 산입할 수 있는 지 여부?

A • 소주택 취득일부터 3개월이 경과하여 임대등록한 경우 조특법§97의5를 적용받을 수 없고, 조특법§97의3에 따른 임대기간은 사업자등록과 장기일반민간임대주택으로 등록을 하고 실제 임대개시한 날부터 기산하는 것이나
• 임대등록이 자동말소되는 경우에는 8년 동안 임대한 것으로 보아 과세특례(50%)를 적용하는 것임

📑 관련 판례 · 해석 등 참고사항

▶ 서면-2020-부동산-0782, '20.06.30.

– 조특법§97의3에 따른 장기일반민간임대주택을 임대하던 중 도시정비법에 따른 재개발 · 재건축사업의 사유가 발생하는 경우 공사기간은 임대기간에 포함되지 않고, 실제 임대한 기간만 포함하는 것임

장기일반민간임대주택등에 대한 특례(조특법§97의3)

자동말소 전후 임대기간 10년 이상

장기일반민간임대주택 중 아파트가 민간임대주택법에 따른 임대의무기간 종료로 임대사업자 등록이 자동말소된 후에도 계속 임대하여 임대사업자등록 말소 전후의 계속 임대기간이 10년 이상인 경우에도 장기보유특별공제 50%를 적용

중요 중 / 난이 중

적용사례(서면-2020-법령해석재산-3286, '21.05.11.)

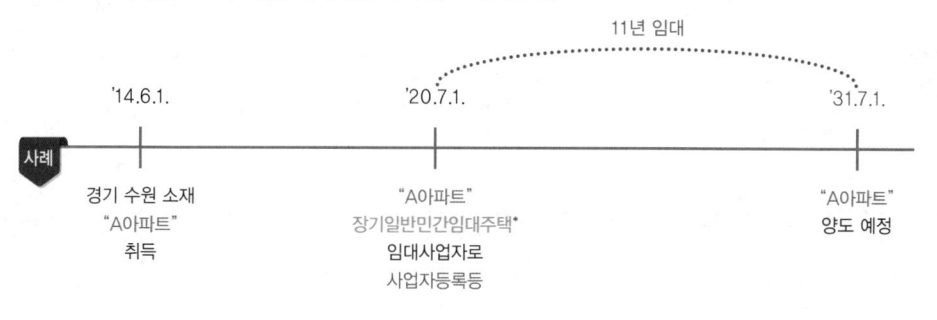

11년 임대

'14.6.1.

경기 수원 소재
"A아파트"
취득

'20.7.1.

"A아파트"
장기일반민간임대주택*
임대사업자로
사업자등록등

'31.7.1.

"A아파트"
양도 예정

사례

* 임대의무기간 8년

Q1 장기일반민간임대주택 중 아파트가 민간임대주택법에 따른 임대의무기간 종료로 임대사업자등록이 자동말소된 후에도 계속 임대하여 임대사업자등록 말소 전후의 계속 임대기간이 10년 이상인 경우, 70%의 장기보유특별공제를 적용할 수 있는지 여부?

A1 민간매입임대주택이 자동말소되는 경우 해당 주택은 8년 동안 등록 및 임대한 것으로 보아 조특법§97의3① 본문에 따른 장기보유특별공제 50%를 적용하나, 10년 이상 임대 (70% 장기보유특별공제)한 것으로는 보지 아니함

📜 관련 판례 · 해석 등 참고사항

☞ 자동말소 되기 전에 계속 임대기간이 10년 이상 충족한 경우에는 10년 이상 임대 (70% 장기보유특별공제)한 것으로 보는 것임

▶ **서면-2021-법령해석재산-2824, '21.12.20.**

– 10년 이상 임대요건을 충족하지 못하고 8년 임대 후 자동말소되는 아파트 장기일반민간임대주택의 경우, 조특법§97의5에 따른 장기일반민간임대주택등에 대한 양도세 감면 규정을 적용 받을 수 없는 것임

장기일반민간임대주택등에 대한 특례(조특법§97의3)　　장기보유특별공제율(70%)

민간임대주택법§2 5호에 따른 장기일반민간임대주택을 등록하여 조특법§97의3① 각 호의
요건을 모두 충족하는 경우 그 주택을 양도함으로써 발생하는 소득에 대해 8년 이상 계속하여
임대한 경우 50%, 10년 이상 계속하여 임대한 경우 70% 공제율을 적용

중요 중　난이 중

적용사례(서면-2018-부동산-0355, '18.07.12.)

| '02.7.16. | '16.4.25. | '18.4.27. | '19.12.1. |

사례

"A주택*"
취득 · 임대

"B주택"
취득

"A주택"
준공공임대사업자
등록*(지자체, 세무서)

"B주택"
재건축 완공 후
입주 예정

* 서울 서초 잠원동 아파트로 면적 : 59.92m², 임대개시일 당시 기준시가 : 618백만원

Q1 A주택을 10년 이상 계속하여 임대한 후 양도 시, 장기보유특별공제액 계산 시 70% 공제율을 적용
가능한 지 여부?

A1 민간임대주택법§2 5호에 따른 장기일반민간(준공공)임대주택을 등록하여 조특법§97의3① 각 호의
요건을 모두 충족하는 경우 그 주택을 양도함으로써 발생하는 소득에 대해 8년 이상 계속하여 임대한
경우 50%, 10년 이상 계속하여 임대한 경우 70% 공제율을 적용함

📝 관련 판례 · 해석 등 참고사항

☞ 위의 사례는 '20.8.18. 민간임대주택법 개정 전의 상황으로 자진 · 자동말소 제도가 없었으므로 10년 이상
계속하여 임대가 가능한 경우이나, 민간임대주택법§6⑤의 개정으로 아파트인 경우에는
장기일반민간임대주택의 임대의무기간이 충족되면 임대주택의 자동말소로 10년이상 계속하여 임대하기는
현실적으로 어려워짐

▶ 조특법§97의3 및 조특법§97의5의 과세특례 적용 요건 중 장기일반민간임대주택을 '18.9.14. 이후
취득하여 임대한 주택부터 임대개시일 당시 기준시가 6억원(수도권 밖 3억원) 이하의 가액 충족
요건이 추가됨

장기일반민간임대주택등에 대한 특례(조특법§97의3)   임대기간 중 발생한 양도차익

조특법§97의3의 장기일반민간임대주택의 장기보유특별공제는 조특법§97의5②을 준용하여 계산한 임대기간 중에 발생한 양도차익에 50% 또는 70%를 곱하여 계산한 금액과 그 외 나머지 양도차익에 자산의 보유기간별 공제율을 곱하여 계산한 금액을 합하여 산정

중요 중   난이 상

적용사례(사전-2021-법령해석재산-1392, '21.10.28.)

* 임대주택에는 '08년부터 임차한 세입자가 신청인이 취득한 이후에도 임대조건 변경없이 '21.9월까지 거주함

Q1 조특법§97의3에 따른 특례 적용대상의 임대주택에 대한 양도세 계산 시, 장기보유특별공제의 적용 방법은?

A1 주택의 보유기간 중 임대를 개시하여 적용 시, 조특법§97의5②을 준용하여 계산"한 임대기간 중에 발생한 양도차익에 조특법§97의3에 따른 공제율(50% 또는 70%)을 곱하여 계산한 금액과
- 그 외 나머지 양도차익에 소법§95② 및 ④에 따른 자산의 보유기간별 공제율을 곱하여 계산한 금액을 합하여 산정함

참고

$$\text{양도소득금액} \times \frac{\text{임대기간의 마지막 날의 기준시가 - 취득 당시 기준시가}}{\text{양도 당시 기준시가 - 취득 당시 기준시가}}$$

📝 **관련 판례·해석 등 참고사항**

▶ 위와 같이 임대기간 중 발생한 소득에 대하여 조특법§97의5의 산식을 준용하여 임대기간 중 발생한 양도소득을 기준시가로 안분하도록 규정(조특령§97의5②)하고 있으나,
- 조특법§97의5는 취득일부터 3개월 이내 장기일반민간임대주택으로 등록을 해야 하므로 취득 시부터 임대 개시한 경우를 상정하는데 반해,
- 조특법§97의3은 주택을 보유하다가 임대를 개시한 경우이므로 위의 산식 분자의 "취득 당시 기준시가" 대신에 조특령§97의3④에 따른 "임대개시일 당시의 기준시가"를 적용함이 타당함

장기일반민간임대주택등에 대한 특례(조특법§97의3)

지분형태의 임대주택 소유(해석정비 전)

장기일반민간임대주택을 지분으로 공동 소유한 경우 과세특례 적용 불가(해석 정비로 삭제)

중요
중

난이
상

적용사례[서면-2019-법령해석재산-0574, '20.05.08.(해석정비로 삭제됨) →

기획재정부 재산세제과-766, '20.09.03.으로 대체]

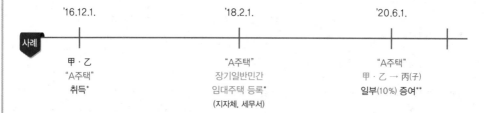

'16.12.1.

甲·乙
"A주택"
취득*

'18.2.1.

"A주택"
장기일반민간
임대주택 등록*
(지자체, 세무서)

'20.6.1.

"A주택"
甲·乙 → 丙(子)
일부(10%) 증여**

* 甲과 乙은 부부로 각 50%지분으로 공동 취득

** 甲과 乙이 자기 보유 지분 중 각 5%씩 아들인 丙에게 10%를 증여

Q1 조특법§97의3 장기일반민간임대주택 1호를 등록하여 임대 중 자녀에게 소유지분 일부를 증여 시
조특법§97의3에 따른 과세특례 적용 여부?

A1 ・민간임대주택법§2 5호에 따라 8년 이상 임대할 목적으로 1호 이상의 민간임대 주택을 취득하여
임대사업자로 등록한 거주자가 조특법§97의3① 각 호의 요건을 모두 충족하는 경우에 적용되는
것으로,
・임대주택을 지분형태로 소유하는 공동사업자의 경우 거주자별로 임대주택의 호수에 지분비율을
곱하여 1호 이상인 경우에만 동 과세특례 규정이 적용되는 것임

➡ 다음 쪽에 "대체" 해석

📜 관련 판례·해석 등 참고사항

장기일반민간임대주택등에 대한 특례(조특법§97의3)

지분형태의 임대주택 소유(해석정비 유지)

장기일반민간임대주택을 지분으로 공동 소유한 경우 과세특례 적용(해석 정비 유지)

중요
중

난이
상

적용사례(기획재정부 재산세제과-766, '20.09.03. 해석정비 유지)

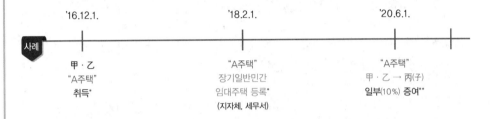

'16.12.1.

'18.2.1.

'20.6.1.

사례

甲 · 乙
"A주택"
취득*

"A주택"
장기일반민간
임대주택 등록*
(지자체, 세무서)

"A주택"
甲 · 乙 → 丙(子)
일부(10%) 증여**

* 甲과 乙은 부부로 각 50%지분으로 공동 취득

** 甲과 乙이 자기 보유 지분 중 각 5%씩 아들인 丙에게 10%를 증여

Q1 조특법§97의3 장기일반민간임대주택 1호를 등록하여 임대 중 자녀에게 소유지분 일부를 증여 시 조특법§97의3에 따른 과세특례 적용 여부?

A1
- 민간임대주택법§2 5호에 따라 8년 이상 임대할 목적으로 1호 이상의 민간임대 주택을 취득하여 임대사업자로 등록한 거주자가 조특법§97의3① 각 호의 요건을 모두 충족하는 경우에 적용되는 것으로,
- 2인 이상이 공동으로 소유하는 주택의 경우 공동 명의로 1호 이상 주택을 임대 등록하고 각각의 공동사업자가 조특법§97의3① 각 호의 요건을 모두 충족하는 경우 소유한 지분의 양도로 인해 발생하는 양도차익은 과세특례가 적용되는 것임

관련 판례 · 해석 등 참고사항

☞ 위와 같은 해석의 논리로 다다음 쪽의 "서울행정법원-2019-구단-11289, '20.02.12." 판결에서 민법§271[물건의 합유]에 근거하여 공동사업자의 합유에 대하여 상세히 설명함

문화일보

2020년 09월 04일 금요일
024면 경제

"부부 공동명의 임대주택 양도세 특례 적용"

기재부, 민원인 질의에 "가능"

부부 공동명의로 임대주택 1채를 등록한 경우 양도소득세 특례를 적용받을 수 있다고 정부가 결론을 내렸다. 지난 5월 국세청이 부부 공동명의 임대주택 1채에 대해 '각자 0.5채를 가진 것이라 기준에 미달한다'며 양도세 특례 혜택을 받을 수 없다고 법령 해석을 내려 수개월 논란이 계속돼왔는데 기획재정부가 이같이 유권해석을 하면서 정리됐다. 이에 따라 부부 공동명의로 등록한 임대주택도 8년 이상 임대할 경우 조세특례제한법(조특법)상 양도세 과세특례가 적용돼 장기보유특별공제(장특공제)를 최대 70%까지 받게 된다.

기재부는 이 같은 내용을 질의한 민원인에게 3일 '가능하다'는 회신을 보냈다. 조특법은 장기일반임대주택을 8년 임대했을 경우 양도세 50%를 감면해주고, 10년 임대했을 경우 70%의 장기보유특별공제를 적용해준다고 규정하고 있는데, 부부가 공동으로 등록한 임대주택 1채에 대해서도 이 규정이 적용된다는 최종 판정을 내린 것이다. 국세청은 지난 2월 이 민원인의 질의에 특례규정을 엄격히 해석해 공동사업자인 경우 지분 비율에 따라 주택 수를 계산한 뒤 '1가구 이상'의 주택을 임대하는 사업자에 한해서만 장특공제 70% 등 양도세 특례 적용이 가능하다고 5월 회신한 바 있다. 당시 이런 사실이 알려지자 '현실에 맞지 않는 해석'이라는 비판이 제기됐다.

기재부가 이 같은 결론을 내리면서 가장 크게 고려한 부분은 민간임대주택특별법이 2인 이상이 공동명의로 1가구의 주택을 임대하는 경우에도 각 공동사업자를 임대사업자로 인정하고 있다는 점이다. 민간임대주택법 시행령에서는 공동명의 주택을 임대하는 경우 공동으로 사업자 등록을 하도록 하는 등 공동사업자도 임대사업자로 보고 있다. 기재부는 또 조특법에서 임대주택 가구 수에 대한 별도의 요건 없이 '민간임대주택특별법에 따른 임대사업자가 일정 기간 이상 임대할 경우 조세 특례 적용이 가능하다'고 규정하고 있는 측면도 감안했다. 이번 유권해석에 따르면, 공동명의가 부부에 한정되지 않고 부모와 자녀 등 모든 공동사업자에게도 적용된다. 또한 이번 해석은 현재 1가구 1주택 부부 공동명의 주택 처분 시 양도세를 부과할 때 장특공제를 허용하고 있는 점과 논리적으로 일관된다고 기재부는 설명했다.

박정민 기자

🏠 심화정리

➡️ 공동사업자의 합유(서울행정법원-2019-구단-11289, '20.02.12.)

- 여러 사람이 공동으로 소유하는 주택을 임대하여 공동사업을 영위하는 경우 그
  임대주택은 민법상 조합을 이루는 공동사업자의 합유에 속하고, 공동사업자 각자의
  권리는 임대주택 전부에 미치는 것(민법§271①)으로,
  - 양도세 감면혜택을 받기 위해 공동 임대의 형식적인 외관만을 갖추는 등으로 이 사건
    특례조항을 남용하는 경우 등의 특별한 사정이 없는 한 여러 사람이 공동으로
    소유하는 주택을 임대하여 공동사업을 영위하는 경우에는 이 사건 감면조항에서
    임대주택의 호수를 계산할 때 공동소유자 각자가 그 임대주택을 임대한 것으로 보아야
    함(대법원2014두42254, '17.08.18.)

- 수인이 부동산을 공동으로 매수한 경우 매수인들 사이의 법률관계는 공유관계로서
  단순한 공동매수인에 불과할 수도 있고, 그 수인이 조합원으로 하는 동업체에서 매수한
  것일 수도 있는데(대법원2000다30622, '02.06.14., 대법원2009다75635, '09.12.24.)
  - 단순히 '공동의 목적 달성'을 위하여 상호 협력한 것에 불과하고 이를 넘어 '공동사업을
    경영할 목적'이 있었다고 인정되지 않는 경우에는 이들 사이의 법률 관계는 공유관계에
    불과할 뿐 민법상 조합관계에 있다고 볼 수 없다.
  - 따라서 공동사업을 위하여 동업체에서 매수한 것이 되려면, 적어도 공동매수인들
    사이에서 그 매수한 토지를 공유가 아닌 동업체의 재산으로 귀속시키고 동업체로서
    건물을 짓고 임대사업 등을 하는 비용의 부담과 이익의 분배에 관한 명시적 또는
    묵시적 의사의 합치가 있어야만 하고,
  - 공동매수 후 매수인별로 토지에 관해 공유에 기한 지분권을 가지고 각자 자유롭게 그
    지분권을 행사하거나 토지를 분할하여 각자가 개별적으로 그 소유권을 행사하는데 그
    목적이 있다면 이를 동업체에서 매수한 것으로 볼 수는 없음(대법원2003다60778,
    '04.04.09., 대법원2009다79729, '10.02.11., 대법원2005다5140, '07.06.14.)

▶ 민법§271[물건의 합유]
  ① 법률의 규정 또는 계약에 의하여 수인이 조합체로서 물건을 소유하는 때에는 합유로 한다. 합유자의 권리는
     합유물 전부에 미친다.

장기일반민간임대주택등에 대한 특례(조특법§97의3) 공유지분 추가 취득 시 임대 개시일

임대기간 중 부와 모가 직계비속 3인으로부터 각각 지분을 매매로 취득한 후 최초 임대개시일로부터 8년이 경과하여 지분 전부를 양도하는 경우, 직계비속 3인으로부터 매매로 취득한 지분에 대하여 조특법§97의3에 따른 임대기간 계산 기산일은 추가 취득한 지분의 취득시기 이후부터임

중요 상   난이 중

적용사례(서면-2023-부동산-0207, '23.07.04.)

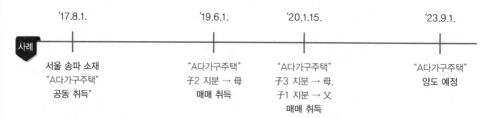

'17.8.1.
사례
서울 송파 소재
"A다가구주택"
공동 취득*

'19.6.1.
"A다가구주택"
子2 지분 → 母
매매 취득

'20.1.15.
"A다가구주택"
子3 지분 → 母,
子1 지분 → 父
매매 취득

'23.9.1.
"A다가구주택"
양도 예정

* 父(36%), 母(36%), 子1(13%), 子2(10%), 子3(5%) 지분으로 공동 취득하였고 子1,2,3은 父母와 별도세대이며,
'17.8.15.에 준공공임대(장기일반민간임대) 사업자등록을 함

Q1 공동(본인, 배우자 및 직계비속 3인)으로 취득한 주택을 장기일반민간임대주택
(舊 준공공임대주택)으로 등록하고, 임대기간 중 부와 모가 직계비속 3인으로부터 각각의 지분을 매매로 취득한 후 최초 임대개시일(5인 공동으로 임대개시한 날)로부터 8년이 경과하여 지분 전부를 양도하는 경우, 직계비속 3인으로부터 매매로 취득한 지분에 대하여 조특법§97의3에 따른 임대기간 계산 기산일은 언제인지?

A1 조특법§97의3 적용시 임대기간은 소법§98 및 소령§162①에 따라 추가 취득한 지분의 취득시기 이후부터임

📜 관련 판례 · 해석 등 참고사항

▶ **소법§98[양도 또는 취득시기]**

– 자산의 양도차익을 계산할 때 그 취득시기 및 양도시기는 대금을 청산한 날이 분명하지 아니한 경우 등 대통령령으로 정하는 경우를 제외하고는 해당 자산의 대금을 청산한 날로 한다. 이 경우 자산의 대금에는 해당 자산의 양도에 대한 양도소득세 및 양도소득세의 부가세액을 양수자가 부담하기로 약정한 경우에는 해당 양도소득세 및 양도소득세의 부가세액은 제외한다.

▶ **소령§162[양도 또는 취득시기]**

① 소법§98 전단에서 "대금을 청산한 날이 분명하지 아니한 경우"란 다음 각 호의 경우를 말한다.

1. 대금을 청산한 날이 분명하지 아니한 경우에는 등기부 · 등록부 또는 명부 등에 기재된 등기 · 등록접수일 또는 명의개서일(2~10호 생략)

장기일반민간임대주택등에 대한 특례(조특령§97의3④)

단기 → 장기임대주택으로 전환 시 임대기간 계산 등

'19.2.12. 이후 양도분부터 단기임대주택의 임대기간을 장기일반민간임대주택으로 변경 시 최대 4년을 한도로 인정, 다만 '19.2.12. 현재 8년 초과하여 임대한 경우에는 종전규정 적용

중요 상   난이 상

적용사례(사전-2020-법령해석재산-0286, '20.05.08.)

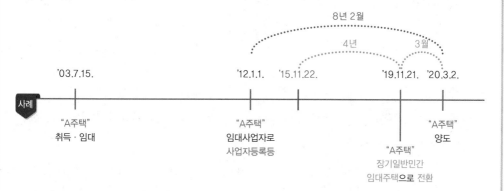

Q1 구. 임대주택법에 따라 매입임대주택으로 등록한 주택을 민간임대주택법에 따른 장기일반민간임대주택으로 전환 시 조특법§97의3 또는 같은 법§97의4 적용 여부?

A1 • 조특법§97의3에 따른 임대기간은 "변경신고 수리일부터 해당 매입임대주택의 임대의무기간을 역산한 날"부터 임대를 개시한 것으로 보아 계산한 결과 8년 미만이므로 적용 불가하고
• 조특법§97의4에 따른 임대기간은 소법§168에 따른 사업자등록과 임대주택법§6에 따른 임대사업자등록을 하여 임대하는 날부터 임대를 개시한 것으로 보아 계산한 결과 8년 이상이므로 장기보유특별공제 6% 추가 공제 적용함

📝 관련 판례 · 해석 등 참고사항

▶ 조특법§97의3에 따른 주택임대기산일은 임대 등록 후 임대하는 날부터 임대를 개시한 것으로 보는데,

– 단기임대주택을 장기일반민간임대주택등으로 변경 신고한 경우에는 기존 임대기간의 50%(최대 5년)를 임대기간으로 인정하였으나,
– '19.2.12. 이후 양도하는 분부터는 최대 4년을 한도로 기존 임대기간 전체를 장기일반민간임대주택등의 임대기간으로 인정하는 것으로 조특령§97의3④을 개정하였음 다만, '19.2.12. 현재 8년을 초과하여 임대한 경우에는 종전규정을 적용함

▶ 민간임대주택법 상 임대의무기간 및 양도(민간임대주택법§43)

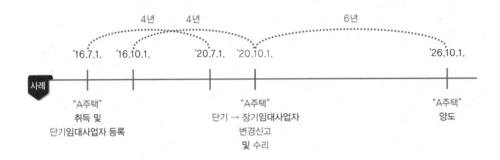

- 민간임대주택법 상 임대사업자는 부도, 파산 등의 예외적인 경우를 제외하고는 임대의무기간 동안 민간임대주택을 계속 임대하여야 하며 그 기간이 경과하기 전에는 양도할 수 없음(법령에서 허용한 자진 · 자동말소인 경우 제외)

  * 임대의무기간 중에 민간임대주택을 임대하지 않거나 임대사업자가 아닌 자에게 양도한 경우에는 3천만원 이하의 과태료를 부과함(민간임대주택법§67①)

- 임대의무기간의 기산일(민간임대주택령§34)

  ① 민간건설임대주택
    - 입주지정기간 개시일. 다만, 입주지정기간을 정하지 아니한 경우에는 임대사업자 등록 이후 최초로 체결된 임대차계약서상의 실제 임대개시일

  ② 민간매입임대주택
    - 임대사업자등록일. 다만, 임대사업자등록 이후 임대가 개시되는 주택은 임대차 계약서상의 실제 임대개시일

  ③ 단기 → 장기일반민간임대주택 변경신고('17.9.19. 신설)
    - 단기민간임대주택의 임대의무기간 종료 전 변경신고 : 위의 ①과 ②에 따른 시점
    - 단기민간임대주택의 임대의무기간 종료 이후 변경신고 : 변경신고의 수리일부터 해당 단기민간임대주택의 임대의무기간을 역산한 날

🏠 심화정리

● 단기 → 장기일반민간임대주택 변경 시 임대의무기간 인정 범위

• 민간임대주택령§13①1호

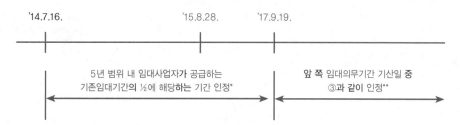

    * 매입임대주택 외에 민간건설임대주택도 준공공임대주택으로 전환하여 등록할 수 있도록 하고, 전환 등록 시 준공공임대주택의 임대의무기간에 위의 기간을 포함함

    ** 단기임대주택을 기업형임대주택 또는 준공공임대주택으로 변경 시 종전 단기임대주택으로 임대한 기간이 기업형 또는 준공공임대주택의 임대의무기간 산정에 포함될 수 있도록 임대의무기간의 산정시점을 정함

• 조특령§97의3④

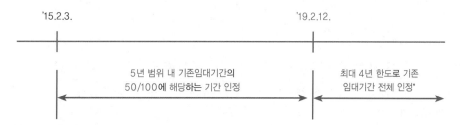

    * 경과조치(조특령 부칙 제29527호, '19.2.12., 아래의 경우는 종전규정 적용)

        – '19.2.12. 前에 장기일반민간임대주택등으로 변경 신고한 경우

        – '19.2.12. 현재 단기민간임대주택을 8년 초과하여 임대한 경우에는 종전 규정을 적용

    * 변경신고한 경우 민간임대주택령§34①3호에 따른 시점(앞 쪽 임대의무기간 기산일 중 ③)부터 임대를 개시한 것으로 봄

장기일반민간임대주택등에 대한 특례(조특령§97의3④)

장기일반민간임대주택으로 변경신고 않은 경우

단기임대주택을 민간임대주택법(구.임대주택법)에 따라 장기일반민간임대주택으로 변경 신고하지 않은 경우 장기일반민간임대주택의 장기보유특별공제 과세특례 적용 불가

중요 중   난이 중

적용사례

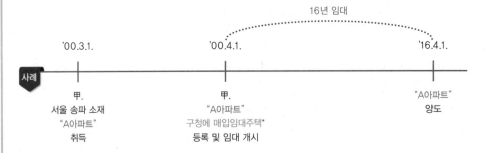

16년 임대

'00.3.1. 甲.
서울 송파 소재
"A아파트"
취득

'00.4.1. 甲.
"A아파트"
구청에 매입임대주택*
등록 및 임대 개시

'16.4.1. "A아파트"
양도

* 당시에는 임대주택법에 따라 매입임대주택으로 등록하였으나 이후 장기일반민간임대주택(구. 준공공임대주택)으로 변경 등록하지 않았음

Q1 A아파트를 양도 시 조특법§97의3에 따라 70%의 장기보유특별공제를 적용할 수 있는지 여부?

A1 민간임대주택 법령이 '13.12.5. 전에는 장기일반민간임대주택(구. 준공공임대주택)을 등록할 수 없었다고 하더라도,

– 조특법§97의3의 장기보유특별공제를 인정받기 위해서는 조특령§97의3③에서 열거한 특례 요건을 충족해야 하는데 요건 불비로 장기보유특별공제 70%을 적용할 수 없음

관련 판례 · 해석 등 참고사항

☞ 甲이 임대등록할 당시에는 장기일반민간임대주택 자체가 없어서 등록을 할 수 없었지만 장기일반민간임대주택 제도가 신설된 '13.12.5. 이후부터는 변경 등록이 가능하였음에도 불구하고 변경하지 않는 상태에서 16년간 임대한 것은 조특법§97의3 요건을 충족하지 못하여 장기보유특별공제 과세특례(50%, 70%)를 인정받을 수 없음

장기일반민간임대주택등에 대한 특례(조특법§97의3①2호)

임대료 증액 제한 기준의 표준임대차계약

단기민간임대주택에서 장기일반민간임대주택으로 변경 등록 시 임대료 증액 제한 기준이
되는 계약은 장기일반민간임대주택으로 등록 당시 존속 중인 표준임대차계약임

중요 중 / 난이 중

적용사례(사전-2019-법령해석재산-0305, '19.10.31.)

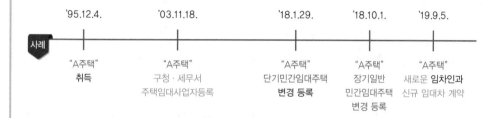

'95.12.4.	'03.11.18.	'18.1.29.	'18.10.1.	'19.9.5.
"A주택" 취득	"A주택" 구청·세무서 주택임대사업자등록	"A주택" 단기민간임대주택 **변경 등록**	"A주택" 장기일반 민간임대주택 변경 등록	"A주택" 새로운 **임차인**과 신규 임대차 계약

Q1 장기일반민간임대주택 변경 등록한 후 임대차계약이 만료되어 새로운 임차인*과 계약 시, 임대료 증액
제한 기준이 되는 임대차계약이 등록 당시 체결된 표준임대차계약인지 아니면 변경 등록 후 최초로
작성하는 표준임대차계약인지 여부?

* 기존임대차 계약이 만료되어 재 계약한 경우도 포함

A1 장기일반민간임대주택으로 등록 당시 존속 중인 표준임대차계약임

➡ 다음 쪽에서 계속

📜 **관련 판례·해석 등 참고사항**

▶ **사전-2021-법령해석재산-0653, '21.10.29., 서면-2020-부동산-0190, '20.03.18.**
　－ 조특법§97의3에 따른 임대료 증액 제한 기준이 되는 임대차계약은 장기일반민간임대주택으로 등록 당시
　　존속 중인 표준임대차계약이 되는 것임

⌂ 심화정리

⟩ 임대료 등의 증액 제한 요건

- 임대료 등의 증액 제한 요건은 조특령§97의3③1호에서 장기민간임대주택의 임대료 증액제한 요건을 '16.2.5. 개정 전에는 민간임대주택법에 따른다고 규정하였다가, '16.2.5. 개정 후 민간임대주택법에 따른다는 규정을 삭제하고 임대료 등의 연 증가율이 5/100를 초과하지 아니할 것으로만 규정함

  - 위와 같이 민간임대주택법을 근거로 한다는 명시적인 규정은 없으나 조특법§97의3①에서 민간임대주택법에 따른 장기민간임대주택으로 등록하여 요건을 갖춘 경우를 과세특례 대상으로 하고 있으며,

  - 임대료 증액제한에 관한 별도의 새로운 적용기준이 신설되지 않았고 조특법상 특별한 규정이 없으므로 민간임대주택법에 따라 증액 제한을 적용함이 타당할 것이고

- 앞쪽의 해석은 임대사업자로 등록 후 민간임대주택법을 적용 받는 임대인으로서 체결된 계약을 최초의 계약으로 본 것으로

  - 장기민간임대주택을 변경 등록 전에 구.임대주택법에 따라 임대주택으로 등록하여 이미 법령상 임대인으로 기존계약을 체결한 것이므로 신규계약 체결 시 기존계약 기준으로 임대료 증액제한 범위를 산정한 것으로 해석함

기획재정부 보도자료

보도 일시	배포 시	배포 일시	2019. 2. 25.(월)

담당 부서	재산세제과장 이호근 (044-215-4310)	담당자	안재영 사무관 (044-215-4314)

제목: 2019.2.25.(월) 파이낸셜뉴스
「정부도 '정답' 모르는 임대료 상한 5%룰」 제하 기사 관련

〈 언론 보도내용 〉

▪ 2019. 2. 25.(월) 파이낸셜뉴스는 「정부도 '정답' 모르는 임대료 상한 5%룰 사업자 세금폭탄 위기」 제하 기사에서,

• 개정 소득세법 시행령(2.12.시행)상의 '임대료 상한 5%룰' 기준점이 명확하지 않고 담당부처도 명확한 답변을 하지 않고 있다고 보도

〈 기획재정부 입장 〉

▪ 이번 개정 소득세법 시행령상의 '임대료 상한 5%룰'은 영 시행일('19.2.12.) 이후 최초로 체결한 표준임대차계약(갱신 포함)을 기준으로 하여 적용(개정 시행령 부칙 제6조)하고 있으며,

• 이는 민간임대주택법 및 조세특례제한법 상의 적용기준과 동일합니다.

• 현재 우리부는 위와 같은 내용으로 안내를 하고 있으며, 구체적인 적용사례 등에 대한 질의는 공식적인 법령해석이나 민원 절차를 거쳐 답변 드리고 있음을 알려드립니다.

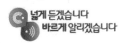

기획재정부 대변인
세종특별자치시 갈매로 477 정부세종청사 4동
moefpr@korea.kr

장기일반민간임대주택등에 대한 특례(조특법§97의3①2호)

임대료 증액 제한 기준의 최초 계약

장기일반민간임대주택으로 등록 전 임대를 한 경우로서, 조특법§97의3③에 따른 임대료 증액 제한 기준이 되는 최초의 계약서(임대료 증액 제한 기준 계약서)는 장기일반민간임대주택으로 등록한 후 작성한 표준임대차계약임

중요 중
난이 중

적용사례(서면-2018-법령해석재산-2893, '19.02.19., 기획재정부 재산세제과-145, '19.02.13.)

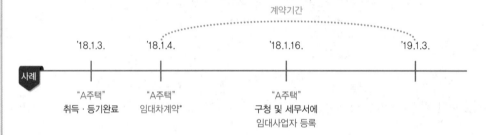

* 일반계약서 사용. 계약기간 : '18.1.4. ~ '19.1.3.

Q1 신축주택을 취득하여 장기일반민간임대주택으로 등록 전 임대를 한 경우로서 조특법§97의3③에 따른 임대보증금 또는 임대료 증액 제한 기준이 되는 임대차계약의 판단 시, 장기일반민간임대주택 사업자 등록 당시 임대 중인 계약인지, 임대사업자 등록 후 작성한 민간임대주택법§47에 따른 표준임대차계약인지?

A1 조특법§97의3①2호에 따른 임대료증액 제한 기준이 되는 최초의 계약은 준공공임대주택 (현. 장기일반민간임대주택)으로 등록한 후 작성한 표준임대차계약이 되는 것임

참고 민간임대주택법상 '18.7.17.부터 준공공임대주택이 장기일반민간임대주택으로 용어 변경됨

관련 판례·해석 등 참고사항

▶ 서면-2019-부동산-1640, '19.09.20.
  - 조특법§97의3①2호에 따른 임대료 증액 제한 기준이 되는 최초의 계약은 준공공임대주택으로 등록한 후 작성한 표준임대차계약이 되는 것임

장기일반민간임대주택등에 대한 특례(조특법§97의3①2호)

임대료 증액 제한 기준의 최초 계약

조특법§97의3①2호에 따른 임대료증액 제한 기준이 되는 최초의 계약은
장기일반민간임대주택으로 등록한 후 작성한 표준임대차계약이 되는 것임

중요 중 / 난이 중

적용사례(서면-2017-부동산-0747, '18.10.04., 기획재정부 재산세제과-527, '18.06.18.)

'16.7.27.	'18.1.16.	'19.1.3.
甲. "A주택" 취득*	"A주택" 구청 및 세무서에 준공공임대주택으로 임대사업자 등록	"A주택" 표준계약서에 임대차계약

* 전 소유자가 임대차 계약을 체결하여 임대 중으로 甲은 임차인과 표준임대차계약 체결 없이 임대차 계약을 승계 후
준공공임대주택(현, 장기일반민간임대주택)으로 등록함

Q1 조특법§97의3③에 따른 임대료 증액 제한 기준이 되는 최초 계약은 준공공임대주택으로 등록한 후
작성한 임대차계약인지 여부?

A1 조특법§97의3①2호에 따른 임대료증액 제한 기준이 되는 최초의 계약은 준공공임대주택
(현. 장기일반민간임대주택)으로 등록한 후 작성한 표준임대차계약이 되는 것임

관련 판례 · 해석 등 참고사항

▶ 서면-2020-부동산-1528, '22.11.03.

– 임대차계약을 승계받아 장기일반민간임대주택으로 임대등록한 경우 조특법§97의3①2호에 따른 임대료
증액 제한 기준이 되는 최초의 계약은 임대등록한 후 작성한 표준임대차계약임

쟁점 정리
(매입임대주택과 건설임대주택의 구분)

적용사례(조심2013서0402, '13.04.10.)

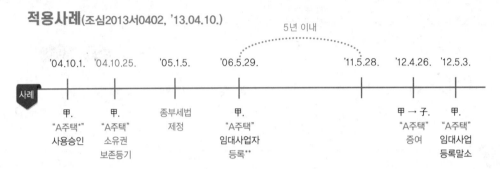

* 연면적은 441.95m²(1층 계단실 13.86m², 2층 3세대 126.38m², 3층 2세대 126.38m², 4층 1세대 100.57m², 5층 1세대 74.76m², 옥탑층 10.5m²)의 다세대주택으로 '03.5.21. 착공함
** 6세대 201호, 202호, 203호, 301호, 302호, 501호에 대한 구.임대주택법§6에 의한 임대사업자 등록하고 '06.5.30. 세무서에 주택임대 사업자등록함

> **쟁점1** A주택을 종부세법상 매입임대주택으로 보고 임대의무기간(10년)을 충족하지 아니한 것으로 보아 종합부동산세를 과세한 처분의 당부

- 자기가 건설하여 임대하는 주택이라고 하더라도 보존등기 후에 임대사업자 등록을 하여 임대를 한 경우 임대사업자의 지위에서 임대를 목적으로 주택을 건설한 것으로 보기 어려움(국토해양부 공공주택팀-1076, '06.11.20.)

- 위의 사례가 적용될 시기에는 건설임대주택의 경우 5년 이상 계속 임대를 요건으로 하였고 매입임대주택의 경우 10년 이상 계속하여 임대하여야 하였는데
  - 매입임대주택에 해당하므로 10년 이상 계속 임대하여야 하는 요건을 갖추지 못하여 종부세 합산배제 임대주택에 해당하지 않음(조심2013서0402, '13.04.10.)

  ☞ 합산배제임대주택(종부령§3)에서의 주택 분류도 모두 민간임대주택법§2와 공공주택특별법§2에서 열거한 매입임대주택과 건설임대주택의 개념을 차용하고 있고,

  - 신축임대주택에 대한 양도세의 감면특례(조특법§97의2)와 장기일반민간임대주택의 과세특례(조특법§97의3) 및 '20.7.11. 이후 장기일반민간임대주택 등록 대상 모두 위와 동일한 법령에 근거하고 있어 동일 기준으로 건설임대주택을 판정하여야 할 것임

쟁점 정리
(매입임대주택과 건설임대주택의 구분)

◉ 건설임대주택이 사용되는 범위(영역)

• 신축임대주택에 대한 양도세의 감면특례(조특법§97의2)에서 건설임대주택

• 장기일반민간임대주택의 과세특례(조특법§97의3)에서 건설임대주택만 일몰기한 연장

  * 민간매입임대주택의 경우 '20.12.31.까지 등록하여 요건을 갖춘 경우 과세특례 적용되지만, 민간건설임대주택의
    경우에는 '24.12.31.까지 등록하여 요건을 갖춘 경우 과세특례 적용됨

• '20.7.11. 이후 장기일반민간임대주택 등록 대상 중 아파트는 민간임대주택법상 매입
  임대주택으로 등록 불가하나 건설임대주택인 경우에는 등록 가능(민간임대주택법§2 5호)

• 종부세법상 합산배제 임대주택의 요건 중 매입임대주택과 건설임대주택(종부령§3)

쟁점 2 도시정비법에 따른 조합원이 취득한 재건축주택의 건설임대주택에 해당 여부

◉ 도시정비법에 따른 주택재건축사업 시행으로 정비사업조합의 조합원이 취득한 재건축주택은
  신축임대주택의 건설임대주택에 해당되지 않음(조특법집행기준 97의2-97의2-5)

• 도시정비법에 의한 주택재건축사업 시행으로 정비사업조합의 조합원이 취득한
  재건축주택은 조특법§97의2①1호의 건설임대주택이 아님(재산세제과-1064, '09.06.15.)

• 재건축조합 등의 조합원이 임대사업자로서 임대를 목적으로 조합원용 건물을 취득하는
  경우에는 그 건물을 법령상의 건설임대주택으로 볼 수 있다 할 것임(대법원2010두6427,
  '10.08.19.)

  ☞ 위와 같이 해석과 대법원 판결이 서로 다른 상태이므로 건설임대주택의 중요성을
     고려하여 조속한 시일 내에 해석 재검토 등이 필요하다고 생각됨

장기일반민간임대주택등에 대한 특례(조특법§97의3)

과세기준일 현재 임대(미분양주택 임대→건설임대주택)

주택건설사업자가 사업계획승인을 얻어 건설한 주택으로 사용검사 시까지 분양되지 아니한 주택을 임대사업자등록 및 사업자등록을 하고 과세기준일 현재 임대하는 경우 해당 주택은 종부령§3①1호의 규정을 적용받을 수 있는 것임

중요 상 / 난이 중

적용사례(종합부동산세과-1496, '08.11.03.)

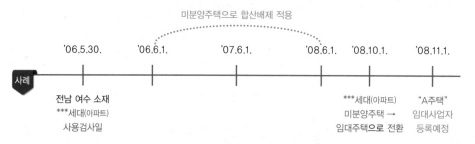

미분양주택으로 합산배제 적용

| '06.5.30. | '06.6.1. | '07.6.1. | '08.6.1. | '08.10.1. | '08.11.1. |

사례

전남 여수 소재
***세대(아파트)
사용검사일

***세대(아파트)
미분양주택 →
임대주택으로 전환

"A주택"
임대사업자
등록예정

Q1 분양목적의 미분양아파트를 준공 이후 임대주택 전환 시 종부령§3의 구비요건을 갖추었을 경우 '09년에 건설임대주택으로 합산배제 적용 여부?

A1 주택법에 따라 등록한 주택건설사업자가 사업계획승인을 얻어 건설한 주택으로 사용검사 시까지 분양되지 아니한 주택을 임대주택법§6에 의한 임대사업자등록 및 소법§168 또는 법법§111의 규정에 따른 사업자등록을 하고 과세기준일 현재 임대하는 경우 해당 주택은 종부령§3①1호의 규정을 적용받을 수 있는 것임

📑 관련 판례 · 해석 등 참고사항

▶ **종부령§3[합산배제 임대주택]**

① 법§8②1호에서 "대통령령이 정하는 주택"이란 임대주택법§2 4호에 따른 임대사업자로서 과세기준일 현재 소법§168 또는 법법§111에 따른 주택임대업 사업자등록을 한 자가 과세 기준일 현재 임대(1호부터 3호까지 및 5호 주택을 임대한 경우를 말함)하거나 소유(4호 주택을 소유한 경우를 말함)하고 있는 다음 각 호의 어느 하나에 해당하는 주택(이하 "합산배제 임대 주택"이라 함)을 말한다.

1. 임대주택법§2 2호에 따른 건설임대주택으로서 다음 각 목의 요건을 모두 갖춘 주택이 2호 이상인 경우 그 주택

   가. 전용면적이 149m² 이하로서 2호 이상의 주택의 임대를 개시한 날 또는 최초로 ⑧에 따른 합산배제신고를 한 연도의 과세기준일의 공시가격이 6억원 이하일 것

   나. 5년 이상 계속하여 임대하는 것일 것

🏠 심화정리

▶ 자가 신축한 다가구주택에 대한 건설임대주택 해당 여부

- 임대주택법§2 2호에 따른 건설임대주택으로서 보존등기일까지 임대주택법§6의 규정에 의한 임대사업자 등록을 하고 과세기준일 현재 소법§168 또는 법법§111의 규정에 따른 사업자등록을 한 경우 당해 주택은 종부령§3①1호의 건설임대주택으로 합산배제 적용을 받을 수 있음

- 귀 질의 경우, 당해 주택의 보존등기일까지 사업자등록을 하지 않았으므로 건설임대주택으로 합산배제 적용을 받을 수 없으며 다만, 종부령§3①2호에 해당될 경우 매입임대주택으로 합산배제 적용을 받을 수 있음

(종합부동산세과-1041, '08.08.28.)

▶ 보존등기 전까지 임대사업자 등록하여야 건설임대주택 인정

- 주택건설사업자 및 임대를 목적으로 하는 주택을 건설하는 토지 소유자, 건축업자 등이 사업계획승인서 또는 건축 허가서에 의하여 임대사업자로 등록하는 경우 보존등기 전까지 임대사업자로 등록하여야 건설임대주택으로 볼 수 있음

- 다만, 임대주택법§2②나목에 의하여 주택건설사업자가 사업계획승인을 얻어 건설한 주택 중 미분양 주택을 임대하는 경우에는 등록 시기에 관계없이 건설임대주택으로 볼 수 있음

(국토해양부 공공주택팀-1076, '06.11.20.)

▶ 임대사업자 등록 변경신고가 늦어진 경우 건설임대주택 해당 여부

- 국민주택기금 지원, 공공건설임대주택 사업계획 승인, 주택공급규칙에 따른 입주자모집공고, 임대주택 물건지에 공공건설임대주택으로 신고되어 있는 경우에는 임대사업자등록 변경신고가 늦었더라도 건설임대주택에 해당함

(종합부동산세과-31, '09.11.04.)

임대주택
(조특법§97의4)

구 분	장기임대주택(§97의4)
감 면 대상자	• 거주자 또는 비거주자
특례요건	• 민간임대주택법에 따른 민간건설임대주택 or 민간매입임대주택, 공공주택특별법에 따른 공공건설임대주택 or 공공매입임대주택으로서 6년 이상 임대한 주택* * 소령§167의3①2호 가목 및 다목에 따른 장기임대주택
특례내용	• 요건 충족하는 장기임대주택을 양도 시, 소법§95②에 따른 보유기간별 장기보유특별공제율에 해당 주택의 임대기간에 따라 아래의 표에 따른 추가공제율을 더한 공제율 적용

임대기간	6년 이상 ~7년 미만	7년 이상 ~8년 미만	8년 이상 ~9년 미만	9년 이상 ~10년 미만	10년 이상
추가공제율	2%	4%	6%	8%	10%

구 분	장기임대주택(§97의4)
	* 장기보유특별공제율이 "표2"에 해당한 경우에는 적용하지 아니함
적용례	• '14.1.1. 이후 최초로 양도하는 분부터 적용
임대기간 계산방법등	• 소법에 따른 사업자등록과 민간임대주택법에 따른 임대사업자등록을 한 후 임대를 개시한 날부터 기산(상속 시 피상속인의 임대기간 합산) • 기존 임차인의 퇴거일부터 다음 임차인의 입주일까지의 기간으로서 3개월 이내의 기간은 임대기간에 산입 * 주택 수 제한 없으므로 1호 이상 임대하면 됨(§97의5도 同)
비 고	• 농어촌특별세 해당 없음

 참고 소령§167의3①2호 가목 및 다목에 따른 장기임대주택
    – 주택 · 부수토지 기준시가 합계액 6억원(수도권 밖 3억원) 이하

장기임대주택에 대한 양도세 과세특례(조특령§97의4)

주택임대를 개시한 날(→ 최초 주택임대 개시일)

조특령§97③에 의거 임대주택의 소재지 관할 세무서장에게 주택의 임대를 개시한 날부터 3개월 이내 주택임대신고서를 제출하는 경우 주택의 임대를 개시한 날은 최초 주택임대 개시일을 말함

중요 중 | 난이 중

적용사례(서면-2016-부동산-5777, '17.02.07.)

| '08.4.14. | '08.5.20. | '08.5.29. |

사례

甲.
○○세무서에
면세사업자 등록

甲.
○○시청에
임대사업자 등록

甲.
경기 수원 소재
아파트 11개 취득

Q1 갑은 임대아파트 11개에 대해 최초 주택의 임대를 개시한 날부터 3월 이내에 임대주택의 소재지 관할 세무서장에게 주택임대신고서를 제출하는지 또는 임차기간 만료로 임차인이 변경될 때마다 매번 임대주택의 소재지 관할 세무서장에게 주택임대신고서를 제출하는지?

A1 조특령§97③에 의거 임대주택의 소재지 관할 세무서장에게 주택의 임대를 개시한 날부터 3개월 이내 주택임대신고서를 제출하는 경우 주택의 임대를 개시한 날은 최초 주택임대 개시일을 말하는 것임

📜 관련 판례 · 해석 등 참고사항

소령§167의3①2호가목 및 다목에 해당하는 장기임대주택이 임대의무기간이 종료한 날
등록이 말소된 경우로서 해당 자동말소된 장기임대주택을 양도 시, 조특법§97의4에 따른
추가공제율 적용 시 임대기간은 조특령§97의4②에 따른 임대개시일부터 자동말소일까지의
기간에 따라 산정함

중요 상　난이 중

적용사례(사전-2023-법규재산-0043, '23.03.08.)

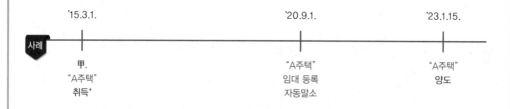

'15.3.1.　　　'20.9.1.　　　'23.1.15.

사례

甲.
"A주택"
취득*

"A주택"
임대 등록
자동말소

"A주택"
양도

* 취득 후 세무서에 사업자등록 및 지자체에 민간임대주택법에 따른 임대등록(4년, 단기)함

Q1 장기임대주택이 자동말소된 이후에도 계속하여 임대하여 6년 이상 임대한 후 양도하는 경우,
조특법§97의4에 따른 추가공제율을 적용받을 수 있는지 여부?

A1 소령§167의3①2호가목 및 다목에 해당하는 장기임대주택(법률 제17482호 민간임대주택에 관한 특별법
일부개정법률 부칙§5①이 적용되는 주택으로 한정)이 민간임대주택법§6⑤에 따라 임대의무기간이 종료한 날
등록이 말소(자동말소)된 경우로서 해당 자동말소된 장기임대주택을 양도하는 경우, 조특법§97의4(이하
"쟁점특례"라 함)에 따른 추가공제율 적용 시 임대기간은 조특령§97의4②에 따른 임대개시일부터
자동말소일까지의 기간에 따라 산정하는 것으로,
　　－ 자동말소된 장기임대주택(A주택)을 자동말소일 이후에도 계속하여 임대하더라도 자동말소일까지 6년
　　　이상 임대기간요건을 충족하지 못하는 경우에는 쟁점특례를 적용받을 수 없는 것임

03

임대주택
(조특법§97의5)

구 분	장기일반민간임대주택(§97의5)
감면 대상자	• 거주자　　　　　　　　　　　　　　　　* 임대등록기간만 감면
특례요건	• 아래의 요건을 모두 갖춘 장기일반민간임대주택등 　① '15.1.1.~'18.12.31.까지 주택을 취득 　　('18.12.31.까지 매매계약을 체결하고 계약금을 납부한 경우 포함) 　② 취득일로부터 3개월 이내에 장기일반민간임대주택등으로 등록 　③ 등록 후 10년 이상 계속하여 임대한 경우 　　(계속 임대 간주 규정 ☞ 조특령§97의5 참조) 　④ 장기일반민간임대주택등 요건 　　－ 보증금·임대료 인상률 연 5%로 제한 　　－ 국민주택규모이하 　⑤ 기준시가 합계액 6억원(수도권 밖 3억원) 이하('18.9.14. 이후 취득분부터)
특례내용	• 임대기간 중 발생한 양도소득*에 대한 양도소득세 전액 감면 $$양도소득금액 \times \frac{임대기간의\ 마지막\ 날의\ 기준시가 - 취득\ 당시\ 기준시가}{양도\ 당시\ 기준시가 - 취득\ 당시\ 기준시가}$$ 　－ 위 계산식 적용시 새로운 기준시가가 고시되기 전에 취득 또는 양도하거나 　　임대기간의 마지막 날이 도래하는 경우에는 직전의 기준시가 적용
적용례	• '15.1.1. 이후 취득하는 분부터 적용
임대기간 계산방법 등	• 소득세법에 따른 사업자등록과 민간임대주택법에 따른 임대사업자등록을 한 후 　임대를 개시한 날부터 기산(상속 시 피상속인의 임대기간 합산) • 기존 임차인의 퇴거일부터 다음 임차인 입주일까지 기간으로서 6개월 이내 　기간은 임대기간에는 산입하지 않으나 "계속" 요건은 인정
비 고	• 감면세액의 20% 농어촌특별세 과세

참고　조특법 §97의3 및 §97의4와 중복 적용 배제

장기일반민간임대주택등에 대한 감면(조특령§97의5①) 양도 당시 요건 불비→감면적용

조특법§97의5의 요건을 충족하여 계속하여 10년 이상 임대를 한 임대기간 중 발생한 양도소득에 대하여 양도세 감면 적용 대상에 해당함

중요 상 난이 중

적용사례

(서면-2017-법령해석재산-1253, '19.04.19., 기획재정부 조세법령운용과-493, '19.04.09.)

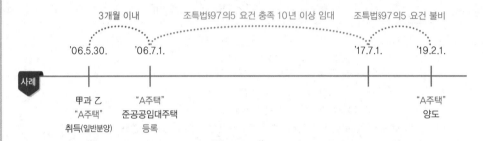

Q1 준공공임대주택으로서 의무임대기간 10년 이상 요건을 충족하였으나 양도 당시 준공공임대주택의 요건을 충족하지 못한 경우 임대기간에 대한 감면 적용 여부?

A1 조특법§97의5의 요건을 충족하여 계속하여 10년 이상 임대를 한 임대기간 중 발생한 양도소득에 대하여 양도세 감면 적용 대상에 해당함

참고 민간임대주택법상 '18.7.17.부터 준공공임대주택이 장기일반민간임대주택으로 용어 변경됨

관련 판례·해석 등 참고사항

▶ **조특법§97의5[장기일반민간임대주택등에 대한 양도세 감면]**

① 거주자가 다음 각 호의 요건을 모두 갖춘 민간임대주택법§2 4호에 따른 공공지원민간임대주택 또는 같은 법§2 5호에 따른 장기일반민간임대주택(이하 "장기일반민간임대주택등"이라 함)을 양도하는 경우에는 조특령으로 정하는 바에 따라 임대기간 중 발생한 양도소득에 대한 양도세의 100/100에 상당하는 세액을 감면한다.

1. '18.12.31.까지 민간임대주택법§2 3호의 민간매입임대주택 및 공공주택특별법§2 1호의3에 따른 공공매입임대주택을 취득('18.12.31.까지 매매계약을 체결하고 계약금 납부한 경우 포함)하고, 취득일로부터 3개월 이내 민간임대주택법에 따라 장기일반민간임대주택등으로 등록할 것

2. 장기일반민간임대주택등으로 등록 후 10년 이상 계속하여 장기일반민간임대주택등으로 임대한 후 양도할 것

3. 임대기간 중 조특법§97의3①2호(임대료 증액 제한 요건 등)의 요건을 준수할 것

장기일반민간임대주택등에 대한 감면(조특령§97의5①)

재건축 임대주택의 요건(감면 관련)

신축주택의 임차인과의 계약을 최초의 임대차계약으로 보아 임대보증금 및 임대료를 산정하고, 국민주택 규모를 초과하는 1개의 신축주택을 취득하여 양도 시 감면대상에 해당하지 않는 것임

중요 상 / 난이 중

적용사례(서면-2017-법령해석재산-0082, '17.11.24.)

3개월 이내

'16.12.10.   '17.3.1.   '17.5.1.   '19.10.1.

사례

甲.
서울 광진 소재
"A아파트"
공동명의 취득

"A아파트"
임대사업자
및 사업자
등록

"A아파트"
관리처분
계획인가

"A'아파트"
신축

Q1 준공공임대주택의 임대기간 중 도시정비법에 따라 재건축되어 신축주택을 취득한 경우 재건축기간 동안의 연 5% 범위 내의 임대료 미인상분을 적용하여 임대료를 산정할 수 있는 지 여부?

A1 신축주택의 임차인과의 계약을 최초의 임대차계약으로 보아 임대보증금 및 임대료를 산정하는 것임
    * 1년 전 임대료 대비 5% 범위 내에서 변동률 등을 고려하여 증액 청구(서면-2016-부동산-4573, '16.09.27.)

Q2 준공공임대주택을 도시정비법에 따라 재건축하여 국민주택 규모 초과 1주택 또는 국민주택 규모 이하의 2주택을 취득하여 양도하는 경우 조특법§97의5에 따른 감면 적용 여부?

A2 • 국민주택 규모를 초과하는 1개의 신축주택을 취득하여 양도 시 감면대상에 해당하지 않는 것이며,
    • 분담금을 추가로 납부하지 않고 도시정비법에 따라 국민주택 규모 이하의 2개 신축주택을 취득하여 조특법§97의5에 따른 준공공임대주택으로 계속 임대한 경우 종전주택과 임대기간을 통산하여 10년 이상 임대하는 등 감면요건 충족 시 감면대상에 해당함

참고 민간임대주택법상 '18.7.17.부터 준공공임대주택이 장기일반민간임대주택으로 용어 변경됨

장기일반민간임대주택등에 대한 감면(조특령§97의5①3호)

재건축 시 임대기간(감면 관련)

조특법§97의5에 따른 준공공임대주택의 임대기간 중에 도시정비법에 따른 재건축사업이
진행되는 경우 임대기간은 재건축 前 임대기간과 재건축 後 임대기간을 통산함

중요 중   난이 중

적용사례(서면-2017-부동산-2743, '17.11.14., 서면-2016-법령해석재산-4571, '16.11.25.)

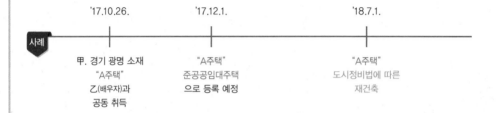

'17.10.26.

'17.12.1.

'18.7.1.

사례

甲. 경기 광명 소재
"A주택"
乙(배우자)과
공동 취득

"A주택"
준공공임대주택
으로 등록 예정

"A주택"
도시정비법에 따른
재건축

Q1 A주택을 준공공임대주택*으로 등록 후 도시정비법에 따른 재건축사업이 진행되는 경우
재건축공사기간을 임대기간에 포함하는 지 여부?

A1 준공공임대주택의 임대기간 중에 도시정비법에 따른 재건축사업이 진행되는 경우 임대기간은 재건축 前
임대기간과 재건축 後 임대기간을 통산함

참고 민간임대주택법상 '18.7.17.부터 준공공임대주택이 장기일반민간임대주택으로 용어 변경됨

📋 관련 판례 · 해석 등 참고사항

▶ 서면-2016-법령해석재산-4571, '16.11.25.

- 사실관계 : 甲은 '16.8.1. 아파트를 매입하고 지방자치단체와 세무서에 사업자등록을 한 후, 해당
  아파트는 6~7년 후 재건축 예정인데 아래의 국토교통부 민원회신('15.11.18.)*과 같이 재건축이 되면
  기존 건물에 대한 임대사업자등록을 말소하여야 하고 재건축으로 준공된 신축아파트에 대해 다시
  준공공임대주택으로 등록하여야 함

'17.12.31. 이전 분양권을 승계취득하고 아파트가 완공되면 후 3개월 이내 민간임대주택법에
따라 준공공임대주택등으로 등록할 경우 조특법§97의5에 따른 양도세 감면대상에 해당

중요　상
난이　중

적용사례

(서면-2016-법령해석재산-5746, '17.07.28., 기획재정부 재산세제과-465, '17.07.24.)

'15.4.1.　　　　　　　　　　　　　'19.6.1.

사례

甲.
"A아파트 분양권"
취득

"A아파트"
완공*

* 완공되면 3개월 이내 민간임대주택법에 따라 준공공임대주택등으로 등록할 예정이고 조특법§97의5 규정의
  기타 감면 요건을 충족한 것으로 전제

Q1 '17.12.31. 이전* 분양권을 승계취득하고 아파트가 완공된 후 3개월 이내 민간임대주택법에 따라
준공공임대주택등으로 등록할 경우 조특법§97의5에 따른 양도세 감면대상에 해당하는지 여부?

* 조특법§97의5에 따른 감면주택 대상은 '18.12.31.까지 취득한 주택(매매계약 체결하고 계약금을 납부한 경우 포함)

A1 조특법§97의5①에 따른 양도세 감면대상에 해당함

참고 민간임대주택법상 '18.7.17.부터 준공공임대주택이 장기일반민간임대주택으로 용어 변경됨

📑 **관련 판례 · 해석 등 참고사항**

▶ **서면-2016-부동산-5826, '16.12.30.**

* * 국토교통부 민원회신('15.11.18.)
  – 임대주택이 재개발 · 재건축으로 멸실되는 경우 해당 임대주택의 임대기간은 종료되는 것이며,
    재개발 · 재건축으로 인하여 신축주택을 취득하는 경우에는 주택을 새로이 취득하는 것으로서 과거
    멸실된 주택과 연속성이 없음

조특법§97의5①1호를 적용할 때 도시정비법에 따른 주택재개발지역의 조합원입주권을
승계받아 취득한 신축주택의 취득일은 소령§162①4호의 규정에 따르는 것임

중요	난이
상	중

적용사례(서면-2016-부동산-3880, '16.08.30.)

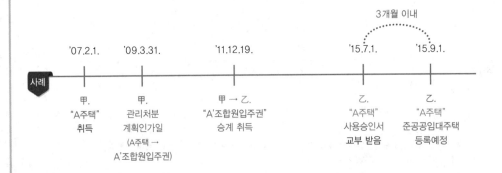

Q1 주택재개발지역의 조합원입주권을 승계취득하여 완공된 후 3개월 이내에 준공공임대주택으로 등록할
경우 조특법§97의5①에 따른 양도세 감면규정 적용 여부?

A1 조특법§97의5①1호를 적용할 때 도시정비법에 따른 주택재개발지역의 조합원입주권을 승계받아
취득한 신축주택의 취득일은 소령§162①4호의 규정에 따르는 것임(☞ 감면규정 적용됨)

📖 **관련 판례 · 해석 등 참고사항**

▶ **소령§162[양도 또는 취득시기]**

① 소법§98 전단에서 "대금을 청산한 날이 분명하지 아니한 경우"란 다음 각 호의 경우를 말한다.

　　4. 자기가 건설한 건축물에 있어서는 건축법§22②에 따른 사용승인서 교부일. 다만, 사용승인서 교부일
　　　전에 사실상 사용하거나 같은 조 ③2호에 따른 임시사용승인을 받은 경우에는 그 사실상 사용일 또는
　　　임시사용승인을 받은 날 중 빠른 날로 하고 건축허가를 받지 아니하고 건축하는 건축물에 있어서는 그
　　　사실상의 사용일로 한다.

장기일반민간임대주택등에 대한 감면(조특법§97의5①1호) 증여취득(감면요건)

거주자가 배우자로부터 '17.12.31.까지 민간임대주택법§2 3호의 민간매입임대주택을 증여로 취득하고, 취득일(수증일)부터 3개월 이내에 같은 법에 따라 준공공임대주택등으로 등록한 경우 조특법§97의5①1호의 요건을 갖춘 것으로 보는 것임

중요 상   난이 중

적용사례(서면-2016-부동산-5715, '17.05.17., 서면-2016-법령해석재산-3039, '17.04.03.)

3개월 이내

'05.8.24.

甲.
부산 해운대 소재
"A주택"
취득

'17.7.1.

甲 → 乙(甲의 처).
"A주택"
증여

'17.9.1.

乙.
"A주택"
준공공임대주택
등록예정

Q1 A주택을 배우자 을에게 증여한 후 준공공임대주택으로 등록하는 경우 준공공임대주택등에 대한 양도세 감면규정의 적용 여부?

A1 거주자가 배우자로부터 '17.12.31.까지 민간임대주택법§2 3호의 민간매입임대주택을 증여로 취득하고, 취득일(수증일)부터 3개월 이내에 같은 법에 따라 준공공임대주택등으로 등록한 경우 조특법§97의5①1호의 요건을 갖춘 것으로 보는 것임

관련 판례 · 해석 등 참고사항

▶ **민간임대주택법§2[정의]**

　3. 민간매입임대주택이란 임대사업자가 매매 등으로 소유권을 취득하여 임대하는 민간임대주택을 말한다.

민간임대주택법에 의하여 장기일반민간임대주택으로 등록한 후 임대 중인데 주택법에 따른 리모델링 사업으로 국민주택규모보다 면적이 넓어진 경우, 조특법§97의5에 의해 양도세 감면대상에 해당하지 않는 것임

중요
중

난이
중

적용사례(서면-2020-법령해석재산-2164, '20.09.22.)

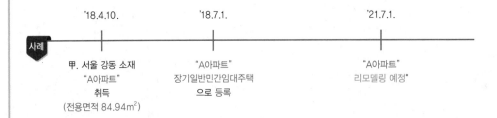

'18.4.10.

甲. 서울 강동 소재
"A아파트"
취득
(전용면적 84.94m²)

'18.7.1.

"A아파트"
장기일반민간임대주택
으로 등록

'21.7.1.

"A아파트"
리모델링 예정*

사례

* 아파트 주민들이 주택법§66에 의거 리모델링 조합을 결성하여 전체 아파트 구분소유자의 2/3가 찬성한다면 리모델링 대상이고 리모델링을 거치면 주택 전용면적이 101.41m²로 증가하여 국민주택 규모를 초과 예정임

Q1 민간임대주택법에 의하여 장기일반민간임대주택으로 등록한 후 임대 중인데 주택법에 따른 리모델링 사업으로 국민주택규모보다 면적이 넓어진 경우, **조특법§97의5에 의해 양도세 감면이 되는 지 여부?**

A1 조특법 §97의5에 따른 감면대상에 해당하지 않는 것임

📑 **관련 판례 · 해석 등 참고사항**

장기일반민간임대주택등에 대한 감면(조특법§97의3~5)   증여취득 등 종합(감면관련)

거주자가 민간매입임대주택을 증여로 취득하여 준공공임대주택등으로 등록하여 10년 이상 계속하여 임대한 후 양도하는 경우 임대기간 중 발생한 양도소득에 대한 양도세 100/100에 상당하는 세액을 감면하는 것임

중요 상   난이 중

적용사례(서면-2016-부동산-4205, '16.09.01.)

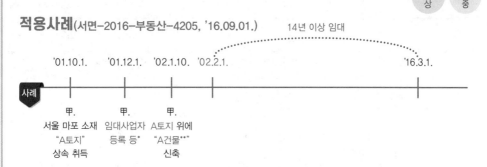

14년 이상 임대

'01.10.1.   '01.12.1.   '02.1.10.   '02.2.1.   '16.3.1.

사례

甲.
서울 마포 소재
"A토지"
상속 취득

甲.
임대사업자
등록 등*

甲.
A토지 위에
"A건물**"
신축

* 01.12.1.에 지방자치단체에 주택임대사업자등록, 세무서에 사업자등록하고 '02.2.1.부터 임대사업을 개시함

** 다세대주택을 소규모 원룸(15세대, 개별등기)으로 고가주택에 해당하지 않음

Q1 임대의무기간 계산 시 조특령§97의3④에 의거 종전의 민간임대주택으로 임대한 기간(약 14년) 중 5년을 인정받을 수 있는지 여부?

A1 조특법§97의3에 해당하는 준공공임대주택등에 대한 양도세 과세특례가 적용되어 준공공임대주택등의 임대기간 계산 시, 민간임대주택을 준공공임대주택등으로 등록하는 경우에는 5년의 범위에서 민간임대주택으로 임대한 기간의 50/100에 해당하는 기간을 준공공임대주택의 임대기간에 포함하여 산정하는 것임

Q2 임대의무기간을 채우지 못하고 타인에게 양도한 경우 종전의 민간건설임대주택 임대기간을 인정받아 조특법§97의4 과세특례 적용을 받을 수 있는지 여부?

A2 거주자가 민간임대주택법§2 2호에 따른 민간건설임대주택, 같은 법 §2 3호에 따른 민간매입임대주택으로서 소령§167의3①2호가목 및 다목에 따른 장기임대주택을 6년 이상 임대한 후 양도 시 조특법§97의4를 적용하는 것으로,
- 이 경우 위의 민간건설임대주택과 매입임대주택에는 같은 법§5에 따라 준공공임대주택으로 등록된 민간임대주택을 포함하는 것임

Q3 기존의 임대주택사업자등록을 말소하고 그 임대주택을 직계가족에게 증여한 후 수증자 명의로 준공공임대주택을 신규등록할 경우 임대의무기간(10년) 이후 양도시 조특법§97의5 양도세 감면규정이 적용되는 지 여부?

A3 거주자가 민간매입임대주택을 증여로 취득하여 준공공임대주택등으로 등록하여 10년 이상 계속하여 임대한 후 양도하는 경우 임대기간 중 발생한 양도소득에 대한 양도세 100/100에 상당하는 세액을 감면하는 것임

03

임대주택
(조특법§97의9)

구 분	공공매입임대주택 건설 목적으로 양도한 토지(§97의9)
감면 대상자	• 거주자
특례요건	• 거주자가 공공매입임대주택을 건설할 주택건설사업자*에게 해당 주택 건설을 위한 토지를 '27.12.31.까지 양도 * 공공주택사업자(LH 등)와 공공매입임대주택으로 사용할 주택을 건설하여 양도하기로 약정을 체결하고 이에 따라 해당 주택을 건설할 자로 한정 • 거주자가 양도세 신고할 때 세액감면신청서에 토지 양수자가 공공매입임대주택 건설사업자임을 증빙할 수 있는 서류를 첨부하여 관할 세무서장에게 제출하여야 함
특례내용	• 토지 양도로 발생한 소득*에 대한 양도세 10% 감면 * 토지와 건물 등을 함께 양도 시 토지·건물의 양도가액, 취득가액 구분이 불분명할 때는 소령§166⑥을 준용하여 안분계산
적용례	• '21.3.16. 이후 양도분부터 적용
사후관리	• 주택건설사업자가 토지 양도받는 날*부터 3년 이내 해당 토지에 공공매입임대 주택을 건설하여 공공주택사업자에게 양도하지 아니한 경우 주택건설사업자는 감면세액을 사유 발생한 과세연도의 과세표준을 신고 시 소득세 또는 법인세로 납부하여야 함 * 부득이한 사유(ⓐ공사의 인가·허가의 지연 ⓑ 파산선고 ⓒ천재지변) 발생 시에는 해당 사유가 해소된 날('23.1.1. 이후 양도분부터 적용)
비 고	• 감면세액의 20% 농어촌특별세 과세

* 주택건설사업자가 공공주택사업자와 공공매입임대주택을 건설하여 양도하기로 약정을 체결하기 전에 거주자로부터 토지를 매입한 후에 약정을 체결한 경우에는 위 과세특례가 적용되지 않음(∵조특법§97의9①괄호에서 약정 체결한 자로 한정)

🏠 심화정리

● 공공매입임대주택 건설을 목적으로 양도한 토지 과세특례 흐름도

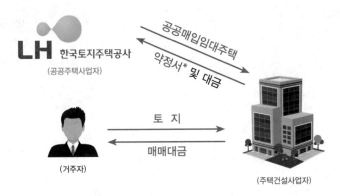

* 공공매입임대주택을 건설하여 양도하기로 약정을 체결한 약정서

조특법§97의9[공공매입임대주택 건설을 목적으로 양도한 토지에 대한 과세특례]에 의거 요건 충족하므로 감면 적용

중요 상 난이 중

적용사례

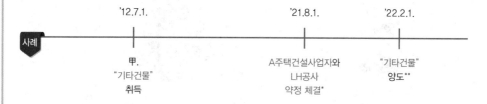

'12.7.1.

甲.
"기타건물"
취득

'21.8.1.

A주택건설사업자와
LH공사
약정 체결*

'22.2.1.

"기타건물"
양도**

* 건설예정(중)인 주택 매입 약정을 체결했으며 이를 근거로 甲이 주택건설사업자에게 기타건물을 양도함

** 거주자 甲이 양도세 신고 시 세액감면신청서에 토지를 양수한 자가 공공매입임대주택을 건설할 자로 공공주택사업자와 공공매입임대주택을 건설하여 양도하기로 약정을 체결한 자임을 증명할 수 있는 서류 제출

Q1 거주자 갑이 기타건물과 부수토지를 양도하고 토지분에 대한 양도세 산출세액의 10%를 감면 신청한 경우 적정 여부?

A1 조특법§97의9[공공매입임대주택 건설을 목적으로 양도한 토지에 대한 과세특례]에 의거 요건 충족하므로 감면 적용

관련 판례 · 해석 등 참고사항

* 주택건설사업자가 공공주택사업자와 공공매입임대주택을 건설하여 양도하기로 약정을 체결하기 전에 거주자로부터 토지를 매입한 후에 약정을 체결한 경우에는 위 과세특례가 적용되지 않음

(∵조특법§97의9①괄호에서 약정 체결한 자로 한정)

공공매입임대주택 건설 목적으로 양도한 토지 특례(조특법§97의9)

약정 체결하지 않는 자에 양도(감면 관련)

조특법§97의9에 따른 과세특례는 공공주택사업자와 주택건설사업자 간 토지에
공공매입임대주택을 건설하여 양도하기로 약정을 체결한 경우로서, 약정이 체결되기 전에
거주자가 토지를 먼저 양도한 경우에는 특례가 적용되지 않는 것임

중요 중 / 난이 중

적용사례(사전-2022-법규재산-1303, '22.12.30.)

사례

'12.7.1.
甲.
"A토지"
취득

'22.11.1.
"A토지"
양도*

* 양도일까지 공공주택사업자와 주택건설사업자 간 공공매입임대주택 건설 및 양도에 관한 약정이 체결되지 않음

Q1 주택건설사업자에게 토지를 먼저 양도한 후 해당 토지에 대한 공공매입임대주택 건설 등에 관한 약정이
체결된 경우, 조특법§97의9 적용 여부?

A1 조특법§97의9에 따른 과세특례는 공공주택사업자와 주택건설사업자 간 토지에 공공매입임대주택을
건설하여 양도하기로 약정을 체결한 경우로서 해당 토지를 소유한 거주자가 이를 주택건설사업자에게
'24.12.31.까지 양도한 경우에 적용되는 것으로
– 약정이 체결되기 전에 거주자가 토지를 먼저 양도한 경우에는 특례가 적용되지 않는 것임

📑 관련 판례 · 해석 등 참고사항

* 주택건설사업자가 공공주택사업자와 공공매입임대주택을 건설하여 양도하기로 약정을 체결하기 전에
거주자로부터 토지를 매입한 후에 약정을 체결한 경우에는 위 과세특례가 적용되지 않음
(∵조특법§97의9①괄호에서 약정 체결한 자로 한정)

🏠↓04

미분양주택
(조특법§98)

구 분	'95.11.1.~'97.12.31. 취득(§98①)	'98.3.1.~'98.12.31. 취득(§98③)
특 례 대상자	• 거주자	
특례요건	• 미분양국민주택을 특례적용 기간 내에 매매계약하여 취득한 후 5년 이상 보유 · 임대한 후 양도	
특례내용	• 양도소득세율을 20% 적용 또는 종합소득세로 계산 · 납부하는 방법 중 선택	
대상주택 (모두충족)	• 서울특별시 외의 지역에 소재하는 미분양 국민주택일 것 • '95.10.31. 현재('98.2.28. 현재) 시장, 군수, 구청장으로부터 확인받은 미분양 주택이고, 주택건설업자로부터 최초로 분양받은 주택으로 미입주 주택 • 특례적용기간 내에 취득하거나 매매계약 후 계약금 납부하고 5년 이상 보유 · 임대한 후 양도할 것	
특례적용 기 간	• '95.11.1. ~ '97.12.31.	• '98.3.1. ~ '98.12.31.
적용시기	• '96.1.1. 이후 양도분부터 적용	• '98.4.10. 이후 양도분부터 적용
비 고	• 농어촌특별세 해당 없음 • 다른 주택의 1세대 1주택 비과세 판정 시 미분양주택은 거주자 주택으로 보지 않음	

미분양주택에 대한 과세특례(조특법§98)   국민주택규모 이하로 리모델링(미분양 관련)

과세특례 요건을 모두 충족한 미분양주택을 양도하기 전에 국민주택규모 이하로 리모델링 사업을 진행한 경우에는 조특법§98에 따른 과세특례를 적용받을 수 있는 것임

중요 중   난이 중

적용사례(서면-2022-법규재산-3839, '24.09.10.)

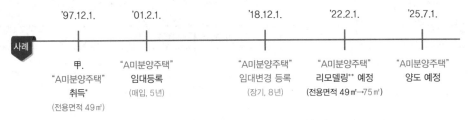

사례

'97.12.1.
甲.
"A미분양주택"
취득*
(전용면적 49㎡)

'01.2.1.
"A미분양주택"
임대등록
(매입, 5년)

'18.12.1.
"A미분양주택"
임대변경 등록
(장기, 8년)

'22.2.1.
"A미분양주택"
리모델링** 예정
(전용면적 49㎡→75㎡)

'25.7.1.
"A미분양주택"
양도 예정

　* 조특령§98①요건(미분양주택 확인 등)을 모두 충족한 주택
　** 주택법에 따른 리모델링(증축)이며, 리모델링 전 · 후 토지의 면적은 동일하며 주택의 면적만 증가함

Q1 조특법§98에 해당하는 미분양주택을 주택법에 따른 리모델링 사업으로 인하여 주택의 면적이 증가(국민주택 규모 이하)하는 경우에도 특례 적용이 가능한지 여부?
(면적 증가 외 조특법§98를 충족한 미분양주택임을 전제)

A1 과세특례 요건을 모두 충족한 미분양주택을 양도하기 전에 국민주택규모 이하로 리모델링 사업을 진행한 경우에는 조특법§98에 따른 과세특례를 적용받을 수 있는 것임

관련 판례 · 해석 등 참고사항

▶ **조특법§98①[미분양주택에 대한 과세특례]**

① 법§98① 본문에서 "대통령령으로 정하는 미분양 국민주택"이란 다음 각호의 요건을 모두 갖춘 국민주택규모이하의 주택으로서 서울특별시외의 지역에 소재하는 것을 말한다.

1. 「주택법」에 의하여 사업계획승인을 얻어 건설하는 주택(민간임대주택법§2에 따른 민간임대 주택과 공공주택특별법§2 1호가목에 따른 공공임대주택을 제외한다. 이하 이 조에서 같다)으로서 당해 주택의 소재지를 관할하는 시장 · 군수 또는 구청장이 '95.10.31. 현재 미분양 주택임을 확인한 주택

2. 주택건설사업자로부터 최초로 분양받은 주택으로서 당해 주택이 완공된 후 다른 자가 입주한 사실이 없는 주택

▶ **서면-2019-부동산-4307, '22.04.22.**

– 장기일반민간임대주택이 리모델링사업으로 국민주택규모를 초과하게 되는 경우에는 조특법§97의3에 따른 과세특례가 적용되지 않는 것임

04

미분양주택
(조특법§98의2)

구 분		지방미분양주택(§98의2)
대 상 자		• 거주자, 부동산매매업자
취득기간		• '08.11.3.~'10.12.31.
제외지역		• 수도권(서울, 인천, 경기)
주택유형	분양취득분	• 조특령§98의2① 참고 – '08.11.2.까지 미분양주택 – '08.11.3.까지 사업계획승인을 얻었거나 사업계획승인을 신청한 사업주체가 공급하는 주택
	자가건설	• 적용 배제
장기보유특별공제		• 소법§95② 표2 적용
세 율		• 보유기간, 주택 수에 관계없이 기본세율
주 택 수 포함여부		• 1세대 1주택 비과세 판정 시 소유주택으로 보지 않음
주택규모		• 제한 없음 * '09.1.1. 이후 양도하는 지방미분양이 아닌 다주택자 : 세율만 인하, 장기보유특별공제배제
주택가액		• 양도가액, 기준시가 등에 관계없이 모두 적용
농 특 세		• 해당 없음
선택적용		• 조특법§98의2 및 §98의3 모두 해당하는 경우 그 중 하나만 선택 적용

04

미분양주택
[조특법§98의3]

구 분		미분양주택(§98의3)
대 상 자		• 거주자, 국내사업장이 없는 비거주자
취득기간		• 거주자 : '09.2.12.~'10.2.11. • 비거주자 : '09.3.16.~'10.2.11.
제외지역		• 서울시, 지정지역(소법§104의2)
주택 유형	분양 취득분	• 조특령§98의3① 참고 – '09.2.11.까지 미분양주택 – '09.2.12. 이후 신규 분양주택 등
	자가 건설	• 포함(아래 주택은 제외) ① 도시 및 주거환경정비법에 따른 재개발 · 재건축 주택 ② 소실 · 도괴 · 노후 등으로 멸실되어 재건축한 주택
감면소득 금 액		• 취득 후 5년 이내 양도 : 세액감면 100%(수도권과밀억제권역 안 60%) • 취득 후 5년 경과 후 양도 : 취득일로부터 5년간 발생한 양도소득금액 (수도권과밀억제권역 안 60%) 공제
감 면 율		• 수도권과밀억제권역 밖 : 100% • 수도권과밀억제권역 안 : 60% * 수도권과밀억제권역 해당 여부는 매매계약일 현재 기준으로 판단
장특공제		• 소법§95② 표1 또는 표2
세 율		• 보유기간, 주택 수에 관계없이 기본세율
주 택 수 포함여부		• 1세대 1주택 비과세 판정 시 소유주택으로 보지 않음
주택규모		• 과밀억제권역 밖 : 제한 없음 • 과밀억제권역 안 : 대지 면적 660㎡(200평), 주택의 연면적(공동주택은 전용면적) 149㎡(45평)이내
주택가액		• 양도가액, 기준시가 등에 관계없이 모두 적용
농 특 세		• 농특세비과세
선택적용		• 조특법§98의2 및 §98의3 모두 해당하는 경우 그 중 하나만 선택 적용

■수도권 권역 현황

1. 서울특별시 전역

2. 인천광역시
   [강화군, 옹진군, 서구 대곡동 · 불로동 · 마전동 · 금곡동 · 오류동 · 왕길동 · 당하동 · 원당동,
   인천경제자유구역(경제자유구역에서 해제된 지역 포함), 남동 국가산업단지 제외]

3. 경기도
   – 의정부시, 구리시, 남양주시(호평동, 평내동, 금곡동, 일패동, 이패동, 삼패동, 가운동, 수석동,
     지금동 및 도농동만 해당), 하남시, 고양시, 수원시, 성남시, 안양시, 부천시, 광명시, 과천시,
     의왕시, 군포시, 시흥시[반월특수지역(반월특수지역에서 해제된 지역 포함)은 제외]

🏠 심화정리

⊙ 취득 후 5년간 발생한 감면대상 소득금액

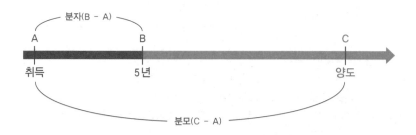

(전체 양도
소득금액)
AC

$\times$

$$\dfrac{\text{취득일부터 5년이 되는날의 기준시가(B) − 취득당시 기준시가(A)}}{\text{양도당시 기준시가(C) − 취득당시 기준시가(A)}}$$

분자(B − A)

A   B   C

취득   5년   양도

분모(C − A)

▶ 수도권과밀억제권역 안에 소재한 주택 양도 시에는 위의 감면대상 소득금액의 60%만 감면

📜 관련 판례 · 해석 등 참고사항

▶ **수도권정비계획법§6[권역의 구분과 지정]**

① 수도권의 인구와 산업을 적정하게 배치하기 위하여 수도권을 다음과 같이 구분한다.

   1. 과밀억제권역: 인구와 산업이 지나치게 집중되었거나 집중될 우려가 있어 이전하거나 정비할 필요가 있는 지역

   2. 성장관리권역: 과밀억제권역으로부터 이전하는 인구와 산업을 계획적으로 유치하고 산업의 입지와 도시의 개발을 적정하게 관리할 필요가 있는 지역

   3. 자연보전권역: 한강 수계의 수질과 녹지 등 자연환경을 보전할 필요가 있는 지역

② 과밀억제권역, 성장관리권역 및 자연보전권역의 범위는 대통령령으로 정한다.

04

미분양주택(조특법§98의5)

구 분		지방미분양주택(§98의5)
대 상 자		• 거주자, 국내사업장이 없는 비거주자
취득기간		• '10.05.14.~'11.04.30.
제외지역		• 수도권(서울, 인천, 경기)

주 택 유 형	분 양 취득분	• 조특령§98의4① 참고
		  – 미분양주택('10.2.11.까지)을 선착순으로 공급하는 주택
		  – 주택도시보증공사가 공급하는 환매조건부 매입주택
		  – 주택시공자가 공사대금으로 받은 주택으로서 공급하는 주택
		  – 미분양 리츠·펀드 공급 미분양주택
		  – 신탁업자 공급미분양 주택

	자가 건설	• 적용배제 * §98의3의 연장조치
감면소득 금 액		• 취득 후 5년 이내 양도 : 세액감면 60~100%(분양가격 인하율에 따라) • 취득 후 5년 경과 후 양도 : 소득금액 공제
감 면 율		• 분양가격 인하 10%이하 : 60% • 분양가격 인하 10%초과 20%이하 : 80% • 분양가격 인하 20%초과 : 100%
장기보유 특별공제		• 소법§95② 표1 또는 표2
세 율		• 보유기간, 주택수에 관계없이 기본세율
주 택 수 포함여부		•1세대 1주택 비과세 판정 시 소유주택으로 보지 않음
주택규모		• 제한 없음
주택가액		•양도가액, 기준시가 등에 관계없이 모두 적용
농 특 세		• 비과세

참고

$$\text{분양가 인하율} \times \frac{(\text{모집공고 공시 분양가} - \text{매매계약서상 매매가})}{\text{모집공고 공시 분양가}} \times 100$$

지방미분양주택(조특법§98의5)   비과세 판정시 소유주택으로 보지 않음

1세대가 소령§155⑦에 따른 농어촌주택(A)과 조특법§98의5에 따른 감면대상 미분양주택(B), 조특법§99의4에 따른 농어촌주택(C)을 순차로 취득하여 보유하고 있는 경우로서 3주택(A, B, C) 중 어느 하나의 주택을 양도하는 경우 비과세를 적용함

중요 중   난이 상

적용사례(서면-2022-법규재산-1002, '22.07.18.)

사례

'02.7.1.

父 사망.
父 → 甲
"A주택*"
취득

'11.5.1.

"B주택**"
취득

'18.6.1.

"C주택***"
취득

    * 소령§155⑦의 농어촌상속주택에 해당함을 전제

    ** 조특법§98의5 감면대상 미분양주택에 해당함을 전제

    *** 조특법§99의4 농어촌주택등 취득자에 대한 과세특례에 해당함을 전

Q1 1세대가 소령§155⑦에 따른 농어촌주택(A)과 조특법§98의5에 따른 감면대상 미분양주택(B), 조특법§99의4에 따른 농어촌주택(C)을 보유하고 있는 경우로서 3주택(A, B, C) 중 어느 하나의 주택을 양도하는 경우, 1세대 1주택 비과세 특례가 적용되는지 여부?

A1 1세대가 위와 같이 3주택을 순차로 취득한 경우로서 그 중 1주택을 양도하는 경우에는 국내에 1개의 주택을 소유하고 있는 것으로 보아 소법§89①3호 및 소령§154①을 적용하는 것임

📑 **관련 판례 · 해석 등 참고사항**

04

준공후미분양주택(조특법§98의6)

구 분	준공 후 미분양주택(§98의6)
대 상 자	• 거주자, 국내사업장이 없는 비거주자
취득기간	• 제한 없음
제외지역	• 없음　　　　　　　　　* 입법취지 : 임대주택 공급 활성화
주택유형	• 준공후미분양주택 : 주택법§54에 따라 공급하는 주택으로서 사용검사 또는 사용승인을 받은 후 '11.3.29. 현재 분양계약이 체결되지 아니하여 선착순의 방법으로 공급하는 아래의 어느 하나에 해당하는 주택 　1. 사업주체등이 준공후미분양주택을 '11.12.31.까지 임대계약을 체결하여 2년 이상 임대한 주택으로서, 사업 주체 등과 최초로 매매계약을 체결하고 취득한 주택 　2. 준공후미분양주택을 사업주체 등과 최초로 매매계약을 체결하여 취득하고 5년 이상 임대(소법 및 임대주택법에 따른 임대사업자 등록등을 하고 '11.12.31. 이전에 임대 계약을 체결한 경우에 한함)한 주택 • 다음의 주택은 제외 　– 취득 당시(최초 임대 개시 당시) 기준시가 6억원 초과 또는 연면적(공동주택은 전용면적) 149㎡초과 주택 　– 준공 후 입주한 사실이 있는 주택 　– '11.3.29.~'11.12.31. 기간 중 체결한 계약을 해제하고 매매 계약자 또는 그 배우자 등이 당초 계약 체결한 주택을 다시 매매 계약 취득 　– '11.3.29.~'11.12.31. 기간 중 계약 체결한 주택을 대체하여 다른 주택을 매매계약 취득
감　면 소득금액	• 취득일부터 5년 이내 양도 시 양도소득세 50% 감면 (조특법§98의6①1의 요건을 갖춘 주택에 한함)
감 면 율	• 취득일부터 5년이 지난 후 양도 시 취득일부터 5년간 발생한 양도소득 금액의 50%를 양도세 과세대상 소득금액에서 공제
장기보유 특별공제	• 소법§95② 표1 또는 표2　　　cf) 소법§95②(중과), 소법§104①3호(단기양도)
세　율	• 보유기간, 주택 수에 관계없이 기본세율
주 택 수 포함여부	• 1세대 1주택 비과세 판정 시 소유 주택으로 보지 않음
농 특 세	• 감면세액의 20%

04

미분양주택
(조특법§98의7)

구 분	미분양주택(§98의7)
대 상 자	• 내국인
취득기간	• '12.9.24.~'12.12.31.
제외지역	• 없음
주택유형	• '12.9.24. 현재 주택법§54에 따라 주택을 공급하는 사업주체가 같은 조에 따라 공급하는 주택으로서 해당 사업 주체가 입주자모집공고에 따른 입주자의 계약일이 지난 주택 단지에서 '12.9.23.까지 분양계약이 체결되지 아니하여 선착순의 방법으로 공급하는 미분양 주택 • 다음의 주택은 제외 ① 실제 거래가액이 9억원 초과(양수자 부담의 취득세 등 제외)하는 주택 ② 매매계약일 현재 입주 사실이 있는 주택 ③ '12.9.23. 이전에 체결한 매매계약이 미분양주택 취득기간 중 해제된 주택 ④ 위 ③에 따른 매매계약 해제한 매매계약자가 미분양주택 취득기간 중에 계약을 체결하여 취득한 주택 및 매매계약자 또는 그 배우자 등이 미분양 주택 취득기간 중 원래의 사업주체 등과 계약을 체결·취득한 주택
감 면 소득금액 감 면 율	• 취득일부터 5년 이내 양도시 양도소득세 100% 감면 • 취득일부터 5년이 지난 후 양도시 취득일부터 5년간 발생한 양도소득금액을 양도소득세 과세대상소득 금액에서 공제
장기보유 특별공제	• 해당없음
세 율	• 소법§104에 따른 세율 적용
주 택 수 포함여부	•1세대 1주택 비과세 판정 시 소유 주택으로 보지 않음
농 특 세	• 감면세액의 20%

준공후미분양주택(조특법§98의8)

구 분	준공 후 미분양주택(§98의8)
대 상 자	• 거주자
취득기간	• '15.1.1.～'15.12.31.
제외지역	• 없음 * 입법취지 : 임대주택 공급 활성화
대상자산	• '14.12.31. 현재 준공후미분양주택으로서 5년 이상 임대한 주택(소법 및 임대주택법에 따른 임대사업자 등록등을 하고 '15.12.31. 이전 임대 계약 체결한 경우 한정)
주택유형	• 준공후미분양주택 : 주택법§54에 따라 공급하는 주택으로서 사용검사 (주택법§49) 또는 사용 승인(건축법§22)을 받은 후 '14.12.31. 까지 분양계약이 체결되지 아니하여 '15.1.1. 이후 선착순의 방법으로 공급하는 주택 • 다음의 어느 하나에 해당하는 주택은 제외 ① 실제 거래가액이 6억원 초과(양수자 부담의 취득세 등 제외)하는 주택 ② 주택의 연면적(공동주택은 전용 면적) 135㎡ 초과하는 주택 ③ '14.12.31. 이전에 체결한 매매 계약이 '15.1.1. 이후 해제된 주택 ④ 위 ③에 따른 매매계약을 해제한 매매계약자가 취득기간 중에 계약을 체결하여 취득하는 주택(계약자의 가족 등 포함)

감 면
소득금액
	• 취득일부터 5년간 발생한 양도소득금액 50%를 과세대상 소득금액에서 공제
	※ 감면소득금액계산 :
	    양도세 과세대상 소득금액 − (취득일부터 5년간 발생한 양도소득금액*×50%)
	  * 조특령§40①을 준용하여 계산

장기보유 특별공제	• 해당없음
세 율	• 소법§104에 따른 세율 적용
주 택 수 포함여부	• 1세대1주택 비과세를 적용할 때 소유 주택으로 보지 않음
농 특 세	• 감면세액의 20%

참고
조특령§40(구조조정대상부동산의 취득자에 대한 양도세의 감면 등)
① : 취득한 날로부터 5년간 발생한 양도소득금액

$$양도소득금액 \times \frac{취득일부터 \ 5년 \ 되는 \ 날의 \ 기준시가 - 취득 \ 당시 \ 기준시가}{양도 \ 당시 \ 기준시가 - 취득 \ 당시 \ 기준시가}$$

04

수도권 밖 준공후미분양주택
(조특법§98의9)

구 분	수도권 밖 소재의 준공 후 미분양주택((§98의9)
대 상 자	• 1주택을 보유한 1세대(거주자)
취득기간	• '24.1.10.~'25.12.31.
제외지역	• 수도권(서울, 인천, 경기)
대상자산	• 임시 사용승인 포함한 사용검사(주택법§49) 또는 사용승인(건축법§22)을 받은 날까지 분양계약이 체결되지 아니하여 선착순의 방법으로 공급하는 주택
특례요건	• 전용면적 85m² 이하이고 취득가액이 6억원 이하일 것 • 양도자가 다음 어느 하나에 해당할 것 ① 주택법에 따른 사업주체 ② 건축물의 분양에 관한 법률에 따른 분양사업자 ③ 위의 ①에 따른 사업주체나 ②에 따른 분양사업자로부터 대물변제 받은 시공자 • 양수자가 해당 주택에 대한 최초 매매계약 체결자일 것
확인절차	• 양도자가 주택 관할 시장·군수·구청장이 매매계약서에 준공 후 미분양된 사실 확인 날인받아 양수자에게 교부하고 시장·군수·구청장은 주택 소재지 관할 세무서장에게 전자적 형태로 제출
특례내용	• 1세대 1주택 비과세를 적용할 때 소유 주택으로 보지 않음 1주택을 보유한 1세대(종부세법§2 8호의 세대)가 취득기간에 준공후미분양 주택을 취득 시 종부세법 §8①1호에 따른 1세대 1주택자로 간주

* '25.1.1. 이후 결정 또는 경정하는 분부터 적용

05

신축주택
[조특법§99, 조특법§99의3]

구 분		조세특례제한법(§99)	조세특례제한법(§99의3)
감면대상자		• 신축주택을 취득한 거주자(주택건설사업자 제외)	
감 면 요 건		• 신축주택취득기간 내 계약금을 납부(사용승인)하고 취득하여 양도	
감 면 율		• 5년 이내 양도 ⇒ 100% 감면 • 5년 경과 양도 ⇒ 5년간 발생한 양도소득금액을 감면	

대상주택	신축주택
	취득기간
		• '98.5.22.~'99. 6.30. :
		  모든주택
		• '98.5.22.~'99.12.31. :
		  국민주택
			• '00.11.1.~'01.5.22. : 비수도권 소재 국민주택
			• '01.5.23.~'02.12.31. : 전국 모든 주택
			• '03.1.1.~'03.6.30. : 서울 · 과천 · 5대 신도시 지역
			    제외한 전국 모든 주택

	자가건설주택, 조합원의 재개발 재건축주택	• 신축주택취득기간 내 사용승인, 사용검사(임시사용 승인일 포함)를 받은 주택	
	주택건설사업자 로부터 취득주택	• 신축주택취득기간 내 최초로 매매계약하고 계약금을 납부한 미입주주택	
	감면제외	• 타인으로부터 분양권을 매입하여 취득하는 신축주택 • 건설업자로부터 최초 매매계약 후 분양권 상태로 양도 • 신축주택이 고가주택('02.12.31. 이전은 고급주택)인 경우 감면 제외 * 사실상 주거용오피스텔은 신축주택 해당 안됨(대법원2007두21242, '08.2.14.)	

	적용시기	• '99.7.1.~'99.12.31.
		  기간 중의 국민주택
		  ⇒ '99.7.1. 양도분부터 적용
			• '00.11.1.~'01.5.22. 비수도권 국민주택
			  ⇒ '01.1.1. 이후 양도분부터 적용
			• '01.5.23.~'03.6.30. 전국 모든 주택
			  (단, 서울 · 과천 · 5대 신도시는 '02.12.31.까지)
			  ⇒ '01.8.14. 이후 양도분부터 적용

비 고		• 해당 거주자의 보유 주택 수와 관계없이 감면가능 • 감면주택에는 건물연면적의 2배 이내 부수토지 포함 • 감면세액의 20% 농어촌특별세 과세 • 1세대 1주택 비과세 판정시 주택수 제외('07년말까지 양도 시에만)	

> 신축주택 감면 개요(조특법§99, 조특법§99의3)

조특법§99	조특법§99의3
'98.5.22.~'99. 6.30. : 모든 주택 '98.5.22.~'99.12.31. : 국민주택	'00.11.1.~'01.5.22. : 비수도권 소재 국민주택 '01.5.23.~'02.12.31. : 전국 모든 주택 '03.1.1.~'03.6.30. : 서울 · 과천 · 5대 신도시지역 제외한 전국 모든 주택

- 신축주택 취득기간

- 신축주택 취득유형
  ① 자기가 건설한 신축주택 :
    - 신축주택 취득기간 내에 사용승인, 사용검사(임시사용일 포함)를 받은
      주택 · 주택법에 따른 주택조합 또는 도시정비법에 따른 정비사업조합 통하여
      조합원이 취득하는 주택 포함
      ex) 단독주택, 재개발 · 재건축주택, 지역 · 직장조합을 통해 취득한 주택
  ② 주택건설사업자로부터 취득한 신축주택 :
    - 신축주택 취득기간 내에 최초로 매매계약 체결하고 계약금을 납부한 자가
      취득하는 주택

- 위의 ① 자기건설 주택이 신축주택 취득기간 내 사용승인 등을 받지 못하여 감면을 받지
  못한 상태에서 일반분양자는 위의 ②와 같이 최초로 매매계약 체결하고 계약금을
  납부하면 감면혜택을 받는 문제점 발생

  - 조특령§99③2호 및 §99의3③2호를 신설하여 신축주택 취득기간 내에 일반분양자가
    한 명이라도 잔여주택에 대해 매매계약을 직접 체결하고 계약금을 납부한 경우
    조합원도 감면 적용(다음 쪽 참고)

☞ '01.12.31.에 조특령§99의3③2호 및 §99의3⑤이 신설되어 '02.1.1. 이후 조합원의
  지위를 취득하는 분부터는 승계조합원은 조특법§99의3에 따른 감면혜택에서 제외됨에
  특히 유의해야 함(제17458호, '01.12.31.)

🏠 심화정리

● 조특령§99의3③2호

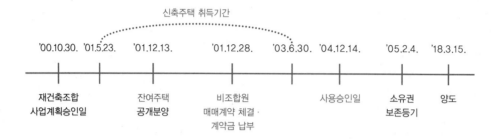

☞ 재건축조합원의 주택이 신축주택취득기간 경과 후 사용승인(취득)되더라도 同 기간 내
재건축조합과 일반분양자간 계약 체결 및 납부가 이루어진 경우 감면 주택에
해당(대법원2008두2026, '08.5.29.)

📑 관련 판례 · 해석 등 참고사항

▶ **조특령§99의3[신축주택의 취득자에 대한 양도소득세의 과세특례]**

③ 법§99의3①1호에서 "대통령령으로 정하는 주택(과세특례 대상 주택)"이란 다음 각 호의 1에 해당하는
주택을 말한다.

2. 조합원[도시정비법§48의 규정에 의한 관리처분계획인가일(주택재건축사업의 경우에는 §28의 규정에
의한 사업시행인가일을 말함) 또는 주택법§15에 따른 사업계획의 승인일 현재의 조합원을 말함]이
주택조합등으로부터 취득하는 주택으로서 신축주택취득기간 경과 후에 사용승인 또는 사용검사를
받는 주택. 다만, 주택조합등이 조합원외의 자와 신축주택 취득기간 내에 잔여주택에 대한
매매계약(매매계약이 다수인 때에는 최초로 체결한 매매계약을 기준으로 함)을 직접 체결하여
계약금을 납부받은 사실이 있는 경우에 한한다.

◉ **감면대상 양도소득금액** (조특법§99, 조특법§99의3)

▶ **취득일로부터** 5년 이내 **양도 :**

신축주택 취득일 ~ 양도일까지 발생한 양도소득을 과세대상 양도소득에서 공제하되

다음과 같이 구분

• 신규취득 : 신축주택 취득일부터 양도일까지 발생한 양도소득금액

• 재개발 · 재건축 취득 : 아래 산식으로 계산된 양도소득금액

$$= \boxed{\begin{array}{c} \text{양 도} \\ \text{소득금액} \end{array}} \times \frac{\text{양도 당시 기준시가} - \text{신축주택 취득 당시 기준시가}}{\text{양도 당시 기준시가} - \text{종전주택 취득 당시 기준시가}}$$

참고 '16.1.1. 이후 양도분**부터** 신축주택 취득**에 대한 감면세액 등 계산 시** 기준시가 적용 명확화

▶ **취득일로부터** 5년 후 **양도 :**

당해 신축주택을 취득한 날부터 5년간 발생한 양도소득금액을 양도세 과세대상

양도소득에서 공제하되 다음과 같이 구분

• 신규취득 : 아래 산식으로 계산된 양도소득금액

$$= \boxed{\begin{array}{c} \text{양 도} \\ \text{소득금액} \end{array}} \times \frac{\begin{array}{c}\text{신축주택 취득일부터}\\\text{5년이 되는 날의 기준시가}\end{array} - \text{신축주택 취득 당시 기준시가}}{\text{양도 당시 기준시가} - \text{신축주택 취득 당시 기준시가}}$$

• 재개발 · 재건축 취득 : 아래 산식으로 계산된 양도소득금액

$$= \boxed{\begin{array}{c} \text{양 도} \\ \text{소득금액} \end{array}} \times \frac{\begin{array}{c}\text{신축주택 취득일부터}\\\text{5년이 되는 날의 기준시가}\end{array} - \text{신축주택 취득 당시 기준시가}}{\text{양도 당시 기준시가} - \text{종전주택 취득 당시 기준시가}}$$

⊙ 소득금액 차감 방식(소법§90②)

▶ 그 동안 조특법에 따라 과세대상 소득금액에서 차감되는 소득금액도 소법§90에 따른
안분방식으로 계산(기재부 재산세제과-617, '09.3.27. 외)

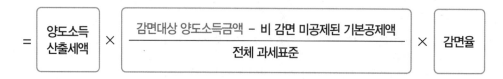

$$= \boxed{\begin{array}{c}\text{양도소득}\\\text{산출세액}\end{array}} \times \frac{\text{감면대상 양도소득금액} - \text{비 감면 미공제된 기본공제액}}{\text{전체 과세표준}} \times \boxed{\text{감면율}}$$

▶ 조특법§99를 문리해석하여 소득공제방식으로 적용해야 한다는 대법원 판례(2010두3725,
'12.6.28.)*의 입장을 반영하여 소법§99②을 개정

- 적용시기 : '13.1.1 이후 신고, 결정 또는 경정하는 분부터 적용
- 적용영역 : 신축주택(조특법§99, §99의3),
  미분양주택(§98의3, §98의5, §98의6, §98의7)

> **참고** 대법원2010두3725('12.6.28.) : 신축주택 취득일부터 5년 경과 후 양도시 소득금액 차감 방식으로 산정해야 함

▶ 취득한 날부터 5년간 발생한 양도소득금액은 다음 계산식에 따라 계산한 금액으로
함(조특령§40)

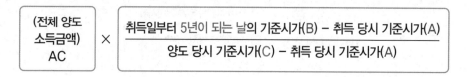

$$\boxed{\begin{array}{c}\text{(전체 양도}\\\text{소득금액)}\\\text{AC}\end{array}} \times \frac{\text{취득일부터 5년이 되는 날의 기준시가(B)} - \text{취득 당시 기준시가(A)}}{\text{양도 당시 기준시가(C)} - \text{취득 당시 기준시가(A)}}$$

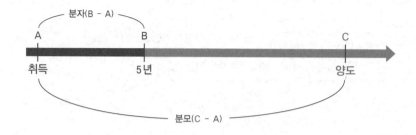

🏠 심화정리

➡ 고가(고급)주택의 개정 연혁(소령§156①)

- '03.1.1. 이후 양도분부터 고가주택으로 명칭을 변경하고, 기존 고급주택의 판정 요소 중 면적, 시설기준에 관계없이 주택 및 그 부수토지 전체(5배 초과분만 아님에 유의)의 실지거래가액의 합계액만을 기준으로 판정함

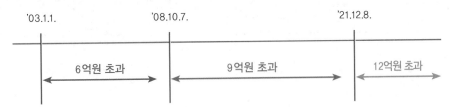

- 고급주택(아래 ①, ②, ③ 중 어느 하나에 해당하는 주택과 부수되는 토지)의 개정 연혁

구분	'99.9.17. 이전	'99.9.18.~ '00.12.31.	'01.1.1.~ '02.9.30.	'02.10.1.~ '02.12.31.
① 공동주택	전용면적 165m² 이상이고 양도가액 5억원 초과 (기준시가)	전용면적 165m² 이상이고 양도가액 6억원 초과 (실지거래가액)	전용면적 165m² 이상이고 양도가액 6억원 초과 (실지거래가액)	전용면적 149m² 이상이고 양도가액 6억원 초과 (실지거래가액)
② 단독주택	시가표준 2천만원 이상이면서 양도가액 5억원 초과 (기준시가) * 연면적 - 주택 264m² 이상 또는 - 부수토지 495m² 이상	시가표준 2천만원 이상이면서 양도가액 6억원 초과 (실지거래가액) * 연면적 - 주택 264m² 이상 또는 - 부수토지 495m² 이상	기준시가 4천만원 이상이면서 양도가액 6억원 초과 (실지거래가액) * 연면적 - 주택 264m² 이상 또는 - 부수토지 495m² 이상	기준시가 4천만원 이상이면서 양도가액 6억원 초과 (실지거래가액) * 연면적 - 주택 264m² 이상 또는 - 부수토지 495m² 이상

③ 시설기준: 엘리베이터, 에스컬레이터, 수영장(67m²이상) 중 1개 이상 시설이 설치된 주택

* 주택의 연면적에는 구.소령§154③본문 규정(주택으로 보는 복합주택)에 의해 주택으로 보는 부분과 주거전용으로 사용되는 지하실 부분 면적을 포함(구.소령§156①1호가목)

* 소령 부칙(제17825호, '02.12.30.)

제20조(고가주택의 범위에 관한 경과조치)

제159조의2 각 호의 규정에 해당하는 고가주택으로서 이 영 시행 전('02.12.31.)에 매매계약을 체결하고 이 영 시행 후 2월이 되는 날('03.2.28.)까지 당해 주택을 양도하는 경우에는 제156조의 개정규정에 불구하고 종전의 규정에 의한다.

취득 당시 조특법§99의3에서 규정하는 고급주택에 해당하지 않았으나 양도 당시에는 고가주택의 요건을 충족하는 경우 감면배제 대상에 해당하지 않음

중요 상　난이 상

적용사례(사전-2017-법령해석재산-0506, '17.09.19.)

* A신축주택의 전용면적은 160.83m²이고, 분양가액은 527백만원임

Q1 취득 당시 조특법§99의3에서 규정하는 고급주택에 해당하지 않았으나 양도 당시에는 고가주택의 요건을 충족하는 경우 감면배제 대상에 해당하는 지 여부?

A1 • '03.1.1. 前 조특법§99의3에 따라 주택건설사업자와 최초로 매매계약을 체결하고 계약금을 납부한 신축주택을 '03.1.1. 이후 양도 시 신축주택이 고가주택에 해당하는 지 여부는 매매계약을 체결하고 계약금을 납부한 날 당시의 고급주택 기준*을 적용함

　　* 주택의 전용면적이 165m² 이상이고 양도 당시 실지거래가액이 6억원을 초과

• 따라서 양도 당시 실가가 6억원은 초과하나 주택 전용면적이 165m² 미만인 신축주택은 조특법§99의3①에서 규정하는 감면 배제대상 고가주택에 해당하지 않음

📜 **관련 판례 · 해석 등 참고사항**

신축주택의 취득자에 대한 과세특례(조특법§99의3)   고가(고급)주택(신축주택 감면)

옥탑이 주택 층수에 산입됨에 따라 주택으로 사용하는 층수가 4개 층이 되어 단독주택이 아닌 공동주택에 해당하여 독립된 호를 각각의 주택으로 보아, 고급주택이 아니면 감면 적용하고 감면세액의 20%를 농어촌특별세로 과세

중요 상   난이 상

적용사례

'01.11.1.   '02.10.1.   '17.7.1.   '18.2.20.   '19.3.20.   '20.2.1.

사례

서울 광진구 소재   A'다가구주택   서울 성동구 소재   서울 광진구 소재   "A다가구주택"   "C주택"
"A'다가구주택"   멸실 후   "B주택"   "C주택"   양도***   양도
취득   A다가구주택*   취득**   취득**   (950백만원)
                        신축

* 3층 건물 연면적 합계 262m², 옥탑 30m² 합계 292m²로 사용승인 받음

** 임대 관련 사업자등록등 하고 임대 개시하였으나, C주택을 임대의무기간 미 충족한 상태에서 양도

*** 당초 거주주택 비과세 특례로 무신고, 사후관리 대상으로 장기임대주택 임대의무기간 위반으로 다주택자 중과
    및 장기보유특별공제 부인하여 양도세 350백만원 고지

Q1 A다가구주택의 조특법§99의3에 따른 감면 적용 여부?

   * 사용승인 당시 고급주택 기준[조특법 부칙(제6762호, '02.12.11.)§29①] 이외 요건은 모두 충족 전제

A1 단독주택의 고급주택 요건 중 주택 연면적이 옥탑을 제외하면 264m² 미만이나 옥탑을 합산하면
    264m² 이상으로 고급주택에 해당한 것으로 보이나

   – 최근 대법원 판례(2020두48024, '20.12.24.)에서와 같이 옥탑이 주택의 층수에 산입됨에 따라
     주택으로 사용하는 층수가 4개 층이 되어 단독주택이 아닌 공동주택에 해당하여 독립된 호를 각각의
     주택으로 보아, 고급주택이 아니면 감면 적용하고 감면세액의 20%를 농어촌특별세로 과세하여야 함

➡ 다음 쪽에서 보충 설명

📑 관련 판례 · 해석 등 참고사항

▶ **조특법 부칙⟨법률 제6762호, '02.12.11.⟩**

제29조(신축주택의 취득자에 대한 양도소득세의 과세특례에 관한 경과조치)

① 이 법 시행전에 종전의 §99① 또는 §99의3①의 규정에 의하여 주택건설업자와 최초로 매매계약을
   체결하고 계약금을 납부하였거나, 자기가 건설한 신축주택으로서 사용승인 또는 사용검사(임시사용승인
   포함)를 받은 신축주택을 이 법 시행 후 양도하는 경우 양도세의 감면 및 양도세 과세대상소득금액의
   계산에 관하여는 §99① 또는 §99의3①의 개정규정에 불구하고 종전의 규정을 적용한다. 이 경우
   매매계약을 체결하고 계약금을 납부한 날 또는 자기가 건설한 신축주택으로서 사용승인 또는 사용검사를
   받은 날 당시의 고급주택 기준을 적용한다.

▶ 설령, 한 세대가 독립하여 거주할 수 있는 요건을 갖추지 못하였다고 하더라도 '주택으로 쓰는 층수'에 포함

- 다가구주택 요건 규정은 '주택으로 쓰는 층수'라고만 규정하고 있을 뿐 그 주택을 한 세대가 독립하여 거주할 수 있는 요건을 갖춘 주택에 한정하고 있지 않음

  - 독립하여 거주할 수 있는 요건 갖추지 못했다고 하더라도 일상적인 주거용으로 사용되는 이상 '주택'에 해당한다고 해석하는 것이 법령의 문언에 부합

- 건축법시행령§3의5[별표 1]①나목은 주택의 하나인 '다중주택'의 요건으로 '독립된 주거의 형태를 갖추지 아니한 것(각 실별 욕실 설치가능하나 취사시설 설치 아니한 것을 말함)'으로 규정하고 있어 건축법령상 반드시 각 실별로 취사시설이 설치 되는 등 독립된 주거의 형태를 갖추어야만 용도상 주택으로 분류되는 것은 아님

- 법령의 내용 및 체계에 비춰보면, 한 층의 구조 및 기능이 한 세대가 독립하여 거주할 수 있는 요건을 갖추지 못하였더라도 일상적인 주거 용도로 사용하는 층은, 그것이 건축법령상 건물 층수에 해당하는 이상 '주택으로 쓰는 층수'에 포함된다고 보아야 함

- 독립적인 주거형태 여부에 따라 '주택으로 쓰는 층수'에서 제외할 수 있다고 해석하여 다가구주택으로 보지 않는다면,

  - 건물의 층을 기준으로 일정한 규모의 주택에 대해서만 다가구주택으로 인정하고자 하는 다가구주택의 요건 규정의 입법 취지에 어긋나는 결과를 가져올 수 있음

⊙ 조특법 부칙<법률 제6762호, '02.12.11.>

제1조(시행일) 이 법은 '03.1.1.부터 시행한다. 다만, (이하 생략)

제2조(일반적 적용례)
 ② 이 법 중 양도소득세에 관한 개정규정은 이 법 시행 후 최초로 양도하는 분부터 적용한다.

제29조(신축주택의 취득자에 대한 양도소득세의 과세특례에 관한 경과조치)

 ① 이 법 시행 전에 종전의 제99조제1항 또는 제99조의3제1항의 규정에 의하여 주택 건설업자와 최초로 매매계약을 체결하고 계약금을 납부하였거나, 자기가 건설한 신축주택으로서 사용승인 또는 사용검사(임시사용승인을 포함한다)를 받은 신축주택을 이 법 시행 후 양도하는 경우 양도소득세의 감면 및 양도소득세과세대상 소득금액의 계산에 관하여는 제99조제1항 또는 제99조의3제1항의 개정규정에 불구하고 종전의 규정을 적용한다. 이 경우 매매계약을 체결하고 계약금을 납부한 날 또는 자기가 건설한 신축주택으로서 사용승인 또는 사용검사를 받은 날 당시의 고급주택 기준을 적용한다.

 ② 제99조의3제1항제2호의 규정에 의한 신축주택으로서 이 법 시행 전에 당해 신축주택에 대한 공사에 착수하여 '03.6.30. 이전에 사용승인 또는 사용검사(임시 사용 승인을 포함한다)를 받은 경우에는 제99조의3제1항의 개정규정에 불구하고 종전의 규정을 적용한다.

 ③ 이 법 시행 전에 종전의 제99조제1항 또는 제99조의3제1항에 따라 주택건설업자와 최초로 매매계약을 체결하고 계약금을 납부하였거나, 자기가 건설한 신축주택으로서 사용승인 또는 사용검사(임시사용승인을 포함한다)를 받은 신축주택에 대해서는 이를 제99조제1항 또는 제99조의3제1항을 적용받는 신축주택으로 보아 제99조제2항 또는 제99조의3제2항을 적용한다.
 〈신설 2010. 1. 1.〉

다세대로 용도변경 후 양도(감면 관련)

다가구주택을 다세대주택으로 용도 변경하여 세대별로 사업목적 없이 단순히 양도하는 경우 양도세가 과세되나, 판매목적으로 수회에 걸쳐 분양하는 경우에는 부동산매매업에 해당

중요 | 난이
상 | 상

적용사례(서면4팀-2245, '05.11.17.)

'01.10.19.　'02.11.27.　'14.6.2.

사례

"A근생 및　　　"B근생 및　　　　　　　"A, B근생 및
다가구주택"　　　다가구주택"　　　　　　다가구주택"
신축　　　　　　　신축　　　　　　　　용도변경 후 분할 양도

※ 위 A, B근생 및 다가구주택은 당초 1개 주택이 소방도로가 개설됨에 따라 양쪽으로 갈라져 2채의 주택으로 신축하여
　임대하고 있으나 처분이 되지 않아 다세대주택으로 용도변경하여 분할하여 양도하려고 함

Q1 위 다가구주택을 용도 변경 후 양도 시 감면적용이 되는지 여부?

A1 다가구주택을 다세대주택으로 용도 변경하여 세대별로 사업목적 없이 단순히 양도하는 경우 양도세가
　과세되나, 판매목적으로 수회에 걸쳐 분양하는 경우에는 부동산매매업에 해당하며 신축주택의
　취득자에 대한 감면 규정이 적용되지 않음

📜 관련 판례 · 해석 등 참고사항

▶ 서일46014-11538, '03.10.28.
　– 거주자가 주택건설사업자인 경우와 해당 부동산의 양도가 사업소득(건설업 · 부동산매매업)에 해당하는
　　경우는 신축주택의 취득자에 대한 양도세의 과세특례(조특법§99의3) 적용 대상이 아님

신축주택의 취득자에 대한 과세특례(조특법§99의3)   조합원 자격 승계 취득

자기가 건설한 신축주택으로서 '01.5.23.부터 '03.6.30.까지 기간 중에 사용승인 또는
사용검사를 받은 신축주택을 취득하여 그 취득일부터 5년 이내에 양도함으로써 발생하는
소득에 대하여는 조특법§99의3의 규정에 의하여 양도세의 100분의 100에 상당하는 세액을
감면

중요 상 / 난이 중

적용사례(서면-2021-부동산-7975, '22.08.02., 서면4팀-478, '05.03.30.)

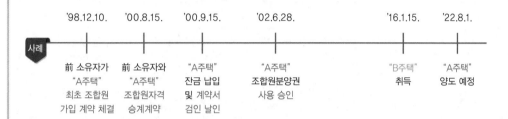

'98.12.10.	'00.8.15.	'00.9.15.	'02.6.28.	'16.1.15.	'22.8.1.
前 소유자가 "A주택" 최초 조합원 가입 계약 체결	前 소유자와 "A주택" 조합원자격 승계계약	"A주택" 잔금 납입 및 계약서 검인 날인	"A주택" 조합원분양권 사용 승인	"B주택" 취득	"A주택" 양도 예정

※ "A주택"은 주택건설촉진법에 의한 주택조합아파트로서 승계조합원 자격 취득을 전제

Q1 A주택을 '00.9.15. 주택조합의 자격 승계 취득하여 '02.6.28. 사용승인 받은 경우 조특법§99의3
과세특례를 적용 대상인지 여부?

A1 자기가 건설한 신축주택(주택건설촉진법에 의한 주택조합 또는 도시재개발법에 의한 재개발조합을 통하여
조합원이 취득하는 주택을 포함)으로서 '01.5.23.부터 '03.6.30.까지 기간 중에 사용승인 또는
사용검사(임시사용승인 포함)를 받은 신축주택을 취득하여 그 취득일부터 5년 이내에 양도함으로써
발생하는 소득에 대하여는 조특법§99의3의 규정에 의하여 양도세의 100분의 100에 상당하는 세액을
감면하는 것임
- 이 경우 '조합원'이라 함은 도시재개발법의 규정에 의한 관리처분계획의 인가일 또는
  주택건설촉진법의 규정에 의한 사업계획의 승인일 현재의 조합원을 말하는 것임. 다만,
  승계조합원의 경우는 '01.12.31. 이전에 조합원의 자격을 취득한 자에 한하는 것임

📜 관련 판례 · 해석 등 참고사항

▶ **조특령 부칙〈제17458호, '01.12.31.〉**

§11(양도소득세가 감면되는 조합원의 범위에 관한 적용례)
- §99의3③2호 및 ⑤의 개정규정은 이 영 시행 후 최초로 조합원의 지위를 취득하는 분부터 적용한다.

05

신축주택
[조특법§99의2]

구 분		조세특례제한법(§99의2)
감면대상자		• 거주자 또는 비거주자
감 면 요 건		• 기간 내에 계약금을 납부하고 취득한 주택으로서 시·군·구청장으로부터 감면대상주택임을 확인받아 관할 세무서장에게 제출한 경우에만 적용
감 면 율		• 5년 이내 양도 ⇒ 100% 감면 • 5년 경과 양도 ⇒ 5년간 발생한 양도소득금액을 감면
대상주택	신축주택 취득기간	• '13.4.1.~'13.12.31. ('13.12.31.까지 매매계약을 체결하고 계약금을 지급한 경우 포함)
	자가건설주택, 조합원의 재개발 재건축주택	• '13.4.1. 현재 미분양 주택 • 신축주택 • 30호 미만의 주택건설사업자가 공급하는 주택 등 • 1세대 1주택자의 주택
	주택건설사업자 로부터 취득주택	
	감면제외	• 실제 거래가액이 6억원 초과하고 연면적 85㎡를 초과 주택 • '13.3.31. 이전 체결 계약이 과세특례 취득기간 중 해제된 주택 • 위 해제한 매매계약자 또는 그 자의 배우자 등이 해당 주택을 과세특례 취득기간 중 원래 사업주체등과 계약·취득한 주택 • 취득 후 61일~양도일까지 주민등록이 되어 있지 않는 오피스텔(임대주택용인 경우 60일 이내 임대주택 미등록)
	적용시기	• '13.5.10. 이후 최초로 양도하는 분부터 적용
비 고		• 해당 거주자의 보유주택 수와 관계없이 감면가능 • 감면세액의 20% 농특세 과세 • 1세대 1주택 비과세 판정 시 소유주택으로 보지 아니함

신축주택 등 취득자에 대한 과세특례(조특법§99의2)   매매계약서 날인(감면 관련)

매매계약을 체결한 즉시 시장·군수·구청장으로부터 신축주택등의 매매계약서 날인을 받지
아니한 경우 조특법§99의2을 적용받을 수 없음

중요 상   난이 중

적용사례(서면-2022-부동산-3387, '22.08.10.)

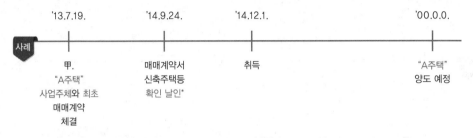

'13.7.19.   '14.9.24.   '14.12.1.   '00.0.0.

사례

甲.   매매계약서   취득   "A주택"
"A주택"   신축주택등   양도 예정
사업주체와 최초   확인 날인*
매매계약
체결

* A주택에 대해 사업주체등이 구청장으로부터 조특령§99의2 ①, ②에 따른 신축주택등임을 확인하는 날인을
받은 매매계약서를 신청인이 교부받음, 이 이외에는 조특법§99의2에 따른 신축주택 요건 모두 충족 전제

Q1 조특령§99의2⑪에서 사업주체등은 신축주택등의 매매계약을 체결한 "즉시"
시장·군수·구청장으로부터 신축주택등임을 확인하는 날인을 받아야 한다고 규정하고 있는데,
– 매매계약을 체결하고 1년 2개월이 경과한 후 신축주택등임을 확인하는 날인을 받은 주택이
조특법§99의2에 따른 감면요건을 충족하는 지 여부?

A1 매매계약을 체결한 즉시 시장·군수·구청장으로부터 신축주택등의 매매계약서 날인을 받지 아니한
경우 조특법§99의2을 적용받을 수 없음

관련 판례·해석 등 참고사항

▶ **기획재정부 재산세제과–770, '15.11.20.**
– 조특법 신축주택의 양도세 과세특례를 적용받기 위하여는 시군구청장으로부터 신축주택등임을 확인하는
날인을 받는 경우에만 적용받을 수 있음

거주자가 조특법§99의2①에 따른 신축주택 또는 미분양주택을 '13.4.1.~'13.12.31.까지
최초로 분양받아 분양권 상태에서 본인 소유지분 ½을 배우자에게 증여한 후, 해당주택을
양도 시 본인 소유의 ½ 지분만 과세특례 적용을 받음

중요
상　　난이
중

적용사례(서면-2016-법령해석재산-5311, '17.05.01.)

'13.8.6.　　'13.10.17.　　'16.8.12.　　'16.9.1.

사례

甲. 경기 **시 소재　　甲 → 乙(甲의 배우자)　　잔금　　　소유권　　"A주택"
"A신축주택"　　　　"A주택 분양권"　　　완납　　　이전등기　　양도 예정
분양계약　　　　　　½지분 증여

　* A주택 : 조특법§99의2 감면주택 확인 날인 받은 주택

Q1 신축주택을 취득한 후 배우자에게 해당 신축주택의 지분 ½을 증여 시 조특법§99의2에 따른 양도세
　　 과세특례 적용 여부?

A1 거주자가 조특법§99의2①에 따른 신축주택 또는 미분양주택을 '13.4.1.~'13.12.31.까지 최초로
　　 분양받아 분양권 상태에서 본인 소유지분 ½을 배우자에게 증여한 후, 해당주택을 양도 시 본인 소유의
　　 ½ 지분만 과세특례 적용을 받음

📋 관련 판례 · 해석 등 참고사항

☞ 조특법§99의2①에 따른 신축주택 또는 미분양주택은 '13.4.1.~'13.12.31.까지 "최초로 분양받아
　 매매계약을 체결한 자"가 취득한 경우를 감면대상으로 열거되었기 때문에 배우자 지분은 과세특례
　 적용대상이 아님

▶ 서면-2022-부동산-4541, '22.11.02., 서면 법규과-1388, '13.12.22.

　– 조특법§99의2①이 적용되는 감면대상 신축주택, 미분양주택을 분양받은 거주자 또는 비거주자가 분양권
　　상태에서 본인 소유 지분 중 1/2을 배우자에게 증여하여 공동지분으로 감면대상 주택을 취득한 경우
　　해당 배우자 지분 1/2에 해당하는 감면대상 주택의 양도소득에 대해서는 과세특례가 적용되지 아니하는
　　것이며, 나머지 본인 소유 지분 1/2에 해당하는 감면대상 주택의 양도소득에 대해서만 과세특례가
　　적용되는 것임

　– 다만, 배우자에게 증여한 당초 본인 소유 지분 1/2을 상증법§68에 따른 증여세 신고기한(증여일이
　　속하는 달의 말일부터 3개월) 이내에 반환받은 경우(반환받기 전에 증여세 과세표준 및 세액을 결정받은
　　경우는 제외) 해당 반환받은 지분 1/2에 해당하는 감면대상 주택의 양도소득에 대해서도 과세특례가
　　적용되는 것임

신축주택 등 취득자에 대한 과세특례(조특법§99의2)　　　취득 후 증여(감면 관련)

거주자가 조특법§99의2①에 따른 신축주택 또는 미분양주택을 '13.4.1.~'13.12.31.까지
최초로 매매계약 체결한 자가 취득한 신축주택을 감면대상으로 규정하고 있어, 청구인은
최초로 매매계약을 체결한 자가 아니므로 과세특례 적용 배제

중요 상　난이 중

적용사례(조심-2019-중-1175, '19.06.21.)

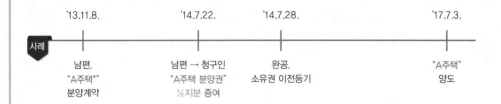

| '13.11.8. | '14.7.22. | '14.7.28. | '17.7.3. |

사례

남편.
"A주택*"
분양계약

남편 → 청구인
"A주택 분양권"
½지분 증여

완공.
소유권 이전등기

"A주택"
양도

* A주택 : 조특법§99의2 감면주택 확인 날인 받은 주택

Q1　감면되는 A주택의 분양권 지분(1/2)을 배우자로부터 증여 받아 양도할 때에 조특법§99의2에 따른
과세특례 적용 여부?

A1　거주자가 조특법§99의2①에 따른 신축주택 또는 미분양주택을 '13.4.1.~'13.12.31.까지 "최초로
매매계약 체결한 자"가 취득한 신축주택을 감면대상으로 규정하고 있어, 청구인은 최초로 매매계약을
체결한 자가 아니므로 과세특례 적용 배제

관련 판례 · 해석 등 참고사항

▶ 대법원 2011.1.27. 선고, 2010두6847 판결

－ 신축주택 이외의 1주택을 보유한 원고가 신축주택 중 ½ 지분을 배우자에게 증여한 뒤 신축주택 이외의
주택을 양도 시, 원고와 배우자가 각각 ½ 지분씩 보유한 신축주택은 거주자의 주택으로 보지 아니하므로
신축주택 이외 주택은 1세대 1주택의 양도로 보아 비과세 적용

최초 계약자 사망으로 분양권을 상속받아 취득한 주택은 최초로 매매계약을 체결한 자가
아니므로 과세특례 적용 배제

적용사례

(서면-2020-부동산-4431, '20.11.30., 서면-2015-법령해석재산-2432, '16.06.24.) 해석변경 삭제됨

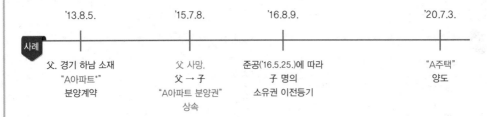

| '13.8.5. | '15.7.8. | '16.8.9. | '20.7.3. |

父. 경기 하남 소재
"A아파트"
분양계약

父 사망.
父 → 子
"A아파트 분양권"
상속

준공('16.5.25.)에 따라
子 명의
소유권 이전등기

"A주택"
양도

＊ A아파트 : 조특법§99의2 감면주택 확인 날인 받은 주택

Q1 최초 계약자 사망으로 분양권을 상속받아 취득한 주택의 조특법§99의2에 따른 과세특례 적용 여부?

A1 거주자가 조특법§99의2①에 따른 신축주택 또는 미분양주택을 '13.4.1.~'13.12.31.까지 "최초로
매매계약 체결한 자"가 취득한 신축주택을 감면대상으로 규정하고 있어, 상속인은 최초로 매매계약을
체결한 자가 아니므로 과세특례 적용 배제

📋 **관련 판례 · 해석 등 참고사항**

☞ 상기 유권해석은 아래와 같이 과세특례가 적용된 것으로 기획재정부에서 해석이 변경되어 삭제되었음

▶ **기획재정부 조세법령운용과-1103, '21.12.23.**

– 조특법§98의3에 따른 미분양주택의 취득자에 대한 양도세의 과세특례요건을 갖춘 분양권을 상속받은 후
완공된 주택을 상속인이 양도 시 과세특례가 적용됨

🏠 심화정리

◉ 신축주택(조특법§99의2, §99의3) 감면(상속, 증여 취득) 해당 여부

- 주택 공급하는 사업주체 등과 최초로 매매계약을 체결하고 그 계약에 따라 취득한 경우(조특법§99의2①)

- 신축주택취득기간 중에 주택건설업자와 최초로 매매계약을 체결하고 계약금을 납부한 자가 취득한 신축주택(조특법§99의3①1호)

  ☞ 과세관청은 엄격·문리해석하여 최초로 매매계약을 체결한 자가 양도 시에만 감면 인정

  - 이에 반해, 대법원은 주택 신축 및 분양을 장려함으로써 침체된 건설 경기와 부동산 시장을 활성화하려는 입법취지 등을 고려한 합목적적인 해석*으로 상속으로 동일 세대원이 취득하여 양도한 경우 감면 인정

  * 조세법률주의가 지향하는 법적 안정성 및 예측 가능성을 해치지 않는 범위 내에서 입법 취지 및 목적 등을 고려

◉ 신축주택(조특법§99, §99의3) 감면(상속, 증여 취득) 해당 여부

구 분		과세관청	조세심판원	법 원
조특법 §99	매 매	(1) 감면 x	(2) 감면 x	(3) 감면 x
	상 속	(4) 감면 x	(5) 감면 x	(6) 감면 ○ → x
	증 여	(7) 감면 x	(8) 감면 x	(9) 감면 x
조특법 §99의3	매 매	(10) 감면 x	(11) 감면 x	(12) 감면 x
	상 속	(13) 감면 x	(14) 감면 x	(15) 감면 x → ○
	증 여	(16) 감면 x	(17) 감면 x	(18) 감면 x

☞ (1) 부동산거래-680, '11.8.2. (2) 국심2006중1566, '06.7.31. (3) 서울고법2007누13274, '07.10.17.

(4) 재재산46014-88, '03.3.26. (5) 조심2012서4569, '12.12.26. (6) 서울고등법원2013누45982, '13.12.06.(감면가능), 대법원2014두35126, '14.5.16.(감면불가)

(7) 서면4팀-1332, '05.07.28. (8) 조심2014중3501, '15.03.19. (9) 서울행정법원2012구단30809, '13.09.04.

(10) 재산세과-982, '09.12.11. (11) 조심2009서4024, '10.02.01.

(12) 대법원2011두13088, '14.05.16. (13) 서면4팀-1993, '06.06.27. (14) 조심2009부2440, '09.10.13.

(15) 대법원2011두13088, '14.05.16. (16) 재산세과-627, '09.11.04. (17) 조심2009서1952, '09.11.19.

(18) 서울고법2018누71351, '19.03.21.(대법원2010두6847판결은 사안이 다르다고 판단, 조특법§99의2)

신축주택의 취득일부터 5년이 되는 날의 기준시가가 신축주택 취득 당시의 기준시가보다
낮아 분자가 부수(−)인 경우 감면소득금액은 "0원"이 됨

중요
중

난이
중

적용사례

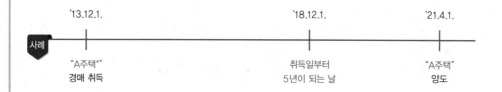

'13.12.1.

'18.12.1.

'21.4.1.

사례

"A주택*"
경매 취득

취득일부터
5년이 되는 날

"A주택"
양도

* 조특법§99의2 적용대상 1세대 1주택자의 주택

구 분	기준시가
취득 당시	172,000,000원
취득일부터 5년이 되는 날	158,000,000원
양도 당시	153,000,000원

Q1 A주택의 감면소득금액은?

A1 신축주택의 취득일부터 5년이 되는 날의 기준시가가 신축주택 취득 당시의 기준시가보다 낮아 분자가
부수(−)인 경우 감면소득금액은 "0원"이 됨

관련 판례 · 해석 등 참고사항

신축주택 취득자에 대한 과세특례(조특법§99의3)
5년이 되는 날 기준시가(감면소득 관련)

신축주택의 취득일부터 5년이 되는 날의 기준시가가 신축주택 취득 당시의 기준시가보다 낮아 분자가 부수(−)인 경우 감면소득금액은 "0원"이 됨

중요
중

난이
중

적용사례(부동산거래관리과−136, '12.03.06.)

'13.12.1.	'18.11.30.	'21.4.1.
사례		
"A주택*" 취득	취득일부터 5년이 되는 날	"A주택" 양도

* 조특법§99의3 적용대상 신축주택

구 분	기준시가
취득 당시	324,518,602원
취득일부터 5년이 되는 날	218,000,000원
양도 당시	460,000,000원

Q1 신축주택 취득일부터 5년이 지나 양도하는 경우로서 신축주택 취득일부터 5년이 되는 날의 기준시가가 '신축주택의 취득당시 기준시가'보다 낮은 경우 감면소득금액은?

A1 신축주택의 취득일부터 5년이 되는 날의 기준시가가 신축주택 취득 당시의 기준시가보다 낮아 분자가 부수(−)인 경우 감면소득금액은 "0원"이 됨

📜 관련 판례 · 해석 등 참고사항

신축주택 취득자에 대한 과세특례(조특법§99의3)

5년이 되는 날 기준시가(감면소득 관련)

취득일부터 5년이 되는 날의 기준시가가 취득 당시의 기준시가보다 크고, 양도 당시
기준시가는 취득 당시 기준시가보다 작은 경우에는 양도소득금액 전체가 감면소득금액임

중요	난이
중	중

적용사례(부동산거래관리과-525, '10.04.07.)

'01.12.27.   '03.12.2.   '08.12.1.   '10.3.15.

사례

"A주택*" 분양 계약   "A주택*" 취득   취득일부터 5년이 되는 날   "A주택" 양도

* 조특법§99의3 적용대상 신축주택

구 분	기준시가
취득 당시	643,000,000원
취득일부터 5년이 되는 날	706,000,000원
양도 당시	635,000,000원

Q1 A주택의 감면소득금액은?

A1 취득일부터 5년이 되는 날의 기준시가가 취득 당시의 기준시가보다 크고, 양도 당시 기준시가는 취득
당시 기준시가보다 작은 경우에는 양도소득금액 전체가 감면소득금액임

➡ 다음 슬라이드에 보충 설명

🖎 관련 판례 · 해석 등 참고사항

🏠 심화정리

◐ 취득 당시 기준시가, 취득일부터 5년이 되는 날의 기준시가 및 양도 당시 기준시가에 따른
감면소득금액 판정 방법(취득일부터 5년 되는 날까지 기울기가 우하향시)

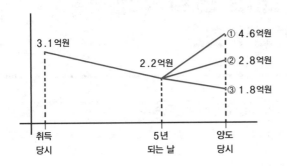

☞ 취득일부터 5년이 되는 날까지 기준시가의 기울기가 우하향하면 양도 당시 기준시가와
관계없이 감면소득금액은 "0"임(∵5년간 발생소득 없음)

◐ 취득 당시 기준시가, 취득일부터 5년이 되는 날의 기준시가 및 양도 당시 기준시가에 따른
감면소득금액 판정 방법(취득일부터 5년 되는 날까지 기울기가 우상향시)

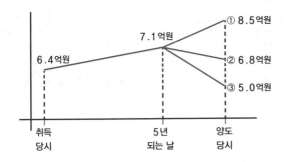

☞ 취득일부터 5년이 되는 날까지 기준시가의 기울기가 우상향하면,
  • 양도 당시 기준시가가 5년이 되는 날의 기준시가보다 큰 경우(①의 경우)에는
    일부금액만 감면소득금액이 되나,
  • 양도 당시 기준시가가 5년이 되는 날의 기준시가보다 작은 경우(②, ③의 경우)에는
    양도소득금액 전체가 감면소득금액임(∵5년간 발생소득만 있음)

06

인구감소지역주택
취득자에 대한 과세특례
[조특법§71의2]

구 분	인구감소지역주택 취득자((§71의2)
대 상 자	• 주택, 조합원입주권 또는 분양권 중 1채 또는 1개를 보유한 1세대(거주자)
취득기간	• '24.1.4.~'26.12.31.
해당지역	• 인구감소지역
특례요건	• 전용면적 85㎡ 이하이고 취득가액이 6억원 이하일 것 취득당시 인구감소지역에 소재할 것. 아래 지역 소재한 주택은 제외 ① 수도권(접경지역 지원 특별법§2 1호에 따른 접경지역은 제외) ② 광역시(광역시의 군지역 제외) ③ 기존 1주택(기존주택 취득 전에 조합원입주권 또는 분양권을 보유 시에는 해당 조합원입주권 또는 분양권을 통해 공급하는 주택)과 동일한 시·군·구 소재 신규주택 취득은 제외 • 주택과 그 부수토지의 기준시가 합계액이 4억원 이하일 것 1) 양도세는 취득시점, 종부세는 과세시점 기준
특례내용	• 1세대 1주택 비과세를 적용할 때 소유 주택으로 보지 않음 • 1주택을 보유한 1세대(종부세법§2 8호의 세대)가 취득기간에 준공후미분양 주택을 취득 시 종부세법 §8①1호에 따른 1세대 1주택자로 간주
신청절차	• 과세특례 적용받기 위해서는 양도소득과세표준신고와 함께 과세특례 신고서를 제출해야 함 • 인구감소지역주택 취득 전에 조합원입주권 또는 분양권을 보유한 자는 과세특례신고서를 제출하는 경우 해당 조합원입주권 또는 분양권 보유 여부를 증명할 수 있는 서류를 함께 제출해야 함

* 인구감소지역 경제 활성화 지원 목적으로 신설되었으며, '25.1.1. 이후 결정 또는 경정하는 분부터 적용

─── 07 ───
부동산 양도대금
연금계좌 납입 시 과세특례
[조특법§99의14]

구 분	연금계좌 납입에 대한 과세특례((§99의14)
대 상 자	• 부동산 양도 당시 기초연금 수급자 • 부동산 양도 당시 1주택 또는 무주택자
적용대상	• 10년 이상 보유한 국내의 토지 또는 건물
특례내용	• 1주택 이하 대상자가 10년 이상 보유한 부동산의 양도대금을 연금계좌에 납입 시 납액액의 10%를 양도소득 산출세액에서 공제
신청절차	• 양도세 예정신고 또는 확정신고 시 세액공제신고서 및 연금계좌 납입 확인서*를 제출 * 소령§41의2②라목에 따라 장기보유 부동산 양도금액을 연금계좌에 납입하였음을 확인
사후관리	• 연금계좌 납입일로부터 5년 내에 해당 연금계좌에서 연금수령 외*의 방식으로 인출하는 경우 공제액 전액 추징 * 가입자가 55세 이후 연금수령하고, 연금계좌 가입일부터 5년 경과된 후 연금수령 한도 내 인출하는 경우 외의 인출 • 연금계좌 인출순서는 소령§40의3을 준용하되, 부동산 연금 납입액이 먼저 인출되는 것으로 간주

* '25.1.1. 이후 양도하는 분부터 적용

농지 등에 대한 감면

01
농지의 교환·분합 시 비과세

> 비과세 요건 : 교환 또는 분합하는 쌍방 토지가액의 차액이 큰 가액의 ¼ 이하인 경우로써, 다음 어느 하나에 해당하는 농지(소령§153)

① 국가 또는 지방자치단체가 시행하는 사업으로 인하여 교환 또는 분합하는 농지

② 국가 또는 지방자치단체가 소유하는 토지와 교환 또는 분합하는 농지

③ 농어촌정비법 · 농지법 · 한국농어촌공사 및 농지관리기금법 또는 농업협동조합법에 의하여 교환 또는 분합하는 농지

　※ ①, ②, ③은 재촌 · 자경요건 없어 요건 충족 시 비과세

④ 경작상 필요에 의하여 교환하는 농지. 다만, 교환에 의해 새로이 취득하는 농지를 3년 이상 농지소재지*에 거주하면서 경작하는 경우에 한함

* 농지소재지(경작 당시 당해 지역이었으나 행정구역 개편 등으로 해당하지 않는 지역 포함)

　㉠ 농지 소재지와 동일한 시 · 군 · 구(자치구인 구) 안의 지역

　㉡ 연접한 시 · 군 · 구(자치구인 구) 안의 지역

　㉢ 해당 농지로부터 직선거리 30km 이내의 지역

- 신규 농지 취득 후 3년 이내 토지보상법 등에 의한 협의매수 · 수용되는 경우 3년 이상 농지소재지에 거주하면서 경작한 것으로 보고,

- 3년 이내 농지 소유자가 사망 시에는 상속인이 농지소재지에 거주하면서 경작한 때에는 피상속인의 경작기간 통산

* 양도하는 농지에 대한 자경기간 별도 규정한 바 없음(직세1234-2649, '76.10.25.)

> 제외되는 농지 : "자경농지 감면"의 "감면 적용 배제(조특령§66④)"와 유사

　☞ "자경농지"에서 설명

02

자경농지에 대한 감면
(조특법§69, 조특령§66)

농지 소재지에 거주하는 거주자가 8년 이상[대통령령으로 정하는 경영이양
직접지불보조금의 지급대상이 되는 농지를 「한국농어촌공사 및 농지관리기금법」에 따른
한국농어촌공사 또는 농업법인에 '26.12.31.까지 양도 시 3년 이상] 직접 경작*한 토지 중
대통령령으로 정하는 토지의 양도로 인하여 발생하는 소득에 대해서는 양도세의 100%에
상당하는 세액 감면(조특법§69①) 다만, 해당 토지가 주거지역등에 편입되거나 도시개발법
또는 그 밖의 법률에 따라 환지처분 전에 농지 외의 토지로 환지예정지 지정을 받은
경우에는 주거지역등에 편입되거나, 환지예정지 지정을 받은 날까지 발생한 소득으로서
대통령령으로 정하는 소득에 대해서만 양도세의 100%에 상당하는 세액을 감면함

* "8년 이상 계속하여 직접 경작" ⇒ "8년 이상 직접 경작"('05.1.1. 이후부터 적용)

❯ 거주자가 8년 이상 농지소재지에 거주하면서 직접 경작한 토지의 양도로 인하여 발생하는
소득에 대해 100% 세액감면

① 거주자일 것

② 양도 당시 농지일 것

③ 농지 소재지 재촌할 것

④ 직접 경작할 것

⑤ 감면적용 배제에 해당하지 않을 것

참고 양도일 현재 비거주자 제외(다만, 비거주자가 된 날부터 2년 이내인 자는 포함)

🔵 감면요건

농 지 요 건	• 원칙 : 양도일 현재의 농지 • 예외 : 매매계약일 현재, 토지조성공사 착수일 현재, 휴경계약일 현재 ※ 지목에 관계없이 실제 경작에 사용되는 토지로서, 농막 · 퇴비사 등 포함
거주(在村) 요 건	• 농지 소재지와 동일 시 · 군 · 자치구, 연접 시 · 군 · 자치구, 농지 재지로부터 직선거리 30㎞ 이내
직접경작 (自耕)요건	• 농작물의 경작 또는 다년성 식물의 재배에 상시 종사 • 농작업의 2분의 1 이상 자기 노동력으로 경작 · 재배하는 것

자경기간
요 건
	• 8년 이상 재촌 · 자경한 거주자(100% 감면)
	  ※ 경영이양보조금 지급대상 농지를 한국농어촌공사 · 농업법인 등에 양도 시 3년 이상
	   재촌 · 자경('26.12.31. 이전 양도 시)

감면배제 미 해 당	• 양도일 현재 시(市)의 동(洞)지역에 있는 농지 중 주거 · 상업 · 공업지역 안의 농지로서 편입된 날부터 3년이 지나지 않는 농지 • 환지처분 이전 농지외 토지로 환지예정지 지정되어 3년이 지나지 않는 농지

📜 관련 판례 · 해석 등 참고사항

▶ **조특법 집행기준 69-66-20[농지의 범위]**

  − 양도일 현재 농지는 논 · 밭 · 과수원으로서 지적공부상의 지목에 관계없이 실지로 경작에 사용되는
   토지로 하며, 농지경영에 직접 필요한 농막 · 퇴비사 · 양수장 · 지소 · 농도 · 수로 등을 포함함

▶ **조특법 기본통칙 69-66…1[과수원등이 농지에 포함되는지 여부]**

  − 소령 §66의 규정에 의한 농지에는 직접 공부상의 지목에 관계없이 실제로 경작에 사용되는 과수원을
   포함함

❶ | 농지 요건(조특령§66⑤)

▶ 원칙 : 양도일 현재의 농지

▶ 예외

- 양도일 이전 매매계약조건에 따라 매수자가 형질변경, 건축착공 등을 한 경우 :
  매매계약일 현재의 농지
- 환지처분 전, 해당 농지가 농지 외 토지로 환지예정지 지정 후, 그 환지예정지
  지정일로부터 3년 경과하기 전의 토지로서 토지조성공사의 시행으로 경작을 못하게 된
  경우 : 토지조성공사 착수일 현재의 농지
- 광산피해 방지 위해 휴경 시 : 휴경계약일 현재의 농지

▶ 감면대상이 되는 농지

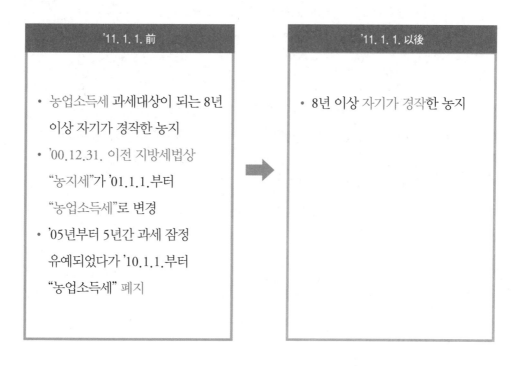

'11. 1. 1. 前	'11. 1. 1. 以後
• 농업소득세 과세대상이 되는 8년 이상 자기가 경작한 농지 • '00.12.31. 이전 지방세법상 "농지세"가 '01.1.1.부터 "농업소득세"로 변경 • '05년부터 5년간 과세 잠정 유예되었다가 '10.1.1.부터 "농업소득세" 폐지	• 8년 이상 자기가 경작한 농지

⊙ 농지의 범위등(조특칙 § 27)

① 영§66④ 및 §67③의 규정에 의한 농지는 전·답으로서 지적공부상의 지목에
　관계없이 실지로 경작에 사용되는 토지로 하며, 농지경영에 직접 필요한
　농막·퇴비사·양수장·지소·농도·수로 등을 포함하는 것으로 한다.

② 영§66④ 및 §67③에 따른 농지에 해당하는지 여부 확인은 다음 각 호의 기준에
　따른다.

　1. 양도자가 8년 이상 소유한 사실이 다음 각 목의 어느 하나의 방법에 의하여
　　확인되는 토지일 것
　　가.「전자정부법」제36조제1항에 따른 행정정보의 공동이용을 통한
　　　등기사항증명서 또는 토지대장 등본의 확인
　　나. 가목에 따른 방법으로 확인할 수 없는 경우에는 그 밖의 증빙자료의 확인

　2. 양도자가 8년 이상 농지 소재지에 거주하면서 자기가 경작한 사실이 있고 양도일
　　현재 농지임이 다음 각목 모두의 방법에 의하여 확인되는 토지일 것
　　가.「전자정부법」제36조제1항에 따른 행정정보의 공동이용을 통한 주민등록표
　　　초본의 확인. 다만, 신청인이 확인에 동의하지 아니한 경우에는 그 서류를
　　　제출하게 하여야 한다.
　　나. 시·구·읍·면장이 교부 또는 발급하는 농지대장 등본과 자경증명의 확인

참고　농지는 사실상 용도로 판정(대법 94누996, '94.10.21.)

⊙ 정의(농지법 § 2)

1. "농지"란 다음 각 목의 어느 하나에 해당하는 토지를 말한다.

   가. 전·답, 과수원, 그 밖에 법적 지목(地目)을 불문하고 실제로 농작물 경작지 또는 다년생식물 재배지로 이용되는 토지. 다만, 「초지법」에 따라 조성된 초지 등 대통령령으로 정하는 토지는 제외한다.

   나. 가목의 토지의 개량시설과 가목의 토지에 설치하는 농축산물 생산시설로서 대통령령으로 정하는 시설의 부지

2. "농업인"이란 농업에 종사하는 개인으로서 대통령령으로 정하는 자를 말한다.

5. "자경(自耕)"이란 농업인이 그 소유 농지에서 농작물 경작 또는 다년생식물 재배에 상시 종사하거나 농작업(農作業)의 2분의 1 이상을 자기의 노동력으로 경작 또는 재배하는 것과 농업법인이 그 소유 농지에서 농작물을 경작하거나 다년생식물을 재배하는 것을 말한다.

⊙ 농지의 범위(농지령 § 2)

① 「농지법」(이하 "법"이라 한다) 제2조제1호가목 본문에 따른 다년생식물 재배지는 다음 각 호의 어느 하나에 해당하는 식물의 재배지로 한다.

  1. 목초·종묘·인삼·약초·잔디 및 조림용 묘목

  2. 과수·뽕나무·유실수 그 밖의 생육기간이 2년 이상인 식물

  3. 조경 또는 관상용 수목과 그 묘목(조경목적으로 식재한 것을 제외한다)

⊙ 농업인의 정의(농지령 § 3)

법 제2조제2호에서 "대통령령으로 정하는 자"란 다음 각 호의 어느 하나에 해당하는 자를 말한다.

1. $1,000m^2$ 이상의 농지에서 농작물 또는 다년생식물을 경작 또는 재배하거나 1년 중 90일 이상 농업에 종사하는 자
2. 농지에 $330m^2$ 이상의 고정식온실 · 버섯재배사 · 비닐하우스, 그 밖의 농림축산식품부령으로 정하는 농업생산에 필요한 시설을 설치하여 농작물 또는 다년생식물을 경작 또는 재배하는 자
3. 대가축 2두, 중가축 10두, 소가축 100두, 가금 1천수 또는 꿀벌 10군 이상을 사육하거나 1년 중 120일 이상 축산업에 종사하는 자
4. 농업경영을 통한 농산물의 연간 판매액이 120만원 이상인 자

⊙ 농지대장의 작성과 비치(농지법 § 49)

① 시 · 구 · 읍 · 면의 장은 농지 소유 실태와 농지 이용 실태를 파악하여 이를 효율적으로 이용하고 관리하기 위하여 대통령령으로 정하는 바에 따라 농지대장(農地臺帳)을 작성하여 갖추어 두어야 한다.
② ①에 따른 농지대장에는 농지의 소재지 · 지번 · 지목 · 면적 · 소유자 · 임대차 정보 · 농업진흥지역 여부 등을 포함한다.
③ 시 · 구 · 읍 · 면의 장은 ①에 따른 농지대장을 작성 · 정리하거나 농지 이용 실태를 파악하기 위하여 필요하면 해당 농지 소유자에게 필요한 사항을 보고하게 하거나 관계 공무원에게 그 상황을 조사하게 할 수 있다.
④ 시 · 구 · 읍 · 면의 장은 농지대장의 내용에 변동사항이 생기면 그 변동사항을 지체 없이 정리하여야 한다.
⑤ ①의 농지대장에 적을 사항을 전산정보처리조직으로 처리하는 경우 그 농지대장 파일(자기디스크나 자기테이프, 그 밖에 이와 비슷한 방법으로 기록하여 보관하는 농지대장를 말한다)은 ①에 따른 농지대장으로 본다.
⑥ 농지대장의 서식 · 작성 · 관리와 전산정보처리조직 등에 필요한 사항은 농림축산 식품부령으로 정한다. 〈개정 '08. 2. 29., '13. 3. 23., '21.8.17. 일부 개정〉

> 참고 농지대장은 소급 작성 불가, 자기노동력에 의해 농작물을 재배하지 않더라도 발급 가능 서류

자경농지 감면(조특법§69, 조특령§66⑤)   양도일 현재 농지

자경농지에 대한 감면대상 농지는 양도일 현재 전·답으로서 지적공부상의 지목에 관계없이 실지로 경작에 사용되는 토지(농지 경영에 직접 필요한 농막·퇴비사·양수장·지소·농도·수로 등 포함)를 말하는 것임

중요 상   난이 중

적용사례(부동산거래관리과-801, '10.06.09.)

'85.1.1.   '95.1.1.   '10.5.1.

사례

母.   母.   "田"
"전(田)"   노령으로 경작 불가**   양도
취득*

* 취득 후 '94년말까지 벼, 조, 수수, 깨, 두류 등 밭 작물 경작

** 휴경함에 따라 전에 잡목이 우거져 사실상 임야화 됨

Q1 모친이 전을 양도하는 경우 8년 이상 자경농지에 대한 양도세 감면을 적용받을 수 있는 지 여부?

A1 자경농지에 대한 감면대상 농지는 양도일 현재 전·답으로서 지적공부상의 지목에 관계없이 실지로 경작에 사용되는 토지(농지 경영에 직접 필요한 농막·퇴비사·양수장·지소·농도·수로 등 포함)를 말하는 것임

📜 관련 판례·해석 등 참고사항

▶ **인천지방법원2009구합410, '09.08.27.**

- 토지에는 사업체가 사업자 등록된 바 있고, 수용 전 지장물보상 합의내역서에 의하면 창고, 담장, 컨테이너 사무실, 자갈바닥 600㎡ 등이 있는 것으로 나타나 양도일 현재 농지가 아니므로 감면 배제 정당함

농지로의 원상 복구 조건으로 임대되어 휴경 상태로 볼 수 있고 양도 전에 짧은 기간에 농지로
원상 복구하였고, 양도 후에도 양수인이 농지취득자격증명을 받아 실제 농지로 사용한
것으로 보아 양도 당시 경작에 사용될 수 있는 농지로 보여 감면 적용이 타당

중요 상   난이 상

적용사례(조심-2017-전-3015, '17.10.11.)

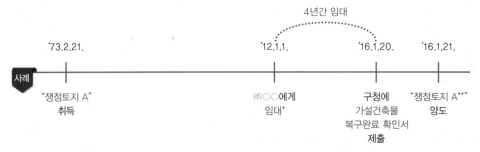

4년간 임대

'73.2.21.   '12.1.1.   '16.1.20.   '16.1.21.

사례

"쟁점토지 A"   ㈜○○에게   구청에   "쟁점토지 A**"
취득   임대*   가설건축물   양도
복구완료 확인서
제출

* ㈜○○은 도로공사를 위한 사무실, 식당 및 숙소로 이용되는 가설건축물의 부수토지로 이용하였고,
'15.12.1.1~'15.12.28.까지 가건물 철거를 완료하고 '16.1.10.까지 토사 복토 및 농지복구 작업을 하였음

** 8년 이상 재촌·자경 요건 등은 충족한 것으로 전제

Q1 쟁점토지A가 자경농지에 대한 양도세 감면대상에 해당하는지 여부(양도일 현재 농지인지 여부)?

A1 농지로의 원상 복구 조건으로 임대되어 휴경 상태로 볼 수 있고 양도 전에 짧은 기간에 농지로 원상
복구하였고, 양도 후에도 양수인이 농지취득자격증명을 받아 실제 농지로 사용한 것으로 보아 양도
당시 경작에 사용될 수 있는 농지로 보여 감면 적용이 타당함

– 농경장애 원인이 제거된다면 또다시 농경지로 이용될 수 있었다고 보이는 경우 일시적 휴경상태라고
보아서 농지의 양도라고 보아야 할 것임(조심2016광4259·4260, '17.02.17., 대법원97누706,
'98.09.22.)

📜 **관련 판례·해석 등 참고사항**

▶ **조심-2020-부-1011, '21.02.05.**

– 쟁점토지가 재촌·자경요건을 충족하는 점, 농지 상태로 원상복구되었음이 확인되는 점 등에 비추어
쟁점토지는 양도일 현재 농지에 해당하는 것으로 보임

▶ **조심-2016-광-4259, '17.02.17.**

– 쟁점토지의 부동산임대차계약서에 의하면 계약 종료시 농지로 원상복구하는 조건이었으나
문화재보호구역으로 수용하면서 예산상의 문제로 원상복구하지 아니하였는 바, 시정에 협조한
청구인들이 신뢰에 반하는 행정관청의 행위에 의하여 불필요한 조세를 부담하게 되는 것은 사회통념에
부합하지 아니한 점 등에 비추어 감면 부인한 처분은 잘못이 있음

자경농지 감면(조특법§69, 조특령§66⑤)　　　　　　　　　　　양도일 현재 농지

조경업자에게 임대한 농지에서 조경업자가 묘목 등을 일정기간 재배하여 판매하는 경우 양도 당시 농지로 볼 수 있음

중요 상　난이 중

적용사례(대법원2013두26446, '14.03.27., 광주고등법원2013누894, '13.11.14.)

* 임차인은 '05년부터 ○○○ 상호로 청구인과 임대차계약 체결하여 사업을 영위하다가 '07년 폐업하였으며, 폐업과 동시에 ○○○라는 상호로 양도일 직후까지 사업을 영위하다가 소유자 변경으로 기존 가식했던 나무를 이전하고 사업장 이전 예정

** 8년 이상 재촌·자경 요건 등은 충족한 것으로 전제

Q1 쟁점토지A가 자경농지에 대한 양도세 감면대상에 해당하는지 여부(양도일 현재 농지인지 여부)?

A1 조경업자에게 임대한 농지에서 조경업자가 묘목 등을 일정기간 재배하여 판매하는 경우 양도 당시 농지로 볼 수 있으며,

– 설령 양도 당시 농지에 해당하지 않는다 하더라도 농경장애 원인이 제거된다면 또다시 농경지로 이용될 수 있었다고 보여지는 경우 일시적 휴경상태라고 보아 양도 당시 농지성을 상실하였다고 보기 어려워 자경 감면함이 타당함

📑 관련 판례·해석 등 참고사항

▶ **조심-2012-광-2524, '12.08.22.**

– 쟁점토지를 사업장으로 임대한 사실이 있고, 항공사진과 다음지도에서 농지로 구분할 수 없기에 8년 자경 감면대상 농지에 해당하지 않음

▶ **기획재정부 재산세제과-451, '16.07.08.**

– 경관보전직불사업에 참여하는 경관작물을 재배하는 토지는 조특법§69에 따른 자경농지에 대한 양도세 감면이 적용되지 않는 것임

자경농지와 농지대토 감면 규정을 적용받는 농지는 지적공부상의 지목에 관계없이 실지로 경작에 사용되는 토지(농지경영에 직접 필요한 농막 등 포함)를 기준으로 함

중요 상　난이 중

적용사례(서면-2016-부동산-3277, '16.07.12.)

'12.7.1.
甲.
울산 중구 소재
"A주택"
취득

'14.7.1.
甲.
경북 경주 외동읍 소재
"쟁점토지 B"
취득*

사례

* 도시지역 중 생산녹지지역에 해당하고 '14.4.1.에 건축허가와 농지전용 허가를 받았으며, 해당 토지에 주택을 건축하기 위하여 '15.4.1.에 착공신고를 하였으나 건축행위를 하지 않고 현재까지 농사를 짓고 있음

Q1 주택 건축을 하지 않고 계속해서 농사를 짓다가 농지 상태에서 8년 후 매도를 할 경우 양도세 감면을 받을 수 있는 지 여부?

A1 거주자가 토지를 취득한 때부터 양도할 때까지 8년 이상 재촌·자경한 사실이 있는 농지의 양도로 발생하는 소득에 대하여 적용하는 것임

☞ 보유기간 중에 도시지역 중 주거·상업·공업지역에 편입된 경우에는 외동읍에 소재하고 있기 때문에 취득일부터 편입일까지 양도소득에 대해서만 감면 적용

Q2 해당 토지에 농기구를 넣어 놓을 용도로 컨테이너를 설치하여도 감면이 가능한 지 여부?

A2 자경농지와 농지대토 감면 규정을 적용받는 농지는 지적공부상의 지목에 관계없이 실지로 경작에 사용되는 토지(농지경영에 직접 필요한 농막 등 포함)를 기준으로 함

Q3 해당 토지가 소재하고 있는 외동읍에 농어촌주택을 신축할 경우 조특법§99의4에 의하여 일반주택 양도 시 비과세 적용이 가능한 지 여부?

A3 조특법§99의4① 요건을 갖춘 1개의 주택을 취득(자기 건설 취득한 경우 포함)하여 3년 이상 보유하고 그 농어촌주택 취득 전에 보유하던 일반주택을 양도 시 그 농어촌 주택은 해당 1세대의 소유주택으로 보지 아니한 것으로 보아 비과세 적용 가능

◎ 농업인의 혜택

❯ 농업인의 혜택

- 농지 전용 시에 농지보전 부담금 면제

- 농지대장 신청하고 2년 경과 후 농지 취득 시 취득록세 50% 경감

- 국민주택 채권 매입 시 세금 면제

- 농지 매매 시 양도소득세 감면

- 논(밭) 직불금 지원

- 농업용 면세유 지원

- 농기계 임대

- 농자재 구입 시 부가가치세 환급

- 국민연금, 건강보험료 감면

- 자녀 학비 면제 및 대학 특별전형 입학, 농촌자녀 대학장학금 우선 지원

- 농협조합원 가입 시 농협에서 다양한 지원

참고	농지대장 신청 및 농업경영체 등록

* 각 주소지 관할 국립농산물품질관리원에 신청

* 신청 자격은 농지대장과 동일

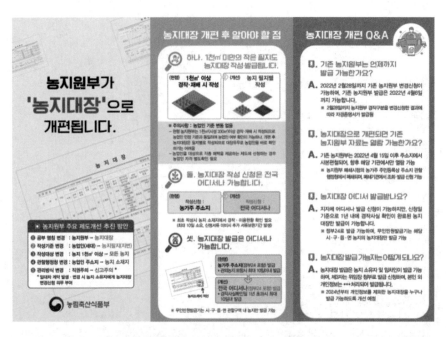

제9편

■ 농지법 시행규칙 [별지 제58호서식] <개정 2022. 5. 18.>

농 지 대 장

| 고 유 번 호 | | XXXXXXXXXX-X-XXXX-XXXX-XX(일련번호) | | | | | | | | 발급번호 | | XXXXXXX-XXXXXX-XXXXX | | | | |

소 재 지	지번	지적공부			농지구분	현황(실제)		소 유 사 항								
		지목	면적(㎡)	용도지역		지목	면적(㎡)	소유일련번호	등기원인	원인일자(등기신청접수일)	성명(법인명)	주민등록(법인)번호	주소	소유면적(㎡)	이용현황	경작현황(확인일자)

※ 기재사항 안내: 소재지, 지번, 지적공부는 토지(임야)대장을 기준으로 표시되며, 등기원인 및 등기신청 접수일자는 등기부등본을 기준으로 표시됩니다.

임대차 현황

소유일련번호	임대차 사항							관리기관 확인		
	구분	성명	주민등록번호	주소	면적(㎡)	임대료(원)	임차기간	등록기관	담당자	확인일

※ '96.1.1.「농지법」 시행 이후에 취득한 농지는 「농지법」 제23조에서 허용하는 경우에 한해 임대차가 가능합니다.

■ 농지법 시행규칙 [별지 제58호서식]

농 지 대 장

농지취득자격증명 및 이용실태조사, 농지전용 현황

농지취득자격증명					농지이용실태조사					농지전용				
일련번호	신청인	취득목적	신청면적(㎡)	발급일	조사기관	조사일	이용현황	경작현황	처분현황	구분	허가·신고·협의기관	허가협의·신고일자(기간)	전용목적(내용)	전용면적(㎡)

※ 농지취득자격증명 및 농지전용은 최근 3년에 대한 현황이 기록되며, 농지이용실태조사는 2021년 이후 최근 3개년 조사 및 처분 현황이 기록됩니다.

위와 같이 농지대장을 발급합니다.

수수료 : 「농지법 시행령」제74조에 따름

년   월   일

시장·구청장·읍장·면장 | 직인 |

🏠 심화정리

◎ 감면대상이 되는 농지 판정

- 논, 밭에서 벼나 채소 등 재배시 판정 용이 but, 수목이나 텃밭 경우는 쉽지 않음
  ex) 공부상 밭인데 실제 나무가 심어져 있는 경우
    - 판매목적(판매처 확인 要)으로 식재·판매 : 농지

> **참고** 인공조림된 나무(목재용) : 임업

◎ 목축업 위한 목축용 사료재배지로 사용하다가 양도 시 자경농지로 보지 않음
(재산 01254-1250, '89.4.4.)

◎ 관상수 재배토지

- 지방세법§197 4호에서 규정하는 묘목(관상수 포함)을 판매할 목적으로 재배하여 재배소득이 발생하는 토지는 농지에 해당하는 것이나,
    - 관상목적 또는 상품전시·판매목적으로 식재된 토지는 농지세 과세 대상이 아니므로 감면대상 농지에 해당하지 않음(재산 46014-879, '00.7.18.)
- 지방세법§197 4호의 특수작물 중 "묘목(관상수 포함)"이란 규정의 관상수 정의는 농지에서 묘목상태인 관상수를 재배하는 것은 물론 성목상태의 관상수를 구입 후 상당기간 식재하여 재배함으로써 재배소득이 발생되는 경우의 관상수는 성목이라 하더라도 묘목의 범위에 포함됨
    - 그러나 상품전시 및 판매목적으로 가식하는 경우와 같이 일시적인 농지이용으로 사실상 재배소득이 발생한 것으로 볼 수 없는 경우 성목관상수는 농지세 과세대상인 묘목의 범위에서 제외됨(세정13407-1028, '95.10.18.)

> **참고** 가식(假植) : 임시 심기

◎ 양도토지에 식재한 잔디는 농작물에 해당하지 않는다고 한 적이 있으나(재일46014-1462, '97.6.13.),

- 잔디도 관상용이 아닌 판매목적의 다년생작물에 해당하는 경우이면 감면대상 농지에 해당(재산46014-1096,'02.8.13.)

2 | 거주(在村) 요건(조특령§66①)

거주자가 8년 이상 아래 어느 하나의 지역에 거주

(경작 개시 당시 당해 지역이었으나 행정구역 개편 등으로 해당하지 않는 지역 포함)

◎ 농지 소재지와 동일한 시 · 군 · 구(자치구인 구) 안의 지역

◎ 연접한 시 · 군 · 구(자치구인 구) 안의 지역

- 행정구역상 동일한 경계선*을 사이에 두고 붙어 있는 경우(대법원2011두21171, '11.12.13.)

  * 경계선은 육지 뿐만 아니라 바다로 연접한 경우까지 포함

  ex) 인천 남동구(주민등록 거주지)와 인천 옹진군(영흥도 추정, 임야소재지)

  　　직선거리 : 약 31km(인터넷상 지도, 동 판례 적용시 20km)

  ※ 처분청이 국토지리연구원에 문의하여 지도상 구분은 편의상 구분일 뿐 행정상 구분이

  　　아니라는 답변을 받았고, 지방세 부과청인 세무2과로부터 행정상 연접이 아님을

  　　공문으로 회신 받음

◎ 해당 농지로부터 직선거리 30km 이내*의 지역

  * 직선거리 20km 이내 : '08.2.22. ～ '15.2.2.

  ※ 인천광역시 옹진군 : 북도면, 백령면, 덕적면, 영흥면, 자월면, 연평면

🏠 심화정리

⊙ 바다로 연접한 경우 자경농지에 대한 양도세 감면 적용 여부

- 자경농지에 대한 양도세 감면 규정을 적용함에 있어 연접한 시·군·구라함은
  행정구역상 동일한 경계선을 사이에 두고 서로 붙어있는 시·군·구를 말하는 것으로서
  해상에서 동일한 경계선을 사이에 두고 있는 경우도 포함됨(부동산거래관리과-101,
  '10.01.20.)

  * 인천시 강화군에 거주하면서 인천 서구 오류동에 있는 농지를 경작한 경우
    (인천시 서구와 강화군은 바다에서 연접)

⊙ 양도 당시 농지 소재지에 거주 여부(조특법 집행기준 69-66-5)

- 거주자가 농지를 취득하여 농지 소재지에 거주하면서 8년 이상 자경한 사실이 확인되는
  경우에는 양도 당시 농지소재지에 거주하지 아니한 경우에도 감면 규정 적용

⊙ 자경농지 감면대상자 : 농지 양도일 현재 소법§1의2①1에 따른 거주자(비거주자가 된 날로부터
2년 이내인 자 포함)(조특법 집행기준 69-66-2)

- '13.2.15.前에는 거주자 지위에서 취득하여 8년 이상 자경하고 양도일 현재 비거주자인
  경우에도 감면 적용하였으나,

- '13.2.15.以後 양도분부터 농업생활 안정지원이라는 본래 입법 취지에 맞게 비거주자는
  감면대상에서 배제

- 다만, 비과세와 같이 양도 유예기간 2년을 두어 납세자 불편 최소화

◉ "1거주자로 보는 단체" 소유 농지의 자경 감면 해당 여부

- 종중소유 농지를 종중원 중 일부가 농지소재지에 거주하면서 직접 농작물을 경작하는 경우 조특법§69①의 규정에 의한 자경농지로 봄 (조특법통칙 69-0…3)

- 종중 소유 농지를 종중의 책임하에 종중 구성원이 8년 이상 당해 농지의 소재지에서 거주하면서 경작한 사실이 있는 양도일 현재의 농지인 경우 8년 자경농지로 보는 것이나,
    - 종중과의 약정에 따라 종중 구성원의 책임하에 농지를 경작하고 경작에 따른 대가를 종중에 지불하는 것은 대리경작으로 보아 8년 자경농지에 해당하지 않음(부동산거래관리과-1003, '10.07.30.)

- 그 단체의 소유농지를 그 단체의 책임하에 단체 구성원이 8년 이상 당해 농지의 소재지에서 거주하면서 경작한 사실이 있는 경우에는 8년 자경 감면이 되는 것이나,
    - 귀 질의와 같이 그 단체와의 약정에 따라 단체 구성원의 책임하에 농지를 경작하고 그 수확물이 경작자에게 전부 귀속되는 경우에는 그러하지 아니함(재산세과-405, '09.10.07.)

- 마을회 소유 농지를 그 구성원이 무상으로 임차하여 경작하고 수확물을 경작자가 소유한 경우 해당 농지는 조특령 §66⑬의 직접 경작한 농지에 해당하지 아니함(과세기준자문 법규과-723, '09.12.29.)

    ☞ "1거주자로 보는 단체" 소유의 농지를 단체의 책임하에 단체의 구성원이 8년 이상 농지 소재지에 거주하면서 경작한 사실이 확인되면 자경감면을 적용하나, 단체의 구성원 책임하에 구성원이 재촌·자경한 후 그 수확물이 그 구성원 본인에게 귀속되는 경우에는 자경감면이 적용되지 않음

💬 "공유 농지"에 대한 자경 감면 해당 여부

- 사실상 구분소유하고 있는 공유농지의 일부를 직접 경작한 경우 경작한 면적에 대하여 자경감면 규정을 적용하나, 사실상 구분소유 여부는 공유자간 구분 소유 합의내용, 실제 경작자가 누구인지 등을 종합적으로 고려하여 사실 판단할 사항임

  (과세기준자문-2015-법령해석재산-0197, '15.09.24.)

- 조특법§69 및 조특령§66를 적용함에 있어 여러 필지의 농지를 공유하는 경우에는 해당 농지별로 자경 여부를 판단하는 것임

  (부동산거래관리과-0980, '11.11.21.)

- 공유 농지 전부를 공유자 중 1인이 경작한 경우 당해 경작한 자의 소유지분에 대하여만 감면 적용

  (재산세과-318, '09.09.25.)

자경농지 감면(조특법§69, 조특령§66①)   거주요건, 컨테이너

쟁점컨테이너 상에 가전제품 등 제반 생활시설과 화장실 등이 있고 '04년부터 겨울철 농한기를
제외한 시기에 계속적으로 전기사용내역이 나타나는 점, 농업용 트렉터 등 농기계 보유에 따른
면세유류구입내역과 영농자재 구입 내역 등으로 보아 재촌 사실이 인정됨

중요 상   난이 중

적용사례(조심-2010-중-3331, '11.10.14.)

'95.5.21.   '09.5.22.

사례

甲. "쟁점토지 A"   甲. "쟁점토지 A*"
취득   양도

* 甲이 거주했다고 주장한 쟁점컨테이너에 장롱, 냉장고, 가스레인지, 정수기, 에어컨, 선풍기, TV, 전기장판보일러 등과
실외에 화장실이 설치되어 있으며 샤워실은 없고 창고용 컨테이너에는 비료 및 잡자개가 있으며 농기계는 없는 상태임

Q1 쟁점토지A를 취득 후 양도한 농지에 대하여 재촌하지 않은 것으로 보아 비사업용 토지라 하여 과세한
처분의 당부?

A1 ·쟁점컨테이너 상에 가전제품 등 제반 생활시설과 화장실 등이 있고 '04년부터 겨울철 농한기를 제외한
시기에 계속적으로 전기사용내역이 나타나는 점, 농업용 트렉터 등 농기계 보유에 따른
면세유류구입내역과 영농자재 구입 내역이 있고
·농지원부 상에 '87년부터 '06년까지 농지 73,030m²를 취득하여 벼 재배를 한 것으로 되어 있고
'02년 이후 계속하여 벼를 수매하여 온 사실이 나타나는 점, 청구인과 배우자의 다른 소득이 없는 점,
신용카드 상에 컨테이너 소재시에서의 사용 내역이 더 많이 나타나는 점 등을 종합하여 볼 때
재촌사실이 인정됨

관련 판례 · 해석 등 참고사항

▶ 위 심판 결정에서와 같이 재촌 여부 판단은 비사업용 토지와 자경감면 농지 판단 시 동일하게
적용되는데, 주로 판단 요소에는 다른 소득 유무, 전기요금 납부내역, 장롱 · 냉장고 등의 생활시설
및 화장실 유무, 신용카드 사용내역, 우편물 수령처 등을 기준으로 종합적으로 판단하여여 할 것임

▶ 농지라 함은 양도일 현재 실제 경작에 사용한 토지 및 영농에 필요한 농막(저장고, 창고 등)을
포함하여 말하는 것인 바, 쟁점토지에 농작물이 경작된 사실이 관련 기관에 의하여 확인되고
쟁점토지에 양도일 현재 컨테이너 박스가 설치되었다고 하더라도 이를 영농 창고로 보아 농지에
해당하므로 자경농지로 보아 겸면 되어야 함(심사양도 2004-0016, '05.01.31.)

'02년~'08년까지 발생된 근로소득이 5년 동안 지급받은 급여액으로 볼 때 정당한 근로 대가를 제공하고 받은 급여를 받았다고 보여지고 약 820평에 달하는 농지에 어떤 작물을 경작 하였는지 모종구입 내역, 경작에 따른 농기계 사용 내역 등을 입증하지 못하고 있어 감면 배제 잘못 없음

중요 상　난이 중

적용사례(심사양도-2013-0029, '13.05.21.)

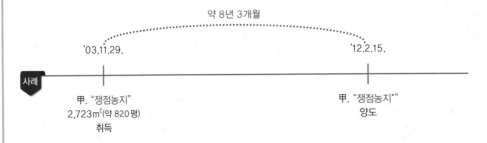

약 8년 3개월

'03.11.29.　　　　　　　　　　　　　　　　　　　　'12.2.15.

사례

甲. "쟁점농지"
2,723m²(약 820평)
취득

甲. "쟁점농지"
양도

* 甲은 '05년~'10년까지 농지 소재지가 이닌 ○○시 및 □□군에서 현금영수증을 발급하였고, 특히 '10.2월~8월까지는 □□군 대형마트에서 하루 단위로 발급한 것이 확인되고, 농지 보유기간 중 5년간 농지소재지가 아닌 □□도 소재 사업장의 근로소득이 존재함

Q1 갑이 쟁점농지를 8년 이상 재촌·자경하였는지 여부?

A1 • '02년~'08년까지 발생된 근로소득에 대해 쟁점농지에서 경작한 농산물을 납품하고 받은 대가라고 주장하고 있으나, 갑이 공급한 농산물에 대한 품목, 공급량, 단가 등 구체적인 입증내용이 없으며 갑이 5년 동안 지급받은 급여액으로 볼 때 정당한 근로 대가를 제공하고 급여를 받았다고 보여지고
• 약 820평에 달하는 농지에 어떤 작물을 경작하였는지 모종구입 내역, 경작에 따른 농기계 사용 내역 등을 입증하지 못하고 있는 점 등으로 볼 때 감면 배제 잘못 없음

관련 판례·해석 등 참고사항

☞ 위 심사 결정의 판단에는 열거되어 있지 않지만 농지 소재지가 아닌 곳에서 하루 단위로 현금영수증이 발급되었다면 농지 소재지 등 거주요건을 충족하지 않는 것으로 판단하면 될 것임

농지대토 감면(조특법§70, 조특령§67①)　　　거주요건, 전기료 등

쟁점주택에 거주하였다고 주장하면서 제출한 임대차계약서는 작성일자도 기재되지 않는 등 객관적인 신빙성이 보이지 않고, 거주하였음을 입증할 만한 쟁점주택의 전기료, 통신료 등을 납부한 사실도 확인되지 않으므로 청구인이 쟁점농지 양도 당시 쟁점주택에 거주하였다고 볼 수 없음

중요 상　난이 중

적용사례(조심2009중3115, '09.10.20.)

'96.12.24.

甲. "쟁점농지"
취득(3,400만원)

'16.12.27.

甲. "쟁점농지"
양도(5.5억원)

Q1 갑이 쟁점농지 양도 시 쟁점농지 소재지에 거주하였는지 여부?

A1 ・갑이 주민등록상 주소지는 아니나 쟁점주택에 거주하였다고 주장하면서 제출한 임대차계약서는 작성일자도 기재되지 않는 등 객관적인 신빙성이 보이지 않고,

・쟁점주택에 장기간 거주하였음을 입증할 만한 쟁점주택의 전기료, 통신료 등을 납부한 사실도 확인되지 않으므로 청구인이 쟁점농지 양도 당시 쟁점주택에 거주하였다고 볼 수 없으므로 처분청이 농지대토에 대한 양도세 감면을 배제한 처분은 잘못이 없다고 판단됨

📋 관련 판례 · 해석 등 참고사항

3 | 직접경작(自經) 요건(조특령§66⑬)

⊙ 거주자가 그 소유농지에서 농작물의 경작 또는 다년생식물의 재배에 상시 종사하는 것

⊙ 거주자가 그 소유농지에서 농작업의 ½ 이상을 자기 노동력으로 경작 또는 재배하는 것

⊙ '06.2.9. 前에는 "자경"에 대한 정의가 조특법령에 없이 기본통칙(69-0…3)에서
농지소재지에 거주하면서 직접 경작하거나 자기책임하에 농사를 지은 경우로서 대리경작
등을 제외한다고 하고 있어,

• "자기책임하에 농사를 지은 경우"라는 개념이 불명확하여 불필요한 민원 발생 및
실질적으로 영농에 종사하지 않아도 감면되는 문제가 발생

• '06.2.9. 이후 양도분부터 농지법§2 5호의 "자경" 개념을 차용하여 "자경" 정의를 명확히 함

> **참고** 조특법 집행기준69-66-12 : '06.2.9. 이후 양도분부터 본인이 직접경작한 경우에 한하여 자경감면을 받을 수
> 있으므로, 부인 소유 농지를 같은 세대원인 남편이 자경 시 자경기간에 포함되지 않음

☞ 관련 판례 · 해석 등 참고사항

▸ 서면4팀-3323, '06.09.28.
  – 동일세대원인 부인 소유 농지를 남편이 경작한 경우는 "직접 경작"에 해당하지 아니함

▸ 조심2013광4309, '13.12.31.
  – 종중의 책임하에 경작된 토지가 아니라 종중원 갑이 본인의 책임하에 농작물을 수확 · 처분하고 매년
    종중에 약정된 임대료를 지불한 대리경작인 경우에는 8년 자경감면 대상이 아님

자경농지 감면(조특법§69, 조특령§66⑬)　　　　　　　　　　　직접경작

원고가 8년 이상 농지 소재지에 거주하면서 농업에 상시 종사하거나 농작업의 ½ 이상에
자신의 노동력을 투입하였다고 인정하기에 부족하고, 달리 이를 인정할 증거가 없음

중요
상

난이
중

적용사례(조심-2017-중-0459, '17.04.20.→대법원-2019-두-41300, '19.08.14.)

'03.5.20.　　　　　　　　　　　　　　　　　　　　　'15.11.11.

사례

甲. "쟁점토지 A"　　　　　　　　　　　　　　　　　甲. "쟁점토지 A"
취득　　　　　　　　　　　　　　　　　　　　　　　　양도

＊ 甲은 '94.9.5.~'13.5.13.까지 경기도 ○○에서 한식 음식점업을 영위하였고 종업원 7명 전세금 △△원,
　 '13년 1기 부가세 과세표준 ☆☆으로 나타나고 농지 소재지 인근으로 전입하여 계속 거주하고 있어 재촌 요건은 확인
　 된 상태임

Q1 갑이 쟁점토지를 8년 이상 자경하였는지 여부?

A1 ・(조심) 양도 당시 갑은 사업을 영위하고 있었고 소득금액이 3,700만원을 초과하는 기간을 제외하면
　　　경작기간이 8년에 미달하며, 제출한 증빙만으로는 갑이 8년 이상 자경하였다고 인정하기 어려운 점
　　　등에 비추어 청구주장을 받아들이기 어려움
　　・(고등・대법원) 원고가 8년 이상 농지 소재지에 거주하면서 농업에 상시 종사하거나 농작업의 ½ 이상에
　　　자신의 노동력을 투입하였다고 인정하기에 부족하고, 달리 이를 인정할 증거가 없음

🖎 관련 판례・해석 등 참고사항

▶ 대법원 2012두19700, '12.12.27., 대법원 2010두8423, '10.09.30.

－ 조특령§66⑬의 "직접 경작"의 문언적 의미 및 제정 경위 등에 비추어 보면, 농업에 상시 종사하는 사람에
　 대하여는 자기 노동력 비율에 관계없이 직접 경작한 것으로 인정하고, 농업에 상시 종사하는 것이 아니라
　 다른 직업을 가지는 등의 이유로 부분적으로 종사하는 사람에 대하여는 전체 농작업 중 제3자를 제외한
　 '자기'의 노동력 투입 비율이 ½ 이상인 경우에 한하여 직접 경작한 것으로 인정함이 타당함

지방공무원으로 근무한 상태에서 양도한 농지 이외에도 20,000m² 이상의 농지를 소유하고
있는 등 농작물의 경작에 상시 종사하거나 자기의 노동력으로 농작업의 ½ 이상 수행하였다고
보기 어려움

중요	난이
상	중

적용사례(인천지방법원2008구단2078, '09.05.21.)

| '95.12.30. | '98.11.25. | | '06.11.30. | '07.1.17. |

甲.
"제1농지"
답 580m²
취득

甲.
"제2농지"
답 5,157m²
취득

"제1농지"
양도

"제2농지"
양도

※ 甲은 농지 소재지의 지방공무원으로 양도한 농지 이외에도 20,000m² 이상의 농지를 소유하고 있음

Q1 갑이 제1농지와 제2농지를 8년 이상 자경하였는지 여부?

A1 · 갑은 '87년 인천광역시 9급 공무원 시험에 합격하여 군복무를 마친 후부터 현재까지 인천광역시
　　공무원으로 근무하여 왔고, 위 제1 · 2농지 이외에도 20,000m² 이상의 농지를 소유하고 있는 사실에
　　비추어
· 갑이 양도한 농지에서 농작물의 경작에 상시 종사하거나 자기의 노동력으로 농작업의 ½ 이상
　수행하였다고 보기 어려운 점 등 제반사정을 종합하여 보면, 갑이 제출한 증거들만으로는 직접
　경작하였다고 보기에 부족하고 인정할 증거가 없어 당초 처분 적법함

📃 **관련 판례 · 해석 등 참고사항**

▶ **대법원2007두24654, '08.03.14.**
　– 토지 수용될 무렵 일시적 경작을 중단했다고 하나 이를 인정할 만한 증거가 없고 영상자료에 의하면
　　일부가 도로로 사용된 점, 다른 토지의 경우 경작했다고 주장하는 기간에 청구인이 제조업 등 다른
　　업종에 종사한 점, 지장물에 대한 영농보상인이 임차인인 점을 고려하면 8년 자경했다고 볼 수
　　없음(대법원2007두24654, '08.03.14.)

▶ **서울고등법원2006누6156, '06.12.08. → 대법원2007두2050, '07.03.30.**
　– 쟁점토지는 관상수를 재배하거나 관리하는 것을 포기한 채 장기간 방치한 경우에 해당하여 실제로 경작에
　　사용하였다고 할 수 없으므로 양도세 감면대상이 되는 농지에 해당하지 아니함

🏠 심화정리

◈ 직접 경작에 대한 입증책임

- 조특법§70 규정은 조세면탈의 수단으로 악용될 수도 있다는 점에서 문리대로 엄격하게 해석하여야 하고, 직접 경작에 대한 입증책임은 양도세 감면을 주장하는 납세의무자에게 있음(창원지방법원-2017-구합-50605, '17.11.21.)

◈ 양도한 농지의 자경사실에 대한 입증책임

- 토지가 농지로 경작된 사실이 인정된다고 하더라도 그렇다고 하여 그 소유자인 원고가 자경한 사실까지 추정되는 것은 아니고, 원고가 이 사건 토지를 농지로 자경한 사실은 그와 같은 사실을 주장하는 원고가 입증하여야 하는 것임

  (대법원92누11893, '93.07.13.)

◈ 간헐적 농경에 종사

- 원고가 직업을 가진 상태에서, 기계작업을 돕거나 비료주기, 물대기, 풀베기, 물빼기, 피뽑기 등을 하였다 하여 이는 간헐적, 간접적으로 한 것으로 보일 뿐, 전체 농작업의 ⅓이상을 자기노동력에 의하여 경작하였다고 인정하기에 부족함

  (조심-2015-부-4005, '15.12.22. → 대법원2017두38515, '17.05.31.)

⌂ 심화정리

❯ 8년 이상 자경농지인지 여부

- 영농 관련 증빙을 제시하지 못하고 있고 농지원부도 없는 것으로 보아 8년 이상
  자경농지라고 보기 어려움(부동산거래관리과-282, '12.5.21.)

❯ 자기 책임과 계산 하에 다른 사람을 고용하여 경작

- 조특령§67②은 농작물의 경작 또는 다년생 식물의 재배에 상시 종사하거나 '농작업의 ½
  이상을 자기의 노동력에 의하여' 경작 또는 재배하는 것을 말한다고 명확하게 규정하고
  있으므로, 자기 책임과 계산 하에 다른 사람을 고용하여 경작하는 경우는 이에
  해당한다고 볼 수 없음(전주지방법원-2015-구단-1243, '16.07.06.)

❯ 대토농지를 자경하지 아니한 것으로 보아 대토감면 부인

- '04년을 제외한 기간에는 경작 여부가 분명하지 아니하여 4년 자경의 기간요건을
  충족하지 못하며, 답이었던 농지를 농지외의 용도로 임대할 목적으로 '07년 말경에
  복토하여 '09.3월~'15.9월까지 고물상 등의 용도로 임대하여 사실상 농지로서의 기능을
  상실하였음(심사-양도-2018-0104, '19.01.23.)

4 | 자경기간(自經期間) **요건**(조특령§66④, ⑥, ⑪, ⑫, ⑭)

▶ 취득일~양도일까지 8년 이상 재촌 · 자경

  • 휴경기간 제외

제
9
편

> **참고** 경영이양 직접지불보조금 지급대상이 되는 농지를 한국농어촌공사 또는 농업법인에게 양도시 3년 이상 재촌 · 자경

▶ 교환 · 분합 및 대토한 경우(신규 농지 관련)

  • 신규 농지가 토지보상법에 의한 수용 등인 경우 교환 · 분합 및 대토 前의 농지에서
    경작한 기간 포함하여 계산

> **참고** 농지대토 자경기간 요건(종전 농지 관련 규정)
> – 신규 농지 취득한 후 4년 이내 협의매수 · 수용 및 그 밖의 법률에 따라 수용되는 경우 4년 동안 거주하면서
>   경작한 것으로 간주

▶ 상속인이 1년 이상 계속하여 재촌 · 자경한 경우 다음 기간 통산

  ⓐ 피상속인(직전 피상속인에 한정)이 취득하여 경작한 기간

  ⓑ (재차 상속받을 시) 피상속인이 배우자로부터 상속받아 경작시 피상속인의 배우자
    경작기간

> **참고** '11.1.1. 이후 양도분부터 "경작" → "1년 이상 계속"하여 경작"
> – 상속개시일부터 경작하지 않는 경우 포함(서면-2015-법령해석재산-1787, '16.6.3.)
> ☞ 기산일 특정하지 않음

▶ 상속인이 재촌 · 자경하지 않더라도 다음 경우 위 ⓐ, ⓑ기간 통산

  ⓐ 상속 후 3년 이내 양도하는 경우

  ⓑ 토지보상법 등에 따라 수용(협의매수)되는 경우로서 상속받은 날부터 3년이 되는 날까지
    택지개발예정지구 등으로 지정되는 경우

▶ 경영이양직접지불보조금의 지급대상이 되는 농지의 요건(조특법 집행기준 69-66-5)

- 지급대상이 되는 농지는「농산물의 생산자를 위한 직접지불제도 시행규정」§4에 따른
  경영이양보조금을 신청할 수 있는 농업인(65세 이상부터 74세 이하)이 소유한
  경영이양보조금의 지급대상 농지를 말함

▶ 경영이양보조금(농산물의 생산자를 위한 직접지불제도 시행규정)

- 고령 농업인이 한국농어촌공사 등에게 농지를 경영이양하면 매월 일정금액의 보조금을
  지급하는 제도

- "경영이양"의 정의
  - 한국농어촌공사에 임대 · 임대위탁
  - 64세 이하 전업농업인등(매도자인 농업인의 배우자나 직계존비속은 제외)에 매도
  - 매수일 직전 3년 이상계속하여 농업경영을 하고 있는 50세 이하 농업인(매도자인
    농업인의 배우자나 직계존비속은 제외)에 매도

- 자격 : 65세 이상 74세 이하 농업인

- 영농경력 : 경영이양보조금 선정 신청일 직전 10년 이상 계속하여 농업경영을 하고 있는
  농업인
  * 질병이나 사고로 농업경영을 하지 못하였다고 인정 시 최근 10년 중 8년 이상 농업경영을 한 농업인 포함

- 대상농지
  - 농촌진흥지역의 농지로서 경영이양 이전 3년 이상 계속하여 소유한 논 · 밭 · 과수원
  - 농촌진흥지역 밖의 경지 정리사업을 마친 논 · 밭 · 과수원 등

🏠 심화정리

⊙ 쌀 소득보전 직접지불사업(쌀 변동직불금)

- 정부가 시장가격보다 비싼 값에 쌀을 구매해 주는 추곡수매제를 2015년에 폐지하면서 새로 도입한 제도(2015년부터 시행)

- 농지소유 여부와 관계없이 실제 농사를 짓는 사람에게 주어지며, 쌀을 재배하는 농가의 소득을 일정한 수준으로 보장*하기 위하여 정부에서 보조금을 지불하는 사업

  * 3년마다 기장상황 등에 따라 목표가격을 설정하고 목표가격과 당해 연도 전국 평균 쌀값의 차액 가운데 85%를 이듬해 3월에 직접지불로 보전
  ☞ 쌀 농가의 안정 도모

- 쌀 소득보전 직불금(쌀 직불금) 대상자

  - 농어업경영체 육성 및 지원에 관한 법률§4①에 따라 농업경영체로 등록한 자로서 쌀 직불금 지급 대상 농지에서 실제 논농업에 종사하는 농업인 또는 농업법인

- 쌀 소득보전 직불금(쌀 직불금) 제외자

  - 논 농업에 이용하는 농지면적이 $1,000m^2$ 미만(302.5평)인 자

  - 농지법에 따라 농지처분명령 불 이행자

참고 고정직불금(토지에 대한 직불금) : 쌀 생산량 및 가격의 변동과 상관없이 논농업에 종사하는 농업인등에게 직접 지급하는 보조금

종전농지에서 5년 5개월 재촌·자경한 후 농지대토한 경우로서 신규농지를 취득한 후 2년 5개월이 지나 토지보상법에 따라 협의매수가 된 경우로서, 농지대토에 의한 감면은 가능하나 신규농지의 자경농지 감면은 불가

중요 상 난이 상

적용사례(창원지방법원-2017-구합-50810, '17.08.22.)

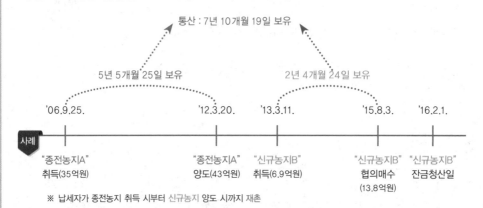

통산 : 7년 10개월 19일 보유

5년 5개월 25일 보유　　　　　　　2년 4개월 24일 보유

'06.9.25.	'12.3.20.	'13.3.11.	'15.8.3.	'16.2.1.

사례

"종전농지A" 취득(35억원)　　　"종전농지A" 양도(43억원)　　"신규농지B" 취득(6.9억원)　　"신규농지B" 협의매수 (13.8억원)　　"신규농지B" 잔금청산일

※ 납세자가 종전농지 취득 시부터 신규농지 양도 시까지 재촌

Q1 종전농지의 농지대토 요건 충족 여부?

A1 농지대토 감면은 감면 대상이 종전농지A이고 도시정비법에 의한 협의매수이므로 농지대토 요건 충족함(∵ 신규농지에서 4년 동안 재촌·자경 간주 → 8년 이상)

Q2 신규농지의 자경농지 감면 요건 충족 여부?

A2 자경농지 감면은 감면 대상이 신규농지B인데 통산하여 8년 이상 재촌·자경요건 불비로 감면 불가함
(∵ 대토전의 재촌·자경기간을 신규농지의 재촌·자경기간에 통산 → 8년 미만)

📜 관련 판례·해석 등 참고사항

▶ **조특법§67**[농지대토에 대한 양도소득세 감면요건 등]

④ 제3항제1호 및 제2호를 적용할 때 새로운 농지를 취득한 후 4년 이내에 토지보상법에 따른 협의매수·수용 및 그 밖의 법률에 따라 수용되는 경우에는 4년 동안 농지소재지에 거주하면서 경작한 것으로 본다. (☞ 4년 재촌·자경 간주 규정)

▶ **조특법§66**[자경농지에 대한 양도소득세의 감면]

⑥ 소법§89①2호 및 법§70의 규정에 의하여 농지를 교환·분합 및 대토한 경우로서 새로이 취득하는 농지가 토지보상법에 의한 협의매수·수용 및 그 밖의 법률에 의하여 수용되는 경우에 있어서는 교환·분합 및 대토전의 농지에서 경작한 기간을 당해 농지에서 경작한 기간으로 보아 제1항 본문의 규정을 적용한다. (☞ 경작기간 통산 규정)

자경농지(조특법§69, 조특령§66④)   8년 이상 경작기간

임야에서 전으로 지목변경된 지 8년 미만으로 보아 자경농지 감면을 배제

중요 상
난이 중

적용사례(조심-2008중-3449, '08.12.23.)

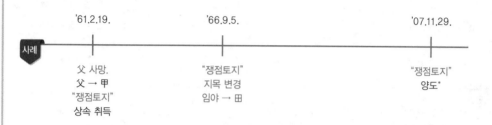

'61.2.19.	'66.9.5.	'07.11.29.
父 사망. 父 → 甲 "쟁점토지" 상속 취득	"쟁점토지" 지목 변경 임야 → 田	"쟁점토지" 양도*

사례

* 甲은 '34.1.11. 쟁점토지와 연접한 시·군인 ○○에 출생하여 거주하다가 '69.3.15. 자녀교육 문제로 □□로 전출하였음. 甲은 상속 이후 전출한 '69.3.15.까지 8년 이상 재촌·자경했다고 주장하고 있으나 인우보증 이외에 직접 경작하였는지 여부를 확인할 구체적이고 객관적인 입증자료는 제시하지 못하고 있음

Q1 갑이 쟁점토지에서 8년 이상 자경한 것으로 볼 수 있는 지 여부?

A1 농지 소재지에서 8년 이상 거주한 사실 및 쟁점토지가 양도 당시에도 농지인 사실은 확인되나, 갑이 쟁점토지 소재지에 거주하는 기간 중 쟁점농지가 농지로 확인되는 기간은 8년 미만이므로 갑이 소유농지를 8년 이상 직접 경작하여야 하는 요건을 충족하였다고 인정하기 어려움

⇒ 임야에서 전으로 지목변경된 지 8년 미만으로 보아 자경농지 감면을 배제

📑 관련 판례·해석 등 참고사항

▶ **대법원91누6153, '92.01.17.**
 – 양도일 이전 8년 이상 자경사실이 있는 경우 양도일까지 연속 8년간 경작할 필요 없고, 양도 시 농지이면 감면 대상이 됨

▶ **재일46014-2190, '99.12.31.**
 – 공유로 취득한 농지를 공유물 분할 후 양도 시 조특법§69에서 규정하는 8년 자경기간은 공유물 분할 전 경작기간을 통산하는 것이며, 공유농지를 공유자 중 1인이 경작한 경우 직접 경작하지 않은 공유자의 농지는 양도세 감면규정을 적용하지 않는 것임

감면을 적용하는 경우, 주거·상업·공업지역 편입일과 상관없이 농지 소재지에 거주하면서 취득 시부터 양도 시까지 경작한 기간을 포함하므로 취득일부터 주거지역 편입일까지 발생한 소득에 대해서 감면 가능

중요 상　난이 중

적용사례

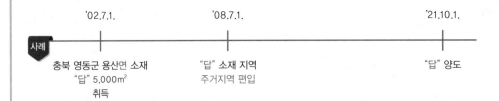

'02.7.1.　　　　'08.7.1.　　　　'21.10.1.

사례

충북 영동군 용산면 소재　　　　"답" 소재 지역　　　　"답" 양도
"답" 5,000㎡　　　　주거지역 편입
취득

Q1　농지를 취득한 이후 주거지역으로 편입된 때까지 6년 동안 재촌·자경하였으나, 편입된 이후에도 계속 재촌·자경하여 양도일까지 총 19년 3개월 동안 재촌·자경한 경우 자경농지 감면 적용 여부?

A1　감면을 적용하는 경우, 주거·상업·공업지역 편입일과 상관없이 농지 소재지에 거주하면서 취득 시부터 양도 시까지 경작한 기간을 포함하므로 취득일부터 주거지역 편입일까지 발생한 소득에 대해서 감면 가능

📑 **관련 판례·해석 등 참고사항**

▶ **서면-2016-법령해석재산-5669, '18.02.05. 참고**

- 조특법§70에 따른 농지대토에 대한 양도소득세 감면을 적용하는 경우 조특령§67③에 규정된 4년 이상이란 농지의 주거·상업·공업지역 편입과 상관없이 조특령§67①에 따른 농지소재지에 거주하면서 취득 시부터 양도 시까지 경작한 기간을 말하는 것임

◎ 조세특례제한법 집행기준 69-66-13

◉ 피상속인이 경작한 토지를 상속받은 경우 자경기간 계산

- '10.2.17. 이전 양도 시

  - 피상속인 자경기간 + 상속인 자경기간

- '10.2.18. 이후 양도 시

  - 피상속인 자경기간 + 상속인 자경기간

  - 피상속인이 배우자[1]가 경작한 토지를 상속받은 경우(재차 상속)

    : 피상속인 배우자의 자경기간 + 피상속인 자경기간 + 상속인 자경기간

    [1] 피상속인이 배우자로부터 상속받아 경작한 사실이 있는 경우에 한함

    * '11.1.1. 이후 양도분부터는 상속인이 상속받은 농지를 1년 이상 계속하여 경작하는 경우에 한함

참고 조심2008서2925('08.12.3.) 경작기간 통산하는 피상속인 범위는 직전 피상속인에 한정되는 것으로 직전전(直前前) 피상속인의 경작기간 통산 불능 ⇒ 대법원2009두22218('10.3.25.)

☞ 조특령 개정('11.6.3.) : '11.6.3. 이후 양도분부터 괄호로 "직전 피상속인" 삽입

조특령§66⑪에서 규정한 "상속인이 상속받은 농지를 1년 이상 계속"의 의미는 상속개시일부터 경작하지 않은 경우도 포함하여 상속인이 상속받은 농지를 1년 이상 계속하여 경작하는 경우에는 피상속인이 취득하여 경작한 기간은 상속인이 이를 경작한 기간으로 본다는 것임

적용사례(서면-2015-법령해석재산-1787, '16.06.03.)

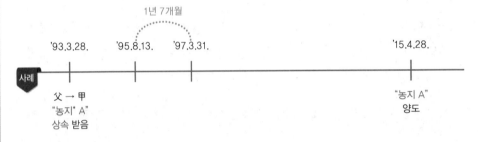

1년 7개월

'93.3.28.　'95.8.13.　'97.3.31.　'15.4.28.

사례

父 → 甲
"농지" A"
상속 받음

"농지 A"
양도

* 父가 8년 이상 재촌·자경한 농지

※ 신청인 甲이 '95.8.13.~'97.3.31.까지 1년 7개월 재촌·자경한 농지

Q1 조특령§66⑪에서 규정한 "상속인이 상속받은 농지를 1년 이상 계속"이 상속받은 날부터 계속을 의미하는 것인지 여부?

A1 상속개시일부터 경작하지 않은 경우도 포함하여 상속인이 상속받은 농지를 1년 이상 계속하여 경작하는 경우에는 피상속인이 취득하여 경작한 기간은 상속인이 이를 경작한 기간으로 보는 것임

관련 판례 · 해석 등 참고사항

자경농지 감면(조특법§69, 조특령§66⑪)   상속, 피상속인이 5년 재촌·자경

피상속인의 재촌·자경 기간이 5년인 경우, 상속개시일 이후 상속농지를 상속인이 3년 이상 재촌·자경한 때에만 경작기간 통산하여 감면 적용하고 상속인이 재촌·자경 안 한 경우에는 감면 불가

중요 상
난이 중

적용사례

사례 피상속인의 재촌·자경 기간이 5년인 경우, 상속개시일 이후 상속농지를

Q1 상속인이 재촌·자경한 경우 감면 적용 요건은?

A1 상속인이 3년 이상 재촌·자경한 때에만 경작기간 통산하여 감면 적용

Q2 상속인이 재촌·자경 안 한 경우 감면 적용 요건은?

A2 피상속인 자경기간 5년만으로 감면 불가

📑 관련 판례·해석 등 참고사항

자경농지 감면(조특법§69, 조특령§66⑪)　　　상속, 피상속인이 10년 재촌·자경

피상속인의 재촌 · 자경 기간이 10년인 경우, 상속개시일 이후 상속농지를 상속인이 1년 이상
재촌 · 자경한 경우에는 3년 경과하더라도 경작기간을 통산하여 감면 적용하고 재촌 · 자경 안
한 경우에는 상속 개시 후 3년 이내 양도하면 감면 적용

중요 상　**난이 중**

적용사례

사례 피상속인의 재촌 · 자경 기간이 10년인 경우, 상속개시일 이후 상속농지를

Q1 상속인이 재촌 · 자경한 경우 감면 적용 요건은?

A1 상속 개시 후 3년 경과하더라도 상속인이 1년 이상 재촌 · 자경한 경우에는 경작 기간 통산하여 감면
적용

Q2 상속인이 재촌 · 자경 안 한 경우 감면 적용 요건은?

A2 '09.1.1. 이후 양도분부터 상속 개시 후 3년 이내 양도하거나, 토지보상법 등에 따라
수용(협의매수)되는 경우로서 상속받은 날부터 3년이 되는 날까지 택지개발예정지구 등으로 지정되는
경우에는 피상속인의 경작기간을 상속인이 경작한 기간으로 보아 감면 적용

 관련 판례 · 해석 등 참고사항

4 | 자경기간(自耕期間) **요건**(조특령§66④, ⑥, ⑪, ⑫, ⑭)

❯ 증여 받은 농지의 자경기간 계산

- 증여등기 접수일부터 기산

❯ 사업소득금액 · 총급여액 요건

* 사업소득금액(소법§19②) = 총수입금액 − 필요경비

* 총급여액(소법§20②) = 소법§20[근로소득]① 각 호의 소득금액 합계액 − 비과세 소득금액

- '14.7.1. 이후 양도분부터 거주자 또는 해당 피상속인(그 배우자 포함) 각각

  사업소득금액과 총급여액 합계액이 3,700만원 이상인 과세기간이 있는 경우 그 기간은

  경작기간에서 제외

  * 사업소득이 음수인 경우 해당 금액을 "0"으로 봄('17.2.7. 이후 양도분부터)

- '20.2.11. 속하는 과세기간분부터 소법상 복식부기의무자 수입금액* 이상인 과세기간이

  있는 경우 그 기간은 경작기간에서 제외

  * 농업 · 임업, 부동산임대업에서 발생하는 소득 및 농가부업소득은 제외

> **참고** 양도소득세 납세의무 성립일
> - (일반) 예정신고 납부하는 소득세 : 과세표준이 되는 금액이 발생한 달의 말일
>   즉 잔금청산일이 발생한 달의 말일(국기법§21③2)
> - (예외) 수시부과하여 징수하는 국세 : 수시부과 사유가 발생한 때(잔금 청산일, 국기법§21③4)

📑 **관련 판례 · 해석 등 참고사항**

▶ **조특법 기본통칙 69-0…1**[농지의 자경기간 계산]

① 환지된 농지의 자경기간 계산은 환지전 자경기간도 합산하여 계산한다.

② 증여받은 농지는 수증일 이후 수증인이 경작한 기간으로 한다.

③ 교환으로 인하여 취득하는 농지에 대하여는 교환일 이후 경작한 기간으로 계산한다.

❂ 자경기간 계산에서 제외하는 경우

구 분	금 액	비 고

사업소득금액
(소법§19②)
	3,700만원 이상	* 아래 사업소득금액은 제외
		– 농업 · 임업소득에서 발생하는
		  소득(소법§19①)
		– 부동산임대업에서 발생하는
		  소득(소법§45②)
		– 농가부업소득(소령§9)

총 급여액 (소법§20②)	3,700만원 이상	

총 수입금액
(소법§24①,
소령§208⑤2호)
	* 직전 과세기간 수입금액
	  합계액이 아래 금액 이상
	가. 도 · 소매업, 부동산매매업,
	  아래 나 · 다에 해당하지 않는 사업
	    : 3억원
	나. 제조업, 숙박 및 음식업 등
	    : 1.5억원
	다. 부동산임대업, 서비스업 등
	    : 7,500만원	

* 축사용지 감면, 어업용 토지등 감면, 자경산지 감면 적용 규정과 관련하여 축산 · 양식등 · 임업에 사용한 기간 계산에
  관하여 위의 내용을 준용
** 농지대토 감면 적용 시 종전의 농지 경작기간과 새로운 농지 경작기간의 계산에 관하여 위의 내용 준용

자경농지 감면(조특법§70, 조특령§66⑭) 　　근로기간 1년 미만→과세기간 전체 제외

"그 기간"이란 총급여액 3,700만원 이상인 과세기간 전체를 지칭하는 것으로 해석하는 것이 타당하여 근로기간이 1년 미만이더라도 그 전체 과세기간을 경작한 기간에서 제외하는 것이 타당함

중요 상 ／ 난이 중

적용사례(조심-2018-전-3639, '18.12.07.)

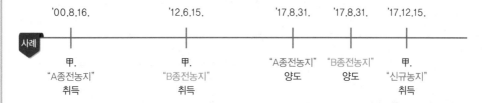

※ 甲은 '13.1.1.~'13.6.30.까지 3,700만원 이상의 근로소득이 발생하였으며 '13.6.30.에 퇴직함

Q1 갑이 '92년~'13.6.30.까지의 기간 동안 ○○에 소재하는 직장에 근무하면서 3,700만원 이상의 총급여액이 있는 '13년 과세기간 중 실제로 근무한 기간(기간'13.1.1.~'13.6.30.)만을 자경기간에서 제외하여야 하는 지 여부?

A1 • 조특령§66⑭에서 "총급여액의 합계액이 3,700만원 이상인 과세기간이 있는 경우에는 그 기간을 경작한 기간에서 제외"하도록 규정하고 있고,
• "그 기간"이란 총급여액 3,700만원 이상인 과세기간 전체를 지칭하는 것으로 해석하는 것이 타당하여 근로기간이 1년 미만이더라도 그 전체 과세기간을 경작한 기간에서 제외하는 것이 타당함

📑 관련 판례 · 해석 등 참고사항

5 | 감면적용 배제(조특령§66④)

⬇ 시(市)의 동(洞)지역*의 주거 · 상업 · 공업지역에 편입 이후 3년 지난 농지

- 예외 : 대규모 개발사업 지역 안에 개발사업 시행으로 주거지역 등 편입된 후
  사업시행자의 단계적 사업시행, 보상지연 등 사업시행자에게 귀책사유가 있는 경우
  ※ 국토계획법에 의한 도시지역(주거 · 상업 · 공업 · 녹지지역) 중 녹지지역은 감면적용 배제
  규정과 관계없음

⬇ 농지외 토지로 환지예정지 지정 시 그 지정일부터 3년 지난 농지

- 예외 : 환지처분에 따라 청산금을 교부 받은 환지청산금에 해당하는 부분은 제외

> 참고
>
> 市의 洞지역 : 특별시 · 광역시(군 제외) 또는 시(도농복합도시 및 제주특별자치도 설치 및 국제자유도시 조성을 위한
> 특별법에 따라 설치된 행정시의 읍 · 면 제외)

6 | 감면세액(조특령§66⑦)

⬇ 감면한도 범위 내에서 양도세 100% 세액 감면, 농특세 비과세

- 주거 · 상업 · 공업지역에 편입되거나, 도시개발법 등에 의해 환지처분 前 농지외 토지로
  환지예정지 지정 받을 경우
  - 주거지역 등 편입되거나 환지예정지 지정 받은 날까지 발생소득에 대하여만
    감면('02.1.1. 이후 최초 양도분~)

> 📃 **관련 판례 · 해석 등 참고사항**
>
> ▶ 조심2009서2551, '09.10.20.
> - 주거지역에 편입된 날은 건설교통부장관의 위임을 받아 경기도지사의 도시관리계획결정(변경) 내용이
>   '05.5.30. 관보에 고시되었고, 이 경우 도시관리계획의 결정 · 고시가 있는 것으로 보고 있으므로 위
>   고시일인 '05.5.30.에 주거지역에 편입된 것으로 보는 것이 타당
> - 청구인은 고시일로부터 5일 후인 '05.6.4. 효력이 발생되는 것으로 보아 쟁점농지의 양도차익 산정 시
>   '05.1.1. 기준시기를 적용하여 양도세 신고 · 납부함
> ※ '05년 개별공시지가 공시일 : '05.5.31.

⌂ 심화정리

▶ 국토의 용도구분(국토의 계획 및 이용에 관한 법률§6)

도시지역	인구와 산업이 밀집되어 있거나 밀집이 예상되어 그 지역에 대하여 체계적인 개발 · 정비 · 관리 · 보전 등이 필요한 지역
관리지역	도시지역의 인구와 산업을 수용하기 위하여 도시지역에 준하여 체계적으로 관리하거나 농림업의 진흥, 자연환경 또는 산림의 보전을 위하여 농림지역 또는 자연환경보전지역에 준하여 관리할 필요가 있는 지역
농림지역	도시지역에 속하지 아니하는 「농지법」에 따른 농업진흥지역 또는 「산지관리법」에 따른 보전산지 등으로서 농림업을 진흥시키고 산림을 보전하기 위하여 필요한 지역
자연환경보전지역	자연환경 · 수자원 · 해안 · 생태계 · 상수원 및 문화재의 보전과 수산자원의 보호 · 육성 등을 위하여 필요한 지역

> **참고** 도시지역(국토계획법)과 읍 · 면 지역(지방자치법)은 별도의 법률 용어임

▶ 용도지역(국토의 계획 및 이용에 관한 법률§6, §36 및 동법시행령§30)

		주거지역		상업지역	공업지역	녹지지역
도시지역	전용 주거지역	제1종 전용주거지역		중심상업지역	전용 공업지역	보전 녹지지역
		제2종 전용주거지역				
	일반 주거지역	제1종 일반주거지역		일반상업지역	일반 공업지역	생산 녹지지역
		제2종 일반주거지역		근린상업지역		
		제3종 일반주거지역			준공업지역	자연 녹지지역
	준주거지역			유통상업지역		
관리지역	보전관리지역					
	생산관리지역					
	계획관리지역					
농림지역						
자연환경보전지역						

> **참고** 보전녹지지역 : 도시의 자연환경 · 경관 · 산림 및 녹지공간을 보전할 필요가 있는 지역

🏠 심화정리

⊙ 감면소득금액의 범위(편입 · 지정일로부터 3년 경과 여부)

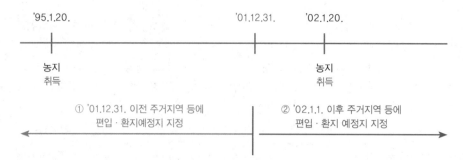

농 지 소재지	주거 · 공업 · 상업지역에 편입일이 '01.12.31. 이전		주거 · 공업 · 상업지역에 편입일이 '02.1.1. 이후	
	3년 이내	3년 경과	3년 이내	3년 경과
市 의 洞지역	전액 감면	감면 배제	편입일까지 감면	감면 배제
그 외 읍 · 면지역	전액 감면		편입일까지 감면	

농 지 소재지	환지예정지 지정일이 '01.12.31. 이전		환지예정지 지정일이 '02.1.1. 이후	
	3년 이내	3년 경과	3년 이내	3년 경과
市 의 洞지역	전액 감면	감면 배제	편입일까지 감면	감면 배제
그 외 읍 · 면지역				

> **참고** 市의 洞지역 : 특별시 · 광역시(군 제외) 또는 시(도농복합도시 및 제주특별자치도 설치및국제자유도시조성을 위한특별법에 따라 설치된 행정시의 읍 · 면 제외)

☞ 자경농지 감면이 되려면 대전제가 양도일 현재 농지이어야 함. 예를들어 환지예정지로
지정된 후 3년 이내 농지가 지목 및 실제 용도가 농지 이외의 것으로 변경된 상태에서 양도
시에는 비록 3년 이내 양도했다고 하더라도 감면 배제됨

🏠 심화정리

● 감면소득금액의 범위 판정 시 기준 요소

- 먼저 조특법 부칙(법률 제6538호, '01.12.29.) 제28조(자경농지에 대한 양도소득세 면제에 관한 경과조치)에 의거 편입이나 지정일이 '01.12.31. 이전을 기준으로 감면 적용 시 양도소득금액 전액을 감면하고 '02.1.1. 이후인 경우에는 편입일까지만 감면 적용

- 3년 경과 여부에 따라 3년 이내 양도 시는 감면하고 3년 경과 후 양도 시 감면 배제
  - 그외 읍·면 지역이 주거지역 등 편입된 경우에는 3년 경과 후에 양도 시 감면 적용(환지예정지 지정인 경우에는 읍·면 여부 관계없이 감면 배제)

- 그외 읍·면 지역은 市의 洞지역보다 폭넓게 감면 적용

🖎 관련 판례·해석 등 참고사항

☞ 농지대토 감면과 관련한 감면소득금액 제한은 '10.1.1. 이후 양도하는 분부터 적용됨
  (조특법 부칙 제9921호, '10.1.1.)

◎ 감면대상 양도소득금액 계산산식

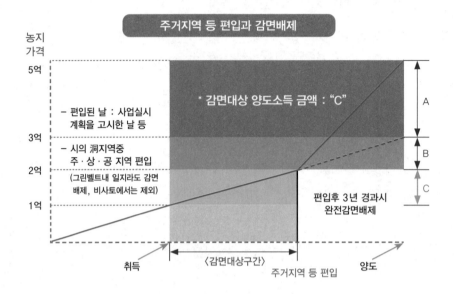

주거지역 등 편입과 감면배제

농지 가격

5억

－ 편입된 날 : 사업실시
계획을 고시한 날 등

3억

－ 시의 洞지역중
주·상·공 지역 편입

2억

(그린벨트내 일지라도 감면
배제, 비사토에서는 제외)

1억

* 감면대상 양도소득 금액 : "C"

A

B

C

편입후 3년 경과시
완전감면배제

취득   〈감면대상구간〉   양도
                  주거지역 등 편입

● 감면대상 양도소득금액 계산산식(C) = 1억

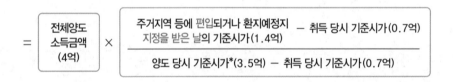

$$= \boxed{\begin{array}{c}\text{전체양도}\\\text{소득금액}\\\text{(4억)}\end{array}} \times \dfrac{\begin{array}{c}\text{주거지역 등에 편입되거나 환지예정지}\\\text{지정을 받은 날의 기준시가(1.4억)}\end{array} - \text{취득 당시 기준시가(0.7억)}}{\text{양도 당시 기준시가*(3.5억)} - \text{취득 당시 기준시가(0.7억)}}$$

* '08.1.1. 이후 양도분부터 토지보상법 및 그 밖의 법률에 따라 협의매수되거나 수용되는 경우에는 "보상가액
산정의 기초가 되는 기준시가"를 양도 당시의 기준시가로 봄(조특령 §66⑥, §67⑥, 조특령 부칙§3 제21196호,
'08.12.31.)

－ 보상가액 산정의 기초가 되는 기준시가는 보상금 산정당시 해당 토지의 개별공시지가로 함
(조특칙§27⑥)

※ '15.2.3. 이후 양도분부터 새로운 기준시가가 고시되기 전에 취득하거나 양도한 경우
또는 주거지역 등에 편입되거나 환지예정지 지정을 받는 날이 도래하는 경우에는
직전의 기준시가를 적용(조특령 §66⑥, §67⑥)

자경농지 감면(조특법§69, 조특령§66④)　　보상가액 산정의 기초가 되는 기준시가

토지가 협의매수·수용되어 토지의 환산취득가액 등 계산 시 양도당시 기준시가의 특례를
적용할 때 "보상액 산정의 기초가 되는 기준시가"의 의미는 보상액 산정의 기준이 되는
"표준지 개별공시지가의 기준일"을 기준일로 공시된 해당 토지의 개별공시지가를 말함

중요
상　난이
상

적용사례(사전-2018-법령해석재산-0057, '18.02.28.)

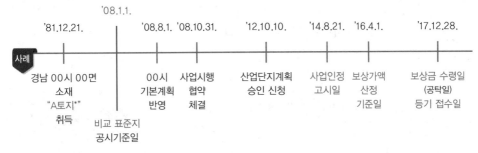

　* 감정평가법인의 비교표준지 공시지가 산정근거 : 본건 사업의 사업인정고시일이 '14.8.21.이나, 국토부 유권해석
　　('13.2.5. 토지정책과-826)상 관련 법령에 의한 공고 또는 고시 및 공익사업의 위치와 범위, 사업기간 등 구체적인
　　사업계획을 일반에게 발표한 것도 해당 공익사업의 계획 또는 시행의 공고 또는 고시에 포함하여 보고 있으므로
　　본 건 공익사업의 경우 ○○시와 ○○건설 사이 "○○○○○○산업단지" 사업시행협약이 체결되어 대중에게
　　알려진 '08.10.31.을 공익사업의 계획 또는 시행의 공고 또는 고시로 보아 토지보상법§67②, 같은 법§70⑤, 같은 법
　　시행령§38의2, 토지보상평가지침§10③을 적용하여 '08.1.1. 공시지가 표준지가를 표준지지가로 적용함

Q1 토지보상법 등에 따라 토지가 협의매수·수용되어 토지의 환산취득가액 등 계산 시 양도당시
　　기준시가의 특례를 적용함에 있어 "보상액 산정의 기초가 되는 기준시가"의 의미는?

A1 보상액 산정의 기준이 되는 "표준지 개별공시지가의 기준일"을 기준일로 공시된 해당 토지의
　　개별공시지가를 말함

➡ 다음 쪽에 "관련 법령"

✍ 관련 판례·해석 등 참고사항

▶ 사전-2015-법령해석재산-22639, '15.05.04.

　– 개인이 소유하는 토지가 '09.2.4. 이후에 토지보상법에 따라 협의매수·수용 및 그 밖의 법률에 따라
　　수용되는 경우로서 사업인정고시 이후 사업지역에 편입된 해당 토지가 모지번에서 분할되어 용도지역이
　　자연녹지지역에서 일반사업지역으로 변경된 경우라도,
　　'08.1.1. 기준으로 공시된 표준지 개별공시지가를 기초로 산정한 보상금액을 수령한 경우에는 그
　　보상금액과 '08.1.1. 기준으로 공시된 해당 토지의 개별공시지가를 적용하여 소령§164⑨에 따라
　　양도당시의 기준시가를 산정하는 것임

⊙ 정의(토지보상법 § 2)

6. "가격시점"이란 §67①에 따른 보상액 산정의 기준이 되는 시점을 말한다.
7. "사업인정"이란 공익사업을 토지등을 수용하거나 사용할 사업으로 결정하는 것을 말한다.

▶ 사업인정(토지보상법§20)

① 사업시행자는 §19에 따라 토지등을 수용하거나 사용하려면 대통령령으로 정하는 바에 따라 국토교통부장관의 사업인정을 받아야 한다.

▶ 사업인정의 고시(토지보상법§22)

① 국토교통부장관은 §20에 따른 사업인정을 하였을 때에는 지체 없이 그 뜻을 사업시행자, 토지소유자 및 관계인, 관계 시·도지사에게 통지하고 사업시행자의 성명이나 명칭, 사업의 종류, 사업지역 및 수용하거나 사용할 토지의 세목을 관보에 고시하여야 한다.
② ①에 따라 사업인정의 사실을 통지받은 시·도지사(특별자치도지사는 제외)는 관계 시장·군수 및 구청장에게 이를 통지하여야 한다.
③ 사업인정은 ①에 따라 고시한 날부터 그 효력이 발생한다.

▶ 보상액의 가격시점 등(토지보상법§67)

① 보상액의 산정은 협의에 의한 경우에는 협의 성립 당시의 가격을, 재결에 의한 경우에는 수용 또는 사용의 재결 당시의 가격을 기준으로 한다.
② 보상액을 산정할 경우에 해당 공익사업으로 인하여 토지등의 가격이 변동되었을 때에는 이를 고려하지 아니한다.

▶ 보상액의 산정(토지보상법§68)

① 사업시행자는 토지등에 대한 보상액을 산정하려는 경우에는 감정평가업자 3인(②에 따라 시·도지사와 토지소유자가 모두 감정평가업자를 추천하지 아니하거나 시·도지사 또는 토지소유자 어느 한쪽이 감정평가업자를 추천하지 아니하는 경우에는 2인)을 선정하여 토지등의 평가를 의뢰하여야 한다. 다만, 사업시행자가 국토교통부령으로 정하는 기준에 따라 직접 보상액을 산정할 수 있을 때에는 그러하지 아니하다.

⊙ 취득하는 토지의 보상(토지보상법 § 70)

① 협의나 재결에 의하여 취득하는 토지에 대하여는 「부동산 가격공시에 관한 법률」에 따른
공시지가를 기준으로 하여 보상하되, 그 공시기준일부터 가격시점까지의 관계 법령에
따른 그 토지의 이용계획, 해당 공익사업으로 인한 지가의 영향을 받지 아니하는 지역의
대통령령으로 정하는 지가변동률, 생산자물가상승률(「한국은행법」§86에 따라 한국은행이
조사·발표하는 생산자물가지수에 따라 산정된 비율을 말한다)과 그 밖에 그 토지의
위치·형상·환경·이용상황 등을 고려하여 평가한 적정가격으로 보상하여야 한다.

② 토지에 대한 보상액은 가격시점에서의 현실적인 이용상황과 일반적인 이용방법에 의한
객관적 상황을 고려하여 산정하되, 일시적인 이용상황과 토지소유자나 관계인이 갖는
주관적 가치 및 특별한 용도에 사용할 것을 전제로 한 경우 등은 고려하지 아니한다.

③ 사업인정은 사업인정 前 협의에 의한 취득의 경우에 ①에 따른 공시지가는 해당 토지의
가격시점 당시 공시된 공시지가 중 가격시점과 가장 가까운 시점에 공시된 공시지가로
한다.

④ 사업인정 後의 취득의 경우에 ①에 따른 공시지가는 사업인정고시일 전의 시점을
공시기준일로 하는 공시지가로서, 해당 토지에 관한 협의의 성립 또는 재결 당시 공시된
공시지가 중 그 사업인정고시일과 가장 가까운 시점에 공시된 공시지가로 한다.

⑤ ③ 및 ④에도 불구하고 공익사업의 계획 또는 시행이 공고되거나 고시됨으로 인하여
취득하여야 할 토지의 가격이 변동되었다고 인정되는 경우에는 ①에 따른 공시지가는
해당 공고일 또는 고시일 전의 시점을 공시기준일로 하는 공시지가로서 그 토지의
가격시점 당시 공시된 공시지가 중 그 공익사업의 공고일 또는 고시일과 가장 가까운
시점에 공시된 공시지가로 한다.

⑥ 취득하는 토지와 이에 관한 소유권 외의 권리에 대한 구체적인 보상액산정 및 평가
방법은 투자비용, 예상수익 및 거래가격 등을 고려하여 국토교통부령으로 정한다.

자경농지 감면(조특법§69, 조특령§66④) 　　　　　　　　　　　　주거지역 등 편입

양도일 현재 특별시·광역시(광역시의 군 지역 제외) 또는 시(도농복합형태시의 읍·면 지역 제외)에 있는 8년 이상 자경한 농지가 주거·상업·공업지역으로 편입된 날부터 3년이 지난 후 다시 환지예정지로 지정되어 그 지정일부터 3년 이내 양도 시에는 8년 자경감면이 적용되지 않음

중요 상　　난이 중

적용사례(재산세과-1514, '09.07.22.)

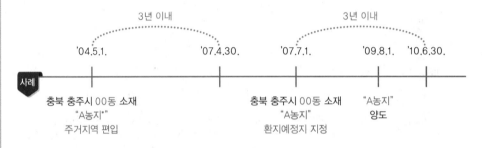

　　　　　　　　3년 이내　　　　　　　　　　　　　　　　　　3년 이내
　　'04.5.1.　　　　　　　　'07.4.30.　　　　'07.7.1.　　　　　'09.8.1.　'10.6.30.
사례

충북 충주시 00동 소재　　　　　　충북 충주시 00동 소재　　"A농지"
"A농지*"　　　　　　　　　　　　"A농지"　　　　　　　　양도
주거지역 편입　　　　　　　　　　환지예정지 지정

＊ 8년 이상 재촌·자경 전제

Q1 양도일 현재 충주시 00동에 소재한 8년 이상 자경한 농지가 국토계획법에 의한 주거지역에 편입된 날부터 3년이 지난 후 다시 환지예정지로 지정되어 그 지정일부터 3년 이내에 양도 시 8년 자경농지 감면 적용 여부?

A1 • 양도일 현재 특별시·광역시(광역시에 있는 군 지역 제외) 또는 시(도농복합형태 시의 읍·면 지역 제외)에 있는 8년 이상 자경한 농지가 주거·상업·공업지역으로 편입된 날부터 3년이 지난 후 다시 환지예정지로 지정되어 그 지정일부터 3년 이내 양도 시에는 8년 자경감면이 적용되지 않음
• '08.2.22. 이후 양도하는 분부터 조특령§66④1호나목에 해당하는 농지를 환지예정지 지정일부터 3년이 지나 양도 시 8년 자경농지 감면이 적용되지 않음

📝 **관련 판례 · 해석 등 참고사항**

자경농지 감면(조특법§69, 조특령§66④)　　　주거지역 등 편입된 지 3년 경과

양도일 현재 시의 동(洞)지역에 있는 농지 중 국토계획법에 의한 주거지역 등에 있는 농지로서 이들 지역에 편입된 날부터 3년이 지난 농지는 감면 대상 아님

중요　중
난이　상

적용사례 (심사양도 2004-0070, '04.10.25.)

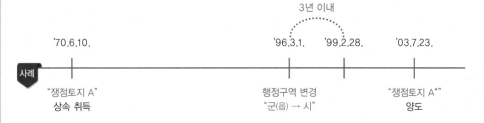

3년 이내

'70.6.10.　　　　　　　'96.3.1.　'99.2.28.　　'03.7.23.

사례

"쟁점토지 A"　　　　　행정구역 변경　　　　"쟁점토지 A*"
상속 취득　　　　　　"군(읍) → 시"　　　　　　양도

* 8년 이상 재촌·자경 가정

Q1　시 지역 소재 농지로서 일반주거지역에 편입된 지 3년이 지난 경우 조특법§69에 의한 8년 이상 자경농지 감면 가능한 지 여부?

A1　양도일 현재 시(市)의 동(洞)지역*에 있는 농지 중 국토계획법에 의한 주거지역 등에 있는 농지로서 이들 지역에 편입된 날부터 3년이 지난 농지는 감면 대상 아님
　　- 쟁점토지가 '96.3.1.부터 시의 일반주거지역에 편입되어 '03.7.23. 양도 당시 시 지역으로 편입된 지 7년이 경과하였으므로 8년 이상 자경농지라고 볼 수 없어 감면 안됨

참고　市의 洞지역 : 특별시 · 광역시(군 제외) 또는 시(도농복합도시 및 제주특별자치도 설치 및 국제자유도시조성을 위한 특별법에 따라 설치된 행정시의 읍 · 면 제외)

📑 관련 판례 · 해석 등 참고사항

▸ 조심-2019-중-3615, '20.01.16.
　　- 쟁점토지는 양도일 현재 국토계획법에 의한 주거지역에 편입된 농지로서 편입된 날부터 3년이 지난 농지에 해당하여 자경농지에 대한 양도세 감면을 배제함이 타당하므로 조특령§66④1호가목 또는 다목에 해당하지 아니하는 것으로 이 건 처분 잘못이 없음

'01.12.31. 이전 주거지역에 편입된 읍·면 지역의 농지를 취득하여 자경하다가 양도한 경우 조특법§69① 단서규정이 적용되지 않아 자경농지 감면이 가능

적용사례(과세기준자문-법규과-427, '12.04.24.)

9년 1개월 28일 보유

'93.1.4.   '03.2.8.   '12.4.6.

사례

"쟁점토지 A"   읍·면 지역 소재   "쟁점토지 A"
주거지역 편입   농지 취득   양도

Q1 '01.12.31. 이전 주거지역에 편입된 읍·면 지역의 농지를 취득하여 자경하다가 양도한 경우 조특법§69에 의한 8년 이상 자경농지 감면이 가능한 지 여부?

A1 조특법§69① 단서규정이 적용되지 않아 자경농지 감면이 가능함(서면4팀-1748, '07.05.29. 참고)

참고 '02.1.1. 이후 주거·공업·상업지역 편입된 농지를 취득하여 양도 시에는 양도 물건 소재지와 관계없이 감면 소득금액 없음

📑 관련 판례·해석 등 참고사항

▶ **조특법 부칙**(법률 제6538호, '01.12.29.)

제28조(자경농지에 대한 양도소득세 면제에 관한 경과조치)

① 이 법 시행 당시 도시계획법의 규정에 그 밖의 주거지역·상업지역 또는 공업지역에 편입되거나 도시개발법 기타 법률의 규정에 의하여 환지처분에 농지 외의 토지로 환지예정지 지정을 받은 농지의 양도에 대한 양도소득세의 면제에 관하여는 제69조제1항 단서의 개정규정에 불구하고 종전의 규정에 의한다. (☜ 동 단서규정이 '01.12.29. 신설)

▶ **서면4팀-1748, '07.05.29.**

– '97.7.21.에 주거지역으로 편입된 도농복합형태 시의 읍·면 지역 농지를 취득하여 자경한 경우 당해 농지에 대해서는 조특법§69① 단서 규정이 적용되지 않는 것임

▶ **서면-2019-법규재산-4062, '22.02.21.**

– '01.12.31. 이전에 주거지역등에 편입된 읍지역에 소재한 농지를 '02.1.1. 이후 취득하여, 재촌 자경 요건을 충족한 후 양도 시 편입일 후에 발생한 소득에 대한 양도세를 전액 감면함

자경농지 감면(조특법§69, 조특령§66④)   환지예정지 지정

비록 "면" 지역에 소재하더라도 환지예정지 지정일로부터 3년이 경과한 후 양도하였으므로
감면 배제됨

중요 **중**   난이 **상**

적용사례

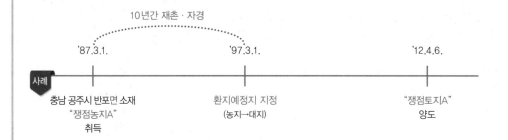

10년간 재촌 · 자경

'87.3.1.

충남 공주시 반포면 소재
"쟁점농지A"
취득

'97.3.1.

환지예정지 지정
(농지→대지)

'12.4.6.

"쟁점토지A"
양도

Q1 농지를 취득하여 10년간 재촌 · 자경 후 '97.3.1. 대지로 환지예정지 지정이 된 이후에도 농지로
이용한 경우 자경농지 감면 적용 여부?

A1 비록 "면" 지역에 소재하더라도 환지예정지 지정일로부터 3년이 경과한 후 양도하였으므로 감면 배제됨

관련 판례 · 해석 등 참고사항

▶ **조특법 부칙(법률 제6538호, '01.12.29.)**

제28조(자경농지에 대한 양도소득세 면제에 관한 경과조치)

① 이 법 시행 당시 도시계획법의 규정에 그 밖의 주거지역 · 상업지역 또는 공업지역에 편입되거나
도시개발법 기타 법률의 규정에 의하여 환지처분에 농지 외의 토지로 환지예정지 지정을 받은 농지의
양도에 대한 양도소득세의 면제에 관하여는 제69조제1항 단서의 개정규정에 불구하고 종전의 규정에
의한다. (☞ 동 단서규정이 '01.12.29. 신설)

주거지역에 편입된 토지를 상속받은 후 해당 토지가 공익사업에 협의매수되고, 그
보상가액이 주거지역 편입 이전에 고시된 기준시가를 기준으로 산정된 경우로서
조특령§66⑦에 따른 계산식의 분모와 분자가 모두 음수가 되는 경우에는 조특법§69에 따른
감면소득금액이 없는 것임

중요	난이
상	중

적용사례 (사전-2018-법령해석재산-0721, '19.05.08.)

'08.4.30.	'09.12.1.	'14.5.6.	'18.9.3.
사업안정고시	주거지역등 편입	父 사망 父 → 甲 "A농지" 상속	"A농지" LH에 공공용지 협의취득 원인으로 양도

> ※ 보상가액은 주민공람공고('06.6.1.)가 있기 전인 '06.1.1. 기준의 공시지가를 기준으로 산정되었음

Q1 공익사업에 따른 사업인정고시 및 주거지역 편입이 순차로 이루어진 토지를 상속받은 다음, 해당
토지가 공익사업에 협의매수된 경우로서,
　– 조특법§69에 따른 자경농지에 대한 양도세 감면소득금액을 조특령§66⑦의 계산식에 의하여
　　계산식의 산식 분모와 분자가 모두 음수인 경우 감면소득금액 산정방법은?

A1 주거지역에 편입된 토지를 상속받은 후 해당 토지가 공익사업에 협의매수되고, 그 보상가액이 주거지역
편입 이전에 고시된 기준시가를 기준으로 산정된 경우로서 조특령§66⑦에 따른 계산식의 분모와 분자가
모두 음수가 되는 경우에는 조특법§69에 따른 감면소득금액이 없는 것임
(∵상속당시 기준시가가 〉 편입 기준시가)

 관련 판례 · 해석 등 참고사항

▶ **조특령§66[자경농지에 대한 양도소득세의 감면]**

　⑦ 법§69① 단서에서 "대통령령으로 정하는 소득"이란 소법§95①에 따른 양도소득금액 중 다음 계산식에
　　의하여 계산한 금액을 말한다. 이 경우 토지보상법 및 그 밖의 법률에 따라 협의매수되거나 수용되는
　　경우에는 보상가액 산정의 기초가 되는 기준시가를 양도 당시의 기준시가로 보며, 새로운 기준시가가
　　고시되기 전에 취득하거나 양도한 경우 또는 주거지역 등에 편입되거나 환지예정지 지정을 받은 날이
　　도래하는 경우에는 직전의 기준시가를 적용

$$\text{양도소득금액} \times \frac{(\text{주거지역등에 편입되거나 환지예정지 지정을 받은 날의 기준시가} - \text{취득당시 기준시가})}{(\text{양도당시 기준시가} - \text{취득당시 기준시가})}$$

자경농지 감면(조특법§69, 조특법§133)   지분양도로 양도시기 달리할 경우 감면종합한도

8년 이상 자경농지에 대한 양도세 감면의 종합한도를 적용 시 농지 소유자가 하나의 필지를 같은 공익사업의 시행자에게 지분으로 분할 양도하면서 각 지분별 양도시기를 달리하는 경우 지분별 양도일이 속하는 과세기간별로 감면종합한도를 적용할지는 거래의 사실관계를 종합적으로 검토하여 판단할 사항임

중요 상   난이 중

적용사례(서면-2016-부동산-5957, '16.12.22.)

'00.9.2.   '16.10.1.   '17.3.1.

사례

제주서귀포시소재
"A농지"
취득*

"A농지"
공익사업시행자에게
½ 양도

"A농지"
공익사업시행자에게
½ 양도

* 취득한 이후현재까지 재촌 · 자경하고 있으며 다른 소득은 없음

Q1 8년 이상 재촌자경한 농지를 2과세기간에 걸쳐 과세기반별로 1/2씩 지분으로 양도할 때 과세기간별로 자경감면 세액의 종합한도를 적용할 수 있는지 여부?

A1 조특법§69에 따른 8년 이상 자경농지에 대한 양도세 감면의 종합한도(조특법§133①)를 적용할 때 농지 소유자가 하나의 필지를 같은 공익사업의 시행자에게 지분으로 나누어 양도하면서 각 지분별 양도시기를 달리하는 경우 지분별 양도일이 속하는 과세기간별로 감면종합한도를 적용할지 여부는 계약의 내용, 대금지급방법 등 거래의 사실관계를 종합적으로 검토하여 사실판단할 사항임

📜 관련 판례 · 해석 등 참고사항

▶ 심사-양도-2020-0071, '21.03.03.

- 청구인이 과세기간을 달리하여 쟁점농지를 ½지분씩 나누어 양도한 것은 조특법§133①이 정하고 있는 양도세 감면 한도를 부당하게 회피하기 위한 목적에서 하나의 거래를 형식상 2개로 나눈 것에 불과하므로, 이를 하나의 거래로 보고 양도세를 과세하는 것이 타당함

▶ 심사-양도-2017-0139, '18.01.10.

- 청구인이 농지 매매대금 수령내역과 토지사용승낙서에 따르면 당초 농지매매계약 체결 후 2회로 나누어 각각 체결한 것으로 보이고, 주택조합의 일시적 자금부족은 농지를 2회에 걸쳐 양도할 특별한 이유가 될 수 없는 점으로 볼 때 쟁점거래는 양도세 감면한도 회피 목적에서 이루어진 거래로서 하나의 거래로 보아 자경감면 한도 재계산함이 타당함

▶ 조심-2016-전-2703, '16.09.28.

농지대토에 대한 감면
(조특법§70, 조특령§67)

농지 소재지에 거주하는 대통령령으로 정하는 거주자[1]가 직접 경작한 토지를 경작상의
필요에 의하여 대통령령으로 정하는 경우에 해당하는 농지로 代土함으로써 발생하는
소득에 대해서는 양도세의 100%에 상당하는 세액 감면(조특법§70①)함 다만, 해당 토지가
주거지역등에 편입되거나 도시개발법 또는 그 밖의 법률에 따라 환지처분 전에 농지 외의
토지로 환지예정지 지정을 받은 경우에는 주거지역등에 편입되거나, 환지예정지 지정을
받은 날까지 발생한 소득으로서 대통령령으로 정하는 소득에 대해서만 양도세의 100%에
상당하는 세액을 감면함

1) 대토 전의 농지 양도일 현재 4년 이상 농지소재지에 거주한 자로서 소법§1의2①1호에 따른 거주자인 자

* 농지대토 비과세제도가 과도한 농지 대체 취득 수요를 유발하여 투기수요 급증
  ⇒ '06.1.1. 이후 양도하여 대토하는 분부터 비과세(감면한도 없음)에서 감면(감면한도 5년간 1억원)으로 전환하되,
     감면에 대한 농특세는 비과세

> **참고** 양도일 현재 비거주자 제외(다만, 비거주자가 된 날부터 2년 이내인 자는 포함)

❯ 감면요건

농지대토 요 건	별도 상세 설명
거주(在村) 요 건	4년 이상 종전 농지 소재지*에 거주한 자로서 농지 양도일 현재 거주하고 있는 자
직접경작 (自耕)요건	자경농지 감면과 동일
자경기간 (耕作期間) 요 건	별도 상세 설명
감면배제 미 해 당	자경농지 감면과 동일

* ① 농지가 소재하는 시·군·자치구 안의 지역
  ② ①과 연접한 시·군·자치구 안의 지역
  ③ 해당 농지로부터 직선거리 30km 이내의 지역

1 │ 농지대토(農地代土) **요건**(조특령§67③)

▶ 4년 이상 종전 농지에서 재촌 · 자경한 자가 경작상 필요에 의해

　① 종전 농지 先 양도, 새로운 농지 後 취득의 경우

　　– 종전 농지 양도일부터 1년[1] 내에 새로운 농지 취득(상속 · 증여받는 경우 제외)하여, 그 취득일부터 1년[2] 내 새로운 농지 소재지에 재촌 · 자경

　　1) 토지보상법에 따른 협의매수 · 수용 및 그 밖의 법률에 따라 수용되는 경우에는 2년

　　2) 질병의 요양 등 소칙§28에서 정하는 부득이한 사유(ⓐ~ⓒ)로 경작하지 못하는 경우에는 2년

　　　ⓐ 1년 이상의 치료나 요양을 필요로 하는 질병의 치료 또는 요양을 위한 경우

　　　ⓑ 농지령§3의2에 따른 농지개량을 하기 위하여 휴경하는 경우

　　　ⓒ 자연재해로 인하여 영농이 불가능하게 되어 휴경하는 경우

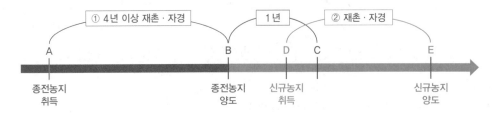

　② 새로운 농지 先 취득, 종전 농지 後 양도의 경우

　　– 새로운 농지 취득일부터 1년 내 종전 농지 양도하고 종전 농지 양도일부터 1년[1] 내 새로운 농지 소재지에 재촌 · 자경

　　1) 질병의 요양 등 소칙§28에서 정하는 부득이한 사유(ⓐ~ⓒ)로 경작하지 못하는 경우에는 2년

　　　ⓐ 1년 이상의 치료나 요양을 필요로 하는 질병의 치료 또는 요양을 위한 경우

　　　ⓑ 농지령§3의2에 따른 농지개량을 하기 위하여 휴경하는 경우

　　　ⓒ 자연재해로 인하여 영농이 불가능하게 되어 휴경하는 경우

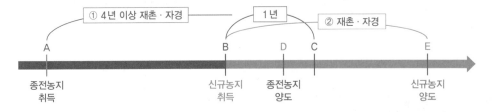

> **참고** 1년이 되는 날이 토요휴무일인 경우 다음 월요일로 봄(조심2011중1228, '11.7.29.)

> **참고** ①, ②의 공통사항
> ⓐ 계속 경작한 기간과 종전 농지 경작기간 합산기간이 8년 이상
> ⓑ 새로 취득하는 농지면적이 양도하는 농지 면적의 2/3 이상일 것
> ⓒ 새로 취득하는 농지가액이 양도하는 농지 가액의 1/2 이상일 것

갑이 양도 당시 쟁점토지를 직접 경작하지 아니하였다고 보아 쟁점토지에 대하여 농지대토 감면 규정 적용을 부인한 처분은 적법함

중요 상　난이 중

적용사례(대법원-2016-두-39948, '16.08.17.)

사례

'99.12.30.
甲.
○○시 ○○면 ○○리 857-3 소재
"A과수원"
취득(13,486m²)*

'07.1.1.
"A쟁점토지"
임대 시작

'11.7.6.
"A쟁점토지"
양도

'11.12.21.
甲.
경북 □□군 □□면
□□리 374-4 소재
"B농지(답)"
취득(4,350m²)

* '11.6.30.에 857-3　6,874m² 및 857-11 과수원 6,612m²로 분할되었고 857-11 토지가 쟁점토지임

Q1 A쟁점농지 양도 시 농지대토 감면 규정의 적용 여부?

A1 • 갑은 '07.1.1.~ '09.12.31.까지 마 재배용으로 임대하였다가 임대기간 만료 이후부터 '11.11월경까지 쟁점토지에서 직접 마를 재배하고 수확하였다고 주장하나

• 토지를 반환받았다는 '09.12.31. 이후에도 임차인이 토지개량제(규산질비료) 공급을 신청하는 등을 종합하여 갑이 양도 당시 쟁점토지를 직접 경작하지 아니하였다고 보아 쟁점토지에 대하여 농지대토 감면 규정 적용을 부인한 처분은 적법함

📑 **관련 판례 · 해석 등 참고사항**

▶ 조심2009중3115, '09.10.20. → 대법원2011두5452, '11.06.09.

– 농지대토에 대한 양도세 감면을 받기 위한 거주 및 경작요건을 갖추지 못하였을 뿐만 아니라 양도 당시 직접 경작하지도 않았으므로 양도세 감면을 배제한 처분은 적법함

농지대토 감면(조특법§70, 조특령§67)   신규농지 취득기간의 종기

종전농지의 양도일로부터 1년이 되는 날이 휴무토요일인 경우 그 말일에는 등록세
수납업무나 등기접수 업무가 행하여지지 아니하므로 그 다음 월요일에 농지 소유권 이전등기
접수가 되었다면 종전농지 양도한 날부터 1년 이내 취득한 것으로 봄

중요 중   난이 중

적용사례(조심-2011-중-1228, '11.07.29.)

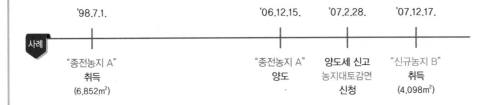

Q1 농지대토 감면의 규정 적용 시 종전농지의 양도일로부터 1년이 되는 날이 휴무토요일인 경우,
신규농지의 취득기간의 종기는?

A1 종전농지의 양도일로부터 1년이 되는 날이 휴무토요일인 경우 그 말일에는 등록세 수납업무나 등기접수
업무가 행하여지지 아니하므로 그 다음 월요일에 농지 소유권 이전등기 접수가 되었다면 종전농지
양도한 날부터 1년 이내 취득한 것으로 봄

📜 관련 판례 · 해석 등 참고사항

새로 취득한 토지가 농지가 아닌 경우 새로운 토지의 취득일부터 1년 내에 농지로 개간이 완료되어 경작할 수 있는 상태가 된 후 3년 이상 농지소재지에서 거주하면서 경작하고, 새로운 토지의 취득일부터 1년 내에 종전농지를 양도하는 경우에 한하여 농지대토 감면이 적용됨

중요 중   난이 중

적용사례(법규재산2011-0438, '11.11.02.)

'05.3.3.	'09.10.26.	'11.9.15.	'11.10.12.
"A종전농지" 취득	"B임야" 취득	"B임야 → 과수원" 지목 변경	"A종전농지" 양도

사례

Q1 취득 당시에는 임야에 해당하나 새로운 토지를 취득한 후 약 1년 11개월이 지난 후 산지전용 절차를 거쳐 임야를 과수원으로 지목 변경한 후 지목변경일부터 1년 내에 종전 농지를 양도할 경우 농지대토 감면 적용 여부?

A1 • 새로 취득한 토지가 농지가 아닌 경우 새로운 토지의 취득일부터 1년 내에 농지로 개간이 완료되어 경작할 수 있는 상태가 된 후 3년 이상* 농지소재지에서 거주하면서 경작하고,

    * '14.7.1. 이후부터 종전농지와 신규농지에서 재촌 · 자경기간 합산해서 8년 이상으로 개정

• 새로운 토지의 취득일부터 1년 내에 종전농지를 양도하는 경우에 한하여 농지 대토 감면이 적용됨

📖 **관련 판례 · 해석 등 참고사항**

▶ **양도소득세 집행기준 70-67-6[개간한 농지 대토]**

   − 농지를 대토하는 경우 새로 취득한 토지가 농지가 아니더라도 종전 농지의 양도일부터 1년 이내에 농지의 개간이 완료되어 경작할 수 있는 상태가 된 후 4년 이상 농지소재지에 거주하면서 경작한 경우 양도세가 감면되는 농지의 대토로 봄

조특법§70에 따른 농지대토의 감면요건(대토기간 · 면적 · 가액 등)은 필지별로 적용하는 것으로
용도가 객관적으로 구분되는 경우에는 농지로 사용되는 면적에 대하여는 당해 감면을 적용할
수 있는 것임

중요 중   난이 중

적용사례(재산세과-1349, '09.07.03.)

'04.5.1.   '11.10.12.

사례

"A토지"   "A토지"
취득*   양도

* 1필지의 토지 1,500㎡를 취득하여 약 300㎡는 주차장으로 사용하고, 나머지 1,200㎡는 농지(田)로
  사용하고 있음

Q1 위 토지를 양도할 경우 농지로 사용한 부분(1,200㎡)에 대하여 대토감면 규정(조특법§70)을 적용받을 수
있는지 여부?

A1 조특법§70에 따른 농지대토의 감면요건(대토기간 · 면적 · 가액 등)은 필지별로 적용하는 것으로 1필지의
토지를 관념상 또는 임의구분하여 농지로 사용되는 일부면적에 대하여만 적용할 수는 없는 것이나,
– 용도가 객관적으로 구분되는 경우에는 농지로 사용되는 면적에 대하여는 당해 감면을 적용할 수 있는
것으로, 이에 해당하는지는 사실판단할 사항임

📑 관련 판례 · 해석 등 참고사항

제 9 편

◉ 농지대토 시 양도세 감면요건 합리화(조특법§67①, ③, ④, ⑥)

• 개정취지 : 자경농민에 대한 지원 취지에 맞도록 농지대토 감면요건 합리화

종 전	개 정
▣ 거주자가 농지소재지에 거주하면서 직접 경작한 농지를 대토한 경우로서 다음 요건 등을 충족하는 경우 양도세 100% 감면	▣ 대토 감면 요건 합리화
① 3년 이상 종전의 농지소재지에 거주하면서 경작할 것 〈신 설〉	① 4년 이상 종전의 농지소재지에 거주하면서 경작할 것 – 근로소득(총급여)·사업소득(농업·축산업·임업 및 비과세 농가부업소득, 부동산임대 소득 제외)이 3,700만원 이상인 경우 해당 연도는 자경하지 않은 것으로 간주
② 종전농지 양도일부터 1년내에 신규농지를 취득할 것 * 신규농지 선 취득시 취득일부터 1년 내에 종전 농지를 양도할 것 〈신 설〉	② (좌 동) – 신규농지 취득일(신규농지를 선취득한 경우 종전농지 양도일)부터 1년 이내 경작 개시할 것 * 단, 질병의 요양 등 부득이한 사유로 경작 개시하지 못한 경우는 예외
③ 신규농지를 취득한 후 계속하여 3년 이상 새로운 농지소재지에 거주하면서 경작할 것	③ 3년 이상 → 종전의 농지소재지에서 거주하면서 경작한 기간과 새로운 농지소재지에 거주하면서 계속하여 경작한 기간이 합산하여 8년 이상 ※ 신규농지 경작기간 중 총급여 등의 합계 3,700만원 넘는 과세기간 발생시 '계속하여 경작' 요건 불충족으로 감면세액 추징
④ 신규농지가 다음중 어느 하나를 충족할 것 – 종전농지 면적의 1/2 이상 – 종전농지 양도가액의 1/3 이상	④ (좌 동) – 종전농지 면적의 2/3 이상 – 종전농지 양도가액의 1/2 이상

• 적용시기 : '14.7.1. 이후 종전농지를 양도하고 신규농지를 취득하는 분부터 적용

– 다만, '14.6.30. 이전에 신규농지를 취득하고 '14.7.1. 이후 종전농지를 양도 시와

'14.6.30. 이전에 종전농지를 양도하고 '14.7.1. 이후 신규농지를 취득 시에는

종전·신규 농지 통산 8년 경작 및 신규농지 3,700만원 소득 이상자 경작 불인정 규정

적용

● **양도일 현재 대리경작하는 경우(집행기준 70-67-7)**

- 농지대토는 4년 이상 농지소재지에 거주하면서 경작하던 농지를 경작상의 필요에 의하여 양도하고 다른 농지를 취득하여 4년 이상 농지소재지에 거주하면서 경작하는 것이므로 양도일 현재 위탁경영 · 대리경작 · 임대차 중인 농지 등을 양도하고 대토하는 경우에는 대토감면 규정 적용되지 아니함

● **취득하는 농지가 공유인 경우(집행기준 70-67-8)**

- 농지대토로 취득하는 농지가 공유인 경우에도 새로 취득하는 본인 소유 농지의 면적이 양도하는 농지면적의 2/3 이상이거나, 새로 취득하는 본인 소유 농지의 가액이 양도하는 농지가액의 1/2 이상인 경우 감면규정 적용

● **여러 필지의 농지를 양도한 경우 대토요건 판단(집행기준 70-67-9)**

- 여러 필지의 농지 양도한 후 그 중 일부 필지에 대해서만 대토농지 취득한 경우에도 필지별로 대토요건을 판단하는 것이기 때문에 해당 필지가 대토요건 갖춘 경우 감면규정 적용

2 | **경작기간**(耕作期間) **요건**(조특령§67③, ④, ⑤, ⑥)

● 4년 이상 종전 농지에서 재촌·자경한 자가 새로운 농지에 재촌하면서 계속 경작한 기간과 종전 농지 경작 기간 합산기간 8년 이상

● 새로운 농지 취득 後 4년 이내 토지보상법 등으로 협의매수·수용 시(종전 농지 관련)

  • 4년 동안 거주하면서 경작한 것으로 간주

> **참고**
>
> 자경감면 자경기간 요건 중 교환·분합 및 대토한 경우(신규 농지 관련 규정)
> • 새로 취득하는 농지가「토지보상법」에 의한 협의매수·수용 및 그 밖의 법률에 의해 수용되는 경우 교환·분합 및 대토전의 농지에서 경작한 기간을 포함하여 계산

● 새로운 농지 취득 후 합산 8년 경과 前 농지 소유자 사망 시

  • 상속인이 거주하면서 계속 경작 시 경작 기간 통산

● 사업소득금액·총급여액 요건 : 자경농지 감면과 동일

📑 **관련 판례·해석 등 참고사항**

▶ 조심2014전2609, '14.06.30.

  – 배우자의 건강 악화 및 사망으로 인해 부득이하게 대토농지를 실제로 경작하지 않았음을 인정하고 있고, 농지대토 감면은 대토농지 취득 이후 계속하여 4년 이상 "재촌·자경" 요건으로 두고 있고, 이에 대한 부득이한 사유에 대한 예외 규정이 없으므로 청구주장은 받아들이기 어려움
    cf) 경작개시기간(2년)에 대한 예외는 있음

▶ 조심2019부2498, '19.10.10. [대토감면 농지에 대한 사후관리 위배 여부]

  – 청구인이 쟁점토지에 밤나무를 실제로 식재하였다 하더라도, 이후에 지속적으로 쟁점 토지를 관리하지 않은 이상 계속적으로 경작한 것으로 보기 곤란한 점 등에 비추어 청구인이 쟁점토지를 계속하여 경작하지 않은 것으로 보아 대토농지에 대한 세액감면 추징은 정당

자경농지 감면(조특법§70, 조특령§66⑭)　　　양도일 현재 총급여액 3,700만원 이상

종전농지 양도일 현재 당해년도 총급여액이 3,700만원 이상인 경우로서 중도 퇴사하고 실제
경작을 하였다고 하더라도 조특령§66⑭에 따라 그 기간은 자경한 기간에서 제외되어
"농지대토에 대한 양도세 감면"이 적용되지 아니하는 것임

중요 상　난이 중

적용사례 (과세기준자문-2015-법령해석재산-0247, '15.11.29.)

* 양도일 현재 총급여액 3,700만원 이상

Q1 종전농지 양도일 현재 당해년도 총급여액이 3,700만원 이상인 경우로서 중도 퇴사하고 실제 경작을
하였을 경우 조특법§70에 따른 농지대토 감면 적용 여부?

A1 조특령§66⑭에 따라 "그 기간"은 자경한 기간에서 제외되어 "농지대토에 대한 양도세 감면"이 적용되지
아니하는 것임

📜 관련 판례 · 해석 등 참고사항

농지대토 감면(조특법§70, 조특령§67)   양도일 소득금액 요건

양도일 현재 경작을 해야 농지대토 감면 요건을 충족하는데, 양도일이 해당하는 과세기간에 총 급여액 합계액이 3,700만원 이상인 경우 경작기간에서 제외되어 경작요건 불비로 감면 불가

중요	난이
상	중

적용사례(서면-2015-부동산-2259, '15.12.17.)

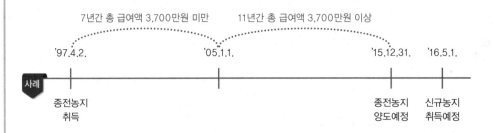

7년간 총 급여액 3,700만원 미만   11년간 총 급여액 3,700만원 이상

'97.4.2.   '05.1.1.   '15.12.31.   '16.5.1.

사례

종전농지 취득   종전농지 양도예정   신규농지 취득예정

Q1 농지대토 감면 요건의 충족 여부?

A1 양도일 현재 경작을 해야 농지대토 감면 요건을 충족하는데, 양도일이 해당하는 과세기간에 총 급여액 합계액이 3,700만원 이상인 경우 경작기간에서 제외되어 경작요건 불비로 감면 불가함

📑 관련 판례 · 해석 등 참고사항

▶ 서면-2015-법령해석재산-2602, '16.04.05.

- 양도일이 속하는 과세기간의 총급여액이 3,700만원 이상인 경우에는 농지대토에 대한 양도세 감면을 적용 받을 수 없는 것임

자경농지·농지대토감면(조특법§69, §70, 조특령§66, §67)　　재 대토 시 감면요건

종전농지A에 농지대토 감면 특례를 적용한 후 신규농지B에서 4년 미만 경작한 상태로 신규농지B가 수용되어 다시 C농지를 새로 취득한 경우, B농지에 대해 농지대토 감면은 적용 불가

중요　중
난이　상

적용사례(서면-2021-법규재산-5248, '22.12.22.)

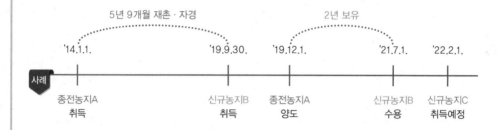

5년 9개월 재촌 · 자경　　　　　　　　2년 보유

'14.1.1.　　　　　　'19.9.30.　'19.12.1.　　　　　'21.7.1.　'22.2.1.

| 사례 | 종전농지A 취득 | 신규농지B 취득 | 종전농지A 양도 | 신규농지B 수용 | 신규농지C 취득예정 |

※ 납세자가 종전농지 취득 시부터 신규농지 양도 시까지 재촌 · 자경하고 대체취득 농지에 대한 가액 및 면적 요건 등은 각각 모두 충족한 것으로 전제

Q1 종전농지A에 농지대토 감면 특례를 적용한 후 신규농지B에서 4년 미만 경작한 상태로 신규농지B가 수용되어 다시 C농지를 새로 취득한 경우

– B농지에 대해 농지대토 감면을 적용할 수 있는 지 여부?

A1 농지대토 감면은 "4년 이상 경작한 농지"가 경작상 필요 등으로 대토된 경우에 적용하는 특례로 감면 적용할 수 없음

📑 관련 판례 · 해석 등 참고사항

▶ **조특령§67[농지대토에 대한 양도소득세 감면요건 등]**

④ '제3항제1호 및 제2호를 적용할 때 새로운 농지를 취득한 후 4년 이내에 토지보상법에 따른 협의매수 · 수용 및 그 밖의 법률에 따라 수용되는 경우에는 4년 동안 농지소재지에 거주하면서 경작한 것으로 본다. (☞ 4년 재촌 · 자경 "간주" 규정)

▶ **조특령§66[자경농지에 대한 양도소득세의 감면]**

⑥ 소법§89①2호 및 법§70의 규정에 의하여 농지를 교환 · 분합 및 대토한 경우로서 새로이 취득하는 농지가 토지보상법에 의한 협의매수 · 수용 및 그 밖의 법률에 의하여 수용되는 경우에 있어서는 교환 · 분합 및 대토전의 농지에서 경작한 기간을 당해 농지에서 경작한 기간으로 보아 제1항 본문의 규정을 적용한다. (☞ 경작기간 "통산" 규정)

상속인이 농지 소재지에 거주하면서 계속 경작한 때에는 피상속인의 경작기간과 상속인의
경작기간을 통산하여 판정하지만, 상속인의 총 급여액이 3,700만원 이상이므로 퇴사 후
재촌 · 자경하지 않는 한 경작요건 불비로 감면 불가

적용사례

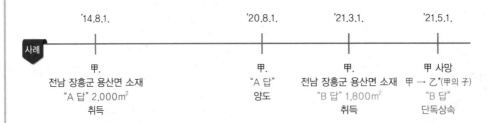

* 乙은 서울에서 대기업 A사에 근무하는 자로 총 급여액이 1억원 이상임

Q1 피상속인 갑이 농지소재지에 6년 동안 재촌 · 자경한 종전농지를 양도하고 1년 이내 신규농지를 취득한
후 2개월 후에 사망한 경우 농지대토에 대한 양도세 감면 규정을 적용 여부?

A1 상속인이 농지 소재지에 거주하면서 계속 경작한 때에는 피상속인의 경작기간과 상속인의 경작기간을
통산하여 판정하지만, 상속인의 총 급여액이 3,700만원 이상이므로 퇴사 후 재촌 · 자경하지 않는 한
경작요건 불비로 감면 불가

관련 판례 · 해석 등 참고사항

▶ **조심2014전2609, '14.06.30.**
 – 신규농지 취득한 후 배우자의 건강 악화 및 사망으로 인해 부득이하게 대토농지를 실제로 경작하지 못한
 경우에는 경작요건에 대한 부득이한 사유에 대한 예외규정이 없으므로 **농지 대토 감면 부인**

▶ **조특령§67[농지대토에 대한 양도소득세 감면요건 등]**
 ⑤ 제3항제1호 및 제2호를 적용할 때 새로운 농지를 취득한 후 종전 농지 경작기간과 새로운 농지
 경작기간을 합산하여 8년이 지나기 전에 농지 소유자가 사망한 경우로서 상속인이 농지소재지에
 거주하면서 계속 경작한 때에는 피상속인의 경작기간과 상속인의 경작기간을 통산한다.

농지대토 감면(조특법§70, 조특령§67)　　　주거지역 등 편입 후 경작기간

감면을 적용하는 경우 조특령§67③에 규정된 4년 이상이란 주거 · 상업 · 공업지역 편입일과
상관없이 농지 소재지에 거주하면서 취득 시부터 양도 시까지 경작한 기간을 포함

중요 상　난이 중

적용사례(서면–2016–법령해석재산–5669, '18.02.05.)

사례

'12.8.1.
부산시 00구 00동 소재
"답" 5,141m²
취득

'12.12.1.
부산00친수구역
지정고시
(국토해양부 고시 제2012–888호)

'14.9.1.
준공업지역
편입

'16.8.1.
한국수자원공사에
"답" 양도'

* 쟁점토지 취득 후 양도일까지 4년 이상 재촌 · 자경함

Q1 농지대토에 대한 양도세 감면 규정을 적용할 때, 주거지역 등으로 편입된 후 경작한 기간을 자경감면의
요건이 되는 경작기간으로 볼 수 있는지 여부?

A1 감면을 적용하는 경우 조특령§67③에 규정된 4년 이상이란 주거 · 상업 · 공업지역 편입일과 상관없이
농지 소재지에 거주하면서 취득 시부터 양도 시까지 경작한 기간을 포함함

참고 공업지역은 전용 · 일반 · 준공업지역으로 구분됨

📜 관련 판례 · 해석 등 참고사항

❯ '10.1.1. 이후 농지 대토(양도) 시 감면배제되는 농지의 범위

　(조특법 집행기준 70-67-1)

지 역 구 분		편입(지정)된 날부터	
		3년 이내 양도	3년 경과 양도
주거지역 등에 편입된 농지	특별시 · 광역시 · 시지역	취득일부터 주거지역 등의 편입일 또는 환지예정지 지정일까지 발생한 양도소득금액에 대해서 감면	감면배제
	광역시의 군지역 도농복합시의읍 · 면지역		좌　동
	대규모 개발사업의 단계적 시행 및 보상지연 지역		좌　동
	위 외의 기타지역		좌　동
환지예정지로 지정받은 모든 토지			감면배제

　* '09.12.31. 이전은 주거지역 등으로 편입된 날부터 3년 이내에 대토한 경우 양도일까지 발생한 소득은 감면 가능함

** 주거지역 등에 편입 후 3년 경과한 농지라도 주거지역 등에 편입 후 3년 이내에 대규모 개발사업이 시행되고 단계적
　사업시행 또는 보상지연으로 인해 편입된 후 3년이 경과한 경우에는 감면 적용('13.2.15. 이후 최초 양도분부터 적용)

▶ 자경농지 감면과 공통점

- 농지요건, 재촌요건, 자경요건, 감면적용 배제
- 감면소득금액 계산방법
- 양도소득세 100% 감면(1과세기간 1억원 한도)
- 농어촌특별세 비과세

▶ 자경농지 감면과 차이점

구　분	자경농지 감면	농지대토 감면
감면요건	• 재촌 · 자경기간 8년 이상 (통산) • 양도일 현재 거주자	• 종전농지 4년 이상, 신규농지와 종전농지 재촌 · 자경기간 합산 8년 이상(신규농지는 통산 아닌 계속) • 양도일 현재 거주하고 있는 자

양도일 현재	• 농지
	  * 양도일 현재 재촌 · 자경 관계없음
		• 농지 + 경작(소득금액 등 요건 충족)
		  * 양도일 현재 재촌 · 자경

상속농지	• 피상속인의 재촌 · 자경기간 통산 * 상속인 자경하지 않을 경우 3년 이내 양도	• 상속인이 신규농지에서 계속하여 재촌 · 경작 시 피상속인의 재촌 • 자경 기간 통산
협의매수 · 수용	• 수용일 현재 8년 이상 재촌 · 자경 * 대토 경우 단순 합산	• 종전농지에서 4년 이상재촌 · 자경한 후 신규농지 재촌 · 자경 시 감면 인정
사후관리	• 해당없음	• 대토감면 요건 미 충족시 – 감면세액, 이자상당액 추징
감면종합한도 (5과세기간합계액)	• 2억원	• 1억원

> **참고** 자경감면의 5과세기간 합계액 종합한도는 '17년 양도분까지 3억원에서 '18년 양도분부터 2억원으로 축소

04

축사용지에 대한 감면
(조특법§69의2, 조특령§66의2)

'11.5.4. 한·EU 자유무역협정(FTA)이 국회 본회의를 통과(민주, 자유선진당 등 야당불참)함에 따라 피해가 우려되는 축산농가를 지원하기 위하여, 축산에 사용하는 축사와 이에 딸린 토지(축사용지) 소재지에 거주하는 거주자가 8년 이상 직접 축산에 사용한 축사용지를 폐업을 위하여 '25.12.31.까지 양도함에 따라 발생하는 소득에 대하여 양도세 100% 상당한 세액을 감면하기 위해 조특법§69의2를 '11.7.25.에 신설*함

* 부칙〈제10901호,2011.7.25.〉§3에 의해 이 법 시행('11.7.25.) 후 최초로 양도하는 분부터 적용

> **참고** 법령 신설 취지 : '11. 5. 4. 한·EU 자유무역협정(FTA)이 국회 본회의를 통과함에 따라 피해가 우려되는 축산농가를 지원('11.7.25. 이후 양도하는 분부터 적용)

⊙ **축사용지에 대한 양도소득세의 감면(조특법§69의2)**

① 축산에 사용하는 축사와 이에 딸린 토지(이하 이 조 및 제71조에서 "축사용지"라 함) 소재지에 거주하는 대통령령으로 정하는 거주자가 8년 이상 대통령령으로 정하는 방법으로 직접 축산에 사용한 대통령령으로 정하는 축사용지를 폐업을 위하여 '25.12.31.까지 양도함에 따라 발생하는 소득에 대하여는 양도소득세의 100분의 100에 상당하는 세액을 감면한다. 다만, 해당 토지가 주거지역등에 편입되거나 「도시개발법」또는 그 밖의 법률에 따라 환지처분 전에 해당 축사용지 외의 토지로 환지예정지 지정을 받은 경우에는 주거지역등에 편입되거나, 환지 예정지 지정을 받은 날까지 발생한 소득으로서 대통령령으로 정하는 소득에 대하여만 양도소득세의 100분의 100에 상당하는 세액을 감면한다.

⊙ **축사용지에 대한 양도소득세의 감면(조특법§69의2)**

⑨ 법§69의2①에 따라 감면하는 세액은 다음 산식에 따라 계산한다.

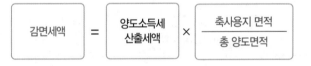

$$\text{감면세액} = \text{양도소득세 산출세액} \times \frac{\text{축사용지 면적}}{\text{총 양도면적}}$$

◐ 자경농지 감면과 공통점

- 재촌요건, 8년 이상 직접축산 요건, 감면적용 배제

- 양도일 현재 축사용지 요건

- 양도소득세 100% 감면(1과세기간 1억원, 5년간 2억원 한도)

- 농어촌특별세 비과세

◐ 자경농지 감면과 차이점

구 분	자경농지 감면	축사용지 감면
양도일 현재	• 농지 • 임대 후 양도 시에도 적용	• 축사용지 • 타인에게 임대 後 양도 시 감면배제
감면세액 산출방법	• 세액 감면 방식 • 양도소득금액 직접 차감방식	• 감면세액 계산시 축사용지 면적 적용 * 면적 한도 폐지('19.1.1. 이후 결정·경정분부터)
사후관리	• 해당없음	• 축사용지 양도 후 5년 이내 축산업 재개시 감면세액, 이자상당액 추징

축사용지 감면(조특법§69의2, 조특령§66의2) — 양도일 현재 축사용지

거주자가 축사용지 소재지에 재촌하면서 8년 이상 직접 축산에 사용한 축사용지를 사실상 축산을 중단하고 3년이 경과한 후 양도하는 경우로서 양도일 현재 축사용지에 해당하지 않은 경우에는 축사용지 감면을 적용할 수 없음

중요 상 난이 중

제9편

적용사례(사전-2018-법령해석재산-0192, '18.06.11.)

사례

'99.2.1.
甲, 乙(甲의 배우자).
○○시 00리 소재
"축분처리장과
이에 딸린 토지"
취득(1,127m²)

'18.1.1.
甲.
"축분처리장과
이에 딸린 토지"
양도'

* 토지에는 '99년~'13년 초반까지 축사가 있었으며 현재 멸실되어 등기사항 증명서는 없으나 건축물관리대장에는 등재되어 있고 폐업 후 다른 용도로 사용하지 않았으며, 건물은 甲과 함께 축산업을 영위하던 배우자 명의였으나 사망하여 甲에게 상속되었고 '14년까지 사용함

※ 甲은 '99년부터 축산업(산란계)을 영위하다 '14년 말 폐업하고 다른 지번의 축산용지를 양도한 후 조특법§69의2에 따라 감면을 적용 받음

Q1 축산업을 폐업하고 폐업 후 다른 용도로 사용하지 않은 8년 이상 직접 축산에 사용한 축분처리장과 토지를 양도 시 축사용지 감면을 적용할 수 있는 지 여부?

A1 거주자가 축산에 사용하는 축사와 이에 딸린 토지(축사용지) 소재지에 재촌하면서 8년 이상 직접 축산에 사용한 축사용지를 사실상 축산을 중단하고 3년이 경과한 후 양도하는 경우로서 양도일 현재 축사용지에 해당하지 않은 경우에는 축사용지 감면을 적용할 수 없음

🖎 관련 판례 · 해석 등 참고사항

▶ 조심-2017-중-4622, '18.02.20.
  - 쟁점부동산은 위성사진 및 해당 건축물대장상 양도 당시에는 축사가 이미 멸실되어 나대지 상태로 양도된 것으로 보이는 점, 인근 주민들이 제기한 민원에 의해 불가피하게 축산업을 폐업한 사실을 축사용지 감면 사유로 확장 해석할 수는 없는 점 등에 비추어 축사용지에 대한 감면을 적용하지 아니하고 과세한 처분은 잘못이 없음

축사용지 감면(조특법§69의2, 조특령§66의2) · 양도일 현재 타인에게 임대

축사용지를 타인에게 임대하여 임차인이 축산에 사용한 후 거주자가 해당 축사용지를 양도하는 경우에는 축사용지 감면이 적용되지 아니함

중요 상 · 난이 중

적용사례 (서면-2015-법령해석재산-2260, '16.06.23.)

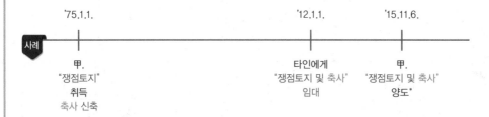

'75.1.1.
甲.
"쟁점토지"
취득
축사 신축

'12.1.1.
타인에게
"쟁점토지 및 축사"
임대

'15.11.6.
甲.
"쟁점토지 및 축사"
양도*

* 甲은 '75.1.1.부터 '12년 전까지 약 37년간 재촌하면서 축산(양돈)업을 영위하다가 '12.1.1.부터 양도할 때까지 타인에게 임대하여 타인이 쟁점토지 및 축사에서 축산(양돈)업을 영위하고 있는 상태에서 양도함

Q1 8년 이상 재촌하면서 직접 축산에 사용하던 쟁점토지와 축사를 타인에게 임대하던 중에 양도 시 축사용지 감면 적용 여부?

A1 축사용지를 타인에게 임대하여 임차인이 축산에 사용한 후 거주자가 해당 축사용지를 양도하는 경우에는 축사용지 감면이 적용되지 아니함

관련 판례 · 해석 등 참고사항

☞ 축사용지 감면 규정(조특법§69의2①)에서 "폐업을 위하여"라고 열거되어 있어 양도일 현재 거주자 본인이 축산하고 있어야 감면이 적용되는 바, 해석이나 판례 등은 없지만 위의 사례와 달리 甲이 8년 이상 재촌하면서 직접축산에 사용하던 쟁점토지와 축사를 양도하기 2년 전까지 타인에게 임대하였다가 다시 甲이 재촌하면서 쟁점토지 및 축사에서 직접 축산을 영위하다가 양도한다면 축사용지 감면을 부인할 근거가 없어 감면을 적용하여야 할 것으로 판단됨

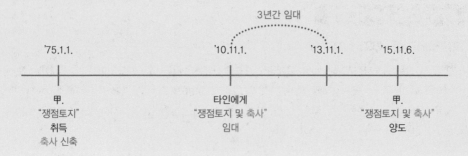

3년간 임대

'75.1.1.
甲.
"쟁점토지"
취득
축사 신축

'10.11.1.
타인에게
"쟁점토지 및 축사"
임대

'13.11.1.

'15.11.6.
甲.
"쟁점토지 및 축사"
양도

축사용지 감면(조특법§69의2, 조특령§66의2)　　축산업자와 축사소유주가 다른 경우

갑과 배우자는 쟁점축사를 보유한 26년간 다른 직업이나 소득이 거의 없고, 타인에 의해 대리 운영된 사실이 없는 바, 배우자 명의로 등록된 축산업은 사실상 청구인과 배우자의 공동사업으로 축산용지 감면 대상에 해당함

중요 상　난이 중

적용사례(조심-2017-구-3702, '17.11.07.)

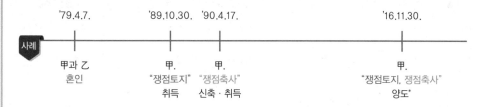

'79.4.7.	'89.10.30.	'90.4.17.	'16.11.30.
甲과 乙 혼인	甲. "쟁점토지" 취득	甲. "쟁점축사" 신축·취득	甲. "쟁점토지, 쟁점축사" 양도*

* 甲은 쟁점축사를 신축한 후 양도할 때까지 약 26년 7개월간 축산업을 영위하였으나, 가축질병예방 및 한우이력제 관리 등을 위해 ○○시청에 '15.12.29.자로 가축사육업을 등록하면서 남자 명의 등록이 유리하다고 판단하여 乙(남편) 명의로 등록하였으며 동 기간 동안 다른 직업이나 소득은 거의 없고 사실상 남편과 공동사업을 하였다고 주장함

Q1 축산업자와 축사 소유주의 명의가 다른 경우 축사용지 감면 적용 여부?

A1 갑과 배우자는 쟁점축사를 보유한 26년간 다른 직업이나 소득이 거의 없고, 타인에 의해 대리운영된 사실이 없는 바, 배우자 명의로 등록된 축산업은 사실상 청구인과 배우자의 공동사업으로 축사용지 감면 대상에 해당함

관련 판례·해석 등 참고사항

☞ 위의 결정에 대하여 일면 이해가 되는 점도 있으나, 자경농지 감면에서 '06.2.9. 이후 양도분부터 본인이 직접 경작한 경우에 한하여 자경감면을 받을 수 있어 부인 소유 농지를 양도 시 남편이 자경했다면 자경기간에 산입하지 않는 점 등을 볼 때, 축사용지 감면도 자경농지 감면 규정을 대부분 준용하고 있는 점에서 쟁점토지와 쟁점축사가 甲의 소유이지만 실제로 乙이 직접 축산을 하였다면 축사용지 감면을 배제함이 타당하다고 생각됨

▶ 서면-2017-부동산-0794, '17.08.10.

－ 축산용 토지 및 건물 소유자인 甲이 실제 축산업 경영은 하였으나 축산업 등록이 남편 乙명의인 경우 축사용지에 대한 세액을 감면

● 축산업을 타인에게 승계한 경우

- 거주자가 해당 축사용지 소재지 시장·군수·구청장으로부터 조특령§66의2⑧에 따른
  축산기간 및 폐업 확인서에 폐업임을 확인받지 못하였으나 거주자가 축산을 사실상
  중단한 것이 축산법§24에 따른 영업자 지위승계 신고대장 등 기타증빙서류에 의해
  확인되는 경우에는 폐업을 위해 축사용지를 양도한 것으로 보아 같은 법 §69의2에 따른
  감면을 적용
  (과세기준자문-2019-법령해석재산-0554, '20.03.18., 기획재정부 재산세제과-262, '20.03.13.)

● 가축을 위탁받아 사육하는 경우

- 가축을 위탁받아 사육하는 경우에도 조특법§69의2①에 따른 양도세 감면을 적용할 수
  있는 것이나, 조특령§69의2②에 따라 직접축산에 사용 하였는지는 사실판단할 사항임
  (서면-2019-법령해석재산-0472, '19.10.18.)

● 축산에 사용하는 축사만 협의매수에 의해 양도한 경우

- 축산에 사용하는 축사와 이에 딸린 토지(축사용지) 소재지에 거주하는 거주자가 토지를
  취득한 때부터 양도할 때까지 8년 이상 자기가 직접축산에 사용한 축사용지 중 축사만을
  폐업을 위하여 양도 시 감면대상에 해당함
  (과세기준자문-2017-법령해석재산-0196, '19.05.01., 기획재정부 재산세제과-339, '19.04.24.)

● 우사·여물창고 등이 축사의 범위에 포함되는지 여부

- 조특법§69의2①의 축사용지에 대한 양도세 감면 대상이 되는 축사란 실제 가축의 사육에
  사용되는 축사로서 이 경우 축사의 범위에는 가축의 사육에 사용되는 축사의 부속시설도
  포함하는 것임
  (서면법규과-551, '14.05.30.)

축산용지 일부만 양도하고 계속 축산업을 하는 경우

• 축사용지 일부만 양도하고 계속 축산업을 하는 경우에는 축사용지 감면을 적용 받을 수 없음(부동산납세과-184, '13.12.04.)

  * 사실관계
  • 甲은 서로 다른 마을의 A와 B 두 곳에서 축산업을 하던 중에 A사업장을 양도하였으나 행정절차상 A사업장만 따로 폐업신고가 안 되는 상황임

메추리 사육 농가의 축사용지 감면 해당 여부

• 축산법시행령§13에 따른 축산업 등록대상이 아닌 가축인 메추리를 사육하여 해당 축사용지 소재지의 시장·군수·구청장으로부터 조특령§66의2⑧에 따른 축산기간 및 폐업 확인서를 발급받지 못한 경우라도 8년 이상 축사용지 소재지에 거주하면서 직접 가축의 사육에 종사한 사실과 축산업의 폐업사실이 모두 인정되는 경우에는 축사용지 감면 적용 (부동산거래관리과-348, '12.07.05.)

폐업신고를 하지 않은 경우 축사용지 감면 배제 여부

• 축사용지가 토지보상법에 따라 수용되어 제반 사정에 따라 조특령§66의2에 따른 폐업 확인서를 제출하지 못하는 경우로서 거주자가 축산을 사실상 중단하는 것으로 인정되는 경우에는 축사용지 감면 적용(부동산거래관리과-0983, '11.11.21.)

05

어업용토지 등에 대한 감면
(조특법§69의3, 조특령§66의3)

어업용 토지등 소재지에 거주하는 대통령령으로 정하는 거주자가 8년 이상 대통령령으로
정하는 방법으로 직접 어업에 사용한 대통령령으로 정하는 어업용 토지등을
'25.12.31.까지 양도함에 따라 발생하는 소득에 대해서는 양도소득세의 100%에 상당하는
세액을 감면한다. 다만, 해당 어업용 토지등이 주거지역등에 편입되거나
「도시개발법」 또는 그 밖의 법률에 따라 환지처분 전에 해당 어업용 토지등 외의 토지로
환지예정지 지정을 받은 경우에는 주거지역등에 편입되거나 환지예정지 지정을 받은
날까지 발생한 소득으로서 대통령령으로 정하는 소득에 대해서만 양도소득세의 100분의
100에 상당하는 세액을 감면(조특법§69의3①)

* 어업용 토지등의 범위 : 지적공부상의 지목에 관계없이 실지로 양식 또는 수산종자 생산에
사용한 건물과 토지(조특칙§27의3)

> **참고** 법령 신설 취지 : 농업인과 형평 등을 감안하여 어업인의 경영을 지원하기 위하여 '17.12.29.
> 조특법§69의3으로 신설된 제도로, '18.1.1. 이후 최초로 양도하는 분부터 적용

06

자경산지에 대한 감면
(조특법§69의4, 조특령§66의4)

산지 소재지에 거주하는 대통령령으로 정하는 거주자가 「산림자원의 조성 및 관리에 관한
법률」 제13조에 따른 산림경영계획인가를 받아 10년 이상 대통령령으로 정하는 방법으로
직접 경영한 산지 중 대통령령으로 정하는 산지를 양도함에 따라 발생하는 소득에
대해서는 다음 표에 따른 세액을 감면한다. 다만, 해당 산지가 주거지역등에 편입되거나
「도시개발법」 또는 그 밖의 법률에 따라 환지처분 전에 산지 외의 토지로 환지예정지
지정을 받은 경우에는 주거지역등에 편입되거나 환지예정지 지정을 받은 날까지 발생한
소득으로서 대통령령으로 정하는 소득에 대해서만 세액을 감면(조특법§69의4)

＊ **자경산지의 범위 :** 지적공부상의 지목에 관계없이 실지로 경작에 사용되는 토지(조특칙§27의4)

> 참고
>
> 법령 신설 취지 : 산림자원을 육성하고 지원하기 위하여 '17.12.29. 조특법§69의4로 신설된 제도로,
> '18.1.1. 이후 최초로 양도하는 분부터 적용

▶ 감면세액

직접 경영한 기간	감 면 세 액
10년 이상 20년 미만	양도소득세의 10%에 상당하는 세액
20년 이상 30년 미만	양도소득세의 20%에 상당하는 세액
30년 이상 40년 미만	양도소득세의 30%에 상당하는 세액
40년 이상 50년 미만	양도소득세의 40%에 상당하는 세액
50년 이상	양도소득세의 50%에 상당하는 세액

공익사업용
토지 등에 대한
양도세의 감면 등

🏠 ↓ 01

공익사업용 토지 등에 대한
양도세의 감면(조특법§77)

가 | 감면요건

감면대상	• 사업인정고시일 2년 이전에 취득한 토지 또는 건물을 '26.12.31. 이전에 공익사업시행자에게 양도(협의매수, 수용)하여 발생한 소득
감 면 율 ('16.1.1. 이후 양도분)	• 현금보상 : 10% • 일반채권 보상 : 15% • 만기보유채권 : 30%(3년 이상 5년 미만), 40%(5년 이상)
감면대상 소 득	• 토지보상법이 적용되는 공익사업에 필요한 토지등*을 공익사업 시행자에게 양도시 • 도시정비법에 따른 정비구역 안의 토지등*을 사업시행자에게 양도시 • 토지보상법이나 기타 법률에 따라 토지등*이 수용시

> **참고** 토지등 : 조특법§60⑥에서 '토지 또는 건물(이하 "토지등"이라 한다)'고 하여 토지와 건물을 의미함

◢ 감면율 축소

'14.1.1. ~ '15.12.31.		'16.1.1. 以後
• 현금 : 15% • 채권 : 20% • 3년 만기 보유 채권 : 30% • 5년 만기 보유 채권 : 40%	➡	• 현금 : 10% • 채권 : 15% • 3년 만기 보유 채권 : 30% • 5년 만기 보유 채권 : 40%

나 | 감면대상자 등

감 면 대상자	• 거주자, 비거주자, 비영리법인(법인-602, '09.5.21.)
보유기간 기 산 일	• 상속 받은 토지 등 : 피상속인의 취득일 • 이월과세가 적용되는 증여 받은 토지 등 : 증여자의 취득일 ('11.1.1. 이후 양도분 ~)
토지 등 취득요건	• 사업인정고시일부터 소급하여 2년 이전 취득 • 사업인정고시일 전 양도 시, 양도일부터 소급하여 2년 이전 취득 ⇒ 투기수요 방지

📜 관련 판례 · 해석 등 참고사항

▶ **법인세과-602, '09.05.21.**

　– 수익사업을 영위하지 않는 비영리내국법인이 자산을 양도하고 법법§62의2의 비영리내국법인의
　　자산양도소득에 대한 과세특례 규정에 따라 법인세를 신고하는 경우 조특법 §69의 자경농지에 대한
　　양도세 감면규정이 적용되지 않는 것이나, 같은 법 §77의 공익사업용 토지등에 대한 양도세의
　　감면규정은 적용 가능한 것임

▶ **조특령§72⑧괄호에서 감면신청 대상자에 "비영리내국법인"을 열거함**

　☞ 법인세과-362, '09.01.28. 해석은 비영리내국법인이 자산양도소득에 대한 조특법§77에 의한
　　공익사업용 토지 등에 대한 양도세의 감면규정이 적용되지 않는다고 하였는데 이는 해석 정비가 되어야
　　할 것으로 보임

⊙ 공익사업용 토지 등에 대한 양도소득세의 감면(조특법 § 77)

① 다음 각 호의 어느 하나에 해당하는 소득으로서 해당 토지등이 속한 사업 지역에 대한 사업인정고시일(사업인정고시일 전에 양도하는 경우에는 양도일)부터 소급하여 2년 이전에 취득한 토지등을 '26.12.31. 이전에 양도함으로써 발생하는 소득에 대해서는 양도소득세의 10/100[토지등의 양도대금을 대통령령으로 정하는 채권으로 받는 부분에 대해서는 15/100로 하되, 「공공주택 특별법」 등 대통령령으로 정하는 법률에 따라 협의매수 또는 수용됨으로써 발생하는 소득으로서 대통령령으로 정하는 방법으로 해당 채권을 3년 이상의 만기까지 보유하기로 특약을 체결하는 경우에는 30/100(만기가 5년 이상인 경우에는 40/100)]에 상당하는 세액을 감면한다.

1. 토지보상법이 적용되는 공익사업에 필요한 토지등을 그 공익사업의 시행자에게 양도함으로써 발생하는 소득

2. 도시정비법에 따른 정비구역(정비기반시설을 수반하지 아니하는 정비구역은 제외한다)의 토지등을 같은 법에 따른 사업시행자에게 양도함으로써 발생하는 소득

3. 토지보상법이나 그 밖의 법률에 따른 토지등의 수용으로 인하여 발생하는 소득

③ 다음 각 호의 어느 하나에 해당하는 경우 해당 사업시행자는 ① 또는 ②에 따라 감면된 세액에 상당하는 금액을 그 사유가 발생한 과세연도의 과세표준신고를 할 때 소득세 또는 법인세로 납부하여야 한다.

1. ①1호에 따른 공익사업의 시행자가 사업시행인가 등을 받은 날부터 3년 이내에 공익사업을 시작하지 아니하는 경우

2. ①2호에 따른 사업시행자가 대통령령으로 정하는 기간까지 도시정비법에 따른 사업시행계획인가를 받지 아니하거나 그 사업을 완료하지 아니하는 경우

⊙ 공익사업용 토지 등에 대한 양도소득세의 감면(조특령 §72)

⑤ 조특법§77③2호에서 "대통령령으로 정하는 기한"이란 사업시행계획인가에
  있어서는 도시정비법에 의하여 사업시행자의 지정을 받은 날부터 1년이 되는 날,
  사업완료에 있어서는 도시정비법에 의하여 사업시행계획인가를 받은
  사업시행계획서상의 공사완료일을 말한다.

⑦ 조특법§77⑥에 따른 감면신청을 하고자 하는 사업시행자는 당해 토지등을 양도한
  날이 속하는 과세연도의 과세표준신고와 함께 기획재정부령이 정하는
  세액감면신청서에 당해 사업시행자임을 확인할 수 있는 서류(특약 체결자의 경우에는
  특약체결 사실 및 보상채권 예탁사실을 확인할 수 있는 서류를 포함)를 첨부하여 양도자의
  납세지 관할 세무서장에게 제출하여야 한다.

⑧ 조특법§77⑦에 따른 감면신청을 하고자 하는 자는 당해 토지등을 양도한 날이
  속하는 과세연도의 과세표준신고(거주자와 법법 §62의2⑦의 규정에 의하여 예정신고를 한
  비영리내국법인의 경우에는 예정신고를 포함)와 함께 기획재정부령이 정하는
  세액감면신청서에 수용된 사실을 확인할 수 있는 서류(특약체결자의 경우에는 특약체결
  사실 및 보상채권 예탁사실을 확인할 수 있는 서류를 포함)를 첨부하여 납세지 관할
  세무서장에게 제출하여야 한다.

조합원 요건

- 사업시행자에게 토지등을 양도

  - 현금청산 및 관리처분계획인가 전 사업시행자에게 양도하는 경우 포함

  - 조합 설립 이후에 양도

    (∵도시정비법 등에 따라 조합설립 인가를 받아야 사업시행자가 됨)

- 조합원이 보유한 토지등은 사업시행계획인가일*(사업시행인가일 전 양도 시 양도일)부터 소급하여 2년 이전 취득

  * 재건축 등의 사업시행계획인가일을 사업인정고시일로 간주

- 재건축사업이 정비기반시설을 수반하여야 함(☞ 공익성 인정)

조합 요건

- 당해 토지등을 양도한 날이 속하는 과세연도의 과세표준신고와 함께 세액감면신청서를 첨부하여 양도자 관할세무서장에게 제출하여야 함

  - 통상 조합원이 양도세 신고 시 조합에서 작성한 감면신청서를 첨부 제출

- 조합설립인가일로부터 1년 이내 사업시행계획인가를 받아야 하고, 사업시행계획인가를 받은 사업시행계획서상의 공사완료일까지 공사가 완료되어야 함

관련 판례 · 해석 등 참고사항

▶ **정비기반시설[도시정비법 §2] 이 법에서 사용하는 용어의 뜻은 다음과 같다.**

   4. "정비기반시설"이란 도로 · 상하수도 · 구거(溝渠: 도랑) · 공원 · 공용주차장 · 공동구(국토계획법§2 9호에 따른 공동구를 말함), 그 밖에 주민의 생활에 필요한 열 · 가스 등의 공급시설로서 대통령령으로 정하는 시설을 말한다.

공익사업용 토지 등에 대한 감면(조특법§77) 중요 조문

- 조특법§77①2호 : 도시정비법에 따른 정비구역*의 토지등을 같은 법에 따른
  사업시행자에게 양도함으로써 발생하는 소득

  * 정비기반시설을 수반하지 아니하는 정비구역은 제외

  - 대상 : ① 100% 현금 청산자

    ② 조합원입주권 + 일부 청산금 수령자

- 조특법§77③ : 다음 각 호 어느 하나에 해당 시 사업시행자는 감면된 세액 상당액을 그
  사유가 발생한 과세연도의 과세표준신고를 할 때 소득세 또는 법인세로 납부하여야 함

  - 공익사업시행자가 사업시행인가 등을 받은 날부터 3년 이내에 그 공익사업에
    착수하지 아니하는 경우

  - 조특법§77①2호에 따른 사업시행자(정비조합 등)가 사업시행자의 지정을 받은 날부터
    1년이 되는 날까지 사업시행인가를 받지 아니하거나 그 사업을 사업시행계획서상
    공사완료일까지 완료하지 못한 경우

- 조특법§77⑥ : ①1호 또는 2호에 따라 세액을 감면받으려면 해당 사업시행자가
  대통령령에 따라 감면신청을 하여야 함(훈시규정)

⊙ 공익사업용 토지의 보상방법을 대토보상에서 현금보상으로 전환

- 거주자가 토지보상법에 따른 공익사업의 시행으로 해당 사업지역에 대한
  사업인정고시일부터 소급하여 2년 이전에 취득한 토지를 사업시행자에게 양도하고
  양도대금을 같은 법§63① 각 호 외의 부분단서에 따라 해당 공익사업의 시행으로 조성한
  토지로 보상(대토보상) 받는 분에 대하여 과세이연 신청하였으나, 대토보상 받기로 한
  보상금을 현금으로 전환 시 조특법§77에 따른 세액감면을 적용한 세액을 양도세로
  납부하는 것임

  (과세기준자문-2016-법령해석재산-0050, '16.06.29.)

⊙ 1필지에 대한 보상채권 중 일부만 만기보유특약을 체결하는 경우

- 조특법('10.12.27. 법률 제10406호로 개정되기 전의 것) §77①을 적용함에 있어 1필지의 토지에
  대해 채권으로 보상받은 경우로서 그 중 일부를 5년 이상의 만기까지 보유하기로 특약을
  체결하는 경우 만기보유특약을 체결하는 분은 50%의 감면율을 적용하고 나머지는
  25%의 감면율을 적용받을 수 있는 것임

  (부동산거래관리과-70, '11.01.25.)

다 | 거주자가 지정 前 사업자에게 양도시 감면

감면대상
- 공익사업법인 적용되는 공익사업용 토지등과 정비구역 안의 토지등
  (조특법§77①1, 2)

감면요건
- 사업시행자로 지정·고시된 사실이 없는 사업자(지정 前 사업자)에게 2년 이상 보유한 토지등을 양도하였더라도 양도일부터 5년 이내 사업시행자로 지정된 경우
- '10.1.1. 이후부터 '15.12.31. 이전까지 양도

감면절차
- 양도일이 속하는 과세연도에 예정·확정신고
- 사후감면 → 사업시행자가 감면 신청
- 감면세액계산은 양도 당시의 법률 적용

라 | 신청주체 및 추징세액

신청주체	• 사업시행자가 감면신청자인 경우 　– 조특법§77①1호(공익사업) 및 2호(정비구역) • 양도자가 감면신청자인 경우 　– 조특법§77①3호(그 밖의 법률에 따른 토지 수용)
추징사유	• 공익사업 이행불가로 사업시행자에게 귀책사유가 있는 경우 • 만기보유특약을 위반한 경우
추징세액	• 사업시행자는 감면된 세액에 상당하는 금액을 소득세 또는 법인세로 납부하여야 함 • 양도세 30%(40%) 상당 세액 감면받은 자는 양도세 15%(25%)에 상당하는 금액 징수

⊙ 공익사업 시행을 위한 토지 등 취득과정

① 사인간(私人 間) 계약 취득 : 도시개발 사업 시행자가 법적 근거 없이 2/3 이상을 직접 계약에 의해 취득

② 2/3 이상 취득하여 요건을 갖추면 「토지보상법」에 근거하여 2개 이상 감정평가법인의 평균액을 평가액으로 하여 토지 등 소유자와 협의매수

③ 협의매수로 매수가 안 되는 경우 「토지보상법」§22에 의거 사업인정고시를 한 후, 수용 절차에 의해 취득

  – 공익사업시행자는 법원에 공탁금을 공탁하여 사업 진행
  – 토지 등 소유자는 이의신청을 통해 보상가액 결정

쟁점 정리
(조특법§77①2호에 따른 정비구역의 토지등을 사업시행자에게 양도)

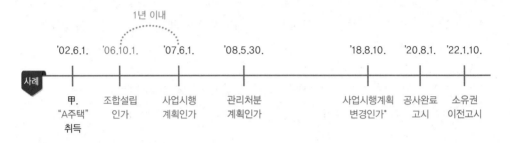

* 사업시행계획이 변경된 경우 변경된 공사완료일(부동산거래관리과-1051, '10.08.13.)

쟁점 1 조특법§77①2호의 세액감면 요건을 갖춘 양도인이 감면추징사유에 해당하는 사업시행자(조합 등)에게 토지등을 양도 시 감면 적용 여부

▶ 아래 대법원 판결과 같이 엄격하게 문리해석을 하면 양도인에게 감면을 배제할 수 있는 근거가 없어 감면을 적용함이 타당할 것으로 보임

※ 조세법률주의 원칙상 과세요건이나 비과세요건 또는 조세감면요건을 막론하고 조세법규의 해석은 특별한 사정이 없는 한 법문대로 해석할 것이고, 합리적인 이유 없이 확장해석하거나 유추해석하는 것은 허용되지 아니하며, 특히 감면요건 중에 명백히 특혜규정이라고 볼 수 있는 것은 엄격하게 해석하는 것이 조세공평의 원칙에 부합(대법원 2009두18325, '10.04.29)

쟁점 2 사업시행자의 요건불비로 법인세 등을 납부해야 하는데, 부과제척기간 경과로 추징 불가한 경우에 감면요건 충족한 양도인의 감면 적용 여부

▶ 사업시행자로부터 추징할 수 없는 경우에는 양도인에게 감면 적용을 배제한다는 명문규정이 없어 양도인에게 감면을 적용해야 할 것으로 보임

쟁점 정리
(조특법§77①2호에 따른 정비구역의 토지등을 사업시행자에게 양도)

※ 조특법§77①2호 감면 관련 사업시행자(조합 등)의 추징 요건

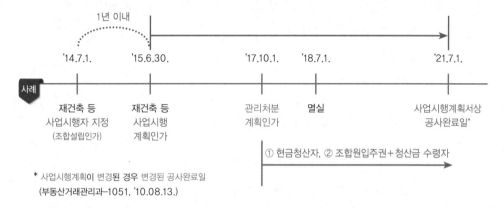

* 사업시행계획이 변경된 경우 변경된 공사완료일
  (부동산거래관리과−1051, '10.08.13.)

- 사업시행자가 도시정비법에 의하여 사업시행자 지정(조합설립인가 받은 날)을 받은 날부터 1년이 되는 날까지 사업시행계획인가를 받지 아니한 경우

- 사업시행자가 도시정비법에 의하여 사업시행계획인가를 받은 사업시행계획서상의 공사 완료일까지 그 사업을 완료하지 아니한 경우

> **쟁점3**   양도인의 세액감면 적용 후, 요건 충족하지 못한 사업시행자에 대해 법인세 등을 추징할 수 있는 지 여부

◉ 양도인은 사업시행자가 감면신청을 하지 않은 경우에도 세액감면이 가능*한 상태에서, 사업시행자에게 요건 불비를 이유로 추징은 어려울 것으로 보임

   * 과세기준자문−2020−법령해석재산−0272, '20.12.08., '20.12.14. 해석정비

- "쟁점 1"과 "쟁점 2"와 같이 엄격하게 문리해석을 한다면 사업시행자에게 법인세 등을 추징하여야 할 것이나,

- 현실적으로 사업시행자의 지정을 받은 날부터 1년이 되는 날까지 사업시행계획인가를 받기가 매우 어려운 상황에서, 사업시행자의 직접적인 귀책사유 없이 납세의무를 부담시키는 것은 과도한 납세협력의무를 요구하는 것으로 보임

   ☞ 이러한 문제를 해결하기 위해서는 법령을 개정하여 합리적으로 개선할 필요가 있음

   ☞ 조특법§77①2호의 세액감면이 적용되면 '21.2.17. 이후 양도분부터는 다주택자 중과에서
   제외(소령§167의3①5호)되므로 세액 측면에서 감면세액보다 훨씬 중요한 의미가 있음

제10편

법령요약

⊙ **법인전환에 대한 양도소득세의 이월과세**(조특법 § 32)

- 거주자가 사업용고정자산을 현물출자 시 양도임에도 불구하고 현물출자 시점에서 양도세를 부담하지 않고, 나중 법인이 同 사업용고정자산을 양도 시 법인세를 부담

⊙ **법인전환에 대한 양도소득세의 이월과세**(조특령 § 29)

- 현물출자한 날이 속하는 과세연도의 과표신고(예정신고 포함)시 새로 설립되는 법인과 함께 기재부령이 정하는 이월과세적용신청서를 관할 세무서장에게 제출하여야 함

공익사업용 토지 등에 따른 양도세 감면(소법§77①2호)

현금청산자 등(공익사업용 토지 감면 관련)

도시정비법에 따른 정비구역의 토지등을 같은 법에 따라 사업시행자에게 양도함으로써
발생하는 소득에 대하여는 공익사업용 토지등에 대한 감면규정이 적용되는 것이나,
조합원입주권을 양도 시에는 동 규정이 적용되지 아니함

중요 중 / 난이 상

적용사례(부동산거래관리과-156, '11.02.18.)

'03.6.1.	'06.6.1.	'06.7.1.	'07.12.1.	'08.10.1.	'09.2~4월	'09.8.1.
재건축 조합설립 인가	재건축 사업시행 인가	조합원들 분양신청	관리처분 계획인가	동·호수 추첨	조합원 분양계약 기간	관리처분계획 변경인가 및 미신청자 현금청산

Q1 당초 관리처분계획인가 당시 분양 신청자였으나 분양계약을 체결하지 않거나 동·호수 추첨에서 탈락한
조합원이 종전자산의 감정평가액 만큼 현금청산 받은 경우 조특법§77①2호에 따른 감면 적용 가능
여부?

A1 도시정비법에 따른 정비구역(정비기반시설 수반하지 아니하는 정비구역 제외)의 토지등*을 같은 법에 따라
사업시행자에게 양도함으로써 발생하는 소득에 대하여는 공익사업용 토지등에 대한 감면규정이
적용되는 것이나, 조합원입주권을 양도 시에는 동 규정이 적용되지 아니함

📑 **관련 판례·해석 등 참고사항**

▶ 토지등 : 조특법§60⑥에서 '토지 또는 건물(이하 "토지등"이라 한다)'이라고 열거되어 있어 토지와
건물 이외에는 대상이 아님

비사업용 토지(소령§168의14③3호)	무조건 비사업용 토지 아님

'06.12.31. 이전 사업시행인가된 나대지를 재개발 정비조합 사업시행자에게 토지보상법에 따른
'협의보상절차및방법'을 거쳐 양도 시에는 비사업용토지에 해당하지 아니함

중요 상 · 난이 상

적용사례(서면인터넷방문5팀-176, '08.01.24.)

'01.7.1. "A나대지" 취득

'06.7.19. 사업시행인가 고시

'07.11.5. 사업시행자*에게 "A나대지" 양도

* 도시정비법의 규정에 의한 재개발정비조합

Q1 '06.12.31. 이전 사업시행인가된 나대지를 재개발 정비조합 사업시행자에게 양도하는 경우 비사업용 토지 여부?

A1 도시정비법§28에 의한 주택재개발정비사업시행인가일('06.7.19.) 이후 정비구역 내의 토지(사업시행가일 전 취득, 토지보상법에 따라 협의매수 또는 수용되는 토지로서 동법 시행령§10②7호 수용 또는 사용할 토지)를 주택재개발정비사업조합(사업시행자)에게 토지보상법§14 내지 §18에 따른 '협의보상절차및방법'을 거쳐 양도 시에는 비사업용토지에 해당하지 아니함

📜 **관련 판례 · 해석 등 참고사항**

▶ 사업인정고시일(도시정비법상 사업시행인가일)부터 소급하여 2년 이전에 취득한, 조특법§77①2호에 따라 도시정비법에 따른 정비구역의 토지등을 같은 법에 따라 사업시행자에게 '23.12.31. 이전에 양도함으로써 발생하는 소득은 세액 감면(10% 등)

대토보상에 대한 양도세 과세특례[조특법§77조의2]

가 | 과세이연 요건

적용대상	• 토지 등이 공익수용되면서 토지로 보상(代土) • 취득요건을 갖춘 토지 등을 '26년 말 이전에 공익사업의 시행자에게 양도(수용 등)함으로써 발생한 소득('07.10.17. 이후 양도분)
토지 등 취득요건	• 사업인정고시일부터 소급하여 2년 이전 취득 • 사업인정고시일 전 양도 시, 양도일부터 소급하여 2년 이전 취득 ➡ 투기수요 방지
공익감면과 차이점 과세이연세액 및 이자추징사유	• 과세이연 제도 ※ 공익사업시행자는 대토보상 명세를 토지보상법§3③에 따른 해당 보상계약의 체결일이 속하는 달의 다음 달 말일까지 국세청에 통보하는 경우에만 적용 (제출기한 내에 통보하지 않는 경우에도 납세자에 대한 과세특례 적용) • 거주자에 한하여 적용 • 장기간 양도세 납부이연 가능(과세이연 대신 감면 선택시 40%감면 적용)
대토보상과 현금 보상(10% 감면)의 감면세액[1] 차액납부	• 대토보상 토지 전매금지 위반에 따라 현금보상으로 전환된 경우 • 대토 취득(소유권 이전등기 완료) 후 3년 이내 양도
	• 소유권 이전등기의 등기원인이 대토보상으로 미기재 등 • 해당 대토에 대한 소유권 이전등기 완료 후 3년 이내 증여 또는 상속

1) 감면세액 또는 과세이연금액 상당세액

※ 대토[*]보상 : 종전 토지의 소유권이 공익사업자에게 이전되고, 새로 조성한 토지의
소유권을 취득

  * 해당 공익사업의 시행으로 조성한 토지

※ 환지 : 소유권이 이전되지 않고 공익사업자가 새로 조성한 토지로 대체 취득

⊙ 현금보상 등(토지보상법 §63)

① 손실보상은 다른 법률에 특별한 규정이 있는 경우를 제외하고는 현금으로
지급하여야 한다. 다만, 토지소유자가 원하는 경우로서 사업시행자가 해당
공익사업의 합리적인 토지이용계획과 사업계획 등을 고려하여 토지로 보상이
가능한 경우에는 토지소유자가 받을 보상금 중 본문에 따른 현금 또는 ⑦ 및 ⑧에
따른 채권으로 보상받는 금액을 제외한 부분에 대하여 다음 각 호에서 정하는
기준과 절차에 따라 그 공익사업의 시행으로 조성한 토지로 보상할 수 있다.

⑦ 사업시행자가 국가, 지방자치단체, 그 밖에 대통령령으로 정하는 「공공기관의
운영에 관한 법률」에 따라 지정·고시된 공공기관 및 공공단체인 경우로서 다음 각
호의 어느 하나에 해당되는 경우에는 ① 본문에도 불구하고 해당 사업시행자가
발행하는 채권으로 지급할 수 있다.

1. 토지소유자나 관계인이 원하는 경우

2. 사업인정을 받은 사업의 경우에는 대통령령으로 정하는 부재부동산 소유자의
토지에 대한 보상금이 대통령령으로 정하는 일정 금액(1억원)을 초과하는
경우로서 그 초과하는 금액에 대하여 보상하는 경우

⑧ 토지투기가 우려되는 지역으로서 대통령령으로 정하는 지역에서 다음 각 호의
어느 하나에 해당하는 공익사업을 시행하는 자 중 대통령령으로 정하는
「공공기관의 운영에 관한 법률」에 따라 지정·고시된 공공기관 및 공공단체는
⑦에도 불구하고 ⑦2호에 따른 부재부동산 소유자의 토지에 대한 보상금 중
대통령령으로 정하는 1억원 이상의 일정 금액을 초과하는 부분에 대하여는 해당
사업시행자가 발행하는 채권으로 지급하여야 한다.

1. 택지개발촉진법에 따른 택지개발사업
2. 산업입지 및 개발에 관한 법률에 따른 산업단지개발사업
3. 그 밖에 대규모 개발사업으로서 대통령령으로 정하는 사업

⊙ 과세이연 금액 등 계산방법

▶ 과세이연 금액(A) = 2억원

$$= \text{[양도한 종전 토지 또는 건물의 양도차익 − (종전 토지등에 대한) 장기보유특별공제]} \times \frac{\text{대토보상 상당액}^*}{\text{총 보상액}^{**}}$$

* 다른 법률에 특별한 규정이 있는 경우를 제외하고는 일반 분양가격(토지보상법§63①2호)
** 양도한 종전의 토지 또는 건물의 양도가액

▶ 대토보상 토지 양도 시 양도소득금액 계산

대토보상 토지 **양도가액**(10억원)

− (대토보상 토지 **취득가액**(5억원) − 과세이연 금액(A = 2억원))

− 기타 필요경비

− 장기보유특별공제*

\= 양도소득금액

* 보유기간 : 대토의 취득 시부터
양도 시까지로 봄
(∵ 신규토지에 대한 장기보유특별공제)

개발제한구역 지정에 따른 매수대상 토지등에 대한 양도세 감면[조특법§77의3]

감면대상	• 개발제한구역(GB) 지정상태에서의 매수청구(협의매수)의 경우 • 개발제한구역에서 해제된 토지 등을 공익수용(협의매수)한 경우 • '25.12.31.까지 양도

감 면 율	• GB지정일 이전 취득~매수청구일, 협의매수일까지 토지 등 소재지에서
	  재촌한 거주자 : 40%
	• 매수청구일, 협의매수일부터 20년 이전에 취득하여 토지 등 소재지에서
	  재촌한 거주자 : 25%

감면요건 등	• GB에서 해제된 경우에도 감면(해제 후 1년 이내에 사업인정고시로 한정) • 재촌 요건은 자경감면과 동일 • 농어촌특별세 과세

04

국가에 양도하는 산지에 대한 양도세 감면(조특법§85의10)

감면대상	• 2년 이상 보유한 도시지역 밖의 산지를 '10.1.1. 이후 '22.12.31. 이전에 국가(산림청장)에게 양도한 거주자
감 면 율	• 10% 세액 감면
산지범위	• 임목 · 죽이 집단적으로 생육하는 토지, 임도 등
농어촌특별세	• 감면 받은 세액의 20% 과세
감면종합한도	• 1개 과세기간 : 1억원(자경농지 등 감면율 높은 것과 포함 2억원) • 5개 과세기간 : 한도없음

거주자가 2년 이상 보유한 산지를 '22.12.31.까지 국가에 양도한 경우로서 그 매매대금 중
일부를 채권으로 받은 경우, 해당 채권을 5년 이상 만기까지 보유하기로 특약을 체결하더라도
국가에 양도함으로써 발생하는 소득에 대하여 조특법§85의10①에 따라 양도세의 10/100에
상당하는 세액을 감면함

중요　난이
중　　상

적용사례 (서면-2023-법규재산-0032, '23.06.01.)

사례

'73.7.1.
甲.
"A임야"
취득

'22.5.1.
甲.
"A임야"
양도*

* 산림청에 양도하고 전체 매매대금의 40%는 현금으로 받고 나머지 60%는 채권(10년 만기)으로 받았으며,
　등기부등본상 매매원인은 수용이 아닌 매매로 표시된 것을 전제하고, 甲이 산림청에 양도한 것은 조특법§85의10에
　따른 것임을 전제함

Q1 거주자가 2년 이상 보유한 산지를 '22.12.31.까지 국가에 양도하고 그 매매대금 중 일부를 채권으로
받은 경우, 해당 채권 보상금액에 대하여 조특법§77를 준용하여 40%(5년 이상 만기보유 특약체결)
감면율을 적용받을 수 있는지?

A1 거주자가 2년 이상 보유한 산지를 '22.12.31.까지 「국유림의 경영 및 관리에 관한 법률」§18에 따라
국가에 양도한 경우로서 그 매매대금 중 일부를 채권으로 받은 경우, 해당 채권을 5년 이상 만기까지
보유하기로 특약을 체결하더라도 국가에 양도함으로써 발생하는 소득에 대하여 조특법§85의10①에
따라 양도세의 10/100에 상당하는 세액을 감면하는 것임

📜 관련 판례 · 해석 등 참고사항

▶ **조특령§79의11[국가에 양도하는 산지에 대한 양도세 감면신청]**

　- 조특법§85의10②에 따라 감면신청을 하려는 자는 해당 산지를 양도한 날이 속하는 과세연도의
　　과세표준신고(예정신고를 포함)를 할 때 기획재정부령으로 정하는 세액감면신청서에 「국유림의 경영 및
　　관리에 관한 법률」§18②에 따라 산림청장이 매수한 사실을 확인할 수 있는 매매계약서 사본을 첨부하여
　　납세지 관할세무서장에게 제출하여야 한다.

비사업용 토지에 대한 총론

01

비사업용
토지의 개요

가 | 개념

◈ 나대지 · 부재지주 소유 임야 등을 실수요에 따라 사용하지 않고 재산증식수단의 투기적
성격으로 보유하고 있는 토지

> 토지 양도자가 토지의 보유기간 중 법령이 정하는 일정기간(기간기준) 동안 지목(地目) 본래의 용도에
> 사용하지 않는 것

- 地目(28개) : 토지의 주된 용도에 따라 토지의 종류를 구분하여 지적공부에 등록한 것
  - 전, 답, 과수원, 목장용지, 임야, 광천지, 대(垈), 공장용지, 주차장, 묘지, 잡종지 등
- 소유기간 동안 지목 변경 시 : 각 지목별로 비사업용 기간을 판단한 뒤, 각 지목별
  비사업용 토지기간을 합산하여 비사업용 토지 판정
- 지목의 판단 : 지목의 판정은 사실상 현황에 의하며, 사실상 현황이 분명하지 않은
  경우에는 공부상 등재현황에 따름

나 | 비사업용 토지 중과 입법취지

◈ 「05.8.31. 부동산대책」 일환으로 토지 실수요에 따라 생산적 용도로 사용하지 않고
재산증식 수단으로 사용시 양도세 중과

◈ 부동산 투기수요 억제 ☞ 부동산 시장 안정화, 투기 이익 환수

> 참고　서민주거안정과 부동산투기억제를 위한 부동산제도 개혁방안 발표('05.8.31.)

> 참고　종합부동산세 : 2005.1.5. 법률제7358호 제정 · 공포되어 2005년부터 시행

◉ **비사업용 토지 중과세율 조항의** 과잉금지원칙 **위배 여부**

- 소유자가 농지 소재지에 거주하지 아니하거나 경작하지 아니하는 농지를 비사토로 보아 중과세율을 적용하는 조항은 투기로 인한 이익을 환수하여 부동산 시장의 안정과 과세형평을 도모함에 그 입법목적이 있는 바, 과잉금지원칙에 위배되지 아니함

(헌법재판소2011헌바357, '12.07.26., 합헌)

◉ **소급입법으로 인한 신뢰보호 위배 여부**

- 비사업용 토지 중과제도의 시행시기를 정함에 있어 법 시행 前에 비사업용 토지를 취득하였다가 시행 後에 양도한 경우에도 중과하도록 정하였다고 하여 신뢰보호의 원칙이나 과잉금지 원칙에 위배된다고 볼 수 없고, 재촌·자경하였다 하더라도 도시지역 편입 前 소유기간이 1년에 미치지 못하므로 비사업용 토지에서 제외될 수 없음

(대법원2010두17281, '12.10.25. 국승)

◉ **지목의 판정**

- 비사업용 토지를 판정함에 있어 농지·임야·목장용지 및 그 밖의 토지의 판정은 소령에 특별한 규정이 있는 경우를 제외하고 사실상의 현황에 의하는 것임

(서면-2016-부동산-3379, '16.04.21.)

- 보유기간 동안 토지의 사실상 현황이 지목과는 달리 임야에 해당한다고 보기 부족하고 이를 인정할 증거가 없으므로 공부상의 등재 현황에 따라 전 및 대(垈)로 판정하여야 하고 지목에 부합하는 사용을 할 수 있었음에도 방치한 것에 불과한 것으로 보이므로 비사업용 토지에 해당함

(서울행정법원2011구단18574, '12.03.09.)

- 토지를 소유한 전 기간 '임야'가 아닌 대지인 토지에 해당하였다고 봄이 타당하므로 각 토지가 임야임을 전제로 비사업용 토지에 해당한다는 주장은 받아들일 수 없음

(창원지방법원-2020-구합-51004, '20.11.26.)

서울에서 거주한 甲이 강원도 태백시에 소재한 "임야" 20,000m²를 '10.7.1.에 취득
(임야 보유기간 동안 서울 거주)하여 광산업에 종사하다가 '21.10.1.에 양도한 경우 비사업용
토지의 면적은 20,000m²임

중요　　난이
상　　중

적용사례

서울에서 거주*한 甲이 강원도 태백시에 소재한 "임야" 20,000m²를 '10.7.1.에 취득하여
광산업에 종사하다가 '21.10.1.에 양도하였는데, "임야"와 관련한 현황은 아래와 같음

* 임야 취득하기 이전부터 양도 시까지 계속하여 서울에서 거주

• 광산으로 등록된 면적 : 11,000m²
• 실제 광산으로 사용된 면적 : 10,000m²
• 실제 매장량 조사결과 면적 : 12,000m²

Q1 위의 "임야" 20,000m²를 모두 양도했을 때, 비사업용 토지 면적은?

A1 ① 20,000 - 11,000 = 9,000m²　　　② 20,000 - 10,000 = 10,000m²

③ 20,000 - 12,000 = 8,000m²　　　④ 0m²

⑤ 20,000m²

정답 : ⑤ 20,000m²

☞ 임야의 비사업용 판정 시 원칙적으로 모든 임야가 비사업용 토지이고 법령에서 열거한 내용만
비사업용 토지가 아닌 구조인데 위의 사례와 같이 광산업은 열거된 바가 없기 때문에 보유한 전체
면적이 비사업용 토지에 해당

🗏 관련 판례 · 해석 등 참고사항

▶ **비사업용 토지의** 판정 유의사항

① 상식이 필요 없음

② 유추해석하면 안되고 문구 그대로 해석해야 함(한정적 열거주의)

▶ **대법원2012두8427, '12.05.25.**

– 비사업용 토지에서 제외되는 토지를 규정하고 있는 조항은 예시적 규정이 아니라 한정적 규정으로 보아야
할 것이고, 원목 및 건축관련 목재품 도매업과 그 외 기타 건축자재 도매업은 비사업용 토지에서
제외되는 골재나 석물 등의 도매업에 포함되지 않으며 하치장에도 해당하지 아니하므로 비사업용 토지에
해당함

🏠 심화정리

Q 비사업용 토지가 아닌 토지?

A1 사업용 토지 (△)

A2 비사업용 토지로 보지 않는 토지(소령§168의14) (○)

☞ 비사업용 토지가 아닌 토지는 "사업용 토지"가 아닌 "비사업용 토지로 보지 않는 토지"라는 개념을 명확히 정리한 후 "사업용 토지" 용어 사용해야 함

비사업용 토지의 개요(소법§121②)　　　비거주자의 과세방법(비사업용 토지 관련)

비거주자가 국내에 있는 양도소득세 과세대상 자산(주식 또는 출자지분 제외)을 양도함으로써
발생하는 양도소득에 대하여는 거주자와 동일한 방법으로 과세함

중요
중

난이
중

적용사례(서면5팀-0010, '08.01.02.)

'96.1.1.　　　　　　　　　　　　　　　　　　　　'07.10.1.

사례

"A나대지"　　　　　　　　　　　　　　　　　　"A나대지"
취득　　　　　　　　　　　　　　　　　　　　　양도

※ 매각시점 매도인은 비거주자에 해당되며 국내 본 물건의 계약 및 대금청산은 국내의 매도자 법정대리인이 수행

Q1 비거주자의 경우 비사업용 토지에 대한 중과세율이 거주자의 경우와 동일하게 적용 되는지 여부?

A1 비거주자가 국내에 있는 양도소득세 과세대상 자산(주식 또는 출자지분 제외)을 양도함으로써 발생하는
양도소득에 대하여는 거주자와 동일한 방법으로 과세함

📑 관련 판례 · 해석 등 참고사항

▶ **조심-2016-광-4259, '17.02.17., 서면-2016-부동산-4082, '16.08.30.**
- 비거주자가 소법§94① 각 호(3호 제외)에서 규정하는 국내에 있는 양도세 과세대상 자산을 양도함으로써
발생하는 양도소득에 대하여는 소법§121②의 규정에 의하여 거주자와 동일한 방법으로 과세하는 것임

▶ **소법§121[비거주자에 대한 과세방법]**
- ① ~~~ 국내원천 부동산등 양도소득이 있는 비거주자에 대해서는 거주자와 동일한 방법으로 분류하여
과세한다. 다만, 소법§119 9호에 따른 국내원천 부동산등 양도소득이 있는 비거주자로서 대통령령으로
정하는 비거주자에게 과세할 경우 소법§89①3호 · 4호 및 소법§95② 표 외의 부분 단서는 적용하지
아니한다.

비사업용 토지의 판정(소법§104의3①)　　소유기간 지목 변경 시(비사업용 토지 관련)

비사업용 토지 소유기간 중 지목이 변경된 경우, 지목별 비사업용 토지 해당 기간을 합산하여 비사업용 토지 해당 여부를 판단하는 것임

중요 상　난이 중

적용사례

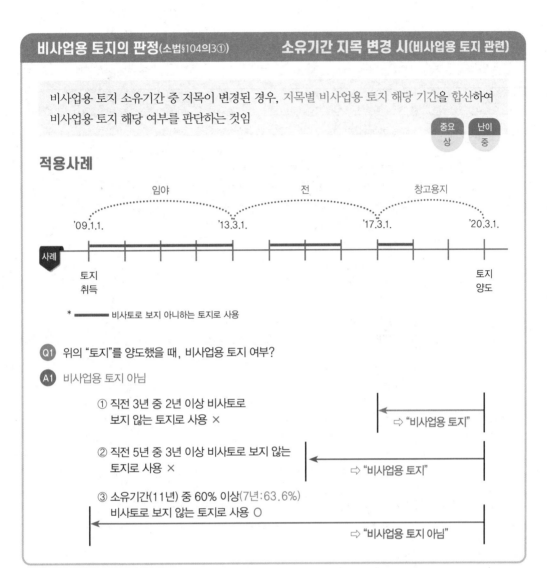

Q1 위의 "토지"를 양도했을 때, 비사업용 토지 여부?

A1 비사업용 토지 아님

① 직전 3년 중 2년 이상 비사토로 보지 않는 토지로 사용 ×　⇨ "비사업용 토지"

② 직전 5년 중 3년 이상 비사토로 보지 않는 토지로 사용 ×　⇨ "비사업용 토지"

③ 소유기간(11년) 중 60% 이상(7년:63.6%) 비사토로 보지 않는 토지로 사용 ○　⇨ "비사업용 토지 아님"

📝 **관련 판례 · 해석 등 참고사항**

▶ **토지 소유기간 중 지목이 변경된 경우**(서면4팀-2446, '06.07.24.)

　－ 토지 소유기간 중 지목이 변경된 경우, 지목별 비사업용 토지 해당 기간을 합산하여 비사업용 토지 해당 여부를 판단하는 것임

다 | 비사업용 토지 중과 연혁

시 기	내 용
'06.1.1. 이후	• 실가과세
'07.1.1.~'09.3.15.	• 60% 세율 적용, 장기보유특별공제 배제
'09.3.16.~'12.12.31.	• 중과세율 적용 유예 　☞ 기본세율, 단기 양도(50, 40%) 세율 • 장기보유특별공제 배제 　※ '09.3.16.~'12.12.31. 취득 : 기본세율 　　(지정지역 : 기본세율 + 10%p)
'13.1.1.~'15.12.31.	• 기본세율적용(지정지역 : 기본세율 + 10%) 　장기보유특별공제는 배제
'16.1.1. 이후	• 기본세율 + 10%p(지정지역도 동일) 　장기보유특별공제 적용하나 사실상 배제('16.1.1.~기산)
'17.1.1. 이후	• 장기보유특별공제 전면 허용
'18.1.1. 이후	• 지정지역 소재 비사업용 토지 　– 비사업용 토지 세율 +10%p 　* 현재 "토지" 지정지역 지정된 곳 없어 비사업용 토지 세율만 적용

> **참고** 소법이 '05.12.31. 법률 제7837호로 개정되면서 비사업용 토지에 대한 중과제도 도입

甲이 '11.2.15.에 乙로부터 매매 취득한 ½ 지분은 소법 부칙 제9270호, '08.12.26. §14①에 의거 '09.3.16.부터 '12.12.31.까지 취득한 자산을 양도함으로써 발생하는 소득이므로 기본세율을 적용

중요 상 난이 중

적용사례

'05.7.1.   '11.2.15.   '23.10.1.

사례

甲·乙.   甲.   甲.
서울 동작 소재   "A농지"   "A농지"
"A농지"   乙지분 ½   양도'
각 ½씩 지분 취득   매매취득

* 甲은 취득 이후 양도할 때까지 A농지에서 재촌·자경한 사실이 없으며 그 밖의 부득이한 사유에도 해당하지 아니함

Q1 甲이 A농지를 양도 시 비사업용 토지 중과에 해당하는 지 여부?

A1 • 甲이 당초 취득한 A농지의 ½ 지분은 재촌·자경한 사실이 없어 비사업용 토지에 해당하나,
     • 甲이 '11.2.15.에 乙로부터 매매 취득한 ½ 지분은 소법 부칙 제9270호, '08.12.26. §14①에 의거 '09.3.16.부터 '12.12.31.까지 취득한 자산을 양도함으로써 발생하는 소득이므로 기본세율을 적용함

📑 관련 판례·해석 등 참고사항

▶ 소법 부칙〈법률 제9270호, '08.12.26.〉

§14(양도소득세의 세율 등에 대한 특례)

① '09.3.16.부터 '12.12.31.까지 취득한 자산을 양도함으로써 발생한 소득에 대하여는 §104①4호부터 9호까지의 규정에도 불구하고 같은 항 1호에 따른 세율(그 보유기간이 2년 미만이면 같은 항 2호 또는 3호에 따른 세율)을 적용한다.

② 삭제('12.1.1.)

비사업용 토지(소령§168의8)   '09.3.16.~'12.12.31.까지 취득분

소법 부칙(제9270호, '08.12.26.) §14에 따른 특례세율 적용기간('09.3.6.~'12.12.31.) 중 토지를 취득하기 위하여 매매계약을 체결하고 계약금을 지급하였으나, 특례세율 적용기간이 지난 후 취득한 경우에는 소법 부칙을 적용 받을 수 없음

중요 상   난이 중

적용사례(서면-2020-부동산-3364, '22.11.03.)

'12.12.28.   '12.12.31.   '13.2.20.   '20.6.11.

사례

甲.   특례세율   甲.   "A토지"
"A토지"   적용기간   "A토지"   양도
취득 계약*   종료일   취득**

* 매매계약 체결하고 계약금을 지급함
** 잔금 청산 후 소유권 이전등기 접수

Q1 소법 부칙(제9270호, '08.12.26.) §14에 따른 특례세율 적용기간('09.3.6.~'12.12.31.) 중 토지를 취득하기 위하여 매매계약을 체결하고 계약금을 지급하였으나, 특례세율 적용기간이 지난 후 취득한 경우에도 종전 법령 및 부칙에 따라 일반세율을 적용하는지 여부?

A1 '12.12.31.이 지난 후 취득한 자산을 양도하는 경우에는 소법 부칙(제9270호, '08.12.26.) §14①을 적용받을 수 없는 것임

📑 관련 판례 · 해석 등 참고사항

▶ 서면-2022-부동산-1014, '23.05.15., 기획재정부 재산세제과-854, '18.10.10.

　– '09.3.16.부터 '12.12.31.까지 취득한 비사업용 토지를 '16.1.1. 이후 양도 시 종전 법령 및 부칙에 따라 일반세율을 적용함

장기보유특별공제(소법§95②)

🔴 장기보유특별공제 적용 대상

- 보유기간이 3년 이상인 토지, 건물

- 부동산을 취득할 수 있는 권리 중 조합원입주권(승계 취득 제외) 양도 시 도시정비법§74에
  따른 관리처분계획인가 및 소규모주택정비법§29에 따른 사업시행계획인가 전 토지분
  또는 건물분의 양도차익에 한정하여 장기보유특별공제 적용

🔴 장기보유특별공제 적용 제외자산 및 연혁

- 장기보유특별공제 적용 대상은 소법§95②에서 열거하고 있는데 본문 괄호에 적용 제외
  대상을 아래 표와 같이 열거함

  – 따라서 '18.4.1. 이후 양도분부터는 다주택자 중과대상 자산이 추가되어 미등기
    양도자산과 함께 장기보유특별공제 적용 배제

'12.1.1.~'15.12.31.

§104③에 따른
미등기양도자산과
§104의3에 따른
비사업용토지

'16.1.1.~'18.3.31.

§104③에 따른
미등기양도자산

'18.4.1.~ 현재

§104③에 따른
미등기양도자산과
같은 조 ⑦ 각 호
(다주택중과대상)에
따른 자산

◑ 비사업용 토지 판정 방법

- 양도시점 뿐만 아니라 토지의 소유기간 중 일정기간 지목 본래용도로 사용하였는지 여부를 판단

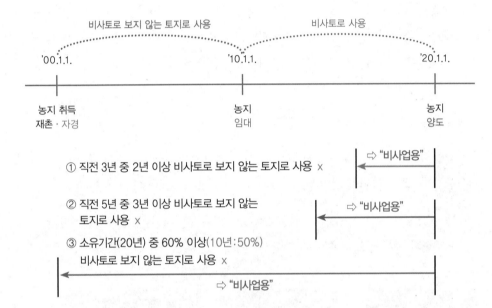

- 직전 3년(5년) 중 2년(3년) 이상, 보유기간(20년) 중 60%(12년) 이상 "비사업용으로 보지 않는 토지"로 사용하지 않음 ☞ 비사업용 토지

- 양도일 현재 농지이고 8년 이상 재촌·자경 ☞ 8년 자경감면은 인정

  ☞ 8년 자경감면의 인정여부와 관계없이 반드시 비사업용 토지의 해당 여부를 검토해야 함
    ① 8년 자경감면은 인정되지만 비사업용 토지일 수 있음
    ② 8년 자경감면은 인정되지 않지만 비사업용 토지가 아닐 수 있음

⬗ **자경농지의 감면 및 비사업용 토지 해당 여부 등**

- 보유기간 중 8년 이상 재촌 · 자경농지는 감면규정을 적용하는 것이며, 비사업용 여부는 소령§168의6에서 정하는 기간동안 비사업용으로 사용하였는지 여부에 따라 판단함

(서면5팀-1225, '08.06.10.)

⬗ **자경농지의 감면 및 비사업용 여부**

- 조특법§69의 "자경농지에 대한 양도세의 감면" 규정은 농지를 취득한 때부터 양도할 때까지 사이에 농지가 소재하는 시 · 군 · 구(자치구인 구) 안의 지역이나 이와 연접한 시 · 군 · 자치구 또는 해당 농지로부터 직선거리 30km 이내의 지역에 거주하면서 자기가 직접 8년 이상 경작한 사실이 있는 경우로서 양도일 현재 지방세법상 농업소득세 과세대상(비과세 · 감면 및 소액부징수대상 포함)이 되는 토지(농지)에 대하여 적용하는 것이고,

- 소법§104①2의7호에서 규정하는 "비사업용 토지"라 함은 당해 토지를 소유하는 기간 중 소령§168의6에서 정하는 기간 동안 소법§104의3① 각 호의 어느하나에 해당하는 토지를 말함

(서면4팀-872, '08.03.31.)

비사업용
토지 관련 법령

가 | 법령 체계

소법§104의3(비사업용 토지의 범위)

① "비사업용 토지"란 해당 토지를 소유하는 기간 중 대통령령으로 정하는 기간 동안
다음 각 호의 어느 하나에 해당하는 토지(1~7호)

② ~ ③

소령§168의6 (비사업용 토지의 기간기준) 5년 중 2년, 3년 중 1년, 40% 초과 "&"

소령§168의7 (토지지목의 판정) 사실상의 현황에 의함. 불분명시 공부상 등재현황

소령§168의8	(농지의 범위) ② ~ ⑦
소령§168의9	(임야의 범위) ① ~ ③
소령§168의10	(목장용지의 범위) ① ~ ⑤
소령§168의11	(사업에 사용되는 그 밖의 토지의 범위) ① ~ ⑦
소령§168의12	(주택부수토지의 범위) 도시지역 내 토지 : 5배, 그 밖의 토지 : 10배
소령§168의13	(별장의 범위와 적용기준) 1~3호

금수저!!!

↑
③

소령§168의14 (부득이한 사유가 있어 비사업용 토지로 보지 아니하는 토지의 판정기준 등) ① ~ ④

구분	소득세법(§104의3①)	소득세법시행령(§168의8~§168의13)
1호. 농지	가. 재촌하지 아니하거나 자경하지 않는 농지. 다만 나. 도시지역(광역시의 군, 시의 읍·면 제외)에 있는 농지 　- 도시지역 편입된 날부터 3년 이내 농지 제외 　　　　　　　　　　　　　　　　　　(대상)	③ 농지법 등 법률에 따라 소유 가능 농지 제외 　- §168의8③1~9의2호(10개) ④ 도시지역 중 녹지지역, G/B 제외 ⑤ 도시지역 편입일부터 소급하여 1년 이상 재촌·자경 농지
2호. 임야	가. 공익위해 필요 or 산림 보호·육성 필요한 임야 나. 임야 소재지 거주한 자가 소유한 임야 다. 거주또는 사업과 직접관련있는 임야	① §168의9①1~13호(14개) ② §168의9②재촌 + 주민등록 & 사실상 거주 ③ §168의9③1~8호(8개)
3호. 목장 용지	가. 축산업 경영하는 자의 소유로서 기준면적 다만 　초과하거나 도시지역(녹지, G/B 제외)에 소재 　- 도시지역 편입된 날부터 3년 이내 제외 나. 축산업 경영하지 아니하는 자가 소유하는 토지	거주 또는 사업과 직접 관련 있는 목장용지 제외 (§168의10②) 1. 상속개시일부터 3년 이내 상속받은 목장용지 2. '05.12.31. 이전에 종중이 취득·소유한 목장용지 3. 사회복지법인 등이 그 사업에 직접 사용하는 목장용지
4호. 그 밖의 토지	가. 재산세가 비과세되거나 면제되는 토지 나. 재산세 별도합산과세대상·분리과세대상토지 다. 거주 또는 사업과 직접 관련 있는 토지	§168의11①1~13호 종합합산과세대상 토지 중 13개
5호. 주택부속 토지	주택 정착된 면적에 지역별 배율 곱하여 산정한 면적을 초과하는 토지	§168의12(배율) 1호 : 도시지역 내 토지 3~5배, 　　　　　　　　　2호 : 그 밖의 토지 10배
6호. 별장 부속 토지	지방자치법§3③ 및 ④에 따른 읍·면 소재 & 대통령령으로 정하는 범위·기준에 해당하는 농어촌주택의 부속토지	§168의13(모두 갖춘 부속토지) ① 건물 연면적 150m²이내 & 부속토지면적 660m² 이내 ② 건물과 부속토지 기준시가 2억원 이하 ③ 수도권·도시·조정대상·토지거래허가구역 외 지역 소재

참고 '임야', '그 밖의 토지', '별장부속토지'는 모두 비사업용 토지를 전제한 상태에서, 법령에서 열거한 것만을 비사업용 토지로 보지 않는 방식으로 규정

참고 우측 ▢ 는 비사업용으로 보지 않는 경우

제11편

◉ 1세대 1주택 비과세 적용대상 부수토지 범위 조정 등(소령§154⑦, 소령§167의5, 소령§168의12)

- 1세대 1주택 비과세(소령§154⑦)

- 단기 보유 주택(소령§167의5)

- 주택 중 비사업용 토지 범위(소령§168의12)

도시지역	도시지역 밖
5배	10배

('21.12.31.까지 양도분)

도시지역			도시지역 밖
수도권		수도권 밖	
주거·상업·공업지역	녹지지역		
3배	5배		10배

('22.1.1. 이후 양도분)

비사업용 토지 유형별 정리

구 분	이용현황	비사토로 보지 않는 경우	지역기준	면적기준	사업용 의제기준
농 지	경작용 (직접)	재촌 · 자경	주 · 상 · 공 이외	–	상속 · 이농
임 야	산 지	재촌(30km)	–	–	공익/산림보전
목장용지	축산용	직 영 (재촌 필요없음)	주 · 상 · 공 이외	가축 사육두수	상속/비영리법인
그 밖의 토지	나대지	지방세 면제, 비과세, 분리/별도합산	–	모두 있음	종합합산토지 대상 중 13개
주택부속토지	주거용	–	–	3배/5배/10배	–
별장부속토지	휴양용	–	–	– (불분명 시 10배)	농어촌주택 (규모, 가액기준)

⊙ 비사업용 토지의 범위(소법 § 104의3)

① 소법§104①8에서 "비사업용 토지"란 해당 토지를 소유하는 기간 중 대통령령으로
정하는 기간 동안 다음 각호의 어느 하나에 해당하는 토지를 말한다.

  1. 농지로서 다음 각 목의 어느 하나에 해당하는 것

    가. 대통령령으로 정하는 바에 따라 소유자가 농지 소재지에 거주하지
아니하거나 자기가 경작하지 아니하는 농지. 다만, 「농지법」이나 그 밖의
법률에 따라 소유할 수 있는 농지로서 대통령령으로 정하는 경우는
제외한다.

    나. 특별시 · 광역시(광역시에 있는 군은 제외. 이하 이 항
같음) · 특별자치시(특별자치시에 있는 읍 · 면지역은 제외. 이하 이 항
같음) · 특별자치도(「제주특별법」§10②에 따라 설치된 행정시의 읍 · 면지역은 제외.
이하 이 항 같음) 및 시지역(「지방자치법」§3④에 따른 도농복합형태인 시의
읍 · 면지역은 제외. 이하 이 항 같음) 중 「국토계획법」에 따른
도시지역(대통령령으로 정하는 지역은 제외. 이하 이 호 같음)에 있는 농지. 다만,
대통령령으로 정하는 바에 따라 소유자가 농지 소재지에 거주하며 스스로
경작하던 농지로서 특별시 · 광역시 · 특별자치시 · 특별자치도 및 시지역의
도시지역에 편입된 날부터 대통령령으로 정하는 기간이 지나지 아니한
농지는 제외한다.

  2. 임야. 다만, 다음 각 목의 어느 하나에 해당하는 것은 제외한다.

    가. 「산림자원법」에 따라 지정된 산림유전자원보호림, 보안림(保安林),
채종림(採種林), 시험림(試驗林), 그 밖에 공익을 위하여 필요하거나 산림의
보호 · 육성을 위하여 필요한 임야로서 대통령령으로 정하는 것

    나. 대통령령으로 정하는 바에 따라 임야 소재지에 거주하는 자가 소유한 임야

    다. 토지의 소유자, 소재지, 이용 상황, 보유기간 및 면적 등을 고려하여 거주
또는 사업과 직접 관련이 있다고 인정할 만한 상당한 이유가 있는 임야로서
대통령령으로 정하는 것

⊙ 비사업용 토지의 범위(소법 § 104의3)

① 소법§104①8에서 "비사업용 토지"란 해당 토지를 소유하는 기간 중 대통령령으로 정하는 기간 동안 다음 각호의 어느 하나에 해당하는 토지를 말한다.

3. 목장용지로서 다음 각 목의 어느 하나에 해당하는 것. 다만, 토지의 소유자, 소재지, 이용 상황, 보유기간 및 면적 등을 고려하여 거주 또는 사업과 직접 관련이 있다고 인정할 만한 상당한 이유가 있는 목장용지로서 대통령령으로 정하는 것은 제외한다.

　가. 축산업을 경영하는 자가 소유하는 목장용지로서 대통령령으로 정하는 축산용 토지의 기준면적을 초과하거나

　　특별시 · 광역시 · 특별자치시 · 특별자치도 및 시지역의

　　도시지역(대통령령으로 정하는 지역은 제외. 이하 이 호 같음)에 있는 것(도시지역에 편입된 날부터 대통령령으로 정하는 기간이 지나지 아니한 경우 제외).

　나. 축산업을 경영하지 아니하는 자가 소유하는 토지

4. 농지, 임야 및 목장용지 외의 토지 중 다음 각 목을 제외한 토지

　가. 「지방세법」 또는 관계 법률에 따라 재산세가 비과세되거나 면제되는 토지

　나. 「지방세법」§106①2호 및 3호에 따른 재산세 별도합산과세대상 또는 분리과세 대상이 되는 토지

　다. 토지의 이용 상황, 관계 법률의 의무 이행 여부 및 수입금액 등을 고려하여 거주 또는 사업과 직접 관련이 있다고 인정할 만한 상당한 이유가 있는 토지로서 대통령령으로 정하는 것

제11편

⊙ 비사업용 토지의 범위(소법 § 104의3)

① 소법§104①8에서 "비사업용 토지"란 해당 토지를 소유하는 기간 중 대통령령으로
정하는 기간 동안 다음 각호의 어느 하나에 해당하는 토지를 말한다.

5. 「지방세법」제106조제2항에 따른 주택부속토지 중 주택이 정착된 면적에
지역별로 대통령령으로 정하는 배율을 곱하여 산정한 면적을 초과하는 토지

6. 주거용 건축물로서 상시주거용으로 사용하지 아니하고 휴양, 피서, 위락 등의
용도로 사용하는 건축물(이하 이 호에서 "별장"이라 함)의 부속토지. 다만,
「지방자치법」§3③ 및 ④에 따른 읍 또는 면에 소재하고 대통령령으로 정하는
범위와 기준에 해당하는 농어촌주택의 부속토지는 제외하며, 별장에 부속된
토지의 경계가 명확하지 아니한 경우에는 그 건축물 바닥면적의 10배에
해당하는 토지를 부속토지로 본다.

7. ~~그 밖에 제1호부터 제6호까지와 유사한 토지로서 거주자의 거주 또는 사업과~~
~~직접 관련이 없다고 인정할 만한 상당한 이유가 있는 대통령령으로 정하는 토지~~

② ①을 적용할 때 토지 취득 후 법률에 따른 사용 금지나 그 밖에 대통령령으로
정하는 부득이한 사유가 있어 그 토지가 ① 각 호의 어느 하나에 해당하는 경우에는
대통령령으로 정하는 바에 따라* 그 토지를 비사업용 토지로 보지 아니할 수 있다.

   * 소령§168의14(부득이한 사유가 있어 비사토로 보지 아니하는 토지의 판정기준 등) ①, ②, ③

③ ①과 ②을 적용할 때 농지 · 임야 · 목장용지의 범위 등에 관하여 필요한 사항은
대통령령으로 정한다.

↓03

비사업용 토지
기간 기준(소령§168의6)

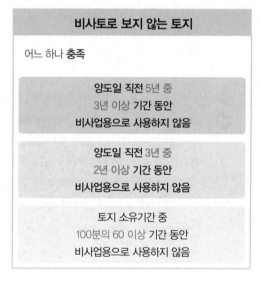 *(제 11 편 — side tab)*

가 | 판정 시 기간 기준

> 토지의 소유기간이 5년 이상인 경우

비사업용 토지	비사토로 보지 않는 토지
모두 충족	어느 하나 충족
양도일 직전 5년 중 2년을 초과하는 기간 동안 비사업용 사용	양도일 직전 5년 중 3년 이상 기간 동안 비사업용으로 사용하지 않음
양도일 직전 3년 중 1년을 초과하는 기간 동안 비사업용 사용	양도일 직전 3년 중 2년 이상 기간 동안 비사업용으로 사용하지 않음
토지 소유기간 중 100분의 40을 초과하는 기간 동안 비사업용 사용	토지 소유기간 중 100분의 60 이상 기간 동안 비사업용으로 사용하지 않음

참고 위 기간기준은 모두 일수로 계산함('16.2.17. 개정)

해당 농지는 주거지역 편입일부터 3년을 도시지역에서 제외한다고 하더라도 총 15년 보유기간 중 7년만(46.6%)을 비사업용 토지로 보지 않으며, 이 외의 기간기준 요건 중 어느 하나도 충족하지 못하였으므로 비사업용 토지에 해당함

중요 상　난이 상

적용사례

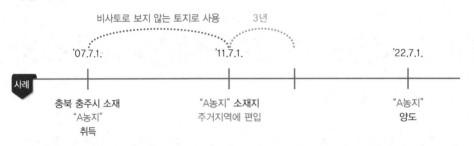

비사토로 보지 않는 토지로 사용　　　　3년

'07.7.1.　　　　　　　'11.7.1.　　　　　　'22.7.1.

사례

충북 충주시 소재　　　　　　"A농지" 소재지　　　　　"A농지"
"A농지"　　　　　　　　주거지역에 편입　　　　　　양도
취득

※ '07.7.1.에 취득하여 양도 시까지 재촌 · 자경하였음

Q1 A농지를 양도한 경우 비사업용 토지에 해당하는지 여부?

A1 • 농지가 비사업용 토지가 되지 않으려면, 양도일로부터 소급하여 3년 중 2년 이상 또는 5년 중 3년 이상 또는 전체 보유기간 중 60% 이상을 도시지역 밖에 소재하면서 재촌 · 자경해야 하는데
　• 해당 사례는 주거지역 편입일부터 3년을 도시지역에서 제외한다고 하더라도 총 15년 보유기간 중 7년만(46.6%)을 비사업용 토지로 보지 않으며, 이 외의 기간기준 요건 중 어느 하나도 충족하지 못하였으므로 비사업용 토지에 해당함

📜 **관련 판례 · 해석 등 참고사항**

☞ 주의할 점은, 해당 농지가 도시지역에 편입되었다고 하더라도 무조건 편입일로부터 3년 동안을 비사업용 토지로 보지 않는 것이 아니라 해당기간 동안만을 도시지역에 소재하지 않는 것으로 보아 주는 것이므로 재촌 · 자경 요건도 기간기준에 충족해야 비로서 비사업용 토지로 보지 않는 것임

– 다만, 위의 사례에서는 도시지역에 편입된 날부터 소급하여 1년 이상 재촌 · 자경하던 농지이므로 주거지역 편입일부터 3년간은 비사업용 토지로 보지 않는 것이며, 해당 농지가 광역시의 군 지역이나 읍 · 면에 소재하였다면 해당 법령에서 규정한 도시지역에 해당하지 않으므로 재촌 · 자경 요건만 기간기준에 충족한다면 비사업용 토지에 해당하지 않음

비사업용 토지(소령§168의8)	상속 시 기간기준 적용(비사업용 토지 관련)

비사업용 토지 여부 판정 시 기간기준을 적용함에 있어 당해 토지를 상속받은 경우 피상속인이 소유한 기간은 합산되지 아니하는 것임

중요 상 · 난이 상

적용사례(서면4팀-272, '07.01.19.)

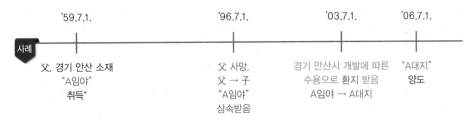

사례

'59.7.1.
父. 경기 안산 소재
"A임야"
취득*

'96.7.1.
父 사망.
父 → 子
"A임야"
상속받음

'03.7.1.
경기 안산시 개발에 따른
수용으로 환지 받음
A임야 → A대지

'06.7.1.
"A대지"
양도

* A임야 취득한 이후 임야가 소재하는 경기 안산시 지역에서 취득 당시부터 거주하고 있었음

Q1 토지의 보유기간 중 지목이 변경된 토지의 경우, "지목별 비사업용 토지 해당" 기간을 합산함에 있어 당해 토지를 상속받은 경우 피상속인이 소유한 기간을 합산할 수 있는 지 여부?

A1
• 지목이 변경된 경우 지목별로 비사업용 토지 해당하는지를 판단하며 소법§104의3① 및 소령§168의6 규정의 "대통령령으로 정하는 기간"을 계산함에 있어서는 지목별 비사업용 토지 해당기간을 합산하는 것임
• 이 경우 기간을 적용함에 있어 당해 토지를 상속받은 경우 피상속인이 소유한 기간은 합산되지 아니하는 것임

제11편

📜 관련 판례 · 해석 등 참고사항

▶ 서면5팀-515, '08.03.13.
– "비사업용 토지의 기간기준"을 적용함에 있어서 상속받은 토지의 경우 피상속인이 소유한 기간은 합산하지 아니하는 것임

🏠 심화정리

● 국토의 용도구분(국토의 계획 및 이용에 관한 법률§6)

도시지역	인구와 산업이 밀집되어 있거나 밀집이 예상되어 그 지역에 대하여 체계적인 개발 · 정비 · 관리 · 보전 등이 필요한 지역
관리지역	도시지역의 인구와 산업을 수용하기 위하여 도시지역에 준하여 체계적으로 관리하거나 농림업의 진흥, 자연환경 또는 산림의 보전을 위하여 농림지역 또는 자연환경보전지역에 준하여 관리할 필요가 있는 지역
농림지역	도시지역에 속하지 아니하는 「농지법」에 따른 농업진흥지역 또는 「산지관리법」에 따른 보전산지 등으로서 농림업을 진흥시키고 산림을 보전하기 위하여 필요한 지역
자연환경 보전지역	자연환경 · 수자원 · 해안 · 생태계 · 상수원 및 문화재의 보전과 수산자원의 보호 · 육성 등을 위하여 필요한 지역

> **참고** 도시지역(국토계획법)과 읍 · 면 지역(지방자치법)은 별도의 법률 용어임

● 용도지역(국토의 계획 및 이용에 관한 법률§6, §36 및 동법시행령§30)

		주거지역	상업지역	공업지역	녹지지역
도시지역	전용 주거지역	제1종 전용주거지역	중심상업지역	전용공업지역	보전녹지지역
		제2종 전용주거지역			
	일반 주거지역	제1종 일반주거지역	일반상업지역	일반공업지역	생산녹지지역
		제2종 일반주거지역	근린상업지역		
		제3종 일반주거지역		준공업지역	자연녹지지역
	준주거지역		유통상업지역		
관리지역	보전관리지역				
	생산관리지역				
	계획관리지역				
농림지역					
자연환경보전지역					

> **참고** 보전녹지지역 : 도시의 자연환경 · 경관 · 산림 및 녹지공간을 보전할 필요가 있는 지역

🏠 심화정리

◉ 토지이용계획열람(www.eum.go.kr)

소유권을 취득하기 전부터 개발제한구역 등으로 지정된 토지(임야)는 그 보유기간 동안은 비사업용 토지로 보지 않음

적용사례(사전-2020-법령해석재산-0367, '20.06.08.)

* 취득 이전부터 개발제한구역 등으로 지정된 토지(임야)

Q1   소유권을 취득하기 전부터 개발제한구역 등으로 지정된 토지(임야)가 비사업용 토지에 해당되는지 여부?

A1   소령§168의9①8호의 규정에 따른 개발제한구역 안의 임야는 그 보유기간 동안 비사업용 토지로 보지 않음

📑 **관련 판례 · 해석 등 참고사항**

▶ **소령§168의9[임야의 범위]**

① 소법§104의3①2호가목에서 "공익을 위하여 필요하거나 산림의 보호 · 육성을 위하여 필요한 임야로서 대통령령으로 정하는 것"이란 다음 각 호의 어느 하나에 해당하는 임야를 말한다.

   8. 「개발제한구역의 지정 및 관리에 관한 특별조치법」에 따른 개발제한구역 안의 임야

🏠 심화정리

● 지방세법상 토지 과세대상의 구분(지방법§106①, 지방령§101, §102)

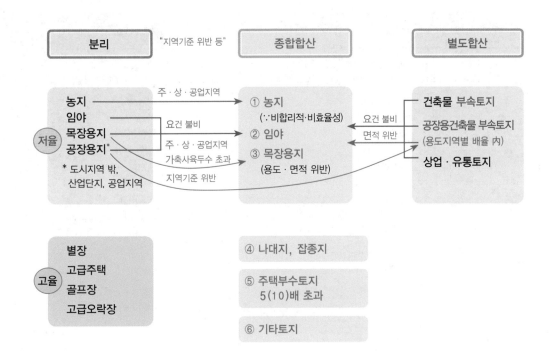

분리	"지역기준 위반 등"	종합합산		별도합산

저율
농지 — 주·상·공업지역 → ① 농지 (∵비합리적·비효율성)
임야 — 요건 불비 → ② 임야
목장용지 — 주·상·공업지역 / 가축사육두수 초과 → ③ 목장용지 (용도·면적 위반)
공장용지* — 지역기준 위반

* 도시지역 밖,
산업단지, 공업지역

별도합산
건축물 부속토지 ← 요건 불비
공장용건축물 부속토지 ← 면적 위반
(용도지역별 배율 内)
상업·유통토지

고율
별장
고급주택
골프장
고급오락장

④ 나대지, 잡종지

⑤ 주택부수토지
5(10)배 초과

⑥ 기타토지

🏠 심화정리

◉ 지방세법 목차

구 분	세 목
제1장	총 칙
제2장	취득세
제3장	등록면허세
제4장	레저세
제5장	담배소비세
제6장	지방소비세
제7장	주민세
제8장	지방소득세
제9장	재산세
제10장	자동차세
제11장	지역자원시설세
제12장	지방교육세

● 재산세, 종합부동산세 및 비사업용토지 과세대상 구분

구 분		재산세 과세대상	재산세율 (표준세율)	종부세 과세여부
토지	종합 합산 토지	① 나대지, 잡종지 등	0.2~0.5%	○
		② 분리과세 대상토지 중 기준면적 초과 토지		○
		③ 별도합산 대상토지 중 기준면적 초과 토지		○
		④ 분리과세, 별도합산과세 대상이 아닌 모든 토지		○
	별도 합산 토지	① 영업용 건축물의 부속토지로 기준면적 이내 토지	0.2~0.4%	○
		② 市 지역(읍·면, 산업단지·공업지역 제외)에 위치한 기준면적 이내의 공장용 건축물의 부속토지		○
		③ 별도합산과세 하여야 할 상당한 이유가 있는 토지		○
	분리 과세 토지	① 저율분리과세 : 전, 답, 과수원, 목장용지, 임야 중 분리과세기준에 적합한 토지, 사적제한이 극심한 토지	0.07%	×
		② 고율 분리과세 : 골프장, 고급오락장용 부속토지	4%	×
		③ 기타 분리과세 : 입지기준면적 이내의 공장용지, 공급용 토지, 공익법인의 고유목적사업용 토지 등	0.2%	×

* 별도합산토지 중 읍·면, 산업단지, 공업지역에 소재한 기준면적 이내 공장용 건축물의 부속토지는 분리과세대상 토지에 해당

☞ "그 밖의 토지" 중 종합합산토지만 비사업용 토지의 대상

나 | 비사업용 토지 판정 흐름도(1)

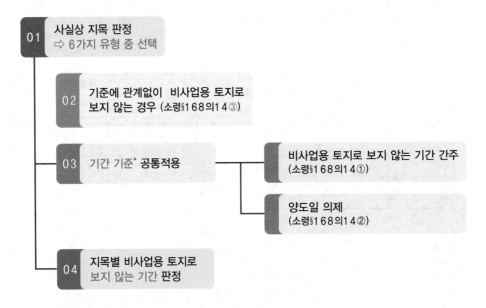

01 사실상 지목 판정
⇨ 6가지 유형 중 선택

02 기준에 관계없이 비사업용 토지로
보지 않는 경우 (소령§168의14③)

03 기간 기준* 공통적용

비사업용 토지로 보지 않는 기간 간주
(소령§168의14①)

양도일 의제
(소령§168의14②)

04 지목별 비사업용 토지로
보지 않는 기간 판정

◉ 기간기준(다음 중 하나만 충족하면 비사업용 토지로 보지 않음)

- 양도일 직전 3년 중 2년 이상 비사업용으로 사용하지 않는 기간

- 양도일 직전 5년 중 3년 이상 비사업용으로 사용하지 않는 기간

- 전체 보유기간 중 60%* 이상 비사업용으로 사용하지 않는 기간

  * '15.2.3. 이후 양도분부터 80% 이상 ⇒ 60% 이상으로 변경

🏠 심화정리

◎ 비사업용 토지 판정 방법

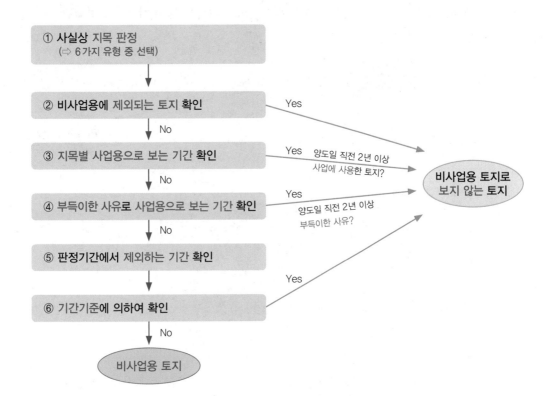

① 사실상 지목 판정
(⇨ 6가지 유형 중 선택)

② 비사업용에 제외되는 토지 확인 — Yes

No

③ 지목별 사업용으로 보는 기간 확인 — Yes 양도일 직전 2년 이상 사업에 사용한 토지?

No

④ 부득이한 사유로 사업용으로 보는 기간 확인 — Yes 양도일 직전 2년 이상 부득이한 사유?

No

⑤ 판정기간에서 제외하는 기간 확인

⑥ 기간기준에 의하여 확인 — Yes

비사업용 토지로 보지 않는 토지

No

비사업용 토지

참고 ②에서 상속(증여)받은 토지, 20년 이상 소유 토지는 농지·임야·목장 용지로 한정되나, 협의매수·수용되는 토지는 모든 토지가 대상

참고 ③에서 양도일 의제, 취득한 후 사업용으로 보는 기간 등을 반영해서 판단

제11편

● 비사업용 토지 기간으로 판정(소유기간 5년 이상 경우)

• 비사업용 토지로 보는 기간이 ①, ②, ③ 모두에 해당하는 경우 비사업용 토지에
  해당(법령상 판정 방법)

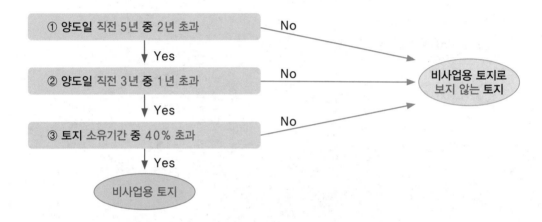

참고 '15.2.3. 이후 양도분부터 80% 이상 ⇒ 60% 이상으로 변경

• 비사업용 토지로 보지 않는 기간이 ①, ②, ③ 어느 하나에 해당하는 경우 비사업용
  토지에 해당하지 않음(실무상 판정 방법)

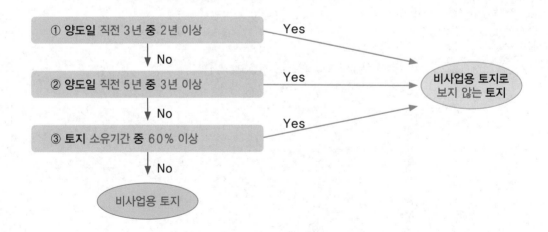

심화정리

- **비사업용 토지 기간으로 판정(소유기간 3년 이상 5년 미만 경우)**
  - 비사업용 토지로 보는 기간이 ①, ②, ③ 모두에 해당하는 경우 비사업용 토지에 해당

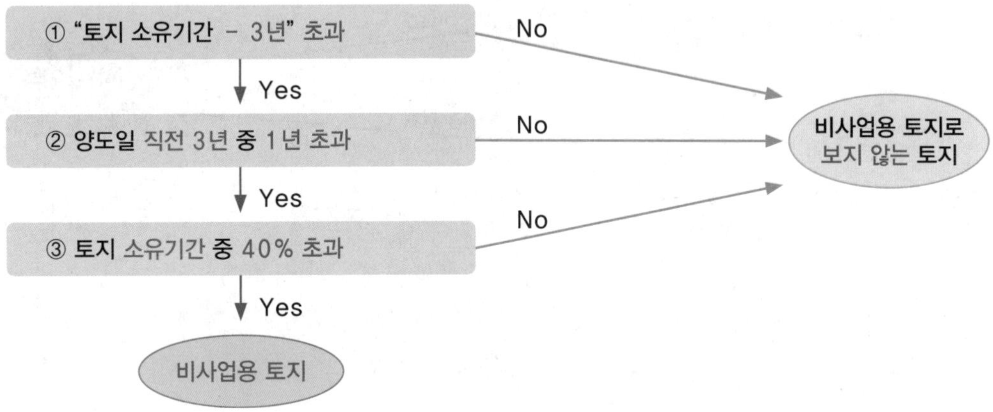

① "토지 소유기간 – 3년" 초과
No
Yes
② 양도일 직전 3년 중 1년 초과
No
Yes
③ 토지 소유기간 중 40% 초과
No
Yes
비사업용 토지로 보지 않는 토지
비사업용 토지

🏠 심화정리

◐ 비사업용 토지 기간으로 판정(소유기간 2년 이상 3년 미만 경우)

- 비사업용 토지로 보는 기간이 ①, ② 모두에 해당하는 경우 비사업용 토지에 해당

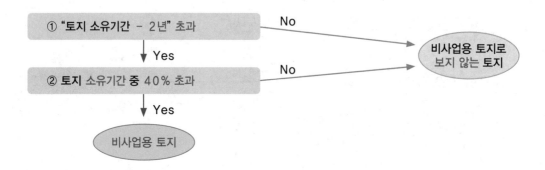

* 소유기간이 2년 미만인 경우에는 "② 토지 소유기간 중 40% 초과"하는 요건만 적용

쟁점 **2년 미만 소유한 경우 기간기준 적용 여부**

소유기간이 2년 미만인 토지의 경우, 2년 이상 사업에 사용할 수 없으므로 토지
소유기간의 100분의 80 이상 사업용으로 사용하였음을 청구인이 입증하지 못하고
있으므로 당초 처분 잘못이 없는 것으로 판단됨

(국심2008부0382, '08.6.26. 국승)

참고 '15.2.3. 이후 양도분부터 80% 이상 ⇒ 60% 이상으로 변경

비사업용 토지의 판정을 법령에 의한 판정 방법과 실무 적용 시에 판정 방법을 구분 예시

 중요 상　 난이 중

적용사례

 사례

'10.1.1.에 취득한 토지를 '18.1.1.에 양도하였는데 비사업용 토지로 사용한 기간과 비사업용으로 사용하지 않는 기간이 아래와 같다.

- '10.1.1. 토지 취득
- '10.1.1. ~ '13.12.31. 비사업용 토지로 보지 않는 토지로 사용
- '14.1.1. ~ '16.12.31. 비사업용 토지로 사용
- '17.1.1. ~ '17.12.31. 비사업용 토지로 보지 않는 토지로 사용
- '18.1.1. 토지 양도
※ 해당 토지는 무조건 비사업용 토지로 보지 않는 토지가 아님

Q1 위의 "토지"가 비사업용 토지에 해당한 지 여부?

A1 비사업용 토지에 해당되지 않음

① 직전 5년 중 3년 이상 ⇒ 2년만 비사업용으로 보지 않는 토지로 사용

☞ "비사업용"

② 직전 3년 중 2년 이상 ⇒ 1년만 비사업용으로 보지 않는 토지로 사용

☞ "비사업용"

③ 소유기간 8년 중 60% 이상 ⇒ 62.5%(8년 중 5년)을 비사업용으로 보지 않는 토지로 사용

☞ "비사업용토지 아님"

➡ 다음 쪽에서 "판정" 과정

🗒 관련 판례 · 해석 등 참고사항

◉ 법령(소령§168의6)에 의한 판단 : 비사업용 토지 아님

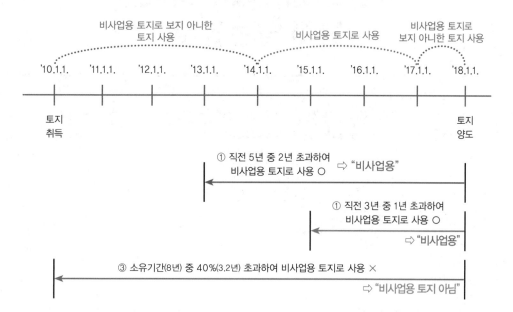

◉ 실무 적용 시 판단 : 비사업용 토지 아님

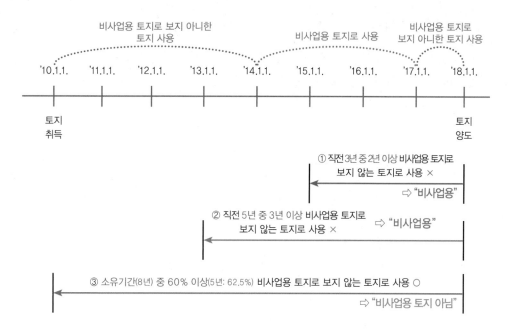

04

무조건 비사업용 토지로
보지 않는 경우

가 | 06년 이전 상속받은 농지 등을 '09년까지 양도(소령§168의14③1호)

'06.12.31. 이전에 상속받은 농지 · 임야 및 목장용지로서
'09.12.31.까지 양도하는 토지

▶ 상속인에게만 적용

- 상속인이 유증받은 경우에는 적용되나, 상속인이 아닌 자가 유증받은 경우에는 적용
  배제

▶ 취득일~양도일까지 농지 등이어야 함

- 농지 · 임야 · 목장용지 간 지목 변경은 해당되나, 농지 등을 상속받아 양도 당시 대지
  등으로 지목 변경된 경우에는 제외함

비사업용 토지(소령§168의14③1호)	대지로 지목 변경(비사업용 토지 관련)

부득이한 사유에 해당한 소령§168의14③1호, 2호에 해당한 토지의 경우 지목이 대지로 변경된 경우 적용되지 않음

적용사례(서면인터넷방문상담4팀-3457, '07.12.03.)

Q1 A토지를 양도 시, 소령§168의14③1호의 "'06.12.31. 이전에 상속받은 농지로서 '09.12.31.까지 양도하는 토지"에 해당되어 비사업용 토지에서 제외될 수 있는지 여부?

A1 소령§168의14③1호 규정을 적용함에 있어 상속받은 농지가 대지로 지목변경된 경우는 비사업용 토지에서 제외되지 아니함
  - 다만, '06.12.31. 이전에 상속받은 농지가 목장용지로 지목이 변경되어 '09.12.31.까지 양도하는 토지는 비사업용 토지에서 제외됨(재정경제부 재산세제과-1225, '07.10.10.)

제 11 편

📑 **관련 판례 · 해석 등 참고사항**

▶ 재산세과-1938, '08.07.28.
  - '06.12.31. 이전에 상속받은 농지·임야·목장용지로서 '09.12.31.까지 양도하는 토지는 비사업용 토지로 보지 아니하는 것이며, 상속받은 임야가 목장용지로 지목이 변경된 경우에도 적용되는 것임

나 | 직계존속 등이 8년 이상 재촌·자경한 농지 등을 상속·증여받은 경우

(소령§168의14③1의2호, 소령§168의14④)

직계존속 또는 배우자가 8년 이상 토지소재지에 거주하면서 직접 경작한 (농지)·(임야) 및 (목장용지)를 해당 직계존속 또는 배우자로부터 상속·증여받은 토지

※ 양도 당시 읍·면 지역을 "포함"한 도시지역(녹지지역, G/B 제외)의 토지는 적용 제외

➡ 직계존속에는 '08.1.1. 이후 양도분부터 적용

  • 배우자는 '13.2.15. 이후 양도분부터 적용

  • 직계존속이 그 배우자로부터 상속·증여 받아 재촌·자경한 경우에는 '13.2.15. 이후 양도분부터 그 직계존속의 배우자가 재촌·자경한 기간도 8년 기간 계산 시 합산

➡ 재촌·자경은 8년 자경 농지와 유사하나 "소득금액 제한" 규정은 없음

➡ 임야는 재촌 판단 시 주민등록 요건 필요 ⇔ 농지('15.3.13. 주민등록 요건 삭제)

⊙ 부득이한 사유가 있어 비사업용 토지로 보지 않는 토지의 판정기준 등(소령§168의14)

③ 소법§104의3②에 따라Z각 호의 어느 하나에 해당하는 토지는 비사업용 토지로 보지 않는다.

1의2. 직계존속 또는 배우자가 8년 이상 기획재정부령으로 정하는 토지소재지에 거주하면서 직접 경작한 농지·임야 및 목장용지로서 이를 해당 직계존속 또는 해당 배우자로부터 상속·증여받은 토지. 다만, 양도 당시 국토계획법에 따른 도시지역(녹지지역 및 개발제한구역은 제외한다) 안의 토지는 제외한다.

3. 토지보상법 및 그 밖의 법률에 따라 협의매수 또는 수용되는 토지로서 다음 각 목의 어느 하나에 해당하는 토지

가. 사업인정고시일이 '06.12.31. 이전인 토지

나. 취득일(상속받은 토지는 피상속인이 해당 토지를 취득한 날을 말하고, 소법§97의2①을 적용받는 경우에는 증여한 배우자 또는 직계존비속이 해당 자산을 취득한 날을 말함)이 사업인정고시일부터 5년 이전인 토지

4. 소법§104의3①1호나목에 해당하는 농지로서 다음 각 목의 어느 하나에 해당하는 농지

가. 종중이 소유한 농지('05.12.31. 이전에 취득한 것에 한한다)

나. 상속에 의하여 취득한 농지로서 그 상속개시일부터 5년 이내에 양도하는 토지

5. 그 밖에 공익·기업의 구조조정 또는 불가피한 사유로 인한 법령상 제한, 토지의 현황·취득사유 또는 이용상황 등을 고려하여 기획재정부령으로 정하는 부득이한 사유에 해당되는 토지

④ ③1의2호에 따른 경작한 기간을 계산할 때 직계존속이 그 배우자로부터 상속·증여받아 경작한 사실이 있는 경우에는 직계존속의 배우자가 취득 후 토지 소재지에 거주하면서 직접 경작한 기간은 직계존속이 경작한 기간으로 본다.

비사업용 토지(소령§168의14③1호의2) 직계존속 8년 이상 재촌·자경(비사업용 토지 관련)

직계존속이 8년 이상 재촌·자경한 농지를 대지로 변경한 후 양도 시 비사업용 토지로 보지 않는 경우에 해당하지 않음

중요 중 · 난이 중

적용사례(재산세과-356, '09.10.01.)

'02.9.2.
父 사망
父 → 甲(子)
"A농지"
단독 상속받음

'08.6.3.
지목 변경
"농지 → 대지"

'09.9.18.
"A토지"
양도

Q1 소령§168의14③1호의2에 따라 직계존속이 8년 이상 재촌·자경한 농지를 대지로 변경한 후 양도 시, 비사업용 토지에서 제외될 수 있는지 여부?

A1 소령§168의14③1호의2에 따라 비사업용 토지로 보지 않기 위해서는, 당해 토지가 상속개시일 또는 증여받은 날부터 양도할 때까지 계속 농지인 경우에 적용되는 것임

📜 관련 판례·해석 등 참고사항

▶ 서면4팀-1961, '06.06.23.
  - 상속받은 농지를 잡종지로 지목을 변경하여 양도한 경우에는 비사업용 토지로 보지 않는 경우에 해당하지 않음
  - 소령§168의14③1호 및 2호 규정은 상속개시일 또는 취득일부터 양도할 때까지 농지인 경우 적용되는 것임

비사업용 토지(소령§168의14③1호의2)　　직계존속 8년 이상 재촌·자경(비사업용 토지 관련)

'08.1.1. 이후 양도하는 분부터 직계존속이 8년 이상 재촌·자경한 농지로서 이를 해당 직계존속으로부터 상속·증여받은 농지는 비사업용 토지로 보지 아니함

중요 중　난이 중

적용사례(부동산거래관리과-0904, '11.10.25.)

사례

'80.5.1.	'09.5.1.	'11.7.1.
父. "농지, 대지" 취득	父 사망 父 → 甲(子) "농지, 대지" 증여 받음	"농지, 대지" 양도

Q1 8년 이상 재촌·자경한 농지와 대지를 증여 받아 '08.1.1. 이후 양도하는 경우, 비사업용 토지에서 제외되는 부득이한 사유에 해당하는지 여부?

A1 '08.1.1. 이후 양도하는 분부터 직계존속이 8년 이상 재촌·자경한 농지로서 이를 해당 직계존속으로부터 상속·증여받은 농지는 비사업용 토지로 보지 아니함
  – 다만, 양도 당시 주거지역 안의 농지는 제외하고 대지를 증여 받은 경우에도 동 규정이 적용되지 아니함

📜 관련 판례·해석 등 참고사항

▶ 부동산거래관리과-125, '11.02.10.
  – 직계존속이 재촌·자경한 농지를 해당 직계존속으로부터 상속·증여받은 경우 해당 토지[양도 당시 도시지역(녹지지역 및 개발제한구역 제외) 안의 토지 제외]는 비사업용 토지로 보지 않는 것으로서, 동 규정은 상속·증여받은 농지가 목장용지로 변경된 경우에도 적용되는 것임

▶ 서면-2016-부동산-4082, '16.08.30.
  – 양도인이 비거주자인 경우에도 소령§168의14③1의2 규정을 적용하여 비사업용 토지인지 여부를 판정

비사업용 토지(소령§168의14③1호의2) 직계존속 8년 이상 재촌·자경(비사업용 토지 관련)

양도 당시 국토계획법에 따라 도시지역(녹지지역 및 개발제한구역 제외)외의 농지로서 직계존속이 8년 이상 토지소재지에 거주하면서 직접 경작한 농지를 직계존속으로부터 증여받은 경우 비사업용 토지로 보지 않음

중요
상

난이
중

적용사례(서면-2016-부동산-2791, '16.03.29.)

'65.3.1.	'04.3~4월	'21.7.1.
父.	父 → 子1, 子2**	"A토지"
충남 공주시 정안면 소재	"A토지"	양도
"A토지" 취득*	증여	

* 취득 후 증여 전까지 8년 이상 재촌 · 자경함

** 子1, 子2 는 공주와 천안에 거주하였으며, 토지를 보유하고 있는 기간에 연봉 3,700만원 이상임

Q1 父로부터 증여받은 토지가 비사업용 토지에 해당하는 지 여부와 해당 토지를 양도 시 양도세 감면 적용 시 父의 자경기간을 포함하는 지 여부?

A1 양도 당시 국토계획법에 따라 도시지역(녹지지역 및 개발제한구역 제외)외의 농지로서 직계존속이 8년 이상 토지소재지에 거주하면서 직접 경작한 농지를 직계존속으로부터 증여받은 경우 비사업용 토지로 보지 않는 것이며
- 직계존속으로부터 증여받은 농지의 자경농지에 대한 양도세 감면 여부를 판단함에 있어 자경기간은 수증일 이후 수증인이 경작한 기간으로 계산하는 것임

📑 관련 판례 · 해석 등 참고사항

▶ 조심2009전2834, '09.09.10., 조심2009중2819, '09.09.10.
- 소령§168의14③1호의2에 의하면 직계존속이 8년 이상 재촌 · 자경한 농지를 상속 · 증여받은 경우 비사업용 토지에서 제외하는 것으로 규정하고 있으나, 부칙에 의하면 '08.1.1. 이후 양도분부터 적용하는 것으로 규정하고 있으므로 '07.7.24.에 양도한 이 건의 경우 적용대상이 아님
* 배우자의 경우에는 '13.2.15. 이후 양도분부터 적용

비사업용 토지(소령§168의14③1호의2) 　　　　　　 양도 당시 읍·면지역(비사업용 토지 관련)

소령§164의14③1의2 단서를 적용함에 있어 양도 당시 국토계획법에 따라 도시지역(녹지지역 및 개발제한구역 제외) 안의 토지의 범위에 지방자치법§3④에 따른 도농복합형태인 시의 읍·면지역에 있는 농지를 제외하지 않음

중요 난이
상   중

적용사례(서면-2016-부동산-3275, '16.07.12.)

'54.1.1. 　　　 '72.10.13. 　　　 '89.1.9. 　　　 '16.2.26.

사례

父.　　　　　　　　 해당 농지　　　　　　 父 → 甲**　　　　　　 甲.
강원 횡성군 횡성읍 소재　 주거지역 편입　　　　 "A농지"　　　　　 "A농지"
"A농지" 취득*　　　　　　　　　　　　　 상속받음　　　　　　 양도

* 취득 후 상속할 때까지 8년 이상 재촌 · 자경함
** 甲은 '15.1.26.~'16.2.26.까지 원주시에 거주하면서 벼농사 지음

Q1 부가 8년 이상 재촌 · 자경한 토지를 상속받은 후 양도하는 경우 비사업용 토지에 해당 여부?

A1 소령§164의14③1의2 단서를 적용함에 있어 양도 당시 국토계획법에 따라 도시지역(녹지지역 및 개발제한구역 제외) 안의 토지의 범위에 지방자치법§3④에 따른 도농복합형태인 시의 읍 · 면지역에 있는 농지를 제외하지 않음

　　☞ 비사업용 토지에서 제외하지 않음

📝 관련 판례 · 해석 등 참고사항

☞ 6가지 유형별 비사업용 토지 판정할 때의 "농지"는 도시지역(녹지지역 및 개발제한구역 제외) 안의 토지의 범위에 지방자치법§3④에 따른 도농복합형태인 시의 읍 · 면지역에 있는 농지를 비사업용 토지 판정 시에 제외한 점 및 소득금액 3,700만원 이상 요건이 있는 점의 차이가 있음에 특히 유의해야 함

▶ **부동산납세과-683, '14.09.12.**

– 소령§168의14③1의2 단서의 규정에 따른 비사업용 토지 해당 여부를 판정할 때 국토계획법에 따른 도시지역 해당 여부는 양도 당시를 기준으로 하는 것임

제
11
편

소령§168의14③1호의2 단서 규정을 적용함에 있어 양도 당시 국토계획법에 따른 도시지역 중 녹지지역 및 개발제한구역은 제외되나, 준주거지역은 제외되지 않음

중요 상　난이 중

적용사례(부동산거래관리과-231, '11.03.14.)

'64.12.9.	'87.3.29.	'91.8.14.	'11.2.1.
父. 강원 화성시 봉담읍 소재 "A농지" 취득	父 → 甲* "A농지" 상속받음	해당 농지 준주거지역 편입	甲. "A농지" 양도

* 父가 사망 시까지 자경하였고 '93.7.9.에 甲이 상속 등기함

Q1　도농 복합형태 시의 읍·면 지역 소재 농지(도시지역의 녹지지역 및 준주거지역)의 비사업용 토지 및 감면 해당 여부?

A1　• 소령§168의14③1호의2 단서 규정을 적용함에 있어 양도 당시 국토계획법에 따른 도시지역 중 녹지지역 및 개발제한구역은 제외되나, 준주거지역은 제외되지 않음

　　• 조특령§66(자경농지 감면)를 적용함에 있어 같은 조 ⑪ 및 ⑫에 해당하는 경우에는 상속 농지의 경작기간에 피상속인의 경작기간을 합산하는 것임

📑 관련 판례·해석 등 참고사항

▶ **조특령§66[자경농지에 대한 양도소득세의 감면]**
　⑪ 제4항의 규정에 따른 경작한 기간을 계산할 때 상속인이 상속받은 농지를 1년 이상 계속하여 경작하는 경우(① 각 호의 어느 하나에 따른 지역에 거주하면서 경작하는 경우를 말함. 이 항 및 ⑫에서 같다) 다음 각 호의 기간은 상속인이 이를 경작한 기간으로 본다.
　　1. 피상속인이 취득하여 경작한 기간(직전 피상속인의 경작기간으로 한정한다)
　　2. 피상속인이 배우자로부터 상속받아 경작한 사실이 있는 경우에는 피상속인의 배우자가 취득하여 경작한 기간

비사업용 토지(소령§168의14③1호의2)   배우자 수증, 이혼 후 양도(비사업용 토지 관련)

배우자로부터 증여받은 토지가 소령§168의14③1호의2 요건에 해당하는 경우에는 비사업용 토지로 보지 않는 것으로서, 해당 규정은 양도일 현재 이혼으로 배우자 관계가 소멸된 경우에도 적용되는 것임

중요 상 / 난이 중

적용사례 (사전-2018-법령해석재산-0733, '19.04.23.)

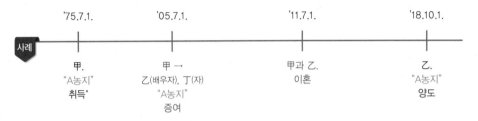

* 甲이 취득 후 8년 이상 재촌·자경함

Q1 배우자로부터 8년 이상 재촌·자경한 농지를 이혼 전에 증여받았으나, 해당 농지를 양도할 당시에는 이혼한 상태인 경우 소령§168의14③1호의2를 적용받아 비사업용 토지로 보지 않는 경우에 해당하는 지 여부?

A1 배우자로부터 증여받은 토지가 소령§168의14③1호의2 요건에 해당하는 경우에는 비사업용 토지로 보지 않는 것으로서, 해당 규정은 양도일 현재 이혼으로 배우자 관계가 소멸된 경우에도 적용되는 것임

📋 관련 판례·해석 등 참고사항

▶ 위의 해석과 관련하여, 증여한 前 배우자가 해당 토지를 이미 충분히 사업용으로 사용한 점과 증여시점을 기준으로 쟁점규정을 적용한다고 하더라도 당초 입법 시 의도했던 취지를 훼손하거나 저해할 가능성이 없고

– 8년 자경한 농지를 배우자의 사망으로 상속받거나, 증여 받은 이후 이혼한 다음 양도한 경우 모두 배우자 관계가 소멸한 상태에서 양도한 사실이 다르지 않으므로 상속받은 경우와의 형평성과 양도시점에 혼인관계가 소멸되었다고 하여 그 적용 배제가 열거되어 있지 않은 점 등을 고려하여 해석

직계존속(조부, 조모)으로부터 증여받은 국토계획법에 따른 도시지역 내 보존녹지지역에 소재하는 임야로, 직계존속이 8년 이상 임야의 소재지와 같은 시·군·구 지역에 주민등록이 되어 있고 실제 거주하였다면 비사업용 토지로 보지 아니함

중요 상 ／ 난이 중

적용사례(서면-2017-부동산-0743, '17.05.23.)

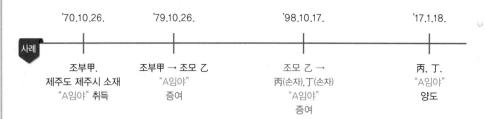

'70.10.26.	'79.10.26.	'98.10.17.	'17.1.18.
조부甲. 제주도 제주시 소재 "A임야" 취득	조부甲 → 조모 乙 "A임야" 증여	조모 乙 → 丙(손자),丁(손자) "A임야" 증여	丙, 丁. "A임야" 양도

※ 직계존속(조부, 조모)이 8년 이상 임야의 소재지와 같은 시·군·구 지역에 주민등록이 되어 있고 거주 전제

Q1 직계존속(조부, 조모)으로부터 증여받은 임야를 양도하는 경우 비사업용 토지 해당 여부?

A1 직계존속(조부, 조모)으로부터 증여받은 국토계획법에 따른 도시지역 내 보존녹지지역에 소재하는 임야로, 직계존속이 8년 이상 임야의 소재지와 같은 시·군·구 지역에 주민등록이 되어 있고 실제 거주하였다면 비사업용 토지로 보지 아니함

📜 관련 판례·해석 등 참고사항

🏠 심화정리

⦿ 조부(祖父)의 재촌 · 자경 기간 인정 여부

- 조부가 재촌 · 자경한 농지를 父가 상속받아 재촌 · 자경하다가 사망하여 자녀가
  상속받은 후 양도하는 경우 "父의 재촌자경기간만"을 직계존속의 재촌 · 자경기간으로
  보아 비사업용 토지 여부를 판단하는 것임

  (기획재정부 재산세제과−901, '12.11.01.)

> **참고** 父가 소유한 임야를 母가 상속받아 소유하다가 사망하여 자녀가 상속받은 후 양도 시 父母의 재촌 · 보유기간을
> 합산한 기간을 소령§168의14③1호의2에 따른 직계존속의 재촌 보유기간으로 보아 비사토 여부를 판단(기획재정부
> 재산세제과−898, '12.10.31.)

⦿ 직계존속 등이 8년 이상 재촌 · 자경하지 않는 경우

- 직계존속이 보유기간 중 8년 이상 재촌 · 자경하지 않은 농지를 상속받은 경우에는
  소령§168의14③1호의2를 적용 받을 수 없음

  * '농지'로 지목 변경 前 직계존속이 '임야'로 8년 이상 재촌한 사실이 있음

  (부동산거래관리과−282, '12.05.21.)

판례 등 불복사례

쟁점 **시아버지로부터 증여받은 농지 등에 대한 적용 여부**

- 시아버지는 직계존속이 아닌 인척에 해당하고, 쟁점임야는 임야 본래의 용도인
  산림보호 · 육림 등 자체가 금지 또는 제한된 토지에 해당하지 아니한 것으로
  보이므로 청구주장을 받아들이기 어려움

  (조심2012서3312 , '12.12.28. 국승)

- 청구인인 시아버지로부터 8년 이상 경작한 쟁점농지를 수증한 경우 시아버지는
  직계존속에 해당되지 않으므로 쟁점농지는 비사업용 토지에 해당, 당초 처분
  정당함

  (심사양도2011-0288, '12.01.20.)

> **참고** 동 규정은 직계존속, 배우자에 대하여만 적용되는 것이며 시아버지와 며느리의 관계는 민법상
> 인척(배우자의 혈족)에 해당됨

다 | 20년 이상 소유한 농지 등을 '09년까지 양도(소령§168의14③2호)

'06.12.31. 이전에 20년 이상을 소유한 농지·임야 및 목장용지로서 '09.12.31.까지 양도하는 토지

⊙ 거주자로 보는 단체 및 비거주자에게도 적용

⊙ 재촌·자경 요건 필요없음

⊙ '10.1.1. 이후 양도 시 부득이한 사유가 있더라도 적용되지 않음

⊙ 토지거래허가구역 내 토지의 경우 '09.12.31. 이전에 대금을 청산하고, '10년 이후에 허가를 받는 경우 적용 가능

⊙ 농지·임야·목장용지 간에는 지목 변경 시에도 적용 가능

제 11 편

📑 관련 판례·해석 등 참고사항

▶ 재산세과-221, '09.09.15.
- "06.12.31. 이전에 20년 이상을 소유한 농지·임야 및 목장용지"라 함은 당해 토지의 취득일부터 양도일까지 계속하여 농지·임야 및 목장용지인 경우를 말하는 것이며, 이를 적용함에 있어 농지가 임야 또는 목장용지로 지목이 변경된 경우 그 소유기간을 합산함

토지보상법 및 그 밖의 법률에 따라 협의매수 또는 수용되는 토지로서 사업인정고시일이
'06.12.31. 이전인 토지 또는 취득일이 사업인정고시일부터 5년* 이전인 토지

◉ 상속받은 토지는 피상속인이 해당 토지를 취득한 날부터 기산

◉ 이월과세를 적용받은 경우 증여자의 취득한 날부터 기산

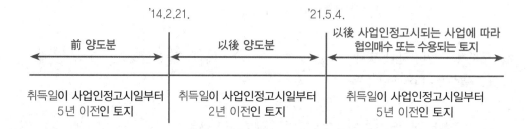

'14.2.21.		'21.5.4.
前 양도분	以後 양도분	以後 사업인정고시되는 사업에 따라 협의매수 또는 수용되는 토지
취득일이 사업인정고시일부터 5년 이전인 토지	취득일이 사업인정고시일부터 2년 이전인 토지	취득일이 사업인정고시일부터 5년 이전인 토지

※ 1. 사인간의 매매에는 적용되지 않음
   2. 공익사업용 토지를 전부 협의매수하여 사업인정을 받지 않는 경우
      – "보상계획 공고일(공고 생략 시 보상계획 통지일)"을 사업인정고시일로 봄

비사업용 토지(소령§168의14③3호)   사업인정고시일 5년 이전 취득(비사업용 토지 관련)

취득일이 사업인정고시일로부터 5년 이전이므로 소령§168의14③3호에 의거 무조건
비사업용 토지에 해당하지 않고, 토지보상법에 의한 사업인정고시일부터 소급하여 2년
이전에 취득하였으므로 조특법§77①1호에 의거 세액감면이 적용됨

중요 상   난이 중

적용사례

'91.2.12.

경기 동두천 소재.
"A임야"
취득

'21.6.23.

"A임야"
도시정비법에 의한
사업인정고시

'22.5.12.

"A임야"
수용

사례

Q1 A임야의 비사업용 토지 및 조특법§77에 의한 감면 적용 여부?

A1 • 취득일이 사업인정고시일로부터 5년 이전"이므로 소령§168의14③3호에 의거 무조건 비사업용
토지에 해당하지 않고,
  * '21.5.4. 이후 사업인정고시되는 사업에 따라 협의매수 또는 수용되는 토지

• 토지보상법에 의한 사업인정고시일부터 소급하여 2년 이전에 취득하였으므로 조특법§77①1호에 의거
세액감면이 적용됨

📝 관련 판례 · 해석 등 참고사항

토지보상법 및 그 밖의 법률에 따라 협의매수된 이후에 사업인정고시가 난 경우에도
"취득일이 사업인정고시일부터 5년 이전"인지 여부는 사업인정고시일을 기준으로 판정함

적용사례(부동산거래관리과-296, '10.02.24.)

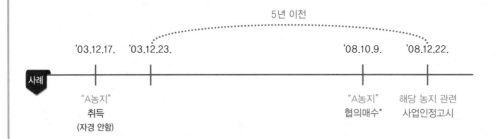

* 공익사업시행자가 공공용지로 협의매수

Q1 사업인정고시일 前에 협의매수되는 경우 비사업용 토지 여부?

A1 토지보상법 및 그 밖의 법률에 따라 협의매수된 이후에 사업인정고시가 난 경우에도 "취득일이
사업인정고시일부터 5년 이전"인지 여부는 사업인정고시일을 기준으로 판정함

📖 관련 판례 · 해석 등 참고사항

비사업용 토지(소령§168의14③3호)	보상계획 공고일 등(비사업용 토지 관련)

사업시행자가 공익사업에 필요한 토지 전부를 협의매수 방식으로 취득함으로써
토지보상법§20의 규정에 따른 사업인정을 받지 아니한 경우에는 같은 법§15에 따른
보상계획공고(공고를 생략한 경우에는 토지 소유자에게 보상계획을 통지한 날)을 사업인정고시일로
보는 것임

중요 상 / 난이 중

적용사례(부동산납세과-215, '14.04.01.)

'87.3.1.
甲.
○○광역시 ○○군 소재
"A임야"
취득

'13.11.1.
甲.
"A임야"
◇◇군수와
매매계약 체결*

'14.1.1.
"A임야"
잔금수령,
소유권 이전**

* 토지보상법§17의 규정에 따라 매매계약을 체결한 것으로 되어 있고 "공공용지 취득 협의서"를 작성 · 날인

** ◇◇군은 甲으로부터 취득한 A임야를 관광객을 위한 휴양편의시설 및 주민휴식공간 마련 등에 사용할 목적으로
취득하였다고 하나 이에 대한 구체적인 사업계획은 미정이며, 甲으로부터 A임야 취득 시 토지보상법에 따른
사업인정고시, 보상공고 또는 보상계획통지 등 어떤 절차도 없었음

Q1 A임야를 소령§168의14③3호에 따른 비사업용 토지에서 제외되는 토지로 볼 수 있는 지 여부?

A1 사업시행자가 공익사업에 필요한 토지 전부를 협의매수 방식으로 취득함으로써 토지보상법§20의
규정에 따른 사업인정을 받지 아니한 경우에는 같은 법§15에 따른 보상계획공고(공고를 생략한 경우에는
토지 소유자에게 보상계획을 통지한 날)을 사업인정고시일로 보는 것임

📜 **관련 판례 · 해석 등 참고사항**

▶ **심사양도2010-0354, '10.12.27.**

- 쟁점토지는 양도일 현재 토지보상법에 의한 도시개발구역 지정 및 인정고시, 토지보상계획 공고 및 통보
등이 이루어지지 아니한 토지이므로 비사업용 토지로 봄이 타당함

제 11 편

비사업용 토지(소령§168의14③3호)　　배우자 이월과세 취득일(비사업용 토지 관련)

소령§168의14③3호를 적용할 때, 배우자이월과세 규정이 적용되는 자산의 비사업용토지 해당 여부를 판정함에 있어 당해 자산의 취득시기는 증여한 배우자가 당해 자산을 취득한 날임

중요 중　난이 중

적용사례(부동산거래관리과-1112, '10.08.31.)

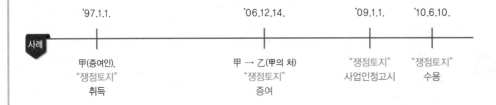

사례

'97.1.1.
甲(증여인).
"쟁점토지"
취득

'06.12.14.
甲 → 乙(甲의 처)
"쟁점토지"
증여

'09.1.1.
"쟁점토지"
사업인정고시

'10.6.10.
"쟁점토지"
수용

Q1 소령§168의14③3호(사업인정고시일부터 5년 이전에 취득한 토지의 비사업용 토지 제외)를 적용함에 있어 배우자 이월과세 규정이 적용되는 경우 취득일은?

A1 배우자이월과세 규정이 적용되는 자산의 비사업용토지 해당 여부를 판정함에 있어 당해 자산의 취득시기는 증여한 배우자가 당해 자산을 취득한 날임

📝 관련 판례 · 해석 등 참고사항

▶ 서면5팀-174, '08.01.24. 서면5팀-2520, '07.09.10.
- 배우자 이월과세 규정이 적용되는 자산의 비사업용 토지 해당 여부를 판정함에 있어 당해 자산의 취득시기는 증여한 배우자가 당해 자산을 취득한 날임

🏠 심화정리

◉ 다른 법률에서 사업인정 고시로 보는 준용일

관 련 법 령	사업인정고시 준용일
개발제한구역의 지정 및 권리에 관한 특별조치법(§19)	도시관리계획 결정일
경제자유구역의 지정 및 운영에 관한 법률(§13)	실시계획 승인 고시일
고속철도건설촉진법(§12, '04.12.31. 폐지)	실시계획 승인 · 고시일
공공기관 지방이전에 따른 혁신도시 건설 및 지원에 관한 특별법(§15)	혁신도시개발예정지구의 지정 · 고시일
국토의 계획 및 이용에 관한 법률(§96)	실시계획 고시일
농어촌 도로 정비법(§13)	도로노선 지정일
도시개발법(§22)	대상이 되는 토지 세목 고시일
도시 및 주거환경정비법(§40)	사업시행인가(사업시행계획서)고시일
보금자리주택건설 등에 관한 특별법(§27)	주택지구 지정 · 고시일
산업입지 및 개발에 관한 법률(§22)	산업단지지정 고시일 실시계획승인 고시일
수도권신공항건설촉진법(§10)	실시계획 승인 · 고시일
신행정수도 후속대책을 위한 연기 · 공주지역 행정중심복합도시 건설을 위한 특별법(§24)	예정지역 등의 지정 · 고시일
자연공원법(§24)	공원사업시행계획결정 · 고시일
제주특별자치도 설치 및 국제자유도시조성을 위한 특별법(§233)	개발사업 시행 승인일
주택법(§27)	사업계획승인일
지역균형개발 및 지방중소기업육성에 관한 법률(§19)	실시계획 고시일
택지개발촉진법(§12)	예정지구의 지정 · 고시일 ('07.7.20. 이전 개발계획승인 고시일)
하수도법(§10)	공공하수도사업의 인가 또는 허가와 이의 고시일

비사업용 토지(소령§168의14③3호)

사업인정고시일이 '06.12.31. 이전(비사업용 토지 관련)

'06.12.31. 이전 사업시행인가된 나대지를 재개발 정비조합 사업시행자에게 토지보상법에
따른 '협의보상절차및방법'을 거쳐 양도 시에는 비사업용토지에 해당하지 아니함

중요 상 | 난이 상

적용사례(서면인터넷방문5팀-176, '08.01.24.)

'01.7.1. "A나대지" 취득

'06.7.19. 사업시행인가 고시

'07.11.5. 사업시행자*에게 "A나대지" 양도

* 도시정비법의 규정에 의한 재개발정비조합

Q1 '06.12.31. 이전 사업시행인가된 나대지를 재개발 정비조합 사업시행자에게 양도하는 경우 비사업용
토지 여부?

A1 도시정비법§28에 의한 주택재개발정비사업시행인가일('06.7.19.) 이후 정비구역 내의
토지(사업시행인가일 전 취득, 토지보상법에 따라 협의매수 또는 수용되는 토지로서 동법 시행령§10②7호 수용
또는 사용할 토지)를 주택재개발정비사업조합(사업시행자)에게 토지보상법§14 내지 §18에 따른
'협의보상절차및방법'을 거쳐 양도 시에는 비사업용토지에 해당하지 아니함

📑 관련 판례 · 해석 등 참고사항

▶ 사업인정고시일(도시정비법상 사업시행인가일)부터 소급하여 2년 이전에 취득한, 조특법§77①2호에
따라 도시정비법에 따른 정비구역의 토지등을 같은 법에 따라 사업시행자에게 '23.12.31. 이전에
양도함으로써 발생하는 소득은 세액 감면(10% 등)

⊙ 사업시행자가 아닌 자에게 양도한 경우 적용 여부

- 청구인이 주장의 근거로 인용한 국세청 예규(서면4팀-1953, '07.6.21)는 사업인정고시일이 없어 토지보상법 등에 따른 사업시행자가 협의매수의 방식으로 취득하는 경우에 한하여 토지보상 협의일을 사업인정고시일로 볼 수 있다는 취지로서,
  - 이 건의 경우 청구외 법인이 사업시행자의 지위에서 쟁점토지를 취득한 것이 아닐 뿐만 아니라 취득의 방식 또한 협의매수 또는 수용에 의한 것이 아니므로 적용할 수 없음

(심사양도2010-0354, '10.12.27. 국승)

⊙ 기간 판정 시 초일 산입 여부

- 소령§168의14③3호에 규정하는 기간을 계산함에 있어서 초일(사업인정고시일)은 산입하지 아니함

(재산세제과-1023, '09.06.10.)

▶ 초일산입 · 초일불산입 원칙

- 날짜의 시작점(~부터)과 끝점(~까지)이 있으면 초일 산입

  - 1세대 1주택 비과세 요건 중 보유기간 및 거주기간

  예) 보유기간(소령§154⑤) : 소법§95④에 따른다.

   * 소법§95④ : 자산의 보유기간은 그 자산의 취득일부터 양도일까지로 한다.

  예) 거주기간(소령§154⑥) : 주민등록표 등본에 따른 전입일부터 전출일까지의 기간으로
  한다.

  예) 거주기간(소법§104②) : ①2호 · 3호 및 11호가목의 보유기간은 해당 자산의
  취득일부터 양도일까지로 한다.

  Q1 갑은 A주택을 '20.5.1.에 취득하여 '25.4.30.에 양도한 경우 보유기간은?

  A1 초일을 산입하므로 5년인데, 만약 초일불산입했다면 1일이 모자라 5년 보유 안됨

- 2년 이상과 같이 끝점(~까지)이 없으면 초일불산입

  예) 소령§168의14③3호 : 취득일이 사업인정고시일부터 5년 이전인 토지

  ※ 민법과 일반적인 경우에는 초일불산입함

비사업용 토지(소령§168의14③3호)	협의매수·수용(비사업용 토지 관련)

재촌 요건 등을 갖추지 않았더라도 소령§168의14③에서 열거한 내용은 비사업용토지에 해당하지 않으며, 특히 3호에 해당된 경우에는 지목에 관계없이 모든 토지가 적용됨

중요 상 / 난이 중

적용사례

Q1 재촌하지 않는 임야로서 「공익사업을 위한 토지 등의 취득 및 보상에 관한 법률」에 의해 수용되었는데, 사업인정고시일 5년 이전에 임야를 취득하였다면 비사업용토지인지 여부?

A1 ① 재촌 요건 등을 갖추지 않았더라도 소령§168의14③에서 열거한 내용은 비사업용토지에 해당하지 않음

② 소령§168의14③ 중에서 위와 같은 3호에 해당된 경우에는 지목에 관계없이 모든 토지가 적용됨

제11편

> **참고** 공익사업용 토지를 전부 협의매수하여 사업인정을 받지 않는 경우
> – "보상계획 공고일(공고 생략 시 보상계획 통지일)"을 사업인정고시일로 봄

📜 관련 판례 · 해석 등 참고사항

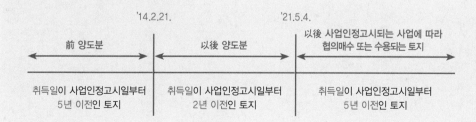

	'14.2.21.		'21.5.4.	
	前 양도분	以後 양도분	以後 사업인정고시되는 사업에 따라 협의매수 또는 수용되는 토지	
	취득일이 사업인정고시일부터 5년 이전인 토지	취득일이 사업인정고시일부터 2년 이전인 토지	취득일이 사업인정고시일부터 5년 이전인 토지	

주택법§15에 따른 사업계획의 승인을 받은 지역주택조합이 주택법§22에 따라 A토지에 대하여 매도청구권을 행사하여 A토지가 양도된 경우는 소령§168의14③3호에 해당하지 않는 것임

중요 중　　난이 중

적용사례(서면–2021–법규재산–5727, '23.05.24.)

　　　　　　'00.7.1.　　　　　　　　　　　　　　　　　　　'21.4.1.

사례

　　　　　　"A토지"　　　　　　　　　　　　　　　　　　　"A토지*"
　　　　　　취득　　　　　　　　　　　　　　　　　　　　　양도**

*　소법§104의3① 각 호의 어느 하나에 해당하는 토지(비사업용 토지)이고 토지보상법§2 7호에 따른
　사업인정을 받지 아니한 것으로 전제함

**　주택법§15에 따른 사업계획승인을 받은 사업주체(지역주택조합)가 A토지에 대하여 주택법§22에 따른
　매도청구권을 행사하여 양도됨

Q1 주택법에 따른 사업주체가 매도청구권을 행사하여 양도된 토지가 소령§168의14③3호에 따른
　　"토지보상법 및 그 밖의 법률에 따라 협의매수 또는 수용되는 토지로서 각 목의 어느 하나에 해당하는
　　토지"로 보아 비사업용토지에 따른 중과세율을 적용하지 않을 수 있는지 여부?

A1 주택법§15에 따른 사업계획의 승인을 받은 지역주택조합이 주택법§22에 따라 A토지에 대하여
　　매도청구권을 행사하여 A토지가 양도된 경우는 소령§168의14③3호에 해당하지 않는 것임

📑 **관련 판례 · 해석 등 참고사항**

마 | 도시지역에 소재하는 농지(종중, 상속)(소령§168의14③4호)

도시지역의 주거 · 상업 · 공업지역 內(읍 · 면 지역 제외)에 있는 농지로서,

① 종중이 소유한 농지('05.12.31. 이전에 취득한 것에 限)나,

② 상속에 의하여 취득한 농지로서 그 상속개시일부터 5년 이내에 양도하는 토지는
   비사업용 토지에서 제외

▶ 도시지역의 주거 · 상업 · 공업지역 內(읍 · 면 지역 제외)에 있는 농지로서 위의 ①, ②에
해당하는 경우에는 비사업용 토지에서 제외됨

바 | '05년 이전 종중이 취득하여 소유하고 있는 농지·임야·목장용지

'05.12.31. 이전에 종중이 취득하여 소유하고 있는 농지 · 임야 · 목장용지

▶ 종중이 소유한 농지('05.12.31. 이전에 취득한 것에 限, 소령§168의8③6)

▶ 종중이 소유한 임야('05.12.31. 이전에 취득한 것에 限, 소령§168의9③8)

▶ 종중이 소유한 목장용지('05.12.31. 이전에 취득한 것에 限, 소령§168의10②2)

참고 상속에 의해 취득한 농지 · 임야 · 목장용지로서 그 상속개시일로부터 3년 이내 토지(5년 이내 양도 전제)

 – 상속에 의하여 취득한 농지로서 그 상속개시일부터 3년이 경과하지 아니한 토지(소령§168의8③2)

 – 상속받은 임야로서 상속개시일부터 3년이 경과하지 아니한 임야(소령168의9③7)

 – 상속받은 목장용지로서 상속개시일부터 3년이 경과하지 아니한 것(소령168의10②1)

1호. 공장 가동에 따른 소음·분진·악취 등으로 인하여 생활 환경의 오염피해가
발생되는 지역 안의 토지로서 당해 토지소유자의 요구에 따라 취득한 공장용 부속
토지의 인접 토지

2호. '06.12.31. 이전에 이농한 자가 「농지법」§6②5호에 따라 이농 당시 소유하고 있는
농지로서 '09.12.31.까지 양도하는 토지

3호. 「기업구조조정 촉진법」에 따른 부실징후기업과 채권금융기관협의회가 같은 법§10에
따라 해당 부실징후기업의 경영정상화계획 이행을 위한 약정을 체결하고 그
부실징후기업이 해당 약정에 따라 양도하는 토지('08.12.31. 이전에 취득에 한정)

4호. 채권은행 간 거래기업의 신용위험평가 및 기업구조조정방안 등에 대한 협의와
거래기업에 대한 채권은행 공동관리절차를 규정한 「채권은행협의회 운영협약」에
따른 관리대상기업과 채권은행자율협의회가 해당 관리대상기업의 경영정상화 계획
이행을 위한 특별약정을 체결하고 그 관리대상기업이 해당 약정에 따라 양도하는
토지

5호. 「산업집적활성화 및 공장설립에 관한 법률」§39에 따라 산업용지를 소유하고 있는
입주기업체가 이를 관리기관(동법§39② 각 호의 유관기관 포함)에 양도하는 토지

6호. 「농촌근대화촉진법」에 따른 방조제공사로 인한 해당 어민의 피해에 대한 보상
대책으로 조성된 농지를 농업진흥공사로부터 취득하여 8년 이상 직접 경작한
농지(농지소재지 거주요건 필요 없음)

7호. 「채무자의 회생 및 파산에 관한 법률」§242에 따른 회생계획인가 결정에 따라
회생계획의 수행을 위하여 양도하는 토지

05
부득이한 사유가 있어
비사업용 토지로 보지 않는 판정기준

가 | 비사토로 보지 않는 간주 기간(소령§168의14① 및 소칙§83의5①)

	사유	비사토로 사용되지 않는 기간
소령 1호	법령에 따라 사용이 금지·제한된 토지	사용이 금지·제한된 기간
소령 2호	문화유산보호구역 또는 자연유산보호구역 안의 토지	보호구역으로 지정된 기간
소령 3호	위 ①과 ②에 해당하는 토지를 상속받은 경우	상속개시일부터 위 ①과 ②에 따라 계산한 기간
소칙 1호	건축법과 행정지도에 따라 건축허가 등이 제한된 토지	건축허가가 제한된 기간(매매업자 제외)
소칙 2호	건축자재의 수급조절을 위한 행정지도에 따라 착공이 제한된 토지	착공이 제한된 기간(매매업자 제외)
소칙 3호	사업장(임시작업장 제외) 진입도로로서 사도, 불특정 다수인이 이용하는 도로	사도 또는 도로 이용 기간
소칙 4호	건축허가 받을 당시 공공공지(公共空地) 제공 토지	건축물 착공일부터 공공공지로 제공이 끝나는 날까지 기간

사유	비사토로 사용되지 않는 기간
소칙 5호 건설에 착공한 토지	취득일부터 2년 및 착공일 이후 건설 진행 중 기간
소칙 6호 저당권 실행 등으로 취득한 토지	취득일부터 2년
소칙 7호 토지 취득 후 소유권에 관한 소송이 계속 중인 토지	소송이 계속되거나 법원에 의해 사용이 금지된 기간
소칙 8호 환지방식에 따라 시행되는 도시개발사업이 구획단위로 사실상 완료되어 건축 가능한 토지	건축이 가능한 날부터 2년
소칙 9호 건축물이 멸실 · 철거되거나 무너진 토지	건축물이 멸실 · 철거되거나 무너진 날부터 2년
소칙 10호 2년 이상 사업에 사용한 토지로서 휴업 · 폐업 · 사업장 이전 토지	휴업 · 폐업 또는 이전일부터 2년
소칙 11호 2년 이상 재촌·자경하다 천재지변으로 농지형질이 변경되어 황지되어 자경하지 못한 토지	사유발생일부터 2년
소칙 12호 도시계획 변경 등으로 사업에 사용하지 않는 토지	해당 사유가 발생한 기간

⊙ **부득이한 사유가 있어 비사업용 토지로 보지 않는 토지의 판정기준 등**
(소령 § 168의14)

① 소법§104의3②에 따라 다음 각 호의 어느 하나에 해당하는 토지는 해당 각 호에서 규정한 기간동안 소법§104의3① 각 호의 어느 하나에 해당하지 않는 토지로 보아 같은 항에 따른 비사업용 토지(이하 "비사업용 토지"라 함)에 해당하는지를 판정한다.

1. 토지를 취득한 후 법령에 따라 사용이 금지 또는 제한된 토지
   : 사용이 금지 또는 제한된 기간

2. 토지를 취득한 후 「문화유산의 보호 및 활용에 관한 법률」 또는 「자연유산의 보호 및 활용에 관한 법률」에 따라 지정된 보호구역 안의 토지
   : 보호구역으로 지정된 기간

3. 제1호 및 제2호에 해당되는 토지로서 상속받은 토지
   : 상속개시일부터 제1호 및 제2호에 따라 계산한 기간

4. 그 밖에 공익 · 기업의 구조조정 또는 불가피한 사유로 인한 법령상 제한, 토지의 현황 · 취득사유 또는 이용상황 등을 고려하여 기획재정부령으로 정하는 부득이한 사유에 해당되는 토지 : 기획재정부령으로 정하는 기간

❯ 법령에 따라 사용이 금지 · 제한된 토지(소령§168의14①1호)

> 토지 취득한 후 법령에 따라 사용이 금지 또는 제한된 토지는
> 사용이 금지 또는 제한된 기간 동안 비사업용으로 보지 않는 기간으로 간주

- 법령의 의미 : 법률, 대통령령, 총리령, 부령, 행정처분을 포함

- 사용제한 등은 토지의 "본래 용도" 사용 등을 제한하는 것임

  – 통상의 제한범위를 넘는 제한이어야 하고 사실상 장애에 불과하면 적용대상 제외

- 토지 "취득한 후"에 사용 등이 제한되는 경우임

  – 토지 취득 전에 이미 제한된 경우 적용되지 않음

부득이한 사유가 있어 비사토로 보지 않는 기간의 적용 예시

● 비사업용 토지 여부 : 비사업용 토지

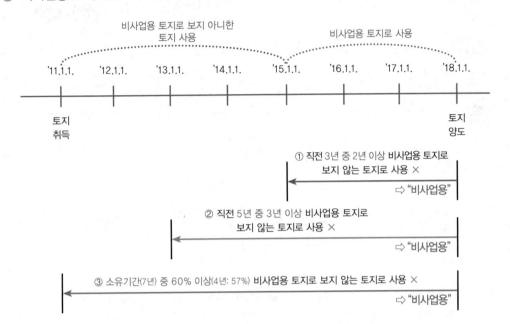

● 비사업용 토지 여부 : 비사업용토지 아님

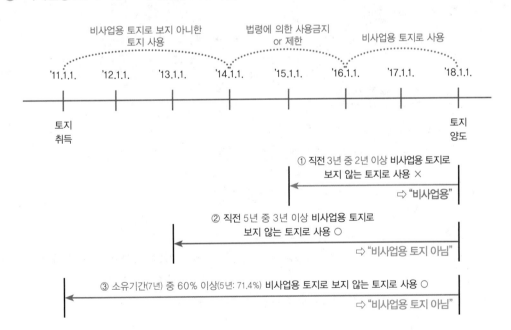

토지를 취득하기 前부터 이미 사용이 금지 또는 제한된 경우에는 소령§68의14①1호에 따른 사용이 금지 또는 제한으로 보지 아니하여 비사업용 기간으로 봄

중요 **상**　난이 **중**

적용사례(사전-2019-법령해석재산-0782, '20.03.11.)

'13.2.21.	'15.10.12.	'17.11.13.	'19.10.21.	'19.12.2.
도시개발구역 지정 및 개발계획 수립 고시	실시계획인가	환지예정지 취득	도시개발사업 공사 완료 공고	도시개발사업 환지처분공고

(사례)

Q1 도시개발사업으로 환지예정지가 지정된 토지를 취득한 시점부터 환지처분 공고일 다음 날까지 소령§168의14①1호에 따른 법령에 따라 토지를 취득한 후 사용이 금지 또는 제한된 토지로 보는 지 여부?

A1 토지를 취득하기 前부터 이미 사용이 금지 또는 제한된 경우에는 소령§68의14①1호에 따른 사용이 금지 또는 제한으로 보지 아니하여 비사업용 기간으로 봄

📜 관련 판례 · 해석 등 참고사항

▶ **서울고등법원2011누31408, '12.03.30. 국패**
 – 토지 취득 前 도시계획에 따른 제한은 건축물 신축의 금지가 아닌 건축 시 일정한 기준을 지키는 것이었고, 토지 취득 後 도시계획이 변경되어 건축물을 신축할 수 없었으므로 토지를 취득한 후 법령에 따라 사용 금지 또는 제한된 토지에 해당하여 비사업용 토지에서 제외됨

▶ **대법원2013두8073, '13.08.22.**
 – 토지 취득하기 이전부터 개발제한구역으로 지정되어 있고 용도지역이 자연녹지지역이어서 본래 지정용도 이외의 목적으로는 사용할 수 없는 토지이므로 토지를 취득한 후 법령에 따라 사용이 금지·제한된 경우 또는 부득이한 사유가 있는 경우에 해당한다고 볼 수 없음

비사업용 토지(소령§168의14①1호)	취득 前 사용 금지·제한(비사업용 토지 관련)

도시개발사업 또는 택지개발사업이 진행 중인 토지를 취득한 경우에는 비사업용 토지로 보지 않는 부득이한 사유에 해당 안됨

중요 상 난이 중

적용사례(서면4팀-1932, '06.06.22.)

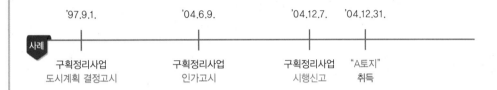

'97.9.1.   '04.6.9.   '04.12.7. '04.12.31.

사례

구획정리사업   구획정리사업   구획정리사업 "A토지"
도시계획 결정고시   인가고시   시행신고 취득

제 11 편

Q1 A토지는 구획정리사업 결정 고시 이후 전면 건축제한으로 농지상태로 이용할 수 밖에 없었으며 사업시행('04.6.9.)으로 토목공사가 진행 중(현재 공정 70% 정도)으로 농지로도 이용할 수 없는 상태인데 양도 시 사업용 토지로 볼 수 있는 지 여부?

A1 도시개발사업 또는 택지개발사업이 진행 중인 토지를 취득한 경우에는 비사업용 토지로 보지 않는 부득이한 사유에 해당 안됨

📖 **관련 판례 · 해석 등 참고사항**

▶ **재산세과-2795, '08.09.11.**

– 도시계획예정도로로 지정되어 사권이 제한되어 있는 토지를 취득한 경우는 토지를 취득하기 前부터 사용이 금지 또한 제한이 되어 있는 경우로 당해 규정이 적용되지 아니함

▶ **조심2008부1601, '08.06.26.**

– 이미 환지예정지로 지정된 토지를 취득한 것은 법령상 제한이나 그 밖의 부득이한 사유에 해당된다고 볼 수 없고, 토지 취득자의 귀책사유에 해당되므로 비사업용 토지의 양도로 보아 결정한 당초 처분은 정당함

비사업용 토지(소령§168의14①1호)　　　통상적인 제한 범위(비사업용 토지 관련)

법령에 따라 사용이 제한된 경우라 함은 지목, 용도지구 등 법령에 의해 정하여진 목적과
범위에 부합되게 이용하도록 하는 토지의 용도에 따른 통상적인 제한의 범위를 넘어 특별히
사용이 제한된 경우를 말함

중요 | 난이
상 | 중

적용사례(조심-2019-인-3032, '20.01.29.)

'06.12.31.	'07.11.16.	'07.7.27.	'14.7.1.	'18.5.31.
"쟁점토지(전)" 취득	지목 변경 "답 → 전"	옆 필지 공장 신축	도시개발사업지구에 포함 개발행위허가 제한구역 고시	"쟁점토지" 양도

Q1 쟁점토지가 법령에 따라 사용 금지 또는 제한된 토지이므로 비사업용토지에서 제외되어야 하는지 여부?

A1 법령에 따라 사용이 제한된 경우라 함은 지목, 용도지구 등 법령에 의하여 정하여진 목적과 범위에
부합되게 이용하도록 하는 토지의 용도에 따른 통상적인 제한의 범위를 넘어 특별히 사용이 제한된
경우를 말하는 것으로,
- 도시개발구역에서 토지 형질변경 등에 대한 행위를 하려는 자는 관계기관의 허가를 받아야 한다고
규정하고 있을 뿐 형질 변경을 금지하도록 규정하고 있지 않고, 형질 변경 관련 절차에 따라 제한한
사실이 확인되지 않는 점 등으로 보아 법령에 따라 사용이 금지 또는 제한된 토지에 해당하지 않아
비사업용 토지에 해당함

관련 판례 · 해석 등 참고사항

▶ 조심-2016-전-2722, '17.06.20. → 대전고등법원-2018-누-12143, '19.05.15.
- 이 사건 토지는 그 용도에 따른 통상적인 제한의 범위를 넘어 특별히 사용이 금지 또는 제한되었다고 볼
수 없으므로, 법령에 따라 사용이 금지 또는 제한된 토지에 해당한다고 볼 수 없으므로 비사업용 토지에
해당함

▶ 서면-2015-법령해석재산-1604, '15.12.10.
- 임야를 취득한 후 준보전무인도서로 지정 · 고시된 경우에도 산림의 보호 · 육성 등 임야 본래의 용도로
사용이 금지 또는 제한되지 않은 경우 법령에 따라 사용이 금지 또는 제한된 토지에 해당하지 않는 것임

판례 등 불복사례

쟁점 **"법령에 따라 사용이 금지 또는 제한된 토지"의 의미**

토지의 용도에 따른 통상적인 제한의 범위를 넘어 특별히 사용이 제한된 토지를
의미하고, 여기에는 법령의 규정 그 자체의 의하여 직접 사용이 금지 또는 제한된 토지
뿐만 아니라 행정청이 행정작용의 일환으로 건축허가 등을 일률적으로 통제함에 따라
현실적으로 사용이 금지 또는 제한된 토지도 포함된다고 봄이 타당하다. 그리고 이에
해당하는지는 토지의 본래 용도에 따른 사용의 제한 여부를 원칙적인 기준으로 하되,
토지의 취득 목적과 실제 이용현황 및 본래 용도의 변경 가능성 등도 아울러 고려하여
개별적을 판단하여야 한다.

(대법원2011두14425, '13.10.31.)

제
11
편

비사업용 토지(소령§168의14①1호)	법령에 따라 사용 금지·제한(비사업용 토지 관련)

농지가 국토계획법에 따라 도시지역에 편입되고 같은 법에 따라 도시계획시설부지로 지정된 경우로서, 해당 토지가 관련 법령에 따라 농지 본래의 용도인 경작이 금지 또는 제한되지 않는 경우에는, 법령에 따라 사용이 금지 또는 제한된 토지에 해당하지 아니하는 것임

중요 상 | 난이 중

적용사례(기획재정부 조세정책과-2039, '24.11.05., 부동산납세과-191, '13.12.04.)

```
          '88.2.24.       '95.6.29.        '96.6.1.            '20.6.12.        '22.2.18.

사례 ├──────────┼──────────┼──────────────┼──────────────┼──────────
      甲. 전북 소재      "A답"        도시계획시설        장기미집행        "A답"
        "A답"         도시지역     (학교용지)로 지정   도시계획시설에 대한    양도*
     1,000㎡ 취득   (제2종일반주거지역)                 민원 등으로 해제
                      으로 편입
```

* 보유기간 중 자경사실 없음

Q1 해당 농지가 법령에 따라 사용이 금지 또는 제한된 토지에 해당하는지 여부?

A1 사실상의 현황이 분명하지 아니하고 공부상의 등재현황이 농지인 토지가 국토 계획법에 따라 도시지역(주거지역)에 편입되고 같은 법에 따라 도시계획시설(학교) 부지로 지정된 경우로서, 해당 토지가 관련 법령에 따라 농지 본래의 용도인 경작이 금지 또는 제한되지 않는 경우에는, 소법§104의3② 및 소령§168의14①1호에서 규정하는 법령에 따라 사용이 금지 또는 제한된 토지에 해당하지 아니하는 것임

📜 관련 판례 · 해석 등 참고사항

☞ 위의 해석은 국세청에서 대법원 판례나 심판례를 수용하여 기존 해석사례를 변경한 경우로 아래 해석들을 삭제하여 해석 정비하였음

① 법규과-114, '14.02.06.　　　　　　② 부동산납세과-338, '14.05.09.
③ 부동산납세과-421, '14.06.13.　　　　④ 부동산납세과-842, '14.11.07.
⑤ 부동산납세과-871, '14.11.19.　　　　⑥ 사전-2015-법령해석재산-0291, '15.12.11.
⑦ 사전-2015-법령해석재산-0498, '16.12.12.　⑧ 사전-2016-법령해석재산-0500, '16.12.09.
⑨ 사전-2017-법령해석재산-0148, '17.09.07.　⑩ 사전-2017-법령해석재산-0244, '17.05.30.
⑪ 사전-2017-법령해석재산-0457, '17.10.13.　⑫ 사전-2017-법령해석재산-0487, '17.09.08.
⑬ 서면-2015-부동산-1033, '15.07.22.　　　⑭ 서면-2015-부동산-22441, '15.03.06.
⑮ 재산세제과-670, '09.03.31.

비사업용 토지(소령§168의14①1호)   법령에 따라 사용 금지·제한(비사업용 토지 관련)

토지를 취득한 후 도시정비법에 의하여 도시환경정비사업의 정비구역으로 지정된 경우 당해 토지는 소령§168의14①1호 규정에 의한 "토지를 취득한 후 법령에 따라 사용이 금지 또는 제한된 토지"에 해당하여 해당 기간은 비사업용 토지로 보지 아니함

중요 상   난이 중

적용사례(서면5팀-138, '06.09.15.)

| '02.12.12. | '03.7.1. | | '06.8.2. |

사례

대구 남구 소재
"A토지"*
취득

"A토지"
정비구역
지정고시

"A토지"
양도
계약

* 취득시부터 현재까지 나대지로서 '03.7.1. 도시계획 정비구역으로 지정되어 '04.2.27. 상기 부지에 아파트 7개동 471세대 사업시행인가 및 관리처분 총회가 진행되어 도시및주거환경정비법에 의거 건축이 제한되는 지역임

Q1 A토지 양도 시 소령§168의14 또는 소칙§83의5에 의거 부득이한 사유가 있어 비사업용토지에서 제외되어야 하는지 여부?

A1 토지를 취득한 후 도시정비법에 의하여 도시환경정비사업의 정비구역으로 지정된 경우 당해 토지는 소령§168의14①1호 규정에 의한 "토지를 취득한 후 법령에 따라 사용이 금지 또는 제한된 토지"에 해당하여 해당 기간은 비사업용 토지로 보지 아니함

📑 관련 판례 · 해석 등 참고사항

▶ 서면5팀-1065, '08.05.20.
- 농지를 취득한 후 농지 본래의 용도인 경작 자체가 금지 또는 제한되지 아니한 때에는 법령에 따라 사용이 금지 또는 제한된 토지에 해당하지 아니함

▶ 서면-2016-부동산-2788, '16.03.29.
- 산림의 보호 · 육성 등 임야 본래의 용도로 사용이 금지 또는 제한되지 아니한 경우에는 소령§168의14①1호에 규정된 '법령에 따라 사용이 금지 또는 제한된 토지'에 해당하지 않는 것임

비사업용 토지(소령§168의14①1호)	법령에 따라 사용 금지·제한

도시정비법에 따라 주택재건축사업의 정비구역으로 지정된 토지는 사용이 금지 또는 제한된 토지에 해당하며(사용금지기간은 사업용으로 봄), 소유기간이 5년 이상된 토지가 비사업용토지의 기간 요건을 모두 충족하지 않은 경우 비사업용토지에 해당하지 않음

중요 상   난이 중

적용사례(사전-2015-법령해석재산-0120, '15.06.18.)

'73.6.30.	'07.7.20.	'08.6.5.	'15.4.17.
대전 동구 소재 "A토지" 취득	"A토지" 주택재건축사업 정비구역 지정 및 고시	주택재건축사업 사업시행인가	"A토지" 양도*

* 사업시행자인 주택재건축 정비사업조합에 356백만원에 양도

Q1 도시정비법에 따른 주택재건축사업의 사업시행자에게 정비구역 내 소재한 토지를 양도한 경우 소법에 따른 비사업용 토지에 해당하는지 여부?

A1 도시정비법에 따라 주택재건축사업의 정비구역으로 지정된 토지는 사용이 금지 또는 제한된 토지에 해당하며(사용금지기간은 사업용으로 봄), 소유기간이 5년 이상된 토지가 비사업용토지의 기간 요건을 모두 충족하지 않은 경우 비사업용토지에 해당하지 않음

관련 판례 · 해석 등 참고사항

▶ **사전-2016-법령해석재산-0344, '16.12.30.**
  - 농지를 취득한 산지관리법§14에 따라 산지전용허가를 받은 임야를 취득한 후 벌목을 완료한 후 국토계획법에 따라 지구단위계획구역으로 지정 · 고시 및 지구단위계획에 따라 녹지지역에서 주거지역으로 변경되고, 공동주택(아파트) 부지로 계획되어 개별 필지만으로 건축허가가 불가한 경우 개발행위가 제한된 기간은 소법§104의3② 및 소령§168의14①1호에서 규정하는 법령에 따라 사용이 금지 또는 제한된 토지에 해당하는 것임

▶ **부동산납세과-499, '14.07.15.**
  - 농지를 취득한 토지 취득 후 국토계획법§63의 규정에 따라 지구단위계획구역(개발행위허가 제한구역)으로 지정 · 고시되어 해당 법령에 따라 사용이 제한된 경우에는 소령§168의14①의 규정에 따라 그 사용이 제한된 기간 동안 비사업용 토지에 해당되지 아니하는 것으로 보는 것임

비사업용 토지(소령§168의14①1호)	법령에 따라 사용 금지·제한(비사업용 토지 관련)

하남시청에서 개발제한구역 지정 기간에도 일정 규모 이하의 건물 신축이 가능한 것으로 회신한 바와 같이, 개발제한구역으로 지정되었으나 본래 취득 목적인 건물 신축이 제한된 것도 아니므로 법령에 따라 사용이 금지 또는 제한된 토지에 해당하지 않아 비사업용 토지에 해당함

중요 상
난이 중

적용사례

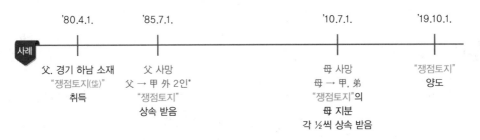

'80.4.1.
父. 경기 하남 소재
"쟁점토지(垈)"
취득

'85.7.1.
父 사망
父 → 甲 外 2인*
"쟁점토지"
상속 받음

'10.7.1.
母 사망
母 → 甲, 弟
"쟁점토지"의
母 지분
각 ½씩 상속 받음

'19.10.1.
"쟁점토지"
양도

* 甲 2/5, 母 2/5, 弟 1/5 지분 상속

Q1 쟁점토지가 법령에 따라 사용 금지 또는 제한된 토지이므로 비사업용토지에서 제외되어야 하는지 여부?

A1 • 하남시청에서 개발제한구역 지정 기간에도 일정 규모 이하의 건물 신축이 가능한 것으로 회신한 바와 같이, 개발제한구역으로 지정되었으나 본래 취득 목적인 건물 신축이 제한된 것도 아니므로 법령에 따라 사용이 금지 또는 제한된 토지에 해당하지 않아 비사업용 토지에 해당함

• 또한, 건축물을 신축하려는 어떤 시도나 노력도 하지 않았고 개발제한구역이 해제된 이후에도 이전과 동일한 상태인 토지를 개발제한구역으로 지정되었다는 사정만으로 비사업용 토지가 아니라고 한다면 비사업용 토지의 중과제도의 입법 취지와 상충됨

📑 관련 판례 · 해석 등 참고사항

비사업용 토지(소령§168의14①1호)	사용 금지·제한 자산 상속(비사업용 토지 관련)

법령에 의해 사용이 제한된 이후에 토지를 취득하였으나, 상속을 원인으로 취득하여 투기적 수단으로 토지를 보유한 것이라 볼 수 없고, 또한 이러한 취지를 반영하여 '08.2.22. 소령§168의14①3호를 명확히 보완한 점을 감안하여 상속받은 이후 잔여 금지기간 등을 비사업용에서 제외

중요 상 / 난이 중

적용사례 (조심2008중1358, '08.10.13.)

'70.2.1.   父.   "쟁점토지"   취득

'72.11.8.   "쟁점토지"   관련   개발 제한*

'94.5.31.   父 사망   父 → 甲   "쟁점토지"   상속 받음

'07.9.20.   甲.   "쟁점토지"   양도

사례

* 도시공원 및 녹지 등에 관한 법률§24①에 따라 개발 제한 관보 고시

Q1 상속으로 취득한 쟁점토지를 비사업용토지로 보아 중과세율을 적용하여 과세한 처분의 당부?

A1 갑은 법령에 의해 사용이 제한된 이후에 토지를 취득하였으나, 상속을 원인으로 취득하여 투기적 수단으로 토지를 보유한 것이라 볼 수 없고, 또한 이러한 취지를 반영하여 '08.2.22. 소령§168의14①3호를 명확히 보완한 점을 감안할 때, 처분청의 처분은 잘못이 있음

관련 판례 · 해석 등 참고사항

☞ 소령§168의14의 규정이 소법§104의3②에서와 같이 대전제가 토지를 취득한 후에 부득이한 사유가 있는 경우에 대통령령으로 정하는 바에 따라 비사업용 토지로 보지 아니할 수 있는데, 피상속인이 취득한 후에 법령에 의한 사용 금지 · 제한 기간 중에 토지를 상속받은 경우에는 본인의 의사와 관계없이 상속으로 취득한 불가피한 점을 감안하여 잔여 금지 · 제한기간 동안을 비사업용에서 제외시켜 주겠다는 취지로 개정되었음

▶ **농지의 일부가 도시계획시설 부지로 지정된 경우 사용 제한 여부**

• 비사업용 토지 판정시 토지 취득 후, 도로계획시설인 도로예정지로 지정되어 사용이
  금지 · 제한된 경우 그 사용이 금지 또는 제한된 기간은 사업용 기간에 해당하나, 해당
  토지가 농지로서 경작에 제한을 받지 않는 기간은 "법령에 따라 사용이 금지 또는 제한된
  토지"에 해당하지 않음

(부동산거래관리과-835, '10.06.17)

> **참고** 사용제한의 의미는 토지에 대한 본래 용도로의 사용을 제한하는 것이므로, 농지의 경우 경작을 할 수 있는 것이라면
> 사용제한에 해당되지 않음

▶ **임야를 개발행위허가 제한지역 지정한 경우 제한인지 여부**

• 개발행위허가 제한지역 지정고시는 개발사업 예정지역 및 주변지역에서의 난개발 및
  부동산 투기행위를 사전에 차단하고 개발사업의 원활을 기하려 하는 것으로 임야 본래의
  용도인 산림보호 · 육림 등 자체를 금지 또는 제한한 것으로는 보기 어려움

(조심2010중2117, '11.05.16. 국승)

> **참고** 실무에서 반드시 관련 고시 등에서 토지의 고유사용 용도를 제한한 것인지 여부를 검토하여야 함

▶ 토지구획정리사업으로 환지된 경우 비사업용 토지 해당 여부

- 환지방식으로 토지구획정리사업이 시행되는 경우 토지구획정리지구로 지정된 날로부터
  사업이 구획단위로 사실상 완료되어 건축이 가능하게 된 날까지의 기간(해당 토지가 농지
  등인 경우 경작 등 토지 본래의 용도로의 사용이 제한되지 않는 기간은 제외)은
  소령§168의14①1호에 따른 '법령에 따라 사용이 제한된 토지'로 보는 것임

(부동산거래관리과-35, '12.01.12.)

▶ 도로예정지로 지정된 농지의 비사업용 토지 해당 여부

- 토지의 취득 후 국토계획법§30의 규정에 의하여 도시계획시설인 도로예정지로 지정되어
  관계법령에 따라 사용이 금지 또는 제한된 경우에는 소법§104의3② 및
  소령§168의14①의 규정에 의하여 그 사용이 금지 또는 제한된 기간 동안은 사업용
  토지에 해당하는 것으로 보아 소법§104의3①의 규정에 따른 비사업용 토지에 해당하는
  지 여부를 판정하는 것임

(서면5팀-29, '06.09.07.)

● 문화재보호구역 안의 토지(소령§168의14①2호, 3호)

> 토지 취득한 후 「문화재보호법」에 따라 지정된 보호구역 안의 토지는
> 지정된 기간 동안 비사업용 토지로 보지 않는 기간으로 간주

- 법령에 따라 사용이 제한·금지되거나 문화재보호구역으로 지정된 토지를 상속받은 경우

  - 상속개시일부터 제한된 기간 또는 문화재 보호구역으로 지정된 기간 동안 비사업용 토지로 보지 않는 기간으로 간주

- 피상속인이 토지를 취득한 후 사용제한을 받거나 문화재보호구역으로 지정된 토지이어야 함

  - 이미 사용이 제한된 토지를 피상속인이 취득한 경우에는 적용 불가

◑ 건축과 행정지도에 따라 건축허가 등이 제한된 토지(소칙§83의5①1호)

토지 취득한 후 법령에 따라 당해 사업과 관련된 인 · 허가(건축허가 포함) 등을
신청한 자가 건축법§18 및 행정지도에 따라 건축허가가 제한되어 건축할 수 없게 된
토지는 건축허가가 제한된 기간 동안 비사토로 보지 않는 기간으로 간주

- 토지 "취득한 후"에 건축허가 등이 제한되는 경우임

    – 토지 취득 전에 이미 건축허가 등이 제한된 경우 적용되지 않음

- 사업과 관련하여 인 · 허가 등을 신청하지 않는 경우 적용되지 않음

- 관련 법령에 위배되어 건축허가 등이 제한된 경우 적용되지 않음

- 건축허가와 다르게 시공하여 공사중지 지시받은 경우 적용되지 않음

◉ 건설공사에 착공한 토지를 취득하여 양도하는 경우

- 건설공사에 착공한 토지를 취득하여 취득 당시의 상태로 양도하는 경우 비사업용
  토지에서 제외되지 않음

(부동산납세과-362, '14.5.22.)

◉ 나대지를 취득하여 건설에 착공하지 못한 토지를 양도할 경우

- 건축허가가 나고 착공 前에 양도하는 경우는 동 규정 적용대상에 해당하지 않는 것임

(서면5팀-1054, '07.4.2.)

가 | 비사업용 토지로 보지 않는 간주 기간(소칙§83의5①2호, 3호, 4호)

| 2호 | 토지 취득한 후 법령에 따라 당해 사업 관련 인·허가 등을 받았으나 건축자재 수급조절을 위한 행정지도로 착공이 제한된 토지는 착공이 제한된 기간 동안 비사토로 보지 않는 기간 간주 |

| 3호 | 사업장(임시사업장 제외)의 진입도로로서 사도법에 따른 사도 또는 불특정 다수인이 이용하는 도로는 사도 또는 도로로 이용되는 기간 동안 비사토로 보지 않는 기간 간주 |

| 4호 | 건축허가를 받을 당시 공공용지(公共空地)로 제공한 토지는 당해 건축물 착공일부터 공공공지로의 제공이 끝나는 날까지의 기간을 비사토로 보지 않는 기간 간주 |

● **부득이한 사유가 있어 비사업용 토지로 보지 않는 토지의 판정기준 등(소령 § 168의14)**

② 소법§104의3②의 규정에 따라 다음 각 호의 어느 하나에 해당하는 토지에 대하여는 해당 각 호에서 규정한 날을 양도일로 보아 제168조의6의 규정을 적용하여 비사업용 토지에 해당하는지 여부를 판정한다.

1. 「민사집행법」에 따른 경매에 따라 양도된 토지 : 최초의 경매기일

2. 「국세징수법」에 따른 공매에 따라 양도된 토지 : 최초의 공매일

3. 그 밖에 토지의 양도에 일정한 기간이 소요되는 경우 등 기획재정부령이 정하는 부득이한 사유에 해당되는 토지

● **부득이한 사유가 있어 비사업용 토지로 보지 않는 토지의 판정기준 등(소칙 § 83의5)**

② 소령§168의14②3호의 규정에 따라 다음 각 호의 어느 하나에 해당하는 토지에 대하여는 해당 각 호에서 규정한 날을 양도일로 보아 소령§168의6의 규정을 적용하여 비사업용 토지에 해당하는지 여부를 판정한다.

1. 한국자산관리공사에 매각을 위임한 토지 : 매각을 위임한 날

2. 전국을 보급지역으로 하는 일간신문을 포함한 3개 이상의 일간신문에 다음 각 목의 조건으로 매각을 3일 이상 공고하고, 공고일(공고일이 서로 다른 경우에는 최초의 공고일)부터 1년 이내에 매각계약을 체결한 토지 : 최초의 공고일

　　가. 매각예정가격이 소령§167⑤의 규정에 따른 시가 이하일 것
　　나. 매각대금의 70/100 이상을 매각계약 체결일부터 6월 이후에 결제할 것

3. 제2호의 규정에 따른 토지로서 동호 각 목의 요건을 갖추어 매년 매각을 재공고(직전매각공고시의 매각예정가격에서 동 금액의 100분의 10을 차감한 금액 이하로 매각을 재공고한 경우에 한한다)하고, 재공고일부터 1년 이내에 매각계약을 체결한 토지 : 최초의 공고일

쟁점 **비사업용 토지에서 제외되는 도로에 해당 여부**

쟁점토지는 도로와 연접한 부분이 6m에 이르고 실제 밭으로 사용되었으며, 쟁점외
토지의 진입을 위해서만 사용되고 있고, 공부상 도로로 지목 변경된 사실이 없는
점으로 볼 때, 쟁점토지를 일반인의 자유로운 통행에 공여할 목적으로 개설한
사도(私道)로 사용하였다는 주장은 받아들이기 어려움

(심사 양도2008-0055, '08.4.28. 국승)

● 사업용으로 사용하기 위하여 건설에 착공한 토지(소칙§83의5①5호)

지상에 건축물이 정착되어 있지 않은 토지를 취득하여 사업용으로 사용하기 위하여 건설에 착공한 토지는 취득일부터 2년 및 착공일 이후 건설이 진행 중인 기간은 비사토로 보지 않는 기간으로 간주

* 착공일 불분명 시 "착공신고서 제출일" 기준

* 천재지변, 민원의 발생 기타 정당한 사유로 인하여 건설을 중단한 경우 중단한 기간 포함

  – 토지 취득 前에 이미 건축물이 존재한 경우 적용되지 않음

* 농지나 임야를 취득하여 농지전용허가 등을 받아 건설에 착공한 경우에도 적용됨
  ⇒ 종전엔 불가하다고 보았으나 해석 변경됨

* 착공주체는 관계없음 ⇒ 토지 소유자가 착공해야 한다고 본 종전해석 변경
  (재산세과−541, '09.03.20. 해석정비) 됨

📜 관련 판례 · 해석 등 참고사항

☞ 국세청의 기존해석(서면5팀−2332, '07.08.17., 서면4팀−1837, '07.06.04.)을 기획재정부에서 해석을 변경(기획재정부 재산세제과−1227, '07.10.10.)하여 기존 국세청 해석은 삭제됨
  – 기존 국세청 해석(서면5팀−2332, '07.08.17., 서면4팀−1837, '07.06.04.)에서는 농지를 취득하여 농지법의 규정에 따라 농지전용허가를 받아 건설에 착공한 경우에는 부득이한 사유가 있어 비사업용 토지로 보지 아니하는 토지에 해당하지 않는다(⇒비사업용 토지)고 하였으나,
  – 기획재정부는 사업용으로 사용하기 위하여 건설에 착공하였는지 여부는 당해 토지의 취득 · 착공 · 사용현황 등에 따라 판단할 사항이라고 함

비사업용 토지(소령§168의14③4호, 소칙§83의5①5호)

사업용으로 사용하기 위해 건설 착공(비사업용 토지 관련)

A법인이 '17.9.1.에 임야와 도로(도시지역에 소재)를 취득하여 '17.10.1.에 주택 건설에
착공하여 '19.8.1.에 사용승인을 받아 '19.9.1.에 신축된 주택 및 부속토지를 양도 시 주택
정착면적의 5배 초과한 1,500m² 은 비사업용 토지임

중요 상 | 난이 중

적용사례

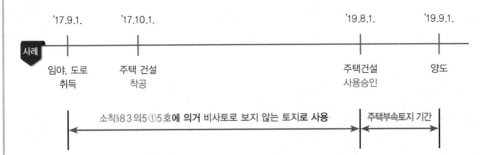

Q1 A법인이 '17.9.1.에 임야와 도로(도시지역에 소재)를 취득하여 '17.10.1.에 주택 건설에 착공하여
'19.8.1.에 사용승인을 받아 '19.9.1.에 신축*된 주택 및 부속토지를 양도 시 비사업용 토지에 해당
여부?
* 주택 정착면적 100m², 주택부속토지 2,000m²

A1 주택 정착면적의 5배 초과한 1,500m² 은 비사업용 토지임(서면5팀-3063, '07.11.22.)

📑 관련 판례 · 해석 등 참고사항

▶ **서면5팀-3063, '07.11.22.**

– 주택부수토지 배율초과 토지는 부득이한 사유가 있어 비사업용 토지로 보지 아니하는 "지상에 건축물이
정착되어 있지 아니한 토지를 취득하여 사업용으로 사용하기 위하여 건설에 착공한
토지(소칙§83의5①5호)"에 해당하지 아니함

⊙ 착공신고 없이 토지조성공사 등을 착수한 상태로 양도한 경우

• 행정관청에 건설허가 및 이에 따른 착공신고를 하지 않고 토지를 양도한 경우, 당해
토지는 소칙§83의5①5호 규정의 "건설에 착공한 토지"에 해당하지 않는 것임

(서면5팀-180, '08.1.25.)

⊙ 착공대상이 건축물이 아닌 경우

• 건축물 착공을 필요로 하지 않는 화물터미털 부지 및 도로 조성 공사도
소칙§83의5①5호에서의 '건설에 착공한 토지'에 해당되므로 사업용 기간 판단 시 위 공사
기간은 사업용 기간으로 의제됨

(부산지방법원-2018-구합-20192, '18.07.05.)

⊙ 가설건축물 건설에 착공한 경우

• 가설건축물의 건설에 착공하여 공사 중에 양도하는 경우, 지상에 건축물이 정착되어
있지 않은 토지를 취득하여 사업용으로 사용하기 위하여 건설에 착공한 토지로 보지
않음

(양도세 집행기준 104의3-168의14-16)

⊙ 기반시설 공사 후 분할 양도 시 비사업용 토지 해당 여부

• 내국법인이 지상에 건축물이 정착되어 있지 아니한 토지를 취득하여 사업용으로
사용하기 위하여 건설에 착공한 토지는 당해 토지의 취득일로부터 2년 및 착공일 이후
건설이 진행 중인 기간 동안은 법법§55의2② 각호의 어느 하나에 해당하지 아니하는
토지로 보는 것이며, 건축물 신축을 위한 필수적인 선행공사로서 실질적인 토목공사를
개시한 경우 그 시점을 건설에 착공한 시점으로 할 수 있는 것임

(서면-2017-법령해석법인-2897, '17.11.01.)

판례 등 불복사례

쟁점 취득 당시 건물이 존재하는 경우 건설에 착공한 토지 해당 여부

소칙§83의5①5호는 지상에 건축물이 정착되어 있지 아니한 토지를 취득하여
사업용으로 사용하기 위하여 건설에 착공한 토지에 대하여 적용하고 있는 바,
건축물대장을 보면 청구인이 쟁점토지를 취득할 당시 지상에 근린생활시설(496.12㎡),
화장실 2동(16.12㎡)이 정착되어 있는 사실이 확인되어 위 규정을 적용하기 어려움

(조심2008서3626, '09.02.16. 국승)

저당권 실행 등으로 취득한 토지(소칙§83의5①6호)

> 저당권의 실행 그 밖에 채권을 변제받기 위하여 취득한 토지 및 청산절차에 따라
> 잔여재산의 분배로 인하여 취득한 토지는 취득일부터 2년은 비사토로
> 보지 않는 기간으로 간주

- 재산분할로 취득한 토지는 '채권을 변제받기 위하여 취득한 토지'에 해당하지 않음

- 판결에 따른 위자료를 금전으로 지급받는 것에 갈음하여 토지로 대물변제 받은 경우, 그 대물변제로 취득한 토지는 '채권을 변제 받기 위하여 취득한 토지'에 해당됨

⊙ 토지 취득한 후 소유권에 관한 소송이 계속(係屬) 중인 토지(소칙§83의5①7호)

당해 토지를 취득한 후 소유권에 관한 소송이 係屬 중인 토지는 법원에 소송이
계속되거나 법원에 의하여 사용이 금지된 기간은
비사토로 보지 않는 기간으로 간주

- 적용을 인정한 경우

  - 토지 취득한 後 제기된 소유권 이전등기 청구의 소

  - 토지매각을 위임 받은 자가 허위로 자기명의로 소유권 이전등기 후 제3자에게
    매각하여 당초 토지 소유자가 쌍방을 상대로 소유권 이전 등기 말소소송을 제기하여
    승소한 경우

- 적용을 부인한 경우

  - 공유물 분할 청구 소송, 토지인도 청구 소송

참고 | 계속(係屬) : 소송사건이 법원에 연결되어 있는 상태(소송이 제기되어 종국판결 확정되기까지, 또는 어떤 사건이 법원에
수리되어 그 법원을 이탈하기까지를 말함)

● 환지방식에 따라 시행되는 도시개발사업이 구획단위로 사실상 완료되어 건축 가능한
  토지(소칙§83의5①8호)

「도시개발법」에 따른 도시개발구역 안의 토지로서 환지방식에 따라 시행되는
도시개발사업이 구획단위로 사실상 완료되어 건축이 가능한 토지는
건축이 가능한 날부터 2년은 비사토로 보지 않는 기간으로 간주

- 토지 취득한 후 도시개발사업이 시행된 경우 비사토로 보지 않는 간주 기간

  – 사업시행지구로 지정된 날부터 구획단위로 사실상 완료되어 건축이 가능한 날 까지의
    기간(본래의 용도 제한시) ⇒ 법령에 따른 사용제한

  – 사업이 완료되어 건축이 가능한 날부터 2년간

참고 건축이 가능한 날 : 구획정리사업 완료 공고일(완료공고 前 시장·군수 등으로부터 사용허가를 얻은 경우 허가일)

● 건축물이 멸실 · 철거되거나 무너진 토지(소칙§83의5①9호)

> 건축물이 멸실 · 철거되거나 무너진 토지는 당해 건축물이 멸실 · 철거되거나
> 무너진 날부터 2년은 비사업용 토지로 보지 않는 기간으로 간주

- 멸실 후 2년 경과하여 양도해도 멸실일부터 2년간은 비사업용 토지로 보지 않는 기간 간주

- 무허가 건물을 철거한 경우에는 적용하지 않음

- 가설 건축물에는 적용하지 않음

- 토지만 사용 목적으로 취득 즉시 건물을 멸실한 경우 적용되지 않음

- 주택부수토지 중 주택이 정착된 면적에 지역별로 대통령령으로 정하는 배율을 곱하여 산정한 면적을 초과하는 부분은 적용되지 않음

비사업용 토지(소령§168의14①4호, 소칙§83의5①9호)

기준면적 초과 주택부수토지(비사업용 토지 관련)

소칙§83의5에서 건축물이 멸실ㆍ철거된 토지의 경우 당해 건축물이 멸실ㆍ철거된 날부터 2년간 비사업용 토지에서 제외하는 규정에는 주택부속토지 중 주택이 정착된 면적에 지역별 대통령령으로 정하는 배율을 곱하여 산정한 면적을 초과하는 부분은 포함되지 않음

중요 상
난이 중

적용사례(부동산거래관리과-0792, '11.09.09.)

- 사례
  - '04.1.1. 甲. "주택 및 부수토지" 취득
  - '08.1.1. "주택" 멸실
  - '08.8.1. "부수토지" 양도

Q1 주택을 보유하다 멸실하고 토지를 보유하다 양도한 경우 주택이 멸실된 날부터 2년간은 사업용기간에 해당하나, 당초부터 제외되었던 도시지역의 주택 정착 면적의 5배를 초과하는 부수토지의 경우 철거 후 2년간을 사업용토지로 볼 수 있는 지 여부?

A1 소칙§83의5에서 건축물이 멸실ㆍ철거된 토지의 경우 당해 건축물이 멸실ㆍ철거된 날부터 2년간 비사업용 토지에서 제외하는 규정에는 주택부속토지 중 주택이 정착된 면적에 지역별 대통령령으로 정하는 배율을 곱하여 산정한 면적을 초과하는 부분은 포함되지 않음

📑 **관련 판례ㆍ해석 등 참고사항**

▶ 부동산거래관리과-1273, '10.10.21., 재산세과-2273, '08.08.18., 재산세과-2188, '08.08.12.
  - 비사업용 토지 해당여부를 판단함에 있어 지방세법§182②에 따른 주택부속토지 중 주택이 정착한 면적에 소령§168의12에서 정하는 배율을 곱하여 산정한 면적 이내의 토지는 비사업용토지에 해당하지 않는 것이며, 건축물이 멸실된 토지는 당해 건축물이 멸실된 날로부터 2년 동안은 소칙§83의5①9호에 따라 비사업용 토지에 해당하지 않는 것임

▶ 도시개발사업이 진행 중인 토지를 취득한 경우

- 「도시개발법」에 따른 도시개발구역 안의 토지로서 환지방식에 따라 도시개발사업이 진행 중인 토지를 취득한 후 당해 도시개발사업이 구획단위로 사실상 완료되어 건축이 가능한 토지의 경우 소칙§83의5①8호에 따라 건축이 가능한 날부터 기산하여 2년간은 비사업용 토지에 해당되지 않는 토지로 보는 것임

(재산세제과-1236, '07.10.11.)

> **참고**
> 사용제한의 의미는 토지에 대한 본래 용도로의 사용을 제한하는 것이므로, 농지의 경우 경작을 할 수 있는 것이라면 사용제한에 해당되지 않음

비사업용 토지(소령§168의14①4호, 소칙§83의5①9호)

가설건축물 존치기간(비사업용 토지 관련)

가설건축물 존치기간 동안 재산세 별도합산과세대상에 해당하는 경우 그 기간은 사업용으로 사용한 기간에 해당하나, 가설건축물이 철거된 후 기간은 소칙§83의5①9호 규정이 적용되지 아니하여 사업용 토지로 사용한 기간에 해당하지 아니함

중요 상　난이 중

적용사례(사전-2016-법령해석재산-0391, '16.11.23.)

	'03.9.23.	'11.10.20.	'13.10.15.	'16.7.29.
사례	충남 공주 소재 "쟁점농지(답)" 취득	"가설건축물" 축조 및 사용	"가설건축물" 철거	"쟁점농지" 양도

※ 토지재산세 별도합산과세 : '12년 ～ '13년

Q1 쟁점농지 양도일 직전 5년 기간 중 2년 동안 가설건축물이 축조되어 사용하였고, 건축물이 멸실한 날부터 2년 동안 비사업용 토지로 보지 아니하므로 비사업용 토지에서 제외되는지 여부?

A1 가설건축물 존치기간 동안 재산세 별도합산과세대상에 해당하는 경우 그 기간은 사업용으로 사용한 기간에 해당하나, 가설건축물이 철거된 후 기간은 소칙§83의5①9호 규정이 적용되지 아니하여 사업용 토지로 사용한 기간에 해당하지 아니함

관련 판례 · 해석 등 참고사항

▶ **대전고등법원2009누2953, '10.03.25.**

- 가설건축물인 모델하우스는 건축법상 건축물과 달리 축조물로 규정하고 있으므로 모델하우스의 철거를 부득이한 사유로 볼 수 없는 점 등을 종합하면 가설건축물은 건축물에 해당한다고 볼 수 없음

　☞ 모델하우스는 비교적 단기간에 철거를 전제로 축조되어 소칙§83의5①9호에서 열거한 건축물로 보지 않는 것으로 보임

▶ **부동산거래관리과-437, '10.03.22.**

- 건축물에 딸린 토지가 별도합산과세대상인 경우로서 건축물을 철거하고 건축법§20의 가설건축물을 신축하여 임대하다가 철거한 때에는 소칙§83의5①9호에 따라 건축물이 철거된 날부터 2년 기간 동안은 비사업용 토지로 보지 아니함

제 11 편

◉ 2년 이상 사업 후 휴업 · 폐업 · 사업장 이전 토지(소칙§83의5①10호)

거주자가 2년 이상 사업에 사용한 토지로서 사업의 일부 또는 전부를 휴업 · 폐업 또는
이전함에 따라 사업에 직접 사용하지 않게 된 토지는 휴업 · 폐업 또는 이전일부터 2년은
비사토로 보지 않는 기간으로 간주

◉ 천재지변 등 사유 발생일부터 소급하여 2년 이상 계속하여 재촌 · 자경한 자가 소유한
농지로서 형질 변경되어 자경하지 못하는 토지(소칙§83의5①11호)

천재지변 그 밖에 이에 준하는 사유의 발생일부터 소급하여 2년 이상 계속하여
재촌하면서 자경한 자가 소유하는 농지로서 농지의 형질이 변경되어 황지(荒地)가
됨으로써 자경하지 못하는 토지는 당해 사유의 발생일부터 2년은
비사토로 보지 않는 기간으로 간주

- 재촌 : 소령§168의8②에 따른 재촌
- 자경 : 소령§168의8②에 따른 자경 ☞ 조특령§66⑬에 따른 직접 경작

◉ 도시계획 변경 등으로 사업에 사용하지 않은 토지(소칙§83의5①12호)

당해 토지를 취득한 후 제1호 내지 제11호의 사유 외에 도시계획의 변경 등 정당한
사유로 인하여 사업에 사용하지 아니하는 토지는 당해 사유가 발생한 기간은
비사토로 보지 않는 기간으로 간주

비사업용 토지(소령§168의14①4호, 소칙§83의5①12호)

부득이한 사유 해당 여부(비사업용 토지 관련)

비사업용 토지에서 제외하는 토지와 기간은 원칙적으로 토지를 취득한 후 취득자의
귀책사유가 아니라 법령에 따라 사용이 금지 또는 제한된 토지와 그 사용이 금지 또는 제한된
기간으로 한다고 규정한 만큼 공유자 지분 소유 및 근저당권 설정으로 인한 재산권행사의
제약 등은 적용 불가

중요 상 / 난이 중

적용사례(조심2010서2847, '10.12.22.)

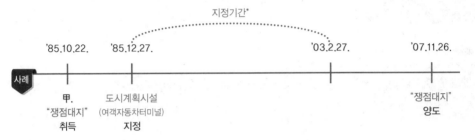

* '85.12.27.~'03.2.27.까지 도시계획시설로 지정되었음

※ 전체 보유기간 중 쟁점대지는 재산세 종합합산과세대상이고 ○○도 조례에 의하여 재산세 감면 (50%) 받은 토지임

Q1 도시계획시설 해제 이후 갑이 주장한 공유자 지분 소유 및 저당권 설정으로 처분의 어려움 등 비자발적인 요인 여부 등을 감안하여 비사업용 토지 여부를 판단하여야 하는지?

A1
- 소령§168의14① 및 ②에서 비사업용 토지에서 제외하는 토지와 기간은 원칙적으로 토지를 취득한 후 취득자의 귀책사유가 아니라 법령에 따라 사용이 금지 또는 제한된 토지와 그 사용이 금지 또는 제한된 기간으로 한다고 규정한 만큼
- 공유자 지분 소유 및 근저당권 설정으로 인한 재산권행사의 제약 등은 비사업용 토지 기간계산에서 제외되는 부득이한 사유가 아니며, 재산세의 감면(50%) 또한 법령 등에 의하여 비사업용 토지에서 제외되는 사유가 아님

🗒 관련 판례·해석 등 참고사항

▶ **재산세과-3951, '08.11.24.**
  - 지방자치단체의 조례에 의하여 재산세가 50% 감면되는 토지는 소법§104의3①4호가목 규정이 적용되지 아니함 → 비사업용 토지에 해당

▶ **기간기준 계산 중 총 보유기간 중 80% 이상 비사업용으로 사용하지 않으면 비사업용 토지로 보지 않는 규정을 '15.2.3. 이후 양도분부터 60% 이상으로 완화하여 합리화하였음**

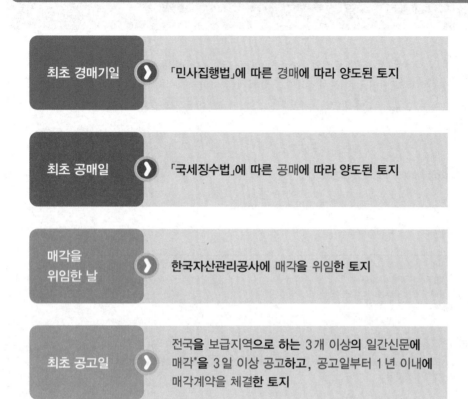

최초 경매기일	「민사집행법」에 따른 경매에 따라 양도된 토지
최초 공매일	「국세징수법」에 따른 공매에 따라 양도된 토지
매각을 위임한 날	한국자산관리공사에 매각을 위임한 토지
최초 공고일	전국을 보급지역으로 하는 3개 이상의 일간신문에 매각*을 3일 이상 공고하고, 공고일부터 1년 이내에 매각계약을 체결한 토지

* 매각조건 :
   ① 매각예정가격 : 시가 이하
   ② 매각금액 70% 이상을 6월 이후 결제

참고 매년 매각을 재공고하고 재공고일부터 1년 이내에 매각계약을 체결한 토지도 최초 공고일로 의제

부득이한 사유가 있어 비사업용 토지로 보지 않는 기간의 적용 예시

◉ 비사업용 토지 여부 : 비사업용토지

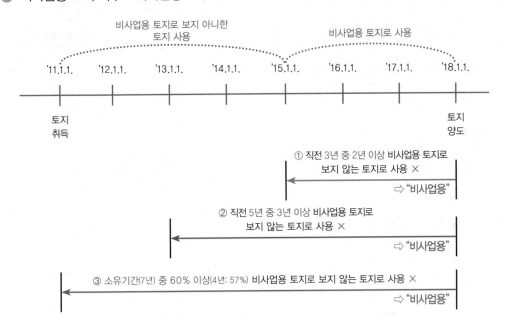

◉ 비사업용 토지 여부 : 비사업용토지 아님

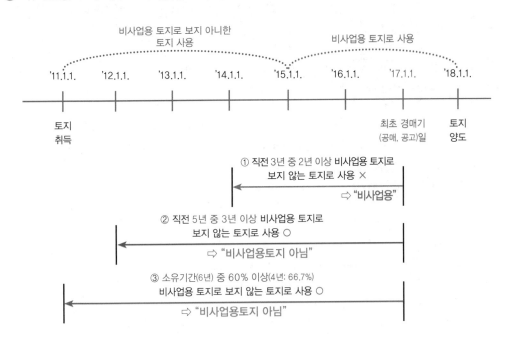

비사업용 토지(소법§104의3②, 소령§168의14②1호) 최초의 경매기일(비사업용 토지 관련)

비사업용 토지가 경매에 의하여 양도된 경우, 소령§168의14②1호는 "경매개시일"이 아니라 "최초의 경매기일"을 양도일로 규정하고 있는 바, 경매개시일을 양도일로 보아야 한다는 청구인 주장은 이유 없음

중요 상 | 난이 중

적용사례(국심2007중3521, '08.07.11.)

'88.11.20.	'01.1.18.	'06.8.21.	'07.1.3.	'07.2.2.
충남 ○○군 ○○면 소재 "쟁점토지(田)" 취득	㈜○○에 "쟁점토지" 담보제공	"쟁점토지" 임의경매 개시결정	"쟁점토지" 최초 경매기일	"쟁점토지" 경락처분

※ 토지재산세 별도합산과세 : '12년 ~ '13년

Q1 비사업용 토지가 경매에 의하여 양도된 경우 경매대금을 완납한 날을 양도일로 보아 과세한 처분의 당부?

A1 소령§168의14②1호는 "경매개시일"이 아니라 "최초의 경매기일"을 양도일로 규정하고 있는 바, 경매개시일을 양도일로 보아야 한다는 청구인 주장은 이유없음

참고 경매기일(매각기일) : 경매실시에 관한 절차를 행하기 위한 기일로써 법원 내 기타의 장소에서 집행관으로 하여금 실시하게 하는 기일

관련 판례 · 해석 등 참고사항

☞ 위의 판례에서 청구인이 경매가 개시되면 현실적으로 처분이 불가능한 농지는 최초의 경매가 개시된 날('06.8.21.)을 양도일로 보아야 한다고 주장한 이유는, 비사업용 토지 법령이 '06.1.1.부터 시행되었으나 '06년도에는 중과세율(60%)이 아닌 실가과세였으며 '07.1.1. 이후 양도분부터 60% 단일세율로 중과되었기 때문에 양도시기를 '06.8.21.로 주장한 것임

▶ **경매절차**

① 경매개시결정 → ② 경매기일(매각기일) → ③ 경매개시 결정 기입 등기(압류 효력) →

④ 경매결정기일(경매의 허 또는 부 결정) → ⑤ 매각대금 완납(소유권 이전)

　* 최초경매기일(매각기일)부터 사실상 소유자가 보유토지에 대해 사업용으로 사용할 수가 없기 때문에 최초 경매기일을 비사업용 판정 시 기산일로 함

제 **12** 편

유형별
비사업용 토지에
대한 중과세

농지의 비사업용 토지 판정

가 │ 비사업용 토지 판정 흐름

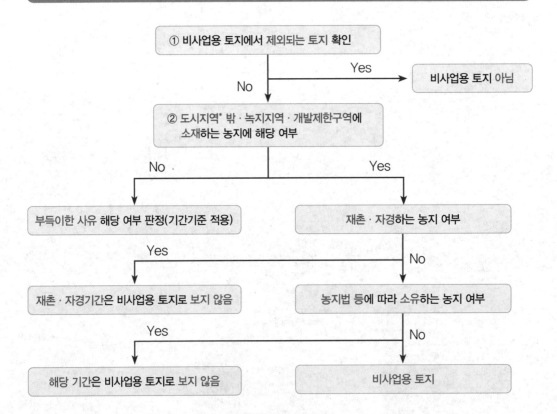

* 도시지역 : 특별시 · 광역시(군 제외) · 특별자치시(읍 · 면 제외) · 특별자치도(읍 · 면 제외) 및
　　　　　시지역(도농 복합형태인 시의 읍 · 면 제외) 중 국토계획법에 따른 도시지역(녹지지역 및 개발제한구역 제외)

> 참고
> 농지는 '15.2.3. 이후 양도분부터 실질과세원칙에 따라 재촌 · 자경여부로만 판단,
> 임야는 자경요건이 없어 '주민등록요건' 유지

🏠 심화정리

● 국토의 용도구분(국토의 계획 및 이용에 관한 법률§6)

도시지역	인구와 산업이 밀집되어 있거나 밀집이 예상되어 그 지역에 대하여 체계적인 개발 · 정비 · 관리 · 보전 등이 필요한 지역
관리지역	도시지역의 인구와 산업을 수용하기 위하여 도시지역에 준하여 체계적으로 관리하거나 농림업의 진흥, 자연환경 또는 산림의 보전을 위하여 농림지역 또는 자연환경보전지역에 준하여 관리할 필요가 있는 지역
농림지역	도시지역에 속하지 아니하는 「농지법」에 따른 농업진흥지역 또는 「산지관리법」에 따른 보전산지 등으로서 농림업을 진흥시키고 산림을 보전하기 위하여 필요한 지역
자연환경 보전지역	자연환경 · 수자원 · 해안 · 생태계 · 상수원 및 문화재의 보전과 수산자원의 보호 · 육성 등을 위하여 필요한 지역

참고 도시지역(국토계획법)과 읍 · 면 지역(지방자치법)은 별도의 법률 용어임

● 용도지역(국토의 계획 및 이용에 관한 법률§6, §36 및 동법시행령§30)

제12편

	주거지역		상업지역	공업지역	녹지지역
도시지역	전용 주거지역	제1종 전용주거지역	중심상업지역	전용공업지역	보전녹지지역
		제2종 전용주거지역			
	일반 주거지역	제1종 일반주거지역	일반상업지역	일반공업지역	생산녹지지역
		제2종 일반주거지역	근린상업지역		
		제3종 일반주거지역		준공업지역	자연녹지지역
	준주거지역		유통상업지역		
관리지역	보전관리지역				
	생산관리지역				
	계획관리지역				
농림지역					
자연환경보전지역					

참고 보전녹지지역 : 도시의 자연환경 · 경관 · 산림 및 녹지공간을 보전할 필요가 있는 지역

농지는 재촌하면서 직접 경작한 기간을 사업용으로 하여 기간기준 적용

☞ 다만, 시(읍·면 제외) 지역으로서 도시지역(녹지지역, G/B 제외)은 지역기준(3년) 요건 추가적 적용

◉ 재촌 : 농지소재 시·군·자치구, 연접한 시·군·자치구, 직선거리 30km 이내 지역 중 어느 하나에 거주

◉ 직접 경작 : 농작업에 상시 종사 또는 농작업의 ½ 이상 자기 노동력으로 경작

• 근로소득(총급여) 및 사업소득이 연간 3,700만원 이상인 경우 해당 연도는 자경기간에서 제외 → '16.2.17. 이후 양도분부터 적용

> **참고** '15.2.3. 이후 양도분부터 농지감면과 형평성 감안하여 농지 등이 도시지역에 편입 시 비사업용 토지 제외기간(2년 ⇒ 3년) 연장

🏠 심화정리

⊙ '15년 비사업용 토지 관련 개정 법령 내용

내 용	시행시기	법 령
① 별장 중 "건물" 비사업용 토지 대상에서 제외	'15.1.1. 이후 양도분부터	소법§104의3①6
② 비사업용 토지 판정 "기간기준" 합리화 – 소유기간 완화(80%이상 ⇒ 60%이상)		소령§168의6
③ 농지·임야의 "재촌 요건" 완화 – 직선거리 20km ⇒ 30km – 농지의 주민등록요건 삭제	'15.2.3. 이후 양도분부터	소령§168의8②
④ 도시지역 편입 시 "사업용 인정기간" 연장 – 도시지역 중 주거·상업·공업 지역 편입일부터 2년 ⇒ 3년(녹지지역 및 G/B 제외)		소령§168의8⑥ 소령§168의9① 소령§168의10⑤

참고 ④는 조특법상 감면제도 적용과 형평성 감안 3년 연장, 임야의 경우 도시지역 중 보전녹지지역 제외

토지를 보유한 기간 동안 해외이주자로 재촌 · 자경요건이 기간기준을 충족하지 못하여 비사업용 토지에 해당됨

중요 중　난이 하

적용사례

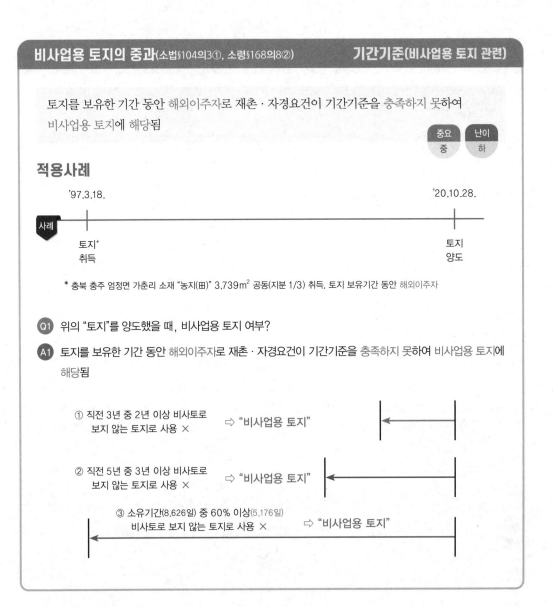

'97.3.18.　　　　　　　　　　　　　　　　　　　　'20.10.28.

사례

토지*
취득

토지
양도

* 충북 충주 엄정면 가춘리 소재 "농지(田)" 3,739m² 공동(지분 1/3) 취득, 토지 보유기간 동안 해외이주자

Q1 위의 "토지"를 양도했을 때, 비사업용 토지 여부?

A1 토지를 보유한 기간 동안 해외이주자로 재촌 · 자경요건이 기간기준을 충족하지 못하여 비사업용 토지에 해당됨

① 직전 3년 중 2년 이상 비사토로
　보지 않는 토지로 사용 ×　　⇨ "비사업용 토지"

② 직전 5년 중 3년 이상 비사토로
　보지 않는 토지로 사용 ×　　⇨ "비사업용 토지"

③ 소유기간(8,626일) 중 60% 이상(5,176일)
　비사토로 보지 않는 토지로 사용 ×　　⇨ "비사업용 토지"

📄 **관련 판례 · 해석 등 참고사항**

비사업용 토지의 중과(소법§104의3①, 소령§168의8⑤) 주거지역 편입(비사업용 토지 관련)

농지소재지에 거주하면서 직접 경작하는 농지의 경우도 특별시·광역시 및 시 지역의
도시지역에 편입된 날부터 2년이 경과한 농지는 비사업용 토지로 보는 것임

중요 상 난이 중

적용사례(서면5팀-1143, '08.05.28.)

'99.1.1.	'00.12.1.		'08.4.1.
주거지역에 편입	"A농지" 취득*		"A농지" 양도

* 일반 시 지역에 속하는 농지로 주거지역에 편입된 농지를 취득

Q1 도시지역에 편입된 지 3년이 경과한 농지가 수용되면서 사업시행인가일이 '07.1.1. 이후인 경우
비사업용 토지 여부?

A1 농지소재지에 거주하면서 직접 경작하는 농지의 경우도 특별시·광역시 및 시 지역의 도시지역에
편입된 날부터 2년이 경과한 농지는 비사업용 토지로 보는 것임

제 12 편

📜 관련 판례·해석 등 참고사항

▶ 서면4팀-1506, '06.05.30.

　－ 도시지역 중 농지소재지에 거주하면서 직접 경작하는 농지의 경우도 특별시·광역시 및 시 지역의
　　도시지역에 편입된 날부터 2년이 경과한 농지는 비사업용 토지로 보아 실지거래가액으로 양도세를
　　계산하는 것임

☞ 도시지역에 편입된 날부터 2년이 경과했다고 해서 곧바로 비사업용 토지가 되는 것은 아니고
　기간기준(소령§168의6)을 적용해서 기간기준에 충족하면 비사업용 토지로 보지 않을 수도 있으나 위의
　사례에서는 부득이한 사유 등 예외가 없는 한 기간기준을 적용해도 비사업용 토지가 됨

농지를 보유한 기간 중에 주거지역에 편입된 경우에도 재촌 · 자경 요건은 충족되어야만
3년간 비사업용 토지로 보지 아니함

중요 상　난이 상

적용사례

|비사토로
사용(1년)|비사토로 보지 아니한
토지 사용(4년)|비사토로 보지 아니한
토지 사용(3년)|비사토로
사용(3년)|

'07.1.1.　'08.1.1.　　　　　'12.1.1.　　　　'15.1.1.　　　　'18.1.1.

사례

농지　　　　　　　　　주거지역　　　　　　　토지
취득　　　　　　　　　편입*　　　　　　　　양도

* 주거지역 편입일부터 소급하여 1년 이상 재촌 · 자경하던 농지

Q1 '07.1.1. 농지를 취득하여 타인에게 임대하였다가 '08.1.1. 이후부터 '18.1.1. 양도일까지
　　재촌 · 자경하였으며, '12.1.1. 주거지역에 편입되었다. 비사업용 토지 여부?

A1 아래와 같이 기간기준 요건 ①과 ②는 충족하지 못했으나, 기간기준 요건 중 총 소유기간 중 60% 이상
　　비사토로 보지 않는 토지로 사용하였으므로 비사업용 토지가 아님

　　　① 직전 3년 중 2년 이상 비사토로　　　　　　⇨ "비사업용"
　　　　보지 않는 토지로 사용 ×

　　　② 직전 5년 중 3년 이상 비사토로　　　　⇨ "비사업용"
　　　　보지 않는 토지로 사용 ×

　　　③ 소유기간(11년) 중 63.6%(7년)를
　　　　비사토로 보지 않는 토지로 사용 ○　　⇨ "비사업용 토지 아님"

📑 **관련 판례 · 해석 등 참고사항**

☞ **유의할 점**

　– 주거 · 상업 · 공업지역에 편입되어 비사업용 토지로 보지 아니한 기간(3년)에도 재촌 · 자경 요건은
　　충족되어야 3년간 비사업용 토지로 보지 아니함
　　다만, 농지법 등 소령§168의8③에서 열거한 것은 재촌 · 자경한 것으로 간주

🏠 심화정리

◉ 농지에 대한 복토작업기간이 사업용 토지로 사용한 기간인지

- 농지를 복토하면서 경작하지 아니한 기간은 농지소재지에 거주하며 자경한 것으로 보지
  아니함

(부동산거래관리과—1122, '10.09.02.)

※ 사실관계
- 甲은 김포시에 거주하면서 김포시에 소재한 농지를 소유하며 자경하고 있음
- 위 농지의 토양을 개량하기 위해 복토를 계획하였고, 복토작업이 지연되어 파종 시기를
  놓쳐 금년 농사를 못하게 됨

◉ 농지의 소유기간 중 재촌하지 않은 기간이 있는 경우

- 농지의 소유하는 기간 중 재촌하지 않은 기간은 비사업용 토지 기간으로 보는 것임

(서면4팀—3008, '06.8.30.)

◉ 농지소재지에 거주하는 경우

- 농지소재지에 동일한 시·군·구(자치구인 구), 연접한 시·군·구 또는 농지로부터
  직선거리 30km 이내의 지역에 사실상 거주하는 것을 의미하여, 연접한 시·군·구란
  행정구역상 동일한 경계선을 사이에 두고 서로 붙어있는 시·군·구를 말하는 것으로
  국립지리원이 발간한 지형도상의 해상경계선으로 연접되는 경우도 포함됨

(양도소득세집행기준 104의3—168의8—3)

다 | 재촌·자경 "간주" 농지 (소령§168의8③)

농지법§6② 10호가목, 다목	❯	한국농어촌공사가 농지를 취득하여 소유하는 경우 공유수면법에 따라 매립농지를 취득하여 소유하는 경우
농지법 §6②4호	❯	상속에 의하여 취득한 농지로서 그 상속개시일부터 3년 경과하지 아니한 **토지**
농지법 §6②5호	❯	이농 당시 소유하고 있던 농지로서 그 이농일부터 3년 경과하지 아니한 **토지**
농지법 §6②7호	❯	농지전용허가를 받거나 농지전용신고를 한 자가 소유한 농지 또는 농지전용협의를 완료한 농지로서 전용목적으로 사용되는 **토지**
	❯	종중이 '05.12.31. 이전에 취득하여 소유한 농지
	❯	소유자가 질병 등 부득이한 사유로 자경할 수 없는 경우로서 해당 사유 발생일부터 소급하여 5년 이상 계속하여 재촌 · 자경 농지로서 사유 발생 이후에도 재촌하면서 농지를 임대하거나 사용대한 **토지**
지방세특례제한법 §22, §41, §50, §89	❯	사회복지법인 등, 학교등, 종교 · 제사 단체 및 정당이 그 사업에 직접 사용하는 농지
농어촌공사법	❯	한국농어촌공사가 8년 이상 수탁하여 임대하거나 사용대한 농지
미군 이전 평택지원법	❯	미군 이전평택지원법에 따라 수용된 농지를 대체하여 취득한 농지로서 해당 농지로부터 직선거리 80km 이내 재촌한 자가 자경하는 농지

> **참고** 재촌 · 자경 간주되어도 지역기준 적용됨(종중, 상속의 경우 소령§168의14③4호에서 특례규정)

주말 · 체험영농(농업인이 아닌 개인이 주말 등을 이용하여 취미생활이나 여가활동으로 농작물을 경작하거나 다년생식물을 재배 하는 것)을 하려고 농지 소유한 경우는 비사업용으로 보지 않는 기간으로 간주하여 적용

◉ '03.1.1. 이후 발급받은 농지취득자격증명으로 취득한 농지이어야 함

◉ 세대별 소유면적이 1,000m² 미만의 농지이어야 함

• '02.12.31. 이전 취득 농지는 재촌 · 자경 요건을 갖추어야 함

• 세대별 1,000m² 이상일 경우에는 주말 · 체험영농 농지가 아닌 일반 농지로 보아야 하므로 1,000m² 이내 부분도 재촌 · 자경 요건을 갖추어야 함

◉ '22.1.1. 이후 양도분부터 주말 · 체험 영농농지를 비사업용 토지에서 제외하지 않음. 다만, '21.5.4. 前 사업인정고시된 사업을 위하여 토지 보상법 및 그 밖의 법률에 따라 협의매수 또는 수용되는 농지는 종전 규정 적용

제12편

⊙ **주말·체험영농 농지, 사업인정고시일부터 5년**
   (소령부칙제31659호, '21.5.4.)

제1조(시행일)

이 영은 '21.7.1.부터 시행한다. 다만, 제168조의8 제3항 제1호 및 제168조의14제3항 제3호의 개정규정은 공포한 날부터 시행한다.

제3조(농지의 범위 등에 관한 적용례)

① 제168조의8제3항제1호의 개정규정은 '22.1.1. 이후 농지를 양도하는 경우부터 적용한다.

② 「농지법」 제6조제2항제3호에 해당하는 농지가 부칙 제1조 단서의 시행일 전 사업인정 고시된 사업을 위해 「공익사업을 위한 토지 등의 취득 및 보상에 관한 법률」 및 그 밖의 법률에 따라 협의매수 또는 수용되는 농지에 해당하는 경우에는 제168조의8제3항제1호의 개정규정 및 제1항에도 불구하고 종전의 규정에 따른다.

제4조(부득이한 사유가 있어 비사업용 토지로 보지 않는 토지의 판정기준 등에 관한 적용례 등)

제168조의14제3항제3호나목의 개정규정은 부칙 제1조 단서의 시행일 이후 사업인정 고시되는 사업에 따라 협의매수 또는 수용되는 토지부터 적용한다.

心화정리

● 소령부칙(제31659호, '21.5.4.) 제3조

취득일이 사업인정고시일부터 2년 이전인   ① '22.1.1. 이후 양도분부터 주말·체험영농 농지는
토지   재촌·자경 예외의 혜택 없음

② But, 사업인정고시가 '21.5.3. 이전인 경우로써 토지보상법 등에 따라 협의매수·수용될
경우에는 '22.1.1. 이후 양도하더라도 무조건 비사업용 토지로 보지 않음

③ 이 경우에는 사업인정고시일부터 2년, 5년 이전 취득과 관계없음

● 소령부칙(제31659호, '21.5.4.) 제4조

취득일이 사업인정고시일부터 5년 이전인 토지

재촌 · 자경기간 중 소법§19②에 따른 사업소득금액과 소법§20에 따른 총급여액의 합계액이
3,700만원 이상인 경우에는 조특령§66⑭에 따라 그 기간은 자경한 기간에서 제외되어
소법§69에 따른 자경농지 감면 적용 불가

중요 중   난이 중

적용사례 (사전-2016-법령해석재산-0003, '16.05.16.)

'05.5.26.   '16.1.5.

사례

甲.   "A농지"
"A농지"   양도**
취득*(661m²)

* 농지법§6에 의한 주말 · 체험농장 목적으로 취득

** 농지에서 30km 이내에 거주하며 10년 이상 농작물, 과실수 등을 자경하여 조특법§69에 따른 소득요건
    (3,700만원 이상)을 제외한 자경농지 감면 요건을 충족한 것을 전제

Q1 농지법§6에 따라 취득한 소규모 주말 · 체험농장을 재촌 · 자경한 경우로서, 사업소득 금액 등 합계액이
3,700만원 이상인 경우 자경농지 감면(조특법§69) 적용 여부?

A1 재촌 · 자경기간 중 소법§19②에 따른 사업소득금액과 소법§20에 따른 총급여액의 합계액이
3,700만원 이상인 경우에는 조특령§66⑭에 따라 그 기간은 자경한 기간에서 제외되어 소법§69에 따른
자경농지 감면 적용 불가

📑 **관련 판례 · 해석 등 참고사항**

▶ **재산세과-437, '09.02.06., 서면5팀-179, '07.01.15., 서면4팀-2371, '06.07.20.**

   - 사업용 토지로 보는 주말 · 체험 영농농지란 '03.1.1. 이후 발급받은 농지취득 자격증명으로 취득한
     농지로서 세대별 소유면적(세대원 전부가 소유하는 농지의 총 면적)이 1,000m² 미만인 농지를 말함

판례 등 불복사례

쟁점 **주말·체험영농을 위해 취득·소유한 토지의** 비사업용 토지 제외 **여부**

주말·체험영농을 위한 농지소유를 허용하되 그 세대원 전부의 소유까지 포함하여 총
면적이 1,000m² 미만의 농지를 소유할 수 있도록 규정하고 농지 소재지 관할 시장
등에게서 농지취득자격증명을 발급받아야 하는데, 주말·체험영농을 위한 농지의
경우에도 적어도 해당 토지에 관한 농작업의 ½ 이상을 자기 노동력으로 경작 또는
재배하는 것이 필요하다고 봄이 상당한 점 (이하 생략)

(서울고등법원2010누26324, '10.12.27. 국승)

쟁점 **주말·체험영농을 위해 취득·소유한 토지의** 비사업용 토지 제외 **여부**

농지법에 따라 소유할 수 있는 농지를 비사업용토지에서 제외하고 있고,
농지법§6②에서 자기의 농업경영에 이용하지 아니할 지라도 주말·체험영농을 위한
농지를 소유할 수 있도록 규정하고 있어 주말·체험영농을 위한 농지를 직접 경작할
것까지 요구하고 있는 것은 아닌 것으로 보이는데, 청구인은 쟁점토지를
농지취득자격증명을 발급받아 취득한 것으로 나타나는 바, 농작업의 ½ 이상의
노동력을 투입하지 아니하였다 하더라도 경작한 사실은 어느 정도 인정할 수 있고,
농지를 주말·체험영농에 이용하지 아니하게 된 경우 그 사유 발생한 날부터 1년 이내
해당 농지를 처분하여야 하는데 청구인은 위 규정에서 정한 사유로 쟁점토지를 처분한
것으로 보이지도 아니한 점 등에 비추어 (이하 생략)

(조심-2019-서-2168, '20.05.01. 국패)

☞ 위와 같이 서울고등법원 판결과 조세심판원 결정이 서로 다르지만
농지법§2에서 "자경" 정의를 열거하였음에도 불구하고 농지법§6에서 자경이
아닌 "경작"으로 표현한 것 등으로 보아 조세심판원 결정이 타당하다고 판단됨

제 12 편

다 | 재촌·자경 "간주" 농지 (소령§168의8③2호)

상속으로 취득한 농지로서 상속개시일부터 3년이 경과하지 않은 토지는
비사업용으로 보지 않는 기간으로 간주하여 적용

◉ 상속 : 상속인에게 한 유증(遺贈) 포함

- 민법상 법정상속인이 아닌 납세자가 유증으로 취득하는 농지는 해당하지 않음

◉ 상속개시일로부터 3년 경과 후 양도 시 :

- 상속개시일부터 3년간은 비사업용으로 보지 않는 기간으로 간주되므로 상속개시일부터
  5년 이내 양도 시 비사업용 토지에 해당하지 않음

◉ 양도 당시 농지이어야 함

- 농지를 상속받아 대지로 용도 변경하여 양도 당시 대지일 경우 적용 되지 않음

비사업용 토지(소령§168의8③2호)   도시지역 밖 농지 상속(비사업용 토지 관련)

도시지역 밖에 소재하는 농지를 상속받아 재촌·자경하지 아니하고 상속개시일로부터 3년이 경과하여 양도하는 경우, 상속개시일부터 3년간은 비사업용 토지로 보지 아니함

중요	난이
상	중

적용사례(부동산거래관리과-504, '10.04.02.)

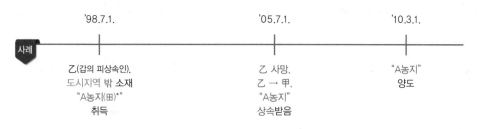

'98.7.1.
乙(갑의 피상속인).
도시지역 밖 소재
"A농지(田)*"
취득

'05.7.1.
乙 사망.
乙 → 甲.
"A농지"
상속받음

'10.3.1.
"A농지"
양도

* 상속인과 피상속인 모두 부재지주

Q1 A농지를 양도한 경우 비사업용 토지에 해당하는 지 여부?

A1 도시지역 밖에 소재하는 농지를 상속받아 재촌·자경하지 아니하고 상속개시일로부터 3년이 경과하여 양도하는 경우, 상속개시일부터 3년간은 비사업용 토지로 보지 아니함

☞ 따라서, 상속일로부터 5년 이내에 양도한다면 5년 중 3년 이상이 비사업용 토지에 해당하지 않으므로 비사업용 토지가 아니나, 5년이 경과하여 양도한다면 기간기준(소령§168의6)을 적용하여 비사업용 여부를 판단하여야 함

📑 관련 판례·해석 등 참고사항

▶ **재산세과-3157, '08.10.07.**

– 도시지역 중 녹지지역에 소재하는 재촌·자경하지 아니하는 상속 농지는 그 상속개시일부터 3년까지 비사업용으로 보지 아니함

비사업용 토지(소령§168의8③2호, §168의14③2호)
며느리가 유증받은 농지(비사업용 토지 관련)

민법 §1000 내지 §1004에 따른 상속인에 해당하지 않는 자가 같은 법 §1073 및 §1074에 따른 유증으로 취득한 농지는 소령(2018.1.1. 대통령령 제28511호로 개정된 것) §168의14③4호 및 소령§168의8③2호의 규정이 적용되지 않는 것임

중요 상 · 난이 중

적용사례(기준-2019-법령해석재산-0324, '20.05.21.)

'16.7.1.

사례

시어머니 → 甲
"A토지*"
유증받음

'18.3.1.

"A토지"
양도

* 국토계획법§6①에 따른 도시지역에 해당하지 않음

Q1 법정상속인이 아닌 며느리가 유증 받은 농지가 사업용으로 의제하는 "상속으로 취득한 농지"에 해당하는지 여부?

A1 민법 §1000 내지 §1004에 따른 상속인에 해당하지 않는 자가 같은 법 §1073 및 §1074에 따른 유증으로 취득한 농지는 소령(2018.1.1. 대통령령 제28511호로 개정된 것) §168의14③4호1) 및 소령§168의8③2호2)의 규정이 적용되지 않는 것임

1) 특별시 · 광역시(군 지역 제외) · 특별자치시(읍 · 면 지역 제외) · 특별자치도(읍 · 면 지역 제외) · 시 지역(읍 · 면 지역 제외) 중 도시지역(녹지지역 및 개발제한구역을 제외한 주거 · 상업 · 공업지역)에 있는 농지
2) 농지법§6②4호에 따라 상속에 의하여 취득한 농지로서 그 상속개시일부터 3년이 경과하지 아니한 토지

📑 관련 판례 · 해석 등 참고사항

▶ **유증(遺贈) : 유언으로 재산을 타인에게 증여하는** 상대방 없는 단독행위

– 증여는 생전행위이고 계약인 데 반하여 유증은 사인행위1)이고 유언자의 단독행위임

1) 유언자의 사망을 원인으로 사후에 효력과 이행의무가 발생

다 | 재촌·자경 "간주" 농지(소령§168의8③3호)

이농 당시 소유한 농지로서 이농일로부터 3년 이내의 농지 :
농지법§6②5호에 따라 8년 이상 농업경영을 하던 자가 이농 당시 소유하고
있던 농지로서 그 이농일부터 3년이 경과하지 않은 토지는
비사업용으로 보지 않는 기간으로 간주하여 적용

▶ 이농 : 농업경영을 하던 자가 농업경영을 중단하는 것

- 양도일 현재까지 농지법§2 5호에 따라 "자경"하는 농지는 적용되지 않음

▶ 이농에 따른 주소 이전 필요 여부

- 농업경영을 하던 자가 농업경영을 중단하는 것으로(이농자가 농업경영 중단 후 농지소재지에 거주하는 경우도 포함) 주소지 이전 여부와는 관계없음

농지법§6②7호에 따른 농지전용허가를 받거나 농지전용신고를 한 자가
소유한 농지 또는 농지법§6②8호에 따른 농지전용협의를 완료한
농지로서 당해 전용목적으로 사용되는 토지는
비사업용으로 보지 않는 기간으로 간주하여 적용

◉ 농지전용협의일 등으로부터 비사업용으로 보지 않는 기간으로 봄

◉ 농지를 농지법상 농지전용 허가 · 신고 · 협의 없이 주차장용으로 임대하는 경우 적용되지
   않음 ☞ 무단전용은 대상 아님

◉ 농지전용 허가 등을 받은 사업목적에 사용한 사실이 없는 경우, 해당 기간을 비사업용으로
   보지 않는 기간으로 볼 수 없음

다 | 재촌·자경 "간주" 농지(소령§168의8③7호)

소유자(동일 세대원으로서 생계를 같이하는 자 중 소유자와 동거하면서 함께 영농에 종사한 자 포함)가
부득이한 사유*가 있는 경우로서 농지법§23에 따라 농지를 임대하거나
사용대하는 농지는 비사업용으로 보지 않는 기간으로 간주하여 적용

◉ 부득이한 사유 : 1년 이상 치료나 요양을 필요로 하는 질병, 65세 이상, 징집, 취학, 선거에
   의한 공직취임, 교도소 · 구치소 · 보호감호시설 수용

• 해당 사유 발생일부터 "소급하여 5년 이상 계속하여 재촌하면서 자경"한 농지로서 해당
  사유 발생 이후에도 소유자가 재촌하고 있을 것

   * 해당 사유 발생 당시 소유자와 동거하던 생계를 같이하는 자(소법§88 6호)가 농지 소재지에 재촌하고 있는
     경우에는 그 소유자가 재촌하고 있는 것으로 간주

• 농지법에 따라 임대 또는 사용대하고 있을 것

라 | 지역기준 요건(소법§104의3①1호나목)

市지역(특별시·광역시·특별자치시·특별자치도의 행정시 포함하고, 시지역의 읍·면 지역 제외) 중
도시지역(녹지지역 및 개발제한구역 제외)에 있는 농지는
재촌·자경 여부 묻지 않고 비사업용 토지로 봄

▶ 다음 어느 하나의 경우 편입일로부터 3년간('15.2.3. 前 2년)은 유예

- 주거·상업·공업지역 편입일부터 소급하여 1년 이상 재촌·자경
- 재촌·자경 간주*하는 농지 ☞ 3년 경과 시 3년 이후는 비사업용으로 기간기준 적용
  * 소령§168의8③에서 열거한 10개의 경우

참고 읍·면지역은 주거지역 등 편입하여 3년 경과하여도 재촌·자경할 경우 비사업용 토지에 해당하지 않음

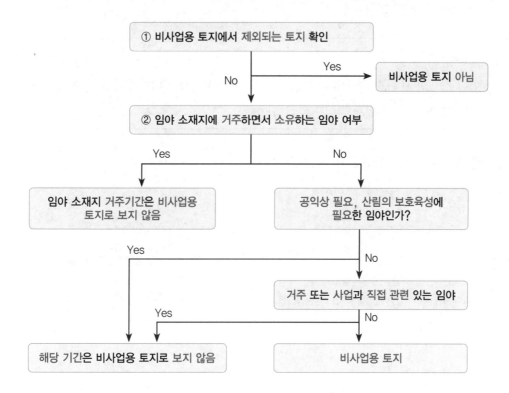

02

임야의
비사업용 토지 판정

가 | 비사업용 토지 판정 흐름

① 비사업용 토지에서 제외되는 토지 확인

No → Yes → 비사업용 토지 아님

② 임야 소재지에 거주하면서 소유하는 임야 여부

Yes / No

임야 소재지 거주기간은 비사업용 토지로 보지 않음

공익상 필요, 산림의 보호육성에 필요한 임야인가?

No

거주 또는 사업과 직접 관련 있는 임야

Yes / No

해당 기간은 비사업용 토지로 보지 않음

비사업용 토지

참고 임야는 자경요건이 없어 '주민등록요건' 유지,
농지는 '15.2.3. 이후 양도분부터 실질과세원칙에 따라 재촌 · 자경여부로만 판단

제
12
편

법령에 열거되지 않는 임야는 비사업용 토지에 해당기간(기간기준 적용)

☞ 3가지 유형으로 열거

▶ 산림자원법에 따라 지정된 산림유전자원보호림, 보안림, 채종림, 시험림, 그 밖에 공익상
필요 또는 산림보호육성에 필요한 임야

• 산림보호구역 안의 임야 등 열거된 임야

▶ 재촌 임야

• 임야 소재의 시 · 군 · 자치구, 연접한 시 · 군 · 자치구, 직선거리 30km 이내 지역 중
어느 하나에 거주하면서 주민등록 갖출 것

▶ 거주 또는 사업과 직접 관련이 있는 임야

• 상속받은 임야 등 열거된 임야

> 참고
>
> 보안림(保安林) : 목재생산이나 소유자의 경제적 이득이 아닌 산림소유자 이외의 공공이익을 위해 산림을 보존하는
> 것을 주목적으로 삼고 있는 숲
>
> 채종림(採種林) : 우량한 조림용 종자의 생산공급을 목적으로 조성 또는 지정된 산림
>
> 시험림(試驗林) : 시험연구의 목적으로 제공되고 있는 산림

🏠 심화정리

물건 사진(카카오맵)

직선거리(네이버지도)

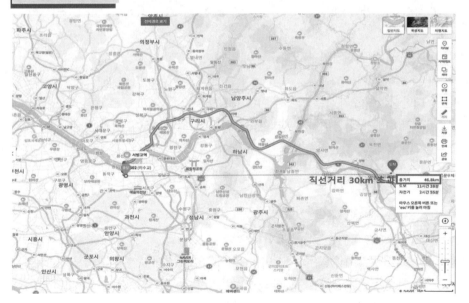

⊙ 공익상 필요 또는 산림보호육성에 필요한 임야(소령§168의9①)

법률에 따라 지정된 산림유전자원보호림, 보안림, 채종림, 시험림,
그 밖에 공익을 위하여 필요하거나 산림의 보호·육성을 위해 필요한 임야로서
아래 열거된 임야가 기간기준에 적합할 경우 비사업용 토지로 보지 않음

- 산림보호구역 안의 임야
- 산지관리법에 의한 산지로 다음의 어느 하나에 해당하는 임야
  - ☞ 도시지역(보전녹지지역 제외) 안의 임야로서 도시지역으로 편입된 날부터 3년이 경과한
    임야 제외
  - – 산림경영계획 인가를 받아 시업(施業) 중인 임야

> **참고** 시업(施業) : 산림을 유지·조성하기 위한 벌채, 조림, 보육 등의 작업을 적절히 적용하여 산림경영목적에 맞도록
> 산림을 관리하는 경영행위

  - – 특수산림사업지구 안의 임야

- 공원자연보존구역 및 공원자연환경지구 안의 임야
- 개발제한구역 안의 임야
  - – 산지전용제한지역에 소재하는 임야는 이에 해당하지 않음
  - – 개발제한구역이 해제된 경우에는 개발제한구역 안의 임야로서의 기간은 사업에
    사용한 기간으로 보아 기간기준 적용

- 도시공원 안의 임야
- 군사기지 및 군사시설 보호구역 안의 임야
- 기타 공익 또는 산림보호·육성상 필요한 임야
  - – 사찰림 또는 동유림(洞有林), 전통사찰이 소유하고 있는 경내지, 문화유산보호구역
    또는 자연유산보호구역 안의 임야, 접도구역 안의 임야, 철도보호지구 안의 임야,
    홍수관리구역 안의 임야, 상수원 보호구역 안의 임야

> **참고** 동유림(洞有林) : 마을 소유의 숲

비사업용 토지의 중과(소령§168의9②)　　　　　　　　임야의 재촌요건

비사업용토지에서 제외되는 임야라 함은 임야의 소재지와 동일한 시·군·구(자치구인 구), 그와 연접한 시·군·구 또는 임야로부터 직선거리 20km 이내에 있는 지역에 주민등록이 되어 있고 사실상 거주하는 자가 소유하는 임야를 말함

중요 중　　난이 중

적용사례(서면-2022-부동산-0678, '22.08.02., 재산세과-606, '09.03.24.)

'90.7.1.　　　　　　　　　　　　　　　　　'22.10.1.

사례

서울 강서구 소재
"A임야"
취득

"A임야"
양도 예정

* A임야와 거주지는 직선거리로 10.9km임

Q1 수도권 소재의 임야와 직선거리로 30km 이내에 거주지가 있을 경우 사업용 토지에 해당하는지 여부?

A1 비사업용토지에서 제외되는 임야라 함은 임야의 소재지와 동일한 시·군·구(자치구인 구), 그와 연접한 시·군·구 또는 임야로부터 직선거리 20km 이내에 있는 지역에 주민등록이 되어 있고 사실상 거주하는 자가 소유하는 임야를 말함

제 12 편

📝 관련 판례·해석 등 참고사항

비사업용 토지의 중과(소령§168의9①2호)　　도시지역 안의 임야(비사업용 토지 관련)

쟁점임야가 통상적인 제한의 범위를 넘어 특별히 사용이 제한된 경우에 해당된다고 하더라도 소령§168의9①2호단서에 의하여 국토계획법에 따른 도시지역 안의 임야로서 도시지역으로 편입된 날부터 3년이 경과한 임야에 해당하여 비사업용 토지에서 제외되는 임야에 해당하지 않음

중요 중　난이 상

적용사례(조심-2016-중-1622, '16.07.15., 대법원-2018-두-43156, '18.08.30.)

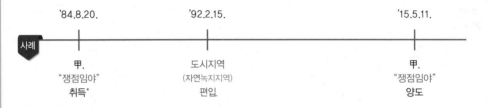

'84.8.20.	'92.2.15.	'15.5.11.
甲. "쟁점임야' 취득'	도시지역 (자연녹지지역) 편입	甲. "쟁점임야' 양도

* 甲이 임야소재지에 거주요건 등 충족하지 못함

Q1 쟁점임야의 비사업용 토지에 해당 여부?

A1 ・쟁점임야가 통상적인 제한의 범위를 넘어 특별히 사용이 제한된 경우에 해당된다고 하더라도 소령§168의9①2호단서에 의하여 국토계획법에 따른 도시지역 안의 임야로서 도시지역으로 편입된 날부터 3년이 경과한 임야에 해당하여 비사업용 토지에서 제외되는 임야에 해당된다고 볼 수 없음

　☞ 도시지역에 편입된 날부터 3년이 경과하였다고 곧바로 비사업용 토지가 되는 것이 아니고 기간기준(소령§168의6)을 적용해서 요건이 불충족하여 비사업용 토지가 되는 것임

관련 판례 · 해석 등 참고사항

▶ **소령§168의6[비사업용 토지의 기간기준] : 아래의 어느 하나만 충족하면 비사업용 토지가 아님**

① 양도일 직전 5년 중 3년 이상 기간 동안 비사업용으로 사용하지 않음

② 양도일 직전 3년 중 2년 이상 기간 동안 비사업용으로 사용하지 않음

③ 토지 소유기간 중 60/100 이상 기간 동안 비사업용으로 사용하지 않음

비사업용 토지의 중과(소령§168의9①2호)

산림경영계획인가 시업 중(비사업용 토지 관련)

산림경영계획인가를 받아 시업(施業) 중인 임야는 시업기간 동안은 비사업용 토지로 보지 않으므로 이를 반영하여 기간기준(소령§168의6)을 적용

중요 중 | 난이 중

적용사례(사전-2016-법령해석재산-0078, '16.04.21.)

* 쟁점토지 소재지인 경남 거창에 거주하면서 취득

Q1 임야소재지에 거주하면서 취득한 임야를 산림경영계획인가를 받아 시업하던 중 양도 시 비사업용 토지에 해당하는지 여부?

A1 ・산림경영계획인가를 받아 시업(施業) 중인 임야는 시업기간 동안은 비사업용 토지로 보지 않으므로 이를 반영하여 기간기준(소령§168의6)을 적용하는데

・산림경영계획의 내용대로 산림사업을 하지 아니하거나 산림경영계획인가를 받지 않는 경우에는 비사업용 토지에서 제외하지 않고 기간기준을 적용해서 판단함

※ 산림경영계획인가는 향후 산림경영을 하겠다는 계획에 불과할 뿐 산림경영계획인가를 받은 사실만으로 실제로 시업을 한 것으로 보지는 않음

관련 판례 · 해석 등 참고사항

▶ 조심-2014-중-4780, '14.12.18.
– 쟁점임야의 산림경영계획기간 이후 인가내역이 확인되지 않아 산림경영계획인가를 받아 시업 중인 임야로 보기 어렵고, 사업용 토지에서 제외되기 위해 기간기준을 충족하지 못하였으므로 비사업용 토지로 본 처분은 정당함

▶ 부동산거래관리과-1129, '10.09.03.
– 산지관리법에 따른 임야로서 산림자원법에 따른 산림경영계획인가를 받아 시업한 임야는 그 시업 중인 기간은 사업용 기간에 해당하나, 인가받은 산림경영계획에 따라 시업하지 않은 기간은 동 규정이 적용되지 않는 것임

소령§168의9①8호 규정에 의하여 개발제한구역법에 따른 개발제한구역 안의 임야가 양도일부터 소급하여 3년 보유기간 중 2년 이상에 해당되므로 비사업용 토지에 해당하지 않음

중요 중   난이 중

적용사례 (사전-2020-법령해석재산-0367, '20.06.08.)

'15.1.10.   '18.10.1.

사례

"쟁점임야 A*"   "쟁점임야 A"
임의경매   양도
취득

* 취득 이전부터 개발제한구역 등으로 지정된 토지

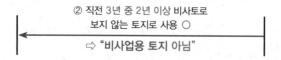

② 직전 3년 중 2년 이상 비사토로
보지 않는 토지로 사용 ○
⇨ "비사업용 토지 아님"

Q1 소유권을 취득하기 전부터 개발제한구역 등으로 지정된 임야가 비사업용 토지에 해당하는지 여부?

A1 소법§104의3①2호가목 및 소령§168의9①8호 규정에 의하여 개발제한구역법에 따른 개발제한구역 안의 임야가 양도일부터 소급하여 3년 보유기간 중 2년 이상에 해당되므로 비사업용 토지에 해당하지 않음

📝 **관련 판례·해석 등 참고사항**

▶ **위의 해석과 관련하여,**

  – 소령§168의9①8호*의 규정에 따른 개발제한구역 안의 임야는 그 보유기간 동안 비사업용 토지로 보지 않으므로 보유기간(3년 9월) 동안 개발제한구역으로 지정되었던 쟁점임야는 소령§168의6 및 소령§168의9①8호에 따라 비사업용 토지의 범위에서 제외됨

    * 「개발제한구역의 지정 및 관리에 관한 특별조치법」에 따른 개발제한구역 안의 임야

▶ 서면-2016-부동산-3645, '16.07.12. 해석정비로 삭제

▶ 서면4팀-3034, '07.10.23.

쟁점 인가받은 내역이 확인되지 않는 경우 비사토 여부

임야에 대한 산림경영계획인가 만료일 이후 인가관청에서 인가한 사실이 없는 것으로
확인되고, 산림조합과의 대리경영계약은 임야에 대한 위탁 경영의 사실을 증명하는
것일 뿐 해당 계약내용이 산림경영계획인가가 난 것으로 볼 수 없는 것으로
임야의 대리경영 계획기간을 사업용으로 이용된 것으로 볼 수 없음

(조심2014중4780, '14.12.18. 국승)

참고 사업중인 임야는 보전녹지지역 외 도시지역 밖 소재한 임야로 "산림경영계획 인가"를 받아 "사업 중"
요건을 모두 충족하여야 함

나 | 임야의 비사업용 토지 판정기준(소법§104의3①2호, 소령§168의9)

▶ 재촌임야(소령§168의9②)

임야 소재지에 거주하는 자가 소유한 임야로서 기간기준을 충족할 경우 비사업용
토지에서 제외

- 거주요건

  - 임야 소재의 시·군·자치구, 연접한 시·군·자치구, 직선거리 30km 이내 지역 중
    어느 하나에 거주하면서 주민등록을 갖춘 자
    ① '15.2.3. 前 양도분은 직선거리 20km 이내
    ② 농지와 달리 임야는 주민등록 요건 갖춰야 함

- 단체의 경우 : 재촌 요건 충족 불가 ☞ 주민등록 요건 미 충족

➡ 다음 쪽 "심화정리" 참고

🏠 심화정리

◉ **종중이 '06.1.1. 이후 취득한 임야**

- 1거주자로 보는 단체(종중) 명의로 소유하는 임야는 소법§104의3①2호 나목(임야 소재지에 거주하는 자가 소유하는 임야) 규정이 적용되지 아니함

  ☞ 비사업용 토지에 해당   (재산세과-2644, '08.09.04.)

◉ **마을회 명의로 소유하는 임야**

- 1거주자로 보는 단체(마을회) 명의로 소유하는 임야는 소법§104의3①2호 나목(임야 소재지에 거주하는 자가 소유하는 임야) 규정에 해당되지 아니함

                                                                    (서면4팀-3106, '07.10.30.)

◉ **교회가 동일소재지에 위치한 임야를 양도**

- 경북 포항에 소재한 교회(법인으로 보는 단체에 해당하지 않는 교회)가 '98년에 교인들의 묘지로 활용하기 위하여 경북 포항에 소재한 임야를 취득하여 '07년에 양도 시 소법§104의3①2호나목 및 소령§168의9②의 규정에 해당하는 임야인 경우에는 사업에 사용하는 토지로 보는 것임   (서면5팀-2655, '07.10.02.)

☞ 단체는 주민등록을 할 수 없어 아래 규정에 부합하지 않으므로 재촌요건을 충족할 수 없는데도 불구하고 세 번째 해석에서는 비사업용 토지로 보지 않는다고 해석하여 첫 번째 해석과 상반된 상태인데, 엄격·문리해석한다면 주민등록을 할 수 없으므로 세 번째 해석은 잘못된 해석으로 판단됨

📖 관련 판례 · 해석 등 참고사항

▶ **소법§104의3①2**
임야. 다만 다음 각목의 어느 하나에 해당하는 것은 제외한다.
나. 대통령령으로 정하는 바에 따라 임야 소재지에 거주하는 자가 소유한 임야

▶ **소령§168의9②**
"임야소재지에 거주하는 자가 소유한 임야"라 함은 임야 소재지와 동일한 시·군·구, 그와 연접한 시·군·구 또는 임야로부터 직선거리 30km 이내에 있는 지역에 주민등록이 되어 있고 사실상 거주하는 자가 소유하는 임야를 말한다.

소령상 거주요건은 모법에서 정한 "임야 소재지에 거주하는 자"의 의미를 "주민등록"과 "사실상 거주"라는 형식적, 실질적 요건을 통하여 구체화한 것으로 주민등록 요건을 예시적인 요건으로 볼 수 없음

중요 상 **난이** 중

적용사례(조심2011서0194, '11.05.02. → 대법원2012두20496, '13.02.28.)

'92.8.14.
甲. 경기 파주 소재
"쟁점임야 A"
취득

'08.4.10.
甲. "쟁점임야 A"
양도*

* 甲은 '80.1.1. 이후 쟁점임야 소재지에서 한의원을 운영하면서 실제 거주하고 있으나, '03.12.20.부터 손녀의 취학에 따른 주택 확정일자 문제로 서울 강북구에 주민등록이 되어 있는 상태임

Q1 임야의 비사업용 토지 판정 시 주민등록상 거주요건을 충족해야 하는지 여부?

A1 • 소령상 거주요건은 모법에서 정한 "임야 소재지에 거주하는 자"의 의미를 "주민등록"과 "사실상 거주"라는 형식적, 실질적 요건을 통하여 구체화한 것으로 주민등록 요건을 예시적인 요건으로 볼 수 없고

• 실질과세 및 조세평등의 원칙 등에 반하거나 모법의 위임 범위를 벗어난 것이라고 볼 수 없음

📖 **관련 판례 · 해석 등 참고사항**

▶ **위의 해석과 관련하여,**

– 서울행정법원2011구단18369, '12.03.13.에서는 비사업용 토지의 중과 취지가 일정한 기간 동안 토지를 사업에 제공하지 않은 채 양도 시 중과함으로써 유휴 토지를 효율적으로 이용하도록 하기 위한 것으로 모법에서 주민등록과 사실상 거주할 것의 두 가지 모두 요구하고 있지 않은 점 등으로 보아 모법의 위임 취지를 벗어나는 것으로 보아 실질과세의 원칙을 채택하고 있는 점 등에 비추어 주민등록을 하지 않아도 실제로 계속 거주하면 사업용 토지에 해당한다고 판결하였음

◉ 거주 또는 사업목적과 직접 관련이 있는 임야(소령§168의9③, 소칙§168의9③)

토지의 소유자, 소재지, 이용 상황, 보유기간 및 면적 등을 고려하여
거주 또는 사업과 직접 관련이 있다고 인정할 만한 상당한 이유가 있는 임야로서
아래 임야가 기간기준을 충족하는 경우 비사업용 토지에서 제외함

• 임업후계자가 산림용 종자, 산림용 묘목, 버섯, 분재, 야생화, 산나물 그 밖의 임산물 생산에 사용하는 임야

• 종 · 묘생산업자가 산림용 종자나 묘목 생산에 사용하는 임야

• 자연휴양림을 조성 또는 관리 · 운영하는 사업에 사용되는 임야

• 수목원을 조성 또는 관리 · 운영하는 사업에 사용되는 임야

• 산림계가 그 고유목적에 직접 사용하는 임야

• 사회복지법인등, 학교등, 종교 · 제사 단체 및 정당이 직접 사용하는 임야

• 상속 받은 임야로서 상속개시일부터 3년이 경과하지 아니한 임야

• 종중이 소유한 임야('05.12.31. 이전 취득분)

종중이 '15.12.31. 이전에 취득하여 임야라도 지목이 대지로 변경되면 변경된 이후 기간은
비사업용 토지로 보아 기간기준을 적용하여 판정

적용사례(부동산거래관리과-308, '11.04.11.)

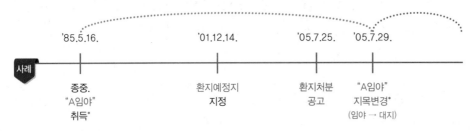

* 대지로 변경된 이후 현재까지 대지상태이고 건축물은 없음

Q1 비사업용 토지 판정 시 환지예정지 지정 전에 임야로 보유한 기간이 비사업용 토지에서 제외되는지
여부? (소령§168의9③8호 적용 여부)

A1 • 종중이 '05.12.31. 이전에 취득하여 임야로 소유한 기간은 비사업용 토지에 해당하지 않음
• 따라서 기간기준을 적용할 때에 토지 전체 보유기간 중 60%이상이 비사업용으로 사용되지 않아야
비사업용 토지에 해당하지 않음

📃 관련 판례 · 해석 등 참고사항

🏠 심화정리

▶ 공익상 필요 등에 따른 임야의 재촌요건 필요 여부

- 문화재보호법에 따른 문화재보호구역 안의 임야에 해당하는 기간 동안은 재촌 여부에 관계없이 비사업용 토지에 해당하지 아니함

(재산세과−1578, '08.07.09.)

▶ 문화재보호구역 안의 임야를 협의매도한 경우

- 문화재보호법에 따른 문화재보호구역 안의 임야에 해당하는 기간 동안은 재촌 여부에 관계없이 비사업용 토지에 해당하지 아니함

(재산세과−1578, '08.07.09.)

▶ 수목원을 조성 및 관리 운영에 사용되는 임야

- 임야를 수목원·정원법에 따른 수목원을 조성 또는 관리·운영하는 사업에 사용(임차인 사용 포함)하는 경우 그 기간은 비사업용 토지로 보지 아니함

(서면5팀−2440, '07.08.31.)

▶ 종중이 '06.1.1. 이후 취득한 임야

- 1거주자로 보는 단체(종중) 명의로 소유하는 임야는 소법§104의3①2호 나목(임야 소재지에 거주하는 자가 소유하는 임야) 규정이 적용되지 않음

  ☞ 비사업용 토지에 해당

(재산세과−2644, '08.09.04.)

> **쟁점** **자연휴양림으로 지정받은 후 조성하지 않은 경우**

자연휴양림 지정 후 이를 조성 또는 관리 · 운영하는 사업에 사용되지 아니한 토지를
비사업용 토지로 보아 양도소득세를 과세한 것은 정당함

(국심2007부3732, '08.11.28. 국승)

• 휴양림, 수목원 등은 임차인이 사용하는 경우도 포함
   ☞ 비사업용 토지로 보지 아니함 (서면5팀−2440, '07.8.31.)

> **참고** 휴양림, 자연휴양림, 수목원 등 사업목적으로 사용하는 임야에 대한 비사업용 토지에서 제외되는 토지는
> "사업에 사용"될 것을 전제로 함

03

목장용지의
비사업용 토지 판정

가 | 비사업용 토지 판정 흐름

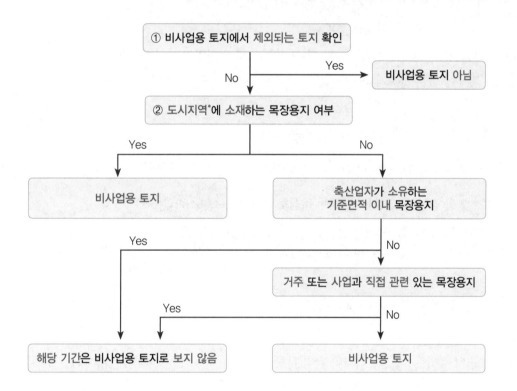

* 도시지역 : 특별시 · 광역시(군 제외) · 특별자치시(읍 · 면 제외) · 특별자치도(읍 · 면 제외) 및 시지역(도농 복합형태인
시의 읍 · 면 제외) 중 국토계획법에 따른 도시지역(녹지지역 및 개발제한구역 제외)

나 | 목장용지의 비사업용 토지 판정기준(소법§104의3①4호, 소령§168의10)

목장용지로서 다음 어느 하나에 해당하는 것은 비사업용 토지로 봄

☞ 기간기준 적용

> [참고] 목장용지 : 축산용으로 사용되는 축사와 부대시설의 토지, 초지, 사료포(사료작물 재배지)

◉ 축산업을 경영하는 자가 소유하는 목장용지

- 축산용 토지 기준면적을 초과

- 특별시 · 광역시 · 특별자치시 · 특별자치도 및 市지역의 도시지역(녹지지역, 개발제한구역
  제외)에 있는 것(도시지역에 편입된 날부터 3년 이내 제외)

◉ 축산업을 경영하지 않는 자가 소유하는 토지

◉ 거주 또는 사업과 관련된 열거된 목장용지는 제외 ☞ 기간기준 적용

◉ 축산업을 경영하는 자가 소유하는 목장용지이어도,(소령§168의10③)

- 기준면적*을 초과할 경우 ☞ 기준면적 초과분은 비사업용 토지

  * 기준면적 : 가축두수별 기준면적을 말함(소령 별표 1의3)

> [참고] 지방세법시행령§102①3호에 의거 기준면적 이내 토지 : 분리과세대상

- 市의 주거 · 상업 · 공업지역 안의 목장용지(편입일부터 3년 미만 제외)는 비사업용 토지
  ☞ 주거 · 상업 · 공업지역에 편입되어도 편입일부터 3년 이내의 목장용지는 비사업용
  토지로 보지 않음

> ☞ 市지역의 도시지역(녹지지역 및 개발제한구역 제외) 외의 지역에 소재하는 기준면적
> 이내의 목장용지로서 축산업을 영위하는 자가 소유하는 목장용지는 비사업용
> 토지에서 제외

나 | 목장용지의 비사업용 토지 판정기준(소법§104의3①4호, 소령§168의10)

목장용지로서 다음 어느 하나에 해당하는 것은 비사업용 토지로 봄

☞ 기간기준 적용

● 가축두수 : 다음 어느 하나의 방법을 납세자가 선택(소령 별표 1의3)

- 양도일 이전 최근 6과세기간(양도일이 속하는 과세기간 포함) 중 3과세기간 최고 사육두수 평균한 것

- 양도일 이전 최근 4과세기간 중 2과세기간 최고 사육두수 평균한 것

- 축산업을 영위한 기간이 2년 이하인 경우, 축산업을 영위한 기간의 최고 사육두수 평균한 것

> **참고** 가축의 범위 : 소령 별표 1의3
> 한우(육우, 사육 · 비사육사업 포함), 유우(乳牛), 양, 사슴, 토끼, 돼지, 가금, 밍크

● 축산업 : 한국표준산업분류표를 기준(소사육업, 양돈업, 가금류 및 조류 사육업 등)

🏠 심화정리

● 소법시행령[별표 1의3]

축산용 토지 및 건물의 기준면적 (제168조의10제3항관련)

1. 가축별 기준면적

구 분	사 업	가축 두수	축사 및 부대시설		초지 또는 사료포		비 고
			축사(m²)	부대시설(m²)	초지(ha)	사료포(ha)	
1. 한우(육우)	사육사업	1두당	7.5	5	0.5	0.25	말·노새 또는 당나귀를 사육하는 경우를 포함한다.
2. 한우(육우)	비육사업	1두당	7.5	5	0.2	0.1	
3. 육우	목장사업	1두당	11	7	0.5	0.25	
4. 양	목장사업	10두당	8	3	0.5	0.25	
5. 사슴	목장사업	10두당	66	16	0.5	0.25	
6. 토끼	사육사업	100두당	33	7	0.2	0.1	친칠라를 사육하는 경우를 포함한다.
7. 돼지	양돈사업	5두당	50	13	–	–	개를 사육하는 경우를 포함한다.
8. 가금	양계사업	100수당	33	16	–	–	
9. 밍크	사육사업	5수당	7	7	–	–	여우를 사육하는 경우를 포함한다.

2. 가축두수

가축두수는 다음 각 목의 어느 하나의 방법 중 납세자가 선택하는 방법에 따라 산정한다.

가. 양도일 이전 최근 6과세기간(양도일이 속하는 과세기간을 포함한다. 이하 같다) 중 납세자가 선택하는 축산업을 영위한 3과세기간의 최고사육두수를 평균한 것

나. 양도일 이전 최근 4과세기간 중 납세자가 선택하는 축산업을 영위한 2과세기간의 최고사육두수를 평균한 것

다. 축산업을 영위한 기간이 2년 이하이 경우에는 축산업을 영위한 과세기간의 최고 사육두수를 평균한 것

다 | 거주 또는 사업과 직접 관련된 목장용지(소법§104의3①3호, 소령§168의10②)

다음에 해당하는 목장용지는 비사업용 토지에서 제외

◉ 상속받은 목장용지로서 상속개시일부터 3년이 경과하지 아니한 것

◉ 종중이 소유한 목장용지('05.12.31. 이전 취득분 한정)

◉ 사회복지법인등, 학교등, 종교 · 제사 단체 및 정당이 그 사업에 직접 사용하는 목장용지

> **참고** 거주 또는 사업과 직접 관련된 목장용지는 축산업 경영 여부와 무관

🏠 심화정리

▶ **남편과 부인이 사실상 공동으로 축산업을 경영하는 경우**

- 남편이 축산법§20에 따라 축산업자로 등록되어 있고, 남편과 부인이 실질적으로 공동으로 축산업을 영위하던 중 부인 소유의 목장용지를 양도하는 경우, 해당 목장용지는 축산업을 경영하는 자가 소유하는 목장용지로 봄

(서면5팀-506, '07.02.08.)

▶ **가축의 범위에 포함되지 않는 경우**

- 타조를 사육하기 위한 목장은 별표1의3에 열거되지 않았기에 비사업용 토지에서 제외되는 목장용지에 해당하지 않음

(서면5팀-2769, '07.10.18.)

주택 부속토지의 비사업용 토지 판정

가 │ 비사업용 토지 판정 흐름

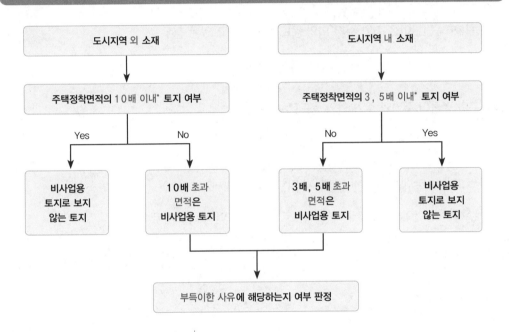

참고 사실상 지목이 대(垈)

📝 관련 판례 · 해석 등 참고사항

도시지역	도시지역 밖
5배	10배

('21.12.31.까지 양도분)

⇒

도시지역			수도권 밖	도시지역 밖
수도권				
주거 · 상업 · 공업지역	녹지지역			
3배	5배			10배

('22.1.1. 이후 양도분)

나 | 주택 부속토지의 비사업용 토지 판정기준(소법§104의3①5호, 소령§168의12, 지방세법§106②)

주택 부속토지의 3배, 5배(도시지역 밖 : 10배) 이내의 토지로서
기간기준에 적합하면 비사업용 토지로 보지 않음

▶ 주택 부속토지 ☞ 실제 주택 부속토지로 판단

- 지방세법§106②에 따른 주택부속토지

▶ 1동(棟)의 건물이 주거와 주거 외의 용도에 사용되고 있는 경우

- 주거용에 사용되고 있는 부분만 주택으로 봄

▶ 1구의 건물이 주거와 주거 외의 용도로 사용되는 경우

- 주택용 사용면적이 50% 이상인 경우 전체를 주택으로 봄

▶ 주택의 부속토지의 경계가 명백하지 않은 경우(지방세령§105)

- 주택 바닥면적의 10배에 해당하는 토지를 주택의 부속토지로 봄

🏠 심화정리

◐ 주택 건물의 "1구"의 의미

- "1구의 주택"이란 소유상의 기준이 아니고 점유상의 독립성을 기준으로 판단하되,
  합숙소·기숙사 등의 경우에는 방 1개를 1구의 주택으로 보며, 다가구주택은
  침실·부엌·출입문이 독립되어 있어야 주택으로 봄

  (양도소득세 집행기준 104의3-168의12-4)

◐ 도로부지의 주택부수토지 포함 여부

- "주택에 부수되는 토지"라 함은 당해 주택과 경제적 일체를 이루고 있는 토지로서
  사회통념상 주거생활공간으로 인정되는 토지를 말하며 이에 해당 여부는 사실관계를
  확인하여 판단할 사항임

  (서면5팀-1079, '08.05.20.)

비사업용 토지의 중과(소법§104의3①, 소령§168의12)

무허가, 타인소유주택(비사업용 토지 관련)

비사업용 토지로 보지 아니하는 지방세법§182②에 따른 주택부속토지 중 주택이 정착된 면적의 5배(도시지역 밖의 토지 10배) 이내의 토지에는 무허가 주택 및 타인 소유주택의 부속토지가 포함됨

중요 상 · 난이 중

적용사례(부동산거래관리과-401, '10.03.17.)

'05.7.1.
母 → 甲.
"A토지*"
취득

'10.6.3.
甲.
"A토지"
양도

* A토지 위에 타인 소유의 주택과 일반 건축물이 있으며, 이 중 일부는 무허가 건축물(건축물대장 미등재)임

Q1 甲이 A토지를 양도 시 비사업용 토지의 해당 여부?

A1 • 비사업용 토지로 보지 아니하는 지방세법§182②에 따른 주택부속토지 중 주택이 정착된 면적의 5배(도시지역 밖의 토지 10배) 이내의 토지에는 무허가 주택 및 타인 소유주택의 부속토지가 포함되는 것임
 • 주택 외 건축물의 부속토지는 재산세 별도합산 또는 분리과세대상에 해당하는 기간 및 소령§168의11① 각호 토지에 해당하는 기간은 사업용토지로 보는 것이나, 그 외의 재산세 종합합산과세대상에 해당하는 기간은 비사업용 토지로 보는 것임

📜 관련 판례 · 해석 등 참고사항

▶ 1세대 1주태 비과세 적용대상과 주택 중 비사업용 토지 적용 대상 **범위 조정**

도시지역	도시지역 밖
5배	10배

('21.12.31.까지 양도분)

	도시지역		수도권 밖	도시지역 밖
	수도권			
	주거 · 상업 · 공업지역	녹지지역		
	3배	5배		10배

('22.1.1. 이후 양도분)

▶ 재산세과-3818, '08.11.17., 서면5팀-960, '08.05.02., 서면5팀-3139, '07.11.30.

 – 주택부속토지 중 주택(무허가 주택 포함)이 정착한 면적에 소령§168의12에서 정하는 배율을 곱하여 산정한 면적을 초과하는 토지는 비사업용 토지에 해당하는 것임

비사업용 토지의 중과(소법§104의3①, 소령§168의12)

무허가건물 부수토지(비사업용 토지 관련)

무허가 건축물의 부수토지가 소령§168의11① 각 호에 해당하거나 지방세법에 따른 재산세 별도합산 또는 분리과세 대상이 되는 경우 동 기간은 비사업용 토지에 해당하지 않는 것이나, 재산세 종합합산과세대상이 되는 경우에는 동 기간은 비사업용 토지에 해당

중요 상 / 난이 중

적용사례(부동산거래관리과−261, '10.02.18.)

'70.5.1.

사례

甲.
전남 순천 소재
"A대지 및
무허가 건물"
취득

'10.6.3.

甲.
"A대지"
양도

Q1 甲이 A대지 및 무허가 건물에서 40년간 장사를 한 후 양도 시, 비사업용 토지의 해당 여부?

A1 소법§104의3②에 해당하지 않는 건축물의 부수토지가 소령§168의11① 각 호에 해당하거나
지방세법에 따른 재산세 별도합산 또는 분리과세 대상이 되는 경우 동 기간은 비사업용 토지에 해당하지
않는 것이나, 재산세 종합합산과세대상이 되는 경우에는 동 기간은 비사업용 토지에 해당하는 것임

➡ 다음 쪽에서 "무허가 주택 및 건축물의 부속토지" 상세 설명

제 12 편

📋 관련 판례 · 해석 등 참고사항

▶ 조심2012중2367, '12.07.19.
  – 관련 법령에 의하면, 무허가 건축물의 부속토지는 비사업용 토지에 해당하므로 이에 대한
    장기보유특별공제를 배제하고 과세한 처분은 잘못이 없음

▶ 부동산거래관리과−1430, '10.11.30.
  – 대지(무허가건물 부수토지)가 재산세 별도합산 또는 분리과세대상이 되는 경우 동 기간은 비사업용 토지에
    해당하지 않는 것이나, 종합합산과세되는 경우 동 기간은 비사업용 토지에 해당하는 것임

📎 무허가 건축물 및 무허가 주택의 부속토지

- 무허가 건축물의 부속토지는 "그 밖의 토지" 유형에 해당하는 바,

  지방세령§101[별도합산과세대상 토지의 범위]①단서*에 의해 종합합산토지에

  해당하므로 해당 기간은 소령§168의11① 각 호**에 해당하지 않는 경우에는 비사업용

  토지에 해당함

  * 「건축법」 등 관계법령에 따라 허가 등을 받아야 할 건축물로서 허가 등을 받지 아니한 건축물 또는 사용승인을
    받아야 할 건축물로서 사용승인(임시사용 승인 포함)을 받지 아니하고 사용 중인 건축물의 부속토지는 제외
  ** 거주 또는 사업과 직접 관련이 있다고 인정할 만한 상당한 이유가 있는 토지 중 열거한 내용

📜 관련 판례 · 해석 등 참고사항

▶ 서울행정법원2012구단5162, '12.11.07.
  – 토지 취득 이전부터 양도 시까지 토지 위에 무허가건물이 있었고, 구청장은 양도토지를 종합합산과세대상
    토지로 구분하여 재산세를 부과해 온 사실을 인정할 수 있으므로 양도토지는 별도합산과세대상에서
    제외되는 종합합산과세대상토지로서 비사업용 토지에 해당함

▶ 서면4팀−2235, '07.07.23.
  – 재산세가 종합합산과세되는 무허가건물이 있는 공장용지는 비사업용 토지에 해당

- 무허가 주택의 부속토지는 "주택부속토지" 유형에 해당하는 바, 주택이 정착된 면적에

  지역별로 대통령령으로 정하는 배율을 곱하여 산정한 면적을 초과하는 토지가 비사업용

  토지에 해당함

  – 따라서 산정한 면적 이내의 토지를 보유한 기간 동안은 비사업용 토지로 보지 아니함

비사업용 토지의 중과(소법§104의3①, 소령§168의12)　　주택부속토지 여부(비사업용 토지 관련)

지방세법상 종합합산과세대상 토지로 과세되었어도 실질적인 이용 상황에 따라 주택 부속토지
인지 여부를 결정하여야 하고, A주택 취득 시부터 다른 용도로 사용함이 없이 계속적으로
주차장으로 사용하여 A주택과 경제적 일체를 이루고 있어 주택부속토지로 보아야 함

중요 상　난이 중

적용사례(조심-2022-서-2230, '22.06.20.)

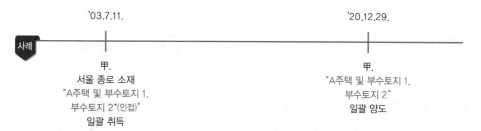

'03.7.11.

甲.
서울 종로 소재
"A주택 및 부수토지 1,
부수토지 2*(인접)"
일괄 취득

'20.12.29.

甲.
"A주택 및 부수토지 1,
부수토지 2"
일괄 양도

* 부수토지 2는 A주택으로 향하는 도로에 인접하여 있고 A주택의 출입문에서 약 6m 우측에 위치한 주차장으로 사용된
토지이며, 이전 소유자가 부수토지 1 취득 후 추가로 취득한 '70.9.1.부터 약 50여년 동안 나대지로 재산세 종합합산
과세대상 토지로 과세되어 주택분 재산세 및 종합부동산세 과세내역에서 제외되어 온 상태임

Q1 A주택의 울타리 밖에 있는 토지를 주택부속토지로 보아 비사업용 토지에서 제외할 수 있는 지 여부?

A1 A주택의 울타리 밖에 있더라도 실질적으로 경제적 일체성이 인정되는 이상 비사업용 토지에서 제외되는
주택부속토지로 보아야 함
- 부수토지 2가 지방세법상 종합합산과세대상 토지로 과세되었어도 실질적인 이용 상황에 따라 주택
부속토지인지 여부를 결정하여야 하고
- 부수토지 2는 A주택 취득 시부터 다른 용도로 사용함이 없이 계속적으로 주차장으로 사용하여
A주택과 경제적 일체를 이루고 있음

📜 관련 판례 · 해석 등 참고사항

▶ **조심2012지170, '15.03.05.**
- 쟁점토지가 도로를 경계로 하여 쟁점건물과 분리되어 있다고 하더라도 쟁점건물과 연접하여 있고
쟁점건물을 내방하는 고객이나 종업원만을 이용대상으로 하여 타인의 출입이 엄격히 제한되고 있으며,
처분청이 근린생활시설에서 업무시설로 변경을 하면서 제시한 조건이 쟁점 건물과 쟁점토지를 분리하여
이용하거나 양도하는 것을 제한한 점 등에 비추어 쟁점건물과 유기적인 관계에 있고, 경제적 일체를
이루고 있는 토지로 보는 것이 타당하므로 쟁점건물의 부속토지에 해당함

▶ **대법원96누14753, '97.03.25.**
- 건축물의 부속토지인지 여부는 실질적인 이용상황에 따라 객관적으로 결정하여야 할 것이고, 주된 용도가
직원 및 내방객을 위한 주차장인 이상 건축물의 부속토지에 해당한다고 보아야 함

🏠 심화정리

▶ **주택 소유자와 부속토지 소유자가 다른 경우**

- 비사업용 토지로 보지 않는 주택 부속토지 중 주택이 정착된 면적의 5배(도시지역 밖 : 10배) 이내의 토지에 '타인 소유 주택의 부속토지가 포함'됨

(부동산거래관리과-401, '10.03.17.)

▶ **주택이 멸실된 경우**

- 주택이 멸실된 경우 무허가 주택이 아닌 한 당해 주택이 멸실된 날부터 2년 동안은 비사업용 토지에 해당하지 않는 토지로 보는데(소칙§83의5①9호), 여기에는 주택 부속토지 중 기준면적(5배, 10배) 초과부분은 포함되지 않음

(부동산거래관리과-0792, '11.09.09.)

▶ **건축물을 신축하여 부수토지를 양도한 경우**

- 재산세 별도합산 또는 분리과세대상이 되는 기간에는 비사업용 토지에서 제외되는 것임

(서면4팀-638, '08.03.13.)

05

별장 부속토지의
비사업용 토지 판정

가 | 비사업용 토지 판정 흐름

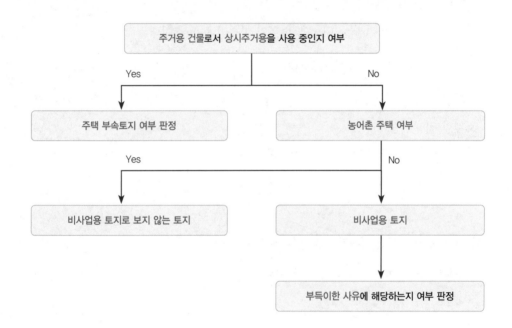

참고 '15.1.1. 이후 양도분부터 건물부분 제외

나 | 별장 부속토지의 비사업용 토지 판정기준(소법§104의3①6호, 소령§168의13)

별장 부속토지는 「지방자치법」 §3③,④에 따른 읍·면에 소재하고
아래 요건에 해당하는 농어촌주택의 부속토지에 해당하지 않으면
비사업용 토지 사용으로 봄(☞ '15.1.1. 이후 양도분부터 "건물" 제외)

◉ 별장에서 제외되는 농어촌주택 및 부속토지의 요건(모두 충족 要)

- 읍·면 지역에 소재

- 건물의 연면적이 150m² 이내 & 부속토지 면적이 660m² 이내

- 건물과 그 부속토지 가액이 기준시가 2억원 이하

- 조특법§99의4①1호가목1)~4)까지의 어느 하나에 해당하는 지역*을 제외한 지역에
  소재할 것

  * 수도권지역, 도시지역, 조정대상지역, 토지거래허가구역

- 지방세법상 주택의 부속토지에 따름

◉ 별장에 부속된 토지의 경계가 불분명한 경우

- 그 건축물 바닥면적의 10배에 해당하는 토지를 부속토지로 봄

> **참고** 별장 : 주거용건축물로서 상시 주거용으로 사용하지 않고 휴양, 피서, 위락 등의 용도로 사용하는 건축물

06

그 밖의 토지의
비사업용 토지 판정

가 | 비사업용 토지 판정 흐름

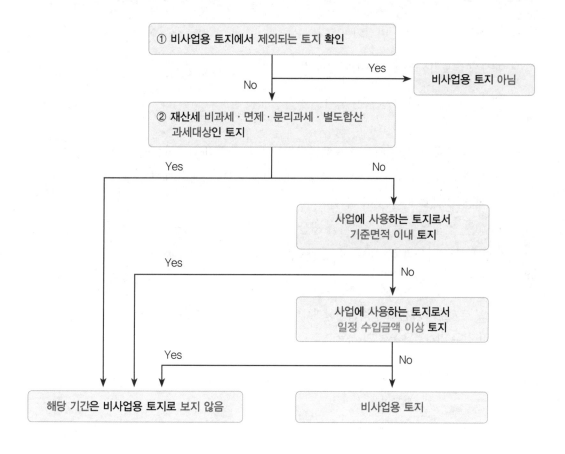

① 비사업용 토지에서 제외되는 토지 확인

No / Yes → 비사업용 토지 아님

② 재산세 비과세 · 면제 · 분리과세 · 별도합산
과세대상인 토지

Yes / No

사업에 사용하는 토지로서
기준면적 이내 토지

Yes / No

사업에 사용하는 토지로서
일정 수입금액 이상 토지

Yes / No

해당 기간은 비사업용 토지로 보지 않음

비사업용 토지

제12편

나 | 그 밖의 토지의 비사업용 토지 판정기준(소법§104의3①4호)

> 그 밖의 토지(농지, 임야, 목장용지, 주택부속토지, 별장부속토지 外)는
> 재산세 과세대상이 종합합산과세대상이 아니거나,
> 거주·사업과 직접 관련된 경우 비사업용 토지의 사용으로 보지 않음

◉ 그 밖의 토지로서 재산세가 종합합산과세대상이 아닌 경우 비사업용 토지의 사용으로 보지 않음 ☞ 기간기준 적용

- 재산세 비과세되거나 면제되는 토지

- 재산세 별도합산과세대상이 되는 토지

- 재산세 분리과세대상이 되는 토지

> ☞ 종합부동산세와 달리, 비사업용 토지의 "그 밖의 토지"와 관련한 재산세 분류 근거가
> 소법§104의3①4호에서 열거되어 있으므로 지방자치단체에서 재산세 구분을 잘못한
> 경우에는 그대로 따를 것이 아니라,
>   – 지방세법 또는 관계법률에 따라 재산세 분류가 정확하게 과세되었는지 확인한 후
>   그에 따라 비사업용 여부를 판단해야 함

◉ 그 밖의 토지로서 재산세가 종합합산과세대상이더라도 거주 또는 사업과 직접 관련된 것으로 열거된 것은 비사업용 토지의 사용으로 보지 않음

비사업용 의 중과(소법§104의3①4호) 지목 변경(비사업용 토지 관련)

임야를 취득하여 보유하다가 창고용지로 지목을 변경한 후 양도한 경우로서, 양도일 직전 3년 중 2년 이상 동안 지방세법상 재산세 분리과세대상 토지였으므로 비사업용 토지에 해당하지 않음

중요 상 | 난이 중

적용사례

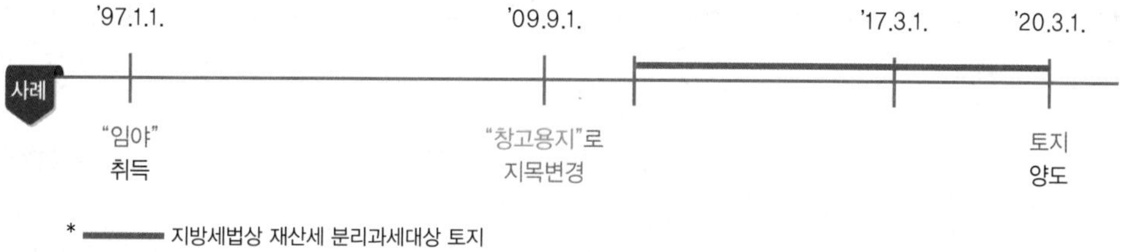

'97.1.1.
'09.9.1.
'17.3.1.
'20.3.1.
사례
"임야"
취득
"창고용지"로
지목변경
토지
양도
* 지방세법상 재산세 분리과세대상 토지

Q1 위의 "토지"를 양도했을 때, 비사업용 토지 여부?

A1 비사업용 토지 아님

① 직전 3년 중 2년 이상 비사토로 보지 아니하는 토지로 사용 ○

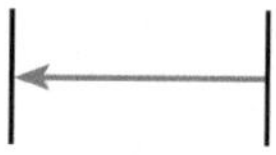

⇨ "비사업용 토지 아님"

관련 판례 · 해석 등 참고사항

▸ **토지 소유기간 중 지목이 변경된 경우(서면4팀-2446, '06.07.24.)**

– 토지 소유기간 중 지목이 변경된 경우, 지목별 비사업용 토지 해당 기간을 합산하여 비사용 토지 해당 여부를 판단하는 것임

잡종지를 취득하여 보유기간 동안 내내 종합합산과세대상인 경우 비사업용 토지에 해당

중요 중 / 난이 중

적용사례

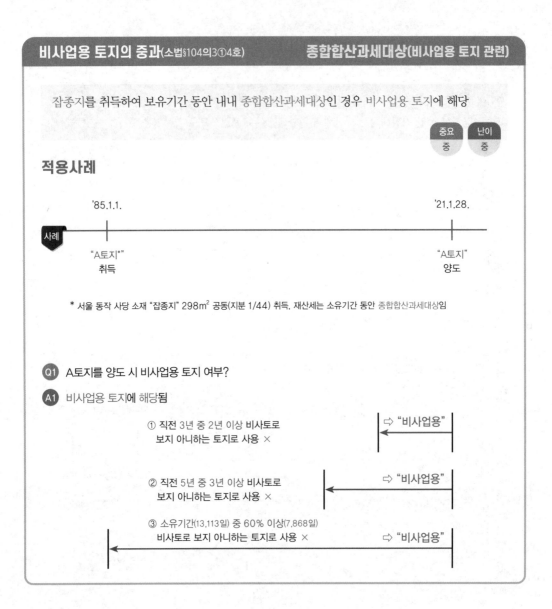

* 서울 동작 사당 소재 "잡종지" 298m² 공동(지분 1/44) 취득, 재산세는 소유기간 동안 종합합산과세대상임

Q1 A토지를 양도 시 비사업용 토지 여부?

A1 비사업용 토지에 해당됨

① 직전 3년 중 2년 이상 비사토로
   보지 아니하는 토지로 사용 ×   ⇨ "비사업용"

② 직전 5년 중 3년 이상 비사토로
   보지 아니하는 토지로 사용 ×   ⇨ "비사업용"

③ 소유기간(13,113일) 중 60% 이상(7,868일)
   비사토로 보지 아니하는 토지로 사용 ×   ⇨ "비사업용"

📃 관련 판례 · 해석 등 참고사항

사업용 토지인지 여부도 보유기간 중 사업용으로 사용된 기간을 고려하여 판단하여야 하는 점, 재산세 부과와는 별개로 과세기준일이 아닌 다른 시점에 재산세 별도합산대상이 되는지에 대한 판단이 가능한 점 등에 비추어 보면 "기간"을 재산세 과세연도로 해석해야 함

중요 상　난이 상

적용사례(부산지방법원2008구합847, '08.08.13.)

* '05.1.5. 지방세령§131의2 신설로 별도합산과세대상이 됨

제 12 편

Q1 비사업용 토지 중 "그 밖의 토지"와 관련하여 기간 계산 시 별도합산토지의 경우, 1.1.부터인지 과세기준일인 6.1.부터인지 및 비사업용 토지 여부?

A1 • 양도세는 보유기간 양도차익에 과세하는 점, 사업용 토지인지 여부도 보유기간 중 사업용으로 사용된 기간을 고려하여 판단하여야 하는 점, 재산세 부과와는 별개로 과세기준일이 아닌 다른 시점에 재산세 별도합산대상이 되는지에 대한 판단이 가능한 점등에 비추어 보면 "기간"을 재산세 과세연도로 해석해야 함

• 또한, 쟁점토지는 무허가공장 부속토지로 구.지방세법§234의15, 구.지방세령§194의14의 규정에 의하여 재산세(종합토지세) 종합합산과세대상이었다가 '05.1.5. 지방세법과 지방세령이 개정되면서 지방세령§131의2①1호에 의하여 재산세 별도합산과세대상이 되었으므로,

• 쟁점토지가 재산세 별도합산과세대상이었던 기간은 지방세법과 지방세령이 개정 시행된 '05.1.5.부터 쟁점토지 양도시점인 '06.10.20.까지 약 1년 10개월이므로 양도일로부터 소급하여 직전 3년 중 별도합산과세대상이었던 기간이 2년 이상이 되지 않아 비사업용 토지에 해당함

나 | 그 밖의 토지의 비사업용 토지 판정기준 (소법§104의3①4호)

그 밖의 토지(농지, 임야, 목장용지, 주택부속토지, 별장부속토지 外)는
재산세 과세대상이 종합합산과세대상이 아니거나,
거주 · 사업과 직접 관련된 경우 비사업용 토지의 사용으로 보지 않음

>> 재산세가 비과세되는 경우(지방세법§109, 지방세령§108)

- 국가, 지방자치단체 또는 지자체단체조합이 1년 이상 공용 또는 공공용으로 사용하는
  재산(유료로 사용하는 경우나 소유권의 유상 이전을 약정한 경우로서 그 재산을 취득하기 전에 미리
  사용하는 경우는 재산세 부과)

- 도로법에 따른 도로, 일반인의 자유로운 통행을 위하여 제공할 목적으로 개설한
  사설도로(건축법시행령§80의2에 따른 대지 안의 공지는 제외)

- 하천법에 따른 하천, 소하천정비법에 따른 소하천

- 공간정보관리법에 따른 제방(특정인이 전용하는 제방 제외)

- 농업용 구거와 자연유수의 배수처리에 제공하는 구거

- 농업용 및 발전용에 제공하는 댐 · 저수지 · 소류지와 자연적으로 형성된 호수 · 늪

- 무덤과 이에 접속된 부속시설물의 부지로 사용되는 토지로서 지적공부상도 지목이
  묘지인 토지

- 군사기지 및 군사시설보호법에 따른 군사기지 및 군사시설 보호구역 중 통제보호구역에
  있는 토지(전 · 답 · 과수원 및 대지는 제외)

- 산림보호법에 따라 지정된 산림보호구역 및 산림자원법에 따라 지정된 채종림 · 시험림

- 자연공원법에 따른 공원자연보존지구의 임야

- 백두대간보호에 관한 법률§6에 따라 지정된 백두대간보호지역의 임야

비사업용 토지의 중과(소법§104의3①4호)	비과세되는 도로(비사업용 토지 관련)

재산세가 비과세되는 도로를 보유하던 중에 이를 양도하는 경우에는
소법§104의3①4호가목의 규정에 따라 비사업용 토지에 해당하지 아니함

적용사례(서면5팀-2800, '07.10.23.)

'77.7.1.　　　　　'97.7.1.　　　　　'07.7.1.

사례

"A다가구주택"　　　　"B도로"　　　　"B도로"
취득　　　　　　분할*　　　　　양도

* 당초 A다가구 임대주택의 대지 120평 중 14평이 지번 분할되어 토지이용계획서상 도로로 편입되었으나
　토지대장은 대지로 되어 있고 실제는 도로로 사용 중임

Q1 위 도로를 양도하는 경우 비사업용 토지로 보는 것인지 주택부수토지의 양도로 보아 과세하는 것인지
여부?

A1 재산세가 비과세되는 도로를 보유하던 중에 이를 양도하는 경우에는 소법§104의3①4호가목의 규정에
따라 비사업용 토지에 해당하지 아니함

📜 관련 판례 · 해석 등 참고사항

▶ 서면5팀-1079, '08.05.20.
- "주택에 부수되는 토지"라 함은 당해 주택과 경제적 일체를 이루고 있는 토지로서 사회통념상
주거생활공간으로 인정되는 토지를 말하며 이에 해당 여부는 사실관계를 확인하여 판단할 사항임

▶ 지방세법§109[비과세]
③ 다음 각 호에 따른 재산에 대하여는 재산세를 부과하지 아니한다.
1. 대통령령으로 정하는 도로 · 하천 · 제방 · 구거 · 유지 및 묘지

▶ 지방세령§108[비과세]
① 법§109③1호에서 "대통령령으로 정하는 도로 · 하천 · 제방 · 구거 · 유지 및 묘지란 다음 각 호에서
정하는 토지를 말한다.
1. 도로 : 도로법에 따른 도로와 그 밖에 일반인의 자유로운 통행을 위하여 제공할 목적으로 개설한
사설도로. 다만, 건축법시행령§80의2에 따른 대지 안의 공지는 제외한다.

그 밖의 토지(농지, 임야, 목장용지, 주택부속토지, 별장부속토지 外)는
재산세 과세대상이 종합합산과세대상이 아니거나,
거주·사업과 직접 관련된 경우 비사업용 토지의 사용으로 보지 않음

▶ 재산세가 면제되는 경우 ☞ **지방세특례제한법**(아래 예시), 조례

- 사회복지사업법에 따라 설립된 사회복지법인등이 과세기준일 현재 해당 사업에 직접
  사용하는 부동산(대통령령으로 정하는 건축물의 부속토지를 포함한다)(§22②)

- 학교등이 과세기준일 현재 해당 사업에 직접 사용하는 부동산(대통령령으로 정하는 건축물의
  부속토지를 포함)(§41②)

- 평생교육법에 따른 교육시설은 운영하는 평생교육단체가 과세기준일 현재 해당 사업에
  직접 사용하는 부동산(대통령령으로 정하는 건축물의 부속토지를 포함)(§43②)

- 종교 및 제사를 목적으로 하는 단체가 과세기준일 현재 해당 사업에 직접 사용하는
  부동산(대통령령으로 정하는 건축물의 부속토지를 포함)(§50②)

- 종교 및 정당이 과세기준일 현재 해당 사업에 직접 사용하는 부동산(대통령령으로 정하는
  건축물의 부속토지를 포함)(§89②)

- 마을회등이 소유한 부동산과 임야(§90②)

그 밖의 토지(농지, 임야, 목장용지, 주택부속토지, 별장부속토지 外)는

재산세 과세대상이 종합합산과세대상이 아니거나,

거주·사업과 직접 관련된 경우 비사업용 토지의 사용으로 보지 않음

❯ **재산세 별도합산과세된 경우**(지방세법§106①2호, 지방세령§101)

- 市지역(읍·면지역, 산업단지, 공업지역 제외)의 공장용 건축물 부속토지로서 바닥면적에
  "용도지역별 적용배율(아래 표)" 곱하여 산정한 면적 이내

- 영업용 건축물의 부속토지로서 "용도지역별 적용배율"을 곱한 면적 이내

  * 건축법 등 관계법령에 따라 허가 등을 받아야 할 건축물로서 허가 등을 받지 아니한 건축물 또는 사용승인을
  받아야 할 건축물로서 사용승인(임시사용승인 포함)을 받지 아니하고 사용 중인 건축물의 부속토지는
  종합합산과세대상

- 차고용 토지, 보세창고용 토지, 시험·연구·검사용 토지, 물류단지시설용 토지 등
  공지상태나 해당 토지의 이용에 필요한 시설 등을 설치하여 업무 또는 경제활동에
  활용되는 토지로서 지방세령으로 정하는 토지

- 철거·멸실된 건축물 또는 주택의 부속토지로서 지방세령으로 정하는 토지*

  * 과세기준일 현재 건축물 또는 주택이 사실상 철거·멸실된 날(알 수 없는 경우 공부상 철거·멸실된 날)부터
  6개월[소규모주택정비법에 따른 빈집정비사업 또는 농어촌정비법에 따른 생활환경정비사업(빈집의 정비에 관한
  사업만 해당)의 시행으로 빈집이 철거된 경우3년]이 지나지 아니한 건축물 또는 주택의 부수토지

용도지역별		적용배율
도 시 지 역 (3~7배)	① 전용주거지역	5배
	② 준주거지역·상업지역	3배
	③ 일반주거지역·공업지역	4배
	④ 녹지지역	7배
	⑤ 미계획지역	4배
도시지역 외의 용도지역	⑥ 7배	

🏠 심화정리

● 별도합산과세대상 토지의 용도지역별 적용배율(지방세령§101②)

용도지역별		적용배율
도 시 지 역 (3~7배)	① 전용주거지역	5배
	② 준주거지역 · 상업지역	3배
	③ 일반주거지역 · 공업지역	4배
	④ 녹지지역	7배
	⑤ 미계획지역	4배
도시지역 외의 용도지역	⑥ 7배	

			② 상업지역(3배)	③ 공업지역(4배)	④ 녹지지역(7배)
도시 지역	주거지역				
	① 전용주거지역 (5배)	제1종 전용주거지역	중심상업지역	전용공업지역	보전녹지지역
		제2종 전용주거지역	일반상업지역		
	③ 일반주거지역 (4배)	제1종 일반주거지역		일반공업지역	생산녹지지역
		제2종 일반주거지역	근린상업지역		
		제3종 일반주거지역		준공업지역	자연녹지지역
	② 준주거지역 (3배)		유통상업지역		
관리 지역	⑥ (7배)	보전관리지역			
		생산관리지역			
		계획관리지역			
농림지역					
자연환경보전지역					

참고 도시지역 중 미 계획지역 : ⑤ 4배

지방세법§106①2호 및 3호에 따른 재산세 별도합산과세대상 또는 분리과세대상이 되는 토지에 대해서는 해당하는 면적에 대해서 해당하는 기간 동안 비사업용 토지에서 제외하는 것임

중요 상　난이 중

적용사례(부동산납세과-68, '14.02.04.)

　　'02.3.1.　　　　　　　　　　'07.5.1.　　　　　　　　　　'13.12.1.

사례

　　"A대지"　　　　　　　　"B건물(36m²)"　　　　　　　"A대지"
　　취득*　　　　　　　　　신축 후　　　　　　　　　"B부동산"
　　　　　　　　　　　　　창고로 사용　　　　　　　　　양도

* 도시지역(주거지역)의 A대지 200.7m² 취득

※ 재산세는 건물 신축('07.5.1.) 이후부터 건물 부수토지 부분(36m² × 4배 = 144m²)은 별도합산, 나머지(56.7m²)에 대해서는 종합합산과세되었음

Q1 부동산 전체를 비사업용 토지로 보는 것인지 또는 종합합산 과세대상 토지만 비사업용 토지로 보는 것인지?

A1 지방세법§106①2호 및 3호에 따른 재산세 별도합산과세대상 또는 분리과세 대상이 되는 토지에 대해서는 해당하는 면적에 대해서 해당하는 기간 동안 비사업용 토지에서 제외하는 것임

Q2 B건물의 취득가액과 관련하여 공사원가를 확인할 수 없는 경우에는 환산취득가액으로 계산하는지?

A2 소법§114⑦의 규정에 따라 매매사례가액, 감정가액, 환산가액의 순서에 따라 취득가액을 계산할 수 있음

제 12 편

📑 **관련 판례 · 해석 등 참고사항**

건축물이 사실상 멸실된 날부터 6개월 동안 재산세 별도합산과세 대상이 되는 그 밖의 토지에 해당하므로, 그 기간을 비사업용 토지로 보는 기간에서 제외하여 장기보유특별공제 적용 배제 대상인 비사업용 토지인지 여부를 판정

중요 상　난이 중

적용사례(대법원-2018-두-57940, '19.08.30.)

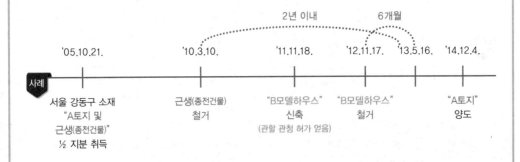

2년 이내　　　6개월

'05.10.21.　　　'10.3.10.　　'11.11.18.　　'12.11.17.　'13.5.16.　'14.12.4.

사례

서울 강동구 소재
"A토지 및
근생(종전건물)"
½ 지분 취득

근생(종전건물)
철거

"B모델하우스"
신축
(관할 관청 허가 얻음)

"B모델하우스"
철거

"A토지"
양도

Q1 A토지를 B모델하우스의 철거일인 '12.11.17.부터 6개월이 경과한 '13.5.16.까지의 기간 동안 재산세 별도합산과세대상이 되는 토지로 보아 비사업용 토지에서 제외되는 토지로 볼 수 있는 지 여부?

A1 A토지는 그 건축물이 사실상 멸실된 날부터 6개월 동안 재산세 별도합산과세 대상이 되는 그 밖의 토지에 해당하므로, 그 기간을 비사업용 토지로 보는 기간에서 제외하여 장기보유특별공제 적용 배제 대상인 비사업용 토지인지 여부를 판정하여야 함

📑 **관련 판례 · 해석 등 참고사항**

비사업용 토지(소령§168의14③4호)	별도합산과세대상(비사업용 토지 관련)

지방세법 규정에 의하여 재산세가 별도합산 또는 분리과세대상이 되는 토지의 경우 별도합산 또는 분리과세대상인 기간 동안은 비사업용 토지에서 제외되는 것임

중요 상 · 난이 중

적용사례(서면인터넷방문상담4팀-256, '08.02.07.)

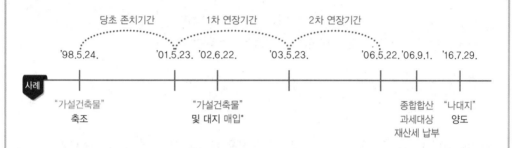

* 모델하우스 견본주택(철골조)으로 등기 및 건축물대장은 없으며, 일반상업지역, 지구단위계획구역에 소재

※ 가설물 존치기간 : '98.5.24.~'01.5.23., 1차 연장기간 : '01.5.23.~'03.5.23.,
2차 연장기간 : '03.5.24.~'04.5.22.

Q1 양도일 기준 5년 중 3년을 사업용 별도합산과세대상이었으면 나대지로 매매하여도 사업용으로 판단하여 양도세를 적용하는지?

A1 지방세법 규정에 의하여 재산세가 별도합산 또는 분리과세대상이 되는 토지의 경우 별도합산 또는 분리과세대상인 기간 동안은 비사업용 토지에서 제외되는 것임

제 12 편

📖 관련 판례 · 해석 등 참고사항

나 | 그 밖의 토지의 비사업용 토지 판정기준(소법§104의3①4호)

그 밖의 토지(농지, 임야, 목장용지, 주택부속토지, 별장부속토지 外)는
재산세 과세대상이 종합합산과세대상이 아니거나,
거주 · 사업과 직접 관련된 경우 비사업용 토지의 사용으로 보지 않음

▶ 재산세가 분리과세되는 경우(지방세법§106①3호, 지방세령§102)

- 읍 · 면, 산업단지, 공업지역 內 공장용지로서 일정 요건을 구비한 토지

  ☞ "공장입지 기준면적 범위" 內의 토지(초과분은 종합합산과세대상)

- 지방세법§13⑤(취득세 중과대상)에 의한 골프장용 토지와 고급오락장의 부속토지

- 「산업집적활성화 및 공장설립에 관한 법률」§2 1호에 따른 공장의 부속토지로서
  개발제한구역의 지정이 있기 이전에 그 부지취득이 완료된 곳으로서 지방세령으로
  정하는 토지

- 국가 및 지방자치단체 지원을 위한 특정목적 사업용 토지로서 대통령령으로 정하는 토지

- 에너지 · 자원의 공급 및 방송 · 통신 · 교통 등의 기반시설용 토지로서 지방세령으로
  정하는 토지

- 국토의 효율적 이용을 위한 개발사업용 토지로서 지방세령에서 정하는 토지

- 그 밖에 지역경제의 발전, 공익성의 정도 등을 고려하여 분리과세하여야 할 타당한
  이유가 있는 토지로서 지방세령에서 정하는 토지

🏠 심화정리

● 건물 중 일부가 멸실되어 증축한 경우

- 종전 건축물의 부속토지로서 재산세 별도합산과세대상이 되는 토지 범위를
  초과하였으나, 증축 이후 재산세 별도합산과세대상이 되는 범위 內의 토지에 대해서는
  증축일부터 비사업용 토지에 해당하지 않는 것임

(서면법규과-16, '14.01.08.)

● 재산세를 일부 감면 받은 토지

- 지방자치단체의 조례에 의하여 재산세가 50% 감면되는 토지는 소법§104의3①4호 가목
  규정이 적용되지 않아 비사업용 토지에 해당됨

(재산세과-3951, '08.11.24.)

> **참고** 50% 감면의 경우 "면제"가 아닌 점에 비추어 비사업용 토지에서 제외할 수 없다고 봄(조심2010서2847, '10.12.22.)

쟁점 **사실상 묘지에 대한 비사업용 토지 판단**

지방세법상 재산세가 비과세되는 묘지는 현황상 묘지일 뿐만 아니라
지적공부상으로도 지목이 묘지인 토지라고 할 것인 바, 지적 공부상 지목이 임야인
경우는 재산세가 비과세되는 토지에 해당하지 아니하고 주택재개발사업 예정구역으로
지정된 사실만으로 법령에 따라 사용이 금지·제한된 토지로 볼 수 없음

(대법원2013두7995, '13.07.25. 국승)

참고 토지에 분묘가 설치되었다는 이유만으로 비사업용 토지 판단 시 실질과세를 주장하며 재산세 비과세
대상으로 사업용 토지라고 볼 수 없고 지적공부상 지목이 "묘지"이어야 함

다 | 거주 또는 사업과 직접 관련 있는 토지 (소령§168의11①1호)

그 밖의 토지로서 재산세가 종합합산과세대상이더라도
거주 또는 사업과 직접 관련된 것으로 열거된 것은
비사업용 토지의 사용으로 보지 않아 기간기준 적용함

◉ 선수전용 체육시설용 토지

- 직장운동경기부를 설치한 자가 선수전용으로 계속하여 제공하는 체육시설용 토지로서 기준면적(별표 3) 이내

- 운동경기업을 영위하는 자가 선수훈련에 직접 사용하는 체육시설로서 기준면적(별표 4) 이내

◉ 종업원 복지후생 목적 체육시설용 토지 ☞ 기준면적(별표 5) 이내

◉ 체육시설업을 영위하는 자의 사업용 토지

- 법률에 적합한 시설 및 설비를 갖추고 당해 사업에 직접 사용하는 토지

◉ 경기장운영업을 영위하는 자가 당해 사업에 직접 사용하는 토지

다 | 거주 또는 사업과 직접 관련 있는 토지(소령§168의11①2호)

⊙ 건축물의 부설주차장

- 주차장법에 따른 부설주차장(주택의 부설주차장 제외)으로서 부설주차장 설치 기준면적
  이내 토지. 다만, 휴양시설업용 토지와 부설주차장용 토지는 부설주차장 설치기준면적의
  2배 이내 부설주차장용 토지 면적 적용

⊙ 업무용 자동차 주차장용 토지

- 지방세령§101③1호에 따른 사업자 외의 자로서 업무용 자동차(승용자동차 · 이륜자동차 및
  종업원 통근용 승합자동차 제외)를 필수적으로 보유하여야 하는 사업에 제공되는
  업무용자동차의 주차장용 토지

⊙ 주차장 운영업용 토지

- 주차장운영업을 영위하는 자가 "소유"하고, 주차장법에 따른 노외주차장 사용 토지로서
  토지가액 대비 1년간 수입금액 비율이 3/100 이상인 토지

주차장 운영업을 영위하는 甲의 과세기간별 수입금액과 토지가액의 비율이 3% 이상이므로 비사업용 토지에 해당하지 않음

중요 상 / 난이 중

적용사례

사례

주차장 운영업을 영위하는 甲의 과세기간별 수입금액과 토지가액이 아래와 같은 경우 2020년과 2021년의 비사업용 토지 여부?

구 분	2019년	2020년	2021년
수입금액	13,000,000원	15,000,000원	22,000,000원
토지가액	400,000,000원	600,000,000원	700,000,000원

Q1 2020년 비사업용 토지 여부?   ①과 ② 중 큰 금액이 3% 미만으로 비사업용 토지

A1 ① 당해 과세기간 : 2.5% (15,000,000원 / 600,000,000원)

② 당해 과세기간 + 직전 과세기간 : 2.8%

(15,000,000원 + 13,000,000원) / (600,000,000원 + 400,000,000원)

Q2 2021년 비사업용 토지 여부?   ①과 ② 중 큰 금액이 3% 이상으로 비사업용 토지 아님

A2 ① 당해 과세기간 : 3.1% (22,000,000원 / 700,000,000원)

② 당해 과세기간 + 직전 과세기간 : 2.8%

(22,000,000원 + 15,000,000원) / (700,000,000원 + 600,000,000원)

제12편

📜 **관련 판례 · 해석 등 참고사항**

◉ 소유 토지를 주차장 운영업자에게 임대하는 경우

• 비사업용 토지로 보지 아니하는 주차장운영업용 토지는 주차장운영업을 영위하는 자가
  소유하고, 주차장법에 따른 노외주차장으로 사용하는 토지라고 규정하고 있어,

  – 소유 토지를 주차장업을 영위하는 자에게 "임대"하는 경우, 비사업용 토지로 보지 않는
    주차장 운영업용 토지에 해당하지 않음

  (양도소득세 집행기준 104의3-168의11-8)

◉ 소유 토지를 특정 음식점의 주차장으로 이용하게 한 경우

• 주차장으로 사용되는 부동산의 사용계약서에 보증금과 월 사용료, 계약기간, 전대 등의
  제한, 원상회복의무 등이 명시되어 있고, 매매계약서에 임대보증금과 임대료 정산,
  임대계약서 사본의 별첨 등 임대차 관련 내용이 기재되어 있으며,

  – 주차장 관리사무소 전면에 입간판을 설치하여 특정한 음식점용 주차장으로 인식할 수
    있는 상황인 경우로서 그 주차장 운영의 실질이 토지의 임대에 해당하는 경우에는
    해당 토지는 주차장운영업용 토지에 해당하지 아니하여 비사업용 토지로 보는 것임

  (사전-법령해석재산-21531, '15.02.6.)

다 | 거주 또는 사업과 직접 관련 있는 토지(소령§168의11①3,4,6호, 소칙§83의4⑦,⑧,⑪)

▶ 사업시행자가 조성하는 토지 ☞ 토지의 조성이 완료된 날부터 2년 이내

- 경제자유구역, 관광단지, 개발구역, 물류단지 등에서 지정된 사업시행자가
  민간투자사업의 시행으로 조성한 토지

▶ 청소년수련시설용 토지

- 청소년수련시설용 토지로서 동법에 따른 시설·설비기준을 갖춘 토지는 비사업용
  토지의 사용으로 보지 않음. 다만, 수용정원에 200m²를 곱한 면적을 초과하는 토지 제외

▶ 휴양시설업용 토지

- 전문휴양업, 종합휴양업 그 밖에 유사한 시설을 갖추고 타인의 휴양이나 여가선용을
  위하여 이용하게 하는 토지(전문휴양업, 종합휴양업 그 밖에 이와 유사한 휴양시설업의 일부로
  운영되는 스키장업 또는 수영장업용 토지를 포함, 온천장용 토지 제외)

제 12 편

다 | 거주 또는 사업과 직접 관련 있는 토지 (소령§168의11①7, 8, 9호)

● 하치장용 등의 토지

- 경제자유구역, 관광단지, 개발구역, 물류단지 등에서 지정된 사업시행자가
  민간투자사업의 시행으로 조성한 토지

● 골재채취장용 토지

- 「골재채취법」에 따라 시장·군수·자치구청장으로부터 골재채취 허가를 받은 자가
  허가를 받은 바에 따라 골재채취에 사용하는 토지

● 폐기물처리용 토지

- 「폐기물관리법」에 따라 허가를 받아 폐기물처리업을 영위하는 자가 당해 사업에
  사용하는 토지

> **참고** 골재(골재채취법§2 1호) : 하천, 산림, 공유수면이나 그 밖의 지상·지하 등 부존하는 암석(碎石用 한정), 모래 또는
> 자갈로서 콘크리트 및 아스팔트콘크리트의 재료 또는 그 밖의 건설공사에 기초재료로 쓰이는 것

비사업용 토지의 중과(소법§104의3①4호, 소령§168의11①7호)

하치장용 등 토지(비사업용 토지 관련)

자원의 절약과 재활용촉진에 관한 법률에 따라 재활용사업에 종사하는 사업자에게 임대하는
토지로 재활용 가능자원의 수집·보관에 사용하는 토지는 비사업용 토지에서 제외되는
"하치장용 등의 토지"에 해당함

중요 상 / 난이 중

적용사례(서면4팀-962, '07.03.22.)

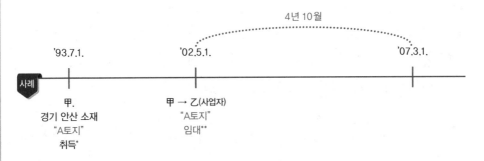

4년 10월

'93.7.1.   '02.5.1.   '07.3.1.

사례

甲.
경기 안산 소재
"A토지"
취득*

甲 → 乙(사업자)
"A토지"
임대**

* 수자원공사에서 분양받은 지목이 대지로 재산세는 종합합산과세대상임

** 乙은 고철, 파지 비철금속을 도매와 소매하는 사업자이고 甲은 임대사업자 등록은 하지 않는 상태임

Q1 갑이 을(사업자)에게 임대하는 토지가 비사업용 토지에 해당하는 지 여부?

A1 자원의 절약과 재활용촉진에 관한 법률에 따라 재활용사업에 종사하는 사업자에게 임대하는 토지로
재활용 가능자원의 수집·보관에 사용하는 토지는 비사업용 토지에서 제외되는 "하치장용 등의 토지"에
해당함

📋 관련 판례·해석 등 참고사항

▶ **서면-2016-부동산-4802, '16.12.22.**
- 토지를 임차인이 실질적으로 고물상의 용도로 사용하고 있는 기간 동안은 비사업용 토지에서 제외하는
  것이나, 이에 해당하는 지 여부는 사실 판단할 사항임

▶ **대법원2010두18383, '10.12.09.**
- 하치장 등의 토지는 반드시 나대지임을 전제로 하는 것이 아니고 그 지상에 건물의 존재 여부와는
  상관없이 그 용도가 물품의 보관 관리를 위하여 별도로 설치 사용되는 토지인지 여부에 따라 판단하여야
  할 것임

쟁점 하치장 설치허가 등이 필요한 지 여부 등

- 소령§168의11①7호에서 '물품의 보관 · 관리를 위하여 별도로 설치 · 사용되는 하치장 · 야적장 · 적치장 등으로서 매년 물품의 보관 · 관리에 사용된 최대면적의 100/120 이내의 토지'를 비사업용 토지에서 제외하도록 하였는 바, 이 건의 경우 쟁점토지는 지방세법에 의한 재산세가 종합합산과세되는 토지에 해당하므로 소법§104의3①4호 가목 및 나목에 의하여 비사업용 토지에서 제외되는 토지에는 해당되지 아니하나, ○○이 운영하는 사업과 관련하여 물품의 보관장소 등으로 사용하였다면, 같은 호 다목 및 소령§168의11①7호에서 규정하는 하치장 등의 토지로서 비사업용 토지에서 제외하는 것이 타당하다고 할 것임

- 또한, 소령§168의11①7호에서 하치장 · 야적장 · 적치장 등에 대한 구체적인 정의를 규정하고 있지 아니하며 다만 물품의 보관 · 관리를 위하여 별도로 설치 · 사용되는 토지로만 규정하고 하치장 등을 사용함에 있어 설치허가나 신고 등에 관한 제한 규정을 두지 아니하여 하치장 등 설치신고를 하지 아니하였다 하더라도 사실상 하치장 등으로 사용하면 직접 사용한 것으로 보는 것이고, 토지소유자가 직접 사용하여야 한다는 제한규정을 두고 있지 아니한 이상 소유자 또는 임차인이 사용하는 경우에도 적용대상이 된다고 할 것임

(조심2009서3720, '10.05.06. 국패)

 참고 하치장 설치신고는 입증자료의 하나에 불과함

비사업용 토지의 중과(소법§104의3①4호, 소령§168의11①7호)

하치장용 등 토지(비사업용 토지 관련)

비사업용 토지에서 제외되는 토지를 규정하고 있는 조항은 예시적 규정이 아니라 한정적 규정으로 보아야 할 것이고, 원목 및 건축 관련 목재품 도매업과 그 외 기타 건축자재 도매업은 비사업용 토지에서 제외되는 골재나 석물 등의 도매업에 포함되지 않으며 하치장용 토지도 아님

중요 상　난이 중

적용사례(심사양도2010-0030, '10.04.13., 대법원2012두8427, '12.05.25.)

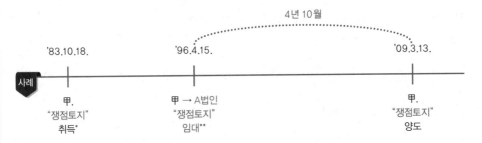

* 재산세 종합합산과세대상토지로서 토지이용계획확인서상 준주거지역이고 인천시내 8차선 대로변에 위치하고 있음

** A법인은 합판 도매업을 운영하고 있음

Q1 쟁점토지가 하치장으로서 비사업용 토지에서 제외되는 토지인지 여부?

A1 • 비사업용 토지에서 제외되는 토지를 규정하고 있는 조항은 예시적 규정이 아니라 한정적 규정으로 보아야 할 것이고, 원목 및 건축 관련 목재품 도매업과 그 외 기타 건축자재 도매업은 비사업용 토지에서 제외되는 골재나 석물 등의 도매업에 포함되지 않으며
　　• 소령§168의11①7호에 규정된 하치장용 토지가 아닌 판매가 직접적으로 이루어진 사업장으로서 비사업용 토지에 해당함

📜 관련 판례 · 해석 등 참고사항

▶ **사전-2016-법령해석재산-0015, '16.02.11.**

－ 양도인이 종합합산과세대상으로 분류되어 재산세가 부과되는 토지를 "자동차중고부품 소매업자(임차인)"에게 임대하고, 임차인은 중고자동차의 부품을 분리하여 판매하기 위하여 해당 토지를 사업장으로 사용하면서 일부는 사무실로, 일부는 폐차량을 보관하는 장소로 사용한 경우 해당 토지는 소법§104의3①4호 및 소령§168의11①7호에 따른 별도로 설치 · 사용되는 하치장용 등의 토지에 해당하지 않아 비사업용 토지에 해당함

다 | 거주 또는 사업과 직접 관련 있는 토지(소령§168의11①5,11호)

● 종업원 등의 예비군훈련용 토지

- 종업원 등의 예비군 훈련을 실시하기 위하여 소유하는 토지로서, 일정 요건*을 모두
  갖추고 기준면적 이내의 토지

> **참고** 예비군훈련용 토지 일정요건 :
> - 지목이 대지 또는 공장용지가 아닐 것
> - 국토계획법에 따른 도시지역의 주거 · 상업 · 공업지역 안에 소재하지 아니할 것
> - 기재부령의 시설기준 갖추고 기재부령이 정하는 기준면적 이내일 것
> - 수입 군부대장으로부터 예비군훈련 실시를 위임받는 자가 소유할 것

● 양어장 또는 지소용(地沼用) 토지

☞ 양어장 또는 지소용 토지(내수면양식업 · 낚시터운영업 등에 사용되는 댐 · 저수지 · 소류지(少溜地)
및 자연적으로 형성된 호소와 이들의 유지를 위한 부지)로서,

- 허가 받은 육상해수양식어업, 허가 받은 수산종자생산업에 사용되는 토지

- 시장 · 군수 · 자치구청장으로부터 면허 또는 허가를 받거나
  시장 · 군수 · 자치구청장에게 신고한 자가 당해 면허어업 · 허가어업 및 신고어업에
  사용하는 토지

- 그 외 토지로서 토지가액에 대한 1년간의 수입금액 비율이 4/100 이상 토지

다 | 거주 또는 사업과 직접 관련 있는 토지(소령§168의11①10,12호)

◉ 광천지

- 광천지(청량음료제조업 · 온천장업 등에 사용되는 토지로서 지하에서 온수 · 약수 등이 용출되는 용출구 및 그 유지를 위한 부지)로서 토지가액에 대한 1년간 수입금액 비율이 4/100 이상인 토지

◉ 기타 수입금액비율 적용 토지

- 다음의 토지로서 토지의 가액에 대한 1년간의 수입금액 비율이 각 토지별로 다음 비율 이상인 토지

  - 블록 · 석물 · 토관제조업용 토지 : 20/100(이들의 도소매업 : 10/100)
  - 조경작물 식재업용 및 화훼 판매시설업용 토지 : 7/100
  - 자동차정비 · 중장비정비 · 중장비운전 과정 교습하는 학원용 토지 : 10/100
  - 농업 관련 과정 교습하는 학원용 토지 : 7/100

> **참고** 토지가액 : 당해 과세기간 종료일(과세기간 중 양도 시 양도일) 현재 기준시가

다 | 거주 또는 사업과 직접 관련 있는 토지(소령§168의11①13호, 소칙§83의4⑯)

> 무주택자가 소유하는 나지(裸地)

- 주택을 소유하지 아니하는 "1세대"가 소유하는 "1필지"의 나지로 법령에 따라 주택신축이 금지 또는 제한되는 지역에 소재하지 않고, 그 지목이 대지이거나 실질적으로 주택을 신축할 수 있는 토지로서 660m² 이내

- 기간기준이 적용

- 1필지의 판정은 토지대장에 의하여 판단

- 660m² 초과면적은 비사업용 토지로 봄 ☞ 초과부분만 부인

- 여러 필지인 경우 납세자 선택 우선
    ☞ 先 양도한 후 後 양도하는 나지도 이전 토지의 양도일 이후 적용 가능

- 주택과 나지를 중복 보유한 기간 동안은 비사업용 토지

참고 | 나지 : 나무나 풀이 없이 흙이 그대로 드러난 땅. 어느 용도로도 사용되고 있지 아니한 토지

🏠 심화정리

▶ **무주택 1세대가 1필지를 타인과 공동 소유한 경우**

주택을 소유하지 않은 1세대가 1필지의 나지를 타인과 공동 소유한 경우, 해당 1세대가
소유하는 지분의 토지면적 $660m^2$ 이내는 무주택 기간 동안 사업용 토지에 해당함

(양도소득세 집행기준 104의3−168의11−24)

▶ **아파트 분양권과 1필지의 나지를 소유한 경우**

무주택인 1세대가 소유하는 1필지의 나지를 양도시, 아파트 분양권을 소유하고 있는
경우는 주택이 아니므로 양도하는 1필지의 나지를 사업용 토지로 보아 비사업용 토지의
기간기준을 적용함

(양도소득세 집행기준 104의3−168의11−23)

부당행위계산 및 배우자 등 이월과세

부당행위계산 개요

개념

- 양도소득이 있는 거주자의 행위 또는 계산이 그 특수관계인과의 거래로 인하여 조세를 부당하게 감소시킨 것으로 인정되는 경우에는, 세무서장 또는 지방국세청장이 거주자의 행위나 계산을 부인하고 소득금액을 다른 정상적인 경제거래와 같이 계산하는 것

전제

- 특수관계인과의 거래
- 행위나 계산의 부당성 ☞ 조세부담의 부당한 감소(저도고수)

> **참고** 행위나 계산의 부당성
> ① | 시가 – 대가 | ≥ 3억원
> ② | 시가 – 대가 | / 시가 ≥ 5% (시가의 5%에 상당한 금액 이상)

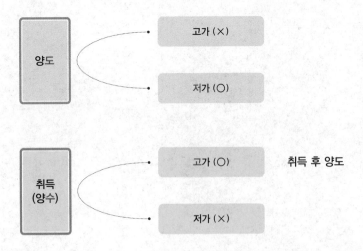

◉ 부당행위계산(저가양도, 고가양수)

• (특수관계인 개인에게) 저가양도

건물양도
(시가 15억 원)
兄 →← 弟
대가 10억원

• (특수관계인 개인이) 고가양수

건물양도
(시가 15억 원)
弟 →← 兄
대가 20억원

〈저가양도〉"기준"
• 양도가액 부인
  (∵ 부당행위)
  ⇨ 10억원 + 5억원
  = 15억원(시가)

▷ 부당행위 : 양도가액
  을 시가에 의하여 계산

• 증여재산가액(상증법§35)
  ⇨ 차액 5억원 – 3억원
  = 2억원
• 취득가액(이중과세조정)
  * 10억원 + 2억원
  = 12억원

〈고가양도〉
• 증여재산가액(상증법§35)
  ⇨ 차액 5억원 – 3억원
  = 2억원
• 양도가액(이중과세조정)
  * 20억원 – 2억원
  = 18억원

〈고가양수〉"기준"
• 취득가액 부인
  (∵ 부당행위)
  ⇨ 20억원 – 5억원
  = 15억원(시가)

▷ 부당행위 : 취득가액
  을 시가에 의하여 계산

◉ 목적(입법취지)

• 실질과세 원칙 및 공평과세 구현 ⇒ 실질소득자에 대한 과세

• 조세회피목적으로 증여 후 양도하는 행위(우회행위 등) 방지

◉ 효과

• 사법(民法) 상 거래 및 행위에 대한 유효성 인정

• 세법 상 양도소득금액의 일방적 재계산과 가산세 부과

참고	부당행위계산 적용 배제(소법§101②)

① 수증자 부담 결정세액(증여세 + 양도세) 〉 증여자 부담 양도세 결정세액

② 소득 실질 귀속이 수증자인 경우

제
13
편

🏠 심화정리

➡ 거주자와 특수관계에 있는자(국기령§1의2①, ② 및 ③1호)

* "특수관계인"이란 국기령§1의2①, ② 및 ③1호에 따른 특수관계인을 말함(소령§98①)

① 친 족 관 계*	② 경제적 연관관계	③ 경영지배 관계
1. 4촌 이내 혈족 2. 3촌 이내 인척 3. 배우자 　(사실혼 관계 포함) 4. 친생자로서 다른 사람에게 친양자 입양된 자 및 그 배우자·직계비속 5. 본인이 인지한 혼인 외 출생자의 생부나 생모	1. 임원과 그 밖의 사용인 2. 본인의 금전이나 그 밖의 재산으로 생계를 유지하는자 3. 상기 자(①,②)와 생계를 함께하는 친족	1. 본인이 개인인 경우 　가. 본인이 직접 또는 그와 친족 관계 또는 경제적 연관관계에 있는 자를 통해 법인의 경영에 대하여 지배적인 영향력을 행사**하는 경우 그 법인 　나. 가 + 가목 관계에 있는 자를 통해 법인의 경영에 지배적인 영향력을 행사**하는 경우 그 법인

* '23.3.1.부터 시행
　cf) 상장주식의 대주주 판정 개정 내용은 '23.1.1. 이후 양도분부터 적용

** 국기령§1의2③1호 각 목, 같은 항 2호가목부터 다목까지 규정 적용할 때 아래 요건에 해당하는 경우 법인의 경영에 대하여 지배적인 영향력을 행사하고 있는 것으로 봄(국기령§1의2④)

　1. 영리법인인 경우
　　가. 법인의 발행주식 총수 또는 출자총액의 30% 이상 출자한 경우
　　나. 임원의 임면권 행사, 사업방침의 결정 등 법인의 경영에 대하여 사실상 영향력을 행사하고 있다고 인정되는 경우
　2. 비영리법인인 경우
　　가. 법인의 이사의 과반수를 차지하는 경우
　　나. 법인의 출연재산(설립을 위한 출연재산만 해당)의 30% 이상을 출연하고 그 중 1인이 설립자인 경우

➡ 시가(소령§167⑤)

- 상증법상 §60~§66, 상증령§49, §50~§52, §52의2, §53~§58, §58의2~§58의4, §59~§63의 규정을 준용하여 평가한 가액

> **참고**
> 최대주주 등의 주식 할증평가와 관련하여, '03.1.1. 이후 중소기업에 대해서는 50% 경감하도록 하였으며, '05.1.1.부터 '19.12.31.까지의 기간 중에 중소기업의 주식을 상속 또는 증여하는 경우에는 할증평가를 면제하였으며('19.12.31. 조특법§101을 삭제하고 상증법 §63에 반영), '20.1.1.부터는 중소기업의 주식은 할증평가 하지 않음

특수관계인의 범위(국기법§2)   동생의 사실혼 배우자(부당행위계산 관련)

사실혼 관계에 있는 배우자란 당사자의 배우자에 한하는 것이므로 혈족의 사실혼 배우자는 국기령§1의2①2호의 4촌 이내의 인척에 해당하지 아니함

중요 | 중
난이 | 중

적용사례(서면-2016-법령해석기본-5939, '17.03.08.)

'12.5.21.

父→甲, 乙(甲의 동생)
"A주택"
각 ½지분 증여

* 丙은 乙의 사실혼 배우자임

'17.2.1.

甲→丙*
"A주택"
1/2지분
증여

Q1 동생과 사실상의 혼인관계에 있는 자가 소법§101의 특수관계인에 해당하는지 여부?

A1 사실혼 관계에 있는 배우자란 당사자의 배우자에 한하는 것이므로 혈족의 사실혼 배우자는 국기령§1의2①2호의 4촌 이내의 인척에 해당하지 아니함

📜 **관련 판례 · 해석 등 참고사항**

▶ 서면법규-897, '13.08.20.
  – 법인세법 시행령§87에 따른 특수관계인을 판정할 때 '배우자의 3촌 이내 혈족과 사실상의 혼인 관계에 있는 배우자'는 국기령§1의2①2호의 '4촌 이내의 인척'에 해당하지 아니하는 것임

갑이 B법인의 지분을 보유하고 있지 아니하고, 임원의 임면권 행사, 사업방침의 결정 등 법인의 경영에 사실상 영향력을 행사하고 있다고 인정되지 않는 경우, 갑과 B법인은 국기령§1의2①,② 및 ③1호에 따른 특수관계인에 해당하지 않음

중요
중

난이
상

적용사례(서면-2021-자본거래-4830, '21.09.08.)

'20.12.1.

'21.4.1.

사례

A법인
설립*
(甲, 乙**)

甲→B법인
"A법인 주식"
양도 시작***

* 거주자 甲(대표이사, 최대주주, 지분율 80%)과 거주자 乙(등기임원, 지분율 20%)이 출자하고, '21.6.9. 벤처기업 인증 받음

** 乙은 '20.12.1. 이전부터 B법인의 등기임원으로 재직 중이나 B법인의 지분을 보유하고 있지 않으며 B법인에 대한 임원의임면권 행사, 사업방침의 결정 등 B법인의 경영에 대하여 사실상 영향력을 행사하고 있지 않으나, 乙의 父는 B법인의 최대주주(지분 55%)이고 대표이사임

*** 甲은 '21.4.1.을 최초 양도일로 하여 향후 3년간 매년 4.1.에 A법인 보유지분을 10%씩 총 40%를 B법인에 매각하는 약정을 체결함

Q1 '21.4.1. 현재 갑과 B법인은 소법상 특수관계인*에 해당하는 지 여부?

* 국기령§1의2①,② 및 ③1호에 따른 특수관계인을 말함

A1 갑이 B법인의 지분을 보유하고 있지 아니하고, 임원의 임면권 행사, 사업방침의 결정 등 법인의 경영에 사실상 영향력을 행사하고 있다고 인정되지 않는 경우, 갑과 B법인은 국기령§1의2①,② 및 ③1호에 따른 특수관계인에 해당하지 않음

📄 **관련 판례·해석 등 참고사항**

🏠 심화정리

⊙ 세목별 감정평가 적용금액 및 감정평가사(개인) 인정 시기

구 분	시가 불분명 시 적용금액	감정평가사(개인) 인정시기	법 령
상증법 (평가의 원칙)	둘 이상의 감정기관 평균액[1]	'14.3.14. 이후 평가분	상증법§60⑤, 상증령§49①2,⑥
소득세법 (양도·취득가액추계)	둘 이상의 감정평가업자의 감정가액 평균액[2]	'15.2.3. 이후 평가분	소령§176의2③2
법인세법 (부당행위계산부인)	하나의 감정평가업자의 감정가액 (감정가액 둘 이상인 경우 평균액)	'18.2.3. 이후 평가분 ~~(감정가액 5억원 이하만)[3]~~	법령§89②1
부가세법 (토지·건물 등 안분계산)	하나의 감정평가업자의 감정가액[4]	'15.2.3. 이후 평가분	부가령§64

[1] '18.4.1. 이후 감정평가분부터 기준시가 10억원 이하 부동산에 대해 하나의 감정가액도 인정

[2] '20.2.11. 이후 양도분부터 기준시가 10억원 이하 부동산에 대해 하나의 감정가액도 인정

[3] '19.2.12. 이후 감정가액 5억원 이하 규정 삭제되어 감정가액 관계없이 감정평가사 인정

[4] 감정평가한 감정가액이 2이상 있는 경우 그 감정가액의 평균액 기준(서면3팀-20, '08.01.03.)

⊙ 양도소득의 부당행위계산(소법 § 101)

① 납세지 관할 세무서장 또는 지방국세청장은 양도소득이 있는 거주자의 행위 또는 계산이 그 거주자의 특수관계인과의 거래로 인하여 그 소득에 대한 조세 부담을 부당하게 감소시킨 것으로 인정되는 경우에는 그 거주자의 행위 또는 계산과 관계없이 해당 과세기간의 소득금액을 계산할 수 있다.

② 거주자가 ①에서 규정하는 특수관계인(§97의2①을 적용받는 배우자 및 직계존비속의 경우는 제외한다)에게 자산을 증여한 후 그 자산을 증여받은 자가 그 증여일부터 10년 이내에 다시 타인에게 양도한 경우로서 제1호에 따른 세액이 제2호에 따른 세액보다 적은 경우에는 증여자가 그 자산을 직접 양도한 것으로 본다. 다만, 양도소득이 해당 수증자에게 실질적으로 귀속된 경우에는 그러하지 아니하다.

   1. 증여받은 자의 증여세(「상증법」에 따른 산출세액에서 공제·감면세액을 뺀 세액을 말한다)와 양도세(이 법에 따른 산출세액에서 공제·감면세액을 뺀 결정세액을 말한다. 이하 제2호에서 같다)를 합한 세액

   2. 증여자가 직접 양도하는 경우로 보아 계산한 양도소득세

③ ②에 따라 증여자에게 양도소득세가 과세되는 경우에는 당초 증여받은 자산에 대해서는 「상증법」의 규정에도 불구하고 증여세를 부과하지 아니한다.

⊙ 양도소득의 부당행위계산(소령 § 167)

③ 소법§101①에서 "조세의 부담을 부당하게 감소시킨 것으로 인정되는 경우"란 다음 각
호의 어느 하나에 해당하는 때를 말한다. 다만, 시가와 거래가액의 차액이 3억원
이상이거나 시가의 100분의 5에 상당하는 금액 이상인 경우로 한정한다.
1. 증여받은 자의 특수관계인으로부터 시가보다 높은 가격으로 자산을 매입하거나
특수관계인에게 시가보다 낮은 가격으로 자산을 양도한 때
2. 증여자가 그 밖에 특수관계인과의 거래로 해당 연도의 양도가액 또는 필요경비의
계산시 조세의 부담을 부당하게 감소시킨 것으로 인정되는 때

④ 소법§98①에 따른 특수관계인과의 거래에 있어서 토지등을 시가를 초과하여 취득하거나
시가에 미달하게 양도함으로써 조세의 부담을 부당히 감소시킨 것으로 인정되는 때에는
그 취득가액 또는 양도가액을 시가에 의하여 계산한다.

> * 부당행위계산의 부인(소령§98)
> ① 소법§41 및 §101에서 "특수관계인"이란 국기령§1의2①, ② 및 같은 조 ③1호에 따른 특수관계인을
> 말한다.

⑤ ③ 및 ④을 적용할 때 시가는 상증법§60~§66, 상증령§49, §50~§52, §52의2, §53~§58,
§58의2~§58의4, §59~§63까지의 규정을 준용하여 평가한 가액에 따른다. 이 경우
상증령§49① 각 호 외의 부분 본문 중 "평가기준일 전후 6개월(증여재산의 경우에는
평가기준일 전 6개월부터 평가기준일 후 3개월까지로 한다) 이내의 기간"은 "양도일 또는 취득일
전후 각 3개월의 기간"으로 본다.

⑥ 개인과 법인간에 재산을 양수 또는 양도하는 경우로서 그 대가가 법령§89의 규정에 의한
가액에 해당되어 당해 법인의 거래에 대하여 법법§52의 규정이 적용되지 아니하는
경우에는 법법 §101①의 규정을 적용하지 아니한다. 다만, 거짓 그 밖의 부정한 방법으로
양도소득세를 감소시킨 것으로 인정되는 경우에는 그러하지 아니하다.

⑦ ⑤에도 불구하고 주권상장법인이 발행한 주식의 시가는 법령§89①에 따른 시가로 한다.
이 경우 ③ 각 호 외의 부분 단서는 적용하지 않는다.

🏠 심화정리

⊙ **부당행위** 판단 기준일(양도세 집행기준 101-167-2)

- 거주자와 특수관계 있는 자와의 거래가 부당한 행위에 해당하는지 여부는 거래 당시 즉 양도가액을 확정지을 수 있는 시점인 매매계약일을 기준으로 판단

⊙ **실무상 부당행위** 판단 방법

① 먼저 부당행위에 해당하는지 판정 시에는 "매매계약일" 기준으로 前·後 3개월 안에 비교대상물건의 매매계약일이 있는지 확인한 후, 그 계약서의 금액과 비교하여 부당성 판정

② 부당행위에 해당하면, 양도·취득일을 기준으로 前·後 3개월 안에 비교대상물건의 매매계약일 있는지 확인한 후 가장 가까운 날의 계약서 금액을 양도·취득가액으로 적용

개인과 법인간 매매계약일 현재 시가로 거래하여 법법상 부당행위계산부인 규정이 적용되지 않는 경우 양도소득 부당행위계산 규정을 적용하지 않음

(부당행위계산 해당여부 판단은 매매계약일 기준으로 함)

적용사례(서면-2015-법령해석재산-0569, '15.06.29.)

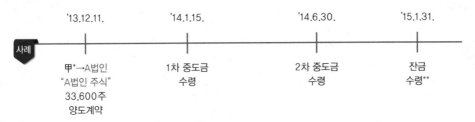

* 甲은 비상장회사인 A법인의 임원으로 근무하던 자로서 계약일 현재 1주당 가액 100,000원으로 법인세법상 시가에 해당(상증법상 보충적 평가방법에 따라 평가한 가액임)한 계약금 수령한 후 퇴사하였고, 회사 자금 사정으로 인하여 매매대금을 분할하여 수령하였음

** 甲은 잔금 수령일 현재 상증법상 보충적 평가방법에 따른 평가액은 1주당 120,000원이고, 계약일과 잔금청산일 전·후 3개월 이내 제3자간 거래한 매매사례가액 등은 없음

Q1 개인이 특수관계에 있는 법인에게 주식을 양도하는 경우 매매계약일 당시 1주당 가액은 법법에 따른 주식의 시가와 같으나, 잔금청산일에는 법법에 따른 주식의 시가가 더 높은 경우
– 양도소득 부당행위계산의 판단기준일이 언제인지 여부 및 소법에 따른 양도소득 부당행위계산 규정 적용 여부?

A1 거주자가 특수관계 법인에게 비상장주식을 매매계약일 현재의 확정된 가액으로 양도하는 경우로서 매매계약일 현재의 그 대가가 법령§89의 규정에 의한 가액에 해당되어 당해 법인 거래에 대하여 법법§52의 규정이 적용되지 아니하는 경우에는 소법§101①의 규정을 적용하지 아니하는 것임(다만, 거짓 그밖의 부정한 방법으로 양도세를 감소시킨 것으로 인정되는 경우에는 그러하지 아니함)
⇒ 부당행위계산 해당여부 판단은 매매계약일 기준으로 함

📜 관련 판례 · 해석 등 참고사항

▶ **수원지방법원-2024-구단-635, '24.08.14.**

– 부당행위에 해당하는 지 여부를 결정하는 기준시기는 거래 당시 매매계약체결일이고, 매매계약체결일을 기준으로 저가양도 사실이 확인되므로 부당행위계산부인에 해당함

▶ **국심-2004-중-3536, '04.12.24.**

– 양도소득의 계산에 있어 부당행위계산의 부인규정의 적용은 토지 등의 취득·양도가 정상적인 거래여부는 그 대금을 확정짓는 매매계약체결 시점을 기준으로 판단하여야 하는 것임

먼저 부당행위에 해당하는지 판정 시에는 "매매계약일" 기준으로 前·後 3개월 안에
비교대상 물건의 매매계약일이 있는지 확인 후, 부당행위에 해당하면 양도·취득일 기준
前·後 3개월 안에 비교대상물건의 매매계약일을 확인 후 가장 가까운 날의 계약서 금액을
양도·취득가액으로 적용

중요	난이
상	상

적용사례

사례

매매계약일이 '20.5.1., 잔금청산일이 '20.7.1.인 경우

부당행위 판단 범위(전제 조건)

'20.2.1.   '20.4.1.   '20.5.1. 매매계약   '20.7.1.   '20.8.1.   '20.10.1

잔금청산

시가의 범위(양도차익 계산 시)

1단계 부당행위 요건(매매계약일 기준) 충족 여부 판단 ── 충족 시 2단계
                                                   └─ 미 충족 시 과세 ×

2단계 시가의 범위(잔금 청산일 기준) 내 다시 판단 [비교대상 시가 존재 → 과세 ○]

🖋 관련 판례·해석 등 참고사항

▶ **대법원99두1731, '01.06.15.**

- 부당행위계산에 해당하는 지 여부를 결정하는 기준시기를 거래 당시 즉 매매계약체결일로 본 것은 그
제도의 취지를 고려한 결과이고, 양도차익을 계산하기 위한 기준시기는 과세관청이 부당행위계산에
해당한다고 하여 이를 부인한 후 스스로 양도차익을 계산함에 있어서 그 경우에 적용할 기준시기에 관한
특별규정이 없어 취득 및 양도시기에 관한 일반원칙을 적용한 결과로서, 양자는 그 선택의 이유와 기준을
달리 본다고 하여 불합리한 것은 아니라고 할 것임

먼저 부당행위에 해당하는지 판정 시에는 "매매계약일" 기준으로 前·後 3개월 안에 비교대상물건의 매매계약일이 있는지 확인 후, 부당행위에 해당하면 양도·취득일 기준 前·後 3개월 안에 비교대상물건의 매매계약일을 확인하여 충족하지 못하면 부당행위계산 적용 불가

중요 상 / 난이 상

적용사례

사례 매매계약일이 '20.5.1., 잔금청산일이 '20.7.1.인 경우

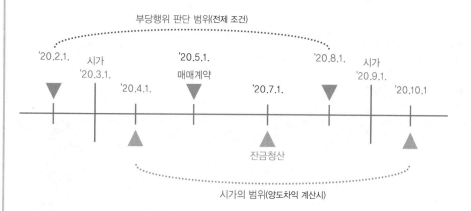

Case1 비교대상 매매사례가액 존재('20.3.1.) 시('20.2.1.~'20.10.1. 동안 다른 시가 없음)

⇒ 부당행위 기준 **충족**(∵매매계약일 전후 3개월 內), 시가 범위 불 충족 → 과세 ✕

Case2 비교대상 매매사례가액 존재('20.9.1.) 시('20.2.1.~'20.10.1. 동안 다른 시가 없음)

⇒ 부당행위 기준 **불충족**(∵매매계약일 전후 3개월 外), 시가 범위 충족 → 과세 ✕

제13편

📋 **관련 판례·해석 등 참고사항**

◉ 부당행위계산 적용 시 취득가액으로 보는 시가(101-167-3)

• 특수관계자로부터 토지를 고가로 취득한 경우 부당행위계산 적용 시 취득가액은 시가에
의하여 계산하며 시가는 상증법상 평가액을 적용함

    * 상증법상 평가액 7억

⇒ 을의 취득가액은 상증법상 평가액인 7억원임

◉ 부당행위계산 시 적용하는 시가(101-167-4)

구분	시가 산정방법	감정가액	상장주식
개인	상증법상평가액	2 이상 감정가액 평균액[1]	거래일 종가[2]
법인	매매사례가액 ⇒ 감정가액 ⇒ 상증법평가액(순차적용)	1개 감정가액 (2 이상은 평균액)	거래일 종가

[1] 기준시가 10억원 이하 부동산은 1개 감정가액('18.4.1. 이후 감정의뢰분부터)

[2] '21.2.17. 전에는 거래일 전·후 2월의 종가평균액이었으나 '21.2.17. 이후 양도분부터 개정

※ 거주자가 주권상장법인이 발행한 주식을 그와 특수관계에 있는 법인에게 장외거래 등의 방식으로 양도 시, 그 대가가
법법상 시가로 법법§52의 규정이 적용되지 아니하는 경우에는 소법§101①의 규정을 적용하지 아니하는 것임

(서면-2021-자본거래-3441, '21.06.07.)

◉ 부당행위계산 적용 시 증여자의 양도차손 통산 여부(101-167-10)

• 증여자가 부담하여야 할 양도세가 증여받은 자가 부담하여야 할 증여세와 양도세의
합계액보다 많아 부당행위계산 규정을 적용 시 증여자의 다른 자산에서 발생한
양도차손이 있는 경우에는 이를 해당 자산에서 발생한 양도차익과 통산함

⌂↓02

부당행위계산 유형

가 | (특수관계인 개인에게) 저가양도(소법§101①, 소령§167③, 소령§163⑩1)

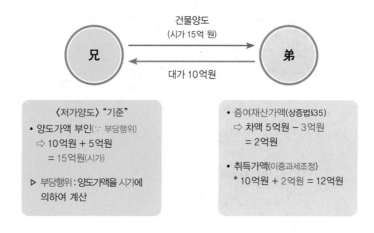

〈저가양도〉"기준"
- 양도가액 부인(∵ 부당행위)
  ⇨ 10억원 + 5억원
     = 15억원(시가)
▷ 부당행위 : 양도가액을 시가에
  의하여 계산

- 증여재산가액(상증법§35)
  ⇨ 차액 5억원 − 3억원
     = 2억원
- 취득가액(이중과세조정)
  * 10억원 + 2억원 = 12억원

참고 증여재산가액 계산시 차감 기준금액(상증령§26) : Min[시가의 30%, 3억원] = 3억원

▶ 과세문제 종합(추후, 저가양수한 동생이 20억원에 양도 시)

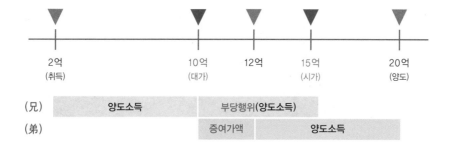

⊙ 취득(양도)가액 조정

· 시가와 다르게 취득한 자산의 취득가액 조정(소령§163⑩)

  (취득가액 <u>이중과세 조정</u>)

① 특수관계인간 또는 특수관계인 여부 무관하게 저가 양수(고가양도)에 따라 상증법상 증여세가 부과되는 경우

  ☞ 과세된 증여재산가액을 취득가액에 가산(감산)

② 법인세법상 부당행위계산 적용 대상

  ☞ 저가양수로 상여·배당 등 처분 받은 금액을 취득가액에 가산

⊙ 저가양수 · 고가양도에 따른 증여재산가액(상증법§35, 상증령§26)

구 분	특수관계인 간	특수관계인이 아닌 자 간
기준금액	Min(시가 30%, 3억원)	시가의 30%
증여재산가액	| 시가 – 대가 | – 기준금액	| 시가 – 대가 | – 3억원

- 증여재산가액

  – 특수관계인 간 : 차액이 기준금액 이상인 경우 기준금액을 뺀 금액

  – 특수관계인이 아닌 자 간 : 차액이 기준금액 이상인 경우 3억원을 뺀 금액

⊙ 양도소득의 필요경비 계산(소법 § 97)

① 거주자의 양도차익을 계산할 때 양도가액에서 공제할 필요경비는 다음 각 호에서 규정하는 것으로 한다.

  1. 취득가액(「지적재조사에 관한 특별법」§18에 따른 경계의 확정으로 지적공부상의 면적이 증가되어 같은 법§20에 따라 징수한 조정금은 제외한다).

   다만, 가목의 실지거래가액을 확인할 수 없는 경우에 한정하여 나목의 금액을 적용한다.

   가. 제94조제1항 각 호의 자산 취득에 든 실지거래가액

   나. 대통령령으로 정하는 매매사례가액, 감정가액 또는 환산취득가액을 순차적으로 적용한 금액

◉ 양도자산의 필요경비(소령 § 163)

⑩ 법 제97조제1항제1호가목은 다음 각 호에 따라 적용한다.

  1. 「상증법」제3조의2제2항,제33조부터 제39조까지, 제39조의2, 제39조의3, 제40조, 제41조의2부터 제41조의5까지, 제42조, 제42조의2, 제42조의3, 제45조의3부터 제45조의5까지의 규정에 따라 상속세나 증여세를 과세받은 경우에는 해당 상속재산가액이나 증여재산가액(같은 법 제45조의3부터 제45조의5까지의 규정에 따라 증여세를 과세받은 경우에는 증여의제이익을 말한다) 또는 그 증·감액을 취득가액에 더하거나 뺀다.

  2. 법 제94조제1항 각 호의 자산을 「법인세법」제2조에 따른 특수관계인(외국법인을 포함한다)으로부터 취득한 경우로서 같은 법 제67조에 따라 거주자의 상여·배당 등으로 처분된 금액이 있으면 그 상여·배당 등으로 처분된 금액을 취득가액에 더한다.

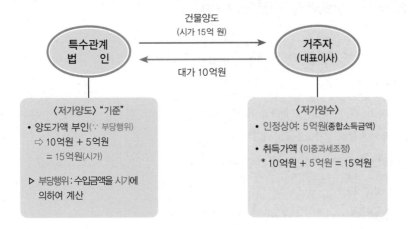

인정상여(소법§20①3) : 법법에 의해 상여로 처분된 금액

● **과세문제 종합** (추후, 저가양수한 대표이사 20억원 양도 시)

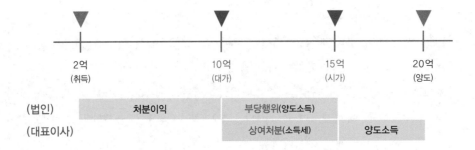

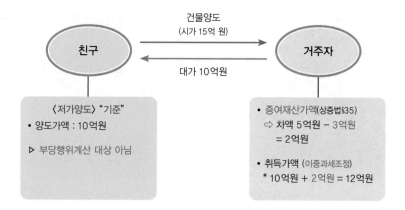

참
고   증여재산가액 계산 시 차감 기준금액(상증법§35, 상증령§26) : 3억원

라 | (특수관계인 개인이) **고가양수**(소법§101①, 소령§167③, 소령§163⑩1)

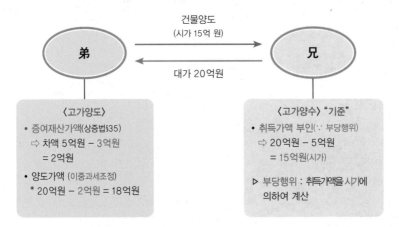

〈고가양도〉
- 증여재산가액(상증법§35)
  ⇨ 차액 5억원 − 3억원
    = 2억원
- 양도가액 (이중과세조정)
  * 20억원 − 2억원 = 18억원

〈고가양수〉"기준"
- 취득가액 부인(∵ 부당행위)
  ⇨ 20억원 − 5억원
    = 15억원(시가)

▷ 부당행위 : 취득가액을 시가에 의하여 계산

참고
> 증여재산가액 계산 시 차감 기준금액(상증령§26) : Min[시가의 30%, 3억원] = 3억원

◉ 과세문제 종합(추후, 고가양수한 兄이 25억원 양도 시)

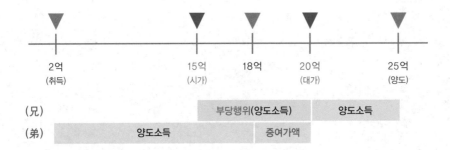

마 | (특수관계인 법인이) **고가양수**(소법§101①, 소령§167③, 소령§163⑩1)

거주자
(대표이사)

건물양도
(시가 15억 원) →

← 대가 20억원

특수관계
법 인

〈고가양도〉
• 인정상여: 5억원(종합소득금액)

• 양도가액 (이중과세조정)
  * 20억원 – 5억원 = 15억원

〈고가양수〉"기준"
• 취득가액 부인(∵ 부당행위)
  ⇨ 20억원 – 5억원
    = 15억원(시가)

▷ 부당행위 : 손금을 시가에
  의하여 계산

참고 부당행위 부인하고 법인세법§67에 따른 소득처분

❯ **과세문제 종합**(추후, 고가양수한 법인이 25억원 양도 시)

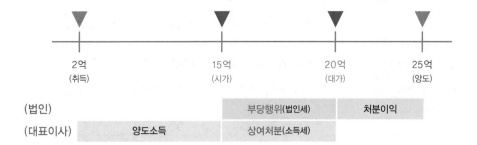

2억	15억	20억	25억
(취득)	(시가)	(대가)	(양도)

| (법인) | | 부당행위(법인세) | 처분이익 |
| (대표이사) | 양도소득 | 상여처분(소득세) | |

형이 A아파트(시세가액 15억원)를 동생에게 저가양도(10억원)하였으나, 매매사례가액이나 감정가액이 없고 기준시가가 6억원인 경우 상증법상 "시가"가 기준시가(6억원) 밖에 없어 형이 시세 대비 저가양도이지만 법리상 오히려 고가양도가 되어 실무에서는 10억원의 양도 행위를 시인

중요 중 / 난이 상

적용사례

'10.7.1.

兄.
"A아파트"
취득(3억원)

'20.5.1.

兄 → 弟
"A아파트"
양도(10억원)

Q1 형이 A아파트(시세가액 15억원)를 동생에게 저가양도(10억원)하였으나, 매매사례가액이나 감정가액이 없고 기준시가가 6억원인 경우 부당행위계산 적용 여부?

A1 ・상증법상 "시가"가 기준시가(6억원) 밖에 없어 형이 시세 대비 저가양도이지만 법리상 오히려 고가양도가 되어
　　　* 꼬마빌딩 등 평가심의위원회 등에서도 시가가 없고 기준시가만 있다는 전제
　　・형에게 증여세와 양도가액 이중과세 조정을 해야 하나, 실무에서는 10억원의 양도 행위를 인정하고 고가양도에 대한 조치하지 않음

📝 **관련 판례 · 해석 등 참고사항**

※ 법리상 고가양도에 대한 조치
- 증여재산가액 : 2.2억원(4억원- 1.8억원*)
  * 기준금액 1.8억원 Min(시가 30%, 3억원)
- 양도가액 조정 : 8.2억원(10억원 - 1.8억원)

부담부증여의 채무액에 해당하는 부분은 양도로 보는데, 양도가액이 기준시가이면
취득가액도 기준시가를 적용하여 양도차익 산정

적용사례

* 은행 채무(담보대출 3억원), 취득 시 기준시가 3억원

Q1 A주택이 아파트인 경우(매매사례가액이 15억원인 경우) 부담부증여에 해당하는 양도가액, 취득가액 및
양도차익은?

A1 ・양도가액 : 15억원 x 3억원 / 15억원 = 3억원

　　・취득가액 : 5억원 x 3억원 / 15억원 = 1억원

　　・양도차익 : 3억원 – 1억원 = 2억원

Q2 A주택이 단독주택인 경우(기준시가가 10억원인 경우) 부담부증여에 해당하는 양도가액, 취득가액 및
양도차익은?

A2 ・양도가액 : 10억원 x 3억원 / 10억원 = 3억원

　　・취득가액 : ~~5억원 x 3억원 / 10억원 = 1.5억원~~ ➤ 3억원 x 3억원 / 10억원 = 0.9억원

　　・양도차익 : ~~3억원 – 1.5억원 = 1.5억원(⇒ 0.5억원 과소)~~ ➤ 3억원 – 0.9억원 = 2.1억원

📝 **관련 판례・해석 등 참고사항**

▶ **소령§159①**

　1호. 취득가액 = 실지취득가액* × 채무액 / 증여가액

　* 양도가액이 기준시가이면 취득가액도 기준시가

　2호. 양도가액 = 상증법에 따른 평가액 × 채무액 / 증여가액

제
13
편

양도소득이 수증자에게 실질적으로 귀속된 경우에는 자산의 양도로 보는
부담부증여(증여가액중 그 채무액에 상당 부분)에 대하여는 소법§101②에 따른 특수관계 있는
자간의 부당행위계산 규정을 적용하지 아니함

중요 중   난이 상

적용사례(부동산거래관리과−460, '11.06.03.)

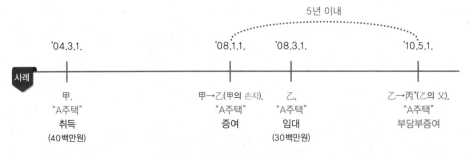

* 乙 : 甲 및 丙과 별도세대

Q1 乙의 부담부증여가 양도세 과세대상이면 乙이 그 자산을 증여받고 증여일로부터 5년 이내 다시
타인에게 양도한 경우에 해당되나, '10.1.1. 이후 양도분부터 양도소득이 해당 수증자에게 실질적으로
귀속(임대보증금이 당초 증여자인 甲에게 귀속 안됨)된 경우에 부당행위계산 대상 여부?

A1 자산의 양도로 보는 부담부증여(증여가액 중 그 채무액에 상당 부분)에 대하여는 소법§101②에 따른
특수관계 있는 자간의 부당행위계산 규정을 적용하지 아니함

📑 관련 판례 · 해석 등 참고사항

◉ 부당행위계산과 부담부증여의 구분

구 분	부당행위계산(§101①)	부담부 증여(소령§159)
목 적	• 실가를 적정하게 하기 위한 것	• 양도차익의 왜곡을 방지하여 양도차익의 형평성 제고
검토사항	• 양도가액 또는 취득가액(한쪽만)	• 양도가액과 취득가액 모두
실 가 존재여부	• 있음	• 없음
유의사항	• 기준시가*를 시가로 보아 양도가액으로 적용 시 기준시가는 실가로 간주하므로 취득가액도 실가 적용	• 양도가액을 상증법§61① 및 ②에 따라 기준시가로 산정 시 취득가액도 기준시가로 산정

* 매매사례가액이나 감정평균가액이 없이 기준시가만 존재한 경우 가정

부담부증여(소령§159①, 상증법§61⑤) | 임대료 등의 환산가액

부담부증여 시 양도가액을 상증법§61⑤(임대료 등의 환산가액)에 따라 기준시가로 산정한 경우 취득가액도 기준시가로 산정하는 것임

중요 중 **난이** 상

적용사례(사전-2021-법령해석재산-0735, '21.06.23.)

* 甲은 본인 소유의 A주택을 자녀에게 전세보증금 245백만원을 포함하여 부담부증여함

Q1 부담부증여 시 양도가액을 상증법§61⑤(임대료 등의 환산가액)에 따라 기준시가로 산정한 경우 취득가액도 기준시가로 산정하는 것인지?

A1 취득가액도 기준시가로 산정해야 함

📜 관련 판례·해석 등 참고사항

☞ 기준시가보다 조금 높게 부담부증여하여 취득가액을 환산취득가액으로 계산 시 양도차손이 발생하고 동일연도의 다른 양도차익과 상계되는 점을 악용하여 조세회피하는 것을 방지하기 위해 위 해석과 같이 임대료 등의 환산가액을 '20.2.11. 이후 양도하는 분부터는 기준시가로 취급하여 취득가액도 기준시가를 적용하도록 하였으나, 소법 및 소령의 기준시가 범위에 임대료 등의 환산가액이 열거된 바 없어 다소 논란이 있을 수 있을 것으로 보임

▶ 서면-2022-법규재산-1932, '22.06.21.
   – 부담부증여 시 양도부분의 양도가액 산정 시 상증법§61⑤에 따른 임대료 등을 기준으로 평가한 환산가액(임대료 등의 환산가액)과 상증법§66에 따른 저당권 등이 설정된 재산평가의 특례에 따른 평가액이 동일한 경우, 임대료 등의 환산가액에 의하여 산정한 것으로 보는 것임

◎ 부담부증여에 대한 양도차익 계산 명확화(소령§159)

① 소법§88 1호 각 목 외의 부분 후단에 따른 부담부증여로 보는 부분에 대한 양도차익을
   계산할 때 그 취득가액 및 양도가액은 다음 각 호에 따른다.

1. 취득가액 : 다음 계산식에 따른 금액

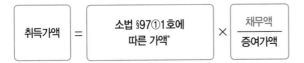

   * 소령 §159①2호에 따른 양도가액을 상증법 §61① ② · ⑤ 및 §66에 따라 기준시가로 산정한 경우에는 취득가액도
     기준시가로 산정함

2. 양도가득가액 : 다음 계산식에 따른 금액

② ①을 적용할 때 양도세 과세대상에 해당하는 자산과 해당하지 아니하는 자산을 함께
   부담부증여하는 경우로서 증여자의 채무를 수증자가 인수하는 경우 채무액은 다음
   계산식에 따라 계산한다.

⇒ "양도가액을 상증법§66*에 따라 기준시가로 산정하는 경우"도 취득가액을 기준시가로
   양도차익 계산을 명확히 함

   * 저당권등 평가특례 : Max[① 시가 또는 보충적 평가액, ② 해당 재산에 담보하는 채권액 등]

◉ 우회양도에 따른 부당행위계산과 이월과세

- (특수관계인간) 우회양도 부당행위계산

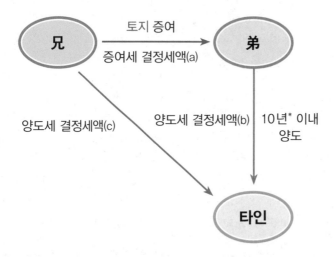

- 배우자 등 이월과세

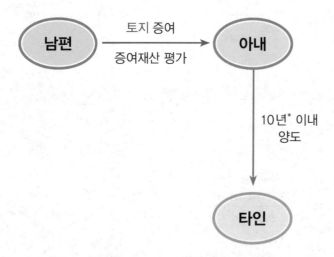

* '23.1.1. 이후 증여받는 분부터 10년 이내로 개정

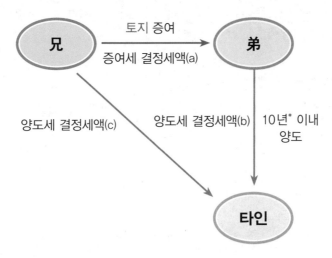

* '23.1.1. 이후 증여받는 분부터 10년 이내로 개정

- 조세회피 목적 판단기준: c > a + b
- 납세의무자: 증여자인 兄
- 연대납세의무: 수증자인 弟
- 弟가 납부한 증여세: 수증자에게 환급(兄 납부?)
- 弟가 납부한 양도세: 기납부세액으로 공제
- 세율·장특공제: 증여자의 취득시기부터 기산
- 적용대상 자산: 양도세 과세대상 자산 전체

증여자가 양도한 것으로 보는 자산이 소법 §89①3호 및 소령 §154①의 규정에 의한 1세대 1주택에 해당하는 경우에는 부당행위계산이 적용되지 아니함

중요 상 / 난이 중

적용사례(재산세과-632, '09.11.04.)

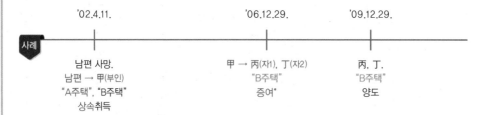

'02.4.11.	'06.12.29.	'09.12.29.
남편 사망. 남편 → 甲(부인) "A주택", "B주택" 상속취득	甲 → 丙(자1), 丁(자2) "B주택" 증여"	丙, 丁. "B주택" 양도

* 甲은 丙, 丁과 별도 세대이고, 甲이 소유하고 있는 A주택은 임의재건축을 위해 철거한 후 멸실 상태임

Q1 자녀들이 증여받은 주택 양도 시 부당행위계산부인 규정을 적용하더라도 본인(甲)은 1세대 1주택 비과세 요건을 충족하였으며 자녀들 역시 비과세 요건을 충족하였는 바, 당해 주택 양도 시 비과세 되는지 여부?

A1 증여자가 양도한 것으로 보는 자산이 소법 §89①3호 및 소령 §154①의 규정에 의한 1세대 1주택에 해당하는 경우에는 부당행위계산이 적용되지 아니함

🖋 관련 판례 · 해석 등 참고사항

☞ 예를 들어, 1세대 1주택 비과세 요건을 충족한 1주택을 보유하고 있는 별도세대인 형이 별도세대인 동생에게 그 주택을 증여하고 동생이 증여받은 날부터 1년 미만 보유하고 제3자에게 양도한 경우, 단기양도로 많은 세금을 부담해야 하는데 우회양도에 따른 부당행위 계산을 적용한다면 오히려 비과세가 된 경우에는 적용하지 않겠다는 의미임

☞ 배우자간 이월과세는 '97.1.1. 이후 증여분부터, 직계존비속간 이월과세는 '09.1.1. 이후 증여분부터 적용되어 위의 사례는 직계존비속간의 증여이지만 '06.12.29.에 증여하였으므로 우회양도에 따른 부당행위계산 대상임

● 2주택자가 1주택을 증여한 후 잔존 1주택을 양도 시(101-167-8)

- 2주택자가 1주택을 특수관계자에게 증여한 후 수증자가 5년 이내 양도하여 부당행위계산 규정이 적용되더라도 증여 후 잔존 1주택이 보유기간 및 거주기간을 충족한 경우 1세대 1주택으로 보아 양도세 비과세 규정을 적용할 수 있음

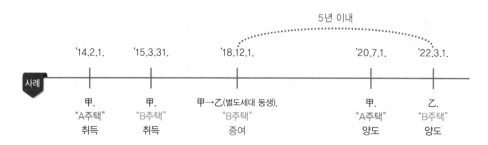

● 증여받은 토지에 건물을 신축하여 양도하는 경우(101-167-11)

- 특수관계 있는 자에게 토지를 증여한 후 토지를 증여받은 특수관계 있는 자가 해당 토지에 주택을 신축하여 그 증여일부터 5년 이내 타인에게 양도한 경우에는 증여자가 그 토지를 양도한 것으로 보는 것임

● 증여 또는 양도 당시 특수관계 여부에 따른 부당행위계산 적용(101-167-12)

증여 당시	양도 당시	부당행위계산 적용 여부
특수관계 있음	특수관계 있음	적 용
특수관계 있음	특수관계 없음	적용 배제
특수관계 없음	특수관계 있음	적용 배제

제13편

03

배우자 등 이월과세
(소법§97의2, 소령§163의2)

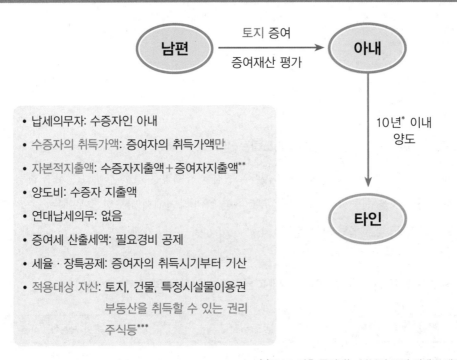

• 납세의무자: 수증자인 아내
• 수증자의 취득가액: 증여자의 취득가액만
• 자본적지출액: 수증자지출액＋증여자지출액**
• 양도비: 수증자 지출액
• 연대납세의무: 없음
• 증여세 산출세액: 필요경비 공제
• 세율 · 장특공제: 증여자의 취득시기부터 기산
• 적용대상 자산: 토지, 건물, 특정시설물이용권
　　　　　　　　부동산을 취득할 수 있는 권리
　　　　　　　　주식등***

남편 → (토지 증여 / 증여재산 평가) → 아내

아내 → (10년* 이내 양도) → 타인

* '23.1.1. 이후 증여받는 분부터 10년 이내로 개정
** '24.1.1. 이후 양도 분부터 적용
*** '25.1.1. 이후 증여받는 분부터 적용

참고
증여자의 취득가액 : 소법§97①1호(취득가액)
cf) 2호(자본적지출 등), 3호(양도비 등)

참고
'17.7.1. 이후 양도분부터 비교과세 도입 : 이월과세 적용 양도세액이 미적용 양도세액보다 적은 경우 적용 배제

⊙ 양도소득의 필요경비 계산 특례(소법 §97의2)

① 거주자가 양도일부터 소급하여 10년(§94③1호에 따른 자산의 경우에는 1년) 이내에 그 배우자(양도 당시 혼인관계가 소멸된 경우를 포함하되, 사망으로 혼인관계가 소멸된 경우는 제외함. 이하 이 항에서 같다) 또는 직계존비속으로부터 증여받은 소법§94①1호 및 3호에 따른 자산이나 그 밖에 대통령령으로 정하는 자산의 양도차익을 계산할 때 양도가액에서 공제할 필요경비는 소법§97②에 따르되, 다음 각 호의 기준을 적용한다. 〈개정 '23.12.31., '24.12.31.〉

   1. 취득가액은 거주자의 배우자 또는 직계존비속이 해당 자산을 취득할 당시의 §97①1호에 따른 금액으로 한다.

   2. §97①2호에 따른 필요경비에는 거주자의 배우자 또는 직계존비속이 해당 자산에 대하여 지출한 같은 호에 따른 금액을 포함한다.

   3. 거주자가 해당 자산에 대하여 납부하였거나 납부할 증여세 상당액이 있는 경우에는 필요경비에 산입한다.

② 다음 각 호의 어느 하나에 해당하는 경우에는 ①을 적용하지 아니한다.

   1. 사업인정고시일부터 소급하여 2년 이전에 증여받은 경우로서 토지보상법이나 그 밖의 법률에 따라 협의매수 또는 수용된 경우

   2. ①을 적용할 경우 소법§89①3호 각 목의 주택[같은 호에 따라 양도소득의 비과세대상에서 제외되는 고가주택(이에 딸린 토지를 포함한다)을 포함한다]의 양도에 해당하게 되는 경우

   3. ①을 적용하여 계산한 양도소득 결정세액이 ①을 적용하지 아니하고 계산한 양도소득 결정세액보다 적은 경우

③ ①에서 규정하는 연수는 등기부에 기재된 소유기간에 따른다.

④ 상증법§18의2①에 따른 공제(이하 이 항에서 "가업상속공제"라 함)가 적용된 자산의 양도차익을 계산할 때 양도가액에서 공제할 필요경비는 소법§97②에 따른다. 다만, 취득가액은 다음 각 호의 금액을 합한 금액으로 한다.

   1. 피상속인의 취득가액(소법§97①1호에 따른 금액) × 해당 자산가액 중 가업상속공제가 적용된 비율(이하 이 조에서 "가업상속공제적용률"이라 함)

   2. 상속개시일 현재 해당 자산가액 × (1 - 가업상속공제적용률)

⑤ ①부터 ④까지의 규정을 적용할 때 증여세 상당액의 계산과 가업상속공제적용률의 계산방법 등 필요경비의 계산에 필요한 사항은 대통령령으로 정한다.

제 13 편

⊙ 양도소득의 필요경비 계산 특례(소령 § 163의2)

① 소법 §97의2① 각 호 외의 부분에서 "대통령령으로 정하는 자산"이란

소법§94①2호가목 및 같은 항 4호나목의 자산을 말한다.〈개정 '19.2.12., '24.2.29.〉

> * 양도소득의 범위(소법§94)
> ① 양도소득은 해당 과세기간에 발생한 다음 각 호의 소득으로 한다.
>   2. 다음 각 목의 어느 하나에 해당하는 부동산에 관한 권리의 양도로 발생하는 소득
>   가. 부동산을 취득할 수 있는 권리(건물이 완성되는 때에 그 건물과 이에 딸린 토지를 취득할 수 있는 권리를 포함)
>   4. 다음 각 목의 어느 하나에 해당하는 자산(이하 이 장에서 "기타자산"이라 함)의 양도로 발생하는 소득
>   나. 이용권 · 회원권, 그 밖에 그 명칭과 관계없이 시설물을 배타적으로 이용하거나 일반이용자보다 유리한 조건으로 이용할 수 있도록 약정한 단체의 구성원이 된 자에게 부여되는 시설물 이용권(법인의 주식등을 소유하는 것만으로 시설물을 배타적으로 이용하거나 일반이용자보다 유리한 조건으로 시설물 이용권을 부여받게 되는 경우 그 주식등을 포함함)

② 소법§97의2① 및 ⑤에 따른 증여세 상당액은 1호에 따른 증여세 산출세액에 2호에 따른 자산가액이 3호에 따른 증여세 과세가액에서 차지하는 비율을 곱하여 계산한 금액으로 한다. 이 경우 필요경비로 산입되는 증여세 상당액은 양도가액에서 소법§97① 및 ②의 금액을 공제한 잔액을 한도로 한다.

1. 거주자가 그 배우자 또는 직계존비속으로부터 증여받은 자산에 대한 증여세 산출세액(상증법§56에 따른 증여세 산출세액을 말한다)
2. 소법§97의2①에 따라 양도한 해당 자산가액(증여세가 과세된 증여세 과세가액을 말함)
3. 상증법§47에 따른 증여세 과세가액

③ 소법 §97의2④을 적용할 때 가업상속공제적용률은 상증법§18의2①에 따라 상속세 과세가액에서 공제한 금액을 같은 항 각 호 외의 부분 전단에 따른 가업상속 재산가액으로 나눈 비율로 하고, 가업상속공제가 적용된 자산별 가업상속공제금액은 가업상속공제금액을 상속 개시 당시의 해당 자산별 평가액을 기준으로 안분하여 계산한다.

취득가액 및 필요경비계산 상세 명세서(1)

구 분			구분코드	거래상대방		지급일	지급금액	증빙종류(코드)
				상호	사업자등록번호			
취득가액	① 타인으로부터 매입한 자산	매 입 가 액	111					
		취 득 세	112					
		등 록 세	113					
		기타부대비용 / 법무사비용	114					
		기타부대비용 / 취득중개수수료	115					
		기타부대비용 / 기 타	116					
		소 계						
	②자기가 제조·생산·건설한 자산		120					
			120					
	③ 가산항목	취득시 쟁송비 / 변호사비용	131					
		취득시 쟁송비 / 기 타 비 용	132					
		매 수 자 부 담 양 도 소 득 세	133					
		기 타	134					
		소 계						
	④ 차감항목 감 가 상 각 비		141					
	⑤ 계 (①+③-④ 또는 ②+③-④)							
기타필요경비	자본적 지출액 등	⑥ 자본적 지출액 / 용도변경·개량·이용 편의를 위한 지출	260					
		⑥ 자본적 지출액 / 엘리베이터 냉난방설치	260					
		⑥ 자본적 지출액 / 피 난 시 설 등 설 치	260					
		⑥ 자본적 지출액 / 재해 등으로 한 자산의 원상복구	260					
		⑥ 자본적 지출액 / 개 발 부 담 금 재 건 축 부 담 금	261					
		⑥ 자본적 지출액 / 자 산 가 치 증 가 등 수 선 비	260					
		⑥ 자본적 지출액 / 기 타	260					
		소 계						
		⑦ 취득 후 쟁송비용 / 변 호 사 비 용	271					
		⑦ 취득 후 쟁송비용 / 기 타 소 송, 화 해 비 용	272					
		⑧기타비용 / 수 익 자 부 담 금	281					
		⑧기타비용 / 토 지 장 애 철 거 비	280					
		⑧기타비용 / 도 로 시 설 비 등	280					
		⑧기타비용 / 사 방 사 업 소 요 비 용	280					
		⑧기타비용 / 기 타	280					
		소 계						
		⑨ 계 (⑥+⑦+⑧)							
	양도비 등	⑩ 양도 시 중개수수료등 직접 지출비용	290					
		⑪국민주택채권 및 토지개발채권 매각차손 등 기타경비	291					
		⑫ 계 (⑩+⑪)							
		⑬ 기타 필요경비 계 (⑨+⑫)							

210mm×297mm[백상지 80g/㎡ 또는 중질지 80g/㎡]

이월과세 적용 시 이월과세 적용 대상과 적용 대상이 아닌 자산을 함께 증여 받은 경우
이월과세대상 자산에 대한 증여세 산출세액은 증여받은 자산에 대한 증여세 산출세액을 전체
증여세 과세가액에서 이월과세대상 증여세 과세가액으로 안분한 산출세액을 공제

중요 중 난이 중

이월과세 적용 시 증여세 산출세액 공제 사례(집행기준 97-163의 2-2)

사례

- '06. 1.1. : 갑은 배우자로부터 부동산과 주식을 증여 받음

  (부동산 : 5억원, 주식 : 3억원, 증여세 산출세액 : 90백만원)

- '08. 7.1. : 증여받은 부동산 양도(양도차익 : 4억원)

$$\boxed{\begin{array}{c}\text{이월과세대상}\\\text{자산에 대한}\\\text{증여세 산출세액}\end{array}} = \boxed{\begin{array}{c}\text{증여받은 자산에}\\\text{대한 증여세 산출세액}\end{array}} \times \boxed{\dfrac{\text{이월과세대상 증여세 과세가액}}{\text{증여세 과세가액의 합계액}}}$$

* 56,250천원 = 90백만원 × 5억원 / 8억원

⇒ 수증자의 양도차익 4억원 범위 내로서 전액(56,250천원) 필요경비 공제 가능

📑 관련 판례·해석 등 참고사항

배우자등 이월과세(소법§97의2)	비과세 거주요건 적용시기(배우자등 이월과세)

1세대 1주택 비과세의 거주요건 적용 시 이월과세가 적용되는 경우 취득시기는「증여를 받은 날」이 되는 것이며, 동 취득시기를 기준으로 거주요건 적용여부를 판정하는 것임

중요 상 / 난이 중

적용사례(사전-2023-법규재산-0444, '23.10.24.)

'17.12.12.　　'20.2.21.　'21.3.2.　'22.11.14.　'23.8.31.

사례

甲.
"A주택"
취득

"A주택"
조정대상지역
지정

甲→乙(母)
"A주택"
증여*

"A주택"
조정대상지역
해제

乙.
"A주택"
양도

* 甲과 乙은 甲의 A주택 취득일부터 乙의 A주택 양도일까지 별도 세대

Q1 甲이 소유하고 있던 A주택을 乙(甲의 母)에게 증여한 후 5년 이내에 乙이 A주택을 양도하는 경우로서, 소법§97의2①이 적용되는 경우, 乙이 양도하는 A주택의 취득 시기를 甲이 A주택을 취득한 날로 보는 것인지 여부?(거주요건 적용 시 이월과세가 적용되는 경우 수증자의 취득시기를 증여자의 취득시기로 보아 거주요건이 배제되는 지 여부)

A1 1세대 1주택 비과세의 거주요건 적용 시 이월과세가 적용되는 경우 취득시기는「증여를 받은 날」이 되는 것이며, 동 취득시기를 기준으로 거주요건 적용여부를 판정하는 것임

제 13 편

📑 관련 판례 · 해석 등 참고사항

▸ **부동산거래관리과-672, '10.05.13.**
　– 이월과세가 적용되는 증여받은 자산을 양도하는 경우 1세대 1주택 비과세를 판정함에 있어 거주기간은 보유기간 중 증여한 배우자와 동일세대원으로서 거주한 기간을 통산하는 것임

▸ **서면-2022-부동산-1727, '22.11.02., 사전-2022-법규재산-0632, '22.06.17.**
(이월과세 비교과세 시 장기보유특별공제 및 1세대 1주택 비과세 보유기간 계산방법)
　– 이월과세 적용 시 장기보유특별공제 보유기간은 배우자의 취득일부터 기산함
　– 이월과세 미적용 시 장기보유특별공제 보유기간은 증여받은 날부터 기산함
　– 이월과세 적용 시 1세대 1주택 비과세 보유기간은 배우자의 취득일부터 기산함
　– 이월과세 미적용 시 1세대 1주택 비과세 보유기간은 동일세대로서의 보유기간을 통산함

나 | 적용배제

▶ 사업인정고시일부터 소급하여 2년 이전에 증여받은 경우로서 토지보상법 등 법률에 따라 협의매수 또는 수용된 경우

▶ 이월과세 규정을 적용함으로써 1세대 1주택 비과세의 양도에 해당하게 된 경우 이월과세 배제하고 부당행위계산 규정 적용

> **참고** 원래 비과세 요건 × ⇒ 이월과세 적용 시 비과세 요건 충족 ⇒ 부당행위계산 규정 적용

- 이월과세 적용하여 1세대 1주택으로서 비과세 제외되는 고가주택도 제외 명문화('16.1.1.~)

▶ 이월과세 적용·계산한 양도세 결정세액을 적용하지 아니하고 계산한 양도세 결정세액보다 적은 경우('17.7.1. 양도~)

▶ 배우자가 사망한 경우('11.1.1.~)

소법§89①3호 각 목 외의 부분에 따른 1세대 1주택에 해당하는 주택을 배우자로부터
증여받아 양도하는 경우에는 같은 법 §97의2②2호를 적용하지 않는 것임

중요 상　　난이 중

적용사례(서면-2022-부동산-0068, '22.11.02.)

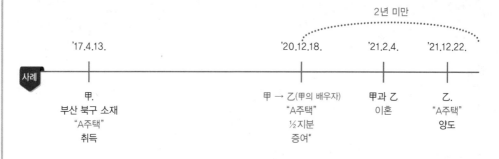

사례

'17.4.13.
甲
부산 북구 소재
"A주택"
취득

'20.12.18.
甲 → 乙(甲의 배우자)
"A주택"
½지분
증여*

'21.2.4.
甲과 乙
이혼

'21.12.22.
乙.
"A주택"
양도

2년 미만

* 증여 당시 1세대 1주택임을 전제

Q1 이월과세 배제사유인 소법§97의2②2호 적용 여부?

A1 소법§89①3호 각 목 외의 부분에 따른 1세대 1주택에 해당하는 주택을 배우자로부터 증여받아
양도하는 경우에는 같은 법 §97의2②2호를 적용하지 않는 것임
(기획재정부 재산세제과-333, '14.04.24.)

※ 위의 질의에서 소법 §97의2②2호가 적용되지 않는다면, 소법 §97의2②3호에 따른 배우자등
이월과세 적용 여부 판정 시,

Q2 이월과세를 적용하여 계산한 양도소득 결정세액을 계산하는 경우 1세대 1주택 비과세 적용 시
보유기간 계산방법은?

A2 거주자가 양도일로부터 소급하여 5년 이내에 그 배우자(양도 당시 혼인관계가 소멸된 경우를 포함)로부터
증여받은 자산을 양도하는 경우 소법§89①3호 및 소령§154①의 규정에 따른 보유기간의 기산일은
소령§154⑤ 및 소법§95④ 단서의 규정에 의하여 그 증여한 배우자가 당해 자산을 취득한 날임
(기획재정부 재산세제과-105, '08.04.28.)

Q3 이월과세를 적용하지 아니하고 양도소득 결정세액을 계산하는 경우 1세대 1주택 비과세 적용 시
보유기간 계산방법은?

A3 1세대가 주택을 취득하여 보유하던 중 배우자로부터 동 주택을 증여받은 후 이혼하고 동 주택을
양도하는 경우 1세대 1주택 비과세 규정인 소령§154①의 보유기간은 증여등기접수일로부터 계산하는
것임(서면4팀-1357, '05.08.01.)

제13편

母가 별도세대인 子로부터 1주택을 증여받은 날부터 5년 이내 양도한 주택이 1세대 1주택
비과세 조건을 충족한 경우에는 소법§101(양도소득의 부당행위계산)가 적용되는 것임. 다만,
해당 주택의 양도소득이 모에게 실질적으로 귀속된 때에는 그러하지 아니함

중요 상 난이 중

적용사례(부동산거래관리과-0911, '11.10.26.)

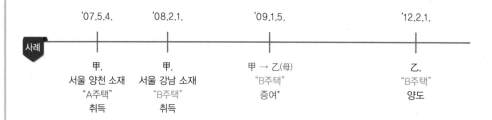

'07.5.4.   '08.2.1.   '09.1.5.   '12.2.1.

사례

甲.
서울 양천 소재
"A주택"
취득

甲.
서울 강남 소재
"B주택"
취득

甲 → 乙(母)
"B주택"
증여"

乙.
"B주택"
양도

* 甲과 乙은 계속 별도 세대 유지

Q1 子로부터 母가 증여받은 주택이 모의 세대 기준으로 1세대 1주택 비과세 대상인 경우 부당행위계산
부인 적용 여부를 검토하여야 하는 지 여부?

A1 母가 별도세대인 子로부터 1주택을 증여받은 날부터 5년 이내 양도한 주택이 1세대 1주택 비과세
조건을 충족한 경우에는 소법§101(양도소득의 부당행위계산)가 적용되는 것임. 다만, 해당 주택의
양도소득이 모에게 실질적으로 귀속된 때에는 그러하지 아니함

📜 관련 판례 · 해석 등 참고사항

배우자등 이월과세(소법§97의2)　　부담부증여로 취득한 양도로 보는 부분 적용 여부

소법§88①후단의 규정에 의한 "양도로 보는 부분"은 배우자 이월과세 규정이 적용되지
아니하는 것이며, 이 경우 양도로 보는 부분의 취득가액은 같은 법 시행령§163⑨의 규정에
따라 상증법 §60 내지 §66의 규정에 의하여 평가한 가액으로 함

중요　중
난이　중

적용사례(서면5팀-571, '06.10.30., 서면4팀-3628-'06.11.02.)

```
                '01.5.1.        '03.2.1.              '06.7.1.                    '10.2.1.
사례  ├─────────┼──────────┼──────────────┼──────────────┼──────────
                 甲.              甲.            甲 → 乙(甲의 배우자)            乙.
            서울 양천 소재   서울 강남 소재        "B주택"                  "B주택"
              "A주택"         "B주택"           부담부증여                  양도
               취득            취득
```

Q1 부담부증여로 취득한 자산 중 양도로 보는 부분에 대하여 배우자 이월과세 규정을 적용해야 되는 지
여부?

A1 소법§88①후단의 규정에 의한 "양도로 보는 부분"은 배우자 이월과세 규정이 적용되지 아니하는
것이며, 이 경우 양도로 보는 부분의 취득가액은 같은 법 시행령§163⑨의 규정에 따라 상증법§60 내지
§66의 규정에 의하여 평가한 가액으로 함

📋 관련 판례 · 해석 등 참고사항

● 배우자 등 이월과세(소법§97의2②2)

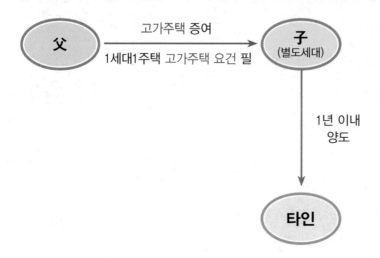

1단계 이월과세 검토 : 적용 불가(∵수증자 입장에서 비과세 아닌 것이 비과세 적용)

2단계 우회양도에 따른 부당행위 검토

① 비교과세 요건 검토 : 충족(대체로는 불충족)

② 납세의무자를 증여자인 父로 하여, 취득가액 · 보유기간 모두 증여자 취득시점으로 계산

참고 1세대 1주택 고가주택이 아니라면 세액이 없어 실익 없음

③ 12억원 초과분에 대해 과세

IF 실질 귀속이 수증자(子)로 확인 된다면?

⇒ 수증자가 납세의무자가 되고 12억 초과분이 아닌 전체 양도소득에 대해 단기양도 세율 적용하여 과세

부당행위계산(소법§101①)	이월과세 적용 여부(배우자등 이월과세 관련)

소법§97의2① 규정을 적용하지 아니하는 경우에도 소법§89①3호에 따른 1세대 1주택 고가주택의 양도에 해당하게 되는 경우 이월과세 규정을 적용

중요 **중** 난이 **상**

적용사례(사전-2016-법령해석재산-0374, '16.11.15.)

	'85.6.1.	'16.6.1.	'16.6.1.
사례	甲(乙의 남편), "A주택" 취득	"A주택" 甲 → 乙 지분 50% 증여	"A주택" 일괄양도*

* 양도 당시 2개 감정기관 감정가액의 평균액(20억원)으로 별도세대인 딸 부부에게 일괄양도

Q1 배우자로부터 증여받은 고가주택을 5년 내 양도하는 경우 양도차익 계산 시 소법§97의2 이월과세 규정을 적용하는 지 여부?

A1 위와 같이 소법§97의2① 규정을 적용하지 아니하는 경우에도 소법§89①3호에 따른 1세대 1주택 고가주택의 양도에 해당하게 되는 경우 이월과세 규정을 적용

* 취득가액은 그 배우자의 취득 당시 금액으로 하고 그 배우자의 보유기간을 통산

📜 관련 판례 · 해석 등 참고사항

▶ **소법§97의2[양도소득의 필요경비 계산 특례]**

② 다음 각 호의 어느 하나에 해당하는 경우에는 제1항을 적용하지 아니한다.

   3. 제1항을 적용하여 계산한 양도소득 결정세액이 제1항을 적용하지 아니하고 계산한 양도소득 결정세액보다 적은 경우

▶ **이월과세 적용으로 수증자가** 1세대 1주택 비과세를 적용받은 경우 부당행위계산부인 적용 (양도세 집행기준 97의2-163의2-4)

   – 이월과세 적용에 따른 조세회피를 방지하기 위해, 양도세 이월과세가 적용되어 수증자가 1세대 1주택자로 비과세가 되는 경우 부당행위계산부인 규정이 적용됨. 단, 동일세대원으로부터 수증받는 경우에는 이월과세를 적용함

제 13 편

다 | 배우자등 이월과세와 부당행위계산 비교

구 분	배우자등 이월과세(§97의2)	부당행위계산(§101②)
증여 시 관계	• 배우자('97.1.1. 이후) • 직계존비속('09.1.1. 이후)	• 친족 등 특수관계인 ('09.1.1. 이후 직계존비속 제외)
납세의무자	• 증여받은 배우자, 직계존비속	• 당초 증여자

적용대상자산	• 토지, 건물, 특정시설물이용권,
	  부동산을 취득할 수 있는 권리
	  ('19.2.12. 이후 양도하는 분부터),
	  주식등('25.1.1. 이후 증여받은 분부터)
		• 양도세 과세대상 전체

조세부담
감소여부
	• 이월과세 적용한 양도세 결정세액이 큰
	  경우 적용
	  ('17.7.1. 이후 양도분)
		• 증여자 기준 양도세 결정
		  세액 > 수증자 부담 결정세액
		  (증여세 + 양도세)

세율적용 및 장기보유특별공제 적용시 보유기간	• 당초 증여자의 취득일부터 기산	• 당초 증여자의 취득일부터 기산

양도차익 계산	• 취득가액은 증여자의 취득가액
	  (증여자의 자본적지출액 포함)
		• 취득가액 및 필요경비는 증여자가 취득
		  시를 기준으로 계산

적용기간	• 증여 후 10년(주식등은 1년) 이내 양도	• 증여 후 10년 이내 양도

증여세 납부액	• 증여세 산출세액을 기타필요
	  경비로 산입(수증자 양도차익 한도)
		• 증여세 부과하지 않음
		  (증여세 결정취소, 기납부 증여세 환급)

연대납세의무	• 없음	• 증여자와 수증자 연대납세의무 있음 ('02.1.1. 이후 양도분부터)

적 용 시
유의사항
	• 혼인 취소·이혼 등인 경우에도 적용
	• 증여받아 양도자산이 1세대 1주택 비과세
	  대상인 경우
	  – 이월과세 대상 × ☞ 부당행위 부인 대상
		• 사망·입양취소·파양 등 특수관계
		  소멸 후 양도하거나 증여자기준
		  1세대1주택·8년 자경농지 감면대상,
		  증여세로 물납한 경우
		  ('16.1.1. 이후 증여세 물납제도 폐지)
		  ☞ 조세회피 목적없어 부당행위계산
		    규정 적용 안함

04

배우자 등에게 양도 시
증여추정(상증법§44)

▶ 배우자 또는 직계존비속(배우자등)에게 양도한 자산(상증법§44①)

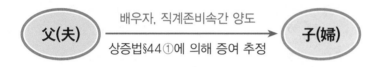

▶ 특수관계인이 개입된 양도시의 증여추정(상증법§44②)

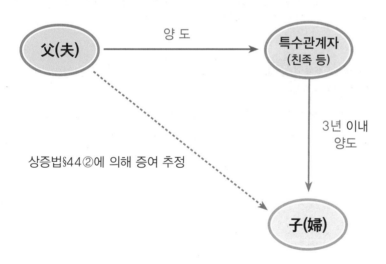

참고 양도자 및 양수자가 부담한 양도세 결정세액이 배우자 등(子, 婦)이 증여받은 것으로 추정 시 증여세액보다 큰 경우 증여추정 배제

배우자등에게 양도한 재산의 증여추정(상증법§44)   경제적 합리성(양도재산 증여추정)

병이 을로부터 정상적인 대가를 지급받고 부동산을 양도한 사실이 명백히 인정되는 경우에
해당한다고 할 수 없고, 을이 잔금지급의 방법이라고 주장하는 금전소비대차 계약은
가장행위나 조세회피행위에 해당하여 실질과세의 원칙에 따라 부인

중요 상 | 난이 상

적용사례(조심-2019-부-2374, '19.12.18. → 대법원-2021-두-43651, '21.10.14.)

'17.12.16.
甲 → 乙*(甲의 子)
"현금 65백만원"
증여

'18.2.20.
丙(을의 조부) → 乙
부산 중구 소재
"A부동산"
양도계약**

'19.11.22.
처분청.
증여세 감액경정***
과세표준
(559백만원)

* 乙 : 1세 영아
** 상가건물 및 부수토지로서 계약 시 4,100만원 지급, 기존 임대차계약(임대보증금 1억원, 월 임대료 600만원)은
매수인이 승계 및 임대보증금 1억원은 매매대금에서 공제하고, 잔금 350백만원은 대출금리 1.64%로 매도인이
매수인에게 대여하고 매수인은 원리금 70개월 동안 매도인에게 분할 상환하는 것으로 지급함
*** 처분청은 '18.12.1.에 A부동산을 상증법§61⑤의 보충적 평가방법에 따라 7억원으로 평가하고 보증금 1억원과
현금 41백만원을 차감한 559백만원을 증여재산가액으로, 과세표준을 559백만원과 65백만원 합산한 624백만원
으로 결정·고지하였다가 '19.11.22.에 65백만원을 과세표준에서 차감하여 감액 경정함

Q1 을과 병 사이의 A부동산 매매거래에 대해 상증법§44 배우자 등에게 양도한 재산의 증여추정 규정을
적용하여 증여세를 과세한 처분의 적정 여부?

A1 병이 을로부터 정상적인 대가를 지급받고 부동산을 양도한 사실이 명백히 인정되는 경우에 해당한다고
할 수 없고, 을이 잔금지급의 방법이라고 주장하는 금전소비대차 계약은 가장행위나 조세회피행위에
해당하여 실질과세의 원칙에 따라 부인
※ 병(조부)은 을(손자)에게 승계시킨 보증금(1억원)에 대해 부담부증여로 양도세 신고

➡ 다음 쪽에서 보충 설명

관련 판례·해석 등 참고사항

▸ 제출된 증거자료만으로는 조부와 손자간의 부동산 양도가 정상적인 대가를 지급받고 양도한
사실이 **명백히** 인정되는 경우에 해당하지 않음

🔵 **조세심판원, 대법원 등에서의 증여 추정 인정하지 않는 사유**

- 상증법§44에서 배우자 등에게 양도한 재산의 증여 추정 규정을 둔 취지는 양도를 가장한 근친 사이의 증여 은폐행위를 방지하고자 함에 있고, 긴밀한 친족관계에 있는 당사자 사이에서는 조세부담의 회피라는 공통된 이해관계 하에 외형적인 거래조건을 얼마든지 임의로 만들어 낼 수 있으므로,

  - 양도행위가 증여 추정 배제 사유에 해당하는 지 여부의 판단에는 그 거래조건이 친족관계 없는 일반적인 거래당사자들 사이에서도 통상적으로 이루어지는 경제적인 합리성을 가지고 있는 지가 중요한 판단기준이 될 것인데

  - 금전소비대차 등의 이유로 추가적인 자금부담 없이 쟁점부동산을 취득하게 된 행위는 일반적인 거래당사자들 사이에서 통상적으로 이루어지는 거래조건으로 보기 어려움

  - 또한 실질이 손자인 을에게 쟁점부동산을 증여하기 위한 것으로 그 거래목적을 이루기 위한 과정에서 사전적으로 조세부담을 줄일 수 있는 거래형식을 임의로 만들어 거래한 것으로 보이는 등으로 보아 증여추정 규정에 따라 과세하는 것이 합리적인 것으로 판단함

제
13
편

배우자등에게 양도한 재산의 증여추정(상증법§44) 경제적 합리성(양도재산 증여추정)

상증법§40①에 의거 배우자 또는 직계존비속에게 양도한 것은 증여로 추정하는데 거래의 경제적 합리성을 결여하여 양도로 볼 수 없어 을이 받은 무상대가를 증여재산가액으로 하여 증여세를 과세하면 됨

중요 상 · 난이 상

적용사례

'22.3.1.
甲 → 乙(甲의 子)
서울 송파구 소재
"A아파트"
매매계약*

'22.5.1.
乙.
"A아파트"
잔금 지급** 및
소유권 이전등기

* 시가는 20억원이고 '21.3.1. 계약 시 乙이 계약금 2억원을 甲에게 계좌 이체함

** 乙은 甲의 임차인 丙의 전세보증금 10억원을 승계하여 잔금 지급한 것으로 하여 총 12억원에 매매계약서 작성하고 甲은 12억원에 양도소득세 신고 · 납부함

Q1 갑이 을에게 A아파트(시가 20억원)를 계약 시 10%인 2억원을 지급한 후 임차인 병으로부터 받은 전세보증금(10억원)으로 잔금을 지급한 경우 과세문제는?

A1 상증법§40①에 의거 배우자 또는 직계존비속에게 양도한 것은 증여로 추정하는데 거래의 경제적 합리성을 결여하여 양도로 볼 수 없어 을이 받은 무상대가인 18억원을 증여재산가액으로 하여 증여세를 과세하면 됨

※ 갑(父)은 을(子)에게 승계시킨 보증금(10억원)에 대해 부담부증여로 양도세 신고

📜 관련 판례 · 해석 등 참고사항

배우자등에게 양도한 재산의 증여추정(상증법§44) · 과세 여부(증여추정)

갑으로부터 을(병의 자)이 A아파트(시가 3억원)를 계약 시 10%인 3천만원을 지급한 후
병으로부터 받은 전세보증금(2억 7천만원)으로 잔금을 지급한 경우 을이 병과 별도세대이고
실제 병이 "A아파트"에 입주하여 거주하였으므로 과세문제 발생하지 않음

중요 상 **난이** 상

적용사례

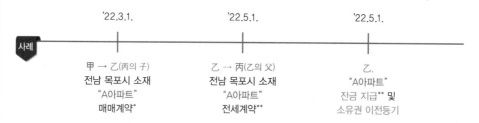

'22.3.1.

甲 → 乙(丙의 子)
전남 목포시 소재
"A아파트"
매매계약*

'22.5.1.

乙 → 丙(乙의 父)
전남 목포시 소재
"A아파트"
전세계약**

'22.5.1.

乙.
"A아파트"
잔금 지급** 및
소유권 이전등기

* 시가는 3억원이고 '21.3.1. 계약 시 乙이 계약금 3천만원을 甲에게 계좌 이체함

** 전세 시세에 부합하며 근로소득자인 乙은 丙과 별도세대이며 乙이 잔금지급 후 丙이 A아파트에 실제 입주·거주함

Q1 갑으로부터 을이 A아파트(시가 3억원)를 계약 시 10%인 3천만원을 지급한 후 병으로부터 받은
전세보증금(2억 7천만원)으로 잔금을 지급한 경우 과세문제는?

A1 을이 병과 별도세대이고 실제 병이 "A아파트"에 입주하여 거주하였으므로 과세문제 발생하지 않음

제
13
편

📜 **관련 판례·해석 등 참고사항**

양도소득세
총론

🏛 ↓01
양도소득세 개요

❯ 자산의 양도차익에 대해 과세(Capital gain tax, Transfer income tax)

❯ 1967년 「부동산투기억제에 관한 특별조치법」 제정으로 부동산 투기억제세 운영 ⇒ 1975년 양도소득세 전환(소법에 흡수)

- 본래적 기능 : 재정수입 확보
- 부차적 기능 : 부동산 가격 안정 등 투기 억제(초기 도입 시 토지, 건물만 과세대상)

❯ 2000년부터 신고 · 납부제도 시행

> **참고** 양도소득세 관련 법령[소법§88(정의)~§118의18(준용규정), 소령§151~§178의12]
> · 양도소득세 과세표준 신고 · 납부 등 : 소법§105 ~ §118
> · 거주자 국외자산의 양도에 관한 규정 : 소법§118의2 ~ §118의8
> · 거주자 출국시 국내주식 등에 대한 과세특례(국외전출세) : 소법§118의9 ~ §118의18
> · 비거주자의 납세의무 : 소법§119 ~ §126의2, 소령§179 ~ §183의4

🏛 ↓02
우리나라 양도소득세 특징

열거주의	분류과세	다양한 조세특례	상이한 세율체계	결집효과
과세대상 자산 규정	종합소득세 및 퇴직소득세와 구분	1세대 1주택 비과세, 주택 감면, 자경농지 감면 등 다양한 비과세·감면 규정	자산별, 보유기간, 토지이용 등에 따라 차등적용	장기보유특별 공제 적용하여 세부담 경감

03

양도소득세 계산 흐름

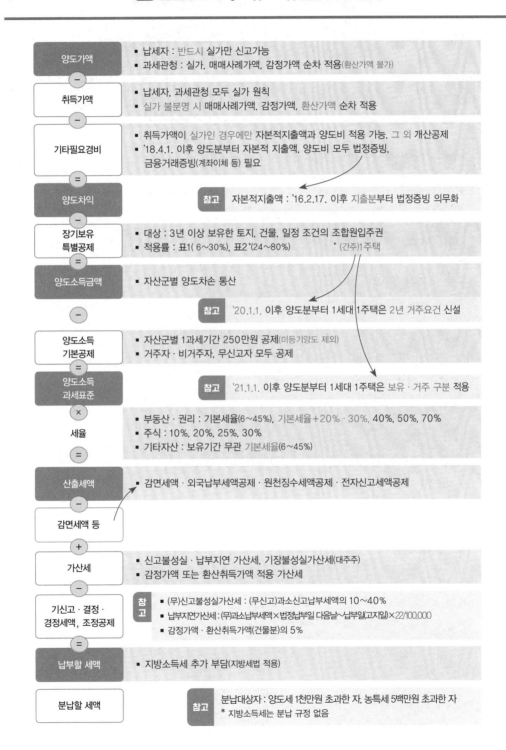

양도가액
- 납세자 : 반드시 실가만 신고가능
- 과세관청 : 실가, 매매사례가액, 감정가액 순차 적용(환산가액 불가)

−

취득가액
- 납세자, 과세관청 모두 실가 원칙
- 실가 불분명 시 매매사례가액, 감정가액, 환산가액 순차 적용

−

기타필요경비
- 취득가액이 실가인 경우에만 자본적지출액과 양도비 적용 가능. 그 외 개산공제
- '18.4.1. 이후 양도분부터 자본적 지출액, 양도비 모두 법정증빙, 금융거래증빙(계좌이체 등) 필요

=

양도차익
> **참고** 자본적지출액 : '16.2.17. 이후 지출분부터 법정증빙 의무화

−

장기보유 특별공제
- 대상 : 3년 이상 보유한 토지, 건물, 일정 조건의 조합원입주권
- 적용률 : 표1(6~30%), 표2*(24~80%)   * (간주)1주택

=

양도소득금액
- 자산군별 양도차손 통산

> **참고** '20.1.1. 이후 양도분부터 1세대 1주택은 2년 거주요건 신설

−

양도소득 기본공제
- 자산군별 1과세기간 250만원 공제(미등기양도 제외)
- 거주자 · 비거주자, 무신고자 모두 공제

=

양도소득 과세표준
> **참고** '21.1.1. 이후 양도분부터 1세대 1주택은 보유 · 거주 구분 적용

×

세율
- 부동산 · 권리 : 기본세율(6~45%), 기본세율+20% · 30%, 40%, 50%, 70%
- 주식 : 10%, 20%, 25%, 30%
- 기타자산 : 보유기간 무관 기본세율(6~45%)

=

산출세액
- 감면세액 · 외국납부세액공제 · 원천징수세액공제 · 전자신고세액공제

−

감면세액 등

+

가산세
- 신고불성실 · 납부지연 가산세, 기장불성실가산세(대주주)
- 감정가액 또는 환산취득가액 적용 가산세

−

기신고 · 결정 · 경정세액, 조정공제
> **참고**
> - (무)신고불성실가산세 : (무신고)과소신고납부세액의 10~40%
> - 납부지연가산세 : (무)과소납부세액×법정납부일 다음날~납부일(고지일)×22/100,000
> - 감정가액 · 환산취득가액(건물분)의 5%

=

납부할 세액
- 지방소득세 추가 부담(지방세법 적용)

분납할 세액
> **참고** 분납대상자 : 양도세 1천만원 초과한 자, 농특세 5백만원 초과한 자
> * 지방소득세는 분납 규정 없음

제14편

⊙ 양도세 산출세액 계산과정

▶ 납세의무자(소법§2, 소법§118의2)

▶ 장기보유특별공제(소법§95②)

▶ 과세대상 자산(소법§94①)

▶ 양도소득금액(소법§95①)

▶ 양도(소법§88 1호)

▶ 양도소득 기본공제(소법§103)

▶ 양도시기(소법§98) 도래

▶ 양도소득 과세표준(소법§92)

▶ 비과세(소법§89①)에 해당하지 않을 경우

▶ 세율(소법§104①)

▶ 양도차익(소령§95①)

▶ 양도소득 산출세액(소법§104①)

※ 양도소득세 신고 시 필요한 서류

1. 양도 시 매매계약서
2. 취득 시 매매계약서(상속 · 증여 받은 경우에는 신고 시 감정평가 서류 등)
3. 양도세 추가 공제를 위한 증빙자료
   ① 취득 및 양도 시 공인중개사 수수료 등
   ② 취득세 증빙
   ③ 법무사 수수료 증빙
   ④ 자본적 지출*에 해당하는 수리 및 인테리어 비용 등
      * 리모델링 등 양도자산의 가치를 증가시키도록 소요된 비용

04
양도소득세 납세의무자
(소법§2, 소법§118의2)

거 주 자	비 거 주 자
▪ 자연인 ▪ 법인 아닌 단체(사단·재단 등) 　– 사찰, 교회, 종중, 조합 등	▪ 국내원천 소득이 있는 　비거주자인 개인과 단체

가 ｜ 자연인인 개인

거 주 자*	비 거 주 자
▪ 국내·외에 소재한 과세대상 　자산을 양도하여 소득이 　발생한 개인 등	▪ 국내에 소재한 과세대상을 　양도하여 소득이 발생한 　개인 등

* 국외자산의 경우 「해당 자산의 양도일까지
　계속 5년 이상 국내에 주소 또는 거소를 둔 자」

나 ｜ 개인으로 보는 법인 아닌 단체

▶ 법인 아닌 사단·재단 기타 단체 중 법인으로 보는 단체 외 사단·재단 기타 단체는 개인으로
보아 납세의무 부담

다 | 납세의무 유형

⊙ 특수관계인간 증여 후 10년 이내 양도하여 부당행위계산 대상이 되는 경우

- 증여자가 수증자와 연대납세의무

⊙ 공동소유자산 양도에 대한 납세의무(연대납세의무 없음)

- 소유지분에 따라 분배되었거나 분배될 소득금액에 대해 각 거주자별 납세의무

⊙ 명의신탁 자산 : 사실상 귀속자(연대납세의무 없음)

라 | 납세의무 승계

⊙ 자산 양도 후 양도자가 사망한 경우(무신고, 과소신고) :

- 상속인 등이 납세의무 승계(상속으로 받은 재산 한도 내 연대납세의무)

⊙ 납세의무(소법 § 2)

③ 국기법§13①에 따른 법인 아닌 단체 중 국기법§13④에 따른 법인으로 보는
단체(이하 "법인으로 보는 단체"라 함) 외의 법인 아닌 단체는 국내에 주사무소 또는
사업의 실질적 관리장소를 둔 경우에는 1거주자로, 그 밖의 경우에는 1비거주자로
보아 이 법을 적용한다.

ex) 교회, 사찰, 종중 등 법인 아닌 단체는 거주자 또는 비거주자로 보아 소법을
적용

참고 소득세의 납세의무자는 개인과 법인 아닌 단체임

🏠 심화정리

◉ 명의신탁 부동산에 대한 입증책임

- 명의신탁 부동산의 양도세 관련 실질과세의 주장 입증책임은 납세자에게 있으며, 이를 인정할 만한 증거가 없으므로 납세자가 주장하는 사유만으로는 추정을 번복하기에 부족함

    (대법원-2016-두-43428, '16.09.28., 서울고등법원-2015-누-59084, '16.05.25.)

- 피상속인이 매매를 원인으로 취득 후 상속 등기가 완료된 것으로서, 등기는 그 자체만으로 실체적 권리관계가 존재하는 것으로 추정되는 효력이 있음에도, 이에 반하는 명의신탁 사실을 입증할 만한 명의신탁 계약서, 금융증빙을 제시하지 않고 있으므로 명의신탁된 토지로 보기 어려움

    (심사양도-2011-0096, '11.06.27.)

- 양도소득의 귀속이 명목 뿐이고 사실상 그 소득을 얻은 자가 따로 있다면 이를 주장하는 자에게 입증책임이 있는 것인 바, 명의수탁 사실이 객관적으로 입증되지 아니하므로 등기명의자에게 과세한 처분은 정당함

    (부산고등법원-2004-누-1575, '07.01.19.)

거주자와 비거주자의 구분

거 주 자

- 과세대상 : 국내 · 외 모든 소득

- 요건 : 국내에 주소를 두거나 183일 이상 거소를 둔 개인

- 국내에 거주하는 개인이 주소를 가진 것으로 보는 경우

  - 계속하여 183일 이상 국내에 거주할 것을 통상 필요로 하는 직업을 가진 때
  - 국내에 생계가족 거주 and 직업 · 자산상태에 비추어 183일 이상 거주할 것으로 인정되는 때

비 거 주 자

- 과세대상 : 국내원천 소득

- 요건 : 국내에 주소가 없고 183일 이상 거소를 두지 아니한 개인

- 국내에 거주 or 근무하는 자 중 국내에 주소가 없는 것으로 보는 경우

  - 외국 국적이거나 외국의 영주권을 얻은 자로서
  - 국내에 생계를 같이하는 가족이 없고 and 직업 · 자산상태에 비추어 다시 입국하여 주로 국내에 거주하리라고 인정되지 아니하는 때

참고

주소 : 국내에서 생계를 같이하는 가족 및 국내에 소재하는 자산의 유무 등 생활관계 객관적 사실에 따라 판정

거소 : 주소지 외의 장소 중 상당기간 걸쳐 거주하는 장소(주소와 같이 밀접한 생활관계가 형성되지 않는 장소)

거주자와 비거주자 판정의 특례

국내에 주소가 없게 되는 때에도
거주자로 보는 경우(소득세법 기본통칙 1-3…1)

- 거주자나 내국법인의 국외사업장 또는 해외현지법인(100% 출자법인)에 파견된 임원 또는 직원이
  생계를 같이 하는 가족이나 자산상태로 보아 파견기간이 종료 후 재입국할 것으로 인정되는 때에는
  파견기간이나 외국 국적 또는 영주권의 취득과는 관계없이 거주자로 봄

- 위에 준하여 국내에 생활의 근거가 있는 자가 국외에서 거주자 또는 내국법인의 임원 또는 직원이
  되는 경우에는 국내에서 파견된 것으로 봄

외교관 등 신분에 의한 비거주자
(소득세법 기본통칙 1-0…3)

- 아래에 규정하는 자는 국내에 주소가 있는지 여부 및 국내 거주기간에 불구하고 그 신분에 따라
  비거주자로 봄

  1. 주한외교관과 그 외교관의 세대에 속하는 가족. 다만, 대한민국국민은 예외

  2. 한미행정협정(대한민국과 아메리카 합중국 간의 상호방위조약§4에 의한 시설과 구역 및 대한민국에서
     합중국군대의 지위에 관한 협정)§1에 규정한 합중국군대의 구성원·군무원 및 그들의 가족. 다만,
     합중국의 소득세를 회피할 목적으로 국내에 주소가 있다고 신고한 경우에는 예외

판례 등 불복사례

쟁점 **법인 아닌 단체의 1세대 1주택 비과세 적용 여부**

- 법인으로 보는 단체에 해당하지 아니하는 사단으로 소득세법상 거주자에 해당하는 단체(교회)는 1세대 1주택 양도에 대한 양도소득세 비과세규정을 적용하지 아니함

  (조심2010전0930, '10.06.09., 국승)

  ☞ 1세대 1주택 비과세 규정은 자연인에 한하여 적용

쟁점 **종교단체에 부여한 고유번호**

- 세무서에서 법인 아닌 종교단체의 경우에는 "89", 의제법인의 경우에는 "82"를 부여하였는 바, 고유번호만으로 종교단체가 의제법인 승인을 받았다고 단정할 수 없고 금융실명제 실시에 따라 실명 전환할 필요가 있어 고유번호를 부여받았던 것으로 보임. 따라서 개인으로 보아 양도소득세 부과처분은 적법함

  (서울행정법원-2017두-구단-50884, '17.08.30 국승)

참고 비영리내국법인(법인으로 보는 단체 포함)이 부동산 양도소득을 과세에서 제외되기 위해서는 처분일 현재 3년 이상 계속하여 고유목적사업에 직접 사용하는 자산을 양도한 경우에 한함

법인세법상 고유목적 사업에 해당하여 과세 대상에서 제외됨

중요
중

난이
상

적용사례

```
            '85.1.1.                                    '21.7.1.
  사례 ┣━━━━━━┿━━━━━━━━━━━━━━━━━━━━━━━┿━━━━━
         교회*                                     "A아파트"
       "A아파트"                                     양도
         취득
```

* 교회가 관할세무서장에게 법인으로보는 단체로 신청·승인(법법§2 2호다목에 의한 비영리내국법인) 받았고,
　목사가 계속 사택으로 하다가 양도

Q1 교회가 A아파트를 양도 시 고유목적 사업에 직접 사용하는 자산의 처분으로 보아 법법에 의한 과세에서
제외되는 지 여부?

A1 법법§4③5호 단서 및 법령§3②에 따라 해당 유형자산 처분일 현재 3년 이상 계속하여 법령 또는 정관에
규정된 고유목적사업(수익사업 제외)에 직접 사용한 유형자산의 처분으로 인하여 생기는 수입에 해당하여
과세 제외됨

관련 판례 · 해석 등 참고사항

▸ 양도세의 납세의무자는 개인과 1거주자로 보는 단체이나 "과세 대상"과 관련하여 질문을 종종
받아서 참고로 게시함

▸ **법법§4[과세소득의 범위]**

① 내국법인에 법인세가 과세되는 소득은 다음 각 호의 소득으로 한다. 다만, 비영리내국법인의 경우에는
제1호와 제3호의 소득으로 한정한다.
1. 각 사업연도의 소득　2. 청산소득　3. §55의2에 따른 토지 등 양도소득

③ ①1호를 적용할 때 비영리내국법인의 각 사업연도의 소득은 다음 각 호의 사업 또는 수입(이하
"수익사업"이라 함)에서 생기는 소득으로 한정한다.
5. 유형자산 및 무형자산의 처분으로 얻은 수입. 다만, 고유목적사업에 직접 사용하는 자산의 처분으로
인한 대통령령으로 정하는 수입은 제외한다.

▸ **법령§3[수익사업의 범위]**

② 법 §4③5호 단서에서 "대통령령으로 정하는 수입"이란 해당 유형자산 및 무형자산의 처분일 현재 3년
이상 계속하여 법령 또는 정관에 규정된 고유목적사업(①에 따른 수익사업은 제외)에 직접 사용한
유형자산 및 무형자산의 처분으로 인하여 생기는 수입을 말한다. (이하 생략)

법인세법상 고유목적 사업에 해당하지 않아 과세 대상에서 제외되지 않음

중요	난이
중	상

적용사례

	'85.1.1.	'17.7.1.	'21.7.1.
사례	종중* "A임야" 취득	"A임야" 소재 묘지 60기 이장	"A임야" 양도

* 종중이 관할세무서장에게 법인으로보는 단체로 신청 · 승인 받음(법법§2 2호다목에 의한 비영리내국법인)

Q1 종중이 A임야를 양도 시 고유목적 사업에 직접 사용하는 자산의 처분으로 보아 법법에 의한 과세에서 제외되는 지 여부?

A1 법법§4③5호 단서 및 법령§3②에 따라 해당 유형자산 처분일 현재 3년 이상 계속하여 법령 또는 정관에 규정된 고유목적사업(수익사업 제외)에 직접 사용한 유형자산의 처분으로 인하여 생기는 수입에 해당하지 않아 과세 제외에 해당하지 아니함

📑 **관련 판례 · 해석 등 참고사항**

☞ 양도일 현재 **묘지가 없으면 적용 불가**

05

납세지 및
과세관할

가 | 납세지

- 양도세의 신고 · 납부, 신청, 불복 등을 하는 관할세무서를 정하는 장소
- 납세자의 세금을 결정 · 경정 등의 처분을 하는 기준장소

거 주 자 ▶
주소지
*양도시점 주소지와 신고 · 결정 · 경정시점에 주소지가 다른 경우
⇨ 신고 · 결정 · 경정시점에서 주소지

비 거 주 자 ▶
국내사업장의 소재지
* 사업장이 없는 경우 양도자산의 소재지

피상속인 납세 의무 승계 시 ▶
상속인이 관할세무서장에게 납세지로 신고하는 장소
* 납세지 신고가 없는 경우
⇨ 피상속인의 사망 전 주소지(대법원96누10133, '96.11.08.)

법인아닌단체 ▶ 단체의 대표자 또는 관리인의 주소지

국외근무 공무원 등 ▶
국내에 주소가 없는 공무원 또는 거주자로 보는 자의 경우
그 가족의 생활 근거지 또는 소속 기관의 소재지

06

양도소득세의
부과제척기간(국기법§26의2)

구 분	'94.1.1. 이후	'93.12.31. 이전
사기 기타 부정한 행위	10년	
무 신 고	7년	5년
그 외(일반과소신고)	5년	

◆ "사기 기타 부정한 행위"의 의미(대법원97도2429, '98.05.08.)

• '사기 기타 부정한 행위'라는 것은 조세의 부과와 징수를 불가능하게 하거나 현저히 곤란하게 하는 위계 기타 부정한 적극적인 행위를 말하고 단순히 세법상의 신고를 하지 아니하거나 허위의 신고를 함에 그치는 것은 이에 해당하지 아니함

◆ 부담부 증여* 시 양도소득세 부과제척기간

* 수증자가 증여자의 일정 채무를 부담하는 것을 조건으로 하는 증여계약

구 분	상속세 · 증여세	부담부 증여 시 양도소득세
부정행위, 무신고, 거짓 · 누락 신고	15년	15년
그 외(일반과소신고)	10년	10년

• 채무인수분에 대한 양도세 부과제척기간을 증여세 부과제척기간과 일치시켜, 세무조사 등을 통하여 부담부증여재산 파악 시 증여세와 함께 양도세도 부과할 수 있도록 '13.1.1. 이후 소득세를 부과할 수 있는 날이 개시하는 분부터 개정 적용

14
편

다른 소득에 대해서는 신고를 하였으나 당해 양도소득에 대해서 예정신고 및 확정신고를
하지 아니한 경우의 부과제척기간은 7년으로 보아야 함

중요 상　난이 중

적용사례(대법원-2017-두-42811, '21.11.11.)

'04.2.3.	'08.1.18.	'08.3.25.	'08.4.30.	'08.5.28.	'09.2.6.	'09.5.31.
서울 강남구 소재 "A토지" 경락 취득	인천 중구 소재 "B토지" 양도	"B토지" 양도세 예정신고	"A토지" 양도	경북 포항 소재 "C토지" 양도	"C토지" 양도세 예정신고	양도세 확정신고*

* A토지의 양도에 따른 양도소득에 대하여는 확정신고를 하지 않음

Q1 A토지의 양도에 따른 양도소득에 대하여 예정신고 및 확정신고를 하지 아니한 경우, 양도세의
부과제척기간은?

A1 구. 소법§110④에서 "당해 소득"에 대하여만 확정신고를 하지 아니할 수 있다고 규정하고 있어,
확정신고를 하지 아니한 이상 그에 따른 양도세의 부과제척기간은 7년으로 보아야 함

(☞ 당초 부과처분 적법)

📑 관련 판례 · 해석 등 참고사항

▶ 소법('09.12.31. 법률 제9897호로 개정되기 전의 것)§110

④ 예정신고를 한 자는 제1항의 규정에도 불구하고 당해 소득에 대한 확정신고를 하지 아니할 수 있다.
다만, 당해 연도에 누진세율의 적용대상 자산에 대한 예정신고를 2회 이상 하는 경우 등으로서
대통령령이 정하는 경우에는 그러하지 아니하다.

예정신고를 한 이상 확정신고를 할 의무가 없으므로 부과제척기간은 5년으로 보아야 함

중요	난이
상	상

적용사례(대법원-2020-두-51518, '21.11.15.)

'05.7.19.	'05.9.19.	'05.9.20.	'06.2.28.	'09.1.30.	'17.3.2.
경기 용인 소재 "A토지, B토지" 양도*	"B토지" 양도세 예정신고**	"A토지" 양도세 예정신고	"A토지, B토지" 잔금 받음	토지거래 허가구역 해제*	처분청. '06년 귀속 양도세 고지

사례

* 甲과 乙은 각각 토지거래허가구역 내 A토지와 B토지를 양도하였고 '09.1.30.에 토지거래허가구역 지정이 해제됨

** 甲이 乙 명의로 신탁하여 취득하여 乙 명의로 예정신고·납부함

Q1 A토지의 양도에 따른 양도세의 부과제척기간의 기산일은?

A1 구. 소법§110①괄호에서 "토지거래허가를 받기 전에 대금을 청산한 경우에는 그 허가일이 속하는 연도의 다음 연도 5월 1일부터 5월 31일까지 신고"하도록 규정하여 A토지에 대한 부과제척기간은 '10.6.1.부터 기산함

Q2 A토지의 양도에 따른 양도세의 부과제척기간은?

A2 • 원심은 A토지와 B토지의 양도소득을 합산·총괄하는 양도소득과세표준 확정신고를 하지 않은 이상 납세자가 법정신고기한까지 과세표준신고서를 제출하지 아니한 경우에 해당하여 부과제척기간이 7년이라고 판단하였으나,

　• 구. 소법§110④에 의하면 그 단서의 위임에 따라 대통령령이 정한 경우에 해당하지 않는 한 예정신고를 한 자는 "당해 소득"에 대한 확정신고를 하지 않을 수 있고, 이는 예정신고를 한 양도소득 외에 동일한 과세연도에 귀속되는 양도소득이 더 있더라도 마찬가지임

　• 또한 위 예정신고가 구. 소령§173④이 정한 경우에 해당한다고 볼 만한 근거도 없으므로 A토지의 양도소득에 대하여는 더 이상 확정신고를 할 의무가 없음

　• 갑이 A토지의 양도소득과 동일한 과세연도에 귀속되는 B토지의 양도소득에 대하여 예정신고를 하지 않아 이에 대한 확정신고를 할 의무를 진다고 하더라도, 그러한 확정신고 의무가 이미 예정신고를 마친 A토지의 양도소득에 대한 것이라고 볼 수는 없으므로 부과제척기간은 5년으로 보아야 함

제14편

예정신고 후 과세관청이 증액 경정 · 고지를 한 경우 그와 다른 내용의 확정신고 및 동일한
세액으로 경정청구는 허용 불가

중요
상

난이
중

적용사례(대법원-2017-두-73297, '21.12.30.)

'14.4.1.　　　'14.6.30.　　　　'15.1.5.　　　'15.5.6.　　　'15.8.10.

사례

甲. 경기 의왕 소재　　甲. "A주택"　　　　과세관청　　　"A주택"　　　甲.
"A주택"　　　　　양도세　　　　　"A주택"　　　확정신고***　　경정청구****
양도　　　　　예정신고*　　　증액 경정 · 고지**

* 고가주택에 대한 1세대 1주택 비과세 규정 적용하여 양도소득 과세표준 예정신고함

** 甲이 A주택의 양도가액을 허위로 신고하였다고 보고 고가주택에 대한 1세대 1주택 비과세 규정을 배제하고
양도세를 증액 경정 · 고지

*** 甲은 A주택의 양도가액을 예정신고 당시보다 증액하여 고가주택에 대한 1세대 1주택 비과세 규정을 다시 적용하여
과세표준 확정신고를 함

**** 甲은 A주택의 증액 경정처분에 따른 과세표준과 세액을 확정신고에 따른 과세표준과 세액으로 감액하여 달라는
취지의 경정청구를 함

Q1 갑의 A주택 양도에 대한 예정신고 후 과세과청이 이를 부인하고 증액 경정 · 고지를 한 경우, 그와 다른
내용의 확정신고 및 동일한 세액으로 경정청구 가능 여부?

A1 예정신고 및 이에 대한 증액 경정처분은 그 후 이루어진 확정신고로 소멸하므로 이에 대한 경정청구는
부적법하고, 확정신고와 동일한 세액으로 경정하여 달라는 경정청구는 허용될 수 없음

📜 관련 판례 · 해석 등 참고사항

판례 등 불복사례

쟁점 "사기 기타 부정한 행위" 해당 여부

명의신탁 행위만으로는 조세의 부과와 징수를 불가능하게 하거나 현저히 곤란하게 하는 위계 기타 부정한 적극적인 행위가 있었다거나 미등기 전매로서 '사기 기타 부정한 행위'에 해당한다고 할 수 없음

(대법원2014두41398, '14.12.03.)

참고 매매계약서를 2개 작성하였다는 이유만으로 사기 기타 부정한 행위로 볼 수 없음(서울고법 2016누39568, '16.9.28.)

07

양도소득과
사업소득의 구분

가 │ 양도소득은 비사업자의 지위에서 자산을 이전하는 개인에게 과세

▶ 사업소득은 부동산매매업, 주택신축판매업과 같이 사업의 일부로서 자산을 이전하는
사업자에게 과세(종합과세)

나 │ 소득의 구분

대가성	납세의무자	사업성	세목	비 고
유상 이전	양도자	일시적 · 비반복적 양도	양도세	
	양도자	사업적 양도	(사업) 소득세	사업적으로 자산 양도
무상 이전	수증자 (개인, 비영리법인)	비사업자	증여세	
	수증자 (영리법인)		법인세	자산수증익으로익금산입 법인세 과세

📝 관련 판례 · 해석 등 참고사항

▶ 소득세과-4232, '08.11.17.

- 법인이 합병함에 따라 소멸한 법인의 주주가 합병 후 존속하는 법인 또는 합병으로 인하여 설립된
법인으로부터 그 합병으로 인하여 취득하는 주식 또는 출자의 가액과 금전의 합계액이 그 합병으로
인하여 소멸한 법인의 주식 또는 출자를 취득하기 위하여 소요된 금액을 초과하는 금액은
소법§17②4호의 규정에 의한 배당소득에 해당함
  - ☞ 종전 해석(서면5팀-705, '07.03.02.)에서는 교환에 의한 거래에 해당하여 양도세가 과세되는
것이라고 하였는데 국세법령해석심의위원회의 심의를 거쳐 해석이 변경되었음

⌂↓08

양도의
정의

양도란?
자산에 대한 등기·등록과 관계없이 매도, 교환, 법인에 대한 현물출자 등으로 인하여 그
자산을 유상으로 사실상 이전하는 것

양도로 보는 유형	양도로 보지 않는 유형
1. 매도, 교환, 법인에 대한 현물출자	1. 환지처분, 보류지 충당
2. 협의매수, 수용, 공매, 경매	2. 양도 담보제공
3. 대물변제	3. 명의신탁 해지
4. 공동사업 현물출자	4. 매매원인 무효자산 이전(소유권 환원)
5. 부담부 증여	5. 재산분할 청구권 행사 소유권 이전
6. 이혼 위자료	6. 공유물 분할
7. 양도담보자산 변제 충당	7. 토지거래허가 받지 아니하여 무효

⊙ 정의(소법 §88) 이 장에서 사용하는 용어의 뜻은 다음과 같다.

1. "양도"란 자산에 대한 등기 또는 등록과 관계없이 매도, 교환, 법인에 대한 현물출자 등을 통하여 그 자산을 유상으로 사실상 이전하는 것을 말한다. 이 경우 대통령령으로 정하는 부담부증여의 채무액에 해당하는 부분은 양도로 보며, 다음 각 목의 어느 하나에 해당하는 경우에는 양도로 보지 아니한다.

   가. 「도시개발법」이나 그 밖의 법률에 따른 환지처분으로 지목 또는 지번이 변경되거나 보류지로 충당되는 경우

   나. 토지의 경계를 변경하기 위하여 「공간정보의 구축 및 관리 등에 관한 법률」 §79에 따른 토지의 분할 등 대통령령으로 정하는 방법과 절차로 하는 토지 교환의 경우

   다. 위탁자와 수탁자간 신임관계에 기하여 위탁자의 자산에 신탁이 설정되고 그 신탁재산의 소유권이 수탁자에게 이전된 경우로서 위탁자가 신탁 설정을 해지하거나 신탁의 수익자를 변경할 수 있는 등 신탁재산을 실질적으로 지배하고 소유하는 것으로 볼 수 있는 경우('21.1.1. 이후 양도분)

2. "주식등"이란 자본시장법§4④에 따른 지분증권(같은 법§4①단서는 적용하지 아니하며, 같은 법§9의 집합투자증권 등 대통령령으로 정하는 것은 제외), 같은 법§4⑧의 증권예탁증권 중 지분증권과 관련된 권리가 표시된 것 및 출자지분을 말한다.

- 자산 양도는 등기 여부를 불문함 ⇔ 부동산 등 미등기 양도 시 중과세
- 양도의 원인행위는 다양함
  - 매도, 교환, 법인에 대한 현물출자에 국한하지 않음
  - 수용, 경매·공매, 대물변제 등 원인행위는 다양함 ☞ "등"(예시규정)
- 자산이 유상으로 이전되어야 함 ⇔ 무상이면 증여세, 법인세 등
- 자산이 사실상 이전되어야 함 ⇔ 명의신탁, 양도담보 등 형식상은 이전임

부담부증여의 채무액에 해당하는 부분은 양도로 보는데, 양도가액이 기준시가이면
취득가액도 기준시가를 적용하여 양도차익 산정

중요 상　난이 중

적용사례

'16.1.5.　　　　　　　　　　　　　　　　　'21.6.1.

사례

兄. "A주택"
5억원에 취득*

兄이 弟에게
"A주택"
부담부증여*

* 은행 채무(담보대출 3억원), 취득 시 기준시가 3억원 전제

Q1 A주택이 아파트인 경우(매매사례가액이 15억원인 경우) 부담부증여에 해당하는 양도가액, 취득가액 및 양도차익은?

A1 ・양도가액 : 15억원 × 3억원 / 15억원 = 3억원

・취득가액 : 5억원 × 3억원 / 15억원 = 1억원

・양도차익 : 3억원 − 1억원 = 2억원

Q2 A주택이 단독주택인 경우(기준시가가 10억원인 경우) 부담부증여에 해당하는 양도가액, 취득가액 및 양도차익은?

A2 ・양도가액 : 10억원 × 3억원 / 10억원 = 3억원

・취득가액 : ~~5억원 × 3억원 / 10억원 = 1.5억원~~ ➤ 3억원 × 3억원 / 10억원 = 0.9억원

・양도차익 : ~~3억원 − 1.5억원 = 1.5억원(→ 0.5억원 과소)~~ ➤ 3억원 − 0.9억원 = 2.1억원

* 개산공제 등 필요경비는 생략

📜 관련 판례 · 해석 등 참고사항

▶ **소령§159①[부담부증여에 대한 양도차익의 계산]**

1호. 취득가액 = 실지취득가액* × 채무액 / 증여가액

* 양도가액이 기준시가이면 취득가액도 기준시가

2호. 양도가액 = 상증법에 따른 평가액 × 채무액 / 증여가액

상속주택 비과세 특례가 적용되는, 양도가액이 고가주택에 해당하는 일반주택을 부담부
증여한 경우 양도차익 및 양도세 산출세액 계산

중요 상 | 난이 상

적용사례

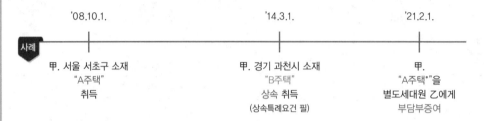

'08.10.1. | '14.3.1. | '21.2.1.

사례

甲. 서울 서초구 소재 "A주택" 취득 | 甲. 경기 과천시 소재 "B주택" 상속 취득 (상속특례요건 필) | 甲. "A주택*"을 별도세대원 乙에게 부담부증여

* 취득가액 3억원, 부담부증여시 매매사례가액 20억원, 채무 12억원

Q1 A주택 부담부증여분에 대한 비과세 적용 여부?

A1 소령§155② 상속주택 특례에 의거 9억원 이하 비과세 적용

Q2 A주택의 9억원 초과분에 대한 중과 적용 여부 및 양도세 산출세액은?

A2 ① 조정대상지역에 소재하고 중과대상 2주택 보유
　　　⇒ 기본세율 + 10%p, 장기보유특별공제 배제
　　　If) B주택이 상속받은 날부터 5년이 경과하지 않았다면
　　　→ A주택은 일반주택으로 중과배제, 장기보유특별공제 적용
　　② 양도가액 : 20억(시가) × 12억(채무) / 20억(증여가액) = 12억
　　③ 취득가액 : 3억(실가) × 12억(채무) / 20억(증여가액) = 1.8억
　　④ 양도차익 : 10.2억원(전체 양도차익) × (20억 − 9억 / 20억) = 5.61억원
　　☞ 산출세액 : 561백만원 × 52%(42% + 10%) − 35.4백만원 = 256,325천원

📜 **관련 판례 · 해석 등 참고사항**

▶ **소령§159①[부담부증여에 대한 양도차익의 계산]**

　1호. 취득가액 = 실지취득가액* × 채무액 / 증여가액

　　* 양도가액이 기준시가이면 취득가액도 기준시가

　2호. 양도가액 = 상증법에 따른 평가액 × 채무액 / 증여가액

이혼위자료는 위자료 지급에 갈음하여 부동산 소유권을 이전해 주는 것으로 사실상 유상 양도이므로 양도에 해당하므로 양도세 부담해야 하나, 1세대 1주택 비과세 요건 충족 시에는 비과세

중요 중 | 난이 중

적용사례

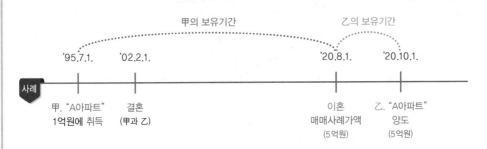

甲의 보유기간 | 乙의 보유기간

'95.7.1. | '02.2.1. | '20.8.1. | '20.10.1.

사례

甲. "A아파트" 1억원에 취득 | 결혼 (甲과 乙) | 이혼 매매사례가액 (5억원) | 乙. "A아파트" 양도 (5억원)

Q1 甲과 乙의 양도차익은?

A1 · 甲의 양도차익 : 5억원 − 1억원 = 4억원(비과세에 해당 시 비과세 적용)

· 乙의 양도차익 : 5억원 − 5억원 = 0억원

* 乙의 취득시기 : '20.8.1.

** 통상 등기부등본의 등기원인을 이혼위자료임에도 불구하고 "증여"로 기재하고 있음

📝 **관련 판례 · 해석 등 참고사항**

◉ 이혼 위자료

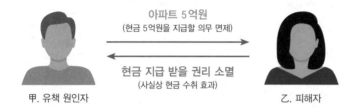

아파트 5억원
(현금 5억원을 지급할 의무 면제)

현금 지급 받을 권리 소멸
(사실상 현금 수취 효과)

甲. 유책 원인자   乙. 피해자

※ 부동산(아파트)이 사실상 유상으로 이전 ⇒ "양도"(1세대 1주택 비과세 요건 충족 시 비과세)

☞ 부동산(아파트)이 양도의 대가로 위자료 지급의무의 소멸(대가성)이라는 경제적 이익을 얻어 일종의 대물 변제 성격임

◉ 양도담보 제공

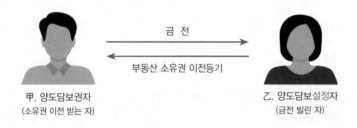

금 전

부동산 소유권 이전등기

甲. 양도담보권자   乙. 양도담보설정자
(소유권 이전 받는 자)   (금전 빌린 자)

※ 금전을 기한 내에 변제하지 못하여 양도담보자산이 완전히 양도담보설정자에게 이전된 경우에는 "양도"로 봄

🏠 심화정리

▶ 공유물 분할(共有物 分割)

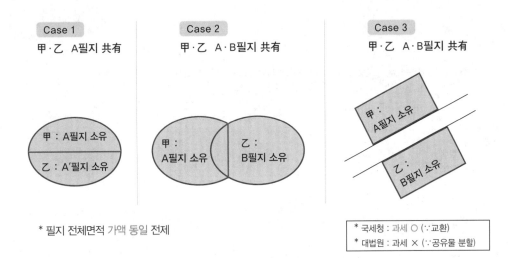

Case 1	Case 2	Case 3
甲·乙 A필지 共有	甲·乙 A·B필지 共有	甲·乙 A·B필지 共有
甲 : A필지 소유 / 乙 : A′필지 소유	甲 : A필지 소유 / 乙 : B필지 소유	甲 : A필지 소유 / 乙 : B필지 소유

* 필지 전체면적 가액 동일 전제

* 국세청 : 과세 ○ (∵교환)
* 대법원 : 과세 × (∵공유물 분할)

▶ 환지처분(換地處分), 보류지 충당

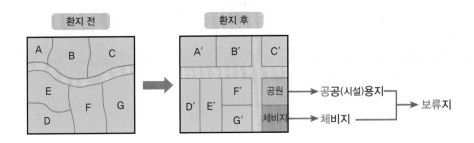

환지 전 → 환지 후

공공(시설)용지 ┐
체비지 ┘ → 보류지

* 공공사업 시행으로 인한 가치상승으로 필지별 면적을 줄여서 노로, 공원 등 공공시설과 체비지 확보

참고
- 換地 : 동일 사업구역 내 종전토지 등 소유자에게 사업시행 후 재분배 택지 혹은 이에 따른 행위
- 替費地 : 공익사업시행자가 그 사업에 필요한 재원을 확보하기 위해 환지계획에서 제외하여 유보한 땅(재원 마련하기 위해 매각 가능)

제14편

공유물 분할은 양도세 과세대상이 아니나, 상호지분 정산 시에 시가차액에 관한 정산을 하는
경우 그 정산된 부분은 양도세 과세대상에 해당함

적용사례

(서면-2019-법령해석재산-2980, '21.11.25., 기획재정부 재산세제과-849, '21.09.28.)

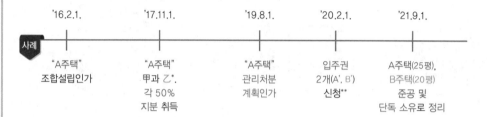

'16.2.1.   '17.11.1.   '19.8.1.   '20.2.1.   '21.9.1.

'16.2.1.	'17.11.1.	'19.8.1.	'20.2.1.	'21.9.1.
"A주택" 조합설립인가	"A주택" 甲과 乙*. 각 50% 지분 취득	"A주택" 관리처분 계획인가	입주권 2개(A', B') 신청**	A주택(25평), B주택(20평) 준공 및 단독 소유로 정리

* 乙은 甲의 母로 甲과 별도세대임

** 종전주택을 2개의 입주권(甲과 乙이 각 ½씩 공동 소유)으로 분양 신청하였고, 이후 甲과 乙은 공동소유하고 있는
입주권의 지분(각 ½)을 유상 양도(매매 또는 교환)을 통해 단독 소유로 정리(가로주택정비사업의 사업시행계획의
변경에 의한 것이 아님)할 예정임

Q1 가로주택정비사업에 따라 취득한 2개의 입주권의 공동소유자(각 ½ 지분)가 각 공유지분을 서로
단독소유로 정리한 경우 양도세 과세 여부?

A1 공유물 분할에 해당하므로 양도세 과세대상이 아니나, 상호지분 정산 시에 시가차액에 관한 정산을
하는 경우 그 정산된 부분은 양도세 과세대상에 해당함

관련 판례 · 해석 등 참고사항

▶ 재산세과-2476, '08.08.27.
- 공동소유 부동산을 양도한 경우에는 그 지분비율에 따라 각 개인별로 양도소득금액을 계산하여 양도세를
납부할 의무를 지는 것이며 감면규정의 중복지원 배제 여부도 거주자별로 판단하는 것입니다.

▶ 서면-2022-부동산-3979, '22.11.09., 재재산46014-328, '96.10.08.
- 거주자가 공동사업(주택신축판매업 등)을 경영할 것을 약정하는 계약에 의해 토지 등을 당해 공동사업에
현물출자하는 경우 소법§88의 규정에 의하여 등기에 관계없이 현물출자한 날 또는 등기접수일 중 빠른
날에 당해자산 전체가 사실상 유상으로 양도되는 것임

변동된 소유권에 대하여 원인무효 소의 확정판결로 인하여 소유권이 환원되는 경우 당초 소유권의 변동이 없는 것으로 보는 것임

중요 중   난이 중

적용사례(상속증여세과-43, '13.04.09.)

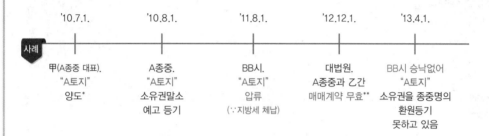

'10.7.1.	'10.8.1.	'11.8.1.	'12.12.1.	'13.4.1.
甲(A종중 대표), "A토지" 양도'	A종중, "A토지" 소유권말소 예고 등기	BB시, "A토지" 압류 (∵지방세 체납)	대법원, A종중과 乙간 매매계약 무효**	BB시 승낙없어 "A토지" 소유권을 종중명의 환원등기 못하고 있음

* 종중 총회 결의 없이 제3자 乙에게 종중 소유의 A토지 양도(A토지 소유권이 乙에게 이전등기됨)

** A토지에 대한 乙명의의 소유권이전등기 등 말소절차를 이행하도록 판결 확정

Q1 법원확정판결 이후에도 압류권자의 승낙이 없어서 환원 등기하지 못하는 경우 자산의 양도로 보지 않는 시점은 언제인지?

A1 변동된 소유권에 대하여 원인무효 소의 확정판결로 인하여 소유권이 환원되는 경우 당초 소유권의 변동이 없는 것으로 보는 것임

📜 **관련 판례 · 해석 등 참고사항**

▶ 부동산거래관리과-122, '12.02.28., 부동산거래관리과-1064, '10.08.16.

  – 종중 소유 부동산을 종중원에게 명의신탁하였다가 환원하는 것은 양도로 보지 아니하며, 소유권 이전등기가 신탁해지에 의한 것인지 또는 실질적인 증여나 양도에 의한 것인지는 구체적인 사실관계 등을 확인하여 판단할 사항임

이혼합의서에 재산분할 청구로 인한 소유권 이전임을 확인할 수 있는 경우 또는 재산분할 협의가 이루어지지 아니하여 가정법원에 재산분할 청구권을 행사하여 혼인 후에 취득한 부동산의 소유권이 이전되는 경우에는 양도로 보지 않음

중요	난이
중	중

적용사례

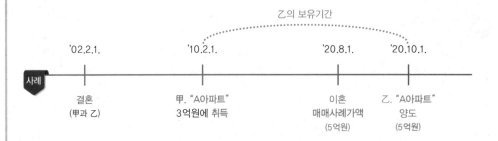

Q1 甲과 乙의 양도차익은?

A1 • 甲의 양도차익 : 양도차익 없음(∵양도로 보지 않음)
     • 乙의 양도차익 : 5억원 – 3억원 = 2억원

       * 乙의 취득시기 : '10.2.1.
       ** 등기원인 : "재산분할"

📑 **관련 판례 · 해석 등 참고사항**

▶ **서면4팀–3806, '06.11.17.**

민법§839의2①의 규정에 의한 협의가 이루어져 이혼합의서에 재산분할 청구로 인한 소유권 이전임을 확인할 수 있는 경우 또는 재산분할 협의가 이루어지지 아니하여 가정법원에 재산분할 청구권을 행사하여 혼인 후에 취득한 부동산의 소유권이 이전되는 경우에는 부부공동의 노력으로 이룩한 공동재산을 이혼으로 인하여 이혼자 일방이 당초 취득시부터 자기지분인 재산을 환원받는 것으로 보므로 양도 또는 증여로 보지 아니함

재산분할 조정성립으로 배우자에게 지급하기로 한 금전채무 이행을 위해 부동산 양도 시 양도차익의 귀속주체는 배우자가 아닌 양도자임

중요 중 | 난이 중

적용사례(서울행정법원-2018-구단-69458, '19.04.03.)

'85.7.22.	'97.7.1.	'02.5.1.	'15.12.18.	'16.1.20.	'16.4.6.
甲과 乙. 혼인	甲명의. "A주택" 취득	甲명의. "B주택" 취득	이혼 재산분할 확정판결*	"A주택" 양도	"B주택" 양도

* 甲은 乙(전처)에게 C건물 소유권 이전과 11억원을 지급하고 乙은 甲이 부동산 매각대금으로 조달할 수 있도록 협조하여야 한다는 조정이 성립됨

Q1 이혼 조정이 성립되어 재산분할로 배우자에게 지급하기로 한 금전채무 이행을 위해 부동산을 양도 시, 양도차익의 귀속주체는?

A1 이혼 조정이 성립됨에 따라 이 사건 부동산(A, B주택)은 확정적으로 원고(갑) 단독소유물이 되었으므로, 재산분할 금전채무 이행자금으로 사용되었다고 하더라도 양도차익의 귀속자체는 원고(갑)임

※ 갑은 자기 지분에 관하여만 양도세가 부과되어야 한다고 주장하나, 조정이 성립됨에 따라 확정적으로 갑의 단독소유물이 되었고, 을을 상대로 양도세 상당 금원의 상환을 청구할 권리를 조정조서에 기재한 사실이 없으며,

– 을이 매각대금을 지급받은 것은 주택 소유자로서 양도대가를 지급받은 것이 아니라 원고로부터 이 사건 조정에서 정한 채권을 회수한 것에 불과함

📜 관련 판례 · 해석 등 참고사항

▶ **민법§839의2[재산분할청구권]**

① 협의상 이혼한 자의 일방은 다른 일방에 대하여 재산분할을 청구할 수 있다.

② ①의 재산분할에 관하여 협의가 되지 아니하거나 협의할 수 없는 때에는 가정법원은 당사자의 청구에 의하여 당사자 쌍방의 협력으로 이룩한 재산의 액수 기타 사정을 참작하여 분할의 액수와 방법을 정한다.

③ ①의 재산분할청구권은 이혼한 날부터 2년을 경과한 때에는 소멸한다.

재산분할 청구소송에 따른 확정판결대로 재산분할하지 않고 양도 시 미등기양도에 해당

적용사례(부동산납세과-141, '13.11.08.)

'91.2.1	'97.7.1.	'09.5.1.	'14.5.1.
甲과 乙. 혼인	甲명의. "A주택" 취득 · 거주	이혼 재산분할 확정판결*	"A주택" 양도 예정

* 甲명의의 A주택을 甲이 1/3, 乙이 2/3지분으로 소유권 이전(재산분할)하라는 재산분할청구소송에 따른 확정판결

Q1 재산분할 청구소송에 따른 확정판결대로 재산분할하지 않고 양도 시 미등기양도 해당 여부?

A1 미등기 양도에 해당함

Q2 만약, 제3자에게 양도하기 전에 을이 소유권 이전을 포기하면서 갑에게 대가를 받거나 받지 않은
경우에 미등기양도 해당 여부?

A2 미등기 양도에 해당함

📜 **관련 판례 · 해석 등 참고사항**

▶ **지방세법§15[세율의 특례]**

① 다음 각 호의 어느 하나에 해당하는 취득에 대한 취득세는 §11 및 §12에 따른 세율에서 중과
기준세율(2%)을 뺀 세율로 산출한 금액을 그 세액으로 하되, (이하 생략)

6. 민법§834, §839의2 및 §840에 따른 재산분할로 인한 취득

⇒ 취득세 : 재산분할 등기 시점의 시가인정액의 1.5%, 지방교육세 0.3%

cf) 위자료로 취득한 경우 취득세 : 재산분할 등기 시점의 시가인정액의 3.5%, 지방교육세 0.3%,

※ 농어촌특별세는 유 · 무상취득과 관계없이 국민주택규모 이하의 주거용 건물과 그 부수토지는 비과세

판례 등 불복사례

쟁점 소액의 잔금을 남겨둔 경우 유상이전

토지소유권이 유상으로 사실상 이전되는 것이라 함은 매매의 경우에는 그 토지의 대가가 사회통념상 대금의 거의 전부가 지급되었다고 볼 만한 정도의 대금지급이 이행되었음을 뜻함

(대법원82누286, '84.02.14.)

관련 판례 · 해석 등 참고사항

▶ 서면4팀−2954, '07.10.15., 서면5팀−2462, '07.09.04.

  – 매매계약을 체결한 부동산의 매매대금 대부분을 지급받고 일부 대금을 수개월 후 지급한 경우 "잔금청산일"을 언제로 볼 것인지의 판단은 당해 매매계약서상의 계약조건, 매매대금의 수수상황, 거래당시의 정황 등을 종합하여 사실판단할 사항임

참고 매매계약일에 매매대금의 대부분을 지급하였다고 하더라도, 과세시기가 납세자의 의도에 따라 조절될 염려 및 신속한 과세의 필요성 등을 이유로 이미 '양도'되었다는 판단에 중점을 두어 부과처분을 한다면 이는 보다 더 큰 가치라 할 수 있는 조세법률주의와 법적 안정성을 해하는 결과를 초래하게 될 염려가 있으므로, 세금을 탈루하기 위한 의도로 탈법행위를 자행한다는 등의 특별한 사정이 없는 이상, 이러한 경우의 과세는 '양도시기'가 도래할 때까지 유보 되는 것이 바람직함(대전고등법원2012누1523, '12.12.20. 국패)

제14편

🏠 심화정리

◉ 부동산으로 위자료 대물변제하는 경우 양도 여부

- 손해배상에 있어서 당사자간의 합의에 의하거나 법원의 확정판결에 의하여 일정액의
  위자료를 지급하기로 하고, 동 위자료에 갈음하여 당사자 일방이 소유하고 있던
  부동산으로 대물변제한 때에는 그 자산을 양도로 봄

  (소득세법 기본통칙 88-0…3, 개정 '11.03.21.)

  (☞ 재산분할과 다름)

◉ 상속세를 물납으로 납부한 경우

- 상속세를 물납으로 납부한 경우에도 사실상 유상으로 이전되었으므로 당해 물납도
  양도소득세 과세대상이며, 이 경우의 양도소득세 계산 시 취득시기는 상속개시일,
  양도시기는 물납허가 통지일의 기준시가에 의하여 계산함

  (재일46014-2203, '93.07.29.)

부동산
(토지·건물)

가 | 토지

> 토지의 범위 : 「공간정보구축 및 관리등에 관한 법률」에 의하여 지적공부에 등록하여야 할 지목*에 해당하는 것
> - 토지의 구성물과 정착물(건물제외)은 토지에 포함

> **참고** 地目 : 토지의 주된 사용목적에 따라 토지의 종류를 구분 · 표시하는 명칭

〈地目의 구분〉

전 · 답 · 과수원 · 목장용지 · 임야 · 광천지 · 염전 · 대(垈) · 공장용지 · 학교용지 · 주차장 · 주유소용지 · 창고용지 · 도로 · 철도용지 · 제방(堤防) · 하천 · 구거(溝渠) · 유지(溜池) · 양어장 · 수도용지 · 공원 · 체육용지 · 유원지 · 종교용지 · 사적지 · 묘지 · 잡종지(28개)

* 사실상의 지목에 의하고, 사실상의 지목이 불분명한 경우 지적 공부상의 지목

> 토지와 구분하여 별도로 과세
> - 광업권, 토사석의 채취허가에 따른 권리 양도(기타소득)
> - 입목(사업소득), 임지(양도소득)

✍ 관련 판례 · 해석 등 참고사항

▶ 일반적으로 토지와 수목을 일괄 양도 시 전체 양도가액이 토지의 양도가액이 되지만, 수목의 양도가액이 사업소득으로 과세되는 경우에는 수목의 양도가액을 제외한 가액이 토지의 양도가액이 됨

▶ 양도세 집행기준 94-0-6 토지의 일부로 보는 정착물
　- 교량, 돌담, 도로의 포장 등 종속정착물, 경작 · 재배되는 각종의 농작물, 「입목에 관한 법률」에 따라 소유권 등기한 입목 외의 입목은 토지의 일부로 봄

◉ 건물은 토지와 독립된 별도의 부동산으로서, 건물에 부속된 시설물과 구축물 포함

- 양도소득세 관련 건물의 판단(직세1234-1762, '75.08.14.)
  "건물"이라 함은 토지에 정착하는 공작물 중 사실상 준공된 것으로서 지붕 및 기둥
  또는 벽이 있는 것과 이에 부속된 시설물·구축물을 말함

- 정의(건축법§2)
  2. "건축물"이란 토지에 정착하는 공작물 중 지붕과 기둥 또는 벽이 있는 것과 이에 딸린
     시설물, 지하나 고가의 공작물에 설치하는 사무소·공연장·점포·차고·창고 그
     밖에 대통령령으로 정하는 것을 말한다.

- 부동산을 취득할 수 있는 권리 해당 여부(재산01254-2523, '87.09.16.)
  소유하던 토지 위에 건축허가를 득하여 건축물을 시공 중에 건축물로 볼 수 없는
  시설물 상태에서 토지와 시공된 시설물을 함께 양도한 경우에는 양도가액 전액을
  토지에 대한 대가로 보아 양도소득세가 과세되는 것임

📑 **관련 판례 · 해석 등 참고사항**

▶ **양도세 집행기준 94-0-8** 재건축초합원이 입주권 취득을 포기한 경우
  – 재건축조합원이 조합에 토지와 건물을 제공한 후 입주권의 취득을 포기하고 재개발조합으로부터
    현금으로 청산한 경우 권리의 양도가 아닌 부동산의 양도에 해당됨

🏦 ↓ 10

부동산에 관한
권리

가 | **부동산을 취득할 수 있는 권리**(소법§94①2호)

▶ 취득시기가 도래하기 전에 당해 부동산을 취득할 수 있는 권리 자체를 양도하는 것이므로
이를 양도한 경우에는 등기할 수 있는 자산이 아닌 권리의 양도에 해당되어 미등기양도
자산으로 보지 아니함

▶ 과세대상 권리의 유형

* 이축권(移築權) : 건축행위의 일반적 금지를 해제하여 건축허가를 받아 건물을 건축할 수 있는 권리
  [이축권의 양도 : '20.1.1. 이후 양도분부터 양도소득(기타자산으로 분류)]

⌂ 심화정리

▶ 이주자 택지분양권(딱지, 우선특별분양된 프리미엄에 대해서만)

- 주로 특정지역 개발로 기존 거주자들이 부득이 다른 지역으로 주거지역을 이주해야 됨에
  따라,
- 공익사업시행자에게 주택 및 그 대지권을 매도하고, 토지보상법 등에 따른 이주대책에
  의하여 그 주택 등의 대가와는 별도로 생활보상의 일환으로 받은 것
  - 택지나 아파트를 일반분양보다 저렴한 가격에 우선 취득할 수 있는 권리
  - 취득시기는 이주자택지 분양권이 확정된 날(이주자택지 대상자 확인·공고일)임
  - 이주자택지 분양권이 확정되기 前에 양도하고 잔금 받은 경우, 양도일은 장래 취득할
    것을 조건으로 매매하는 조건부 법률행위에 해당하여 조건 성취가 이루어진
    이주자택지 분양권 확정일임

> **참고** 토지보상법§78(이주대책의 수립 등) 및 토지보상법 시행령§40(이주대책의 수립·실시)에 근거하여 이주대책
> 대상자에게 토지 또는 주택을 공급

- 공익사업시행자에게 주택 및 그 대지권을 매도하고, 토지보상법 등에 따른 이주대책에
  의하여 그 주택 등의 대가와는 별도로 생활보상의 일환으로 받은 것
  - 주택 등의 대가와 별도로 받은 것으로, 1세대 1주택 비과세나 양도시 취득가액이
    인정될 수 없는(특별사정 없는 한) '부동산을 취득할 수 있는 권리'
  - 양도 실가 : 기존 주택가격과는 전혀 관계없이 새로운 택지분양권 가액에 프리미엄이
    붙으면 이를 합산한 가액(분양금액, 호별금액 定)
  - 실가 확인 방법 : 시행사에 제출한 계약서(甲과 乙의 권리의무승계계약서)나 매수인 및
    부동산 중개사로부터 확인
  - 만약 금융조사를 한다면 양도자 계좌에 입금된 금액이 확인된다면 그 가액(일반적인
    거래와 동일)

> **참고** 국토부실거래가시스템에서는 아파트 실가와 아파트전매권(분양권)만 게시되므로 택지분양권 거래내역은 국세청에
> 신고내용으로 확인할 수 밖에 없음

⌂ 심화정리

▶ 이축권(移築權, 용마루 딱지) (서울고등법원96구42132, '97.11.20.)

- 국토계획법령에 근거하여 공공사업 등의 시행으로 개발제한구역 사업시행지 내 거주하던 주민들의 기존건물이 철거됨으로써 생활근거를 상실하게 될 경우 그 생활근거를 마련해 주기 위해 부여된 것
- 개발제한구역 지정 이전부터 주택을 소유한 자에게 국토계획법령의 규정에 의하여 취득하는 것으로 사업시행자로부터 보상 받는 이주자 택지분양권과 다름
  - 편입용지 및 철거건물에 대한 양도대가로 둘 이상의 감정평가액에 의한 시가보상, 이사비 및 2개월분의 주거비 지급
  - 보상과 별도로 개발제한구역 내의 이주권 보장의 일환으로 법령에 의하여 이축권 부여(취득가액 '0')

> **참고** 기존건물과 이축권에 의한 신축건물은 '환지' 개념이 아닌 전혀 별개이므로 기존건물에 대한 이축권 공급 당시 시가를 신축건물의 취득가액(대물변제 성격)으로 볼 수 없음

- '20.1.1. 이후 양도분부터 양도소득으로 과세('20.1.1. 전까지는 기타소득 과세)
- 개발제한구역 내에서 건축행위의 일반적 금지를 해제하여 건축허가를 받을 수 있는 권리 또는 건축허가권으로, 단순한 건축허가권(부동산을 취득할 수 있는 권리 아님)과 다름
  - 개발제한구역 내 이축 요건 매우 엄격하여 공급이 극히 제한되어 있어 그 자체가 독립된 재산권으로서 거래 대상이 되어 상당한 가격에 거래가 되고
  - 특정된 부동산에 대한 것은 아니지만 양수인이 양도인 명의로 건축(이축)허가 신청하여 건축한 후 그 공부상 명의를 양수인 명의로 변경하여 주기로 하는 뜻의 주목적이 내포되어 있고
  - 이축권 양도대금은 장래 부동산에 대한 공부상 명의변경 대가 등이 포함되어 미리 수수되는 것이라고 볼 수 있음

> **참고** 부동산을 취득할 수 있는 권리 : 반드시 이미 존재하고 있는 부동산이나 특정된 부동산일 것을 요하지 않고 목적부동산이 아직 존재하지 않거나 특정되지 않았다고 하더라도 가까운 장래에 부동산으로 구체화될 수 있는 권리를 포함

판례 등 불복사례

쟁점 대금청산 이전이라도 부동산 양도로 보아 미등기 양도자산으로
과세한 사례

부동산 매매계약을 체결한 매수인이 대금을 청산하지 아니한 상태라고 하더라도 그
매매계약상 권리 의무관계 내지 매수인의 지위를 그대로 유지하면서 제3자와 다시 그
부동산에 관한 매매계약을 체결한 경우에는 매수인의 명의로 부동산을 취득하여
양도하기로 하는 것이므로 이는 부동산의 양도에 해당되고, 그 후 매수인이
매도인에게 잔금을 완납하면 그 취득에 관한 등기가 가능하므로 매수인이 그 명의의
소유권이전등기를 하지 아니한 채 곧바로 제3자에게 소유권이전등기를 마쳐 주었다면
이에 대하여는 미등기양도자산에 관한 중과세율을 적용하여야 함.

(대법원2013두10519, '13.10.11.)

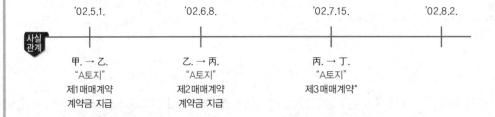

* 대금 수령과 동시에 乙과 체결한 매매계약에 의한 모든 권리를 포기하고 이 사건 토지에 관한 등기 이전서류를
구비하여 정에게 넘김

※ 乙은 甲에게 매매대금 중 잔금을 제외한 나머지 대금을 지급하였고, '02.8.2. 乙은 甲과 丁이 있는 자리에서
丁으로부터 잔금을 지급받아 甲에게 제1 매매계약의 나머지 대금을 지급하였고, 甲과 丁은 같은 날 "A토지"와
관하여 甲으로부터 丁에게 직접 소유권이전등기를 경료하기 위하여 '20.7.20.자 매매계약서를 작성하였고 이
에 기하여 丁명의의 소유권 이전등기가 마쳐짐

11

주식 또는 출자지분
[소법§94①3호]

가 | 과세대상 주식등

◉ 다음의 유형별로 구분된 주식 또는 출자지분

(신주인수권과 증권예탁증권인 지분증권 포함, 이하 '주식등')

구 분	내 용

상 장
주식등
	〈과세대상〉
	• 증권시장(KOSPI, KOSDAQ, KONEX)에서 거래되는 주권상장법인의 주식 등으로서,
	  ① 대주주가 양도하는 주식 등
	  ② 유가증권시장 밖에서 양도하는 주식 등

	〈과세대상 제외 : '18.1.1. 이후 양도분〉 • 대주주 아닌 자가 상법에 따른 주식의 포괄적 교환·이전 또는 주식의 포괄적 교환·이전에 대한 주식매수청구권 행사로 양도 하는 주식 등
비상장 주식 등	〈과세대상〉 • 증권시장(KOSPI, KOSDAQ, KONEX)에 상장·거래되지 아니하는 주식 등

	〈과세대상 제외〉
	① KOTC 거래 주식으로서 중소기업인 벤처기업의 소액주주 양도분
	  → 조특법§14①7호(종전부터 제외)
	② KOTC 거래 주식으로서 중소기업*·중견기업**의 소액주주 양도분
	  → 소법§94①('18.1.1. 양도분부터 제외)

• 외국법인이 발행한 주식등(증권시장에 상장된 주식등과 소령§178의2④에 해당하는 주식등은 제외)
• 내국법인이 발행한 주식등으로서 자본시장과 금융투자업에 관한 법률 시행령 §2①에 따른 해외증권시장에
  상장된 것

* 중소기업 : 양도일 현재 중소기업기본법§2에 따른 중소기업
** 중견기업 : 양도일 현재 조특령§6의4①에 따른 중견기업

❯ 상장주식 양도세 과세대상 기준 50억원 이상으로 상향 조정

⊛ 기획재정부	보 도 자 료	다시 대한민국! 새로운 국민의 나라

보도시점	2023. 12. 21.(목) 10:30	배포 일시	2023. 12. 21.(목) 9:50

상장주식 양도세 과세대상 기준을 50억원 이상으로 조정
- 12.26.(화) 국무회의를 거쳐 연내 소득세법 시행령 개정 완료

기획재정부는 상장주식 양도세 과세대상 기준 중 종목당 보유금액 10억원 이상을 50억원 이상으로 조정할 계획이다.

〈 상장주식 양도세 과세대상 기준 개정(안) 〉

구 분(종목당)	코스피	코스닥	코넥스
지분율	1%	2%	4%
보유금액	(현행) 10 억원 → (개정) 50 억원		

현재 상장주식은 직전 사업연도 종료일 현재 종목당 일정 지분율 또는 종목당 10억원 이상을 보유한 자에 대해 과세표준 3억원 이하분은 20%, 3억원 초과분은 25%의 세율로 양도소득세를 과세 중이다.

이번 조치는 고금리 환경 지속, 대내외 불확실성 증대 등 자본시장 상황을 고려하고, 과세대상 기준회피를 위한 연말 주식매도에 따른 시장 변동성을 완화하기 위한 조치이다.

기획재정부는 이러한 내용을 담은 「소득세법 시행령」 개정안을 입법예고, 관계부처 협의(12.21.~22.) 및 국무회의(12.26. 예정) 등을 거쳐 연내 개정을 완료할 계획이며, 조정되는 기준은 24.1.1일 이후 양도분부터 적용될 예정이다.

담당 부서	세제실 금융세제과	책임자	과 장	배병관 (044-215-4230)
		담당자	사무관	김만기 (kmkey8431@korea.kr)

▶ 상장주식 양도세 과세대상 기준 50억원 이상으로 상향 조정

🏛 기획재정부	보 도 자 료	*다시 대한민국!* *새로운 국민의 나라*

보도시점	배포시	배포 일시	2023. 12. 21.(목)

주식 양도세를 부과하는 대주주 기준 상향 (종목당 10억원→50억원)은 올해부터 적용

상장주식에 대한 양도소득세는 직전연도 말 대주주에 해당하는 주식보유자의 주식 양도차익에 대해 부과되고 있습니다.

금일 발표한 소득세법 시행령이 개정될 경우 대주주 기준은 종목당 50억원 이상 보유자로 금년에 변경됩니다. 이에 따라 <u>금년 말 기준 종목당 주식보유액이 50억원 미만인 경우에는 내년도 주식 양도차익에 대해 과세되지 않습니다.</u>

따라서, 금년 말 기준 종목당 50억원 미만 주식보유자의 경우 내년 상장주식 양도세 부담을 피하기 위하여 금년에 보유주식을 매도할 필요가 없음을 알려드립니다.

담당 부서	세제실 금융세제과	책임자	과 장	배병관 (044-215-4230)
		담당자	사무관	김만기 (kmkey8431@korea.kr)

나 | 대주주의 범위('20.4.1. 이후)

⇒ 아래의 지분율과 시가총액 둘 중 하나만 충족하면 대주주로서 과세됨

구　분	대주주 범위(주주 1인과 특수관계에 있는 기타 주주)*	
	소유주식 비율(지분율)	소유주식 금액(시가총액)
기　준　일	양도일이 속하는 직전사업연도 종료일 현재	
유가증권(KOSPI) 시장	1% 이상	50억원 이상
코스닥(KOSDAQ) 시장	2% 이상	50억원 이상
코넥스(KONEX) 시장	4% 이상	50억원 이상
K-OTC** 중소 · 중견기업 주식	4% 이상	기준시가 50억원 이상

 * 주권상장법인의 대주주는 '23.1.1. 이후 양도분부터 본인이 최대주주가 아닌 경우
 주주1인으로만 대주주 판정으로 개정

 ** '24.1.1. 이후 양도분부터 종목당 10억원 이상에서 50억원 이상으로 상향되었으며 '23년 말 기준
 종목당 50억원 미만 주식 보유자는 대주주에 해당하지 아니함

*** 한국금융투자협회가 "자본시장과 금융투자업에 관한 법률"에 따라 운영하는
 비상장법인 주식거래시장

다 | 연도별 대주주의 범위 확대('13.7.1. 이후)

구 분	'13.7.1. 이후	'16.4.1. 이후	'18.4.1. 이후	'20.4.1. ~'23.12.31	'24.1.1. ~
KOSPI	2%, 50억	1%, 25억	1%, 15억	1%, 10억	1%, 50억
KOSDAQ	4%, 40억	2%, 20억	2%, 15억	2%, 10억	2%, 50억
KONEX	4%, 10억	좌 동	좌 동	좌 동	4%, 50억
K-OTC 중소 · 중견기업 주식	-	-	4%, 10억 ('18.1.1.)	4%, 10억	4%, 50억

* (종전) '21.4.1. 이후 시가총액 3억 기준('21.2.17. 소령§157④2라목 삭제)

　→ (개정) ~24.12.31. **시가총액 10억원 기준 유지** → '24.1.1.~ **시가총액 50억원 이상**

⌂ 심화정리

▶ 상장주식 양도소득 과세 대상 대주주 판정 시 가족 등 기타주주 합산과세 합리화(기획재정부 보도 참고자료, '22.12.26.)

• 기존 기타주주 합산과세 개요

  – 대주주 판정 : 본인이 보유한 주식 + 기타주주가 보유한 주식

  – 기타주주 범위

  ① 본인이 최대주주*인 경우 : 친족(6촌 혈족, 4촌 인척, 배우자 등), 경영지배관계 있는 법인 보유주식 합산

  ② 본인이 최대주주*가 아닌 경우 : 직계존비속, 배우자, 경영지배관계 있는 법인 보유주식 합산

    * 본인, 친족 및 경영지배관계에 있는 법인 등 특수관계인 보유주식 합계가 최대인 자

• 합산대상 기타주주 범위

구 분	기 존	개정('23.1.1. 이후)
본인이 최대주주	친족 – 6촌 혈족 – 4촌 인척 – 배우자(사실혼 포함) – 친생자로서 친양자 입양된 자 및 그 배우자와 직계비속 〈추가〉 경영지배관계 있는 법인	친족 – 4촌 혈족 – 3촌 인척 – 좌동 – 좌동 – 혼인 외 출생자 생부 · 모 – 좌동
본인이 非최대주주	직계존비속 배우자(사실혼 포함) 경영지배관계 있는 법인	〈삭제〉 * 주주1인 본인 지분만

* 개정된 대주주 기준은 '23.1.1. 이후 양도분부터 적용되며, 대주주에 해당되는 지 판단하는 시점은 '22.12.29.
  보유기준임('22.12.30. 휴장일)

** 비상장주식인 경우에는 본인이 최대주주인 경우에는 상장주식과 동일하나, 본인이 최대주주가 아닌 경우에는 기존과
   변동없는 점에 유의

🏠 심화정리

◉ 기타주주 합산 과세사례[左('22.12.31. 이전 양도) VS. 右('23.1.1. 이후 양도)]

- 非 최대주주(비상장주식은 해당 안됨)

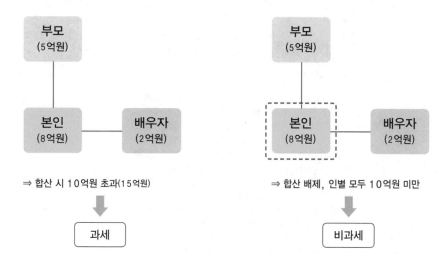

⇒ 합산 시 10억원 초과(15억원) ⇒ 합산 배제, 인별 모두 10억원 미만

과세   비과세

- 최대주주

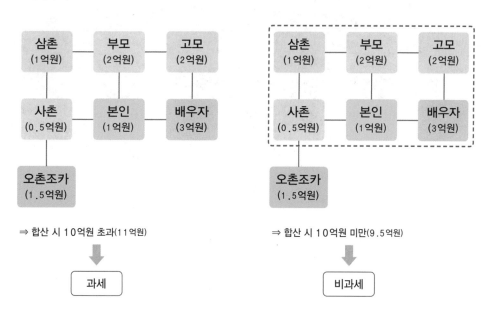

⇒ 합산 시 10억원 초과(11억원) ⇒ 합산 시 10억원 미만(9.5억원)

과세   비과세

서울신문

2014년 08월 08일 금요일
021면 공공정책

중부지방국세청 양도소득세 168억 미징수

중부지방국세청과 관할 세무서들이 지난해 기업 대주주들의 양도소득세 납부실태 등을 점검하면서 거둬야 할 168억원의 세금을 거두지 않았다고 감사원이 밝혔다.

7일 감사원에 따르면 분당세무서는 2011년 A씨 형제가 모기업 주식 106만주를 양도한 데 대해 소득세 14억 6000만원을 부과하지 않았다. 세무 담당자는 '소득세 납부실태 점검과정에서 관련 규정을 제대로 몰라 지분율과 시가총액 요건을 둘 다 충족해야 하는 것으로 착각했다'고 해명했다. 현행 소득세법상 주주와 그의 친·인척 등이 소유한 주식이 전체 지분의 3% 이상이거나 시가총액이 100억원 이상이면 주식양도로 생긴 소득에 대해 20%의 세금을 내야 한다. A씨 형제의 경우 시가총액 합산액이 103억원이어서 세금 납부 대상이었다.

서울 반포세무서 역시 지난해 기업 주식 1만주를 양도한 B씨를 조사하면서 담당 직원이 국세청이 준 주식양부 등을 제대로 보지 않았다는 핑계로 B씨 자녀들에 대한 주식양도 소득세 13억 9000만원을 거두지 않았다.

이와 별도로 중부지방국세청은 개인 사업자의 현금매출 누락 자료로 제대로 과세하지 않거나 부실 업무로 지역 주민의 양도소득세를 거두지 않는 등 모두 42억원의 세금을 징수하지 않았다.

감사원은 관련 세무서에 징수하지 않은 세금을 거둬들일 것을 요구하고 업무 과실이 뚜렷한 중부지방국세청과 분당·반포 세무서 등 7개 세무서에 대해서는 관련자 7명을 징계할 것을 각각 요구했다.

이석우 선임기자 jun88@seoul.co.kr

* 양도세 과세대상인 상장주식의 대주주 요건은 지분율 또는 시가총액 요건 중 하나만 충족하면 대주주로서 과세대상인데, 세무서 담당자가 두 가지 요건 모두 충족해야 대주주로서 과세대상인 줄 착각해서 과세하지 않았다는 기사 내용임

라 | 대주주의 범위('13.7.1. 속하는 사업연도 종료일 후부터 '16.3.31.까지)

구 분	대주주 범위(주주 1인과 특수관계에 있는 기타 주주**)	
	소유주식 비율(지분율)	소유주식 금액(시가총액)
기 준 일	양도일이 속하는 직전사업연도 종료일 현재	
유가증권 시장	2%* 이상	50억원* 이상
코스닥 시장 코넥스 시장	4%* 이상	40억원* 이상 (코넥스시장 : 10억원, '13.8.29. 이후)
제3시장 양도분 벤처기업비상장주식	4%* 이상	기준시가 40억원* 이상

* 대주주 범위 개정 : '13.7.1.이 속하는 사업연도 종료일 후 양도분부터 적용(시행일이 '13.7.1.이 속하는 사업연도 종료일까지는
  종전규정 적용)
  ⇒ 12월말 법인은 '14.1.1. 6월말 법인은 '14.7.1. 이후 양도분부터
** 혈족 · 인척 등 친족관계, 주주 · 출자자 등 경영지배관계(본인이 개인인 경우에 한정)
  ⇒ '13.2.15. 이후 양도분부터

⊙ 주권상장법인 대주주의 범위 등(소령 § 157④)

제1호: 주주 또는 출자자 1인(이하 이 장에서 "주주 1인"이라 함)이 주식 등의 양도일이 속하는
사업연도의 직전 사업연도 종료일 현재 소유한 주식등 합계액이 해당 법인의
주식등의 합계액의 1% 이상인 경우 해당 주주 1인

※ 국기령§1의2②항에 따른 "경제적 연관관계"는 배제('13.2.15. 이후 양도분~)

① 주주 1인등(주주 1인 및 법인령§43⑧1호에 따른 특수관계에 있는자)의 소유주식 비율 합계가
해당 법인의 주주 1인등에서 최대인 경우

가. 국기령§1의2① 각 호의 어느 하나에 해당하는 사람

나. 국기령 §1의2③1호에 해당하는 자

※ 주주 1인등 : 주식등의 양도일이 속하는 사업연도의 직전 사업연도 종료일 현재 주주 1인 및 그와
법령§43⑧1호에 따른 특수관계에 있는 자
※ 주권상장법인기타주주 : 주주 1인 및 주식등의 양도일이 속하는 사업연도의 직전 사업연도 종료일 현재
그와 위의 가 또는 나의 어느 하나에 해당하는 관계에 있는 자

나. 주주1인 등의 소유주식 비율 합계가 최대가 아닌 경우 : 주주1인 본인 지분만

⊙ 국기령 § 1의2[특수관계인의 범위]

① 국기법§2 20호가목에서 "혈족·인척 등 대통령령으로 정한 친족관계"란 다음 각
호의 어느 하나에 해당하는 관계(친족관계)를 말한다.

1. 4촌 이내 혈족   2. 3촌 이내 인척   3. 배우자(사실상의 혼인관계에 있는 자 포함)

4. 친생자로서 다른 사람에게 입양된 자 및 그 배우자·직계비속

5. 본인이 민법에 따라 인지한 혼인 외 출생자의 생부나 생모(본인의 금전이나 그 밖의
재산으로 생계를 유지하는 사람 또는 생계를 함께하는 사람을 한정)

③ 국기법§2 20호다목에서 "주주·출자자 등 대통령령으로 정하는 경영지배관계"란
다음 각 호의 구분에 따른 관계(경영지배관계)를 말한다.

1.본인이 개인인 경우

가. 본인이 직접 또는 그와 친족관계 또는 경제적 연관관계에 있는 자를 통하여
법인의 경영에 대하여 지배적인 영향력을 행사하고 있는 경우 그 법인

나. 본인이 직접 또는 그와 진촉관계, 경제적 연관관계 또는 가목의 관계에 있는
자를 통하여 경영에 대하여 지배적인 영향력을 행사하고 있는 경우 그 법인

판례 등 불복사례

쟁점 **지분율은 취득일이 속한 당해연도에도 적용**

"소령§157④1호" 소정의 '직전 사업연도 종료일 현재에는 3%에 미달하였으나 그 후 주식 등을 취득함으로써 3% 이상 소유하게 되는 때에는 직전 사업연도 종료일 현재 당해 주식을 보유하지 않고 있다가 그 후 주식 등을 취득함으로써 3% 이상을 소유하는 경우'도 포함

(대법원2010도1191, '11.01.27.)

참고 "시가총액비율"은 직전년도 기준으로만 검토

🏠 심화정리

⬦ 주식 대차거래의 대여자 주식

- 주식대차거래를 하는 경우에 있어 대차주식은 소득세법§157⑩에 따라 대여자의
  주식으로 보는 것이므로 동 대차거래에 따른 주식대여는 양도에 해당하지 않음

  (서면 법규과-468, '14.05.09.)

⬦ 대주주 판단 시 특수관계인의 범위

- 주식을 양도하는 자를 기준으로 사돈은 특수관계인에 해당하지 않으므로 사돈의 주식을
  합산하여 대주주 여부를 판단할 수 없는 것임

  (기준-2017-법령해석-0179, '17.08.30.)

⬦ 특정주식등의 부동산 비율 판정

- 토지를 임차하여 골프장업을 영위하는 법인의 자산가액에는 토지와 일체가 되어 코스를
  구성하는 시설의 조성비용과 건물에 부속된 시설물을 포함

  (서면법규과-223, '14.03.12.)

마 | 대주주의 판단

● 소유주식 보유비율에 의한 대주주 판단(유가증권시장)

주주 1인과 기타주주의 주식 등 보유비율에 의한 대주주 판정기준일				
사업 연도	양도일	대주주 해당 여부 판정기준일		
		원칙①	예외②(원칙일에 1% 미만인 경우)	
6월말 법인	'20.5.20.	'19.6.30. 1% 이상	'20.4.20.에 1% 이상된 경우	'20.4.20. ~'20.6.30. 대주주
12월말 법인	'19.12.18.	'18.12.31. 1% 이상	'19.11.30.에 1% 이상된 경우	'19.11.30. ~'19.12.31. 대주주

제14편

◯ 소유주식 보유비율에 의한 대주주 판단 사례

- 법인의 사업연도 1.1.~12.31., 총 발행 주식수 : 100만주

※ 직전 사업연도 종료일 현재, 1% 이상 소유한 경우

5만주 소유   3만주 양도   1만주 양도

'19.12.31.   '20.5.1.   '20.11.10.

※ 직전 사업연도 종료일 현재, 1% 미만 소유한 경우

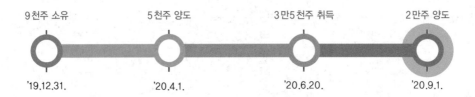

9천주 소유   5천주 양도   3만5천주 취득   2만주 양도

'19.12.31.   '20.4.1.   '20.6.20.   '20.9.1.

☞ 시가총액 **기준**은 직전 사업연도 종료일 기준으로만 판정**하지만**, 지분율은 직전 사업연도 종료일 현재에는
    지분율 기준에 미달**하였으나** 그 후 주식 등을 취득**함으로써** 지분율 기준에 해당**하는** 때에는 그 취득일
    이후부터 그 사업연도 종료일**까지는 대주주에 해당함**

시가총액 기준(소령§157④2호다목의 요건 충족) 주권상장법인 대주주가 해당 주식을 양도하여
발생하는 소득은 양도하는 해당 주식을 직전사업연도 종료일 현재 보유하였는지 여부와
관계없이 과세대상에 해당

중요 상 / 난이 중

적용사례(서면-2019-자본거래-3899, '19.12.19.)

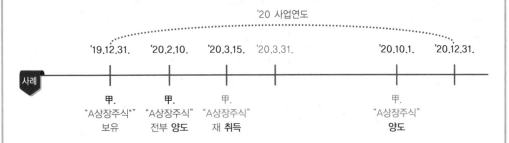

'20 사업연도

'19.12.31. '20.2.10. '20.3.15. '20.3.31.   '20.10.1. '20.12.31.

사례

甲.   甲.   甲.   甲.
"A상장주식*"   "A상장주식"   "A상장주식"   "A상장주식"
보유   전부 **양도**   재 **취득**   양도

* 코스닥 상장, 특수관계인 지분 포함한 '19년도 말 지분율 20% & 시가총액 15억원 미만

Q1 '19년 종료일 현재 특수관계인의 지분 포함하여 상장주식의 시가총액이 15억원 미만으로서 '20년
3월말 이전에 주식을 모두 양도 시 양도세 과세대상인지 여부?

A1 시가총액 기준에 의한 대주주에 해당(소령§157④2호나목) 하지 않는 경우, 주식양도로 발생하는 소득은
소법§94①3호에 따른 양도소득에 해당하지 않음

Q2 직전사업연도 말 시가총액 기준으로 상장법인(코스닥) 대주주에 해당하는 주식을 다음연도에 전량 처분
후 재 취득하여 해당연도에 다시 처분하는 경우 양도세 과세대상인지 여부?

A2 시가총액 기준(소령§157④2호다목의 요건 충족) 주권상장법인 대주주가 해당 주식을 양도하여 발생하는
소득은 양도하는 해당 주식을 직전사업연도 종료일 현재 보유하였는지 여부와 관계없이 과세대상에
해당함

제14편

📝 **관련 판례·해석 등 참고사항**

● 시가총액 기준에 의한 대주주 판단

주주 1인과 기타주주의 주식 등 시가총액에 의한 대주주 해당 여부 판단기준일			
사업연도	양 도 일	판단기준일	최종시세가액 적용일
3월말 법인	'20. 2. 8.	'19. 3. 31.(日)	'19. 3. 29.(金)종가
5월말 법인	'20. 3. 20.	'19. 5. 30.(木)	'19. 5. 30.(木)종가
12월말 법인	'20. 10. 18.	'19. 12. 31.(火)	'19. 12. 30.(月)종가

※ '19. 12. 31.(火): 납회(納會, 폐장)일로 휴장일

* 항상 양도일이 속하는 직전사업연도 종료일 현재로만 판단
** 직전사업연도 종료일 최종시세가액이 없는 경우 직전거래일의 최종시세가액에 의함

● 주식 대차(貸借)거래 시 대주주 판단기준(소령§157⑨)
⇒ 대차주식을 대여자 주식으로 보아 대주주 여부 판정('13.2.15. 이후 대여분부터)

● 대차거래는 유가증권 보유자(대여자)가 차입자에게 증권을 대여하고 약정기한에 동종 · 동량의 유가증권을 반환하는 거래임
⇒ 이는 민법상 소비대차로서, 소유권 및 모든 권리가 차입자에게 이전되나 경제적 실질을 고려하여 양도로 보지 않도록 명문화

사 | 제3시장 거래분 중소기업인 벤처기업의 대주주에 대한 과세

◈ '05.7.13 이후 양도분으로서 주권을 제도권 내의 자본거래시장인 금융투자협회('09.2.3. 이전은 한국증권업협회)의 장외 매매 거래시장(일명 : 제3시장 또는 Free Board, 장외호가중개시장 = 장외시장)을 통하여 대주주가 양도 시 과세

  *대주주의 범위 : 보유비율 4% 이상 또는 기준시가 50억원 이상

- 그러나, 위 대주주가 아닌 소액주주가 양도하는 주식 등은 소법§94①3호나목단서에 의해 과세제외

아 | K-otc 거래분 중소기업 등 대주주에 대한 과세

◈ KOTC(Korea-Over-The-Counter)는 종전의 제3시장(Free Board)이 확대 개편된 시장으로 "비상장 주식"이 거래되는 시장임

- "중소기업" 뿐만 아니라 외형이 수조원대 "대기업"의 주식 등도 거래됨

- 벤처기업육성에 관한 특별조치법에 따른 "벤처기업"뿐만 아니라 "일반기업"도 거래됨

  ① 조특법상 과세대상 제외(조특법§14①7호) : 중소기업인 벤처기업은 대주주만 과세('13.7.1. 이후) → 보유비율 4% 이상 또는 기준시가 50억원 이상

  ② 소법상 과세대상 제외(소법§94①3호나목) : 중소기업, 중견기업은 대주주만 과세('18.1.1. 이후) → 보유비율 4% 이상 또는 기준시가 50억원 이상

    * 중소기업 : 중소기업기본법§2에 따른 중소기업
    * 중견기업 : 조특령§6의4①에 따른 중견기업

12

기타자산

가 | 과점주주[특정주식]의 주식등(소법§94①4호다목)

* 과점주주 : 법인의 주주 1인과 주권상장법인기타주주 또는 주권비상장법인기타주주

① 특정주식 과세요건

❯ 다음 3개의 요건을 모두 갖춘 법인의 주식 등

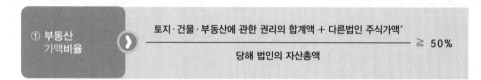

* 해당 법인이 직접 또는 간접으로 보유한 다른 법인의 주식가액에 그 다른 법인의 부동산등 보유비율을 곱하여
산출한 가액(다른 법인은 특정주식 또는 부동산과다보유법인의 주식 등의 요건을 충족한 법인에 한정)

특정주식 양도시기	자산별 자산총액 또는 자산가액 평가방법	
	토 지	건 물
'10.12.31. 이전	무조건 기준시가	무조건 장부가액
'11. 1. 1. 이후	장부가액(기준시가가 장부가액 보다 큰 경우 기준시가)	
'15. 2. 3. 이후	당해 법인이 보유한 다른 부동산과다법인 주식가액을 합산	
'20. 7. 1. 이후	다른 법인이 경영지배하는 법인 포함 부동산등 보유비율 추가	

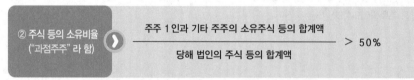

* '20.2.11. 이후 양도분부터 납세자의 혼란을 방지하기 위해 과점주주 범위를 국기법과 일치

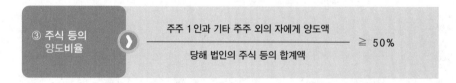

② 주식등을 수회에 걸쳐 양도할 경우 특정주식 판정

▶ 주주 1인과 기타 주주가 주식등을 수회에 걸쳐 양도하는 경우의 아래의 ㉮, ㉯, ㉰ 조건을 모두 충족한 경우에만 특정주식이 되고 그렇지 않은 경우 일반 주식 등으로 과세

㉮ {(합산대상 3년 기간 중 최초양도일 현재 토지 · 건물 · 부동산에 관한 권리 합계액)
÷ 합산대상 3년 기간 중 최초양도일 현재 법인자산총액 × 100 } ≧ 50%

㉯ 합산대상 3년 기간 중 최초양도일 현재 주주 1인 및 특수관계인 기타 주주의 보유주식
또는 출자지분 합계액
> (합산대상 3년 기간 중 최초 양도일 현재 법인발행주식 등 합계액 × 50%)

㉰ 주주 1인 및 특수관계인 기타 주주가 주주 1인 및 기타 주주 외의 자에게 양도한 주식의
합계액 ≧ (법인발행주식 등 합계액 × 50%)

▶ 이 경우, 양도시기는 주주 1인과 기타 주주가 주식등을 양도함으로써 당해 법인의 주식
합계액의 100분의 50 이상이 양도되는 날로 하되 그 양도가액은 그들이 사실상 주식등을
양도한 날의 양도가액에 의함

참고 유의사항
주주 1인과 기타 주주가 양도하는 주식 등이 그들이 소유하고 있는 주식 등의 50% 이상이 아니라, 주주 1인과 기타
주주가 그 외의 자에게 양도한 주식 등의 비율이 당해 법인 전체 주식 등의 50% 이상이어야 함

③ 특정주식 과세 시 세율

▶ 위와 같은 요건을 갖춘 특정주식은 당해 주식 등의 양도만으로 부동산의 양도효과가 있다고
보아 부동산 양도와 같이 취급
(일반주식의 세율이 아닌 부동산 양도 시 적용하는 누진세율 적용)

▶ 특정주식 과세체계도

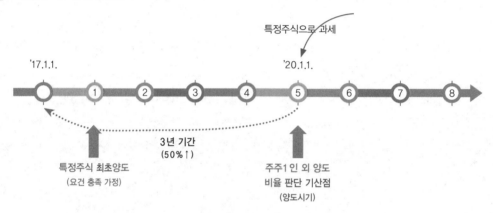

• ⑤시점에서 판단 시, ①,②,③,④,⑤ 각 기간 양도분 주식이 일반주식으로 과세된 경우
특정주식 산출세액에서 차감(소령§158②)

• ⑥,⑦,⑧ 시점에서도 각각 소급하여 3년 기간 동안 50%이상 여부를 판단

• ⑤시점이 양도시기(양도일의 말일부터 2개월 이내 예정신고)

소법§94①4호다목에 해당하지 않는 법인의 주식을 양도 시는 소법§94①3호에 해당하는
주식등의 양도로 보아 소법§104①11호에 따른 세율을 적용하는 것임

중요 상　난이 중

적용사례(서면-2022-자본거래-0911, '22.03.08.)

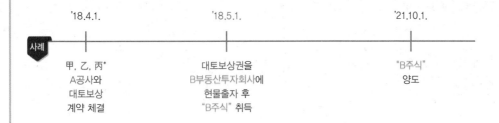

'18.4.1.　　　　　　　　'18.5.1.　　　　　　　　　　　'21.10.1.

사례

甲, 乙, 丙*
A공사와
대토보상
계약 체결

대토보상권을
B부동산투자회사에
현물출자 후
"B주식" 취득

"B주식"
양도

* A공사의 사업지구에 토지를 소유하고 있는 개인들

Q1　부동산투자회사 주식의 양도가 일반적인 주식의 양도인지, 부동산의 양도인지 여부?

A1　소법§94①4호다목*에 해당하지 않는 법인의 주식을 양도 시는 소법§94①3호에 해당하는 주식등의
　　양도로 보아 소법§104①11호에 따른 세율을 적용하는 것임

　　* 법인의 자산 총액 중 토지, 건물 및 부동산에 관한 권리가 50% 이상인 법인의 과점주주가 그 법인의 주식등의
　　50% 이상을 해당 과점주주 외의 자에게 양도하는 경우에 해당 주식 등으로서 주식의 실제 성격을 부동산으로
　　보아 부동산에 적용되는 세율을 적용함

📑 관련 판례 · 해석 등 참고사항

▶ **소법§104[양도세의 세율]**

　① 거주자의 양도세는 해당 과세기간의 양도소득과세표준에 다음 각 호의 세율을 적용하여 계산한 금액을
　　그 세액으로 한다. 이 경우 하나의 자산이 다음 각 호에 따른 세율 중 둘 이상에 해당할 때에는 해당
　　세율을 적용하여 계산한 양도소득 산출세액 중 큰 것을 그 세액으로 한다.

　11. 소법 §94①3호가목(주권상장법인의 주식) 및 나목(주권비상장법인의 주식)에 따른 자산

① 과세요건 : 다음 ①과 ②의 요건을 동시 충족한 경우

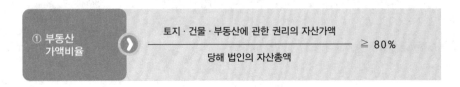

부동산과다보유 법인주식 양도시기	자산별 자산총액 또는 자산가액 평가방법	
	토 지	**건 물**
'10.12.31. 이전	무조건 기준시가	무조건 장부가액
'11. 1. 1. 이후	장부가액(기준시가가 장부가액 보다 큰 경우 기준시가)	
'15. 2. 3. 이후	당해 법인이 보유한 타 부동산과다법인 주식가액을 합산	
'20. 7. 1. 이후	타 법인이 경영지배하는 법인 포함 부동산등 보유비율 추가	

* 증자 등을 활용한 최대주주의 조세회피를 방지하기 위해 '23.2.28. 이후 양도분부터 양도일이전 1년의 기간 중 증자에
의해 증가한 금융자산 중 최대주주가 보유한 주식도 포함한 것으로 개정

② 법인 영위 사업 유형 : 골프장, 스키장, 휴양콘도미니엄, 전문휴양시설을 건설 또는
취득하여 직접 경영하거나 분양 또는 임대하는 사업(소령§158⑧)

② 부동산 가액 판정 기준일 등

구 분	내 용
부 동 산 가액판정 기 준 일 (소칙§76①)	• 양도일 현재 당해 법인의 자산총액 기준 • 자산총액을 알 수 없는 경우 : 양도일이 속하는 사업연도의 직전 사업연도 종료일 현재
양도비율	• 1주만 양도하여도 과세대상

특정주식과 부동산과다보유법인의 주식 비교

구 분	특정주식	부동산과다보유법인의 주식
업 종	모든 업종	골프장, 스키장, 휴양콘도미니엄, 전문휴양시설
부동산 등 비율	50% 이상	80% 이상
소유비율	50% 초과	없 음
양도비율	50% 이상	1주만 양도하여도 과세대상

부동산과 함께 양도하는 이축권

• '20.1.1. 이후 양도분부터 토지 또는 건물과 함께 양도하는「개발제한구역의 지정 및 관리에 관한 특별조치법」§12①2호 및 3호의2에 따른 이축을 할 수 있는 권리(이축권)는 양도소득으로 개정(소법§89①4호마목)

– 다만, 소령으로 정하는 방법[감정평가 및 감정평가사에 관한 법률에 따른 감정평가법인등이 감정한 가액이 있는 경우 그 가액(둘 이상인 경우 감정 평균액)]에 따라 별도로 평가하여 신고하는 경우는 제외

＊ 이축권(移築權) : 건축행위의 일반적 금지를 해제하여 건축허가를 받아 건물을 건축할 수 있는 권리

다 | 사업용 자산과 함께 양도하는 영업권(소법§94①4호가목)

구 분	내 용
사 업 용 고정자산	• 토지, 건물, 부동산에 관한 권리
영업권의 범 위	• 영업권 ⇒ 법률상의 권리가 아니라 재산적 가치가 있는 사실관계로서, 기업이 각종 유리한 　조건 또는 특권의 존재로 인하여 다른 동종의 기업이 얻는 통상의 이윤보다 큰 수익을 　계속하여 얻는 경우에 그 초과 수익력의 원인이 되는 것 • 영업권을 별도로 평가하지 않았으나 사회통념상 영업권이 포함되어 양도된 것으로 인정되는 　것과 행정관청으로부터 인가·허가 등을 받음으로써 얻는 경제적 이익을 포함

* 영업권을 단독으로 양도하거나, 대여로 발생하는 소득은 기타소득임

라 | 특정시설물 이용권(소법§94①4호나목)

구 분	내 용
정 의	• 특정시설물의 이용권, 회원권 그 밖에 그 명칭과 관계없이 당해 시설물을 배타적으로 　이용하거나 일반이용자보다 유리한 조건으로 이용할 수 있도록 약정한 단체의 구성원이 된 　자에 부여되는 시설물 이용 권리
유 형	• 골프회원권, 헬스클럽회원권, 콘도미니엄이용권, 사우나회원권, 스키장회원권, 고급 사교장 　회원권 등
유의사항	• 특정법인의 주식 등을 소유하는 것만으로 유리한 조건 등으로 시설물을 이용하는 경우, 　당해 주식 등을 포함

> **참고** 일반주식 등(소법§94①3호)과 기타자산(소법§94①4호)에 모두 해당되는 경우에는 기타자산을 적용(누진세율)

↓13

파생상품

가 | 코스닥 200 선물 옵션 등(소법§94①5호)

구 분	내 용
개 념	• "자본시장과 금융투자업에 관한 법률"에 따른 장내파생상품으로 '16.1.1. 이후 거래 또는 행위가 발생하는 이익
유 형	• 코스피200 선물, 코스피200 옵션('16.1.1. 이후) • 미니코스피200 선물, 미니코스피200 옵션('16.7.1. 이후) • 코스피200 ELW(주식워런트증권)('17.4.1. 이후)
유의사항	• 탄력세율 10%('18.3.31. 이전 양도분 5%) • 다른 소득과 구분 계산(기본공제 별도 적용) • 국내·외 양도차손익을 합산 과세('18.1.1. 이후 신고분) • 연 1회 확정신고만(예정신고납부 대상 아님)

나 | 과세대상 확대(소령§159의2①)

구 분	'19.4.1. 이전 양도분	'19.4.1. 이후 양도분
국내 장내파생상품	• 코스피200선물·옵션 • 미니코스피200선물·옵션 • 코스피200주식워런트 증권(ELW)	• 코스피200선물·옵션(미니포함) • 코스피200주식워런트증권(ELW) • 코스닥150선물·옵션 • KRX300선물 • 섹터·배당지수 선물 • 코스피200변동성지수선물 • 코스피150주식워런트증권(ELW)등
해외 장내파생상품	• 해외 파생상품시장에서 거래되는 파생상품(예 : 다우지수 선물 등)	좌 동
주가지수관련 장외파생상품	—	• 주가지수 관련 장외 파생상품 (국내 장내파생상품과 경제적 실질이 동일한 상품에 한함)

* '21.4.1. 이후 발생하는 소득분부터 "차액결제거래 파생상품(CFD)" 추가

◉ 파생상품 양도소득세 과세 개요

과세범위	▪ 국내 : 코스피200 선물·옵션·주식워런트증권(미니포함) ▪ 국외 : 장내 파생상품(장외 일부 포함) * 국내 파생상품과 국외 파생상품 손익 합산
소득합산	▪ 다른 자산 양도소득금액과 합산하지 않음
필요경비	▪ 증권사 수수료(자본시장법 §58)
장기보유 특별공제	▪ 적용하지 않음
양도소득 기본공제	▪ 연 250만원 공제
세　율	▪ 10%(기본세율 20%, 한시적 탄력세율 적용) ▪ '18.4.1. 前 5%, '18.4.1. 以後 10% 세율
공제·감면	▪ 적용하지 않음
신고납부	▪ 연 1회 확정신고로 종결(예정신고 없음)
시행시기	▪ '16.1.1. 이후 양도분부터

14

신탁의 이익을 받을 권리
(소법§88 1호, 소법§94①6호)

▶ 신탁의 이익을 받을 권리*(신탁수익권)의 양도로 발생하는 소득

> * 미래의 일정 기대수익을 나타내는 권리로서 재산성을 인정할 수 있는 자산
> 예) 상가의 임대료를 받을 수 있는 권리

- 위탁자의 자산에 신탁이 설정되고 그 신탁재산의 소유권이 수탁자에게 이전된 경우로서
  위탁자가 신탁을 설정한 경우에는 양도로 보지 않으나

- 신탁 수익권의 양도를 통하여 신탁재산에 대한 지배 · 통제권이 사실상 이전되는 경우는
  신탁재산 자체의 양도로 보아 과세

> **참고** 소법이 열거주의이므로 신탁재산에 대한 양도세 과세기준을 명확히 하기 위해 '21.1.1. 이후 양도분부터
> 신탁수익권을 과세대상으로 명확히 규정

▶ 과세대상에서 제외되는 신탁수익권(소령§159의3)

- 자본시장법§110에 따른 금전신탁 계약의 수익권 또는 수익증권

- 자본시장법§189에 따른 투자신탁의 수익권 또는 수익증권의 양도로 발생하는 소득이
  소법§17①에 따른 배당소득으로 과세되는 수익권 또는 수익증권

- 신탁수익권에 대한 양도로 발생하는 소득이 소법§17①에 따른 배당소득으로 과세되는
  수익권 또는 수익증권

- 위탁자의 채권자가 채권담보를 위하여 채권 원리금 범위 내에서 선순위 수익자로서
  참여하고 있는 경우 해당 수익권

▶ 신탁 수익자명부 변동상황명세서 작성(소법§115의2, 소령§77의3)

- 신탁 수익자는 신탁 수익권에 대하여 신탁이 설정된 경우의 수익권의 양도 등으로 인하여
  신탁 수익권의 변동사항이 있는 경우 수익자 명부 변동상황명세서를 작성 · 보관하고
  납세지 관할 세무서장에게 제출하여야 함

❯ 신탁수익권 흐름도

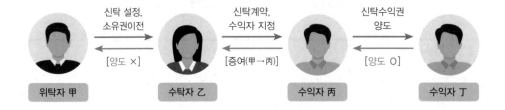

| 위탁자 甲 | 신탁 설정,
소유권이전
→
[양도 ×]
← | 수탁자 乙 | 신탁계약,
수익자 지정
→
[증여(甲→丙)]
← | 수익자 丙 | 신탁수익권
양도
→
[양도 O]
← | 수익자 丁 |

- 재산46014-894, '00.07.21.

  – 신탁법 또는 신탁업법에 의하여 신탁등기하는 것은 소법§88 양도에 해당하지
  않으나, 신탁재산인 사실을 등기한 부동산을 사실상 유상으로 이전하고 신탁원부의
  수익자 명의를 변경하는 것은 양도에 해당하여 양도세가 과세됨

  – 또한, 신탁부동산의 사실상 유상이전 없이 신탁이익을 타인에게 수익하게 하는 것은
  상증법§33의 규정에 의하여 신탁이익을 받을 권리를 증여한 것으로 보아 증여세가
  과세되는 것임

  * 상증법§33[신탁이익의 증여]

    ① 신탁계약에 의하여 위탁자가 타인을 신탁의 이익의 전부 또는 일부를 받을
    수익자(受益者)로 지정한 경우로서 다음 각 호의 어느 하나에 해당하는 경우에는
    원본(元本) 또는 수익(收益)이 수익자에게 실제 지급되는 날 등 대통령령으로
    정하는 날을 증여일로 하여 해당 신탁의 이익을 받을 권리의 가액을 수익자의
    증여재산가액으로 한다.

    1. 원본을 받을 권리를 소유하게 한 경우에는 수익자가 그 원본을 받은 경우
    2. 수익을 받을 권리를 소유하게 한 경우에는 수익자가 그 수익을 받은 경우

    ② 수익자가 특정되지 아니하거나 아직 존재하지 아니하는 경우에는 위탁자 또는
    그 상속인을 수익자로 보고, 수익자가 특정되거나 존재하게 된 때에는 새로운
    신탁이 있는 것으로 보아 ①을 적용한다.

15

양도·취득시기
(소법§98 및 소령§162)

⊙ 양도 · 취득시기는 양도소득의 귀속년도, 양도차익, 장기보유특별공제, 세율적용 등 과세표준 계산시 중요한 기준시기가 됨

　– 각종 비과세 · 감면요건 판정, 법령적용의 시기 등에 직접적으로 영향을 미침

⊙ 자산의 거래는 계약체결부터 중도금 · 잔금을 지급하고 소유권 이전등기까지 상당한 기간이 소요되고, 거래유형이 다양(私的 自治의 원칙)

　– 따라서 다양한 거래유형에 따른 양도 · 취득시기의 판정이 중요

가 | 원칙 : 대금청산일

⊙ 대금청산일 판정 시, 양수자가 부담하기로 한 양도세 및 양도세의 부가세액(지방소득세, 농특세)은 제외하여 적용

나 | 예외

⊙ 대금청산일이 불분명한 경우 → 등기 · 등록접수일 또는 명의개서일

⊙ 대금청산일 전에 소유권 이전등기를 선행한 경우 → 등기접수일

⊙ 대금청산일까지 목적물이 완성 · 확정되지 아니한 경우

　→ 목적물이 완성 또는 확정된 날

🏛 ↓ 16

특수한 경우의 양도·취득시기
(소법§98 및 소령§162)

'99.12.31. 이전	'00.1.1. 이후
• 첫회 부불금 지급일과 소유권 이전 등기접수일 중 빠른 날	• 소유권 이전등기(등록 및 명의개서 포함) 접수일 · 인도일 또는 사용수익일 중 빠른 날

※ 장기할부조건이란

1. 양도대금을 월부 · 연부 기타의 부불방법에 따라 수입할 것

2. 2회 이상 분할하여 양도대금 수입할 것

   * '2회'란 계약금 이외의 대금을 2회 이상 분할 수입하는 것을 의미함

3. 양도자산의 소유권 이전등기접수일 · 인도일 또는 사용수익일 중 빠른날의 다음날부터
   최종 할부금의 지급기일까지의 기간이 1년 이상일 것

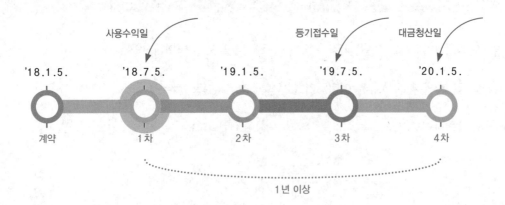

나 | 자기가 건설한 건축물의 취득시기(소령§162①4호)

◉ 원칙 : 사용승인서 교부일('14.2.20.까지는 사용검사필증 교부일)

◉ 사용승인서 교부일 전에 사실상 사용하거나 임시사용승인을 받은 경우

　　⇒ 사실상의 사용일 또는 임시사용승인을 받은 날 중 빠른 날

◉ 건축허가를 받지 아니하고 건축하는 건축물

　　⇒ 사실상의 사용일

다 | 상속 또는 증여로 취득한 자산의 취득시기(소령§162①5호)

◉ 상속으로 취득하는 자산의 취득시기(상속등기와 무관) : 상속개시일(사망일)

　　– 상속에는 유증과 사인증여를 포함

◉ 증여로 취득한 자산의 취득시기 : 증여 받은 날

　　– '증여 받은 날'이라 함은 등기하는 자산의 경우에는 증여등기접수일임

> **참고**
> 유증과 사인증여는 증여자의 사후에 재산이 무상 이전 된다는 점에서 동일하나, 유증은 유언에 의하여 재산이 무상 이전되며, 사인증여는 증여자의 생전에 증여계약을 하지만 그 효력의 발생은 증여자의 사망을 법정요건으로 하는 것임

도시정비법에 따른 주택재개발지역의 조합원입주권을 승계받아 취득한 신축주택의 취득일은
소령§162①4호의 규정에 따르는 것임

중요　　난이
상　　　중

적용사례 (서면-2016-부동산-3880, '16.08.30.)

3개월 이내

'07.2.1.	'09.3.31.	'11.12.19.	'16.1.20.	'16.3.1.
甲. "A주택" 취득	甲. 관리처분 계획인가일 (A주택 → A'조합원입주권)	甲 → 乙 "A'조합원입주권" 승계 취득	乙. "A주택" 사용승인서 교부 받음	乙. "A주택" 준공공임대주택 등록예정

사례

Q1 甲으로부터 조합원입주권을 승계받아 취득한 경우 신축주택 취득시점은?

(완공된 후 3개월 이내 준공공임대주택으로 등록할 경우 조특법 §97의5①에 따른 감면 규정 적용 여부)

A1 도시정비법에 따른 주택재개발지역의 조합원입주권을 승계받아 취득한 신축주택의 취득일은
소령§162①4호의 규정에 따르는 것임

🖐 관련 판례 · 해석 등 참고사항

▶ **소령§162[양도 또는 취득시기]**

① 소법§98 전단에서 "대금을 청산한 날이 분명하지 아니한 경우"란 다음 각 호의 경우를 말한다.

4. 자기가 건설한 건축물에 있어서는 건축법§22②에 따른 사용승인서 교부일. 다만, 사용승인서 교부일
전에 사실상 사용하거나 같은 조 ③2호에 따른 임시사용승인을 받은 경우에는 그 사실상 사용일 또는
임시사용승인을 받은 날 중 빠른 날로 하고 건축허가를 받지 아니하고 건축하는 건축물에 있어서는 그
사실상의 사용일로 한다.

▶ 서면-2022-부동산-0565, '22.10.14.

– "조합원입주권"을 승계 · 취득하여 재건축된 주택을 취득한 경우 건축물의 취득시기는 재건축 아파트의
사용승인서 교부일임

지역주택조합의 조합원 자격으로 취득하는 조합아파트의 취득시기는 소령§162①4호에 따라 사용승인서 교부일로 하는 것임. 다만, 사용승인서 교부일 전에 사실상 사용하거나 임시사용승인을 받은 경우에는 그 사실상의 사용일 또는 임시사용승인을 받은 날 중 빠른 날로 하는 것임

중요　상　난이　중

적용사례(서면-2015-부동산-1854, '15.10.26., 서면-2015-부동산-1888, '15.11.02.)

'15.05.20. / '15.08.04. / '15.12.1. / '18.3.1. / '18.6.1.

사례

甲.
지역주택조합에
가입*

"(가칭)○○1차
지역주택조합"
설립인가

사업계획승인
신청예정

잔금
납부

입주
예정

* "(가칭) ○○1차 지역주택조합"과 조합원 가입 계약 및 101동 1401호를 본인의 동호수로 지정받고 계약금을 납부함

Q1 甲이 지역주택조합 가입 계약 후 취득하는 주택의 취득시기는?

A1 주택법§2 11호에 따른 지역주택조합의 조합원 자격으로 취득하는 조합아파트의 취득시기는 소령§162①4호에 따라 사용승인서 교부일로 하는 것임. 다만, 사용승인서 교부일 전에 사실상 사용하거나 임시사용승인을 받은 경우에는 그 사실상의 사용일 또는 임시사용승인을 받은 날 중 빠른 날로 하는 것임

📑 **관련 판례 · 해석 등 참고사항**

▶ **주택법§2[정의] 이 법에서 사용하는 용어의 뜻은 다음과 같다.**

　11. "주택조합"이란 많은 수의 구성원이 §15에 따른 사업계획의 승인을 받아 주택을 마련하거나 §66에 따라 리모델링하기 위하여 결성하는 다음 각 목의 조합을 말한다.

　　가. 지역주택조합 : 다음 구분에 따른 지역에 거주하는 주민이 주택을 마련하기 위하여 설립한 조합
　　나. 직장주택조합 : 같은 직장의 근로자가 주택을 마련하기 위하여 설립한 조합
　　다. 리모델링주택조합 : 공동주택의 소유자가 그 주택을 리모델링하기 위하여 설립한 조합

▶ **서면-2021-부동산-5337, '22.02.09., 서면5팀-2735, '07.10.11.**

　– 주택법§16의 규정에 의한 사업계획의 승인일 이후에 주택조합의 조합원으로부터 그 조합원의 '입주자로 선정된 지위'를 승계하여 취득한 조합주택을 양도한 경우 그 조합주택(그 부수토지 포함)의 취득시기는 당해 조합주택의 사용검사필증교부일(사용검사 전에 사실상 사용하거나 사용승인을 얻은 경우에는 그 사실상의 사용일 또는 사용승인일)이 되는 것임

라 | 점유로 인한 취득(시효취득) 자산의 취득시기(소령§162①6호)

▶ 민법§245①에 의하여 부동산의 소유권을 취득한 경우에는 그 부동산의 점유를 개시한 날

- 점유로 인한 부동산 소유권의 취득기간(민법§245)
  ① 20년간 소유의 의사로 평온, 공연하게 부동산을 점유하는 자는 등기함으로써 그 소유권을 취득한다.

마 | 양도자산의 취득시기가 분명하지 않는 경우(소령§162⑤)

▶ 먼저 취득(First In)한 자산이 먼저 양도(First Out)된 것으로 봄

📜 관련 판례 · 해석 등 참고사항

▸ **소법 기본통칙 96-162-3[경락에 의하여 자산을 취득하는 경우의 취득시기]**
  – 경매에 의하여 자산을 취득하는 경우에는 경락인이 매각조건에 의하여 경매대금을 완납한 날이 취득의 시기가 됨
▸ **서면5팀-1614, '07.05.21.**
  – 교환계약에 따라 소유권이 이전된 경우의 양도 및 취득시기는 교환계약일이나 그 계약일이 불분명한 경우에는 교환등기 접수일이 되는 것임

취득시기(소법§98, 소령§162⑤)	비상장주식-FIFO(총론)

주식의 주권발행번호, 기타 증빙자료 등에 의하여 취득시기를 구체적으로 확인할 수 있는
경우에는 그 확인되는 날이 취득시기가 되는 것이나, 취득시기가 분명하지 아니하는
경우에는 먼저 취득한 자산을 먼저 양도한 것으로 보는 것임

중요 상 | 난이 중

적용사례

(서면-2021-자본거래-8172, '22.02.14., 서면-2021-자본거래-6578, '21.10.21. 비상장주식 취득시기)

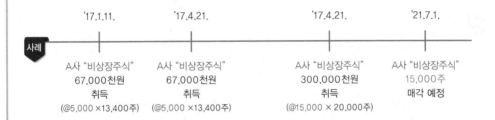

	'17.1.11.	'17.4.21.	'17.4.21.	'21.7.1.
사례	A사 "비상장주식" 67,000천원 취득 (@5,000 ×13,400주)	A사 "비상장주식" 67,000천원 취득 (@5,000 ×13,400주)	A사 "비상장주식" 300,000천원 취득 (@15,000 × 20,000주)	A사 "비상장주식" 15,000주 매각 예정

※ 추가 취득하는 주식에 대해 주식 양수도계약(주권 발행번호 기재된 것), 주권 교부 및 대금 지급 영수증, 주주명부를
   구비하고, 추후 제3자에게 매각 시에도 양도 주식에 대해서 추가 취득 주식의 주권발행번호를 기재할 예정임

Q1 비상장주식을 취득하여 양도 시 후입선출법으로 양도차익을 계산하여 신고할 수 있는지 여부?

A1 • 양도자산의 취득시기를 산정함에 있어 주식의 주권발행번호, 기타 증빙자료 등에 의하여 취득시기를
   구체적으로 확인할 수 있는 경우에는 그 확인되는 날이 취득시기가 되는 것이나,
   • 취득시기가 분명하지 아니하는 경우에는 먼저 취득한 자산을 먼저 양도한 것으로 보는 것임

📑 관련 판례 · 해석 등 참고사항

법원 확정판결에 따라 소유권 이전 받은 주택의 소법상 취득시기는 잔금청산일이며,
대금 청산한 날이 불분명하거나 대금 청산 전에 소유권 이전등기 등을 한 경우에는 등기부
등에 기재된 등기접수일임

중요	난이
상	중

적용사례(사전-2020-법령해석재산-0708, '20.09.23.)

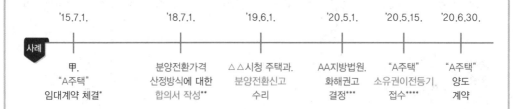

'15.7.1.	'18.7.1.	'19.6.1.	'20.5.1.	'20.5.15.	'20.6.30.
甲. "A주택" 임대계약 체결*	분양전환가격 산정방식에 대한 합의서 작성**	△△시청 주택과. 분양전환신고 수리	AA지방법원. 화해권고 결정***	"A주택" 소유권이전등기 접수****	"A주택" 양도 계약

  * 임대인과 구.임대주택법상 건설임대주택의 임대의무기간(5년)의 ½ 이상 경과한 시점에 분양전환을 예약하는 임대계약을
    체결하였으며, 甲은 A주택 이외에 보유주택은 없음
 ** '18.10.1. 임대인으로부터 분양전환 적격통보를 안내를 받은 상태에서, 임대인은 매매예약기일이 임박하였음에도
    분양전환 확정 계약서 작성을 지연함
 *** 임대인은 신청인에게 '18.10.1. 매매를 원인으로 한 소유권이전등기 절차를 이행할 것
**** 등기필증상 등기원인 '18.10.1. 매매

Q1 소송에 의한 화해권고결정으로 주택에 대한 소유권 이전등기를 한 경우, 해당 주택의 취득일을
등기필증상의 매매원인일로 볼 수 있는 지 여부?

A1 법원 확정판결에 따라 소유권 이전 받은 주택의 소법상 취득시기는 잔금청산일이며, 대금 청산한 날이
불분명하거나 대금 청산 전에 소유권 이전등기 등을 한 경우에는 등기부 등에 기재된 등기접수일임

📜 **관련 판례 · 해석 등 참고사항**

▶ **양도세 집행기준 98-162-5[법원의 확정판결에 의하여 소유권을 이전한 경우]**
  – 그 취득시기는 대금청산일을 확인하여 판정하는 것이며, 대금청산일이 불분명한 경우에는 소유권
    이전등기 접수일로 한다.

토지의 소유권 분쟁으로 소송이 진행 중이어서 양수자가 수용보상금을 공탁 시 공탁금에 대한 권리는 소유권 소송의 판결이 확정된 때 비로서 실현가능성이 성숙·확정되었다 할 것이므로 양도시기는 수용보상금의 공탁일이 아니라 판결의 확정일로 보아야 할 것임

중요 상　난이 중

적용사례(조심2008중3254, '08.11.04. → 대법원2010두9372, '12.02.23.)

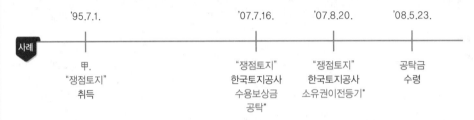

|'95.7.1.|'07.7.16.|'07.8.20.|'08.5.23.|
|甲.
"쟁점토지"
취득|"쟁점토지"
한국토지공사
수용보상금
공탁*|"쟁점토지"
한국토지공사
소유권이전등기*|공탁금
수령|

* 남양주 별내지구 택지개발사업의 시행자인 한국토지공사가 '07.7.19. 사업부지에 편입된 甲 소유의 쟁점토지를 수용하고, '07.7.16. 쟁점토지에 대한 소유권 분쟁으로 소유권보존등기 말소청구소송 등이 진행 중이어서 진정한 권리자를 찾을 수 없다는 이유로 수용보상금을 토지보상법§40②2호에 따라 변제 공탁함

Q1　제3자가 소유권에 관한 소송을 제기하여 공공사업자가 쟁점토지 수용 보상금을 피공탁인을 관련인으로 하여 공탁하고 소유권 이전등기를 한 후 법원 확정판결에 따라 청구인이 공탁금을 수령한 경우 양도시기는?

A1　토지의 소유권 분쟁으로 소송이 진행 중이어서 양수자가 수용보상금을 공탁 시 공탁금에 대한 권리는 소유권 소송의 판결이 확정된 때 비로서 실현가능성이 성숙·확정되었다 할 것이므로 양도시기는 수용보상금의 공탁일이 아니라 판결의 확정일로 보아야 할 것임

📖 관련 판례·해석 등 참고사항

☞ 위 사례와 관련해서 당초 조심에서는 양도시기를 공탁금 수령일보다 빠른 소유권 이전등기 접수일로 본다고 결정하였고, 1심과 2심 법원에서는 공탁일을 양도시기로 판결하였음

☞ 대법원2010두22597, '12.05.09.에서도 위의 대법원 판결내용과 반복적으로 동일하게 판결하였고, 소령§162①단서에 대법원 판결내용을 반영하여 '15.2.13. 이후 양도분부터 소유권 관련 소송 판결 확정일을 양도시기로 개정하였음

☞ 쟁점토지를 보유하고 있던 당사자가 공익사업시행자에게 보상가액에 대한 소송으로 인한 판결은 소령§162①7호단서 내용에 해당하지 않음에 유의

▶ 서면-2016-부동산-5165, '16.12.14.

　– 소유권에 관한 소송으로 보상금이 공탁된 경우에는 소유권 관련 소송 판결 확정일을 양도시기로 보는 것임

토지보상법이나 그 밖의 법률에 따른 공익사업을 위하여 수용되는 경우로서 보상금이 공탁된 경우에는 공탁일, 수용의 개시일 또는 소유권 이전등기접수일 중 빠른 날이 양도시기가 되는 것임

중요 상　난이 중

적용사례(사전-2021-법령해석재산-0192, '21.02.26.)

사례

'20.7.1.　　　　'20.11.1.　　　　'20.12.1.　　　　'21.1.6.　　'21.1.22.

甲.
"쟁점토지" 관련
재결신청*

"쟁점토지"
재결결정

공익사업시행자
보상금 법원에 공탁

수용
개시일

공탁금
수령

　* ○○공사에서 시행하는 사업지구내의 부동산으로 공공주택 특별법에 의해 수용당하는데, 甲은 사업시행자와
　　토지보상금이 저렴하다는 이유로 협의가 성립되지 않아 중앙토지수용위원회에 재결을 신청함

Q1 토지등이 공익사업용으로 수용되는 경우로서 중앙토지수용위원회의 보상가액 재결결정에 불복하여
　　보상금이 공탁된 경우, 쟁점토지의 양도시기는?

A1 토지보상법이나 그 밖의 법률에 따른 공익사업을 위하여 수용되는 경우로서 보상금이 공탁된 경우에는
　　공탁일, 수용의 개시일 또는 소유권 이전등기접수일 중 빠른 날이 양도시기가 되는 것임

🖋 관련 판례 · 해석 등 참고사항

▶ **소령§162[양도 또는 취득시기]**

① 소법§98 전단에서 "대금을 청산한 날이 분명하지 아니한 경우 등 대통령령을 정하는 경우"란 다음 각
　호의 경우를 말한다.

7. 토지보상법이나 그 밖의 법률에 따라 공익사업을 위하여 수용되는 경우에는 대금을 청산한 날, 수용의
　개시일 또는 소유권 이전등기접수일 중 빠른 날. 다만, 소유권에 관한 소송으로 보상금이 공탁된
　경우에는 소유권 관련 소송 판결 확정일로 한다.

임차인의 명도문제로 소유권 이전등기가 지연되어 잔금에 상당하는 금액을 법원에 변제 공탁한 후 소유권 이전등기 또는 공탁금을 수령하는 경우에는 변제공탁의 효과가 공탁을 한 때로 소급하여 발생하는 것(민법§487)이므로 변제공탁일을 대금 청산일로 보아 양도시기로 판정함

중요 상   난이 중

적용사례(사전-2015-법령해석재산-0122, '15.05.18.)

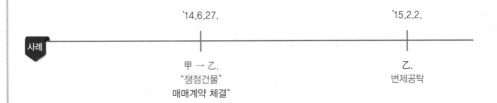

'14.6.27.   '15.2.2.

사례

甲 → 乙.   乙.
"쟁점건물"   변제공탁
매매계약 체결*

* 甲은 乙과 부산시 ○○구 소재 쟁점건물에 대해 매매계약(중도금 수령일 '14.8.31., 잔금일 '15.1.31.) 체결하였고, 특약사항에 甲의 책임하에 잔금 지급시까지 모든 임차인의 명도이전을 완료하되, 102호(편의점) 명도는 매수인과 합의하에 진행하도록 하였으나 '15.1.31.까지 임차인 중 2개 임차인의 명도를 완료하지 못하였고, 102호는 '15.4.30. 까지 명도하기로 합의하였고 임대차계약 종료일인 '15.7.10.에 명도가 완료될 것으로 예상됨

Q1 임차인의 명도문제로 인하여 매매대금 중 잔금이 변제 공탁된 경우 양도시기는?

A1 임차인의 명도문제로 소유권 이전등기가 지연되어 잔금에 상당하는 금액을 법원에 변제 공탁한 후 소유권 이전등기 또는 공탁금을 수령하는 경우에는 변제공탁의 효과가 공탁을 한 때로 소급하여 발생하는 것(민법§487)이므로 변제공탁일을 대금 청산일로 보아 양도시기로 판정함

제14편

📄 관련 판례 · 해석 등 참고사항

▶ **민법§487**[변제공탁의 요건]

- 채권자가 변제를 받지 아니하거나 받을 수 없는 때에는 변제자는 채권자를 위하여 변제의 목적물을 공탁하여 그 채무를 면할 수 있다. 변제자가 과실없이 채권자를 알 수 없는 경우에도 같다.

상속받은 자산의 세율 적용 시 보유기간 기산일은 피상속인이 그 자산을 취득한 날이므로
관리처분인가일 전 주택을 상속받았다면 피상속인이 취득한 날이지만 상기 사례에서는
조합원입주권(권리)을 상속 받았으므로 사용승인서 교부일을 취득시기로 함

중요 상 · 난이 중

적용사례(사전-2019-법령해석재산-0649, '20.02.11.)

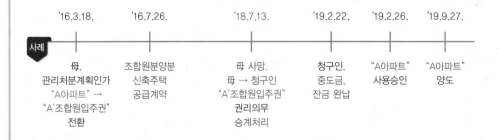

'16.3.18.　　　　'16.7.26.　　　　　　'18.7.13.　　　　'19.2.22.　　'19.2.26.　　'19.9.27.

사례

母.　　　　　조합원분양분　　　　　母 사망.　　　　청구인.　　　"A아파트"　　"A아파트"
관리처분계획인가　신축주택　　　　　母 → 청구인　　중도금.　　　사용승인　　　양도
"A아파트" →　공급계약　　　　"A'조합원입주권"　잔금 완납
"A'조합원입주권"　　　　　　　　권리의무
전환　　　　　　　　　　　　　　승계처리

Q1 A아파트의 세율 적용에 따른 보유기간 계산 시 취득시기는?

A1 당해 주택의 사용인서 교부일(사용승인서 교부일 전에 사실상 사용하거나 임시사용승인을 받은 경우에는 그
사실상의 사용일 또는 임시사용승인을 받은 날 중 빠른 날)임

  * 상속받은 자산의 세율 적용 시 보유기간 기산일은 피상속인이 그 자산을 취득한 날이므로 관리처분인가일
전 주택을 상속받았다면 피상속인이 취득한 날이지만 상기 사례에서는 조합원입주권(권리)을 상속 받았으
므로 사용승인서 교부일을 취득시기로 함

📑 **관련 판례 · 해석 등 참고사항**

▶ **소법§104[양도소득세의 세율]**

  ② 제1항제2호 · 제3호 및 제11호가목의 보유기간은 해당 자산의 취득일부터 양도일까지로 한다.
  다만, 다음 각 호의 어느 하나에 해당하는 경우에는 각각 그 정한 날을 그 자산의 취득일 본다.

  1. 상속받은 자산은 피상속인이 그 자산을 취득한 날

아파트 분양 당첨일을 취득시기로 보아야 한다는 주장은 부동산의 분양계약을 체결한 자가 당해 계약에 관한 권리를 양도 시 적용될 뿐, 이 사건에서와 같이 아파트의 소유권을 취득하여 보유하다가 양도 시에는 적용되지 않아 3년 이상 보유하지 않았으므로 비과세 적용 불가

중요 상   난이 중

적용사례

(서울행정법원2008구합14791, '08.11.06. ⇒ 대법원2009두14064, '09.11.26.)

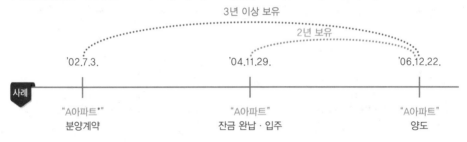

＊ 조특법§99의3의 감면주택의 확인을 받은 주택

Q1 A아파트 양도 시 취득시기 및 농어촌특별세 부과의 적정 여부?

A1 • 아파트 분양 당첨일을 취득시기로 보아야 한다는 주장은 부동산의 분양계약을 체결한 자가 당해 계약에 관한 권리를 양도 시(분양권 전매)에 적용될 뿐

• 이 사건에서와 같이 아파트의 소유권을 취득하여 보유하다가 양도 시에는 적용되지 않아 3년 이상 보유하지 않았으므로 비과세 적용 불가

• 그러나, 조특법§99의2 감면주택에 해당하고 취득일부터 5년 이내 양도하여 양도세 100% 감면받고 감면세액의 20%를 농어촌특별세로 부담

📑 **관련 판례 · 해석 등 참고사항**

▶ **1세대 1주택 비과세 관련 보유 · 거주요건 개정 연혁**

구 분	양도 시기별 보유 · 거주요건				
	'03.9.30. 이전	'03.10.1.~'03.12.31.	'04.1.1. 이후	'11.6.3. 이후	'12.6.29. 이후
서울·과천·5대 신도시 지역	3년 이상 보유	3년 이상 보유 + 1년 이상 거주	3년 이상 보유 + 2년 이상 거주	3년 이상 보유	2년 이상 보유
기타 지역	3년 이상 보유				

계약내용 불이행 등 대금청산 절차 없이 단순히 명의개서 절차만 경료됨으로써 당사자간
합의에 의한 계약해제로 소유권이 환원된 사실이 확인되는 경우에는 이를 양도로 보지
아니함

중요 상 / 난이 중

적용사례(서면-2018-법령해석재산-2289, '21.06.30.)

'11.1.1.   '17.8.2.   '17.9.1.

사례

甲.   양도세,   합의에 의한
"A법인"   증권거래세   매매계약
비상장주식   신고*   해제 예정
3천주 보유

* A법인의 비상장주식 1천주를 乙에게, 1천주를 丙에게 각각 1천만원에 양도하고 양도세와 증권거래세를 신고하였으나,
  계약금 10%(100만원)만 수령하고 나머지 잔금 90%(900만원)은 지급받지 못함

Q1 비상장주식의 양도계약 체결 및 계약금만 지급받고 양도세를 신고·납부하였으나, 잔금 미지급으로
인해 계약이 해제된 경우 양도로 보는 지 여부?

A1 비상장주식을 매매하고 명의개서 경료 후 거래당사자 합의에 의한 계약의 해제로 소유권이 당초
소유자에게 환원되는 경우,
  – 계약내용 불이행 등 대금청산 절차 없이 단순히 명의개서 절차만 경료됨으로써 당사자간 합의에 의한
    계약해제로 소유권이 환원된 사실이 확인되는 경우에는 이를 양도로 보지 아니함

📜 **관련 판례·해석 등 참고사항**

계약내용 불이행 등 대금청산 절차 없이 단순 소유권 이전 등기 절차만 경료됨으로써
당사자의 합의에 의한 계약해제로 소유권이 환원된 사실이 확인되는 경우에는 양도로 보지
아니하는 것으로 환급이 가능

적용사례(재산세과-642, '09.03.27.)

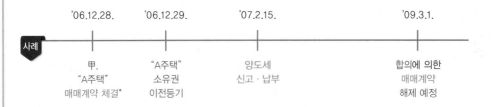

'06.12.28.	'06.12.29.	'07.2.15.	'09.3.1.
甲. "A주택" 매매계약 체결*	"A주택" 소유권 이전등기	양도세 신고 · 납부	합의에 의한 매매계약 해제 예정

* 계약금 · 중도금으로 총 매매대금의 25% 수령

Q1 갑이 A주택에 대해 소유권 이전등기를 경료한 후 거래 당사자간의 합의로 인한 계약해제로 당초
소유자인 갑에게 소유권이 환원되는 경우, 양도세 환급이 가능한 지 여부?

A1 거래 및 계약내용 등 사실관계에 따라 당해 거래가 대금의 청산절차를 거친 사실상 유상 이전인
경우에는 양도세가 과세되는 것이나,
  – 계약내용 불이행 등 대금청산 절차 없이 단순 소유권 이전 등기 절차만 경료됨으로써 당사자의
    합의에 의한 계약해제로 소유권이 환원된 사실이 확인되는 경우에는 양도로 보지 아니하는 것으로
    환급이 가능함

📜 **관련 판례 · 해석 등 참고사항**

증여(부담부증여에 있어서 양도로 보는 채무액에 상당하는 부분 제외)한 주택을 상증법에 따라
신고기한 이내에 반환 받은 경우 반환받은 주택의 취득시기는 당초 취득일

중요 상 · 난이 중

적용사례(부동산거래관리과−1014, '10.08.04.)

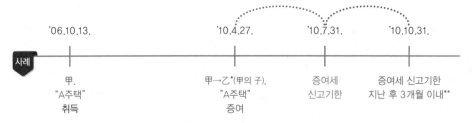

* 甲과 별도세대
** 乙이 '증여세 신고기한('10.7.31.) 前' 또는 '증여세 신고기한 후 3개월 이내'에 A주택을 甲에게 반환(채무 포함)할
　예정임

Q1 甲이 추후 반환 받은 A주택을 양도하는 경우 1세대 1주택 비과세 관련 보유기간 계산 시 취득시기는
언제로 보는 지?

A1 증여(부담부증여에 있어서 양도로 보는 채무액에 상당하는 부분 제외)한 주택을 상증법§31④에 따라
동법§68에 따른 신고기한 이내에 반환받은 경우 반환받은 주택의 취득시기는 당초 취득일이며,
－ 신고기한이 지난 후에 반환 받은 주택의 취득시기는 반환받은 날이 되는 것임

📖 **관련 판례 · 해석 등 참고사항**

▸ **상증법§31[증여재산의 범위]**

④ 증여를 받은 후 그 증여받은 재산(금전은 제외한다)을 당사자 간의 합의에 따라 제68조에 따른 신고기한
이내에 반환하는 경우에는 처음부터 증여가 없었던 것으로 본다. 다만, 반환하기 전에 제76조에 따라
과세표준과 세액을 결정받은 경우에는 그러하지 아니하다.

⑤ 수증자가 증여받은 재산(금전은 제외한다)을 제68조에 따른 신고기한이 지난 후 3개월 이내에 증여자에게
반환하거나 증여자에게 다시 증여하는 경우에는 그 반환하거나 다시 증여하는 것에 대하여 증여세를
부과하지 아니한다.

◐ 반환받은 증여자산의 양도차익 계산 등

• 수증자가 증여받은 재산(금전 제외)을 상증법§68의 규정에 의한 신고기한 경과 후 3월 이내에 증여자에게 증여 취소를 원인으로 반환하는 경우에 당해 자산의 취득시기는 반환하는 날이 되는 것이며(같은 뜻: 서면4팀-350, '08.02.12.), 소법§97④에 해당*하는 경우 취득가액은 반환한 배우자의 취득가액으로 하는 것임

  * 현행 소법§97의2①의 배우자등 이월과세를 의미

• 다만, 2이상의 행위 또는 거래를 거치는 방법으로 세법의 혜택을 부당하게 받기 위한 것으로 인정되는 경우에는 국기법§14③에 의하여 그 경제적 실질 내용에 따라 연속된 하나의 행위 또는 거래를 한 것으로 보아 세법을 적용하는 것임

(재산세과-598, '09.03.20.)

➡ 다음 쪽에서 보충 설명

▶ 증여 후 증여계약의 해제로 반환받은 경우(양도세 집행기준 98-162-21)

- 상증법 통칙 4-0⋯3[증여재산 반환 시 증여세 과세방법]

반환시기 (증여일로부터)	증여세 과세여부	취득시기 판단
증여세 신고기한 이내 (반환 전 증여세 결정시 제외)	당초 증여는 없는 것으로 봄	증여자가 당초 취득한 날
증여세 신고기한 지난 후 3개월 이내	당초 증여 : 과세 재차증여: 과세하지 않음	증여자가 반환받은 날
그 후	당초 증여 : 과세 재차 증여 : 과세	증여자가 반환받은 날

* 현금 증여의 경우 당초 증여와 반환 모두 과세대상임

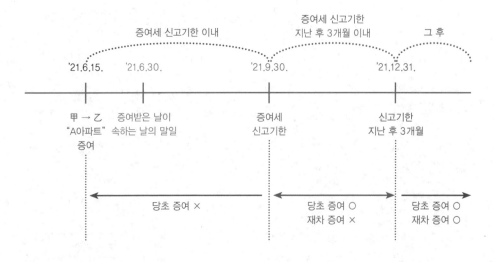

사례

甲으로부터 '21.6.15.에 A아파트(시가 3억원)를 증여받고 3천만원 증여세 신고⋅납부한 후,
甲에게 '21.11.1.에 A아파트를 반환할 경우 甲의 A아파트 취득시기는 반환받은 날('21.11.1.)임

상장주식의 대주주가 양도한 주식의 취득가액을 후입선출법으로 변경하여 경정청구한 건은 인정하지 않음

중요
상

난이
중

적용사례(조심-2017-구-3058, '17.12.28.)

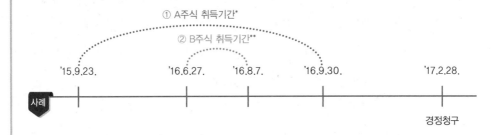

* ①의 취득기간에 A사 상장주식 2,000주 취득하였고, 동 기간에 1,500주를 '16년 1분기에 양도하고 취득가액을 선입선출법으로 하여 양도세 신고함

** ②의 취득기간에 B사 상장주식 4,000주 취득하였고, 동 기간에 2,500주를 '16년 4분기에 양도하고 취득가액을 선입선출법으로 하여 양도세 신고함

Q1 '16년 4분기 양도세 신고에 대하여 당초 취득가액을 선입선출법으로 산정한 것을 후입선출법으로 변경하여 환급 신청한 건에 대하여 경정청구 가능한 지 여부?

A1 '16년 1분기에 양도한 주식에 대하여 선입선출법을 적용하여 양도세를 신고하였으므로 계속적으로 신고해 온 방식인 선입선출법에 의하여 양도된 것으로 보는 것이 합리적인 점과
- 다른 증권계좌로 해당 주식과 같은 종목의 주식을 취득, 보유 및 양도하였을 가능성이 있는 점 등에 비추어 경정청구 거분 처분은 잘못이 없음

➡ 다음 쪽에서 "보충" 설명

제
14
편

📝 **관련 판례 · 해석 등 참고사항**

🏠 심화정리

⊙ 양도한 자산의 취득시기가 불분명한 경우(소령§162⑤)

- 소법§98 및 소령§162①을 적용할 때 양도한 자산의 취득시기가 불분명한 경우에는 먼저 취득한 자산을 먼저 양도한 것(선입선출법)으로 봄

- 구. 조세감면규제법시행령이 장기보유한 주식 수를 후입선출법에 의하여 계산하고 있다하여 소법상 주식의 양도에도 같은 방식이 적용된다고는 볼 수 없으나, 모든 증권회사가 후입선출법에 의한 계산이 일반적인 회계원칙과 관행으로 자리잡게 된 이상 이를 존중해야 할 것이라는 대법원 판결[대법원2007두22030, '10.04.29.(←서울고등법원2006누80, '07.09.19.)]도 있으나,

  - 조세감면규제법이 '98년말에 폐지되고 '99년에 조세특례제한법이 신설되면서 동일한 규정이 없을 뿐만 아니라 열거주의 방식인 소득세 법령에서도 선입선출법을 규정하고 있어 대법원 판결은 구.조세감면규제법을 반영한 개별사항으로 보는 것이 타당해 보임

⊙ 구.조세감면규제법('98.12.28.법률 제5584호 조특법으로 전문개정되기 전의 것)§81의3

- 특정한 주식을 3년 이상 보유한 경우 그 주식에 대한 배당소득을 종합소득 과세표준에 합산하지 아니한 채 분리하여 과세할 뿐만 아니라 원천징수세율도 10/100으로 감경하도록 규정되어 있어

  - 모든 증권회사는 구.조세감면규제법 시행 이후 동법 규정 취지와 고객의 이익을 고려하여 고객이 주식 양도 당시 특별히 양도되는 주식을 특정하지 아니한 이상 후입선출 방식으로 처리하여 고객의 계좌를 관리하였음

- 유가증권시장 등에 상장된 주식 소유자는 그 주식의 주권 자체가 아니라 증권예탁원에 혼합·보관되어 있는 주권에 대한 공유지분권을 소유하고 있다고 보아야 하고,

  - 주식의 소유자가 종목과 수량을 특정하여 주식을 양도하더라도 실제로는 그 양도 대상이 실물인 주권 그 자체가 아니라 증권예탁원에 혼합·보관되어 있는 주권 정부에 대하여 그 효력이 미치게 되므로 그 주식을 주권 자체로 특정하는 것은 공유지분권의 양도라는 성질에 비추어 본질적으로 불가능하다고 할 것임

(서울고등법원2006누80, '07.09.19. 판결문 중 일부)

바 | 환지처분 시 양도 또는 취득시기(소령§162①9호)

- 도시개발법 기타 법률에 의한 환지처분으로 인하여 취득한 토지의 취득시기
  ⇒ 환지 前의 토지 취득일

- 환지처분으로 교부 받은 환지면적이 권리면적보다 증가 또는 감소된 경우에는 그 증가 또는
  감소된 면적의 토지에 대한 취득 또는 양도시기 ⇒ 환지처분의 공고가 있는 날의 다음 날

- 사 례

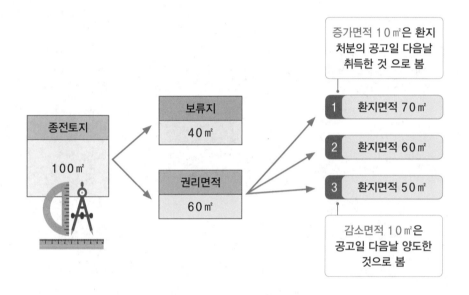

사 | 특별조치법으로 취득한 토지의 취득시기

▶ 양도하는 토지의 보유기간 산정, 세율적용, 공익사업용 토지 등에 대한 양도소득세의 감면을
적용함에 있어 「부동산소유권 이전등기 등에 관한 특별조치법」에 의하여 부동산소유권
이전등기를 하는 경우에 그 취득시기는 사실내용에 따라 매매재산은 대금청산일(대금청산일이
확인되지 아니하거나 불분명한 경우는 등기접수일), 상속재산은 상속개시일, 증여재산은
등기접수일로 하는 것임(부동산거래관리과-121, '11.02.10.)

※ 부동산등기 특별조치법 연혁
○ 제정이유 : 과거 전쟁 등을 거치면서 부동산 소유관계 서류 등이 멸실되거나 권리관계를
증언해 줄 수 있는 관계자들이 사망해 실제 권리관계와 등기부상 권리관계가 일치하지
않은 경우가 많아, 실제 소유자가 권리행사를 할 수 없어 간편한 절차로 등기할 수 있도록
하여 실제 소유자의 소유권을 보호하기 위함

구분	제1차 특별조치법	제2차 특별조치법	제3차 특별조치법	제4차 특별조치법
시행 기간	'77.3.1.~'81.2.28. '82.4.3.~'84.12.31.	'93.1.1.~'94.12.31.	'06.1.1.~'07.12.31.	'20.8.5~'22.8.4.

아. 지역주택조합의 조합원 자격으로 취득하는 주택

▶ 주택법§2 11호에 따른 지역주택조합의 조합원 자격으로 취득하는 조합아파트의 취득시기는 소령§162①4호에 따라 사용승인서 교부일로 함. 다만, 사용승인서 교부일 전에 사실상 사용하거나 임시사용승인을 받은 경우에는 그 사실상 사용일 또는 임시사용승인을 받은 날 중 빠른 날로 하는 것임(서면-2015-부동산-1854, '15.10.26.)

– 지역주택조합의 조합원으로부터 조합원 지위를 승계하여 취득한 경우

그 조합주택의 취득시기도 위와 동일함(서면-2021-부동산-5337, '22.02.09.)

※ 지역주택조합 조합원의 분양권 취득시기 : 사업계획승인일

▶ 조합원입주권을 보유한 원조합원(승계조합원 포함)의 신축주택의 취득시기

• 사용승인서 교부일(대금을 이미 지급한 상태)

– 그 사용승인 사용승인서 교부일 전에 사실상 사용하거나 임시사용승인을 받은 경우에는 그 사실상 사용일 또는 임시사용승인을 받은 날 중 빠른 날

* 승계 취득 시 조합원입주권의 취득시기는 대금청산일

▶ 일반 분양 시 분양권을 보유한 자의 신축주택의 취득시기

• 사용승인서 교부일(대금을 이미 지급한 상태)

– 그 사용승인 사용승인서 교부일 전에 사실상 사용하거나 임시사용승인을 받은 경우에는 그 사실상 사용일 또는 임시사용승인을 받은 날 중 빠른 날

cf) 사용승인일까지 대금 미지급한 경우 신축주택의 취득시기

– 대금지급일과 등기접수일 중 빠른 날

취득시기(소법§98, 소령§162)　　　　　　　　　　　　　잔금 청산 전 임시사용승인

소법§98 및 소령§162①에 따라 잔금을 청산한 날로 하는 것이며, 잔금을 청산하기 전에
임시사용승인을 받은 경우에는 잔금청산일과 소유권 이전등기 접수일 중 빠른 날임.
다만, 잔금청산일을 언제로 볼 것인지는 사실판단할 사항임

중요 상　난이 중

적용사례(서면-2021-부동산-0602, '23.05.18.)

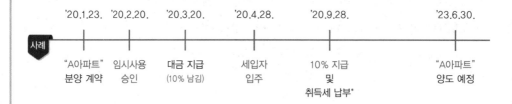

'20.1.23.　　'20.2.20.　　'20.3.20.　　'20.4.28.　　'20.9.28.　　　　'23.6.30.

사례

"A아파트"　　임시사용　　대금 지급　　세입자　　　10% 지급　　　"A아파트"
분양 계약　　승인　　　　(10% 남김)　　입주　　　　및　　　　　양도 예정
　　　　　　　　　　　　　　　　　　　　　　　　취득세 납부*

* 미등기 상태

Q1　일반분양 받은 A아파트의 취득시기는?

A1　소법§98 및 소령§162①에 따라 잔금을 청산한 날로 하는 것이며, 잔금을 청산하기 전에
　　임시사용승인을 받은 경우에는 잔금청산일과 소유권 이전등기 접수일 중 빠른 날임. 다만,
　　잔금청산일을 언제로 볼 것인지는 사실판단할 사항임

📋 **관련 판례 · 해석 등 참고사항**

▶ 서면5팀-657, '08.03.26.

　– 분양받은 아파트의 취득시기는 잔금 청산일을 취득시기로 보는 것이며, 잔금을 청산하기 전에
　　소유권이전 등기를 한 경우에는 소유권 이전등기 접수일을 취득일로 보는 것입니다. 다만, 분양받은
　　아파트로서 잔금청산일까지 완성되지 아니한 경우 당해 아파트의 완성일(사용승인일, 사실상의 사용 또는
　　임시사용승인일 중 빠른 날)이 취득시기가 되는 것임

「주택공급에 관한 규칙」§27⑤ 또는 §28조⑩1호에 따른 선착순의 방법으로 취득하는
소법§88 10호에 의한 분양권의 취득시기는 당해 부동산을 분양받을 수 있는 권리가 확정된
날임

중요 상　난이 중

적용사례(서면–2021–법규재산–7612, '22.06.15.)

'13.10.1.　　　　　　　　　　'19.11.1.　'20.12.9.　'21.1.11.　'22.5.1.

사례

"A주택"
취득

"B주택"
취득

"C분양권"*
공급계약 및
1차 계약금
지급

"C분양권"
계약금
완납

"A주택"
양도 예정

* 「주택공급에 관한 규칙」의 선착순의 방법으로 입주자를 선정

Q1 「주택공급에 관한 규칙」§27⑤ 또는 §28⑩1호에 따라 선착순의 방법으로 입주자에 선정된 경우, 해당
분양권의 취득시기는?

A1 「주택공급에 관한 규칙」§27⑤ 또는 §28조⑩1호에 따른 선착순의 방법으로 취득하는 소법§88 10호에
의한 분양권의 취득시기는 당해 부동산을 분양받을 수 있는 권리가 확정된 날이며, 선착순의 방법으로
동·호수 등을 지정하고 당일날 사업주체와 공급계약을 체결한 경우 당해일자가 취득시기가 되는 것임

📝 **관련 판례·해석 등 참고사항**

▶ **양도세 집행기준 98–162–16** 부동산을 취득할 수 있는 권리의 취득시기
　– 부동산의 분양계약을 체결한 자가 해당 계약에 관한 모든 권리를 양도하는 경우 그 권리에 대한
　　취득시기는 해당 부동산을 분양받을 수 있는 권리가 확정되는 날(아파트 당첨권은 당첨일)이고
　　타인으로부터 그 권리를 인수받은 때에는 잔금청산일이 취득시기가 됨
　☞ 아파트 청약 당첨자는 당첨일이고 분양권을 매매로 취득한 자는 대금청산일이 취득시기

제14편

입주자 모집공고에 따른 청약이 당첨되어 분양계약한 경우 소법§88 10호에 따른 분양권의 취득시기는 분양계약일이 아닌 청약 당첨일임

중요 상　난이 중

적용사례(서면-2022-부동산-2354, '22.06.08., 기획재정부 재산세제과-85, '22.01.14.)

'16.4.29.	'17.8.3.	'21.10.13.	'21.11.13.	'22.1.8.
"A주택" 취득	조정대상지역 지정	"B분양권" 청약 당첨 (공동명의)	"C분양권" 청약 당첨 (공동 명의)	"A주택" 양도*

* A주택 양도일 현재 현황 : B분양권(중도금 지급), C분양권(계약금 지급)

Q1 입주자 모집공고에 따른 청약이 당첨되어 분양계약한 경우 소법§88 10호에 따른 분양권의 취득시기는?

A1 분양계약일이 아닌 청약 당첨일임

📝 **관련 판례 · 해석 등 참고사항**

▶ **서면-2022-부동산-2704, '22.07.07.**

– 자산의 양도시기는 대금을 청산한 날이 되며 대금을 청산하기 전에 소유권이전등기 한 경우에는 등기부 · 등록부 또는 명부 등에 기재된 등기접수일 또는 명의개서일이 되는 것이며, 아파트 분양권의 경우에는 등기 · 등록 · 명의개서를 요하는 자산에 해당하지 아니하 는 것임

▶ **기획재정부 조세법령운용과-827, '22.07.27.**

– 입주자 모집공고에 따른 청약이 당첨되어 분양계약한 경우 소법§88 10호에 따른 분양권의 취득시기는 청약당첨일임

17

취득시기의 의제

> 과거 오래된 취득자산은 정확한 취득가액을 알 수 없어 세액계산에 어려움을 겪음

– 납세자의 세부담 완화 등의 이유로 특정 시기로 취득시기를 의제

자 산 구 분		의 제 취 득 일
의 제 취득시기	부동산 부동산에 관한 권리 기타자산	'85. 1. 1. ('84.12.31. 이전 취득 '85. 1. 1. 취득한 것으로 의제)
	주식 출자지분	'86. 1. 1. ('85.12.31. 이전 취득 '86. 1. 1. 취득한 것으로 의제)

* '00.12.31. 이전에 양도한 상장주식은 '85.1.1.이 의제 취득일이었으나, '01.1.1. 이후부터 상장주식과 비상장주식 모두
  '86.1.1.로 통일 (비상장주식은 '91.1.1. 이후 양도부터 현행 상장주식과 같이 의제취득일이 '86.1.1.)

⊙ 양도 또는 취득의 시기(소법 § 98)

자산의 양도차익을 계산할 때 그 취득시기 및 양도시기는 대금을 청산한 날이
분명하지 아니한 경우 등 대통령령으로 정하는 경우를 제외하고는 해당 자산의 대금을
청산한날로 한다. 이 경우 자산의 대금에는 해당 자산의 양도에 대한 양도소득세 및
양도소득세의 부가세액을 양수자가 부담하기로 약정한 경우에는 해당 양도소득세 및
양도소득세의 부가세액은 제외한다.

- 원칙 : 대금청산일
- 예외 : 대금청산일이 불분명한 경우 등기접수일 등

참고   소령§162에 예외조항을 열거 : 장기할부조건, 상속 · 증여, 미완성된 자산, 환지 등

쟁점 **법인에 현물출자 시 양도시기**

주식회사 발기설립시의 현물출자는 궁극적으로 주주 지위의 취득을 반대급부를 하는 것으로써 주주의 지위를 취득하게 되는 설립등기 시에 반대급부의 전부 이행이 있다고 볼 수 있으므로, 대금청산일에 상응하는 설립등기 시를 양도소득세의 양도차익 계산에 있어서 양도시기로 보아야 함

(대법원98두7558, '00.06.23.)

참고 부동산으로 대물 변제한 경우에는 "소유권 이전등기" 경료 시

🏠 심화정리

▶ 법원의 무효판결로 환원된 자산의 취득시기

- 부동산 소유권이 타인에게 이전되었다가 법원의 무효판결로 소유권이 환원되는 경우에 당해 자산의 취득시기는 당초 취득일이 됨

  (☞ 판결일이 아님)   (부동산거래-587, '12.10.31.)

▶ 대금 청산일

- 잔금을 어음이나 이에 준하는 증서로 받은 경우 어음 등의 결제일이 잔금청산일이 됨

  (소득세법 기본통칙 98-162…4)

▶ 이혼소송으로 인한 법원 판결에 따른 재산분할로 취득한 주택 취득시기

- 이혼으로 인하여 혼인중에 형성된 부부공동재산을 민법§839의 2에 따른 재산분할청구로 인하여 부동산의 소유권이 이전된 경우에는 이를 양도 및 증여로 보지 아니하여 양도세 및 증여세가 과세되지 아니하는 것이며 해당 부동산의 취득시기는 다른 일방의 취득시기를 기준으로 산정하는 것임

  (사전-2022-법규재산-0381, '22.04.21.)

※ 기준시가 관련 참고사항

◉ 개별공시지가 환산 시 천원 미만 버리면 안됨

- 토지면적은 소수점 이하를 절사하지 아니하나, 취득·양도가액(기준시가)은 소수점 이하를 절사하여 계산(재일46014-1425, '98.07.29.)
- 취득·양도가액(기준시가)이 계산된 후에 반드시 면적을 곱함(∵ m²당 가액)

◉ 단위 면적당(m²) 토지등급별 가액표

- '84.6.30. 이전에는 평당 토지가액으로 지방세법 별표에 기재
- '84.7.1. 이후에는 m²당 토지가액으로 지방세법 별표에 기재

◉ 건물 기준시가 계산 시 m²당 금액은 1,000원 미만 절사

- 각종 지수(구조·용도·위치)는 백분율이므로 계산 시 100으로 나눈 수를 적용

◉ 건물 기준시가 계산 시 건물 연면적은 "건축물 대장"을 보고 계산

- '00.12.31. 이전 취득당시 건물기준시가 산정기준율에서의 구조는 "등기부등본"에서 확인

※ 부동산의 공시·고시 현황

* 토지와 주택은 국토교통부에서 주관하여 공시하고, 상업용 건물·오피스텔과 기타
  비주거용 건물은 국세청에서 주관하여 고시

부동산의 종류		최초공시 (고시)일	공시 (공시)일	공시대상	주관기관
토지(공시지가)		'90.8.30.	5월말	토지	시·군·구청장
주택 (공시가격)	공동주택[1]	'06.4.28.[3]	4월말	토지+건물 (일괄)	국토교통부장관
	개별주택(단독)	'05.4.30.			시·군·구청장
비주거용 건물 (고시가격)	상업용건물·오피스텔	'05.1.1.	12월말		국세청장
	기타건물[2]	'01.1.1.		건물	

[1] 아파트, 연립주택, 다세대주택
[2] 건물기준시가 적용
[3] 건물기준시가 적용소법 부칙〈법률 제7579호, '05.7.13.〉§5(국세청장이 산정·고시한 공동주택의 가액에 관한 경과조치)에서
   소법§99③의 개정규정을 적용함에 있어서 종전의 소법§99①1호 다목*의 규정에 의하여 국세청장이 산정·고시한
   공동주택의 가액은 이를 「부동산 가격공시 및 감정평가에 관한 법률」에 의한 공동주택가격으로 본다고 하여 '83.2.28.
   이후 국세청장이 고시한 가액을 인정하므로 '06.4.28.국토부장관의 최초 고시는 큰 의미가 없음

* 건물에 부수되는 토지를 공유로 하고 건물을 구분소유하는 것으로서 건물의 용도·면적 및 구분소유하는 건물의
  수(數) 등을 감안하여 대통령령이 정하는 공동주택·오피스텔 및 상업용 건물(이들에 부수되는 토지를 포함)에 대하여는
  건물의 종류·규모·거래상황·위치 등을 참작하여 매년 1회 이상 국세청장이 토지와 건물에 대하여 일괄하여
  산정·고시하는 가액

18

'90.8.30. 개별공시지가 공시되기 전에
취득한 토지의 취득 당시 기준시가(소령§164④)

| '90.8.30. 전에 취득한 토지의 취득 당시 기준시가 | ❯ | '90.1.1.을 기준으로 한 개별공시지가 ('90.8.30. 최초공시) | X | $\left(\dfrac{취득\ 당시의\ 시가표준액}{'90.8.30.\ 현재\ 시가표준액\ +\ '90.8.30.\ 그\ 직전에\ 결정된\ 시가표준액} \right) \Big/ 2$ |

❯ 시가표준액은 지방세법에 따른 토지등급가액을 의미

- '90.8.30. 직전에 결정된 시가표준액은 '89.12.31. 현재의 시가표준액을 말함. 다만, '90.1.1. 이후 '90.8.29. 이전에 시가표준액이 수시조정된 경우에는 당해 최종 수시조정일의 전일의 시가표준액을 말함(소칙§80⑦)

최초 공시 전에 취득한 토지의 취득 당시 기준시가 계산

중요 중   난이 중

적용사례

 토지 1,000m²를 '88.7.20.에 취득하여 '18.1.30.에 양도하였고, '90.1.1. 기준 개별공시지가 70,000원이다.

기준일	'88.1.1. (161등급)	'89.1.1. (164등급)	'90.1.1. (167등급)	'91.1.1. (168등급)
시가표준액(원/m²)	11,500	13,300	15,400	16,100

Q1 취득 시 기준시가는?

A1 ① 취득 시 m²당 개별공시지가 : 70,000 × 11,500 / [(15,400 + 13,300) / 2]
    = 56,097.56 (.56 절사)
  ② 취득 시 기준시가 : 56,097 × 1,000m² = 56,097,000원

📜 관련 판례 · 해석 등 참고사항

▶ **토지면적은 소수점 이하를 절사하지 아니하나, 취득 · 양도가액**(기준시가)**은 소수점 이하를 절사하여 계산**(재일46014-1425,'98.07.29.)

법령요약

⊙ 토지·건물의 기준시가(소령 § 164)

③ 다음 각 호의 법 제99조 제1항 제1호 가목부터 라목까지(토지~주택)의 규정을
   적용함에 있어서 새로운 기준시가가 고시되기 전에 취득 또는 양도하는 경우에는
   직전의 기준시가에 의한다.

☞ 기준시가는 기준일이 아닌 고시일을 기준으로 적용하여야 한다는 시행령
   규정으로,

– 소령 부칙〈제26067호, '15.2.3.〉개정 전에는 토지만 소령§164③에 규정되어
   있었으나, 나목(건물)·다목(오피스텔 및 상업용 건물)·라목(주택)까지 확대하는
   것으로 개정함

※ 토지 기준시가(개별공시지가) 적용 기준일

◐ 양도일 또는 취득일 현재 고시(공시)된 것을 기준으로 개별공시지가를 적용

· '21.9.20.에 취득(양도)한 경우 :
   – 적용할 개별공시지가는 '21.5.31. 공시분

· '22.3.30.에 취득(양도)한 경우 :
   – 적용할 개별공시지가는 '21.5.31. 공시분

연도별 개별공시지가 공시일

'17년	'18년	'19년	'20년	'21년	'22년	'23년
5.31.	5.31.	5.31.	5.29.	5.31.	4.29.	4.28.

제14편

◎ 연도별 기준시가 고시(공시)일

- 개별공시지가(정기분)

정기공시일	정기공시일	정기공시일	정기공시일
'90.8.30.	'99.6.30.	'08.5.31.	'17.5.31.
'91.6.29.	'00.6.30.	'09.5.29.	'18.5.31.
'92.6.5.	'01.6.30.	'10.5.31.	'19.5.31.
'93.5.22.	'02.6.29.	'11.5.31.	'20.5.29.
'94.6.30.	'03.6.30.	'12.5.31.	'21.5.31.
'95.6.30.	'04.6.30.	'13.5.31.	'22.4.29.
'96.6.28.	'05.5.31.	'14.5.30.	'23.4.28.
'97.6.30.	'06.5.31.	'15.5.29.	'24.4.30.
'98.6.30.	'07.5.31.	'16.5.31.	

- 일반건물기준시가 : 매년 1.1.(최초공시 '01.1.1.)

- 상업용 건물 기준시가 : 매년 1.1.(최초공시 '05.1.1.)

- 개별주택가격(정기분)

정기공시일	정기공시일	정기공시일	정기공시일
'05.4.30.	'10.4.30.	'15.4.30.	'20.4.29.
'06.4.28.	'11.4.29.	'16.4.29.	'21.4.29.
'07.4.30.	'12.4.30.	'17.4.28.	'22.4.29.
'08.4.30.	'13.4.30.	'18.4.30.	'23.4.28.
'09.4.30.	'14.4.30.	'19.4.30.	'24.4.30.

19

'01.1.1. 이후 취득·양도하는 건물*의 기준시가

* 토지와 건물의 가액을 일괄하여 산정 · 공시(또는 고시)한 개별주택 · 공동주택 · 오피스텔 및 상업용 건물의 경우에는 적용하지 아니함

가 | 기본 계산식

| 건물 기준시가 | ❯ | 평가대상 건물의 면적[1) × ㎡당 금액 |

1) 연면적(각 층의 바닥면적의 합계)을 말하며, 집합건물의 경우 전용과 공용면적 포함 면적

- ㎡당 금액[1)

  = 건물신축가격기준액 × 구조지수 × 용도지수 × 위치지수 × 경과연수별 잔가율 ×

  개별건물의 특성에 따른 조정률[2)

  1) ㎡ 당 금액은 1,000원 단위 미만 버림
  2) 개별건물의 특성에 따른 조정률은 상증법§61①2호에 따라 기준시가를 계산하는 경우에만
     적용(소법§99①1호나목에 따른 기준시가에는 적용하지 아니함)

① 건물신축가격기준액 = ㎡당 850,000원('25년)

연도	'01년	'02년	03~'05년	'06년	'07년	'08~'09년	'10년
건물신축가격기준액(원/㎡)	400,000	420,000	460,000	470,000	490,000	510,000	540,000

연도	'11년	'12년	'13년	'14년	'15년	'16년	'17년
건물신축가격기준액(원/㎡)	580,000	610,000	620,000	640,000	650,000	650,000	670,000

연도	'18년	'19년	'20년	'21년	'22년	'23년	'24년
건물신축가격기준액(원/㎡)	690,000	710,000	730,000	740,000	780,000	820,000	830,000

1) m²당 금액

= 건물신축가격기준액 × 구조지수 × 용도지수 × 위치지수 × 경과연수별 잔가율

* 1,000원 단위 미만 절사
* 연면적 : 하나의 건축물 각 층의 바닥면적의 합계(집합건물의 경우 전용, 공용면적 합계)

① '25년 구조지수 : 건축 자재물에 따른 구분

번호	구 조 별	지수
1	통나무조	135
2	목구조	120
3	철골(철골철근)콘크리트조	110
4	철근콘크리트조, 석조, 프리캐스트콘크리트조, 목조, 라멘조, ALC조, 스틸하우스조	100
5	연와조, 철골조, 보강콘트리트조,보강블록조	95

② '25년 용도지수 : 활용처에 따른 구분

구분	용도		번호	대 상 건 물	지수
Ⅰ	주거용건물	주거시설	1	아파트	110
			2	단독주택(노인복지주택 제외) 다중주택, 다가구주택, 연립주택, 다세대주택, 기숙사(학생복지주택 포함), 도시형 생활주택 등 기타 주거용 건물	100

* 용도지수는 Ⅱ 상업용 및 업무용 건물, Ⅲ 산업용 및 기타 특수용 건물, Ⅳ 기계식 주차 전용빌딩의 4개 그룹으로 대분류가 나누어져 있음

③ '25년 위치지수 : 땅값 차이를 나타내는 공시지가 기준 산정

번호	건물 부속토지의 m²당 개별공시지가	지수
1	20,000원 미만	78
2	20,000원 이상 ~ 30,000원 미만	83
3	30,000원 이상 ~ 50,000원 미만	85
4	50,000원 이상 ~ 70,000원 미만	86
5	70,000원 이상 ~ 100,000원 미만	87

④ '25년 경과연수별 잔가율

ⓐ 대상건물별 내용연수와 최종잔존가치율 및 상각방법은 다음과 같음

적용대상	Ⅰ그룹	Ⅱ그룹	Ⅲ그룹	Ⅳ그룹
내용연수	50년	40년	30년	20년
최종잔존가치율	10%	10%	10%	10%
상각방법	정액법	정액법	정액법	정액법
연 상각률	0.018	0.0225	0.03	0.045

ⓑ 그룹별 건물구조는 다음 각 호와 같음

1. Ⅰ그룹은 통나무조 · 철골(철골철근)콘크리트조 · 철근콘크리트조 · 석조 · 프리캐스트 콘크리트조 · 목구조 · 라멘조의 모든 건물

2. Ⅱ그룹은 연와조 · 목조 · 시멘트벽돌조 · 보강콘크리트조 · ALC조 · 철골조 · 스틸하우스조 · 보강 블록조 · 와이어패널조의 모든 건물

3. Ⅲ그룹은 경량철골조 · 석회 및 흙벽돌조 · 돌담 및 토담조 · 황토조 · 시멘트블록조 · 조립식 패널조의 모든 건물, 기계식주차전용빌딩

4. Ⅳ그룹은 철파이프조 · 컨테이너건물의 모든 건물

ⓒ 신축연도별 잔가율은 다음과 같음

* 상증법§61①2호에 따라 건물의 기준시가를 계산하는 경우 적용하는 신축연도별 잔가율과 소법§99①1호나목에 따라 건물의 기준시가를 계산하는 경우 적용하는 신축연도별 잔가율이 있는데 아래는 소법에 따른 신축연도별 잔가율임

I 그룹 내용연수 50년		II 그룹 내용연수 40년		III 그룹 내용연수 30년		IV 그룹 내용연수 20년	
신축연도	잔가율	신축연도	잔가율	신축연도	잔가율	신축연도	잔가율
2025	1.000	2025	1.0000	2025	1.000	2025	1.000
2024	0.982	2024	0.9775	2024	0.970	2024	0.955
2023	0.964	2023	0.9550	2023	0.940	2023	0.910
2022	0.946	2022	0.9325	2022	0.910	2022	0.865
2021	0.928	2021	0.9100	2021	0.880	2021	0.820
2020	0.910	2020	0.8875	2020	0.850	2020	0.775
2019	0.892	2019	0.8650	2019	0.820	2019	0.730
2018	0.874	2018	0.8425	2018	0.790	2018	0.685
2017	0.856	2017	0.8200	2017	0.760	2017	0.640
2016	0.838	2016	0.7975	2016	0.730	2016	0.595
2015	0.820	2015	0.7750	2015	0.700	2015	0.550
2014	0.802	2014	0.7525	2014	0.670	2014	0.505
2013	0.784	2013	0.7300	2013	0.640	2013	0.460
2012	0.766	2012	0.7075	2012	0.610	2012	0.415
2011	0.748	2011	0.6850	2011	0.580	2011	0.370
2010	0.730	2010	0.6625	2010	0.550	2010	0.325
2009	0.712	2009	0.6400	2009	0.520	2009	0.280
2008	0.694	2008	0.6175	2008	0.490	2008	0.235
2007	0.676	2007	0.5950	2007	0.460	2007	0.190
2006	0.658	2006	0.5725	2006	0.430	2006	0.145
2005	0.640	2005	0.5500	2005	0.400	2005 이하	0.100
2004	0.622	2004	0.5275	2004	0.370		
2003	0.604	2003	0.5050	2003	0.340		
2002	0.586	2002	0.4825	2002	0.310		
2001	0.568	2001	0.4600	2001	0.280		
2000	0.550	2000	0.4375	2000	0.250		
1999	0.532	1999	0.4150	1999	0.220		
1998	0.514	1998	0.3925	1998	0.190		
1997	0.496	1997	0.3700	1997	0.160		
1996	0.478	1996	0.3475	1996	0.130		
1995	0.460	1995	0.3250	1995 이하	0.100		
1994	0.442	1994	0.3025				
1993	0.424	1993	0.2800				
1992	0.406	1992	0.2575				
1991	0.388	1991	0.2350				
1990	0.370	1990	0.2125				
1989	0.352	1989	0.1900				
1988	0.334	1988	0.1675				
1987	0.316	1987	0.1450				
1986	0.298	1986	0.1225				
1985	0.280	1985 이하	0.1000				
1984	0.262						
1983	0.244						
1982	0.226						
1981	0.208						
1980	0.190						
1979	0.172						
1978	0.154						
1977	0.136						
1976	0.118						
1975 이하	0.100						

⑤ 개별건물의 특성에 따른 조정률 : 상증법§61①2호(건물)에 따라 기준시가를 계산하는
경우에만 적용함(지상·지하 및 안전도 등을 지수화 한 것)

구분	적용대상	번호	지수	적용범위	비고
I	• 지붕재료 – 슬래브, 기와, 토기와, 시멘트기와, 한식기와, 오지기와, 아스팔트 쉬글, 동쉬글, 천연슬레이트, 동판, 구리, 징크(아연), 기타 신소재	1	100	• 구조지수가 100미만인 경우에만 적용	
	– 패널(칼라아연도강판 포함), 유리(폴리카보네이트, FRP 포함), 슬레이트(강판 슬레이트 포함)	2	80		
	– 함석, 자연석, 천막, 초가, 라이트, 너아, 기타 이와 유사한 것	3	60		
II	• 최고층수 – 5층 이하	4	90	• 최고층수 계산 시 지하층 및 옥탑은 제외	해당하는 항목 중 가장 높은 지수 하나만 적용. 중복 적용 방지하기 위해 가장 높은 지수 하나만 적용
	– 6층 이상 ~ 10층 이하	5	100	• 건물구조가 통나무조인 것은 적용 제외	
	– 11층 이상 ~ 15층 이하	6	110	• 주거용건물은 아파트에 한해 최고층수 기준만 적용	
	– 16층 이상 ~ 20층 이하	7	120		
	– 21층 이상	8	130	• 지능형건축물의 인증에 관한 규칙§8에 따라 단 1회라도 인증서를 발급받은 경우 적용	
	• 연면적 – 1천㎡미만	9	90		
	– 1천㎡ 이상 ~ 5천㎡ 이하	10	100		
	– 5천㎡ 이상 ~ 1만㎡ 이하	11	110		
	– 1만㎡ 이상 ~ 5만㎡ 이하	12	120		
	– 5만㎡ 이상	13	130		
	• 인텔리전트 시스템빌딩 – 지능형 건축물 인증 3등급·4등급	14	110		
	– 지능형 건축물 인증 1등급·2등급	15	120		

* 추가로 Ⅲ(단독주택, 공동주택)~Ⅷ(건물에 대한 구조안전진단을 받은 경우, 법령에 의한 철거대상 건물, 화재, 지진 등의 원인에 의하여 건물의 일부가 훼손 또는 멸실된 경우)로 구분됨

국세청장이 상업용 건물기준시가를 고시한 사실이 없는 일반상가건물의 양도 당시 기준시가를 계산

중요 상 / 난이 중

적용사례

 사례

다음 자료는 국세청장이 상업용 건물기준시가를 고시한 사실이 없는 일반상가건물의 내용은 아래와 같음

- 신축연도 : '01년(전용면적 : 100m², 공용면적 : 60m²)
- 구조 : 철근콘크리드조
- 양도일 현재 개별공시지가('15.5.29. 공시) : 6,200,000원/m²
- '15년 건물신축가격 기준액 : 650,000원/m²
- '15년 기준 4대 지수
  - 구조지수 : 110, 용도지수 : 90, 위치지수 : 130, 경과연수별 잔가율 : 0.856

Q1 위의 일반상가건물을 '15.7.1.에 양도할 경우, 양도 당시 기준시가는?

A1 ① 양도 당시 단위면적당 건물기준시가

= 650,000 × 1.1 × 0.9 × 1.3 × 0.856 = 716,086.8⇒ 716,000원(천원 미만 절사)

② 일반건물 기준시가

= 716,000원/m² × (전용면적 100m² + 공용면적 60m²) = 114,560,000원

🖎 관련 판례 · 해석 등 참고사항

나 | '00.12.31. 이전 취득한 건물의 취득 당시 기준시가

> '00.12.31. 이전 취득한 건물의 취득 당시 기준시가
>
> 〉 '01.1.1. 시행 **건물기준시가*** × 취득 당시 **건물기준시가 산정기준율****

* 국세청장이 건물에 대해 최초 고시한 건물기준시가

** 그룹표(Ⅰ·Ⅱ·Ⅲ)에서 당해 건물의 신축연도와 취득연도가 만나는 지점의 율

☞ '00.12.31. 이전 취득 당시 기준시가는 최초 고시연도('01년)의 건물신축가격 기준액과 4대 지수를 적용하여 '01년 기준시가를 구한 다음, 건물기준시가 산정기준율*을 적용하여 해당 취득 당시 기준시가를 산출

* "건물에 대한 취득 당시 건물기준시가 산정기준율"이란 건물의 구조별 및 내용연수별로 구분된 적용대상 그룹표(Ⅰ, Ⅱ, Ⅲ)에서 해당 건물의 취득연도와 신축연도가 만나는 지점의 율을 말함('01.1.1. 이후 최초로 양도하는 분부터 적용)

🖎 관련 판례·해석 등 참고사항

☞ '00.12.28.에 국세청장이 최초로 고시한 "국세청고시 제2000-47호"는 저의 블로그의 아래 경로에 수록되어 있음
- 네이버 초기화면 ⇒ 위용세무사 ⇒ 블로그 ⇒ 좌측 "양도세 총론" ⇒ 기준시가 ⇒ 목록

(국세청 고시 제2000-50호, '00.12.28. 제정)

가. 적용대상 그룹 : Ⅰ그룹	
내용연수	40년
구 조	통나무조, 철골(철골철근)콘크리트조, 철근콘크리트조, 석조, P.C조, 목구조

취득연도 / 신축연도	2000년	1999년	1998년	1997년	1996년	1995년	1994년	1993년	1992년	1991년	1990년	1989년	1988년	1987년	1986년	1985년 이전
2000년	1.016															
1999년	1.017	1.002														
1998년	1.017	1.003	1.019													
1997년	1.017	1.003	1.020	0.971												
1996년	1.017	1.004	1.021	0.972	0.955											
1995년	1.018	1.004	1.022	0.973	0.957	0.972										
1994년	1.018	1.005	1.022	0.975	0.958	0.974	0.955									
1993년	1.018	1.006	1.023	0.976	0.960	0.976	0.957	0.924								
1992년	1.019	1.006	1.024	0.977	0.961	0.978	0.959	0.927	0.942							
1991년	1.019	1.007	1.025	0.978	0.963	0.979	0.961	0.929	0.944	0.880						
1990년	1.019	1.008	1.027	0.980	0.964	0.981	0.963	0.931	0.947	0.882	0.824					
1989년	1.020	1.008	1.028	0.981	0.966	0.983	0.966	0.934	0.950	0.885	0.827	0.757				
1988년	1.020	1.009	1.029	0.982	0.968	0.986	0.968	0.936	0.953	0.888	0.830	0.760	0.727			
1987년	1.021	1.010	1.030	0.984	0.970	0.988	0.970	0.939	0.956	0.891	0.833	0.763	0.730	0.711		
1986년	1.021	1.011	1.031	0.986	0.972	0.990	0.973	0.942	0.959	0.895	0.836	0.767	0.734	0.715	0.726	
1985년	1.022	1.012	1.033	0.987	0.974	0.992	0.976	0.945	0.962	0.898	0.840	0.770	0.737	0.718	0.730	0.716
1984년	1.022	1.013	1.034	0.989	0.976	0.995	0.978	0.948	0.965	0.901	0.843	0.773	0.741	0.722	0.734	0.720
1983년	1.022	1.014	1.035	0.991	0.978	0.998	0.981	0.951	0.969	0.905	0.847	0.777	0.744	0.726	0.738	0.725
1982년	1.023	1.015	1.037	0.993	0.980	1.000	0.984	0.954	0.973	0.909	0.851	0.781	0.748	0.730	0.742	0.729
1981년	1.024	1.016	1.038	0.995	0.982	1.003	0.988	0.958	0.977	0.913	0.855	0.785	0.752	0.734	0.747	0.734
1980년	1.024	1.017	1.040	0.997	0.985	1.006	0.991	0.961	0.981	0.917	0.859	0.789	0.756	0.738	0.752	0.738
1979년	1.025	1.018	1.042	0.999	0.988	1.009	0.995	0.965	0.985	0.921	0.863	0.793	0.761	0.743	0.756	0.744
1978년	1.025	1.019	1.044	1.001	0.990	1.013	0.998	0.969	0.990	0.926	0.868	0.798	0.766	0.748	0.762	0.749
1977년	1.026	1.020	1.046	1.003	0.993	1.016	1.002	0.973	0.994	0.931	0.873	0.803	0.770	0.753	0.767	0.755
1976년	1.027	1.022	1.048	1.006	0.996	1.020	1.006	0.978	0.999	0.936	0.878	0.808	0.776	0.758	0.773	0.760
1975년	1.027	1.023	1.050	1.009	0.999	1.023	1.011	0.983	1.005	0.941	0.884	0.813	0.781	0.764	0.779	0.767
1974년	1.028	1.025	1.052	1.011	1.003	1.028	1.015	0.988	1.010	0.947	0.889	0.819	0.787	0.770	0.785	0.773
1973년	1.029	1.026	1.054	1.014	1.006	1.032	1.020	0.993	1.016	0.953	0.895	0.825	0.793	0.776	0.792	0.780
1972년	1.030	1.028	1.057	1.018	1.010	1.036	1.025	0.998	1.023	0.960	0.902	0.831	0.800	0.783	0.799	0.788
1971년	1.031	1.030	1.060	1.021	1.014	1.041	1.031	1.004	1.029	0.966	0.909	0.838	0.806	0.790	0.807	0.795
1970년	1.032	1.032	1.062	1.024	1.019	1.046	1.036	1.011	1.036	0.974	0.916	0.845	0.814	0.797	0.815	0.804
1969년	1.033	1.034	1.065	1.028	1.023	1.052	1.043	1.017	1.044	0.981	0.924	0.853	0.822	0.805	0.823	0.813
1968년	1.034	1.036	1.069	1.032	1.028	1.058	1.049	1.025	1.052	0.990	0.932	0.861	0.830	0.814	0.833	0.822
1967년	1.035	1.038	1.072	1.037	1.033	1.064	1.056	1.032	1.061	0.998	0.941	0.870	0.839	0.823	0.843	0.832
1966년	1.036	1.041	1.076	1.041	1.039	1.071	1.064	1.040	1.070	1.008	0.951	0.879	0.848	0.833	0.853	0.843
1965년	1.038	1.043	1.080	1.046	1.045	1.078	1.072	1.049	1.080	1.018	0.961	0.889	0.859	0.844	0.864	0.855
1964년	1.039	1.046	1.084	1.052	1.051	1.086	1.081	1.059	1.090	1.029	0.972	0.900	0.870	0.855	0.877	0.867
1963년	1.041	1.049	1.089	1.057	1.058	1.094	1.090	1.069	1.102	1.041	0.984	0.912	0.882	0.867	0.890	0.881
1962년	1.043	1.053	1.094	1.064	1.066	1.103	1.101	1.080	1.115	1.053	0.997	0.925	0.895	0.881	0.904	0.896
1961년	1.044	1.056	1.099	1.071	1.074	1.113	1.112	1.093	1.128	1.067	1.011	0.938	0.909	0.895	0.920	0.912
1960년	1.047	1.060	1.105	1.078	1.083	1.124	1.124	1.106	1.143	1.083	1.026	0.954	0.924	0.911	0.937	0.930
1959년		1.065	1.112	1.086	1.093	1.136	1.138	1.121	1.160	1.099	1.043	0.970	0.941	0.929	0.956	0.949
1958년			1.119	1.095	1.104	1.149	1.152	1.137	1.178	1.118	1.062	0.989	0.960	0.948	0.977	0.970
1957년				1.106	1.117	1.164	1.169	1.155	1.198	1.138	1.083	1.009	0.981	0.970	1.000	0.994
1956년					1.130	1.180	1.187	1.174	1.221	1.161	1.106	1.032	1.004	0.994	1.025	1.020
1955년						1.199	1.208	1.197	1.246	1.187	1.132	1.057	1.030	1.020	1.054	1.050
1954년							1.231	1.222	1.274	1.216	1.161	1.086	1.059	1.051	1.086	1.083
1953년								1.251	1.306	1.249	1.194	1.118	1.092	1.085	1.123	1.121
1952년									1.343	1.286	1.232	1.156	1.131	1.124	1.165	1.165
1951년										1.330	1.277	1.200	1.175	1.170	1.214	1.215
1950년											1.277	1.200	1.175	1.170	1.214	1.215
1949년												1.200	1.175	1.170	1.214	1.215
1948년													1.175	1.170	1.214	1.215
1947년														1.170	1.214	1.215
1946년															1.214	1.215
1945년이전																1.215

(국세청 고시 제2000-50호, '00.12.28. 제정)

나. 적용대상 그룹 : Ⅱ그룹	
내용연수	30년
구 조	연와조, 보강콘크리트조, 시멘트벽돌조, 철골조, 스틸하우스조, 황토조, 목조

취득연도 / 신축연도	2000년	1999년	1998년	1997년	1996년	1995년	1994년	1993년	1992년	1991년	1990년	1989년	1988년	1987년	1986년	1985년 이전
2000년	1.020															
1999년	1.021	1.010														
1998년	1.021	1.011	1.032													
1997년	1.022	1.012	1.033	0.988												
1996년	1.022	1.013	1.035	0.990	0.977											
1995년	1.023	1.014	1.036	0.992	0.979	0.999										
1994년	1.023	1.015	1.038	0.994	0.981	1.002	0.986									
1993년	1.024	1.016	1.039	0.996	0.984	1.005	0.989	0.960								
1992년	1.024	1.017	1.041	0.998	0.986	1.008	0.993	0.963	0.983							
1991년	1.025	1.019	1.043	1.000	0.989	1.011	0.996	0.967	0.987	0.924						
1990년	1.026	1.020	1.045	1.002	0.992	1.014	1.000	0.971	0.992	0.928	0.871					
1989년	1.026	1.021	1.047	1.005	0.995	1.018	1.004	0.976	0.997	0.933	0.876	0.805				
1988년	1.027	1.022	1.049	1.007	0.998	1.022	1.008	0.980	1.002	0.939	0.881	0.810	0.778			
1987년	1.028	1.024	1.051	1.010	1.001	1.026	1.013	0.985	1.008	0.944	0.886	0.816	0.784	0.767		
1986년	1.029	1.025	1.053	1.013	1.005	1.030	1.018	0.990	1.013	0.950	0.892	0.822	0.790	0.773	0.789	
1985년	1.029	1.027	1.056	1.016	1.008	1.034	1.023	0.996	1.019	0.956	0.899	0.828	0.796	0.779	0.796	0.784
1984년	1.030	1.029	1.058	1.019	1.012	1.039	1.028	1.001	1.026	0.963	0.905	0.835	0.803	0.786	0.803	0.791
1983년	1.031	1.031	1.061	1.023	1.016	1.044	1.034	1.008	1.033	0.970	0.912	0.842	0.810	0.794	0.811	0.800
1982년	1.032	1.033	1.064	1.026	1.021	1.049	1.039	1.014	1.040	0.977	0.920	0.849	0.818	0.801	0.819	0.808
1981년	1.033	1.035	1.067	1.030	1.026	1.055	1.046	1.021	1.048	0.985	0.928	0.857	0.826	0.810	0.828	0.817
1980년	1.034	1.037	1.070	1.034	1.031	1.061	1.053	1.028	1.056	0.994	0.937	0.865	0.834	0.818	0.838	0.827
1979년	1.036	1.039	1.074	1.039	1.036	1.067	1.060	1.036	1.065	1.003	0.946	0.874	0.843	0.828	0.848	0.838
1978년	1.037	1.042	1.078	1.044	1.042	1.074	1.068	1.045	1.075	1.013	0.956	0.884	0.853	0.838	0.859	0.849
1977년	1.038	1.045	1.082	1.049	1.048	1.082	1.076	1.054	1.085	1.023	0.966	0.894	0.864	0.849	0.870	0.861
1976년	1.040	1.048	1.086	1.054	1.055	1.090	1.085	1.064	1.096	1.035	0.978	0.906	0.876	0.861	0.883	0.874
1975년	1.042	1.051	1.091	1.061	1.062	1.099	1.095	1.075	1.108	1.047	0.990	0.918	0.888	0.874	0.897	0.888
1974년	1.043	1.054	1.097	1.067	1.070	1.108	1.106	1.086	1.121	1.060	1.004	0.931	0.902	0.888	0.912	0.904
1973년	1.045	1.058	1.102	1.074	1.079	1.119	1.118	1.099	1.136	1.075	1.019	0.946	0.916	0.903	0.928	0.921
1972년	1.048	1.062	1.109	1.082	1.088	1.130	1.131	1.113	1.151	1.091	1.035	0.962	0.933	0.920	0.946	0.939
1971년	1.050	1.067	1.116	1.091	1.099	1.143	1.145	1.128	1.169	1.109	1.052	0.979	0.950	0.938	0.966	0.959
1970년	1.053	1.072	1.123	1.100	1.110	1.157	1.160	1.145	1.188	1.128	1.072	0.999	0.970	0.959	0.988	0.982
1969년		1.078	1.132	1.111	1.123	1.172	1.178	1.164	1.209	1.150	1.094	1.020	0.992	0.981	1.012	1.007
1968년			1.141	1.123	1.138	1.189	1.197	1.185	1.233	1.174	1.118	1.044	1.016	1.007	1.039	1.035
1967년				1.136	1.154	1.209	1.219	1.209	1.259	1.201	1.146	1.071	1.044	1.035	1.070	1.066
1966년					1.172	1.231	1.244	1.236	1.290	1.232	1.177	1.102	1.075	1.067	1.104	1.102
1965년						1.256	1.272	1.267	1.324	1.267	1.213	1.137	1.111	1.104	1.143	1.142
1964년							1.305	1.302	1.364	1.307	1.254	1.177	1.152	1.146	1.189	1.189
1963년								1.343	1.411	1.355	1.301	1.224	1.200	1.196	1.242	1.244
1962년									1.465	1.411	1.358	1.280	1.257	1.255	1.305	1.308
1961년										1.478	1.426	1.346	1.325	1.325	1.380	1.386
1960년											1.426	1.346	1.325	1.325	1.380	1.386
1959년												1.346	1.325	1.325	1.380	1.386
1958년													1.325	1.325	1.380	1.386
1957년														1.325	1.380	1.386
1956년															1.380	1.386
1955년 이전																1.386

● '00.12.31. 이전 취득 당시 건물기준시가 산정기준율

(국세청 고시 제2000-50호, '00.12.28. 제정)

다. 적용대상 그룹 : Ⅲ그룹	
내용연수	20년
구 조	시멘트블럭조, 경량철골조, 철파이프조, 석회 및 흙벽돌조, 돌담 및 토담조, 기계식 주차전용빌딩

취득연도 신축연도	2000년	1999년	1998년	1997년	1996년	1995년	1994년	1993년	1992년	1991년	1990년	1989년	1988년	1987년	1986년	1985년 이전
2000년	1.027															
1999년	1.028	1.025														
1998년	1.029	1.026	1.054													
1997년	1.030	1.028	1.057	1.018												
1996년	1.031	1.030	1.060	1.021	1.014											
1995년	1.032	1.032	1.062	1.024	1.019	1.046										
1994년	1.033	1.034	1.065	1.028	1.023	1.052	1.043									
1993년	1.034	1.036	1.069	1.032	1.028	1.058	1.049	1.025								
1992년	1.035	1.038	1.072	1.037	1.033	1.064	1.056	1.032	1.061							
1991년	1.036	1.041	1.076	1.041	1.039	1.071	1.064	1.040	1.070	1.008						
1990년	1.038	1.043	1.080	1.046	1.045	1.078	1.072	1.049	1.080	1.018	0.961					
1989년	1.039	1.046	1.084	1.052	1.051	1.086	1.081	1.059	1.090	1.029	0.972	0.900				
1988년	1.041	1.049	1.089	1.057	1.058	1.094	1.090	1.069	1.102	1.041	0.984	0.912	0.882			
1987년	1.043	1.053	1.094	1.064	1.066	1.103	1.101	1.080	1.115	1.053	0.997	0.925	0.895	0.881		
1986년	1.044	1.056	1.099	1.071	1.074	1.113	1.112	1.093	1.128	1.067	1.011	0.938	0.909	0.895	0.920	
1985년	1.047	1.060	1.105	1.078	1.083	1.124	1.124	1.106	1.143	1.083	1.026	0.954	0.924	0.911	0.937	0.930
1984년	1.049	1.065	1.112	1.086	1.093	1.136	1.138	1.121	1.160	1.099	1.043	0.970	0.941	0.929	0.956	0.949
1983년	1.051	1.069	1.119	1.095	1.104	1.149	1.152	1.137	1.178	1.118	1.062	0.989	0.960	0.948	0.977	0.970
1982년	1.054	1.075	1.127	1.106	1.117	1.164	1.169	1.155	1.198	1.138	1.083	1.009	0.981	0.970	1.000	0.994
1981년	1.057	1.081	1.136	1.117	1.130	1.180	1.187	1.174	1.221	1.161	1.106	1.032	1.004	0.994	1.025	1.020
1980년	1.061	1.088	1.146	1.129	1.145	1.199	1.208	1.197	1.246	1.187	1.132	1.057	1.030	1.020	1.054	1.050
1979년		1.095	1.158	1.144	1.163	1.219	1.231	1.222	1.274	1.216	1.161	1.086	1.059	1.051	1.086	1.083
1978년			1.171	1.160	1.182	1.243	1.257	1.251	1.306	1.249	1.194	1.118	1.092	1.085	1.123	1.121
1977년				1.178	1.205	1.270	1.288	1.284	1.343	1.286	1.232	1.156	1.131	1.124	1.165	1.165
1976년					1.231	1.301	1.323	1.322	1.386	1.330	1.277	1.200	1.175	1.170	1.214	1.215
1975년						1.338	1.364	1.367	1.437	1.382	1.328	1.251	1.227	1.224	1.272	1.275
1974년							1.413	1.420	1.497	1.443	1.390	1.311	1.289	1.288	1.341	1.345
1973년								1.485	1.570	1.517	1.465	1.385	1.364	1.365	1.424	1.431
1972년									1.659	1.608	1.558	1.476	1.457	1.461	1.526	1.536
1971년										1.724	1.675	1.591	1.574	1.582	1.656	1.670
1970년											1.675	1.591	1.574	1.582	1.656	1.670
1969년												1.591	1.574	1.582	1.656	1.670
1968년													1.574	1.582	1.656	1.670
1967년														1.582	1.656	1.670
1966년															1.656	1.670
1965년 이전																1.670

'00.12.31. 이전에 취득한 건물의 취득 당시 일반건물의 취득 당시 기준시가를 계산

 중요 상　 난이 상

적용사례

사례

다음 자료는 국세청장이 상업용 건물기준시가를 고시한 사실이 없는 일반상가건물의

내용은 아래와 같음

- 소재지 : 경기도 여주시 세종로 ×××
- 구　조 : 시멘트벽돌조　　　　　• 용　도 : 상업용 건물(일반음식점)
- 연면적 : 400m²　　　　　　　　• 양도일 : '22.4.1.
- 신축연도 : 1996년　　　　　　• 취득연도 : 1999년
- 공시지가 : 양도일 현재 m²당 300,000원, 취득일 현재 m²당 120,000원

　※ 양도 당시('22년) 적용 지수

Q1 위의 일반상업용 건물의 양도 당시 및 취득 당시 기준시가는?

A1　① 양도 당시 단위면적당 건물기준시가

　　　= 740,000 × 0.95 × 1.0 × 1.2 × 0.4150= 350,094 ⇒ 350,000(천원 미만 절사)

　　② 양도 당시 기준시가

　　　= 350,000원/m² × 400m² = 140,000,000원

　　③ 취득 당시 기준시가 = '21.1.1. 건물기준시가 × 건물기준시가 산정기준율

　　　= (370,000원/m² × 400m²) × 1.013= 149,924,000원

🏛 ↓ 20

개별·공동주택가격 최초공시 전에 취득한
주택의 취득 당시 기준시가(소법§99③, 소령§164⑦)

취득 당시 기준시가	〉	당해 주택에 대해 최초로 공시한 주택가격	×	(취득 당시) 토지기준시가 + 일반건물기준시가 ───────────────────────────── (당해 주택에 대하여 최초로 공시한 주택가격 공시 당시) 토지기준시가 + 일반건물기준시가

🏠 심화정리

❯ 환산취득가액의 계산 산식

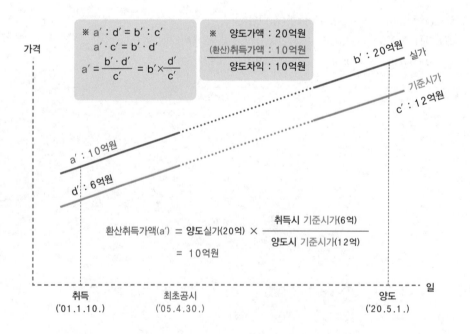

※ $a' : d' = b' : c'$
$a' \cdot c' = b' \cdot d'$
$a' = \dfrac{b' \cdot d'}{c'} = b' \times \dfrac{d'}{c'}$

※ 양도가액 : 20억원
(환산)취득가액 : 10억원
양도차익 : 10억원

환산취득가액(a') = 양도실가(20억) × $\dfrac{\text{취득시 기준시가}(6억)}{\text{양도시 기준시가}(12억)}$

= 10억원

취득 ('01.1.10.)　　최초공시 ('05.4.30.)　　양도 ('20.5.1.)

⊙ 최초공시 前 개별주택 기준시가 계산 산식

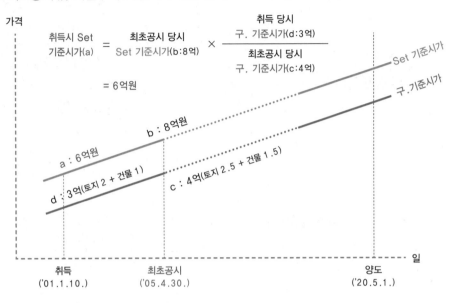

⊙ 환산취득가액 계산 산식

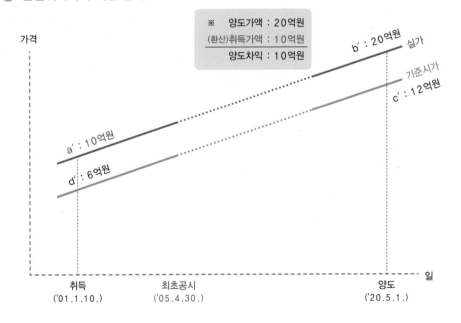

🏠 심화정리

> 최초공시 前 개별주택 기준시가 및 환산취득가액 계산 산식

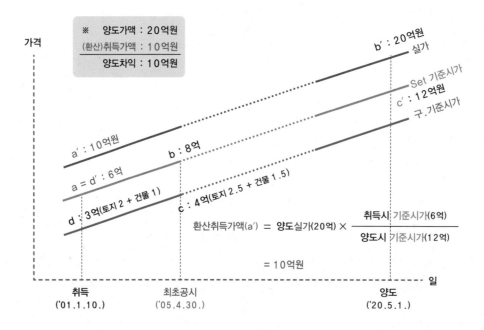

※ 양도가액 : 20억원
(환산)취득가액 : 10억원
양도차익 : 10억원

가격

b′ : 20억원 실가

Set 기준시가
c′ : 12억원
구. 기준시가

a′ : 10억원

b : 8억

a = d′ : 6억

d : 3억(토지 2 + 건물 1)

c : 4억(토지 2.5 + 건물 1.5)

$$\text{환산취득가액}(a′) = \text{양도실가}(20\text{억}) \times \frac{\text{취득시 기준시가}(6\text{억})}{\text{양도시 기준시가}(12\text{억})}$$

$$= 10\text{억원}$$

일

취득
('01.1.10.)

최초공시
('05.4.30.)

양도
('20.5.1.)

🏛 ↓ 21

'05.1.1. 이후 **취득·양도하는 상업용건물·오피스텔**의 기준시가(소법§99③4호, 소령§164⑥)

상업용 건물 또는 오피스텔의 기준시가 〉 **각 호별 상가 또는 오피스텔의 단위면적(㎡)당 가액** X 건물 연면적

※ 상업용 건물과 오피스텔의 기준시가에는 그 부수토지의 가격이 포함되어 있음에 특히 유의

* 고시된 단위면적(㎡)당 가액 : 토지와 건물을 일괄하여 고시한 ㎡당 가격
* 건물 연면적 : 건축물대장의 전용면적과 공용면적을 합계한 면적(㎡)

🏛 ↓ 21-2

'04.12.31. 이전 **취득한 상업용건물·오피스텔**의 취득 당시 기준시가

'04.12.31. 이전 취득한 상업용 건물(집단상가)과 오피스텔의 취득 당시 기준시가(소령§164⑥) 〉 국세청장이 당해 자산에 대하여 최초로 고시한 기준시가 X $\dfrac{\text{(취득 당시) 토지기준시가 + 일반건물기준시가}}{\text{(당해 자산에 대하여 최초로 고시한 기준시가 고시 당시) 토지기준시가 + 일반건물기준시가}}$

🏠 심화정리

▶ 최초공시 前 상업용건물 기준시가 계산산식

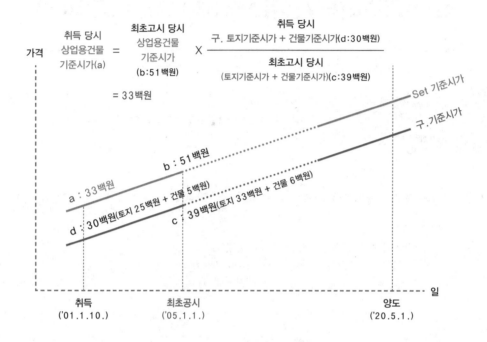

$$\text{취득 당시 상업용건물 기준시가(a)} = \text{최초고시 당시 상업용건물 기준시가 (b:51백원)} \times \frac{\text{취득 당시 구. 토지기준시가 + 건물기준시가(d:30백원)}}{\text{최초고시 당시 (토지기준시가 + 건물기준시가)(c:39백원)}}$$

$$= 33백원$$

Set 기준시가

구. 기준시가

b : 51백원

a : 33백원

d : 30백원(토지 25백원 + 건물 5백원)

c : 39백원(토지 33백원 + 건물 6백원)

취득
('01.1.10.)

최초공시
('05.1.1.)

양도
('20.5.1.)

가격

일

22

부동산*의 기준시가 계산 시 공통적용 사항

* 토지, 건물, 주택, 오피스텔 및 상업용 건물

가. 동일한 기준시가 조정기간 내 부동산을 취득·양도하는 경우의 양도 당시 기준시가
(소령§164⑧, 소칙§80①)

▶ 취득일이 속하는 연도의 다음 연도 말일 이전 양도하는 경우로서 보유기간 중에 새로운 기준시가가 고시되지 않는 경우(소령§164⑧, 소칙§80①1호가목)

$$= \boxed{\begin{array}{c}\text{취득당시}\\\text{기준시가}\end{array}} + \left(\boxed{\begin{array}{c}\text{취득당시}\\\text{기준시가}\end{array}} - \boxed{\begin{array}{c}\text{전 기}\\\text{기준시가}\end{array}} \right) \times \boxed{\dfrac{\text{양도자산의 보유기간 월수}}{\text{기준시가 조정월수}}}$$

- 위 산식으로 "전기 기준시가 < 취득 당시 기준시가"인 경우에는 취득 당시 기준시가를 양도 당시 기준시가로 함

- 전기 기준시가는 취득 당시 기준시가 결정일 전일의 기준시가를 말하고, 전기 기준시가가 없는 경우에는 당해 토지와 지목, 이용상황 등이 유사한 인근 토지의 전기 기준시가를 적용

- 기준시가 조정월수는 전기 기준시가 결정일~취득 당시 기준시가 결정일 전일까지의 월수

- 양도자산의 보유기간 월수 ÷ 기준시가 조정월수는 100/100을 한도로 함

- 기준시가의 조정월수 및 양도자산의 보유월수의 계산 시 초일을 산입하여 계산하며, 월수 계산 시 1월 미만의 일수는 1월로 함

동일한 기준시가 조정기간 내 **부동산을 취득 · 양도하는 경우**로서, 양도일까지 새로운
기준시가가 고시되지 않는 **경우의 양도 당시 기준시가를 계산**

적용사례

 甲은 아래와 같이 '21.8.1.에 토지를 취득하여 '22.1.30.에 양도하였음

- 토지 소재지 : 서울특별시 성동구 광나루로 00번지
- 취득일자 : '21.8.1., 기준시가 m²당 4,330,000원, 기준시가 고시일 '21.5.31.
- 양도일자 : '22.1.30., 기준시가 m²당 4,330,000원, 기준시가 고시일 '21.5.31.
- 전기 기준시가 : m²당 3,700,000원, 전기 기준시가 고시일 '20.5.29.

Q1 위의 토지를 양도할 경우, 양도 당시 m²당 기준시가는?

A1 ① 기준시가 조정월수

　　'20.5.29.~'21.5.30.⇒ 13월(1월 미만 일수는 1월)

② 양도자산의 보유기간 월수

　　'21.8.1.~'22.1.30.⇒ 6월(1월 미만 일수는 1월)

☞ 양도 당시 기준시가

　　= 4,330,000 + (4,330,000 − 3,700,000) × (6월 ÷ 13월) = 4,620,769원/m²

📜 **관련 판례 · 해석 등 참고사항**

❯ 취득일이 속하는 연도의 다음 연도 말일 이전 양도하는 경우로서 양도일부터 2월이 되는 날이 속하는 월의 말일까지 새로운 기준시가가 고시되어 거주자가 이를 적용하여 양도세 과세표준 확정신고를 하는 경우(소령§164⑧, 소칙§80①1호나목)

$$= \boxed{\begin{array}{c}\text{취득당시}\\\text{기준시가}\end{array}} + \left(\boxed{\begin{array}{c}\text{새로운}\\\text{기준시가}\end{array}} - \boxed{\begin{array}{c}\text{취득당시}\\\text{기준시가}\end{array}} \right) \times \dfrac{\text{양도자산의 보유기간 월수}}{\text{기준시가 조정월수}}$$

• 양도자산의 보유기간 월수 ÷ 기준시가 조정월수는 100/100을 한도로 함

☞ 추가 121쪽(소칙§80①1호가목)은 강행규정인데 반하여, 나목은 가목과 비교해서 납세자에게 유리한 경우에 선택해서 적용 가능

동일한 기준시가 조정기간 내 부동산을 취득·양도하는 경우로서, 양도일로부터 2월이 되는 날이 속하는 월의 말일까지 새로운 기준시가가 고시된 경우의 양도 당시 기준시가를 계산

중요 중　　난이 중

적용사례

甲은 아래와 같이 '21.11.1.에 토지를 취득하여 '22.4.20.에 양도하였음

- 토지 소재지 : 서울특별시 성동구 광나루로 00번지
- 취득일자 : '21.11.1., 기준시가 m²당 4,330,000원, 기준시가 고시일 '21.5.31.
- 양도일자 : '22.4.20., 기준시가 m²당 4,330,000원, 기준시가 고시일 '21.5.31.
- 새로운 기준시가 : m²당 4,930,000원, 새로운 기준시가 고시일 '22.4.29.

Q1 위의 토지를 양도할 경우, 양도 당시 m²당 기준시가는?

A1 ① 기준시가 조정월수

'21.5.31.~'22.4.28.⇒ 12월(1월 미만 일수는 1월)

② 양도자산의 보유기간 월수

'21.11.1.~'22.4.20.⇒ 6월(1월 미만 일수는 1월)

☞ 양도 당시 기준시가

$= 4,330,000 + (4,930,000 - 4,330,000) \times (6월 \div 12월) = 4,630,000원/m^2$

📜 **관련 판례·해석 등 참고사항**

나. 토지·건물·주택·오피스텔 및 상업용건물의 양도 당시 기준시가 산정특례(소령§164⑨)

❯ 양도 당시의 기준시가가 아래 어느 하나에 의한 보상 또는 사유에 의한 보상액 또는
공매·경락가액보다 높은 경우에는 그 보상액 또는 공매·경락가액을 적용

- 토지보상법에 따른 협의매수·수용 및 그 밖의 법률에 따라 수용되는 경우의 그 보상액
  과 그 보상액 산정의 기초가 되는 기준시가 중 적은 금액

- 국세징수법에 의한 공매와 민사집행법에 의한 강제경매 또는 저당권실행을 위하여
  경매되는 경우의 그 공매 또는 경락가액

   ☞ 양도 당시의 기준시가가 낮아야 환산취득가액이 커져서 양도차익이
      작아지므로 납세자에게 유리

- 양도소득세 집행기준(99-164-12) 협의매수·수용되는 토지 등의 기준시가

  – 개인이 소유하는 토지가 '09.2.4. 이후 토지보상법에 따른 협의매수·수용 및 그
    밖의 법률에 따라 수용되는 경우로서 양도당시의 기준시가보다 보상금액 산정의
    기초가 되는 기준시가가 적은 경우에는 보상금액 산정의 기초가 되는 기준시가를
    양도당시의 기준시가로 적용함

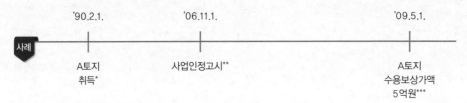

      * 취득당시 기준시가 5천원
     ** 보상가액 산정시 표준지 개별공시지가로 산정된 기준시가 1만원
    *** 양도당시 기준시가 2만원

   ☞ 환산취득가액 : 2억5천만원(= 5억원 × 5천원 / 1만원) VS. 1억2천5백만원(×)

23

'09.2.4. 前 취득한 골프회원권의
취득 당시 기준시가(소법§99③, 소령§165⑧)

'09.2.4.前 취득한 골프회원권의 취득 당시 기준시가 (소령§165⑧, 소칙§81③)	'09.2.4. 현재 「지방세법」에 따른 시가표준액	X	취득 당시 국세청장이 고시한 가액
			'09.2.4. 현재 국세청장이 고시한 가액

🏠 심화정리

● '09.2.4. 前 골프회원권 기준시가 계산산식

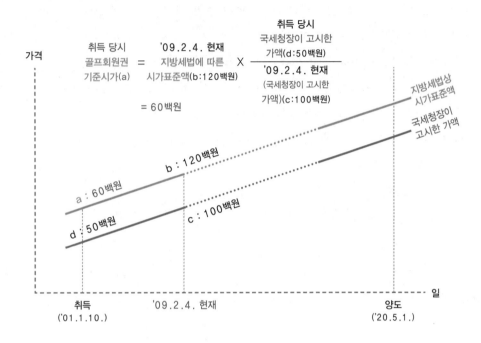

제14편

법령요약

◉ 부동산 등의 시가표준액(지방세법 § 4)

① 이 법에서 적용하는 토지 및 주택에 대한 시가표준액은「부동산 가격공시에 관한 법률」에 따라 공시된 가액으로 한다. 다만, 개별공시지가 또는 개별주택가격이 공시되지 아니한 경우에는 특별자치시장 · 특별자치도지사 · 시장 · 군수 또는 구청장(자치구의 구청장을 말한다. 이하 같다)이 같은 법에 따라 국토교통부장관이 제공한 토지가격비준표 또는 주택가격비준표를 사용하여 산정한 가액으로 하고, 공동주택가격이 공시되지 아니한 경우에는 대통령령으로 정하는 기준에 따라 특별자치시장 · 특별자치도지사 · 시장 · 군수 또는 구청장이 산정한 가액으로 한다.

🏠 심화정리

▶ 개별주택 공시 前 취득한 주택으로서 그 부수토지와 건물 취득시기가 다른 경우 자산별
기준시가 계산 산식(양도세 집행기준 99-164-9 참고)

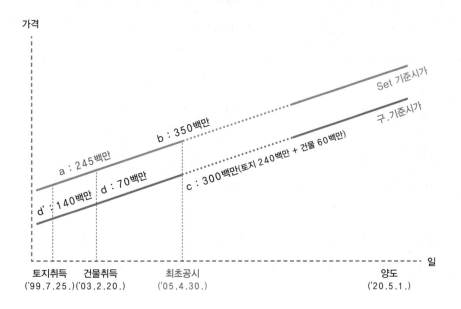

$$\text{취득시 Set 기준시가}(a) = \frac{\text{최초공시 당시 Set 기준시가}(b:350\text{백만})}{} \times \frac{\text{취득 당시 구. 기준시가}(d:140\text{백만} + 70\text{백만})}{\text{최초공시 당시 구. 기준시가}(c:240\text{백만} + 60\text{백만})}$$

$$= 245\text{백만}$$

1. 취득 당시 환산 개별주택가격(a) : 245,000,000원

2. 토지 취득 당시 토지 상당분 기준시가 : 163,333,333원

$$245,000,000원 \times \frac{140,000,000원}{140,000,000원 + 70,000,000원} = 163,333,333원$$

3. 건물 취득 당시 건물 상당분 기준시가 : 81,666,667원
   245,000,000원 − 163,333,333원 = 81,666,667원

제14편

⊙ 토지·건물의 기준시가(소령 § 164)

⑨ 다음 각 호의 어느 하나에 해당하는 가액이 법§99①1호 가목부터 라목까지의
규정에 따른 가액*보다 낮은 경우에는 그 차액을 같은 호 가목부터 라목까지의
규정에 따른 가액에서 차감하여 양도 당시 기준시가를 계산한다.

* 토지, 건물, 오피스텔 및 상업용 건물, 주택의 기준시가

1. 「공익사업을 위한 토지 등의 취득 및 보상에 관한 법률」에 따른 협의매수 · 수용
및 그 밖의 법률에 따라 수용되는 경우의 그 보상액과 보상액 산정의 기초가
되는 기준시가** 중 적은 금액

** 보상금 산정 당시 해당 토지의 개별공시지가(소칙§80⑧)

2. 「국세징수법」에 의한 공매와 「민사집행법」에 의한 강제경매 또는 저당권실행을
위하여 경매되는 경우의 그 공매 또는 경락가액

겸용주택의 개별주택가격이 최초 공시된 이후 상가건물 일부 멸실로 주택 부수토지 면적과
상가 부수토지 면적이 변경된 경우 환산취득가액을 계산함에 있어 취득 당시 기준시가는
취득 당시 현황에 의해 산정하되, 멸실된 건물부분의 취득가액은 필요경비에 산입되지 않음

적용사례(기준-2017-법령해석재산-0250, '18.12.26.)

사례

'87.4.9.　　　　'06.4.28.　　　　'15.6.3.

부산시 부산진구 소재
"A겸용주택"
취득

상가면적
286.3㎡ 중
163㎡ 멸실

"A겸용주택"
양도
(33억원)

〈취득당시 현황〉　　　　〈양도당시 현황〉

| [건물] | 주택
(72.73m²) | 상가
(286.3m²) | | 주택
(72.73m²) | 상가
(123.3m²) | 상가멸실
(163m²) |

| [부수
토지] | 주택
(83.257m²) | 상가
(327.743m²) | | 주택
(152.487m²) | 상가
(258.513m²) |

Q1 겸용주택의 개별주택가격이 최초 공시된 이후 상가건물 일부 멸실로 주택 부수토지 면적과 상가
부수토지 면적이 변경된 경우 환산취득가액을 계산함에 있어 취득 당시 기준시가 계산방법은?

A1 취득 당시 현황에 의해 산정하되, 멸실된 건물부분의 취득가액은 양도가액에서 공제되는 필요경비에
산입되지 않는 것임

➡ 다음 쪽에서 보충 설명

관련 판례 · 해석 등 참고사항

❯ '05.4.30. 前 취득한 겸용주택의 취득 당시 기준시가 계산방법

• 주택부분(부수토지 포함)은 소령§164⑦에 따라 최초 공시가격을 취득 당시로 역산하여 산정하고

  – 상가부분은 소법§99①1호가목에 따른 국토부의 토지 공시가격과 소법§99①1호 나목에 따른 국세청 건물고시가격을 합산하여 산정한 후

  – 주택부분과 상가부분의 기준시가를 합산한 가액을 해당 겸용주택의 기준시가로 보는 것임(재산세과-1384, '09.07.08. 외)

• 양도차익 계산 시 환산취득가액을 적용함에 있어서도

  – 환산가액 계산식의 취지는 취득일과 양도일 사이의 실지거래가액 증감비율만큼 해당기간 동안 기준시가도 동일한 비율로 변동되었을 것이라는 가정에 따른 것으로서

  – 이러한 계산식의 합리성을 담보하기 위해서는 실지거래가액과 기준시가는 동일한 조건하에 산정된 가액을 적용함이 타당하므로

  – 실지거래가액이 취득당시와 양도당시 각각의 부동산 이용현황에 따라 산정되는 것과 마찬가지로 기준시가도 취득당시와 양도당시 각각의 실제 부동산 이용현황에 따라 산정할 필요성이 있음

🏠 심화정리

⊙ 겸용주택을 양도하는 경우 양도가액 및 취득가액 안분계산 방법

• 소법§100②의 규정을 적용함에 있어서 양도가액 또는 취득가액을 실가에 의하여
산정하는 경우로서 토지와 건물 등을 함께 취득하거나 양도한 경우에는 이를 각각
구분하여 기장하되,

  – 토지와 건물 등의 가액의 구분이 불분명한 때에는 취득 또는 양도 당시의 기준시가
  등을 감안하여 부가령§48의2④단서의 규정에 의하여 안분계산하는 것으로서,

  – 주택(부수토지 포함)부분에 대하여는 소법§99①1호라목에 의한 개별주택가격을,
  주택외의 건물과 부수토지에 대하여는 같은 호 가목[1] 및 나목[2]에서 규정하는
  기준시가를 적용하여 안분계산하는 것임

  [1] 개별공시지가
  [2] 일반건물 기준시가

  (서면4팀-1493, '08.06.23., 서면4팀-1108, '07.04.04.)

제
14
편

쟁점 정리
(주택 및 상가부분의 가액구분 불분명 시 환산취득가액 산정 방법)

* 대지(161.7㎡), 건물[공부상 1층 상가(91.9㎡), 2층 주택(89.32㎡)이나 실제는 주택 연면적이 주택외 연면적보다 큼] 취득

** 甲세대는 위의 쟁점부동산 이외에 주택은 보유하지 않았으며 1세대 1주택 비과세 요건 충족 전제

(甲의 입장) 지방자치단체에서 쟁점부동산 전체를 주택으로 일괄고시하고 있고, 소령§154③에서 주택 연면적이 주택외 연면적보다 큰 경우 그 전부를 주택으로 보므로 1층과 2층 전부를 개별주택가격을 적용하여 환산취득가액을 산정

(처분청 입장) 실제 쟁점부동산 1층은 상가, 2층은 주택으로 사용하고 있으니 주택(부수토지 포함)은 개별주택가격, 주택 이외의 건물과 부수토지는 주택 및 개별공시지가를 적용하여 환산취득가액을 안분계산

※ 복합(겸용)주택이 고가주택인 경우, 양도차익 계산에 있어서 주택 연면적이 주택외 연면적보다 큰 경우 '22.1.1. 이후 양도분부터 주택부분만을 비과세하는 것으로 개정됨

> **甲 입장** 환산취득가액 산정 시 그 전체를 주택으로 보아 개별주택가격만을 기준으로 환산취득가액을 안분 계산

 고가주택 여부를 판정 시 구.소령§154③본문에 의해 주택으로 보는 부분에 해당하는 실가를 포함하도록 규정

- 구.소법§89①3호는 양도세 비과세 대상인 1세대 1주택 뿐만 아니라 그 중 비과세 범위에서 제외되는 고가주택에 관하여도 규정하고 있으므로

  - 구.소령§154③은 그 문언 자체로 보더라도 양도세 비과세 대상인 1세대 1주택의 경우에만 적용된다고 해석하여야 할 것이 아님

- 주택 연면적이 주택외 연면적보다 큰 겸용주택은 전체의 양도 당시 실가가 9억원을 초과하지 않는 경우 주택외 부분의 양도소득도 비과세 대상이 됨

  - 겸용주택 전체 양도가액이 9억원을 초과한 경우에도 양도세 일부가 감면되고 그 감면범위에 주택 외 부분의 양도소득도 포함될 수 있음

  ⇒ 문언과 체계, 입법취지 등을 종합하면, 고가주택의 양도차익을 계산하면서 환산취득가액에 따른 경우 특별한 사정이 없는 한 구.소령§154③이 적용된다고 봄이 타당(대법원-2015-두-37235, '16.01.28., 서울행정법원-2014-구단-4217, '14.05.15. 국패)

처분청 환산취득가액 산정 시 주택(그 부수토지 포함)은 개별주택가격, 주택 이외의 건물과 부수토지는 주택 및 개별공시지가를 적용

❯ 양도 당시 고가주택에 해당되면 비과세 규정(소법§89①3호, 소령§154③)이 적용되지 않고, 소법§95③과 소령§166(고가주택 양도차익) 등에 따라 양도차익 산정

- 비록 소령§154③에서 비과세 규정을 적용함에 있어 하나의 건물을 주택 연면적이 주택 외 연면적보다 크면 전부를 주택으로 보도록 규정하고 있지만

  - 이는 겸용주택 중에서 소법§89①3호가 적용될 경우 주택 외 부분도 주택으로 간주하여 비과세를 적용할 수 있다는 것으로 이해될 뿐으로

  - 비과세가 적용되지 않는 고가주택에 해당하는 겸용주택에 관해 소령§160 등에 따라 양도차익을 산정 시 주택 외 부분까지 당연히 주택으로 간주할 수 있다고 볼 수는 없음

- 실가를 확인할 수 없는 경우 소령§176의2②2호에 따라 환산취득가액을 적용 시 필요한 기준시가에 대한 규정(소법§99①1호)이 '05.7.13. 법률제7579호로 개정되면서 토지(가목), 건물(나목), 오피스텔·상업용건물(다목) 및 주택(라목)으로 구분함과 아울러

  - 주택의 기준시가는 건물과는 달리 토지가격이 포함된 개별주택가격을 기준시가로 정하고 있어 주택 부분과 주택 외 부분에 관한 환산취득가액은 관련 규정들이 정한 바에 따라 각각 분리하여 별도의 방식으로 산정하는 것이 원칙임

  - ⇒ 주택 외 부분까지도 모두 주택 부분에 관한 기준시가에 기초하여 환산취득가액을 산정할 수 있다고 볼 만한 아무런 법률적 근거를 발견할 수 없음

    (서울고등법원-2014-누-51939, '15.01.15., 조심-2013-서-4413, '13.12.30. 국승)

☞ 주택과 주택 외 건물의 가액구분이 불분명한 경우의 환산취득가액 산정 방법이 동일한 사안임에도 불구하고 조세심판원과 서울고등법원에서는 각각 분리하여 별도 방식으로 산정해야 한다고 하였고, 서울행정법원과 대법원에서는 고시된 개별주택가격만으로 안분 계산해야 한다고 판결(결정)을 하였으나,

☞ 저자는 비록 비과세 판정 시에는 전체를 하나의 주택으로 본다고 하였으나 양도차익 산정에 있어서는 주택(부수토지 포함)은 개별주택가격, 주택 외 부분(부수토지포함)에 대해서는 건물과 개별공시지가를 적용하여 환산취득가액을 계산하는 것이 보다 합리적인 방법이라고 생각함

⊙ 비과세 양도소득(구.소법 §89, 제9897호, '09.12.31.)

① 다음 각 호의 소득에 대해서는 양도소득에 대한 소득세(이하 "양도소득세"라 함)를 과세하지 아니한다.

3. 대통령령으로 정하는 1세대 1주택(가액이 대통령령으로 정하는 기준을 초과하는 고가주택은 제외한다)과 이에 딸린 토지로서 건물이 정착된 면적에 지역별로 대통령령으로 정하는 배율을 곱하여 산정한 면적 이내의 토지 (이하 "주택부수토지"라 함)의 양도로 발생하는 소득

⊙ 1세대 1주택의 범위(소령 §154, 제22034호, '10.2.18.)

③ 소법§89①3호를 적용할 때 하나의 건물이 주택과 주택외의 부분으로 복합되어 있는 경우와 주택에 딸린 토지에 주택 외의 건물이 있는 경우에는 그 전부를 주택으로 본다. 다만, 주택의 연면적이 주택 외의 부분의 연면적보다 적거나 같을 때에는 주택 외의 부분은 주택으로 보지 아니한다. 〈개정 '05.12.31., '10.2.18.〉

⊙ 기준시가의 산정(구.소법 §99, 제9897호, '09.12.31.)

① §96②, §97①1호가목 단서, §100 및 §114⑦에 따른 기준시가는 다음 각 호에서 정하는 바에 따른다.

1. §94①1호에 따른 토지 또는 건물

가. 토지

「부동산가격공시법」에 따른 개별공시지가(이하 "개별공시지가"라 한다). 다만, 개별공시지Z없는 토지의 가액은 납세지 관할 세무서장이 인근 유사토지의 개별공시지가를 고려하여 대통령령으로 정하는 방법에 따라 평가한 금액으로 하고, 지가가 급등하는 지역으로서 대통령령으로 정하는 지역의 경우에는 배율방법에 따라 평가한 가액으로 한다.

나. 건물

건물(다목 및 라목에 해당하는 건물은 제외한다)의 신축가격, 구조, 용도, 위치, 신축 연도 등을 고려하여 매년 1회 이상 국세청장이 산정·고시하는 가액

⊙ 기준시가의 산정(구.소법 §99, 제9897호, '09.12.31.)

라. 주택

「부동산가격공시법」에 따른 개별주택가격 및 공동주택가격. 다만, 공동주택가격의 경우에 같은 법 제17조제1항 단서에 따라 국세청장이 결정·고시한 공동주택가격이 있을 때에는 그 가격에 따르고, 개별주택가격 및 공동주택가격이 없는 주택의 가격은 납세지 관할 세무서장이 인근 유사주택의 개별주택가격 및 공동주택가격을 고려하여 대통령령으로 정하는 방법에 따라 평가한 금액으로 한다.

⊙ 양도소득금액(구.소법 §95, 제9897호, '09.12.31.)

③ §89①3호에 따라 양도소득의 비과세대상에서 제외되는 고가주택(이에 딸린 토지를 포함한다)에 해당하는 자산의 양도차익 및 장기보유 특별공제액은 ①에도 불구하고 대통령령으로 정하는 바에 따라 계산한 금액으로 한다.

⊙ 고가주택에 대한 양도차익 등의 계산(소령 §66, 제22034호, '10.2.18.)

① 소법§95③에 따른 고가주택에 해당하는 자산의 양도차익 및 장기보유특별공제액은 다음 각 호의 산식으로 계산한 금액으로 한다. 이 경우 해당 주택 또는 이에 부수되는 토지가 그 보유기간이 다르거나 미등기양도자산에 해당하거나 일부만 양도하는 때에는 9억원에 해당 주택 또는 이에 부수되는 토지의 양도가액이 그 주택과 이에 부수되는 토지의 양도가액의 합계액에서 차지하는 비율을 곱하여 안분계산한다.

1. 고가주택에 해당하는 자산에 적용할 양도차익

소법§95①에 따른 양도차익 × (양도가액 – 9억원) / 양도가액

세무서장이 과세처분의 선행적 절차로서 행하는 상속재산가액 결정은 그 자체로
납세의무자의 권리의무에 직접 영향을 미치는 행위가 아니므로 구속력 · 공정력 · 확정력을
가진 행정행위에 해당한다고 볼 수 없음

중요 상 / 난이 상

적용사례

(서울행정법원-2018-구단-54487, '18.11.27. → 서울고등법원-2019-누-30777, '19.08.21.)

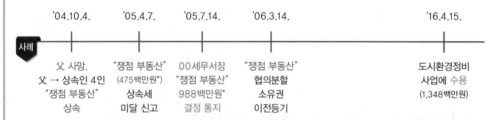

'04.10.4.	'05.4.7.	'05.7.14.	'06.3.14.		'16.4.15.
父 사망. 父 → 상속인 4인 "쟁점 부동산" 상속	"쟁점 부동산" (475백만원*) 상속세 미달 신고	ㅇㅇ세무서장 "쟁점 부동산" 988백만원* 결정 통지	"쟁점 부동산" 협의분할 소유권 이전등기		도시환경정비 사업에 수용 (1,348백만원)

* 상속일 전후 6개월 내 매매 · 감정 · 수용 · 경매 또는 공매가액이 없어 보충적 방법인 개별공시지가와 건물기준시가 합계액
으로 평가한 가액이 475백만원이나, ㅇㅇ세무서장이 건물기준시가 및 개별공시지가 계산 오류로 988백만원으로 결정함

Q1 ㅇㅇ세무서장이 쟁점부동산 평가액을 단순 계산 오류로 잘못 결정 · 통지한 가액을
구속력 · 공정력 · 확정력을 가진 행정행위로 보아 취득가액으로 적용가능 여부?

A1
- 세무서장이 과세처분의 선행적 절차로서 행하는 상속재산가액 결정은 그 자체로 납세의무자의
  권리의무에 직접 영향을 미치는 행위가 아니므로 구속력 · 공정력 · 확정력을 가진 행정행위에
  해당한다고 볼 수 없고,
- 그 상속재산을 양도함에 따른 양도차익을 산정함에 있어서도 그 가액을 취득 당시 실지거래가액으로
  적용하겠다는 공적 견해를 표명한 것으로 볼 수 없어
- 상속받은 부동산에 대하여 상증법§60부터 §66까지의 규정에 의해 평가한 가액을 취득가액으로
  하므로 당초 정확히 평가한 475백만원이 취득가액임

➡ 다음 쪽에서 보충 설명

📜 관련 판례 · 해석 등 참고사항

⌂ 심화정리

▶ 소령부칙〈제30395호, '20.2.11.〉 소령§163⑨ 개정 관련 부연 설명

• '20.2.11. 이후 양도분부터 상속개시일 또는 증여일 현재 평가액 중 세무서장등이 결정·경정한 가액이 있는 경우 그 결정·경정한 가액을 실가로 본다고 개정된 바,

- 세무서장이 단순 계산 오류 등으로 잘못된 평가액을 결정·통지하였다고 하더라도 상증법§76① 단서에서와 같이, 오류가 있는 경우에는 부과제척기간 내에 결정할 수 있으므로

- 올바른 평가액이 아닌 경우에는 비록 개정된 조문에도 불구하고 여전히 정상적인 평가액을 취득가액으로 적용하여야 할 것임

참고 서울행정법원-2018-구단-69021, '19.05.14.의 판결도 유사한 내용임

24
양도차익
산정방법(소법§100)

가. 납세자가 신고하는 경우

양도가액
- 반드시 실지거래가액을 신고해야 함
- 매매사례가액, 감정가액은 적용 불가

취득가액
- 원칙 : 실지거래가액으로 신고해야 함
- 예외 : 실지거래가액을 확인할 수 없는 경우 매매사례가액, 감정가액, 환산취득가액을 순차적으로 적용

나. 과세관청에서 결정 또는 경정하는 경우(소법§114⑦)

양도가액
- 실지거래가액, 매매사례가액, 감정가액을 순차적으로 적용
- 환산취득가액은 적용 불가

취득가액
- 실지거래가액, 매매사례가액, 감정가액, 환산취득가액을 순차적으로 적용

  ⇒ 과세관청에서 양도가액에 대한 실지거래가액, 매매사례가액, 감정가액을 모두
    인정·확인할 수 없으면 양도 및 취득가액을 기준시가에 의해 결정·경정할 수 있음

🗒 관련 판례 · 해석 등 참고사항

▶ **부동산거래관리과―0553, '11.07.04., 법규과―868, '11.06.30.**
  - 부가세법§25에 따른 간이과세자인 부동산임대업자가 임대용 건물을 양도하고 납부한 부가세는 소법§96의 양도가액에서 차감하지 아니하는 것임

▶ **서면법규과―351, '14.04.11.**
  - 면세사업과 관련된 자산을 취득하면서 부담한 부가세 중 공제받지 못한 매입세액은 취득가액에 포함됨
    ☞ 주택을 취득하면서 부담한 부가세는 필요경비로 인정

다. 양도차익의 산정원칙

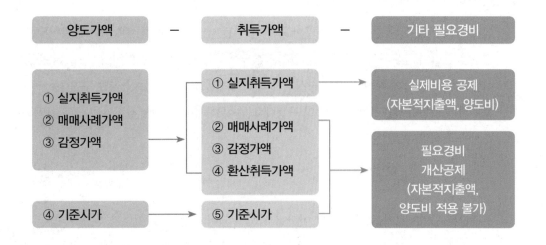

- 동일기준 과세원칙

  - 양도가액을 실지거래가액에 따를 때에는 취득가액도 실지거래가액 적용

  - 양도가액을 기준시가에 따를 때에는 취득가액도 기준시가 적용

- 구분 기장 원칙(소법§100②,③, 소령§166⑥)

  - 토지와 건물 등을 함께 취득하거나 양도 시 각각 구분하여 기장

  - 토지와 건물 등의 가액 구분이 불분명할 때에는 취득 또는 양도 당시의 기준시가 등을 고려하여 부가령§64①에 따라 안분계산

  - 토지와 건물 등을 구분 기장한 가액이 부가령§64①에 따라 안분계산한 가액과 30/100 이상 차이가 있는 경우에는 가액 구분이 불분명한 때로 봄

- 납세자가 구분한 토지·건물의 가액을 인정할만한 사유가 있으면 안분계산 제외('25.1.1. 이후 양도하는 분부터 적용, 소령§166⑧)

  - 다른 법령에서 정하는 바에 따라 토지와 건물 등의 가액을 구분한 경우

  - 토지와 건물 등을 함께 취득한 후 건물 등을 철거하고 토지만 사용하는 경우

▶ 장부가액을 취득가액으로 인정한 경우

- 실지거래가액은 장부를 기장한 경우에도 취득에 관한 제증빙서류 등에 의하여 확인되는 경우에 한하여 장부가액(취득가액)을 실지거래가액으로 인정하는 것이며, 장부 기타 증빙서류에 의하여 당해 자산의 취득 당시의 실지거래가액을 인정 또는 확인할 수 없는 경우에는 취득가액을 소법§114⑦의 규정에 의하여 매매사례가액, 감정가액, 환산가액의 순서에 의식할 수 있는 것임

(서면5팀-766, '07.03.07.)

- 청구인은 증빙자료가 오래되어 더 이상 소지하지 않아 제출할 수 없다고 주장하나, 납세의무자로서 성실하게 작성하였음을 전제로 하는 장부가액이 실지거래가액과 다르게 기재되었다고 볼 특별한 사정이 인정되지 않음

(심사-양도-2024-0015, '24.06.12.)

- 청구인은 복식부기의무자로서 재무제표를 20여년간 일관되게 기장하고 그것을 기초로 종합소득세를 신고하면서 건물부분에 대한 감가상각비 계상액을 필요경비로 산입해 온 점, 건물 신축 후 00년에 처음으로 일부를 양도하여 99년까지는 장부상 건물가액과 자본적 지출액의 변동이 없는 점 등을 종합할 때, 장부가액으로 취득가액을 산정하여 과세한 처분은 잘못이 없음

(조심-2012-중-635, '12.06.29.)

- 과세관청은 반드시 취득과 관련된 증빙서류에 의하지 않더라도 장부의 기재를 실지취득가액이라고 볼 수 있는 상당한 사정을 증명하면 족하고, 그러한 상당한 사정이 증명된 때에는 장부가액을 부인하려는 납세자가 장부가액을 실지취득가액으로 인정할 수 없는 사정을 증명하여야 함

(서울행정법원-2013-구단-52172, '13.12.06.)

⊙ 토지와 건물 등을 함께 공급하는 경우 건물 등의 공급가액 계산(부가령 § 64)

① 부가법§29⑨ 각 호 외의 부분 단서 및 같은 항 2호 본문에 따른 안분계산한 금액은
다음 각 호의 구분에 따라 계산한 금액으로 한다.
〈개정 '15.2.3., … '19.2.12., '22.2.15.〉

1. 토지와 건물 또는 구축물 등(이하 이 조에서 "건물등"이라 함)에 대한 소법§99에 따른
기준시가(이하 이 조에서 "기준시가"라 함)가 모두 있는 경우: 공급계약일 현재의
기준시가에 따라 계산한 가액에 비례하여 안분(按分) 계산한 금액. 다만,
감정평가가액[§28에 따른 공급시기(중간지급조건부 또는 장기할부판매의 경우는 최초
공급시기)가 속하는 과세기간의 직전 과세기간 개시일부터 공급시기가 속하는
과세기간의 종료일까지 「감정평가 및 감정평가사에 관한 법률」에 따른
감정평가법인등이 평가한 감정평가가액을 말한다. 이하 이 조에서 같다]이 있는
경우에는 그 가액에 비례하여 안분계산한 금액으로 한다.

2. 토지와 건물등 중 어느 하나 또는 모두의 기준시가가 없는 경우로서
감정평가가액이 있는 경우: 그 가액에 비례하여 안분 계산한 금액. 다만,
감정평가가액이 없는 경우에는 장부가액(장부가액이 없는 경우에는 취득가액)에
비례하여 안분 계산한 후 기준시가가 있는 자산에 대해서는 그 합계액을 다시
기준시가에 의하여 안분 계산한 금액으로 한다.

3. 제1호와 제2호를 적용할 수 없거나 적용하기 곤란한 경우: 국세청장이 정하는
바에 따라 안분하여 계산한 금액

② 부가법§29⑨2호 단서에 따라 다음 각 호의 어느 하나에 해당하는 경우에는
건물등의 실지거래가액을 공급가액으로 한다.〈신설 '22.2.15.〉

1. 다른 법령에서 정하는 바에 따라 토지와 건물등의 가액을 구분한 경우
2. 토지와 건물등을 함께 공급받은 후 건물등을 철거하고 토지만 사용하는 경우

양도차익(소령§162⑤)   일괄양도시 가액구분 불분명

토지와 건물을 일괄양도하는 경우로서 토지와 건물을 구분기장한 가액과 감정평가가액에
비례하여 안분계산한 가액이 토지의 경우 30/100 이상 차이가 발생하지 않으나 건물의 경우
30/100 이상 차이가 발생하는 경우 소법§100③에 따른 가액 구분이 불분명한 때에 해당함

적용사례(사전-2018-법령해석재산-0011, '18.02.13.)

'05.7.1.   '17.6.1.

사례

서울 송파구 소재   "A겸용주택*"
"A겸용주택" 취득   양도(50억원)

* 건물(주택과 근린생활시설)과 토지(대)를 일괄하여 양도

구 분		비 율**
주 택	토 지	21%
	건 물	△52%
	소 계	12%
주택 외	토 지	9%
	건 물	△117%
	소 계	△3%
합 계		0%

** 비율＝(안분가액 − 구분기장가액)／안분가액×100

Q1 토지와 건물을 일괄양도하는 경우로서 토지와 건물을 구분기장한 가액과 감정평가가액에 비례하여
안분계산한 가액이 토지의 경우 30/100 이상 차이가 발생하지 않으나 건물의 경우 30/100 이상
차이가 발생하는 경우 소법§100③에 따른 가액 구분이 불분명한 때에 해당하는 지 여부?

A1 토지와 건물을 구분기장한 가액과 감정평가가액에 비례하여 안분계산한 가액이 건물만 30/100 이상
차이가 발생하는 경우 소법§100③에 따른 가액 구분이 불분명한 때에 해당함

📝 관련 판례·해석 등 참고사항

신고한 구분 양도가액과 기준시가에 따른 양도가액 간 A대지는 48.5%, B대지는 35.0%, D대지는 30.7% 이상의 차이가 각각 나타나는 점에서 "토지와 건물 등의 가액 구분이 불분명한 때"로 보이므로 처분청의 감정가액에 따라 각 필지별로 안분계산하여 과세한 처분은 잘못이 없음

적용사례(조심-2019-서-2040, '19.09.04.)

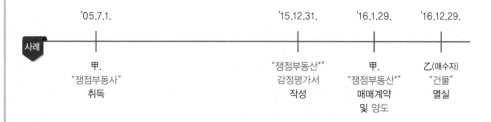

> * 공부상 주 용도가 주택인 A주택(대지 222m² 및 건물 128.9m²), 공부상 주 용도가 공장인 B공장(대지 93.5m² 및 건물 110.5m²), C대지 2.4m² 및 D대지 46.7m²

Q1 일괄 양도한 쟁점부동산의 구분 기장된 양도가액이 "토지와 건물 등의 가액구분이 불분명한 때"에 해당하는 것으로 보아 감정가액 등으로 안분·계산하여 과세한 처분이 맞는 지 여부?

A1 甲이 신고한 구분 양도가액과 기준시가에 따른 양도가액 간 A대지는 48.5%, B대지는 35.0%, D대지는 30.7% 이상의 차이가 각각 나타나는 점에서 "토지와 건물 등의 가액 구분이 불분명한 때"로 보이므로 처분청의 감정가액에 따라 각 필지별로 안분계산하여 과세한 처분은 잘못이 없음

📜 관련 판례·해석 등 참고사항

☞ 앞 쪽의 사례는 하나의 부동산에 대한 내용이고, 위의 사례는 다수의 부동산에 대한 내용임

▶ 위의 사례의 사실관계는 처분청에서 당초 신고한 구분 양도가액과 기준시가와 비교하여 30% 이상 차이가 발생하여 기준시가 비율로 안분하여 양도소득금액을 재계산하여 '18.11.6. 경정·고지하였으나

  – 쟁점부동산의 매수인(乙)이 담보대출을 위하여 '15.12.31. 감정평가법인에 의뢰하여 작성된 감정평가서가 확인되어 처분청이 甲의 경정청구를 받아들여 감정가액에 따라 각 필지별로 안분계산하여 경정·고지하였음

🔵 **토지 및 건물을 일괄 양도 시 가액 구분이 불분명한 경우**

- 소법§100②에서 토지와 건물의 총 양도가액은 분명하지만 가액 구분이 불분명한 때에는 기준시가 등으로 안분계산해야 한다고 규정되었는데

  - 가액 구분이 불분명한 때라 함은 토지와 건물 등을 가액 구분없이 양도한 경우만 의미하는 것이 아니라
  - 계약서 상 토지가액과 건물 등의 가액이 명확하게 구분되어 있다고 하더라도 합리적인 가액 구분이라고 볼 수 없거나
  - 토지 및 건물 대금의 비율이 기준시가에 따라 산정한 토지 및 건물의 가액 비율과 크게 차이가 나는 점 등 통상의 거래관행을 벗어난 것으로서 합리적인 가액이라고 볼 수 없는 경우임(대법원2012두22492, '13.1.24.)

- 따라서 소법§100③에서 기준시가에 따른 안분가액과 납세자가 신고한 안분가액이 30/100 이상 차이나는 경우 토지와 건물의 가액이 불분명한 때로 보는 것으로 개정되었고

  - 명확하고 객관적으로 토지와 건물의 양도가액을 안분한 경우를 제외하고는 안분계산의 차이가 30/100 이상 발생하는 것은 가액 구분이 불분명한 것으로 보아 동 규정을 적용하겠다는 취지이므로
  - 당초 신고 시 구분 기장한 자산별 양도가액이 장부 등에 의하여 실지거래가액으로 입증된다고 하더라도 기준시가 등에 의하여 안분계산한 가액과 30/100 이상 차이가 발생하는 경우에는 자산별 가액을 임의로 구분하여 산정한 것으로 보아 실지거래가액으로 보지 않는다는 의미임

📝 **관련 판례 · 해석 등 참고사항**

▶ **기획재정부 재산세제과-1077, '22.08.31.**
  - 일괄 양도하는 토지와 건물의 가액 구분이 불분명한 때에는 소령§166⑥ 및 부가령§64에 따라 공급계약일 현재의 기준시가에 따라 안분계산하는 것임
    - ☞ 종전 해석(재산세과-991, '09.05.20.)에서는 취득 · 양도일 현재의 기준시가에 따라 안분계산하였는데 위의 유권해석으로 변경되었음

매도자 부담 양도세 전액을 매수자가 부담하기로 약정한 부동산 매매계약서를 체결한
경우에는 동 양도세 상당액을 포함한 가액을 양도가액으로 봄

중요
중

난이
중

적용사례(재일46014-3077, '94.12.01.)

Q1　매도자 甲이 16억원을 수령하고 매도자 부담 양도소득세 전액을 매수자 乙이 부담하기로 약정한
　　　부동산 매매계약서를 체결한 경우, 甲의 양도세 산출 계산방법은?

　　* 취득가액 6억원, 세율 60%, 기타 필요경비 등은 없는 것으로 가정

A1　당초 매도자 부담 산출세액　　　　　　　⇒ 신고 · 납부할 산출세액

　　　① 양도가액 : 16억원　　　　　　　　　　① 양도가액 : 22억원(16억원 + 6억원)

　　　② 취득가액 : 6억원　　　　　　　　　　② 취득가액 : 6억원

　　　③ 양도차익 : 10억원　　　　　　　　　　③ 양도차익 : 16억원

　　　④ 세율 : 60%　　　　　　　　　　　　　④ 세율 : 60%

　　　⑤ 산출세액 : 6억원　　　　　　　　　　⑤ 산출세액 : 9억 6천만원

📑 관련 판례 · 해석 등 참고사항

매수자가 해당 매매거래에서 발생하는 양도세를 전액 부담하기로 약정한 경우 최초 1회에 한하여 해당 세액을 양도가액에 합산하는 것임

중요 중　난이 중

적용사례(기획재정부 조세정책과-2048, '24.11.07.)

Q1 아파트 분양권 전매계약 체결하며 특약사항으로 해당 거래에서 발생하는 양도세 전액을 매수자가 부담하기로 약정한 경우 양도세 계산방법은?

A1 매수자가 해당 매매거래에서 발생하는 양도세를 전액 부담하기로 약정한 경우로서 매수자가 부담하는 양도세는 전부 양도가액에 합산함

(단위 : 백만원)

구 분			일반거래	손피(손에 쥐는 프리미엄) 거래		
				전액 부담	1차까지 부담	2차까지 부담
양도가액	거래금액(①)		1,700	1,700	1,700	1,700
	지불한양도세등(②)	1차분	–	328[1]	328[1]	328[1]
		2차분	–	217[2]	–	217[2]
		3차분	–	143[3]	–	–
		⋮	–	⇓ 합계 966[4]	–	–
	계(③=①+②)		1,700	2,666	2,028	2,245
취득가액(④)			1,200	1,200	1,200	1,200
양도차익(⑤=③−④)			500	1,466	828	1,045
기본공제(⑥)			2.5	2.5	2.5	2.5
과세표준(⑦=⑤−⑥)			498	1,463	826	1,043
세율(⑧)			66% (양도세율＋지방세율)	66% (양도세율＋지방세율)	66% (양도세율＋지방세율)	66% (양도세율＋지방세율)
양도세 및 지방세 (⑨=⑦×⑧)			328	966	545	688

1) (양도차익 500 − 2.5) × 66% = 328

2) (양도차익 500 + 328[1] − 2.5) × 66% − 328[1] = 217

3) (양도차익 500 + 328[1] + 217[2] − 2.5) × 66% − 545[1)+2)] = 143

4) (양도차익 500 − 2.5) × 66% / (1 − 0.66) = 966

➡ 다음 쪽에서 보충 설명

📎 양도가액에 포함되는 양도세의 범위

- 양도세를 매수자가 부담하기로 약정하고 이를 실지로 지급하였을 경우
  동 양도세 상당액*을 포함한 가액을 양도가액으로 보는 것이나,

  * 양도세 횟수에 관계없이 실제 매수자가 부담한 세액

  – 매매약정 내용에 관계없이 매매계약을 체결한 후 양수자가 양도자의 양도세를 아무런
    조건없이 대신 납부한 때에는 양수자가 대신 납부한 양도세를 양도자에게 증여한
    것으로 보아 별도의 증여세가 과세되는 것으로서,

  – 양도세가 양도가액에 포함되는 지 여부는 매매약정내용, 양도세 지급 여부 등
    사실관계를 확인하여 판단할 사항임

  (서면4팀-2093, '07.07.09., 서면4팀-1954, '06.06.23.)

☞ 당초 위와 같은 유권해석에 의해 횟수에 관계없이 양도세 상당액을 포함한 가액을
  양도가액으로 보았으나, '23.12.27.에 기획재정부 유권해석(기획재정부
  조세정책과-2516, '23.12.27.)에 의하여

  – 매수자가 해당 매매거래에서 발생하는 양도세를 전액 부담하기로 약정한 경우 최초
    1회에 한하여 해당 세액을 양도가액에 합산하는 것으로 변경되었다가

  – 1년도 경과하지 않아 또 다시 기획재정부에서 횟수에 관계없이 매수자가 부담하는
    양도세 전부를 양도가액에 합산하는 것으로 해석을 변경(기획재정부
    조세정책과-2048, '24.11.07.)하였는데, 새로운 해석의 적용시기는 동 해석이 생산된
    '24.11.7. 이후 양도분부터 적용됨

⊙ 양도가액 관련 판례 등

- 양도가액에 대한 채권액이 채무자의 도산등으로 회수불능 되었을 경우 장래에 그 소득의
  실현가능성이 없으면 권리확정주의를 채택하는데는 무리가 있으므로 실질과세의 원칙에
  따라 동 회수불능채권액을 양도가액에서 차감해야 하는 것임

  (대법원-2007-두19393, '07.12.14.)

- 소득의 원인이 되는 채권이 발생된 때라 하더라도 그 과세대상이 되는 채권이 채무자의
  도산으로 인하여 회수불능이 되어 장래에 그 소득이 실현될 가능성이 전혀 없게 된 것이
  객관적으로 명백한 때에는 그 소득을 과세소득으로 하여 소득세를 부과할 수 없다 할
  것인 바, 파산으로 인해 수령하지 못한 매매대금을 양도가액에 포함하여 양도세 부과한
  처분은 부당함

  (조심-2008-중-1428, '09.03.10.)

- 과세대상이 되는 채권이 확정되었다 하더라도 채무자의 도산 등으로 인하여 회수불능된
  경우 소득의 실현이 되었다고 할 수 없지만 양수인에게 양도된 임야가 경락되어
  제3자에게 소유권이 이전되었다는 사정만으로 양도대금의 중 일부가 회수불능 상태라고
  할 수 없음

  (서울행정법원-2010-구단-9672, '10.10.22.)

🔵 다운거래 시의 불이익(국세청 보도참고자료 '24.11.25.)

• 양도세 재계산, 부당 가산세 등 부과

   – (양도소득세 재계산) 다운계약서상 거래금액으로 계산한 양도세를 실지거래가액으로 재계산(소법§96 · §114)

   – (부당 무 · 과소신고 가산세) 무 · 과소신고한 세액의 40%에 해당하는 가산세 부과(국기법§47의2 · §47의3)

   – (납부지연 가산세) 납부하지 않거나 적게 납부한 세액의 미납일수(납부기한의 다음날~납부일까지) 당 0.022%에 해당하는 가산세 부과(국기법§47의4)

• 양도세 비과세 · 감면 배제(소법§91, 조특법§129)

   – (매도자) 거짓계약서를 작성하는 경우 1세대1주택 비과세, 자경농지 감면 등 요건을 충족하더라도 비과세 · 감면을 받을 수 없음

   – (매수자) 거짓계약서를 작성하여 부동산을 취득한 매수자도 추후 부동산을 양도하는 경우 비과세 · 감면을 받을 수 없음

• 과태료 부과 등

   – (과태료) 지자체는 부동산 실제 거래가액의 10% 이하에 상당하는 과태료를 매수자 · 매도자에게 부과(부동산거래신고등에관한법률§28)

   – (중개사) 공인중개사 등록 취소, 업무 정지(공인중개사법§38 · §39)

라. 필요경비 개산공제(概算控除, 소령§163⑥)

자 산	개산공제액
① 토지	취득당시 개별공시지가 × 3/100 (미등기 양도자산은 3/1,000)
② 오피스텔 및 상업용건물, 개별주택, 공동주택	취득당시 공시된 기준시가 × 3/100 (미등기 양도자산은 3/1,000)
③ 위 ②외의 건물	취득당시 국세청 건물기준시가 × 3/100 (미등기 양도자산은 3/1,000)
④ 지상권, 전세권, 등기된 부동산임차권	취득당시의 개별공시지가 × 7/100 (미등기 양도자산은 3/1,000)
⑤ 부동산을 취득할 수 있는 권리, 주식 또는 출자지분, 기타자산	취득당시 개별공시지가 × 1/100

• 취득가액을 환산취득가액으로 하는 경우로서 아래 ①의 금액이 ②의 금액보다 적은 경우에는 ②의 금액을 필요경비로 선택 가능

　① 환산취득가액 + 개산공제액
　② 자본적지출액 등 + 양도비 등

　☞ 자본적지출액과 양도비는 취득가액이 반드시 실지거래가액인 경우에만 필요경비로 적용할 수 있으므로, 위의 경우에는 취득가액의 실지거래가액이 '0원'이라고 가정하면 됨

매매계약서 및 승계 취득 시 받은 분양계약서 등을 소실로 취득가액을 확인할 수 없는 경우 취득가액은 신축된 주택을 양도한 것이므로 주택이 신축된 시점 기준으로 소법§114⑦ 및 소령§176의2③에 따라 매매사례가액, 감정평균가액, 환산취득가액을 순차로 적용하여 산정함

중요: 중 / 난이: 상

적용사례

'95.3.1.	'00.4.1.	'00.7.1.	'01.4.1.	'01.12.1.	'04.8.1.	'21.9.1.
甲. "A주택" 취득	"A주택" 사업계획승인인가* A'입주권 전환	甲 → 乙 "A'입주권" (3억원) 양도	"A'입주권" 주택 철거	"A'입주권" 관리처분 계획인가	"A주택" 신축**	乙. "A주택" 양도 (15억원)

* 구. 주택건설촉진법에 따른 사업계획승인인가되었고, 평가액 2.5억원임

** 乙세대는 1주택 보유자로서 甲으로부터 3억원에 취득하여 추가로 4차례 걸쳐 총 2억원을 조합에 납부함

Q1 신축된 A주택을 3년 이내 양도 시 취득가액은?

A1 甲으로부터 프리미엄(0.5억원) 포함 3억원에 취득하였고 2억원을 추가로 조합에 납부하였으므로 실제 지급한 5억원이 취득가액임

Q2 만약, 乙이 화재로 매매계약서 및 승계 취득 시 받은 분양계약서 등을 소실로 취득가액을 확인할 수 없는 경우 취득가액 산정 방법은?

A2 신축된 주택을 양도한 것이므로 주택이 신축된 시점('04.8.1.) 기준으로 소법§114⑦ 및 소령§176의2③에 따라 매매사례가액, 감정평균가액, 환산취득가액을 순차로 적용하여 산정함

제14편

🖋 관련 판례 · 해석 등 참고사항

의제취득일('85.1.1.) 전에 취득한 자산(상속 또는 증여받은 자산 포함)의 의제취득일 현재의
취득가액은 소령§176의2④ 각 호의 가액 중 많은 것으로 함

　　　중요 중　　난이 상

적용사례(부동산거래관리과-214, '10.02.08.)

사례

'83.1.1.	'10.7.1.
父 → 甲	甲.
"A토지"	"A토지"
상속 받음	양도

Q1 의제취득일 전에 상속받은 A토지의 취득가액 산정방법은?

A1 의제취득일('85.1.1.) 전에 취득한 자산(상속 또는 증여받은 자산 포함)의 의제취득일
현재의 취득가액은 소령§176의2④ 각 호의 가액 중 많은 것으로 함

📋 **관련 판례 · 해석 등 참고사항**

▶ **소령§176의2[추계결정 및 경정]**

　④ 법률 제4803호 소법개정법률 부칙§8에서 정하는 날(의제취득일) 전에 취득한 자산(상속 또는 증여받은 자산
　　포함)에 대하여 ③1호부터 3호까지의 규정을 적용할 때에 의제취득일 현재의 취득가액은 다음 각 호 중
　　많은 것으로 한다.

　　1. 의제취득일 현재 ③1호(매매사례가액), 2호(감정평균가액), 3호(환산취득가액)의 규정에 의한 가액

　　2. 취득 당시 실지거래가액이나 ③1호 및 2호에 따른 가액이 확인되는 경우로서 해당 자산의
　　　　실지거래가액이나 ③1호 및 2호에 따른 가액과 그 가액에 취득일부터 의제취득일의 직전일까지의
　　　　보유기간동안의 생산자물가상승률을 곱하여 계산한 금액을 합산한 가액

의제취득일 전에 취득한 자산(상속 · 증여받은 자산 포함)은 소령§176의2④1호에 의거
매매사례가액이나 감정가액이 없으므로 환산취득가액을 적용

중요
중

난이
상

적용사례('85.1.1. 전에 증여 받은 경우 취득가액)

'84.3.1.

'21.11.1.

사례

父 → 甲
"A근린상가"
증여 받음

甲.
"A근린상가"
양도

* 취득 당시 매매사례가액이나 감정평가액이 없음

Q1 증여 받은 A근린상가의 취득가액 산정방법은?

A1 • 소법§97①1호나목 및 소령§163⑫에 따라 매매사례가액, 감정가액 또는 환산취득가액을 순차적으로
적용하여야 하는데

• 의제취득일 전에 취득한 자산(상속 · 증여받은 자산 포함)은 소령§176의2④1호에 의거 매매사례가액이나
감정가액이 없으므로 환산취득가액을 적용하여야 함

➡ 다음 쪽에서 보충 설명

📝 **관련 판례 · 해석 등 참고사항**

☞ 의제취득일 이후에는 간주 실가가 있어서 환산취득가액 적용 불가

☞ '84.3.1.에 실지거래가액이나 매매사례가액 및 감정평균가액이 확인되면 확인된 가액에 취득일부터
의제취득일의 직전일까지의 보유기간 동안의 생산자물가상승률을 곱하여 계산한 금액을 합산하여 적용할
수도 있음

⌂ 심화정리

◉ 생산자물가상승률을 적용한 취득가액 계산(재산46014-10094, '02.08.14.)

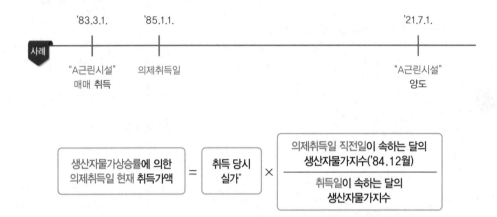

'83.3.1.   '85.1.1.   '21.7.1.

사례

"A근린시설" 의제취득일 "A근린시설"
매매 취득 양도

$$\text{생산자물가상승률에 의한 의제취득일 현재 취득가액} = \text{취득 당시 실가*} \times \frac{\text{의제취득일 직전일이 속하는 달의 생산자물가지수('84.12월)}}{\text{취득일이 속하는 달의 생산자물가지수}}$$

* '00.1.1. 이후 양도분의 경우에는 취득당시 소령 §176의2③1호(매매사례가액) 및 2호(감정가액의 평균액)의 가액이 확인되는 경우 순차적으로 그 가액을 포함

참고 생산자물가지수 : 국내생산자가 국내(내수)시장에 공급하는 상품 및 서비스의 가격 변동을 종합한 지수로서 기업의 비용증가 즉, 생산원가와 관련이 있고 한국은행에서 매월 작성·공표

상속·증여받은 자산의 취득가액으로 소급감정가액을 인정

적용사례(부산고등법원2009누6544, '10.04.21. → 대법원2010두8751, '10.09.30.)

* 취득 당시 개별공시지가 및 근저당권의 채권최고액을 개별공시지가 비율대로 안분하여 취득가액으로 신고

Q1 상속받은 부동산의 취득가액을 소급감정가액으로 할 수 있는 지 여부?

A1 · 소법§97①1호 및 소령§163⑨은 상속·증여받은 자산의 양도차익 계산시 상속개시일 현재
　　상증법§60~§66에 의해 평가한 가액(시가)을 취득가액으로 보도록 규정하고 있고,

　· "시가"란 정상적인 거래에 의하여 형성된 객관적 교환가격을 의미하지만 객관적이고 합리적인
　　방법으로 평가한 가액도 포함하는 개념이므로, 거래를 통한 교환가격이 없는 경우에는 공신력 있는
　　감정기관의 감정가격도 "시가"라 볼 수 있고, 그 가액이 소급감정에 의한 것이라 하여도 달라지지
　　않으므로 개별공시지가를 배제하고 소급감정가액을 취득가액으로 할 수 있음

📜 **관련 판례·해석 등 참고사항**

▶ **부동산거래관리과-274, '11.03.24.**

　– 열거한 비용이 아닌 감정평가비용은 소법§97에서 규정하는 양도차익을 계산할 때 양도가액에서 공제할
　　필요경비에 해당하지 않음

필요경비(소법§97①1호, 소령§163⑨)　　　소급감정가액 부인(필요경비)

상속·증여받은 자산의 취득가액으로 소급감정가액을 부인(증여세 부과제척기간 도과)

중요 상　난이 상

적용사례(서울행정법원-2020-구단-50600, '20.04.29.)

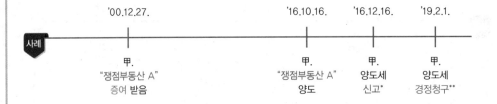

'00.12.27.　　　　　　'16.10.16.　　'16.12.16.　　'19.2.1.

甲.
"쟁점부동산 A"
증여 받음

甲.
"쟁점부동산 A"
양도

甲.
양도세
신고*

甲.
양도세
경정청구**

* 취득 당시 기준시가인 140백만원을 취득가액으로 하여 신고

** '00.12.27. 기준 두 곳의 감정평가업자에게 의뢰하여 '17.6.30.과 '17.7.3.을 감정평가서 작성일로 하여 평균가액
(193백만원)을 취득가액으로 하여 경정청구하였으나 처분청이 거부 통지함

Q1 증여재산에 대한 이 사건 소급감정가액을, 양도세 산정시 필요경비로 공제하는 취득가액으로 인정할 수
있는지 여부?

A1 • 평가기준일인 증여일 전후 3개월 이내에 둘 이상의 공신력 있는 감정기관이 평가한 감정가액의
평균액이 아니라, 증여세 부과제척기간(10년)이 도과한 증여일로부터 약 17년이 지난 후에 소급하여
이루어진 감정가액으로,
• 양도세 감액을 목적으로 감정평가를 의뢰한 것으로 보여 그에 따른 감정이 객관적이고 합리적으로
평가된 금액이라고 볼 수 없어 인정할 수 없음

📜 관련 판례 · 해석 등 참고사항

☞ 통상 법원에서는 상속·증여 받은 자산에 대한 소급 감정가액을 객관적이고 합리적으로 평가된 금액은
취득가액으로 인정하고 있지만, 위 사례는 상증령§49② 및 소령§176의2③2호를 엄격 해석하여 부인한
것으로 판단됨(조심-2020-중-7713, '21.06.17.)

필요경비(소법§97①1호, 소령§163⑨)	소급감정가액 부인(필요경비)

상속 · 증여받은 자산의 취득가액으로 소급감정가액을 부인(증여세 부과제척기간 도과)

중요 상 / 난이 상

적용사례(창원지방법원-2018-구단-12375, '19.08.28.)

'06.12.27	'17.9.5.	'17.9.30.	'18.2.28.
남편 → 甲. "A부동산" 증여 받음*	甲. "A부동산" 양도	甲. 양도세 신고**	甲. 양도세 경정청구***

* 취득 당시 기준시가인 620백만원을 증여재산가액으로 하여 '07.2.28. 증여세 신고

** 증여 당시 기준시가인 620백만원을 취득가액으로 하여 양도세 신고

*** '17.10.13.과 '17.10.16. 두 곳의 감정평가업자에게 의뢰하여 소급감정평균가액(934백만원)을 취득가액으로 경정청구하였으나 처분청이 거부 통지함

Q1 상속세 등 부과제척기간을 도과하여 소급감정가액으로 양도세 경정청구 시, 필요경비로 공제하는 취득가액으로 인정할 수 있는지 여부?

A1 부과제척기간의 도과로 증여세 경정처분을 할 수 없어 증여재산가액과 양도가액에서 공제된 필요경비인 취득가액이 동일하지 아니하게 됨으로써 조세누락을 방지할 수 없어 경정청구 거부는 적법함
 – 양도세 감액을 목적으로 감정평가를 의뢰한 것으로 보여 그에 따른 감정이 객관적으로 이루어진 신빙성 있는 것으로 보기 어려움

관련 판례 · 해석 등 참고사항

▶ 의정부지방법원-2018-구합-13440, '19.09.24., 울산지방법원-2018-구합-5424, '18.09.13.의 판결도 동일한 내용임

상속·증여받은 자산의 취득가액으로 소급감정가액을 부인(상증법§49②, 소령§176의2③2호)

중요 상 / 난이 상

적용사례(조심-2018-중-3567, '19.05.28.)

* 취득 당시 기준시가를 취득가액으로 하여 신고
** 두 곳의 감정평가법인의 평균가액(가격산정기준일은 평가기간 이내에 있지만 감정평가서 작성일은 평가기간을 벗어남)을 취득가액으로 하여 경정청구하였으나 처분청이 거부 통지함

Q1 위의 감정평균가액을 양도세 산정시 필요경비로 공제하는 취득가액으로 인정할 수 있는지 여부?

A1 취득가액으로 의제하는 상속자산 감정가액은 둘 이상의 감정기관이 평가기간(가격산정기준일과 감정평가서 작성일 모두) 이내에 해당하여야 하는데
- 쟁점감정가액은 가격산정기준일은 평가기간 이내에 있지만 감정평가서 작성일이 평가기간을 벗어나 인정할 수 없음

📝 **관련 판례·해석 등 참고사항**

▶ **통상 법원에서는 상속·증여 받은 자산**에 대한 소급 감정가액을 객관적이고 합리적으로 평가된 금액은 취득가액으로 인정하고 있지만, 위 사례는 상증령§49② 및 소령§176의2③2호를 엄격 해석하여 부인한 것으로 판단됨(조심-2020-중-7713, '21.06.17.)

필요경비(소령§163①, 소령§89①1호)	전 소유자의 체납관리비(필요경비)

경락 받은 후 불가피하게 전 소유자의 공용부분 체납관리비 대납 시 필요경비에 해당

중요 상 / 난이 중

적용사례(서면-2014-법령해석재산-19980, '15.06.30.)

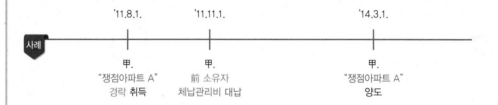

'11.8.1.	'11.11.1.	'14.3.1.
甲.	甲.	甲.
"쟁점아파트 A"	前 소유자	"쟁점아파트 A"
경락 취득	체납관리비 대납	양도

※ 前 소유자 체납 관리비 미납에 따라 관리사무서에서 단전·단수로 완전한 소유권 행사하지 못함

Q1 아파트를 경락 받은 후 불가피하게 前 소유자의 체납관리비(前 소유자로부터 구상권 행사로 상환 불가 전제)를 대납(연체료 포함)한 경우, 필요경비에 해당하는 지 여부?

A1 집합건물법§18에 따라 지급한 경우로서 前 소유자를 상대로 구상권을 행사하더라도 상환 받을 수 없는 경우, 지급한 전체 관리비 중 공용부분 체납관리비(연체료 제외)는 소령§163①1호 및 소령§89①1호에 따른 매입가액에 가산되는 부대비용으로서 필요경비에 해당함

🖎 **관련 판례·해석 등 참고사항**

▶ **사전-2020-법령해석재산-0488, '20.06.18.**

- 쟁점 건물의 임대차 계약을 양수인이 승계하여 양도인이 명도의무를 부담하지 아니하는 매매 계약을 이행하는 과정에서 지급한 임차인과의 합의금과 변호사 수수료는 소령§163⑤1호 라목에 따른 "매매계약에 따른 인도의무를 이행하기 위하여 양도자가 지출하는 명도비용"에 해당하지 않으므로 양도가액에서 공제할 필요경비에 해당하지 않음

제14편

경락 받은 후 불가피하게 전 소유자의 공용부분 체납관리비 대납 시 필요경비에 해당

중요	난이
상	중

적용사례(서울고등법원-2012-누-3608, '12.11.15.)

'06.8.1.   '07.6.3.

사례

甲. 경기 고양 일산 소재   "건물 A"
"XX프라자 건물 A"   양도
경락 취득

※ 前 소유자 체납 관리비 미납에 따라 관리사무서에서 단전 · 단수로 완전한 소유권 행사하지 못하고,
관리단의 소제기에 따른 화해권고결정을 받아들여 공용부분 관리비로 1억원을 지급함

Q1 건물을 경락 받은 후 불가피하게 前 소유자의 공용부분 체납관리비(前 소유자로부터 상환 받을 가능성 없음
전제)를 대납한 경우, 필요경비에 해당하는 지 여부?

A1 • 집합건물법§18에 따라 집합건물의 특별승계인이 체납관리비를 승계하여야 하고, 임의경매절차에서
낙찰 받을 당시 공용부분 체납관리비가 체납 시 승계 · 납부하여야 한다는 점을 예상할 수 있었고
입찰대금도 이를 고려하여 결정한 것으로 보이고,
• 통상 경락인이 민사집행법§91⑤에 따라 유치권자에게 그 유치권으로 담보하는 채권을 변제 시
필요경비로 인정(서면인터넷방문상담4팀-444 등)하고 있는 바, 법률상 지급의무를 부담하고 있는 이
사건 건물에 관한 공용부분 체납관리비 역시 필요경비로서 공제하는 것이 타당함

📜 관련 판례 · 해석 등 참고사항

필요경비(소령§163③, ⑤)	적격증빙 받지 않는 자본적지출(필요경비)

'16.2.17. 소령 개정 이후 지출분으로 세금계산서 등 적격증빙을 받지 않았으며 적격증빙 미 수취에 대한 예외사항에도 해당하지 않고, 공사 관련 거래 상대방이 세금계산서 등을 발급하거나 관련 매출을 신고하지 않은 점 등을 보아 과세 처분 잘못 없음

중요
중

난이
중

적용사례(심사-양도-2019-0001, '19.03.06.)

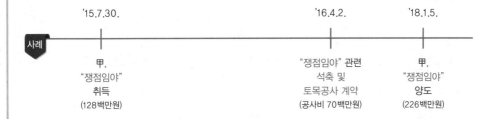

'15.7.30.
甲.
"쟁점임야"
취득
(128백만원)

'16.4.2.
"쟁점임야" 관련
석축 및
토목공사 계약
(공사비 70백만원)

'18.1.5.
甲.
"쟁점임야"
양도
(226백만원)

Q1 적격증빙을 받지 않고 지출한 공사대금을 자본적 지출액으로 인정할 수 있는지 여부?

A1 '16.2.17. 소령 개정 이후 지출분으로 세금계산서 등 적격증빙을 받지 않았으며 적격증빙 미 수취에 대한 예외사항에도 해당하지 않고, 공사 관련 거래 상대방이 세금계산서 등을 발급하거나 관련 매출을 신고하지 않은 점 등을 보아 과세 처분 잘못 없음

📃 관련 판례 · 해석 등 참고사항

▶ 위의 심사와 관련하여 청구인 측은 해당 규정이 '16.2.17. 개정하여 세금계산서 등 적격증빙 자료를 수취 · 보관하는 경우로 한정하였다가 '18.4.1.부터 적격증빙자료 외에 금융거래 증명서류를 추가하여 재 개정함으로 인하여 '16.2.17.~'18.3.31.의 기간 중에 비용을 지출하고도 세금계산서 등 적격증빙을 수취 · 보관하지 못한 경우에 대하여만 적용 규정을 달리하는 것은 납세자의 법적안정성과 예측가능성을 침해하고 신의측에도 위배된다고 주장하였음

▶ 심사-양도-2018-0021, '18.05.30.

🏠 심화정리

➲ 자본적 지출액 및 양도비 증빙요건(소령§163③, ⑤)

- 개정취지 : 세원양성화 등 거래투명성 제고

- 법정증빙

  – 소법§163 및 법법§121에 따른 계산서

  – 부가법§32에 따른 세금계산서

  – 여신전문금융업법에 따른 신용카드매출전표(신용카드와 유사한 것으로서
    소령§208의2②에서 정하는 것*을 사용하여 거래하는 경우 그 증명서류 포함)

      * 소령§83(접대비의 범위 등)④
       – 여신전문금융업법에 따른 직불카드
       – 외국에서 발행된 신용카드,
       – 조특법§126의2①4호에 따른 기명식선불카드, 직불전자지급수단, 기명식선불 전자지급수단 또는
        기명식전자화폐

  – 현금영수증(거래일시 · 금액 등 결제내역이 기재된 영수증)

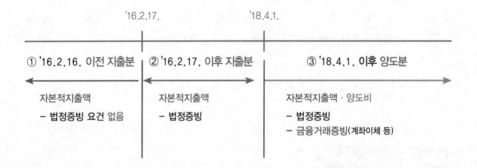

☞ '18.4.1. 이후 양도하더라도 '16.2.16. 이전 자본적지출액은 법정증빙 요건이 없으므로
거래사실이 확인되면 필요경비 인정(∵소령 부칙제28637호 §19, 소령제26982호 §24)

☞ 양도비는 양도시기에 지급되는 비용이므로 별도의 경과규정 필요 없음. 예를들어 취득 시
법무사 비용, 중개수수료는 양도비가 아닌 취득가액 구성요소임

국기법§85의3(장부 등의 비치와 보존)에 따라 쟁점건물의 신축과 관련한 장부와 증거서류를
성실하게 작성하여 갖춰두어야 할 의무와 이를 법정신고기한이 지난 날부터 5년간
보존하여야 할 의무가 인정되어 청구주장 받아들일 수 없음

중요 **상**   난이 **중**

적용사례(조심-2021-광-2176, '21.09.07.)

'19.4.1.

甲.
"A쟁점건물"
신축 · 취득

'20.9.21.

甲.
"A쟁점건물"
양도*

> * '21.9.25. 甲이 예정신고 시 취득가액을 환산가액으로 하고 환산가액 적용에 따른 가산세(쟁점가산세)를
> 결정세액에 더하여 신고 · 납부하였다가 '20.12.14. 과잉금지원칙 등에 위배된다고 하여 경정청구함

Q1 쟁점가산세가 의무위반을 전제로 하는 국기법§47(가산세 부과) 및 과잉금지원칙 등에 반하는 지 여부?

A1 국기법§85의3(장부 등의 비치와 보존)에 따라 쟁점건물의 신축과 관련한 장부와 증거서류를 성실하게
작성하여 갖춰두어야 할 의무와 이를 법정신고기한이 지난 날부터 5년간 보존하여야 할 의무가
인정되어 청구주장 받아들일 수 없음

Q2 쟁점가산세를 감면할 만한 정당한 사유가 있는지 여부?

A2 • 세법상 가산세는 납세자가 정당한 사유없이 법에 규정된 신고 · 납세 등 각종 의무를 위반한 경우 개별
세법이 정하는 바에 따라 부과되는 행정상의 제재로서,
 • 고의 · 과실은 고려되지 않는 반면 납세자가 의무를 알지 못한 것이 무리가 아니었다고 하는 사정이
있을 때 등 그 의무해태를 탓할 수 없는 정당한 사유가 있는 경우에 한하여 부과할 수 없다 할 것인 점,
5년 간 장부 비치 · 보존 의무 등으로 보아 청구주장 받아들이기 어려움
 ☞ 환산취득가액의 선택이 조세회피 수단이 될 수 없으며 과세당국도 실지거래가액을 허위로 신고한
불성실납세자에 대해 환산가액으로 추계조사 · 결정할 수 있는 바 조세회피수단으로 볼 수 없다는
납세자의 주장에 대해서는 종합소득세의 무기장가산세와 동일선상에서 본다면 무리가 없는 것으로
보임

제 **14** 편

필요경비(소법§114의2)	고가주택 환산취득가액 가산세(가산세)

양도소득의 비과세대상에서 제외되는 고가주택에 대하여 소법§114의2의 환산가액 적용에 따라 가산세 계산 시 전체 양도가액에 대한 소법§97①1호나목에 따른 환산가액의 5/100에 해당하는 금액을 결정세액에 가산함

중요 상 난이 중

적용사례(과세기준자문-2018-법령해석재산-0119, '18.05.29.)

사례

'93.11.5.	'14.7.30.	'18.1.3.
甲. 서울 광진 소재 "A"단독주택 취득 · 거주	甲. "A"단독주택 멸실 후 "A단독주택" 신축	甲. "A단독주택" 양도* (15억원)

* '18.1.3. 甲이 A단독주택 양도일 현재 1세대 1주택 비과세 요건을 충족한 상태임

Q1 고가주택에 대하여 소법§114의2 "환산가액 적용에 따른 가산세"를 적용 시 환산취득가액 중 양도가액 9억원 상당 부분에도 가산세를 적용하는 지 여부?

A1 소법§89①3호에 따라 양도소득의 비과세대상에서 제외되는 고가주택에 대하여 소법§114의2의 환산가액 적용에 따라 가산세 계산 시 전체 양도가액에 대한 소법§97①1호나목에 따른 환산가액의 5/100에 해당하는 금액을 결정세액에 가산함

관련 판례 · 해석 등 참고사항

▶ 조심-2019-인-2568, '19.09.25.
- 소법§114의2①의 법률 조항의 문언상 가산세 적용대상으로 '해당 건물'의 환산가액으로 규정하고 있을 뿐 건물의 과세부분이나 비과세부분을 구별하고 있지 아니한 점 등에 비추어 쟁점주택 전체의 환산가액을 기준으로 환산가액 적용에 따른 가산세를 부과한 이 건 처분은 잘못이 없음

▶ 기획재정부 재산세제과-939, '18.11.01.
- 고가주택에 대한 환산가액 적용에 따른 가산세는 환산가액 전체금액에 5/100에 해당하는 금액으로 하는 것임

⊙ 감정가액 또는 환산취득가액 적용에 따른 가산세(소법 § 114의2)

① 거주자가 건물을 신축 또는 증축(증축의 경우 바닥면적 합계가 85㎡를 초과하는 경우에 한정한다)하고 그 건물의 취득일 또는 증축일부터 5년 이내에 해당 건물을 양도하는 경우로서 소법§97①1호나목에 따른 감정가액 또는 환산취득가액을 그 취득가액으로 하는 경우에는 해당 건물의 감정가액(증축의 경우 증축한 부분에 한정한다) 또는 환산취득가액(증축의 경우 증축한 부분에 한정한다)의 100분의 5에 해당하는 금액을 제93조제2호에 따른 양도소득 결정세액에 더한다. 〈개정 '19.12.31.〉

② 제1항은 소법§93 1호에 따른 양도소득 산출세액이 없는 경우에도 적용한다.

쟁점부동산의 매매이전에 이미 체결한 1차 계약의 해약으로 인하여 지급된 것은 필요경비로 인정되지 않음

중요 중 | 난이 중

적용사례(심사–양도–2021–0014, '21.05.12.)

'20.6.18.	'20.6.23.	'20.7.21.	'20.9.14.	'21.1.4.
"쟁점 부동산" 1차 계약	계약 해지 쟁점위약금 15,000천원 지급	"쟁점 부동산" 2차 계약	양도세 신고 쟁점위약금 필요경비 계상	양도세 경정고지 (4백만원)

Q1 매매계약의 해약으로 인하여 지급한 쟁점위약금을 필요경비로 인정 여부?

A1 • 양도차익 실가 계산시 양도가액에서 공제되는 필요경비는 소법§97 등에서 열거된 항목에 한하는 것으로서, 취득에 소요된 실가, 자본적 지출액은 양도자산에 대하여 그 소유권을 확보하기 위하여 직접 소요된 소송비용 · 화해비용 등으로 한정되어 있고, 양도비의 경우에도 양도하기 위하여 직접 지출한 비용 등으로 한정되어 있어,

• 쟁점부동산의 매매이전에 이미 체결한 1차 계약의 해약으로 인하여 지급된 것은 필요경비로 인정되지 않음

📜 **관련 판례 · 해석 등 참고사항**

▶ **소법 기본통칙 97–0…6[위약금의 필요경비 산입 여부]**
  – 부동산매매계약의 해약으로 인하여 지급하는 위약금 등은 양도차익 계산시 필요경비로 공제하지 아니한다

필요경비(소령§163①) | 사후 반환한 부당이득(필요경비)

반환한 부당이득과 관련해서 소득세 법령에 필요경비로 열거되지 않았기에 해당하지 않음

중요
중

난이
중

적용사례(서울고등법원-2012-누-15182, '12.11.30.)

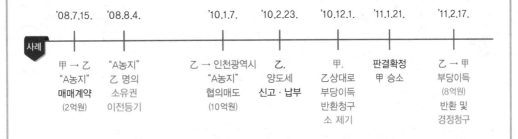

| '08.7.15. | '08.8.4. | '10.1.7. | '10.2.23. | '10.12.1. | '11.1.21. | '11.2.17. |

사례

甲 → 乙
"A농지"
매매계약
(2억원)

"A농지"
乙 명의
소유권
이전등기

乙 → 인천광역시
"A농지"
협의매도
(10억원)

乙.
양도세
신고·납부

甲.
乙상대로
부당이득
반환청구
소 제기

판결확정
甲 승소

乙 → 甲
부당이득
(8억원)
반환 및
경정청구

Q1 을이 양도차익(8억원)을 사후에 부당이득으로 반환한 경우, 양도가액에서 공제할 필요경비로 인정
여부?

A1 • 갑이 매매계약을 취소하였다고 하더라도 인천광역시는 선의로 취득하였으므로 인천광역시와 체결한
양도계약은 유효하므로 을의 양도세 납부의무에는 영향이 없으며
• 을이 반환한 부당이득과 관련해서 소득세 법령에 필요경비로 열거되지 않았기에 해당하지 않음

📑 관련 판례·해석 등 참고사항

▶ **사전-2020-법령해석재산-0514, '20.06.11., 부동산거래관리과-274, '11.03.24.**
  - 소법§97 및 소령§163에서 열거한 비용이 아닌 감정평가비용은 양도차익을 계산할 때 양도가액에서
    공제할 필요경비에 해당하지 않음

▶ **감사원-2011-감심-133, '11.09.29.**
  - 방수공사로 인해 부동산의 내용연수가 연장되거나 또는 가치가 실질적으로 증가되었다는 것을 입증하지
    못하고 있으므로 자본적 지출로 인정할 수 없음

▶ **조심-2008-서-2878, '08.10.14.**
  - 연립주택의 방수공사는 대금지급관계가 불명확하고 또한 자본적 지출에 해당하지 않으므로 양도차익
    계산 시 필요경비로 인정할 수 없으므로 당초 처분은 정당함

제
14
편

필요경비(소령§163①)   선순위 임차보증금 부담(필요경비)

경락자가 경락받은 주택의 대항력 있는 선순위 임차인의 임차보증금을 부담한 경우, 그 경락받은 주택을 양도 시 부담한 임차보증금은 필요경비에 포함

중요 중 / 난이 상

적용사례(사전-2021-법규재산-1742, '22.02.23., 서면-2019-부동산-0047, '19.01.10.)

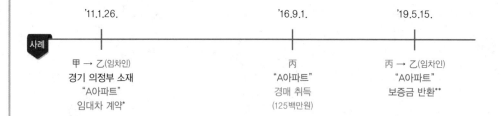

'11.1.26.

甲 → 乙(임차인)
경기 의정부 소재
"A아파트"
임대차 계약*

'16.9.1.

丙
"A아파트"
경매 취득
(125백만원)

'19.5.15.

丙 → 乙(임차인)
"A아파트"
보증금 반환**

* 甲(전 소유자)와 임차인 乙은 '11.1.26.부터 임대차 보증금 85백만원에 체결하고 임차인 거주

** 임차인은 1순위 대항력을 가진 임차권자로, 연체된 월세를 제외한 82백만원 반환함

Q1 경락자가 경락받은 주택의 대항력 있는 선순위 임차인의 임차보증금을 부담한 경우, 그 경락받은 주택을 양도 시 부담한 임차보증금이 취득가액에 포함되는 지 여부?

A1 주택임대차보호법§3에서 규정하는 대항력 있는 전세보증금(구상권을 행사할 수 없는 경우에 한함)으로서 매수인이 부담하는 금액은 필요경비에 포함됨

📑 **관련 판례 · 해석 등 참고사항**

▶ 서면-2022-부동산-2273, '23.04.19.

– 임차주택의 확정일자를 받은 선순위의 대항력 있는 임차인이 당해 임차주택에 대한 국세징수법에 따른 공매에서 그 임차주택을 낙찰 받아 양도하는 경우 당해 임차인이 회수하지 못한 임차보증금은 취득가액에 포함하는 것

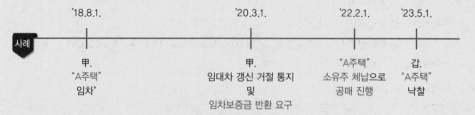

'18.8.1.

甲.
"A주택"
임차*

'20.3.1.

甲.
임대차 갱신 거절 통지
및
임차보증금 반환 요구

'22.2.1.

"A주택"
소유주 체납으로
공매 진행

'23.5.1.

갑.
"A주택"
낙찰

* 甲은 주민등록 이전 후 확정일자 받은 1순위 채권자임

필요경비(소령§163①)　　　　　　　　　　　　法的지급의무 없이 지급(필요경비)

법적 지급의무가 있는 비용을 실제 지급한 경우에는 필요경비로 공제할 수 있는 것이나, 법적 지급의무가 없이 대신 지급한 비용은 필요경비로 공제할 수 없음

중요 중 / 난이 중

적용사례(서면-2017-부동산-1711, '17.12.06.)

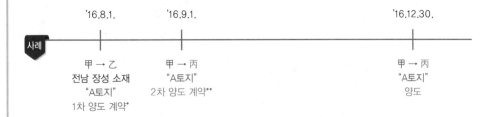

* 양도가액 7억원, 계약금 20%(1.4억원) 수취

** 丙이 甲에게 양도가액 7.4억원 지급하고 甲이 乙에게 지급해야 할 위약금 1.4억원도 대신 지급하기로 하여 1차 양도계약을 해지하고 2차 양도 계약

Q1 前 소유자(甲)가 지급해야 할 1차 계약의 위약금을 2차 계약 매수인(丙)이 대신 지급한 경우, 해당 금액을 2차 계약 매수인이 취득한 해당 토지를 양도 시 필요경비로 공제 가능한지 여부?

A1 자산을 취득할 때 법적 지급의무가 있는 비용을 실제 지급한 경우에는 필요경비로 공제할 수 있는 것이나, 법적 지급의무가 없이 대신 지급한 비용은 필요경비로 공제할 수 없음

🗞 관련 판례 · 해석 등 참고사항

▶ **부동산거래관리과-488, '10.03.30.**

- 자산 취득 시 법적인 지급의무 없이 대신 지급한 비용은 양도가액에서 공제하는 필요경비에 해당하지 아니하는 것임

※ 사실관계
- 甲은 임야 약 300평을 4억원에 '10.4.1.에 취득할 예정인데 위 토지 위에 약 20년 이상 된 무허가 건물이 소재하며 그 건물에서 거주하는 사람이 있음
- 甲이 그 토지를 취득하여 무허가 건물을 멸실한 후 주택을 신축하여 일정기간 거주 또는 임대 후 양도하려고 하는데 무허가 건물 소유자가 지상권 명목으로 5천만원의 금전을 요구하고 있음
- 계약조건으로 토지가격 외에 무허가 건물에 대해서는 매수자가 책임지는 조건임

'03.7.1.	'18.10.1.	'18.11.1.
甲. 서울 성동 소재 "쟁점부동산" 취득*	임차인 모텔관련 사업자등록 폐업	甲. "쟁점부동산" 양도**

　* 토지가액 4억원, 건물가액 5억원에 취득하여 모텔사업자에게 임대 개시

** 토지와 건물을 아파트 건설업체에 25억원에 일괄 양도하면서 토지가액 25억원, 건물가액 0원으로 양도 계약서 작성

※ 매매계약서상 특약사항 : 아파트 신축사업 예정지로 건축물에 대한 철거가 예정되어 있어 건물 양도가액은 0원으로 하고, 양수법인은 주변 부동산도 일괄 취득하여 건물을 모두 철거하고 아파트를 신축하기로 함

※ 甲은 양도가액 25억원(토지 25억원, 건물 0원), 취득가액(토지 4억원, 건물 5억원)에 양도세 신고 · 납부함

사례 1　건물의 재산적 가치가 있는 경우(양도자 입장)

▶ 양도자가 신고한 양도가액과 취득가액의 적정 여부

- 양도물건이 비록 양도 계약서 상 철거 예정이고 실제 철거되었으며 계약서상 구분 표시된 건물의 가액이 0원이라고 하더라도

  – 건물이 양도 직전까지 약 15년간을 모텔사업에 사용되고 있었고 건물 노후화 등을 고려할 때 건물이 재산적 가치가 있다고 판단되면 일괄 양도대금을 토지 · 건물의 기준시가 등으로 안분 계산*함이 적정

- 양도한 때에 건물의 재산적 가치가 있다고 인정되면 취득가액도 수익 · 비용 대응에 따라 건물의 당초 취득가액이 필요경비로 인정되어야 함

▶ 소령§166[양도차익의 산정 등]

⑥ 소법§100②의 규정을 적용함에 있어서 토지와 건물 등의 가액이 불분명한 때에는 부가령§48의4④ 단서의 규정에 의하여 안분계산한다.

쟁점 정리
[토지와 건물을 일괄 양도하는 경우 양도(취득)가액 산정]

사례 2 건물의 재산적 가치가 없는 경우

⊙ 양도자가 신고한 양도가액과 취득가액의 적정 여부

- 양도물건의 양도 계약서 상 철거 예정이고 실제 철거되었으며 계약서상 구분 표시된 건물의 가액이 0원으로 기재하였고

  - 매매계약서, 건물 노후화 상태, 사용 여부 및 철거현황 등 제반 사정을 종합하여 볼 때 실제 건물가액이 없음이 확인된다면 양도 시 건물가액은 0원임

- 양도물건의 건물가액이 없으므로 건물은 소법§88에 따라 '자산이 유상으로 사실상 이전'되는 경우에 해당하지 아니하므로 양도세 과세대상 자산에 해당하지 아니함 (법규재산2012-492, '12.12.24.)

  - 따라서 당초 취득 시 건물의 취득가액은 필요경비로 산입할 수가 없음

> 📑 **관련 판례 · 해석 등 참고사항**

▶ **법규재산2012-492, '12.12.24.**
  - 토지와 그 토지에 정착된 건물을 일괄양도하면서 계약서상에 토지 및 건물가액을 구분 표시하되, 건물가액은 없는 것으로 하고 양수인이 양도받은 건물을 철거한 경우, 매매계약 체결 당시 건물철거가 예정되어 있고, 실제 철거되었으며, 계약서에 구분표시된 건물의 가액(0원)이 정상적인 거래 등에 비추어 합당하다고 인정되는 경우 해당 건물은 양도소득세 과세대상 자산에 해당하지 아니함

⊙ 건물 철거비용을 양수자의 취득가액에 산입 여부

- 토지만을 이용하기 위하여 토지와 건물을 함께 취득한 후 해당 건물을 철거하고 토지만을 양도하는 경우 철거된 건물의 취득가액과 철거비용의 합계액에서 철거 후 남아있는 시설물의 처분가액을 차감한 잔액을 양도자산의 필요경비로 산입함 (소법기본통칙97-0…8, 양도세집행기준 9-163-40)

> **참고** 철거되는 건물 등과 관련한 양도세 집행기준

◉ 양도자 입장

- 집행기준 97-163-42 [건물을 매매계약조건에 따라 멸실한 경우로서 건물가액이 양도가액에 포함된 경우]
  - 건물을 취득하여 장기간 사용 후 매매계약조건에 따라 건물을 멸실하고 토지만을 양도하는 경우로서 건물가액이 양도가액에 포함된 경우에는 토지와 건물의 양도차익은 각각 계산하므로 건물 취득가액을 필요경비로 산입할 수 있음

- 집행기준 97-163-35 [장애철거 등에 지출한 비용]
  - 토지의 이용편의를 위하여 지출한 묘지이장비는 필요경비에 산입되는 것이며, 토지소유자가 토지를 양도하면서 불법 건축되어 있던 무허가건물을 매수 · 철거하는데 지출한 비용도 양도자산의 필요경비에 해당됨
    ex) 양도자 소유의 토지 위에 타인 소유의 건축물 등이 있어 양도하기 위하여 이를 매수하여 철거하는데 지출한 비용

- 집행기준 97-163-41 [철거되는 건물의 취득가액이 필요경비에 산입되지 않는 경우]
  - 토지와 건물을 함께 취득하여 장기간 사용 후 건물을 철거하고 나대지 상태로 양도하는 경우에는 건물의 취득가액과 철거비용 등은 토지의 취득가액에 산입하지 아니함
    ☞ 건물 재산가액 0원

◉ 양수자 입장

- 집행기준 97-163-40 [철거되는 건물의 취득가액이 필요경비에 산입되는 경우]
  - 토지만을 이용하기 위하여 토지와 건물을 함께 취득한 후 해당 건물을 철거하고 토지만을 양도하는 경우 철거된 건물의 취득가액과 철거비용의 합계액에서 철거 후 남아있는 시설물의 처분가액을 차감한 잔액을 양도자산의 필요경비로 산입함
    ☞ 토지와 건물을 함께 취득*한 후 단기간에 건물을 철거하고 시간이 상당히 경과한 후에 토지만(건물 재산가액 0원)을 양도한 경우임
    * 건물을 부득이하게 취득한 것이므로 자본적 지출이 아닌 취득 부대비용에 해당

토지·건물을 함께 취득한 후 해당 건물을 철거하여 토지만을 양도하거나, 새로 건물을
건축하여 그 건물과 함께 양도 시 철거된 건물의 취득가액은 토지와 기존건물의 취득이
당초부터 건물을 철거하여 토지만을 이용하려는 목적이었음이 명백한 것으로 인정되는
경우에 한해 필요경비 산입

중요 상 | 난이 중

적용사례(사전-2021-법규재산-1832, '22.03.10.)

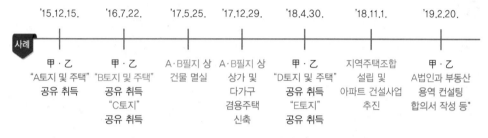

* 甲·乙이 A법인과 지역주택조합에 부동산 매매 협상업무 의뢰 및 부동산용역컨설팅 합의서 작성하고 매각 컨설팅
  비용 지급

※ 甲·乙은 부부사이로 이후 모두 부동산을 공유 취득함

Q1 갑·을이 멸실한 건물의 취득가액 및 매각 컨설팅 비용이 양도세 필요경비에 포함되는 지 여부?

A1 • 토지와 건물을 함께 취득한 후 해당 건물을 철거하여 토지만을 양도하거나, 새로 건물을 건축하여 그
  건물과 함께 양도하는 경우 철거된 건물(기존건물)의 취득가액은 토지와 기존건물의 취득이 당초부터
  건물을 철거하여 토지만을 이용하려는 목적이었음이 명백한 것으로 인정되는 경우에 한하여
  필요경비로 산입할 수 있음
  • 매수자가 이미 정해진 거래에서 그 매매대금의 협상을 위해 지출한 컨설팅 비용은 소령§163⑤ 각 호의
  어느 하나에 따른 비용에 해당하지 않음

📖 관련 판례 · 해석 등 참고사항

토지에 건물을 신축하여 임대업에 사용하다가 건물을 철거하는 조건으로 양도 시 건물의
취득가액이나 철거비용은 원칙적으로 필요경비에 해당하지 않음

중요 상 / 난이 상

적용사례(조심-2019-서-0160, '19.06.13.)

'94.6.14. — "쟁점토지" 취득
'95.12.22. — "쟁점건물" 신축 · 임대
'16.12.1. — "쟁점 부동산 (토지 · 건물)" 매매 계약*
'17.1.20. — "쟁점건물" 멸실 등기
'17.2.2. — "쟁점토지" 양도

* 쟁점건물 멸실 후 나대지 상태로 쟁점토지 양도 계약

Q1 토지에 건물을 신축하여 임대업에 사용하다가 건물을 철거하는 조건으로 양도 시 건물의 취득가액이나
철거비용을 필요경비로 공제 가능한 지 여부?

A1 • 토지와 별개의 자산인 건물의 취득가액은 원칙적으로 토지 양도가액에서 공제할 필요경비에 해당하지
아니하나
• 예외적으로 토지와 건물을 일괄 취득하였다가 토지만을 이용하기 위하여 건물을 단시일 내에 철거에
착수하는 등 당초부터 건물을 철거하고 토지만을 이용하려는 목적이었음이 명백한 것으로 인정될
때에는 철거된 건물의 취득가액과 철거비용을 토지의 취득가액에 산입할 수 있음
• 이 건은 쟁점토지 취득 후 쟁점건물을 신축하여 약 20여년간 임대사업에 사용하다 양도일 전에
쟁점건물을 철거하여 멸실 등기한 후 쟁점토지만을 매매대상으로 양도하여 쟁점토지의 필요경비로
인정할 수 없음

📑 관련 판례 · 해석 등 참고사항

토지에 건물을 신축하여 임대업에 사용하다가 건물을 철거하는 조건으로 양도 시 건물의 취득가액이나 철거비용은 필요경비에 해당하지 않음

중요 상   난이 상

적용사례

(서울고등법원2012누1756, '12.11.30., 대법원2013두2440, '13.05.23.)

| '85.1.1.~'86.12.31. | '88.6.1. | '05.10.7. | '05.10.25. | '06.3.30. |

사례

"쟁점토지" 취득 / "쟁점건물" 신축·임대 / "쟁점 부동산 (토지·건물)" 매매 계약* / "쟁점토지" 양도 / "쟁점건물" 철거

* 쟁점건물을 원고 책임으로 철거하고 철거 완료되면 매수회사가 원고에게 철거비용으로
  2억원 지급하기로 양도 계약하였고 실제 철거 후 지급하였으며, 매매대상 물건에 건물은 제외됨

Q1 토지에 건물을 신축하여 임대업에 사용하다가 건물을 철거하는 조건으로 양도 시 건물의 취득가액이나 철거비용을 필요경비로 공제 가능한 지 여부?

A1 • 토지와 별개의 자산인 건물의 취득가액은 원칙적으로 토지 양도가액에서 공제할 필요경비에 해당하지 아니하나
　　 • 예외적으로 토지와 건물을 일괄 취득하였다가 토지만을 이용하기 위하여 건물을 단시일 내에 철거에 착수하는 등 당초부터 건물을 철거하고 토지만을 이용하려는 목적이었음이 명백한 것으로 인정될 때에는 철거된 건물의 취득가액과 철거비용을 토지의 취득가액에 산입할 수 있음
　　 • 이 건은 쟁점토지 취득 후 쟁점건물을 신축하여 약 17여년간 임대사업에 사용하다 매매계약시 쟁점건물을 철거하기로 약정하고 쟁점토지만을 매매대상으로 양도하여 쟁점토지의 필요경비로 인정할 수 없음

📜 **관련 판례 · 해석 등 참고사항**

제 14 편

취득 후 단시일 내에 토지만을 이용하기 위하여 취득한 것이 명백히 입증된 경우 구 건물의
취득가액 및 철거비용은 필요경비에 산입

중요 중　난이 상

적용사례

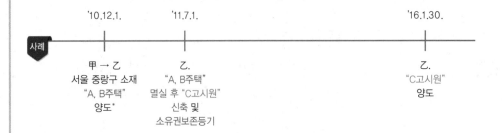

'10.12.1.　　　'11.7.1.　　　　　　　　　　　　'16.1.30.

사례

甲 → 乙
서울 중랑구 소재
"A, B주택"
양도*

乙.
"A, B주택"
멸실 후 "C고시원"
신축 및
소유권보존등기

乙.
"C고시원"
양도

* A, B주택 매매계약서 특약사항란에 "건축인·허가에 관련한 사항은 매도인이 적극 협조하고 현 매매는 건축을
목적으로 하는 계약이며 건축허가가 안 나올 시 계약 해지 조건"이라고 명시하였음

Q1 을이 "C고시원"을 양도 시 A, B주택의 취득가액과 철거비용을 필요경비에 산입 여부?

A1 취득 후 단시일 내에 토지만을 이용하기 위하여 취득한 것이 명백히 입증된 경우 C고시원의 필요경비로
산입하여 양도차익을 계산함

📖 **관련 판례·해석 등 참고사항**

▸ **소법 기본통칙 97-0-8**, 서울고등법원2012누1756, '12.11.30.

– 토지만을 이용하기 위하여 토지와 건물을 함께 취득한 후 해당 건물을 철거하고 토지만을 양도하는 경우
철거된 건물의 취득가액과 철거비용의 합계액에서 철거 후 남아있는 시설물의 처분가액을 차감한 잔액을
양도자산의 필요경비로 산입한다. 다만, 그 양도차익을 기준시가로 산정하는 경우에는 철거된 건물의
취득 당시의 기준시가에 소령§163⑥1호 및 2호의 금액을 가산한 금액을 양도하는 토지의 필요경비로
산입한다.

▸ 서울고등법원2012누1756, '12.11.30.

건물 증축부분의 양도가액에서 공제할 필요경비에는 기존건물 철거부분의 취득가액은 포함하지 않음

중요
중

난이
상

적용사례(부동산납세과−931, '14.12.11.)

'10.3.1.

충남 서산 소재
"A근린상가 및
그 부수토지"
취득

'10.4.1.

"A근린상가"
3층 일부 철거"

'14.11.1.

"A근린상가 및
그 부수토지"
일괄 양도

사례

* '10.8월 A근린상가 3층 철거 후 2층 일부 및 3층 증축(자가 건축, 증축분에 대한 취득세 등을 납부하였으며, 건축물대장 및 건물등기사항증명서에는 '증축'으로 등재됨)

Q1 양도가액 중 건물가액을 안분하여 2·3층 자가 증축분 취득가액이 확인되지 아니하여
환산취득가액으로 결정할 예정인 바, 토지의 양도가액에서 3층 철거부분의 취득가액을 양도가액에서
공제할 필요경비로 보는 지 여부?

A1 • 토지와 그 지상건물을 함께 취득한 후 그 지상건물의 일부를 철거하고 증축하여 토지와 그 지상건물을
함께 양도하는 경우, 건물의 증축부분은 새로운 취득으로 보는 것으로서
  • 자산의 양도차익을 산정할 때 취득시기가 다른 토지와 건물을 함께 양도하는 경우 각각의 자산별로
양도차익을 산정할 수 있는 것이며, 이 경우 건물 증축부분의 양도가액에서 공제할 필요경비에는
기존건물 철거부분의 취득가액은 포함하지 않음

📜 관련 판례 · 해석 등 참고사항

해당 양도자산 보유기간에 그 자산에 대한 감가상각비로서 각 과세기간의 사업소득금액을 계산하는 경우 필요경비로 산입하였거나 산입할 금액이 있을 때에는 이를 공제한 금액으로 하는 것임

중요 중　　난이 중

적용사례(부동산거래관리과-35, '13.01.23.)

'01.8.29.	'02.5.9.	'13.1.10.		'10.12.9.	'11.4.26.
甲. 충남 공주 소재 "A´대지" 취득	甲. A´대지위 "A´건물*" 신축	"A건물"멸실 "B건물" 신축 (장부가액 5억원)		증액보상 결정	"B건물" 양도 예정

* 3층의 일반음식점 건물이며 A건물 장부가액이 4억원임

Q1 멸실된 A건물의 장부가액 4억원이 필요경비에 포함되는 지 및 그 감가상각비가 취득가액에서 차감되는 지 여부?

A1 해당 양도자산 보유기간에 그 자산에 대한 감가상각비로서 각 과세기간의 사업소득금액을 계산하는 경우 필요경비로 산입하였거나 산입할 금액이 있을 때에는 이를 공제한 금액으로 하는 것임

* 멸실된 A건물의 장부가액은 수익 · 비용 대응이 되지 않아 취득가액으로 산입 불가

📑 관련 판례 · 해석 등 참고사항

▶ **서면5팀-3146, '07.12.03., 서면5팀-521, '08.03.13.**

– 자산의 양도차익을 실지거래가액으로 계산하는 경우 양도가액에서 공제할 필요경비 중 취득가액을 산정함에 있어, 양도자산의 보유기간 증에 그 자산에 대한 감가상각비로서 각 연도의 부동산임대소득금액 또는사업소득금액의 계산 시 필요경비에 산입하였거나 산입할 금액이 있는 때에는 이를 공제한 것을 그 취득가액으로 하는 것임.

　☞ '11.1.1. 이후 양도분부터 사업소득 계산상 필요경비로 산입된 감가상각비가 양도소득의 필요경비로 이중공제되지 못하도록 명확화하여 취득가액을 실지거래가액으로 하는 경우뿐만 아니라 매매사례가액 · 감정가액 · 환산가액을 적용하는 경우에도 취득가액에서 차감함

▶ **사전-2021-법규재산-0856, '22.01.27.**

– 소법§97③에 따른 "감가상각비로서 각 과세기간의 사업소득금액을 계산하는 경우 필요경비에 산입하였거나 산입할 금액"에는 소령§68에 따라 감가상각한 것으로 의제된 감가상각비 상당액이 포함됨

토지와 건물을 일괄양도하는 경우로서 토지와 건물을 구분기장한 가액과 감정평가가액에 비례하여 안분계산한 가액이 토지의 경우 30/100 이상 차이가 발생하지 않으나 건물의 경우 30/100 이상 차이가 발생하는 경우 소법§100③에 따른 가액 구분이 불분명한 때에 해당함

중요 중 / 난이 상

적용사례(기획재정부 금융세제과-355, '24.07.01., 서면4팀-2641, '05.12.28.)

사례

'03.7.1.
"A사*"
설립

'05.5.1.
甲, "A사
(분할신설법인)
주식" 양도

* B사(분할존속법인)의 통신사업부를 인적분할(분할신설법인의 주식을 분할법인 주주의 지분율대로 균등하게 배부)하여 설립된 법인이고, B사의 자본금 및 주식발행초과금은 설립 시 불입액과 1차례의 유상증자를 통하여 형성된 금액으로서 설립 시 및 유상증자 시의 발행주식수 및 불입금액은 다음과 같음
- 발행주식수 5십만주, 자본금 25억원, 주식발행초과금 0원.
- 발행주식수 1.5백만주, 자본금 75억원, 주식발행초과금 200억원
  유상증자시 불균등 증자는 없었으므로, 갑주주의 B사 주식의 취득가액은 설립 및 1차유상증자시 각각 12.5억원 및 137.5억원임

※ 분할직전 B사의 자본 구성내역 및 분할 시 A사에 분할되는 자본의 구성내역은 다음과 같으며, 개인인 甲은 B사의 통신사업부가 분할되면서 B법인 주식 2백만주 중 1백만주가 감소되고, A사의 주식 1백만주를 취득하였음.

(단위 : 백만원)

구 분	분할직전 B사의 자본구성내역	분할직후 A사 (분할신설법인)의 자본구성내역	분할직후 B사 (분할법인)의 자본구성내역
자산	1,000억원	200억원	800억원
부채	400억원	100억원	300억원
자본금	100억원[1]	50억원[2]	50억원[3]
주식발행초과금	200억원	–	200억원
이익잉여금	300억원	50억원	250억원
자본합계	600억원	100억원	500억원

1) 발행주식수 2,000,000주   2) 발행주식수 1,000,000주   3) 발행주식수 1,000,000주

Q1 상기와 같은 경우 개인주주인 甲이 양도한 A사의 주식양도에 따른 양도세 계산 시 양도가액에서 차감해야 할 "취득가액"은 어떻게 산정하여야 하는지?

A1 법인의 분할로 인하여 취득한 주식의 1주당 취득가액

= (총 취득가액 − 분할존속법인 주식 상당가액 + 의제배당금 등) / 분할신설법인 주식수

➡ 다음 쪽에서 보충 설명

제14편

🔵 법인의 분할로 인하여 취득한 주식의 1주당 취득가액

- 총 취득가액 : 개인이 분할 前 법인의 주식 취득 시 지급한 금액

- 분할존속법인 주식 상당가액

  : 총 취득가액 × (분할존속법인 주식수 / 분할 前 법인 주식수)

- 분할 前 법인 주식 수 : 개인이 당초 취득한 분할 전 법인의 주식총수

- 분할존속법인 주식 수

  : 개인이 당초 취득한 분할 前 법인의 주식 중 분할 後 보유하는 주식 수

- 분할신설법인 주식 수

  : 분할로 인하여 개인이 취득한 분할신설법인의 주식 수

- 의제배당금 등

  : 분할 시 의제배당으로 과세된 의제배당금액은 가산, 교부받은 금액은 차감

⇒ 개인주주가 분할로 교부받은 분할신설법인의 주식을 양도함에 따라 취득가액을 산정함에 있어,

- 분할 前 법인의 주식을 취득하는데 소요된 금액 중 분할신설법인의 총 취득가액을 분할로 감소한 주식 수의 비율로 안분함

✍ 관련 판례 · 해석 등 참고사항

☞ 기획재정부에서 국세청의 기존해석(서면-2021-법규재산-6662, '22.04.19.)을 변경한 것으로, 기존 국세청 해석은 법법 기본통칙 16-0…1을 준용하여 간접출자법인 주식 취득가액(가산한 증여의제이익 포함)에 분할 전 분할하는 사업부문의 자기자본비율을 적용하여 안분계산한 후 각 주식별로 보유주식 수 중 양도하는 주식 수가 차지하는 비율을 곱하여 산정하는 것이라고 하였음

행정소송으로 인하여 보상금이 변동됨에 따라 당초 신고한 양도소득금액이 변동된 경우로서
소송 판결 확정일이 속하는 달의 다음 다음 달 말일까지 추가 신고 · 납부한 때에는
소법§110의 기한까지 신고 · 납부한 것으로 봄

적용사례(부동산거래관리과-0583, '11.07.08.)

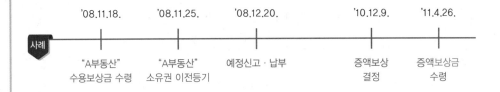

'08.11.18.	'08.11.25.	'08.12.20.	'10.12.9.	'11.4.26.
"A부동산" 수용보상금 수령	"A부동산" 소유권 이전등기	예정신고 · 납부	증액보상 결정	증액보상금 수령

Q1 A부동산의 수용 보상금이 법원판결에 의해 증액되어 지급된 경우 양도소득세 신고기한은?

A1 증액된 보상금을 수령한 날에 양도가액을 경정하여 국세기본법§45의 규정에 따라 수정신고*하면 됨

* 증액보상결정일(소송확정 판결일)이 속하는 달의 다음 다음 달의 말일까지 신고 · 납부하면 됨(가산세 없음)

📝 관련 판례 · 해석 등 참고사항

▶ 양도소득과세표준 확정신고를 한 자가 토지보상법이나 그 밖의 법률에 따른 토지등의 수용으로 인한 수용보상가액과 관련하여 제기한 행정소송으로 인하여 보상금이 변동됨에 따라 당초 신고한 양도소득금액이 변동된 경우로서 소송 판결 확정일이 속하는 달의 다음 다음 달 말일까지 추가 신고 · 납부한 때에는 소법§110의 기한까지 신고 · 납부한 것으로 봄(소령§173④)

◉ 과세처분의 적법성에 대한 입증책임

- 과세처분의 적법성에 대한 입증책임은 과세관청에 있으므로,

  - 필요경비에 대한 입증책임도 원칙적으로 과세관청이 부담하나,

  - 필요경비의 공제는 납세의무자에게 유리하고 그 기초자료도 납세의무자의 지배영역 안에 있는 것이어서 과세관청으로서는 그 입증이 곤란한 경우가 있으므로,

  - 입증의 곤란이나 당사자 사이의 형평을 고려하여 납세의무자로 하여금 필요경비를 입증케 하는 것이 합리적인 경우에는 입증의 필요를 납세의무자에게 돌려야 함

    (대법원2006두 16137, '07.10.26., 대법원2002두1588, '04.09.23.)

● 지장물(支障物)의 정의 및 양도소득에 포함 여부

• 정의 : 공익사업시행지구내의 토지에 정착한 건축물·공작물·시설·입목·죽목 및
  농작물 그 밖의 물건 중에서 당해 공익사업의 수행을 위하여 직접 필요하지 아니한 물건

  – "지장물"이라는 용어는 공익사업시행자로부터 수용이나 협의매수가 된 경우에만
    사용할 수 있으며, 사인간 거래에서는 "지장물"이라는 표현은 적절하지 않음

• 양도소득에 포함 여부

  – 감정평가법인 등의 객관적이고 합리적인 평가를 통해 양도소득 대상(토지, 건물 등)과
    명확히 구분된 경우에는 양도가액에서 제외(서면1팀-112, '06.01.27.)

  – 실무상 수용, 협의매수 이외의 대부분 거래는 감정평가법인 등의 객관적이고
    합리적인 평가를 하지 않으므로 통상 건물이나 토지의 양도가액에 포함됨

  – 토지 위에 설치된 비닐하우스 시설을 토지와 함께 하나의 거래단위로 양도 시 토지의
    양도가액에 포함(사전-2017-법령해석재산-0157, '17.08.22.)

    * 비닐하우스 시설을 양도가액에서 분리할 경우 취득가액도 분리하여야 하는 문제가 있으며, 비닐하우스 개량
      등에 사용된 비용은 자본적지출로 보아 필요경비로 인정

• 사업소득 또는 기타소득에 포함 여부

  – 사업자가 아닌 개인이 보유하고 있던 지장물인 경우, 계속·반복성이 없어 사업소득에
    해당하지 않음

⇒ 다음 쪽의 "법령" 참고

📋 **관련 판례·해석 등 참고사항**

▶ **심사소득2011-0084, '11.08.19.**
  – 정원수 소매업을 영위하는 사업자의 재고자산인 수목의 이전에 따른 지장물 이전 보상비는 보상금의
    성격으로 볼 수 있으므로 종합소득세 총수입금액 산입대상으로 보아야 함

⊙ 정의(토지보상법 시행규칙 § 2)

3. "지장물"이라 함은 공익사업시행지구내의 토지에 정착한
   건축물· 공작물 · 시설 · 입목 · 죽목 및 농작물 그 밖의 물건 중에서 당해
   공익사업의 수행을 위하여 직접 필요하지 아니한 물건을 말한다.

⊙ 건축물등 물건에 대한 보상(토지보상법 § 75)

① 건축물 · 입목 · 공작물과 그 밖에 토지에 정착한 물건(이하 "건축물등"이라 한다)에
   대하여는 이전에 필요한 비용(이하 "이전비"라 한다)으로 보상하여야 한다. 다만, 다음
   각 호의 어느 하나에 해당하는 경우에는 해당 물건의 가격으로 보상하여야 한다.

   1. 건축물등을 이전하기 어렵거나 그 이전으로 인하여 건축물등을 종래의 목적대로
      사용할 수 없게 된 경우
   2. 건축물등의 이전비가 그 물건의 가격을 넘는 경우
   3. 사업시행자가 공익사업에 직접 사용할 목적으로 취득하는 경우

② 농작물에 대한 손실은 그 종류와 성장의 정도 등을 종합적으로 고려하여
   보상하여야 한다.
③ 토지에 속한 흙 · 돌 · 모래 또는 자갈(흙 · 돌 · 모래 또는 자갈이 해당 토지와 별도로 취득
   또는 사용의 대상이 되는 경우만 해당한다)에 대하여는 거래가격 등을 고려하여 평가한
   적정가격으로 보상하여야 한다.
④ 분묘에 대하여는 이장(移葬)에 드는 비용 등을 산정하여 보상하여야 한다.
   (⑤ ~ ⑥ 생략)

> **참고**
> 지장물 : 공공사업 시행 지구에 속한 토지에 설치되거나 재배되고 있어 당해 공공사업 시행에 방해가 되는
> 물건
> ex) 시설물, 창고, 농작물, 수목 등

동일 과세기간에 A토지만 예정신고 · 납부하고, 나머지 B, C토지는 무신고한 경우 A, B, C 토지의 양도소득금액을 합산한 산출세액에서 A토지의 기납부세액을 차감한 세액에 20%를 무신고 가산세로 결정함

중요 상 ┃ 난이 중

적용사례

'21.2.1.	'21.7.1.	'21.9.1.	'22.7.1.
"① A토지" 양도 (1,000만원 신고 · 납부)	"② B토지" 양도 (2,000만원 무신고)	"③ C토지" 양도 (3,000만원 무신고)	"A, B, C토지" 합산 결정

※ '22.7.1.에 '21년 과세기간 양도소득금액 합산함에 따른 누진세율 적용으로 추가세액 500만원 가정 전제

Q1 확정신고기한 경과 후 위의 ①, ②, ③ 토지의 양도소득금액을 합산하여 결정할 경우, 가산세 적용방법은?

A1 · ①, ②, ③ 토지의 양도소득금액을 합산한 산출세액에서 ① A토지의 기납부세액(1,000만원)을 차감한 세액(②의 2,000만원+③의 3,000만원+누진세율 적용에 따른 추가 세액 500만원)에 20%를 무신고 가산세로 결정하고

· 납부지연가산세는 "납부할 세액 × 국기령에서 정한 이자율 × 경과일수"를 적용하되, ②의 납부세액은 '21.10.1.부터, ③의 납부세액은 '21.12.1.부터 그리고 합산결정 시 누진세율 적용에 따른 추가 납부세액(500만원)은 '22.6.1.부터 결정일까지를 경과일수로 하여 적용함

관련 판례 · 해석 등 참고사항

▶ 만약, 확정신고기한 前인 '22.4.1.에 과세관청에서 결정한다면, 납세자가 확정신고기한까지 합산하여 신고할 경우 무신고 가산세의 50%를 감면(국기법§48②3호) 받을 수 있는데 감면받을 기회를 박탈하게 되므로 확정신고기한 이전에는 결정하면 안됨

- 다만, ②의 B토지의 양도차익과 ③의 C토지의 양도차익 각각에 대하여만 결정하여 예정신고 무신고 가산세를 적용한 후, 확정신고기한이 경과한 후에 양도소득금액을 합산하여 누진세율 적용에 따른 추가납부세액에 대해 확정신고 무신고가산세를 적용하면 됨

제14편

25

양도소득금액의 계산(소법§95)

양도가액(소법§96)

— 필요경비(소법§97)

— 양도차익

— 장기보유특별공제(소법§95②)

= 양도소득금액

- 양도소득금액의 구분 계산(소법§102①)
  - 양도소득금액은 당해 연도 발생한 다음 각 호의 소득별로 구분하여 계산함. 이 경우 소득금액을 계산할 때 발생하는 결손금은 다른 호의 소득금액과 합산하지 아니함

    1. 토지·건물, 부동산에 관한 권리, 기타자산의 양도소득
    2. 주권상장·코스닥 상장·비상장 법인의 주식 또는 출자지분의 양도소득
    3. 파생상품의 양도소득
    4. 신탁 수익권의 양도소득

심화정리

▶ **양도차손의 통산방법**(소법§102②, 소령§167의2)

- 당해 연도에 2 이상의 자산을 양도함에 따라 특정자산에서 양도차손이 발생한 경우에는 다른 자산의 양도소득금액에서 공제할 수 있음. 다만, 아래의 각 호별 내에서만 양도차손 통산이 가능하나 잔여결손금의 연도 이월 공제는 안됨

  1. 토지 · 건물, 부동산에 관한 권리, 기타자산의 양도소득
  2. 주권상장 · 코스닥 상장 · 비상장 법인의 주식등 및 외국법인 발행 또는 외국시장에 상장된 주식등의 양도소득
  3. 파생상품의 양도소득
  4. 신탁 수익권의 양도소득

- 비과세되는 1세대 1주택의 양도로 발생한 양도차손은 다른 양도자산의 양도소득금액에서 차감하지 않으나(기획재정부 재산세제과-917, '11.10.27.)

- 1세대 1주택인 고가주택의 양도차손의 통산은 총 양도차손 중 9억원* 초과분에 상당하는 양도차손에 대해서만 통산 가능함(사전-2015-법령해석재산-0377, '15.12.11.)
  * 21.12.8. 이후 양도분부터 12억원

- 양도차손은 다음 각 호의 자산의 양도소득금액에서 순차로 공제함

  1. 양도차손이 발생한 자산과 같은 세율을 적용받는 자산의 양도소득금액
  2. 양도차손이 발생한 자산과 다른 세율을 적용받는 자산의 양도소득금액. 이 경우 다른 세율을 적용받는 자산의 양도소득금액이 2 이상인 경우에는 각 세율별 양도소득금액의 합계액에서 당해 양도소득금액에서 차지하는 비율로 안분하여 공제함

- 소법§90의 감면소득금액을 계산함에 있어 양도소득금액에 감면소득금액이 포함되어 있는 경우에는 순양도소득금액(감면소득금액을 제외한 부분)과 감면소득금액이 차지하는 비율로 안분하여 당해 양도차손을 공제한 것으로 보아 감면소득금액에서 당해 양도차손 해당분을 공제한 금액을 감면소득금액으로 봄

- 양도차익 계산에 있어서 양도가액에서 공제할 필요경비(환산취득가액 포함)가 양도가액을 초과하여 발생한 양도차손은 다른 부동산의 양도차익과 통산할 수 없음
  (서면5팀-2666, '07.10.04.)

🏠 심화정리

◉ 양도차손의 통산방법 사례

구 분	부동산 등 소득금액					주식 소득금액			
보유기간(세율)	합계	누진세율	누진세율	단일세율(50%)	단일세율(40%)	합계	10%	20%	30%
자산별 소득금액	4,000	2,000	△3,000	3,000	2,000	400	△100	300	200
① 1차 통산(같은 세율)후 소득금액	4,000	△1,000		3,000	2,000				
잔여 결손금 배분		0		△600[1]	△400[2]		0	△60[3]	△40[4]
② 2차 통산(다른 세율)후 소득금액	4,000			2,400	1,600	400		240	160
세율				50%	40%			20%	30%
산출세액	1,840			1,200	640	96		48	48

[1] $\triangle 1{,}000 \times 3{,}000 / (3{,}000 + 2{,}000) = \triangle 600$

[2] $\triangle 1{,}000 \times 2{,}000 / (3{,}000 + 2{,}000) = \triangle 400$

[3] $\triangle 100 \times 300 / (300 + 200) = \triangle 60$

[4] $\triangle 100 \times 200 / (300 + 200) = \triangle 40$

26

과세표준 및
산출세액

	양도소득금액			
−	감면대상 소득금액		양도소득 과세표준	
−	양도소득 기본공제	×	세 율	
=	양도소득 과세표준	=	양도소득 산출세액	

▶ 양도소득 기본공제(소법§103)

- 거주자 또는 비거주자에게 종합소득 등의 다른 소득이 있는지 여부와 관계없이 공제하며, 예정·확정신고를 하지 않더라도 공제된다. 다만, 미등기 양도자산에 해당하는 경우에는 공제하지 아니함

- 소법 또는 조특법이나 그 밖의 법률에 따른 감면소득금액이 있는 경우에는 그 감면소득금액 외의 양도소득금액에서 먼저 공제하고, 감면소득금액 외의 양도소득금액 중에서는 해당 과세기간에 먼저 양도한 자산의 양도소득금액에서부터 순서대로 공제함

- 비거주자의 양도세를 계산하는 경우에도 양도소득 기본공제를 적용함(재일46014-1494, '97.06.19.)

- 현행 소법상 양도소득공제는 거주자별로 1과세기간 중 1회에 한하여 공제하는 것이나 부동산이 사실상 종중 재산인 때에는 종중을 1거주자로 보아 양도세를 과세하는 것임(재일46014-3149, '94.12.09.)

❯ 양도소득 기본공제 금액(소법§103)

양도자산		양도소득 기본공제액
국 내 (소법§103)	부동산(특정주식 등 포함)	2,500,000원
	주식등	2,500,000원
	파생상품('17.1.1 이후 양도분)	2,500,000원
	신탁수익권('21.1.1. 이후 양도분)	2,500,000원
국외(소법§118의7)	부동산(특정주식 등 포함)	2,500,000원
국외전출세(소법§118의10④, '18.1.1. 이후 양도분)		2,500,000원
합 계		15,000,000원

- 양도소득이 있는 거주자의 기본공제금액은 해당 연도의 국내자산 양도소득인지 국외자산 양도소득인지 먼저 구분하고, 양도소득의 범위에 따라 아래 각 호의 소득별로 구분하여 해당 과세기간의 양도소득금액에서 각각 연 250만원을 공제함

  1. 토지 · 건물, 부동산에 관한 권리, 기타자산의 양도소득
  2. 주권상장 · 코스닥 상장 · 비상장 법인의 주식 또는 출자지분의 양도소득
  3. 파생상품의 양도소득
  4. 신탁 수익권의 양도소득

- 파생상품은 '17.1.1. 이후 양도분부터, 주식은 '20.1.1. 이후 양도분부터 국내 · 외 손익을 합산하도록 하였으며, 국외전출세는 '18.1.1. 이후 양도분부터, 신탁수익권은 '21.1.1. 이후 양도분부터 연 250만원을 공제함

◉ "양도소득 기본공제" 적용 순서

• 감면율이 다른 자산을 같은 날 양도하는 경우 양도소득 기본공제는 감면율이 낮은
  양도소득금액부터 먼저 공제하는 것임(부동산거래관리과–0893, '11.10.20.)

  ※ 사실관계

  – '10.7.1.에 100% 감면되는 농지(8년 자경감면)와 20% 감면되는 토지(수용감면)를
    같은 날 동시에 양도하였음('10년도에 다른 합산대상 소득은 없고, 누진세율 구간임)

• 소법§103의 규정에 따른 양도소득기본공제를 적용함에 있어서 거주자가 양도하는
  1필지의 주택 부수토지에 대해 서로 다른 양도소득세의 세율이 적용되는 경우에는 당해
  거주자가 선택하는 양도자산의 양도소득금액에서부터 순차로 공제할 수 있는 것임
  (서면5팀–554, '07.02.12.)

  ※ 사실관계

  – 주택부수토지 1필지(400평) 중 정착면적 이내 일반세율 적용 250평, 비사업용
    토지 중과세율 적용 150평

• 양도소득기본공제를 적용함에 있어 세율이 서로 다르게 적용되는 부동산을 양도한 경우,
  어느 부동산을 먼저 양도하였는지의 여부가 불분명한 경우에는 납세자에게 유리하다고
  판단되는 양도자산의 양도소득금에서부터 순차로 공제하는 것임.

  ※ 사실관계

  – 동일한 시점에 양도세 과세대상인 1년 이상 보유토지(누진세율 적용)와 1년 미만
    보유건물(36% 세율 적용)을 동시에 양도

◉ 양도세의 세율적용(소법§104)

- 세율 적용 시 보유기간의 계산(소법§104②)

    – 부동산, 부동산에 관한 권리, 주식등에 대한 양도세율을 적용하는 경우 보유기간의
    계산*은 해당 자산의 취득일부터 양도일까지로 하나, 아래에 해당하는 경우에는 각각
    그 정한 날을 그 자산의 취득일로 봄

    * 위의 경우에는 모두 보유기간 2년 미만의 단기 양도한 경우로서, 아래와 같은 특수한 상황에 단기 양도에
       따른 고율의 세율이 적용되는 불합리함을 개선하기 위한 것임

    – 상속받은 자산은 피상속인이 그 자산을 취득한 날(법정상속인이 유증받은 경우 포함)

    – 소법§97의2①에 해당하는 이월과세대상 자산은 증여자가 그 자산을 취득한 날

    – 법인의 합병·분할(물적분할 제외)로 인하여 합병법인, 분할신설법인 또는
    분할·합병의 상대방 법인으로부터 새로 주식등을 취득한 경우에는 피합병법인,
    분할법인 또는 소멸한 분할·합병법인의 상대방 법인의 주식등을 취득한 날

    – 대토보상에 대한 과세특례(조특법§70의2①)를 적용받은 환매 농지 등을 다시 양도하는
    경우 세율 적용을 위한 취득시기는 한국농어촌공사에 양도하기 전 해당 농지의
    취득일

- 조합원입주권·분양권에 대한 중과세(소법§104①1·2·3호, '21.6.1. 이후 양도분)

    – 보유기간 1년 미만 : 70%, 보유기간 1년 이상 2년 미만 : 60%

    – 분양권의 경우 2년 이상 보유한 경우에도 60%

◉ 양도소득세의 세율적용(소법§104)

- 미등기 양도자산의 고율 과세(소법§104①10호)

  - 보유기간 관계없이 70% 적용하나, 미등기양도 제외자산(소령§168)에 해당하면
    미등기양도자산으로 보지 아니함

  ※ 미등기 양도자산에 대한 불이익
  · 양도세 비과세 감면 적용 배제(소법§91①)
  · 필요경비 개산공제율 적용 시 낮은 율(0.3%) 적용(소령§163⑥)
  · 장기보유특별공제 적용 배제(소법§95②)
  · 양도소득 기본공제 배제(소령§103①1호)
  · 양도세 최고세율 적용(소령§104①10호)

- 다주택자 중과(소법§104⑦)

  - '17.8.2. 실수요 보호와 단기 투기수요 억제를 위한 주택시장 안정화 방안에 따라
    다주택자가 조정대상지역 내에 주택을 '18.4.1. 이후 양도하는 경우 기본세율에
    10%p(2주택자), 20%p(3주택 이상 보유자) 가산하여 세율 적용하다가, '20.7.10. 부동산
    투기를 방지하기 위하여 '21.6.1. 이후 양도분부터 중과세율을 각각 10%p를 더
    가산하여 적용함

  - 현 정부가 들어서면서 '22.5.10. 이후부터 '26.5.9.까지 양도분까지 한시적으로
    중과를 유예하여 기본세율을 적용하고 장기보유특별공제도 적용하고 있음

- 비사업용 토지 등에 대한 중과(소법§104①8호)

  - '14.1.1.부터 비사업용 토지에 대한 중과가 폐지되고 기본세율에 10%p를 가산하도록
    법률을 개정하였고 '16.1.1부터는 기본세율에 10%p를 가산한 비사업용 토지 세율을
    적용하도록 함

▶ 양도소득세의 세율적용(소법§104)

- 세액계산 특례 보완('15.1.1. 이후 양도분부터 적용)

  – 둘 이상의 세율이 동시에 적용되는 자산 양도 시 세율 적용 방법(소법§101①)
  · 하나의 자산이 둘 이상의 세율에 해당하는 때에는 해당 세율을 적용한 산출세액 중 큰 것으로 함

사례) 1년 10개월 보유한 비사업용 토지를 '23.7.1.에 양도한 경우

비교	과세표준	세율	누진공제	산출세액
ⓐ	80,000,000	40%(2년 미만)	–	28,000,000
ⓑ	80,000,000	34%(비사토 세율)	5,760,000	21,440,000

⇒ 산출세액은 둘 중 더 큰 금액인 28,000,000원이 되는 것임

  – 세율이 다른 둘 이상의 자산 양도 시 세율 적용 방법(소법 §104⑤)
  Max(①, ②)
  ① 해당과세기간의 양도소득 과세표준 합계액 × 기본세율 = 양도소득 산출세액
      – 양도세 감면액
  ② 자산별 양도소득 산출세액 합계액 – 양도세 감면액

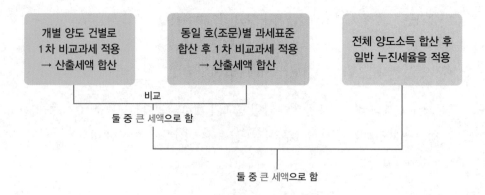

주택부수토지로서의 보유기간이 1년 미만인 경우 동 주택부수토지 양도소득 과세표준에
대해서 소법(2020.8.18. 법률 제17477호로 개정된 법률)§104①3호에 따른 100분의 70의 세율을
적용하여 계산한 금액을 그 산출세액으로 하는 것임

중요
중

난이
상

적용사례(기획재정부 재산세제과-1354, '22.10.27.)

'20.4.1.　　　　　　　　　　　　　'20.12.1.　　　　　'21.7.1.

사례

전남 나주시 소재　　　　　　　　　"A토지" 위에　　　　"A토지"
"A토지"　　　　　　　　　　　　　"B주택"　　　　　　"B주택"
취득　　　　　　　　　　　　　　　건축*　　　　　　　양도

* 1층 22m², 2 · 3 · 4층 각 151m²

Q1 양도가액 중 주택(주택부수토지 포함) 전체 토지 보유기간이 1년 이상 2년 미만, 주택부수토지
보유기간이 1년 미만인 경우 적용세율?
(나대지 위 주택을 건축하여 주택과 부수토지를 단기양도 시 부수토지 부분 적용 세율)

A1 주택부수토지로서의 보유기간이 1년 미만인 경우 동 주택부수토지 양도소득 과세표준에 대해서
소법(2020.8.18. 법률 제17477호로 개정된 법률)§104①3호에 따른 70/100의 세율을 적용하여 계산한
금액을 그 산출세액으로 하는 것임
　☞ 전체 토지 보유기간이 1년 이상 2년 미만(40%)과 주택부수토지로서의 보유기간이 1년 미만(70%)과
　　비교하여 높은 세율(70%)을 적용

📃 관련 판례 · 해석 등 참고사항

▶ **기획재정부 재산세제과-53, '15.01.15.**
　– 양도세 적용 세율 중 둘 이상의 세율에 해당할 때에는 그 중 높은 것을 적용하고, 주택부수토지로서
　　보유기간이 1년 미만이고, 일반토지로서 보유기간이 1년 이상 2년 미만인 경우 100분의 40의 세율이
　　적용됨
　　☞ 바로 위와 같이 '14.1.1. 이후부터 '21.5.31.까지에는 주택(부수토지 포함) 및 조합원입주권의
　　　단기양도는 그 보유기간이 1년 미만인 경우만 40%였고 1년 이상인 경우에는 기본세율을
　　　적용하였으므로, 주택 부수토지로서 보유기간이 1년 미만인 경우 40%, 일반토지로서 보유기간이
　　　1년 이상 2년 미만인 경우에도 40%가 적용되었으므로 40% 세율이 적용되는 것임

제
14
편

원 조합원이 조합원입주권을 양도할 경우 양도세 세율 적용 시 보유기간(소법§104②)은
종전토지 및 건물의 취득일부터 양도일까지의 기간으로 계산하는 것임

중요 상   난이 중

적용사례(사전-2021-법령해석재산-1152, '21.11.29.)

'05.10.1.	'16.10.1.	'20.1.15.	'21.6.1.
甲. 부산 소재 "A아파트" 취득 및 현재까지 거주	甲의 母* → 甲 "B빌라" 증여 받음	도시정비법상 재개발사업에 따른 관리처분계획인가 B빌라→B'조합원입주권	"B'조합원입주권" 양도 계약**

* 甲의 母는 '01.4.1.에 B빌라 취득
** '21.12.1.에 B'조합원입주권 잔금 수령 예정

Q1 '16.10.1. 증여받은 조정대상지역 주택이 관리처분인가가 되어 조합원입주권으로 전환된 상태에서
양도하는 경우 양도소득세 세율 적용 시 보유기간 계산방법은?

A1 원 조합원이 조합원입주권을 양도할 경우 양도세 세율 적용 시 보유기간(소법§104②)은 종전토지 및
건물의 취득일부터 양도일까지의 기간으로 계산하는 것임

🖎 관련 판례 · 해석 등 참고사항

▶ **소법§104[양도소득세의 세율]**

② 소법§104①2호(1년 이상~2년 미만 단기 양도) · 3호(1년 미만 단기 양도) 및 11호가목(중소기업 외의
법인 주식등으로서 대주주가 1년 미만 보유한 주식등)의 보유기간은 해당 자산의 취득일부터 양도일까지로
한다. 다만, 다음 각 호의 어느 하나에 해당하는 경우에는 각각 그 정한 날을 그 자산의 취득일로 본다.

1. 상속받은 자산은 피상속인이 그 자산을 취득한 날
2. §97의2①에 해당하는 자산은 증여자가 그 자산을 취득한 날

조합원입주권을 상속 받아 재개발된 신축아파트를 양도하는 경우 세율 적용 시 보유기간
기산일은 당해 신축아파트의 사용승인서 교부일(사용승인서 교부일 전에 사실상 사용하거나
사용승인을 얻은 경우에는 그 사실상의 사용일 또는 사용승인일)이 됨

중요 상 / 난이 중

적용사례(사전-2017-법령해석재산-0095, '17.10.24.)

'94.4.27.	'06.7.10.	'10.9.14.	'15.11.30.	'16.11.3.
甲. 부산 동래 소재 "토지, 건물" 취득	주택재개발사업에 따른 관리처분계획인가	甲 사망 甲→乙 외 1인* "토지, 건물" 상속	"주택재개발 아파트" 사용검사필증 교부	"재개발 아파트" 양도

* 乙(甲의 처)과 丙(자녀)가 조합원입주권을 상속 받음

Q1 조합원입주권을 상속 받아 재개발된 신축아파트를 양도하는 경우 세율 적용 시 보유기간 기산일은?

A1 당해 신축아파트의 사용승인서 교부일(사용승인서 교부일 전에 사실상 사용하거나 사용승인을 얻은 경우에는 그 사실상의 사용일 또는 사용승인일)이 됨

☞ 통상 상속 받은 자산은 단기 양도 경향이 많아 단기 양도에 따른 고율의 세율이 적용되는 불합리함을 개선하기 위해 피상속인이 취득한 날부터 기산하나

‒ 위의 사례는 상속 받은 자산이 조합원입주권이고 양도한 자산은 재개발아파트로 서로 다른 자산이므로 피상속인이 취득한 날부터 기산할 수 없음

📑 **관련 판례 · 해석 등 참고사항**

▶ **구. 소법§104[양도소득세의 세율]**('16.12.20. 법률 제14389호로 개정되기 전의 것)

② 소법§104①2호(1년 이상~2년 미만 단기 양도) · 3호(1년 미만 단기 양도) 및 11호가목(중소기업 외의 법인 주식등으로서 대주주가 1년 미만 보유한 주식등)의 보유기간은 해당 자산의 취득일부터 양도일까지로 한다. 다만, 다음 각 호의 어느 하나에 해당하는 경우에는 각각 그 정한 날을 그 자산의 취득일로 본다.

1. 상속받은 자산은 피상속인이 그 자산을 취득한 날

▶ **소법§94[양도소득의 범위]**

① 양도소득은 해당 과세기간에 발생한 다음 각 호의 소득으로 한다.

1. 토지 또는 건물의 양도로 발생하는 소득

2. 다음 각 목의 어느하나에 해당하는 부동산에 관한 권리의 양도로 발생하는 소득

별도세대인 피상속인으로부터 조합원입주권을 상속 받아 재개발된 신축아파트를 양도하는 경우 1세대 1주택 비과세의 적용과 장기보유특별공제액의 계산 및 세율을 적용함에 있어 보유기간 기산일은 당해 재건축아파트의 사용검사필증 교부일이 됨

중요 상 난이 중

적용사례(부동산거래관리과-284, '11.03.29.)

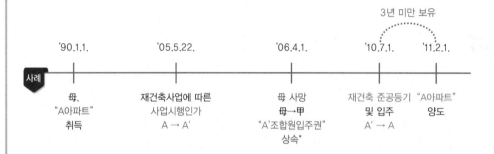

* 甲은 母와 A아파트 취득 시부터 '05.12.31.까지 A아파트에서 거주하다가 '05.12.1.에 母와 세대분리한 상태에서 조합원입주권을 상속 받음

Q1 별도세대인 피상속인으로부터 조합원입주권을 상속 받아 재개발된 신축아파트를 양도하는 경우 1세대 1주택 비과세 해당 여부?

A1 1세대 1주택 비과세의 적용과 장기보유특별공제액의 계산 및 세율을 적용함에 있어 보유기간 기산일은 당해 재건축아파트의 사용검사필증 교부일(사용검사 전에 사실상 사용하거나 사용승인을 얻은 경우에는 그 사실상의 사용일 또는 사용승인일)이 됨

📜 관련 판례 · 해석 등 참고사항

▶ **사전-2019-법령해석재산-0649, '20.02.11.**
- 재건축정비사업 조합의 조합원 지위를 상속에 의해 승계받아 취득한 신축주택을 양도 시 양도세 세율 적용에 따른 신축주택의 취득시기는 당해 주택의 사용승인서 교부일(사용승인서 교부일 전에 사실상 사용하거나 임시사용승인을 받은 경우에는 그 사실상의 사용일 또는 임시사용 승인을 받은 날 중 빠른 날)임

소법§104①의 양도세 세율 적용 시 보유기간은 해당 자산의 취득일부터 양도일까지 계산하는 것이나, 상속받은 자산의 보유기간은 직전 피상속인이 그 자산을 취득한 날부터 기산하는 것임

중요	난이
상	중

적용사례(기획재정부 재산세제과−210, '13.03.12.)

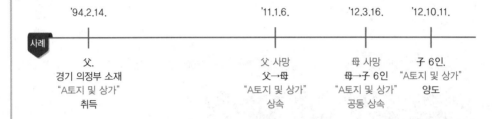

'94.2.14.　　　　　　　　　　　'11.1.6.　　　'12.3.16.　'12.10.11.

사례

父.
경기 의정부 소재
"A토지 및 상가"
취득

父 사망
父→母
"A토지 및 상가"
상속

母 사망
母→子 6인
"A토지 및 상가"
공동 상속

子 6인.
"A토지 및 상가"
양도

Q1 父에서 母로, 母에서 子로 재상속된 부동산을 양도 시 그 자산의 취득일을 언제로 보아 양도세 세율을 적용하는지?

A1 소법§104①의 양도세 세율 적용 시 보유기간은 해당 자산의 취득일부터 양도일까지 계산하는 것이나, 상속받은 자산의 보유기간은 직전 피상속인이 그 자산을 취득한 날부터 기산하는 것임

📑 **관련 판례 · 해석 등 참고사항**

▶ **부동산거래관리과−1235, '10.10.08.**

　– 상속받은 자산의 양도세의 세율 적용 시 보유기간의 계산은 직전 피상속인이 그 자산을 취득한 날부터 상속인이 당해 자산을 양도한 날까지의 기간으로 하는 것임

27

자진납부세액의 계산

산출세액

− 감면세액, 외국납부세액공제, 원천징수세액공제, 전자신고 세액공제

+ 가산세[무(과소)신고, 납부지연, 기장불성실 등]

− 기 신고 · 결정 · 경정세액, 조정공제(국외전출세)

= 자진납부할 세액

- 양도소득 감면세액의 계산 산식(소법§90①)
  - 양도소득금액에 감면대상소득금액이 있는 때에는 다음 산식에 의해 계산한 금액을 양도소득 산출세액에서 공제함

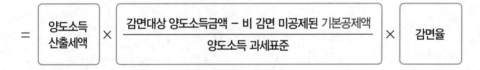

$$= \text{양도소득 산출세액} \times \frac{\text{감면대상 양도소득금액} - \text{비 감면 미공제된 기본공제액}}{\text{양도소득 과세표준}} \times \text{감면율}$$

- 양도소득금액 직접차감방식(소법§90②)
  - 조특법에서 양도세의 감면을 양도소득금액에서 감면대상 양도소득금액을 차감하는 방식으로 규정하는 경우에는 소법§95에 따른 양도소득금액에서 감면대상소득금액을 차감한 후 양도소득과세표준을 계산하는 방식으로 양도세를 감면함

➡ 상세 내용은 "제7편 감면일반 및 감면한도" 참고

- 외국납부세액 공제액 계산(소법§118의6)
  - 국외자산의 양도소득에 대하여 해당 외국에서 과세를 하는 경우로서 그 양도소득에 대하여 소령§178의7에 정*하는 "국외자산 양도소득세액"을 납부하였거나 납부할 것이 있을 때에는 아래의 방법 중 하나를 선택하여 적용할 수 있음

    1. 개인의 양도소득금액을 과세표준으로 하여 과세된 세액
    2. 개인의 양도소득금액을 과세표준으로 하여 과세된 세의 부가세액

- 세액공제 방법
  - 국외자산 양도세액을 다음의 한도 내에서 해당 과세기간의 양도소득 산출세액에서 공제하는 방법

$$\text{공제한도금액} = \text{해당 과세기간 국외자산 양도소득 산출세액} \times \frac{\text{해당 국외자산 양도소득금액}}{\text{해당 과세기간의 국외자산에 대한 양도소득금액}}$$

- 필요경비 산입방법
  - 국외자산 양도소득에 대하여 납부하였거나 납부할 국외자산 양도세액을 해당 과세기간의 양도소득금액 계산상 필요경비에 산입하는 방법

28

양도세 신고·납부

예정신고 · 납부(소법§105, §106)

- 예정신고 · 납부기한

  - 토지 또는 건물, 부동산에 관한 권리, 기타자산 및 신탁수익권

    · 그 양도일에 속하는 달의 말일부터 2개월. 다만, 토지거래계약에 관한 허가구역에 있는 토지를 양도 시 토지거래계약허가를 받기 전에 대금을 청산한 경우에는 그 허가일*이 속하는 달의 말일부터 2개월

      * 토지거래계약허가를 받기 전에 허가구역의 지정이 해제된 경우에는 그 해제일을 말함
      ('18.1.1. 이후 토지거래허가구역의 지정이 해제되는 경우부터 적용)

  - 주식등(특정주식, 부동산과다보유법인 주식 제외) 양도에 대한 예정신고 · 납부기한은 양도한 날이 속하는 반기('17.12.31. 이전 양도분은 "분기")의 말일부터 2개월
    사례) '23.1.5.에 주식을 양도했다면 '23.8.31.이 예정신고 · 납부기한임

  - 특정주식 · 부동산과다보유법인의 주식 양도에 대한 예정신고 · 납부기한은 양도한 날이 속하는 달의 말일부터 2개월(부동산과 같음)
    사례) '23.5.5..에 특정주식을 양도했다면 '23.7.31.이 예정신고 · 납부기한임

  - 부담부증여의 채무액에 해당하는 부분으로서 양도로 보는 경우에는 그 양도일이 속하는 달의 말일부터 3개월
    · '17.1.1. 이후 부담부증여하는 분부터 적용

  - 위의 예정신고는 양도차익이 없거나 양도차손이 발생한 경우에도 신고해야 하나, 1세대 1주택 등 비과세 자산을 양도한 경우에는 신고하지 않아도 됨

❯ 예정신고 · 납부(소법§106)

- 예정신고 및 자진납부 방법

  - 예정신고를 하는 자는 "양도소득과세표준 신고 및 납부계산서"와
    "양도소득금액계산서" 또는 "주식 양도소득금액 계산 명세서"를 작성하고, 그 신고서에
    다음의 각 서류를 첨부하여 예정신고 기한 내에 납세지 관할 세무서에 제출(전자신고
    포함)하는 동시에 자진 납부할 세액을 납세지 관할 세무서 · 한국은행 또는 체신관서에
    납부하여야 함

  - 해당 과세기간에 2회 이상 양도한 양도소득금액을 합산 신고하려는 경우

    ① 토지, 건물, 부동산에 관한 권리, 기타자산 예정신고 산출세액

    [(이미 신고한 자산의 양도소득금액 + 2회 이후 신고하는 자산의 양도소득금액 – 양도소득
    기본공제) × 소법§104①1호의 세율] – 이미 신고한 예정신고 산출세액

    ② 비사업용 토지, 특정주식과 부동산과다보유법인주식(비사업용토지 과다소유 법인주식)
    예정신고 산출세액

    [(이미 신고한 자산의 양도소득금액 + 2회 이후 신고하는 자산의 양도소득금액 – 양도소득
    기본공제) × 소법 §104①8호 또는 9호의 세율] – 이미 신고한 예정신고 산출세액

  - 예정신고서에 첨부할 서류(소령§169①)

부동산, 부동산에 관한 권리	주식등, 기타자산
– 매도 및 매입에 관한 계약서 사본	– 매도 및 매입에 관한 계약서 사본
– 환지 예정지 증명원 · 잠정등급확인원 및 　관리처분내용을 확인할 수 있는 서류 등 – 자본적 지출액 · 양도비 등의 명세서 – 감가상각비 명세서	– 양도비 등의 명세서 – K–OTC거래 : 매매 내역서 – 대주주의 주식거래 내역서 – 연도 중에 대주주에 해당하는 경우 대주주 　등 신고서

⦿ 확정신고 · 납부(소법§110, §111)

- 확정신고 · 납부기한
  - 양도소득금액이 있는 거주자는 그 양도소득 과세표준을 그 과세기간의 다음 연도 5월 1일부터 5월 31일까지 관할 세무서장에게 자진 신고 · 납부하여야 하고, 해당 연도의 과세표준이 없거나 결손금액이 있는 때에도 신고하여야 함
  - '01.1.1. 이후 양도분부터 토지거래계약에 관한 허가일*이 속하는 과세기간의 다음 연도 5월 1일부터 5월 31일까지
    * 토지거래계약허가를 받기 전에 허가구역의 지정이 해제된 경우에는 그 해제일을 말함
    ('18.1.1. 이후 토지거래허가구역의 지정이 해제되는 경우부터 적용)
  - 법인의 부당행위계산 부인에 따라 소득처분으로 기 신고한 양도소득금액에 변동이 발생하게 되어 추가신고 · 납부가 필요한 경우, 소득금액 변동 통지를 받은 날이 속하는 다음다음 달 말일까지 추가 신고 · 납부(환급신고 포함)한 때에는 확정 신고기한까지 신고납부한 것으로 봄

- 확정신고 의무자(소령§173⑤)

  - 예정신고를 한 자는 원칙적으로 확정신고 대상자가 아니지만 다음의 경우에는 반드시 확정신고를 하여야 하고, 확정신고를 하지 않는 경우에는 가산세를 추가 부담함

    ① 당해연도에 누진세율의 적용대상 자산에 대한 예정신고를 2회 이상 한 자가 이미 신고한 양도소득금액과 합산하여 신고하지 아니한 경우
    ② 토지, 건물, 부동산에 관한 권리, 기타자산 및 신탁수익권을 2회 이상 양도한 경우로서 양도소득 기본공제 규정(소법§103②)을 적용할 경우 당초 신고한 양도 소득산출세액이 달라지는 경우
    ③ 주식등을 2회 이상 양도한 경우로서 양도소득 기본공제 규정(소법§103②)을 적용할 경우 당초 신고한 양도소득산출세액이 달라지는 경우
    ④ 토지, 건물, 부동산에 관한 권리 및 기타자산을 둘 이상 양도한 경우로서 산출세액 비교과세(소법§104⑤)을 적용할 경우 당초 신고한 양도소득산출세액이 달라지는 경우

❯ 확정신고 · 납부(소법§110, §111)

- 확정신고 및 자진납부 방법

  - 확정신고를 하는 자는 "양도소득과세표준 신고 및 납부계산서"와 "양도소득금액계산서" 또는 "주식 양도소득금액 계산 명세서"를 작성하고, 그 신고서에 다음의 각 서류를 첨부하여 예정신고 기한 내에 납세지 관할 세무서에 제출(전자신고 포함)하는 동시에 자진 납부할 세액을 납세지 관할 세무서 · 한국은행 또는 체신관서에 납부하여야 함

  - 확정신고서에 첨부할 서류(소령§173②)

부동산, 부동산에 관한 권리	주식등, 기타자산
– 매도 및 매입에 관한 계약서 사본	– 매도 및 매입에 관한 계약서 사본
– 환지 예정지 증명원 · 잠정등급확인원 및 　관리처분내용을 확인할 수 있는 서류 등 – 자본적 지출액 · 양도비 등의 명세서 – 감가상각비 명세서 – 확정신고 전 이미 결정(경정)고지된 납세고지서 사본	–양도비 등의 명세서 – K–OTC거래 : 매매 내역서 – 대주주의 주식거래 내역서 – 연도 중에 대주주에 해당하는 경우 　대주주 등 신고서 – 확정신고 전 이미 결정(경정)고지된 　납세고지서 사본

❯ 분납(소법§112)

- 거주자로서 예정신고 또는 확정신고 납부할 세액이 각각 1천만원을 초과하는 자는 다음 분납할 세액을 납부기한이 지난 후 2개월 이내에 분납가능

  1. 납부할 세액이 2천만원 이하인 때에는 1천만원을 초과한 금액
  2. 납부할 세액이 2천만원 초과인 때에는 그 세액의 100분의 50 이하의 금액

  * **1차분 납부기한이 공휴일에 해당하여** 그 다음 날이 신고 · 납부기한이 되는 경우에는 **분납분 납부기한은** 그 다음 날로부터 2개월이 되는 날임

29
수정신고와
경정 등의 청구

> ## 수정신고(국기법§45)

- 과세표준신고서를 법정신고기한까지 제출한 자 및 국기법 §45의3①에 따른 기한 후 과세표준신고서를 제출한 자는 그 과세표준 및 세액이 신고하여야 할 과세표준 및 세액에 미치지 못하거나, 결손금액 또는 환급세액이 신고하여야 할 결손금액이나 환급세액을 초과할 때에는 관할 세무서장이 과세표준과 세액을 결정 또는 경정하여 통지하기 전으로서 국세부과의 제척기간이 끝나기 전까지 과세표수정신고서를 제출할 수 있음

  - 수정신고*도 결정 · 경정과 마찬가지로 납세의무 확정의 효력이 인정됨을 명확히 (국기법 §22의2)하였으며, 기한 후 신고자에 대해서도 자기시정의 기회를 부여하여 '20.1.1. 이후 경정청구 또는 수정신고분부터 적용하도록 개정됨

    * 과세표준신고서를 법정신고기한까지 제출한 자의 수정신고로 한정

- 추가 자진 납부

  - 수정신고서를 제출한 자는 이미 납부한 세액이 과세표준수정신고액에 상당하는 세액에 미치지 못할 때에는 그 부족한 금액과 가산세를 추가하여 납부하여야 함. 추가납부하지 아니한 때에는 가산세 감면이 적용되지 아니함

  - '15.1.1. 이후 기한후신고 또는 수정신고서를 제출하는 분부터는 추가납부를 하지 않아도 가산세 감면은 적용됨

- 수정신고 · 납부에 따른 가산세 감면(국기법§48)

  - 법정신고기한이 경과한 후 일정기한 내에 수정신고서를 제출하는 경우에는 과소신고 · 초과환급 가산세의 일정률을 감면함. 다만, 과세관청에서 경정할 것을 미리 알고 수정신고서를 제출한 때에는 가산세가 경감되지 아니함

◉ 경정 등의 청구(국기법§45의2)

- 과세표준신고서를 법정신고기한까지 제출한 자 및 국기법 §45의3①에 따른 기한 후 과세표준신고서를 제출한 자는 그 과세표준 및 세액이 신고하여야 할 과세표준 및 세액을 초과하거나, 결손금액 또는 환급세액이 신고하여야 할 결손금액이나 환급세액에 미치지 못한 때에는 최초신고 및 수정신고한 국세의 과세표준 및 세액의 결정 또는 경정을 법정신고기한이 지난 후 5년 이내에 관할 세무서장에게 청구할 수 있음

  - 결정 또는 경정으로 인하여 증가된 과세표준 및 세액에 대하여는 해당 처분이 있음을 안 날(처분의 통지를 받은 때에는 그 받은 날)부터 90일 이내(법정신고기한이 지난 후 5년 이내로 한정)에 경정을 청구할 수 있음

  - 최초의 신고에서 과세표준 및 세액의 계산근거가 된 거래 또는 행위가 판결에 의하여 다른 것을 확정되었을 때 등 후발적 사유가 발생하였을 때에는 그 사유가 발생한 것을 안 날부터 3개월 이내에 결정 또는 경정을 청구할 수 있음

- 경정청구에 따른 환급가산금 기산일 연혁

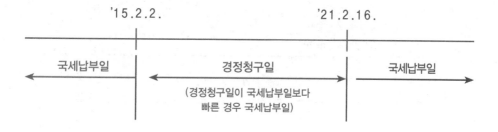

🏠 심화정리

⟫ 가산세*의 감면(국기법§48)

  * 수정신고는 과소신고 · 초과환급신고가산세, 기한 후 신고는 무신고 가산세

구 분			신 고 시 기	감면비율
법정 신고 기한*	확정신고 기한	수정신고 (국기법 §48②1호)	1월 이내	90%
			1월 초과 ~ 3월 이내	75%
			3월 초과 ~ 6월 이내	50%
			6월 초과 ~ 1년 이내	30%
			1년 초과 ~ 1년 6월 이내	20%
			1년 6월 초과 ~ 2년 이내	10%
		기한 후 신고 (국기법 §48②2호)	1월 이내	50%
			1월 초과 ~ 3월 이내	30%
			3월 초과 ~ 6월 이내	20%
	예정신고 기한	수정신고 (국기법 §48②3호다목)	1월 이내	90%
			1월 초과 ~ 3월 이내	75%
			3월 초과 ~ 확정신고기한	50%
		기한 후 신고 (국기법§48②3호라목)	확정신고기한	50%

 * 법정신고기한에는 예정신고기한과 확정신고기한 모두 포함됨
** 과세표준과 세액을 경정할 것을 미리 알고 수정 또는 기한 후 신고서를 제출한 경우에는 감면 제외함

- 과세전적부심사 결정일(청구일로부터 30일 이내) 이후 결정지연기간에 대하여는 납부불성실가산세를 50% 감면

- 고의성 없이 세법상 각종 협력의무를 위반하는 경우 5천만원* 한도 내에서 가산세를 부과하고 제출기간 경과 후 1개월 내 제출 시에는 50% 감면
  * 중소기업기본법§①에 따른 중소기업이 아닌 기업은 1억원

| 색인 |

ㄱ

색인

ㄹ

ㅁ

ㅂ

색인

ㅅ

색인

색인

ㅈ

색인

색인

| 저자소개 |

위 용(魏 鎔)

약력

- 위용 세무회계 대표 세무사
- 한국세무사회 세무연수원 양도소득세 교수
- 성동세무서 재산세2과장(1년 6개월)
- 국세공무원 교육원 근무('17.7.31.~'22.1.5.)

   (양도소득세 · 종합부동산세 4년 6개월 담당)
- 국세청 소득세과

   (주택임대소득 4년 담당)
- 서울지방국세청 조사1국
- 강동 · 성동 · 반포 · 동대문 · 청주세무서 등
- 전남대학교 사범대학 국사교육과 졸업
- 장흥 관산고등학교 졸업

저서

- 양도소득세(국세공무원 교육원)
- 양도소득세 PPT 교육자료(국세공무원 교육원)
- 주택임대소득 실무해설(국세청)
- 사업장현황신고 업무매뉴얼(국세청)

| 감수 |

안수남

- 동신고등학교
- 남서울대학교 세무학과
- 연세대학교 법무대학원 조세법 전공
- 국세청 산하 세무서 14년 근무
- 제27회 세무사 시험 합격
- 세무사 사무소 개업(1990)
- 한국세무사 고시회 회장 역임
- 현) 세무법인 다솔 대표세무사
- 현) KBS 제1라디오 「경제투데이」 세무상담위원
- 한국세무법인협회 회장 역임
- 한국세무사회 양도소득세 전담교수
- 한국세무사회 전문상담위원장
- 제11회 공인중개사시험 출제위원
- 전국부동산 중개인연합회 세법전임감사
- 부동산 TV 세무상담
- 세제발전심의위원

2025년판 그림으로 풀어낸 양도소득세 실무해설

2023년 4월 12일 초판 발행
2025년 3월 28일 3판 발행

저 자 **위 용**

발 행 인 **이 희 태**

발 행 처 **삼일피더블유씨솔루션**

저자협의
인지생략

서울특별시 용산구 한강대로 273 용산빌딩 4층
등록번호 : 1995. 6. 26 제3 - 633호
전 화 : (02)3489 - 3100
F A X : (02)3489 - 3141
I S B N : 979-11-6784-355-5 93320

※ '삼일인포마인'은 '삼일피더블유씨솔루션'의 단행본 브랜드입니다.
※ 파본은 교환하여 드립니다.

95,000원